Roswitha Eder
16. 1. 84

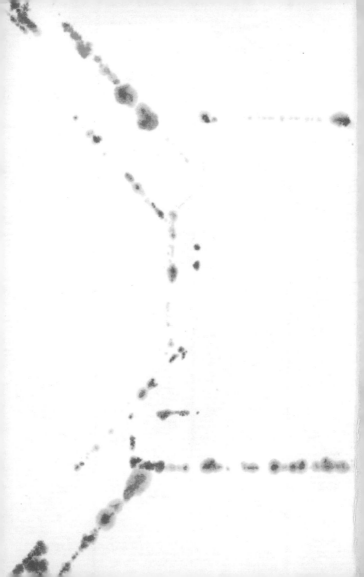

GESCHICHTE DER DEUTSCHEN LITERATUR I

GESCHICHTE
DER DEUTSCHEN LITERATUR
VON DEN ANFÄNGEN
BIS ZUR GEGENWART

BAND I

PHILIPP RECLAM JUN. STUTTGART

GESCHICHTE DER DEUTSCHEN LITERATUR VOM FRÜHEN MITTELALTER BIS ZUM ENDE DES 16. JAHRHUNDERTS

VON

MAX WEHRLI

PHILIPP RECLAM JUN. STUTTGART

CIP-Kurztitelaufnahme der Deutschen Bibliothek

Geschichte der deutschen Literatur
von den Anfängen bis zur Gegenwart. –
Stuttgart: Reclam.   (Universal-Bibliothek; ...)

Bd. 1. → Wehrli, Max: Geschichte der deutschen Literatur vom
frühen Mittelalter bis zum Ende des 16. [sechzehnten] Jahrhunderts

Wehrli, Max:
Geschichte der deutschen Literatur vom frühen Mittelalter
bis zum Ende des 16. [sechzehnten] Jahrhunderts /
von Max Wehrli. – Stuttgart: Reclam, 1980.
   (Geschichte der deutschen Literatur
   von den Anfängen bis zur Gegenwart; Bd. 1)
   (Universal-Bibliothek; Nr. 10294)
   ISBN 3-15-010294-4

Universal-Bibliothek Nr. 10294
Alle Rechte vorbehalten. © Philipp Reclam jun. Stuttgart 1980
Herstellung: Reclam Stuttgart. Printed in Germany 1980
ISBN 3-15-010294-4

VORWORT

Daß bei der weitgediehenen Spezialisierung der Wissenschaft ein einzelner es unternimmt, achthundert Jahre Literaturgeschichte zu schreiben, ist gewiß ein anmaßendes Wagnis. Es wäre teilweise entschuldigt nur durch eine gewisse Einheitlichkeit der Auswahl, der Wertung und des Darstellungsstils.

Auch dann bleibt jedoch „deutsche Literatur" eine problematische und immer fragmentarische Größe, zumal im Mittelalter, aber auch von neuem wieder im Übergang zur Neuzeit mit Humanismus und Reformation. Vor allem für die früheren Epochen ist der Zufall zu bedenken, der überlieferungsmäßig unser Bild bestimmt; und für die volkssprachliche Literatur bleibt uns der Bereich mündlicher Tradition weithin rettungslos im dunkeln. Ein fast allgegenwärtiges Problem ist die Verflechtung der deutschen Literatur mit dem alt-, mittel- und neulateinischen Schrifttum, das nach Quantität und Bildungsgehalt bis tief in die Neuzeit hinein durchaus dominiert; und immer wieder, gerade für die Klassik des Hochmittelalters, kommt die Abhängigkeit von den romanischen Volkssprachen hinzu. Damit stellt sich überhaupt die Frage einer angemessenen Würdigung der Übersetzungsliteratur, der Übersetzung als grundlegender schöpferischer Leistung. Und im Zusammenhang damit steht das weitere Problem, in welchem Maße die Fachliteratur einzubeziehen sei. Viel weniger als bei der neueren Literatur ist Literaturgeschichte Dichtungsgeschichte, viel mehr ist die dichterische Potenz schon in Wort- und Begriffsbildung, in den angewandten Formen, in kollektiven Leistungen und Wirkungen zu suchen. Jede literaturhistorische Betrachtung gerät schließlich in den Zwiespalt zwischen der individuellen Qualität eines literarischen Werks und seinem histori-

schen Stellenwert; daß ästhetisches Urteil und historische
Sicht letztlich identisch seien, ist zwar ein Ziel und
Postulat jeder literaturwissenschaftlichen Arbeit, konkret aber immer nur von Fall zu Fall zu verwirklichen.
Oder anders gesagt: die Kategorien eines mittelalterlichen und eines modernen Verstehens sind nur in einem
dialektischen Prozeß zur Deckung zu bringen.

Die vorliegende Darstellung ist so zu einem offenen
und beweglichen, um nicht zu sagen: pragmatischen
Verfahren gezwungen. Sie muß und will den Texten
entlang operieren und damit zugleich auch die Stimmen
der Vergangenheit an Beispielen unmittelbar vernehmlich machen. Dagegen müssen die Betrachtungen von
kultur-, geistes- und sozialgeschichtlichen Zusammenhängen und schon gar die Ausblicke auf die politische
Geschichte eng beschränkt bleiben. Angesichts des Rie-
senthemas soll hier kein Anspruch auf neue, strenge
Methodik erhoben, sollen bewährte Konventionen nur
um der Originalität willen nicht preisgegeben werden.
Der Verfasser fühlt sich tief in der Schuld bei den Vorgängern seines Unternehmens und den Kollegen der
Einzelforschung.

An *einer* Voraussetzung wird allerdings festgehalten:
daß nämlich eine richtig verstandene *deutsche* Literaturgeschichte gerade auch für das Mittelalter und die frühe
Neuzeit sinnvoll und möglich sei. Die Literatur ruht
wesentlich auf ihrem sprachlichen Träger, so sehr sie mit
ihren Formen und Gehalten eine Sprache höherer Ordnung und individuellerer Aussage darstellt. Wie die deutsche Volkssprache gerade in der Auseinandersetzung mit
älteren Sprachen und Literaturen in immer neuen Ansätzen neue Gehalte verkörpert, neue Formen bildet, Träger neuen Geistes zu werden sucht, neue soziale Schichten zum Sprechen und Hören kommen läßt, das ist
gerade in unserem Zeitraum modellhaft als das Thema
eines großartigen geschichtlichen Prozesses verfolgbar.

Es ist, mittelalterlich gesehen, das immer neue und tiefere Eindringen des „Worts" ins Säkulum. Bei allen Seitenblicken und Umwegen möchte die folgende Darstellung diesen roten Faden in der Hand behalten, möchte sie dieses mit Otfrid einsetzende Geschehen deutlich machen als ein geschichtliches Unterwegssein, eine Suche, ein Begründen und Beenden von literarischen Traditionen und Konstellationen im Gang von acht Jahrhunderten. Und dieses Leitmotiv dürfte auch ein Kriterium für die Epochenbildung und Bewertung abgeben.

Das Wagnis jedes literarhistorischen Verstehens besteht darin, lebendigen Gegenwartsbezug zu verwirklichen und zugleich den Gegenstand ganz aus sich selbst in seiner geschichtlichen Bedingtheit zu sehen. Es gilt die Werke der vergangenen, insbesondere mittelalterlichen Literatur als das Fremde, ganz andere, seinem Zeitgesetz Folgende zu sehen und sie zugleich in bereitwilligem Hinhören als ein Eigenes und Unverlierbares, ja vielleicht Aktuelles zu erfahren.

M. W.

INHALT

WANDLUNGEN VOM HOCH- ZUM SPÄTMITTELALTER

SPÄTMITTELALTER

SECHZEHNTES JAHRHUNDERT

ANHANG

VON DER VÖLKERWANDERUNG BIS ZUM ENDE DER OTTONEN

I. ALTGERMANISCHE FORMEN IM DEUTSCHEN

Der Begriff einer deutschen Sprache und einer deutschen Dichtung oder gar Literatur wird strenggenommen erst sinnvoll, nachdem das Wort „deutsch" selbst spezifischen Sinn bekommen hat. Es meint dann nicht mehr nur die germanische Volkssprache im Gegensatz zum Latein, vielmehr – seit dem 9. Jahrhundert – die verschiedenen, im fränkischen Reich zusammentretenden germanischen Volkssprachen der Franken, Alemannen, Sachsen und Baiern, vielleicht auch der Langobarden. Man kann den Begriff allenfalls noch nach rückwärts erweitern, ins „Vordeutsche", die Zeit der Völkerwanderung, da die genannten Stämme in ihre endgültigen Wohnsitze einziehen und somit ein deutsches Sprachgebiet zu begründen beginnen. Der Vorgang bedeutet zugleich die Berührung mit der römischen und christlichen Kultur, er bedeutet den Eintritt in die Geschichte und damit auch den Beginn der Literaturgeschichte der Deutschen. In diesem Vorgang gerät eine autochthone germanische Tradition nicht nur in ihre Krise und ihren Verfall, sondern, so scheint es, auch zu letzten, durch die neue geschichtliche Aktualität hervorgetriebenen Ausprägungen.

Die deutschen Stämme bringen ja zu dieser Auseinandersetzung bereits ein sprachkünstlerisches Erbe mit. Diese in welchem Sinne immer germanischen oder gar urgermanischen Formen einer schriftlosen Zeit (die auch aus dem Süden stammende Runenschrift blieb im wesentlichen für sakrale Zwecke vorbehalten) sind in frühen Belegen nicht erhalten und für den südgermanischen Raum nur schwierig im Rahmen einer altgermanischen Literatur zu rekonstruieren; Anhaltspunkte dafür geben Zeugnisse der Historiker, spätere deutsche Dichtungen, die altdeutsche Terminologie im Bereich von Sprache, Dichtung und Musik und vor allem der viel reichere und

z. T. jüngere Überlieferungsbestand altnordischer und
angelsächsischer Sprache. Aus solchen Gegebenheiten
und Indizien vermochte vor allem Andreas Heusler
wenn nicht eine Geschichte, so doch eine Art System
und Gattungsinventar altgermanischer Dichtung aufzu-
stellen („altgermanisch" meint dabei ein weder von der
Kirche noch von der römischen Bildung bestimmtes
Germanentum). Für den frühen Stand der Dinge ist
Tacitus der große Gewährsmann: Er spricht von „carmina antiqua", in denen die Germanen von der Entstehung der Welt und der Menschen sangen, er nennt
Lieder über große Helden des Volkes wie Arminius, und
er erwähnt Kriegslieder, die vor oder nach der Schlacht
gesungen wurden. Darüber hinaus ist mit allerlei Arten
von kleiner Gebrauchslyrik zu rechnen: Ritualversen für
Opfer, Orakel, Rechtsleben; Gnomischem (Sprichwort,
Rätsel, Sittenspruch), Merkdichtung; schließlich Versen
für Kampf, Schlacht, Totenklage.

In *einer* Hinsicht nur reicht germanische Dichtungs-
tradition noch tief in die ersten christlichen Jahrhunderte
Deutschlands hinab: nämlich mit der zunächst noch
ausschließlichen Form der Stabreimzeile. An sich ist die
Alliteration (Beispiele: „Himmel und Hölle", „Mann
und Maus", „Geld und Geist") eine überall und jederzeit
mögliche Form des Schmucks oder der intensiven Ver-
koppelung gewichtiger Begriffe in prosaischer oder poetischer Rede; typisch germanisch dagegen ist ihre ausschließliche und systematische Verwendung als Gerüst
des Vers- und Strophenbaus. Sie wird denn auch im
späten 9. Jahrhundert von einem verfeinerten christlich-
antikischen Formgefühl aus als ungeeignet für christliche
Gehalte empfunden und durch die neue Endreimzeile
ersetzt. Die Entstehung der Stabreimkunst setzt eine
germanische Spracheigentümlichkeit voraus, die sich im
1. vorchristlichen Jahrtausend entwickelt hat, noch vor
der Berührung mit Rom: das Vorziehen des Stärkeak-

zents auf die erste Silbe des Wortes. Der Stabreim, der die sinnbetonten Wörter eines Verses dynamisch in ihren Starktonsilben auszeichnet und die restliche Sprachmasse in frei behandelte Senkungsfelder abgleiten läßt, baut den Vers nicht von einer metrisch-wohllautenden Proportion aus, sondern von dem affektiv herausgetriebenen Sinnskelett des Satzes. Es geschieht in den südgermanischen Denkmälern ausschließlich in der Form der Langzeile: d. h., zwei Verse, die je zwei zur Stabung geeignete Gipfel tragen, werden durch den gemeinsamen Stab zu einer Langzeile gereimt, die dann ihrerseits, meist paarig, zu Strophen gruppiert werden kann. Ein Beispiel aus dem *Hildebrandslied*:

> nu scal mih *s*uasat chind / *s*uertu hauwan,
> *b*reton mit sinu *b*illiu, / eddo ih imo ti *b*anin werdan.

Von den vier durch Betonung hervorzuhebenden Silben der Langzeile können zwei oder drei – nie aber alle vier – gestabt sein, jedoch so, daß immer die dritte und nie die vierte Hebung den Stab trägt; die dritte Stelle hat die Aufgabe, den Abvers mit dem vorangegangenen Anvers zu koppeln. Wieweit die übrige Silbenmenge – man beachte den enormen Auftakt im Abvers der zweiten Langzeile – durch ein Taktsystem und das regelmäßige Placieren von Nebenhebungen zwischen die Ikten organisiert und besser verstanden werden kann, bleibe hier dahingestellt. Daß nicht nur die Versform an sich, sondern auch der Stab in Beziehung vorab zu rituellen Funktionen steht, beleuchtet die Notiz des Tacitus, daß die Orakelfindung durch Auflesen von dreimal je einem runenberitzten „Stabe" erfolgte (*Germania* 10), zu welchem dann offenbar alliterierende Wörter gesucht wurden. Im übrigen bringt die Stabreimzeile mit ihrer dynamischen Aufgipfelung und ihrer oft summarischen Behandlung der Senkungen ein Pathos, ja einen eigentlichen Extremstil barbarischer Art mit sich (wobei dies letzte Wort nicht unbedingt wertend verstanden sei).

Hält man sich an die deutschen Denkmäler in Stabreimen, so sind es allein zwei Gattungen, die sich mit Sicherheit umschreiben und belegen lassen: Wir haben archaische Vertreter der rituellen Lyrik in einer Reihe von Zaubersprüchen und das überaus kostbare Beispiel eines sonst für ein halbes Jahrtausend nur zu erschließenden altdeutschen Heldenliedes. In beiden Fällen handelt es sich um Relikte einer älteren Tradition, Ausläufer germanischer Übung, und doch stehen sie zugleich als älteste Belege am Beginn einer verwandlungsfähigen und, sozial unterschwellig, noch längst nicht erloschenen Tradition.

1. Zauberspruch und Segen

Die ungewöhnlichsten Dokumente sind die beiden berühmten *Merseburger Sprüche*, erst im 10. Jahrhundert in ein etwas älteres Fuldaer Meßbuch eingetragen, aber nicht nur durch ihre Stabreimform, sondern vor allem durch ihren Gehalt an germanischer Mythologie sehr altertümlich. Der Spruchzauber ist freilich bis heute eine lebendige Form, die in der zähesten kollektiven Schicht des Menschenwesens wurzelt. Er ist darum bis zu einem gewissen Grade zeitlos und kann, oft in verblüffend ähnlichen Formen, in den verschiedensten Kulturen erscheinen. Daß es sich dabei in der karolingischen Zeit um mehr als um harmlosen volkstümlichen Aberglauben handelt, zeigt schon die *Admonitio generalis* (789), in der sich Karl eigens gegen das Singen von Zauberliedern wendet; dies erscheint damit als ernst zu nehmender Rest heidnischer Religionsübung.

Beide *Merseburger Sprüche* arbeiten mit dem Mittel des Analogiezaubers: Eine mythische Begebenheit wird erzählt und dann auf den gegenwärtigen Fall appli-

ziert, wobei der eigentliche Zauberspruch sowohl dem
mythischen Vorbild angehört wie den Befehl des aktuellen Sprechers darstellt, also die eigentliche magische
Übertragung leistet. Im ersten Spruch, der bereits zu den
Stabreimen hinzu Endreime verwendet,

> Eiris sazun idisi,   sazun hera duoder

sind es drei Gruppen von „Idisen", ehrwürdigen Frauen,
die sich niedersetzten, sich u. a. an Banden zu schaffen
machten und Knoten lösten mit dem Erfolg, der in der
4. Zeile, der eigentlichen Zauberformel, beschworen
wird: „Entspring den Haftbanden, entfahr den Feinden." Im zweiten Text

> Phol ende uuodan   uuorun zi holza

erscheint eine ganze germanische Göttergesellschaft, das
einzige Mal in deutscher Sprache, auf einem Ritt in den
Wald. Einem Pferd (?, „balderes uolon") wird der Fuß
verstaucht, und nun beschwören die Götter in drei
Anläufen, zuletzt und mit Erfolg Wodan, die Knochen-,
Blut- und Gliedverrenkung:

> sose benrenki,   sose bluotrenki,
>   sose lidirenki:
> ben zi bena,   bluot zi bluoda,
> lid zi geliden,   sose gelimida sin.

In beiden Fällen ist nun freilich fast alles einzelne strittig,
und wohl nicht nur, weil ein Teil des Vokabulars und der
Namen entstellt und verschollen ist, sondern weil das
Element des Dunkeln und nur zu Ahnenden, ja sogar des
Geheimnisvoll-Sinnlosen oder Absichtlich-Versteckten
zum Zauberspruch gehört. Ob die Idisen des ersten
Spruchs germanische Schlachtjungfrauen, Walküren
sind, die ein Kriegsgefangener oder sein Freund zur Hilfe
zitiert, oder die drei Marien der Auferstehung wie noch
im heutigen Kinderlied oder germanisch-keltische „hehre

Mütter" (Gerhard Eis liest „hêra muoder") oder schließlich drei Gruppen gewöhnlicher Matronen, die ein sym-
bolisches Leineweben veranstalten, das ist durchaus
umstritten. Völlig kontrovers ist im zweiten Spruch
schon die Frage, wie viele und welche Götter und Göt-
tinnen eigentlich an dem Unternehmen beteiligt sind.
Um nur ein Beispiel zu geben: In „phol" (das *h* ist
nachträglich eingeflickt) ist schon vermutet worden: ein
unbekannter germanischer Gott, Paulus, Apollo, ein mit
„uolla" (4. Zl.) verwandtes göttliches Wesen, ein Fohlen
(2. Zl.), lat. palus (Pflock), Hol (eine Krankheit),
schließlich mit dem folgenden Wort zusammen fol-hendi
(der mit vollen Händen, der Hilfsbereite); und an jeder
Deutung hängt natürlich eine besondere Interpretation
des Rests. Eine solide Grundlage für südgermanische
Mythologie oder gar für ein deutsches Götterlied gibt der
Spruch also nicht her.

Vielleicht sind die beiden Teile auch nicht ursprünglich
zusammen gewesen. Die in ihrem dreiteiligen Aufbau
überaus eindrucksvolle Beschwörungsformel ist ähnlich
auch anderswo überliefert, so auch erstaunlicherweise in
einer um 1000 bis 2000 Jahre älteren Fassung des indischen *Atharva-Veda*. Solche Verwandtschaften brauchen
nicht auf steinzeitlichem Urbesitz (Genzmer) zu beruhen, sondern könnten auch auf spätrömischen Import
zurückgehen.

Wenn die *Merseburger Sprüche* mit mythologischen
Namen und Vorstellungen operieren und somit eine
germanische Religion voraussetzen, gibt es auch eine
direktere, unter Umständen noch urtümlichere, rein
magische Art der Beschwörung. Der *Wurmsegen*
(Prosa, 9. Jahrhundert), der in ober- und niederdeutscher
Fassung erhalten ist, gibt den Befehl direkt mit der ersten
Zeile:

   Gang uz, Nesso (Wurm),   mit niun nessinchilinon,

und vollzieht dann stufenweise den Exorzismus: vom
Mark in die Adern, von den Adern ins Fleisch, vom
Fleisch in die Haut und von der Haut „in diz tulli"
(altsächsisch: „an thesa strâla") – was vielleicht die Huf-
sohle bedeutet und damit den Spruch als Pferdeheilmittel
kennzeichnet. Das am Schluß beigefügte „Ter Paternoster" zeigt im übrigen die „Christianisierung" der
Zauberhandlung. Wir sprechen dann rücksichtsvoller
von „Segen".

Die in ansehnlicher Zahl erhaltenen althochdeutschen
Zauber- und Segenssprüche dienen meist den Lebensbe-
dürfnissen des Alltags (Gesundheit für Mensch und Tier,
Schutz auf der Reise) und nicht etwa dem kriegerischen
Dasein wie oft im Norden. Ihre Überlieferung zieht sich
durch die kommenden Jahrhunderte, oft wenig verwandelt, gelegentlich auch, wie etwa in einem Ausfahrtsse-
gen Walthers von der Vogelweide (24,18), ins Kunstlied
gesteigert. Abgesehen von dem schon frühen Eindringen
des Endreims zeigt sich die Christianisierung oder das
Abstreifen des Magischen auf verschiedene Weise. Heidnische Namen werden durch biblische ersetzt (Christus
und Stephanus oder „Crist unde Judas" eröffnen das
Geschehen wie vorher „Phol ende uuodan") oder auch
einfach verdunkelt („Genzan unde Iordan"). Man scheut
sich ja auch zugleich vor der mißbräuchlichen Nennung
heiliger Namen, und so könnte man sogar vermuten, daß
die heidnischen Namen bloß noch als Tarnung verwendet werden. Es genügt unter Umständen auch ein imagi-
närer „Heiliger" wie der heilige Tumbo, mit welchem ein
Straßburger Blutsegen arbeitet – es ist die unbe-
kümmerte Übersetzung eines Stupidus, der im spätantiken Zauberbuch des Marcellus von Bordeaux erwähnt ist
und dort das Blut „stupere", stocken lassen soll. Es ist
also, das zeigt dieses Beispiel, nicht nur germanisches,
sondern auch antikes Gut, das in diesen archaischen
Versen begegnet. Was dabei noch krasser Aberglaube

und was harmloseres Brauchtum ist, wird im einzelnen schwer zu entscheiden sein.

Die schönste Möglichkeit einer christlichen Sublimierung zeigt der wunderbare *Bienensegen*, schon des 10. Jahrhunderts, aus dem Kloster Lorsch: „Kirst, imbi ist hucze!" Fast vertraulich wird dem Herrn das Ereignis mitgeteilt, wird ihm der fliegende Bienenschwarm anvertraut, damit der Flug zu einer guten Rückkehr führe. Und daran schließt sich eine Art Bannung des wieder versammelten Bienenvolks an seinen Ort: „Sitze, sitze, Biene, dir gebot es Sancta Maria. / Urlaub habe nicht, zum Walde flieh nicht, / du sollst mir nicht entrinnen noch dich losgewinnen, / sitz ganz stille, wirk Gottes Willen." Auch da ist noch die Inständigkeit eines ganz Handlung gewordenen Wortes, zumal im Gleichlauf der Zeilen, in der imperativischen Anrede. Dennoch ist in der Hinwendung an Christus und Maria aus der magischen Aktion eine Art Gebet entstanden. Der Segen befaßt sich mit dem frommen und friedlichen Geschäft der klösterlichen Bienenzucht, die zur Erzeugung von Honig und Kerzenwachs große Bedeutung hat. „Richte Bienenstöcke ein, zu denen dich das Buch der Sprüche hinschickt, und lerne von den kleinen Wesen, wie Ordnung und Zucht in den Klöstern zu wahren sind", sagt Hieronymus. Der Text ist, vor allem im „Zauber" der letzten Zeile, in welcher sich Endreim und Stabreim wohllautend verschlingen, zu einer kleinen Dichtung aus benediktinischem Geiste geworden, im Einklang von Schöpfer und Geschöpf:

> sizi uilu stillo,   vuirki godes uuillon.

2. Das Heldenlied

Die altdeutschen Zaubersprüche zeigen uns germanische Welt im Aspekt primitiven bäuerlichen Alltags. Dagegen

tritt uns in einem einzigen, unschätzbaren Denkmal auch
eine hohe Kunstform der germanisch-althochdeutschen
Stabreimdichtung entgegen, wo Dichtung das Organ
einer aristokratischen Kriegergesellschaft ist und in die
weite und bewegte Epoche der germanischen Stammes-
geschichte führt: das althochdeutsche *Hildebrandslied.* Der Text belegt auch für den deutschen Bereich die
Existenz eines heroischen Zeitalters und seiner schmalen,
aber hochgetriebenen kulturellen Ausdrucksformen: die
in der Völkerentwicklung typische Phase des Eintritts in
die Geschichte, die Zeit, da das eigene, geschichtliche
Schicksal bewußt wird im kriegerischen Wagnis, der
äußersten Anspannung der Kräfte zwischen Erfolg und
Bedrohtheit – wobei sich heroischer Geist nicht nur in
der kriegerischen Expansion verwirklicht, sondern vielleicht noch wesentlicher im Opfer und Untergang. Dieser Geist wird nicht zuletzt in einer Dichtung bewahrt,
erneuert und entfacht, die den Ruhm gegenwärtiger und
vergangener Männer zu künden hat. Diese Dichtung hat
auch an den Höfen der germanischen Fürsten oder
Gefolgschaftsführer institutionellen Charakter und
wurde offenbar, auf entwickelter Stufe, von Berufsdichtern gepflegt, die selber Krieger waren oder doch als
volle Mitglieder der Gemeinschaft galten. Ihre Kunst
dient unmittelbar dem Bestand und der Kraft dieser
Gemeinschaft.

Warum zwei Schreiber des Klosters Fulda, am Anfang
des 9. Jahrhunderts, zur Zeit des großen Abtes Hrabanus
Maurus, auf die letzte und dann die erste leere Seite eines
theologischen Codex diese 68 Verse aus einem weltlichen, wenn nicht heidnischen Gedicht eingetragen
haben, und zwar unvollständig, fehlerhaft, nach schriftlicher Vorlage und in einer merkwürdigen Klitterung der
Sprachformen – das weiß man nicht. Doch ist wohl eher
an eine Schreib- und Sprachübung zu denken als etwa an
ein missionarisches Programm, das den neubekehrten

Sachsen mit der Konzession von ein wenig heldisch-
kriegerischer Dichtung hätte entgegenkommen wollen.
Nicht undenkbar ist immerhin, daß diese Aufzeichnung
in Zusammenhang stand mit der berühmten Liedersammlung, die nach dem Bericht Einhards Kaiser Karl
der Große veranstalten ließ. Die sprachlichen Formen
bilden ein kaum erklärbares Gemisch: Vermutlich ist ein
althochdeutscher (bairischer?) Text, der voller archaischer Wörter war, versuchsweise und auch z. T. unkor-
rekt dem Altsächsischen angeglichen worden (nach S.
Gutenbrunner durch „runengewohnte Dänen“).

> Ik gihorta ðat seggen,
> ðat sih urhettun   ænon muotin,
> Hiltibrant enti Haðubrant   untar heriun tuem.

So beginnt das Lied mit einer Formel, die bereits die
Existenz einer hergebrachten Gattung beweist: „Ich
hörte das sagen, / daß sich Herausforderer einzeln trafen,
/ Hildebrand und Hadubrand, zwischen zwei Heeren.“
Die Helden sind genannt, durch ihre stabenden und
bildungsgleichen Namen als eng verwandt deutlich
gemacht, der Ort als Kampfplatz zwischen den sich
gegenüberstehenden Fronten der feindlichen Heere
bezeichnet. Die Helden rüsten sich, Hiltibrant als der
Ältere und Erfahrene eröffnet die Rede und fragt nach
dem Namen des Gegners; der nennt sich und preist
seinen Vater und reißt damit den geschichtlichen Hintergrund der großen Szene auf: Weit ritt Hiltibrant einst
nach Osten, floh die Verfolgung durch Otacher (Odoaker), zusammen mit Dietrich und vielen seiner Degen. Er
war der kühnste Kämpfer und der liebste Degen Dietrichs, er wird nicht mehr am Leben sein. Hiltibrant
deutet an, wer er ist, er windet goldene Ringe vom Arm,
die ihm der Hunnenkönig gegeben hatte – doch Hadu-
brant weist sie zurück und sieht in den Worten Hiltibrants nur List und Tücke: „das sagten mir Seefahrer /

westlich übers Wendelmeer, daß ihn der Kampf weg-
nahm, / Hiltibrant ist tot, Heribrants Sohn". Der Vater
aber bricht in die Klage aus:

> welaga nu, waltant got, wewurt skihit. ...
> nu scal mih suasat chind suertu hauwan,
> breton mit sinu billiu, eddo ih imo ti banin werdan.

(Weh nun, waltender Gott, Wehgeschick geschieht! / ... / nun
soll mich der eigne Sohn mit dem Schwerte schlagen, / nieder-
strecken mit der Schneide, oder ich ihm zum Mörder werden.)

Doch er denkt nicht daran, den angetragenen Kampf
ehrlos zu verweigern. In einer wahren Orgie von altertümlichen Vokabeln des Kampf-Wortschatzes bricht die
Aufzeichnung mitten in der Schilderung des Zweikampfs
ab:

> do lęttun se ærist asckim scritan,
> scarpen scurim: dat in dem sciltim stont.
> do stoptun to samane staim bort chludun,
> heuwun harmlicco huittę scilti,
> unti im iro lintun luttilo wurtun,
> giwigan miti wabnum .....

(Da ließen sie zuerst die Eschen [Lanzen] schreiten / in
scharfen Schauern, daß sie in den Schilden stunden. / Dann
stapften sie zusammen, Buntborde spalteten sie, / hieben harm-
voll weiße Schilde, / bis ihnen ihre Linden[schilde] gering wurden, / mit den Waffen zerkämpft .....)

Es besteht kein Zweifel und ist durch andere Zeugnisse
oder Parallelen zu erweisen, daß der Vater den Sohn
erschlagen wird. Das Gedicht endete vielleicht mit der
Klage des Vaters, auch die Möglichkeit einer Selbsttö-
tung Hiltibrants neben der Leiche des Sohnes ist nicht
ganz undenkbar.

Das Gedicht zeugt von höchster, gemessenster Kunst:
in der Verteilung von Bericht und Rede, in der Handhabung des wechselnden Tempos, im Ausgleich formelhaf-

ter und einmaliger Elemente. Das zeigt, daß der Text dem reifsten Moment einer Gattungsentwicklung angehört. Das Vokabular enthält Wörter, die wohl schon zur Zeit der Aufzeichnung dunkel waren, doch – ähnlich wie bei Homer – im Sinn einer Kunstsprache den heroischen Stil intonieren. Doch sind diese Umschreibungen („Esche" statt „Lanze") oder die Kenninge („Buntbord" statt „Schild"), die in nordgermanischer Kunst ungehemmt wuchern, noch sparsam zur Intensivierung einzelner Stellen verwendet. Ähnlich wechselt einfacher Zeilenstil (d. h. Zusammenfall von Satz und Vers) mit bewegterem Bogenstil (Enjambement), wobei sogar teilweise noch Hakenstil (der Anlaut der vierten Hebung einer Zeile bildet den Stab der folgenden Zeile) erscheint. Gattungstypisch ist offenbar die Verbindung möglichst sparsamer berichtender Zeilen, die sich fast wie Bühnenanweisungen lesen, mit dem dramatischen Dialog, auf den alles ankommt. Diese „Zweiseitigkeit", wie sie Heusler genannt hat, ermöglicht eine Spannweite, ein Spiel der Aufgipfelungen und Entspannungen, wie es das reine Redelied oder die vorwiegend epische Darbietung nicht zustande brächten. Am erstaunlichsten wirkt die Kunst, mit der um den Schauplatz des Kampfes zwischen den Heeren Raum und Zeit in die Tiefe gehen: Osten und Westen, Dietrich und Otacher, die Hunnen, die Seefahrer über das (schwer lokalisierbare) Meer – ein gewaltiges Theatrum um das Rede- und Waffenduell der beiden Kämpfer, die mitleidlos, von der Situation her und vom Gebot dessen, was sie für Ehre halten, in den innern und äußern Untergang getrieben werden.

Ausweglos, tragisch möchte man den Vorgang zunächst nennen, um bei näherem Zusehen doch zu bemerken, wie zielbewußt die Situation „gestellt" ist, wie leicht es z. B. für den Vater wäre, sich deutlicher zu erklären, wie blind sich der Sohn gebärdet. Der Dichter folgt ohne Bedenken einer wahren Lust am düsteren

Schicksal. Zweikämpfe, in denen der Vater den Sohn
erschlägt, sind aus der Weltliteratur in vielen Varianten
bekannt. Nur dem deutschen Dichter aber war eine
letzte Pointe vorbehalten: nur im *Hildebrandslied* tötet
der Vater den Sohn *wissend.* Der Ehre, d. h. dem Zwang,
eine Herausforderung zum Kampf anzunehmen und den
Verdacht der Feigheit abzuwehren, wird, wenn auch in
klagendem Aufblick zum Himmel, der Sohn geopfert.
Näher besehen, wird kaum ein sittlicher Konflikt tragisch gelöst (im Sinn etwa der *Antigone*), die Entscheidung steht vielmehr von vornherein fest, Gebot einer
barbarischen Ethik, die sich von vornherein eins fühlt
mit dem tödlichen Schicksal. Diese Helden leben in einer
ungeheuer dichten, kompakten und ausschließlichen
Wirklichkeit: Der sittliche Rang, die Ehre des Mannes,
ist identisch mit der Waffenehre, ja mit der Behauptung
des physischen Raumes. Was sich im Zusammenstoß der
beiden Gegner vor ihren Heerscharen vollzieht, ist wie
bei all diesen Heldenkämpfen nur die Konsequenz ihres
Daseins, wo es keine „Probleme", keine Transzendenz
gibt. Das macht den „epischen" Charakter dieser Heldendichtung aus, auch wo sie als dramatisches, ja szeni-
sches Geschehen vorgetragen ist. Heroische Wirklichkeit
ist nichts anderes als Schicksal.

Immerhin: zweimal wird der doch wohl schon christliche „waltant got", „irmingot" angerufen, „obana ab
hevane", vom Himmel herabgerufen. Dennoch wird
keine Hilfe von ihm erwartet, wird ihm nichts anheimge-
stellt. Was sich vollzieht, ist „wewurt", schicksalhaftes
Geschehen, von vornherein nichts anderes als Wehgeschick. Dieser die ganze heroische Dichtung kennzeichnende Schicksalsglaube ist wieder nur der zeitliche
Aspekt einer mit sich selbst identischen, fensterlosen und
ganz der Zeit anheimgegebenen Existenz reiner Endlichkeit.

Diese Haltung des *Hildebrandsliedes* wird man nicht

ohne weiteres als germanisch schlechthin bezeichnen wollen. Es scheint, daß diese Illusionslosigkeit, ja Untergangslust nur genau der Epochensituation der Völkerwanderungsstämme entspricht, die sozusagen im Niemandsland zwischen Vorgeschichte und Geschichte, zwischen Heidentum und Christentum hausen, und hier wieder ist es die extreme Haltung der führenden kriegerischen Schicht. Von da an freilich ist diese Wirklichkeit konstitutiv für diese Gattung der Heldendichtung, solange es sie gibt. Daß der Dichter des Liedes selbst schon, heimlich erschreckt über die Konsequenzen des heroischen Kriegertums, die Vater-Sohn-Tragödie aus innerer Distanziertheit gestaltet und mit der Klage seines Helden selber diese Schicksalsverlorenheit beklagt oder gar verurteilt habe – das ist eine immer wieder geäußerte Vermutung, die ohne Anhalt im Text bleibt. Die Klage ist im übrigen gerade die Verklärung des Untergangs, sie ist Rühmung, sie gehört in oft ausschweifenden Formen gerade notwendig zur Heldendichtung.

Es macht die Wirklichkeit des Helden aus, daß er seine Gemeinschaft vertritt, Held eines „Volkes", einer Gefolgschaft ist. Auch das *Hildebrandslied* ist in diesem Sinne Gemeinschaftsdichtung, sein Inhalt spielt „zwischen zwei Heeren" und auf dem Hintergrund einer verbindlichen geschichtlichen Erinnerung. Hildebrand ist der Gefährte (Waffenmeister) Dietrichs, der von Otacher aus dem angestammten Besitz vertrieben worden ist und als Recke – die typische Form des ganz auf sich selbst gestellten großen Helden – am Hunnenhofe weilt. Hier scheint eine übergreifende Geschichts- oder Sagenerinnerung auf, über die das *Hildebrandslied* an einen ganzen Kreis anderer Heldendichtung angeschlossen ist. Es zeigt insbesondere das Bild, das noch dem *Nibelungenlied* zugrunde liegt. Die faktischen geschichtlichen Vorgänge waren umgekehrt: Der Ostgotenführer Theoderich hat Odoakers Römisches Reich erobert und die-

sen eigenhändig umgebracht (493). Das *Hildebrandslied*
verkörpert offensichtlich ostgotische Tradition, auch in
der Bewertung der Hunnen. Damit fällt unmittelbar
Licht auf die Vorgeschichte und Entstehung unserer
Dichtung, ja eines ganzen Kreises von Heldenliedern.

Hiltibrant selbst scheint kein gotischer Held zu sein;
es wäre denkbar, daß die Geschichte vom Vater-Sohn-
Kampf (Heimkehr-Typ) nachträglich auf den Hintergrund gotischer Sage gestellt und damit erst eigentlich
zur Heldensage gemacht worden ist. Die Namen auf
-brand sind nicht im Gotischen, aber zahlreich im
Langobardischen belegbar. In chronikalischen Überlieferungen sind vielleicht sogar Analogien zum Hiltibrant-
Stoff und damit im Lied historisch-politische Anspielungen auszumachen (Baesecke, Gutenbrunner). Jedenfalls
sieht man heute im allgemeinen das *Hildebrandslied* als
eine langobardische Schöpfung, im 8. Jahrhundert wohl
am Königshof entstanden, dann nach Bayern gelangt und
von da nach Fulda.

Wie immer man die Entstehungsfrage lösen mag, die
Gestalt Hiltibrants wird als ein Teil des südostgermani-
schen Sagengutes auch in andern Teilen der Germania
bekannt: Sie erscheint in einer isländischen Saga und der
lateinischen Dänenchronik des Saxo Grammaticus, und
sie ist in der *Thidrekssaga*, dem nordischen Sammelwerk
wesentlich deutscher Sagenüberlieferung aus dem 13.
Jahrhundert, bereits zum Helden einer fröhlich-versöhn-
lichen Heimkehrergeschichte geworden. Auch in
Deutschland bleibt Hiltibrant heimisch; er ist nicht nur
der treue Waffenmeister Dietrichs von Bern im *Nibelungenlied*; Wolfram von Eschenbach spielt in seinem *Willehalm* schon auf die Heimkehrergeschichte im Sinn der
Thidrekssaga an; und dann ist vor allem – ein erstaunliches Faktum – seit dem 15. Jahrhundert in zahlreichen
Fassungen das *Jüngere Hildebrandslied* überliefert, nun
erst recht die rührende Familiengeschichte:

Er schloss im auf sein gulden Helm   und kust in an seinen
Mund:
„Nun muess es Gott gelobet sein,   wir seind noch beid
gesund."

Da zeigt sich das Leben eines Heldendichtungsstoffes
über ein rundes Jahrtausend hin, zugleich aber eine weite
Wanderung quer durch Europa. Es handelt sich jeweils
um eine als „eigen" geglaubte Geschichte, um Erzählgut,
das in einen geschlossenen Überlieferungskomplex der
Volkssprache integriert worden ist, meist unter Änderung des Geschehens wie des Schauplatzes. Heldensage
und Heldendichtung wandern dabei nicht nur über die
nicht zu überschätzenden Grenzen zwischen den germanischen Stämmen und Sprachen hinweg, sondern offensichtlich auch über Völkergrenzen, ohne ihren gattungsmäßigen Charakter zu verlieren.

Die Existenz einer größern Zahl südgermanisch-deut-
scher Heldenlieder ist erwiesen – die charakteristischen
Stilzüge des *Hildebrandsliedes* (Wortschatz, Formeln,
Stilfiguren wie Parallelismus und variierende Wiederholung, die Technik des Stabreimverses, die Verbindung
der erzählenden Verse mit den zentralen Dialogpartien
usf.) sind Indiz einer breiten, ja institutionellen Übung
von Heldenliedsängern. Spätere deutsche Dichtung mit
Heldenstoffen, Zeugnisse der frühmittelalterlichen
Chronisten, Erwägungen über die poetische Terminologie der deutschen Sprache und vor allem die altenglische
und altnordische Überlieferung erlauben es, uns ein Bild
solcher verlorener althochdeutscher Lieder zu machen.
Die Wandlungen der Form sind freilich schwer zu
bestimmen, da sich mit einiger Sicherheit nur die Stoffe
bestimmen lassen. Es bleibt offen, ob es im Vergleich
zum *Hildebrandslied* ältere Formtypen gab, Zeitlieder
und aktuelle Fürstenpreislieder vor allem, und wie diese
ausgesehen hätten. Und umstritten ist noch immer, ob
mit der Existenz einer Helden*sage* im Sinn mündlicher

Prosamitteilung von einigermaßen geformtem Charakter
zu rechnen ist oder ob, im Sinne von Andreas Heusler,
Heldensage nichts anderes ist als eben Heldendichtung;
dann wäre „Sage" allenfalls nur die Bezeichnung der
Liedinhalte und ihrer Gesamtheit im Bewußtsein der
Sänger und ihres Publikums. Zu Gesicht bekommen wir
höchstens ausgeformte Lieder und später auch Epen.
Und da ist nie zu vergessen, daß während des ganzen
Mittelalters, gerade auch in seinen Epochen ausschließlich geistlicher Überlieferung, eine mündliche Liedtradition von erstaunlicher Konstanz vorauszusetzen ist.
Nicht umsonst wenden sich die geistlichen Dichter
immer wieder gegen die „cantilenae vulgares", „psalmi
plebeii", den „sonus inutilium rerum" (Schall von unnützen Dingen), gegen „scopheliche (spielmännische,
erdichtete) wort" und das „singen von weltlichen dingen
unt von der degenhaite" (so im *Himmlischen Jerusalem*)
– damit ist wohl u. a. auch Heldendichtung gemeint, die
nicht etwa beim „Volk", sondern primär und für Jahrhunderte an fürstlichen Höfen (auch geistlicher Herren)
beliebte Unterhaltung war.

Man kann sich überlegen, was an solchem Gut gleichzeitig mit dem *Hildebrandslied* in althochdeutscher Sprache gelebt hat. Versuche, aus vermuteten Nacherzählungen in Chroniken Lieder zurückzugewinnen, sind
grundsätzlich verheißungsvoll, denn bei der Nähe von
Lied, Geschichtsdichtung und Chronik sind solche
Übergänge vom einen ins andere Genus durchs ganze
Mittelalter hin immer wieder selbstverständlich; im einzelnen allerdings ist ohne das Vorhandensein konkreter
Hinweise dieses Verfahren sehr hypothetisch. So bleibt
man im wesentlichen doch auf die direkt bezeugten
Lieder angewiesen.

Einhard, der Biograph Karls des Großen, berichtet,
der Kaiser habe „die rohen und uralten Lieder, in welchen die Taten und Kämpfe der alten Könige besungen

worden waren, niederschreiben und dem Gedächtnis
erhalten lassen" (cap. 29). Wenn man großzügig voraussetzt, daß damit wirklich Lieder unseres Typs gemeint
sind, kann man versuchen, sich dieses „Heldenliederbuch Karls des Großen" ungefähr vorzustellen. Auch
wenn da das meiste spekulativ bleibt, läßt sich doch ein
Bestand von gut 20 deutschen Liedern (oder „Liedfa-
beln") für die Zeit Karls wahrscheinlich machen. Darunter befinden sich nicht nur die liedhaften Vorstufen für
das mittelhochdeutsche Nibelungenepos, die stofflich
auf fränkischen oder gar burgundischen Ursprung
zurückgehen (5. Jahrhundert), also in besonderem Sinn
einheimisch sind, sondern auch die größere Gruppe der
von andern Germanenstämmen erlebten und formulierten Ereignisse der Heldenzeit: die Gruppe der gotischen
Überlieferung um Dietrich von Bern, Ermanarich, die
Hunnenschlacht; dazu kommen u. a. einzelne Lieder aus
langobardischem, andere aus anglisch-friesisch-däni-
schem Bereich. Da ist das angelsächsische Fragment vom
Kampf um Finnsburg, neben dem *Hildebrandslied* der
älteste heroische Text germanischer Sprache; es gestaltet
den nächtlichen Überfall der Gastgeber auf ihre in der
Halle ruhenden Gäste und Verwandten und erinnert
damit an den Saalkampf des *Nibelungenliedes*.

Diese für das Deutsche um 800 vermutbaren Lieder
sind nun freilich nur ein Ausschnitt aus einem weitverzweigten und sich laufend verschiebenden Zusammenhang altgermanischer Heldendichtung überhaupt. Man
rechnet mit mindestens dem doppelten Bestand, der auf
dem Weg durch die verschiedenen germanischen Stämme
war, von Verbindungen mit außergermanischen Bereichen ganz abgesehen. So wurde es auch möglich, daß
nicht nur die genuin deutschen Lieder – des Nibelungen-
kreises vor allem –, sondern auch die zeitlich und räumlich entfernteste Schicht, das ostgotische Gut, ausgerechnet im äußersten Norden, in Island, erhalten wurde. Die

unschätzbare *Lieder-Edda* enthält auch diese süd- und
ostgermanische Überlieferung. In der isländischen *Her-
vararsaga* ist ein – auch für England bezeugtes – „Hun-
nenschlachtlied" fragmentarisch mitgeteilt, in welchem
noch alte Namen aus den ursprünglichen Wohnsitzen
der Goten am Unterlauf des Dnjepr und auf der Krim,
also eine Erinnerung aus dem 4. Jahrhundert, erhalten
sind! Der Weg solcher Lieder vom Schwarzen Meer nach
dem Norden hat wahrscheinlich über Langobarden und
Franken geführt, doch ist auch an die direkte Route zur
Ostsee zu denken, auf der die Goten im 2. Jahrhundert in
umgekehrter Richtung gewandert waren. Ermanarich,
ein Ostgotenherrscher des 4. Jahrhunderts, ist der tragische Held eines Liedes der *Edda* (*Hamdismal*), erscheint
auch, in anderer Funktion, in der mittelhochdeutschen
Epik um Dietrich von Bern als dessen grausamer Gegner,
und schließlich ist er noch im 15. Jahrhundert Held einer
niederdeutschen Ballade von *Ermenrikes dot.*

Die ältesten sicheren Erinnerungen der Heldensage
beziehen sich somit auf das gotische 4. Jahrhundert, und
seit dieser Zeit denkt man sich die Heldendichtung des
uns bekannten Typs entstanden. Tacitus erwähnt zwar
im 2. Kapitel der *Germania* „carmina antiqua", welche
bei den Germanen die Stelle von Erinnerung und Chronik verträten. Doch scheint sich dies eher auf Merkverse
als auf Heldenlieder zu beziehen. Und nur wenn die
kühne Theorie (Höfler, de Vries) richtig wäre, daß hinter
der Siegfriedsage die Gestalt des Cheruskerfürsten Arminius stehe, auf den es wiederum nach Tacitus Lieder gab,
ließe sich die Geschichte unseres Heldenliedes um dreihundert Jahre zurückverlängern.

Aus der Zeit nach der Völkerwanderung sind kaum
mehr neue Heldenstoffe hinzugekommen, oder sie
erscheinen in derart anderer Gestalt, daß man sie nicht
mehr zu der alten Gattung rechnen möchte. Vor allem
wären die neuen Helden der christlichen Zeit – also etwa

Karl der Große, falls man Lieder auf ihn ansetzen will –
in ganz anderen Zusammenhängen zu sehen. Darüber ist
später anläßlich des *Ludwigsliedes* zu reden.

Auch was die alten Lieder betrifft, muß man wohl
schon vom 9. Jahrhundert an mit formalen Änderungen
rechnen, die keineswegs zu unterschätzen sind. Mit dem
Übergang vom Stabreim zum Endreim und damit zu
einer „modernen", „literarischen", von der Bildungswelt
der Kirche inaugurierten Form ist schon grundsätzlich
eine Art Stilbruch vollzogen. Dies gilt auch dann, wenn
dafür eine speziellere Form maßgebend wurde: die paarig
gereimte Langzeile (im Gegensatz zu der binnengereim-
ten Langzeile, welche die geistliche Dichtung seit Otfrid
von Weißenburg beherrscht), die im Hochmittelalter
dann zu Strophen gebündelt erscheint; so ist sie dann für
die mittelhochdeutsche Heldenepik bezeichnend.

Eine zweite Neuerung ist ebenfalls durch die Buchliteratur bewirkt: Es wird der Übergang zu längeren epischen, mehr erzählenden als ballenden und dramatisch
steigernden Heldendichtungen möglich. Das angelsächsische Epos von *Beowulf* ist schon am Anfang des
8. Jahrhunderts das früheste Beispiel umfangreicher Epik
dieser Art, noch im Stabreim, doch durch die thematische Auswahl und die sozusagen moralische Konzeption
der heroischen Tat (Kampf mit dem menschenfeindli-
chen Unhold) nur noch am Rande heroisch; die angelsächsische Bibelepik ist hier bereits vorausgegangen.
Zwischen kurzen Heldenliedern wie dem *Hildebrandslied* und dem epischen Großwerk des *Nibelungenliedes*
kann man sich als Übergangsform sogenannte Kleinepen
denken. Diese kamen – nach dem germanischen Ver-
gleichsmaterial zu schließen – weniger durch ein rhapso-
disches Aneinanderreihen verschiedener Lieder zustande
als durch breitere, episodisch ausmalende Behandlung
des einzelnen Liedstoffs. Da dem Repertoire des Sängers
und dem Bewußtsein des Publikums zugleich ein ganzer

Umkreis von Sagen zugehört, so ist gegenseitige Beeinflussung und Induktion der einzelnen Liedinhalte von
vornherein gegeben. Das Erstellen von Stammbäumen
wird dadurch oft zum illusorischen Unternehmen.

Hand in Hand mit diesen formalen Entwicklungen
gehen natürlich, je mehr sich ein neues kulturelles
Bewußtsein bildet, auch Änderungen der Haltung, des
Geistes, des Gesamtstils einher. Obwohl die Heldendichtung noch für das 11. und 12. Jahrhundert als Unterhaltung der aristokratischen Gesellschaft bezeugt ist und
obwohl sie schließlich im *Nibelungenlied* um 1200 eine
großartige höfische Renaissance erfährt, so ist doch
durchschnittlich mit einem sozialen Absinken zu rechnen, d. h. auch einem Übergang von dem zur Gesellschaft gehörenden Hofsänger (Skop) zum „Spielmann",
d. h. dem Träger einer vielseitigeren, auch bescheideneren Ansprüchen genügenden Kunst. Als Gesamttendenz
wird man einen Hang zum Belehrend-Enzyklopä-
dischen, Unterhaltsamen, Gefühlshaften, Genrehaften,
stofflich eine verstärkte Neigung zu Märchen- oder
Abenteuer-Themen und zum glückhaften Ende der
Geschichten ansetzen dürfen.

Die Kurzform braucht deshalb keineswegs auszuster-
ben, ja aus den epischen Zusammenhängen können wohl
auch von neuem Lieder gewonnen werden. Mit verän-
dertem, volkstümlichem Charakter erscheinen sie uns im
Spätmittelalter unter der Form der sogenannten Balladen, Erzähllieder, die den heroischen Atem, den aristokratischen Ernst verloren haben, aber doch – neben viel
Neuem – alte Stoffe und Formeln bewahren. Wenn für
uns somit nach dem *Hildebrandslied* die deutsche Heldendichtung wieder in die Dunkelzone bloß mündlicher
Weitergabe gleitet, so wird doch ihre Gegenwart in der
Folgezeit immer wieder zu ahnen sein und schließlich,
nach vierhundert Jahren, von neuem leibhaftig begegnen.

II. ALTHOCHDEUTSCHE ÜBERSETZUNGS-
LITERATUR

Auch die nur mündlich lebende Dichtung ist zur Literatur in einem weiteren Sinn zu zählen, zumal wenn sie, wie im deutschen Mittelalter, jahrhundertelang neben der Buchliteratur herläuft und somit einen Teil des Ganzen bildet. Zum Begriff der Literatur im engern Sinn gehört freilich ihre Schriftlichkeit, d. h. jene objektive Fixierung, die allein eine komplexere, vielschichtige, individuell ausgegliederte und geschichtlich fortschreitende Kultur ermöglicht. Die Begegnung der deutschen Sprache mit der Schrift steht somit am eigentlichen Beginn der deutschen Literaturgeschichte. Der Vorgang ist zugleich nichts anderes als die Auseinandersetzung der Volkssprache mit den überwältigenden Inhalten der lateinischen Kult- und Kultursprache, und er bedeutet schon vom Kern her – den Wortbedeutungen, der grammatischen Struktur, dem Wortschatz – eine tiefe Wandlung volkssprachlichen Redens und Denkens. Die Zeitgenossen verstanden das Geschehen geradezu dahin, daß eine ungeübte und nicht durch Regeln geordnete Sprache in Zucht und Übung genommen werde; vor allem in der Prosa hat der volkssprachliche Autor während des ganzen Mittelalters sich immer wieder die Freiheit genommen, nach dem Vorbild lateinischer Syntax und lateinischer Begrifflichkeit die eigene Rede zu modeln.

Die Entstehung einer deutschen Literatur ist insbesondere eine Funktion des christlichen Glaubenslebens, welches ja auch offen und heimlich ihr Thema und ihr Maßstab für Jahrhunderte bleibt. Die ersten vierhundert Jahre deutscher Aufzeichnung stehen fast ausschließlich im Zeichen geistlicher Bemühung – nicht weil nur die Geistlichen schriftkundig waren oder christliche Frömmigkeit alles andere überschattet hätte, sondern weil der christliche Glaube auf schriftlicher Offenbarung beruht und im Rahmen der antiken Literatur zu den Germanen kam. Und lange behält das Buch, als kostbares Gefäß des Geistes und Gegenstand gemeinsamer frommer Bemühung durch Schreiber, Illuminator, Auftraggeber und Leser, den Charakter des Sakralen oder doch Ehrwürdigen. Es ging dabei keineswegs primär um die Schaffung einer deutschen Literatur um ihrer selbst willen – diese lebt lange Zeit nur im Schatten und im Dienst der lateinischen, der sie das religiöse und kulturelle Monopol nicht streitig machen will. Und wie sehr das kirchliche Motiv entscheidet, zeigt die Tatsache, daß außerkirchliche Literatur nicht übersetzt und deutsche weltliche Dichtung nicht aufgezeichnet wird.

Es lassen sich verschiedene Wege unterscheiden, auf denen christliches Literaturgut zur deutschen Volkssprache kommt, und verschiedene Motive, diese in Anspruch zu nehmen. Die christlichen Gemeinden des spätrömischen Reiches, die sich auf deutschem Boden allenfalls durch die Völkerwanderung durchgerettet haben, kamen als Vermittler kaum mehr in Betracht. Erst mit der Taufe des Frankenkönigs Chlodwig (496) ist der Anfang der nun kontinuierlichen Christianisierung und Katholisierung gegeben und damit auch die Möglichkeit, daß sich am Königshof wieder eine gewisse Bildungstradition aufbauen kann. Doch spielt sich merowingisches Hofleben westlich des Rheins, auf später französischem Boden ab, und nur im späten 6. Jahrhundert, mit einem Hofdichter wie Venantius Fortunatus, läßt sich von einer Erneuerung antiker Humanitas in christlichem Geist sprechen. Die Christianisierung Deutschlands setzt erst später ein. Sie ist zunächst vor allem das Werk iro-schottischer Mönche, die unabhängig von Rom im unwirtlichen Germanien ihre asketischen Niederlassungen gründeten: Gallus, der Jünger Columbans, in St. Gallen, Virgil in Salzburg, Kilian in Thüringen, vielleicht auch Corbinian

(Freising), Fridolin (Säckingen), Pirmin (Reichenau), späterhin noch Fintan (Rheinau). Daneben gab es freilich bereits eine Reihe von Bistümern am Rhein, bei Alemannen und Bayern. Die Sachsen zu bekehren war erst das langwierige und blutige Werk Karls des Großen. Irische Sendboten kamen noch herüber und bestimmten das klösterliche Leben, als bereits die angelsächsische Mission und ihr Haupt Bonifatius (Wynfrith) im Einvernehmen mit dem römischen Papst und mit Karl Martell durch Errichtung weiterer Klöster und Bistümer die kirchliche Organisation Deutschlands vor allem in Hessen, Thüringen, Ostfranken und Bayern befestigt hatten. Im Zentrum steht das Bistum Mainz und das von hier aus gegründete Kloster Fulda, wo seit 754 die Gebeine des Bonifatius ruhten. Ein starker bayrischer Anteil war seit dem ersten Abt, Sturmi, für das Kloster wie offenbar auch für die Siedlungen der ostfränkischen Umgebung bezeichnend. Fulda bleibt für längere Zeit so etwas wie eine Drehscheibe der literarischen Überlieferungen. Der angelsächsische Einfluß bleibt mächtig auch unter Karl dem Großen: er ist am eindrucksvollsten durch Alkuin vertreten, den Spiritus rector der karolingischen Reform. Andererseits ist nicht nur an den Nordwesten zu denken: Von Südosten her, vom Langobardenreich über das politisch und dynastisch ihm verbundene Herzogtum Bayern, läßt sich die Linie einer schmalen Tradition spätantiker Kultur herüberziehen; die direkte Verbindung wird durch die Eroberung des Langobardenreiches durch Karl den Großen hergestellt – Paulus Diakonus, der Geschichtsschreiber der Langobarden, Ordensmann und Dichter, gehört zum engsten Kreis Karls.

Die vielfältigen Ansätze geistlichen und literarischen Lebens, die sich in Klöstern, Bistümern und Höfen des Frankenreiches um die Mitte des 8. Jahrhunderts feststellen oder vermuten lassen, erhalten Einheit, Stärke und Konsequenz durch die Reformarbeit Karls des Großen.

Nicht sein Heldenliederbuch, das den vornehmen Laien seines Hofes zur Unterhaltung gereicht haben mag, und nicht seine Bemühung um deutsche Monatsnamen und Windbezeichnungen, nicht primär die Aufzeichnung deutscher Rechte und der Plan einer deutschen Grammatik machen ihn zu einem eigentlichen Gründer der althochdeutschen Literatur. Durchaus im Vordergrund stehen seine missionarischen, pädagogischen und kirchenpolitischen Ziele. Das geistige Leben seines Hofes, seiner „Hofakademie" spielt sich zwar außerhalb deutscher Sprachpflege ab, aber bildet mit seinem spielerisch-urbanen Humanismus, seinen klassischen und theologischen Interessen doch die Mitte jener Erneuerung, die schließlich auch eine christliche deutsche Sprache fördert. Das in seinen Kapitularien immer wieder eingeschärfte Programm geistlicher Unterweisung führt unmittelbar zur Volkssprache. „Omni populo" gilt die den Geistlichen zur Pflicht gemachte sonntägliche Predigt in der Volkssprache. Für Glaubensbekenntnis, Taufe, Beichte, Gebet bedarf es korrekter deutscher Texte und Formulare. Weiter greift der Elementarunterricht, den Karl den an allen Klöstern und Domkapiteln einzurichtenden Schulen aufträgt. „Die Knaben sollen die Psalmen, die Schriftzeichen, den Gesang, das Berechnen der kirchlichen Festtage und die Grammatik lernen", heißt es in der *Admonitio generalis* von 789, also Lesen, Schreiben und Latein für einen schönen und würdigen Gottesdienst. Wieder ist hier die Volkssprache zur Vermittlung des richtigen Wissens unumgänglich, wieder wird sie selbst durch grammatisches Verständnis, durch Lehnbedeutungen, Lehnwörter, Lehnübersetzungen verwandelt und bereichert. Erst recht ist dies der Fall bei den höheren Aufgaben, die sich bei der Ausbildung von Klerikern und Mönchen stellen und die Karl ebenso zu lösen versucht hat: Das Unterrichtsschema der Sieben Freien Künste, das er aus der Spätantike übernahm und wieder zur Geltung brachte, insbesondere das Trivium mit seiner sprachlich-logisch-rhetorischen Schulung, aber auch die theologische Lehre anhand patristischer oder neuerer Traktate und Bibelkommentare (Alkuin) brachten eine folgenreiche Technik der Übersetzung und der gegenseitigen Erhellung des lateinischen und des deutschen Sprachmaterials mit sich. Es entsteht eine Übersetzungsliteratur, die sich von der deutschen Erklärung einzelner Wörter über systematische Glossierung bis zur selbständigen Nachdichtung erstreckt.

Neben den missionarischen und didaktischen Beweggründen für eine Schulung und Literarisierung der deutschen Sprache wird man aber auch einen religiösen Anlaß nicht übersehen dürfen: die klösterliche Beschäftigung mit dem Bibelwort und mit den theologischen oder liturgischen Hilfsmitteln seines Verständnisses. Auch wenn der Ordensgründer Benedikt in seiner Regel mehr von der nötigen Handarbeit der Mönche spricht als von ihrer literarischen Beschäftigung, so ist doch das Kloster, vor allem seit den Nachfolgern Karls, der wichtigste, ja oft ausschließliche Hort des Bildungslebens geworden, mehr und anders, als es die städtischen Klerikerschulen konnten. Karl der Große hat in einem Schreiben an die Äbte des Reichs *De litteris colendis* verlangt, daß in den Klöstern Literatur und Wissenschaft vermehrt zu pflegen seien, und er braucht dafür nicht zufällig den Ausdruck „litterarum meditationes". Das Benediktinertum ist bis heute durch die untrennbare Einheit von Askese und literarischem Studium, von Gottesdienst und gelehrter Bildung gekennzeichnet. Die dem Mönch aufgetragene Lesung und Meditation der Heiligen Schrift und der Bibelkommentare läßt nicht nur ein allseitiges Wissen um die biblische und kirchliche Überlieferung reifen, sondern auch so etwas wie einen philologischen Sinn, eine Freude am Wort überhaupt und dessen Geheimnis, das letztlich auf das Geheimnis des göttlichen Logos zurückgeführt werden kann. Und hier kann es sich denn auch ereignen, daß ohne unmittelbare missionarische oder didaktische Absicht das deutsche Wort gesucht wird – weil es Freude macht oder richtig scheint, Gott auch einmal in fränkischer Zunge zu loben, oder weil auch die Volkssprache, statt nur von unnützen weltlichen Dingen zu handeln, dem christlichen Geiste dienen soll.

Wenn im folgenden die wichtigsten Denkmäler dieser Übersetzer- und Erklärertätigkeit beschrieben werden, so ist die Reihenfolge mehr systematisch als historisch. Zwar sind die ältesten Zeugnisse dieser Art auch die anspruchslosesten, aber im übrigen gilt keineswegs eine Entwicklung vom Stammeln zur freien Rede. Auch die von „Regeln unbezwungene" althochdeutsche Sprache war immer souveränen Ausdrucks fähig – ein Volk ist keine Schulklasse und seine Sprache in jedem Moment der Geschichte gottunmittelbar; auch war sie ja für Unterricht, Predigt und Unterhaltung stets vonnöten, von der Verbindlichkeit der Rechtssprache gar nicht zu reden.

Ebenso schwierig wie eine entwicklungsgeschichtliche Anordnung der erhaltenen Denkmäler ist auch die Unterscheidung nach lokalen Überlieferungen, so sehr eine solche Literaturgeographie durch die verschiedenen althochdeutschen Mundarten nahegelegt wird. Nur in einigen mächtigen Klöstern wie Fulda vor allem, aber auch St. Gallen, Reichenau, Murbach lassen sich mehr oder weniger eigenständige Schwerpunkte erkennen. Viele Zuordnungen bleiben fragwürdig, bedenkt man die Freizügigkeit der frühmittelalterlichen Mönche und Kleriker, den Austausch unter verschiedenen Klöstern, die Umsetzung einzelner Dokumente von einer Mundart in die andere, die verschiedenen Versuche zu überlandschaftlichen Schreibsprachen und Orthographien. Auch geht die Zahl der Klöster und Stifte zur Karolingerzeit schon in die Hunderte, wo vielleicht ebenfalls Schreibstuben und gebildete Männer waren, deren Stimme nur durch die Ungunst der Überlieferung verstummt ist.

1. Deutsche Sprache in Kirche und Recht

Bevor man den Blick auf die systematische Übersetzertätigkeit des 8. und 9. Jahrhunderts richtet, müssen – in aller Kürze – die wenigen „Gebrauchstexte" erwähnt werden, auf die Seelsorge und Rechtspflege im Umgang mit dem ungebildeten Laien unabdingbar angewiesen sind. Aus früher Zeit ist davon wenig aufs Pergament gekommen, und es handelt sich auch meistens um „amtliche" Dokumente formelhaften Charakters, die von hohem kulturgeschichtlichen und sprachwissenschaftlichen Interesse sein können, aber kaum eine literaturgeschichtliche Funktion haben.

In zwei altdeutschen *Taufgelöbnissen* wird noch unmittelbar die Zeit der Mission und der großen Bekehrungen lebendig. In Fragen des Priesters und Antworten des (erwachsenen) Täuflings erfolgt zuerst die Absage an die bösen Mächte – im altsächsischen Formular aus der Zeit der Sachsenbekehrung sind es noch die drei germanischen Götter Thunaer, Woden und Saxnot (Kriegsgott) –, dann folgt als positiver Teil die eigentliche Bekenntnisformel. Das *Glaubensbekenntnis* ist in zahlreichen Fassungen allein überliefert oder zusammen mit dem *Vaterunser* oder in weiteren Zusammenstellungen. So enthält der ehrwürdige *Weißenburger Katechismus* – noch dem 8. Jahrhundert angehörend – deutsche Texte des Vaterunsers, eines Beichtschemas, des apostolischen und des athanasianischen Glaubensbekenntnisses sowie des Gloria aus der Messe. Besonders die *Beichtformulare* sind in größerer Zahl vorhanden, teils für die allgemeine, teils für die private Beichte bestimmt. Nach dem Einleitungstext folgt als Hauptteil das Sündenbekenntnis, wo

sich nun eine große Buntheit in der Systematik oder im
Maß der Detaillierung der möglichen Sünden zeigt, worauf dann der Schlußteil das Bußversprechen und die Bitte
um Fürsprache enthält. Es sind zehn verschiedene altdeutsche Texte verschiedener Mundart erhalten und gut
ebenso viele Beichten in Verbindung mit dem Credo. –
An weiterer geistlicher Literatur dieser Art wären nur
noch einige kleine Gebetstexte und Predigtstücke zu
nennen.

Das Rechtswesen ist bekanntlich ein hochentwickelter
und beherrschender Teil der germanischen Volkskultur
gewesen. Es hat sich nicht nur in der Sprache, sondern
auch der Sozialordnung, der Dichtung, ja der Auffassung
des Glaubens auch der christlichen Zeit tief eingeprägt.
Die germanischen Rechtsbegriffe im Rahmen der lateinischen Kultur zu fixieren und aus dem neuen Geist zu
modifizieren mußte eine langwierige und schwere Aufgabe sein. Die germanischen Stammesrechte sind beim
Eintritt der Germanen in die römische Welt alle lateinisch kodifiziert worden. Für das fränkisch-deutsche
Reich ist die Aufzeichnung der *Lex Salica* bereits durch
Chlodwig um 510 grundlegend. Schon hier mußten aber
fränkische Rechtswörter herübergenommen werden, sei
es im Text selber, sei es als Worterläuterungen (*Mal-
bergische Glosse*). Diese archaischen, oft entstellten alt-
niederfränkischen Wörter gehören zu den ältesten deutschen Sprachdenkmälern. Von der *Lex Salica* wurde
offenbar im Zusammenhang mit Karls des Großen
Bestreben, die allgemeine Rechtskenntnis zu verbreiten,
eine ostfränkische Übertragung erstellt, von der ein
Fragment erhalten ist. Das altdeutsche Material an
Rechtssprache wird schließlich ergänzt durch Eidfor-
meln – darunter die berühmten *Straßburger Eide* von 842
zwischen Ludwig dem Deutschen und Karl dem Kahlen
– durch deutsche Partien in Urkunden, durch Güterver-
zeichnisse und Mark-(d. h. Grenz-)Beschreibungen. Die

Volksnähe, die Anschaulichkeit und die dem Gedächtnis
entgegenkommende Formulierung (etwa in stabenden
Formeln), überhaupt die „Gesprochenheit" des alten
Rechts hat Jacob Grimm, den Sammler der *Deutschen
Rechtsaltertümer*, veranlaßt, von der „Poesie im Recht"
zu schreiben. Wenn diese Wendung für die älteste Zeit
auch noch treffen sollte, so bewegt sich doch die spätere
Rechtssprache mit guten Gründen von diesem archaischen Zustande weg.

2. Glossen und Interlinearübersetzung

Die Würde des „ältesten deutschen Buches" gehört
einem Wörterverzeichnis, das in drei oberdeutschen Fassungen – die älteste und reichhaltigste aus St. Gallen,
zweite Hälfte des 8. Jahrhunderts – erhalten ist und auf
ein Original aus der Zeit um 750 zurückgeht. Es ist der
Abrogans, heute so genannt nach seinem ersten lateinischen Stichwort (abrogans „bescheiden"). Zugrunde
liegt ein rein lateinisches Synonymenwörterbuch zum
Zweck rhetorischer Bereicherung des Wortschatzes, wie
es offenbar in den italienischen Klöstern seit Cassiodors
Organisation des Unterrichts benutzt werden konnte.
Nach den Forschungen Georg Baeseckes wäre die lateinische Vorlage des *Abrogans* aus dem langobardischen
Oberitalien nach Bayern gelangt und in der Umgebung
des Freisinger Bischofs Arbeo, der selbst ein Südtiroler
war, ins Deutsche übertragen worden, und zwar interli-
near, d. h. durch Eintragen der deutschen Wortentspre-
chungen über dem lateinischen Text. Diese Art volkssprachlicher „Glossierung" war, wie noch Spuren der
Abrogans-Überlieferung zeigen, von der angelsächsischen Praxis inspiriert. Das Bistum Freising war 739 von
Bonifatius gegründet worden, sein dritter Vertreter,
Arbeo (seit 765), ist der Verfasser von Lebensbeschreibungen der beiden bayrischen Gründer-Heiligen Corbi-

nian und Emmeram und damit „der erste Schriftsteller
aus deutschem Stamm".

Obwohl diese Zuweisung nicht anders als eine solche
an Virgil von Salzburg sehr hypothetisch ist, hat man
nicht gezögert, die Linien kräftig auszuziehen und im
Abrogans eine kulturpolitische Tat des Freisinger
Bischofs zu sehen, in welcher spätantikes Erbe mit angelsächsischer Methode sich auf bayrischem Boden verbunden hätte, und man hat Arbeo als „die mächtigste Gestalt
des vorkarlischen deutschen Schrifttums" gepriesen
(Baesecke).

Allerdings eröffnet für uns der *Abrogans* eine mächtige
Literatur schwer übersehbarer Glossierungstätigkeit, die
durchs ganze Mittelalter nicht abriß und im althochdeutschen Bereich grundlegend scheint. Neben den Überlieferungskomplex des *Abrogans* tritt ein anderer, ein sachlich geordnetes Wörterbuch, das aus einem ursprünglich
lateinisch-griechischen Vokabular zu einem lateinisch-
volkssprachlichen umgearbeitet worden war und über
angelsächsische Vermittlung vermutlich nach Fulda und
von da über Murbach nach St. Gallen gelangte: der
Vocabularius Sancti Galli (Handschrift um 790).
Die Hauptmasse der Glossen besteht aber nicht aus
solchen übersetzten Wörterbüchern, die im Deutschen
schließlich eine oft rätselhafte und abenteuerliche Gestalt
bekommen mußten, sondern aus den interlinearen Glossierungen der wichtigen geistlichen Texte, der Bibel vor
allem; dazu kommen auch dichterische Texte: Hymnen,
Vergil, Prudentius. Die Glossierungen erfolgten aber
keineswegs immer wieder ad hoc, sondern stehen unter
sich in einem Traditionszusammenhang von Kloster zu
Kloster, der durch Abschreiben, Bearbeiten und Kombi-
nieren ins Unabsehbare gewachsen ist. So bilden die
Glossen – in den 5 dicken Bänden von Elias Steinmeyers
kritischer Ausgabe – einen respektabeln Teil der althochdeutschen Überlieferung überhaupt.

Aber gehören sie zur Literaturgeschichte? Man hat
eingewendet, daß diese oft ausgesprochen primitive und
fehlerhafte Literatur von Vokabelheften, diese „sprachlichen Kuriositätensammlungen“, diese „Heuschrecken
Pharaos, Glossen geheißen“, eine „geistesarme Literatur“ seien, für den lateinischen Elementarunterricht
bestimmt und keineswegs als Beginn deutscher Wissenschaft und Literatur zu betrachten. Der gewaltige Quel-
lenwert für die Sprachgeschichte und die Geschichte von
Unterricht und Bildung, der imposante Traditionszusammenhang zeigt, wie wichtig, ehrwürdig und mühsam
das Ringen um den lateinischen Wortschatz war. Im
Rücken gleichsam der Bemühung ums Latein wandelt
sich und wächst ja auch der deutsche Wortschatz und
sein Bedeutungsgefüge, so daß diese Glossen das Werden
der deutschen Sprache spiegeln in einer gleichsam noch
dichterischen Phase der Bedeutungsschöpfung, vorab des
geistig-abstrakten Wortes. Vor allem aber wird die Inter-
linearglossierung in kontinuierlichem Übergang zur
geschlossenen deutschen Übersetzung, zur spontanen
deutschen Sprachgestaltung auch in anspruchsvollen
Aufgaben.

Entscheidend ist der Moment, da nicht nur das Wort,
sondern die Wortgruppe, der Satz wiedergegeben wird
und die Übersetzung damit eine gewisse Selbständigkeit
gewinnt. In schlichter, aber schlagender Form zeigen
dies die berühmten „Gesprächbüchlein“, von denen
eines mit den *Kasseler Glossen*, als Anhang zum Sach-
glossar, überliefert ist (9. Jahrhundert), das andere aus
einer Pariser Handschrift des 10. Jahrhunderts stammt.
Es sind Zusammenstellungen von lateinischen Wörtern,
Formeln und Sätzen mit deutscher Übertragung, gedacht
für einen Reisenden romanischer Zunge im deutschen
Sprachgebiet, im zweiten Fall ist das Ganze auch von
einem romanischen Schreiber in abenteuerlicher Orthographie notiert. Die außerordentliche Lebensnähe dieses

„beredten Deutschen" wirkt im Vergleich zu der distan-
zierten kirchlichen oder schulmäßigen Literatur geradezu sensationell:

> Gueliche lande cumen ger? (de qua patria?)
> E guas mer in gene francia. (in francia fui)
> Guaez ge dar daden? (Quid fecisti ibi?)
> Enbez mer dar (disnavi me ibi).

> *(Pariser Glossen* 20–23)

(Aus welchem Land? / Ich war in Franzien. / Was hast du dort
getan? / Ich habe dort gegessen.)

Es gibt noch für Jahrhunderte wenig Texte, die derart
knapp und direkt den mittelalterlichen Alltag – Essen,
Trinken, Schlafen, Begrüßungen, Verhandlungen, Beschimpfungen im fremden Land – einfangen.

Den Typus einer fortlaufenden, systematischen, aber
auch schematischen Interlinearübersetzung, die an sich
keinen Ganzheitscharakter beanspruchen kann, verkörpert die St. Galler Bearbeitung der *B e n e d i k t i n e r r e -
g e l* aus dem Anfang des 9. Jahrhunderts. Daß die *Regula
Sancti Benedicti* zu den vielglossierten Texten gehört,
begreift sich nicht nur aus ihrer grundlegenden Bedeutung für das klösterliche Leben überhaupt, sondern insbesondere aus den Erlassen Karls des Großen, der die
strenge Beobachtung der Regel nicht nur den Mönchen,
sondern auch den Klerikern in den regulierten Stiften zur
Pflicht machte.

Interessanter und unmittelbar von literarischer Bedeutung ist der Fall althochdeutscher Hymnenübersetzung.
Aus Tegernsee und dem Anfang des 9. Jahrhunderts
stammt die interlineare Wiedergabe eines kunstvollen
Carmen ad Deum, das nach Baesecke vielleicht angelsächsischen Ursprungs ist. Vor allem aber hohen Rangs
sind die *M u r b a c h e r   H y m n e n,* d. h. die Wiedergabe
von 26 ambrosianischen Hymnen (strophischen Kir-
chenliedern). Sie sind im Kloster Reichenau zu Anfang

des 9. Jahrhunderts entstanden, in engem Zusammenhang mit einer interlinearen Glossierungstätigkeit, die
hier offenbar ihr eigentliches Zentrum hatte; die Handschrift kam über das Tochterkloster Murbach schließlich
nach Oxford. Hier besteht nun die Vorlage in einem
Text, der in seiner Wortstellung bereits eine gewisse
poetische Freiheit besaß, syntaktisch einfach war und vor
allem durch seinen dichterisch-sakralen Charakter dem
Übersetzer fast von selbst eine sorgfältige und intensive
Nachbildung ermöglichte, ja ihm zu einem dichterischen
Plus eigener Prägung verhalf. Obwohl der Übersetzer
dem lateinischen Text meistens genau folgt, spricht er
streckenweise seine eigene hymnische Sprache, in der
nicht nur die volle Lautung der althochdeutschen Formen und der blockhafte Interlinearstil der Feierlichkeit
des Textes entsprechen, sondern noch darüber hinaus in
Rhythmus, Stabreim, germanisch-dichterischem Wortschatz und einzelnen rhetorischen Figuren die Leuchtkraft althochdeutscher Kunst zur Geltung kommt. Ein
Beispiel:

> Aurora lucis rutilat,   tagarod *l*eohtes *l*ohazit
> celum laudibus intonat,   himil *l*opum donarot
> mundus exultans iubilat,   *u*ueralt *f*eginontiu *u*uatarit
> gemens infernus ululat.   suftonti pech *u*uafit.

(Das Morgenrot des Lichtes loht, / der Himmel mit Lob
donnert, / die Welt sich freuend jubelt, / seufzend die Hölle
wehklagt.)

Oder:

> Mediae noctis tempore   Mittera nahti zite
> prophetica vox admonet: uuizaclichiu stimma manot
> dicamus laudes domino   chuudem lop truhtine
> patri semper ac filio...   fatere simbulum ioh sune...

(Mitten in der Nacht Zeit / weissagende Stimme mahnt, /
sprechen wir Lob dem Herrn, / dem Vater stets und dem
Sohne...)

Darin bloß „mechanische" Wiedergabe in „Prosa"
(Ehrismann) zu sehen, heißt den Ernst und die Kraft
dieser *Murbacher Hymnen* verkennen. Da liegt eine
geistliche Dichtung vor, wie sie ähnlich erst wieder frühmittelhochdeutsch begegnen wird.

Die Übersetzung schließt sich eng an den lateinischen
Text, aber lebt doch wohl aus der Zuversicht, daß die
deutsche Nachbildung sich selber zu tragen vermag. Im
Katalog der Reichenauer Büchersammlung aus dem
9. Jahrhundert ist ein Buch verzeichnet, welches „carmina ad docendum Theodiscam linguam" enthalte. Und
in der Tat wird in diesen Hymnen nicht so sehr Latein
mit Hilfe des Deutschen gelehrt als das Deutsche am
lateinischen Vorbild gemessen und selber legitim
gemacht. Die Grenze zwischen interlinearer und selbständiger Übersetzung ist jedenfalls fließend.

Die *Murbacher Hymnen* machen aber auch auf einen
Mangel aufmerksam: Die größte künstlerische Schöpfung der karolingischen Kirchenkultur, die Sequenz,
erscheint nicht in althochdeutschen Wiedergaben. Notker der Stammler (Balbulus, um 840–912), der Ruhm St.
Gallens als Gelehrter, als Musiker und als Verfasser der
Gesta Caroli, hat nach französischen Anregungen die
neue, ganz von der Melodie getragene, in silbenmäßig
sich entsprechenden antiphonischen „Prosen" komponierte Form entwickelt; von St. Gallen und der Reichenau aus verbreitete sie sich in Europa. Zu deutschen
Übersetzungen oder gar Nachbildungen der Sequenz
mag es wegen ihres musikalischen Charakters und der
Schwierigkeit der silbenzählenden, prosarhythmischen
Form nicht gekommen sein (vgl. S. 172 f.).

3. Die großen Prosawerke

Gleichzeitig mit den tastenden Bemühungen um eine
deutsche Prosa und ihren christlich-abstrakten Wort-

schatz, mit dem Beginn erst mühsamen Einübens,
erscheint unerwartet ein umfangreicher Text theolo-
gisch-wissenschaftlichen Gehalts, in dem scheinbar spielend und von vornherein alle Schwierigkeiten überwunden und die differenziertesten Gedankengänge mühelos
und mit allen stilistischen Nuancen gemeistert sind – in
einer der ältesten uns bekannten Entwicklungsstufen der
althochdeutschen Sprache. In einer Pariser Handschrift
aus dem letzten Jahrzehnt des 8. Jahrhunderts ist –
bereits als Abschrift – lateinisch und daneben althochdeutsch (unvollständig) ein Traktat des Bischofs I s i d o r
v o n S e v i l l a (gest. 636) aufgezeichnet: *De fide catho-
lica contra Iudaeos.* Es ist eine Verteidigung des katholischen Glaubens, insbesondere der Trinitätslehre, hauptsächlich anhand einer christlichen Interpretation des
Alten Testaments, ursprünglich gegen die jüdische Theologie gerichtet, aber unvermindert aktuell für die
Abwehr arianischer und späterer Anfechtungen der
rechtgläubigen Christologie.

Das Erstaunlichste ist die vollkommen präzise und
doch äußerst bewegliche und gelöste Wiedergabe. Der
lateinische Text wird einfühlend durch gelegentliche
Zufügung von Partikeln oder Attributen und durch
Variation der Wortwahl verdeutlicht, d. h. immer aus
dem wohlverstandenen Zusammenhang erfaßt, ohne
starre Wortgleichungen. „Divinitas" z. B. erscheint als
„got, gotnissa, gotes gheist", „divinae omnipotentiae" als
„almahtigun gotliihhin". „Trinitas" ist wiedergegeben
mit „dhrinissa" oder „dhrii heida gotes", und „trinitatis
sacramentum" mit „dhera selbun dhrinissa heilac chi-
runi". Die natürliche deutsche Wortstellung wird
bewahrt, ausschließlich lateinische Konstruktionen wie
Akkusativ mit Infinitiv, absoluter Ablativ, Gerundium
oder Gerundivum werden aufgelöst. Die Rhythmik der
Sätze ist eindringlich und gepflegt: „ut verbum ab ore, ut
sapientia ex corde" – „so uuort fona munde, so uuis-

duom fona herzin". Dazu kommt ein konsequentes und sorgfältiges orthographisches System, das wiederum den Verfasser als einen Mann selbständigen wissenschaftlichen Geistes ausweist und der Erkenntnis der frühen Sprache unschätzbare Dienste leistet. Die Sprache selbst ist offenbar im Kerne fränkisch, weist aber zusätzlich alemannische Elemente auf. Klaus Matzel bestimmt sie als lothringisch (südrheinfränkisch) und lehnt die lange gehegte Vermutung, es handle sich um Westfränkisch (eine recht unklare Größe), ab.

Der große Abstand der Isidor-Übersetzung von der gleichzeitigen Glossierungs- und Übersetzungsmethode der Klöster Reichenau, Murbach oder St. Gallen ist nicht allein durch den überragenden geistigen Rang ihres Verfassers zu erklären. Es müssen besondere Voraussetzungen und Zielsetzungen im Spiel gewesen sein. Man hat etwa erwogen, daß diese Leistung am ehesten von einem zweisprachigen Gelehrten (romanisch/lateinisch und deutsch) zu erwarten wäre, der über das Nachbuchstabieren des lateinischen Textes, mit dem sich die Interlinearübersetzer aus guten Gründen mühten, erhaben war. Der lateinische Text war ihm kein Problem, es ging ihm nur um die selbständig wirksame deutsche Fassung. Damit aber konnte kaum nur ein klösterlich-schulmäßiges Auditorium anvisiert sein. Die Trinitätslehre als Kernstück katholischer Theologie war im Zeitalter Karls wichtiges Thema der öffentlichen Auseinandersetzung. Sie spielt in Karls Briefwechsel mit Alkuin, dessen Hauptarbeit dem Trinitätsdogma gilt, eine wichtige Rolle. Von Spanien her war in den Jahren 782 bis 799 die adoptianische Lehre (Christus ist als Gott der natürliche, als Mensch der adoptierte Sohn Gottes) von neuem verbreitet und vom Kaiser zum Gegenstand der Synoden von Regensburg (792), Frankfurt (794) und Aachen (799) gemacht worden. Anderseits bestehen zwischen Alkuins Lehre und Isidors Theologie gewisse Differenzen, auch ist eine lateinische Isidor-Handschrift schon für Bonifatius und 731 für Murbach bezeugt. So ist der Zusammenhang des *Althochdeutschen Isidor* mit Karls Kirchenpolitik nicht zu beweisen, aber durchaus vertretbar. Der Rang und die Systematik des Unternehmens deuten zusätzlich auf einen höchsten Auftraggeber und Adressaten. Der *Isidor* muß für den Hof Karls bestimmt sein, ja ist, was sein Sprach- und Schreibsystem betrifft, vielleicht identisch mit der von Karl inaugurierten *Grammatica patrii sermonis* (Schreibordnung der heimischen Sprache), von der Einhard berichtet (Matzel).

Aus dem Nichts wird auch die stilistische Meisterschaft und Kultur der Isidor-Übersetzung nicht entstanden sein. Für ihren rhythmischen Sinn und die Freiheit der Sprache hat man insbesondere die Tradition volkssprachlicher Predigt herangezogen, wie sie Karl immer wieder gefordert hat, daneben aber auch an die Macht freier weltlicher Rede gedacht, wie sie die Chronisten von Karl dem Großen und andern Führern der Zeit bezeugen. Schließlich wurde behauptet, die Rhythmik des Isidor-Übersetzers sei von dem „Gehörerlebnis" der Stabreimdichtung geprägt (was freilich erst noch gegenüber dem allgegenwärtigen Einfluß lateinischer Kunstprosa abgewogen werden müßte).

Es ist nicht zuletzt auch rätselhaft, daß das *Isidor*-Unternehmen praktisch keine wahrnehmbare Nachgeschichte gezeitigt hat. Die Ausnahme bilden einige Fragmente einer Handschrift aus dem Kloster Monsee (später in Wien), wo der *Isidor*-Text in bairischer Umformung erscheint, zusammen mit andern Übersetzungsfragmenten nach biblischen und theologischen Vorlagen, welche dieselbe Übersetzungstechnik wie der *Isidor* zeigen. Von einer auch nur kurzlebigen „Schule" des Isidor-Übersetzers kann also wohl nicht gesprochen werden.

Mit einem zweiten Denkmal theologischer Prosa befinden wir uns wieder in vertrauterem Rahmen. Dies

ist der *Althochdeutsche Tatian*. Tatian ist der
Name eines syrischen Christen des 2. Jahrhunderts, dem
ein „Diatessaron" (d. h. „Durch die viere hindurch")
zugeschrieben wird, nämlich eine Zusammenfassung der
vier Evangelien zu einer geschlossenen „Evangelienharmonie". Das Werk fand eine arabische, lateinische und
griechische Übersetzung, wurde später dem *Vulgata*-
Text angeglichen und war im ganzen Mittelalter beliebt.
Die älteste der zahlreichen lateinischen Handschriften
liegt in Fulda (6. Jahrhundert) und soll von Bonifatius
mitgebracht worden sein. In einer St. Galler Handschrift
aus der zweiten Hälfte des 9. Jahrhunderts steht neben
dem lateinischen ein deutscher Text in ostfränkischer
Sprache, was eine Entstehung in Fulda nahelegt. Von
andern Handschriften des deutschen *Tatian* sind wenigstens Nachrichten vorhanden. Die fuldisch-sanktgalli-
sche Übersetzung basiert aber nicht auf dem nebenste-
henden lateinischen Text, vermutlich auch nicht, wie
man lange gemeint hat, auf dem alten Fuldaer Codex,
welcher im Gegensatz zur deutschen Fassung bereits
stärker der *Vulgata* angenähert ist. Die deutschen
Abweichungen sind jedenfalls nicht Willkür, vielmehr
durch andere, ältere Lesarten begründet. Man setzt die
Übertragung einhellig in die Jahre von 825 bis 830, die
Zeit also bereits Ludwigs des Frommen, dem die Reform
und Förderung der deutschen Klöster besonders am
Herzen lag. Von 822 bis 842 war H r a b a n u s M a u r u s
Abt von Fulda, bevor er Erzbischof von Mainz wurde.
Dieser universale Gelehrte, Dichter und Schriftsteller
war Schüler Alkuins in Tours gewesen und erwarb sich
durch seine weiterum einflußreiche Organisation der
Fuldaer Klosterschule den Titel eines „primus praeceptor
Germaniae". Auf dieses Zentrum karolingischer Kloster-
kultur und zugleich geistlicher Macht, das zunächst
unter dem angelsächsischen Einfluß seines Urhebers
Bonifatius stand, aber durch den ersten Abt, Sturmi, und

eine große Zahl von Mönchen bayrischer Herkunft auch
enge Beziehungen zum Südosten besaß, läßt sich nachweislich eine Reihe von deutschen Werken des 8. und 9.
Jahrhunderts zurückführen; manch anderes dorthin zu
versetzen hat verlockende Wahrscheinlichkeit; Hraban
hat nicht nur durch seine Schule, sondern vor allem auch
durch sein theologisches Werk, insbesondere seine Kommentare zu biblischen Büchern, auf die spätere deutsche
Bibeldichtung gewirkt. Sicher sind der Evangeliendichter
Otfrid von Weißenburg und der berühmte Reichenauer
Abt, Dichter und Gelehrte Walahfrid Strabo Hrabans
Schüler in Fulda gewesen.

Den *Althochdeutschen Tatian* denkt man sich wegen
seiner offensichtlichen Uneinheitlichkeit als Gemeinschaftswerk mehrerer Mitarbeiter unter Hrabans Leitung
entstanden, wobei offenbar auch eine gewisse Ausgleichssprache zur Verwendung kam (Schröbler). Der
Größe und Bedeutung des Plans entsprach, für unser
heutiges Urteil, freilich die Verwirklichung nicht ganz:
Der ostfränkische *Tatian* ist im wesentlichen interlineare, dem lateinischen Sprachbau sich eng anschließende Übertragung ohne einen erkennbaren stilistischen
Rang. Für die Sprachwissenschaft ist allerdings auch
dieses umfangreiche Werk mit seinem sozusagen normalen Althochdeutsch und seinem reichen Wortschatz von
hoher Bedeutung.

Das Erscheinen des *Tatian* in so früher Phase der
volkssprachlichen Literatur stellt die Frage einer althochdeutschen Bibelübersetzung überhaupt zur Diskussion.
Denn abgesehen von den Monsee/Wiener Fragmenten zu
Matthäus, einigen interlinearen Psalmenbearbeitungen,
einigen Psalmenfragmenten altsächsischer Sprache und
später dann Notkers Hiob- und Psalmenwerk ist uns
keine wortgetreue Übersetzung der Bibel vor dem
14. Jahrhundert bekannt. Wohl aber schuf das 9. Jahrhundert nicht nur die Prosa-Evangelienharmonie des

Tatian, sondern auch zwei mächtige Evangelien*dichtungen* in niederdeutscher und in oberdeutscher Sprache, beide mindestens indirekt von Fulda angeregt und die erste aufgrund des lateinischen *Tatian* verfaßt. Dieser merkwürdige Tatbestand, daß dem Laien des Früh- und Hochmittelalters der Bibeltext nicht im genauen und vollständigen Wortlaut vorlag, sondern nur in solchen mittelbaren Fassungen, kann zwei Gründe haben: Eine umfassende volkssprachliche Bibel war, mit Ausnahme des liturgisch wichtigen Psalters, beim bescheidenen Bildungsstand der Laien und bei den hohen Kosten eines Buches gegenstandslos, oder der sakrale lateinische Text wurde als vielschichtiges und geheimnisvolles göttliches Wort im Grunde für unübersetzbar gehalten. Das Bedürfnis ging gar nicht nach einem deutschen Bibeltext im Ganzen, sondern nach freier deutscher Paraphrase, nach Zusammenfassung und vor allem nach dichterischer Erschließung, zum Zweck der Erläuterung und der Erbauung.

Die Frage leitet hinüber zum großartigen Feld der biblischen Epik und dogmatischen Dichtung.

Die volkssprachliche Dichtung erhält in der christlichen
Ära eine neue Aufgabe und einen neuen Gehalt. Ganz
besonders, sofern sie zunächst noch immer keine „Literatur" ist, sondern wie herkömmlich die feierlich geho-
bene, verbindliche Rede in der vollen Funktion, festliche
Gemeinschaft zu bilden und hohe Werte zu vergegenwärtigen. Auf der andern Seite gibt schon die christliche
Spätantike dem reichen lateinischen Dichtungserbe einen
neuen Sinn: Sie hat den Gedanken einer heiligen Poesie
gefaßt, in welcher der christliche Glaube die vollendete
Kunst der römischen Dichtersprache in seinen Dienst
nähme und zur getauften, christlichen Dichtung erfüllen
sollte. Das Lob Gottes zu singen ist die höchste, ja
einzige Aufgabe der Dichtung. Dies ist nicht besser
möglich als durch den Lobpreis und das Nachvollziehen
der göttlichen Offenbarung selbst, wie sie in der Schöpfung, in der Geschichte des Heils, in den Geheimnissen
der Glaubenslehre sich darbietet. Umgekehrt würde sich
dann in der Rede des frommen Dichters immer neu die
Menschwerdung Christi wiederholen, d. h. die Offenbarung in der Knechtsgestalt der irdischen Dichtung immer
neue Gestalt annehmen:

> Versibus ut nostris divinae gloria legis
> ornamenta libens caperet terrestria linguae.

(damit die Herrlichkeit von Gottes Gesetz in unsern Versen /
gerne den irdischen Sprachschmuck annehme.)

So sagt es Juvencus, der erste uns bekannte Bibelepiker,
im Epilog seiner großen Evangeliendichtung, die den
nicht abreißenden Zusammenhang europäischer Bibelepik bis Klopstock eröffnet. Juvencus beruft sich dabei
auf das Leuchten der Gnade: Diese „sacra poesis" ist
letzten Endes wieder nur möglich, wenn es Gott selbst

ist, der den Sänger beruft, sein Mund zu werden, wie er
die Propheten berufen hat. Die antike Redensart vom
poeta vates, vom Dichter als Seher, erhält einen neuen
christlichen Sinn. Und dieser Sinn erfüllte sich erst recht
in der demütigen Gestalt der Volkssprache, die sich nicht
auf die große Vergangenheit literarischer Kunst berufen
konnte, aber dafür ganz der unmittelbaren Berufung
durch Gott vertrauen durfte. Dieser Tenor eines Redens
von Gott in der Volkssprache und einer volkssprachlichen Bibel zieht sich durch die geistliche Literatur des
Mittelalters und lebt neu auf in Luthers deutschem Evangelium.

Am Anfang der europäischen geistlichen Dichtung in
der Volkssprache steht jedenfalls das wunderbare Ereignis von der Berufung des Caedmon, eine Art literarhistorischer Gründungslegende nicht nur der angelsächsischen Literatur, erzählt von Beda dem Ehrwürdigen
(gest. 735) in seiner Kirchengeschichte der Angelsachsen.
Im Schlafe wird dem ungebildeten Stallknecht Caedmon
der Auftrag und die dichterische Gabe verliehen, den
Anfang der Schöpfung und das Lob des Schöpfers zu
singen, womit der Beginn eines dichterischen Werks
gegeben war, das sich später über den ganzen Verlauf der
biblischen Geschichte erstreckte. Es ist die Berufung des
dichterischen Vates oder Propheten und zugleich die
Heiligung der Volkssprache, der sprachlichen Knechtsgestalt. Die angelsächsische Dichtung des 8. und 9. Jahrhunderts enthält denn auch eine größere Zahl von hymnischen oder erzählenden Gedichten über die Gegenstände des christlichen Glaubens und über den Inhalt
einzelner biblischer Bücher (Genesis, Exodus, Daniel,
Judith), und wir wissen aus Beda wie aus dem *Beowulf*-
Epos, daß solche Dichtung nicht nur die hergebrachte
weltliche Heldendichtung verdrängen sollte, sondern
auch unbefangen neben ihr im weltlichen Vortrag gedieh.
Früher als die Deutschen und in engerem Anschluß an

die heimische Formtradition haben somit die Angelsachsen eine christliche Poesie in der Volkssprache begründet, und die wenigen deutschen Stabreimdichtungen geistlichen Gehalts stehen durchaus im Zeichen dieser angelsächsischen, caedmonischen Poesie und ihres mehr prophetisch-missionarischen als meditativen Stils. Die Vermittlung hat mit hoher Wahrscheinlichkeit das deutsche Zentrum der angelsächsischen Mission, das Kloster Fulda, besorgt. Daß wenigstens in einem Fall auch eine deutsche Gegengabe, und zwar aus dem stammverwandten sächsischen Bereich, erfolgte, das wird die ins Englische übersetzte *Altsächsische Genesis* noch belegen. Vor der langwierigen Bekehrung der Sachsen durch Karl den Großen war auf diesem Weg freilich keine Vermittlung zu erwarten.

1. Schöpfung und Endzeit

Zeitlich zuerst begegnen zwei rätselhafte althochdeutsche Stabreimpoesien großen Stils, beide mit starken Indizien angelsächsischer Herkunft in Sprache, Schrift, Überlieferungsort und Inhalt, beide mit Zügen, die eine besondere Nähe zu Vorstellungen der altgermanischen Mythologie zu zeigen scheinen. Aus dem bayrischen Kloster Wessobrunn (vielleicht ursprünglich aus St. Emmeram in Regensburg) stammt das fälschlich so benannte *Wesso-brunner Gebet*, ein uneinheitlicher Text des frühen 9. Jahrhunderts, der Anfang eines mit altepischer Formel eröffneten Gedichts auf die Erschaffung der Welt:

> Dat gafregin ih mit firahim   firiuuizzo meista,
> Dat ero ni uuas   noh ufhimil,
> noh paum . . . . .   noh pereg ni uuas,
> ni . . . . . nohheinig   noh sunna ni scein,
> noh mano ni liuhta,   noh der mareo seo.
> Do dar niuuiht ni uuas   enteo ni uuenteo,
> enti do uuas der eino   almahtico cot,

manno miltisto, enti dar uuarun auh manake mit inan
cootlihhe geista. enti cot heilac . . . . .

(Das erfuhr ich unter den Menschen als größtes Wunder, / daß
Erde [?] nicht war noch Oberhimmel, / noch [irgendein?] Baum
noch ein Berg [nicht] war, / noch [der Sterne?] einer noch die
Sonne schien, / noch der Mond [nicht] leuchtete, noch das
herrliche Meer [war]. / Als da nichts war an Enden und Wenden,
/ da war doch der eine allmächtige Gott, / der Männer mildester,
und da waren auch manche bei ihm, / göttliche Geister. Und der
heilige Gott . . . . .)

Nach diesen neun Zeilen bricht der Text, der offenbar
eine Art Zitat darstellt, ab, und es folgt ein kurzes
Prosagebet an den allmächtigen Gott und Schöpfer. Die
Sprache ist bairisch, in den Versen mit angelsächsischen
und altsächsischen oder rheinfränkischen Spuren (womit
die Herkunft über Fulda zu stützen wäre). Unklar ist, ob
der Anfang eines Hymnus oder einer längeren epischen
Darstellung der Schöpfung, genauer des Zustandes vor
der Erschaffung der Welt, vorliegt, jedenfalls gerade ein
Gedicht, wie es Caedmon aufgetragen wurde oder wie es
der *Beowulf*-Dichter den Skop in der fürstlichen Halle
singen läßt. Die negative Schilderung des Zustands vor
der Schöpfung erinnert sehr genau an das altnordische
Weltentstehungsgedicht, die *Völuspa* (*Der Seherin Weis-
sagung*):

> In der Urzeit wars, als Ymir lebte:
> Da war nicht Sand noch See noch kalte Woge:
> *nicht Erde gab es noch Oberhimmel*,
> nur gähnende Kluft, doch Gras nirgends.
>
> (Nach H. Gering)

Da die Mythologie dieses *Edda*-Lieds bereits von mediterranen Vorstellungen beeinflußt sein kann, so ist die
Strophe kein Beweis dafür, daß im *Wessobrunner Gebet*
eine germanische Kosmogonie versteckt wäre. Als
Grundlage reicht der Text des Alten Testamentes, beson-

ders auch der Psalmvers 89,2, aus, der in der Art des
angelsächsischen Variationsstils ausgeschmückt worden
wäre. Doch ist das Interesse für das Thema keineswegs
zufällig: Die Ewigkeit Gottes und die Geschöpflichkeit
der Welt sind Grundthema der christlichen Mission und
ihres Glaubens, welches germanischen Ohren offenbar
besondere Mühe bereitete. Ob der Hymnus im übrigen
germanischem Naturgefühl oder gar germanischen
mythologischen Vorstellungen entgegenkommt und ob
in einer Wendung wie „manno miltisto“ der Reflex weltlicher Dichtung vorliegt, bleibe dahingestellt.

Ein Gegenstück zum Schöpfungsgedicht ist das
Muspilli – so genannt nach dem sprachlich noch unge-
deuteten Kernwort (V. 57), das wohl den Weltbrand
oder das Gericht bezeichnet. Die 105 Verse des Gedichts
sind ohne dessen Anfang und Ende um das Jahr 900 auf
die Ränder und leeren Seiten einer ältern Handschrift
von St. Emmeram in Regensburg eingetragen, in umstrit-
tener Mischsprache, nach einem wohl wesentlich älteren
Original. Die Endlichkeit der Schöpfung wird hier von
den letzten Dingen her zum Thema gemacht. Es ist eines
der Visionsgedichte über Endzeit und Jenseits, wie sie im
ganzen Mittelalter wesentlich zur geistlichen Literatur
gehören. Denn das Leben des Einzelmenschen wie der
gesamten Menschheit versteht sich letzten Endes vom
Gericht her und aus der Endlichkeit der unumkehrbaren
Geschichte. Der althochdeutsche Dichter bewegt sich in
den biblischen und apokryphen Vorstellungen der geistlichen Literatur der Zeit und zeigt auch wörtliche Berührungen mit angelsächsischen Gedichten, insbesondere
dem *Crist III* (der kaum älter als das *Muspilli* ist).

Das *Muspilli* spricht zunächst vom Kampf der Engel
und Teufel um die Seele des Sterbenden („individuelle
Eschatologie“), dann breiter von den Etappen der allgemeinen Endzeit: vom Erscheinen des Antichrists, mit
welchem der Prophet Elias kämpfen wird (eine Art

Kampf um die Menschheit), dann vom Weltuntergang im Feuer und vom Jüngsten Gericht. Die Grundlage bilden biblische und apokryphe Vorstellungen, die von der frühchristlichen und frühmittelalterlichen Literatur ausgebaut worden sind. Der Höhepunkt anschaulicher Vergegenwärtigung liegt in den Versen über den Weltbrand:

> ... Eliases pluot   in erda kitriufit,
> so inprinnant die perga,   poum ni kistentit
> enihc in erdu,   aha artruknent,
> muor varsuuilhit sih,   suilizot lougiu der himil,
> mano uallit,   prinnit mittilagart, ...
> dar ni mac denne mak andremo   helfan uora demo muspille.

> (... das Blut des Elias tropft auf die Erde, / so entbrennen die Berge, kein Baum steht, / kein einziger, auf der Erde, die Wasser vertrocknen, / das Moor verschwelt, es verglüht in Lohe der Himmel, / der Mond fällt, es brennt die Mittelwelt, / ... / da kann dann kein Verwandter dem andern helfen vor dem Gericht [?].)

Die Stelle bleibt auch am rätselhaftesten. Das Wort „muspilli", der Träger des eigentlichen endzeitlichen Schreckens, ist etymologisch vollkommen umstritten. Es erscheint (vielleicht zufällig) nicht im Angelsächsischen, dagegen im Altnordischen und Altsächsischen. Die *Lieder-Edda* wie die *Prosa-Edda* reden von Muspells Söhnen, welche den Weltbrand entfachen werden, doch kann diese Mythologisierung im Rahmen der Götterdämmerung auch schon auf christlicher Basis beruhen. Sonst lassen sich kaum spezifisch germanische Elemente aussondern. Der Text ist bei aller archaischen Größe und Kraft durchaus der christlichen Predigt verpflichtet. Dies zunächst schon insofern, als keine geschlossene Erzählschilderung vorliegt, sondern verschiedene Phasen des Geschehens oder Vorstellungsgruppen ineinandergeschoben sind: das persönliche und das allgemeine

Gericht, Antichrist und Weltbrand als Exkurs in der
Schilderung des allgemeinen Gerichts. Deswegen eine
Kompilation verschiedener Vorlagen zu vermuten
scheint – abgesehen vielleicht von wenigen kurzen Einschüben – unnötig. Cola Minis hat sogar versucht, den
vorliegenden Text als geschlossene Dichtung „von dem
fünfzehnstufigen Weg des Menschen zur Anschauung
des Kreuzes der Erlösung“ zu verstehen und zahlensymbolisch zu untermauern. Jedenfalls gibt es über die letzten Dinge von vornherein variable Vorstellungen. So
werden über den Ausgang des Kampfs mit Elias zwei
verschiedene Ansichten diskutiert; genauer vielleicht: die
Ansicht der „uueroltrehtuuison“, d. h. wohl der weltlichen Rechtskundigen, die den Kampf als Gottesgericht
verstehen und darum den Sieg des Elias annehmen, wird
zurückgewiesen durch die Meinung der „gotman“, der
Gottesleute, welche die normale kirchliche Lehre vertreten, daß der Antichrist zunächst über die ganze Welt
siegen wird, bevor Christus sein Reich errichtet (diese
chiliastische Thematik wird allerdings nicht berührt).
Das ist zunächst theologische Auseinandersetzung, doch
verstärkt dieses Offensein der Zukunft, in welchem ja
auch das Einzelschicksal noch unentschieden bleibt, die
angstvolle Erregung des Zuhörers. Vor allem gegen den
Schluß gelangt der Dichter aus der Vision hinüber zu
mächtigen Formen geistlicher Ermahnung mit ihren rhetorischen Frage- und Ausrufsätzen. Der „lateinische“ Stil
des prophetischen Predigers zeigt sich, wie übrigens auch
im *Crist III,* im weitgehenden Verzicht auf die üblichen
Mittel der Stabreimtechnik mit ihren Variationen und
schmückenden Beiwörtern. Ja er scheint den Stabreim-
vers selbst nicht mehr als bindend zu betrachten, wenn er
in einzelnen Fällen zu stablosen oder endreimenden Versen greift. Auch wenn man darin bereits ein Symptom
der Auflösung erkennen kann, so bleibt doch das
Muspilli in der Heftigkeit und Dichte seines visionären

und missionarischen Anrufs ein Werk hohen Ranges und in althochdeutschen Stabreimen das einzige geistliche Gegenstück zum *Hildebrandslied*.

2. Der „Heliand"

Unvergleichlich erfüllt sich die altdeutsche Dichtung des 1. Jahrtausends in den zwei großen Bibeldichtungen des 9. Jahrhunderts, die schon nach der Größe des Plans und des äußeren Umfangs für Jahrhunderte nicht mehr erreicht werden. Entstanden im Abstand einer Generation, verschieden in Sprache, Versform, Stil und wohl auch in ihrer geistigen Zielsetzung, gehen die beiden Werke doch zusammen im Unternehmen, Leben und Lehre Jesu als das höchste Thema der Dichtkunst darzustellen, und zwar in der kunstvollen epischen Großform, die für ein dichterisches Werk heimischer Sprache bislang unerhört gewesen. Für den anonymen altsächsischen *Heliand* wie für die althochdeutsche Evangelienharmonie Otfrids von Weißenburg kann vielleicht gleichermaßen die Schule von Fulda und das Wirken des Hrabanus Maurus als Anregung gelten. In beiden Fällen steht dahinter das kirchliche Kulturprogramm Karls des Großen und seiner Nachfolger: Da war nicht nur die Aufgabe der Verkündigung, der Predigt immer wieder eingeschärft worden, und zwar für alles Volk, sondern auch die Übung in Sprache und Dichtung als Vorschule für das Studium der heiligen Bücher. Und schließlich sind die beiden Messiaden nicht zufällig von höchster Stelle des Reichs veranlaßt worden oder doch dem Kaiser zugedacht; schon Juvencus hatte mit seiner Evangeliendichtung dem Kaiser Konstantin gehuldigt, Kaiser und Päpste erscheinen in der Folgezeit mehrfach als Gönner großer Bibelepik. Es war ein Dienst des Reichs oder der Kirche am Wort Gottes und ein Dienst des Dichters an Reich und Kirche.

Der hochberühmte *Heliand* (Heiland) ist ein Werk
von 6000 stabenden Langzeilen, in zwei fast vollständigen Handschriften und den Resten zweier weiterer
Exemplare überliefert (9. und 10. Jahrhundert) – neben
der *Genesis*-Dichtung praktisch das einzige Werk altnie-
derdeutscher Poesie. Die Datierung ist umstritten: 830
bis 850. Eine lateinische Einleitung in Prosa und
anschließenden Versen, die vielleicht einem Codex aus
dem Besitz Martin Luthers entstammt, ist heute nur
durch einen Abdruck von 1562 erhalten. Die Prosa-
Praefatio meldet, daß Kaiser Ludwig (der Fromme oder
der Deutsche), um dem ganzen Volk, auch den Ungebildeten, die Bibel in volkstümlicher Sprache zu vermitteln,
einem vornehmen sächsischen Dichter („non ignobilis
vates ... de gente Saxonum") den Auftrag gegeben habe,
das Alte und das Neue Testament in deutsche Sprache
dichterisch zu übertragen („poetice transferre"); dieser
Sänger habe den Auftrag um so eher durchgeführt, als er
bereits früher, von oben, dazu ermahnt worden war.
Von dieser göttlichen Berufung handeln die Verse: Er
hatte als Landmann in Frieden und ohne Ehrgeiz sein
Leben verbracht, bis er eines Tages, vom Weiden des
Viehs ermattet und eingeschlafen, durch göttliche Stimmen den Befehl erhielt, „divinas leges ex ordine recitare".
Die Erwähnung auch des Alten Testaments mag sich auf
die *Altsächsische Genesis* beziehen, die damit – wohl
irrigerweise – als weiteres Werk des *Heliand*-Dichters
aufgefaßt wurde. Im übrigen handelt es sich um die
stellenweise wörtliche Übernahme von Bedas Geschichte
der Berufung Caedmons. Obwohl man gewöhnlich
annimmt, die Verse mit dieser Anleihe aus Beda seien
nachträglich angeflickt worden, so brauchen sich doch
innerer und äußerer Auftrag nicht zu widersprechen.
Das Vorbild Caedmons ist durchaus sinnvoll: Ein solches Gedicht war nur durch göttlichen Auftrag und mit
göttlicher Hilfe zu wagen. Wie bei Otfrid ist das Evange-

lienwerk ein frommer Nachvollzug des göttlichen
Mysteriums („helac giruni", 3,4603); der Heliand-Dich-
ter sieht sich damit in der Nachfolge der vier allein
autorisierten Evangelisten, die er auch als Dichter
bezeichnet (32 f.); er beginnt sein Werk mit einer Anlehnung an den Prolog des Lukasevangeliums; Otfrid wird
sich in ähnlicher Technik auf die Berufung des Propheten
Jeremia beziehen.

Wer der vornehme Sachse war, wo er sein Werk
verfaßt hat, ist umstritten. Bedeutende geistliche Bildung
muß er besessen haben, dazu wohl die Vertrautheit mit
der Tradition der Stabreimdichtung, auch der weltlichen.
Beides läßt sich bei einem Geistlichen adliger Herkunft
vereinigt denken. Wo die Sprache herstammt, wird ganz
verschieden beurteilt; sie zeigt in den beiden Handschriften gewisse Differenzen, und sie kann als bestimmte
Mundart, aber auch als Versuch einer Ausgleichssprache
betrachtet werden. Für eine Anregung aus Fulda sprechen allgemeine Erwägungen, nicht zuletzt die neben
Beda und Alkuin wichtigsten Quellen, Tatian und Hrabans Matthäus-Kommentar. Immerhin stützt sich der
Dichter nicht auf die Fuldaer Handschrift, sondern eine
unbekannte Rezension des Tatian-Textes. In Frage
kommt vor allem auch Werden a. d. Ruhr.

Der Heliand hat es dem neuzeitlichen Leser nicht
immer leicht gemacht. Die Bezauberung, die dieses Werk
ausübt, ist schwierig zu begründen. An sich schon bleibt
dieses erste Unternehmen eines volkssprachlichen Evangeliums überaus ehrwürdig. Ohnegleichen aber ist die
Frische und Unbefangenheit, ja die gläubige Kühnheit,
mit der hier von Leben und Lehre Jesu gesprochen wird.
Es geschieht aufgrund der Tatianischen Evangelienharmonie, aus der die wichtigsten Partien ausgewählt und
zugleich ausführlicher dargestellt werden, eine geschlossene Erzählung von der Verkündigung an Elisabeth bis
zu den Erscheinungen des auferstandenen Christus; doch

erfolgt auch eine breite Wiedergabe der Lehren des
Herrn, der Bergpredigt vor allem, jedoch auch der
Gleichnisse, der Wunder und Verkündigungen. Der
heilsgeschichtliche Rahmen ist nur einleitend eigens
berührt. Nur in einem einzigen Abschnitt wird, an entscheidender Stelle vor dem Beginn der Passionsereig-
nisse, die Wiedergabe der Evangelientexte zum selbst-
ständigen geistlichen Kommentar erweitert, im 44.
Abschnitt, wo die Heilung der zwei blinden Männer am
Weg (Matth. 20,29 ff.) aufgrund von Bedas Lukas-Kom-
mentar auf die Erleuchtung der Menschheit durch die
Menschwerdung Gottes, das Erlösungswerk und den
Glauben bezogen wird. All das wird dem Hörer in seiner
eigenen Sprache eindringlich nahegebracht, in der intensiv umschreibenden, variierenden Art des Stabreimverses; Wortbedeutungen, Wertbegriffe und Vor-
stellungsschatz eines eben erst notdürftig zum Christentum bekehrten Volkes werden dabei aufgenommen und
zu neuer Funktion umgeprägt.

Der *Heliand* wagt sich weiter als irgendeine andere
Bibeldichtung nach ihm in die „terrestria ornamenta"
vor. Was man lange als „Germanisierung" des Christen-
tums empfunden und gefeiert hat, läßt sich auch umge-
kehrt verstehen als selbstverständliches Hereinholen des
„Germanischen", der altsächsischen Vorstellungs- und
Begriffswelt mit ihrer stark rechtlich-sozialen Prägung in
die neue und oft gegensätzliche Bedeutung. Wenn die
Männer Palästinas als Helden und Degen, der Jünger
Petrus anläßlich der Malchus-Szene sogar als „schneller
Schwertdegen" bezeichnet wird (4866), wenn Galiläa als
Gau, der Ölberg als Holm, Pilatus als Herzog, die
Jünger als Gefolgschaft erscheinen und von Nazareth-
burg und Romaburg die Rede ist, so tönte das altsächsi-
schen Ohren natürlicher als den neuzeitlichen Wagner-
Jüngern. Die Schilderung des „hochgehörnten Schiffs"
auf dem See Genezareth und des Seesturms braucht noch

keine Wikingerszene zu sein. Gewiß: der schlichte biblische Bericht ist fast durchweg einer epischen Aufhöhung
und rhetorischen Steigerung unterzogen, der Eindruck
der Helle, der Zuversicht, der Freude, der glänzenden
Macht Christi dominiert. Der Dichter kann und will
nichts anderes, als die Welt des Evangeliums freudig und
festlich machen, und er läßt dem oft etwas barock
wogenden Variationsstil (der keineswegs nur auf altgermanischen Ursprung zurückgeht, sondern auch auf den
Psalmenstil und die geistliche Rhetorik) freien Lauf; so
die Hochzeit von Kana:

>   ... he im oc at them gomun uuas,
> giac hi thar gecuđđe,   that hi habda craft godes,
> helpa fan himilfader,   helagna gest,
> uualdandes uuisdom.   Uuerod bliđode,
> uuarun thar an luston   liudi atsamne,
> gumon gladmodie.   Gengun ambahtman,
> skenkeon mid scalun,   drogun skirianne uuin
> mid orcun endi mid alofatun;   uuas thar erlo drom
> fagar an flettea,   tho thar folc undar im
> an them benkeon so bezt   bliđsea afhobun,
> uuarun thar an uunneun.   Tho im thes uuines brast,
> them liudiun thes liđes: is ni uuas farlebid uuiht
> huergin an themu huse,   that for thene heri forđ
> skenkeon drogin,   ac thiu scapu uuarun
> liđes alarid. ...   (2002 ff.)

(Er war auch bei den Gästen / Und gab da kund, daß er Kraft
von Gott hatte, / Hilfe vom Himmelsvater, heiligen Geist, / Des
Waltenden Weisheit. Das Volk war fröhlich, / Lustig waren die
Leute beisammen, / Frohgemute Freunde. Diener gingen, /
Schenkten mit Schalen, trugen lautern Wein / In Krügen und
Kannen. Das Treiben der Mannen / War heiter in der Halle.
Und als nun den Helden / Auf den Bänken die beste Lust dort
begann, / Sie in Wonne waren: da gebrach es an Trank, / An
würzigem Weine: übrig war / Auch nichts im Hause, das vor die
Herrschaft noch / Die Schenken trügen, die Schalen waren / Leer
des Weines. ... – Nach Paul Herrmann.)

Das ist nicht nur sorglose Weltlichkeit. In der Gestalt Christi erscheint nicht nur der königliche Sproß aus Davids Geschlecht, sondern immer wieder der Himmelskönig (in den oben zitierten Versen ist die trinitarische Beziehung angedeutet) und Ehre und Ruhm des Gottessohnes, die Majestas Domini. Etwas von dessen Herrlichkeit wird ins ganze irdische Geschehen projiziert. Darin verfährt der *Heliand*-Dichter nicht anders als fast alle malenden und dichtenden Darsteller der heiligen Geschichte im Mittelalter, ja bis in die Neuzeit hinein: Der Stall von Bethlehem wird zum Palast, zu Davids Burg, die Windeln zum „köstlichen Kleid" (380; 401). Im übrigen ist die von den modernen Betrachtern oft so verwundert zur Kenntnis genommene „Licht- und Lebensfreude" (Ehrismann) wohl nicht weniger evangelisch als die vom dunklen Mittelalter angeblich zu erwartende „Verachtung der Welt und ihrer Wonnen". Die neuere *Heliand*-Forschung hat übereinstimmend gezeigt, wie wenig der Dichter im Grundsätzlichen irgendeiner germanischen Ethik oder gar Religion entgegenkommt. Er feiert gerade die unkriegerischen Tugenden der Demut, der Friedfertigkeit, der Liebe; er preist den Wert des Leidens und findet ergreifende Worte für Christi Todesangst am Ölberg:

> iak imu tho selbo gihneg   sunu drohtines
> craftag an kniobeda,   kuningo rikeost,
> forðuuard te foldu: fader alothiado
> godan grotte,   gornuuordun sprac
> hriuuiglico: uuas imu is hugi drobi,
> bi theru menniski   mod gihrorid,
> is flesk uuas an forhtun: fellun imo trahni,
> drop is diurlic suet,   al so dror kumid
> uuallan fan uundun. . . .   (4744 ff.)

(Und er neigte sich selber, der Sohn des Herrn, / der Kraftreiche, auf die Knie, der Könige mächtigster, / nieder zur Erde: den Vater der Völker, / den hilfreichen, rief er, mit Klageworten

sprach er / voll Trauer: es war ihm sein Gemüt trübe, / nach
seiner Menschheit der Mut bewegt, / sein Fleisch war in Furcht:
es fielen ihm Tränen, / es troff sein edler Schweiß, so wie Blut
kommt, / strömend aus Wunden. . . .)

Auch ein germanischer Schicksalsglaube (Stichwort:
„wurd"), den man vielen Wendungen als hartnäckigsten
heidnischen Rest entnehmen wollte, erweist sich bei
näherem Zusehen keineswegs als verbindlich. Damit soll
nicht bestritten sein, daß sich der Dichter weitgehend an
die Welt des Hörers anpaßt; das Anschauliche, menschlich Einfühlbare ist ihm wichtiger als die theologische
Problematik. Doch wäre es falsch, das freudige Unternehmen mit Bezeichnungen wie „schmiegsame Missions-
strategie" (Erb) unter Ideologieverdacht zu stellen.

Dem *Heliand*-Dichter geht es aber nicht *nur* um die
suggestive Wirkung, um Anschaulichkeit und lebhaftes
Kolorit. Sein eigentliches Thema ist das Erscheinen Christi als Gott und Mensch und sein Erlösungswerk als
Höhe und Mitte der Heilsgeschichte. Die genaue Mitte
der Dichtung (falls der ursprüngliche Bestand mit 75
Abschnitten angesetzt werden darf) ist im 38. Abschnitt
die Szene der Verklärung: Begegnung des Gottessohnes
mit den Vertretern von Gesetz und Prophetie des Alten
Bundes, d. h. Moses und Elias, und Vorwegnahme der
himmlischen Glorie Christi.

              . . . uurðun imu is uuangun liohte,
blicandi so thiu berhte sunne: so sken that barn godes,
liuhte is lichamo: liomon stodun
uuanamo fan themu uualdandes barne; uuardi is geuuaði
                                    so huit
so sneu te sehanne. . . .   (3124 ff.)

(. . . wurden ihm seine Wangen licht, / strahlend wie die
glänzende Sonne: so schien der Sohn Gottes, / schimmerte sein
Leib, Lichtstrahlen gingen / leuchtend von des Waltenden Sohn:
ward sein Gewand so weiß / wie Schnee zu sehen. . . .)

Und etwas von dieser Herrlichkeit ist es letzten Endes, was der *Heliand*-Dichter in sein Werk spiegelt. Die bedeutendste *Heliand*-Untersuchung der neueren Zeit, die von Johannes Rathofer, hat darüber hinaus zu zeigen versucht, daß der Dichter durchaus nicht nur der einfache Erzähler und Erzieher ist, als den man ihn gerne anzusprechen pflegt. Er hat seinem Werk eine verborgene Struktur mitgeteilt, die dem Leser nur bei genauem Studium und ahnungsweise deutlich wird, aber prinzipiell zur Technik religiöser Dichtung gehört und auf ehrwürdigem theologischem Grund (vor allem Augustin) beruht. Nach den Vorreden will der Dichter „leges divinas ex ordine recitare" (die göttlichen Schriften der Ordnung nach vorführen) und „mystico sensu depingere" (nach dem Geheimsinn schildern).

Die Prosa-Praefatio erwähnt, daß der Dichter sein Werk in sogenannte Fitten (ags. vittea „Gesang, Lektion") eingeteilt habe, und eine entsprechende Einteilung und Numerierung zeigt mindestens eine der beiden Handschriften (C). Rathofer meint nun, daß die jeweilige Nummer der Fitte, die Anzahl der Fitten, die einem bestimmten Thema gewidmet sind, schließlich auch die Versanzahlen der Fitten und Fittengruppen nach einer geheimen Ordnung berechnet seien. Die zentrale 38. Fitte (Verklärung) sei ihrerseits die Mitte einer symmetrisch gebauten Gruppe 32–44. Doch über solche Symmetrien und Proportionen bloßer Zahlen*komposition* ginge die eigentliche Zahlen*symbolik* hinaus: Mit bestimmten bedeutungsvollen oder vollkommenen Zahlen, so vor allem der Vier, werden entscheidende Stellen des Inhalts markiert. Die Bergpredigt beginnt in der 16. Fitte (4×4), sie umfaßt 8 Fitten und stellt die 8 Seligkeiten dar. Vor allem können so auch innere Verhältnisse angedeutet werden: Der Tod Johannes' des Täufers, in Fitte 33 berichtet (33 ist die „Todeszahl" Christi), deutet typologisch auf den Tod Christi voraus, der in Fitte 66

unter dem Steigerungsverhältnis 1 : 2 mitgeteilt wird.
Dabei läßt sich durch Addition, Multiplikation und nicht
zuletzt die Berechnung von Quersummen ein unwahr-
scheinlich dichtes Beziehungsnetz mit theologischer
Aussagekraft entwickeln. Im letzten erscheint der Bau
geordnet durch die Figur des Kreuzes, die geometrische
Gestalt der Vier: die senkrecht zu lesende Reihe der
Fitten 1–31 kreuzt sich mit der waagrecht zu lesenden
Gruppe der 2×22 restlichen Fitten; im Kreuzungs-
punkt, der 16. Fitte (4×4) wird die Bergpredigt als
Quintessenz der vier Evangelien eröffnet.

Solche Systeme, die die Forschung auch bei Otfrid und
vielen späteren Werken entwickelt hat, stehen, wie die
Kritik gezeigt hat (Cordes, Taeger), auf schwankendem
Grund. Sie führen von einem gewissen Punkt an ins
Beliebige und Zwanghafte. Gewiß gilt die Zahl, gestützt
auf Weisheit Salomos 11,21, als Wesen und Ausdruck
der göttlichen Weisheit. Sie enthält, mit Augustin zu
reden, die „incorruptibilis veritas" der göttlichen Ordnung. Diese Ordnung und Harmonie, wie sie von Augustin, Beda, Hraban u. a. gelehrt und praktiziert wird,
scheint sich jedoch meistens mit einfacher zahlenmäßiger
Komposition zu begnügen. Fragwürdiger ist die
Annahme einer systematischen Durchführung zahlen-
symbolischer Inhaltsbezüge, und kaum erlaubt, jedenfalls
für die frühe Zeit, ist das Arbeiten mit Quersummen und
komplizierteren mathematischen Rechnungen.

Daß sich die altsächsische Bibeldichtung auch dem
Alten Testament zugewandt hat, kann man schon der
Einleitung zum *Heliand* entnehmen. Der Bericht von
Schöpfung, Sündenfall und Frühzeit ist unmittelbares
heilsgeschichtliches Gegenstück zu den Evangelien.
Ende des letzten Jahrhunderts sind denn auch drei Frag-
mente (zusammen 337 Verse) einer *Genesis*-Dichtung
entdeckt worden; sie erzählen von Adams und Evas
Reue, von Kain und dem Untergang Sodoms. Aus einer

angelsächsischen _Genesis_-Dichtung können 590 weitere
Verse gewonnen werden, die im Rahmen einer Interpolation aus dem Altsächsischen übertragen sind und dem
Sündenfall gelten. Diese Übersetzung zeugt von der
Gegenseitigkeit der literarischen Beziehung, wie sie mindestens seit der Bekehrung der Sachsen möglich geworden war. Die _Genesis_-Fragmente stammen wahrscheinlich nicht vom _Heliand_-Dichter, sie sind jünger. Sie
weichen sprachlich, stilistisch und vor allem in der freieren Behandlung der Vorlagen ab, indem sie auch apokryphe Quellen beiziehen, neue Reden erfinden und das
Geschehen selbständig motivieren. Der ursprüngliche
Umfang des Werks ist nicht mehr erkennbar. Mit diesen
Fragmenten verstummt für uns bereits die altsächsische
Dichtung; dagegen wird uns ein „Paradise lost" wieder
im hochdeutschen 11. Jahrhundert begegnen.

3. Otfrids „Evangelienbuch"

Das weitaus eindrucksvollste Denkmal althochdeutscher
Dichtung und nach Geist, Absicht und Form ein eigentliches Gründerwerk der deutschen Literaturgeschichte ist
das _Evangelienbuch_ (_Liber evangeliorum_), das O t f r i d,
Mönch im Kloster Weißenburg (Unterelsaß), in seiner
südrheinfränkischen Mundart zwischen 863 und 871 vollendet hat. Es teilt mit dem _Heliand_ das Thema der
Evangelienharmonie, es benützt dieselben Bibelkommentare, ist ebenfalls einem kaiserlichen Gönner verpflichtet –
und doch nun völlig anders, ein Werk ausgesprochener
Mönchsfrömmigkeit und nicht der äußeren Mission, viel-
schichtiger, reicher, kunstvoller auch in der äußeren
Form, in welcher sich christlicher Glaube der deutschen
Sprache nun endgültig verbunden hat. Man hat, mit
konventionellen Kategorien, den dichterischen Rang
Otfrids lange verkannt. Inzwischen hat intensive Forschung die konstruktive Größe des Unternehmens, den

gedanklich-meditativen Beziehungsreichtum, die litur-
gisch-religiöse Aufgabe und die gelehrten Hintergründe
dieses alles überragenden Werkes deutlich gemacht.

Wir sind auch in der seltenen Lage, daß uns dieser
älteste mit Namen bekannte deutsche Dichter nicht nur
allerlei persönliche Umstände seiner Existenz mitgeteilt,
sondern auch das originale Exemplar seines großen
Buches hinterlassen hat. Die Wiener Handschrift (V) ist
der vom Verfasser selbst überarbeitete, sorglich korri-
gierte und mit Akzenten versehene authentische Text, zu
welchem noch zwei Kopien und die Fragmente einer
dritten kommen. Aus später nach Wolfenbüttel gekommenen Codices des Klosters Weißenburg hat Wolfgang
Kleiber nachweisen können, daß die Schreibstube von
Weißenburg unter Otfrid ihre große Zeit hatte; er hat die
Bibliothek ausgebaut mit dem Ziel eines umfassenden
Kommentarwerks zur ganzen Bibel. Aus drei gereimten
deutschen Widmungen und einem lateinischen Prosa-
brief erfährt der Leser alles Wünschbare über den Plan
des Werks, seine Anreger und Adressaten. Das Buch ist
König Ludwig dem Deutschen zugedacht, damit das
Volk der Franken – d. h. doch wohl zunächst die vornehmen Laien am Hof – das Evangelium in seiner eigenen
Sprache vernehmen könne. Dem Erzbischof Liutbert
von Mainz wird ein Exemplar zur Approbation überreicht, wobei sich der Dichter auf seine Vorgänger
Juvencus, Arator, Prudentius beruft und die technischen
Grundsätze seiner Dichtung erläutert. Ein weiteres Buch
geht „in Suabo richi" zum Bischof von Konstanz, mit
welchem Otfrid persönlich verbunden war, und ein letztes nach St. Gallen, zu den befreundeten Mönchen Hartmut (Abt seit 872) und Werinbert; Otfrid bezieht sich
dabei auf seine Studienjahre in Fulda unter Abt Hraban
(also vor 847), dessen Geist in der Tat aus dem Werke
spricht, und er nennt seine eigentlichen Anreger, nämlich
mehrere Klosterbrüder und eine – nicht identifizierte –

„matrona" namens Judith. Schon hier kann deutlich werden, daß trotz der Widmung an den König und sein Volk ein engerer gesellschaftlicher und insbesondere klösterlicher Kreis angesprochen ist, daß das Werk mehr der Andacht und der Erbauung als der Mission dienen soll und jedenfalls anspruchsvolle Leser voraussetzt.

Die Widmungen an die vornehmen weltlichen und geistlichen Adressen gehen dem Werk voran, die Dedikation an die St. Galler Freunde bildet den Schluß. Das Werk erhält so einen aufwendigen, mit Akrosticha und Telesticha kunstvoll verzierten Rahmen. Auch dann folgt noch nicht der eigentliche Anfang: Ein erster Abschnitt ergeht sich über Sinn und Würde der fränkischen Sprache und des verwendeten Verses, ein zweites, inneres Tor bildet die „Invocatio scriptoris ad Deum". Dieses Eingangsgebet überträgt die Berufung des Propheten Jeremia (Jer. 1,6 ff.) auf das eigene Beginnen:

> Wola drúhtin min,   já bin ih scálc thin,
>   thiu arma múotar min   eigan thíu ist si thin!
> Fíngar thínan   dua anan múnd minan,
>   theni ouh hánt thina   in thia zúngun mina,
> Thaz ih lób thinaz   si lútentaz,
>   giburt súnes thines,   drúhtines mines; . . .

(I,2)

(Wohl, du mein Herr, ja, ich bin dein Knecht, / meine arme Mutter ist deine Eigenmagd! / Deinen Finger tu an meinen Mund, streck deine Hand in meine Zunge, / daß ich dein Lob ertönen lasse, / die Geburt deines Sohnes, meines Herrn; . . .)

Gott möge ihn, fleht der zaghafte Dichter, mit der Gnade erfüllen, daß sein Gotteslob wahr und aufrichtig sei; er möge die Rede des Dichters tragen, wenn er in seiner Sprache Gott dient, und er möge ihn einst im Himmel in die Schar seiner Geliebten aufnehmen. Die Dichtung ist nichts anderes als Gotteslob und Gottesdienst. Anfang und Ende jedes der 5 Bücher, in die sich das

Werk gliedert, bestehen aus Gebeten oder geistlichen
Betrachtungen, und immer wieder wird der Blick auf die
ewige Heimat gerichtet. Vor allem aber gibt Otfrid, in
entscheidendem Gegensatz zum *Heliand*, nicht einfach
den biblischen Text wieder, sondern fügt unter dem Titel
„moraliter", „mystice" oder „spiritaliter" und unter
Benützung der geistlichen Kommentare Erklärungen
nach dem geheimen Schriftsinn bei. Besonders wichtige
Stellen sind durch Refrains hervorgehoben, so die Lehre
vom fleischgewordenen Wort (Joh. 1,1) am Beginn des 2.
und die Symbolik des Kreuzes am Beginn des 5. Buches.

Damit ist das Werk kein fortlaufender Bericht wie der
Heliand, sondern eine Komposition von Elementen, die
verschiedenen Ebenen angehören und anstelle der flächig
wirkenden Nacherzählung Tiefe und Beziehungsfülle
vermitteln, durch beständige Betrachtungen, Erklärungen, lyrische oder gebethafte Partien. Damit hängt
zusammen, daß Otfrid nicht den Tatian-Text zugrunde
legt, sondern eine ad hoc getroffene Auswahl von
Schriftstellen, die nur teilweise den gottesdienstlichen
Lesungen (Perikopen) entsprechen.

Otfrid spricht zwar in seinem Brief an den Erzbischof
von der Absicht, den frivolen Gesang der Weltleute mit
seiner Arbeit zu verdrängen und die Süße des Evangeliums in ihrer eigenen Sprache mitzuteilen; der Topos
mag für einen Kreis vornehmer Laien gelten, doch ist
zweifellos wesentlicher die klösterliche Gemeinschaft
selbst als Publikum ins Auge gefaßt. Die Dichtung gründet auf der klösterlichen Praxis der Bibellektüre und
Meditation, anhand der Lehren der Väter und vertieft
durch das Gebet, in welchem sich erst der Kreis zwischen dem Sprechen des Menschen und dem Sprechen
Gottes schließt. Letztes Ziel ist die Kontemplation, als
Vorbereitung auf die ewige Seligkeit. Die Sehnsucht nach
dem himmlischen Paradies durchzieht leitmotivisch das
Werk, welches selbst als Heimkehr und Fahrt zum ewi-

gen Ufer erscheint (V,25,1 ff.) und sich damit selbst als
frommen Lebensvollzug begreift. So geht das Werk denn
inhaltlich auch über den Evangelienbericht hinaus. Das
letzte Buch (V) setzt ein mit einer Betrachtung des
Kreuzes und führt von der Auferstehung über die Himmelfahrt zum gewaltigen Ausblick auf das Weltgericht
und die ewige Herrlichkeit. Im Epilog erscheint schließlich nochmals – nach persönlichen Demutsformeln und
der Abwehr allfälliger Neider – die Huldigung an den
Pantokrator, den Weltherrscher Christus:

> Themo si gúallichi   ubar állaz sinaz ríchi,
>   ubar allo wórolti   si díuri sin io wónanti;
> In érdu joh in hímile,   in ábgrunte ouh hiar nídere,
>   mit éngilon joh mánnon   in éwinigen sángon!
>
> (V,25)

(Ihm sei Ruhm über all sein Reich, / über alle Welt sei seine
Herrlichkeit immer wohnend, / auf Erden und im Himmel, im
Abgrund selbst hier unten, / unter Engeln und Menschen in
ewigen Gesängen!)

Otfrid hat seine 140 capitula in 5 Bücher geordnet, je
mit einem einheitlichen Thema. In seinem lateinischen
Brief erläutert er den Sinn dieser Fünfzahl, die im Hinblick auf die Vierzahl der Evangelien ungewöhnlich sei.
Es solle aber die heilige Geradheit der Vierzahl die
Ungeradheit unserer fünf Sinne zieren und alles Über-
flüssige in unserem Tun und Denken zur Erhebung der
himmlischen Dinge wenden. Die Fünfzahl der unreinen
Sinne entspricht darüber hinaus wohl, nach anderer
Begründung, auch der Fünfzahl der Mosaischen Bücher
des Gesetzes, die durch die Viererharmonie der Evangelien überwunden wird. Der Dichter paßt sich jedenfalls
mit seiner symbolischen Ordnung den fünf unvollkom-
menen, irdischen Sinnen des Menschen an, um sie in der
Vierzahl aufzuheben und emporzuführen. Daß die Kapitel innerhalb der Bücher, die formal oder thematisch

unterscheidbaren Strophengruppen innerhalb der Kapitel
und die Strophen (Langzeilenpaare) selbst zahlenmäßig
angeordnet sind, steht zu vermuten, noch eher als beim
Heliand. So hat Kleiber versucht, in den Zahlenverhält-
nissen der Erzählzeit eine Widerspiegelung der erzählten
Zeit, d. h. der Etappen des Auftretens Jesu zu sehen oder
die von Otfrid (Liutbert-Brief) ungedeutete „absolute
Mitte" des Werks zu bestimmen; noch kompliziertere
Zahlensymbolik entwickelt Haubrichs – doch werden
auch hier solche Versuche sofort hochspekulativ.

Zu der irdischen Gestalt, die Otfrid gewählt hat,
gehört nun auch die fränkische Volkssprache. „Warum
der Autor sein Werk deutsch gedichtet habe", wird im
1. Kapitel des Werks ausführlich begründet – in einem
der kostbarsten Texte literarischer Selbstbesinnung deutscher Sprache. Viele Völker, Griechen und Römer vor
allem, haben durch ihre Dichtkunst ihre Namen bekannt
gemacht, ja selbst die Heilige Schrift zur Lust des Lesenden in schöner Reinheit dargestellt (womit die Bibelepiker der Spätantike gemeint sind). Warum sollen allein die
Franken darauf verzichten, Gottes Lob in ihrer Sprache
zu singen? Diese ist zwar nicht so geübt und durch
Regeln bezwungen, aber hat doch ihre „rihti": Im richtigen Verständnis von Gottes Wort, im Befolgen seines
Willens liegen „thiu metar" (Versmaße) begründet, in
Gottes Gebot sollen die Füße (Versfüße) gehn und sollen
die sechs Zeiten gedichtet werden (Metra des Verses, das
Sechstagewerk der Schöpfung, die sechs Weltalter der
Heilsgeschichte), um in der siebenten, dem ewigen Sab-
bat, zu ruhen:

> In gótes gibotes súazi   laz gángan thine fúazi,
>   ni laz thir zit thes ingán: theist sconi férs sar gidán;
> Díhto io thaz zi nóti   theso séhs ziti,
>   thaz thú thih so girústes,   in theru síbuntun giréstes.

>   (I, 1)

(In Gottes lieblichem Gebot laß deine Füße wandern, / laß dir
keine Zeit dazu entgehn: das heißt schöne Verse gemacht. /
Dichte dies immer genau so in diesen sechs Zeiten, / daß du dich
so rüstest und in der siebenten ruhst.)

Otfrid verwendet hier, aufgrund von Stellen des 118.
Psalms, einen verbreiteten Topos der Gleichsetzung von
Versgang und Lebenswandel. Es handelt sich dabei um
mehr als um bloße erbauliche Metaphorik: Die Kunst hat
unmittelbar Heilsbedeutung, wenn sie wie hier als Gottesdienst begriffen ist, sich von göttlicher Gnade gehalten
weiß und als menschliches Wort nur vom göttlichen
Wort her zu begreifen ist. Darüber hinaus gibt nun aber
Otfrid dem Gedanken eine neue Wendung: Er begründet
nun durch ihn das Recht der Muttersprache. Vom frommen Vollzug des Lebens her muß jede Sprache wahr und
schön werden und jede Dichtung gottunmittelbar. So
wird die fränkische „barbaries", die auch Otfrid
zunächst beklagt, vom höheren Wort eingeholt und
wesenlos gemacht – gerade dank ihrer demütigen „slihti"
(sermo humilis). Gott ist der Herr aller Sprachen. Diese
tiefsinnige Begründung eines volkssprachlichen Evangeliums, ja dann auch einer frommen Laiendichtung, wird
künftig immer wieder unternommen werden: in der
Mystik, bei Luther, bei Böhme.

Die Volkssprache ist damit nicht nur als Mittel zum
Zweck entschuldigt, sondern eigentlich notwendig und
wertvoll geworden. Und so ist denn auch der Weg frei zu
dem berühmten Lobpreis des Frankenvolkes: Die Franken sind kühn und mächtig, reich an Bodenschätzen,
klug und verständig, vom Geschlecht Alexanders des
Großen, unbesiegbar, ihrem eigenen Könige treu, denn
sie sind „gotes thegana", eifrig um Gottes Wort bemüht.
Wieder wird damit das *Evangelienbuch* zugleich als
Sache des Reichs gesehen, wie in der Widmung an König
Ludwig.

„Sehs ziti": die Bezeichnung führt unmittelbar aus der

religiösen Betrachtung zu einem versgeschichtlichen Problem, d. h. zu Otfrids entscheidender formaler Neuerung, seinem Endreimvers. Für unsern Blick ist seither die germanische Stabreimtradition im Deutschen versunken; hier erscheint zum ersten Mal systematisch die neue Form, die für ein Jahrtausend deutscher Dichtung verbindlich wird. Der Endreim ist wohl auch in deutscher Sprache nicht aus dem Nichts entstanden; er gehört zur lateinischen Formenwelt (Rhetorik, Hymnik), dient oft schon im Stabreimzusammenhang als eine Art rhetorischer Schmuck, wie umgekehrt später der Stabreim, gerade auch noch bei Otfrid, als Mittel rhetorischer Intensivierung willkommen bleibt. Als eigentliches Vorbild des Verses gilt der Vers des Ambrosianischen Hymnus (z. B. „vexilla regis prodeunt, / fulget crucis mysterium"), der bald auch, zumal bei irischen Dichtern, den Endreim (Homoioteleuton) als Schmuck verwendet. Für diese Provenienz spricht der stark liturgische Charakter des Evangelienwerks und der Bau der Strophen aus 2 × 2 Kurzversen ohne spezielles Langzeilenprofil. Wenn Otfrid selbst von „sehs ziti" spricht, kann er seinen Vers wegen der Kadenz als Sechsheber verstanden oder an Hexameter oder Senar gedacht haben; der Hexameter war ja der Vers der von ihm genannten Bibelepiker Juvencus und Arator. In jedem Fall bewahrt er aus dem Deutschen eine gewisse Freiheit der Silbenzahl und der Akzentverteilung.

Otfrids binnengereimte Langzeile läßt sich, durch gewisse Wandlungen hindurch und unter allerlei Vorbehalten, als der Vers der geistlichen und dann noch der ritterlich-höfischen Erzähldichtung („ritterliches Reimpaar") verstehen und ist überhaupt, als Vierheberpaar mit seinen verschiedenen Kadenzmöglichkeiten, so etwas wie der deutsche Elementarvers geblieben.

Sein ästhetisches Ideal hat Otfrid anhand der Kunst der Griechen und Römer umschrieben, mit der es die

fränkische nicht aufnehmen könne: Gradheit und Eben-
heit, elfenbeinartige Fügung, Feinheit, Süße, Reinheit,
Maß. Auch der Endreimvers kommt diesem Ideal entgegen: Wenn der Stabreim die sinntragenden Wörter zu
Gipfeln heraustreibt, um den die Füllungssilben herum-
branden, und damit die Aussage heftig macht, ist der
Endreim zunächst ein sinnunabhängiges Lautspiel, das
die Zeilen harmonisch verbindet, vielleicht auch die
Wörter in Gleichlauf und Gegensatz aufeinander bezieht
und jedenfalls ein eigenes metrisch-musikalisches Ord-
nungsnetz bildet – ähnlich wie der spirituelle Textsinn
eine eigene Schicht bildet. Der einzelne Vers fügt sich
dieser Ordnung weniger durch die Dynamik der Ton-
stärke als durch die gemessene Länge, die zeitliche Proportion. Er beruht in eigentlichem Sinn auf Maß und der
göttlichen Ordnung. So kann der Endreimvers nicht nur
nach seiner geschichtlichen Herkunft, sondern auch nach
seinem poetischen Sinn als christlicher Vers verstanden
werden, als Vers des Maßes und der Liebe. Es besteht
denn auch heute kein Zweifel mehr, daß Otfrids *Evangelienbuch* zum rezitativischen Gesang, zum Vortrag im
geistlichen Cantus lectionis bestimmt war, vor allem im
Refektorium, ohne daß damit eine private Lektüre ausgeschlossen wäre.

Ob Otfrid selbst seinem Stilideal Genüge getan hat, ist
eine andere Frage. Man hat seine langwierig-kreisende
Erzählweise und umständliche Gedankenentwicklung
oft getadelt. Er bietet weniger Variation, wie sie zum
Stabreimstil gehört, als Wiederholung. Gegenüber dem
Bogen- und Hakenstil wirkt Otfrids Zeilenstil, d. h.
Zusammenfall von Satz und Vers, schlichter, maßvoller.
Man glaubt festzustellen, daß die neue Technik dem
Dichter selbst besonders in den ersten Teilen des Werks
Mühe gemacht hat; er scheint oft zu Flickversen,
unscharfen Formeln, ja reimeshalber selbst zu grammati-
schen Unklarheiten zu greifen. Doch darf man diesen Stil

mit dem Wesen der klösterlichen Meditation zusammen-
bringen, die als ruminatio, Wiederkäuen, aufgefaßt
wurde, und da wäre der Wunsch nach Spannung und
Tempo fehl am Platz.

Im Zeichen des neuen Versideals und der dichtenden
Frömmigkeit stehen aber auch die seelischen Berciche,
die Otfrid in seinem Werk erschlossen hat. Wenn schon
der *Heliand* eine erstaunliche Fähigkeit besitzt, menschliches Verhalten und seelische Regungen zu beschreiben,
so gewinnt dieses Vermögen in Otfrids klösterlicher
Frömmigkeit einen vertieften Sinn. Die Pflege und Reflexion des Gefühls begleitet die geistliche Meditation.
Obwohl auch Otfrid männliche, ja kriegerische Töne
durchaus nicht fremd sind, so liebt er doch die Schilderung inniger Empfindungen der Freude, des Leides, der
Sehnsucht, des Heimwehs, der Mutterliebe, er hat Sinn
für einen freundlichen und herzlichen Umgang der Menschen untereinander. Es erscheinen bereits hier nun liebevoll und intim ausgemalte Szenen, wie man sie später
als kennzeichnend für altdeutsche Frömmigkeit empfindet, vor allem etwa die Verkündigung oder das Kind in
der Krippe. In eingelegten Klagen spricht sich das
Gefühlsleben vor allem der Frauen aus, so etwa in der
Osterszene, da Maria Magdalena das Grab leer gefunden
hat:

> „Mág mih", quad si zi in tho, „lés!   gilusten wéinonnes,
>   sér joh léid ubar wan   ist mir hárto gidan;
> Háben ih zi klágonne   joh léidalih zi ságenne,
>   ni wéiz ih, lés! in gáhe,   war ih iz ánafahe.
> Thaz sér thaz thar ruarit mih,   theist léidon allen úngilih,
>   iz ubarstígit noti   allo wídarmuati;
> Mir ist sér ubar sér,   ni ubarwíntu ih iz mér,
>   ni wán es untar manne   íamer dróst giwinne!
> Sie éigun mir ginómanan   liabon drúhtin minan,
>   thaz min líaba herza,   bi thiu rúarit mih thiu smérza."

$$(V, 7)$$

(„Mich mag wohl", sagte sie zu ihnen, „ach! Lust zu weinen ankommen, / Schmerz und Leid, undenkbares, ist mir hart angetan worden. / Ich habe zu klagen und leidvoll zu sagen, / nicht weiß ich, ach, so plötzlich, wo ich damit beginne. / Der Schmerz, der mich da trifft, ist ungleich allen [andern] Leiden, / er übersteigt durchaus alles Unglück. / Mir ist Schmerz über Schmerz, nicht überwinde ich ihn mehr, / ich glaube nicht, daß ich auf der Welt je darüber getröstet werde. / Sie haben mir meinen lieben Herrn genommen, / mein Herzliebstes, darum trifft mich das Weh.")

Magdalena verkündigt als erste den Auferstandenen. Otfrid entnimmt dazu Alkuins Johannes-Kommentar den Gedanken, daß damit, durch eine Frau, der Sündenfall Evas wiedergutgemacht worden, und er schließt mit der berühmten Bitte: „Ni sit irbolgan wibe!" (Habt keinen Zorn mehr auf die Frau!) Der Frau als der Trägerin und Vermittlerin solcher Gefühlsfrömmigkeit gilt Otfrids Verehrung. Vielleicht ist es auch nicht zufällig, daß eine „veneranda matrona" das Werk so dringend gewünscht hat. Und man könnte sagen, Otfrid bezeichne eine Etappe in der Entwicklung des christlich getönten Frauenkults, der schon in der merowingischen Hofdichtung erscheint (Venantius Fortunatus), dann aber, geistlich und weltlich, im Hochmittelalter aufblüht.

4. Kleinere Gedichte

Wir wissen nicht, ob Otfrid Vorgänger gehabt hat, und wir erkennen ebensowenig eine direkte Nachwirkung. Nur in unbedeutenden Spuren kann man aus späterer Zeit die Kenntnis seines Werks belegen. Der Endreimvers hat sich mit oder ohne Otfrid rasch durchgesetzt. Da schon um 880 Endreimgedichte ganz anderen Stils begegnen und die große Buchepik Otfrids als solche keine Nachfolge gefunden hat, so muß der Übergang zum neuen Vers aufgrund von mächtigen Tendenzen und

Ansätzen auch außerhalb Otfrids auf breiter Front vor
sich gegangen sein. Die Verwendung der Volkssprache
war zudem bei erbaulichen Großwerken vielleicht weniger dringlich als bei kleineren, wirklich dem Volk
zugedachten christlichen Gedichten: also Behandlung
einzelner Bibelstellen oder kurze Texte liturgischer
Funktion. Ein paar wenige Beispiele dafür sind erhalten,
gemeinsam ist ihnen der knappe und gerade darum
eindrucksvolle Stil, ohne Variationen, Wiederholungen
und Übergänge, also weitab von der Breite der Evangelienharmonien.

Christus und die Samariterin ist eine nicht
ganz vollständig erhaltene, fast wörtliche Umdichtung
der Szene Johannes 4,6–19 aus der Zeit um 900, in der
vorliegenden Abschrift (Reichenau?) fränkisch-aleman-
nisch gemischt. Die Eingangsformel „Lesen wir thaz . . ."
ist eine zeitgemäße Umformung der alten Formel von
Hildebrandslied, Wessobrunner Gebet und *Heliand*: „So
gifragen ik . . ."; sie führt nach kurzer Umschreibung der
Situation zum klar gebauten Dialog Jesu mit der Samari-
tana, dem Gespräch um den Brunnen lebendigen Wassers. Zu welchem Zweck, welchem Anlaß die Dichtung
gedacht war, ist schwer auszumachen. Die Szene trägt
sich ja erzählerisch kaum selber; sie formuliert eine
Lehre, hier aber mit Mitteln, die weder predigthaft noch
lyrisch sind, vielmehr balladenhaft wirken. Anderseits ist
nicht festzustellen, daß dieser ernste, schöne Text etwa
einem größeren Zusammenhang, einer Bibeldichtung
wirklich volkstümlichen Gepräges, angehört hätte.

Näher liegt die Versübersetzung von Psalmen, die als
biblisches Liederbuch für Gottesdienst und Unterricht
eine zentrale Rolle spielen. Zumal seit den Erlassen Karls
des Großen gehört die Kenntnis und Lektüre der Psalmen zu den Pflichten nicht nur der Geistlichen. Zu den
verschiedenen Interlinearversionen der Psalmen in ober-
und niederdeutscher Sprache tritt jetzt – etwa 930, bai-

risch – eine hervorragende Nachdichtung des *138.*
Psalms:

> Wellet ir gihoren   Daviden den guoton,
> den sinen touginon sin?   er gruozte sinen trohtin . . .

(Wollt ihr hören David den edlen, / seinen geheimen Sinn? Er
grüßt seinen Herrn . . .)

Der Dichter hat in souveräner Weise und getragen vom
Original den gebethaft-lyrischen Ton getroffen, in wirklicher Nachdichtung, und eröffnet damit überaus würdig
die Jahrtausendtradition deutscher Psalmenpoesie.

Das *Petruslied* schließlich scheint volkstümlich-
liturgischen Charakter zu haben und läßt sich als ältestes
deutsches Kirchenlied bezeichnen (bairisch, um 900
notiert). Es sind drei einfache otfridsche Reimpaarstro-
phen mit fast rein alternierenden Versen – einer („daz er
uns firtanen   giuuerdo ginaden") ist vielleicht zufällig
mit einem Otfrid-Vers identisch. Jeder Strophe folgt ein
Kyrie-Refrain, d. h. wohl der Ruf, mit dem das Volk auf
die Strophe des Vorsängers antwortet. Dieses Kyrie ist
noch jahrhundertelang kennzeichnend für das schlichte
geistliche Volkslied, wie es im Mittelalter nur bei wenigen Gelegenheiten (Kreuzfahrt, Prozession, vor der
Schlacht) seinen Platz hatte. Das althochdeutsche *Petruslied* dürfte ein Prozessionslied sein, worauf auch der
marschmäßige Rhythmus deutet. Die ersten zwei Strophen nennen Petrus als den Bevollmächtigten der Erlösung und der Himmelspforte, die dritte enthält den
eigentlichen Gebetsanruf:

> Pittemes den gotes trut   alla samant uparlut,
> daz er uns firtanen   giuuerdo ginaden.
>   Kirie eleyson,   Criste eleison.

(Bitten wir den Freund Gottes alle miteinander laut, / daß er
uns Sündern gnädig sein wolle. / Herr erbarme dich, Christus
erbarme dich.)

Ein Kyriegesang, wie er hier in archaischer Form vorliegt, ist ungefähr zur gleichen Zeit als Schlachtlied im
Ludwigslied erwähnt. Es wäre denkbar, daß es solche
einfachen Gebilde, bei denen der Hymnenvers das natürliche Vorbild ist, vor Otfrid schon gegeben hat.

IV. CHRISTLICHE HELDEN- UND HEILIGEN-DICHTUNG

1. Das „Ludwigslied"

Der althochdeutsche Endreimvers erweist sich in den besprochenen Denkmälern als Zeichen der endgültigen Taufe der einheimischen germanischen Formensprache. Es ist anzunehmen, daß er bald auch die Stabreimform der fortlebenden Heldendichtung obsolet gemacht hat. Jedenfalls begegnet uns später auch die Heldenepik in selbstverständlichen Endreimversen. Diese können zwar nicht direkt auf den Otfrid-Vers zurückgeführt werden, scheinen aber auf eine verwandte Form – Langzeilen, die nicht *in* sich, sondern paarweise *unter* sich reimen – zurückzugehen, wie sie noch spätmittelalterlich in Volksballaden archaische Verwendung findet. Wichtiger ist die Frage, ob nicht auch auf gehaltlicher Ebene eine Verchristlichung denkbar ist, d. h., ob es beispielsweise eine christliche Heldendichtung gab, oder ob außerhalb der biblischen und dogmatischen Dichtung eine volkstümliche Behandlung christlicher Themen möglich war, oder wie sich sonst klösterliche Kunstübung zur weltlichen Volkstradition verhielt.

In der Tat läßt sich eine eigenständige christlich-heroische Poesie wenigstens an einem Beispiel belegen, dem *Ludwigslied*. An Rang und literarhistorischer Bedeutung ist es das eigentliche christliche Gegenstück zum „germanischen" *Hildebrandslied.* Der Text steht in einer Handschrift aus Valenciennes, in der unmittelbar vorangehend auch das älteste französische Denkmal, die *Eulalia-Sequenz,* von derselben Hand eingetragen ist, gegen Ende des 9. Jahrhunderts. Das Lied gilt dem Sieg des westfränkischen Königs Ludwig III. über die Normannen bei Saucourt am 3. August 881. Es ist wohl bald nach der Schlacht zu Ehren des Siegers entstanden, spätestens innerhalb eines Jahres, da der junge König bereits am 5. August 882 starb. Der „Rithmus teutonicus" hebt mit der verheißungsvollen Formel an:

> Einan kuning uueiz ih,   Heizsit her Hluduig,
>   Ther gerno gode thionot: ...

Rein berichtend, streng und knapp, aber ausdrucksvoll und abgewogen, in sorgfältiger Dosierung von Hypotaxe und Parataxe, direkter Rede und erzählender Wiedergabe wird das Leben des jungen Helden skizziert: Als Kind ward er vaterlos, doch Gott hat sich seiner als Erzieher (magaczogo) angenommen, gab ihm mit seinem Bruder Karlmann zusammen den Stuhl hier in Franken. Um ihn zu versuchen, ob er so jung Mühsal dulden möchte, ließ Gott heidnische Männer über See kommen und das Frankenvolk an seine Sünden mahnen. „Uuas erbolgan Krist: Leidhor, thes ingald iz." (Christus war ergrimmt: ach, dafür büßte es.) Doch erbarmte er sich, rief Ludwig, der ferne war, zu Hilfe seinem (Gottes) Volk. Ludwig ging mit Gottes Erlaubnis, erhob die Kriegsfahne, ritt nach Franken, den Feinden entgegen. Die auf ihn warteten, dankten Gott. Er spendete seinen Gesellen und Kampfgefährten Trost und Ermahnung zum Kampf und ritt mit Schild und Speer kühn den Nordleuten entgegen:

> Ther kuning reit kuono,   Sang lioth frano,
>   Ioh alle saman sungun   „Kyrrieleison".

(Der König ritt kühn, sang ein Lied heilig, / und alle zusammen sangen: „Herr, erbarme dich!" – Vgl. S. 88.)

Der Kampf ward begonnen, keiner focht so schnell und kühn wie Ludwig. Er ward sieghaft, Gottes Macht sei Lob und allen Heiligen Dank.

Uuolar abur Hluduig,   Kuning unser salig!
So garo soser hio uuas,   So uuar soses thurft uuas.
Gihalde inan truhtin   Bi sinan ergrehtin.

(Wohl abermals, Ludwig, unser glückhafter König! / So bereit
wie er je war, wo immer man seiner bedurfte. / Es erhalte ihn der
Herr bei seiner Gnade!)

Man hat das Lied immer wieder als Beleg eines germanischen Preisliedes nehmen wollen, einer Gattung also,
die im Norden vor allem bei den Skalden eine reiche
Entwicklung erfuhr, für den Süden aber neben dem Heldenlied als zweite anspruchsvolle Kunstform nur postuliert werden kann. So hat man manche Züge als altertüm-
lich-germanisch angesprochen, nach dem Rat schon
Jacob Grimms, das Lied lasse sich besser verstehen,
wenn man „die christlichen Vorstellungen beseitigt und
heidnische an deren Stelle schiebt". Der Beweis muß als
mißglückt gelten. Weder das Erzieher-Verhältnis Gottes
zu seinem König noch der Gedanke der Versuchung
(„Mannheitsprobe"), noch die ethisch-gesellschaftlichen
Vorstellungen, noch der Preis der Heldenkühnheit, noch
die Mitleidlosigkeit in der Schilderung des Kampfs lassen
sich speziell für germanisch-heidnischen Geist in
Anspruch nehmen. Wohl aber läßt sich all dies meist
sogar wörtlich auf Vorbilder des Alten Testaments beziehen, auf das Verhältnis des zornigen Gottes zu seinem
Volk und seinen Helden, mit denen er auf ganz selbstverständliche Weise spricht. Kampffreude und schonungs-
loser Triumph über die Feinde sind dem Alten Testament
nicht fremd, und selbst die grimmig-ironische Bezeichnung des tödlichen Kampfs als Spiel („Spilodun ther
Vrankon") ist nicht nur durch eine altnordische Kenning
belegt, sondern auch biblisch (2. Sam. 2,14). Für den
Bereich der irdischen Macht ist das Bild des Herrschers
im ganzen frühen Mittelalter nach den Königen des Alten
Testaments, David vor allem, geformt. Und die Vorherr-

schaft kriegerisch-rechtlichen Denkens selbst im Verhältnis zu Gott ist allgemein bezeichnend für die Jahrhunderte vor dem gotischen Wandel zu innerlicher, persönlicher Ethik.

Schließlich ist es gewiß ein Fürstenpreis, doch im
Gegensatz zu den skaldischen Lobliedern als Erzählung
eines strengen biographischen und geschichtlichen
Zusammenhangs, in welchem die Aktualität des
Moments erst eigentlich sichtbar werden kann. Die
gewonnene Schlacht erscheint im Horizont der Heilsgeschichte, für den Fürsten wie für das Volk. Gerade ein
Vergleich mit dem *Hildebrandslied* kann die vollkommen andere Art des germanischen Heldentums deutlich
machen. Während dieses ganz auf sich allein gestellt ist,
Vollzug des Schicksals und fragloser Untergang, so wird
jetzt Geschichte vollzogen für Gott, die Menschen, den
Helden selbst, und das irdische Geschehen hat Hintergrund und Zukunft.

So ist von einem christlichen Heldenlied zu sprechen.
Damit ist ein Typus gemeint, der a priori für die Karolingerzeit zu erwarten ist, d. h., seitdem mit dem fränkischen Reichsbewußtsein weltliches Kriegertum eine
kirchliche, christliche Legitimation bekommen hat. Entgegen frühchristlicher Haltung kann ja selbst das
Mönchstum kriegerische Züge annehmen und umgekehrt
das Kriegertum einen christlichen Auftrag erhalten. Es
ist dieselbe Adelsgesellschaft, die beides trägt. Das Wort
vom miles christianus wurde mehr als eine bloße Metapher, Christus selbst erscheint ja auch vorwiegend als
Kämpfer für das Heil, als Triumphator und Weltherrscher. Die Wandlungen des Bildes vom Gottesstreiter –
als Mönch, Heidenkämpfer, Ritter, Heiliger – sind ein
zentrales Thema der mittelalterlichen Literatur, vorab
der Legende und des Romans. Auf der Stufe des *Ludwigsliedes* herrscht eine altertümliche Einheit von Fürst
und Krieger unter dem religiösen Auftrag. Himmel und

Erde sind nahe beieinander, der geistliche Bereich ist
nicht jenseitig, sondern hat reale Präsenz, der geschichtliche Vorgang ist unmittelbar Strafe oder Lohn. Wie sehr
übrigens das *Ludwigslied* mit der politischen Ideologie
der zeitgenössischen Urkunden und Chroniken überein-
stimmt, hat die Forschung mehrfach erwiesen.

Gattungsverwandt sind denn auch ein paar lateinische
Lieder der Karolingerzeit, die mit ihren rhythmischen
(d. h. dynamisch akzentuierten) Versen den archaisch-
knappen und schlagkräftigen Charakter des *Ludwigsliedes* teilen, aber nicht seinen Rang erreichen. Verwandt
im Aufbau, Tonfall und einzelnen Motiven ist vor allem
das Lied auf die Avarenschlacht Pippins (796); etwas
ferner steht das Lied eines gewissen Angilbert auf die
Bruderschlacht von Fontanetum (841). Für deutsche
Entsprechungen solcher erzählender Lieder zur Feier
eines Sieges kann man schließlich auch die Bemerkung
des sogenannten Poeta Saxo heranziehen (eines Mönchs
in Corvey, der ein großes Geschichtsgedicht auf Karl
verfaßt hat), es habe carmina vulgaria gegeben, welche
die Väter und Vorväter Karls des Großen gepriesen
hätten, Pippin, Karl, Chlodwig, Theuderich, Karlmann,
Clotachar. Solche historische Lieder, Preislieder, Zeitlieder oder wie man sie nennen will, gehören zweifellos zu
einem andern Typus als die Heldenlieder von Siegfried
oder Dietrich.

Gattungsgeschichtlich wird aber das *Ludwigslied* wohl
am interessantesten von späteren Entwicklungen aus.
Erzähllieder über Gotteskämpfer gegen hereinbrechende
Heiden, geschichtliche Prüfungen durch Schwäche und
Verrat, die Wiederherstellung des Reiches, in alttesta-
mentarischer Einheit von religiösem und nationalen
Bewußtsein – all das liegt sonst nur noch in der altfranzö-
sischen Heldendichtung vor, den sogenannten Chansons
de geste. Die heroische Dichtung Frankreichs hat ihren
stofflichen Schwerpunkt im Karolingerreich und ist

christlich geprägt. Auch wenn uns diese Chansons de geste erst um 1100 und bereits in epischer Großform entgegentreten – mit der alles überragenden *Chanson de Roland* –, so müssen doch während Jahrhunderten kleinere Lieder vorausgegangen sein. Es ist nicht zufällig, daß sogar die Schlacht von Saucourt noch im Stoff der ältesten Chanson erscheint, *Isembart et Gormont,* allerdings kontaminiert mit andern historischen Reminiszenzen und mit Sarazenen statt der Normannen.

Das im Deutschen gänzlich isolierte *Ludwigslied* ist ohne Zweifel im westfränkischen Reich, wahrscheinlich am Hofe selbst, entstanden und auch auf später französischem Boden aufgezeichnet worden. Es ist somit sozusagen die älteste Chanson de geste. Und wahrscheinlich ist es zugleich ein letzter Zeuge für das Leben deutscher Sprache oder für die Zweisprachigkeit der Oberschicht am westfränkischen Hof. Daß in Deutschland selbst diese christliche Heldendichtung kaum mehr direkt belegt ist und offenbar neben der unvermindert vitalen Heldensage aus der Zeit der Völkerwanderung nicht aufkam, mag verschiedene Gründe haben: eine zunächst weniger nachhaltige Christianisierung und das Fehlen eines Feindes, der wie die Normannen und Sarazenen zugleich Gegner des Reichs und des Glaubens gewesen wäre.

Nun ist das *Ludwigslied* noch kein Gedicht heroischer Erinnerung und Sage, auch wenn ein solches Zeitlied oder Gelegenheitslied durchaus während längerer Zeit lebendig bleiben und sein Inhalt so zur Sage werden kann. Daß nun solche Lieder auf geschichtliche Ereignisse, auf bestimmte geschichtliche Persönlichkeiten oder auf sagenhaft gewordene Vorgänge im Umlauf waren, „im Volk" gesungen wurden, dafür mehren sich seit dem 10. Jahrhundert die Zeugnisse.

2. „Georgslied" und „Galluslied"

Zunächst bleiben wir bei spezifisch christlichen Erzähl-
liedern des 9. Jahrhunderts. Mit einem *Georgslied*
tritt zum erstenmal die Legende als Erzählstoff deutscher
Lieder auf. Die Legende ist außerhalb der biblischen
Geschichte die legitimste und ursprünglichste Form einer
christlichen Erzählung. Sie bestätigt unmittelbar die
Nachfolge Christi durch den Heiligen, und sie berichtet
von Gottes fortwirkender Wundermächtigkeit. Da der
Heilige Gegenstand liturgischer Verehrung ist – je nach
den Patrozinien der einzelnen Kirchen und je nach ihren
Altären, sowie nach dem Heiligenkalender des Kirchenjahrs –, ist auch die Kenntnis der Geschichte des Heiligen
und seiner Wunder unabdingbar. Die gegebene volkssprachliche Form ist zunächst das Lied, die Entsprechung des Hymnus. Anderseits stellt die Legendenüber-
lieferung insgesamt eine derart vielfältige, reiche und
farbige Erzählliteratur dar, daß daraus eine unerschöpfliche Quelle dichterischer Produktion in allen Gattungen
werden konnte. Sie erweist sich auch als der Weg, auf
dem viele weltliche Erzählstoffe und -motive aus Antike
und Orient ins Mittelalter kamen und von da aus umgekehrt wieder säkularisiert werden konnten.

Der „Held" der Legende ist der Heilige, ihr eigentlicher Vorgang der Einbruch der göttlichen Allmacht in
die irdische Wirklichkeit: das Wunder. Raum und Zeit
aber sind die von Welt- und Heilsgeschichte, im Gegensatz zur „Sage" in der Heldendichtung oder zur Märchenwelt des höfischen Romans. Soweit sich die Legende
nicht im einzelnen Mirakel erschöpft, tendiert sie zur
Vita, d. h. zur persönlichen Lebensgeschichte, und sie
wird damit auch wichtig für die Deutung des weltlichen
Lebens als eines sinnvollen und unumkehrbaren biographischen Zusammenhangs.

Das althochdeutsche *Georgslied* ist im 10. Jahrhundert

fragmentarisch und in einer nicht mehr verstandenen
verschlüsselten Orthographie auf die letzten Seiten der
Heidelberger Otfrid-Handschrift (P) eingetragen worden. Man bringt es – etwas voreilig – zusammen mit dem
Georgs-Kult auf der Reichenau und insbesondere der
Einweihung der St.-Georgs-Kirche (896) in Oberzell, die
heute noch steht. Vielleicht ist der Ursprung fränkisch
und nicht alemannisch. Es berichtet sprunghaft-gedrängt
die wichtigsten Stationen der frühmittelalterlichen
Georgsvita (welche den Drachentöter Georg noch nicht
kennt): Graf Georg tritt vor einer mächtigen Versammlung auf, er gibt das Reich der Welt für den Himmel hin,
wird eingekerkert, vollzieht Wunderheilungen, wird vergeblich auf Befehl des erbosten Kaisers dreimal, immer
grausamer und radikaler, ums Leben gebracht, um
immer wieder aufzuerstehen, er bekehrt die Kaiserin und
überwindet den Heidengott, den Höllenhund Abolin . . .
Die zentralen Episoden gehören zum Legendentypus
vom unzerstörbaren Leben, vom heiligen Steh-auf-
Mann; dreimal lautet der triumphale Refrain:

> Daz weiz ih, daz ist alawar,   uf irstuont sih Gorio dar:
> uf irstuont sih Gorio dar,   wola predigot er sar.

> (Das weiß ich, das ist ganz wahr: auferstand Georg da, /
> auferstand Georg da, wohl predigte er da.)

Das Wunder massivster Art wird in der schlagkräftigsten
Form vorgetragen, balladenhaft springend, mit stampf-
fendem Rhythmus, Parallelismen und strengem Zeilenstil. Man muß hier von Volkstümlichkeit sprechen mindestens im Sinne von Primitivität, und man wird auch
annehmen dürfen, daß die barbarische Heiterkeit des
Refrains keinen Widerspruch zur frommen Gläubigkeit
der Hörer bildet. Eine elementare Komik ist in der
geistlichen Volksdichtung immer wieder anzutreffen.
Selbst Hrotsvit von Gandersheim in ihren lateinischen
Legendendramen wußte sich ihrer zu bedienen. Das Lied

ist vermutlich den zuhörenden Laien (vornehmen oder
geringen Standes) vorgesungen worden, der Refrain vom
Chor; man hat allerdings auch schon an Volksgesang
gedacht. Der Stil liegt jedenfalls weit ab von der Heldendichtung, der Bibelepik und selbst dem strengen und
klaren Ernst des *Ludwigsliedes*. Es deutet auf die Existenz einer Balladendichtung (im heutigen Wortsinn),
unter Einfluß der Hymnik, aber auch der weltlichen
Rhythmendichtung der Karolingerzeit; sie ist in dieser
Zeit freilich schwer faßbar.

Durchaus parallel zu sehen ist ein *Lobgesang auf den
heiligen Gallus,* der von dem St. Galler Mönch R a t -
p e r t (gest. gegen 890) deutsch gedichtet war. Ekkehard
IV., der Verfasser der berühmten St. Galler Klosterchronik, hat ihn ins Lateinische übertragen, um seine schöne
Melodie zu Ehren kommen zu lassen. Diese lateinische
Fassung, die wir heute allein besitzen, scheint Vers und
Stil ziemlich genau wiederzugeben. Daß schon der deutsche Text etwas würdiger war als das *Georgslied,* ist bei
dem gelehrten Leiter der Klosterschule wohl anzunehmen. Auch hier ist die Vita des Heiligen, nach lateinischer Prosavorlage, von seiner Ausfahrt aus Irland bis zu
seinem Tod und Begräbnis knapp und handfest erzählt.
Beispielsweise füttert der Heilige den Bären, der ihm
beim Bau der Zelle geholfen hat, und verbannt ihn dann
aus dem Walde wie folgt:

> Panem Gallus bestiae   mirandae dat modestiae.
> Mox ut hunc voravit,   in fugam festinavit
> Iussa silvis cedere   hic nullum posthac laedere.
> Diacon iacebat   soporans et videbat,
> Qua virtute Gallus   pollet Dei famulus.

(Brot gibt Gallus der Bestie für ihre erstaunliche Artigkeit. /
Sobald sie dies verschlungen, floh sie eilends, / da ihr befohlen,
den Wald zu meiden und hier keinem mehr ein Leid anzutun. /
Der Begleiter, der im Schlaf gelegen, sah, / über welche Macht
Gallus verfügt, der Diener Gottes.)

3. „Waltharius"

Wenn sich hier in der Legende ein Element des Erzählerisch-Unterhaltsamen meldet, so läßt sich fragen, wie
sich umgekehrt die ursprünglich außerchristliche Erzählkunst – die Heldendichtung – einem christlichen Zeitalter integrieren könnte. Es ist das einzigartige Unternehmen des lateinischen *Waltharius*-Epos, in aller
Bewußtheit zu versuchen, die Heldendichtung zu taufen
und ihr eine neue literarische Verbindlichkeit zu geben.
Dieser Versuch konnte, in voller und klarer Spannung,
nur darin bestehen, einen germanischen Heldenstoff im
Stil Vergils in lateinischen Hexametern zu behandeln, das
eine im andern sich brechen zu lassen. Das führt zu
einem neuartigen erzählerischen Abenteuer.

  Das kostbare Werk, in 12 Handschriften ganz oder
teilweise erhalten und in mindestens ebenso vielen weiteren Exemplaren bezeugt, muß weiterum beliebt gewesen sein. Verfasserschaft und Entstehungszeit des kleinen
Epos sind heiß umstritten. In seinen *Casus Sancti Galli*
berichtet Ekkehard IV. (gest. um 1060), sein Klosterbruder Ekkehard I. (um 900–973) habe in jungen Jahren zu
Schulzwecken das Leben des Waltharius Starkhand
metrisch beschrieben, doch habe er, Ekkehard IV., das
unvollkommene Werk später überarbeitet. So galt der
Waltharius als ein St. Galler Werk aus der Zeit um 930.
Einem Teil der Handschriften ist nun ein geschraubter
Prolog beigegeben, in welchem ein gewisser Geraldus
das Werk, „aus eindringlicher Beschäftigung heraus",
dem erhabenen Bischof Erckambaldus zur Kurzweil
überreicht. Hat ein Geraldus das Werk Ekkehards versandt, oder ist Geraldus selbst der Dichter? Dies vielleicht auch deshalb, weil das Werk keineswegs als Schülerarbeit wirkt, keine Uneinheitlichkeit zeigt, nicht
eigentlich eine Vita darstellt und seinen Helden nicht
unmittelbar als Starkhand, manu fortis, bezeichnet?

Einen Gerald gab es nun in St. Gallen gleichzeitig mit
Ekkehard I., aber auch anderswo, und als Adressaten
kommen drei hochgestellte Erckambalde in Straßburg,
Lothringen oder Eichstätt in Frage. Je nach Wahl und
zusätzlichen Argumenten variiert auch die Datierung –
man müßte unter Umständen bis auf die Zeit von 860
zurück. Geistes- und gattungsgeschichtliche Erwägungen würden allerdings eher auf die ottonische Zeit schließen lassen. Die Frage ist offen.

Am Hofe des Hunnenkönigs leben als Geiseln drei
vornehme junge Vertreter westlicher Länder, die Attila
tributpflichtig gemacht hatte: Hagen, ein vornehmer
Franke vom Rhein, die Prinzessin Hiltgunt von Burgund
und Walther von Aquitanien (dem einstigen westgoti-
schen Reich in Südwestfrankreich und Spanien). Hagen
ist entflohen und nach Worms zu König Gunther
zurückgekehrt. Auch Walther gelingt es nach einem
Siegesfest am Hunnenhof, zusammen mit Hiltgunt und
einem schätzebeladenen Pferd nach Westen zu fliehen
(V. 1–418, Vorgeschichte). Nach vierzig Tagen kommen
sie über den Rhein bis Worms. Gunther will dem Recken
seine Schätze und auch das Mädchen abjagen und verfolgt die beiden. Es kommt im Wasgenwald – sprachlich,
aber nicht sachlich entspricht dies den Vogesen – zum
Kampf: Elf Streiter, die Gunther gegen Walther aussen-
det, werden in homerisch geschilderten Kämpfen überwunden (V. 419–1129, Hauptteil). Nachtruhe des Helden und des Mädchens in der durch Verhau gesicherten
Felsenenge; die Weiterziehenden werden am andern Tag
von Gunther und Hagen überfallen. In diesem Kampf
verliert Gunther ein Bein, Hagen ein Auge, Walther eine
Hand. Die verstümmelten Helden setzten sich ins Gras,
versöhnen sich unter rauhen Scherzen und lassen sich
von Hiltgunt laben und verbinden. Walther zieht mit
Hiltgunt in seine Heimat, feiert Hochzeit mit ihr und
regiert nach dem Tode seines Vaters glücklich wäh-

rend dreißig Jahren (V. 1130–1456, Höhepunkt und Schluß).

Der Stoff ist auch bekannt aus zwei altenglischen Fragmenten heroisch-epischen Stils wahrscheinlich des 10. Jahrhunderts (*Waldere*), aus altnordischen und mittelhochdeutschen Fassungen und einer polnischen Quelle; er ist ein Stück germanischer Heldensage, in welcher ein wohl westgotischer Held im Zusammenhang der uns aus dem *Nibelungenlied* bekannten Figuren und Verhältnisse erscheint, nur daß die Burgunden in Angleichung an den späteren Zustand zu Franken gemacht worden sind. Der Dichter muß als Vorlage ein alemannisches Lied oder schon kleines Epos benützt haben. Wieweit innerlich jüngere, „spielmännische" Züge schon im deutschen Lied zu finden waren, ist unklar; ein ursprünglich tragisches Ende als Folge von Hagens Konflikt zwischen Freundschafts- und Lehenstreue ist unwahrscheinlich. Faßbar ist allein der Typus „Flucht eines Brautpaars mit Schätzen", der international von der Helena-Geschichte bis zur altnordischen Saga vorkommt. Die Brautgewinnung dieser Art ist später das zentrale Motiv der sogenannten Spielmannsdichtung, vor der Zeit höfisch-romanhaften Minnerittertums.

Bestimmt vom lateinischen Dichter stammt alles, was mit der Umsetzung ins Hexameterepos zusammenhängt: die Verwandlung in eine völlig andere, antikische Welt mit dem ganzen Formel-, Begriffs- und Bildapparat epischer Tradition, oft in mosaikhaftem Spiel mit Zitaten aus Vergil, Statius und Prudentius. Entscheidender ist die neue epische Disposition des Ganzen, die dem heroischen Vorgang neuen Sinn und neue Zusammenhänge gibt. Die Einleitung mit dem reizenden Einsatz:

Tertia pars orbis, fratres, Europa vocatur

(Ein Drittel vom Erdkreis, ihr Brüder, heißt Europa)

gibt sorgfältig, fast etwas pedantisch, den geographischen Rahmen und eine historische Begründung der
Situation, in einer auch sonst gezeigten Technik, aus
weitem Horizont auf ein nahe Vergegenwärtigtes zuzu-
kommen. Die Vorgeschichte des Heldenpaars wird weithin erst vom Epiker ausgestaltet worden sein: die ehren-
hafte Stellung der beiden am Hunnenhof, die Ausspra-
che, die moralisch nicht unbedenkliche Flucht, die
komisch-ohnmächtige Wut und der Katzenjammer des
Königs Attila, der von dem Gelage noch mitgenommen
ist. Die kunstvoll-ausgedehnte Variation der zwölf
Kämpfe mit immer neuen Techniken und Verläufen
gehört zu den klassischen Aufgaben des Epikers, in
unserem Fall vielleicht zu der rhetorischen Schulaufgabe,
die dem Dichter gestellt war. Zu den neuen Maßnahmen
gehört wohl auch die Abtrennung des Hauptkampfs,
gegen Hagen und Gunther; der Dichter gewann damit
auch die zauberhafte Szenenfolge von Abend und Nacht,
eine klassische Retardation, die Raum, Besinnung und
Spannung schafft. Am Ende aber steht die den Ernst des
Ganzen kraß in Frage stellende Schlußszene und, fast
schon märchenhaft, der kurze Ausblick in die glückliche
Zukunft.

   Die Episierung bedeutet hier somit auch das Hervortreten einer biographischen Linie, wie sie die meisten
ritterlichen Romane dann kennzeichnet. Der *Waltharius*
ist freilich nicht die Erzählung von einer ritterlichen
Ausfahrt auf Abenteuer, vielmehr noch ein Nostos, eine
langwierige Rückkehr aus dem Exzentrischen ins Angestammte und Eigene, getrieben vom „amor patriae dul-
cis" – wie einst die *Odyssee* oder die Heimkehr des
germanischen Recken im *Hildebrandslied*. Untersucht
man nun allerdings das ethische Verhalten der Helden
und die Verrechnung von Dienst und Schicksal, dann
stellt sich eine gewisse Verlegenheit ein. Ein heroisches
Ideal ist hier offensichtlich in Auseinandersetzung mit

christlichen Maßstäben geraten, Mönchstum und Kriegertum scheinen sich schlecht zu vertragen. Hagens tragischer Konflikt, den man im Blick auf *Nibelungen*- und
Hildebrandslied gern als epischen Kern anspricht, wird
vom Dichter recht widerspruchsvoll behandelt. Die
Hauptursache der Katastrophe wird – ganz unheroisch –
in Gunthers und auch Walthers unseliger „fames
habendi" gesehen, und über dieses Thema muß ausgerechnet Hagen eine Rede halten. Daß Walther am Hunnenhof nicht nur den wohlmeinenden König betrunken
macht und nebst der Braut auch noch die goldenen
Spangen mitgehen läßt, hat man immer als unfein empfunden. Walther hält, wie es sich gehört, einmal eine
Ruhm- und Trutzrede gegen seine Feinde, nimmt dann
aber das „verbum superbum" sogleich kniefällig zurück.
Gunther, an sich keineswegs besonders kühn, wird
immer wieder wegen superbia gerügt. An Attila werden
die Folgen der Gastrimargia, der Völlerei, drastisch dargestellt. So scheint der Dichter allerlei klösterliche
Tugend- und Lasterbegriffe – etwa nach Cassian und
Gregor – in die Heldenwelt zu spiegeln, zum Verdruß
der „germanisch" gesinnten Leser, oder er scheint mindestens das Benehmen seiner Figuren nicht allzu ernst zu
nehmen. Die verschiedenen Kämpfe werden mit einer
bedenklichen Lust am Variieren und Detaillieren verschiedener Arten des Verwundens und Tötens ausgeführt, vor allem beim Kampf der letzten drei Franken,
die dem Helden vereint mit einer lächerlichen Harpune
zu Leibe rücken und in ein merkwürdiges Seilziehen
verstrickt werden. Den Gipfel bildet natürlich der Überfall von zweien auf einen am Schluß und die Schlächterei
mit den Gliedmaßen, die dann als Ehrenzeichen im
Grase liegen, darunter der tremulus ocellus Hagens und
– welche Ironie auf Waltharius manu fortis! – die Hand
Walthers. Darauf dann die makabren Spottreden der drei
Helden, wo die Groteske, ja die Parodie erreicht wird.

An Ahnungslosigkeit des Dichters über kriegerischen Anstand mag man nicht recht glauben, denn er stammte ja vermutlich aus vornehmen Kreisen, und seine Stoffwahl zeigt gerade, woran er im Grund Freude hat. Das Komisch-Groteske kann nicht einfach als Entartung angesprochen werden, dazu kann und weiß der mönchische Dichter zu viel. Es ist offenbar gerade die Spannung zwischen den Bereichen, das Spiel der wechselnden Distanzierung, welche das Abenteuer dieser Erzählung ausmacht. Die Heldenwelt ist relativiert und wird doch zugleich zum Gegenstand eines satirisch-moralischen Interesses. Die Komik bleibt nicht Selbstzweck, sondern steht im Dienste eines echten erzählerischen Humors. All das deutet auf den kommenden Roman voraus.

Inbegriff des ritterlichen Lebens und Sinn des Abenteuers wird im höfischen Roman die Liebe sein. Davon ist im *Waltharius* noch kaum die Rede. Dennoch zeigt sich, im Vergleich insbesondere mit den *Waldere*-Fragmenten, wieviel der Dichter in der Gestalt der sponsa, der Hiltgunt, bereits an neuen Möglichkeiten verkörpert hat. Die Züge des mädchenhaft Scheuen und dann doch wieder Fraulichen, die Hiltgunt trägt, belegen ein neues menschliches Ideal (zwar kaum auf seiten des Helden, aber doch des Dichters). Hiltgunt ist nicht mehr die heroisch-kriegerische Frau wie offenbar im *Waldere*, auch nicht mehr der bloße Gegenstand, der mit List oder Gewalt gewonnen und verteidigt wird. Sie hat „mores eximii" und „industria operum", ist sorgliche Hüterin im Haushalt des Hunnenhofs, zurückhaltend, schamhaft, ja ängstlich, wie es dem „sexus fragilis" geziemt, und ihrem „dominus" treu ergeben. Aber es ist immerhin sie, für die und vor der Walther seine Heldentaten vollbringt, und er ehrt sie durch seine Keuschheit. Und manches wartet im Hintergrund, was für uns besondern Zauber besitzt und wiederum romanhaft anmutet: die landschaftlich-stimmungshaften Werte, bei der Flucht durch

Wald und Einöde im Dunkel der Nacht, beim Rauschen des Windes und der Zweige, oder die nächtliche Szene zwischen den Kämpfen, da Hiltgunt über dem müden Kämpfer wacht und sich mit Singen (eines geistlichen Liedes?) die Augen offenhält. Beidemal ist mit den Mitteln akustischer Vorstellung in ein Ungewisses hinaus Raum geschaffen. Beim *Waltharius*-Dichter bildet sich ein neues erzählerisches Bewußtsein zwischen Retrospektive und neuen Möglichkeiten. Eine solche notwendig spannungsreich-humoristische Kunst kann sich erst als „Ludus" (Geraldus-Prolog), als Schulaufgabe (Ekkehard I.), als schriller Gesang einer jungen Zikade (Schluß) verstehen – und entschuldigen. Unübertrefflich ist dies nochmals angedeutet, wenn der übliche fromme Schlußwunsch fast schelmisch mit der Nennung des weltlichen Themas in einen einzigen Vers gedrängt ist, als Einheit im Gegensatz:

> Haec est Waltharii poesis, vos salvet Iesus.

> (Das ist die Dichtung von Walther, Euch aber erlöse Jesus.)

Ob Ähnliches je wiederholt worden ist, wissen wir nicht. Da ist nur die dubiose Nachricht in der *Klage,* einer elegischen Fortsetzung des *Nibelungenliedes,* der Bischof Pilgrim von Passau (971–991) habe durch seinen Schreiber Konrad den Untergang der Nibelungen, den er von einem Augenzeugen (!) gehört, in lateinischer Sprache aufzeichnen lassen. Das riecht nach Quellenfiktion, so willkommen eine solche Parallele wäre. Nach der Jahrtausendwende ist jedenfalls kaum mehr ein solches lateinisches Heldenepos zu erwarten – weil nun sowohl die deutsche wie die lateinische Epik selbständige Formen entwickeln.

V. NOTKER DER DEUTSCHE

Ein Jahrhundert nach Otfrid und fast zwei Jahrhunderte nach dem Isidor-Übersetzer ist die deutsche Sprache für die Gebildeten noch immer eine zweifelhafte Größe. Ja vielleicht jetzt mehr als je. Je mehr sich im Reich der Ottonen wieder ein kulturelles Selbstgefühl regte und die Pflege klassischer Studien selbständiger und breiter wurde, um so weniger war die Volkssprache gefragt, ganz besonders in geistlicher Prosa. „Barbarica lingua" nennt Ekkehard IV., der behagliche Erzähler von den großen Zeiten des führenden Klosters St. Gallen, das Deutsche noch im tiefen 11. Jahrhundert mit größter Selbstverständlichkeit. Er war es, der Ratperts *Galluslied* ins Lateinische rettete, und der einzige deutsche Satz seiner Chronik sind die „barbarischen" Schreie, welche der Teufel ausstößt („Au wê, mir wê!"), wie er von Notker dem Stammler in der Kirche verprügelt wird. Dennoch feiert Ekkehard seinen verehrten Lehrer, den dritten Notker, auch N o t k e r L a b e o (Großlippe) oder T e u t o n i c u s genannt, gerade wegen seiner Verdienste um die deutsche Sprache. In seinen *Benediktionen* billigt er ihm zu, er habe als erster die barbarische Sprache geschrieben und schmackhaft gemacht: „Primus barbaricam scribens faciensque saporam."

Als erster! Notker selbst sah es nicht anders, er nennt sein Übertragungs- und Kommentarwerk eine „beinahe unerhörte" Unternehmung. Er ist damit auch fast allein geblieben für lange Zeit, mindestens mit seiner besonderen Methode. Notker zeigt am Ende der althochdeutschen Epoche zugleich eine letzte und eine noch ganz ursprüngliche Eroberung der deutschen Sprache. Es geschieht wieder nicht eigentlich um ihrer selbst willen, sondern zum bessern Verständnis des Lateinischen – eben des Bibelworts und der kirchlichen Schriften. Wieder ergibt sich im Rücken dieser Bemühung ein überraschender Gewinn. Noch nie ist die deutsche Sprache derart zum Gegenstand der methodischen Reflexion geworden, noch nie ist jemand so liebevoll mit ihr umgegangen. Notker der Deutsche gehört in die Literatur-, ja in die Dichtungsgeschichte, weil er dort angesetzt hat, wo die Sprache selbst, im Sinne Herders, mit ihrer Laut-, Wort- und Satzbildung einen dichterischen Charakter trägt.

Notker war einer von den vier Neffen Ekkehards I., die dieser dem Kloster zugeführt hatte und die alle bedeutende Männer wurden: Ekkehard II., der „Hofmann", Ekkehard III. und der spätere Abt Burchard, Angehörige einer vornehmen Thurgauer Sippe. Notkers Eintritt ins Kloster mag um 960 erfolgt sein; denn als er am 29. Juni des Jahres 1022 an der Pest starb, da blickte er auf ein langes Wirken in der Klosterschule und ein mächtiges literarisches Werk zurück. Der Zauber, die von den Brüdern gerühmte „benignitas" von Notkers Persönlichkeit ist uns noch aus diesem Werk vernehmlich, einem Werk der Schule, der Erziehung und der humanistischen Wissenschaft.

„Propter caritatem discipulorum" (aus Liebe zu den Schülern) hat er nach einer Formulierung Ekkehards seine deutschen Bücher verfaßt – da ist auch hier noch der Abstieg in die Sprache der Ungebildeten als ein Werk der Liebe verstanden. In seinem berühmten Brief an den Bischof Hugo von Sitten, in dem Notker Rechenschaft über seine Arbeit ablegt, bekennt er, daß er sich gerne den Sieben Freien Künsten um ihrer selbst willen gewidmet hätte, doch sei es ihm nicht vergönnt, sie anders zu treiben denn als „instrumenta" zum vordringlichen Studium der „kirchlichen Bücher". Auch diese Wissenschaft und diese Schule versteht sich nur als Mittel zum religiösen Zweck, ähnlich wie das Deutsche nur Mittel zur lateinischen Sprache der Bibel und ihrer Erklärer ist.

Der genannte Brief gibt eine einzigartige wissenschaftliche Selbstbiographie. Nach dieser Übersicht hat sich
Notker zuerst dem Hauptwerk des Boethius zugewandt,
der *Consolatio Philosophiae*. Dieses antike Trostbuch
eines Christen, nämlich des hohen Beamten Boethius am
Hofe des Kaisers Theoderich, im Gefängnis vor der
Hinrichtung (524) verfaßt, ist denkwürdig nicht nur
durch diese Umstände seiner Entstehung, die ihm eine so
hohe Glaubwürdigkeit verliehen. Es ist zugleich eine
letzte Blüte antiker Ethik in der hochgemuten Haltung
des auf Tugend, Vernunft und überhaupt die unvergäng-
lichen Güter bauenden Weisen. Im platonisch-stoischen
Gespräch mit der Jungfrau Philosophia vollzieht sich die
Erhebung zur Erkenntnis des wahren Glücks, zur Ideen-
schau und Ergebung ins verhängte Geschick. Es ist eine
Art philosophisch-ethischer Vorschule des Christentums. Dazu kam, daß durch die eingefügten Gedichte in
verschiedenen Formen auch die Poesie ihre Stelle in den
höchsten Zusammenhängen erhielt und die *Consolatio*
zugleich ein poetisches Musterbuch wurde. Das Mittelalter hat jedenfalls dieses und andere Werke der „anima
santa", wie Dante ihren Verfasser nennt, dankbar als
eigentliches Vermächtnis des Altertums übernommen
und insbesondere das Trostbuch zum Gegenstand und
Mittel des Unterrichts gemacht.

Eine ähnliche, etwas weniger begreifliche Rolle spielt
das Werk des Martianus Capella (Anfang 5. Jahrhundert). Seine *Hochzeit Merkurs mit der Philologie* war als
Handbuch gedacht, als ein Kompendium der „Artes",
der Sieben Freien Künste. Dieses spätantik-frühchristli-
che Unterrichtssystem, mit dem sich auch Augustin
befaßte und das dann vor allem von Cassiodor erläutert
und dem Mittelalter überliefert wurde, umfaßte vorwiegend formal bildende Fächer: Sprache, Poesie und Logik
im sogenannten Trivium, die mathematischen Fächer
von Arithmetik, Geometrie, Astronomie und Musik im

Quadrivium. Diese sieben Wissensbereiche sind bei Martianus Capella nun als die sieben Hochzeitsgaben geschildert, die der in den Himmel erhobenen Jungfrau Philologia vor der versammelten Gesellschaft der Götter überreicht werden. Die ersten zwei Bücher des Werks, die Notker wahrscheinlich allein übersetzt hat, bieten die eigentliche allegorische Einleitung: Hochzeitsvorbereitungen und Hochzeit, die sieben weiteren Bücher gelten dann je einer Ars. Das Werk, dunkel, gelehrt, schwierig geschrieben, mit gesuchten Allegorisierungen und poetischen Einlagen, wurde nicht nur wegen seiner wissenschaftlichen Systematik hochgeschätzt, sondern wieder als Fundgrube für Rhetorik, poetische Technik und Mythologie. Als Grundwerk des frühmittelalterlichen Studiums erfuhr es mehrfache Kommentierungen, so durch keinen Geringern als Johannes Scotus Eriugena. Notker selbst benützt speziell dessen Nachfolger Remigius von Auxerre.

Anschließend verzeichnet Notker einige poetische Werke, deren Bearbeitung verloren ist: *Cato* (eine hochbeliebte kleine Sammlung antiker Lebensweisheit in Distichen, aus dem 3. Jahrhundert), Vergils *Bucolica* und die *Andria* des Terenz. Daß Terenz trotz moralischer Bedenken – wie sie dann Hrotsvit von Gandersheim zum Ausdruck bringt – als Klassiker geschätzt und in den Schulen gelesen wurde, zeigt auch die Existenz verschiedener lateinischer Terenz-Stücke in der St. Galler Bibliothek des 10. Jahrhunderts. Es folgen zwei logische Schriften des Aristoteles, übertragen aus der lateinischen Übersetzung und Kommentierung durch Boethius, und ferner eine kleine mathematische Schrift des Boethius (?), alles wieder erhalten. Dazu kommen noch einige kleinere Schriften in lateinischer Sprache zur Logik und vor allem zur Rhetorik; diese sind insbesondere wichtig, weil Notker im rein lateinischen Text gelegentlich mit deutschen Beispielen arbeitet und auf diese Weise ein paar viel

diskutierte Sprichwörter oder Verszitate überliefert
hat.

Notkers Hauptwerk entstammt aber seiner schließlichen Rückwendung zur geistlichen Literatur: Es ist sein
vollständig erhaltener *Psalter,* den er vor allem mit Hilfe
Augustins bearbeitet hat. Ob eine verlorene Schrift *De
Trinitate,* die Notker erwähnt, sich auf eine Vorlage von
Boethius oder – eher – Augustin bezieht, ist unklar.
Verloren ist aus dieser letzten Zeit vor allem ein *Hiob,*
das ist wohl Gregors des Großen vielbenützter, umfangreicher Hiob-Kommentar, dessen deutsche Wiedergabe
durch Notker – ein „opus mirandum" nennt sie Ekkehard IV. – am Tage seines Todes vollendet worden ist.

Diese Zusammenstellung gibt offenbar ein repräsentatives Bild der wichtigsten Studien an einer Klosterschule der ottonischen Zeit. Die Artes bestimmen das
Bild, doch stehen sie durchaus im Dienst der „Divina",
und alles wirkt wie eine letzte Verlängerung der christlichen Spätantike – in der großartig inselhaften Welt dieser
zugleich feudalen und asketisch-frommen Benediktinerabteien.

Faszinierend wird aus Notkers Werken der Stil des
Unterrichts deutlich, denn sie sind offensichtlich eine
Art Verkürzung des Lehrvortrags oder des Lehrgesprächs. Notker bietet satzweise zuerst den lateinischen
Text der Vorlage (der gelegentlich durch leichte syntaktische Umstellung etwas faßlicher gemacht worden ist),
läßt die deutsche Übersetzung folgen, worauf er dann die
oft ausführliche Kommentierung gibt, auf Deutsch mit
vielen lateinischen Wendungen. Diese „Mischsprache",
in der das Latein nun wieder als bekannt vorausgesetzt
wird, entspricht offenbar der tatsächlichen Unterrichtssprache. Es ließe sich sagen, die Methode Notkers sei
eine Art Glossierung, die zu selbständiger Übersetzung
gediehen und auf Satz und Sinn übertragen ist. Sie wirkt
heute wenig übersichtlich, vermittelt uns aber in erstaun-

licher Intimität den Geist, das Klima der klösterlichen
Schulstunden. Entscheidend ist dabei der gleichmäßig
frische, hellhörige, anschmiegsame Umgang mit dem
Text der Vorlage und dem Instrument der eigenen Sprache – das immer wieder Bewunderung weckende Sprach-
gefühl und Sprachinteresse Notkers.

Es beginnt – ähnlich wie bei Otfrid – mit höchster
Sorgfalt der Orthographie und der Akzentsetzung. Notker achtet auf die phonetischen Werte der Laute im Satz
und läßt dementsprechend – das ist das berühmte „Not-
kersche Anlautgesetz" – bei denselben Wörtern anlau-
tendes *b*, *d* und *g* mit *p*, *t*, *k* wechseln, je nachdem, ob der
vorangegangene Wortauslaut stimmhaft oder stimmlos
war; am Satzanfang aber steht immer *p*, *t*, *k*. So horcht er
auf den Satz als Ganzes. Er unterscheidet durch Akut
oder Zirkumflex die Kürze oder Länge der Haupttonsil-
ben und bezeichnet oft auch die Länge der Nebensilben.
Solche individualisierenden Prinzipien entzücken die
heutigen Sprachwissenschaftler, aber sie waren kaum
geeignet als Grundlage einer gemeinsprachlichen Regelung, die über das eigene Kloster hinaus hätte verbindlich
sein können. Eine solche hat er offenbar gar nicht angestrebt. Am auffälligsten ist Notkers Kunst im Bereich des
Wortschatzes, seine Fähigkeit, jedem lateinischen Wort
der Vorlage ein genaues Äquivalent zu geben – wiederum
ein individuelles Vorgehen, das nie mechanisch ist, aber
auch zu keiner praktisch-eindeutigen Terminologie
führt. Vor allem interessiert natürlich die Wiedergabe der
Abstrakta, auch wenn es oft schwer zu beurteilen ist,
wieweit hier originelle Neubildungen vorliegen und welche Traditionen hier vor und nach Notker im Spiele sind.
Aber in der Fülle seines deutschen Wortschatzes beweist
Notker seine beispiellose sprachbildende Kraft. Ingeborg
Schröbler hat anhand der *Consolatio*-Bearbeitung
gezeigt, daß Notker eine vollkommene Übersicht über
das lateinische wie das deutsche Sprachmaterial gehabt

haben muß, bevor er mit seiner Übersetzung begann,
denn er folgt einem konsequenten Bedeutungssystem. Er
gibt z. B. den Begriff cognitio (Erkenntnisvermögen)
wieder mit dem deutschen Wort „sin"; wo bei Boethius
cognitio „Erkenntnis, Wissen" meint, setzt Notker
„bechenneda"; die niedere Stufe der Sinneswahrneh-
mung, lat. sensus, würde an sich auch mit „sin" wiederzugeben sein, doch vermeidet Notker konsequent dieses
Wort und schreibt „ûzerer sin" oder das Fremdwort
„sensus". Die Vorstellungskraft ist „der innero sin" – all
dies nur ein kleiner Ausschnitt aus einem weiten wohlor-
ganisierten Wortfeld. Für ein und dasselbe lateinische
Wort causa braucht Notker in genauester Nuancierung
eine Fülle verschiedener Wiedergaben, aber je konsequent mit der Sonderbedeutung: machunga, urhab, wur-
cheda, stureda, errecheda, scundeda, chraft, urspring,
sculd. Bei neugebildeten Abstraktbedeutungen kann
dabei der sinnlich-metaphorische Anteil in ursprünglicher Kraft aufscheinen: „fiuriner weltstuol" für igneus
mundus (Empyreum, als Wohnsitz Gottes), für aeternus
cursus oder infinitus motus der Gestirne „disiu unerdro-
zena fart".

   Schwieriger ist die Frage, wieweit Notkers Deutsch in
Wortstellung und Syntax sich vom Latein gelöst hat. Im
allgemeinen bringt er die deutsche Wortstellung zur Geltung, verwendet aber latinisierende Partizipialkonstruktionen, den Akkusativ mit Infinitiv und den absoluten
Ablativ, und zwar weitgehend auch ohne lateinische
Vorlage. Diese Möglichkeiten sind bis ins 16. Jahrhundert immer wieder praktiziert worden. Daß Notkers
Satzbau auch dem Rhythmus sorgfältige Beachtung
schenkt, ist selbstverständlich wie bei allen Prosaisten
des Mittelalters, die eine rhetorische Schulung genossen
haben.

   Notkers eigener dichterischer Sinn tritt in den Dienst
der übersetzten Autoren. Um so kostbarer wirkt auch

bei ihm der gelegentliche persönliche Überschuß, wo der
Übersetzer sich zu größerem Reichtum und Leben hat
mitnehmen lassen, wie etwa in folgender bekannter Wiedergabe einer Gedichtstelle des Boethius (in der Notker
bereits die Prosa-Wortfolge hergestellt hat):

Lecturus violas, numquam cum inhorruit campus stridens
saevis aquilonibus. petas purpureum nemus. i. violarium.

Úbe du óuh plûomôn uuéllêst, sô daz félt kestrûbet sî fóne
cháltemo únde ál rûtôntemo nórduuínde so negáng ze blûom-
gárten dâr rôsâ únde ríngelen únde uiolae uuáhsent tîe den
gárten brûnent.   (I,28)

(Möchtest du aber Blumen, wenn das Feld erstarrt ist von
kaltem und alles niederwerfendem Nordwind, so geh nicht zum
Blumengarten, wo Rose und Ringelblumen und Veilchen wachsen, die den Garten schmücken.)

Die Freude, Wärme und Schönheit der Notkerschen
Sprachwelt hat wenig erkennbare Nachwirkung gefunden. Nur das Psalmenwerk ist, wie die vielen Handschriften beweisen, weitergetragen worden. Im allgemeinen ist Notkers den Artes verpflichteter frommer Humanismus schon bei seinem Tode überholt gewesen. Bald
darauf wird in seinem Kloster – zum Kummer Ekkehards
IV. – ein neuer Stil einziehen, und es erscheint mit der
Zeit der Klosterreformen, der Frühscholastik, der romanischen Kunst unter der Herrschaft der Salier eine neue
Epoche entschiedener mittelalterlicher Eigenständigkeit.

SALISCHE UND FRÜHE STAUFISCHE ZEIT

I. DIE NEUE FRÖMMIGKEIT

Die Abgrenzung literarischer Epochen wird stets nur relativ und provisorisch sein können. Daß aber die Mitte des 11. Jahrhunderts eine gewisse Grenze und Wende zweier Zeitalter bedeutet, wird einhellig von den verschiedensten Kulturbereichen her festgestellt. Für die deutsche Literaturgeschichte liegt der unmittelbarste Anlaß darin, daß um 1060 eine kontinuierliche Dichtung deutscher Sprache einsetzt, nachdem seit Notkers Tod – und mit Ausnahme von Notkers Werk sogar seit anderthalb Jahrhunderten – die deutschsprachige Überlieferung fast völlig verstummt war. Da spielt wohl die Ungunst der Überlieferung mit, aber sicher nicht nur sie allein. Wenn man von der nur zu postulierenden weltlichen Dichtung in mündlicher Form absieht, dann hat es im 10. und frühen 11. Jahrhundert noch immer und erst recht den Anschein, als ob es nie eine Bildung und Literatur deutscher Sprache geben würde. Wie immer man die große Lücke deutet – größere Selbstverständlichkeit des Lateins und geringeres Bedürfnis, für die vornehmen Laien die deutsche Sprache heranzuziehen, oder beklagenswerter Niedergang der karolingischen Errungenschaften im Feld einer volkssprachlichen Kultur –, die Tatsache dieses Bruchs bleibt schwer verständlich. Jetzt aber beginnt gleichzeitig in verschiedenen Bereichen eine neue geistliche Literatur deutscher Sprache und damit eigentlich erst eine zusammenhängende deutsche Literaturgeschichte.

Auch die Sprachgestalt hat sich inzwischen verändert. Man nennt sie nun „Frühmittelhochdeutsch"; sie wird charakterisiert durch die fortschreitende und schließlich vollendete Abschwächung der vollen Endsilbenvokale; sie ist mundartlich und orthographisch noch stark zerklüftet und damit nach vorn auch abzugrenzen gegen die

unter oberdeutscher Führung sprachlich stärker verein-
heitlichte Literatur der mittelhochdeutschen Klassik.
Doch ist „frühmittelhochdeutsche Literatur" auch eine
literarisch-geistig profilierte Größe: Abgesehen von der
nicht erhaltenen volkstümlich-mündlichen Dichtung ist
es Literatur geistlichen Charakters von geistlichen Verfassern, zu denen sich im 12. Jahrhundert auch einige
fromme Laien gesellen.

Wenn man schließlich die Epoche auch als Zeit der
Salier bezeichnet, so folgt man damit einer nicht un-
praktischen Methode der Periodenbezeichnung. Zwar
erscheinen, genau besehen, die literarischen Denkmäler
erst unter dem dritten Salier, Heinrich IV., und reicht
anderseits der Epochenstil bis in die Zeit Barbarossas,
besonders im welfischen Bereich. Aber zweifellos steht
der Name der salischen Dynastie doch zu einem guten
Teil für den neuen Geist und die neue Lage, wie sie uns
in der deutschen Literatur faßbar werden.

Man kann die neue Lage charakterisieren durch die
endgültige Lösung der abendländischen Kirche von
Byzanz (1054), die freiwillige oder gezwungene neue
Selbständigkeit im Bewußtsein des Abendlandes. Von
nun an beginnt das eigentliche Mittelalter, sofern man die
karolingische und ottonische Welt in mancher Hinsicht
noch als eine Verlängerung der Spätantike auffassen
könnte. Indem zugleich von der Kirche wie vom Imperium aus sich die christlich-abendländische Herrschaft
straffen und organisieren will, bricht – mit dem Papst-
wahldekret von 1059 – der Investiturstreit aus; die Gre-
gorianische Reform, unterstützt von den monastischen
Reformbewegungen von Cluny, Gorze und schließlich
Hirsau, und dazu die neuen Ordensgründungen (vor
allem die der Zisterzienser 1098) bedeuten eine Diszipli-
nierung der Kirche im Äußern und eine radikalere Frömmigkeit im Innern. Aber auch das Imperium ist ein
christliches und stellt die Laienherrschaft unter eine

geistliche Verantwortung, z. B. mit dem Gedanken des Gottesfriedens. Der christliche Laie, die weltliche Herrschaft, schließlich der ritterliche Stand gewinnen von diesem Auftrag her eine neue Legitimation. Es steht hier nicht mehr Weltflucht gegen Weltliebe; die Kirche des „letzten Zeitalters" kann sich nicht anders denn als geheiligt-machtvoll denken – gerade auch Cluny! –, als auch weltliche Präsenz göttlicher Gnade und Herrlichkeit, und die „Welt" kann sich selbst nur als eine christliche gelten lassen. Das Drama des Investiturstreits und seiner Folgen ist nicht die Auseinandersetzung gegnerischer Mächte schlechthin, sondern zweier Mächte, die auf dem Weg zum selben Ziel aufeinanderstoßen. Die Kreuzzüge, die in der Idee die Einheit von weltlicher und geistlicher Macht zum Ausdruck bringen, scheitern gerade an dieser unrealisierbaren Identität und öffnen damit faktisch das alte Binneneuropa auf eine neue, problemreiche Welt hin.

Die geistliche Dichtung der Zeit steht durchaus im Zeichen dieser Gegenwart und Dringlichkeit des Heils. Sie entstammt einerseits der klösterlichen Frömmigkeit, der Meditation des Schriftwortes, anderseits der Repräsentation des Heils und der Heilsgeschichte in machtvoll-sakraler Gegenwart. Und im Hintergrund spürbar sind bereits die religiösen Aufbrüche, die das 12. und 13. Jahrhundert bestimmen werden: die von der bloßen patristischen Tradition unabhängige denkerische Bewältigung des Glaubens in der Scholastik und die unmittelbare Gnadenerfahrung mystischer Frömmigkeit. Das Publikum der frühmittelhochdeutschen Geistlichendichtung (wie übrigens das der verlorenen Heldendichtung) ist neben den Klosterinsassen selbst ein vornehmes Laienpublikum, das nicht nur als Objekt der Mission, sondern selber mündig das Heil in seiner Sprache vernehmen will. Als Zwischenglieder spielen eine bedeutende Rolle die Laienbrüder (Conversi), die vor allem durch die Hirsauer Reform und dann in den neuen Orden die Träger einer auf das deutsche Wort angewiesenen Frömmigkeit sind. Doch darf man auch an das vornehme Publikum eines geistlichen oder weltlichen Hofes denken, das bereit ist, sich auch den Vortrag geistlicher Dichtung über heils- und weltgeschichtliche Themen gefallen zu lassen. Unter Umständen ist es aber auch bereits die neue Weltlichkeit eines selbstbewußten Adels, die – in der Dialektik der Geschichte – verschärfte Mahnungen zur Buße provoziert.

Stilistisch zeigt diese Kunst einen durchaus eigenen Charakter. Die in karolingischer Zeit häufige behagliche Breite des Meditativen ist – im ganzen – einer knappen, konzentrierten, große Bereiche des Glaubens oder der Heilsgeschichte zeichenhaft zusammenfassenden Kunst gewichen, in der das einzelne Wort, der einzelne Vers, die Strophe mit sakralem Ernst geladen scheint und sich blockhaft kompakt eins ans andere reiht, statisch, parataktisch – das Ewige im zeitlichen Wort eingegangen und gegenwärtig. Immer wieder fühlt man sich dabei versucht, an den romanischen Baustil zu denken, der ja im kunstgeschichtlichen Bereich die Epoche kennzeichnet: Im Rundbogen, der vollkommen einfachen Form, ist der Ausgleich von schwerer Last und freiem Tragen vollzogen; die Bauteile ordnen sich in massiger Statik nebeneinander; der Innenraum ist machtvoll gewölbt, höhlenhaft und zugleich die Wohnung des Göttlichen – die Arche oder das Himmlische Jerusalem –, anders als in der Gotik, wo das Heilige als ein Jenseitiges, Transzendentes erscheint. Entsprechend ist das Göttliche auf Erden als Macht und Ordnung des Rechts erfahren, die Beziehung zu Gott als Rechtsverhältnis; und es ließe sich vereinfachend sagen, daß die frühmittelhochdeutsche Epoche im Zeichen eines alttestamentarischen Gottesbildes steht und erst im Laufe des 12. Jahrhunderts sich die Strenge löst und das Bild des neutestamentlichen Reichs der

Liebe mächtiger wird. Wie sich in der frühmittelhochdeutschen Dichtung, ähnlich wie in der Spätromanik, diese ruhende Energie löst und in Bewegung kommt, auf eine neue Zukunft hin – dieses Erwachen der frühen Gotik gehört dann zu den atemberaubenden Momenten der Geistesgeschichte.

1. Zwei Hohelied-Kommentare

Die frühmittelhochdeutsche Überlieferung enthält im wesentlichen nur zwei Prosawerke, beides Erläuterungen des Hohenliedes. Sie gelten damit jenem biblischen Andachtstext, der nach den Psalmen die meisten mittelalterlichen Kommentare gefunden hat, als eine geheiligte Dichtung, in deren Überschwang und Bilderreichtum schon das Judentum viel mehr erkannt hat als nur einen Zyklus blühender Liebeslyrik. Wo immer das Heil als ein Geschehen göttlicher Liebe und Gnade begriffen und wo immer dafür ein leidenschaftlich-hymnischer und sinnenhaft-konkreter Ausdruck gesucht wurde, war man bereit, diese althebräische Liebeslyrik auf das geistliche Glück des Menschen und der ganzen Menschheit zu beziehen. Es war das hohe Lied der Inkarnation, der Vermählung Gottes mit dem Menschen. Und umgekehrt sah man keine Profanation darin, mittels der Sprache des Hohenliedes auch ein recht irdisches Liebesglück vom Urgeschehen der göttlichen Liebe her zu verstehen und getragen sein zu lassen. Der Minnesang ist ohne die Bilder und Motive des Hohenlieds nicht denkbar. So hat das Hohelied unabsehbar gewirkt, wo es galt, das geistliche Geschehen im irdischen zu verkörpern und das irdische auf das geistliche zu beziehen.

Die schon im Judentum und dann in der Patristik, vor allem seit Origenes entwickelte geistliche Deutung des Hohenliedes kann ganz verschieden akzentuiert sein, auch wenn die Übergänge oft gleitend sind: Die Liebe des Bräutigams zur Braut kann ganz objektiv das Verhältnis Gottes zu seinem Volk, Christi zu seiner Kirche bedeuten; als erwählte Braut kann Maria hervortreten, aber dann auch die einzelne menschliche Seele, mit welcher Gott sich vermählt, in welcher er als Sohn geboren wird. Schon der älteste deutsche Hohelied-Kommentar spricht von den „guoten sela", „edelen sela", „heiligon sela", womit die Seelen als Glieder der Kirche, der communio sanctorum gemeint sind; doch kann sich schon früh auch die einzelne Seele als adlige Braut Christi denken. Wo der Gläubige sich als Glied der Kirche fühlt, wo Maria die Vertreterin der begnadeten Menschheit oder der Kirche ist, da können sich die Unterschiede verwischen und brauchen sich die Deutungen nicht zu widersprechen.

In unserem Zeitraum erscheinen nun zwei deutsche Kommentare; es sind zugleich die bedeutendsten Prosawerke innerhalb einer fast ganz aus Versgut bestehenden frühmittelhochdeutschen Literatur. Das Hohelied-Werk Willirams und das *St. Trudperter Hohelied* eines unbekannten Verfassers gehören beide derselben ehrwürdigen Tradition spätantik-mittelalterlicher Kommentare an, und doch verkörpern sie, mit etwa hundert Jahren Abstand, zwei völlig gegensätzliche Haltungen der Frömmigkeit und Methoden der Interpretation. Die beiden Werke umfassen so wie eine Klammer die geistliche Dichtung der Epoche: Williram noch dem Frühmittelalter und der patristischen Lehre verpflichtet, das St. Trudperter Werk bereits einer lyrisch-persönlichen Frömmigkeit zugewandt, als das sogenannte erste Buch deutscher Mystik und als ein frühes Zeugnis der werdenden Gotik.

Über W i l l i r a m v o n E b e r s b e r g weiß man durch seine eigenen Äußerungen, durch chronikalische und urkundliche Zeugnisse recht gut Bescheid. Er ist als fränkischer Adliger, in dessen Familie sich hohe Kir-

chenfürsten befanden, um 1020 im Kloster Fulda
geschult worden, kam als Scolasticus, Schulleiter, nach
St. Michael in Bamberg und wurde 1048 Abt des kleinen
Klosters Ebersberg in Oberbayern, welches er – nach
seinen Worten in einem Widmungsgedicht an den jungen
Heinrich IV. – als Exil empfand. In hohem Alter ist er
hier 1085 gestorben. Die Nachwelt hat ihm seinen vergeblichen Ehrgeiz angekreidet, aber auch seine großen
Verdienste um die Verwaltung seines Klosters hervorgehoben.

Sein Hohelied-Werk muß um 1065 entstanden sein.
Ein interessanter Prolog begründet das Unternehmen als
Wendung von den Schulwissenschaften zu den „studia
ecclesiastica", die er nach französischem Vorbild, nämlich Lanfrancs, auch in seiner Heimat wieder in Aufschwung bringen will. Man kann darin den Ausdruck
eines reformerischen Impulses sehen; anderseits wirkt
Williram in der etwas selbstgefälligen Art, in der er sich
über sein Werk äußert, und mit dessen mehr gelehrtem
als religiös ergriffenem Stil wie ein Vertreter der älteren
Schule. Ob Williram von Notkers Psalmenwerk beeinflußt ist, wie es die ganz ähnliche Methode der Übersetzung und Kommentierung nahelegt (de Boor), ist eine
noch offene Frage. Auch dieses neue Bibelwerk – es ist
die erste volkssprachliche Bearbeitung des Hohenliedes
im Abendland überhaupt – ist wie die karolingischen
Evangelienharmonien der höchsten Stelle des Reichs
zugedacht. Auch wenn die Widmung an den jungen
Heinrich IV. und die Klage um den Tod Heinrichs III.
offenbar ohne persönlichen Erfolg blieben, so wurde
doch das Buch selbst zum weitaus verbreitetsten frühmittelhochdeutschen Werk, das in über 20 Handschriften erhalten und in 5 verlorenen bezeugt ist. Freilich war
es nicht immer der deutsche Text, der das Werk kostbar
machte, da gerade der deutsche Teil in einigen Fällen
fehlt.

Denn es handelt sich um ein Gesamtwerk zugleich der Belehrung, der Erbauung und der künstlerischen „delectatio", keines freilich ohne das andere gedacht. Die ältesten Handschriften zeigen eine Aufteilung der Seiten in drei Spalten: Eine schmale Mittelkolonne enthält den *Vulgata*-Text, links findet sich eine breite Spalte mit einer lateinischen Paraphrasierung und freien Erläuterung des Texts in gereimten Hexametern, und rechts, symmetrisch dazu, steht die Übersetzung des Hohelied-Texts samt deutscher Kommentierung, so zwar, daß ähnlich wie bei Notker die deutschen Sätze mit lateinischen Wörtern und Satzteilen gespickt sind. Verse und „teutonica (prosa, expositio)" sollen so den Leib des heiligen Worts „umgürten". Eine der ältesten Handschriften trennt die drei Kolonnen durch gemalte Säulen und setzt über die seitlichen Texte Bogen, über den mittleren eine Art Giebel: So entsteht, nach Marie-Luise Dittrich, der Eindruck einer dreischiffigen Kirche. Der Ecclesia gilt ja auch das Hohelied in Willirams Deutung. Die deutsche Übersetzung und Kommentierung ist dabei offenbar nicht so sehr für den lateinunkundigen Laien bestimmt als eine Weise des Umgangs mit dem Wort Gottes, eine sachliche Erläuterung, die dann in den Versen zu einer poetisch-erbaulichen Umschreibung erweitert wird. Beides bleibt offenbar aufeinander angewiesen, die deutsche Fassung ist nur die prosaische Vorstufe zur lateinischen Dichtung; ein frommes Spiel mit dem Text, das Williram in seinem Widmungsgedicht selber bescheiden als Lusus bezeichnet; die Methode, denselben Text einmal poetisch, einmal prosaisch zu fassen, hat in der geistlichen Dichtung eine Tradition seit der Spätantike – und gerade auch in Fulda bei Hraban. Die lateinischen Verse sind im übrigen Willirams persönlichste Leistung. Im deutschen Teil schließt er sich eng seinen Vorgängern an, speziell Haimo (von Auxerre?), und er hält es ausdrücklich für eine Empfehlung seines

Unternehmens, daß er inhaltlich nichts Eigenes und
damit Unzuverlässiges beigefügt habe.

Wenn Williram in alldem eher ein rückwärtsgewandtes
Gesicht zeigt und sein Werk als ein Zeugnis klösterlicher
Literaturfrömmigkeit erscheint, so lassen sich doch auch
manche Züge auf die neue Zeit beziehen. Dahin gehört
wohl die Konsequenz, mit der die mysteria divina des
Hohenliedes ganz in der objektiven Heilstatsache der
Kirche und ihrer Organisation gesehen werden; die Alle-
gorese zielt nicht auf eine gefühlsmäßige Beteiligung des
Lesers, sondern auf die überpersönliche, ganz Macht und
Herrlichkeit gewordene Gemeinschaft der Gläubigen,
eine eigentliche Lehre von der Kirche, von deren
Geheimnissen und hierarchischen Ordnungen. Durch
Zwischentitel (wie bei Haimo?), „Vox Ecclesiae", „Vox
Christi", „Vox Synagogae", hat Williram nach Möglichkeit diese Deutung verfestigt und dem Ganzen eine
durchgehende dialogische Gliederung gegeben. Die
gepriesenen Schönheiten der Sulamitin, Lippen, Hals,
Hüften, die Zwillingsbrüste, werden nach ihren verschiedenen Eigenschaften auf die doctores der Kirche hin
ausgelegt, d. h. die Prediger; sie sind die Vermittler
zwischen Christus und Volk, die Ernährer mit der Milch
der einfachen Predigt usw. Und der Ruf des Bräutigams

> Zoige mir din antluzze! Din stimma schelle in minen oron,
> uuanta din stimma ist suoze unte din antlüzze scone . . .

gilt der vita activa als Ergebnis und Ablösung der vita
contemplativa: „Du möchtest gerne auf dem Bett der
Kontemplation ruhen, das kann nicht sein. Nach der
Contemplatio sollst du hervorgehn ad fratrum utilitatem
et ad publicam actionem (zum Nutzen der Brüder und zu
öffentlichem Handeln) und sollst aller deiner Worte und
aller deiner Werke Absicht auf mich wenden" (44, 47).
Äußere und innere Kirche sind hier als die eine heilige

Wesenheit gesehen. Das ist doch wohl Geist der Reform-
zeit und eines ausgesprochenen Klerikalismus; wohl in
diesem Sinne hat sich Williram mit seinem Werk ja auch
an den Herrn des Reiches gewandt.

Trotz dieser eindrucksvollen sakralen Objektivität des
Hohelied-Verständnisses ist es nicht gleichgültig, daß bei
Williram zum erstenmal die unerhörte Liebessprache, die
süße Stimme des Hohenliedes auf deutsch lautgeworden
ist. Williram hat in Abschriften und neuen Bearbeitungen – die jüngste Handschrift stammt von 1483 – eine
breite Wirkung ausgeübt. Sein Werk liegt auch dem
großartigsten Hohelied-Kommentar der Folgezeit zugrunde, dem *St. Trudperter Hohenlied.*

Denn erst mit dem 12. Jahrhundert, der Periode des
allgemeinen geistigen Aufbruchs, kommt die große Zeit
der Hohelied-Kommentare: Friedrich Ohly zählt gegen
30 verschiedene Werke allein aus diesem Zeitraum. Am
Anfang steht der Kommentar des benediktinischen
Theologen und Dichters Rupert von Deutz (um
1070–1129), der sich in kühner Wendung auf die eigene,
nur dem Heiligen Geist verpflichtete Einsicht beruft und
zum erstenmal seit der Patristik in der Braut des Hohenliedes wieder, vor allem andern, das Bild der Jungfrau
Maria erkennt. Die Erfüllung aber bringt die Zisterzien-
sermystik Bernhards von Clairvaux, in dessen mächtigem Predigtzyklus vor allem das mystische Ereignis der
Liebe zwischen der Seele und dem himmlischen Bräutigam gefeiert wird. Damit ist für Jahrhunderte der geistlichen Erbauungsliteratur, aber auch der analogisch erfahrenen weltlichen Liebe und Liebesdichtung ein überwältigender Gefühls- und Formenbereich erschlossen worden. Und nicht zufällig ist nun eben die schönste deutsche Prosa des 12. Jahrhunderts – stellenweise eine
eigentliche Prosadichtung – ein Hohelied-Kommentar.

Das *St. Trudperter Hohelied* – der Name

bezieht sich auf den Aufbewahrungsort der wichtigsten
Handschrift, ein Benediktinerkloster bei Freiburg i. B. –
bleibt für ein Jahrhundert ohne seinesgleichen, in den
noch schweren archaischen Sprachformen regt sich zau-
berhaft eine neue, mystische Gefühlsinnigkeit. Zeit und
Ort der Entstehung sind immer noch ungewiß. Die
Sprache ist alemannisch-bairisch gemischt; während
Menhardt an ein alemannisches Original denkt, erwägt
Ohly (vom Gehalt her) eine Entstehung im steirischen
Kloster Admont. Üblicherweise setzt man 1160 als unge-
fähre Entstehungszeit an.

Der St. Trudperter Kommentator geht – das ist sehr
aufschlußreich – von Williram aus; er benützt die Text-
worte im wesentlichen nach der deutschen Übersetzung
durch Williram, aber interpretiert sie in ganz neuer
Weise, im Geiste Ruperts, Hugos von St. Victor und
wohl auch Bernhards. Das Neue hängt aber z. T. auch
mit dem veränderten Zweck zusammen: Der Kommentar ist eine predigthaft erläuternde, an eine zuhörende
Gemeinde benediktinischer Nonnen gerichtete Exegese.
„Wir wellen kosen uon deme oberosten liebe, der meisten gnade ... wir geistlichen mennisken ..." (1,1) – im
„wir", in der gemeinsamen Erbauung von Seelsorger und
Hörerinnen, in der menschlichen Nähe der Unterweisung gedeiht der lyrische oder leise rhetorische Ton, der
bewegte Wechsel erläuternder Paraphrasierung, theologischer Belehrung mit dem „heiligen Jubel des wonne-
vollen Brautgesangs" (6,28). Schon von diesem besonderen Zweck des Kommentars her ist begreiflich, daß nun
die persönliche Deutung der „Braut" in den Vordergrund tritt: Diese Braut ist die Christenheit, danach die
Gottesmutter „und ein eigelich reinu sele" (43,2). Die
reine Seele aber – das sind vor allem die „Gottesbräute",
als welche sich in Nachfolge Marias die Nonnen verstehen. Das Buch „ist eine Lehre der minniglichen Gottes-
erkenntnis". „In diesem Buch sollen die Bräute des all-

mächtigen Gottes ihren Spiegel haben und sollen umsich-
tiglich beobachten ihr und ihrer Nächsten Antlitz, wie
sie ihrem Bräutigam gefallen" (145,14 ff.). Es wird einge-
leitet durch einen höchst kunstvoll aufgebauten Prolog
über die Gaben des Heiligen Geistes, der als Erlöser des
innern Menschen im Ergreifen der verschiedenen Seelen-
kräfte zur Einung mit Gott führt. Unter diesem Vorzeichen des Gehaltenseins im Geist kann nun die erotische
Sprache des Hohelied-Texts voll nachvollzogen werden
im Überschwang, ja der Leidenschaft ihrer sinnenhaften
Bilder. Es wird hier nicht mehr ein alttestamentliches
Liebeslied ins Spirituelle „übersetzt", vielmehr scheinen
die sinnlichen Bilder von vornherein eingeholt und zum
bloßen Abglanz gemacht durch die Erfahrung einer
innerlichen, ewigen Minne und Süße. Hart fällt gelegentlich denn auch der Blick von diesem innern Glück der
edlen Seelen zurück auf das „aiterhafte hore" (giftiger
Kot) und den „kradem der unsaligen welte" (Lärm der
unseligen Welt, 6,26).

Kum genuhtsamer tropfe des ewigin touwes daz du gefutest
daz turre gelende mines innern menniskin. ganc durch den sin
des ungehorenten torn. kum durch den munt des unsprekintin
stummin. kum durch den nebil des uinstern ellendis daz din lop
si von dannan daz daz unferwarte sanc ge durch den uerwarthen
munth.   (6,28)

(Komm, überreicher Tropfen des ewigen Taus, daß du feuch-
test das dürre Gelände meines innern Menschen. Geh durch den
Sinn des gehörlosen Toren, komm durch den Mund des sprach-
losen Stummen, komm durch den Nebel des finstern Elends,
daß dir Lob daraus werde, daß das unverschlossene Lied geh
durch den verschlossenen Mund.)

Die Entdeckung des innern Menschen, der „weide der
inren sinne" (6,7), ist die unerhörte Leistung dieser
Prosa. Fast rückhaltlos werden schon die Regungen der
Freude („mandunge"), aber ebenso des Leids und der
Tränen, des „inneclichen wainens" ausgekostet (145,10),

in einer eigentlichen Reflexion der Gefühle. Ihre letzte
Rechtfertigung ist der Ausruf: „waz ist bezzer zi min-
nenne den selbe diu minna?" (2,16).

Gotisch-bewegte Gefühlsmystik solcher Art erscheint
erst wieder um 1200 in der analogischen Abwandlung
durch den weltlichen Liebesroman (*Tristan*); unmittelbar
fortgeführt und gesteigert zur Form einer rückhaltlosen
persönlichen Niederschrift wird die Hohelied-Frömmig-
keit im *Fließenden Licht* der Mechthild von Magdeburg.

2. Gebet und Predigt

Neben solchen Werken einer großgedachten Erbauungsprosa sind alle übrigen Dokumente in ungebundener
Form von bescheidenem Rang, „Gebrauchsprosa" und
aus lateinischer Vorlage übersetzt. Das gilt selbst für die
individuellste Schöpfung unter den wenigen Gebetstex-
ten der althochdeutschen und frühmittelhochdeutschen
Zeit: *Otlohs Gebet*. O t l o h ist als lateinischer Autor
und als Träger eines persönlichen Schicksals, über das er
selbst detailliert berichtet, eine der interessantesten Figuren des 11. Jahrhunderts in Deutschland (um 1010–70).
Zunächst Weltgeistlicher, hat er eine Bekehrung zu
strengem geistlichen Leben erfahren – er war Freund des
späteren Abtes Wilhelm von Hirsau – und trat ins Kloster
St. Emmeram in Regensburg ein. In seiner fruchtbaren
Schriftstellerei in Vers und Prosa (christliche Glaubens-
und Lebenslehre, Heiligenviten, ein *Buch der Visionen*,
Gedichte, eine Sammlung von Proverbien) tritt die Person
des Autors in einer für die Zeit ganz ungewöhnlichen Weise
subjektiv und individuell hervor; zumal sein *Liber de
tentatione cuiusdam monachi* (*Liber de tentationibus*) ist
ein Stück Selbstbiographie, das durchaus am Anfang der
hochmittelalterlichen Wiederentdeckung des persönlichen Ich steht. Es ist das Zeugnis einer neuen Umge-
triebenheit, eines von Versuchungen, Glaubensängsten,

Zweifeln geplagten Seelenlebens, auch dann ungewöhnlich, wenn die Selbstdarstellung nicht nur bekenntnis-
haft, sondern auch vorbildhaft gemeint und ihrerseits
nach geläufigen Topoi stilisiert ist (Vorbild ist vor allem
Hieronymus). Die Bekehrung ist thematisiert als Abkehr
von den „heidnischen" Autoren; sie folgt damit spätantiken Mustern und ist dennoch für die Zeit um 1060
offenbar aktuell und bezeichnend. Die „cluniazensische"
Erschütterung treibt hier zugleich ein neues Selbstbewußtsein hervor.

Die deutsche Literaturgeschichte wird von diesem
ganzen interessanten Werk nur mit dem einen Gebetstext
betroffen. Von zwei lateinischen Gebeten Otlohs – das
eine in Prosa, das andere in Hexametern – gibt es je vier
verschiedene Fassungen, eine davon ist kürzend und
vereinfachend von Otloh selbst in deutsche Prosa übersetzt worden. Wieder ist die deutsche Sprache offenbar
nur aus dem Bedürfnis frommer Formvariation heraus
zur Verwendung gelangt. Der Text ist sorgfältig stilisiert:
Er enthält in sieben Sätzen sieben Bitten für das geistliche
Heil des Verfassers, dann eine katalogartige Anrufung
der heiligen Fürbitter und schließlich Bitten für die verschiedensten Gruppen von Mitmenschen: Konvent,
Obrigkeit, Verwandte, die toten Brüder usw., bis zum
Schluß der Beter sich selbst und alle seine Mühsal und
allen seinen Eifer der Gnade Gottes anheimgibt – der
letzte Satz kehrt nicht zufällig in den sakralen Ernst des
Latein zurück mit einer Abwandlung des Christuswor-
tes: „In manus tuas, domine, commendo spiritum et
corpus meum" (in deine Hände, Herr, befehle ich meinen Geist und Leib). Im Stofflichen enthält das Gebet
keine persönlichen Erwähnungen, doch wirkt es eindringlich und einmalig in der Skrupulanz und Genauigkeit, mit der die Bitten zusammengetragen sind, daß
auch ja keine Sünde, kein Fürbitter oder der Fürbitte
Bedürftiger vergessen werde. Die einzige Erweiterung im

deutschen Text ist eine Ergänzung des Heiligenkatalogs.

Noch immer nicht genau faßbar ist im 11. Jahrhundert eine andere Form der deutschen kirchlichen Prosa: die Predigt. Das ist z. T. durch die Ungunst der Überlieferung, zum andern aber doch wohl auch durch den faktischen Mangel einer anspruchsvolleren deutschen Predigt begründet. Die Ermahnungen Karls des Großen zur Predigtverkündigung mögen sich teils gar nicht, teils nur in bescheidenen Formen einer einfachen Erläuterung der kirchlichen Grundtexte ausgewirkt haben. Anderseits muß es dennoch eine gewisse Tradition der volkssprachlichen Rede auch auf geistlichem Gebiet und damit einen gewissen Bestand an Wortschatz und rhetorischen Formen gegeben haben, sei es zuhanden eines klösterlichen oder eines profanen Publikums. Doch hielt man sich wohl weitgehend an die klassischen patristischen Vorbilder (Augustin, Gregor, Beda), wie sie in den zahlreich vorhandenen Homiliaren zusammengestellt waren; und dann wurden wohl die deutschen Fassungen und Erläuterungen nicht eigens aufgezeichnet. Neue Predigtsammlungen, die aufgrund dieser Vorbilder entstanden, waren ebenfalls lateinisch, z. B. das Predigtwerk Hrabans. Abgesehen von der Predigt Augustins, die in den *Monseer Fragmenten* doch wohl mehr im Sinne eines Lesetraktats althochdeutsch wiedergegeben war, sowie von einem altsächsischen Predigtfragment nach Beda, aus dem 10. Jahrhundert, sind es erst die *Wessobrunner Predigten,* die wieder auf eine intensive Pflege des deutschen Predigtwortlautes schließen lassen. Es handelt sich um Bruchstücke von drei verschiedenen, wohl irgendwie zusammenhängenden Sammlungen, die in der ersten Hälfte des 11. Jahrhunderts im Kloster Wessobrunn geschrieben wurden; von den elf zugrunde liegenden Predigten ist nur eine ganz erhalten, für fast alle sind lateinische Vorlagen nachweisbar. – Mit dem Aufbruch des 12. Jahrhunderts ändert sich dann das Bild: da erscheint eine recht große Zahl deutscher Homiliare, allerdings viele davon nur in kleinen Bruchstücken erhalten, und meistens keine originalen Werke deutscher Prediger. Die wichtigste Sammlung, noch der ersten Jahrhunderthälfte angehörend, ist die *Benediktbeurener Predigtsammlung*, wegen des engen Bezugs zur lateinischen Sammlung des Honorius Augustodunensis meist als *Speculum ecclesiae* bezeichnet – rund 70 Stücke verschiedenen Umfangs zu den Festen des Kirchenjahres oder allgemeinen Inhalts; zu den älteren, klassischen Vorlagen kommen hier nun auch moderne lateinische Quellen aus Frankreich dazu. Eine kleinere Sammlung von Musterpredigten wohl durchaus nach lateinischen Vorlagen ist das *Predigtbuch* des Priesters Konrad, wohl um 1170 im südbayrischen Raum zusammengestellt und z. T. noch bis ins späte 14. Jahrhundert abgeschrieben.

Die großen selbständigen Sammlungen deutscher Sprache, in denen sich ein einheitlicher, neuer Geist zeigt, entstehen offenbar erst im 13. Jahrhundert, und zwar in der Welt der neuen, der Predigt besonders zugewandten Orden zuerst der Zisterzienser und dann der Franziskaner; erst da wird die deutsche Verkündigung zu einem religiös und sprachlich ursprünglichen und notwendigen Organ der Mitteilung und des Ausdrucks (s. St. Georgener Prediger und Berthold von Regensburg); die großartigste Erfüllung aber bringen dann die großen dominikanischen Prediger der deutschen Mystik.

3. Tierkunde, Weltkunde

Neben die Bibel tritt das ebenfalls allegorisch lesbare Buch der Natur. Vor allem das Tierreich wird schon früh auch in deutschen Texten auf die Heilsgeschichte hin entschlüsselt. In dem kleinen Lehrbuch des *Physiolo-*

gus („der Naturkundige", ursprünglich Aristoteles gemeint) begegnet eine spätgriechische Zusammenstellung von kurzen Tiercharakteristiken mit christlicher Deutung. Das Werklein ist in zahlreichen Bearbeitungen und Übersetzungen im Vorderen Orient und im Abendland (lateinisch maßgebend u. a. die *Dicta Chrysostomi*, um 1000) verbreitet. Der älteste deutsche Text ist der alemannische *Physiologus* des späteren 11. Jahrhunderts, eine gekürzte und unvollständige Sammlung von 12 Kapitelchen; aus dem 12. Jahrhundert stammt der *Jüngere Physiologus*, der bezeichnenderweise zwischen *Wiener Genesis* und *Exodus* als eine Art Exkurs zur Schöpfungsgeschichte überliefert ist (mit 28 Tieren, bairisch-österreichisch), und dieser wurde die Grundlage einer Reimbearbeitung (Millstätter Handschrift). Geschildert wird die „natura", und das heißt zugleich: die geistliche Bedeutung von fabulösen und exotischen, aber auch von bekannten einheimischen Tieren (z. B. Einhorn und Phönix; Sirene, Onozentaurus, Antilope; Adler, Hirsch, Ameise, Igel, Bläßhuhn). Dieses Bestiarium bildet ein später allgegenwärtiges Bildalphabet zur Verwendung in der Predigt, in Moralbüchern, in der weltlichen Dichtung und vor allem in der bildenden Kunst. Dabei ist die Grenze zwischen geglaubter Naturkunde und erbaulicher Konvention schwer zu ziehen. Jedenfalls können z. T. dieselben Tiere zugleich auch in anderer, weltlicher Verwendung in Tierfabel und -epik erscheinen.

Merigarto (die vom Meer umschlossene Erde) nennt man Bruchstücke einer versifizierten Schöpfungsbeschreibung (gut 200 Verse, bairisch-ostfränkisch, um 1090). Sie handeln in primitiven Versen von Gewässern: dem Roten Meer, dem Lebermeer, der Insel Thule und einigen wunderbaren Quellen – auch hier noch ein unartikuliertes Staunen über die Merkwürdigkeiten einer noch kaum und nur über dubiose Traditionen bekannten Welt.

1. Die Bibel

Es ist fast selbstverständlich, daß die Erzähldichtung, soweit sie buchepisches Ausmaß erreicht, immer noch und wiederum der biblischen Geschichte gilt. Nichts vergleicht sich dem Wunder Gottes, ihm wendet sich die „minneclîche zala" zu – so begründet der älteste und eindrucksvollste frühmittelhochdeutsche Bibeldichter sein Unternehmen. So überlegen gedachte und durchkomponierte Werke wie die beiden großen Evangeliendichtungen des Frühmittelalters werden uns allerdings nicht mehr begegnen. Die neuen Werke sind in mancher Hinsicht primitiver, in der äußeren Form, der Erzählweise, der Planung, aber sie erscheinen in vielfältigen Formen und Stillagen, haben den Vorzug der Frische, der Knappheit und stehen offenbar auch in verschiedenen neuen Funktionen. Das monastische, theologisch-meditative Element tritt zurück, unbekümmerter wird ein anspruchsloses Publikum angesprochen, belehrend, erläuternd und auch unterhaltend. Die Verfasser reden zu einem Laienpublikum, das sich deutlicher zu konstituieren beginnt: Oft hat man wohl an den Stand der Laienbrüder zu denken, die durch Herkunft und Bildung weltlich, durch Interesse und Verpflichtung geistlich und somit die nächsten eigentlichen Empfänger eines volkstümlich erschlossenen Gotteswortes sind. Vor allem aber tritt nun auch eine adlige, frühritterliche Gesellschaft in Erscheinung, ein Publikum von „herren": Die Dichter sind in diesem Fall wohl meistens Weltgeistliche, doch kommen nun auch gelegentlich fromme und gebildete Laien hinzu.

Der Vers bleibt das selbstverständliche Medium eines volkssprachlichen Bibeltexts, als einprägsame Form mündlicher Vermittlung, als wünschbarer Schmuck des göttlichen Worts und wohl nicht zuletzt auch als Konkurrenz zur weltlichen Kunst. Die binnengereimte Langzeile Otfrids ist im Begriff, den metrisch schwieriger bestimmbaren Kurzzeilenpaaren zu weichen. Die für die gesamte frühmittelhochdeutsche Dichtung vor allem von Friedrich Maurer untersuchte Frage – Langzeilen oder Kurzzeilen? – wird nur von Fall zu Fall und von der Musikgeschichte zu entscheiden und z. T. auch bloß ein definitorisches Problem sein; erkennbar ist im Grunde nur das Auftreten von Enjambements bzw. „Reimbrechung" und damit die Auflösung des Reimpaars als sprachlicher Einheit. Ebenso wird die Frage, wieweit sich Zeilengruppen zu regelmäßigen „Strophen" oder Abschnitten gleicher oder wechselnder Zeilenzahl – im Sinn auch kompositioneller Einheiten – ausgliedern lassen, von Text zu Text und von Forscher zu Forscher verschieden beurteilt. Es kann hier nur in deutlichen Fällen auf diese formgeschichtliche Problematik eingegangen werden.

Die Forschung hat durch sorgfältige Quellenvergleiche immer wieder zeigen können, wie weltlich-mündliche Traditionen mit bestimmten Formeln, Motiven, Wertungen, Lieblingsvorstellungen aller Art in der deutschen Bibelerzählung sich auswirken. Das ist nicht nur wichtig für die Rekonstruktion einer verlorenen Helden- und Spielmannsdichtung dieser Zeit, sondern vor allem zur Einsicht in die lebendige Funktion dieser geistlichen Kunst: Spiegel, Vorbild, Orientierung zu sein für das aktuelle geistig-soziale Leben. Was an Zeitkolorit in naiver Weise hineinprojiziert scheint in die heilige Geschichte, das ist zugleich – und vielleicht legitimer – anzusprechen als der Versuch, vom Gotteswort her das eigene Stück Welt zu durchdringen. „Verweltlichung" bedeutet hier, richtig verstanden, eine neue Etappe der christlichen Verkündigung in der Volkssprache.

Es ist nun wohl auch nicht zufällig, daß ein erster
Komplex solcher Bibelepik den ersten alttestamentarischen Büchern gilt. An der Spitze der neuen Epik, wie sie
vor allem in Österreich gepflegt und aufgezeichnet
wurde, steht die *Altdeutsche Genesis* (zusammen
mit einer späteren Bearbeitung als *Wien-Millstätter
Genesis* bezeichnet), in den 1060er Jahren entstanden, sei
es in Kärnten, wie man meistens annimmt, sei es mehr im
Westen, etwa gar im Mittelfränkischen, wie man durch
Rekonstruktion schadhafter Reimstellen glaubt vermuten zu können (Henschel). Diese Ausdichtung des ersten
Buches Mose beginnt mit der Erschaffung der Engel und
schließt mit einem Ausblick auf die Erlösung und die
letzten Dinge; mit ihren Josephsgeschichten eröffnet sie
die unabsehbare Joseph-Tradition in deutscher Sprache.
Sie ist in 3 Sammelhandschriften des 12. Jahrhunderts
überliefert, von denen die Wiener Handschrift den ältesten Text, die jüngere Millstätter (gegen 1200?) eine
sprachlich-formale Modernisierung und die Vorauer
schließlich nur den „Joseph" bietet. Ein halbes Jahrhundert jünger ist die in denselben Wiener bzw. Millstätter
Handschriften überlieferte *Exodus* (um 1120), und
schließlich finden sich in der Vorauer Handschrift noch
die *Bücher Mose* (1130–40), bestehend aus einer neuen
Genesis-Nachdichtung geringeren Rangs, in die der
Joseph-Teil der *Wiener Genesis* unverändert aufgenommen wurde, samt einer Fortsetzung mit zusammenfas-
sender Auswahl der Ereignisse bis zum Tod Moses,
einem vielleicht zufällig hereingekommenen Marienlob
und einer Darstellung der Geschichte von Balaam
(Bileam) und seinem Esel, die mit ihren burlesken Zügen
ihrerseits aus dem Rahmen zu fallen scheint. Auch dieses
Vorauer Werk ist wohl in Österreich verfaßt, kaum von
einem einzigen Dichter, aber vielleicht als Gemeinschaftswerk innerhalb eines Klosters. Zieht man dazu
noch in Betracht, daß bei aller Selbständigkeit eine

Kenntnis der älteren Genesis- und Exodus-Dichtungen
nachweisbar ist, so ergibt sich das eindrückliche Bild
einer regional und überlieferungsmäßig zusammenhängenden Arbeit an einem volkssprachlichen Bibelwerk
Alten Testaments. Dabei geht es hier immer darum, über
eine bloß auswählende Nacherzählung hinaus aufgrund
einschlägiger Kommentare auch den geistlichen Sinn zu
erschließen.

Schöpfungsgeschichte, Patriarchenzeit, heroische
Epoche des Gottesvolkes – da hat ein Grundbestand
christlich-jüdischen Erzählgutes zum erstenmal deutsche
Gestalt gefunden. Der althochdeutschen Evangeliendichtung tritt somit jetzt die frühmittelhochdeutsche Gene-
sis- und Exodus-Epik gegenüber mit ihrer ganzen Fülle
an Information über die natürliche Schöpfung und die
Geschichte der Menschheit. Gewiß hat die Genesis
schon ihren spätlateinischen Dichter (Avitus, vom Verfasser der *Wiener Genesis* benützt) und auch schon ihren
altsächsischen und angelsächsischen Bearbeiter gefunden; schon Caedmon erhielt dazu den Auftrag. Die
heilsgeschichtliche Bedeutung der ersten biblischen
Bücher liegt zudem auf der Hand: Die Genesis liefert im
Kirchenjahr die Lektionen der Fastenzeit vor Ostern, als
Vorbereitung für den Erlösungstag; Schöpfungsgeschichte und Sündenfall sind Voraussetzung für die Erlö-
sungsbotschaft des Neuen Testaments, und die innere
typologische Beziehung, die zwischen der Verheißung
des Alten und der Erfüllung des Neuen Bundes angesetzt
wird, ist überall und allezeit gegenwärtig. In der Gestalt
Josephs etwa – um nur das bekannteste Beispiel zu
nennen – erscheint nicht nur der Held einer grundlegenden menschlichen Schicksals- und Bildungsgeschichte,
sondern ebenso die Präfiguration des Erlösers. In diesem
geistlichen Sinn ist die altdeutsche *Genesis*-Dichtung
auch durch den Bericht über die Erschaffung der Engel
und den langen Ausblick auf die spätere Heilsgeschichte

in der allegorischen Auslegung des Segens Jakobs ergänzt
und abgerundet. Aber Genesis und Exodus sind doch
wohl auch der Ort, wo eine freiere Entfaltung weltlichen
Stoffes möglich ist. Denn sie sind die Darstellungen der
irdischen Schöpfung in Raum und Zeit, der ursprünglichen Natur und der vorbildhaften Geschichte, sie geben
den Rahmen und den Grund für alles Kreatürliche, das
darstellbar, das erzählbar ist.

Die *Genesis*-Dichtung zeigt eine solche Aktualisierung
vor allem auch darin, daß sie die Vorstellungswelt des
zeitgenössischen Grundherrentums in die Schilderung
der Patriarchenzeit einströmen läßt, auch einen ausgesprochenen Sinn für vornehme, schickliche Formen des
sozialen, rechtlichen und kriegerischen Lebens entwik-
kelt. Anderseits tritt zurück, was in der Vorlage nur die
geographisch-geschichtliche Wirklichkeit des jüdischen
Volks betrifft. Zu dieser Verschiebung des Standpunkts
kommt eine Art Umbau des Bibeltexts durch die zeitbe-
stimmte epische Technik, über die der Dichter verfügt.
Vom verfügbaren liedepischen Stil her ist die Erzählung
verknappend, abstrahierend, auch ist der lehrhaft-lei-
tende Begriff wichtiger als irgendeine szenische Ausmalung. Anderseits bringen die Breite der Vorlage, das
Vorbild des Avitus und ganz allgemein das buchepische
Ziel eine Art Gegenbewegung mit sich, die sich in Auf-
schwellungen und Einschüben äußert. So ist z. B. der
Bericht von der Erschaffung des Menschen durch detaillierte technische Schilderung des göttlichen Verfahrens
und eine kleine volkstümlich-erbauliche Anatomie
erweitert (z. T. nach Avitus). Der Garten des Paradieses,
der locus voluptatis, wird zum Wunschtraum eines
Baum- und Kräutergartens bäuerlich-konkreter Art und
führt zu einem Exkurs in die Botanik:

> Zinamin unt zitawar,
> galgan unt pheffer,
> balsamo unt wirouch,

> timiam wahset der ouch,
> mirrun also uile,
> so man da lesen wil,
> crocus unt ringele,
> tille ioch chonele,
> mit deme fenechele
> diu suoze lauendele,
> peonia diu guota,
> saluaia unt ruta,
> nardus unt balsamita,
> der stanch wahset so wita ...
>
> (487 ff.)

(Zimt und Zitwer, / Galgant und Pfeffer, / Balsam und Weih-
rauch, / Thymian wächst da auch, / Myrrhe, soviel / man da
pflücken will, / Krokus und Ringelblumen, / Dill und auch
Quendel, / beim Fenchel der süße Lavendel, / die schöne Päo-
nie, / Salbei und Raute, / Narde und Balsamite, / der Duft reicht
so weit ...)

Und obwohl die Not und Mühsal der Ureltern und ihrer
Söhne betont wird, ist beifällig und sachverständig
geschildert, wie wacker und munter Kain rodet, den
Acker bebaut und sich der Arbeit freut (1154 f.). Das ist
Anpassung an die Alltagswelt des Publikums – umge-
kehrt aber erkennt sich dieses Publikum auch erst in dem
biblischen Spiegel und gewinnt darin Zuversicht und
Wissen.

Daß erst recht die geschichtlichen Partien des Alten
Testaments, zumal die Exodus, grundlegend sind für das
Selbstverständnis und die politisch-soziale Ideologie
nicht nur der karolingischen, sondern erst recht der
salischen Zeit, ist aus den verschiedensten Belegen
bekannt. Das Alte Testament ist das Grundbuch der
Weltgeschichte. Geschichte als Geschichte des Volkes
Gottes und seiner Führer; ihr Gehorsam oder ihr Hader
gegen Gott; der rechtlich-gesetzliche Charakter der
Frömmigkeit; der Krieger als Gottesstreiter; das Verhält-

nis zu Gott als ein Verhältnis von Dienst und Lohn – mit
alldem ist die Welt des Alten Testaments Prototyp des
vorhöfischen, des „romanischen" Mittelalters. Kaum
unterscheidbar treffen sich darin die verbindliche Wirkung eines biblischen Vorbilds mit den sozialen Gegebenheiten deutsch-germanischer Art – es besteht offenbar auch eine kulturmorphologische Affinität zwischen
der heroischen Epoche des Judentums und der des christlichen Abendlandes. Es scheint, daß die *Altdeutsche
Exodus*, die „mine herren", also wohl ein adliges
Laienpublikum anspricht, in besonderem Maß zeitgeschichtliche Sicht zum Ausdruck bringt. Wenn Dennis
Howard Green mit seinem Vergleich zwischen Text und
biblischer Vorlage recht hat, dann zielt die zunächst
buchstäblich-schlichte Erzählung von dem Auszug aus
Ägypten und dem Durchzug durchs Rote Meer nicht
wie üblich auf die Erlösung von den Sünden durch
Christi Blut und das Wasser der Taufe und steht nicht
nur in Beziehung zur Osterliturgie (Moses als Präfiguration Christi); die Verstärkung der ritterlich-militärischen
Assoziationen legt den Gedanken an den ersten Kreuzzug nahe, an die Auseinandersetzung mit den Sarazenen,
die Überfahrt ins Heilige Land. Wenn ausdrücklich am
Schluß die Heimfahrt ins Himmlische Jerusalem genannt
ist, so wäre zugleich das palästinensische gemeint: „nu ist
komen durch daz mere / daz vil salige here" (3313 f.). Der
Kreuzzug an sich findet ja bereits die entsprechende
ideologische Begründung. Ein verschlüsseltes „Kreuz-
fahrerepos" wird man damit allerdings kaum ansetzen
wollen; doch genügt es nicht, das auffällig gesteigerte
„moderne", ritterliche Element in Wortschatz und Szenerie nur als Captatio benevolentiae des Publikums zu
verstehen. Die Aktualisierung ist eine notwendige Folge
des typologisch-analogischen Denkens, dieses ist das
grundlegende Mittel des Geschichtsverstehens.

Aus demselben Grund geht die Bibeldichtung auch

immer wieder hinüber in die Erzählung der Weltgeschichte, ohne daß zunächst von einer Verweltlichung
der Interessen zu sprechen wäre. Seit dem Beginn des
12. Jahrhunderts wenden sich deutsche Erzähler dem
Ziel umfassender Darstellungen zu, in denen die
Geschichte des Reiches Gottes der Rahmen und Ausgangspunkt auch für die ganze Fülle irdischen Geschehens wird. In wechselndem Maß verselbständigt sich eine
volkssprachliche Legenden- und Geschichtsdichtung,
und es werden damit, mit dem Geschichtenbuch der
allgemeinen Geschichte, Stoffbereiche erschlossen, die
für Jahrhunderte als legitimste Erzählgegenstände beliebt
bleiben.

Dieser neue Horizont öffnet sich für uns in einem
rätselhaften Werk, das von der Literarhistorie bisher
„sträflich vernachlässigt" (F. Maurer) worden ist: Die
Mittelfränkische Reimbibel, die erst vor hundert Jahren wieder aufzutauchen begann, ist heute faßbar
als eine Serie von Fragmenten, die sich aus 3 Handschriften an fünf Aufbewahrungsorten gewinnen ließen,
zusammen gegen 750 Reimpaare. Die Erzählung
erstreckt sich auf die Genesis (von der Schöpfung über
Sündenfall und Noah zu Jakobs Söhnen), bringt die sehr
lädierte Geschichte Susannas, aus dem Neuen Testament
Johannes und die Jugendgeschichte Jesu und einzelne
Wundertaten, dann ausführlicher und zusammenhängen-
der erhalten Veronika (Veronilla), Taten und Martyrien
der Apostel, Tod Mariae, die Geschichten um Helena,
Cosdras und Eraclius und schließlich Angaben über die
Zweiteilung des Paradieses und der Hölle anhand der
Erzählung vom reichen Mann und armen Lazarus. Der
Plan als Ganzes, Umfang und Maßstab sind nicht mehr
erkennbar. Sicher scheint nur, daß schon bald nach 1100
eine anspruchsvolle Gesamtdarstellung der Heils- und
frühen Kirchengeschichte unternommen war, daß sie
von ihrer mittelfränkischen Herkunft aus auch im Süden

Fuß faßte und in einiger Hinsicht vorwegnahm, was eine
Generation später die *Kaiserchronik* leistete. Es bleibt
der Eindruck einer roh gefügten Kompilation aus verschiedenen legendarischen Quellen, in primitiver sprachlicher und metrischer Technik, mit einem schwer verständlichen Ungleichgewicht zwischen der großen Rah-
menkonzeption und der Zufälligkeit des freudig erzählten Details.

Wenn in dieser Überlieferungslinie die Bibel als
Geschichtsbuch dient und als Basis einer neuen
Geschichtsdichtung, so bleibt zugleich die Möglichkeit
neuer Bibeldichtung aus unmittelbarer, frommer Ergriffenheit heraus, also einer neuen Evangeliendichtung. So
spricht ein Geist ganz anderer Art aus der neutestamentlichen Dichtung der Frau Ava, einem ergreifenden
Dokument persönlicher Frömmigkeit, die sich im Nach-
erzählen des Lebens Jesu und der Darstellung des Erlö-
sungsgeschehens überhaupt ihren Ausdruck sucht. Es
handelt sich um eine durchdachte Komposition, deren
einheitliche Verfasserschaft heute gesichert scheint, im
Gesamtumfang eines kleinen Epos von über 1600 Reimpaaren (Langzeilen?); diese lassen sich in strophenartige
Abschnitte gliedern, so daß man auch an die Möglichkeit
rezitativischen Gesangsvortrags denken darf. Drei Viertel des Umfangs gelten dem Leben Jesu, von der Verkündigung bis zu Himmelfahrt, Pfingsten und der Ausfahrt
der Apostel; angeschlossen ist hier ein Überblick über
die sieben Gaben des Heiligen Geistes. Den Eingang
bildet, als Vorgeschichte, Johannes der Täufer, den
Abschluß zwei Kapitel über Antichrist und Jüngstes
Gericht. Am Schluß nennt sich die Verfasserin – es ist
der älteste bekannte Name einer Dichterin deutscher
Sprache –: Ava bittet die Leser – darum muß sie sich
nennen – um die Fürbitte für ihre zwei Söhne, mit denen
sie in großer „mandunge" (Freude, Friede) gelebt und
von denen der eine bereits diese Welt verlassen habe. Ava

ist vermutlich eine 1127 verstorbene „Inclusa" aus der
Nähe des Klosters Melk a. d. Donau, eine wohl vornehme Witwe, die sich am Lebensabend in eine Eremi-
tenzelle zurückgezogen hatte. Vielleicht, daß ihre Söhne
bei dem Werk behilflich waren.

Diese Dichtung lebt ganz aus der Vergegenwärtigung
des evangelischen Christus, dessen geschichtlich-irdi-
schen Wandel, dessen Passion sie in innigem Mitlieben
und Mitleiden auf schlichteste Weise berichtet, weitgehend angelehnt an die Perikopenfolge des Kirchenjahres.
Wie im *St. Trudperter Hohenlied* – mit dem eine „enge
zeitliche und örtliche Verwandtschaft" (Kienast) nachweisbar ist – ist es eine Nachfolge Christi in Gefühl und
Empfindung, in einer neuen, mystisch getönten
Erschlossenheit der Seele. Die meist knappe, sachliche
Schilderung kann leise lyrischen Klang annehmen, zumal
bei den Osterszenen mit dem Auftritt der Marien, in
deren Leid sich die Bewegung der frommen Seele spiegelt:

> Owi, Maria Magdalena, wie gestunte du ie da,
> da du dinen herren guoten sahe hangen unde bluoten,
> unde du sahe an sinem libe di gestochen wunden!
> wie mohtest du vertragen die laitlichen chlage
> siner trut muoter Sancte Marien der guoten!
> wie manigen zaher sie gaben ze dem selben male
> diniu chiusken ougen, min vil liebiu frouwe ...
>
> (L. J. 1692 ff.)

(Ach, Maria Magdalena, wie standest du dort, / wo du deinen
guten Herrn hangen und bluten sahst, / und du sahst an seinem
Leib die gestochenen Wunden! / Wie vermochtest du zu ertragen
die schmerzliche Klage / seiner geliebten Mutter, der guten
Sankt Maria! / Wie manche Träne vergossen sie damals, / deine
reinen Augen, meine sehr liebe Herrin ...)

Die lehrhaften Elemente, d. h. nicht nur eine theologische Erläuterung oder allegorische Exegese, auch die

Lehren im biblischen Text selbst, sogar die Bergpredigt,
treten völlig zurück zugunsten des reinen, gesammelten
Nachvollzugs der faktischen heiligen Geschichte. Dazu
gehört auch das kommende Geschehen, das genauso
objektiv vergegenwärtigt ist wie das Vergangene: das
Ende aller Dinge, das Bild des erhöhten Christus als
Weltenrichters, die Höllenpein und das Glück der Seligen. Mit ruhiger Sicherheit strebt auch dieses Gedicht
nach der letzten, alleinigen Wirklichkeit, wo die Gotteserben im ewigen Licht erst ganz „edele unde fri" werden
(J. G. 360). Die demütige Hingabe, die gesammelte
Andacht der meist überaus einfachen Verse und Sätze
wirkt bezwingend: Hier ist Bibeldichtung, nun aus
Laienmund und spontanem Antrieb, in einem neuen
Sinn „sacra poesis".

> so beginne wir minnen   di inren sinne,
> vernunst unde ratio   diu edele meditatio.
> damit erchenne wir Crist,   daz er iz allez ist.
>
> (J. G. 330 ff.)

(So beginnen wir zu lieben die innern Sinne, / Vernunft und
Ratio, die edle Meditatio. / Damit erkennen wir Christus, daß er
es ganz ist.)

In diesem Sinne ist sie Vorwegnahme des Heils, Heils-
vollzug selbst. Dies gilt auch dann, wenn einmal mit der
mahnenden Anrede „lieben mine herren" (L. J. 297) an
ein vornehmes weltliches Publikum gedacht ist. Und die
Unmittelbarkeit, mit der die fromme Frau den biblischen
Stoff ergriffen hat, schließt nicht aus, daß sie allein oder
mit Hilfe der Söhne offenbar auch lateinische Kommentare gekannt hat. Im übrigen ist ihr Bild der Heilsgeschichte in selbstverständlicher Weise angereichert um
die Motivik der kirchlichen Tradition (z. B. Ochs und
Esel an der Krippe), wie sie die volkstümliche Vorstellung aus der bildenden Kunst und vor allem auch aus
dem beginnenden geistlichen Spiel bezog. In Avas

Erzählung von der Passion, von Ostern und vom Jüngsten Gericht finden sich jedenfalls außerbiblische Züge, die sich aus den noch ausschließlich lateinischen Feiern und von frühen Spielen belegen lassen (z. B. der weiße und der rote Engel am Grab), und es zeigt sich eine szenische Anschauung, die sich aus der Vertrautheit mit solchen Darstellungen am besten erklärt. Die biblische Erzählung ist nicht weniger als das geistliche Drama eine wiederholende, real vollziehende Teilnahme am Heilsgeschehen.

So weit haben wir es mit repräsentativen bibelepischen Großwerken zu tun, an denen die Spannweite der Ziele und vor allem auch der religiösen Haltungen im Wandel vom 11. zum 12. Jahrhundert deutlich werden kann. Doch zugleich begegnet uns eine Reihe anderer Werke geringeren Umfangs, die – bei der Zufälligkeit ihrer meist fragmentarischen Bewahrung – auf eine einst beträchtliche Fülle schließen lassen. Schon bei den bisher genannten Werken ist die Einheit des Plans gelegentlich ungewiß, liegt äußere Kompilation, ein Gemeinschaftswerk oder eine bloße Sammlung des Abschreibers vor (wofür die große *Vorauer Sammelhandschrift* aus der zweiten Hälfte des 12. Jahrhunderts das eindrucksvollste Beispiel ist, als die reichste Quelle frühmittelhochdeutscher Geistlichendichtung überhaupt). So erstaunt auch nicht die scheinbare Willkür, mit der nun auch einzelne biblische Bücher oder Themen zum Gegenstand gemacht worden sind.

So erfuhr das Buch Judith eine ausführliche erläuternde Nacherzählung, die *Jüngere Judith* (Österreich um 1140). Der Anfang des Buchs *Tobias* (1,1) erscheint bearbeitet in einem Fragment moselfränkischer Herkunft, das darum interessiert, weil es vom Verfasser des ältesten deutschen Alexander-Epos, dem Pfaffen Lamprecht, stammt und damit eine Personalunion von Erbauungs- und Geschichtsdichtung belegt (um 1130?). Ein kurzes rheinfränkisches Bruchstück, um 1160, gilt den *Makkabäern*. Aus dem neutestamentlichen Bereich erinnert der zerstümmelte *Friedberger Christ und Antichrist* – Verbindung von Leben Jesu und Eschatologie – an das Programm der vielleicht etwas jüngeren Frau Ava. *Christi Geburt* allein ist in einem verwandten Fragment rheinischer Sprache enthalten, Johannes der Täufer wiederum, mit dessen Darstellung Ava ihr Werk eröffnet, ist Gegenstand zweier ungefähr gleichzeitiger Dichtungen (um 1130), des *Johannes Baptista* aus Baumgartenberg (Österreich) und des *Johannes* eines Kärntner Autors, der sich als Priester Adelbrecht vorstellt, wobei jener mehr theologischen, dieser mehr legendarischen Charakter hat.

Lehrhaft-dogmatische Behandlung eines einzeln herausgegriffenen Themas erscheint in den sehr spärlichen Fragmenten über *Esau und Jakob* und die *Zehn Gebote*, vom selben Verfasser und vielleicht aus demselben Werk, mitteldeutsch aus dem späten 12. Jahrhundert, ferner in der aus Kärnten stammenden *Babylonischen Gefangenschaft* (um 1140). Schließlich ist der *Rheinauer Paulus* der Schluß einer Dichtung, in der die Bekehrung des Paulus zum Anhalt einer ausgedehnten Sündenklage (vgl. *Millstätter Sündenklage*) dient.

Von besonderem literaturgeschichtlichen Interesse sind nun aber zwei Fälle, in denen ein biblisch-legendarisches Erzählthema eine offensichtlich liedepische, „balladenhafte", und das heißt auch: in speziellem Sinn „volkstümliche" Behandlung erfuhr, beide von der Vorauer Handschrift mitgeteilt und vielleicht aus derselben fränkischen Quelle bezogen. Aus dem ersten Drittel des 12. Jahrhunderts stammt das *Lob Salomos*. Es sind 129 Reimpaare, eine vollständig erhaltene Strophendichtung über die Weisheit und den Reichtum Salomos, seinen Tempelbau und die Ausstattung des Tempels, seinen Hof und den Besuch der Königin von Saba, mit

einleitender hymnenhafter Anrufung der Inclita lux
mundi und am Schluß mit geistlicher Auslegung und
Gebet. Nicht dem Bibeltext, vielmehr einer jüdischen
Legende entstammt die Erzählung, wie Salomo einen
Drachen betrunken macht und damit eine wunderbare
Schnur gewinnt, mit welcher sich der für den Tempelbau
nötige Marmelstein mühelos schneiden läßt (vgl. 3 Reg.
6,7). In dieser Episode vermutet man eine spezielle Vorlage (unnötigerweise gar eine Interpolation); denn hier
dringt nun, ganz abgesehen vom kurios-unterhaltsamen
Inhalt, Balladenstil durch: Auflösung in direkte Reden,
knapper, sprunghafter Bericht, formelhafte Epitheta und
Wiederholung.

> Salmon der was richi, er ded so wislichi.
> er hiz daz luit zu gan eini cisternam
> vulli meddis unde winis, dis allir bezzistin lidis.
> do er iz alliz uz gitranc, ich weiz, er in slaffinti bant.
> daz was ein michil gotis craft, daz imo der wurm zu sprach.
> Der vreissami drachi zi Salmoni sprach er:
> „herro, nu virla mich, so biwisin ich dich
> einir vili michilin erin zi dinim munsteri ..."

> (Maurer I,322)

(Salomon war mächtig, er handelte so klug. / Er hieß seine
Leute hingehn, eine Zisterne / füllen mit Met und Wein, mit
allerbestem Getränk. / Als er [der Drache] es alles ausgetrunken,
wahrhaftig, er [Salomon] band ihn schlafend. / Das war ein
großes Wunder Gottes, daß der Wurm zu ihm sprach. / Der
schreckliche Drache, zu Salomon sprach er: / „Herr, nun laß
mich frei, so erweise ich dir / ein großes Geschenk für dein
Münster ...")

Die *Ältere Judith* oder *Judith-Ballade* („Ein her-
zogi hiz Holoferni, / der streit widir goti gerni ...")
verstärkt vollends das populäre Element durch dialogische Wiedergabe, Eindeutschungen in Motiven und
Namen, formelhafte Wiederholungen. Wir greifen hier
kostbare Zeugnisse einer mündlichen Gattung, die bisher

wohl erst in *Georgs-* und *Galluslied* sich angekündigt
hat. Ob sie „nach dem Vorbild des weltlichen epischen
Liedes" geschaffen sind (de Boor) und damit Rück-
schlüsse auf deutsche weltliche Formen erlauben, ob
solche „geistliche Spielmannsdichtung" (Ehrismann)
nicht ebensosehr im Gefolge barbarisch-lateinischer
Übung steht oder ob es schließlich eine gewisse überzeitliche Typik der Volksballade gibt, ist schwer zu entscheiden, schon weil weltliche und geistliche, deutsche und
lateinische Übung seit Jahrhunderten in enger Symbiose
stehen.

2. Der christliche Glaube

Zwischen Bibeldichtung und „dogmatischer" Dichtung
ist nur eine fließende Grenze, die sich zudem überkreuzt
mit den Grenzen zwischen buchepischer, liedepischer
und schließlich hymnischer Form. Im folgenden ist der
bloße inhaltliche Gesichtspunkt maßgebend; es werden
Werke zusammengestellt, in denen der Glaube als
System und Lehre Gegenstand verschiedenartiger dichterischer Formung wurde.

Im wichtigsten Fall – dem einzigartigen *Ezzolied* –
begegnet die bislang in deutscher Sprache kaum beleg-
bare Gattung des Hymnus. Das *Ezzolied* entspricht in
Thema und Haltung durchaus dem lateinischen Vorbild,
in der metrischen Form aber kann man es wohl noch zur
Langzeilenkunst geistlicher oder eventuell auch weltlicher Art rechnen, sofern die zahlreichen Alliterations-
bindungen mit einheimisch-mündlicher Tradition in
Zusammenhang gebracht werden dürfen. Die hohe
Würde des *Ezzoliedes* beruht auf seinem Alter (um 1060)
und seiner in mancher späteren Dichtung vermutbaren
Nachwirkung – man hat in ihm schon das eigentliche
Gründerwerk der neuen, nun nicht mehr abreißenden
mittelhochdeutschen Dichtung gesehen (Ehrismann) –,

vor allem aber auf der Kraft und dem Glanz der konkreten dichterischen Leistung selbst, in welcher der Geist frühsalischer Kunst groß und rein zum Ausdruck kommt. Eine ungewöhnliche Bestätigung ist es, daß die Zeitgenossen selbst das Entstehen dieses Werks als etwas Unerhörtes empfunden haben. Zwei sich ergänzenden, wenn auch nicht widerspruchsfreien Nachrichten, einer später dem Lied vorangestellten Titelstrophe und einer Stelle in der Vita des Passauer Bischofs Altmann, läßt sich folgendes entnehmen: Bischof Gunther von Bamberg, großer Reichsfürst der Zeit, Förderer der Wissenschaften, aber auch als Liebhaber deutscher Heldendichtung und langen Schlafens getadelt, läßt aus Anlaß der Regulierung der Bambergischen Kanoniker um 1060 seine Pfaffen ein gutes Lied machen; Ezzo (angeblich Scolasticus) verfaßte den Text, Wille fand die Weise; das Lied wurde später auf der großen bewaffneten Pilgerfahrt gesungen, die unter Führung Gunthers und anderer Bischöfe „aus Schrecken über die drohende Ankunft des Jüngsten Gerichts" 1064/65 ins Heilige Land unternommen wurde; Gunther starb auf der Rückreise in Ungarn. Die ursprüngliche Fassung dieses Liedes ist nur mit 7 Strophen des Anfangs in einer Straßburger Handschrift erhalten, das Ganze nur in einer bearbeiteten und erweiterten Fassung mit 34 Strophen in der Vorauer Handschrift. Die Pluszeilen und Plusstrophen des Vorauer Texts sind daher nur für den Anfang sicher bestimmbar, für eine Restaurierung des Rests dagegen gibt es die verschiedensten Vorschläge, die je nach den verwendeten inhaltlichen, stilistischen, metrischen oder kompositionellen Gesichtspunkten bis zur Reduktion auf die Hälfte des Ganzen gehen. Die Rekonstruktion durch Friedrich Maurer ist dagegen erfreulich zurückhaltend und bewahrt insgesamt 26 Strophen. Vorsicht ist ja geboten, denn der Bearbeiter schöpft aus demselben Formel- und Bilderschatz wie die Vorlage, und bei der asyndetisch-

blockhaften und doch auch wieder exkursfreudigen frühmittelhochdeutschen Technik sind Bruchstellen schwer
erkennbar. Die Quellenforschung erweist sich bisher als
Zusammensetzspiel allenthalben bezeugter Vorstellungen der kirchlichen Tradition.

Das *Ezzolied* ist ein kühnes, großgeschautes Konzentrat der Heilsgeschichte. Es hebt an vom Principium
(anegenge) in der Trinität und führt über Schöpfung,
Sündenfall und die nur durch die Sterne der Patriarchen
und Propheten erleuchtete Sündennacht zum Aufgang
des Morgensterns Johannes Baptista. Die Sonne Christus
geht auf, in Wundern, Passion und Auferstehung erfüllt
sich das Erlösungswerk. Die Betrachtung der geheimnisvollen Zusammenhänge zwischen dem alten und dem
neuen Bunde münden in eine hymnische Anrufung der
crux benedicta, der crux salvatoris, so daß man von
diesen Schlußstrophen her das Lied als Kreuzhymnus, ja
als Kreuzzugsdichtung vor der Zeit ansprechen kann:

> O crux salvatoris,   tu unser segelgerte bist.
> tisiu werlt elliu ist taz mere,   min trehtin segel unte vere,
> diu rehten werh unser segelseil,   diu rihtent uns ti vart heim.
> der segel ist ter ware geloubo,   der hilfet uns ter wole zuo.
> der heilige atem ist ter wint,   ter vuoret unsih an den rehten
>   sint.
> himelriche ist unser heimuot,   ta sulen wir lenden, gote lop.

> (Str. 33, Echtheit umstritten)

(O Kreuz des Erlösers, du bist unsere Segelstange. / Diese
ganze Welt ist das Meer, mein Herr Segel und Boot, / die guten
Werke unser Segelseil, die richten unsere Fahrt nach Hause. /
Das Segel ist der wahre Glaube, der hilft uns wohl dabei. / Der
Heilige Geist ist der Wind, der führt uns auf den rechten Weg. /
Das Himmelreich ist unsere Heimat, da werden wir landen,
Gott sei gelobt.)

Das Ganze ist in sich verfestigt und verdichtet durch
die figurativen Beziehungen innerhalb des Heilsgesche-

hens und die durchgehenden Motive wie das Gegenüber
von Licht und Finsternis oder das Wirken des heiligen
Atems. Das Heilswerk wird somit nicht eigentlich
erzählt, vielmehr feierlich als ein jetzt überschaubares
Wunderwerk angerufen und genannt. Die lateinischen
Formeln, häufig als zu erschließendes Thema an den
Strophenanfang gesetzt, tragen wie Edelsteine im deutschen Text den Glanz des Sakralen, die feierlichen Bilder
laden zum Nachvollzug der symbolischen Zusammenhänge ein. Die meist parataktische, vorwiegend asyndeti-
sche Rede zielt nicht auf eine logische oder kausale
Kontinuität; auch die kunstlos wiederholten Einsätze mit
„Do" („Do irscein ...", „Do wart ...", „Do quamen
...") geben nicht so sehr die Sukzession eines zeitlichen
Geschehens als die Reihe der erfüllten, von Ewigkeit her
gesetzten Heilsakte. Alles ist wie von einer unerschütterlichen Sicherheit getragen: „unser urlose ist getan" (Str.
34), wir sind auf der Fahrt zu unserm Erbland, der
ewigen Heimat. Die Glaubensgewißheit triumphiert
über den Erbfeind, das Jüngste Gericht findet keine
Darstellung. Der Dichter spricht im Namen der Gemeinschaft des Gottesvolks, der ganzen geretteten Welt: „wir
alle" ist ein durchgehendes Leitwort. Und diese Gemeinschaft des Gottesvolks, des „Spiritalis Israel" (Str. 30),
sieht sich kriegerisch unter ihrem „herzoge" zum Kampf
gegen den „alten viant", den Teufel, aufbrechen – „den
wec sul wir mit wige varen" –, um das Land zu erobern
(Str. 30). Das ist der alttestamentlich bestimmte militia-
Begriff. Und wieder wird damit – das paßt zum Bericht
der Altmann-Vita über die Kreuzfahrt – kaum unterschieden zwischen alttestamentlichem Vorbild, christlicher Erfüllung und aktueller kriegerischer Zeitsituation;
auch die Meerfahrt ist nicht nur Gleichnis. Diese real-
symbolische Einheit der verschiedenen Ebenen geht bis
in die Formulierung hinein:

Ten tiefel unt allez sin here   den verswalh taz rote toufmere

(Den Teufel und sein ganzes Heer – den verschlang das Rote
Meer der Taufe)

heißt es (Str. 28) vom Sieg über Pharao, der Erlösung
durch Christi Blut und der Taufe. Gerade diese Realein-
heit verbietet es auch, beim *Ezzolied* von „weltflüchtiger", d. h. irgendwie zwiespältiger Haltung zu sprechen,
so sehr der Blick auf die ewige Heimat gerichtet ist und
der Kampf gegen Sünde, Tod und Teufel stets gegenwärtig bleibt. Hier liegt zugleich der aristokratische Charakter dieser in keiner Weise moralisierenden „waren rede"
hohen Stils, die überzeugend an „iu herren" gerichtet
ist.

Dem *Ezzolied* nahe vergleichbar in Form, Inhalt und
Umfang (161 Langzeilen in 32 fünf- oder sechszeiligen
Strophen) ist eine wesentlich jüngere rheinfränkische (?)
Dichtung, ebenfalls der Vorauer Handschrift, die heute
den etwas irreführenden modernen Titel *Summa*
theologiae trägt. Auch hier faßt ein Dichter die
gesamte Heilsgeschichte von der Trinität bis zum Ende
aller Dinge ins Auge, doch ist diese Abfolge nur Anhalt
einer überaus gedrängten und beziehungsreichen Glau-
benslehre, deren systematische Erörterung die Heilsge-
schichte als solche vor- und zurückgreifend überwebt.
Was rein berichtend wäre, wie die Geschichten des Alten
Testaments oder das Leben Jesu, kann somit fehlen. Ins
Zentrum rückt die Rolle des Menschen im Heilsplan: der
Mensch als imago trinitatis im Sinn der Augustinischen
Lehre, erschaffen als Haupt und Ziel der Schöpfung zum
Ersatz der gestürzten Engel, seine Teilhabe an der
Schöpfung, deren mikrokosmisches Abbild er ist (das
Thema hat auch der Vorauer Bearbeiter ins *Ezzolied*
eingefügt), der Erlöser als zweiter Adam, der den Sün-
denfall wiedergutmacht, das richtige Verhalten des Men-
schen im Dienst an Gott durch den Geist der Liebe, mit

Hilfe der Sakramente, im Beherrschen des Leibs durch die Seele – „Gotis brut, du seli adil vrowi"! – und im Ausblick aufs Jüngste Gericht. In der Mitte einer vermutlich symmetrischen Komposition stehen nun, als Orientierungsort des Ganzen, vier Strophen über das Kreuz und seine Symbolik. Der Unterschied zum *Ezzolied* beruht kaum auf der späteren Entstehungszeit (Anfang 12. Jahrhundert) und sicher nicht auf dem Aufstieg der scholastischen Theologie in der Zwischenzeit. Diese deutsche Summa ist in der ganzen Dichte und Vielfalt ihrer theologischen Vorstellungen durchaus aus den traditionellen Gewährsleuten erklärbar und verfolgt bei aller Reflexion nicht eine rationale, sondern eine symbolisch-analogische Systematik im bisherigen Sinn. So z. B. in der Lehre von der Reinheit und reinigenden Kraft des Wassers in Sündenfall, Sintflut, Christi Seitenwunde und Sakrament (das Thema begegnet wieder an berühmter Stelle in Wolframs Erzählung von Feirefiz' Taufe):

> unsich wolt er voni den meinin   an dir douffi gireinin.
> di erdi giwusc du sinvluot,   di undi giwihiti der heilant undi
>   sin bluot,
> daz gimiscit von sinir sitin ran,   mit dem er unsich irlosti und
>   heim giwan.
>
> (Str. 23)

(Uns wollte er von den Sünden in der Taufe reinigen. / Die Erde wusch die Sintflut, die Wellen weihte der Heiland und sein Blut, / das gemischt von seiner Seite rann, womit er uns erlöste und heimholte.)

Entscheidend dem *Ezzolied* gegenüber ist vielmehr die andere Zielsetzung. Mit Ausnahme der gebetartigen Schlußstrophe handelt es sich um lehrhaften, ja teilweise auch moralischen Vortrag von Gedanken, wie er breiter in einer Predigt erfolgen kann. Die repräsentative Leistung des Dichters ist die genaue, beziehungsreich durchdachte Kondensation solchen Gutes zu einem geistlichen Vademecum – wohl auch hier für vornehme, gebildete Laien.

Einen völlig anderen Charakter zeigt schließlich das *Anegenge*: gattungsmäßig als ein breites, ausführlich argumentierendes und ermahnendes theologisches Lehrgedicht, und geschichtlich als Ausdruck einer nun intellektuelleren, rationaler fragenden und diskutierenden, letzten Endes scholastisch anmutenden Haltung. Die Handschrift stammt aus dem 14. Jahrhundert, das wohl ebenfalls österreichische Original ist vermutlich ins letzte Drittel des 12. Jahrhunderts zu setzen, d. h., es verläßt bereits den Bereich des eigentlich frühmittelhochdeutschen Stils. Es ist ein recht wortreich räsonierendes Buchwerk von über 1600 fortlaufenden Reimpaaren, die nun bereits von der Technik der Brechung beherrscht sind und mit langen Perioden fertig werden können. Nochmals tritt das erzählerische Element zurück zugunsten der theologischen Erörterung des Erlösungswerks von der Erschaffung der Engel bis zu Christi Himmelfahrt, immer wieder im Licht der Trinitätsproblematik. Der Dichter hat bei der Forschung keine gute Presse; es wird ihm nicht nur die Überheblichkeit und Anmaßung vorgeworfen, mit der er Gottes Wesen und Ratschluß „genzlichen sagen" will, sondern auch die hochmütige Herablassung, mit der er „die tumben" belehrt und ihnen zugleich mitteilt, sie würden es doch nicht verstehen und sollten sich mit dem Glauben begnügen (52). Er formuliere heikle Fragen wie die nach dem ewigen Schicksal der ungetauften Kinder oder nach dem Sinn eines von Gott ja vorherzusehenden Sündenfalls – und wisse sie doch selbst nur mangelhaft zu beantworten, mit buntgemischtem „Wissen aus zweiter oder dritter Hand". Solche Vorwürfe sind mangels vergleichbarer Werke nicht leicht zu verantworten. Gerade mit der Unvergleichbarkeit seines kühnen Unternehmens, dem Laien eine schwierige theologische Problematik auch auf deutsch nahezubringen, hat der Dichter vorläufig Anspruch auf Respekt.

Geistliche Dichtung in ihrer ursprünglichen Funktion geschieht zur Ehre Gottes und dem gläubigen Menschen zur Hilfe. Wo in Bibeldichtung und Glaubenslehre die Heilsnot, die Erlösungsbedürftigkeit des einzelnen Menschen in den Vordergrund tritt, zumal im Zusammenhang mit der Aussicht auf Gericht, Himmel und Hölle, da liegt ein Übergang zu kirchlich-liturgischen Formen nahe. Umgekehrt kann von den lateinischen Prosaformen solcher Gebrauchstexte (Gebet, Glaubensbekenntnis, Beichte) der Übergang zu freier versmäßig-volkssprachlicher Gestaltung erfolgen, kann sich darüber hinaus wieder die ausführliche Schilderung dessen ergeben, was den einzelnen Menschen oder die Menschheit insgesamt erwartet. Aus Sündenbekenntnis und Beichtgebet heraus entstehen vor allem zwei auch in anderm Zusammenhang erscheinende Typen geistlicher Dichtung: die sogenannte Sündenklage und die Jenseitsschilderung.

Die Sündenklage ist eine freie, oft litaneiartige oder meditative Ausgestaltung des Sündenbekenntnisses, bestimmt von der elegischen Spannung zwischen der Anrufung der göttlichen Größe und Allmacht und der reuevollen Schilderung der menschlichen Sünden. Dabei begreift sich der einzelne ein in die Gemeinschaft und den enzyklopädischen Katalog der möglichen Verfehlungen; diese Sündenklage ist ja wohl zur Lektion in der klösterlichen Gemeinschaft oder einer gottesdienstlichen Feier und nicht nur zur privaten Lektüre gedacht. Verwandt mögen, vom geistlichen Spiel her, die Klagen Magdalenas sein. Neben dem *Rheinauer Paulus* und einer gereimten *Beichte* in einem Fragment zu Uppsala (1150) sind vor allem zwei umfangreiche Sündenklagen aus der Millstätter bzw. der Vorauer Handschrift zu nennen. Die *Millstätter Sündenklage* (1110–30) ist eine archaisch-schöne Komposition aus über 400

Reimpaaren mit bereits entwickelter Technik der Reimbrechung, nach dem kirchlichen Beichtformular bestehend aus den Anrufungen Gottes, dem Sündenbekenntnis und den Berufungen auf Gottes Gnade anhand vor
allem der biblischen Vorbilder. Die Unfaßlichkeit von
Gottes Wesen wird in einer langen Reihe von Gegensatz-
paaren umschrieben, seine Allgegenwärtigkeit im Hinblick auf das Gericht in schlichten Bildern beschrieben,
die später in der Spruchdichtung Hergers ähnlich wiederkehren:

> Dir sint, ⟨herre, i⟩nchunde alle meres grunde,
> dei ⟨beche al⟩ joch die sewe, die buhele joch die lewer.
> vliuhe ich an daz meres ort, da vindet mich daz din wort,
> oder in daz apgrunde, wie sciere ez mich da vindet.
>
> Der walt deheinen boum hat, du newizzest wol, wa er stat,
> joch daz vinstir tan, da nemach sich dehein man
> niender inne verbergen: diu holir in der erde
> joch die veltsteine die weist du, trohtin, eine.   (111 ff.)

(Dir sind, Herr, bekannt alle Meeresgründe, / die Bäche und
die Seen, die Berge und die Hügel. / Fliehe ich ans Ende des
Meers, so findet mich da dein Wort, / oder in den Abgrund, wie
bald findet es mich da. // Der Wald hat keinen Baum, von dem
du nicht weißt, wo er steht, / und der finstere Tann, da kann sich
niemand / irgend drin verbergen: die Höhlen in der Erde / und
die Feldsteine, die weißt du, Herr, allein.)

Anders als in *Otlohs Gebet* ist hier das Kernstück, das
Sündenbekenntnis, nicht nach sachlicher Systematik,
sondern nach den verschiedenen schuldigen Gliedmaßen
des Menschen geordnet – eine fast spielerische Neuerung, nach dem Vorbild weltlicher Moral-Disputationen
zwischen Körperteilen und im Sinn einer Art feudali-
stisch begriffener Ordnung des menschlichen Organismus. Die im Aufbau vergleichbare *Vorauer Klage*
hält sich in der Aufzählung der Sünden ans normale
Schema; bezeichnend aber für ihre jüngere Entstehungs-

zeit (Mitte 12. Jahrhundert) ist nicht nur die größere Lockerung in Versbau und Syntax, sondern vor allem die fast ausschließliche Hinwendung des ersten Teils zur Gottesmutter, ein eindrückliches Zeugnis für den Aufstieg der Marienverehrung. Um einiges jünger ist schließlich ein Werk etwas größeren Umfangs, eine von ihrem mönchischen Verfasser, einem Gottesknecht Heinrich, ausdrücklich als „letanie" bezeichnete Dichtung: *Heinrichs Litanei*, nun eine nach lateinischen Mustern versifizierte Allerheiligenlitanei, deren einzelne Heiligen-Anrufungen zu eigenen Gebeten ausgeformt sind; auch hier tritt nach der Trinität Maria hervor:

> liehteu magituomis gimme
> der engil uûrstinne,
> phalnze des himilis,
> gimahile des ewigin chunigis ...
>
> (Maurer III,5,1 ff.)

(Heller Edelstein der Jungfräulichkeit, / der Engel Fürstin, / Pfalz des Himmels, / Gemahl des ewigen Königs ...)

Man kann dieses Werk neben die Sündenklagen stellen, obwohl das systematische Sündenverzeichnis fehlt – Bekenntnis und bewegte Selbstanklage durchziehen das ganze, nach den heiligen Personen gruppenweise geordnete Gebet.

Im *Muspilli* schon, dann in den Bibeldichtungen seit Otfrid ist die Schilderung des Jenseits Tradition. Im Tympanon des Kathedralenportals, durch welches man in die irdische Gottesburg eingeht, erhebt sich der Weltenrichter zwischen Seligen und Verdammten; das Gegenüber von Himmel und Höllenrachen bestimmt das geistliche Spiel. Bei Otfrid oder im *Ezzolied* fällt alles Gewicht auf die Schilderung der ewigen Seligkeit, „himilriches suazi", in welche die Gläubigen zuversichtlich hinstreben aus dem Tränental oder dem Meer irdischer Bedrängnis. Das regnum coeleste hat sein Gegenteil im regnum terrenum. Von der Situation von Beichte und Sündenklage her heißt die Alternative dagegen Himmel und Hölle. Und es scheint, daß, abgesehen von diesen verschiedenen Gattungsfunktionen, im 11. und 12. Jahrhundert ein angstvolleres Bedenken der Höllenpein um sich greift – kaum wegen des viel bemühten Reformgeistes, vielmehr weil durch das Schwinden archaischer Geborgenheit in Gottesvolk und Gottesburg immer stärker das „Ewige" als ein Transzendentes, nicht mehr sakral Gegenwärtiges empfunden wird.

Im Anhang eines deutschen Textes von Credo und Beichte aus Bamberg, und wahrscheinlich vom selben Verfasser stammend, begegnet uns eine Schilderung von *Himmel und Hölle* (um 1070/80), die sozusagen den Beichtenden nochmals vor das Entweder-Oder stellt. Sie bedient sich der seltenen Form rhythmischer Prosa, wobei der parataktische Ablauf der kurzen Satzglieder allerdings an eine Versfolge gemahnen kann. Bezeichnend ist die Gewichtsverteilung und der stilistische Unterschied in den beiden schlicht hintereinandergesetzten Beschreibungen von Himmel und Hölle. Die „himilisge gotes burg" (1), vom Gottesglanz erleuchtet, erstrahlt in Perlen und Edelsteinen, durchscheinendem Glas und Straßen aus rotleuchtendem Gold, im Jubelgesang der Engel und in den Wohlgerüchen kostbarer Gewürze. Aber dieser gewaltige Kirchenbau des Himmlischen Jerusalems ist zugleich ein Geistiges: Die Goldstraßen meinen die Herrschaft der teuren Minne, die Edelsteine die „Fürsthelden Gottes", das Glas die durchscheinenden Tugenden der Gotteserben, das Quaderwerk deutet auf die vier Evangelien. Die Hölle ist ausschließlich geschildert in der fast endlos wirkenden Aufzählung unverbunden hingestellter, meist substantivischer Prädikate:

beches gerouche, der sterkiste svevelstank, verwazzenlich
genibile, des todes scategruoba, alles truobisales waga, der
verswelehente loug, die wallenten stredema viuriner dunste,
egilich vinster, diu iemer ewente brunst, diu vreissamen dot-
bant, diu betwungeniste phragina, claga, wuoft ane trost ...

(MSD XXX,121 ff.)

(Peches Rauch, der stärkste Schwefelgestank, verfluchtes
Genebel, des Todes Schattengrube, aller Trübsal Fluten, die
verschwelende Lohe, die wallenden Strudel feuriger Dünste,
schreckliche Finsternis, der immer ewig dauernde Brand, die
fürchterlichen Todesbande, des Zwangs Schranke, Klage, Jammer ohne Trost ...)

Es ist, wie wenn in dieser bloßen Anreihung und geistigen Undurchdringlichkeit die Hölle unmittelbar in ihrer
gestaltlosen Negativität erschiene. In den sich häufenden
nominalen Neuprägungen wirkt ebenso wie in der Wahl
dichterischer Prosa das Vorbild lateinischer Rhetorik.

Nach so großartig strenger Fassung des Themas müssen spätere Schilderungen dieser Art, so sehr sie mit
denselben Motiven arbeiten, enttäuschend wirken. Ein
umfangreiches bairisches Gedicht aus der Zeit um 1140,
das *Himmlische Jerusalem*, baut die Allegorie der
Himmelsburg zu einer pedantischen geistlichen Darstellung der zwölf Pforten und der übrigen baulichen Einrichtung aus, und vor allem die zwölf Edelsteine an der
Stadtmauer geben den Vorwand zu einem ausgedehnten
geistlichen Lapidarium. Solche Interessen werden
schließlich auch im *Himmelreich* gepflegt, einer bairischen Dichtung um 1180, die aber darüber hinaus
höchst originelle und phantasievolle Züge zeigt. Schon
die Versform ist durchaus ungewöhnlich, Langzeilen-
reimpaare mit großen Freiheiten, gelegentlich auch mit
dem Schmuck von Binnenreimen oder Reimen zwischen
den Halbversen; man deutet sie grundsätzlich im Sinn
der „weltlichen" Langzeile (Kürenberg, Nibelungen-
zeile). Einem schönen Einleitungsgebet zum allmächti-

gen Schöpfergott folgt die Unterscheidung der drei Reiche: Himmelreich, Firmament und Erde (terra morien-
tium), alles überwölbt vom Regenbogen („den man oft
sieht, wenn den Himmel die dunkeln und dicken Regen-
wolken überzogen haben"), welchem eine ausgedehnte
physikalische und allegorische Deutung gewidmet wird.
Die vor allem die Johannes-Offenbarung breiter aus-
schöpfende Himmelsschilderung weiß dann die Freuden
der Seligen nicht zuletzt durch das märchenhafte Fehlen
allen irdisch-bürgerlichen Ungemachs zu veranschaulichen: Hungrige und Durstige werden gelabt, arm und
reich sind nicht mehr unterschieden, Hitze und Frost
verschont uns, man muß keine Scheite ins Feuer legen,
die Nöte der Bekleidung im Wandel des Wetters fallen
dahin, die hüllenlosen Seelen bedürfen weder Seife noch
Lauge zum Bad. Wenn sich somit unterhaltsam-erbauli-
che und anekdotische Züge melden, so herrscht daneben
doch gebethafter oder visionärer Ernst – die Mischung ist
das Zeichen für die neue Unruhe, das neue Bedürfnis
einer persönlichen Aneignung des sakralen Vorstellungs-
gutes.

Wie die Legende, die Allegorie, die Visionsliteratur die
Bereiche von Himmel und Hölle zum Gegenstand auch
erzählerischer Eroberung in Paradieses- und Höllenfahr-
ten machen können, wird sich immer wieder zeigen.

3. Bußdichtung

Alle geistliche Dichtung enthält ein Element der Buße. In
Hymnus, Gebet und Betrachtung von Gottes Größe ist
das Bewußtsein menschlicher Schwäche mitgegeben;
Sündenklagen oder selbst Höllenschilderungen erscheinen gerade im Zusammenhang der bisher besprochenen
Typen. Ein anderes ist es, wenn der Dichter zum Prediger im Sinn eines sittlichen Mahners wird; er spricht
dann nicht mehr im Namen der Gläubigen zu Gott und

über Gott, sondern tritt seinen Zuhörern mahnend und eifernd und besserwissend gegenüber, Gott nun gleichsam den Rücken zuwendend. Die geistliche Funktion des Dichters geht damit über in eine sittliche, soziale – darin kann eine neue Bedeutung und Würde liegen.

Das älteste, strengste Bußgedicht dieser Art ist in derselben Straßburger Handschrift wie die ältere Fassung des *Ezzolieds* auf uns gekommen. Das *Memento mori* ist diesem an Rang und geschichtlicher Bedeutung vergleichbar. Die 19 scharf profilierten Strophen von je vier Langzeilen enthalten vermutlich einen Textverlust in der 8./9. Strophe und sind wohl am Schluß überarbeitet. Hier wird als Verfasser „ein Noker" genannt: „daz machot al ein Noker". Wer der alemannische Dichter gewesen, ob er wirklich Notker hieß, welchen Notker der Schreiber meinte, ist ungewiß; die These, es sei ein „Abt Noggerus" von Zwiefalten, steht auf schwachen Füßen. Die Entstehungszeit wird man gegen das Ende des 11. Jahrhunderts hinabrücken müssen.

> Nu denchent, wib unde man, war ir sulint werdan.
> ir minnont tisa brodemi unde wanint iemer hie sin.

(Nun denkt daran, Frauen und Männer, wohin ihr gelangen sollt. / Ihr habt diese Gebrechlichkeit im Sinn und wähnt, für immer hier zu sein.)

Mit unvergleichlicher Härte wird eine doch wohl vornehme weltliche Gesellschaft angesprochen, um ihr die Zerbrechlichkeit, die Nichtigkeit (wencheit) des Erdenlebens zu Gemüt zu führen. Fast hohnvoll tönt es: Das Paradies ist weit von hier, kein Mensch ist von dort zurückgekehrt, um Nachricht zu bringen, ihr müßt eure eigenen Boten dorthin sein, wenn ihr Heil finden wollt. Der Mensch vergeht so rasch wie ein Wimpernzucken (ictus oculi, 1. Kor. 15,51 f.). Obwohl alle Menschen vom selben Manne stammen, habt ihr die Liebe versäumt, seid in arm und reich zerfallen. Der Arme erlangt

kein Recht, wenn er es nicht teuer kauft; so müssen alle
zur Hölle fahren. Der Tod ist wie ein Dieb (die Bibel
meint mit dem Bild vom Dieb in der Nacht den „Tag des
Herrn"!), nur wer rechtzeitig das Seine dahingibt, kann
auf den Himmel hoffen. Es kommt alles auf die „selb-
wala", den freien Willen des Menschen an, ob er sich
dem Trug des „vil ubelen Mundus" entzieht. Erst in den
zwei fraglichen Schlußstrophen bezieht sich der Dichter
in ein Wir ein, vorher wendet sich die Standrede ausschließlich an die zweite Person oder redet allgemeiner
von der dritten.

Die Wucht dieses Gedichts beruht auf der klaren,
gedrängten Komposition, in der die aus Bibel und Predigtliteratur bekannten Motive neu und verstärkt wirken. Es ist fraglich, wie weit über die besondere Funktion der Bußpredigt hinaus das Gedicht als Dokument
besonderer Weltflüchtigkeit gelten kann. Die Tyrannei
des Mundus wird ausschließlich im Streben nach Macht,
Besitz und Ehre gesehen; das Gedicht ist Gesellschafts-
kritik an den Reichen, vielleicht nimmt es auch speziell
die Praxis der Simonie zum Ziel seiner Angriffe. Die
Aufforderung zum rechtzeitigen Dahingeben des Reichtums – doch wohl im Sinn von Lukas 6,24 – ist anderseits
im Mund eines Mönches zudem nicht frei vom Verdacht,
pro domo gesprochen zu sein. Auch wenn konkrete
Bezüge zu den salischen Bestrebungen um den Gottes-
frieden, eben zugunsten der aufs Recht angewiesenen
„Armen", kaum nachweisbar sind, so gehört das Werk
doch unverkennbar in eine Zeit, in der die Versittlichung
der ritterlich-feudalen Gesellschaft zur aktuellen Aufgabe wird. Das *Memento mori* zeugt nicht nur von
radikaler mönchischer Haltung, sondern ebenso vom
wachsenden Widerstand der weltlichen Gesellschaft mit
ihren Rechtsansprüchen und ihrem persönlichen Glücks-
verlangen. Es erhellt die Notwendigkeit einer neuen
ritterlichen Ethik und Frömmigkeit, wie sie gleichzeitig

die Kreuzfahrerdichtung Ezzos, aber auch etwa der
Ruodlieb-Roman herausstellen.

Diese Situation wird auch darin erkennbar, daß im 12.
Jahrhundert geistliche Dichtung solcher Art zunehmend
auch von Dichtern weltlicher Herkunft gepflegt werden
kann (Hauck, Rupp): Gerade vornehme Laien, als Conversi oder nicht, können sich mit ihrem geistlichen Wissen solber an ihre Standesgenossen wenden. Es ist nicht
einmal ganz sicher, ob nicht auch der *Memento mori*-
Dichter zu dieser Schicht gehört. Deutlicher wird diese
soziale und geistige Welt mit der Frau Ava und nun vor
allem auch mit dem etwas jüngeren A r m e n H a r t -
m a n n und seiner *Rede vom heiligen Glauben*. Als
„arm" bezeichnet sich der Verfasser im Sinn von demütig, sündig, erlösungsbedürftig; sein Werk ist ein Traktat
von ursprünglich 3800 Kurzversen, von denen 400 verloren sind. Es ist die erste Großdichtung dieser Art, im
mitteldeutschen Sprachgebiet um 1150 entstanden, sorgfältig und umsichtig konzipiert. Anhand des Credos,
gruppiert nach den drei göttlichen Personen und hier
wieder insbesondere nach Räten des Heiligen Geistes, ist
die Stellung des sündigen Menschen vor Gott, seine Not,
seine Buße, seine Hoffnung behandelt. Bußdichtung ist
das Werk insofern, als es ganz von der Contemptus-
Mundi-Thematik beherrscht ist, eine lange Sündenklage
enthält und auch in erzählerisch ausgestalteten Berufungen auf das Vorbild ausgewählter Heiliger dem Beicht-
schema verpflichtet scheint. Anderseits ist Hartmann
kein ausschließlicher Bußprediger, weder nach der Gattung noch nach dem Ton, und er bezieht sich selbst in
einer fast beflissenen Weise immer wieder ein in die Zahl
der armen Sünder („ich und andere tumben", 29); er hat
wohl sein Werk nicht zuletzt auch für seine eigene
Erbauung und Errettung verfaßt. Sein wortreicher,
metrisch gewandter Vortrag, der eine gewisse Inständigkeit und Wärme erreichen kann, arbeitet mit vielen for-

melhaften Elementen, Wiederholungen und Parallelismen, verschmäht auch nicht das gelehrte Kolorit reichlicher lateinischer Brocken. Die Mahnung zur Weltabkehr – im Rahmen des vierten Rates des Heiligen Geistes entwickelt – richtet sich auch hier vor allem von seiten des armen Lazarus gegen den Reichen, sein Streben nach Ehre, weltlichem Gut und Wohlleben, welches eine berühmte malerische Schilderung erfährt (nicht ohne lateinische Anregungen). Da sind die Freuden der Tafel und des Kellers („met unde win, moraz unde lutertrank"), abends das feine Bettzeug und im Arm die schöne Frau:

> so frowet sich din lib,
> din herze in diner bruste
> der manigen wolluste,
> da du daz fleisc mite phezzis,
> dine sele da mite lezzis.

(2485 ff.)

(So freust du dich, / das Herz in deiner Brust / der mannigfachen Wollüste, / mit denen du dein Fleisch kitzelst, / deine Seele verletzest.)

Und später erscheint, als Gegenbild, „mancher Mensch", der den Rat des Geistes befolgt hat, allein in den finstern Wald ging, sich Gott ergab und um der Liebe willen Hunger und Durst, Blöße und Frost erduldet:

> da wonet er in den holren,
> in bergen unde in telren.
> er trinket wazzer und izzet crut
> unde wirt gote vil trut.

(3142 ff.)

(Da wohnt er in den Höhlen, / in Bergen und Tälern. / Er trinkt Wasser und ißt Kräuter / und wird Gott sehr lieb.)

Eine gleichzeitige, aber noch liedhafte Reimpredigt ist die *Wahrheit* (Vorauer Handschrift um 1150), deren

„minnichliche" Warnung zur Umkehr sich insbesondere
gegen die modische Haar- und Kleidertracht wendet.
Interessanter in unserm Zusammenhang sind zwei größere Dichtungen derselben Zeit (Millstätter Handschrift), *Vom Recht* und *Die Hochzeit,* von
denen die zweite vermutlich vom Verfasser der ersten
überarbeitet worden ist. Die Einsicht, daß „der reiche
Mann vergeht", führt hier, ähnlich wie im *Memento
mori,* doch ohne dessen Weltabkehr, zum Lobpreis des
Rechts (als Treue, Gerechtigkeit, Wahrhaftigkeit) für die
Lebensordnung zwischen Meister und Knecht, Dorfgenossen, Eheleuten, Priestern und Laien (*Vom Recht*),
und aus der genrehaft ausgemalten Parabel von der
Hochzeit zwischen einem edlen Herrn vom Gebirge und
einem reichen Fräulein aus dem Tal wird eine geistlich-
allegorische Deutung des Erlösungswerks entwickelt,
nach dem Vorbild der Hohelied-Allegorese. So wird
hinter der menschlichen Rechtsordnung und der Liebe
zu ihr der erlösende Wille Gottes sichtbar gemacht (*Die
Hochzeit*).

Die schärfste und kühnste asketische Zeitkritik aber
liefern zwei untereinander eng verwandte Gedichte, die
in einer Wiener Handschrift (um 1300) stehen, aus der
zweiten Hälfte des 12. Jahrhunderts stammen und einem
Heinrich von Melk zugeschrieben werden. In der
Erinnerung an den Tod (*Von des todes gehugede,* 1042
Verse) nennt sich ein Heinrich als Verfasser, wohl ein
vornehmer Laienbruder, ob aus Melk, bleibt Vermutung. Das unvollständige zweite Werk *Priesterleben* (746
Verse) stammt möglicherweise von einem andern Verfasser (Neuser).

Die *Erinnerung* ist eine allgemeine Anprangerung der
Geistlichen (Priester und Mönche) sowie der Laien, reich
und arm, Mann und Weib – „omnes declinaverunt" (Ps.
13,3): in die Sünden der Hoffart, Habsucht und
Unkeuschheit. Und damit sie des Todes eingedenk wer-

den, entwirft der Dichter grausame Bilder menschlicher
Vergänglichkeit und Verwesung und malt die Schrecken
der Hölle aus; nur am Schluß spricht er für die, die das
ewige Paradies im Gemüt haben, und für sich selbst die
Hoffnung aufs Himmelreich aus. Spezieller adressiert ist
das unvollständige Gedicht *Priesterleben* – eine gewaltige
Invektive gegen die Weltgeistlichen, die dem Wohlleben
und der Unkeuschheit ergeben und damit auch der Hoffart, der Habsucht und der Simonie schuldig sind; eine
Erörterung von Priesterzölibat und Ehe mündet in einen
erneuten Angriff auf die „irren wip" (Dirnen) der
Pfaffen.

Dicht und knapp, mit erstaunlicher Beherrschung der
theologischen Argumente wie der stilistischen Mittel
wird in diesen Gedichten das Heerhorn zum Gericht
geblasen (*Priesterleben* 25, Ezech. 33,2 ff.); es sind frühe
Kapuzinerpredigten voller Ausrufe, rhetorischer Fragen,
schlagkräftiger Bilder, Vergleiche und Kraftwörter,
mehrfach unter Vergegenwärtigung der behandelten Personen in direkter Rede und ganzen, kleinen Szenen. Mit
Hohn, ja mit versteckem Haß wird die blinde Hoffart
der Zeitgenossen geschildert, der Pfaffen:

> und möcht iemen mit herlicher spise
> daz himelrich beherten
> unt mit wolgistraelten baerten
> unt mit hoh gescornem hare,
> so waeren sie alle häilich zware!
>
> (*Erinnerung* 220 ff.)

(Und könnte sich jemand mit herrlicher Speise / das Himmelreich sichern / und mit wohlgekämmten Bärten / und mit hoch-
geschornem Haar, / so wären sie tatsächlich alle heilig!)

und der Ritter:

> Nu ginc dar, wip wolgetan,
> unt scowe dinen lieben man
> unt nim vil vlizichlichen war

wie sin antlutze si gevar,
wie sin sceitel si gerichtet,
wie sin har si geslichtet;
scowe vil ernstliche,
ob er gebar iht vroelichen,
als er offenlichen unt tougen
gegen dir spilte mit den ougen:
nu sich, wa sint siniu muozige wart
da er mit der frowen hohvart
lobet unt seite;
nu sich in wie getaner heite
diu zunge lige in sinem munde
damit er die trutliet chunde
behagenlichen singen ...

(Erinnerung 597 ff.)

(Nun komm her, schöne Frau, / und betrachte deinen lieben
Mann / und nimm genau wahr, / wie sein Antlitz aussieht, / wie
sein Scheitel gerichtet, / sein Haar geordnet sei; / sieh ernsthaft
zu, / ob er sich irgendwie fröhlich gebärde, / wie er offen und
heimlich / dir [einst] mit den Augen winkte. / Nun sieh, wo sind
seine müßigen Worte, / mit denen er der Dame Hoffart / lobend
verkündete; / nun sieh, in welcher Art / die Zunge in seinem
Mund liegt, / mit der er die Liebesliedchen / wohlgefällig zu
singen wußte ...)

Von Gottes Liebe und Gnade ist kaum die Rede. Die
Sünde des Fleisches tritt aufdringlich in den Vordergrund. Eindrucksvoll ist der Kampf für evangelische
Armut der Priester und für ihre Aufgabe, „spiegelglas,
lucerne unt liehtvaz" (*Priesterleben* 127) der Laien zu
sein, doch die feudale Ständeordnung wird nicht angetastet. Mit der Frauenschelte werden darum speziell die
niedern Weiber bedacht, die Taglöhnerinnen und Bäuerinnen mit ihrer Hoffart (*Erinnerung* 319 ff.), wogegen
beim ritterlichen Stande die Frauen geschont werden
sollen und nur auf die Herren eingegangen wird.

Ein gewisses Entsetzen über den düstern Fanatismus
dieser Gedichte kennzeichnet die Äußerungen der Lite-

rarhistoriker, ob sie sie nun als „letztes großes Rück-
zugsgefecht der cluniazensischen Lebensrichtung" kennzeichnen (de Boor) oder gar als „Denkmal der leerlaufen-
den christlichen Impotenz" (Erb) beschimpfen. Solche
bittere Vanitas-Dichtung ist an sich seit dem Prediger
Salomo nichts Neues. Ihre Problematik und zugleich
Größe liegt wohl eher darin, wie die Bußpredigt hier den
Bereich einer neuen Gattung, der Satire, betritt. Es ist
das paradoxe Schicksal mancher Kapuzinerprediger und
Satiriker, daß ihr vom Haß geschärfter Blick gerade jene
Wirklichkeit gestaltet, die sie bekämpfen wollen. Die
literarische Leistung liegt darum nicht zuletzt in den
scharf gesehenen genrehaften, dialogisch-szenischen Bildern dieser ersten deutschen Satiren, die an einen großen
lateinischen Vorgänger im 11. Jahrhundert, den Deutschen Amarcius, erinnern. Da ist der Pfaffe, der sich
nach gutem Mahle dem Wein und nachher der Freundin
widmet, während an der Tür ein wegemüder Gast vom
Diener mit Ausreden weggewiesen wird (*Priesterleben*
65 ff.), oder die schöne Frau, die vor der Leiche ihres
Geliebten steht (*Erinnerung* 597 ff.), oder der Sohn am
Grabe des reichen Vaters (*Erinnerung* 663 ff.). Zugleich
erscheint hier – wenn eine frühe Datierung stimmt –
erstmals genau und lebensvoll die neue ritterlich-höfische
Kultur und sogar auch schon ihre lächerliche Imitation
durch die Dörper (tagewurche und gebiurinne) unter
Verwendung des neuen Vokabulars wie z. B. höfisch,
vroelichen, tougen, mit den ougen spiln, wip wolgetan,
gemeitheit; und was hier als Hurerei erscheint, wird bald
Hohe Minne sein; die trutliet würden dann auf die
stolzen, aber keineswegs sündenschweren Strophen der
zeitgenössischen donauländischen Ritterlyrik zielen.

   Vergleichbar in der Absicht, einem weltlich-ritterli-
chen Publikum zur „bezzerunge" und zur Buße zu helfen, ist ein Werk europäischer Verbreitung, das vor allem
auch in Deutschland bis ins 16. Jahrhundert hinein abge-

schrieben und gelesen worden ist: die lateinische Prosa
der *Visio Tnugdali* (oder *Tundali*), ein Stück
Visionsliteratur mit legendenhaft-biographischem Rahmen. Es ist die erschreckende Schilderung einer Höllen-
und Himmelreise, die ein irischer Mönch, Bruder Marcus, für eine Äbtissin des Regensburger St.-Paul-Klo-
sters kurz nach der Jahrhundertmitte verfaßt hat. Der
Text wurde in Deutschland die Grundlage einer (fragmentarischen) mittelfränkischen und gegen Ende des
Jahrhunderts einer mittelhochdeutschen Versbearbeitung
durch einen bayrischen Chorherrn Alber(o), die nur in
einer Wiener Handschrift erhalten ist. Tundalus, wird
darin berichtet, war ein irischer Ritter, der im Jahr 1149
drei Tage im Scheintod lag und in dieser Zeit in der Hölle
die verschiedensten Qualen der Verdammten kennenlernte und z. T. am eigenen Leib erfuhr, im Himmel
Fürsprache fand und schließlich wieder zur Erde entlassen wurde, um ein geistliches Leben zu beginnen und
dort zur Buße zu mahnen. Die Vision leistet eine topographisch und pönalistisch bereits sehr weit gediehene
Ausgestaltung des Jenseits, mit z. T. krudester Phantasie.
Ein Purgatorium ist noch nicht eigentlich entwickelt,
doch ein Infernum superius mit ähnlicher Funktion. Die
Tnugdalus-Vision hat eine bedeutende Stelle in der Gattung der biographisch entwickelten Jenseits- und Höl-
lenfahrten, die bis auf Homer und das Alte Testament
zurückgeht, besonders in Irland gepflegt wurde und
dann bei Dante ihren synthetischen Abschluß findet. Die
beiden deutschen Texte, zu denen noch mittelhochdeutsche Fragmente einer *Visio Sancti Pauli* kommen (um
1150, aufgrund spätgriechisch-syrisch-lateinischer Tradition), sind da nur bescheidene Zeugen.

Bei der Jenseitsreise des Tnugdalus geht es nun allerdings nicht nur um geistliche Warnung an die neue,
ritterliche Adresse, sondern wohl auch um die Befriedi-
gung einer gewissen Sensationslust, nicht viel anders als

bei den Orientfahrten des Herzogs Ernst oder Alexanders. Eine Art Bindeglied bildet die Legende von Brandan, der nicht zufällig als himmlischer Fürbitter des Ritters Tnugdalus erscheint.

4. Mariendichtung

Die geistliche Dichtung der frühmittelhochdeutschen Zeit bewegt sich zwischen archaisch-sakraler Vergegenwärtigung des Heilsgeschehens und einer zunehmend persönlich-empfindungsmäßigen oder dann lehrhaft-reflektierenden Haltung. In diesem Zusammenhang erhält die wachsende Marienverehrung und die frühe Mariendichtung ihre bestimmte Funktion. Die dogmatische Ausgestaltung der Marienlehre und damit die Grundlegung liturgischer Verehrung ist an sich im wesentlichen bereits das Werk der Patristik. In den neutestamentlichen Apokryphen liegt auch schon ein umfassendes Leben Mariae vor. Das sogenannte Protevangelium Jakobs, das zunächst vor allem in der Ostkirche eine große Rolle spielte, und das Pseudo-Matthäus-Evangelium sind die wichtigste Grundlage der späteren Mariendarstellung in Dichtung und bildender Kunst geworden. Die Gottesmutter und Gottesbraut, die Erbsündenlose, die Verkörperung der Jungfräulichkeit und die Himmelskönigin – in diesen Eigenschaften faßt sich alles zusammen, was an heimlicher Not und Sehnsucht in Gläubigen lebt: das Bild einer vollkommenen Reinheit, ja immer mehr auch Schönheit oder gar Lieblichkeit menschlichen Wesens, die seelische Ergänzung des kriegerischen oder rationalen Mannes durch die weibliche Seelenhälfte in der Einheit von Mädchen und Mutter, die persönliche Vertraute des einzelnen Menschen wie zugleich die Verkörperung der Kirche als Gemeinschaft. Die Bedeutung einer höchsten Fürbitterin wird um so größer, je mehr das alttestamentarische Gerechtigkeitsdenken einer Frömmigkeit der

Liebe und des Erbarmens weicht und je mehr der
fromme Mensch – die Nonne, der ungebildete Laie – es
wagt, auf die Rechtfertigung durch einen innerlich erfahrenen Glauben zu hoffen. Die neuen Mönchsorden der
Zisterzienser und Prämonstratenser haben ihrerseits die
Marienverehrung stark gefördert.

Die Gestalt der Maria hat natürlich im Rahmen der
Evangeliendichtung seit Otfrid ihre bedeutende Stelle,
und sie tritt speziell hervor im Rahmen der Hohelied-
Allegorese, insbesondere soweit sie wie das *St. Trudperter Hohelied* für Nonnen bestimmt ist. Die Vorauer
Handschrift enthält ein Marienlob; eine besondere Teilnahme spricht aus Frau Avas Darstellung der Geschichte
Marias (Verkündigung und Golgatha). Doch das sind
erzählerische oder belehrende Texte. Symptomatischer
ist, wie nun im 12. Jahrhundert eine Gruppe eigentlicher
Marienlieder erscheint und unter ihnen Gedichte, die wir
erstmals im modernen Sinne als lyrisch-hymnisch
bezeichnen können; sie entstehen zur Zeit der frühesten
weltlichen Liebesdichtung – völlig unabhängig voneinander. Es sind diese Marienlieder, in denen der ungeheure
Besitz der lateinischen Kirchenlieddichtung (Hymnen
oder Sequenzen) zuerst und für lange Zeit ausschließlich
in der Volkssprache nachgebildet wurde; es ist, wie wenn
nur hier, im Schutz der menschlichsten unter den göttlichen Personen, die Schranken der Sakralsprache überwunden worden wären. Die sonst erscheinenden Legen-
den- oder Prozessionslieder (auch *Ezzo*) sind von vornherein für die wenigen Gelegenheiten des religiösen
Laiengesangs, also nicht eigentlich liturgisch, gedacht.
Sieht man von dem überaus hypothetischen *Marienhym-
nus* ab, den Richard Kienast durch Streichen von angeblichen „Interpolationen" aus Frau Avas Leben Jesu hat
wiedergewinnen wollen, so ist der älteste und strengste,
zugleich strahlendste Vertreter das *Melker Marienlied* (Österreich, die Datierungen schwanken zwischen

1130 und 1160), ein Hymnus von 14 gleichgebauten
Strophen, in Wir-Form (als Chorgesang gedacht?); jede
Strophe umschreibt in drei Reimpaaren eine Reihe von
Prädikaten, Bildern für die Gottesmutter aus dem Kata-
log der klassischen mariologischen Symbole, in strenger
Nennung, ohne Reflexion oder Lehre, mit vollen Vokal-
klängen und mit dem Glanz der lateinischen Stichwörter,
je in den refrainartigen Anruf mündend:

Cedrus in Libano,   rosa in Jericho,
du irwelte mirre,   du der waezest also verre.
du bist uber engil al,   du besuontest den Even val,
Santa Maria.

Eva braht uns zwiscen tot,   der eine ie noch richsenot.
du bist daz ander wib,   diu uns brachte den lib.
der tiufel geriet daz mort,   Gabrihel chunte dir daz gotes
                                                                wort,
Sancta Maria.

Chuniginne des himeles,   porte des paradyses,
du irweltez gotes hus,   sacrarium sancti spiritus,
du wis uns allen wegente   ze jungiste an dem ente,
Sancta Maria.   (Str. 11,12,14)

(Zeder von Libanon, Rose von Jericho, / erlesene Myrrhe, du
duftest da so weithin. / Du bist über alle Engel, du machtest
Evas Fall wieder gut, / Sancta Maria. // Eva brachte uns zwiefa-
chen Tod, der eine herrscht noch immer. / Du bist die andere
Frau, die uns das Leben gebracht hat. / Der Teufel riet die
Übeltat, Gabriel verkündete dir das Gotteswort, / Sancta Maria.
// Königin des Himmels, Pforte des Paradieses, / du erlesenes
Haus Gottes, Tempel des heiligen Geistes, / sei uns allen hilf-
reich zuletzt am Ende, / Sancta Maria.)

Die andern drei Texte sind vermutlich alle Versuche,
die Sequenzenform nachzubilden (also die antiphonisch
gebaute Komposition aus je zwei gedoppelten Gesätzen
[Faszikeln] mit je verschiedener Seitenzahl und verschie-

dener Silbenzahl der Zeilen samt unpaarigem Anfangs-
und Schlußglied, wie sie seit dem klassischen Minnesang
im deutschen Leich einen Formverwandten findet). Die
volkssprachliche Nachbildung ist darum erschwert, weil
die deutsche Metrik nicht entsprechend silbenzählend ist
und vor allem nicht auf den taktierten, gereimten Vers
verzichten will. So ist die Bauform des *Arnsteiner
Marienlieds (-leichs, -sequenz?)* umstritten, zumal
weil diese umfangreichere, nur fragmentarisch erhaltene
Dichtung (rheinfränkisch, um 1150) neben hymnischen
auch didaktische Züge zeigt und so auch als „unsanglich"
betrachtet werden kann (Fromm). Deutlich sequenzen-
haft ist die *Mariensequenz aus St. Lambrecht*
(ursprünglich *aus Seckau*), ein kurzes Fragment ungefähr
derselben Zeit, am Anfang eine Übertragung des *Ave
praeclara maris stella*, der wohl bekanntesten, Hermann
dem Lahmen von der Reichenau zugeschriebenen
Mariensequenz. Das jüngste, nun reife und vollkommene Stück ist die *Mariensequenz von Muri*
(Aargau), ebenfalls zunächst in Anlehnung an das
genannte Vorbild entstanden und dessen Melodie unterlegt. Erst 1963 kam im Kloster Engelberg eine zweite
vollständige alte Aufzeichnung dieses Liedes ans Licht,
die nun mit den Neumen der lateinischen Sequenz versehen ist. Die Datierung innerhalb der zweiten Jahrhunderthälfte ist strittig. Das Lied gehört zu den Kostbarkei-
ten der religiösen Dichtung. Die feierlich-liturgische
Anrufung verbindet sich mit Betrachtung und Gebet,
und es ist nun die einzelne Seele, die zur Gottesmutter
spricht. Die marianische Symbolik tritt zugunsten
menschlicher Vergegenwärtigung zurück, so in der Darstellung einer eigentlichen Galaktotrophusa:

> Din wirdecheit diu nist niet cleine
> ja truoge du magit vil reine
> daz lebende brot,
> daz was got selbe, der sinin munt zuo dinen brustin bot,

und dine bruste in sine hende vie:
owe kuniginne, waz gnaden got an dir bigie!

(Deine Würde ist nicht gering, / trugst du doch, reine Jungfrau, / das lebendige Brot, / das war Gott selber, der seinen
Mund zu deinen Brüsten hob / und deine Brüste in seine Hände
nahm: ach, Königin, welche Gnade hat dir Gott erwiesen!)

Der Schluß ist ein einzigartiges Gebet um die Fürbitte
der Gottesmutter bei ihrem Sohn um wahren Frieden,
Sündenvergebung und Trost im Tode.

Neben diesen liedhaften Mariendichtungen mit letztlich biblischer und theologischer Grundlage erscheint
gleichzeitig eine andere, freiere Form: die selbständige
Erzählung eines erbaulichen Marienlebens. In der
Marienvita ist das biblische Wissen ergänzt um die apokryphe Tradition, vor allem durch die Geschichte der
Eltern, Joachim und Anna, und Marias Jugend. Eine
weitere Form, die volkssprachlich zunächst nicht in
Erscheinung tritt, sind die zyklisch gesammelten und
beliebig vermehrbaren Marienlegenden und Marienmirakel. Dem frühmittelhochdeutschen Geist gehört gerade
noch das Werk an, das ein süddeutscher (Augsburger?)
P r i e s t e r W e r n h e r nach eigener Angabe im Jahr
1172 verfaßt hat, eine wohlüberlegte großepische Komposition eines *Marienlebens,* in drei „Liedern", d. h.
Abschnitten: Joachim und Anna bis zur Geburt Mariae,
Jugend bis zur Heimsuchung, von da bis zur Rückkehr
aus Ägypten; der abschließende Ausblick auf die Heilsgeschichte bis zum Jüngsten Gericht ist vielleicht nach-
träglicher Zusatz. Die drei Abschnitte stützen sich ausdrücklich auf Pseudo-Matthäus; ein Priester Manigolt
war mit Rat und Tat bei der Abfassung behilflich. Es
scheint, daß die Auswahl im Hinblick auf die wichtigsten
Marienfeste getroffen wurde: Geburt, Empfängnis und
Weihnacht. Die Erzählungen werden eingerahmt von
erbaulich betrachtenden oder mehr lyrischen Partien, in

denen nun auch die marianische Symbolik wiederkehrt.
Das Werk, das „in sant Marien minne / der ewigen
chuniginne" geschrieben ist, bleibt so in der liturgischen
Verehrung verankert. Ja es soll noch eine handgreif-
lichere Heilsfunktion haben: Wenn eine Frau in Kinds-
nöten das Werk bei sich in Obhut hält, so wird die
Jungfrau nicht zulassen, daß das Kind krumm oder blind
geboren werde oder, wenn es schon stirbt, ewig verlo-
rengehe; darum sollen auch – nach dem Geheiß Gottes
und Sankt Marien – alle frommen Frauen die drei „buo-
chel" abschreiben und in ihrem Umkreis verbreiten
(3028 ff.). Im Rahmen dieser Zielsetzung erweist sich
der Dichter nun erstaunlich gewandt und besonnen, nie
formelhaft, mit feiner Beachtung kleiner menschlicher
Züge erzählend und anschaulich ausgestaltend. Er gehört
zu den gewinnendsten Dichtern seiner Zeit. Erst ein
Menschenalter später beginnt dann der reiche, im Spätmittelalter erst recht anschwellende Strom der Mariendichtung verschiedenster Formen.

III. GESCHICHTSDICHTUNG UND LEGENDE

1. Die Geschichte als Erzählstoff

Die Bibeldichtung behandelt nicht nur Ausschnitte aus der Geschichte von Gottes Heilswerk, sie führt von selbst zu einer allgemeineren Geschichts- und Legendendichtung hinüber. Das Alte Testament enthält ein zentrales Stück Weltgeschichte nach irdischen Machthabern und Machtordnungen, es ist ein Bilderbuch von moralisch-erbaulichen Exempeln und unterrichtet über die Ursprünge und Frühzeit der Menschheit. Das Leben Jesu gibt nicht nur einen Blick auf die letzten Dinge frei; es wird schon früh mit den Überlieferungen der kirchlichen Tradition angereichert, und es schließen sich die Erzählungen über das Leben Mariae, der Apostel und ersten Märtyrer an. Das *Ezzolied* spricht von der Nacht der irdischen Geschichte, die nur durch die Sterne der Patriarchen und Propheten erhellt war, bis sie durch die Sonne Christi überwunden, die Zeit durch die Offenbarung erfüllt wurde. Auch wenn die Weltgeschichte voll Verwirrung und Vergänglichkeit ist, so hat sie doch ihre Würde und ihr Geheimnis: Sie untersteht Gottes Willen, ist ein Teil seiner Schöpfungsordnung so gut wie die Natur. Seit dem Erscheinen Christi wird sie mit den Märtyrern und Bekennern, mit ihren wunderbaren Taten und Lebensläufen zum kontinuierlichen Zeugnis von Gottes Gegenwart und von der Zukunft des Reiches Gottes. Im gläubigen Rückblick erhält auch die weltliche Geschichte ahnungsweise Sinn und Ordnung.

Wo immer vom 9. bis 18. Jahrhundert gegen die seelenverderbenden Lügen der volkssprachlichen Dichter, ihre „scophelichen wort", gegen die weltliche Erzählung protestiert wird, da geschieht es im Namen der „Wahrheit", und es werden als Ersatz und eigentlicher

Erzählstoff die wirklich geschehenen Wundertaten Gottes in Geschichte und Legende empfohlen. Wenn das 9. Jahrhundert die großen deutschen Bibeldichtungen entstehen sah, so tritt nun die Geschichts- und Legendendichtung als wichtigste Gattung der salisch-romanischen Epoche hinzu; sie sieht wie keine andere die Möglichkeit einer sakralen Einheit von Macht und Glauben, himmlischem und irdischem Bereich, und sie wagt es, in monumentalen Vereinfachungen dem vornehmen Laien den weltgeschichtlichen Ort seines Wirkens zwischen Anfang und Ende, Himmel und Hölle darzustellen. „Geschichtsdichtung" fassen wir dabei als Ober- und Rahmenbegriff; die „Legende", als Erzählung einzelner Wunderereignisse oder frommer Lebensläufe, kann mindestens zunächst der Geschichtsdichtung subsumiert werden, oder sie erscheint zyklisch im Rahmen weltgeschichtlicher Chronistik. Wo der geschichtliche Held zugleich Herrscher und Heiliger ist, da kann der Unterschied der Gattungen verschwinden. Dies ist gerade im frühsten und kühnsten Denkmal der Fall, dem *Annolied*.

„Geschichtlich" ist dem christlichen Blick letzten Endes alles erzählbare Geschehen. Es geht nicht nur um eine geistliche Konkurrenz zur weltlichen Epik – diese selbst kann als Geschichtsdichtung gelesen werden. Mindestens die antike Epik – die Geschichten um Troja, um die Gründung Roms, um Alexander den Großen und selbst Ovids *Metamorphosen* – wurde als historische Nachricht verstanden. Zwischen dokumentarischem Bericht und erzählerischer Fiktion wird ja bis ins moderne wissenschaftliche Zeitalter hinein nur selten scharf unterschieden. Sachprosa, Lehrdichtung, Geschichtsschreibung, Epos und Legende liegen ursprünglich nahe beisammen, und selbst der Roman ringt sich im späteren 12. Jahrhundert erst stufenweise als Gattung eigenen Rechts aus der Geschichtserzählung los. Darin

äußert sich keineswegs nur ein Mangel an kritischem
Geist; die verschiedenen Gattungen sind durch denselben Wahrheits- und Wirklichkeitsbegriff einander verbunden: Die bedeutete Wahrheit ist realer als das zufällige Einzelfaktum. Geschichte als „Widerschein des göttlichen Waltens" (Adalbert Stifter) darzustellen ist noch
das Ziel des religiösen Geschichtsromans im 19. Jahrhundert.

Die frühmittelhochdeutsche Dichtung zeigt die
Geschichte als begrenzte, endliche Schöpfung, wie sie
dem gläubigen Blick als ein Kosmos überschaubar wird.
Dieser endliche „Raum" wird als einmaliger, gerichteter,
unwiederholbarer Verlauf abgeschritten. Die Geschichte
ist universal, nur als Weltgeschichte denkbar; die in ihr
angelegte Ordnung ist die des universalen Reichs. Nun
ist freilich diese Welt unter das Gesetz der Sünde und des
Todes, der Vergänglichkeit und Verwirrung gekommen,
ihre Ordnung darum nur teilweise erkennbar. Für dieses
Ineinander von Schöpfungsordnung und Verwirrung hat
Augustin die große Formel gefunden. Die beiden civitates, eine himmlische und eine irdische Gemeinschaft oder
Herrschaft, bilden im Gegensatz zueinander und doch in
Analogie und Gleichlauf die Weltgeschichte. Die civitas
coelestis ist nicht nur das absolute Jenseits, sondern auch
– zumal in unserem Zeitalter – eine irdisch verkörperte,
die Geschichte erst ermöglichende und tragende Macht.
Die civitas terrena ist anderseits keineswegs die pure
Herrschaft des Bösen, sondern enthält bei aller Hinfälligkeit ein Prinzip der Ordnung. So kann von einer civitas
permixta gesprochen werden, die nun freilich seit der
Menschwerdung Christi der endgültigen Scheidung ent-
gegengeht. So lassen sich auch Heilsgeschichte und Weltgeschichte nicht genau unterscheiden, und nur sehr
bedingt lassen sich Kirche und Reich auf die beiden
civitates beziehen. Es handelt sich eher um zwei konkur-
rierende als grundsätzlich einander feindliche Ordnun-

gen. Das oft verwirrende Problem löst sich in dem
theologischen Geheimnis, daß Gottes Vorsehung auch
das Böse vorweggenommen und zugelassen hat.

Jene Ordnung der Zeit ist im Großen erkennbar. In
geschichtlicher Analogie zum Sechstagewerk unterscheidet Augustin und mit ihm die volkssprachliche
Geschichtsdichtung (so das *Ezzolied*) sechs Weltalter,
von denen das letzte von Christi Geburt bis zum Weltende reicht und vom ewigen Sabbat gefolgt sein wird.
Der weltliche Aspekt ist aufgrund des Daniel-Traums
von den vier großen Tieren (Dan. 7) nach der Deutung
durch Hieronymus, Augustin u. a. im Schema einer
Abfolge von vier Weltreichen gefaßt. Das letzte, Römische Reich, durch Gottes Menschwerdung legitimiert
und erfüllt, ist als Realität bis ins Hochmittelalter
geglaubt, als Begriff und Name erst am Anfang des 19.
Jahrhunderts aufgegeben worden. Diesem Römischen
Reich ist so auch die Geschichte des christlichen Reichs
und die Auseinandersetzung mit Juden- und Heidentum
seit Konstantin, bei Karl dem Großen und in den aktuellen Kreuzzügen einzuordnen.

Die Protagonisten sind Kaiser, in denen das Reich
verkörpert ist, und die Heiligen. Es ist nicht der heroische Kämpfer der Heldensage und noch nicht der ritterliche Abenteurer des kommenden Romans, sondern der
in den Ordnungen und gefährlichen Entscheidungen
der Geschichte stehende Mensch, der den Heilsplan
abschreitet und den Konflikt der beiden civitates in sich
austrägt. Das geschichtliche Geschehen an sich und im
einzelnen zu deuten ist dem irdischen Blick verwehrt.
Der Dichter hat sich dabei vor zwei Gefahren in acht zu
nehmen: vor einer antiken astrologischen Lehre des blinden Schicksals und der Wiederkehr des Gleichen wie
auch vor der verzweifelten Meinung, die Geschichte sei
nur Willkür und Zufall. Die großen Linien des Heilsgeschehens zu verbürgen, die moralisch-religiöse Entschei-

dungssituation des Menschen zu zeigen, das Eingreifen Gottes in Wunderzeichen und geheimnisvoller Führung ahnen zu lassen – das ist die Aufgabe des Geschichtsdichters. Daraus erklärt sich, daß der Sinn für geschichtliche Individualität und für die Korrektheit des Faktischen weithin fehlt, dafür die Neigung zum Anekdotischen und Legendenhaften und zur Schwarz-Weiß-Zeichnung herrscht. Hintergrund bleibt in jedem Fall die reiche lateinische Geschichtsliteratur (Chroniken, Epen, Viten, Legenden).

2. Das „Annolied" und die „Kaiserchronik". Legenden

Die geschichtliche Dichtung in der Volkssprache wird durch das *Annolied* eröffnet, eine der glänzendsten und beziehungsreichsten mittelhochdeutschen Dichtungen überhaupt; dem *Ezzolied* – von dem es möglicherweise Anregungen empfangen hat – ist es vergleichbar im umfassenden Thema und mit seinem Stil symbolischer Abbreviatur. Den vollständigen Text bietet nur der Druck, den Martin Opitz 1639 nach einer inzwischen verlorenen Handschrift veranstaltet hat, als die erste gelehrte Edition einer altdeutschen Dichtung; 1745 gab der Wiederentdecker des deutschen Mittelalters, Johann Jakob Bodmer, Opitzens Text mit neuem Kommentar heraus, wiederum ein denkwürdiges Werk früher Germanistik. Die Datierung – um 1080 oder nach 1105 – hängt ab von der Beurteilung des Verhältnisses zu den verwandten Texten und dieser unter sich: es sind die *Annalen* des Lamprecht von Hersfeld (gegen 1080), die neuerdings gefundenen Fragmente einer *Vita Annonis* des Abtes Reginhard (etwa 1080–85), die *Gesta Treverorum* (1101) und eine weitere Vita (um 1105).

Das Werk gilt dem Erzbischof Anno von Köln, der als früherer Ratgeber Heinrichs III. sich im Staatsstreich von Kaiserswerth 1062 mit Gewalt der Person des

unmündigen Heinrich IV. und damit der Reichsregie-
rung bemächtigte, später nach schweren Auseinandersetzungen mit der Stadt Köln sich in das von ihm gegründete Kloster Siegburg zurückzog, hier 1075 starb und
1183 kanonisiert wurde. Er war einer der großen fürstlichen Bischöfe des Reichs, wie etwa Gunther von Bamberg oder sein Rivale Adalbert von Bremen, im Urteil
der Historiker ebenso machtgierig, leidenschaftlich,
stolz und herrisch wie auch wieder fromm und demütig
in Bußübungen, in der Fürsorge für Arme und Kranke.
Gerade diese vielleicht nur dem neuzeitlichen Urteil so
widerspruchsvolle Gestalt wird dem Dichter zum
Schlüssel der Heils- und Weltgeschichte, wie diese ihrerseits das Leben Annos erst deutlich macht. So kommt es,
in der erstaunlichen Knappheit von nur 439 Reimpaaren
(in 49 Strophen wechselnder Länge organisiert) zu einem
umfassenden Abriß der Geschichte, vom Engelsturz und
der Schöpfung bis zum Weltende, in eins mit der Anno-
legende, die, im engern Sinn verstanden, nur etwa ein
Drittel des Werks ausmacht.

Der Prolog blickt zurück auf die „alten dinge", von
denen wir oft gehört haben (es sind die „alten maeren",
wie sie zu Beginn des *Nibelungenliedes* erwähnt sind,
oder, mit Horaz, die „res gestae regumque ducumque et
tristia bella"); doch nun sei Zeit, ans Ende zu denken, an
unsere ewige Bestimmung. Anno ist ein Zeichen von
Christi Verheißung. An der Welt Anbeginn teilte Gott
sein Werk in zwei Teile: Körper und Geist, und die zwei
mischte er in einer „dritten Welt" (der Ausdruck stammt
aus Johannes Scotus Eriugena), dem Menschen, der nun
auch der mikrokosmische Inbegriff aller Kreatur ist.
Vom Sündenfall Lucifers und Adams geht der Dichter
über die fünf zur Hölle gefahrenen Weltalter zum sechsten, in dem Gottes Sohn sein Erlösungswerk vollzog;
von den Aposteln und Märtyrern gelangt er zu den
fränkischen und insbesondere kölnischen Heiligen, unter

denen, in der schönsten Stadt deutschen Landes, Anno
als frömmster Mann in Macht und Weisheit leuchtete
(I–VII). Nun beginnt der Überblick nochmals von
vorn, vom ersten Städtebauer und Kriegsherr Ninus
über die vier Reiche nach der Prophetie Daniels zur
breit ausgestalteten Geschichte Caesars, den vier deutschen Stämmen und den römischen Städtegründungen
mit Köln. Unter Augustus erfolgt Christi Geburt, die
Stiftung eines neuen Königreiches; die Bekehrung der
Franken führt zu den 33 Kölner Bischöfen, von denen
sieben Heilige waren (VIII–XXXIII). Nun erst, am
Kölner Schnittpunkt der beiden Linien, beginnt die
Erzählung von Anno, der Herrlichkeit und Frömmigkeit seines Waltens – „seliche diz riche alliz stunt"
(XXXVII) –, den Rückschlägen und Prüfungen im
Aufstand der Kölner und den Wirren des Reichs, dem
Lebensüberdruß des Fürsten, seiner Vision des offenen
Himmels, dem Tod – und schließlich folgen, am war-
nenden Beispiel eines bestraften Ungläubigen ausge-
führt, die postumen Wunder. Den Schluß bildet wieder
der Blick nach vorn „ci demi sconin paradysi lante"
(XXXIV–XLIX).
  Der doppelte Einsatz und die Rundung von Ewigkeit
zu Ewigkeit lassen den Zeitverlauf fast wie einen über-
schaubaren Raum erscheinen, in dessen Mitte Köln und
Anno stehen und mit diesen das „Nu" des Dichters und
Lesers: „Nu ist cit daz wir denken / wie wir selve sülin
enden" (I). Anno erscheint nun in der Tat als „dritte
Welt", in welcher der augustinische Gegensatz der
civitates verkörpert und zugleich aufgehoben scheint:

> Duo gieng her mit liut crefte
> Alsi diu sunni duoht in den liufte
> Diu in zuschin erden unti himili geit
> Beiden halbin schinit.
>
>   (XXXIV)

(Da ging er mit der Macht seiner Leute / wie die Sonne in der Luft, / die zwischen Erde und Himmel geht / [und] nach beiden Seiten leuchtet.)

So geht der heilige Bischof und Fürst vor Gott und den Menschen, als Lamm und Löwe (XXXV). Darum ist es auch möglich, die Geschichte als Kosmos zu sehen. „Omnia creatura in homine est" (Johannes Scotus Eriugena) – der Satz macht den Menschen nicht nur zum physisch-natürlichen Mikrokosmus, sondern auch zum Mikrokosmus der Geschichte. Das ist der Grund für die erstaunliche Verschmelzung von Weltgeschichte und Vita, die der *Annolied*-Dichter vollzieht; innerhalb der Vita selbst durchdringen sich Geschichtsschreibung und Legende. Faktisch steht dahinter der Anspruch und die Wirklichkeit der großen Reichsbischöfe, Reich und Kirche, Macht und Glauben zugleich zu verkörpern, zumal da Anno ja als Herr des Reiches gesehen wird. Das ist nicht mehr augustinisch, und es ist auch nicht Geist der Gregorianischen Reform. Wenn der Dichter dabei die geschichtliche Figur Annos durchaus idealisiert und seine Schwächen nur andeutet, ist dies nicht so sehr politische Tendenz oder siegburgische Propaganda für die Heiligsprechung als vielmehr Ausdruck der großen Geschichtskonzeption. Für diese – insbesondere auch die legendarische Weltgeschichtsschreibung im Zusammenhang einer Stadtgeschichte, Bistumsgeschichte oder Heiligenvita – gibt es zeitgenössische lateinische Parallelen (Knab), auch noch Veldekes *Servatius* gehört wohl dazu. Unvergleichlich ist die Knappheit und Konsequenz, mit der hier die Geschichtsbetrachtung zum strengen dichterischen Andachtswerk gerinnt, in der Wir-Form, beispielhaft, zum eigenen Bedenken und zum Lob Gottes. Die einzelnen Motive enthalten zeichenhaft mehr, als sie aussagen, auch wo sie zunächst anekdotisch scheinen mögen. Die Strophen sind meist in sich gerundete Bauteile, mit dem eigentlichen Vorgang oder der wichtigen Aussage in der Mitte, oft mit einem sentenziösen oder gedanklich zusammenfassenden Schluß, in welchem zugleich das Stichwort erscheint, das dann zu Beginn des nächsten Abschnitts aufgenommen wird. Kein anderes mittelhochdeutsches Werk ist so deutlich zahlenmäßig und zahlensymbolisch geordnet, mindestens bei den Strophen, weniger eindeutig bei den Versen. Daß vom 7. Kölner Heiligen in der 7., vom 33. Bischof in der 33. Strophe gesprochen wird, ist kaum Zufall, die Zahlen 7 und vor allem 4 bestimmen mehrfach das Bild der Geschichte wie den Bau des Gedichts, das derart zu einem symbolischen Geheimnisgebilde wird. Die wechselnd langen Strophen erlauben auch eine wechselnde Intensität und Ausführlichkeit des Berichts; auf die aktuelle Mitte hin nimmt der Gehalt an konkretem Geschichtsstoff zu. Hier sind dann auch gedrängte epische Schilderungen möglich, die mit ihrem pathetischen Alliterationsstil und einzelnen Formeln an heldenepische Tradition anklingen:

> Oy wi di wifini clungin,
> Da di marin cisamine sprungin,
> Herehorn duzzin,
> Becche blütis vluzzin,
> Derde diruntini diuniti,
> Di helli in gegini gliunti,
> Da di heristin in der werilte
> Suohtin sich mit suertin.
>
> (XXVII)

(Hei, wie die Waffen klangen, / als die Gewaltigen gegeneinander sprangen, / Heerhörner dröhnten, / Blutbäche flossen, / die Erde drunter donnerte, / die Hölle ihnen entgegen glühte, / da die Herrlichsten in der Welt / sich mit den Schwertern suchten.)

Das ist kein „Rückfall“ in weltliche Heldendichtung.

Man kann ebenso an ein geistliches Heldenlied (*Ludwigslied, Rolandslied*) denken; und kriegerische Machtentfaltung braucht dem Ideal des *Annolieds* nicht zu widersprechen, solange man es nicht „dualistisch" mißversteht. Die christliche Geschichtsdichtung adelt auch den weltlichen Kampf; weltliche Macht kann zum Auftrag, ja zum Gnadenerweis werden. Damit steht der gelehrte geistliche Dichter durchaus auf der Seite seines adligen Publikums, der Landesherren („Lantheirrin", XXXIX), denen Anno als Spiegel vorgehalten wird (XXXIV).

Die bedeutendsten Erzählwerke des 12. Jahrhunderts bis zu Veldeke und weiter erwachsen im Rahmen der vom *Annolied* entworfenen Weltreichsgeschichte; sie stellen einzelne Epochen daraus dar oder suchen sich doch durch Bezug auf die Geschichte zu legitimieren. Was im *Annolied* noch streng, knapp und zeichenhaft, als Lied, gebunden ist, wird für das Römische Reich ein gutes Menschenalter später in der *Kaiserchronik* erzählerisch, kompendienhaft entfaltet. Das mächtige Buchwerk ist der großartige Versuch, die Geschichte des Reichs von der Gründung Roms und speziell von Caesar an bis zur Gegenwart durch eine Sammlung der verschiedensten Überlieferungen darzustellen, als systematische Zusammenfassung des offiziellen abendländischen Erzählstoffs überhaupt. So ist das Unternehmen auch vom Publikum aufgefaßt worden. Die *Kaiserchronik* war im 12./13. Jahrhundert in ganz Deutschland verbreitet, wurde im 13. Jahrhundert zweimal überarbeitet und im 14. in Prosa umgesetzt. Sie wird von Dichtern des Hoch- und Spätmittelalters ebenso benützt wie von Chronisten, und sie ist damit ein Schlüsselwerk für die volkstümlichen Geschichtsvorstellungen seit dem 12. Jahrhundert geworden.

Bis heute ist kein gattungsmäßiges Vorbild nachgewiesen, wohl aber auf Schritt und Tritt die verschiedensten

lateinischen Quellen chronikalischer, novellistischer,
legendarischer Art, dazu deutsche Geschichts- und
Legendendichtungen (darunter Teile des *Annolieds*) und
wohl auch sagenhafte, mündliche Tradition und nicht
zuletzt eigene Erfindung, wo es der Plan des Ganzen
verlangte. Mit 17 283 Versen bricht das Werk mitten im
Satz ab, bei der Erzählung, wie der „Abbat Bernhart"
König Konrad und die Fürsten zum Kreuzzug mahnt
(1147). Das ist gleichzeitig oder nur wenig später
geschrieben, der Beginn des Unternehmens lag aber wohl
einige Zeit zurück. Entstehungsort ist sicher Regensburg, Auftraggeber vermutlich der welfische Hof, der
Verfasser oder Redaktor zweifellos ein Geistlicher.
Durch die Forschungen Ohlys ist deutlich geworden,
daß das Werk keineswegs eine rohe Kompilation darstellt, auch wo offenbar vorgeformte Texte benützt werden, vielmehr einem durchdachten Plan folgt und ideell
strukturiert ist. Wenn dabei umfangreiche Erzählungen,
ja kleine Romaneinlagen neben kurzen chronistischen
Notizen stehen und das Hauptgewicht auf den ausgeführten Kaisergeschichten des antiken Reichs liegt, so
braucht dies noch kein Einwand gegen eine geschlossene
Konzeption zu sein. Der Exkurs hat in mittelalterlicher
Kompositionstechnik allgemein einen großen Spielraum,
und die Einheit kann durch das Mittel typologischer
Entsprechungen, Zahlenverhältnisse, Leitmotive usw.
gewährleistet sein.

Die „Wahrheit" der *Kaiserchronik* liegt völlig in dem
heilsgeschichtlich-moralischen Gerüst, welches die ganze
Geschichtenfülle trägt. In „des almechtigen gotes minnen" ist das Buch gedichtet, um Weisheit, Ehre und
Nutzen der Seele zu befördern, im Gegensatz zu den
übermütigen Lügen, mit denen manche zu dieser Zeit
ihre „scophelichen wort" zusammenfügen. Deutlicher
als im *Annolied* ist da eine „spielmännische", insbesondere auch heroische Dichtung anvisiert; ein heftiger Aus-

fall gegen Dietrich von Bern paßt dazu: Er wird zwar,
anläßlich der Rabenschlacht, mit traditionellem Stil als
„held guot" gefeiert, aber später vom Teufel geholt und
in dem „berg ze Vulkân" versenkt, um dort bis zum
Jüngsten Tag zu brennen – weil er den Papst abgesetzt
hat. Die Wahrheit des Dichters beruht der Heldenepik
gegenüber auf der christlichen Sicht des Geschehens als
Geschichte. Wir haben keinen Grund, den Wahrheitsan-
spruch des Dichters nur als heuchlerisch-geistlichen
Topos zu nehmen.

Äußerlich besteht die Ordnung in der Abfolge der Kaiser, der heidnischen und christlichen des alten Rom, dann
seit Karl der christlich-deutschen, wobei Anzahl und Reihenfolge – auch zwei rein sagenhafte Kaiser gehören dazu
– nach dem Prinzip typologischer Entsprechungen und
Gegensätze gewählt sind. Auch heidnische Kaiser können
gut sein, und der moralische Gegensatz bestimmt auch das
Auf und Ab der christlichen Kaiser. Weder Augustins
Epochengliederung noch seine Zweistaatenlehre spielt
hier eine Rolle, vielmehr wird ähnlich wie im *Annolied*
alles an der Idee eines christlichen Reiches auf Erden
gemessen, in welchem weltliche und geistliche Macht,
Kaiser und Papst, Reich und Kirche eins werden. Bei aller
scharfen Ablehnung etwa Heinrichs IV. nimmt der Dichter keineswegs die Partei Gregors und einer kirchlichen
Suprematie. Er denkt, gleichsam überpolitisch, an eine
Friedenseinheit, die ihm vor allem im Zusammenwirken
von Karl dem Großen und Papst Leo (die als leibliche
Brüder vorgestellt sind) oder auch schon von Konstantin
und Papst Sylvester verwirklicht scheint. Und dazu
gehört allgemeine eine notwendige Einheit von Gotteshuld und Weltehre, sofern eben die Ehre des christlichen
Reiches Gottes Ehre ist und auf den einzelnen Kaiser
zurückstrahlt. Von Karl heißt es: „er diget (betete) umbe
di sele. / des behielt er ouch alle werltlich ere" (14 366 f.).
„Ehre" ist ein unteilbarer Begriff.

Entscheidend und breit ausgeführt ist der Übergang Roms zum christlichen Glauben. Dazu dient zunächst die Tradition des apokryphen Petrus-Romans, der Gelegenheit gibt, in zwei großen Disputationen die Wahrheiten des Glaubens gegen das heidnische Altertum zu erläutern. Im Streitgespräch überwindet Petrus seinen Gegner, den Gaukler Simon (Simon Magus), des Teufels Mann, der Unsterblichkeit und wie Faust Allwissenheit beansprucht (2477 ff.) und später dann, kurz vor dem Martyrium des Petrus, unter Nero, eine Himmelfahrt unternimmt und auf das Gebet des Apostels hin schändlich zu Tode stürzt (4243 ff.): ein verzerrter Vertreter humanistisch-antiker Überheblichkeit, Ahnherr aller Teufelspaktierer und Ketzer. Unmittelbar das Problem der Geschichtsdeutung betrifft ein zweiter großer Disput, über die „wilsaelde", d. h. über den astrologischen Schicksalsglauben, das nur von der Geburtsstunde bestimmte Geschick und die ewige Wiederkehr des Gleichen. Dieser antiken Geschichtslehre wird mit scharfsinnigen Argumenten (verschiedenes Schicksal von Zwillingen, gleiches Schicksal verschiedener Menschen bei einem Schiffsuntergang) entgegnet, zugunsten des christlichen Glaubens an die Freiheit des menschlichen Willens, die Gnade Gottes und die überzeitliche Heimat:

> wile unde stunde
> walzent allumbe,
> si megent uns lihte entrinnen;
> woltest du diner sele gewinnen
> ain ewige haimuot, ...
> diu dir niemer mähte entwichen,
> so taetestu wislichen.

(3641 ff.)

(Zeit und Stunde / wälzen sich im Kreis, / sie können uns leicht entrinnen; / möchtest du deiner Seele / eine ewige Heimat gewinnen, / ... / die dir nie mehr entgehen könnte, / so würdest du weise handeln.)

Und nochmals wird ein umfassendes Glaubensgespräch veranstaltet im Rahmen der Sylvester-Legende. Die Disputation des Papsts und der 1100 Krummstäbe gegen die Spitzen der Synagoge wird besiegelt durch das Wunder der Erweckung eines toten Stiers (10 323) – diese Episode wird, ergreifend genug, an entscheidender Stelle von Wolframs *Parzival* zitiert, als Pfand für die mögliche Erlösung auch des Zweiflers Parzival.

Das Wunder ist ein unabdingbares Element der Geschichte, die Legende auch hier nicht prinzipiell von der Geschichtsdichtung unterscheidbar, um so mehr, als hier das Wunder dem Reich zugute kommt. Dennoch hebt sich, in der großen Komposition, die Legendenerzählung als geschlossene Kunstform mehrfach heraus und erscheint in engem Zusammenhang mit novellistisch-romanhaften Überlieferungen der Spätantike. Auch dies ist begreiflich, denn zwischen vorchristlichen Tugendhelden und Heiligen, zwischen wunderbarem Vorfall und Wunder herrscht das Verhältnis von Ahnung und Erfüllung. Um das wichtigste Beispiel der *Kaiserchronik* zu nennen: Zwischen der tugendhaften Lukrezia und den zu Unrecht verfolgten tugendhaften Christinnen (Crescentia, Mächthild, d. h. die Gattin Faustinians, Richgard, d. h. die Frau Karls des Dicken) ist grundsätzlich kein Unterschied. Das überaus beliebte Thema, das später in der Genoveva-Geschichte seine bekannteste Ausformung erfährt, hat seine antiken, ja orientalischen Vorformen.

Von besonderem Interesse ist die *Crescentialegende*. Sie ist in späteren Bearbeitungen auch selbständig überliefert, lag vielleicht dem Redaktor der *Kaiserchronik* schon vor oder wurde von ihm selbst schon als in sich geschlossenes Werk verfaßt; es ist die schönste, in ihrem frühmittelhochdeutschen Erzählstil strengste Legende der Zeit, ein Meisterwerk im beträchtlichen Umfang von rund 1500 Versen. Als Gattin eines römi-

schen Kaisers wird Crescentia von ihrem Schwager belä-
stigt und, da sie ihn abweist, der Untreue bezichtigt,
worauf sie der Kaiser im Tiber ertränken läßt. Von einem
Fischer wunderbar gerettet, wird sie unerkannt Dienerin
an einem Herzoghof, erfährt hier – in strenger Technik
des Motivreims – eine neue Nachstellung, diesmal durch
den Vicedominus; von neuem Wassertod rettet sie St.
Peter, der ihr die Gabe verleiht, jeden kranken Sünder,
der vor ihr öffentlich bekennt, zu heilen. Kraft dieser
Wundergabe heilt sie der Reihe nach die aussätzigen Sünder: den Vicedominus, den Herzog, den Schwager, den
Gatten. Mit großen Wiedererkennungsszenen und dem
Gang des versöhnten Kaiserpaars ins Kloster endet das
Werk. Es ist hinreißend in der klaren Gliederung und
einfachen Realsymbolik (Sünde *ist* Aussatz), es wird rasch
und szenisch klar erzählt, fast leidenschaftlich sich stei-
gernd in den Selbstentäußerungen der Heiligen, ihrem
Zug zur himmlischen Glorie. Aber es ist nicht die Passion
des Glaubens, sondern die der verfolgten Keuschheit, die
hier zur gänzlich unkanonischen Gnadengabe der Abso-
lution an eine Frau führt. Das Ganze ist zugleich eine
rührende Familiengeschichte nach dem alten System der
Trennungen und Wiedererkennungen, die in der Legende
an sich wenig zu suchen haben. Die Motivik weist denn
auch auf die Welt des hellenistisch-spätgriechischen
Romans. Ob die *Pseudoklementinischen Rekognitionen* –
ein durch einen angeblichen Bischof Clemens von Rom
verfaßter Romankomplex des 4. Jahrhunderts – und eventuell der noch im Mittelalter gelesene *Apollonius*-Roman
eingewirkt haben, ist strittig. In derselben *Kaiserchronik*
geht jedenfalls die *Faustinianlegende* – die mit ihren lehrhaften Einlagen rund ein Sechstel des ganzen Werks
bestreitet – auf die *Pseudoklementinen* zurück; es ist die
weitverzweigte Familiengeschichte um den sagenhaften
Kaiser Faustinian, Bruder des Claudius, den Apostel
Petrus und den späteren Papst Clemens.

Seit den frühchristlichen Apostel- und Märtyrerakten ist die Legende ein Sammelbecken antiker, weltliterarischer Erzählmotive. Die Legende ist der wichtigste Weg antiken Roman- und Novellengutes ins christliche Mittelalter. Sie arbeitet ihrerseits dem mittelalterlichen Roman vor, mit dem sie die heilsmäßig-biographische Linie (Vita) mit den drei Etappen von Vorleben, Prüfung und Triumph und schließlich die Möglichkeit lehrhafter Problematisierung teilt. Dabei kann eine volkstümliche von einer höfischen Linie unterschieden werden.

Die Legende hat aber auch an sich ihre große Zukunft in der Volkssprache noch vor sich, in den mit höfischer Verskunst präsentierten Legendenerzählungen des 13. Jahrhunderts und in späteren großen Sammlungen – drängt doch die Legende schließlich zu zyklischen Formen, für welche die *Legenda aurea* dann das große lateinische Vorbild wurde.

Neben den legendarischen Partien der *Kaiserchronik* sind aus den mittleren Jahrzehnten des 12. Jahrhunderts nur wenige, meist bruchstückhafte selbständige Legenden erhalten, alle ohne besonderen Rang. Die durch ihre unmittelbar biblisch-heilsgeschichtliche Verbindung wichtige *Veronikalegende* hat nicht nur in der *Kaiserchronik* und schon in der *Mittelfränkischen Reimbibel* ihre Aufnahme erfahren; ein niederrheinischer Dichter der zweiten Jahrhunderthälfte, der sich der Wilde Mann nennt, hat neben zwei didaktischen Gedichten auch eine *Veronika-Vespasianus-Legende* verfaßt. Die Sylvester-Geschichte der *Kaiserchronik* hat als *Trierer Sylvester* sehr rasch eine selbständige mitteldeutsche Umdichtung erfahren. Ferner erscheinen Legendentexte über Aegidius, Andreas, Albanus, Patricius, Veit, die später überaus populäre Margareta, schließlich Juliane. Als Gattung interessant ist die sogenannte Gegenlegende (Antilegende), in der *Kaiserchronik* durch Simon Magus, anderwärts durch Judas oder Ahasver vertreten; dazu gehört aus der Zeit von 1170 bis 1180 eine fragmentarische hessische Fassung der *Pilatuslegende,* die auch in die Zusammenhänge der Veronikalegende führt.

Eine Erwähnung an dieser Stelle verdient *Sankt Brandan.* Das mittelfränkische Original einer deutschen Brandanlegende aus der Mitte des 12. Jahrhunderts ist zwar verloren, aber aus verschiedenen Bearbeitungen des 13. bis 15. Jahrhunderts rekonstruierbar. Der heilige Missionar und Abt Brendan wurde früh zum Helden irischer Schiffererzählungen. Auf einer lateinischen *Navigatio Brandani* (um 1050) – Fahrt des Heiligen nach der Insel der Seligen – beruhen zahlreiche Texte der europäischen Volkssprachen. Abweichend davon wird in der genannten deutschen Tradition Brandan von Gott auf eine neun Jahre währende Meerfahrt geschickt, weil er nicht an die seltsamen Wunder der Schöpfung glauben wollte, von denen er in einem Buche gelesen. Die Fahrt beschert sie ihm in phantastischer Fülle: Riesenfisch und Meerweib, alle möglichen Fabelwesen, seltsame Inseln, Lebermeer und Magnetberg, Aufenthaltsorte von Büßern und Seligen. Bekehrt wendet sich der mönchische Odysseus wieder nach Hause zurück. Die geographische Exkursion führt zugleich zu den Stationen des Heils, Diesseits und Jenseits gehen ineinander über. Die Odyssee wird zur Läuterungsfahrt. Dennoch weist diese Ausweitung der Legende zur Reisegeschichte und ihr großer Erfolg auf eine Curiositas hin, die wie im *Alexanderroman* und im *Herzog Ernst* auf die Weite des Irdischen gerichtet ist und das Wunder zum Abenteuer werden läßt.

3. „Alexanderlied" und „Rolandslied"

Ungefähr gleichzeitig mit der umfassenden Chronik vom römisch-christlichen Reich erscheint in der deutschen Volkssprache auch die beherrschende Gestalt des dritten

der Danielischen Weltreiche: Alexander der Große. Der
griechische Welteroberer hat im Osten und Westen nie
aufgehört, die Phantasie zu beschäftigen, und er ist auch
außerhalb einer strengen welthistorischen Konzeption
eine der vielfältigsten, häufigsten Bezugsfiguren des ganzen mittelalterlichen Denkens, Dichtens und Bildens.
Alexanders Leute, die Mazedonier, werden schon von
Ottrid und wieder vom *Anno*-Dichter als Vorfahren
deutscher Stämme betrachtet. Die überaus komplizierte
Entwicklungsgeschichte der antiken und danach der mittelalterlichen Alexander-Literatur historischer, sagenhafter, romanhaft-phantastischer Art läßt ganz verschiedene
Aspekte hervortreten, und das Nebeneinander französischer und lateinischer Einwirkungen auf die deutsche
Dichtung führt auch chronologisch zu einer gewissen
Überschneidung der Auffassungen, ja zu inneren Widersprüchen. Alexander ist jedenfalls in der französischen
wie der deutschen Epik der erste heidnisch-weltliche
Held, und er bleibt über Jahrhunderte in immer neuen
Darstellungen in allen Sprachen lebendig. Aus Deutschland allein gibt es bis zum 15. Jahrhundert gegen ein
Dutzend Alexander-Dichtungen. Zunächst ist Alexander
ein großer Protagonist der Weltgeschichte, wird aber
allgemeiner zum Inbegriff menschlicher Größe, ja zum
Übermenschen fast jenseits moralischer Bewertbarkeit,
zugleich aber um so deutlicher auch der Inbegriff der
Vergänglichkeit dieser Größe. Alexander ist nicht nur
der große Kriegsheld und soweit irgendeinem Namen
der Heldendichtung vergleichbar, er wird durch den
Orientzug zum Abenteurer und Entdecker orientalischer
Weltwunder bis hin zur Pforte des Paradieses, und in
allem ist sein Leben beispielhaft für den Fürsten, nicht
zuletzt auch darin, daß sein Lehrer Aristoteles heißt;
zum Heldenepos, Geschichtswerk, Reiseroman tritt der
Fürstenspiegel.

All dies ist schon in der antiken Alexander-Literatur

beisammen, vor allem dem *Pseudo-Kallisthenes*, einem im Vorderen Orient in nachchristlicher Zeit entstandenen historischen Roman. Im 4. Jahrhundert gab es davon eine lateinische Bearbeitung durch Julius Valerius, und vor allem wichtig wurde später die *Historia (Alexandri magni) de proeliis*, d. h. die Bearbeitung durch den Archipresbyter Leo von Neapel aus dem 10. Jahrhundert; zu diesen in verschiedenen Fassungen kursierenden Texten kommen noch Episodenwerke, vor allem das beliebte *Iter ad paradisum* (4. Jahrhundert?) und zusätzliche Nachrichten durch Historiker und Geographen.

Das älteste deutsche Alexander-Werk stammt vom selben Pfaffen Lamprecht, der in moselfränkischer Sprache eine predigthafte Dichtung über den Anfang des Buches Tobias hinterlassen hat. Die rund 1500 Verse seines *Alexanderliedes* (um 1150) stehen in der Vorauer Handschrift, ebenfalls in alttestamentlichem Zusammenhang, nach Salomon, den Jünglingen im Feuerofen, Judith, und der Dichter bezieht sich am Anfang ausdrücklich auf das Buch der Makkabäer; mit dieser Legitimation stellt sich das Werk als Geschichtsdichtung zur Ergänzung des biblischen Wissens dar, auch wenn es faktisch ins Romanhafte hinüberleitet. Dafür greift Lamprecht nun immerhin als erster bekannter Epiker auf ein franko-provenzalisches Vorbild zurück, einen Alberich von Bisinzo (Pisançon in der Dauphiné), von dem die 105 Anfangsverse erhalten sind. Lamprechts Werk schildert Alexanders Jugend und den Perserkrieg bis zur Perserschlacht in Mesopotamien, in welcher – gegen die Geschichte und die ganze Überlieferung – Darius erschlagen wird, worauf ein überstürzt wirkender Epilog die Erzählung schließt. Gerade die Beziehung auf Makkabäer 1,1 könnte diese Teilbehandlung des Stoffs erklären; Alexander interessiert hier noch nicht als der orientalische Wundermann. Dann hätten wohl auch Alberich und seine ersten französischen Bearbeiter nicht mehr geboten, Lamprechts Werk wäre ein gewolltes Teilstück, dem ein Abschreiber ein Notdach aufgesetzt hätte. Anderseits spricht Lamprecht mit Alberich von der Vanitas aller irdischen Dinge im Sinne von „Salemones pûch", und dies würde, auf Alexander bezogen, den Gedanken an das ganze Leben des Helden voraussetzen. Wesentlich mehr als das Erhaltene hat aber Lamprecht so oder so kaum gedichtet; die späteren deutschen Bearbeitungen, die ein Ganzes bieten, haben für die Fortsetzung offensichtlich keinen Lamprechtschen Text mehr benützt, sondern vermutlich direkt lateinische Quellen. Auch bei seinem begrenzten Thema billigt man Lamprechts schwerfälliger, archaischer Nachdichtung wenig Gelingen zu; doch darf wohl ein Widerspruch zwischen der biblischen Vanitas-Lehre und dem Interesse für den Ausbildungsgang (sechs Lehrer, darunter Aristoteles) – die erste „pädagogische Provinz" in einer deutschen Dichtung – einerseits und der inneren Beteiligung an den heroisch-wilden Szenen der Belagerung von Tyrus auf der andern Seite nicht übertrieben werden. „louc er so leuge ich" – so betont Lamprecht von vornherein das Alibi einem Stoff und heidnischen Helden gegenüber, die für ihn objektiv gegeben, aber keineswegs vorbildlich sind.

Der *Alexander* Lamprechts ist nun aufgenommen in zwei späteren Werken, die das ganze Leben des Eroberers enthalten und vor allem den Zug nach Indien, ans Weltende und zum irdischen Paradies, die Rückkehr und den Tod des Weltherrschers mit allem Aufwand phantastischer Ethnologie und moralisch-erbaulicher Betrachtung berichten; zugrunde liegt eine Fassung der *Historia de proeliis*, die aber um weitere lateinische Quellen ergänzt war. Es handelt sich um den *Basler Alexander* und den *Straßburger Alexander*, zwei stilistisch sehr verschiedene Bearbeitungen eines verlorenen deutschen Urtexts, der seinerseits Lamprechts Torso

fortgesetzt und ergänzt hatte. Die Basler Handschrift
stammt erst aus dem 15. Jahrhundert, zeigt einen entstellten und mißhandelten Text, grundsätzlich aber den
alten Bestand, wogegen der Straßburger Text (um 1170,
rheinisch-hessisch) eine in stilistischer Hinsicht moderne
höfische Bearbeitung von Rang darstellt.

Im ganzen hat die Alexander-Dichtung mit der Vielfalt
ihrer Interessen und dem Mangel einer verbindlichen
ideellen Linie Übergangscharakter und jedenfalls das
Zeug zu einem „Volksbuch" während Jahrhunderten.
Ihre Bedeutung um die Mitte des 12. Jahrhunderts liegt
in der Präsentation einer Vorstellungswelt jenseits aller
Grenzen des Abendlandes und weithin außerhalb der
Reichsgeschichte, frei von den Rücksichten auf offizielle
christliche Ordnungen. Auch wenn Alexander das
„Reich" vertritt und die orientalische Wunderwelt, die er
entdeckt, zu Gottes Schöpfungswundern gehört, so fasziniert hier doch das Phantastisch-Märchenhafte, das
Unerhörte. Daß es in höherem Maß als heute für wirklich genommen wurde, ändert an der abenteuerlichen
Öffnung der Horizonte nichts. Aufgrund einer zusätzlichen Quelle zur *Historia de proeliis*, Alexanders Brief an
Aristoteles, lesen wir eine berauschende Schilderung von
gefährlichen, merkwürdigen Tieren – vom Skorpion bis
zum Elefanten und Affenmenschen –, hören über Wun-
derpflanzen und Wundervögel, so auch über den Phönix;
der Erzähler führt Alexander und seine Leute in die
überschwengliche Idylle bei den lieblich-willigen Blu-
menmädchen, die im Sommer aus Blumenkelchen hervorgehen und im Herbst dahinwelken; es folgt die
üppige Einkehr bei der Königin Candacis, der Besuch bei
den Amazonen. Nur im *Basler Alexander* finden sich die
dem Mittelalter besonders teuren Episoden, die den
Weltherrscher auch zum Eroberer des Luftreichs mit
einem Greifenwagen und der Meerestiefe mit einer Taucherglocke machen – Erkenntnisdrang und Hybris wie

bei Simon Magus und später bei Faust. Doch sind solche
Abenteuer für den Helden weder notwendig, noch tragen sie bestimmte Frucht – sie bleiben wie der Held
selber „wunterlich", bloß zum Erstaunen. Je mehr wir
uns dem Ende der Welt, der Erdnabe und Himmels-
achse, nähern, um so fragwürdiger wird denn auch Alexanders Größe. Schon der Königin Candacis unterliegt er
in wenig rühmlicher Weise, und vollends die Reise zum
Paradies wird zu einem Unternehmen reiner Hybris. Sie
muß vor den Mauern Edens abgebrochen werden, und
im Demutsstein, mit dem Alexander zurückkehrt, wird
schließlich klar: „Ir waret unwise, / daz ir daz paradise /
wandet irvehten" (7185 ff.). „Tumpheit", „hochmuot",
vor allem „girecheit" (Gier) werden zu den eigentlichen
Stichwörtern, und wenn auch Alexander darauf in sich
geht und zwölf Jahre lang weise und „guoter mazen"
regiert, so findet er doch seinen unschönen Tod an Gift
und behält von seinem Weltreich nichts als die sieben
Fuß Erde seines Grabs.

Die Ansätze zum kommenden Ritterroman sind im
ganzen aber nicht zu übersehen: ein weltlicher Held im
Glanz der Waffen und der Abenteuer, in verzauberter
Landschaft, auf Wunderschlössern (Candacis erinnert an
die Fee eines Artusromans), umgeben von Kostbarkei-
ten, auf dem Weg zu immer weiter gestecktem Ziel. Die
Straßburger Fassung hat mit ihrer sprachlich-metrischen
Verfeinerung und ihrem Organ für höfische Schicklich-
keit vermutlich im Kreis von Eilhart und Veldeke
gewirkt, auch wenn die Richtung der Beziehungen
umstritten ist. Darüber hinaus lassen sich direkte Anregungen für einzelnes belegen, so vielleicht für Wolframs
Bild des Grals. Der Alexanderroman bleibt aktuell; lateinisch erfährt er die Erhöhung zum makellosen, neoklas-
sischen Epos in der *Alexandreis* des Walther von Châtillon, deutsch die große Ausgestaltung durch Rudolf von
Ems, und es folgen, um nur noch das Wichtigste zu

nennen, im späten 14. Jahrhundert der *Große Alexander* und schließlich die Prosafassungen, alles unbeschadet der Tatsache, daß inzwischen Marco Polo schon längst die Grenzen der Erde bis nach China erweitert hatte.

In der *Kaiserchronik* ist Karl der Große, als Gründer des Heiligen Reiches Deutscher Nation, die vollkommenste Verkörperung der Idee des christlichen Kriegs- und Friedensfürsten, der eigentliche Mittelpunkt der Reichsgeschichte. Seine Gestalt war in der französischen Heldensage unreflektiert lebendig geblieben, in Frankreich und Deutschland aber immer wieder auch von der politischen Ideologie umworben worden. Sein Name wurde ins Feld geführt für ein mächtiges französisches Königtum, für den Kampf gegen die Heiden im Kreuzzug, für ein Weltreich deutscher Nation – wie schon Otto III. ließ Friedrich Barbarossa die Gebeine des Kaisers exhumieren, und der staufische Gegenpapst Paschalis III. sprach ihn 1165 heilig. In die Zeit solcher neuen Glorie Karls des Großen fällt das ohne Zweifel monumentalste Werk der deutschen Geschichtsepik, das deutsche *Rolandslied.* Es wurde um 1170 in Regensburg geschrieben, von einem P f a f f e n K o n r a d im Dienste des Herzogs von Bayern, Heinrichs des Löwen. Dessen Interesse an dem Stoff, den ihm seine Gattin Mathilde, Tochter Heinrichs II. von England und der Alienor von Aquitanien, vermittelt hatte, lag im Wunsch, die eigene Abkunft von Karl und den eigenen imperialen Herrscherrang zu demonstrieren. Eine so späte Datierung war bis zu Kartschokes Nachweisen immer wieder angezweifelt worden – das Werk schien allzu altertümlich für diese Zeit. Kommt man von *Alexanderlied* und *Kaiserchronik* her oder denkt man gar an die fast gleichzeitigen frühhöfischen Romane, so erscheint das Werk in der Tat von unwahrscheinlicher Simplizität, Wucht und Klarheit im Sprachstil, in der Idee, im Aufbau. Es war in seiner Zeit reaktionär, huldigte über alle konkrete geschichtlich-

politische Problematik der Zeit hinweg dem Traum eines
heldenhaft-christlich-feudalen Kaisertums und Reichs,
das es so längst nicht mehr gab. Fast nur hier tritt in
Deutschland eine christliche Heldenepik in Erscheinung,
wie sie im althochdeutschen *Ludwigslied* sich angekündigt hatte, dann aber offenbar nur in den französischen
Chansons de geste mit ihrer karolingischen Heldenwelt
sich entwickeln konnte. Das deutsche *Rolandslied* ist
denn auch nichts anderes als ein Ableger des französischen Nationalepos, nach eigener Angabe Konrads
zuerst lateinisch, danach erst deutsch bearbeitet. Dieser
lateinische Filter ist wohl symptomatisch: Noch ist die
Übertragung aus dem Französischen nicht selbstverständlich, und vor allem wird das französische Epos
durch diese Bearbeitung ideell überprägt und umorien-
tiert. Das großartig wilde, kriegerische und doch wieder
lyrische und hinreißend gläubige Nationalgedicht wird
zu einem heilsgeschichtlichen Gedicht von Reich und
Christenheit; der Kampf ums Gottesreich, die Kreuzzugsidee tritt deutlicher hervor; die Nachdichtung ver-
breitert, distanziert, ist gleichmäßiger und überschaubarer. Der Vergleich ist allerdings nicht ohne weiteres
möglich, da Konrads Vorlage mit keiner der erhaltenen
Fassungen der Chanson identisch war.

Durch das Zurücktreten der naiveren und spontaneren
Züge und die schärfere ideelle Struktur wirkt die deutsche Dichtung nicht weniger archaisch als ihr so viel
älteres Vorbild, ja sogar härter und spröder. Sie stellt
gerade in ihrer Verspätung das reinste Beispiel strengen
„romanischen" Literaturstils dar. Im ganzen wie im einzelnen liegt der Schwerpunkt in der Mitte; wie Bogen an
Bogen fügen sich die szenisch oder im Gedankenablauf
gerundeten Bauteile aneinander, die Parataxe bestimmt
den Satzbau, das symmetrische Gegenüber der heidnischen und der christlichen Position, die Szenenfolge
und die innere Ordnung – alles ist Ausdruck einer

im ganzen ruhenden, „räumlich"-statisch, nicht in logischen oder kausalen Abläufen sich darstellenden Welt.

Die „wârheit" will der Dichter schreiben „von eineme türlichem man, / wie er daz gotes rîche gewan: / daz ist Karl der cheiser". Doch ist dieser Held des Werks derart der Repräsentant eines ins Überzeitliche gehenden Reichs, daß er zwar am Anfang handelnd in Erscheinung tritt – auf Gottes Befehl zieht er gegen die Heiden in Spanien und ordnet hier in Krieg und Verhandlung das Reich, um Roland als Statthalter zurückzulassen – und wieder am Schluß als der Rächer in der Schlacht und der Richter über den Verräter erscheint. Doch das eigentliche Schicksal des geschichtlichen Helden wird vollzogen durch die Paladine, Olivier, Turpin und vor allem Roland, in der großen Vernichtungsschlacht von Runzeval, welcher die zentrale Partie des Werkes gilt. Karl der Kaiser, Hort der Macht und Gerechtigkeit, nimmt zwar, vor allem am Verrate leidend, an der Geschichte teil, aber reicht ins Zeitlose; seine Funktion ist von ungeheurer Statik, im Kontrast zu den Untergängen und Aufschwüngen der heroischen Protagonisten. Epischarchaisch ist die ungebrochene Einheit der Helden mit sich selbst, mit ihrem schicksalhaften Auftrag. Wichtiger aber als ein Zusammenhang mit germanischer Heroik ist dabei der alles durchziehende Bezug zum Überzeitlichen, bei aller Geschlossenheit des Agierens die stete Offenheit dieser ewigen Dimension:

> Si waren helde vil guot,
> der keiser was mit in wol behuot.
> Si waren kuske unde reine,
> den lip furten si veile
> durch willin der sele.
> Sine gerten nichtis mere,
> wan durch got irsterbin,
> daz himilriche mit der martire irwerben.
>
> (75 ff.)

(Sie waren gewaltige Helden, / der Kaiser war mit ihnen wohl versehen. / Sie waren zuchtvoll und rein. / Den Leib führten sie feil / um der Seele willen. / Sie begehrten nichts mehr, / als für Gott den Tod zu finden, / das Himmelreich mit dem Martyrium zu erwerben.)

Allerdings ist dieser Himmel so nah über der Erde, daß die Grenzen verschwimmen. Wie selbstverständlich reicht der sterbende Roland seinen Handschuh dem himmlischen Lehnsherrn, der ihn durch seinen „vrone bote" entgegennimmt (6891). Religiöses und feudales Dienst-Lohn-Verhältnis sind identisch. Turpin ist Kriegsheld und Bischof zugleich – das Verhältnis des Reichs zur Kirche ist kein Problem; im Gegensatz zur *Kaiserchronik* bleiben Figur und Amt des Papstes in der Welt des *Rolandsliedes* überhaupt beiseite: Zwischen Held und Heiligem, Heldenlied und Legende schwindet der Unterschied; der Krieger ist Gottesstreiter, im Tod erreicht er die Glorie des Märtyrers. Nach dem Muster eines kirchlichen Hymnus feiert Turpin vor der Schlacht den kommenden Tod:

> „Wir werden hiute geboren
> zu der ewigen wunne,
> hiute werden wir der engel kunne,
> hiute sculen wir frolichen varen,
> hiute werden wir liutere westerparn; ...
> wir werden hiute enphangen
> mit dem engelsange
> zu den himilischen eren.
> Hiute gesehe wir unseren herren:
> da piren wir iemir mere fro."
> Si sungen: gloria in excelsis deo.

(5264 ff.)

(„Wir werden heute / zur ewigen Freude geboren: / heute werden wir den Engeln verwandt, / heute sollen wir fröhlich dahinfahren, / heute werden wir reine Taufkinder; / ... / wir werden heute / mit Engelgesang / zu den himmlischen Ehren

empfangen. / Heute erblicken wir unsern Herrn: / da sind wir für
immer froh." / Sie sangen: Gloria in excelsis Deo.)

Der Verkehr zwischen Gott und seinen Getreuen geht
fast selbstverständlich über die Grenze von Erde und
Himmel hinweg, wie nur je in der Geschichte des Gottesvolkes im Alten Testament. Immer wieder ist auf
alttestamentliche Prototypen verwiesen; Karl ist mit
Salomon und David verglichen, und die Reihe wird im
Epilog ausgedehnt auf den Auftraggeber des Werks,
Herzog Heinrich. Darübergeprägt aber ist das neutestamentliche Vorbild: Karl und die zwölf Paladine, unter
denen einer der Judas ist; der Tod Rolands ist nach dem
Tod Christi stilisiert.

Ein individuelleres menschliches Interesse kann nur
außerhalb dieser strengen heilsgeschichtlichen Typologie
Platz greifen. Wie so oft in der Epik wird der Sünder,
hier der Verräter Genelun, mit differenzierteren Mitteln
als die Helden, nämlich in seinem Schwanken, seiner
Schwäche gezeichnet; und wie eine Oase in dieser Welt
wirken die zwei Frauenfiguren: die bekehrte Heidenkönigin Brechmunda und Rolands Braut Alda, deren jung-
fräulicher Tod an gebrochenem Herzen zur grausamen
Bestrafung Geneluns kontrastiert.

Die Karlsepik bleibt seit dem *Rolandslied* ein Element
des deutschen Erzählgutes. Der Stricker lieferte eine
höfische Überarbeitung; der *Karlmeinet* ist im Anfang
des 14. Jahrhunderts eine große Kompilation zu einer
umfassenden Lebensgeschichte; Chroniken und Volksbücher schließen sich an.

IV. NEUE WELTLICHE ERZÄHLFORMEN IM LATEINISCHEN

Bibel und Glaubenslehre, Weltgeschichte und Legende sind zwar, strenggenommen, die einzigen legitimen Erzählgegenstände, doch läßt sich damit natürlich die wachsende Neigung (und auch Notwendigkeit) einer „weltlichen" Erzählung nicht unterdrücken. Auch wenn davon in unserem Zeitraum in deutscher Sprache und in selbständiger Form wenig erscheint – abgesehen von der mündlichen Heldendichtung –, so kennt doch die mittellateinische Literatur aus antiken und orientalischen Quellen eine reiche Fülle internationalen Guts von Schwänken, Fabeln, Anekdoten, novellistischen und legendarischen Geschichten in verschiedenster Form. Davon kann uns hier freilich nur das interessieren, was in den kommenden Epochen, und zwar zuerst einmal im Hochmittelalter, für den Aufbau einer volkssprachlichen Erzählkunst wichtig wird, und vor allem, was durch eine gewisse Grundsätzlichkeit der ideellen Haltung und durch die Tendenz zur anspruchsvolleren Großform einen konstruktiven Beitrag zur besonderen Formenwelt des Mittelalters liefert. Wir meinen damit eine Erzählkunst, die in aktuellen Bezug zur Gesellschaft und zum Geist ihrer Zeit getreten ist und damit bei aller absichtslosen „Weltlichkeit" ihre wichtige Funktion in einer christlichen Kultur besitzt, als Auseinandersetzung mit den natürlichen menschlichen Gegebenheiten außerhalb des sakral-heilsgeschichtlichen Bereichs. In diesem Sinn erscheinen im lateinischen 11. Jahrhundert größere Formen moralisch-satirischer oder lehrhafter Erzählung, in denen teils die Vorstufe, teils das Gegenbild zu den großen volkssprachlichen Romanen des ritterlich-höfischen Idealismus zu erkennen ist. Wir verfolgen damit ein Stück weiter die Suche des Mittelalters nach einer zeitgemäßen Erzählwelt, nachdem weder die germanische Heldensage noch ihre humoristische Brechung (*Waltharius*), noch eine christliche Variante in der Chanson de geste, noch die großen Geschichtsdichtungen eine echte Lösung bringen konnten.

1. Tierepik

Zu den eigentümlichsten literarischen Erfindungen des Mittelalters gehört nun jene in lateinischen, französischen und deutschen Werken über Jahrhunderte hin lebendige, geschlossene Welt der Tierepik, in der sich so etwas wie eine eigene Mythologie mit festen Helden, stereotypen Eigenschaften, Geschehnissen und Schauplätzen darstellt, der selbständige Versuch einer repräsentativen Großerzählung, in der das weltliche Thema durch die Transposition ins Tierreich zugleich lächerlich entwertet ist (als Anti-Heldendichtung, die noch bei Goethe den Hexameter liebt) und doch zugleich eine unterhaltsame, verzauberte Welt eröffnet wird.

Von der sozusagen mythologischen Geschlossenheit der Tierdichtung war Jacob Grimm fasziniert, wenn er sie als „notwendige", urtümliche, einheimische „Volkspoesie" verstand, „gebunden ... an einen unerfundenen und unerfindbaren Stoff". Diese romantische Auffassung nahm die „Tierfabel" in den ganz verschiedenen Formen von Tiermärchen, -sage, -epos oder äsopischer Fabel einheitlich als Zeugnis eines ursprünglichen Zustandes der Menschheit, wo die Brücke zwischen Mensch und Tier noch breit, die Verwandlung des einen ins andre naheliegend und die Sprache eines jeden dem andern verständlich war. Gewiß liegt diese primitive Schicht noch oft zutage. Die Bereiche des Aberglaubens, des Sprichwort- und Metaphernschatzes, der Buchornamentik, der Plastik, des Wappenwesens, der Legende zeigen die mächtige Rolle des Tiers im seelisch-geistigen Haus-

halt des Mittelalters. Wir wissen auch von einer ganz
unbeschwerten Tierliebe und Tierfreude, die dem alltäglichen Gefährten, Diener und Opfer in Haus und Hof,
Jagd und Krieg gegolten hat. Auch im biblisch-christli-
chen Weltbild ist die Beziehung des Menschen zum
tierischen Geschöpf ein wichtiger Aspekt seiner eigenen
Heilsgeschichte; der Herr habe selbst, sagte Karl Müllenhoff, die Geistlichen auf die Tierfabel als Erzählmöglich-
keit hingewiesen. In der Bibel ist das Tier seltsam zwielichtig: einerseits der ältere Bruder des Menschen, der die
Schöpfungsordnung gewahrt hat, gottnaher, unschuldi-
ger Vermittler einer dem Menschen verlornen Macht, in
der Legende der Helfer des Heiligen, mit Ochs und Esel
anwesend zu Bethlehem, geheimnisvoll gegenwärtig bei
Jesus in der Wüste (Mk. 1,13); anderseits ist der Mensch
dem Tier zum Herrn gesetzt und ist dieses mit aller
Kreatur in den Fall des Menschen verwickelt; es kann
gerade zum Zeichen dämonischer Gefallenheit und
Bedrohung werden – so ist vor allem die Tierdarstellung
der romanischen Plastik aus Liebe, Faszination und
Schrecken gemischt. Im *Physiologus* wird die Tierwelt
schließlich zum Symbolalphabet heilsgeschichtlicher
Wahrheiten.

Die eigentliche Leistung des Tierepos wird nun aber
weder von jener Grimmschen Auffassung als Volksmy-
thus getroffen, noch ist die Symbolkraft christlicher Vorstellungen dabei besonders beteiligt. Wenn es auch auf
dem Hintergrund der mannigfachen Beschäftigung der
mittelalterlichen Phantasie mit dem Tier zu sehen ist, so
ist das Tierepos doch eine höchst literarische Schöpfung,
aus antikem Erbe, d. h. der äsopischen Tierfabel heraus
entwickelt. Und diese war nicht einfach Tiergeschichte
oder eine Geschichte mit Tieren, sondern bereits die
Tarnung einer moralischen oder politischen Absicht,
auch wenn die Gestalten der Fabel – Fuchs, Löwe, Bär
usw. – ein gewisses Eigenleben gewannen. Der hinterhäl-

tig-spielerische Tarncharakter eignet auch dem Tierepos;
wie die äsopische Fabel – angeblich von einem Sklaven
erfunden – bleibt es meist außerhalb des Religiösen und
im moralisch-politischen Bereich und behält einen satirischen, entlarvenden Charakter, eine Weltsicht von
unten, komisch-heiter, noch öfter aber desillusionierend
bis zum Destruktiven. Doch gerade dadurch wird sie so
bedeutend im Gattungsgefüge der hochmittelalterlichen
Erzählung.

Ansätze zur literarischen Ausgestaltung, Allegorisierung oder Politisierung der äsopischen Tierfabel sind
schon in einer literarisch-geselligen „Tiermaskerade" am
Hof Karls des Großen und dann in ein paar Gedichten
des 9. und 10. Jahrhunderts festzustellen („Widder" des
Sedulius; „Metrum Leonis"). Der entscheidende Schritt
zur Großform aber erfolgt erst gegen die Mitte des 11.
Jahrhunderts in dem vielschichtigen Dichtwerk der
Ecbasis captivi. „Der Ausbruch eines Gefangenen",
per tropologiam, d. h. allegorisch dargestellt, ist das
Thema dieses überaus reizvollen und rätselhaften, satirischen und verspielten Textes, der heute auf 1043–46
(oder: vor 1039, Knapp) datiert wird; sein Autor stellt
sich vor als bartloser Jüngling und mit dem Klosterleben
zerfallener Mönch aus der Stadt Toul; der Dichter war
wahrscheinlich deutscher Muttersprache und bezieht
sich jedenfalls auf die politischen Verhältnisse des deutschen Reichs unter Konrad II. und Heinrich III.
Lothringen erscheint hier als Heimat des Tierepos, das
auch späterhin in den deutsch-französischen Grenzge-
bieten vom Elsaß bis zu den Niederlanden zu Hause
ist.

Als Publikum und zugleich wichtigstes ironisch-satiri-
sches Objekt erscheint die klösterliche Gemeinschaft,
vielleicht aus Anlaß einer – allerdings überaus aufwendigen! – österlichen Unterhaltung (Gompf). Schon der
Aufbau dieses kleinen Epos aus 1229 Leoninern ist über-

aus kompliziert. Wie die Zwiebelschalen ordnen sich
Rahmengeschichten um eine Innenfabel, den eigentlichen tierepischen Kern. Durch weitere Einlagen – etwa
den durch Amsel und Nachtigall am Hof des Löwen
vorgetragenen, schmerzerregenden Gesang über Leben
und Leiden Christi –, durch Illusionszerstörungen,
Anspielungen auf gelehrtes Wissen sowie auf persönliche
und politische Zustände der Gegenwart wird das Bild
erst recht verwirrt, um so mehr als der Text weithin
mosaikartig aus antiken Zitaten zusammengesetzt ist
(250 Verse stammen aus Horaz, andere aus Prudenz und
den lateinischen Bibelepikern) und in der Fülle seiner
ironischen und selbstironischen Brechungen den Leser
befremdet. Eine horazische Satire, ein Mischgedicht, will
das Werk ausdrücklich sein; als ludus, nenia, carmen
nugatorium sucht es sich zu entschuldigen, und als harmlose Schülerarbeit wird, ähnlich wie beim *Waltharius*, ein
literarisches Wagnis getarnt.

Einzigartig ist die autobiographische Einkleidung: Ein
junger Mönch in einem Kloster, das ihm wie ein Kerker
erscheint, verfaßt zur Selbstkasteiung, Besinnung und
Buße diese dichterische Arbeit. Er bedenkt sein unbefrie-
digendes Leben, die Versuchung, zu vagieren oder in die
Freiheit zu fliehen, die vertane Zeit, die Möglichkeit
einer Umkehr. Und so erzählt er, nachdem er verschiedene andere Kunstformen verworfen hat, die Geschichte
eines Kalbes, das mutwillig in die Freiheit floh, in die
Klauen des Wolfes geriet und beinah gefressen worden
wäre, hätten es nicht die treuen Mitbewohner seines
Stalls noch rechtzeitig befreit und zur Mutter zurückge-
bracht. Ob diese Ecbasis (die Rahmengeschichte) ein
abschreckendes Beispiel oder die verschlüsselte Darstellung eines wirklichen Vorganges war (der Autor also
selbst das Kalb), wissen wir nicht. Die Suche aber nach
der Ausdrucksform, unter dem Druck einer persönlichen
Not, eines Willens zu Selbstheilung und Selbsterkennt-

nis, überzeugt; der Blitz dieses Bewußtwerdens, der
„autobiographische Moment", ist unvergeßlich ins Bild
gefaßt: Der Gefangene schaut durchs Fenster ins Freie,
wo die Leute in Kornfeld und Weinberg gemeinsam,
nützlich und freudig arbeiten, und wird seiner selbst
damit als „truncus sterilis" (unfruchtbarer Stamm), als
„miser vitulus" (jämmerliches Kalb) gewahr. Im Blick in
die Welt erkennt der Erzähler sich selbst. Einen Augenblick lang ist ein autobiographischer Antrieb der weltlichen Großerzählung, die vor ihrer Entwicklung zu ganz
neuen Formen steht, sichtbar.

Diesem Aufbruch entspricht das Thema. Es geht in der
Tat um ein „Abenteuer" des Kalbes, eine ersehnte und
gewagte Begegnung mit der Freiheit, um eine echte
Ausfahrt, wie sie dann, im Grunde nicht viel anders, die
Helden der Artusromane vollziehen. Damit gehört die
Ecbasis auch in die Vorgeschichte des Romans, und das
gilt, auch wenn das Abenteuer schließlich als gefährliche
Verirrung, als bloßer Seitensprung verurteilt wird.

Die Geschichte des Kalbes dient nun aber als Rahmen
für eine umfänglichere Innengeschichte. Der Wolf
erzählt, während seine Burg von den Genossen des Kalbs
unter Beratung durch den Fuchs belagert wird, die Vorgeschichte ebendieser Burg; d. i. die bleibende Kernfabel
der mittelalterlichen Tierepik: die Heilung der kranken
Löwen durch die Haut des Wolfes auf Anraten des
Fuchses (eines Vorfahren des Fuchses der Außenfabel).
Da sie am Hof des Königs der Tiere spielt, eignet sie sich
zum Mittel, möglichst viele weitere Tierfiguren und Episoden heranzuziehen. Und diese Welt erhält Struktur,
indem sie nach menschlichem Vorbild ihre Ordnungen
der Sitten und Zeremonien, des geselligen, politischen
und religiösen Lebens erhält. Vor allem die Innenfabel
gilt damit nicht so sehr einem Geschehen als einem breit
und behaglich entfalteten, drollig-komplizierten Hof-,
Rechts- und vor allem Klosterleben.

Die Weltordnung, wie sie sich hier zeigt, ist allerdings erschreckend: Sie besteht aus Heuchelei, Intrige, gefräßiger Dummheit, Tücke und Brutalität. Und dies ist um so abstoßender, als mindestens teilweise an einen geistlichen Hof gedacht ist, Wolf und Fuchs sich als Mönche geben und der Vortrag geistlicher Gesänge eine große Rolle spielt. Menschliche Einrichtungen und Haltungen werden als tierisch entlarvt – das ist doch wohl das Fazit dieses gelehrten Scherzes. Weltliche Erzählung ist satirisch, bevor sie dann im ritterlichen Roman idealistische Gesellschaftsbilder entwirft. Und es bleibt prinzipiell die Funktion der Tierepik, desillusionistischer Gegentypus zur höfischen Erzählung zu sein.

Die spätere Geschichte des Tierepos sei bereits hier skizziert. Die volle gestraffte Form eines klassischen Epos erreicht die Tierdichtung – deren volkstümliche Formen zunächst unfaßbar bleiben – ein Jahrhundert später in den 7 Büchern des großartigen *Ysengrimus* (um 1148?) Der Verfasser, der Magister Nivardus aus Gent, steht auf der Höhe der Bildung seines kühnen Jahrhunderts, mit dem Blick auf die französische und deutsche (flämische) Kultur, aus deren Überlieferungen er auch für seine Dichtung schöpft. Stofflich verfügt er offenbar bereits über einen reichen Fundus an „Tiersage“, an einer nun auch in den stehenden Eigennamen verfestigten Tiermythologie. Die Komposition ist symmetrisch: Die drei mittleren Bücher spielen am Hof des Löwen, wo auch nach Vergilischem Muster ein Teil der Vorgeschichte nachgeholt wird, und zwar wiederum mit einer Einlage. Der Dichter macht die Auseinandersetzung von Fuchs und Wolf konsequenter zum Leitgedanken, den Wolf selber zum Helden, so daß die Episodenreihe eine Art Vita Isengrimi darstellt, der aus einem Scheinmönch und Einsiedler zum alten, grauen Ausgestoßenen der Tierwelt wird und eine düstere Größe gewinnt. In einer vom Dichter vermutlich selbst erfunde-

nen Schlußszene findet der Held seinen schauerlichen
Untergang durch eine Herde von Wildschweinen bzw.
Nonnen unter der Führung der riesenhaften alten Sau
Salaura. Man hat nach einer späteren Bezeichnung von
„Isengrimes nôt" gesprochen, und in der Tat mag man
hier den travestierten Schluß eines tragischen Helden-
epos erkennen. Totenklage und Grabschrift fehlen sowe-
nig wie in der *Ecbasis.*

Bei der überlegenen Straffung und Objektivierung des
Werks sind allerdings das autobiographische Element
und die religiöse Allegorie verschwunden. Die Tierwelt
hat autonome erzählerische Würde erhalten. Das heißt
aber auch, daß das Tierepos nun nur noch eine verlorene,
völlig vertierte Menschenwelt zeichnet. Der *Ysengrimus*
ist eine an ironischer, höhnischer Schärfe unüberbietbare
Satire auf die kirchlichen Mächte der Zeit, vor allem das
Mönchstum, aber auch die Geistlichen überhaupt, die
Bischöfe und selbst den Papst. Auf der zunächst humori-
stisch-allegorischen Erzählung vom Wolfsmönch, dem
Wolf im Schafspelz, wird das Tierepos zu einer einzigen
rabiaten antigeistlichen Invektive – zum Vergnügen zyni-
scher Geistlicher selbst oder gebildeter Laien (der Fuchs
wird als Laie gezeichnet).

Doch ist nun kaum zu erkennen, in wessen Namen
dieser Angriff eigentlich erfolgt. Die beinahe einzige
Stelle, die man früher als ein persönliches, positives
Bekenntnis auffassen konnte – das warme Lob zweier
mit Namen genannter Äbte der Zeit –, hat sich ebenfalls
als blutiger Hohn herausgestellt. Die Tötung des alten
Recken durch die Wildschweinherde ist als Messe gegeben, mit Gesang und Glockengeläute, stiller Beichte und
Friedenskuß, Introitus, Epistel und Stufengebet – eine
einzige Orgie des Hohns und der Grausamkeit. Das
Klima der Erzählung ist Ironie, Sarkasmus und elegante
Niedertracht. Der Dichter selbst wie seine Geschöpfe
bedienen sich in Schilderung und Argumentation einer

geradezu qualvoll-unerbittlichen Dialektik. Die Dialoge werden zu bösartig geschliffenen Wortkämpfen. Drohung, Gier, Mordlust entfalten sich dabei in sentenziösen und zeremoniösen Formen, es gibt keine Gemeinheit, für die der Sprecher nicht eine wohltönende und verbindliche Argumentation vorbrächte: „Et nihil est quod non mentis acumen alat" – Nichts ist, was nicht die Schärfe des Geistes nähren könnte. Da wird – in der Renaissance des 12. Jahrhunderts – das Tierepos zur Tarnform, in der sich das Abenteuer einer gebildeten Ruchlosigkeit und einer höheren Libertinage künstlerisch ausdrückt. Alles läuft auf einen pessimistischen Schicksalsglauben hinaus. Eine blinde, bösartig-tückische Fortuna regiert (III,1–30):

> Posse perire vetat, velle perire facit.

(Sie verbietet uns unterzugehn, zwingt uns aber, untergehn zu wollen.)

Die lateinischen Geschichts- und Huldigungsepen der Zeit wird man sich wiederum als Gegenbilder denken dürfen.

Die volkssprachlichen Formen, die in der zweiten Hälfte des 12. Jahrhunderts nun faßbar werden, müssen nach dem *Ysengrimus* einen Abstieg bedeuten. In Nordfrankreich erscheint Tierepik – ein Zeichen ihrer lebendigen Verbreitung – in einzelnen „branches", d. h. selbständigen Episoden, die dann im 13. Jahrhundert eine lockere Verkettung zum *Roman de Renart* erfuhren. Aufgrund einer nicht mehr genau eruierbaren Vorlage hat aber ein deutscher Dichter aus dem Elsaß – vermutlich zur Zeit Heinrichs VI. – den eigentlichen Schritt zum Roman vollzogen, H e i n r i c h d e r G l i c h e - z a e r e (der „Gleisner", wie er wohl irgendwie nach seinem Helden genannt wird) mit seinem über 2000 Verse umfassenden *Reinhart Fuchs* (alte Fragmente und

zwei Handschriften einer späteren Bearbeitung des
deutschen Texts). Die beträchtlichen Abweichungen
von den französischen Branchen lassen sich als bewußte
und systematische Änderungen der deutschen Dichtung
verstehen. Heinrich bietet eine bewußte Komposition:
vier mißglückte Streiche des schlauen Reinhart mit kleineren Tieren, dann erst die breite Folge der Abenteuer
mit Isegrim, gipfelnd in Krankheit und Heilung des
Löwen und im Triumph des Fuchses. Eindeutig ist dieser der Held geworden, anstelle des doch irgendwie
noch heroischen Wolfs ist es der skrupellose Schelm.
Aber der wird noch nicht wie später dann ohne weiteres
bejaht oder gar mit der Koseform „Reinke" belegt. Die
Satire ist grimmig, sie zeigt den Triumph des Bösen, der
Untreue – über andere Bosheit und andere Untreue.
Episoden wie die Heiligsprechung des Huhns, das von
Reinhart totgebissen wurde, mit der Travestie eines
Kanonisationsverfahrens, oder wie die ausdrückliche
Verhöhnung des höfischen Minnedienstes in der Szene,
da Reinhart die Gattin Isegrims öffentlich schändet,
mag man noch im Sinne der französischen Vorlagen als
bloße Frivolitäten auffassen. Es sind aber vor allem die
neuen, selbständigen Schlußepisoden, in denen sich die
Aggressivität des deutschen Dichters ungehemmt zeigt.
Nicht nur, daß der Hofstaat des Löwen an sich in seiner
Dummheit und Korruptheit entlarvt und zum erstenmal
der Herrscher selbst, der an einer Ameise im Ohr
erkrankt ist, lächerlich erscheint: der triumphierende
Fuchs liquidiert am Schluß nicht nur den Wolf, sondern
läßt auch die meisten andern Tiere schinden oder ver-
stümmeln. Der Elefant wird König in Böhmen, wo man
ihn aber verprügelt, und ähnlich ergeht es dem Kamel,
welches zur Äbtissin des Klosters Erstein im Elsaß
ernannt wird. Zu guter Letzt wird der König selbst von
Reinhart durch Gift getötet:

> Er kerte sich zu der wende,
> do nam der kunic sin ende:
> sin houbet im endreu spielt,
> inneune sich sin zunge vielt.

> (2241 ff.)

(Er kehrte sich zur Wand, / da nahm der König sein Ende: / Sein Kopf zerbrach in drei Stücke, / seine Zunge zerteilte sich in neun.)

Hier sind bestimmte Adressen gemeint, und zwar offenbar die staufische Herrschaft. Es geschähe dies im Namen eines reaktionären Hochadels und zugleich gegen skrupellose soziale Aufsteiger wie eben Reinhart (Schwab, Kühnel). Systematisch geht jedoch das recht rohe Werk kaum vor. Immerhin besitzt der *Reinhart Fuchs* einen bedeutenden literaturgeschichtlichen Stellenwert. Gleichzeitig mit den frühen Werken einer höfischen Erzählkunst meldet sich, bei einem Dichter unbekannten Standes, eine reaktionäre Gegenwelt, ein Stil des groben, illusionslosen Realismus. Das ist noch vorhöfisch – man kann an Heinrich von Melk denken –, und zugleich arbeitet es in vielem der nachhöfischen Haltung vor, spätmittelalterlichem Geiste mit seiner Vorliebe für die entlarvende Komik des Vitalen.

Die letzte Erfüllung – von Goethes Wiederaufnahme abgesehen – wird im mittelniederdeutschen *Reinke de vos* vom Ende des 15. Jahrhunderts zu besprechen sein, einem behaglichen Panorama verbürgerlichter und sozusagen vermenschlichter Tierwelt, die nun mehr im Zeichen des Humors als der Satire oder gar der Allegorie steht. Die Tiersatiren des 16. Jahrhunderts aber stehen in anderer Tradition oder nähren sich wieder direkt aus der Fabel, die im Spätmittelalter lebendiger als je wiederaufgeblüht ist.

2. Der erste Roman

Es gibt kein anderes Werk, das den literarischen Aufbruch in Deutschland nach der Mitte des 11. Jahrhunderts deutlicher markiert als der *Ruodlieb* – der älteste Roman des Mittelalters, ein Werk freier Erfindung. Es ist wiederum eine „Ecbasis", aber nun das positive Unternehmen, durch ein erzählerisches Abenteuer hindurch, einem neuen weltlichen Ideal zugewandt, zum Aufbau eines vorbildlichen Daseins zu gelangen.

Für die Forschung ist es wieder ein verzweifelter Fall: zerstückelte Fragmente aus dem Kloster Tegernsee, dazu ergänzend das kurze Bruchstück einer Abschrift aus St. Florian, insgesamt über 2300 leoninische Verse, davon ein Teil unvollständig. Wieviel noch existiert hat, ist unbekannt, die Reihenfolge der Stücke z. T. strittig, ebenso die Frage einer Nachwirkung. Die Tegernseer Handschrift ist wohl die Urschrift des Dichters, aus der zweiten Jahrhunderthälfte.

Mehr als hundert Jahre vor den ersten höfischen Romanen wird hier die Geschichte von der Laufbahn eines jungen *miles* erzählt, eines (adligen) Ritters, der nach dem Tod des Vaters vielen Herren vergeblich gedient hat und nun Hof und Mutter verläßt, um in der Fremde sein Glück zu suchen. Ein klassischer Auszug des Ritters, jedoch noch nicht freiwillig. Am Hof eines mächtigen und edlen Königs macht er sich nützlich und beliebt durch allerlei Künste (Jagd, Schach, Musik) und vor allem als Diplomat beim Abschluß eines klugen und großherzigen Friedens seines Herrn mit einem überwundenen „kleinern" König. Zum Dank und Abschied erhält er Geschenke und dazu zwölf Ratschläge auf den Lebensweg – eine Mischung aus grundsätzlichen Lehren und praktisch-volkstümlichen Maximen: keinem Rothaar zu trauen, keine Saatfelder zu betreten, in keinem Haus zu nächtigen, wo ein alter Gastgeber eine junge

Frau besitzt, keine trächtige Stute auszuleihen, nicht die
Eigenmagd zu heiraten, in jedem Gotteshaus am Weg zu
beten usf. Ein Teil mindestens der entsprechenden Situationen tritt im folgenden prompt ein, so auf der Heimreise die Begegnung mit einem bösen Rothaarigen, der
im Dorf, wo man übernachtet, eine schlimme Ehe-
bruchsgeschichte mit der jungen Frau eines alten Mannes
anzettelt. Später sind wir auf einer Burg, wo Ruodlieb –
so heißt schließlich der Ritter – zusammen mit einem
Neffen eine verwandte Dame und deren Tochter besucht
und wo sich eine Reihe reizender geselliger Szenen
abspielt. Dann die Heimkehr zur Mutter, Bewirtung,
Auspacken der Geschenke. Und nun scheint eine zweite
Handlung anzulaufen: die Suche der passenden Braut.
Leider erweist sich, daß eine vom Familienrat empfoh-
lene Kandidatin ein bedenkliches Vorleben hat, und so
überbringt ihr der Bote anstelle der Brautgeschenke das
Strumpfband, das sie bei einem Kleriker verloren hatte.
Doch eine letzte Serie von Bildern führt den Helden dem
großen Glück entgegen; Ruodliebs Mutter sieht im pro-
phetischen Traum ihren Sohn im Kampf mit Bären und
Wildschweinen, dann sieghaft im Wipfel einer Linde, des
Lebensbaums, umgeben von Bewaffneten, während eine
Taube geflogen kommt und ihm eine Krone aufsetzt.
Schließlich lesen wir, wie ihm ein Zwerg prophezeit, er
werde zwei Könige, Immunch und dessen Sohn Har-
tunch, im Kampf überwinden, deren Goldschatz gewinnen und dazu die Erbin ihres Reichs, die pulcherrima
virgo Heriburg. Hier tragen die Figuren nun endlich
Namen.

   In dieser überaus dichten, mit heiterm Gleichmut, in
hart versifizierter mittellateinischer Umgangssprache
vorgetragenen Folge von Bildern und Ereignissen ist uns
fast alles neu und rätselhaft und nur aus einer Vielzahl
benützter Traditionen erklärbar. Die Grundkonzeption
wird später wiederkehren im Artusroman, vieles auch in

der Jugendgeschichte Tristans: Der vaterlose Held muß
die Mutter verlassen, Mann werden, durch seine ritterliche Ausfahrt im Abenteuer der Welt begegnen und sich
selber finden. Der Held ist dabei die mannequinhafte
Figur, der typische Tugendbold noch der neuzeitlichen
Entwicklungsromane, der möglichst viel an Erfahrung
zu speichern und an Können vorzutragen hat. Wie in den
klassischen Artusromanen sind dabei offenbar zwei
Fahrten, zwei Abenteuerkreise zu unterscheiden: die
erste Runde, die den Aufstieg und Eintritt in die Gesellschaft bringt, vielleicht auch ein bloß scheinhaftes Glück,
die zweite Runde dann die eigentliche Bewährung, ja die
Überwindung jenes bloßen gesellschaftlichen Konfor-
mismus. An den *Parzival* erinnert dabei das kompositionelle Motiv der Ratschläge als schematischer Grundriß
für das Fortschreiten der Handlung. Der Auszug des
Jungen, der anhand solcher Ratschläge oder Gaben die
ihm gestellten Prüfungen mit fast automatischer Sicherheit besteht und am Schluß eine Königstochter bekommt
– das ist verbreitete Märchenmotivik; doch ist sie hier in
den Dienst ideell gesteuerter Romandichtung genommen, nicht anders als später im Artusroman. Nur können wir dieses mittelalterliche Märchen an sich kaum
fassen, da es schon immer irgendwie überlagert oder
problematisiert begegnet. Der Schluß wiederum – Traum
der Mutter, Zwerg, Hortgewinnung, Königstochter, die
Namen – führt mindestens zum Teil in die Welt der
Heldensage. Auch diese Tradition ist aber – ob nun eine
Ruodliebsage anzusetzen wäre oder nicht – nur
beschränkt, in bestimmter Funktion benützt: sie
bezeichnet die Rückkehr ins große epische Dasein.

    Und die romanhafte Verwertung solcher Motive an
sich? Da muß der Blick zurückgehen zu den ältesten
Phasen des europäischen Romans in Hellenismus und
Spätantike. Wir sind auf seine Nachwirkung in den
legendarisch verkappten Erzählungen der *Kaiserchronik*

gestoßen (Crescentia u. a.). Für den *Ruodlieb*-Dichter
kommen zwei Werke als Anreger in Frage: eine Fassung
des *Alexanderromans* und vor allem der im Mittelalter
geschätzte *Apollonius von Tyrus,* der im 10. Jahrhundert
teilweise in Verse gebracht wurde und in Tegernsee zu
unserer Zeit nachweislich bekannt war. Hier lassen sich
schmale motivische Parallelen wahrscheinlich machen: so
der überraschenderweise als afrikanisch bezeichnete
Schauplatz (der sonst eher oberbayrisch anmutet), die
große Bedeutung des unterhaltenden Details von allerlei
Merkwürdigkeiten, die unbeirrbare Vorbildlichkeit des
Helden in Moral und geselligen Kunstfertigkeiten.

So steht, grob gesehen, der *Ruodlieb* auf dem Wege,
der vom Märchen (eventuell unter Mitwirkung antiker
Romanformen) zum Ritterroman führt. Für die motivische und ideelle Ausstaffierung im einzelnen ist mit
mannigfachen Anregungen aus Bibel und Legende, Lehrdichtung, Satire und Hofpoesie zu rechnen.

Wesentlich ist der neue konstruktive Wille, die Entfaltung eines persönlichen und gesellschaftlichen Ideals in
einer neuen, offenen Form. Noch handelt es sich um
keine exklusive Standesethik wie im höfischen Roman,
wohl aber um den Einbezug weltlichen Ritterdienstes in
die umfassende sittliche, geistliche Ordnung. So kann
denn auch ein umfassendes Bild zeitgeschichtlichen
Lebens gegeben werden: der landjunkerliche Hof der
Eltern, das Gut der Verwandten, das Dorf mit seinen
bäuerlichen Typen und seinem Rechtsleben, der Königshof und seine Gesellschaft in Krieg, Jagd, Unterhaltung,
Diplomatie, alles geregelt nach genau beobachteten
Bräuchen und Zeremonien. Es gibt überhaupt keine
andere Schilderung der Zeit, die vergleichbar wäre. Daß
das alles vorbildhaft stilisiert, nach literarischen Mustern
und gelehrten Reminiszenzen überformt ist, tut der
„Wirklichkeitstreue", der Freude an bunter, weltlicher
Vielfalt keinen Abbruch. Ein ähnlicher „Realismus" (der

ja auch nur eine literarische Form ist) ist erst wieder im
13. Jahrhundert möglich, wenn auch unter anderem Vorzeichen. Der Bildungsroman der ritterlichen Klassik
scheint dagegen nur in der entrückten Phantasiewelt der
Artusepik möglich zu sein.

Der sozialgeschichtliche Hintergrund ist nicht leicht
zu fassen. Ruodlieb, der Held, vertritt zweifellos eine
sich aus dem agrarischen Bereich lösende Schicht des
Adels, die im Dienst des Königs zu Ehren kommt. Das
Bündnis von Königtum und niederm Adel liegt auf der
politischen Linie der Salier, Konrads II. und vor allem
Heinrichs III. Zum Geist des salischen Hofes gehört
auch die Politik des Gottesfriedens, die Bemühung um
die Unterdrückung der privaten Fehden, wie sie vom
Ruodlieb-Dichter vor Augen geführt werden. Auch
andere Indizien legen nahe, daß der *Ruodlieb*-Dichter,
auch wenn er ein Tegernseer Mönch war, den kaiserlichen Hof im Auge hatte oder für ihn schrieb.

Man kann dennoch den *Ruodlieb* als ein Werk benediktinischen Geistes ansprechen. Er ist dies einmal allgemein mit dem maßvollen und genauen Sinn für die
Vielfalt des Geschöpflichen, der sich in den locker und
behaglich aneinandergereihten Episoden kundtut. Immer
wieder erscheinen dabei kleine Tierszenen (zahme Doh-
len und Stare, Tanzbären, ein kluger Hund, das Pferd,
eine kleine exotische Menagerie), nie symbolisch oder
satirisch gedacht, sondern als eine Art ornamentaler
Fries, der den schöpfungsfrommen Helden in der Begleitung seiner ihm mannigfach verbundenen Mitkreaturen
zeigt. Ein Entscheidendes kommt hinzu: die seit Odo
von Cluny feststellbaren Bestrebungen „auf Erziehung
und Verchristlichung des weltlichen Adels" (W. Braun).
Der „miles christianus" ist nicht mehr eine bloße Metapher für den geistlichen Streiter, sondern meint nun auch
den wirklichen Ritter, sofern er wie hier zum Träger der
christlichen Tugenden der pietas, der virtus oder der

clementia geworden ist. In Odos Geraldusvita wie später
dann in der Georgs- oder Wilhelmslegende kann der
Ritter als solcher, ohne äußere Weltabkehr, zum Diener
Gottes und zum Heiligen werden. Der Adel hat sich als
Tugendadel zu legitimieren – was im Aufstieg des Helden vorgeführt wird. Der Dienstgedanke lebt auch aus
christlichem Ethos, das Kriegertum tritt zurück. Anderseits bleibt die Sphäre des Klosters und der Kirche fast
völlig aus dem Bilderbuch des *Ruodlieb* fern. Würde sie
hier störend und stillos wirken, oder ist sie einfach vor
dem Ausbruch des Investiturstreits kein Problem?

Im Vergleich mit den späteren Romanen wirkt der
Ruodlieb überaus maßvoll, heiter und geheimnislos,
ohne die phantastischen Lockungen und das innere
Gefälle des späteren Artusromans. Und dazu gehört
wohl auch der größte Unterschied: das Fehlen des Min-
negedankens im *Ruodlieb*. Die Liebe ist weder Antrieb
noch Ziel, noch überhaupt Problem. Der Eheschluß ist
ein wohl zu überlegender ökonomischer Akt. Die Liebe
als innerste Sehnsucht, als Medium der Weltbegegnung
und Selbsterfahrung ist um 1050 noch nicht entdeckt.
Für die weibliche Welt steht maßgebend noch die Gestalt
der Mutter, von welcher der Ritter auszieht, zu der er
vorübergehend heimkehrt, die den prophetischen Traum
träumt, die nicht wie Herzeloide beim Auszug Parzivals
sterben muß. Daneben, außerhalb des tugendhaften Helden, ist allerdings das erotische Thema mit vergnügli-
chem Interesse behandelt, aber keineswegs im Sinn höfischer Minne. Mehrere Frauengestalten – die junge Sünderin im Dorf, auf dem Schloß der Verwandten die
herilis, das junge Fräulein, das in raschem Einverständnis
sich dem Neffen Ruodliebs verlobt, schließlich die
Geliebte des Klerikers. Von dem Brautpaar auf dem
Schloß verabschiedet sich der Dichter mit den etwas
skeptischen Worten: Ob sie glücklich geworden, was
geht es mich an? Man könnte in der Reihe dieser Frauen-

gestalten allerdings auch Vorläuferinnen der freien und
aktiven Frauen erkennen, wie sie vor dem eigentlichen
Minnesang die früheste deutsche Liebeslyrik zeigt, als
eine erste Form der ritterlichen Konzeption der Liebe.
Vielleicht, daß etwas davon am Schluß mit Heriburg
deutlicher geworden wäre.

V. VOM ZEITLIED ZUM HISTORISCHEN UND LEGENDARISCHEN ROMAN

1. Heldenlied, Zeitlied, historisches Lied

Das althochdeutsche *Ludwigslied* fasziniert als ein Stück christlicher Heldendichtung; bald nach dem besungenen Ereignis entstanden, ist es zugleich „Zeitlied" und erfüllt, im Dienste des Gefeierten, eine politische Funktion. Das Fortleben eines solchen Erzählliedes wäre denkbar, und wie die alte Heldendichtung meist einen geschichtlichen Kern besitzt, muß überhaupt in der christlich-mittelalterlichen Welt eine „Helden"-Sage, eine „Helden"-Dichtung aufgrund auch der neueren Ereignisse möglich sein. Um diese Gattung von der Heldendichtung aus germanischer und karolingischer Zeit zu unterscheiden, ist aufgrund eines einmaligen alten Belegs der Terminus „Sagelied" geprägt worden. Faktisch sind uns solche Lieder fast ganz verloren, doch kann ihre Existenz mit Sicherheit aus zahlreichen chronikalischen Zeugnissen und eventuell Bearbeitungen sowie auch in Analogie zu den historischen Liedern des Spätmittelalters erwiesen werden. Dieses weltliche Erzähllied geschichtlich-politischen Charakters, nach welchem wir somit fragen, wird schließlich wie das Heldenlied auch als Keimzelle größerer epischer Formen zu sehen sein.

Das einzige erhaltene, aber wohl nicht gerade typische Beispiel ist das lateinisch-deutsche Mischgedicht aus der berühmten Sammlung der Cambridger Lieder (11. Jahrhundert), *De Heinrico* genannt, 8 Strophen zu drei oder vier knappen Otfrid-Zeilen, die im Anvers lateinisch sind, mit dem Abvers aber den Gedanken deutsch fortsetzen. (Solche Mischformen, scherzhafte künstlerische Auswertung faktischer geistlicher Schul- und Umgangssprache, bilden später eine gewisse Tradition in der Vagantenlyrik.) Der Bayernherzog Heinrich wird vom Kaiser Otto empfangen, sie begrüßen sich feierlich, besuchen den Gottesdienst, und Heinrich wird von nun an Ottos erster, hochgeehrter Ratgeber. Von den verschiedenen in Frage kommenden Begegnungen steht im Vordergrund das Treffen Ottos III. mit Heinrich dem Zänker von Bayern an einem Hoftag des Jahres 995. Das Lied hat offenbar ein bestimmtes politisches Ziel im Dienst Heinrichs und ist kaum von der konkreten Situation losgelöst denkbar. Anderseits gilt es einem Thema, das sich in der mittelalterlichen Reichsgeschichte in verschiedenen Formen immer wieder ergab: Auseinandersetzung der Fürsten (speziell Welfen) mit dem Reich oder zwischen kaiserlichen Vätern und ihren abtrünnigen Brüdern, Söhnen, Stiefsöhnen. Literarisch erscheint es im *Herzog Ernst,* in einer anekdotisch geformten Einlage über den unbotmäßigen Bayernherzog Adelger in der *Kaiserchronik* (6624 ff.) oder auch noch in der Novelle des Konrad von Würzburg über *Heinrich von Kempten.* Die persönliche Antipathie des Hörers gilt da überall dem Kaiser, aber seine schließliche Rührung doch der Versöhnung im Zeichen des Reiches.

Doch auch über andere Personen und Ereignisse sind länger nachlebende Lieder bezeugt: über Adalbert von Bamberg, der vom Erzbischof und Reichsverweser Hatto von Mainz 906 umgebracht wurde, über die tapferen Bischöfe Ulrich von Augsburg (gest. 973) und Benno von Osnabrück (gest. 1092) oder, mehr anekdotischballadesk, über den populären Churzibolt, d. h. den Grafen Kuno von Niederlahngau (gest. 948). Man wird hier mit der ganzen Spannweite von anspruchsvoller Tendenzdichtung bis zum rein Unterhaltsamen, vom Zeitstoff bis zur „Sage" rechnen müssen; als mögliche Träger solcher Überlieferung wird man berufsmäßige Spielleute nicht ausschließen, auch wenn gerade *De Heinrico* mit seinem Latein auf einen geistlichen Verfas-

ser weist. Seit der Karolingerzeit sind immer und immer
wieder Spielleute als Vermittler und wohl auch Dichter
einer weltlich-mündlichen Kunst belegt. Gerade ein
analphabetisches Publikum bedarf des berufsmäßigen
Sängers, der von Fall zu Fall natürlich in verschiedenen
Funktionen, mit verschiedenem Rang auftritt und gegenüber den Geistlichen und ihrer Dichtung nicht exklusiv
und scharf abgrenzbar ist.

2. „Herzog Ernst" und „König Rother"

Faßbar werden uns solche Traditionen erst gesteigert und
verwandelt in einem Werk epischer Großform, das man
bereits als heroisch-politischen Roman bezeichnen kann.
Herzog Ernst – das ist ein ganzer Komplex erschließ-
barer und erhaltener, liedhafter und epischer, poetischer
und prosaischer, lateinischer und deutscher Werke, die
unter sich zusammenhängen; es ist eine der langlebigsten
Dichtungen des deutschen Mittelalters. Die älteste greif-
bare Fassung sind Fragmente einer mittelfränkischen
Dichtung (A, spätestens 1187); das Ganze erscheint erst
in der dehnenden, modernisierenden Bearbeitung B (um
1210), wozu später noch tiefer eingreifende Fassungen
des 13. und 14. Jahrhunderts kommen, ferner ein strophisches Lied, eine deutsche Prosa, die mehrfach
gedruckt wurde, und vor allem auch drei lateinische
Versionen in Vers und Prosa. Alles Erhaltene geht
irgendwie auf A zurück, doch schließt dies eine lateinische Vorlage von A (Mitte 12. Jahrhundert?) nicht aus,
und hinter dieser wären wieder deutsche Lieder und
gelehrte lateinische Quellen zu vermuten.

Die deutsche „Kernfabel" erzählt von der Empörung
des Herzogs Ernst von Bayern gegen seinen kaiserlichen
Stiefvater Otto, der Ächtung und der Wiederversöhnung
am Weihnachtsfest in Bamberg. In der Fabel und den
Namen haben sich offensichtlich zwei geschichtliche

Vorgänge verschmolzen: die Empörung Liudolfs von
Schwaben gegen seinen Vater Otto I. (953) und die
tragisch endende Auflehnung Ernsts von Schwaben und
seines Freundes Wernher von Kyburg gegen seinen
Stiefvater Konrad II. (1027); Gedanken an neuere Konflikte ähnlicher Art mochten hinzukommen. Was in nicht
mehr faßbaren Zeitliedern oder „Helden“-Liedern über
diese Empörer überliefert war, wurde vermutlich schon in
einer lateinischen Vorlage von A – in bezeichnendem
Ineinander von volkstümlicher und geistlich-gelehrter
Kunst – zur politischen Reichsdichtung und weiter zum
Abenteuerroman entwickelt. Der geächtete Ernst unternimmt mit seinen Getreuen eine Kreuzfahrt und wird
sogleich in die orientalische Wunderwelt verschlagen, wie
sie uns aus den Geschichten Sindbads, aus antikem
Reiseroman und phantastischer Kosmographie vertraut
ist: in die Wunderstadt der Kranichschnäbler, zum
Magnetberg, zu Plattfüßen, Langohren, Pygmäen und
Riesen (die Quellenverhältnisse sind im einzelnen noch
ungeklärt). Der Heimgekehrte versöhnt sich mit dem
Kaiser, der Diamant aus dem Magnetberg ziert jetzt als
berühmter Solitär die Kaiserkrone. Die Einheit und
Größe des Reichs wird gerade aus dem Abenteuer der
Empörung und der Fremde zurückgewonnen. Von „hel-
des nocten“, von „arbeit“ derer, „die in fremden richen /
dicke sorclichen / varent durch vermezzenheit“ (um ihre
Kühnheit zu beweisen), ist die Rede, aber mit neuer
Wendung auch von der aktiven Abenteuerlust des Ritters:

> mich lustet vil sere
> daz ich hin wider kere
> und die burc baz (besser) besehe,
> swaz halt mir darinne geschehe.
>
> (2485 ff.)

Was bei Alexander noch Welteroberung im Dienst des
Reichs ist, erfolgt hier außerhalb des Reichs, ja gegen

dieses. Doch anstelle der Phantastik des kommenden Artusromans steht hier noch die geographische Wunderwelt der Schöpfung. Es fehlt vollkommen das Thema der Minne, und die höfische Pracht des Orients wird im Grunde mit Skepsis betrachtet. Die Emanzipation, die Aventiure wird zurückgebogen in die Ordnung des Reichs; der Roman durchstößt den heilsgeschichtlichen Rahmen noch nicht, auch wenn er in gewissem Sinn weltlich, politisch geworden ist.

Erstaunlich, wie da in einem ältern Werk, dem einzigartigen *König Rother* (um 1160?; eine Handschrift 12. Jahrhundert, Fragmente dreier weiterer Handschriften), die Bindungen sich bereits stärker gelöst haben, so daß freier und unbekümmerter mit verschiedenartigem motivlichen und gedanklichen Erbe geschaltet wird. Es ist nicht zufällig wohl ein rheinischer Dichter, doch muß er – in unserer Fassung – für ein bayrisches Adelspublikum gewirkt haben. Er erzählt in altertümlich-schlichten, aber keineswegs stereotypen Versen auf knappem Raum seine heitere und spannende, an Gestalten und Vorfällen, Stimmungen und Peripetien reiche Geschichte. Weit und bunt ist der Schauplatz: Er reicht von Bari, der Residenz des als christlich-römischen Kaisers gedachten Rother, über Byzanz, wo der grausame und mißgünstige Konstantin herrscht, bis zu den Völkern Ymelots von Babylon, der das oströmische Reich im Rücken bedroht. So ist, gegenüber dem frühmittelalterlichen Binneneuropa, die offene, aktuelle, moderne Welt gegeben und zugleich wieder die Mittelmeerwelt des antiken Romans, im Hin und Her zwischen Westen und Osten. Dennoch ist auch hier das Reich als letzte Instanz festgehalten: Rother will, um die Erbfolge zu sichern, heiraten und wirbt um die schöne Prinzessin von Konstantinopel (sie ist trotz allem noch keines Namens würdig). Doch die Boten werden ins Gefängnis geworfen. Da bricht Rother mit wenig Begleitern, unter dem

Namen Dietrich, „in recken wis" nach Byzanz auf, tritt in die Dienste Konstantins und entführt schließlich mit List und Tapferkeit die Geliebte. Doch dieser ersten Runde folgt eine zweite: Nachdem Konstantin durch trügerische Kaufleute die junge Königin zurückgeraubt hat, fährt Rother mit mächtigem Heer ein zweites Mal nach Konstantinopel, wo er eben zurecht kommt, unter dramatischen Umständen den Kaiser von seinem babylonischen Feinde Ymelot zu befreien und die Gattin zurückzugewinnen; mit Byzanz versöhnt, kehrt er zurück, bei der Landung schenkt sie ihm einen Sohn, Pippin. Wieder tritt der geschichtliche Rahmen hervor: Rother ordnet sein Reich (dem 72 Königreiche zugehören), sein Sohn feiert später in Aachen die Schwertleite und übernimmt die Herrschaft, um sie dereinst seinem Sohn, Karl dem Großen, zu übergeben, während Rother und seine Frau ins Kloster gehen. So bedarf die Erzählung offenbar noch der Legitimation als geistliche Geschichts- und Reichsdichtung. Ob darüber hinaus, hinter solcher „Verfremdung" ins Vorkarolingische, noch zeitpolitische Anregungen und Tendenzen stehen (die Werbung Rogers II. von Sizilien um eine byzantinische Prinzessin, Anliegen des bayrischen Adels, der durch Übernahme einer Reihe von Namen geehrt wird), ist umstritten, ebenso, wie sich dabei die staufische Karls-Ideologie zu den welfischen Belangen verhält. Es könnte sich nur um zusätzliche Assoziationen handeln, sofern man wenigstens im Kern einen echten Heldensagenstoff ansetzt. Und darum kommt man wohl nicht herum. Die *Thidrekssaga* enthält eine Erzählung von der Werbung des Königs Osantrix von Wilkinaland, die eng verwandt mit dem ersten *Rother*-Teil, aber wohl nicht von diesem abhängig ist; und weiter zurück kommt immer noch in Frage die von Paulus Diaconus erzählte Geschichte von der Werbung des Langobardenkönigs Authari um eine bayrische Prinzessin, wobei später für

den Namen Authari der bekanntere des großen Königs
Rothari eingetreten wäre.

Das ideelle Gerüst des *Rother* wird man also nicht
strapazieren dürfen. Was dominiert, ist die bunte,
bewegte Erzählung: die Geschichte einer Brautgewinnung, wie sie in Märchen und Heldendichtung, Ballade
und Roman allgemein beliebt ist, in verschiedenen und
schwer trennbaren Typen der friedlichen Werbung bzw.
der Entführung durch List oder Gewalt oder heimliche
Flucht. Es ist die Liebeserzählung, wie sie einer noch
rein episch-objektivierenden Stufe entspricht und wo das
Liebesgeschehen nur faßbar ist als Auseinandersetzung
von Macht, Ehre und Bewegung im Raum, ohne sagbare
Innerlichkeit. Der hohe Reiz des *Rother* ist freilich, wie
hier Heroisches – das sich vor allem noch im Motiv der
Treue zwischen Herrn und Gefolgsleuten (als sogenannte Dienstmannensage) entfaltet – sich wandelt zu
spielmännischer Freude an List, Verkleidung, Namen-
tausch, Komik; zugleich wächst das Sinn für verfeinerte
höfische Formen, zusammen mit westlichem Überlegen-
heitsgefühl über das düstere Byzanz, und nicht zuletzt
wird ein intim Menschliches möglich. Dies vor allem in
der berühmten Szene der Schuhprobe. Rother-Dietrich
ist ins Gemach der Prinzessin bestellt worden:

> Der herre zo den uvten gesaz,
> vil schone sin geberre was.
> Vffe sin bein saze sie den uot;
> iz ne wart nie urowe baz geschot.

> (2189 ff.)

Das Gespräch führt dazu, daß sich Rother entdecken darf:

> Nu laz ich alle mine dinc
> an godes genade ande din.
> Ia stent dine voze
> in Rotheris schoze.

> (2251 ff.)

(Der Herr setzte sich ihr zu Füßen, / mit schöner Gebärde. /
Auf sein Bein setzte sie ihren Fuß; / nie ward eine Dame besser
beschuht. // Nun überlasse ich mich ganz / Gottes und deiner
Gnade: / Ja, deine Füße stehen / auf Rothers Schoß.)

Die Brautwerbergeschichte ist im *Rother* gedoppelt, im
Gegensatz zur einfachen Osantrix-Handlung, aber in
Verwandtschaft zu *Salman und Morolf*. Solche Lust an
der Wiederholung und Variation bedeutet nicht ein
beschränktes Erfindungsvermögen bei unbeschränkter
Erzählfreude, sie entspricht vielmehr dem analogischen
und typologischen Ordnungsdenken; in strengerer und
durchdachterer Methode bestimmt sie auch die Struktur
des höfischen Romans (*Tristan*, Artusroman).

Wesentliches Element des munter-spannenden Erzählens ist schließlich die Komik, die sich aus Anlaß von
Rothers riesenhaften Gefolgsleuten und ihrem unge-
schlachten Benehmen am Hof zu Konstantinopel breit
entwickelt, zugleich aber auch zur Charakteristik der
Personen und der Atmosphäre ausgenützt wird. Das ist
spielmännisch, wie immer man weltliche Berufsdichter
und Geistliche an Entstehung und Vortrag des Werks
beteiligen mag. Auch motivisch ist den Spielleuten vom
Dichter große Sympathie gewidmet, Rother selbst tritt
als Meister des Saitenspiels auf. Im ganzen aber ist
schwer zu sagen, was man in diesem Werk als unernsten
spielmännischen Synkretismus aus heroischen, historischen und schwankhaften Elementen ansprechen muß
und wieweit gerade durch solche Mischung und Spannung einem höfischen Roman vorgearbeitet wird.

3. Legendenromane

Ein neuer Aspekt öffnet sich in einer Reihe von unterhaltenden Erzählungen spielmännischen Stils, welche nicht
heroischen oder reichsgeschichtlich-politischen Stoffen
gelten, sondern Legendarisches in gewagter Weise mit

spielmännisch-phantastischen Brautwerber-Geschichten
kreuzen; sie scheinen sich auch gegenseitig beeinflußt zu
haben und nicht nur gattungsmäßig verwandt zu sein.
Der von de Boor geprägte Name „Legendenromane" ist
wohl als vorläufige Etikette passender und konkreter als
die hergebrachte – oft auch noch für *Ernst* und *Rother*
verwendete – Bezeichnung „Spielmannsepik". Die Verlegenheit der Forschung diesen drei Werken oder Werk-
gruppen gegenüber (*Oswald, Orendel* und *Salomon und
Markolf*) ist groß, denn sie sind alle erst in Fassungen des
15. Jahrhunderts überliefert, und ihre ursprüngliche
Gestalt läßt sich nicht wiederherstellen und nur schwer
datieren, und doch lassen sie das ganze Problem „spielmännischer" Dichtung akut werden. Es bleibt offen,
wieweit hier „Dichtungen ohne Grundsatz" vorliegen
und wieweit kühne, problematische Versuche in einer
bestimmten literatur- und geistesgeschichtlichen Konstellation (so Curschmann). Im allgemeinen siedelt man
die ursprünglichen Fassungen zwischen geistlicher
Geschichtsdichtung und höfischem Roman an und verteilt sie in den Zeitraum zwischen 1160 und 1190.

Oswald (*Münchener Oswald*, wogegen eine kürzere, spätmittelalterliche Fassung, der *Wiener Oswald*,
starke Abweichungen zeigt): Der fromme englische
Königssohn Oswald begehrt auf Anraten eines Engels
die heidnische Königstochter Pamige zur Frau; als wer-
bender Bote bei dem grausamen Heidenkönig dient ein
wunderbarer Rabe, der seinen Auftrag unter abenteuer-
lichsten Zwischenfällen ausrichtet; Oswald macht sich
selber mit 72000 Kriegern auf und kann schließlich
Pamige entführen; der Heidenkönig wird in gewaltiger
Schlacht besiegt und darauf getauft; Oswald kehrt nach
Hause; durch eine Erscheinung Christi gemahnt, läßt er
seine Gattin fortan unberührt, beide gewinnen bald, von
Engeln geleitet, das Himmelreich. – Das Geschehen hat
mit der offiziellen Legende des auch auf dem Festland

volkstümlichen Heiligen Oswald nur am Rande zu
tun.

Orendel: Zunächst die biblische Vorgeschichte des
nahtlosen Grauen Rocks Christi (der berühmten Trierer
Reliquie); Orendel, Sohn des Königs von Trier, zieht
aus, um Bride, Prinzessin von Jerusalem, zu gewinnen;
nach langer Seefahrt, Seeschlacht und Sturm wird er zu
einem Fischer verschlagen; im Bauch eines gefangenen
Wals findet sich der Graue Rock; sieghaftes Auftreten
Orendels bei einem Turnier in Jerusalem; die gelungene
Ehe mit Bride wird auf himmlischen Befehl nicht vollzogen; Rückkehr nach Trier; darauf erneuter Auszug zu
großen Heidenkämpfen und Wiedereroberung des Heiligen Grabes; das Paar geht ins Kloster.

Salomon und Markolf (*Salman und Morolf*):
Ein strophisches Gedicht aufgrund jüdischer Salomonle-
gende, wobei Salomon aber als christlicher König von
Jerusalem erscheint. Salman besitzt eine schöne Frau,
Salme, eine getaufte heidnische Prinzessin. Fore, ein
Heidenkönig, begehrt sie, verliert aber eine gewaltige
Schlacht; doch Salme läßt sich betören und folgt ihm.
Salmans Bruder Morolf, der eigentliche Held der
Geschichte, teils edler Ritter, teils verschlagener, ja
dämonischer Intrigant und Possenreißer, geht als Kund-
schafter ins Heidenland unter grotesken Listen und
Abenteuern; mit Heeresmacht holt Salman seine Frau
Salme zurück. Nach sieben Jahren wiederum Entführung
Salmes, jetzt durch König Priscian; wiederum Rückge-
winnung durch Morolf, der schließlich Salme im Bad
tötet, worauf Salman eine glückliche Ehe mit Fores
Schwester schließt. Die strophische Form („Morolfstro-
phe“) gibt dem Werk seinen volksepisch-balladenhaften
Charakter und damit einen gewissen Reiz. (Ein späteres
Spruchgedicht stellt in Disputationen und Schwänken
Salomon und Markolf einander gegenüber, den lächerli-
chen Weisen dem zynisch-unflätigen Realisten. Dieser

Text steht, nach lateinischer Vorlage, in der internationalen Tradition salomonischer Spruchliteratur, die bis tief ins 16. Jahrhundert hinein ihre Bearbeitungen als Prosa, Spruchreihe oder Fasnachtspiel – Folz, Sachs, Bletz – fand.)

Gemeinsam ist den drei Dichtungen der weite mittelmeerische Schauplatz – wie in *Ernst* und *Rother,* der Faustinianlegende der *Kaiserchronik* und weiter zurück im antiken Roman (der *Apollonius von Tyrus* hat wohl direkt auf *Orendel* eingewirkt). Die aus den weitgespannten Brautwerbe- und Entführungsaktionen hervorgehenden Kämpfe werden in die Kreuzzugswelt des 12. Jahrhunderts projiziert und zu Kämpfen zwischen Christen und Heiden gemacht. Das Brautwerbe-Schema erfährt dabei verschiedene Varianten: In *Bride* wird die Braut zur tatkräftigen Helferin, in *Salme* ist sie die bedenkenlose, schwache Ungetreue, ähnlich wie einst Helena. Kühn ist damit in *Oswald* und *Orendel* (die wohl auch ihren Ursprung und Zweck in einem bestimmten Heiligenkult haben) christliche Legendenstimmung vermischt, wobei Wunder, Zauberei und phantastisches Abenteuer schwer zu scheiden sind. Dennoch wird man das erbauliche Element ernst nehmen dürfen. Mit selbstverständlicher Zuversicht umfaßt und durchdringt es die neue Weltlichkeit, die sich in der *Kaiserchronik* nur unterschwellig gemeldet hatte. Der literarische Rang der ursprünglichen Schöpfungen ist kaum mehr zu bestimmen. Das Erhaltene hat die Kennzeichen „niederen Geschmacks" (Ehrismann), ist voll Wiederholungen und Formeln, widersprüchlich, oft roh und sprunghaft. Dies braucht für die Fassungen des 12. Jahrhunderts nicht zu gelten, oder man darf in ihnen mindestens interessante Versuche vermuten, Subliterarisches in geistliche Konzeptionen einzubauen und dabei nicht zuletzt den Frauen und der Ehe oder Minne ihren Platz zu bestimmen. Eine vornehme Zukunft war solcher

Mischung nicht beschieden. Die höfische Gesellschaft
bildete sich ihre eigenen Bildwelten aus, sie erst schuf
einen Roman im vollen Sinne. Was sie allenfalls weiterhin liebt, ist die Szenerie von Mittelmeer und orientalischer Minne, wie z. B. in den Gahmuret-Feirefiz-Episo-
den von Wolframs *Parzival*.

4. „Graf Rudolf"

Der erste Vorbote eines ritterlichen Romans – noch im
alten mediterranen Rahmen – ist der *Graf Rudolf*,
Fragmente eines mitteldeutschen (niederrheinisch-maas-
ländischen?) Werks aus der Zeit um 1170, eventuell
später bis gegen 1185. Die Quelle war eine verlorene
Chanson de geste, eine Nachwirkung ist nirgends feststellbar. Ein Graf Rudolf von Arras beteiligt sich an
einem Kreuzzug, tritt dann in die Dienste des Sultans,
gewinnt eine heidnische Prinzessin, die sich auf den
Namen Irmengart taufen läßt; Trennung, Wiederverein-
gung am Hof zu Konstantinopel, Flucht (?) des Paars
durch den nächtlichen Wald. Ein ernsthaftes Zeitbild,
aus der faktischen Kreuzfahrerwelt, ohne alles spielmännische oder geistliche Gehaben, wohl von einem Ritter
knapp und nicht ohne Anmut erzählt. Was den Dichter
vor allem interessiert, ist das Bild eines vorbildlichen
jungen Ritters in kriegerischer oder in höfisch-schöner
Umgebung, mit edlen Formen und den Tugenden der
Treue, der Milde, der Tapferkeit; beim Vergleich des
kämpfenden Ritters mit einem Falken denkt man an
Parallelen des frühen Minnesangs:

> wizzet ir wie der valke tud,
> deme got hat bescheret
> da er den lip mite generet (womit er das Leben fristet) ...
> daz herze ist ime so stolz ...   (F^b)

Eine kleine Ritterlehre ist auch hier schon enthalten. Bei aller Frömmigkeit überbrückt ritterliches Einverständnis die Kluft zu den Heiden und ermöglicht dem Helden, ehrenvoll auch auf seiten des Gegners zu kämpfen. Die heidnische Braut erscheint damit in neuem Licht. Erstmals entfaltet sich das Phänomen höfischer Liebe, wenn auch noch nach dem altertümlichen, leidenschaftlichen Typus:

> Der greve hup uf unde sprach.
> siner vrowen er do jach
> warumme er wart so rot.
> „vrowe, harte groze not
> lid ich umme uwere minne.
> alle mine sinne
> han ich an uch gelazen.
> ich minne uch ane maze
> daz ich dar abe was na tot.
> uwer minne tut mir groze not!"

(E)

(Der Graf begann zu sprechen. / Seiner Herrin verriet er, / warum er so rot geworden. / „Herrin, sehr große Not / leide ich aus Liebe zu Euch. / Mein ganzer Sinn / steht nach Euch. / Ich liebe Euch grenzenlos, / daß ich fast gestorben wäre. / Die Liebe zu Euch macht mir große Not!")

Aus dem Brautwerbe-Schema löst sich die Liebesgeschichte, aus dem Krieger- das Rittertum. Höchstes Maß ist das festliche „hochgezite" des Kaisers von Rom: man kann den *Graf Rudolf* als staufisches Werk ansprechen. In der Verbindung von Kreuzfahrerchanson und Liebesroman erinnert er von ferne schon an Wolframs *Willehalm*.

DIE RITTERLICH-HÖFISCHE DICHTUNG DER STAUFERZEIT

I. DER ANTIKISCHE ROMAN

1. Mittelhochdeutsche Klassik

Die stets als „klassisch", als „Blütezeit" empfundene Epoche der deutschen Dichtung des Mittelalters hat sich lange vorbereitet; ihr faktischer Beginn ist verhältnismäßig leicht und eindeutig zu bestimmen. Denn was uns seit den 1170er Jahren begegnet, ist in der Tat eine literarische Welt, die sich nach Sprache, Gattungsformen, Stoffen, nach Dichterpersönlichkeiten und Publikum von allem Vorangehenden klar abhebt. Sie vollendet sich in knapp zwei Generationen, ein unerhört kurzes Aufleuchten, dem ein Nachglühen von Jahrhunderten folgt. Erstmals tritt eine Schicht vornehmer Laien als Literatur-, ja Kulturträger auf, wobei sie eine autonome Ideologie entwickelt und in einer neuen dichterischen Bilder- und Gedankensprache zu ihrer eigenen Weltlichkeit steht, ja sich selber in festlichem Hochgefühl feiert. Wir sahen schon im *Ruodlieb* den Ansatz dazu. Das 12. Jahrhundert bringt, nicht zuletzt im Zusammenhang mit den Kreuzzügen, eine übernationale Elite hervor, neben der die Geistlichen ihr Bildungsmonopol teilweise verlieren, städtisches Bürgertum und Bauern aber noch kaum ein eigenes Kulturbewußtsein zeigen und jedenfalls im höfischen Blick nur als „vilâne" (vgl. frz. „vilain"!) oder gar nicht erscheinen. Mit „ritterlich" bezeichnen wir den allgemeineren, auch ideellen, mit „höfisch" den spezielleren gesellschaftlich-ästhetischen Aspekt des Phänomens.

Es sind sehr komplexe soziale, wirtschaftliche und politische Vorgänge, welche zu der neuen höfischen Gesellschaft und ihrer Standeskultur führen. Sicher scheint, daß es zunächst wenige große Höfe sind, an denen ein breiteres weltliches Publikum die Voraussetzung für die Pflege einer ideologisch neuartigen Dichtung bildet. Es ist anzunehmen, daß es sich dabei um die Integration einer neuen oder zahlenmäßig stärkeren Schicht von Leuten handelt, die in militärischer oder wirtschaftlicher Abhängigkeit oder in irgendeinem Beamtenverhältnis zum feudalen Herrn stehen und ein Interesse daran haben, an dem neuen vornehmen Selbstbewußtsein teilzunehmen und ihm Ausdruck zu verleihen. Man hat lange vom Dienstadel gesprochen und die aufsteigende Ministerialität zum eigentlichen Träger der höfischen Kunst machen wollen (Kluckhohn, E. Köhler). Nun sind die Verhältnisse zeitlich und regional verschieden und darüber hinaus auch terminologisch verworren. Es gibt arme und sehr reiche Ministeriale, arme und reiche freie Herren; es gibt hohen und niederen Adel, es gibt die gesellschaftliche oder die juristische Zugehörigkeit zu einem Stand. Das Wort „Ritter" (eigentlich „Reiter") und „Rittertum", das eine integrierte neue Gesellschaft zu treffen scheint, ist mehrdeutig. Es zielt mehr auf einen „Erziehungs- und Bildungsgedanken" als auf einen faktischen Stand (Bumke), und in diesem Sinne ist ja auch immer wieder der Begriff des Adels nicht nur vom Geblüt, sondern vom Ethos her begründet worden; der Begriff des Dienstes schließlich meint nicht nur ein rechtliches Verhältnis, sondern hat auch moralische und religiöse Implikationen – dies um so mehr, als mittelalterliches Analogiedenken die Bereiche unmerklich ineinander übergehen läßt.

Die Dichter selbst sind standesmäßig schwer auf einen Nenner zu bringen. Von den Liederdichtern der Manessischen Handschrift sind nur 10 bis 15 Prozent mit einiger Sicherheit als Ministeriale zu bestimmen (Bumke). Den Minnesang hat man sich *anfänglich* als selbstgeübte Kunst hoher Herren vorzustellen; für andere Gattungen der Lyrik und für die Erzählung ist vorwiegend mit „Berufsdichtern" zu rechnen, ohne daß deren Stand dabei eine Rolle spielt. Dies wiederum hängt damit zusammen, daß – wie immer auch sozialgeschichtlich mit verursacht – eine Literatur, ein Stil, eine Denkart unabhängig vom Stand ihres Trägers werden. Gewiß bleibt die höfische Literatur für Jahrhunderte maßgebend, weil sie den Interessen einer adlig-höfischen Gesellschaft entspricht; ebensosehr aber ist eine – von wem immer – geschaffene dichterische Welt bis zu einem hohen Grade autonom, an sich wie in ihrer weiteren Entwicklung, und darum werden oder sind von vornherein Begriffe wie „adlig", „ritterlich", „höfisch" auch standesunabhängige Wertbegriffe. Schon bei der Entstehung begegnen sich beispielsweise klerikale und ritterliche Hofleute in ihren Interessen; vielleicht sind gerade Klassiker der höfischen Dichtung wie Chrestien oder Gottfried Geistliche gewesen. Nur so konnten die höfischen Ideale denn auch für die Bürger des Spätmittelalters weithin verbindlich bleiben.

Diese an den weltlichen Höfen des Kaisers, der Fürsten und auch kleinerer Herren gepflegte Kunst führt wohl zum erstenmal überhaupt zu einer volkssprachlichen Literatur im vollen Sinne, in Frankreich wie dann in Deutschland. Erstmals stellt sich Literatur als ein Organismus dar; die Dichter beziehen sich aufeinander, stehen auch z. T. in persönlicher Bekanntschaft, und es gibt – nach einem rheinisch-mitteldeutschen Vorspiel dann unter oberdeutscher Führung – nun auch bis zu einem gewissen Grad eine literarische Hochsprache über den Mundarten; es entsteht ein gewisser Kanon der großen Dichter und Werke, der über Jahrhunderte hin verbindlich blieb.

„Von Hohenstaufens Haus ... entsprang aus finstrer Nacht der ungewohnte Strahl" – so hat der spätere Wiederentdecker dieser Dichtung, Johann Jakob Bodmer, schon 1734 gemeint: als staufisch ist die höfische Literaturblüte immer wieder angesprochen worden.

Doch ist es schwierig, darin mehr als eine chronologische Bestimmung gelten zu lassen. Nur im Bereich der Lyrik läßt sich mehrfach von staufischer Hofkunst reden, und umgekehrt erweisen sich die literarischen Interessen des Welfenhofs als konservativ. Doch die Abhängigkeit der deutschen von der romanischen Literatur verbietet es, allzu direkt von staufischer Dichtung zu sprechen; daß im Westen und Süden Deutschlands und im Umkreis der regierenden Dynastie eine größere Beziehung zur modernen internationalen Kunst besteht, ist im übrigen gegeben.

Hinter dem literarischen Ereignis steht eine weit umfassendere Bewegung, vor allem in Frankreich und insbesondere dem englisch-französischen Reich der Anjou-Plantagenet: die „Renaissance des 12. Jahrhunderts". Sie ist zunächst nur als ein Aufbruch aller vitalen Kräfte zu bezeichnen. Es ist eine unmittelbarere Frömmigkeit im neuen Orden der Zisterzienser (Bernhard von Clairvaux), aber auch in einer Vielfalt von spiritualistischen Bewegungen häretischer Art, und es ist der Aufschwung der Theologie und Philosophie der Frühscholastik mit ihren neuen dialektischen Methoden (Abaelard). Es ist eine Wiedergeburt der Antike, philosophisch in der Aneignung der Aristotelischen Schriften durch Vermittlung der jüdischen und arabischen Philosophie – literarisch in erneuertem Verständnis der klassischen Autoren, allen voran Ovids und Vergils, und allgemein im bewußten Versuch einer Bereinigung des Verhältnisses zur Antike in Verwandtschaft und Gegensatz. In der Schule von Chartres wird die Vorstellung geprägt, daß das christliche Hochmittelalter auf den Schultern des antiken Riesen stehe, ein Zwerg, aber weiterblickend, und somit sich als christliche Erfüllung der antiken Verheißung verstehen dürfe. Schließlich am sinnfälligsten die neue Formensprache der Gotik, die wie die dichterische Form des Romans von Nordfrankreich aus die Welt

erobert. Überall anstelle etablierter Autoritäten und
sakraler Präsenz des Heils eine leise, manchmal auch
stürmische Unruhe und Bewegung, auf ein Ziel, ein
Jenseitiges hin, Aufbruch eines neu entdeckten „Innern",
die Erfahrung eines Unterwegsseins, eine Suche, ein
Wille zur Selbstverantwortung auch auf die Gefahr der
Unsicherheit und des Irrtums hin. In alldem erwächst die
ritterlich-höfische Dichtung, für Laien und meist auch
von Laien verfaßt, zwar ein sehr schmaler Bereich
begrenzter Motive und Formen und oft wohl, in ihrer
phantastischen Idealität, ohne unmittelbare Beziehung
zu einer vielleicht recht rohen Wirklichkeit, aber dennoch von weiter Repräsentanz und Strahlungskraft.
Darin leitet sich das Rittertum selbst von der Antike her
und schafft sich zugleich seine Symbole aus unerhörtem
keltischen Märchenstoff.

„... aus finstrer Nacht der ungewohnte Strahl" – man
pflegt meist die ideale, humane Schönheitswelt der höfischen Dichtung als weltliche Emanzipation von der Finsternis des geistlich-asketischen Mittelalters aufzufassen.
Und man spricht von einer hochmittelalterlichen „Synthese", sofern die neue Weltlichkeit sich mit den christlichen Forderungen notgedrungen zu versöhnen sucht, in
einem Ausgleich von Weltehre und Gotteshuld. Dafür
kann man sich auf stehende Formeln der Zeit berufen.
Dennoch geht es keineswegs um eine Synthese von
Gegensätzen oder gar um irgendeinen Kompromiß, vielmehr um die Durchdringung eines neuen Weltbereichs
durch den alten, nie angetasteten Glauben, oder doch um
den Versuch, das menschliche Ich auch in seiner neuen
Weltlichkeit als Gottes Geschöpf zu verstehen und sein
irdisches Handeln in einer erweiterten christlichen und
sogar außerchristlichen Menschheit zu begründen. Eine
Weltentsagung des Ritters, der „Moniage", ist freilich
nicht mehr nötig – miles christianus zu sein ist schon seit
dem *Ruodlieb* auch im buchstäblichen Sinne möglich, ja

es gibt selbst den ritterlichen Heiligen (vor allem Georg in der hochmittelalterlichen Gestalt). So ist die Emanzipation, umgekehrt gesehen, zugleich ein missionarischer Vorgang, und die mannigfachen Versuche christlicher Interpretation des ritterlichen Lebens bilden den roten Faden in der Entwicklung des höfischen Romans. Es bleibt freilich ein Wagnis, ein Versuch, der gelingen oder scheitern kann. Denn gerade die Unsicherheit, das Wagnis, die Suche ist zur – ritterlichen – Voraussetzung des Glaubens geworden; die Gnade ist nicht das greifbar Präsente, sondern das Transzendente.

Die höfische Dichtung ist durchaus idealistisch; im Sinne des mittelalterlichen Ideenrealismus liegt ihr das Wirkliche im Allgemeinen, Geistigen, und sie bietet, vermutlich in starkem Kontrast zu der Alltagswirklichkeit, ein durchaus traumhaftes Bild und Vorbild des höfischen Daseins. Auch wenn das Erwachen zur seelischen Freiheit, zum Dasein aus spontanem, gnadenhaftem Innern zu ihren Grundmotiven gehört, so sucht sie doch keineswegs ein modern „Individuelles", sondern arbeitet figurenhaft, denkt in Typen und typologischen Verhältnissen. Es geht nicht um ein Einmalig-Stoffliches in Menschen und Vorgängen, sondern um die Forma, die Idee, die sich dann auch als Schönheit, ja als Abglanz der göttlichen Herrlichkeit äußern kann. Die Schönheit des Irdischen, für die eine ritterlich-höfische Welt stehen darf, lebt nicht aus sich selber, sondern läßt in Maß und Zahl die göttliche Ordnung und in ihrer Diaphanie das göttliche Licht erscheinen.

Originalität ist nicht der Ehrgeiz der Dichter, schon gar nicht der deutschen, die sich mit wenigen Ausnahmen darauf beschränken, die romanischen Vorbilder zu deuten, etwa die „meine" des vorgegebenen „maere" im bescheidenen Nachvollzug wiederzugeben. Und nicht zu vergessen ist dabei auch das Klima gesellig festlicher Heiterkeit, in welchem sich das Spiel vollzieht und wo der Dichter sich zugleich seiner selbst bewußt wird.

Als die große dichterische Metapher für das, was den Menschen frei setzt, was ihn vollenden, ins Ganze binden und beglücken – aber auch zerstören – kann, erscheint die Liebe – die „Minne" in ihren verschiedenen, spannungsreichen Möglichkeiten, als bestürzendes, noch kaum verstandenes Ereignis, als Abglanz oder riskante Analogie geistlicher Liebe, als anagogisch-erzieherische Macht, als mystischer Liebestod. Die beiden großen Neuschöpfungen, in denen eine weltliche Dichtung der europäischen Volkssprachen überhaupt begründet wird, sind der höfische Roman – die literarisch gewordene Form der ritterlichen Suche und des Abenteuerwegs in Kampf und Liebe – und die Minnelyrik als emporführende Huldigung des Ritters an die Frau, an das Prinzip des Weiblichen, durch welches erst der kämpferische Mann zum vollendeten Menschen wird. In beiden Gattungen aber vollzieht sich eine heimliche Anverwandlung und Fortführung christlicher Strukturen.

2. Heinrich von Veldeke

„er inpfete daz erste rîs / in tiutischer zungen" – mit diesen Worten preist Gottfried von Straßburg um 1210 „von Veldeken Heinrich", und er beruft sich dabei auf die besten älteren und jüngeren Zeitgenossen. Auch wenn er vor allem an den Minnesang denkt, so hat sich an diesem Urteil auch für den Roman bis heute nicht viel geändert. V e l d e k e ist mit seinen seit 1170 entstehenden Werken der erste im eigentlichen Sinn höfische Dichter, der durch seine Verskunst, seine Behandlung des neuen höfischen Minnethemas und seine Schilderungen schöner ritterlicher Formen Epoche machte. Er ist ein ritterlicher Laie, der aber über eine beträchtliche Bildung verfügt, Latein und Französisch beherrscht und offenbar auch in weltlichen Dingen (Recht, Baukunst, Kriegskunst) ungewöhnlich versiert war. Aus der Gegend von Maastricht stammend, steht er im Dienstverhältnis zu dem Grafengeschlecht von Loon; später zeigen sich Beziehungen zu einer Gräfin von Kleve, und in den 1180er Jahren erscheint er am thüringischen Landgrafenhof. Er verwendet in seinem Werk die heimische „limburgische" Sprache, nach den grundlegenden Forschungen Theodor Frings' und Gabriele Schiebs bereits eine gepflegte Literatursprache, die auf einen älteren rheinisch-mitteldeutschen Literaturzusammenhang hinweist und jedenfalls über Köln hinaus bis nach Thüringen hinein verständlich war. Zugleich aber ist Veldeke offenbar dank seiner Nähe zur führenden flämisch-brabantischen und weiter nordfranzösischen ritterlichen Kultur zum Vermittler der modernen Formen von Minnelyrik und Roman geworden. *Eneas*-Roman und Minnelyrik sind nur in oberdeutscher Umsetzung erhalten, ein Zeichen dafür, daß sie nicht allzuschwer übertragbar waren und daß es bald die neue, oberdeutsch bestimmte „Literatursprache" war, hinter welcher die rheinisch-mitteldeutsche zurücktrat. Veldekes Altlimburgisch bieten uns nur ein paar hundert Verse seines *Servatius*, der als Ganzes nur in spätmittelalterlicher limburgischer Gestalt vorliegt.

Die *Servatiuslegende* ist vielleicht, doch nicht nachweisbar, das ältere seiner beiden Erzählwerke, für eine Gräfin Agnes von Loon und für einen Herrn Hessel, Custos des Servatius-Münsters, geschrieben, als Huldigung an den Maastrichter Heiligen, dessen Kult auf seinem Höhepunkt stand und später auch nach Süddeutschland sich verbreitete. So scheint auch der erste höfische Klassiker noch von der geistlichen Erzählung auszugehen und hat nach lateinischen Vorlagen gearbeitet. Es handelt sich um eine bereits mit vielen Historien und Mirakeln angereicherte Vita: Servatius stammt aus der Familie Jesu, ist Glaubensbote in Gallien und den Niederlanden, Bischof von Tongern, als Gefangener bei den Hunnen bekehrt er vorübergehend Attila, er stirbt nach triumphaler Rückkehr in Maastricht. Ein zweiter Teil des Werks gilt den postumen Wundern des Heiligen und der peripetienreichen Geschichte seiner Reliquien und ihrer Verehrung. In seiner Verbindung von Heilsgeschichte, Reichsgeschichte und lokaler Legende ist das Werk durchaus dem Kölner *Annolied* vergleichbar: der Heilige als Werkzeug Gottes in der Welt, in archaischer Einheit von Heiligkeit und Macht. Nur daß jetzt die mirakel- und anekdotenhaften Züge eine gewisse Inflation erfahren haben und daß die Belange des Maastrichter Domkapitels unverblümter zur Geltung kommen. Durchaus neu ist aber wohl der moderne Erzählton: die gesellig-menschliche Nähe zwischen Erzähler und Publikum, die behutsame, maßvolle, aber immer bewegte Kunst, die Möglichkeiten von Reim und Versfüllung einzusetzen, die Spannung zwischen Satz und Vers mühelos zu meistern. Der an sich kurzatmige Vierheber wird dadurch als „ritterliches Reimpaar", nach französischem Vorbild, zur geschmeidigen, liebenswürdig-eleganten Form der Erzählung schlechthin.

Der *Servatius* hat zwar – neben einer lateinischen Quelle – noch im 12. Jahrhundert einen oberdeutschen *Servatius* angeregt, aber sonst keine faßbare literarische Wirkung getan. Der entscheidende Anstoß kam vom *Eneas*, dem früh begonnenen, weltlich-antikischen Roman nach französischer Vorlage, der aber erst nach 1184 in Thüringen im Dienste der Grafen Hermann I. und Friedrich abgeschlossen wurde (das unvollendete Original war bei einer fürstlichen Hochzeit in Kleve 1173 abhanden gekommen und dem Dichter während neun Jahren entzogen gewesen). Erhalten sind 5 unvollständige Handschriften, dazu 6 fragmentarische. Im *Roman d'Eneas* ergriff Veldeke ein Werk von hoher und weitreichender Bedeutung. Es war vielleicht das erste Werk einer neuen, selbstbewußt-höfischen Dichtung, der erste „Roman", vermutlich am anglo-normannischen Hof Heinrichs II. und Alienors von Poitou gegen 1160 entstanden; es bildete mit den ungefähr gleichzeitigen Romanen um Theben und Troja eine zusammengehörige Gruppe antikischer Erzählwerke. Vergils *Aeneis*, die Grundlage des *Eneas*-Romans, war mehr als nur eine Dichtung: das Gründungsepos des noch immer bestehenden Römischen Reichs (erst recht dann für den deutschen Dichter im Dienst staufisch gesinnter Fürsten), Bild einer hohen, im Natürlichen vollendeten weltlichen Ordnung durch einen Dichter, dessen Größe in der ahnungsvollen Vorwegnahme der christlichen Ära lag. Die mittelalterliche *Aeneis* des Franzosen bedeutete dennoch eine unbefangene, gegenwartsbezogene Umdichtung, eine christliche und ritterlich erfüllte *Aeneis*, ausgestattet mit den idealen Bildern des Rittertums in Waffenkampf, höfischer Repräsentation und nicht zuletzt mit dem neuen „berühmten Gefühl" der weltlichen Liebe. Aus der von den Göttern gelenkten Ausfahrt und unbeirrbaren Verwirklichung des großen geschichtlichen Ziels wird der von der Vorsehung gelenkte, doch zugleich abenteuerliche Weg eines Ritters; aus dem Epos, das einer hohen Bestimmung, einer Idee, einer Zukunft gilt, treten die Gattungsmerkmale des Romans deutlicher hervor. Daß dabei zwischen antiker Mythologie und christlichem Glauben Schwierigkeiten und Widersprüche entstehen konnten, mochte als Spannung, als Spiel der Durchblicke einen zusätzlichen Reiz bedeuten. Allegorische Vergil-Auslegung hatte dem vorausgearbeitet.

Der deutsche Dichter hat seine Vorlage mit einer gewissen Freiheit bearbeitet und dazu wohl auch Vergil zugezogen. Er ist im großen ganzen auf dem Weg des Franzosen weitergegangen, indem er die höfischen Züge verstärkt, die Darstellungen seelischer Prozesse (Dido) verfeinert, die mythologischen Vorstellungen weiter abgebaut hat; anderseits ist Veldeke weniger gewandt und unmittelbar als sein Vorbild. Von der deutschen Tradition aus gesehen, fügt sich der *Eneas* der welt- und heilsgeschichtlichen Dichtung an – das ist durch einen geschichtlichen Ausblick am Schluß unterstrichen –, führt aber nun doch in die große Welt der neuen Gesellschaft und ihre Ideale. Nicht zufällig, wenn auch vielleicht erst später eingefügt, erscheinen bei Veldeke die beiden „Stauferpartien": Die Hochzeit von Eneas und Lavinia wird dem unerhörten Mainzer Hoffest Barbarossas von 1184 verglichen (13 221 ff.), und das Grab des Pallas in Rom wird vom Staufenkaiser anläßlich seines ersten Zuges nach Lamparten wiederaufgefunden (8375 ff.); das Werk dient, wie immer man die politische Gesinnung Veldekes beurteilen mag, festlicher, hoher Gegenwart. Damit ging die *Eneit* weit hinaus über den *Straßburger Alexander,* der ebenfalls antikischen Erzählstoff im höfischen Sinn überformte. Zahlreiche Berührungen zwischen den beiden Werken erweisen die Verwandtschaft des Unternehmens, doch bleibt umstritten, in welcher Richtung der Einfluß erfolgte.

Die bedeutendste Neuerung, die der deutsche Dichter noch stärker ausgebaut hat und die das Werk erst ganz zum Roman macht, ist die Liebesgeschichte von Eneas und Lavinia; sie wurde zum großen Gegenstück der Dido-Episode, als glückliche, vom Geschick und von Eneas selber bejahte Erfüllung gegenüber der zerstörerischen, weil letztlich einseitigen und von den Göttern mißbilligten Leidenschaft Didos. Auch die Lavinia-Liebe ist noch kaum höfische Minne, sie ist mit ovidischen Mitteln geschildert, in breiter Phänomenologie ihrer Symptome, und zugleich Anlaß neuer rhetorischer Formen in dem oft nachgeahmten stichomythieartigen Gespräch zwischen Lavinia und ihrer Mutter über das

Wesen der Minne. Zusammen mit den von Veldeke besonders geliebten und erweiterten Schilderungen der kriegerischen Vorgänge, der höfischen Umgangsformen und Zeremonien, der kostbaren Gegenstände und Bauten, aber auch mit seinem Sinn für intimere seelische Regungen, ergibt sich im Ganzen ein eigentliches höfisch-geschichtliches Bilder- und Lehrbuch. In religiöser Hinsicht wird eine Problematik des neuen Daseins noch kaum manifest, denn noch bewegt sich der Erzähler in einer von vornherein legitimierten klassischen und zugleich heilsgeschichtlichen Welt, und das fast refrainartige „het muste du also wesen" gilt ihm als genügende Begründung des Geschehens; göttlicher Wille bleibt sich in antik-mythologischer, fatalistischer oder christlich-providentieller Art wesentlich gleich; das objektive Geschehen ist wichtiger als die Ökonomie einer persönlichen Moral.

3. Trojaroman. Metamorphosen

Veldekes *Eneit* hat die Bedeutung eines Bekenntnisses und einer neuen Gesinnung: Der Anspruch auf Stilhöhe verlangt den klassisch-römischen Stoff; ritterlich-höfisches Gesellschafts- und Minneideal will sich am legitimsten Vorbild bewähren. Auch wenn man diese antikische Neigung nicht überbewerten darf und ihr Zusammenhang mit der Renaissance des 12. Jahrhunderts nur mittelbar ist, so war sie doch offenbar bewußt, und sie läßt sich bis zu einem gewissen Grad als mitteldeutsches (thüringisches) Literaturprogramm belegen, in Entsprechung zu der vermutlich unter Heinrich und Alienor am anglo-normannischen Hof entstandenen Gruppe antikischer Werke (*Eneas, Roman de Thèbes, Roman de Troie*, Episoden aus Ovid).

Der Landgraf Hermann gab nach Vollendung der *Eneit* einem „gelehrten Schulmann", H e r b o r t v o n

Fritzlar, den Auftrag zu einem deutschen *Trojaroman*, nach Benoît de Sainte-More; und „zu seinen Zeiten ... und in seinem Land" entstand eine Übersetzung von Ovids *Metamorphosen* durch Albrecht von Halberstadt. Beide Werke zeigen auch stilistisch den Einfluß Veldekes, für beide ist die Chronologie umstritten: 1190, sozusagen im Anschluß an die *Eneit*, oder dann, in einer gewissen Verspätung zum Zeitgeschmack, um 1210. Ohne deutsche Nachfolge blieb der Thebenroman, wenn man von Statius' Einfluß auf den *Waltharius* absieht.

Die Popularität des Troja-Stoffs beruht keineswegs auf dem Ruhm Homers, dessen Name im deutschen Mittelalter fast nur noch ein Gerücht war; vielmehr war es die Vorgeschichte verschiedener europäischer Völker, die ihre Herkunft auf die Priamos-Söhne zurückführten. So leiten sich die Franken seit der frühen Karolingerzeit von Troja her („Hagano trojanus" im *Waltharius*!), und das *Annolied* bezeichnet die „trojanischen Franken" darum auch als alte Vettern der Römer. Daß auch das Rittertum in den Kämpfen vor Troja entstanden sei, lehrt Chrestien de Troyes und noch genauer der deutsche Bearbeiter des *Moriz von Craun*. Die „Trojanersage" wird dabei vor allem aus den spätantiken Darstellungen des Dares Phrygius und, ergänzend, des Dictys Cretensis bezogen, die sich beide als Augenzeugen geben und somit die Würde von Geschichtsschreibern haben. Neue Fassungen, poetische Bearbeitungen gibt es mittellateinisch und in den meisten Volkssprachen. Im Deutschen sind vielleicht schon für das 12. Jahrhundert Troja-Dichtungen anzusetzen; später als Herborts Werk entstehen dann im 13. und 14. Jahrhundert die mächtigen Kompendien von Konrads von Würzburg Troja-Werk und des *Göttweiger Trojanerkriegs* und noch später ein Volksbuch. Gesamtmittelalterlich läßt sich sagen, daß der Troja-Stoff noch mehr als die *Aeneis* zur allgemeinen Bildung gehört, und zwar auch ohne Herbort, von dessen Nachwirkung – wir haben nur eine Handschrift – wir nichts vernehmen.

Der Landgraf selbst dürfte vom Ergebnis seines Auftrags kaum ganz befriedigt gewesen sein. Denn Herbort geht in erster Linie mit stofflich-geschichtlichem Interesse ans Werk, nicht viel anders als die Geschichtsdichter des 12. und die Reimchronisten des 13. Jahrhunderts. Seine Verstechnik ist unmodern, seine Darstellung eher roh und massiv (Schlachtschilderungen!), sein gelegentlich humorvoller Realismus allerdings vielleicht wirklichkeitsgetreuer als die neue Hofkunst der Veldeke und Hartmann. Die von Benoît de Sainte-More romantisierend ausgebauten Liebesepisoden übernimmt er schlecht und recht, samt etwas Veldekescher Minnedidaktik; dabei interessiert er sich, in Abweichung von der Tradition, besonders für Achill und seine problematische Liebe zu Polyxena – in allen Fällen aber bleibt ihm die Minne im frühhöfischen Sinn dunkles Schicksal und eher eine Gefährdung als eine Förderung des Helden.

Die griechische Mythologie, schon von Benoît eher zurückgedrängt, macht Herbort gelegentlich zu schaffen: Sie kann ja, gerade wo der Erzählstoff als objektiv-geschichtlich aufgefaßt wird, nicht einfach als freie Dichtung oder bloßer Wahn begriffen werden, und der Ausweg allegorischer Deutung ist nicht immer möglich. Wenn sich Veldeke hier zurückhält oder unklar bleibt, so muß Herbort etwa ausdrücklich betonen, daß beim Orakel von Delphi „der tufel sathanas / sin gespenste vn sin getwas (Gespenst, Geist) / vz eime bilde sprach". Die Aneignung antiker Epik ist also damit nicht unbedenklich.

Diese Problematik besteht prinzipiell auch bei der Übernahme von Ovids *Metamorphosen*, der „Bibel der Heiden", wie Alfons X. von Kastilien sagte. Daß sie ebenfalls zum Bewußtsein der Gebildeten gehörten, geht aus vielen mythologischen Anspielungen selbst in der deutschen Literatur seit der Jahrhundertwende hervor. Sie als Ganzes einzudeutschen, dazu noch – mangels einer zusammenhängenden französischen Vorlage – direkt aus dem Urtext und ohne Romantisierung, war kein selbstverständliches Unternehmen. Gerne wüßte man deutlicher, wie Albrecht von Halberstadt – vielleicht Chorherr des Stifts zu Jechaburg, niederdeutscher Muttersprache, aber mitteldeutsch schreibend – sich hier beholfen hat. Doch ist das Original nicht rekonstruierbar. Sein Werk ist vollständig nur in einer starken Überarbeitung durch den Colmarer Schreiber Jörg Wickram, Meistersinger und Schriftsteller, von 1544 erhalten, und der strahlende Ovid trägt hier vollends kärglichste Meistersingergestalt; vom ursprünglichen Text sind nur fünf kurze Fragmente erhalten und der von Wickram fehlerhaft abgedruckte Prolog. Es scheint, daß Albrecht sich mit einer Art Alibi-Erklärung im Prolog begnügt – es handle sich um Geschichten aus den ersten Weltaltern vor Abraham, in denen der Teufel herrschte und Gott sich verbarg –, im übrigen aber Ovid ohne viel Umstände deutsch versifiziert hat. Auch dies ein Werk außerhalb der neuen höfischen Richtung, mehr gelehrten Interesses und ohne nachweisliche Wirkung.

II. LIEBESROMAN UND LIEBESNOVELLE

1. Minne als Thema der Erzählung

„Durch got, was ist minne", fragt in Veldekes *Eneit* (9799) Lavinia ihre Mutter, und sie erhält zur Antwort: „sie ist von anegenge / gewaldic uber die werlt al / Und yemer me wesen sal, bis an den suntac (Jüngsten Tag)". Da wird die Sensation des neuen Themas unmittelbar deutlich. Das Phänomen der Liebe wird eigenständig und zentral für ein Menschentum und eine Gesellschaft, die sich als weltlich begreifen und so etwas wie ihr eigenes Mysterium entdecken. Wie immer man die geistes- und sozialgeschichtlichen Wurzeln der hochmittelalterlichen Minnebewegung – eines eigentlichen Minnekults – einschätzt, jedenfalls wird die Liebe entdeckt als menschliche Grenzerfahrung, in der höchste Lebenssteigerung und höchste Bedrohung zugleich erfolgen; sie wird Medium der menschlichen Begegnung in einer offenbar galanten, erotisierten Gesellschaft, sie wird zur moralischen und – als Dienst – zur sozialen Aufgabe.

„Minne" wird das Thema einer ganz neuen, ja unerhörten lyrischen Gattung, im Minnesang, und sie wird zu einem Hauptthema der weltlichen Erzählung. Was diese höfische Liebe ist, kann auf keine Formel gebracht werden, nicht nur, weil sie in vieler Hinsicht gerade für das Irrationale steht, sondern vor allem auch, weil es bei diesen Konzeptionen der Liebe um eine Auseinandersetzung geht, die niemals zu einem Abschluß kommt, sondern immer neue Lösungen sucht und jeweils auch aus dem geistlichen Bereich (Mystik, Marienverehrung) neue Impulse erhält. Sagen läßt sich vielleicht nur, daß auch bei den strengsten Versuchen der Sublimierung und der Diskussion von Eros, Caritas und Ehe die Geschlechtsliebe als Natur- und Schicksalsmacht mit größter Selbstverständlichkeit vorausgesetzt und bejaht ist – also gerade eine Sphäre, die nach dem traditionellen kirchlichen Augustinismus als sündig schlechthin gilt.

Schon in der *Kaiserchronik* zeigt sich eine charakteristische Form der Liebeserzählung, nämlich legendarisch verkappte Romane oder Novellen von der unschuldig verfolgten Frau: Das erotische Motiv ist dem Verfolger angelastet, die Heldin selbst erweckt zwar Leidenschaften und ist ihr Opfer, aber bleibt rührend, treu und fromm, und nur die historische Forschung weist ihr Muster im weltlichen hellenistischen Roman nach. Diesem Typ gehört auch noch – um 1200 – die Geschichte von *Morant und Galie* zu: Kaiser Karls Gattin wird von Verleumdern des Ehebruchs mit dem Ritter Morant beschuldigt, aber in der Folge eines gottesgerichtlichen Zweikampfs als unschuldig erkannt. Die davon erhaltenen Fragmente, nach verlorener französischer Vorlage, einer Karls-Geste, können nach einer späteren Bearbeitung ergänzt werden; sie gehören offenbar in den niederrheinisch-mitteldeutschen Literaturzusammenhang, in welchem uns unter der Führung Veldekes und des *Straßburger Alexander* eine frühe Gruppe weltlicher Erzählungen begegnet.

Unmittelbar und klar begegnet das Minnemotiv in der antikisch-thüringischen Erzählwelt, mit ovidischen Farben ein elementares, fragwürdiges, störendes, aufreizendes Ereignis, aber zu guter Letzt doch ausbalanciert und gebunden durch das Ganze der heroisch-geschichtlichen Handlung, in der das Erotische nur ein Element und selbst mit der Ausgestaltung der Lavinia-Figur noch kaum bewältigt ist.

Näher rücken wir dem neuen Phänomen im Moment, da nun das Liebesmotiv selbsttragend wird, wo die Erzählung nichts anderes als den zerstörenden oder erhebenden Einbruch des elementaren Geschehens der Minne darstellen will. Das kann, solange diese nicht integriert

werden kann oder soll, vielleicht am adäquatesten in der
Form der Kurzerzählung, ja der Novelle geschehen: das
Aufscheinenlassen einer absoluten, kaum zu verstehenden Wirklichkeit im unerhörten Ereignis. Oder wo solche Minne Gegenstand des weiträumigen Liebesromans
wird, da bleibt doch der Roman gern eine Episodenkette
lockeren Baus. In reinster und frühster Form fassen wir
diese neue Kurzerzählung wohl in den Lais der Marie de
France (1160–70), wo nun – ein Neues gegenüber Ovids
natürlicher Sinnlichkeit – das Geschehen der Liebe in
eine bretonische Sagen- und Märchenwelt verzaubert
und in einen fast magischen Geheimniszustand erhoben
ist – ohne daß doch die Züge höfischer Gegenwart
verschwänden. Feenliebe und Verwandlung ins Tier,
Entrückung, Eifersucht, Kühnheit – die Liebe über-
schreitet unerklärlich und bedingungslos die menschlichen Grenzen und führt meistens zum Tod, der doch
damit selbst am Wunder und am Geheimnis teilhat. Im
Deutschen haben weder die Lais der Marie de France
noch die anderer Dichter Nachfolge gefunden. Dagegen
erscheinen hier erstaunlich früh zwei Stoffe großen Stils,
in denen das Wunder der Minne und im Grunde nichts
anderes gefeiert wird und die wie in den andern europäischen Sprachen mehrfach in neuen Fassungen lebendig
bleiben: *Flore* und *Tristan*. Auch mit diesen beiden deutschen Liebesromanen befinden wir uns räumlich und
zeitlich noch im Zusammenhang der frühhöfischen
Kunst, wie sie uns bereits beschäftigt hat.

2. „Flore", „Tristrant", „Moriz von Craun"

Flore und Blancheflur (Blume und Weißblume)
ist die Geschichte eines jugendlichen Liebespaares: Ein
arabischer Königssohn und eine christliche Sklaventoch-
ter sind am selben Tag geboren, verlieben sich als Kinder, werden getrennt, finden sich wieder im Harem zu

Babylon, werden vom Kalifen zum Tod verurteilt und schließlich aus Rührung losgesprochen und verheiratet. Die Erzählung scheint im Ursprung orientalisch, ist aber zugleich dem antiken Liebesroman verpflichtet – Trennung und endliches Sichwiederfinden eines edlen Paares etwa nach dem Schema von Heliodors *Aithiopika*, Kindererotik wie in Longos' *Daphnis und Chloe*. Der mittelmeerische Handlungsraum und die sentimentale Haltung gehört zu beidem. Es ist fast grotesk, daß ausgerechnet eine derart späte und fragwürdig verfeinerte Story in kunstlos-archaischer Form am Anfang der deutschen Liebeserzählung steht: mit ein paar ebenso wichtigen wie kärglichen Fragmenten aus Trier, nach verlorener französischer Vorlage um 1160 oder 1170 in mittelfränkischer oder limburgischer Sprache entstanden: der sogenannte *Trierer Floyris*. Der Dichter muß fasziniert gewesen sein vom bloßen Stoff einer Minne, die als Liebe zwischen Kindern doppelt überwältigend schien und doch mit ihrem legendenhaft-wunderbaren Charakter noch einigermaßen unverbindlich blieb. Diese konfliktlose Liebe ist weder im individuellen noch im sozialen Sinn als konstruktives Element aufgefaßt. Die Erzählung bleibt praktisch außerhalb des höfischen Gedankens. Sie ist immerhin neben dem lateinischen *Apollonius von Tyrus* das unmittelbarste Beispiel für das Nachleben des antiken Romans im Mittelalter. Der Stoff hat international noch eine große Zukunft. Im Deutschen war es ein Alemanne, Konrad Fleck (um 1220?), der nach anderer französischer Quelle die süße, zierlich-sentimentale Leichtheit des Romans „kongenialer" und mit den schmeichlerischeren Mitteln der nachklassischen Verskunst wiedergab. Flecks Werk (2 späte Handschriften, 2 Fragmente) hatte dennoch wenig Erfolg. Dagegen entstanden später noch eine mittelniederländische und eine mittelniederdeutsche Fassung.

Ungleich gewichtiger und unheimlicher ist aber in

dieser Zeit das Erscheinen der *Tristan*-Dichtung und
damit jenes abendländischen Liebesromans, der wie kein
zweiter die Absolutheit und Totalität der Liebe feiert
und ihre Gewalt gerade aus ihrer Nähe zum Tod, zur
Krankheit, ja vielleicht zum Verbrechen sichtbar macht –
„le grand mythe européen de l'adultère" (Denis de Rou-
gemont) und ein Stoff von mächtiger repräsentativer
Kraft auch für die Weltliteratur, denn seine Verflechtun-
gen reichen von Irland bis nach Persien, von Cornwall
bis Rom und zu den Arabern. Tristrant und Isalde nennen sich die Helden der frühen deutschen Fassung, die
das Werk eines E i l h a r t v o n O b e r g (wahrscheinlich
der Ort westlich von Braunschweig) darstellt. Die Entstehungszeit ist nur vermutungsweise auf 1170 oder 1180
anzusetzen, je nach der Beurteilung der noch ungelösten
Prioritätsfrage im Verhältnis zu Heinrich von Veldeke
(der übrigens das berühmte Paar in einem Lied kritisch-
humoristisch zitiert) und je nach der Chronologie der
französischen Werke. Ob man den Dichter aus dem
Braunschweigischen nach Thüringen, ins Rheinland oder
gar ins Limburgische kommen lassen darf, um ihn der
Veldeke-Gruppe anschließen zu können, bleibt umstritten. Für den nahe liegenden Braunschweiger Hof sprä-
chen Heinrichs des Löwen englische Verwandtschaft (am
Hof Alienors entstand der französische *Tristan* des Thomas, allerdings moderneren Stils); anderseits glaubt man
Heinrich und seiner Gattin das Interesse für einen Liebesroman absprechen zu müssen. Auch Eilharts Werk ist
nur zu einem kleinen Teil in alter (bereits sprachlich
überarbeiteter) Form erhalten; die Handschriften des
Ganzen gehen auf eine jüngere Fassung des 13. Jahrhunderts zurück. Eilharts Werk war bis ins Volksbuch hinein lebendig und erfolgreich, maßgebend schon deshalb,
weil Gottfrieds höfische Neudichtung unvollendet blieb.
Es ist wieder ein verzweifelter Fall: Soweit sich die Qualitäten des Dichters aus den alten Fragmenten über-

haupt zureichend abschätzen lassen, verfügt er offenbar nur über eine bescheidene, altertümliche Technik des Verses und der Erzählung. Und doch übertrug er ein weitgespanntes Werk, das in seinen Elementen bereits eine lange Geschichte hinter sich hatte, so die verschiedensten geistigen Schichten und Stilformen in sich vereinigte und einen Stoff darbot, den auch ein ganz Großer, Gottfried von Straßburg, nicht zu Ende bringen sollte.

Eilharts verlorene Vorlage kann unter Zuhilfenahme dreier anderer daraus abzuleitender Texte (Béroul I, Thomas von Britannien, französischer *Prosa-Tristan*) rekonstruiert werden, wobei Eilhart selbst sich als der treuste Gewährsmann erweist. Diese sogenannte Estoire – vielleicht auch als Gruppe von Werken, als bestimmte Entwicklungsstufe aufzufassen – wäre nach der Jahrhundertmitte anzusetzen. Diese schon sehr komplexe *Tristan*-Dichtung nach der Herkunft ihrer Motive, nach ihren sachlich-logischen Erzählzusammenhängen und nach ihren Stilebenen (altertümlich-heroisch, schwankhaft-spielmännisch, empfindsam-höfisch) zu analysieren, um zu weiteren Vorstufen zurückzudringen, das war lange Zeit die Hauptbeschäftigung der *Tristan*-Forschung. Doch haben auch in sich schlüssige genealogische Modelle keine Beweiskraft für den konkreten Fall einer derart weitverzweigten und vielfältig angereicherten Tradition; hinter einen französischen *Ur-Tristan* kommen wir nicht zurück.

Man sucht zunächst einen 1. Teil abzugrenzen: Der junge, elternlose Tristrant, der am Hof seines Oheims Marke in Cornwall lebt, unternimmt zwei Meerfahrten ins Ungewisse und kommt nach Irland, das erstemal, um sich von seiner Wunde aus dem Kampf mit dem irischen Riesen Morolt zu heilen, das zweitemal, um für Marke die Königstochter Isalde zu werben; durch den versehentlich eingenommenen Liebestrank werden Tristrant und Isalde miteinander in unlösbarer Liebe verbunden,

und es folgt die Kette von List und Trug, z. T. schwankhafter Art, mit denen der mißtrauische Marke und die
Neider am Hof getäuscht und die Ehre des Paars verteidigt werden soll, bis zur Entdeckung und Flucht in die
rauhe Einsamkeit des Waldes. – Als 2. Teil bleibt die
Erzählung von der Rückkehr (der Trank hat an Kraft
eingebüßt), der Verbannung Tristrants und vor allem
seiner zweiten Liebe, d. h. der Ehe mit der namensglei-
chen Isalde „mit den weißen Händen", dann weitere
Abenteuer, die z. T. wieder an den Hof Markes führen,
und schließlich die letzte, tödliche Täuschung: Tristrant,
auf den Tod verwundet, erwartet die blonde Isalde, doch
meldet die weißhandige – „tumlîchen" – die Ankunft
eines schwarzen Segels statt des weißen. Tristrant stirbt,
die wahre Geliebte kann nur noch an seiner Leiche
zusammenbrechen; der gerührte König Marke bestattet
das Paar, auf dem Grab werden sich Rosenstrauch und
Weinrebe unlöslich verschlingen.

Man hat Teil 2 – „Isolde mit den weißen Händen" – als
eine peinliche Verdoppelung empfunden, obwohl gerade
diese problematische Ehe um der bloßen Namensgleichheit willen die Verlorenheit Tristans erst vollendet – in
genauer Analogie zur ehelichen Bindung der blonden
Isolde selbst. Man versteht denn auch meistens diesen 2.
Teil als nachträgliche Fortsetzung – eben das Werk des
Estoire-Dichters –, die sich auch durch den nur lockeren
Bau, einige Wiederholungen, das Hervortreten spielmännischer und sentimentaler Züge als innerlich jünger
erweisen würde. Im 1. Teil stäke dann ein heroischer
Kern, nach dem Morolt-Kampf etwa die tragisch-unfrei-
willige Liebe eines Helden zur Frau seines Herrn, die er,
um seine Ehre zu retten, sterbend in der Umarmung
erstickt („Waldtod"); diesem keltischen Kern gegenüber
müssen für den 2. Teil arabische (Doppelliebe) und
antike (schwarzes und weißes Segel) Ursprünge angenommen werden; auch das (nachträglich?) so zentral

gewordene Motiv des Liebestranks, ohne das die *Tristan*-Erzählung nicht mehr denkbar ist, scheint nicht keltisch zu sein.

Aber manches verbindet die beiden Teile. So die Doppelungstechnik (zwei Fahrten nach Irland, bereits zwei irische Isolden, zwei Minnegrotten usw.), die in ursprünglicher Erzählung ein legitimes Mittel ist, ein Thema durch Analogie, Variation und Steigerung auszubilden, statt es gedanklich zu reflektieren (vgl. auch z. B. *König Rother, Salman und Morolf*). Umgekehrt enthält auch der 2. Teil archaische Motive (das „kühne Wasser") und der 1. Teil spielmännisch-schwankhafte, so daß eine Scheidung nicht leicht ist. Und schließlich findet sich der Gesamtverlauf – in großen Zügen und manchen Details – bereits in dem persisch-georgischen Epos von *Wis und Ramin* (11./12. Jahrhundert): das ehebrecherische Verhältnis des Helden zur Königin, eine Serie von Listen und Zwischenfällen, die schwankende Rolle des betrogenen Gatten, die unterschobene Bettgenossin, die Flucht in die Wüste, die Ehe mit einer zweiten Frau, das Feuerordal (das allerdings nur bei Thomas erscheint, sonst durch einen bloßen Reinigungseid ersetzt ist). Auch wenn damit noch kein persischer Ursprung des *Tristan*-Romans behauptet ist, so werden doch die Motivkombinationen zur Vorgeschichte des Tristan-Stoffes und insbesondere auch das Postulat eines keltischen *Ur-Tristan* fragwürdig. Das ändert freilich nichts daran, daß in unsern *Tristan*-Fassungen das keltische Kolorit, die keltische Topographie, der Zauber und die Melancholie einer fernen Meerwelt vom Romangeschehen untrennbar sind, als ein umfassendes Alibi für eine so dunkle und unerhörte Fabel. So gehört der Tristan-Stoff eben doch zur Matière de Bretagne; die gelegentliche Verbindung zum Artus-Stoff ist aber sekundär.

Wie der Dichter Eilhart selbst nun das Geschehen interpretiert, ist eine andere Frage. Er beläßt es ganz im

Objektiven, auf den Sinn der Überlieferung vertrauend,
scheinbar ohne moralische oder religiöse Skrupel, unter
selbstverständlicher Parteinahme für das Heldenpaar, oft
mit massiven Verwünschungen gegen dessen Widersacher. Das Phänomen der magischen Minne, die zu Verwirrung, Trug und Tod führt und doch ihre Träger adelt,
wird als ein Seltsames und Unerhörtes schlicht hingestellt, die Problematik bleibt im Stoff geborgen. Der
Trank ist Entschuldigung genug. Schon die Frage, ob der
Minnetrank Ursache oder Symbol sei, geht an der selbstverständlichen Identität von Innen und Außen vorbei.
Daran ändert auch nichts der Ansatz zu höfischem
Minne-Räsonnement, der in Isaldes Monolog erscheint.
Das Romanproblem aber könnte dahin abstrahiert werden, daß die Liebe als Lebensmacht erfahren und
gerechtfertigt wird, aber die höfische Ordnung sprengt
und damit zum Untergang führt. Es ist noch nicht – wie
dann im Minnesang – möglich, in der Dienstliebe den
paradoxen, schwebenden Ausgleich von Gesellschaft
und Leidenschaft zu finden.

Eine völlig veränderte Szene bietet die Kurzerzählung
(gegen 1800 Verse) von *Moriz von Craun*, nach
verlorener französischer (kaum lateinischer) Vorlage
wohl erst 1220–30 entstanden: eine eigenartig zwielich-
tige Liebesnovelle, die den kodifizierten höfischen Minnedienst voraussetzt, um ihn zugleich fragwürdig zu
machen. Der vorbildliche Ritter Moriz von Craun dient
der Gräfin von Beamunt lange Zeit; auf ihren Wunsch
veranstaltet er vor ihrem Schloß ein gewaltiges Turnier.
Wie er endlich den versprochenen Minnelohn erhalten
soll, schläft der vom Kampf ermattete Ritter in der
Kemenate der Dame ein; diese, empört, nimmt ihr Versprechen zurück und begibt sich mit ihrem Gatten zur
Ruhe. Der Ritter aber, aufgewacht und seinerseits zornig, bricht ins Schlafgemach ein, der erschreckte Herr
von Beamunt glaubt ein Gespenst zu sehen, stößt sich

sein Schienbein an und fällt in Ohnmacht, während
Moriz sich selbst seinen Lohn verschafft und darauf die
Dame für immer verläßt. Sie aber trauert ihm ihr Leben
lang nach. – Ein Stück höfischer Minnekasuistik, etwa
nach den Vorschriften des Andreas Capellanus: Treuer
Dienst hat Anspruch auf Lohn; die Dame benimmt sich
treulos, der Ritter zwar verständlich, aber am Ende
unschön. Die hochgespannte, ja überspannte Minne-
dienstgeschichte kippt in eine Groteske um; doch das
Ende ist elegisch: Die Schlußszene zeigt die Dame, traurig trotz Vogelsang und Sommerpracht, auf der Zinne
der Burg, in der Klage über ihr selbstverschuldetes „tôt-
lîchez leben". Damit wird – besonders wohl vom deutschen Dichter – sowohl die rein höfische wie die ero-
tisch-schwankhafte Sphäre der Minne in einer Haltung
echten Gefühls überhöht – man fühlt sich an Sehn-
suchtsszenen des Kürenbergers, aber auch Wolframs
(*Titurel*) erinnert.

Die französische Quelle stützte sich vermutlich auf
eine Schwankerzählung, ein „fablel" mit versöhnlichem
Ausgang, das aber offenbar in satirischem Sinn und unter grober Änderung des Ausgangs auf lebende Zeitgenossen übertragen wurde, nämlich auf Morisses II. von
Craon, einen vornehmen Vasallen Heinrichs II., und eine
ihm benachbarte Vize-Gräfin von Beaumont: Es ist die
Aktualisierung eines Schwankes oder Exemplums, wie
sie, nur in ganz anderer Richtung, auch in Hartmanns
Armem Heinrich begegnen wird. Das Ganze ist nun aber
– z. T. auch durch den deutschen Dichter – breit ausgebaut durch eine lange Einleitung über die Translatio des
Rittertums von Troja über Griechenland nach Rom (wo
es von Nero verraten wird) und Frankreich (kürzer in
Chrestiens *Cligès*) sowie durch eine Beschreibung des
phantastischen Turnierschiffs, mit welchem Moriz vor
dem Schloß seiner Herrin angerollt kommt – eine tech-
nisch-modische Sensation, die offenbar bis zu einem

gewissen Grad novellistischen Selbstzweck hat. Ob bei dieser Schichtung lehrhafter, persönlich-tendenziöser und schwankhafter Elemente, schon in der Vorlage, nun beim deutschen Dichter noch eine durchgehende Konzeption feststellbar ist, bleibt fraglich. Sie läge höchstens in einer Desillusion auf der ganzen Linie, beim Ritter, der Dame, dem Leser. Durch die verschiedenartige Beleuchtung des erotischen Themas wird die Minne jedenfalls an sich problematisch; in höfische Ideologie vollzieht sich der Einbruch einer massiven Wirklichkeit, im Versagen der Helden wird sie auf gefährliche oder komische Weise ungenügend. Völlig fern bleiben naturgemäß die konventionellen moralischen oder religiösen Kategorien: Die Minne behält ihr absolutes Recht auch in dem frivolen Dreiecksverhältnis. Der *Moriz von Craun* ist ein erster deutscher Versuch der Liebesnovelle, nicht mehr im keltischen Wunderbereich eines Lais, sondern schon eher im Sinn der unterhaltsamen, leicht niederträchtigen, „realistischen" Kurzerzählung des 13. Jahrhunderts.

3. Gottfried von Straßburg

Die gesamte mittelalterliche Liebesdichtung verblaßt vor dem einen, unvollendeten Roman Gottfrieds von Straßburg, der zusammen und gleichzeitig mit Wolframs *Parzival* die unbegreifliche Erfüllung der mittelhochdeutschen Erzählkunst, den kurzen klassischen Moment des deutschen Hochmittelalters bringt. Ungewiß bleibt, wer dieser Straßburger „meister" gewesen ist: sicher kein Ritter, eher ein Kleriker als ein bürgerlicher Laie, hochgebildet in Latein und Französisch, juristisch bewandert und von raffiniertem Geschmack. Ungewiß auch, ob er für einen weltlichen oder einen geistlichen – dann wohl den bischöflichen – Hof geschrieben hat. Außer zwei Spruchstrophen in der Manessischen Hand-

schrift ist von ihm kein weiteres Werk bekannt. Die
Entstehung des *Tristan* muß ungefähr in die Jahre von
1205 bis 1210 fallen. Aus welchen Gründen der Roman
unvollendet blieb – er bricht kurz nach Beginn der Isolde-
Weißhand-Geschichte unvermittelt ab –, ist nicht ersichtlich. Ursache war wohl eher der Tod oder sonst ein
äußerer Anlaß als eine ausweglose innere Situation, in die
der Dichter an dieser Stelle gekommen wäre; zum mindesten enthielte diese These das schwerwiegende Urteil, daß
sich der Dichter mit seinem Werk verstiegen habe.

Es ist erstaunlich und gibt im Hinblick auf mittelalterliche Dichtung überhaupt zu denken, daß Gottfried seiner anglo-normannischen Vorlage genau folgt und nur
durch kleine motivische Korrekturen, durch Akzentver-
schiebungen, durch die Art der Formulierung und
zusätzliche Reflexionen sein eigenes Werk verwirklicht –
ein Triumph ohnegleichen der Form über den Stoff.
Diese Vorlage ist der Roman eines Thomas von Britannien, der wohl am englischen Hof aufgrund der Estoire
und gelegentlicher Nebenquellen eine höfisch verfeinerte
Dichtung schuf, in der nun der Stoff nicht nur stärkere
motivische Eingriffe erfuhr, sondern vor allem auch
unter neue aristokratische Maßstäbe rückte. Im Namen
der Minne werden Tristan und Isolde zu höfischen Helden, ihre Liebe wird idealisiert, das Waldleben idyllisch,
das Interesse des Dichters verlagert sich auf die Analyse
der seelischen Vorgänge und Konflikte im Rahmen der
neuen galanten Gesellschaftsethik. Gottfried hat sich zu
Thomas als dem „meister der âventiure" bekannt, und
man darf darum auch in Gottfrieds Tristan-Interpreta-
tion zunächst einmal eine Fortsetzung und Steigerung
der Tendenz des Thomas sehen. Der französische Text
ist freilich nur in etwa 3400 Versen erhalten, die zudem
zum größten Teil die von Gottfried nicht mehr ausgeführten Partien betreffen; doch kann der Inhalt aus Gottfried selbst, einer englischen und einer altnordischen

Fassung sowie verschiedenen Einzelzeugnissen rekonstruiert werden.

Doch halten wir uns an Gottfried. Nach der Methode
des neuen höfischen Romans wird das Hauptgeschehen
durch eine Vorgeschichte präludiert und damit in ihrem
Sinn verdeutlicht: Die Trauer, die der Held Tristan im
Namen trägt, ist Erbteil der Eltern; er ist die Frucht einer
leidenschaftlichen Liebe, die sich am Rand des Todes
vollzieht und selbst zugleich als Minnetod und Himmelreich umschrieben wird (1182, 1372 Ranke). Ausführlich
geschildert ist die Erziehung des verwaisten Tristan: Als
Wunderkind zeigt er früh die erstaunlichsten Fertigkei-
ten, von der Beherrschung fremder Sprachen über die
Kenntnis der Bücher, das Schachspiel, die Musik bis zu
Jagd und Waffenkampf, und er erregt damit allgemeine
Bewunderung am Hof seines Oheims, des Königs
Marke. Tristan soll also, gerade auch bei Gottfried, als
der ideale Hofmann erscheinen. Es folgt, nach dem
Morolt-Kampf, die erste Irlandfahrt: Als Spielmann
Tantris verkleidet, findet er in Dublin Aufnahme und
Heilung durch die weise Königin Isolde, deren gleichna-
mige Tochter er – wie einst Abaelard bei Heloise – seine
Künste lehrt. Die Schönheit der jungen blonden Isolde
wird überschwenglich gepriesen und dem Gesang der
Sirenen verglichen (8085). Zweite Fahrt, zur Werbung
für Marke: Tristan (nach siegreichem Kampf mit einem
Drachen) wird von seiner einstigen Schülerin als der
Spielmann Tantris und als Mörder ihres Oheims erkannt
und dennoch aus Gründen ihrer „süezen wîpheit" verschont: hintergründig ist wieder Schicksal am Werk. Der
Liebestrank macht es manifest: Tristans „erbevogetîn"
(11 765), „diu gespenstege minne" mit ihrer „blinden
süeze" (11 793, 11 808) ergreift von ihm Besitz, beide
haben ihren Tod getrunken.

Und nun beginnt, vom Dichter halb bewundernd,
halb kritisch verfolgt, das Spiel der Intrigen und Listen:

der Betrug der Brautnacht, der Mordanschlag auf die
treue und zugleich unselige Dienerin Brangaene, die
mehrfache Übertölpelung Markes. Die Serie kulminiert
in der neu von Thomas eingesetzten Episode des Gottes-
gerichts: Anstelle des bloßen zweideutigen Reinigungs-
eids steht jetzt die Feuerprobe. Eine ungeheure Aufwer-
tung der Tristan-Liebe: das Wunder tritt ein, Gott selbst
läßt sich in seiner „hövescheit" offenbar zugunsten der
edlen Betrügerin herbei, Gottfried aber verliert sarkasti-
sche Worte über den „vil tugenthaften Krist", der „wint-
schaffen" (windig, anpassungsfähig) wie ein Ärmel sei.
Es folgt schließlich doch die Verbannung, aber das Waldleben ist nun zum Höhepunkt des Romans und seines
Minnekults geworden. In überwältigender, paradiesi-
scher Landschaft, in der marmornen Rundkirche der
Minnegrotte leben die Liebenden, ohne Nahrung, nur
vom Spiel ihrer Minne. Aber nach erneuter Täuschung
Markes und kurzer Rückkehr zum Hof kommt die Trennung: Isoldes Sehnsuchtsmonolog scheint zu einem Aufschwung selbstverleugnender Liebe zu kommen: „daz
ich mîn unde sîn entwese / durch daz er mir und ime
genese" (daß ich meiner und seiner entbehre, / damit er
mir und ihm gerettet werde, 18 599 f.). Tristan aber, in
Arundele, wird vom Isolde-Weißhand-Abenteuer ereilt,
„verirret" durch den bloßen Namen und doch irgendwie
zu seiner höheren sentimentalen Ehre. Nach seinen klagenden und räsonierenden (angeblich ichsüchtigen)
Monologen bricht das Werk ab:

> Ich alte (bringe ins Alter) in wunderlîcher klage
> mîne jâre und mîne tage.

Was ist diese ebenso wunderbare wie bedenkliche Tristan-Minne? Sie ist Leidenschaft durchaus sinnlicher Art,
mit allen Zügen der „ger" (Begierde), der Verfallenheit,
ja der Sünde – mit Treubruch, Betrug und Tod mindestens in ihren Konsequenzen. Sie ist aber bewirkt durch

eine Schönheit, die als sinnenhafte Qualität sirenenhaft
betört und doch erhebt und vom Dichter mit den
schmeichlerischsten Tönen und Farben und Vergleichen
(von Helena bis zur Braut des Hohenliedes und Maria)
evoziert wird. Isolde, „der minnen vederspil" (Jagdfalke
der Minne), ist in ihrer Schönheit die Verkörperung
edelsten, ästhetisch-raffinierten höfischen Geistes:

> si sanc in maneges herzen muot
> offenlîchen unde tougen
> durch ôren und durch ougen.
> ir sanc dens offenlîche tete
> beide anderswâ und an der stete,
> daz was ir süeze singen,
> ir senftez seiten clingen,
> daz lûte und offenlîche
> durch der ôren künicrîche
> hin nider in diu herzen clanc.
> sô was der tougenlîche sanc
> ir wunderlîchiu schoene,
> diu mit ir muotgedoene
> verholne unde tougen
> durch diu venster der ougen
> in vil manic edele herze sleich
> und daz zouber dar în streich,
> daz die gedanke zehant
> vienc unde vahende bant
> mit sene und mit seneder nôt.
>
> (8112 ff.)

(Sie sang ins Gemüt manches Herzens hinein, / offen und
heimlich, / durch Ohren und durch Augen. / Der Gesang, den
sie offen tat, / anderswo und hier, / war ihr süßes Singen, / ihr
sanftes Saitenklingen, / das hell und offen / durch das Königreich
der Ohren / in die Herzen hinabklang. / Doch war der heimliche
Gesang / ihre wunderbare Schönheit, / die mit ihrer innern
Musik / verholen und heimlich / durch die Fenster der Augen /
in manches edle Herz drang / und jenen Zauber hineinstrich, /
der die Gedanken auf der Stelle / fing und fangend fesselte, / mit
Liebe und Not der Sehnsucht.)

Soweit läßt sich an die Welt des Minnesangs denken, etwa an die ebenso ästhetische tödliche Zauberliebe Morungens. Aber in ihrer Gegenseitigkeit, in ihrer Totalität, als Blindheit, „wîselôsiu ger" gehört sie zum älteren Typ schicksalhaft-absoluter Art, im Gegensatz zu einer persönlich und sozial verpflichteten Dienstliebe des konventionellen Minnesangs oder des Artusromans. Sie hat ihre Entsprechung im klassischen Altertum: Isolde wird der „sunne von Mycêne", Helena, verglichen – und vorgezogen, im Waldleben lesen die Liebenden von Dido und von einer Reihe unglücklicher „senedaere" aus Ovid. Gottfrieds „gotinne Minne" hat Züge der Venus; er liebt überhaupt antikische Reminiszenzen.

Vollends hat diese Liebe natürlich auch nichts zu tun mit der Idee der Ehe – schon Heloise will lieber eine Dirne als die Gattin Abaelards genannt sein, und beim Kaplan Andreas wird die Unvereinbarkeit von Liebe und Ehe in aller Form statuiert. Gottfried würde die Ehe wohl auch zu dem „amor mercenarius" (Bernhard) rechnen, der „um kouf gemeine" ist, wogegen er „diu vrîe, diu eine", die bedingungslose Minne preist. Darum spielt auch Marke, obwohl er moralisch wie juristisch im Recht ist, eine so trübe Rolle. Nur die aristokratische Gesellschaft der „edlen Herzen" vermag, nach Gottfrieds Prolog, diese feinste Blüte des tödlichen Spiels zu verstehen und Glück und Leid, Leben und Tod der Minne als eines zu sehen (womit sich der Dichter wohl nicht an einen bestimmten esoterischen Kreis wendet, sondern an eine Elite unter denen, die höfisch sein wollen).

Nun ist aber dieser Lobpreis der Tristan-Minne nicht mehr entschuldbar durch die Magie des Tranks und auch nicht durch eine sozusagen naive Frivolität oder gar Ruchlosigkeit der Gesellschaft, wie das vielleicht noch bei Thomas der Fall ist. Gerade die räsonierende und psychologisierende Entfaltung des Stoffs läßt keine Verharmlosung des moralischen Problems zu. Tristan be-

geht nun einmal doppelten Treubruch an Herrn und
Oheim, Isoldes Status ist bestenfalls Bigamie. Gottfried
verfolgt mit höchstem Interesse, das zwischen empfindsamer Teilnahme und diskreter Ironie schillert, den see-
lisch-moralischen Weg seiner Helden, aber nicht im
Namen irgendeiner Wertordnung, sondern um erst recht
die Verwirrung und Vertauschung der Ordnungen festzustellen, ja zu feiern. Marke, Tristan, Isolde kämpfen
gegen sich selbst, widerstreben ihrem eigenen Willen,
stehen im Zweifel, handeln widerspruchsvoll, verlieren
sich:

> wâ mag ich mich nu vinden?
> wâ mac ich mich nu suochen, wâ?
> nu bin ich hie und bin ouch dâ
> und enbin doch weder dâ noch hie.
> wer wart ouch sus verirret ie?
> wer wart ie sus zerteilet mê?
>
> (18 532 ff.)

Die Täuschungsmotivik, von der die ganze Fabel lebt,
erstreckt sich auch auf das innere Leben und das Handeln
selbst. Die fragwürdige Liebe zu der weißhandigen
Isolde bezeichnet nur den äußersten Grad dieser Verwirrung, in der schon wegen eines Lautreizes die Identität
der Person sich auflöst. Die Vertauschung der Vorzeichen wird immer wieder deutlich: Begriffe wie Treue,
Ehre, Maße, Saelde werden in ihrer Anwendung widerspruchsvoll, zur höheren Ehre des „lieben Leids" der
Minne,

> daz solhiu wunder stellet:
> daz honegende gellet,
> daz süezende siuret,
> daz touwende viuret,
> daz senftende smerzet,
> daz elliu herze entherzet
> und al die werlt verkêret.
>
> (11 883 ff.)

(das solche Wunder bewirkt: / Honig vergällt, / Süßes säuert, / Tau zu Feuer, / Wohltat zu Schmerz macht, / alle Herzen entherzt / und jedermann umkehrt.)

Gegensatzpaare werden arienhaft durcheinandergewirbelt und im Wortspiel aufgelöst. Im musikalisch-spielerischen Sprachkleid des Romans, in seinem virtuosen, aber stets eleganten und klaren Redeschmuck, der doch ein so dunkles Geschehen bedeckt, scheint sich die Ästhetisierung und „Entwirklichung" (Schwietering) aller Ordnungsbegriffe direkt abzubilden.

Damit stellt sich, zuletzt, die Frage nach dem religiösen Horizont des Dichters. Dies um so dringender, als zur Verblüffung des Lesers der ganze unheilige Roman vielfältig religiös überformt ist, und zwar längst nicht nur durch unvermeidbare biblische oder liturgische Assoziationen eines Geistlichen. Auch die seinerzeit von de Boor versuchte Parallelisierung der *Tristan*-Handlung mit einem Legendenschema (Tristan und Isolde als Minneheilige) wäre noch eine verhältnismäßig unverbindliche Analogie. Es ist aber eine Provokation, wenn dies alles kulminiert in der wesentlich Gottfriedschen Erfindung der Minnegrotte: eine hochfeierliche Rundkirche mit detaillierter Allegorie der Bauteile, das Kristallbett anstelle des Altars in der Mitte, die Ernährung der Liebenden nur durch das Sakrament der Minne, das sie sich spenden – und entsprechend die ganze Erzählung als Kommunionsfeier in der Gemeinde der edlen Herzen, für die Tristan und Isolde als Märtyrer gelitten haben und gestorben sind:

> Ir leben, ir tôt sint unser brôt.
> sus lebet ir leben, sus lebet ir tôt,
> sus lebet si noch und sint doch tôt,
> und ist ir tôt der lebenden brôt.

(237 ff.)

Julius Schwietering hat gezeigt, wie sich in Gottfrieds
Vokabular und seiner Minnelehre überhaupt die Hohe-
lied-Mystik der Zeit spiegelt und oft fast wörtlich Wendungen aus Bernhards Hohelied-Predigten erscheinen.
Bernhardinische Mystik ist übertragen auf das Phänomen
einer grenzenlosen weltlichen Liebe („amo quia amo;
amo ut amem" – „ich liebe weil ich liebe; ich liebe, um zu
lieben"), um diese zu verinnerlichen und in ihrer Absolutheit zu zeigen. Der Gedanke des Minnetodes („utinam
hac morte frequenter cadam" – „so wolte ich gerne
werben umb ein êwëclîchez sterben" [12 502], an sich
schon ovidisch, *Amores* 2,10,29 ff.) ist ins Zweideutige
verschärft; die Verwirrung aller Ordnungen durch die
göttliche Minne („confundis ordinem, dissimulas usum,
modum ignoras" – „du verwirrst die Ordnung, küm-
merst dich um keine Regel, kennst kein Maß"); die
Lehre, daß nur die selber Liebenden das Geheimnis
verstehen – all das ist bernhardinisch.

Solche Übertragung geistlicher Kategorien auf die
gerade auch in der Minnegrotte mit ihrer eingemischten
Sexualsymbolik weltliche Liebe bleibt bedenklich, ja
kann blasphemisch berühren. Anderseits bedeutet ihre
mystische Verabsolutierung den Vorstoß zu einer eigenen Ethik – etwa im Sinn der Abaelardischen Gesin-
nungsethik gegenüber konventioneller Handlungsethik
(H. Fromm) –, und mindestens Isolde erreicht in ihrem
Bekenntnis zur „andâht" von „triuwe" und „minne"
gerade in der Trennung (18 326) eine neue Stufe hoher
und reiner Minne; Handeln und Schicksal der Liebenden
haben ihre eigene Ehre. Eine Transzendierung der weltlichen Liebe ist diese Verabsolutierung nicht; der Dichter
will in der Tat mit der höfischen Welt (der edelen herzen)
„verderben oder genesen" (66). Die Unendlichkeit des
Todes, in welche das Tristan-Schicksal mündet, ist kein
Jenseits, sondern eine innere Unendlichkeit der Welt.
Daß Gott hier ausschließlich „im Hinblick auf seine

Immanenz" erscheine (Mieth), dürfte eine etwas fragwürdige Beschönigung sein.

Gottfried Webers Versuch, die scheinbar unlösliche
Ambivalenz des Romans mit einer Nähe des Dichters
zum katharischen Dualismus zu erklären, hat sich nicht
durchgesetzt. Gerade das dualistische Gegenüber von
Sinnen und Seelenliebe, von Zwang und Freiheit, Sünde
und Tugend ist ja verwischt. Es interessiert gerade die
Zweideutigkeit, vielleicht ein Jenseits von Gut und Böse.
Tristans Untergang ist ja auch nicht mehr tragischer,
sondern empfindsam-mystischer Art. Die Koinzidenz
wird im erborgten Klima der Mystik versucht, im
„muotgedoene" der alles durchziehenden musikalischen
Stimmung und in der adligen Schönheit eines Leid und
Tod miteinbeziehenden Lebens. Es bleibt bei einer letzten Steigerung und raffiniertesten Analyse der Idee absoluter Liebe, wie sie nur am Triumph über konventionelle
Moral und Gesellschaftsordnung, ja über das äußere
Lebensglück der Liebenden selbst demonstriert werden
kann. Das ist das Abenteuer dieses Romans – der in
mancher Hinsicht verfeinert, krisenhaft und spät ist und
doch ein für allemal als Prototyp für die großen Liebes-
novellen und Liebesromane bis in die Neuzeit hinein
erscheint.

III. DER ARTUSROMAN UND DIE RITTERLICHE LEGENDE

1. Die neue Gattung

Während der eigentliche Liebesroman die Minne in ihrer Unbedingtheit (und sei es auch: Tödlichkeit) darstellt, im Grunde entwicklungslos, zwanghaft und endgültig, wird im übrigen höfischen Roman – wie auch meistens im Minnesang – versucht, den Konflikt zu überwinden und die Minne für die Veredlung des einzelnen wie der Gemeinschaft in Dienst zu nehmen. Der Artusroman im eigentlichen Sinn, wie ihn Chrestien de Troyes für uns begründet hat, macht damit den Ritter zum Objekt erzählerischer Pädagogik und läßt ihn – im Zeichen der Minne – modellhaft einen zur Vollendung und zur Freiheit führenden Weg beschreiten. Es geschieht in einer völlig einzigartigen, unverwechselbaren Vorstellungswelt; König Artus, Herr eines Friedensreiches oder genauer: nur eines Hofes, Primus inter pares einer Tafelrunde, einer höfischen Idealgesellschaft, die im Grunde nur mit Jagd und Festefeiern beschäftigt ist, beinahe zeitlos, während jeweils einer ihrer Ritter aufgerufen ist, seinen Abenteuerweg der Kämpfe und der Minne zu gehen, um zu guter Letzt vollendet wieder am Hof einzukehren. Weniger also ein Stoff als ein Rahmen, der von Roman zu Roman neben den bekannten Helden neue hervortreten läßt. Die gleichen, typischen Schauplätze (der Märchenwald mit seinem Dickicht, seinen Lichtungen, mit Flüssen und Schlössern) kehren wieder, typische Ereignisse (Zweikämpfe mit Rittern, Kämpfe mit Unholden, zu bestehende Prüfungen, Befreiungstaten, seltsame Begegnungen) und typische Figuren (die Botin, der Zwerg, gefangene Frauen, hilflose Jungfrauen). Diese geschlossene Erzählwelt hat auch in neue-

ren Abwandlungen (z. B. *Amadis*) bis in die Neuzeit
hinein fasziniert und ist selbst von Cervantes nicht nur
parodiert, sondern im Grunde noch über sich hinaus
geführt worden.

In großem Gegensatz zum *Ruodlieb* und seiner vielfältigen Alltagswelt ist der Artusroman der Inbegriff eines
Märchenromans oder gar „roman-évasion" und damit
das Schulbeispiel auch für die romantische Theorie, daß
Dichtung aus dem Märchen geboren sei, und er ist
umgekehrt das Mittel, wieder einen idealistischen Mär-
chenzustand zu erreichen. „Mit der Zeit muß die
Geschichte Märchen werden", sagt Novalis. Und in der
Tat bedeutet der Artusroman die Befreiung der Erzähler
von aller geschichtlichen Bindung, sei es eines nationalen
Mythus wie in der Heldendichtung, sei es überhaupt der
reale, verpflichtende Alltag, zu dem ja auch die politische
und wirtschaftliche, die bürgerliche, bäuerliche und
geistliche Welt gehören. Man kann diesen Vorgang der
Enthistorisierung gerade auch an der Entwicklung des
Artusromans selbst verfolgen.

Denn zuerst war ja König Artus eine geschichtliche
Figur des alten Britannien, und das Vorstellungsmaterial,
soweit es echter keltischer Herkunft ist, war echte Sage,
geglaubter Mythus. Schon bei Geoffrey von Monmouth,
dessen *Historia regum Britanniae* die älteste erkennbare
Gestalt der Artussage bietet, ist diese keltische Welt
romantisiert und fabulös geworden, im Dienst des anglo-
normannischen Hofes und seiner ritterlichen Ideale. Da
wird Artus zum mächtigen, ruhmreichen Herrscher
eines gewaltigen Reiches, eine Art Gegenfigur zu Karl
dem Großen. Noch weiter geht Wace in seinem volkssprachlichen *Brut*, der nun zuerst die Vorstellung von
der Tafelrunde zeigt, in Parallele zum Kreis von Karls
Paladinen oder zur Abendmahlsrunde Jesu. Auf welche
schriftlichen (und mündlichen?) Quellen sich Chrestien
stützt, wieweit er selbst der eigentliche Erfinder des

Artusromans ist und in welchem Umfang er außerkelti-
sches Gut beimischt, bleibt umstritten, sicher aber wird
erst bei ihm der Artus-Stoff völlig märchenhaft; erst
recht für die deutschen Nachahmer und Leser ist er
unverbindlich-exotisch geworden und frei verfügbar.
Das „Märchenhafte" liegt also weniger an der Motivik
aus einer Welt von Magie, Traum oder Wunschdenken
als an ihrer Verwendung, ja es scheint geradezu erst im
Roman zu entstehen. Es leistet dem Romandichter das
große Alibi, das ihm erlaubt, Kategorien der Alltagswirklichkeit, auch moralische, außer Funktion zu setzen,
dafür aber die Möglichkeit gibt, ungehemmt ein ideelles
Programm zu entwickeln, die höfische Welt zu idealisie-
ren und zu verzaubern, ja vielleicht auch auf bildhafte
Art Dinge zu formulieren, die bewußt oder unbewußt
sonst nicht sagbar wären. Der Held der Erzählung wird
zur modellhaften Figur, an der ein solches Programm
durchgeführt werden kann, der Artusroman ist prinzipiell „Bildungsroman". Dabei spielt eine entscheidende
Rolle die Minne als bewegendes pädagogisches Prinzip.
Die Selbstwerdung erfolgt in Interaktion mit der Gesellschaft und kommt dieser zugute; der Ritter legitimiert
sich mit Abenteuer und Minne am Artushof.

Daß am Aufbau der arturischen Idealwelt bestimmte
gesellschaftliche und politische Vorgänge beteiligt sind,
steht außer Zweifel. Nur ist es schwierig, sie dingfest zu
machen. Erich Köhler macht einerseits den Kleinadel
verantwortlich, der durch König und Hochadel und
deren Bestreben nach Territorialisierung der Macht
sowie auch durch das Aufkommen der Städte bedrängt
ist und nun seine Interessen im Bild des Artusritters
idealistisch verklärt; anderseits ist der Hochadel bereit,
gegenüber dem zentralistischen Königtum zusammen
mit dem Kleinadel ein überständisches Ritterideal (mit
schwachem Königtum) zu vertreten. In Deutschland war
die Lage anders, die Adelsgesellschaft noch stärker hier-

archisch gegliedert. Auch hier aber setzt sich – entscheidend mit Hartmann, „dienstman ze Ouwe" – ein solches, nun sofort stärker religiös geprägtes Rittertum
durch; auch hier strebt eine aufsteigende Schicht danach,
am Lebensstil großer Höfe teilzunehmen. Damit ist nicht
eine „Erklärung" gegeben, sondern nur ein gesellschaftlicher Kontext angedeutet. Die dichterische Einbildungs-
kraft greift jedenfalls tiefer und allgemeiner, und ihr
Werk wird ablösbar und autonom.

   Die neue, so folgenreiche Erzählform hat noch keinen
Namen. Ihr Sinn ist aber wohl am besten getroffen im
Begriff des Abenteuers, der âventiure – Wolfram
beschwört ja sogar die „Frau Aventiure" als eine Art
Muse seiner Erzählung. Ein modischer Begriff, der als
„adventura" nicht viel anderes besagt als „Zufall, Vorfall,
Vorgang", gewinnt eine besondere Nuance in der
Anwendung auf die phantastisch-fremdartige Motivik
des Romans. Was in der Legende das Wunder, in der
Novelle die unerhörte Begebenheit, im Epos das Schicksal ist, das ist hier „âventiure". Es ist das Wunderbare,
Abenteuerliche, Phantastische zunächst in einem mehr
stofflichen Sinn, genauer aber das, was vom Helden nicht
gewirkt oder erduldet, vielmehr „bestanden" wird. Es
kommt auf den Helden zu aus dem Offenen und Unberechenbaren, Gefahr und adventhafte Verheißung wird
von ihm als Herausforderung angenommen und verantwortet. So ist es ein Vorgang der Weltbegegnung und –
soweit verantwortet – Selbstbegegnung. Weist der Mär-
chenvorgang eine gewisse Automatik des Ablaufs auf, so
wird das Abenteuer zum Medium, in welchem sich die
zum Wagnis gewordene Existenz vollzieht und sukzessive aufbaut. Dabei ist das Abenteuer nicht nur adventura, es muß auch gesucht werden, ja es wird überhaupt
erst dem dafür Bereiten, dem Suchenden zum Abenteuer. Der Roman ist jene Form der Erzählung, die nicht
ein Vorgegebenes wiederholend vollzieht, sondern die in

der Bewegung, in der Offenheit, in der „Queste" selbst
ein Neues und Unsagbares sich ereignen läßt. Der Held,
der auf dieses Leben der Aventiure zugeordnet ist, ist in
seiner innersten Qualität nur eines: offen, spontan bereit,
alles Hohe zu tun, und sich doch auch wieder alles
schenken zu lassen, ein Mensch des Adels, der edelsten
Möglichkeiten. Um dieses ritterlichen Sinns willen wird
aus der Welt dieser Romane alles ausgeschlossen, was
alltäglich, vergänglich, häßlich und sündhaft wäre, also
alles Faktisch-Reale im Sinn christlicher Weltauffassung
– freilich nur, um in märchenhafter Symbolik dennoch
die entscheidenden Fragen des Menschseins zu stellen.

Die Sinngebung des Abenteuers durch den Erzähler
kann auf verschiedenen Ebenen erfolgen. Am leichtesten
greifbar ist das lehrhafte Programm, das den Artusroman
zum Hof- und Ritterspiegel macht, als Demonstration all
jener Tugenden, die den Ritter auszeichnen und zum
vollwertigen Glied der Gesellschaft machen.

> Swer an rehte güete
> wendet sîn gemüete,
> dem volget saelde und êre.
>
> (*Iwein* 1 ff.)

Beim mittelhochdeutschen Sprachstand und dem auf
sichtbare Repräsentation ausgerichteten höfischen Denken haben diese Begriffe eine gewaltige Spannweite, die
alle Bestimmungen außerhalb konkreter Textstellen und
ihre Vereinigung zu einem „Tugendsystem" fragwürdig
macht. Die „güete" reicht von äußerer Macht und Geltung bis zur sublimsten inneren Erschlossenheit,
„saelde" von Glück und Schönheit bis zur Gnade, „êre"
vom gesellschaftlichen Ansehen bis zur Ehre vor sich
selbst und vor Gott. Tapferkeit, Mannheit, Unverzagtheit sind militärische Tugenden und zugleich Beständigkeit und Bereitschaft, alles auf sich zu nehmen, was
kommen mag. „zuht" oder „kiusche" beginnen beim

höfischen Benehmen und weisen zurück auf Bescheidenheit und innere Würde. „milte", Freigebigkeit, ist in der
Welt der feudalen Dienst- und Lohn-Verhältnisse fast ein
rechtlich-wirtschaftlicher Begriff und geht doch hinüber
zur christlichen „erbärmde". Immer wieder zentral ist
die „triuwe": gesellschaftlich als Treue gegen den Dienstherrn, den Freund, die Dame, aber auf dem gemeinsamen Grund einer Erschlossenheit des innersten menschlichen Wesens, als Verläßlichkeit und Einheit der Person,
zuletzt aber als ein Stehen in Gott, der „selbe ein triuwe"
ist (*Parzival*). Eine ähnliche Schlüsselstellung hat
schließlich die „mâze", die unendlich viel mehr bedeutet
als den banalen goldenen Mittelweg, nämlich Selbstdisziplin, Sinn für das Richtige und Rechte, für den Ausgleich
der Kräfte und damit auch Voraussetzung des schönen
Lebens (*Iwein* 9).

Prinzipiell eignen diese Tugenden dem Romanhelden
von vornherein, aber er hat sie im eigentlichen Grund zu
lernen, aus äußerer Anwendung zur ebenso bewußten
wie spontanen Haltung zu bringen und so „wîse" zu
werden. Ein Mittel zur Veranschaulichung dieses Prozesses, das vor allem Chrestien eingeführt hat, ist der
vielberedete „Doppelweg" – nach einer märchenhaft-
problemlosen Abenteuerfahrt tritt die Krise ein, damit
auf einer zweiten Fahrt die eigentliche Problembewälti-
gung, der Gang nach innen, erfolgen kann. „Spielmännische" Doppelungstechnik wird zur ideellen Stufung entwickelt. Eine spezielle Problematik entsteht, wenn es
zwischen verschiedenen Geboten zum Konflikt kommt.
Es sind die oft kasuistischen Fragen der höfischen Ethik:
Ausgleich des eigenen Glücks mit dem der Gesellschaft,
Verhältnis der Minne zur Ehe, das Verhältnis von Dienst
und Lohn, von selbstherrlichem Abenteuer und Verpflichtung gegenüber dem Nächsten. In der Behandlung
solcher Fragen stößt jedoch der Roman immer wieder
auf eine tiefere Schicht. In der innersten Fassung der

Tugendbegriffe und in der ursprünglichen Idee des Abenteuers selbst erscheint das Thema der menschlichen Selbstwerdung, der Suche des eigenen Wesens, der Selbsterkenntnis und Selbstidentifikation in einem letzten Sinn. Hier findet die Bildersprache des Artusromans erstaunliche Formulierungen, von der Namen- oder Vatersuche zur Herausstellung der „Art", von den Phänomenen des Selbstverlusts, des „zwîvels", der Schuld bis zur Rechtfertigung des schuldigen Menschen vor Gott, im Grund seiner Seele. So werden in letzter Instanz religiöse Strukturen deutlich, und der Artusroman tritt vor die Geschichte der christlichen Frömmigkeit im 12. Jahrhundert.

Die Bewegung des Romans ist, nach seinem ganzen Wesen, primär eine Bewegung der Emanzipation, wenn nicht eines Ausbruchs in Bezirke außerhalb christlich-kirchlicher Ordnung. Dafür ist der Tristanroman das große Beispiel. Aber es ist auch nicht leicht zu nehmen, wenn nach tendenziöser Tradition König Artus ins Höllenfeuer versetzt wird (Thomasin). Der Artusroman steht im Dienste einer neuen Weltlichkeit und einer neuen Gesellschaft, die gerade insofern ihres Lebens sich freut und schön zu leben versucht, als sie mit Hilfe des Märchens die Vergänglichkeit und Sündhaftigkeit alles Menschlichen für einmal zu überspringen versucht. Auch der Vorstoß ins Reich des Elementaren, ja Irrationalen und die Suche nach Lebensgesetzen außerhalb kirchlicher Ethik ist ein verfängliches Abenteuer.

Nun ist aber die Idee des Romans und des Abenteuers im tiefsten Sinne doch christlichen Ursprungs – denn bereits der christliche Glaube setzt den Menschen in Unruhe, Bewegung und Erwartung auf ein Ziel hin, sieht jeden menschlichen Zustand als etwas zu Überwindendes an und faßt den Glauben als Bereitschaft, die Erfüllung des eigenen Wesens im göttlichen Willen zu suchen. Das Abenteuer ist zugleich ein Schritt ins Profane wie der

Weg zu sich selbst und zu Gott, und das ganze Unternehmen der großen ritterlichen Romandichter ist
zugleich der Versuch, das Reich Gottes in die Welt
hinauszutragen oder in der Welt wiederzufinden – der
Abenteuerweg kann zur via christiana (Matth. 7,13) werden. Wo, wie in Wolframs *Parzival*, das Abenteuer
unmittelbar das Verhältnis zu Gott betrifft, da wird der
Artusroman im religiösen Roman aufgehoben. Aber
auch wo das nicht der Fall ist, scheinen im Artusroman
christliche Strukturen durch – in der Analogie einzelner
Szenen, in der Funktion einzelner Figuren (z. B. der
Held als Erlöser), in der Analogie des ganzen Aufbaus
zur Heilsgeschichte. Diese analogische Ausrichtung des
Artusromans auf die christliche Heilslehre, die zu den
wichtigsten Erkenntnissen der neueren Forschung
gehört, ist gerade erst möglich, indem direkte kirchliche
Vorstellungen und Motive aus dem Märchenbereich des
Romans ausgeschaltet bleiben.

Wo die religiöse Problematik dennoch expliziter zur
Darstellung kommt, da kann innerhalb der Artuswelt
eine neue, höhere Ebene erscheinen: die Welt des Grals.
Und daß die Begegnung ritterlicher und christlich-kirchlicher Forderungen auch ganz unmittelbar versucht werden kann, das belegen Hartmanns „ritterliche Legenden".

Schon die umschriebene, für den Artusroman bezeichnende Schichtung zeigt, wie kompliziert sich der Bau des
neuen Romans, vor allem im Vergleich zum heroischen
Epos, darstellt. Es sind verschiedene Wirklichkeitsschichten im Spiel – höfische Gegenwart, Märchen,
Mythus, Heilsgeschichte –, und zwischen ihnen erfolgen
die gewagtesten Übergänge: das eigentliche Abenteuer
des Erzählers selbst. Der Stoff hat seine eigene Logik und
seinen traditionellen Verlauf, zu denen die neue Sinngebung in Gegensatz treten kann. Über das Verhältnis von
„matiere" und „sen" hat sich Chrestien bereits Gedanken

gemacht. Man darf von einem bewußten Spiel mit verschiedenen Sinnebenen sprechen, und der Interpret wird in Analogie zum Bibelverständnis mit einer Art mehrfachen Schriftsinns rechnen müssen. Erst recht ist eine gewisse Mehrdeutigkeit anzusetzen, soweit der mittelalterliche Dichter, zumal der deutsche, sich keineswegs als Schöpfer seines Werks versteht, sondern als Deuter und Vermittler, ohne persönlichen Ehrgeiz und ohne den neuzeitlichen Zwang zu einer persönlichen Verantwortung für das Erzählte.

Dennoch ist es nun wesentlich für die neue Gattung des Romans, daß der Dichter nicht mehr der anonyme Vermittler ist wie, noch in dieser Zeit, der Heldenepiker, sondern daß er einen Namen trägt und, vor allem, als Erzähler wirklich hervortritt. Er wird, wie versteckt auch immer, zum Subjekt seiner Geschichte, wächst langsam hinein in die Rolle dessen, dem das Erzählen zum Abenteuer wird, das er auf eigene Rechnung zu bestehen hat. Sofern die Erzählung mindestens ursprünglich im höfischen Gesellschaftskreis vorgetragen wird, ist der Dichter Unterhalter, und man wird sein Werk im einzelnen nicht immer allzu sehr pressen dürfen. Über diese gleichsam gesellschaftliche Funktion seines Unernsts hinaus gibt es aber auch einen erzählerischen Humor, der für den Roman dieser Art konstitutiv ist. Die offene, vielschichtige, sich selbst dauernd übersteigende Form des Romans bedarf eines Mittels, das immer wieder die Grenzen zu öffnen gestattet, neue Beziehungen stiften, das einzelne relativieren kann. Der Humor stellt immer wieder die Spontaneität des Erzählers und seiner erzählten Welt her, er ist während der ganzen Erzählung das Versprechen der umfassenden Heiterkeit und Freiheit, die sich am Schluß herstellen wird. (Das Gesagte gilt allerdings kaum für den Liebesroman, schon gar nicht für den humorlosen, dafür ironischen Gottfried.)

2. Hartmann von Aue: „Büchlein", „Erec", „Iwein"

Der Begründer eines deutschen Artusromans, und man kann sagen: der Schöpfer der maßgebenden, mâze-vollen höfischen Erzählung ist H a r t m a n n , älterer Zeitgenosse Gottfrieds und Wolframs, die ihm beide gehuldigt haben, so sehr sie selbst sich untereinander befehdeten. Die Größe und der Zauber von Hartmanns Dichtungen liegt keineswegs auf der Hand. Doch hinter der diskreten Liebenswürdigkeit und Anmut dieses Werks zeigt sich näherem Zusehen ein durchaus nicht naiver Geist von hoher Ursprünglichkeit, ja Kühnheit; schon die Vielfalt seines in allen Gattungen bahnbrechenden Werks belegt dies: Lieder, eine Minnelehre, Artusromane und ritterliche Legenden. Es paßt zu seiner Diskretion, daß über Person, Herkunft und Datierung dieses Klassikers nichts Genaueres bekannt ist, als was er selbst mitteilt oder was sich aus seinem Werk ergibt. Er ist „dienstman ze Ouwe", ein Ministerialadliger mit gelehrter Schulung, aus dem alten Herzogtum Schwaben, mit kaum merklich alemannisch gefärbter Sprache, womit sich der Schwerpunkt der klassischen mittelhochdeutschen Literatur aus dem mitteldeutschen in den oberdeutschen Bereich verlagert. Unklar bleibt, ob „Ouwe" der Name des eigenen Geschlechts, des Dienstherrn oder gar beides in einem war. Ouwe ist bis heute nicht lokalisiert. Von den verschiedenen Möglichkeiten steht heute Aue bei Freiburg i. B. wieder im Vordergrund, im Zusammenhang mit der gut gestützten These, Hartmann habe für den Hof der Herzöge von Zähringen gedichtet (Mertens). Das Wappen in der Manessischen Handschrift – drei Adlerköpfe – müßte dann als Abwandlung des Zähringer Wappens – ein ganzer Adler – verstanden werden. An sich ist es nur belegt für die Herren von Wespersbühl (Kanton Zürich), die Lehensträger der Abtei Reichenau und der Grafen von Kyburg waren, die ihrerseits, als Erbmarschälle der

Reichenau, Vögte im Thurgau und Verwandte der Zähringer, als Mäzene in Frage kämen. In seinen Liedern erwähnt Hartmann den Tod eines Dienstherrn als Anlaß seiner Kreuznahme. Wer dieser Herr war, auf welchen Kreuzzug sich Hartmann begab – 1189 oder 1197 –, ist umstritten. Die Werke Hartmanns werden dagegen aufgrund kombinierter Erwägungen ziemlich einhellig in der Reihenfolge *Büchlein* – *Erec* – *Gregorius* – *Armer Heinrich* – *Iwein* angesetzt (wobei die ersten etwa 1000 Verse des *Iwein* vielleicht schon gleich nach dem *Erec* entstanden sind); dabei wäre der *Erec* bald nach 1180, der *Iwein* um 1205 entstanden. Für Hartmanns Leben kommt man damit auf die Jahre: frühestens 1160 bis ungefähr 1210.

Wenn zwischen die beiden Artusromane die beiden Legendendichtungen treten, so braucht man dafür weder eine „gegenhöfische Wendung" (Wapnewski) noch gar „eine tiefe innere Krise" (de Boor) – nämlich infolge des Todes des Herrn – und dann, mit dem *Iwein,* wieder einen Rückfall anzusetzen; denn so groß ist der Gegensatz zwischen Artusroman und höfischer Legende keineswegs.

Zwischen den Minneliedern und den Erzählungen steht gattungsmäßig Hartmanns ältestes Werk, das *Büchlein*, richtiger *Klage* zu nennen (complainte, planctus), um 1180 zweifellos ein Stück modernster französischer oder provenzalischer Minnedidaktik, das der junge Dichter (er stellt sich als „jungelinc" vor) nach verlorener Vorlage in gegen 2000 Versen übertragen hat. Es scheint seiner Art zu entsprechen, daß Hartmanns Werk derart programmatisch beginnt, ehe der Artusroman die erzählerische Anwendung bringt. Der Dichter ist von der Minne bezwungen, und nun halten sein Herz (Inbegriff auch der „sinne") und sein Leib unter sich ein Streitgespräch, welchem der beiden die Schuld daran zufalle und warum. Nach langen Erörterungen erkennen die Partner ihre Zusammengehörigkeit, und das Herz formuliert zuhanden des Leibes die eigentliche Minnelehre: Sie stellt sich allegorisch dar als ein Kräuterzauber aus Gottes Apotheke, in dem die bekannten ritterlichen Tugenden (zuht, triuwe, kiusche, manheit usw.) als Ingredienzien eines nun eben nicht mehr magischen Liebestrankes erscheinen. Es folgt in kunstvoller Reimtechnik ein leidenschaftlicher Schlußappell an die Dame. Klage, Treue versicherung, Bitte um Erhörung. Das Ganze ist also eine Minneepistel, ein Liebesgruß in der beliebten Form eines Streitgesprächs (conflictus, altercatio) mit spezieller allegorischer Einlage und angehängtem Schlußgedicht, wortreich und infolge des allegorischen Systemzwangs wenig geeignet, daraus ein psychologisches oder ethisches Begriffssystem zu abstrahieren. Aber eines ist klar: Minne ist Anlaß und Medium eines weltlichen Heilswegs, der die ganze sittliche Person beansprucht und durch „arbeit" zur „saelde" führt, zum Wohlgefallen der Welt wie auch Gottes.

Als Hartmann, frühestens zu Beginn der 1180er Jahre, mit seinem *Erec* den ersten deutschen Artusroman schuf – er ist merkwürdigerweise nur in der späten Ambraser Handschrift erhalten –, da lag die Vorlage, Chrestiens *Erec*, wohl bereits seit mindestens zehn Jahren vor. Doch sie war der erste Artusroman überhaupt, als „belle conjointure" aus den Geschichten und Motiven älterer bretonischer (?) Erzähler gefügt, als maßgebendes Modell der neuen Gattung. Hartmann zeigt nun allerdings, im Gegensatz zu seiner späteren Technik im *Iwein*, starke Abweichungen von Chrestiens Text, und es ist unklar, wieweit dafür Hartmann selbst, wieweit eine französische Überarbeitung Chrestiens oder gar eine niederländische Zwischenstufe (P. Tilvis) verantwortlich ist. Mindestens für einzelnes ist mit Nebenquellen zu rechnen. Im übrigen ist Hartmann, das läßt sich dennoch feststellen, ruhiger, spannungsloser, lehrhafter, steifer als sein Vorbild, er hält allerlei Erläuterungen und Exkurse für nötig.

Eine typische „erste Runde" erzählt, wie der junge Ritter Erec am Artushof in Gegenwart der Königin von einem vorbeireitenden Zwerg mit der Geißel ins Gesicht geschlagen wird – die „Herausforderung" könnte nicht krasser sein –, wie er sich aufmacht, die Schande zu rächen, die schöne Enite, Tochter eines armen Grafen, zur Dame gewinnt und für sie im Sieg über den hoffärtigen Herrn des Zwergs den Schönheitspreis, einen Sperber, erobert. Nach der Hochzeit am Artushof übernimmt Erec von seinem Vater die Herrschaft des Landes.

Dem scheinbar spielend erreichten Glück folgt die Krise: Erec „verliegt sich", im Glück maßloser Minne versäumt er seine Pflicht als Herr des Hofes und gefährdet die Ehre der Gesellschaft. Durch ein Selbstgespräch Enites gewarnt, bricht er unvermittelt auf zu dem großen, eigentlichen Auszug, wobei Enite schweigend voranreiten, ja in der Folge als Pferdeknecht dienen muß. In zwei analogen Reihen vollziehen sich durch einen Besuch am Artushof getrennt die Abenteuer, Serien von sich steigernden Zweikämpfen. Alles überwölbt am Schluß der große Kampf mit Mabonagrin (eine Parallele zum Sperberkampf des 1. Teils): einem riesenhaften Ritter, der im Wundergarten „Joie de la court" (hoves fröide) seiner Geliebten dient und in Erwartung eines mächtigeren Gegners achtzig Ritter erschlagen und deren trauernde Witwen auf der benachbarten Burg eingesperrt hat. Erec besiegt ihn und bricht damit den Bann einer gesellschaftsfeindlich gewordenen Minne: Er schenkt Mabonagrin und seiner Freundin und damit dem Hof die wahre Freude zurück. Mit dieser mächtigen Schlußepisode erhebt sich die Erzählung zusammenfassend ins durchsichtig Allegorische, ähnlich und wohl nicht zufällig, wie es ihr Pendant, die Grottenepisode im *Tristan,* tut.

Das „Problem" dieses klar und schlank gebauten und doch so frisch und phantasievoll erzählten Werks ist zweifellos zunächst der Ausgleich der Minne, des Minneglücks, mit den Anforderungen des Rittertums und insbesondere der Gesellschaft. „Ze sêre minnen" – das gefährdet den Adel des einzelnen und zerstört die Ordnung des gemeinsamen höfischen Daseins. Darum der erneute Aufbruch zur Aventiure. In der Reihe dieser Abenteuer selbst scheint sich eine Stufung zu zeigen vom bloß privaten Kämpfertum zur Hilfeleistung für andere, ja zur Erlösung der Gesellschaft selbst: Das Abenteuer tritt in den Dienst des Nächsten. Wie Erec in der ersten Runde seinen Aufstieg aus dem Zustand der Demütigung, Armut und Ratlosigkeit vollzog, so muß er auch jetzt durch den Nullpunkt: Erec ist auf den Tod verwundet, erst die Klagen der treuen Enite erwecken ihn wieder zum Leben. Und er muß sogar selbst besiegt werden – von seinem unerkannten Freund Guivreiz; der ritterliche Kämpfer muß auch lernen, sich das Leben schenken zu lassen.

Das Verliegen Erecs ist ein Verliegen in der Ehe. Man hat daher im Roman auch schon eine Auseinandersetzung zwischen höfischer Minne und Ehe sehen wollen. Das ist wohl ein Problem zweiter Ordnung. Wo die Minne nicht, wie im *Tristan*, wesenhaft Ehebruchscharakter hat, muß sie erzählerisch zu einem Ende, der Heirat, führen, wogegen das Minnelied im Dienstverhältnis verharren kann und nicht problematisch werden muß. Doch erfährt zweifellos in der zweiten Abenteuerfahrt die Beziehung Erecs und Enites eine Vertiefung, die über bloße höfische Minne wie über die herkömmliche Ehe hinausgeht. Die Ehe wird durch den Gedanken der Minne und ihrer ritterlichen Bewährung veredelt, und die Minne wird zu einer Bindung jenseits von Dienst und Lohn.

Und Enite? Sie ist die rührende Dulderin, die unver-

rückbar Treue, die Warnerin auch gegen das Verbot.
Man spricht von der Treueprobe, die sie zu bestehen
habe (und kann dafür eine Stelle Hartmanns anführen), ja
von einer Schuld und Mitschuld, die von ihr abzubüßen
sei, und entsprechend denkt man entstehungsgeschichtlich an zwei Motivreihen, die sich hier überkreuzt hätten. Das ist wohl irreführend. Denn Enite hat nichts zu
sein als Inbegriff und Ziel von Erecs bestem Streben. Im
Bildungsroman hat die Frau, im Gegensatz zum reinen
Liebesroman, den Charakter einer Seelenführerin. Und
sie ist damit nur begrenzt eine Gestalt eigenen Rechts,
vielmehr weitgehend nur das Innerste und Edelste des
Helden selbst. Erecs unbegreifliches Verhalten gegen die
unschuldige Gattin versteht sich nur daraus, daß er sich
selbst in ihr unter Strafe stellt und sie doch, als sein
besseres Ich, voranreiten läßt.

Am Schluß, im Rückblick rückt Hartmann den Weg
seines Helden ganz unter den Willen Gottes und gibt
eine klassische Formulierung ritterlich-frommer „We-
senssuche":

> dô sprach der künec Êrec:
> „ich weste wol, der saelden wec
> gienge in der werlde eteswâ,
> rehte enweste ich aber wâ,
> wan daz ich in suochende reit
> in grôzer ungewisheit,
> unz daz ich in nû vunden hân.
> got hât wol ze mir getân . . .

(8520 ff.)

(Da sprach der König Erec: / Ich wußte wohl, der Weg zum
Glück / ginge irgendwo in der Welt, / wußte aber nicht recht,
wo: / so konnte ich nur reiten / und ihn in großer Ungewißheit
suchen, / bis ich ihn nun gefunden habe. / Gott hat wohl an mir
gehandelt . . .)

Als der deutsche *Erec* entstand, lag wohl auch Chrestiens *Yvain* bereits vor. Hartmanns deutsche Nachdich-

tung – künstlerisch souverän trotz engem Anschluß an
Chrestien – wurde aber erst 15 bis 20 Jahre später (bis
gegen 1205) abgeschlossen. Wie schon die hohe Zahl von
25 Handschriften erweist, galt dem deutschen Mittelalter
der *Iwein* als vollendetstes Werk Hartmanns, sein eigentliches Vermächtnis. Die Germanistik hat erst in neuerer
Zeit, dann freilich mit überzeugenden Argumenten, sich
diesem Urteil angeschlossen.

Auf den ersten Blick gibt sich der *Iwein,* die Geschichte des Löwenritters, wie ein symmetrisch gebautes
Pendant zum *Erec.* Wenn sich Erec verliegt, so verfährt
sich Iwein, und wieder muß in zweiter Abenteuerrunde
der Ausgleich zwischen Rittertum und Minne gesucht
werden. Aber Entscheidendes ist nun anders. Iwein
macht sich auf, um das gefährliche Quellenabenteuer zu
bestehen, er tut den sturmerweckenden Guß, besiegt,
verfolgt und erschlägt den königlichen Hüter des Brun-
nens, wird aber im Torweg von dessen Burg gefangen.
Die schöne Burgherrin und nun Witwe, Laudine, läßt
sich auf Vermittlung durch ihre kluge Zofe Lunete herbei, den gefangenen Sieger in neuer Liebe zu heiraten.
Der Artushof zieht heran und wird festlich empfangen.
Unter Hinweis auf Erec warnt Gawein, der vollkommene Artusritter, seinen Freund Iwein vor dem Verliegen und Verbauern, worauf Iwein für ein Jahr Urlaub
nimmt und dem Artushof folgt. Im festlichen Turnieren
vergeht das Jahr, Iwein wird es inne, Scham, Sehnsucht
und Reue werden übermächtig, Lunete kommt als Botin
mit dem feierlichen Fluch Laudines, Iwein verliert den
Verstand und lebt nun wie ein Tier im Walde. Von einer
vorbeireitenden Gräfin und ihren zwei Jungfrauen wird
Iwein eines Tages entdeckt und durch eine Zaubersalbe
geheilt. Und nun folgt die Reihe der eigentlichen, kunstvoll verschlungenen Abenteuer, die alle Befreiungstaten
sind. Iwein befreit die Gräfin von einem Belagerer; einen
Löwen, der ihm von nun an als Helfer folgt, von einem

Drachen; Lunete selber, die in Ungnade gefallen; die
Söhne eines Burgherrn vom Riesen Harpin; dreihundert
Damen von zwei Riesen; und er hilft einer Grafentochter
in einem Erbstreit gegen ihre Schwester, dies in einem
entscheidungslosen Schlußkampf mit dem Helfer der
Gegenpartei, der sich als Freund, Gawein, herausstellt.
Durch einen klugen Rat der Lunete erfolgt schließlich
auch die Versöhnung mit der geliebten Laudine. Saelde
und Ehre (die Wörter fallen am Anfang und am Ende des
Werks) erfüllen sich.

   Die Umkehr des kasuistischen Problems scheint nicht
einfach der Symmetrie halber zu erfolgen. Laudine,
zumal zusammen mit ihrer listigen Helferin Lunete, ist
nicht die edle, demütige Enite. Ihr haftet, in ihrem Zorn,
auch in ihrer raschen Liebe, etwas Unheimliches an,
noch etwas von der Quellenfee, die sie in früheren Stufen
des Stoffs gewesen sein mag. Das Quellabenteuer, das
sich leitmotivisch durch den Roman zieht, entfesselt
Mächte, die elementar und unberechenbar sind. Sein
tiefenpsychologischer Sinn liegt auf der Hand. Laudine
verkörpert bei aller höfischen Überformung eine Art
Gegenreich zum Artushof, sie kommt auch selbst nie
dorthin. Auch wenn die Artuswelt maßgebend bleibt, so
ist sie doch jetzt nicht mehr unproblematisch. Die Ritter-
taten des geheilten Iwein sind ausschließlich Helfer- und
Befreiungstaten – mehr noch: sie sind z. T. nur möglich
durch die Hilfe des Löwen oder Lunetes. Stärkeres
Gewicht fällt auf die Motivik der zu erwerbenden „rehten güete" (V. 1) und damit der Selbstwerdung; die
Aventiure geht nun tiefer. Die Krise erfolgt nicht als
Strafe für eine – an sich minimale – Schuld, sondern ist
Symptom und Heilung eines grundsätzlichen Ungenügens. Die Vertierung des Helden gewinnt den Charakter
einer eigentlichen Hadesfahrt, einer symbolischen Heil-
prozedur. „Der Mensch erkannte es nicht, als er in Ehren
stand, darum ward er den unvernünftigen Tieren gleich",

sagt der Psalmist (48,13, von Bernhard von Clairvaux
zitiert zu Hohel. 1,7; vgl. auch Dan. 4,30). Das Wieder-
erwachen trägt österliche Züge: drei Frauen mit Salben-
gefäßen, eine davon verschwendet die Salbe wie Magdalena.

Ein überraschend reiches Vokabular umschreibt die
Vorgänge der „ungewizzenheit", des Verlusts der eigenen „hulde", der Selbstentfremdung, des Sichselbstanse-
hens – das weist z. T. wörtlich hin auf die bernhardinische Frömmigkeit, in der die Selbsterkenntnis und
Selbsterfahrung als Weg der Gotteserfahrung umschrieben ist, aufgrund alter augustinischer Tradition. Die
Frucht der Selbsterkenntnis ist Demut: „Humilitas est
virtus qua homo verissima sui cognitione ipse vilescit"
(Bernhard, *De gradibus humilitatis*). Humilitas und
Caritas sind die Tugenden des von seinem Löwen beglei-
teten Iwein.

Deutlicher als bei Chrestien treten die religiösen
Strukturen hervor, kaum je expressis verbis, vielmehr
mit unvergleichlicher Anmut verborgen in der Märchen-
analogie der Erzählung. So sehr, daß man lange den
Iwein problemloser Unterhaltungskunst zugerechnet
hat. Und auch dann wäre das „Fest des Erzählens", das
sich Hartmann bereitet und das schon Chrestien wun-
dervoll mit der rahmenhaften Erzählszenerie am Artushof eröffnet, keine Kleinigkeit. Die stets maßvolle, mit
den rhythmischen und klanglichen Möglichkeiten des
Verses wechselnde Diktion zeigt eine überlegene Grazie,
ja einen verhaltenen – und gewöhnlich viel zu wenig
gesehenen – Humor, eine Schwerelosigkeit, die dem
frommen Geist des Dichters nicht widerspricht.

3. Hartmann von Aue: „Gregorius", „Armer Heinrich"

Hartmanns Artusromane umschließen zeitlich zwei
Werke, in denen das in der Artusdichtung latente reli-

giöse Thema unmittelbar herausgestellt wird, und zwar
mit einer abenteuerlichen Kombination weltlich-ritterli-
cher und geistlich-legendarischer Erzählform. Diese „ritterlichen Legenden" sind der seit dem *Ruodlieb* explizi-
teste Versuch, den Ritter als Stand und Lebensform
christlich zu legitimieren.

Hartmanns *Gregorius* fußt auf einer französischen *Vie
du pape Grégoire*, wobei allerdings wiederum unklar ist,
wieweit Hartmanns Abweichungen von der nächststehenden französischen Fassung ihm selbst oder einer
unbekannten Bearbeitung zuzuschreiben sind. Die ent-
scheidende Leistung gehört sicher dem Franzosen; sie ist
auch in den verschiedensten andern Sprachen nachgebildet worden, während Hartmanns Version zu mehreren
lateinischen Übertragungen, einer deutschen Prosa und
schließlich auch zu Thomas Manns massiv-parodisti-
schem *Erwählten* geführt hat.

Nun ist Gregor weder ein anerkannter Heiliger noch
ein geschichtlicher Papst gewesen, und so steht die
Legende auch in einer weitverzweigten Tradition, zu der
nicht nur der antike Ödipus-Stoff, die Andreas- und die
Judaslegende gehören (mit Vatermord und Mutterin-
zest), sondern auch die Legenden von Albanus und
Vergogna (mit doppeltem Inzestmotiv, ohne Vatermord), ganz abgesehen von einer Reihe verbindender
novellistischer oder legendarischer Wandermotive. Die
vom *Grégoire*-Dichter als einzigem durchgeführte Ver-
ritterlichung der Geschichte hat nun vollends das Ergebnis, daß die Grundstruktur gattungsmäßig ebenso auf die
Legende wie auf den Artusroman zurückgeführt werden
kann. Die reizende Kinderminne, die Aussetzung des
Neugebornen, Lehrgang und Auszug des jungen Ritters,
die Befreiung der Dame in ihrer Burg am Meer, das
Wiederfinden der Mutter – das sind alles Motive des
höfischen Romans. Gregor, das Geschwisterkind, als
Findelkind im Kloster erzogen, ist der ideale Ritter, der

seine Herkunft, genauer: sich selbst „erfahren" will
(„von wannen ich sî oder wer"), er ist tapfer, maßvoll,
beständig, voll Vertrauen auf Gott. Wie bei Erec oder
Iwein erfolgt, nach der glücklichen Heirat, die Katastrophe. Legendarisch thematisiert ist die ungeheure Buße
des „guoten sündaeres" auf dem Stein; man denkt an
Iwein im Walde:

> Der arme was zewâre
> erwahsen von dem hâre,
> verwalken zuo der swarte
> an houbet und an barte . . .
>
> (3423 ff.)

(Der Arme war tatsächlich / vom Haar zugewachsen, / verfilzt
bis auf die Haut, / an Kopf und Bart . . .)

Gregorius ist im juristischen Sinne sowenig schuldig wie
Erec oder Iwein, alle drei nehmen die (im einen Fall
höfisch-diskrete, im andern legendarisch-krasse) Verfehlung auf sich, weil sie in ihr die menschliche Sündhaftigkeit überhaupt erfahren. Folgt die wunderbare Erhöhung
des Sünders zum Papst, dem nun „diu mâze was gegeben
/ vons heiligen geistes lêre", und der glückliche Anagnorismos mit der Frau, die „sîn muoter, sîn base, sîn wîp"
war.

„Demontage der höfischen Werte-Welt" (Wapnewski)? Hartmanns Sündenbekenntnis im Prolog, seine
Zunge habe viel gesprochen, „daz nach der werlde lône
stât", darf als gattungsmäßige Demutsformel nicht allzu
grundsätzlich genommen werden. Gewiß: des Gregorius
ritterliche „gir zer werlde" wird als superbia in Frage
gestellt, und die Minne wird im Fall der Eltern als
Teufels Rat bezeichnet. Anderseits wird der Entschluß
zur Ehe mit einem Lob „êlîcher hîrât" begleitet und
erfolgt in Gott! Gregors Plädoyer für das Rittertum
gegenüber dem Abt hat viele Argumente für sich, er
bleibt vorbildlich und verfällt nicht dem Zweifel, der

vom Prolog als einzige untilgbare Sünde bezeichnet
wird. Seine Schuld wird durch die Buße doch zur glücklichen Schuld, und die Wahl zum Papst ist das Ende der
Weltentsagung, ist märchenhafte Erhöhung. Und im
Grunde wird ja wohl nicht nur das Rittertum problematisch, sondern auch das – ausdrücklich – von Gott
gelenkte Geschick des Helden, d. h. Gottes Vorsehung
selbst. Die letzte Auskunft lautet milde in ritterlicher wie
in christlicher Hinsicht: als Evangelium der mâze, als
Einsicht in die rätselhafte Verkettung von Schuld und
Gnade, Wagnis und Lebenserfüllung, als Vertrauen auf
Gottes grenzenlose Vergebung.

Mit letzter Verdichtung und Schlichtheit – wenn auch
nicht ohne rätselhaften Rest – löst der *Arme Heinrich* das
Problem einer geistlich-ritterlichen Erzählung. Die
anderthalbtausend Verse kulminieren in einem einzigen
Vorgang seelischer Art und umspannen doch ein ganzes
Ritterleben in seinem sorgfältig-realen Zeitkolorit. Hartmann, Dienstmann zu Aue, nennt sich der Verfasser,
sein Held aber Herr Heinrich von Aue, von Stand für-
stengleich. Wieso die Namensgleichheit? Erzählt Hartmann von einem Vorfahren seines Dienstherrn, oder
meint er gar ein Glied der eigenen Familie? Da die
Erzählung die gänzlich unstandesgemäße Heirat des Helden berichtet und somit, nach Beyerle, dem Dienstherrn
keine Ehre brächte, könnte man sie als eigene Familientradition verstehen, welche die Standesminderung eines
einst vornehmen Geschlechts auf schöne Art zu erklären
sucht. Auch diese Deutung als ein Stück Familienchronik
des Dichters ist wenig überzeugend. Die Geschichte
selbst, eine von vielen Aussatzsagen oder -legenden,
begegnet in zwei kurzen lateinischen Prosa-Exempla des
14./15. Jahrhunderts, doch ist die Priorität unsicher, auch
wenn Hartmann offensichtlich eine lateinische Vorlage
benützt.

Herr Heinrich von Aue ist der Ausbund aller ritterli-

chen Tugenden an Gut und Geburt, an Ehre und Gesinnung. Aber die „werltlîche süeze" nimmt plötzlich ein
Ende, er wird vom Aussatz befallen. Anders als Hiob
verflucht er den Tag seiner Geburt; er sucht vergeblich
ärztliche Hilfe in Montpellier und Salerno: nur das Herz-
blut eines Mädchens würde ihn retten können. Da geht
er in sich, verschenkt seine Güter und zieht sich auf ein
Gereute, den Waldhof eines seiner Pächter, zurück. Dessen kindliches Töchterchen, dem Herrn rührend ergeben, will sich für ihn opfern und überzeugt in langen
Reden ihre erschreckten Eltern wie auch schließlich
Herrn Heinrich von dem Plan. Bei dem berühmten Arzt
in Salerno, wo die Operation stattfinden soll, wird Heinrich beim Anblick (durch den Türspalt!) des entblößten
Mädchens von einer „niuwen güete" ergriffen, verzichtet
zum großen Zorn des Mädchens auf das Opfer, beide
machen sich auf den Heimweg. Da erkennt Gott die
Treue der beiden und macht Heinrich gesund. Er wird
reicher als je an Gut und Ehren und heiratet das Mädchen
– „nû ist si vrî als ich dâ bin" –, mit dem er ein langes
süezes leben führen wird.

Bei allen Tugenden war Heinrich ein „werlttôre". Der
Aussatz, der ihn schlägt, ist die Krankheit schlechthin,
fast die Sünde selbst. Hier kommt der Sturz vollends
ohne äußere Verfehlung, enthüllt nur den menschlichen
Sündenzustand an sich. Das Hiob-Schicksal führt aber
nun zu keiner Weltentsagung, eher zu dem Idyll auf dem
Hofe des Meiers. Die Heilung – in andern Ausformungen des Aussatzmotivs wird das Blutopfer vollzogen und
durch göttliches Wunder das Mädchen wieder zum
Leben erweckt – ist hier ganz ins Innere verlegt, schlicht
und großartig als der zentrale Moment der Selbsterkenntnis:

> nû sach er sî an unde sich
> und gewan einen niuwen muot . . .

> und verkêrte vil drâte (sehr rasch)
> sîn altez gemüete
> in eine niuwe güete.

(1234 ff.)

Diese Umkehr *ist* das Wunder, sie bedeutet bereits die Befreiung von der Miselsucht. Die „rehte güete" ist das unübersetzbare Schlüsselwort auch des *Iwein*.

Aber es ist – welch „höfische" Kühnheit! – die Schönheit des nackten Mädchens, die den Ritter umstimmt, und er wird wieder in die Süße der Welt entlassen – und sei es auch in eine Mesalliance. Das Mädchen selber muß auf sein Martyrium und den vorzeitigen Himmel verzichten. Nicht ohne heimlichen Humor auch hier verfolgt der Dichter die geistliche Rhetorik des Mädchens und tadelt sein schlechtes Benehmen in Salerno: die Tugend der mâze gilt auch im geistlichen Bereich. Das Ganze ist gewiß eine Kritik am Hochmut („hôhen muot"), aber auch erst wieder die Rechtfertigung eines frommen Weltlebens, auf welches der Ritter wie die junge Glaubensheldin lächelnd verwiesen werden, und die Forderung eines Adels der Gesinnung.

Nach dem *Armen Heinrich*, dessen scheinbar naiven Ton man nicht mißverstehen darf, hat sich der Erzähler von neuem das Recht zum Artusroman gewonnen, zum nachdenklichen Märchenton des *Iwein*.

4. „Lanzelet", „Wigalois"

Der Artusroman erscheint in Deutschland wie in Frankreich zuerst in hochliterarischer, ideell durchdrungener Gestalt. Aber es gibt nun auch einzelne Vertreter der Gattung, in denen, wie man zu sagen pflegt, die „reine Stofflichkeit" herrscht oder „ein wirres Abenteuerwesen", ohne Probleme, ohne innere Entwicklung des Helden, und so wird denn in den Literaturgeschichten eine

Rubrik „niederer Artusroman" oder „höfischer Unter-
haltungsroman" (de Boor) geführt. Werke solcher Art
haben aber für uns ein eigenes Interesse: Vielleicht tritt
hier gerade eine unreflektierte, ursprüngliche, wenn auch
krude Funktion der Artusmotivik hervor, und zudem
können sie wichtige Zeugnisse für die Vorgeschichte des
Artusromans liefern. Dabei ist allerdings oft unklar, was
noch primitiv und was *wiederum* primitiv ist.

Der *Lanzelet* des Ulrich von Zazikhoven
(heute Zezikon im Kanton Thurgau) ist die älteste Bearbeitung des vor allem in den romanischen Ländern überaus beliebten Lancelotromans. Der deutsche Verfasser ist
wahrscheinlich mit einem Kaplan und Leutpriester des
(Zezikon benachbarten) Dorfes Lommis identisch, der
1214 als Zeuge auf einer gräflich-toggenburgischen
Urkunde erscheint; er hat seine Vorlage von einem vornehmen Engländer erhalten, Huc von Morville, der 1194
als eine der Geiseln für Richard Löwenherz nach
Deutschland kam und vielleicht sogar einer der Mörder
des Thomas Becket, 1170 in Canterbury, gewesen war.
Die Fäden dieser nobeln Beziehung hätten über die
Toggenburger oder über die Abtei Reichenau (Hartmann!) laufen können. Die Entstehung der Arbeit kann
von 1194 an bis gegen 1205 vermutet werden; der Erfolg
war beträchtlich, Ulrich wird später mehrfach ehrenvoll
erwähnt. Die Bedeutung der Lancelot-Gestalt als der
kühnsten und reifsten Blüte der Artusromantik liegt
darin, daß sie im höfischen Bereich einen Typ des
amour-passion vertritt, der in mystisch-outrierter Form
selbst die Forderungen ritterlicher Ehre und Sitte zu
opfern bereit ist und damit in die Nähe der Tristan-Liebe
gerät; Lancelot ist der Liebhaber von Artus' Gattin
Guenievre, die geraubt war, durch ihn befreit wird und
ihn zu erhören hat. Chrestien hat in seinem *Karrenritter*
den Stoff wahrscheinlich nur widerwillig und jedenfalls
nicht zu Ende behandelt. Ulrich berührt sich nun aller-

dings nur im letzten Drittel seines Werks teilweise mit
Chrestien (Entführung und Befreiung Ginovers, aber
ohne Ehebruchmotiv). Ob sich Ulrichs Vorlage auf eine
direkte keltische Vorlage stützt oder nur aus dem Werk
Chrestiens geschöpft ist als eine sekundäre Klitterung
oder gar ein neues „Modell" des Artusromans (K. Ruh),
bleibt die Frage.

Lanzelet wird von einer Meerfee erzogen und zieht
nun aus, um Namen und Vater zu erfahren. In einer
Folge von siegreichen Kämpfen und Minneverhältnissen
(in dritter Station die Gattin Iblis) vollziehen sich Aufstieg und Integration in die Artusgesellschaft. Ein 2. Teil
– ohne Krise und ohne Überhöhung des 1. Teils – bestätigt die höfisch-ritterliche Existenz im Unternehmen der
Ginover-Befreiung und – nach Überstehen einer „Min-
nehaft" bei der Königin von Pluris – in der Rückkehr zu
Iblis. Aussagekräftig bleiben in der lockeren Abenteuer-
kette typische Motive des Märchenromans: Namens-
und Vatersuche, die rasch bereite Geliebte, deren Gatten
oder Vater der Held erschlagen hat, der Kuß des Dra-
chens, der eine verzauberte Jungfrau ist usw. In den
Minnebeziehungen des „wîpsaelegen" Helden scheint
weniger eine höfische Libertinage zu walten als vielmehr
die Exemplifikation verschiedener Casus im Sinne des
Traktats des Kaplans Andreas. Dichterischer Rang
wächst dadurch dem Roman kaum zu.

Schon eher ist dies der Fall bei *Wigalois* (Gui Galois),
dem „Ritter mit dem Rade", einer liebenswürdigen
Dichtung des Ritters W i r n t v o n G r a f e n b e r g
(nordöstlich von Nürnberg). Das überaus erfolgreiche
Werk ist, wenn Friedrich Neumann recht hat, zwischen
1210 und 1215 am Hof des Grafen von Andechs entstanden, und zwar, wie Wirnt mitteilt, aufgrund mündlicher
Erzählung durch einen Knappen – ein wichtiger Beleg
zum Problem höfischer Überlieferung. Für einen 1. Teil
des Romans bestehen indirekte Zusammenhänge mit

dem *Bel inconnu* des *Renaut de Beaujeu*. Für den Rest
nahm man bisher eine durch die späte Prosa des „Chevalier du Papegau" vertretene Quelle an (Saran), doch
denkt man neuerdings an mündliches französisches
Erzählmaterial, das von Wirnt selbständig, unter Einfluß
des Gattungstypus (Hartmann, *Parzival*), integriert
worden wäre (Cormeau).

Wigalois ist ein Gawein-Sohn (wir hören die Vorgeschichte), der sich aus fernem Lande – dem Feenreich
seiner Mutter – aufmacht, um den Vater zu suchen; am
Artushof fordert ihn eine geheimnisvolle Botin heraus, es
folgt die lange Serie von Abenteuern, die auch hier zu
einer tiefsten Gefährdung führen als Voraussetzung des
Hauptabenteuers. Nach dieser Erfahrung der Ohnmacht
– der Ritter liegt nachts, nach dem Kampf mit einem
Drachen, bewußtlos und seiner Rüstung beraubt am
Ufer eines Sees – gelingt schließlich die Hauptleistung:
die Überwindung des riesigen, heidnisch-teuflischen
Roaz und damit die Befreiung des Reichs der schönen
Larie. Folgt die Gewinnung eines zweiten Reichs, das am
Lebermeer (Roten Meer) gelegen ist, die Hochzeit mit
Larie, Begegnung mit dem Vater Gawein, neuer Krieg,
Besuch am Artushof, Heimkehr. Es ist eine Fülle seltsa-
mer Abenteuer, aber immerhin auch hier geordnet um
die typische Laufbahn des Ritters, der die verschiedenen
Stationen seiner Selbstwerdung zu passieren hat und
zugleich als Befreier auftritt. Der Kampf mit Roaz im
Innern eines mit den kompliziertesten Vorkehrungen
versehenen dunklen Zauberschlosses hat geradezu den
Charakter einer Hadesfahrt und führt zur Entzauberung
eines ganzen Reiches. Diese Abenteuer werden vom
Helden nicht reflektiert, er führt das noch durchaus
positiv erfahrene Glücksrad der Fortuna im Wappen und
geht kaum angefochten seinem Ziele zu. Es kommt auch
hier zu keiner Krise, keiner Problematik, keinem Doppelweg, genauer: der Individuationsweg ist nur in Bild-

vorstellungen sozusagen formal und allgemein ent-
worfen.

Zur eigentlichen Artusmotivik hinzu kommt, eine
typische Auflösungserscheinung, nun auch manches
Legendenhafte (Fegefeuermotive, Engel) und gegen den
Schluß Geographisch-Geschichtliches; der Erzähler
strebt zu einer umfassenden Wirklichkeit zurück. Er
liebt es, das Geschehen in moralisierenden Exkursen zu
kommentieren. Interessanter aber ist, wie er trotz eines
meist eher trockenen Tons eine neuartige Lust am Atmo-
sphärischen zeigt: Die Artus-Landschaft wird in ihren
Stimmungsreizen entdeckt, mit Waldesdickicht, Mond-
licht, Wind und Wolken, mit neuer Raumtiefe, die durch
geheimnisvolle Rufe oder Wahrnehmungen durch den
Wald oder über eine Wasserfläche hin realisiert wird.
Wenn die ideelle Substanz schwindet, sind solche Sensationen eine neue dichterische Errungenschaft. Die
Aventiure – ein Lieblingswort Wirnts – wird als Zauber,
süßer Schrecken, Verheißung sinnenhaft empfunden,
und der Held kann sagen:

> ... ich die selben vreise (Schrecken)
> mir ze fröiden hân erwelt ...
> iz wirt mir ein vil süeziu nôt.
>
> (4346 ff.)

Bereits hier wird der ritterliche Roman „romanhaft",
d. h. romantisch.

IV. DER RELIGIÖSE ROMAN:
WOLFRAM VON ESCHENBACH

1. Der Dichter

Niemand macht heute Wolfram von Eschenbach den höchsten Rang unter den Dichtern des deutschen Mittelalters streitig. Sein Werk war mit rund 80 erhaltenen handschriftlichen Zeugen jedes seiner zwei Romane das erfolgreichste eines ritterlichen Erzählers überhaupt, es ist von unverwechselbarer Ursprünglichkeit und umfaßt nach Thema und Idee die sublimsten Möglichkeiten ritterlicher Laiendichtung. Das läßt sich schon gattungsmäßig ausdrücken: Der *Parzival* gewinnt dem Artusroman die letzte – religiöse – Dimension hinzu, und der *Willehalm* führt die Problematik im Raum einer christlichen Helden- und Geschichtsdichtung fort. Wolfram verläßt damit den engeren Rahmen der volkssprachlichen Gattungen und ihrer Spielregeln und leistet als Laiendichter einen erstaunlich selbständigen Beitrag zur geistigen Lage seiner Zeit.

Als Ritter und keineswegs zuerst als Dichter will sich Wolfram verstanden und gewürdigt wissen. Sein „hûs" ist mit größter Wahrscheinlichkeit an der Stelle des heutigen, spätmittelalterlichen Städtchens Eschenbach (Wolframseschenbach) östlich von Ansbach zu suchen, denn er erwähnt die Namen verschiedener Örtlichkeiten der Gegend. Er redet scherzhaft-freundschaftlich von „mîn herre, der grâve von Wertheim", er hat das 5. Buch des *Parzival* auf der Wildenburg im Odenwald vorgetragen, huldigt in gewagter Weise der Markgräfin von Haidstein (Cham) im Bayerischen Wald, nennt sich einen Bayern (obwohl die fränkische Heimat nicht zu Bayern zu rechnen war), zeigt spezielle Kenntnis der Steiermark – und hat schließlich den *Willehalm* im Auftrag des Landgrafen

von Thüringen verfaßt. Man denkt sich, im Rahmen
dieser örtlichen und dynastischen Beziehungen, einen
ärmern Ministerialadligen, der um so selbstbewußter auf
sein „Schildes Amt" und seine ritterliche Gesinnung
pocht. Seine Werke sind bei der Annahme längerer Entstehungszeit schwer zu datieren: Die in einem Belage-
rungskrieg durch den Landgrafen 1203 zerstörten Erfurter Weingärten werden im 7. Buch des *Parzival* als
immer noch notleidend erwähnt; man datiert den *Parzival* ungefähr auf die Jahre 1200 bis 1210; die Arbeit am
Willehalm läßt sich auf die Zeit von 1212 bis nach 1217
(Tod Hermanns von Thüringen) ansetzen. Etwas später
oder gleichzeitig – kaum schon neben dem *Parzival* –
entstanden die *Titurel*-Fragmente. Undatierbar bleiben
die 8 Lieder. Die runden Lebensdaten lauten somit um
1170 bis um 1220. Die Frage von Wolframs Bildung ist
ebenso vertrackt wie die seiner Quellen. Wolfram verfügt über einen Reichtum der verschiedenartigsten literarischen und wissenschaftlichen Kenntnisse, aber wendet
sich gegen Buchgelehrsamkeit, ja behauptet, keinen
Buchstaben zu kennen – und zeigt auch in der Tat, im
schärfsten Gegensatz zu Gottfrieds lateinischer Schulung, kaum literarisch-formale Bildung; er beruft sich für
sich selbst nie auf Lektüre, stets nur aufs Hören. Auch
wenn sein Analphabetentum cum grano salis zu nehmen
ist – teils Tatsache, teils Demutsbezeugung, teils ritterliche Verachtung alles Schulmäßigen –, so bleibt doch das
Bild eines großartigen Autodidakten, eines selbständigen
und eigenwilligen Laien, darin durchaus vergleichbar mit
Grimmelshausen, dessen *Simplicissimus* wohl ohne den
Parzival nicht denkbar ist.

2. „Parzival"

Der *Parzival* ist eines jener wenigen Lebensbücher, in
denen nicht nur die ganze Existenz des Erzählers – bis in

Autobiographisches hinein – investiert ist, wo vielmehr auch der geistige Gehalt einer Epoche umfassend zum Ausdruck kommt. Die Gattung des Romans enthüllt hier ihren Zug zur Totalität und entfaltet, in mehrsträhniger und mehrschichtiger Handlung, ein Modell des Menschenwesens im Rahmen der natürlichen wie der geschichtlichen Schöpfung und vollzieht – als Gralsroman – eine Bewegung des Transzendierens.

Um den weiträumigen Bau des *Parzival*, der mit seinen 25 000 Versen alle bisherigen Maße übertrifft, besser zu überblicken, bedient man sich der von Lachmann stammenden Einteilung in 16 Bücher (sie beruht auf den Initialen der besten, d. h. St. Galler Handschrift, unter Vernachlässigung von 8 weiteren Initialen, welche einige Bücher nochmals unterteilen würden). Sie fallen mit Handlungsabschnitten, mit Schauplätzen oder dem Auftritt von jeweiligen Hauptfiguren zusammen. Halten wir uns zunächst an die wichtigsten durchgehenden Handlungsträger.

Des „maeres herre" ist nach Wolframs Willen Parzival, der aber nur in den Büchern III–VI, IX, XIV–XVI in Erscheinung tritt. Sein Weg führt den „törschen knaben" aus dem Walde, wo er von seiner Mutter abseits der ritterlichen Welt erzogen werden sollte, über verschiedene Begegnungen zum Artushof und von da, nach siegreichem Kampf mit dem roten Ritter Ither (und nun in dessen Rüstung), zur Lehre bei dem alten Ritter Gurnemanz und schließlich zur Befreiung und Heirat der Königin Condwiramurs (III, IV). Nach erneutem Aufbruch gelangt Parzival zur geheimnisvollen Gralsburg, wo er einer feierlich-traurigen Liturgie beiwohnt und von wo er verstoßen wird, da er in Beherzigung eines Rats des Gurnemanz eine Frage unterlassen hat, die von ihm erwartet war (V). Nach der Einkehr am Artushof erscheint die Gralsbotin Cundrie und verflucht ihn; Parzival bricht mit Gott und macht sich zu einer neuen

Fahrt auf, um den Gral wieder zu suchen (VI). Nach
viereinhalb Jahren erst erfolgt die Einkehr bei dem Einsiedler Trevrizent, die Belehrung, die Reue und Versöhnung mit Gott (IX). Und nochmals verschwindet Parzival, bis er in zwei großen abgebrochenen Kämpfen Gawein, dem Freund und Artusritter schlechthin, und Feirefiz, seinem aus dem Orient herbeigekommenen Halbbruder, begegnet. Es folgt die Berufung zum Gralskönig
und die Wiedervereinigung mit Condwiramurs
(XIV–XVI). – Soweit also ein artusmäßiger Abenteuerweg mit Katastrophe nach der ersten Runde, mit Verlust
und Wiederfinden der Geliebten, nur reicher ausgeführt,
mit einer Mehrzahl von Frauen, die die Stationen seines
Wegs bezeichnen. Und dies hängt wieder mit der Verlängerung des Ritterschicksals nach rückwärts und vorwärts
zusammen: Das Waldleben gibt die Möglichkeit, den
Helden von vieldeutiger tumpheit zur wîsheit emporstei-
gen zu lassen. Entscheidend neu ist jedoch, daß der
Artusheld damit auch einen neuen Bereich betritt, ja daß
sein ganzes Leben letztlich auf das höhere Reich des
Grals, eine religiöse Instanz, bezogen ist.

　　Nun schlingt sich durch die Parzival-Handlung ein
zweiter Roman, dessen Umfang sogar die Parzival-
Erzählung übertrifft, die Geschichte Gawans (VII, VIII,
X–XIV), der nun die eigentliche Vertretung des Artusrit-
tertums übernimmt. Auch Gawan hat seine Minneerzie-
hung zu absolvieren, die ihn nach der kindlichen Obilot
zu der wenig zurückhaltenden Antikonie und schließlich
zu Minnedienst und Heirat der schwierigen Orgeluse
(l'orgueilleuse) bringt. Auch Gawan ist vor dem Artushof einer Schuld bezichtigt worden und ist zur Gralssuche aufgebrochen, findet seine Bewährung aber ohne
Rückschlag in einem andern Wunderschloß (Schastel
marveile), das wie eine leichtsinnige Parallele zur Gralsburg wirkt. Er hat auch sonst Erlebnisse, die wie Parodien zu einzelnen Parzival-Abenteuern wirken; wenn

z. B. Parzival der klagenden Sigune begegnet, die unter einer Linde sitzend ihren toten Liebhaber im Schoße hält, so trifft auch Gawan eine Dame in dieser Lage (504 f.), doch kann er ihren Ritter wieder zum Leben zurückführen. Man kann das Nebeneinander der beiden Geschichten als „Doppelroman" bezeichnen; doch handelt es sich nicht nur um eine äußere, durch Motivanalogien verstiefte Verbindung. Gawan und Parzival lösen sich mit ihren Abenteuern ab, „sie spielen sich ihre Rollen zu" (Bumke). Ja man kann sagen, sie beziehen sich in mancher Hinsicht auf dasselbe Subjekt, das in verschiedenen Rollen erscheint, etwa äußerlich als Gawan, innerlich-problematisch als Parzival. Gawan ist wie ein uneigentliches Alter ego, eine Artusmaske des Gralsritters Parzival. Mit der Begegnung im Zweikampf (XIV) fällt das Gegenüber dahin. In Gawan wird das Artusrittertum an Gewicht leichter, oft bis zum Unterhaltsam-Dekorativen, auch wenn gerade dieses heitere, sichere und selbstverständliche Artusrittertum ein menschlicher Gewinn sein mag (W. Mohr). Entscheidend bleibt, wie die Artuswelt durch die Gralswelt relativiert und überwunden ist.

Ein drittes Geschehen überwölbt das Ganze: Buch I und II erzählen von Parzivals Vater, dem Anjou-Fürsten Gahmuret, der im Orient mit der schönen Mohrenkönigin Belakane einen Sohn zeugt – den gefleckten Feirefiz –, um darauf im Westen Herzeloyde zu ehelichen. Diese bringt Parzival zur Welt, nachdem Gahmuret, neuerdings auf Orientfahrt getrieben, im Dienst des Kalifen von Bagdad gefallen ist (I, II). Erst als dann (XV) die Begegnung Parzivals mit dem mächtigen edlen Heiden und Halbbruder erfolgt ist, wird er zum Gral berufen. Gahmurets Schicksal zwischen den zwei Frauen, zwischen Weiß und Schwarz, Osten und Westen ist ein kontrastierendes Präludium, stellt das Individuationsthema, das im Hauptroman zur Klärung kommt.

Zugleich öffnet sich damit der weltweite Raum der aktuellen Geschichte.

Auch andere Schicksale begleiten den Haupt- wie den Nebenhelden. Wichtig vor allem die Figur der Sigune, die zu vier Malen an Parzivals Weg erscheint, ihren toten Geliebten Schionatulander beklagend, in unverbrüchlicher Treue und Trauer bis zum Tod. Die Sigune-Handlung bezeichnet den äußersten Gegensatz zur fröhlichen Gawan-Geschichte; mit dieser zusammen rahmt sie den leidvollen Glücksweg Parzivals kontrastreich ein. Wie sich nun schon hier das einzelne Schicksal in eine Familiengeschichte einfügt, so wird sukzessive das ganze große Personal des Romans in ein gewaltiges doppeltes Sippengefüge eingeordnet: die väterliche Mazadan-Sippe (Artus, Gahmuret, Gawan, Ither, Orgeluse u. a.) und die mütterliche Gralssippe (König Anfortas und seine Schwester Herzeloyde, Sigune, Condwiramurs u. a.). Beide vereinigen sich in Parzival. Darin wird nicht nur Parzivals hohe Bestimmung, seine „Art", sein Adel deutlich, sondern das ganze Geschehen spiegelt eine umfassende ritterliche Geschichte und Heilsgeschichte. Diese tritt in dem Maß hervor, in dem sich Parzival selber findet.

Angesichts dieser großen Roman-Montage, die ja schließlich mit vorgefundenen Elementen baut, stellt sich zunächst die Frage der Quellen. Den Grundstock hat ohne Zweifel „von Troys meister Christjân" mit seinem *Perceval* oder *Conte del graal* geliefert, dem unvollendeten religiösen Spätwerk, das in so großartiger Weise die selbstgeschaffene Artuswelt wieder aufzulösen und durch eine neue Geheimwelt zu überhöhen beginnt. In großen Zügen entspricht *Parzival* III bis Mitte XIII dem Werk Chrestiens, teils sehr genau, daneben in völlig freier Art ändernd. Zu der bei Wolfram neuen Gahmuret-Feirefiz-Handlung bestehen für den Anfang, nur zum Teil für den Schluß, Entsprechungen mit französi-

schen Fortsetzungen Chrestiens; freilich ist weder die
Geschichte des Chrestien-Textes klargestellt noch die
Möglichkeit, daß Wolfram eine unbekannte Fassung
bzw. Fortsetzung Chrestiens benützt hätte. Was das
ganze Werk betrifft, so bestehen die stärksten Abweichungen Wolframs in Zahl und Namen der Personen (am
auffälligsten Condwiramurs statt Blancheflor), ferner in
seinem neuen Verwandtschaftssystem und vor allem in
dem mächtigen Ausbau der Gralsmotivik. Nun beruft
sich Wolfram vom VIII. Buch an, gegen Chrestien pole-
misierend, auf einen Kyot, der die Wahrheit über Parzival und den Gral gesprochen habe. Lange wurde dies als
Quellenfiktion verstanden, denn diese Mitteilungen
tönen phantastisch und widerspruchsvoll; Wolfram hätte
damit versucht, Gottfrieds von Straßburg Vorwürfe, er
sei ein „wildenaere der maere" und habe seinen Stoff „ûz
swarzen buochen", zu widerlegen. Dieser Fiktionstheo-
rie gegenüber haben die „Kyotisten" in neuerer Zeit
vermehrten Zulauf erhalten. Wolfram erwähnt vor allem
im Zusammenhang der Gralsvorstellungen Namen und
Dinge, die er nicht erfunden und nicht durchschaut
haben kann.

Auf alle Fälle: auch eine zusammenhängende Quelle
Kyot für den ganzen Roman (er wird mitten in der
Gawan-Geschichte und als Gewährsmann für einen
gleichgültigen Namen umständlich eingeführt!) würde
die Benützung abweichender Chrestien-Fassungen und
einer größern Zahl von Nebenquellen nicht ausschließen.
Wolfram scheint sehr sorgfältig Details seiner Quellen zu
benützen und bei seiner Bearbeitung so wenig wie möglich umkommen zu lassen. Umgekehrt zeigt er sich aber
offensichtlich immer wieder als kühner, manchmal sogar
leichtsinniger Erfinder, der mit den Erwartungen seiner
Hörer spielt. Manches scheint aus Veldeke und Hartmann zu stammen. Wenn Gahmuret und seine Familie,
also auch Parzival, als Angevine, Anjou-Fürsten, im

Zusammenhang mit dem mächtigen anglo-normannischen Königshaus erscheinen, so möchte man eine französische Quelle dafür annehmen – doch anderseits bringt
er sie mit den Herren von Anschau in der Steiermark
zusammen und leitet den Namen von Gahmurets Vater
Gandin von der steirischen Stadt Gandine (Haidin) her.
Der Aufbau des Ganzen zeigt eine derart eigenwillige
und tiefsinnige Planung, zentrale Wolframsche Gedanken wie die über das Heidentum oder die Ehe sind derart
einmalig und zugleich mit der Handlung verwoben, die
Auseinandersetzung mit den Vorlagen scheint in jedem
Fall derart aktiv zu sein – daß unwahrscheinlich bleibt,
Wolfram stütze sich nur auf die eine Quelle Kyot und
habe hier schon alles vorgefunden. Man kommt nicht
weiter als zu der paradoxen Einheit von „wilder“ Selbständigkeit („âne der buoche stiure“) und weitreichender
Quellentreue, und das heißt doch wohl: kühne Quellen-
kombination.

　　Die völlig unverwechselbare erzählerische Textur von
Wolframs Werk zeigt dieses Verhalten auch im einzelnen. Wenn Chrestien eine ruhige, geschlossene Vergegenwärtigung der Szene leistet, so läßt sich Wolfram von
den verschiedensten Assoziationen tragen, die den sachlich-logischen Ablauf unterbrechen, ihn freilich auch in
größeren, überraschenden Zusammenhängen zeigen.
Eine eigenwillige Zickzackbewegung des Erzählablaufs
ist die Folge (Gottfried verhöhnt Wolfram entsprechend
als „des hasen geselle“), oft aber auch eine kunst- und
geistvolle Simultanführung zweier Vorstellungsreihen
(der verirrte Parzival und der Falke, der sich verflogen
hat, im Walde, 282,1 ff.). Die neuen Assoziationen gehen
nicht nur aus einer erstaunlichen Präsenz des ganzen
Erzählzusammenhangs hervor, sondern sind oft willkür-
liche Seitensprünge – meist im engen Zusammenhang mit
den Forderungen des Reimverses: der Reim bringt oft ein
ungewöhnliches Wort herbei, und dieses führt zu einer

neuen Vorstellungsreihe. Satz und Vers fordern sich
gegenseitig heraus, häufig unter Preisgabe der normalen
syntaktischen Ordnung. Der Dichter geniert sich nicht,
zu kühnsten Verkürzungen oder Umschreibungen zu
greifen, und kann sich in gesuchteste Metaphorik verstei-
gen: „bî der küneginne rîche / saz sîn munt gar âne wort"
(188,20 f.); „er brach durch blates stimme ein zwîc"
(120,13); „ein tjost im sterben niht erlouc" (ein Speer-
kampf konnte ihn nicht um das Sterben betrügen, 27,30);
„ein berendiu fruht al niuwe / ist trûrens ûf diu wîp
gesaet. / ûz dîner wunden jâmer waet" (eine stets neu
tragende Frucht / der Trauer ist über die Frauen gesät. /
Aus deiner Wunde weht Jammer, 160,24 ff.). Ein oft
gewalttätiges, oft spielerisches Umspringen mit den
Möglichkeiten der Sprache führt zu dem „krumben" Stil,
der dann – im Sinne des rhetorischen Asianismus – als
wolframsche Manier nachgeahmt werden konnte.

Dieses Spiel verlangt nicht nur Geistesgegenwart vom
Leser, sondern kann zu bewußten Illusionszerstörungen
führen, sofern sich dabei die Subjektivität des Erzählers
vordrängt. Wirkung und Mittel solcher Sprunghaftigkeit
ist oft eine massive Komik, aber stets im Dienste einer
Erzählhaltung, die man als Humor im weitesten Sinn
bezeichnen kann. Humor bewirkt Relativierung im
Dienst neuer Bezüge, Auflösung zugunsten neuer Synthese, ist dynamisches Raumschaffen, Öffnung auf neue
Wirklichkeiten hin. Dieser auf den weitesten, letztlich
religiösen Horizont gerichtete Humor wächst aus der
Mitte der neuen Gattung des Romans hervor. Er bedeutet zugleich, daß sich in ungeahntem Maß die Subjektivität des Erzählers befreit; der Erzähler – als wesentliche
Dimension des Werks verstanden – konstituiert sich im
Prozeß der Illusionsaufhebungen und Synthesen, er meldet sich in persönlichen Kommentaren, im Einmischen
des Publikums (etwa Angriffen auf eine unbekannte
Dame, Ende II), in selbstironischen Bemerkungen. In

solchem geselligen Scherz aber schließen sich Erzähler,
Erzählung und Publikum zu neuer Gemeinschaft zusammen, freier und menschlicher als in Gottfrieds Gemeinde
der edlen Herzen. Wenn hier das Erzählen selber die
Züge eines Abenteuers annimmt – „Frouw Aventiure"
nennt Wolfram seine Muse –, so entspricht das durchaus
dem Thema und dem Sinn des Werkes selbst. Denn
dieses zeigt ja, als „Bildungsroman", das Zusichselber-
kommen seines Helden. Darum hat auch Georg Misch
den *Parzival* unter dem Gesichtspunkt der Autobiographie darstellen können.

Der Held hat wie Lancelot oder Wigalois oder Gregorius seinen Namen und seine Art zu erfahren, und er
erfährt sich stufenweise als Mitglied einer Familie, einer
Sippe, ja der Menschheit, deren dunkle Hälfte ihm in
der Gestalt des Halbbruders gewaltig entgegen kommt. Und
so ist Parzival auch von vornherein nicht eine bloße
Privatperson, sondern in mancher Hinsicht der Mensch
überhaupt auf seinem Glücks- und Heilsweg. Er wird im
Verlauf seiner Abenteuer aus dem unbedachten ritterlichen Streiter zu einem Helfer seiner Mitmenschen, ja als
Gralskönig, mehr noch als Iwein, zu einem erlösten
Erlöser. Der Aufstieg geht vom Stand der unerschlosse-
nen „tumpheit" über Abenteuer, Katastrophe, Schuld
zur bewährten, wissenden „wîsheit". Und hierfür hat
nun mindestens schon Chrestien das verbreitete Mär-
chenschema des glückhaften Dümmlings verwendet. Es
erlaubt, den Abenteuerweg konkreter zu fassen, und vor
allem wird die Zwiespältigkeit der ersten Abenteuerserie
humoristisch deutlich: Alle Begegnungen des angehen-
den Ritters bedeuten märchenhaften Aufstieg und
zugleich unbewußte Verschuldung. Erst das Unterlassen
der Frage am Gral klinkt die Märchenautomatik aus und
macht das Versagen manifest. Aber das Motiv der glückhaften Torheit hat noch einen sublimeren Sinn: Es gibt,
als Ziel, eine docta ignorantia, eine demütig wissende

tumpheit; jede geistliche Selbsterkenntnis ist Erkenntnis
des eigenen Ungenügens. Was in Hartmanns Erzählungen vorgebildet ist, wird bei Wolfram vollendet. Die
Märchenhaftigkeit wird Zeichen der Gnade, die ritterlichen Tugenden der triuwe, staete, unverzagtheit haben
vor einer höheren Instanz zu bestehen.

Parzivals Wesens- und Heilssuche thematisiert sich in
zwei Bereichen: einmal, wie in allen Artusromanen, im
Bereich der Minne als entscheidender, stellvertretender
Lebensmacht, dann aber vor allem im religiösen Bereich
des Grals. In Parzivals Devise „Condwiramurs und der
Gral“ sind die beiden Lebensziele, die in mannigfacher
Weise aufeinander bezogen sind, fast leitmotivisch for-
muliert.

Die Minne hat hier nun freilich eine großartige Entfaltung ihrer Erscheinungen und Funktionen gefunden.
Man kann den Roman weithin als eine Initiation in das
Reich des Weiblichen auffassen, von der Schuld an der
Mutter und vom natürlich Geschlechtlichen über den
Minnedienst bis zur Ehe und zur Gottesliebe. Der erotische Witz geistert durch Wolframs ganzes Werk, gerade
auch bei Parzival und bis in die Gralswelt hinauf. Ritterliche Minne lehrt Gurnemanz, und ihre entschwerten
Formen werden von Gawan praktiziert. Schon Gurnemanz aber findet für den „wibes orden“ Worte, die weit
über die übliche galante Ideologie hinausgehen:

> man und wîp diu sint al ein,
> als diu sunn diu hiute schein
> und ouch der name der heizet tac.
> der enwederz sich gescheiden mac:
> si blüent ûz eime kerne gar.
>
> (173,1 ff.)

(Mann und Frau sind ganz eins, / wie die Sonne, die heut
schien, / und der Begriff des Tages. / Keines läßt sich vom andern
scheiden: / sie blühen aus einem Kern.)

Erst in der Einheit von Mann und Frau liegt das Ganze,
die Erfüllung, der Mensch als imago dei (Eph. 5,31). In
der befreiten Condwiramurs findet Parzival die Geliebte
und Gattin; das trinoctium castitatis (202), das er ganz
spontan übt, zeigt das Element der kiusche, das der
wahren Ehe innewohnt. In der Szene mit den drei Blutstropfen im Schnee wird die Bindung mystisch vertieft,
und die Condwiramurs-Liebe rettet Parzival denn auch
in der Zeit des Abfalls von Gott. Sie hält ihn in der
triuwe. Trevrizent nennt die „rehte ê" geradezu eine
Verheißung des unverlierbaren Heils (468,1 ff.). Die
Berufung zum Gral und die Wiederkunft der Condwiramurs fallen zusammen – gerade auch hier nicht ohne
leibliche Wiedervereinigung. Wenn Wolfram derart die
Ehe zum Zeichen und Vollzug menschlicher Ganzheit
zwischen Mann und Frau, Körper und Seele, Mensch
und Gott macht, so geht dieser Laiendichter offenbar
völlig selbständig der kirchlichen Ehetheorie um Jahrhunderte voraus. Was sich bei Parzival vollendet,
geschieht aber nicht minder bei Sigune: Sie bereut, daß
sie ihrem Geliebten nicht „minne gap", und steigert ihre
Treue bis zur Vereinigung im gedenkenden Gebet und
endlich im Tod.

In der Treue zu stehen heißt für Parzival wie für
Sigune: in Gott sein, der „selbe ein triuwe" ist. Mit fast
ritterlicher Argumentation überzeugt Trevrizent in
einem der wunderbarsten Abschnitte (466) seinen Gast
Parzival, daß der Mensch dem Gruß von Gottes Liebe
folgen soll, um Gott die Scham zu ersparen, und bringt
ihn zu Umkehr und neuer „güete". Gott ist der „wâre
minnaere" und „ein durliuhtec lieht", das Licht der
Herrlichkeit, das immer wieder auf Parzivals und anderer edler Menschen Antlitz liegt. Dennoch wird Parzival
schuldig, versagt am Gral, wohin er als unbewußter Erbe
berufen wird, indem er vielleicht aus höfischer Diskretion die gebotene Frage unterläßt.

Was ist Parzivals Schuld? Was Trevrizent nennt, sind
unbewußte Sünden: der Tod der Mutter, die Tötung
eines Verwandten (Ither), das Unterlassen der Frage –
von Trevrizent nun plötzlich in letzter Linie genannt.
Wie bei Erec, Iwein, Gregorius geht es nicht um die
Verfehlung an sich, die nur symptomatisch sein mag,
sondern um den menschlichen Sündenstand schlechthin.
Daß Gott dies zuläßt, bleibt ein Mysterium, das nur in
der Einsicht und dem Vertrauen auf Gottes Liebe – am
Karfreitag – demütig anerkannt werden kann. Parzival,
von Cundrie vor der Artusgesellschaft verflucht, vermag
es nicht einzusehen, er lehnt sich auf, verfällt dem „zwîvel", d. h. dem Zweifel an Gottes Güte. Dennoch das
verzweifelte Suchen des Grals, obwohl er, wie noch der
Einsiedler sagt, sich nicht erjagen läßt. Aber Trevrizent
hat auch unrecht. Gerade der zwîvel, ja die Schuld überhaupt
wird im Grunde zum Heilsweg. Parzival hat, wie der
erstaunte Einsiedler meint, Gott die Gnade „aberzürnt"
(798,3 gegen 463,1). Gegen alle normale kirchliche Lehre, auch gegen Hartmanns Warnung vor dem Zweifel als
der „mortgalle ze dem êwigen valle" (*Gregorius*-Prolog),
gelangt Parzival durch den Zweifel hindurch, als ein
Liebender und demütig Gewordener, zum Gral. Das
Abenteuer ist auch im höchsten Bereich gerechtfertigt
worden, der Gedanke der felix culpa (464!) aufs kühnste
gefaßt.
    Der Gral: er steht für das höchste Ziel menschlichen
Strebens und zugleich für die Wirklichkeit des Heils,
edelstes Erbteil und unzugängliches Geheimnis – höchste
Ahnung des Hochmittelalters, ein Rätsel auch der Forschung bis heute. Schon die Etymologie des Worts –
wahrscheinlich die französische Bezeichnung einer bestimmten Art von Schüssel – ist unklar.
    Man wird grundsätzlich zwischen der sehr komplexen
Genesis der Gralsmotivik, ihrer bewußten Bedeutung in
Wolframs Werk und schließlich ihren faktischen Sym-

bolfunktionen in diesem Werk unterscheiden müssen.
Daß Wolfram eine christliche Vorstellungswelt meint,
ist klar: Es ist das Heiligtum eines geistlichen Ritteror-
dens, dem Karfreitagsgeschehen zugeordnet, in seiner
Liturgie z. T. dem Abendmahl nachgebildet, mit christlichen Symbolen ausgestattet (Lanze, Fischerkönig), für
Parzival erreichbar auf dem Weg christlicher Reue und
Buße, wie sie ihm in der innersten, atemlos stillen Zone
des bewegten Werks (IX) vom Einsiedler nahegebracht
wird. Parzivals Weg führt von Karfreitag bis Ostern bei
Trevrizent zur Gralsberufung an Pfingsten; das Gralsge-
schehen ist dem österlichen Geschehen eingefügt (Tax).
In anderer Weise verchristlicht gegenüber Chrestien die
(jüngere) französische Gralsdichtung das Motiv: Der
Gralsroman Roberts de Boron gibt die Geschichte des
Abendmahlskelchs Christi und strukturiert sie im Sinn
joachitischer Enderwartung, die dann in der Prosa-
Queste des Lancelot-Gral-Zyklus ins Mystisch-Ekstati-
sche gesteigert ist. Doch ist nun gerade bei Wolfram die
christliche Vorstellungswelt mehr als bei Chrestien mit
märchenhaft-phantastischen Elementen ausgestattet;
man fragt sich: Was soll eine Mischung aus Eucharistie
und Tischleindeckdich, eine Art Messe ohne Priester,
aber mit einer Prozession fürstlicher Jungfrauen? Man
hat da zunächst eine Stilfrage zu bedenken: Die Artus-
romanwelt hat ihre eigene, sozusagen aus dem Christ-
lich-Kirchlichen ins Märchenhafte übersetzte ritterliche Mythologie. Vielleicht gebietet das gerade die
Scheu vor romanhafter Verwendung sakramentaler Vorstellungen, sicher aber die Vorsicht, wo der Dichter in
eigener Sprache reden will. Nur zur Variation und
Verkleidung christlicher Heilslehre ist die mächtige
Gralsmythologie ja kaum erfunden worden. Unter der
christlichen Überformung melden sich, bewußt oder
nicht, Bilder ganz andern Ursprungs und von einer
Tragweite, die über den kirchlichen Rahmen hinaus-

geht – sozusagen als Versuch einer dichterisch-bildhaften „Gnosis".

Wolfram hat wohl das wenigste von dem, was gegenüber Chrestien anders oder neu ist, selber erfunden, auch wenn er es frei kompiliert haben mag. Manches ist ihm selbst nicht durchsichtig, und er kann aus der Not die Tugend eines neuen Geheimnisses machen (Fischerkönig, „ein dinc hiez der Grâl", der Name „lapsit [lapis?] exillis", Phönix). Man hält die Grundlage meist für keltisch: die Gralsburg als Jenseitsschloß, der Gral als Speisespender. Wichtig sind aber auch orientalische Bezüge, für welche die buntesten Nachweise versucht worden sind: die alchimistische und astrologische Literatur (Gral als Stein der Weisen), die spätgriechische Hermetik, die jüdische Schechinah (das Wohnen Gottes in den Auserwählten), ein persisches Weltmittelpunktsheiligtum, das irdische oder himmlische Königreich Jerusalem. Und immer wieder verweist man auf Motive der manichäisch-katharischen Gnosis (Schwarz-Weiß-Symbolik, Motiv der neutralen Engel). Überall verstrickt sich das Gralsproblem sofort wieder in die Kyot-Frage, wobei zwischen umfassenden Parzival-Gral-Romanen und zusätzlichen traktatartigen Gralsquellen immer noch unterschieden werden kann.

Für eine Interpretation Wolframs läßt sich vorläufig nur der Schluß ziehen, daß der Gral zu einem Universalsymbol geworden ist, das die verschiedenste Seelen-, Lebens-, Himmels- und Kosmossymbolik angereichert hat, und sich allenfalls feste Überlieferung immer wieder mit spontaner „archetypischer" Mythenbildung verbindet. Der gerade bei Wolfram innige christliche Charakter darf wohl nicht nur als eine fragwürdige Überformung außerchristlicher Elemente aufgefaßt werden, sondern umgekehrt als Versuch christlicher Interpretation einer im 12. Jahrhundert gewaltig erweiterten Welt- und Selbsterfahrung. Kyot habe, sagt Wolfram (453 f.), heid-

nisch geschriebene Nachrichten aus Toledo dank seiner
Taufe lesen können; dieses Wissen stamme von einem
gewissen Flegetanis, der von Juden und Heiden
abstammte, selber allerdings ein Kalb anbetete, aber die
Sterne zu lesen verstand („mit der sternen umbereise vart
/ ist geprüevet aller menschlich art"). Kyot schließlich
habe alles mit Hilfe lateinischer Chroniken um die
Anjou- und Gralsrittergeschichte ergänzt. Ob echte oder
fiktive Quellenberufung – wesentlich scheint, wie das
Gralswissen zwischen und über den Weltreligionen
erscheint. Der Gral hat besondere Beziehungen zum
Osten. Schon die indische Geliebte des Feirefiz hat zum
Gral Beziehungen gesucht (519), Feirefiz und sein Sohn,
der Priesterkönig Johannes, werden im Osten das Chri-
stentum verbreiten: Was schon mit Gahmurets unglück-
licher Liebe zu der schwarzen, naturaliter christlichen
Heidenkönigin anhebt, findet darin seine Konsequenz.
Der Gral, Gegenstand zunächst eines Geheimkults, wird
Träger endzeitlicher Heilserwartung. Das Elsterngleich-
nis des Prologs, das sich auf den glückhaften Zweifler
Parzival bezog, wird geschichtlich real im gefleckten
Feirefiz, dem getauften Heiden und späteren Gralskönig.
In der Verheißung Cundries (782,18 ff.) ist geradezu eine
Weltmonarchie im Rahmen kosmischer Ordnung pro-
phezeit. So findet die ritterliche Suche des Romans ihr
letztes Ziel in der halb gläubig, halb utopisch erwarteten
Erfüllung der Zukunft, der Endzeit.

Ergreifend aber ist, wie das unerhörte Werk schließt
mit der demütigen Gebärde des Dichters, der nichts
anderes als den Dank einer gütigen Frau erwartet:

> ist daz durh ein wîp geschehen
> diu muoz mir süezer worte jehen.

(Und wie ich für eine Frau gedichtet habe, / so möge sie mir
mit freundlichen Worten danken.)

3. „Titurel"

> ôwê werlt, wie tuostu sô? . . .
> du gîst den liuten herzesêr
> unt riwebaeres kumbers mêr
> dan der freud. wie stêt dîn lôn!
> sus endet sich dîns maeres dôn.
> (*Parzival* 475,13 ff.)

(O weh, Welt, warum tust du so? / . . . / Du gibst den Leuten Herzeleid / und trauervollen Kummer mehr / als Freude. Wie steht's um deinen Lohn! / So endet das Lied deiner Geschichte.)

Trevrizent spricht diese Worte. Auch im großen Bau des *Parzival* ertönt, als Kehrseite des konstruktiven Humors, die elegische Klage, die Überwindung des Vergänglichen in der schönen Trauer, ja in der Reflexion des Gefühls. Dafür steht vor allem der Lebensweg Sigunes, die als Klagende und Büßende, bis in den Tod Liebende Parzival begleitet, in Analogie und Kontrast. Wolframs Plan, Sigune und ihren Geliebten Schionatulander zum Gegenstand einer neuen eigenen Dichtung zu machen, läßt rückblickend erkennen, wie wichtig dieser – wahrscheinlich von Wolfram selbst ausgestaltete – Sigunen-Roman im *Parzival* war. Ob die zwei schlecht überlieferten Fragmente des neuen Werks – *Titurel* nach dem ersten vorkommenden Namen genannt – vor, neben oder nach dem *Willehalm* entstanden sind, bleibt offen. Da es sich um einen echten Torso handelt und auch kaum auszudenken ist, wie daraus ein ganzes Werk hätte werden können, steht man wohl vor dem ebenso befremdlichen wie grandiosen Versuch einer von Wolfram frei erfundenen Dichtung – schon dies in der deutschen höfischen Erzählung bisher ohne Beispiel. Er beruht wahrscheinlich ganz auf dem Material des *Parzival*: Da dieser allerdings in den Sigune-Episoden stark von Chrestien abweicht und im Zusammenhang unverständliche

Andeutungen enthält („ein brackenseil gap im den pîn", 141,16), ist eine andere Quelle (Kyot?) nicht ganz auszuschließen. Über die spätere Ausdichtung der Fragmente zu dem mächtigen *Jüngeren Titurel* und dessen Quellen ist unten zu reden.

Die beiden Fragmente (rund 130 und rund 40 Strophen) handeln von der Vorgeschichte dessen, was der *Parzival* berichtet: (1) Genealogie des Gralsgeschlechts seit Titurel; Jugend und Minne Sigunes und Schionatulanders; ihre Gespräche und Minnegeständnisse; Schionatulanders Abschied, mit Gahmuret Zug nach Bagdad; (2) (Schionatulander muß zurückgekehrt sein): die Liebenden im Wald; ein fremder Bracke mit kostbarer Leine, den Schionatulander eingefangen hat, entspringt wieder und soll, auf Wunsch Sigunes und als Bedingung ihrer Minne, wieder eingeholt werden; in den Abenteuern und Kämpfen um das Brackenseil wird Schionatulander durch Orilus fallen: hier schließt Parzival an. Art und Umfang des geplanten Ganzen zu bestimmen scheint unmöglich, nicht einmal die Gattung läßt sich umschreiben. Wolfram verwendet in Anlehnung an Nibelungen- und Kudrunstrophe eine neue ausladende Vierzeilerstrophe (8-10-6-10 Takte mit ausschließlich klingenden Schlüssen und z. T. variabler Zäsur). Das deutet auf Gesangsvortrag hin. Der Text dieser Minnedichtung hat stark lyrisch-reflektierenden Charakter. Er setzt das Geschehen weithin als bekannt voraus oder erwähnt es nebenbei und andeutend; alles Gewicht fällt dagegen auf Gespräche, Monologe, Zustandsschilderungen, Betrachtungen des Dichters. Jeder Ansatz einer Erzählbewegung scheint immer wieder zu versanden, klagendes Vorauswissen des Geschehens – das ja zum Tode führt – nimmt dem äußern Ablauf Gewicht und Spannung. Jede Zeile, jede Strophe scheint für sich zu verklingen.

Das Wiederaufgreifen eines Erzählstoffs durch den Dichter selbst und in anderer Perspektive ist sonst kaum

belegbar. Höchstens in der *Nibelungen-Klage* ließe sich,
wenn auch in umgekehrter Richtung, ein ähnlicher
Formwechsel im Sinn klagender Reflexion und statischer
Erzählung erkennen. Die Klage ist im Heldenepos wie
im geistlichen Bereich eine Gattung eigenen Rechts. In
der erzählerischen Selbstreflexion Wolframs führt sie zu
einem einzigartigen Extremstil.

Das Thema selbst ist in extremem Aspekt gefaßt. Liebe
von Kindern, „die noch ze tump sint ze solher angest"
(48), wehrlos dieser unendlichen Macht zum Opfer fallen, aber das Ritual des höfischen Minnedienstes mit
bitterem Ernst und preziöser Unschuld zu vollziehen
suchen, in Minnekrankheit, verzehrender Sehnsucht und
trauernder Askese.

> Diu minne hât begriffen   daz smal und daz breite.
> minne hât ûf erde hûs: ze himel ist reine für got ir geleite.
> minne ist allenthalben wan ze helle.
> diu starke minne erlamet an ir krefte,   ist zwîvel mit wanke ir
> geselle.
>
> (51)

(Die Minne hat Schmal und Breit umgriffen. / Minne haust auf
der Erde, zum Himmel führt sie rein vor Gottes Antlitz. /
Minne ist überall außer der Hölle. / Die starke Minne erlahmt an
Kraft, wenn sich ihr schwankender Unglaube gesellt.)

Sie ist absolut, wie die Tristan-Liebe, aber es gibt nur
eine Liebe, und sie hat nichts mit der Hölle zu tun; sie
vermag zu Gott zu führen (vgl. Condwiramurs?), nicht
etwa weil sie im Fall Sigunes „magetlîch" ist (gerade dies
rechnet sich Sigune als Schuld an!), sondern weil sie auch
als entsagende universal und tödlich sein kann. Die feierliche Einleitung stellt das Ganze in die Geschichte der
Gralsfamilie, doch spielt der Gral im Leben des Paares
keine Rolle, es sei denn, daß die Zugehörigkeit zur
Gralsfamilie gerade die Leidensfähigkeit verbürgt.

Die Klage, die den Ton des „Maere" bestimmt, äußert

sich, wie schon in den Totenklagen des *Parzival*, mit
dem Aufgebot hoher und kühner Sprachfiguren lautli-
cher, wortmäßiger und syntaktischer Art. Hochgespannt
ist die Diktion schon vom Vers her, voller Alliterationen,
Anaphern und vor allem Annominationen, in denen –
nicht unähnlich dem *Tristan* – die Wortbegriffe umkreist
und spielerisch oder gequält aufgelöst werden, in einer
Art Selbstreflexion der Sprache:

> *Sigûn* diu *sige*haft ûf dem *wal*,   dâ man *wel*t magede ki*u*sche
>   unde ir *süe*ze.
> Diu dir hât ane *gesiget*, du *sol*t   *sige*nunft erstrîten . . .
>
>   (105 f.)

(Sigune, sieghaft auf dem Wal [Schlachtfeld], wo man Zucht
und Lieblichkeit der Jungfrauen wählt, / die hat dich besiegt, du
sollst den Sieg erkämpfen . . .)

Manieristische Verkürzungen und Dehnungen des Ausdrucks tragen bei zu dem melancholischen Wortprunk,
der oft auch dann nicht abbricht, wenn der Dichter
Banales berichtet, einen Scherz versucht (80) oder eine
freundlich-idyllische Szene beschreibt wie Schionatulanders Fischfang im Walde. Das ist ein Auseinanderfallen
von Form und Inhalt, das unserer klassizistischen Ästhetik schwer begreiflich ist, aber gerade etwa beim mittelalterlichen Verhältnis zwischen Wort und Ton nichts
Ungewöhnliches hat.

In der Lücke zwischen den zwei *Titurel*-Fragmenten
hat man sich ein Stück Gahmuret-Roman zu denken und
damit auch mittelmeerische Kreuzzugswelt. Dieses Kriegertum, das schon im *Parzival* mit der Artuswelt wenig
mehr zu tun hat, tritt nun im *Willehalm* ganz in den
Vordergrund.

4. „Willehalm"

Im Auftrag des Landgrafen Hermann begann Wolfram nach 1212 seine Bearbeitung der französischen Wilhelms-Geste und wandte sich damit, fern von der Märchensymbolik des Artusromans, einem christlich-heroischen und das heißt: geschichtlichen, ja politischen Stoffe zu, er hat das Werk noch über den Tod des Gönners (1217) hinaus verfolgt, doch brachte er es nicht mehr ganz zum Abschluß.

Der geschichtliche Graf Wilhelm von Toulouse kämpfte mehrfach gegen die aus Spanien einfallenden Sarazenen und sicherte damit Karl dem Großen die spanische Mark (801). 806 zog er sich in das von ihm gestiftete Kloster Gellone zurück. Er wurde 1066 heiliggesprochen, und der Kult dieses heiligen Kriegers und ritterlichen Heiligen dehnte sich vor allem im 12. Jahrhundert aus. Mit der historischen und legendarischen Erinnerung an Wilhelm verbanden sich andere karolingische Überlieferungen, nicht zuletzt die Sage von großen Sarazenenschlachten, deren Überreste man in dem großen römisch-christlichen Friedhof (Elysii campus, Aliscamps, Aliscans) von Arles mit seinen zahlreichen Sarkophagen erblickte. Eine alte *Chançun de Willame* (oder *Archamplied*) wurde schon im 12. Jahrhundert um einen ganzen Wilhelm-Zyklus erweitert und erfuhr selber in der zweiten Hälfte des Jahrhunderts eine Ausgestaltung in der *Bataille d'Aliscans*. Diese wurde in einer nicht genau rekonstruierbaren Fassung Wolframs eigentliche Vorlage. Seine Abweichungen von *Aliscans* sind größtenteils Wolframs eigenes Werk, wobei im einzelnen dennoch der Einfluß der besondern Vorlage und von Nebenquellen in Rechnung zu stellen ist. Unbezweifelbar ist, daß Wolfram die Überlieferung selbständig abgerundet und vor allem die zentrale Stellung Willehalms und insbesondere seiner Gattin Gyburg (der Name ist geschichtlich) verstärkt hat; die höfisch-ritterliche Schicht wurde ausgestaltet und vertieft, zugleich aber das Ganze problematisiert und dadurch völlig neu interpretiert: in religiöser Hinsicht (Problematik der Heidenkämpfe) wie als Minne- und Eheroman.

So hat das Werk nun einen monumental-einfachen Bau: Zwei gewaltige Schlachten Willehalms und seiner Hilfstruppen gegen die vom Meer her rhoneaufwärts dringenden Sarazenen unter Terramer; die erste, nur kurz erzählt, endet mit der Vernichtung des Christenheers, nur Willehalm entkommt nach Orange (I, II); die zweite, an welcher nun das Reichsheer teilnimmt, führt zum Sieg (VII–IX). Der eigentliche Held der ersten Schlacht ist der junge Neffe Willehalms, Vivianz, der als Märtyrer den Tod findet; die Aristie der zweiten Schlacht gehört Rennewart, dem unerkannten Bruder der Markgräfin Gyburg, der am Schluß der Erzählung vermißt und beklagt wird. Der Mittelteil spielt in Willehalms, von Gyburg mannhaft verteidigter, Festung Orange (II, V, VI), von wo aus Willehalm an den Hof seines Schwagers Loys, König von Frankreich (bzw. Herr des Reiches) nach Munleon (Laon) reitet, um dort nach größeren Schwierigkeiten Hilfe zu erhalten (III, IV).

Von _Aliscans_ aus gesehen bedeutet Wolframs Werk die Romantisierung eines Heldenepos; kommt man vom _Parzival,_ so zeigt sich die grundsätzliche Wendung des Dichters zur konkreten Geschichte und Heilsgeschichte mit ihren nicht mehr märchenhaft zu lösenden Problemen. Die französische Heldensage, die Chanson de geste, hat ja, vom _Ludwigslied_ und der deutschen Nachdichtung des _Rolandsliedes_ abgesehen, in Deutschland kaum Eingang und keine Entsprechung gefunden. Wolfram begreift sie auf dem Umweg über den Artusroman und im Rückgriff auf die frühmittelhochdeutsche Geschichtsdichtung. Er macht aus der Wilhelm-Geste

nicht zuletzt auch ein Stück Reichsdichtung (wie schon
der Pfaffe Konrad), wie sie mit den Kreuzzugsproblemen
seit 1215 (Kreuzzugsgelübde Friedrichs II.) neue Aktualität erhalten hatte.

Im Prolog zum *Willehalm* kommt der neue, unmittelbare Ernst von Wolframs Unternehmen zum Ausdruck.
Der mit seiner Laientheologie kühnste Dichter des deutschen Hochmittelalters wendet sich hier an die Trinität,
beruft sich auf die Menschheit Gottes als Bürgschaft der
eigenen Erlöstheit („du bist Krist, sô bin ich Kristen"),
hebt den Blick zur Weite der kosmischen Schöpfung und
senkt ihn zur Demut des eigenen Schaffens, das sich nur
auf den Geist berufen kann. Der Held der zu erzählenden Geschichte aber wird selbst gebethaft als der Heilige
angeredet, als der Fürst und Fürbitter. Die „süeze rede"
der Erzählung, die „wâr doch wunderlîch" ist, versteht
sich als ein Stück Gottesdienst im Blick auf den vorbildlichen leidensstarken Ritter und (später) Heiligen.

Das Geheimnis des Heidentums kann hier nicht mehr
wie bei Belakane und Feirefiz anhand eines märchenhaften
Einzelfalles dargestellt werden; es erscheint qualvoll,
widerspruchsvoll und real in der Gestalt großer Völker-
schlachten, in denen christliche Ritter ihre im Rittertum
vielleicht vollenderteren Gegner wie Vieh erschlagen
(450,17), ohne daß im Konflikt zwischen Glaubenskampf,
ritterlicher Haltung und christlicher Erbarmung ein Ausweg deutlich wäre. Wolfram hat den Konflikt zunächst
verschärft, indem der Glaubenskrieger zugleich Minnerit-
ter wird, so daß sich geradezu „zwei Minne-Heere"
(Bumke) einander gegenüberstehen. Sie kämpfen

> ûf erde hie durh wîbe lôn
> und ze himel durh der engel dôn.

(17,1)

(auf Erden hier um Frauenlohn, / am Himmel für den Gesang
der Engel.)

Vivianz fällt als Märtyrer, und er wird vom Erzähler in einer der großen, fast ausschweifenden Sterbe- und Klageszenen gefeiert. Im Schmerz und Zorn über diesen Tod erschlägt Willehalm den edlen Perser Arofel, obwohl ihm dieser ein gewaltiges Lösegeld geboten. Aber beide Helden stehen im Dienst der Minne, und vom Heiden heißt es:

> noch solden kristenlîchiu wîp
> klagen sîn ungetouften lîp.
>
> (81,21 f.)

(Noch immer sollten christliche Frauen / ihn, den Ungetauften, beweinen.)

Ritterliche Minne, edles Menschentum geht über die Glaubensgrenze hinweg. Das wird dadurch am schärfsten ausgedrückt, daß Gyburg eine getaufte Heidin ist, die ihren Gatten – Sohn Terramers – zugunsten Willehalms und der Taufe verlassen hat und somit den Krieg unmittelbar entfesselte. Sie wird bei Wolfram zur persönlichsten Trägerin des Konflikts, mit ihrer Schuld und ihrer neuen Einsicht. Unerschütterlich verteidigt sie die christliche Festung und betreut ihren kampfmüden Gatten. Schließlich läßt sie der Dichter jene unerhörte „Toleranzrede" an die versammelten römischen Fürsten vor dem Auszug zur zweiten Schlacht halten: als „tumbez wîp" bittet sie für den Fall dieses Sieges, Gottes Schöpfung zu schonen. Dieses einzigartige Laienbekenntnis christlicher Humanität arbeitet zunächst mit theologischen Argumenten: Adam, Elias und Enoch, die Heiligen Drei Könige waren Heiden, wir alle waren Heiden im Mutterleib, der Mensch ist als edelstes Geschöpf Gottes bestimmt, den Platz der gefallenen Engel einzunehmen, Gottes Barmherzigkeit waltet auch über den Ungläubigen. Gyburg verlangt christliche Liebe zum Feind, und sie schließt, sich als Schuldige und zugleich als Opfer des ganzen Leides bekennend, mit einem rührenden Argumentum ad hominem:

> ich trag al ein die schulde,
> durh des hoehsten gotes hulde,
> ein teil ouch durh den markîs ...
>
> (310,17 ff.)

(Ich trage allein die Schuld / um der Gnade Gottes willen, / allerdings auch wegen des Markgrafen ...)

Wieder sind Schuld und Gnade geheimnisvoll verstrickt, wieder lassen sich Glaube und Minne kaum trennen.

Und diese Minne ist wie im *Parzival* in erstaunlicher Einfachheit als Ehe verstanden; Gyburg ist „amîe“ und Gattin zugleich. Mitten zwischen die beiden Schlachten legt Wolfram eine Schlafzimmerszene wie zur Bürgschaft eines unverlierbaren Halts; und dabei geht eins kühn ins andere über, wenn Gyburg, den Kopf ihres eingeschlummerten Gatten „ûf der winstern brust“, ein Gebet zum Altissimus richtet (100).

Das christliche Heer erringt den Sieg. Das Werk bricht ab mit einer großen symbolischen Ehrung der toten Gegner: Ein gefangener Heidenkönig wird freigelassen und soll unter christlichem Geleit die Leichen der vornehmen Gefallenen ins Heidenland überführen, um sie dort „schône nâch ir ê“ (schön nach ihrem Brauch, 465) zu bestatten. Das ist in einem Kreuzzugsepos eine ungewöhnliche Überwindung der üblichen Ideologie, tiefer, anders, christlicher, als es bald darauf die realpolitische Liquidation der Kreuzzugsidee durch Friedrich II. mit seinem Zug von 1227 werden sollte. Das Problem an sich ist damit freilich noch nicht gelöst. Die Helden, Willehalm vor allem, bleiben in der fast tragischen Situation zurück und haben dabei, wie der Dichter im Prolog betont, zeitliches und ewiges Leben aufs Spiel zu setzen (3,4 f.). Nur sein Glaube und seine Bereitschaft zur Buße können Willehalm retten, ja schließlich – dies dann ganz

außerhalb des Romans – zum Heiligen werden lassen.
Seine Schuld erkennt er im Rückblick insbesondere in
jener Tötung Arofels, um Vivianz zu rächen (204); seine
Wandlung liegt in der Überwindung seines „zorns"
(Höhepunkt die Szene am Hof zu Munleun, 147–155);
eine mehr als symptomatische „Schuld" Willehalms ist
aber schwerlich auszumachen.

Offen bleibt das Schicksal Rennewarts. Der heidnische
Sklave, heimlicher Königssohn, wächst als Küchenjunge
am französischen Hofe auf; er kämpft, von Willehalm in
seinem ritterlichen Wesen erkannt, auf seiten der Christen, aber weigert sich, die Taufe anzunehmen – er
bezieht damit auf seine Weise Stellung zum unlösbaren
Problem. Der Abschluß hätte doch wohl das Wiederauf-
tauchen des vermißten Rennewart gebracht, seine Identifikation als Bruder Gyburgs, seine Taufe und Heirat mit
der Prinzessin Alize. Mit seinen roh-burlesken Späßen
steht er im Kontrast zu Willehalm, ist er eine Variante zu
Parzival – aus ungeschlachtem Äußern heraus identifiziert er schließlich sich selbst, seinen „art" in Minne und
Glauben.

Die Erzählkunst Wolframs erreicht im *Willehalm*
ihren reifsten Altersstil. Die darzustellenden Schlachten
verlangen einen andern Aufwand als die Einzelaventiu-
ren; Wolfram instrumentiert sie, z. T. mit altertümlichem Wortschatz, reich und prunkvoll, im Andringen
immer neuer Scharen, immer neuer Protagonisten, im
Zusammenprall sagenhafter sarazenischer Pracht mit den
christlichen Helden, die das Kreuz auf des Reiches Fahne
geheftet haben (332), mit dem Aufwand an kostbaren
Rüstungen und Pferden, an Bannern, an Kriegsrufen und
Posaunen. Und er vermag auch, im Zurückblicken des
entkommenen Willehalm auf das Schlachtfeld (58,1 ff.),
die Szene im Tiefenblick zusammenzufassen: Berg und
Tal sind mit Heidenschaft bedeckt, wie wenn über einem
großen Wald nichts als Banner blühten. Zauberhaft die

Vorstellung des über die Gräber der ersten Schlacht
zurückströmenden Heers:

> al übcr die sarcsteine,
> dâ die gehêrten lâgen,
> die ze himele ruowe pflâgen,
> mit swerten an den furt gement
> wart manc esklîr, . . .
>
> (437,20 ff.)

(Über die Sarkophage weg, / wo die Verherrlichten lagen, / die
im Himmel der Ruhe pflogen, / ward mancher Heidenfürst / mit
Schwertern zur Furt getrieben . . .)

Oder schließlich der Abend der Schlacht mit der kühnen
gegenläufigen Bewegung und Lautsymbolik:

> nu was diu sunne an dem tage
> harte sêr ze tal gesigen,
> manc getouftiu sêl hin ûf gestigen:
> ez begunde et nâhen der naht.
>
> (447,8 ff.)

(Nun war die Sonne mit ihrem Licht / schon stark gesunken /
und manche getaufte Seele hinaufgestiegen: / man kam der
Nacht näher.)

Im Ganzen bleibt auch hier wie im *Titurel* der Cantus
firmus die Klage, als die angemessenste Haltung dem
Dunkel der Geschichte gegenüber. „Jâmer ist unser
urhap, / mit jâmer kom wir in daz grap" (280,17 f.). Das
Leidenkönnen ist die eigentliche Stärke Willehalms, mit
der er im Innern die Würde eines Märtyrers trägt: „sînen
jâmer sult ir prîsen" (52,1). Als eine Klage scheint Wolfram selbst seine Erzählung zu charakterisieren (4,26). So
haben sich die Gewichte gegenüber dem *Parzival* auch
hier verschoben, und mit dieser elegischen Trauer rückt
Wolframs Dichtung auf ihre Weise in dieselbe Desillusion, die sich um diese Zeit bei Walther von der Vogelweide, bei Gottfried, in der *Nibelungen-Klage* zeigt.

V. DER BEGINN EINER WELTLICHEN LYRIK

1. Vorritterliche Lyrik

Neben dem Roman ist die zweite große Schöpfung des höfischen Hochmittelalters die volkssprachliche Lyrik, als Grund und Anfang einer nun nicht mehr abreißenden europäischen Tradition. Diese neue Lyrik ist, von wenigen Ausnahmen abgesehen, identisch mit weltlicher Liebesdichtung, mit dem sogenannten Minnesang. Bei der Geschlossenheit dieses Phänomens erübrigt es sich, über eine gattungsmäßige Bestimmung des Begriffs „Lyrik" zu reflektieren. Moderne Definitionen des „Lyrischen" wären hier vielleicht nur irreführend, sofern sie sozusagen eine Entelechie zur Innerlichkeit, zur spontanen Gefühlsäußerung, zum Musikalisch-Stimmungshaften oder zum hermetischen Kleinkunstwerk insinuieren. Als durchgehendes Gattungsmerkmal könnte man – für die hochmittelalterliche Phase – zunächst nur eine gewisse Kürze, die Tendenz vom Bericht zur Reflexion und die unabdingbare Gesungenheit dieser Gedichte gelten lassen. Im übrigen leben sie durchaus im Vortrag in der Gesellschaft (was ihnen zusammen mit inhaltlichen Beziehungen zu den Mitgliedern dieses Publikums geradezu mimisch-dramatische Funktionen mitteilen kann); der Anteil eines spontanen und subjektiven Ausdrucks scheint hinter dem Spiel geselliger und artistischer Konventionen zu verschwinden, und die lyrische Stimmung weicht immer wieder intellektueller Begrifflichkeit und Didaxe. Gerade die Bindung an den musikalischen Vortrag bedeutet die Freiheit des Worts zu einer im neuzeitlichen Sinn ganz unlyrischen Haltung. Die Ordnungen von Wort und Ton brauchen sich nicht gegenseitig symbolisch auszudrücken, beide sind auf ihre Weise Ausdruck objektiver Ordnung und finden sich in dieser

Objektivität. Diese wieder wird bei aller Tendenz zum Monolog aktuell gegenwärtig in der Ordnung der Gesellschaft, als festliches Ritual zwischenmenschlicher Beziehungen, von denen das Gedicht spricht, die es im Vortrag begründet und vollzieht. Sofern das Minnelied ein Element des Minnedienstes überhaupt ist, bedeutet es nicht nur Kunst, sondern ist Funktion eines sozialen, pädagogischen, ja rechtlichen Geschehens.

Diese neue Lyrik ist prinzipiell weltlich – profan in der Sprache wie in der Gesellschaft, die sie trägt. Dies um so deutlicher, als es eine geistliche Lieddichtung deutscher Sprache trotz der bedeutenden frühmittelhochdeutschen Ansätze genuin nicht gibt oder nur in bescheidenem Maß als Nachahmung der lateinischen Hymnik geben kann. Es gehört zum Ergreifendsten, wie die ritterliche Lyrik ihre geistlichen Gehalte selber aus der weltlichen Dichtung neu zurückgewinnt (etwa im Kreuzlied oder der Weltklage). Genau wie im Roman kommt auch im Minnesang eine weltliche Gesellschaft zu sich selbst, sucht sich in ihrer eigenen Bedeutung zu verstehen und zu legitimieren – abenteuerlich auch hier im Versuch, das geltende kirchliche Wertsystem auf eine neue Wirklichkeit hin zu erweitern oder gar zu verändern.

Diese Lyrik ist primär Liebeslyrik und gilt, über alle kirchlich gesetzten Grenzen hinaus, einer Geschlechterliebe, die sie selbständig zu rechtfertigen und zu feiern unternimmt, in analogischer oder dialektischer Auseinandersetzung mit den Vorstellungen christlicher Caritas, im Einbau in das neue gesellschaftliche Wertsystem oder schließlich auch hier in der schlichten Anerkennung ihrer rätselhaften Absolutheit. Dennoch ist es sicher auch hier nicht ratsam, das neue, zentrale Phänomen der „höfischen Liebe", diese seltsame Ideologie des Minnedienstes, als etwas durchaus Festes und Exklusives zu nehmen, dessen Ursprung in irgendeinem ketzerischen Sündenfall oder einem einmaligen revolutionären Durch-

bruch entdeckt werden könnte. Das neuhochdeutsche
Wort „Minne" ist eine romantische Entlehnung aus dem
Mittelalter, hat in den andern Sprachen kein Äquivalent
und insinuiert zu Unrecht einen scharf abgegrenzten
Begriff. Es empfiehlt sich zwar vielleicht, die Vielheit der
Erscheinungen an einem solchen Modell höfischer Liebe
zu messen, aber nur sofern der Blick frei bleibt für die
Bewegungen und Diskussionen, in denen sich die Minnetheorie ständig befindet. Es gehört ja zur Rechtfertigung der Minne, gerade der weltlichen, daß sie letzten
Endes als die eine und unteilbare erfahren wird und
damit a priori, direkt oder analogisch, auf den Amor Dei
bezogen bleibt oder doch nur im Hinblick auf diesen
relativiert werden kann. So wird auch, wie in der Erzählung, die Konzeption und Theorie der Liebe jeweils
durch die Gegebenheiten der Gattung, der Situation, des
dichterischen Temperaments immer neu modifiziert.
Dies schließlich um so mehr, als die Liebe der Troubadours und der Minnesänger zwar durchaus eine Schöpfung und ein Lebensgehalt des volkssprachlichen Laientums ist, aber sich dennoch immer wieder im großen
Kontext der lateinischen (antiken und mittellateinischen)
Liebesdichtung in ihren frivolen wie in ihren kirchlichen
Formen sieht und sich daraus bereichern oder auch im
Kontrast inspirieren läßt.

Es gilt somit zunächst die neue Lyrik vom Hintergrund der möglichen volkssprachlichen Gedichtformen
überhaupt abzuheben, insbesondere auch einer eventuellen vorritterlichen, vorhöfischen Liebesdichtung. Anschließend wird die Entstehung des Minnesangs unter
Einfluß des romanischen Vorbilds und in der Auseinandersetzung mit lateinischer Liebesdichtung zu verfolgen
sein.

Was an weltlichen Gedichtformen noch um die Mitte
des 12. Jahrhunderts vorliegt, ist wenig genug und unterscheidet sich kaum vom althochdeutschen Bestand. An

„höheren" Gattungen sind immer noch Heldenlied bzw.
Zeitlied anzusetzen, soweit sie nicht epische Ausdehnung erfahren oder – wie man aus der späteren Überlieferung schließen darf – spielmännisch-balladenhafte Form
angenommen haben. Immer noch mag die schon von
Tacitus erwähnte Totenklage in brauchmäßig-primitiven
Formen gelebt haben; darauf deutet die sogar steigende
Bedeutung der Totenklagen in der Heldendichtung und
z. T. im höfischen Roman, sowie dann, kaum vor 1200,
die neue Form der Marienklage. Im Bereich der sogenannten Klein- und Gebrauchslyrik sind die Zauber- und
Segenssprüche, Ansätze des Kinderlieds, des Spottlieds
(hier die wichtigen St. Galler Spottverse auf das familiäre
Mißgeschick eines gewissen Liubene, um 900) zu nennen
sowie ein gereimtes Sprichwort aus Notkers Rhetorik.
Über solche gnomisch-didaktischen „Sprüche", in denen
einfache Lebensregeln oder -erfahrungen in konzentrier-
ter Form – zunächst wohl nicht sangbar – gefaßt werden,
ist gleich zu reden. Das alles ist wenig im Verhältnis zu
den häufigen Erwähnungen von „saeculares cantilenae",
„cantica rustica", „psalmi plebeii", „psalmi vulgares" in
den althochdeutschen Glossen (die dafür ein deutsches
Äquivalent, „winileod", anführen), wenig auch gegen
Otfrids Absicht, den „cantus obscoenus laicorum" mit
seinem Werk zu vertreiben, wenig gegen die „huorliet"
und „scantsang" im *Bamberger Beichtformular*, schließlich gegen Karls des Großen Kapitulare vom 23. März
789, das den geistlichen Frauen verbietet, „winileodos
scribere vel mittere (zu schreiben oder zu schicken)". Im
einzelnen mögen das stereotype Begriffe sein oder sich
auf Helden- und Zeitlied bzw. die genannten Kleinformen beziehen, doch Karls des Großen Verbot scheint
mit dem volkssprachlichen Begriff doch etwas Konkretes, und zwar eher Anrüchiges zu meinen; um so mehr
als das Wort „wineliedel" überraschend bei Neidhart
wieder auftaucht zur Bezeichnung volksmäßiger Tanzlie-

der. Beim Terminus „winelied" hat man denn wohl auch
trotz allem an bescheidene Verse erotischen Inhalts zu
denken, die noch ganz im Formelhaften oder Brauchmä-
ßigen gebunden wären. Das kann immerhin durch zwei
Textchen solcher „Gemeinschaftslyrik" erotischen
Inhalts veranschaulicht werden. Die *Carmina Burana*
enthalten ein neckisches „Reigenliedchen", das prinzipiell archaisch aussieht, auch wenn es zeitlich kaum
eingeschränkt werden muß:

> Swaz hie gât umbe, daz sint allez megede,
> die wellent ân man allen disen sumer gân.
>
> (167 a)

(Was hier im Kreis geht, sind alles Mädchen, / die diesen
Sommer hindurch ohne Mann sein wollen.)

Von Mädchen zu singende Tanzverse, doch wohl als eine
Art Provokation der (zunächst?) zuschauenden Burschen
zu verstehen. – Das *Tanzliedchen von Kölbigk* (Anhalt),
das von den Chroniken im Zusammenhang mit einem
mirakulösen Fall von Tanzwut auf das Jahr 1021 gesetzt
wird, ist wenigstens in nuce erzählend und balladenhaft
auch im ursprünglichen Wortsinn. Was sich aus den nur
lateinisch überlieferten Versen zurückübersetzen läßt,
nämlich:

> Es ritt Herr Bovo durch den grünen Wald,
> er führte mit sich Merswind die schöne.
> Was stehn wir, warum nicht gehn wir?

ist ein Langzeilenpaar, 4 x, 4 a, / 4 x, 4 a, das zum erster-
mal die Reimstellung nicht Otfrids, sondern eben der
weltlichen Langzeilen (Nibelungenverse, Balladen, früher Minnesang) zeigt, mit einem den Tanz anfeuernden
Refrain. Der Inhalt zeigt das erotische Thema in der –
wie in der Erzählung – primären Form der Brautgewinnung; die Namen, die den am Tanz beteiligten Personen
zu gehören scheinen, hätten dann immer wieder ausge-

wechselt werden können. Auch von hier aus ist aber der
Sprung zu den ältesten ritterlichen Liebesliedern noch
beträchtlich.

Die ritterlich-höfische Lyrik findet ihren eigentlichen
Ausdruck im Minnesang. Aber gleichzeitig wird auch ein
Typus des nichterotischen Lieds faßbar, der ständisch
weniger gebunden scheint und weltlich-laienmäßig ist in
seinen Trägern und seinem Publikum, wobei eine Vor
bindung mit ritterlicher Kunstübung durchaus möglich
bleibt: Es ist das gnomisch-didaktische Lied, das allgemeine moralische oder religiöse Themen behandelt, aber
auch konkreten Tendenzen dienen kann mit Lobpreis
oder Tadel persönlichen wie dann auch politischen Charakters. Wir nennen sie mit einer ebenso dubiosen wie
unentbehrlichen modernen Bezeichnung „Spruchdichtung"; ein Spruch in diesem Sinn ist ein nichterotisches,
laienmäßiges Lied, das aber in Thema und geistiger Haltung immer wieder mit der Welt des einfacheren, nur
gesprochenen Spruchs (im landläufigen Sinn) zusammenhängt. Ein Beispiel, aus einer Zürcher Handschrift des
12. Jahrhunderts:

> Tief furt truobe   und schône wîphuore,
> sweme dar wirt ze gâch   den gerûit iz sâ.

> (MSD 49,2)

(Eine tiefe Furt, die trüb ist, und Hurerei mit schönen
Frauen, / wer dahin zu eilig strebt, hat es bald zu bereuen.)

Dieser moralische Spruch, kaum zum Singen gedacht,
zeigt archaischen Bau (zwei Otfrid-Zeilen, Assonanzen),
ist massiv im Ausdruck; er appelliert weniger ans moralische Gewissen als an das realistische Interesse des einzelnen, vor Illusionen warnend – ein Spruch, wie er in allen
Volkskulturen denkbar ist, auch etwa unter den Sprüchen Salomos stehen könnte.

In den Minnesanghandschriften A und C begegnet

eine ähnliche Ermahnung, nun offensichtlich liedhaft
und mit andern Strophen zyklisch verbunden:

> Swel man ein guot wîp hât
> und zeiner anderer gât,
> der bezeichent daz swîn.
> wie möhte ez iemer erger sîn?
> ez lât den lûtern brunnen
> und leit sich in den trüeben phuol.
> den site hât vil manec man gewunnen.
>
>   (29,27)

(Wer eine gute Frau hat / und zu einer andern geht, / ist wie ein
Schwein. / Wie könnte dieses schlimmer sein? / Es verläßt den
klaren Brunnen / und legt sich in den trüben Pfuhl. / Diese Art
hat heute mancher angenommen.)

Sachlich sind wir auch hier fern von der Welt höfischer
Galanterie. Doch die Strophe (6 Zeilen, vor der letzten
der für die Frühzeit typische Einschub einer Waise,
reiner Reim) ist moderner, kunstvoller; das Lied ist zum
Singen gedacht; die letzte Zeile ist aktuelle Zeitkritik,
vergleichbar etwa den gleichzeitigen Sittenpredigten
Heinrichs von Melk. Der Verfasser der Strophe ist ein
Anonymus, dessen 28 gleichgebaute Strophen mit 23
andern, nochmals jüngern, unter dem Namen S p e r v o -
g e l überliefert sind. Für den „Älteren" oder „anonymen" Spervogel braucht man heute, aufgrund einer ver-
mutlichen Selbstnennung in einer seiner Strophen, meist
den Namen H e r g e r.

Herger stellt sich vor als alter, heimatloser Fahrender,
der die Hörer zur „milte" mahnt; als Berufsdichter,
zweifellos Laie, formuliert er illusionslose Erfahrungsweisheit, sprichwort- und sentenzenartig, mehrfach
unter Verwendung der Tierfabel. Er preist die milte
vornehmer Gönner, von denen einige identifiziert werden können, und mißt sie an den großherzigen Gestalten
der Heldendichtung wie Fruote von Dänemark, Rüdi-

ger von Bechlaren. Den Verstorbenen singt er damit eine
Totenklage, mit der noch bei Walther anklingenden Formel: *„Mich riuwet* (ich beklage) *Fruot von über mer, /
und von Hûsen Walther"* (25,20) (der bis 1173 bezeugte
Vater des Minnesängers Friedrich von Hausen). Einige
Strophen von besonders klarem, altertümlichem Glanz
erinnern an Themen der frühmittelhochdeutschen Geistlichendichtung: Weihnacht und Ostern, Himmel und
Hölle, dann am Schluß der Reihe mit gebethafter Anrufung in alliterierenden Wendungen:

> Wurze des waldes
> und grieze des goldes
> und elliu apgründe
> diu sint dir, Hêrre, in künde:
> diu stênt in dîner hende.
> allez himeleschez her
> daz enmöht dich niht volloben an ein ende.
>
>   (30,27)

(Die Wurzeln im Wald / und das Gold im Sand / und alle
Abgründe, / die sind dir, Herr, bekannt: / die stehn in deiner
Hand. / Das ganze himmlische Heer / vermöchte dein Lob nicht
ganz zu vollenden.)

In den wenigen Strophen begegnet eine erstaunliche
Verschiedenartigkeit der Themen. Herger dichtet offenbar für ein adliges Laienpublikum, dessen „êre" er gelten
läßt, aber ohne eine Spur höfischer Ideologie. Seine
Quellen sind „volkstümliche" Weisheit, aber auch lateinische Tradition (Fabel, Hymnik).

Die Handschriften, vielleicht schon der Dichter, ordnen die Strophen sinnvoll aufgrund inhaltlicher Zusammengehörigkeit oder von formalen Verknüpfungen in
zyklischen Zusammenhang; man pflegt danach fünf Fün-
fergruppen (Pentaden) und eine restliche Triade zu
unterscheiden. Die einzelne Strophe ist meist in sich
geschlossen, als einzelnes „Lied" denkbar, dennoch in

wechselnder Intensität der Bindung Glied einer Gruppe oder gar eines eigentlichen mehrstrophigen Liedzusammenhangs. Dieser formale Tatbestand ist offenbar auch für die spätere „Spruchdichtung" bezeichnend. Wenn das klassische Minnelied meistens einen gedanklich stringenten Aufbau in einer nicht wiederholbaren Strophenform (Ton) zeigt, bewahrt sich das gnomisch-didaktische Gedicht die relative Selbständigkeit der Einzelstrophe, deren Form aber wiederholbar ist in vielfältiger, variabler Form von Verknüpfung.

Hergers Verse sind eine kostbare, altertümliche Laienlyrik am Übergang zu einer exklusiveren Kunstübung. Mit ihrem sachlich weiten Horizont, ihrer Nähe zur volkstümlichen Überlieferung (Heldendichtung, Geistlichendichtung, Erfahrungsweisheit) und in dem zwischenständischen Charakter des Fahrenden bleibt diese Spruchdichtung eine Art Ergänzung der höfischen Lyrik, und sie wird ihre großen Zeiten gerade in nachhöfischer Zeit bekommen.

Der sogenannte J ü n g e r e S p e r v o g e l kann zeigen, wie die Entwicklung zunächst verläuft. Dieser Dichter, dessen Datierung vor oder neben Walther unsicher ist, zeigt z. T. die gleichen Themata, mit Ausnahme der geistlichen, jedoch in reicherer, gedanklicherer Form, und er arbeitet nun auch mit Vorstellungen der höfischen Welt, ja gehört wohl selbst der ritterlichen Gesellschaft an. Darin ist er durchaus vergleichbar dem eigentlichen Begründer einer anspruchsvollen Spruchdichtung, Walther von der Vogelweide, der zugleich höfischer Minnesinger und moralisch-politischer Spruchdichter, ja zugleich Mitglied der höfischen Gesellschaft und Fahrender sein wird.

2. Kürenberg. Vor- und Frühformen des Minnesangs

Heinrich von Melk spricht in bösen Worten von den „trûtliet", welche die Ritter „behagenlîchen" singen, und er deutet damit auf eine frühe, ständisch offenbar bereits ausgeformte Liebesdichtung. Das Gemeinte kann wahrscheinlich dank der Gunst der Überlieferung hier einmal genau belegt werden, zeitlich und örtlich. Die Manesse-Handschrift bewahrt, als einzige, unter dem Namen Der von Kürenberc 15 nach Art und Rang unverwechselbar zusammengehörige Strophen eines Typus vorhöfischer Lyrik, wie sie auch im europäischen Zusammenhang einzigartig ist. Der Name ist nicht ganz gesichert, er kann aus der Erwähnung von „Kürenberges wîse" (8,5) erst vom manessischen Sammler erschlossen worden sein. Unter den in Frage kommenden Orts- und Familiennamen (bei Linz, bei Melk, im Breisgau) haben die österreichischen den Vorrang, denn wir kommen mit ihnen in die Nähe anderer donauländischer Liederdichter verwandten Stils, in die Nähe des Heinrich von Melk und nicht zuletzt des *Nibelungenliedes*, mit dem der Kürenberger die Strophenform und einige sprachliche Wendungen teilt.

Von den 15 Strophen sind zweimal zwei zu einem doppelstrophigen Liedchen zusammenzunehmen, 7 sind Frauen (Mädchen) in den Mund gelegt. Ritterliche Bilder sind aufgerufen: Burg, Roß und Eisengewand, Falke, Federspiel; z. T. ganze Szenen: die Frau abends spät auf der Zinne der Burg, der Liebhaber vor der schlafenden Frau, der Abschied des Ritters, das Verhalten der Geliebten in der Gesellschaft – niemals ein Naturmotiv. Von Sehnsucht oder Scham, offenem Bekenntnis oder heimlichem Einvernehmen, von Provokation, Werbung oder Weigerung ist die Rede, in einer erstaunlichen Fülle von Varianten der Situation und der menschlichen Haltung. Am berühmtesten und umstrittensten ist das „Fal-

kenlied" (8,33), doch wohl die Klage einer Frau um ihren
– jüngeren – Geliebten im Bild des entflogenen Falken.
Es ist Rollenlyrik; der Dichter spricht aus einer Figur,
einem szenischen Rahmen oder verbirgt – mit ähnlicher
Funktion – seine persönliche Aussage in einer allgemeinen Sentenz. Diese statische Lyrik ist weder balladenhaft
erzählend noch lehrhaft reflektierend, das Ich faßt sich –
übrigens ähnlich wie der Ältere Spervogel – in einem
objektiven Stück Welt, einem unpersönlichen Befund.
Insbesondere die Wichtigkeit der Frauenstrophe – ein
merkwürdiges Kennzeichen der älteren Lyrik überhaupt
– beruht wohl darauf, daß hier nicht ein Minnediener
von sich zu seiner Dame spricht oder zu sprechen wagt,
sondern daß ein Liebender seine Liebe objektiviert, d. h.
der Frau insinuiert, indem er diese zu ihm oder über ihn
reden läßt und sich sogar die Möglichkeit wahrt, sich
selbst zu verweigern.

> „Ich stuont mir nehtint spâte   an einer zinne:
> dô hôrte ich einen rîter   vil wol singen
> in Kürenberges wîse   al ûz der meniginn:
> er muoz mir diu lant rûmen   alder ich geniete mich sîn."
>
> (8,1)

> Nu brinc mir her vil balde   mîn ros, mîn îsengewant,
> wan ich muoz einer frouwen   rûmen diu lant.
> diu wil mich des betwingen,   daz ich ir holt sî.
> si muoz der mîner minne   iemer darbende sîn.
>
> (9,29)

(„Ich stand gestern abend spät auf der Zinne: / Da hört ich
einen Ritter sehr schön singen / in Kürenbergs Weise mitten aus
der Menge – / er muß mir das Land räumen, oder ich will ihn mir
nehmen." // Nun bring mir her sogleich mein Roß, mein Eisen-
kleid, / denn ich muß einer Dame das Land räumen. / Die will
mich dazu zwingen, daß ich ihr hold sei. / Sie wird meine Liebe
immer entbehren müssen.)

Der parataktischen Statik des Stils entspricht die hier
vorliegende Form des sogenannten Wechsels: zwei
Monologe von Mann und Frau zum selben Thema, kein
Gespräch der Figuren unter sich, sondern je zum Publikum. Den Kürenberger kennzeichnet die klare, bildstarke, einfache Anschaulichkeit, doch ist es hochstilisierte Kunstform einer aristokratischen Gesellschaft. Sie
bleibt diesseits des höfischen Minnedienotor, sofern die
beiden Geschlechter sich in freier, gleichberechtigter
Forderung gegenübertreten, wobei insbesondere die
Frau aktiv erscheint; neben der fordernden Herrin steht
allerdings auch die klagende Frau und das Mädchen. Daß
die Geliebte ein „megetin" sei, wird einmal geradezu als
der Grund der Werbung genannt; in beiden Fällen handelt es sich nicht um die Dame des Minnedienstes, eher
um weibliche Gestalten, wie sie in der Heldendichtung
begegnen. Eine gewisse Institutionalisierung kündigt
sich immerhin an: Die Merker, die Verleumder, werden
erwähnt, „hübesch" (höfisch) ist ein Wertbegriff, ein
Spiel mit Andeutungen, Scherzen, Herausforderungen
ist im Gang.

Die Frage, ob die Strophe primär lyrisch oder episch
sei, erübrigt sich wohl mit der Feststellung, daß die Epik
(Heldenlied, Epos) gesungen ist und die Lyrik aus epischer Situation herausspricht. Als metrische Keimzelle
für beides wäre das Langzeilenpaar (4 x, 4 a / 4 x, 4 a)
anzusetzen, das zuerst im *Kölbigker Liedchen*, aber auch
noch im spätmittelalterlichen Volkslied erscheint. Ob als
eine Art Übergangsform eine Liebesballade schon für
diese Zeit anzusetzen ist, bleibt offen; sie wäre hier auf
die reine Rollenhaftigkeit, auf die reine Situation als
Vorwand lyrischer Aussage abgestellt. Es gibt zwar, aus
einer Handschrift von 1454, die *Kerensteinballade*, die man schon ins 12. Jahrhundert zurückdatiert
hat; ein Ritter wirbt durch einen Boten um die Tochter
des Burgherrn von Kerenstein, trifft sich mit ihr nächt-

lich unter der Linde und nimmt sie am Morgen als seine
Frau mit sich, während der Turmwächter sein schönes
Morgenlied über das Recht der Liebenden singt. Die
Ballade enthält in Kürenbergstrophen, in volkstümlich-
ritterlichen Bildern (Tagelied- bzw. Pasturellensituation;
Burg, Roß, Linde, Wächterlied) eine Brautraubge-
schichte, fern von höfischem Dienst; doch ist bei aller
Altertümlichkeit der einzelnen Formen und Motive das
Ganze doch schon eine anspruchsvolle Komposition,
und einzelne Wendungen sind abgeschliffen. Die *Kerensteinballade* kennzeichnet aber im ganzen doch eine Stil-
schicht, die von vorhöfischer Zeit unter dem Höfischen
hindurch ins Spätmittelalter reicht.

Der Kürenberger erscheint mit seiner Kunst nicht
allein. Sein Stil begegnet, oft formal differenziert und
z. T. mit neuen Motiven, in einer Reihe anonymer
Gedichte sowie vor allem in einigen archaischen Langzeilenstrophen, die zusammen mit zahlreichen jüngeren
Liedern unter dem Namen D i e t m a r v o n A i s t
erscheinen (davon einzelnes, außerhalb der Handschrift
C, auch unter andern Namen). Da zudem verschiedene
Angehörige des Geschlechts (nach dem Flüßchen Aist,
das unterhalb von Linz in die Donau mündet) in Frage
kommen, ist eine Unterscheidung von „echt" oder
„unecht" problematisch. Bedeutend hier vor allem ein
anderes „Falkenlied" – „Ez stuont ein frouwe alleine /
und warte uber heide / und warte ir liebes" – und das
allerdings nicht völlig gesicherte kleine „Tagelied", das
als ältester deutscher Vertreter der Gattung gilt (37,4;
39,18). Dieses Genre – Abschiedsgespräch der Liebenden am Morgen nach gemeinsamer Nacht, meist dialogisch mit verbindendem Erzähltext – gehört zu dem
„objektiven" Stil der Frühzeit und der entsprechenden
Motivik einer gegenseitigen, erfüllten Liebe; es wird aber
auch in der Zeit des klassischen Dienstliedes nicht aufgegeben, vielmehr erst recht in seinen Möglichkeiten ausge-

staltet. Daß das deutsche Tagelied, vor allem mit seiner
bezeichnenden dritten Figur des mit den Liebenden im
Bunde stehenden Burgwächters, aus der provenzalischen
„alba" stammt, wird meistens angenommen; nach Herbert Kolb könnte es mit der Wächterfigur und damit in
einer bereits konkreten Ausformung (aufgrund einer
schon karolingisch vorgeschriebenen Burg- und Hofbe-
wachung) auch einheimisch sein.

Am schönsten aber ist wohl Dietmars berühmter
„Wechsel" – die künstlerisch volle Verwirklichung seines
monologischen Charakters, als Aussage zweier einsamer
Menschen, die sich sehnsüchtig ihres Beisammenseins
erinnern, mit der Steigerung der Intensität des Ausdrucks von der Mannes- zur Frauenstrophe:

> Ûf der linden obene   dâ sanc ein kleinez vogellîn.
> vor dem walde wart ez lût: dô huop sich aber daz herze mîn
> an eine stat dâ'z ê dâ was.   ich sach dâ rôsebluomen stân:
> die manent mich der gedanke vil   die ich hin zeiner frouwen
> hân.

> „Ez dunket mich wol tûsent jâr   daz ich an liebes arme lac.
> sunder âne mîne schulde   fremedet er mich manegen tac.
> sît ich bluomen niht ensach   noch hôrte kleiner vogele sanc,
> sît was mir mîn fröide kurz   und ouch der jâmer alzelanc."

> (34,3)

(Oben auf der Linde, da sang ein kleiner Vogel. / Vor dem
Wald ward er laut: da hob sich wieder mein Herz / an eine Stelle,
wo es einst gewesen war. Ich sah die Rosenblüten stehn: / die
erinnern mich der Gedanken, die ich zu einer Frau hin habe. //
„Es scheinen mir wohl tausend Jahr, daß ich am Arm des
Liebsten lag. / Ohne alle meine Schuld entzieht er sich mir schon
manchen Tag. / Seit ich Blumen nicht mehr sah noch kleiner
Vögel Gesang hörte, / seitdem war meine Freude kurz, dafür
mein Jammer allzulang.")

Die hier im vollen Wortsinn er-innerte Szene am
Waldrand, mit Lindenbaum, Rosen und Vogelgesang –

hier blüht nun die Naturmotivik auf – läßt an Kerenstein denken und an die Situation der „Pasturelle", eines zweiten Genre objectif, das neben dem Tagelied lebendig bleibt.

Das Bild der donauländischen Lyrik rundet sich mit den wenigen Strophen der beiden Regensburger Burggrafen aus dem Geschlecht der Rietenburger, von denen der eine als Burggraf von Regensburg, der stilgeschichtlich jüngere als Burggraf von Rietenburg geführt wird. Hier, vor allem aber dann donauaufwärts bei Meinloh von Sevelingen (Söflingen bei Ulm), zeigt sich deutlich die Ablösung des frühen Stils durch eine neue Form der Minne und des Minneliedes unter romanischem Einfluß.

3. Lieder der Völker? Lateinische Lyrik?

Auch wenn diese frühe ritterliche Lyrik als einmalige geschichtliche Schöpfung erscheint, so ist dennoch die Frage nach ihren Vorgängern erlaubt. Weder der Anschluß an die episch-heroische Welt des *Nibelungenlieds* noch der an die kleine Gebrauchslyrik der obengenannten Tanzstrophen ist ohne weiteres möglich. Dagegen erlaubt ein Blick auf die Lieder anderer Völker in ähnlichem Entwicklungsstand genauere Vermutungen. Frankreich und die Provence geben hier wenig her. Doch ist seit Theodor Frings und seit der erstaunlichen Entdeckung der „altspanischen Mädchenlieder" (durch S. M. Stern seit 1948) der alte Pfad der Romantik (Frings) wieder gangbar gemacht und die Herdersche Vorstellung der „Lieder der Völker" wieder rehabilitiert worden.

Es handelt sich um die „kharjas" (oder „jaryas"), ursprünglich selbständige spanische Liebesverse, die als Abschlußstrophe an arabische oder vor allem hebräische Gedichte, an die „Muwaschschachas" („Gürtelgedichte", wegen der Reimordnung), angehängt sind. Sie stammen aus dem muslimischen Spanien schon des 11. Jahrhunderts. Es ist eine volksmäßige Kleinlyrik, die nicht nur als Voraussetzung der späteren spanischen und portugiesischen Liebeslyrik erscheint, sondern überhaupt die älteste europäische Liebeslyrik darstellt und zusammen mit Kürenberg und seinesgleichen eine Schicht vorhöfischer Liebesdichtung vertritt. Es sind Mädchenstrophen, meist klagend-sehnsüchtiger Art, aus der Situation des Abschieds, der Einsamkeit, der Erwartung, der leidenschaftlichen Werbung. Die Strophen wären, „dem Volksmund abgelauscht", von gebildeten arabisch und hebräisch sprechenden Dichtern in ihr Kunstlied eingebaut worden.

Es ist wieder rollenhafte Kleinlyrik, szenisch in Ansätzen zu Tagelied- und Pasturellenmotiv, überall mögliche „Urformen", die dann durch sukzessive „Durchschichtung" ausgebildet und sozial ausgegliedert werden konnten. Vergleichbares Gut wird von Frings aus der ganzen Welt beigebracht, Mädchenlieder von Portugal bis China, vom Hohenlied bis zu Sappho. Es steht nichts im Wege, solche Kunst auch für Deutschland anzusetzen, wo ihr die donauländische Lyrik, von der ritterlichen Stilisierung abgesehen, besonders nahesteht, wo die zahlreichen Zeugnisse für die Existenz solcher Volkslieder (wineliet?) vorliegen und wo aus dem späteren Minnesang und Volkslied manches der Art erschlossen werden kann.

Nun aber kompliziert sich das Bild für das europäische Mittelalter noch um eine zweite Komponente: die allgegenwärtige lateinische Tradition, sei es der Antike, sei es neuer mittellateinischer Formen. Und gerade hier zeigt sich besonders verwirrend die enge Wechselwirkung und Symbiose zwischen volkssprachlich-populärer und geistlich-lateinischer Welt. Ein Beispiel: Die Frauenklage des Kürenbergers:

Swenn ich stân aleine   in mînem hemde,
und ich gedenke an dich,   ritter edele,
so erblüet sich mîn varwe   als der rôse an dem dorne tuot.
und gewinnet daz herze   vil manigen trûrigen muot.

(8,17)

(Wenn ich allein steh in meinem Hemde / und ich an dich
denke, edler Ritter, / so blüht meine Farbe auf wie die Rose am
Dorn, / und das Herz kommt auf manchen traurigen Gedanken.)

scheint durchaus vergleichbar dem Schluß einer Mäd-
chen-(Nonnen-?)klage der Cambridger Handschrift, aus
dem 11. Jahrhundert (südfranzösisch?):

> *Cum mihi sola sedeo et haec revolvens palleo,*
> si forte caput sublevo, nec audio nec video.
>
> Tu saltim, Veris gratia, exaudi et considera
> frondes, flores et gramina: *nam mea languet anima.*

(40)

(Wenn ich einsam sitze und dies überlege, werde ich bleich, /
wenn ich zufällig den Kopf hebe, vergeht mir Hören und
Sehen. // Wenigstens um des Frühlings willen erhöre mich und
betrachte / Laub, Blumen und Gras, denn mein Herz ist krank
vor Sehnsucht.)

Verwandt damit das Bild der unruhig Ausschau halten-
den oder suchenden Liebenden, fragmentarisch schon in
den Cambridger Liedern (Zusatzstrophe des Modus Lie-
binc):

> Nam languens amore tuo
> consurrexi diluculo
> perrexique pedes nuda
> per nives [?] et frigora
> atque maria rimabar maesta,
> si forte ventivola
> vela cernerem
> aut frontem navis conspicerem.

(14)

(Denn in Sehnsucht nach dir / stand ich auf frühmorgens, / drang mit bloßen Füßen / durch Schnee und Eis / und durchspähte das traurige Meer, / ob ich vielleicht geschwellte / Segel bemerke / oder den Bug eines Schiffes erblicke.)

Ähnlich die Braut des Hohenliedes (3,1 ff.), und ritterlich überformt die Frau auf der Zinne oder dem Söller der Burg, beim Kürenberger, in Dietmars „Falkenlied" und noch in den Langzeilen des *Titurel*:

Ich hân ⟨nach liebem vriunde⟩   vil âbende al mîn schouwen
ûz venstren uber heide,   ûf strâze und gein den liehten
                                                ouwen . . .
Ich var ûf einem wilden wâge (Flut) eine wîle:
da warte (spähe) ich verre,   mêre danne über drîzec mîle . . .

(117 f.)

Und ein ähnliches Bild begegnet im *Moriz von Craun* (1697 ff.). Hier scheint es sinnlos, die Frage nach einem Ursprünglicheren zu stellen. Die enge Nachbarschaft volkssprachlicher und lateinischer Tradition wird unmittelbar beleuchtet durch die beiden bedeutendsten Sammlungen mittelalterlicher Liebeslyrik. Unter den Liedern der Cambridger Handschrift (11. Jahrhundert), die bis ins 10. Jahrhundert zurückgehen können und die teilweise aus dem Rheinland stammen, steht nicht nur die obenerwähnte „Mädchenklage" und die „Invitatio" eines Klerikers (?) an ein Bauernmädchen (das Worte des Hohenliedes verwendet!) zur Liebe, sondern auch das lateinisch-deutsche Mischgedicht, das als ältestes deutsches Liebeslied gilt, heute allerdings weitgehend zerstört ist: ein Gespräch des Liebhabers mit einer Nonne (suavissima nunna?), die zur weltlichen Liebe überredet werden soll, aber, mindestens zunächst, auf ihrer himmlischen Brautschaft beharrt. Auch hier scheint sich Volksmäßiges mit geistlichen Gegebenheiten zu verbinden. Vor allem aber enthält die Benediktbeurener Handschrift (*Carmina Burana*, vor der Mitte des 13. Jahrhun-

derts), die wichtigste Sammlung weltlicher lateinischer
Lyrik, zahlreiche deutsche Strophen. Diese sind meist im
Sinn metrischer Entsprechungen den lateinischen Liedern beigefügt; sie stammen z. T. von späteren Autoren
oder sind ad hoc zusammengesetzt, stellen aber z. T.
auch älteres, vorhöfisches Gut dar, wie z. B. das obenge-
nannte Reigenliedchen. Bei solcher Symbiose stellt sich
unabweislich die Frage nach dem Zusammenhang der
volkssprachlichen mit der lateinischen Lyrik.

In der lateinischen Liebeslyrik des Mittelalters kann
man wohl grundsätzlich drei verschiedene Bereiche unterscheiden, die sich freilich immer wieder neu mischen
und durchdringen.

Das ist erstens einmal das antike Gut Ovids und der
andern Liebesdichter. Es ist im ganzen einer recht irdischen Liebe verpflichtet, aber bringt bei aller Sinnenhaf-
tigkeit oder Frivolität doch immer wieder den gesamten
Menschen ins Spiel, kennt die Liebe als Leidenschaft und
göttliche Ergriffenheit, als sehnsüchtige Empfindung
und als Dienst für die Geliebte, und sie hat von vornherein die Legitimation des klassischen Vorbilds.

Wichtiger ist zweitens eine durchgehende mittelalterliche Tradition des lateinischen Huldigungs-, Preis-,
Freundschafts- und Dankgedichts, wo von Anfang an
antikische und christliche Elemente zusammentreten und
wo hinter dem Schleier eines anspruchsvollen gelehrten,
höfischen oder klösterlichen Spiels allerlei erotische
Gefühle und Motive mit eingeübt werden. Allen voran
steht hier Venantius Fortunatus, am Merowingerhof des
6. Jahrhunderts, in seinem poetischen Verkehr mit Hof
und Adel und insbesondere seinen Huldigungen an vornehme weltliche oder geistliche Damen wie die heilige
Königin Radegunde. Reto Bezzola hat versucht, die
Überlieferung solcher Hofdichtung von der Spätantike
bis ins Hochmittelalter als geschlossenen Zusammenhang
darzustellen.

Ein intimeres Geplänkel gelehrter Geistlicher und adliger Damen aus Welt oder Kloster wird in einer Regensburger Handschrift des 11. Jahrhunderts deutlich. Hier erscheint allgemeiner als Usus und Klima, was dann später in der Affäre von Abaelard und Heloise spektakulär geworden ist. Lateinische Verse werden dem verehrten Lehrer zur Korrektur zugesandt, Geschenke mit kleinen Begleitgedichtchen überreicht, Freundschafts- und Liebesbeteuerungen ausgetauscht, Rendezvous in Aussicht genommen, Klagen über Nebenbuhlerinnen geführt – zögernd und scherzhaft, ein rührendes und reizendes Rollenspiel, zugleich auch mit Versuchen einer Veredlung und Vergeistigung der Liebe im Sinn wahrer *virtus* und *probitas*, so daß Peter Dronke sagen kann, „that a number of cultivated, witty and tender young women in an eleventh-century convent in south Germany imposed on the clercs who frequented their society the values of ‚amour courtois‘". Eine allgemeinere, anspruchsvollere Form solchen literarisch-erotischen Umgangs ist der lateinische Briefwechsel, stets mit dem Alibi stilistischer Übung und entsprechenden rhetorischen Überschwangs entschuldigt. Wichtig ist da vor allem die Tegernseer Sammlung von Liebesbriefen in kunstvoller Reimprosa und gelegentlichen Versen (12. Jahrhundert), wo nun mit erstaunlichem Aufwand „amicitia" und „amor" exaltiert werden. Es sind teils Werbungen des Mannes um die zurückhaltende Adressatin, vor allem aber große Liebesklagen der schreibenden Dame(n) selbst; am Schluß eines solchen Briefs wird, rührend genug, die berühmte deutsche Liebesformel „Dû bist mîn, ich bin dîn" usw. zitiert. Daß hier überall nicht nur Reminiszenzen aus der antiken oder volkssprachlichen Lyrik erscheinen, sondern auch Geistlich-Biblisches ins Weltliche übersetzt wird, das zeigt schon Venantius Fortunatus, wenn er eine Nonne ihre Liebe zu Christus nicht nur mit Worten des Hohenliedes, sondern

auch eines Ovidischen Heroenbriefes formulieren läßt
(Munari, S. 7). Und im 12. Jahrhundert überträgt das
Huldigungsgedicht einer Zürcher Handschrift das Lob
Gottes aus der Schöpfung auf die Geliebte:

> omnis factura Christi –   sol, sidera, luna,
> colles et montes,   valles, mare, flumina, fontes,
> tempestas, pluviae,   nubes ventique, procellae,
> cauma, pruina, gelu, glacies,   nix, fulgura, rupes,
> prata, nemus, frondes,   arbustum, gramina, flores –
> exclamando: vale!   mecum predulce sonate . . .

> (Dronke I,249)

(Du ganze Schöpfung Christi – Sonne, Sterne, Mond, / Hügel
und Berge, Täler, Meer, Flüsse, Quellen, / Sturm, Regen,
Wolken und Winde, Stürme, / Hitze, Reif, Frost, Eis, Schnee,
Blitze, Felsen, / Wiesen, Wald, Laub, Strauch, Gras, Blumen –
ruft „Heil" und preist [sie] mit mir aufs lieblichste . . .)

Wenn hier somit überall Ansätze zu einer gesteigerten,
anspruchsvoll-literarischen Liebe sichtbar werden, so
fehlt doch noch die spezifisch-ritterliche Funktion des
Dienstes. Und vor allem ist die hier genannte gelehrte
Dichtung meist nicht liedhaft, so daß sie gattungsmäßig
nicht unmittelbar Grundlage eines volkssprachlichen
Minnelieds sein könnte; ein Einfluß könnte nur Motive
und die allgemeine Konzeption betreffen.

Es gibt nun aber drittens eine ausgesprochen liedhafte
lateinische Lyrik in rhythmischen, d. h. akzentuierenden
und reimenden Versen, deren Maße und Melodien ohne
weiteres übertragbar waren und die dem Laienpublikum
viel näher lag. Das ist die sogenannte Vagantendichtung,
die freilich im einzelnen sowenig wie die Spielmannsdichtung genau faßbar ist: Die Bezeichnung meint das
eine Mal mehr den Stand des Dichters, das andere Mal
mehr einen Stil. Im Kern ist darunter die Dichtung frei
lebender Kleriker oder Studenten verstanden, die vor
allem seit dem Aufschwung der Hochschulen im 12.

Jahrhundert zahlreich als Fahrende ihr Brot suchen und einer emanzipierten Weltauffassung huldigen, in welcher sich die echte Lebenslust einer Zeit des Aufbruchs mit antikischem Gehaben und juveniler Gesinnung verbinden. Im klassischen Fall des Archipoeta erscheint der „Vagant" immerhin als Hofdichter des Kanzlers Reinald von Dassel und damit des Kaisers Barbarossa selber. Hier handelt es sich um Lieder im frischesten, geselligen Sinn. Eine ovidische Verherrlichung der Venus

> Veneris in thalamos ducunt omnes viae
>
> (Archipoeta, CB 191)

geht Hand in Hand mit dem Kult des Bacchus (einer der eindrucksvollsten Unterschiede zur höfischen Lyrik, aus welcher die später so unverwüstlichen Motive der Weinpoesie ausgeschlossen blieben). Beliebter Typus des frivolen Erotikons ist die erzählend-dialogische Pasturelle – zwei lateinisch-deutsche Mischgedichte dieser Art stehen in den *Carmina Burana*. Bei Walther wird sich dann die Veredlung des Genus durch die Aufnahme in einen erweiterten ritterlichen Stil verfolgen lassen. Primär ist aber gerade die ungehemmte Erotik bezeichnend für die Vagantendichtung, im Gegensatz zu der so schlicht und verhalten wirkenden volkssprachlichen Liebesdichtung und insbesondere zu dem Idealismus des höfischen Minnesangs. Insofern können Vagantendichtung und Ritterdichtung als zwei verschiedene literarische Formen des 12. Jahrhunderts betrachtet werden, die sich nebeneinander je in eigener sozialer Umgebung und Funktion entfalten. Ja es kommt geradezu zu einer Wettbewerbssituation zwischen Kleriker und Ritter; jedenfalls wird diese Alternative zum Topos. Heinrich von Melk spricht von den anmaßenden Pfaffen, welche allein mit den schönen Frauen spielen wollen und die Laien fortschicken; die Klerikergeliebte eines Tegernseer Korrespondenten wird vor einem Ritter „wie vor einem Monstrum" gewarnt,

und in dem berühmten Streitgespräch (*Phyllis und Flora*)
um den Vorrang ritterlicher oder klerikaler Geliebter
fällt das Wort, das wie eine literarhistorische Feststellung
klingt: „factus est per clericum miles cythereus" (erst
durch den Kleriker ist der Ritter zum Ritter der Venus
geworden). Das war schon damals eine einseitige Aussage. Jedenfalls tritt der Minnesang, als Organ des Dienstes und in seiner idealistischen Stilisierung, als Kunst
einer andern Schicht und unter andern Voraussetzungen
auf. Das beherrschende Vorbild des deutschen höfischen
Liebeslieds ist in seinen klassischen Formen durchaus die
Kunst der Troubadours und der Trouvères.

4. Die höfische Minne: das romanische Vorbild

Genau wie der höfische Roman ist der Minnesang – als
ein bestimmtes literarisches System mit seinem geregelten Arsenal von Formen, Motiven und Wertbegriffen –
primär eine romanische Schöpfung, die fast plötzlich,
etwa seit 1170 in Deutschland nachgebildet wird, oft im
Werk desselben Dichters noch scharf abgrenzbar gegen
andere Formen der Liebeslyrik, im Ganzen aber als das
beherrschende Vorbild. Diese provenzalische Troubadourlyrik erscheint schon rätselhaft früh und in ihrer
vollen Spannweite bei Wilhelm IX. von Poitiers um
1100, zeigt sich dann in der zweiten Jahrhunderthälfte als
geschlossene und reiche literarische Kultur des südfran-
zösischen Adels, wirkt direkt und über den nordfranzösischen Ableger, die Trouvères, auf die deutsche ritterliche Dichtung, fand in England, in Italien (hier in unmittelbarem sprachlichem Anschluß in der Kunstsprache des
staufischen Hofs in Unteritalien) und in Spanien Entsprechung und Fortbildung, schließlich immer neue ver-
wandelte Formen im europäischen Petrarkismus – während die provenzalische Dichtung selbst schon im Lauf
des 13. Jahrhunderts zugrunde ging. Nach Ortega y

Gasset ist auch die Liebe eine „Institution", eine geschichtliche Erfindung, und dementsprechend entzieht sich die höfische Liebesdichtung in ihrer Plötzlichkeit, in der Einmaligkeit ihrer Konzeption einer entwicklungsgeschichtlichen Erklärung. Anderseits zeigt die jahrhundertelange Nachwirkung dieses provenzalischen Ereignisses, daß diese höfische Liebe mehr als eine Mode war, vielmehr aus der Mitte des menschlichen Wesens kam und unabhängig von den Umständen ihrer Entstehung und Pflege wahr bleiben konnte.

Nach diesen sozialen Umständen ist wieder zuerst zu fragen (vgl. S. 237 f. zum Roman). Der deutsche Minnesang ist am Anfang gerade von hohen Herren, nicht zuletzt am kaiserlichen Hof eingeführt und gepflegt worden. Galanter Frauen*dienst* im Munde eines mächtigen Herrn wirkt dann wie eine spielerisch-snobistische Umkehr der realen Verhältnisse in Macht und Liebe. Die These, es habe der „Stand" der Ministerialen mit der Entwicklung der neuen Ideologie zugleich seine Interessen als Teilhaber einer neuen gesamtritterlichen Gesellschaft legitimieren wollen, ist fragwürdig, jedenfalls für Deutschland, wo die romanische Erfindung als etwas Fremdes übernommen und abstrakter geübt wird. Zwar mochte dem niedern Adel und irgendwelchen Dienstleuten mit einer sublimierten Idee ritterlicher Liebe gedient sein, doch ist – innerhalb der höfischen Welt – die Frage des Standes nicht entscheidend, vielmehr die des Könnens, beim Fürsten wie beim Berufsdichter. Es handelt sich um Kunst, um ein Abwandeln von Fiktion und Rollenspiel – „sie schwebt in dieser Welt wie eine Seifenblase" (Hugo Kuhn) –, ohne den Charakter sozialer Aktion, aber mit dem Gewinn abgelöster, tradierbarer menschlicher Erfahrungen.

Modellhaft läßt sich diese neue Liebesdichtung wie folgt umschreiben. Das Lied ist Ausdruck eines Dienstes, den der Dichter in der Rolle des liebenden Ritters seiner Dame, d. h. seiner Herrin (im übertragenen, vielleicht auch im konkreten Sinne) leistet, aussichtslos, aber mit dem Ertrag persönlicher Vervollkommnung wie auch einer Veredelung und Beglückung der höfischen Gesellschaft, vor welcher der Dichter oder sein Vertreter das Lied vorträgt. Der Minnedienst gilt der Herrin des Hofes und damit normalerweise einer verheirateten Frau – was kaum je ausgesprochen wird, doch zugleich der verbotene Reiz wie auch die Bedingung der Unerfüllbarkeit ist, d. h. den Minnedienst im Rahmen eines galanten Spiels zurückhält. Voraussetzung ist die Existenz eines Hofes, an welchem die Gefolgsleute, die Krieger und Beamten, die jungen Leute im Pagendienst den Damen des Hauses gegenüber in der Mehrzahl und in Abhängigkeit sind und eine erotisierte Atmosphäre bewirken; der Dienst am Herrn findet Ausdruck im Minnedienst an der Dame. Die galante und die gesellschaftliche Liturgie können schließlich religiöse Formulierung finden.

Die Lage ist vielfältig paradox. Die Minne ist aussichtsloser Dienst und verlangt doch, im Sinne der feudalen Ordnung, ihren Lohn; der Liebende verlangt Gegenliebe und darf doch nicht wünschen, die Tugend der Herrin in Frage zu stellen. Der lyrische Dienst vollzieht sich in strengen Konventionen, die der Liebende doch dauernd durchbrechen möchte, um eine direkte Sprache zu reden. Das Lied soll die Gesellschaft erfreuen und kann doch nur traurige Sehnsucht ausdrücken. Je mehr der Dichter die Dame feiert, um so mehr entfernt er sie gerade dadurch von sich, steigert sie zur Idee des Weiblichen, ins Anonyme, ja zum bloßen Vorwand, so daß es letztlich offenbleiben kann, ob sie überhaupt existiert, ob sie nicht die höfische Gesellschaft, den Dienstherrn oder Gott selber vertritt. Der Minnedichter bleibt mit sich allein, sein Lied wird Reflexion, Analyse und Abwandlung des Minneproblems in Empfindung und Lehre, eine auf der Stelle tretende Dialektik der Minne, die sich nur immer die Voraussetzung ihrer eigenen Möglichkeit schaffen muß. Daß hier philosophische und rhetorisch-schulmäßige Disputation die gedankliche Technik liefern können, liegt auf der Hand.

Aber alles Spiel mit Konventionen und Fiktionen enthält eben doch die hinreißende Erfahrung eines Neuen: des möglichen Adels, der innern Vollendung, der Selbstgewißheit und des Glücks, die in der richtig verstandenen Frauenliebe – und im gelungenen Lied! – liegen. Die umfassendste Paradoxie ist die Zusammengehörigkeit einer körperlichen Liebe, die als Anlaß und Ziel nie preisgegeben wird, und einer dauernden Sublimierung und Vergeistigung bis hin zu den von der Dame erwarteten religiösen Gaben der Gnade, der Huld – eine asketische Sinnlichkeit, die peinlich sein kann, aber in der dauernden Bewegung des Transzendierens, in der Suche der wahren Minne, im Gang nach innen ihren unvergleichlichen Zauber besitzt. Was im Roman als Geschehen entfaltet werden kann, das bleibt in der Lyrik als Spannung, als Ahnung und Glücksmoment in der Schwebe. Ein Geschehen vollzieht sich allerdings auch hier, sofern über die einzelnen Gedichte hinaus eine Bewegung in Gang kommt, in der, vom eigentlichen Minnelied aus, neue Bereiche erschlossen werden, ins Allgemein-Menschliche, Natürliche, Religiöse hin; zum Minnesang gehört wie zum höfischen Roman die Tendenz und die Kraft, sich selbst zu überwinden.

Zunächst überrascht freilich der hohe Grad von Norm und Konvention, die geringe Zahl fester Motive und Begriffe (Dienst und Lohn, Freude und Trauer, Hoher Mut, Fernliebe, Wahnliebe, Krankheit und Tödlichkeit der Liebe, Schüchternheit des Liebhabers, Abwehr der Neider und Merker usw.). Aber auf dieser schmalen Basis wird um so kühner und intensiver gebaut, in einer – möchte man sagen – barbarisch raffinierten Formkultur.

Obwohl die deutschen Dichter von andern sprachlich-metrischen Voraussetzungen ausgehen und oft andern Impulsen gehorchen, haben sie die romanischen Formen im großen und ganzen übernommen oder den eigenen Möglichkeiten angepaßt. Die unmittelbarste Brücke bildete wohl die Melodie, der Ton (mittelhochdeutsch als die Einheit des metrisch-musikalischen Baus verstanden). Die Gleichheit des Baus deutscher Lieder mit provenzalischen oder französischen braucht allerdings eine Kontrafaktur noch nicht zu beweisen, solange nicht auch der Text selbst verwandt ist; da aber in klassischer Zeit jedes Lied einen neuen „Ton" verlangt, ist eine Übernahme romanischer Melodien auf breiter Front doch wahrscheinlich. Im Vordergrund steht das vielstrophige Liebeslied, die eigentliche Kanzone, deren Strophe normalerweise dreiteilig (stollig) gebaut ist: Der „Aufgesang" besteht aus zwei metrisch gleichgebauten Versgruppen, für welche die Melodie wiederholt wird, worauf der gewöhnlich kunstvollere „Abgesang" folgt. Die Dreiteiligkeit kann durch Umstellung der Elemente, Übergreifen des Reims usw. kompliziert werden; daneben erscheinen aber auch Strophenformen aus zwei oder drei gleichen Versgruppen. Im provenzalischen „Sirventes" (Dienst-Lied) begegnet eine gewisse Entsprechung zum deutschen „Spruchlied", nur daß dieses meistens bei einer älteren und einheimischen Gattungsform, der Einstrophigkeit, bzw. der relativen Selbständigkeit der Strophe in einer Gruppe, stehenbleibt. Wichtig wird vor allem auch die anspruchsvolle lyrische Gattung des sogenannten Leichs (germ. laik- „Tanz, Spiel"; frz.-prov. entspricht teilweise die Bezeichnung lai, aus anderer Wurzel), eine durchkomponierte Großform, im Bau der Sequenz verwandt, nur stets aus Reimversen, eine Folge formverschiedener Gruppen, von sogenannten Versikeln, wobei die Doppelung der Gruppen eine wichtige Rolle spielt. – Anspruchsvoll ist überall die Vers- und

Reimtechnik im einzelnen, ein reiches und differenziertes Formenspiel, wie es vor allem die Romantiker entzückt hat: die obligatorische Reinheit des Reims, kunstvolle Häufungen und Verschränkungen des Reims, Anfangsreime, Vorreime, Reimresponsionen zwischen den Strophen usw. Da bis auf ein Lied Walthers für den älteren Minnesang keine Melodien direkt überliefert sind und die musikalische Notierung umstritten ist, ist auch die metrische Wiederherstellung und Deutung der Texte nicht einfach. Die grundlegenden deutschen Liedersammlungen des 13. und frühen 14. Jahrhunderts (A: kleine Heidelberger, B: Weingartner, C: große Heidelberger oder Manessische Handschrift) geben die Texte, die in mündlichem Vortrag lebten, sozusagen sekundär und behelfsmäßig wieder, von den Entstellungen durch die Überlieferung ganz abgesehen.

VI. KLASSIKER DES MINNESANGS

1. Der staufische Kreis

In den Jahren 1170 bis 1190 verfolgen wir das Eindringen der romanischen Kunst auf breiter Front, von Westen her, und zwar vom Limburgischen im Norden über Mittel- und Oberrhein bis zum schweizerischen Mittelland, oft in unmittelbarer Nachbildung. Als geschlossenste Gruppe erscheint dabei eine Reihe von Dichtern, die in Beziehung zum staufischen Hof Barbarossas und Heinrichs VI. erscheinen, insbesondere in Italien und auf dem Kreuzzug von 1189/90, damit also gerade die neue Kunst im weitesten und großartigsten Horizont zeigen. Wenn der Grundstock der Manessischen Liederhandschrift die Dichter nach ihrem dynastischen Rang anordnet und das Werk eines Kaisers voranstellt, so deutet auch dies auf den ernst zu nehmenden feudalistischen Charakter des Minnesangs hin. Auch wenn die höfische Dichtung nur zum Teil als „staufisch" zu bezeichnen ist, so gravitiert sie doch naturgemäß zur führenden Macht der Zeit.

Daß der Kaiser Heinrich, der mit drei Gedichten die Manessische Sammlung eröffnet, in der Tat Heinrich VI. sei, wird heute trotz begreiflicher Skepsis allgemein angenommen; denn die Texte lassen sich nur dann voll verstehen; und Heinrich ist kein Einzelfall: Von Friedrich II., Friedrich von Antiochien, König Enzio sind Gedichte aus der sizilianischen Schule, von Konradin wieder zwei deutsche erhalten. Um Barbarossa, Friedrich II., Heinrich VI., Heinrich VII. sind Minnesänger hohen Adels mit vielen erhaltenen Werken und urkundlichen Erwähnungen bezeugt. Es ist aristokratische Kunst im strengsten Sinn, auch wenn gerade bei Heinrich noch atypische Züge sich zeigen. Zwei seiner

drei Lieder sind altertümlich mit ihren je zwei Langzeilenstrophen, das eine ein Wechsel – gegenseitig bezeugtes
Liebesglück –, das andere ein Abschiedsgespräch aus der
Tageliedsituation. Das dritte Lied ist vierstrophig und
bildet mit seinen „gemischten Daktylen" wohl in freier
Weise den romanischen Zehnsilbler nach; es eine
monologische Huldigung an die Geliebte, aus der Ferne;
nur dieses ist allenfalls als Dienstlied zu verstehen mit
seiner klagenden Versicherung des „senden kumbers",
der beständigen Treue bis zum Tod. Kühn und kaiserlich
aber ist in allen drei Stücken die Anspielung auf die
Krone, die der Liebende trägt und deren Macht und
Reichtum für ihn doch vom Glück der Minne abhängt.
Ein altes Motiv – etwa: nicht für ein Königreich will der
Liebende auf sein Glück verzichten, oder: er gäbe ein
Königreich für die Geliebte – wird aus der Situation neu
und konkret. Anderseits kann er auch noch auf den
Dienst verzichten, unverblümt sagen:

> wol dir geselle guote, deich ie bi dir gelac
>
> (5,17)

(Wohl dir, Gefährtin, gute, daß ich je bei dir lag)

und damit wieder ein altes, mehrfach mittellateinisch
bezeugtes Bild aktivieren:

> du zierest mîne sinne   und bist mir dar zuo holt:
> nu merke et wie ich daz meine:
> als edelez gesteine,   swâ man daz leit in daz golt.

(Du verschönst meinen Sinn und bist mir hold dazu: / Nun
sieh, wie ich es meine: / wie edles Gestein, wo man's ins Gold
faßt.)

Die nächste Parallele findet sich in den Regensburger
Versen:

Sicut christallo   iacinctus fulget in albo,
Fulges mente mea,   mihi tempore quoque serena.

(Dronke II,426)

(Wie der Hyacinth im weißen Kristall leuchtet, / so leuchtest du in meinem Sinn, hell mir zu jeder Zeit.)

Der reinste, adligste Dichter des neuen Stils in diesem Kreis ist Friedrich von Hausen, Sohn des von Herger gepriesenen Walther von Hausen. Sein Stammsitz war vermutlich Rheinhausen bei Mannheim. Er erscheint urkundlich seit 1171 in der Nähe des Erzbischofs von Mainz, Reichslegaten in Italien, 1186 in wichtigen Urkunden im Gefolge Heinrichs VI. in Italien, 1187 mit Friedrich I. in Nordfrankreich zur Begegnung mit König Philipp August, beteiligt sich am Kreuzzug und fällt am 6. Mai 1190 im Gefecht von Philomelium in Kleinasien – nach den Chroniken als „miles probissimus (hervorragender Soldat)", einer der „familiares et secretarii" des Kaisers, der ihm wenige Wochen darauf im Tode folgt. Hausens Lieder vertreten mit Ausnahme weniger Strophen (darunter noch eines bescheidenen Wechsels) die strengste hohe Minne, in Motiven und Formen angeregt durch Bernart von Ventadorn, Folquet von Marseille und Conon de Béthune (Kreuzlied 47,9). Die Lieder, kunstvoll in der anspruchsvollen Reimtechnik (Durchreimung) und dem gedanklichen Räsonnement, klagen aus der „swaere" des vergeblichen Dienstes an einer Dame, die Lohn und Gnade versagt, reflektieren über das Rätsel der Minne, in der gerade die eigene „staete" das Leid verursacht, wo die Liebe der Feindin gilt, die „huote" dem Dichter verhaßt und doch im Interesse der Dame wünschbar ist, wo Herz und Leib nicht mehr zusammengehen können. Eine Lyrik der Distanz von höchster Würde und Strenge, in der nicht das kleinste Naturmotivchen grünt. Von selbst kommt solche Minne zum Konflikt mit dem Dienst an Gott. Der

Ritter hat Gott lange vergessen – doch warum hat Gott
sie so schön geschaffen? In drei Kreuzliedern, in denen
die Haltung der Distanz plötzlich real erscheint, wird das
Verhältnis von Gottesliebe und Frauenliebe in verschiedenen Abwandlungen durchdacht: im spielerischen
Gedanken, das Minneleid sei in seiner Schwere selbst
schon religiöses Verdienst; im Versuch einer Stufung,

> den wil ich iemer vor in allen haben
> und in dâ nâch ein holdez herze tragen

> (47,8)

([Gott] will ich höher stellen als alle [Frauen], / dann aber
diesen mein Herz offen halten)

in der Einsicht, daß gerade die Dame den Kreuzzug
billigen muß und so der Kreuzzug vom minnenden
Ritter verlangt ist; und schließlich – aus dem unlösbaren
Zwiespalt zwischen dem Herzen, das zur Dame strebt,
und dem ritterlichen Leib und männlichen Ich, das die
Fahrt ins Heilige Land unternimmt – der harte Entschluß
zur Absage an die Dame (47,9). Es steht nichts im Wege,
die Dame als Fiktion, als virtuelles Ziel weltlichen Strebens überhaupt zu nehmen. Aus der reinen Dialektik des
Minneliedes entsteht im Kreuzlied das ritterliche religiöse Gedicht, unabhängig von geistlicher Tradition.
Und zugleich erscheint darin bei diesen staufischen
Dichtern ein Lebensgehalt, ritterliche Lyrik wird in ihrer
konkreten Funktion bis ins Biographische hinein unmittelbar.

Beziehungen zum staufischen Hof, Teilnahme am Bar-
barossa-Zug, landschaftliche Nähe oder stilistische Verwandtschaft erlauben es, einige andere Dichter zu dieser
„staufischen" Gruppe zu rechnen, wenn auch unter man
chen Unsicherheiten der Chronologie, der Biographie,
der Identifikation von Werk oder Dichter. Ein Ulrich
von Gutenburg – aus dem Elsaß (oder der Pfalz?) –
erscheint in italienischen Urkunden Barbarossas und

Heinrichs VI. 1172 bis 1186. Ein Leich und sechs Minne-
strophen (diese in einem Ton Blondel de Nesles), die B
und C unter diesem Namen überliefern, zeigen manche
Anklänge an Hausen; gelegentlich scheint Veldeke im
Hintergrund zu stehen. Vor allem der große Minneleich
– wohl das älteste Beispiel dieser speziellen Gattung –
verfügt über eine leichte, beredte, manchmal schon
geblümte Diktion; aber seine Bezugnahmen auf berühmte Liebespaare aus dem Flore-, Alexander- und
Äneasroman deuten doch auf frühere Zeit.

Deutlicher ist die frische, herrenmäßige Figur B e r n -
g e r s   v o n   H o r h e i m (vielleicht Harheim bei Frankfurt), im Gefolge Philipps von Schwaben in Italien zweimal urkundlich bezeugt (?). In einem seiner sechs Lieder
klagt der Dichter in kraftvollen Daktylen über die Trennung von der Geliebten durch das Aufgebot zu einer
Heerfahrt nach Unteritalien (1190 oder 1194?), empfiehlt
die Geliebte Gott und allen Engeln und spricht wie
Hausen über die Trennung von Herz und Leib:

> Nû muoz ich varn und doch bî ir belîben,
> von der ich niemer gescheiden enmac.
> si sol mir sîn vor al anderen wîben
> in mînem herzen beidiu naht unde tac.
> als ich gedenke wie ich ir wîlent pflac,
> owê daz Pülle sô verre ie gelac!
> daz wil mich leider von fröiden vertrîben.

> (114,35)

(Nun muß ich ziehn und doch bei ihr bleiben, / von der ich
mich nicht trennen kann. / Sie soll mir, vor allen andern Frauen,
/ Tag und Nacht in meinem Herzen sein. / Denk ich daran, wie
ich einst bei ihr war – / ach, daß Apulien so weit weg liegt! – / das
wird mich um alle Freude bringen.)

Hier ist ähnlich wie bei Heinrich VI. und trotz Hausen
der unmittelbare, unproblematische Ton bezeichnend;
die Liebesklage wird einmal in der Form eines komisch-

verzweifelten Lügenliedes ironisch vorgetragen, und wie
schon Veldeke (nur jetzt genau nach dem französischen
Vorbild) spielt Bernger scherzhaft seine spontane gegen
die zwanghafte Minne Tristrants aus:

> Nû enbeiz ich doch des trankes nie
> dâ von Tristran in kumber kam:
> noch herzeclicher minne ich sie
> dan er Isalden dêst mîn wân ...

(112,1)

(Nun habe ich doch nie vom Trank genossen, / durch den
Tristan in Not kam: / noch herzlicher liebe ich sie / als er Isolde,
glaube ich ...)

Ebenfalls rheinfränkischer Herkunft ist der Freiherr
B l i g g e r   v o n   S t e i n a c h (Neckarsteinach), im
Gefolge Heinrichs VI. nach Apulien 1194 bezeugt, vielleicht auch schon Teilnehmer am Kreuzzug. Von ihm
stammen zwei Lieder der „swaere“ und ein Spruch über
die wahre Milde – geringe Reste eines auch erzählerischen Œuvres, das Gottfried von Straßburg in höchsten
Tönen gepriesen hat.

Schließlich H e i n r i c h   v o n   R u g g e (nach der Burg
Ruck bei Blaubeuren, vielleicht Dienstmann der Pfalzgrafen von Tübingen), dessen Name zwischen 1175 und
1178 einmal bezeugt ist, dessen sicherstes Werk aber ins
Jahr 1190 fällt. In seinen Liedern, die mit der Überlieferung Reinmars vermengt sind, ist er schwer faßbar,
eindeutig dagegen in seinem Kreuzleich, den er nach dem
Tod Barbarossas als Aufruf zur Unterstützung des
bedrängten Kreuzheers verfaßte. Die auf ihre Weise
großartige, strenge Mahnung gibt sich als „wîses mannes
wort von tumbes mannes munde“, d. h. aus dem Mund
eines demütigen Laien, aber durchaus mit den Argumenten der geistlichen Kreuzpredigt. Die Seelen Friedrichs
und manchen guten Pilgers leuchten nun vor Gott – wir
sollen denselben Thron erkaufen, „sît got sô süezen

market gît". Im Zeichen des Memento mori und nicht mit höfischer Argumentation wendet er sich an „die stolzen helde", das Kreuz zu nehmen; und gegen die, die da meinen,

> wir sun hie heime vil   sanfte belîben,
> die zît wol vertrîben   vil schône mit wîben
>
> (98,30)

(Wir wollen behaglich hier zu Hause bleiben / und die Zeit schön mit Frauen verbringen)

läßt er die wîp selber ihre Verachtung äußern. Konservative Gesinnung spricht sich hier in einer neuen romanischen Form, aber klar und einfach aus.

2. Veldeke und Fenis

Die sozusagen zentrale staufische Gruppe wird im Norden und im Süden je flankiert durch einen Vermittler und Bahnbrecher eigener Art. Vor allem Heinrich von Veldeke ist in seiner nordwestlichen Randstellung und seiner limburgischen Sondersprache eine spezielle und ebenso originelle Erscheinung, unabhängig zunächst von der Troubadourlyrik und fern vom Stil der donauländischen Kunst. Er hat vermutlich schon früh in seiner maasländischen Heimat, um 1170, einen neuen Minnesang gepflegt, nach französischen Vorbildern und, wenn Theodor Frings recht hat, gestützt auf heimatlich-volkstümliche Formen der Tanzlyrik und des Spruchs. Hinzu kommt wohl auch die den volksmäßigen Formen stets verbundene Vagantenlyrik mit ihrer Natur- und Lebensfreude. Es ist anzunehmen, daß Veldeke auch später, vor niederrheinischem und thüringischem Publikum, die Pflege des Liedes nicht aufgab, ganz abgesehen von dem Gedicht 62,11, in welchem er vor der Dame mit seinen grauen Haaren kokettiert. So kann Frings, der die ausschließlich hochdeutsch überlieferten Texte rekonstruiert hat, in Veldekes Lyrik und ihrer Entwicklung die Entwicklung der frühen deutschen Lyrik überhaupt gespiegelt sehen. Es wäre ein Fortgang vom einstrophigen Liedchen zum kunstvolleren Strophenlied, ein Weg zur hohen Minne, zur höfischen Idee. Französische Anregung wäre formal von Anfang an wirksam gewesen, am Ende wohl auch Berührung mit Provenzalen. „Staufische" Orientierung kann für die Familie von Veldekes Maastrichter Gönnern vermutet werden; die Stauferpartien der *Eneit* (Mainzer Hoffest Barbarossas 1184) machen das Bild deutlicher.

Nicht die schöne, gemessene Trauer der Hausenschen Minne mit ihren christlichen Implikationen, vielmehr eine gesellige höfische Heiterkeit, ein spielerisches, scherzhaftes Minnewesen ist die befreiende und beglückende Entdeckung Veldekes. Charakteristisch im ganzen bleiben für ihn die kurzen, leichten, klaren und eleganten Formen, mit dem Stichwort der „bliscaft" (Fröhlichkeit), der Freude als höchstem Wert, mit der Anlehnung an jahreszeitliche Motivik in kleinen, genau gesehenen Naturbildchen, mit einer scherzhaft-provokativen Art seines Minnedienstes, auch wo es um hohe Minne geht:

> des fürhte ich die guote   als daz kint die ruote
> (Frings: des vorhte ich die gude   alse dat kint di rude)

und schließlich die Neigung zur pointierten Sentenz und damit die Nähe zu spruchhaften Formen mit ihrer treffsicheren Bildlichkeit, z. B.:

> Men darf den bôsen nîwet vlûken:
> hen wirt dicke unsachte wê,
> want sî warden ende lûken
> alse dê sprenket in den snê.
> des sîn sî vele dî mêre gevê.
> doch ne darf es nîman rûken,
> want sî sûken   peren up den bûken.
>
> (Frings 65,5)

(Die Bösen [Neider, Verräter] soll man nicht verfluchen, / es geht ihnen oft übel, / denn sie passen auf und lauern / wie einer, der im Schnee Vogelschlingen stellt [d. h. zur Unzeit]. / Darum werden sie um so gehässiger. / Doch soll sich niemand drum kümmern, / denn sie suchen Birnen auf den Buchen [d. h. am falschen Ort].)

Im Südwesten des deutschen Sprachgebiets erscheint ein anderer Sonderfall: R u d o l f v o n F e n i s, Graf von Neuenburg (Fenis, heute Fénil/Vinelz, am Westende des Bieler Sees, ist der Stammsitz des Hauses), bei dem wir nun den engsten Anschluß des gesamten deutschen Minnesangs an provenzalische Vorbilder treffen. Der Graf Rudolf (II., gestorben 1196), in dessen Herrschaft, zum Königreich Burgund gehörend, neben der deutschen die franko-provenzalische Mundart gesprochen wurde, war wohl selbst zweisprachig – und gehörte zwei Literaturen zu. Von seinen sieben Liedern verwenden sechs je einen Ton, der auch provenzalisch nachweisbar ist, und für vier sind textliche Vorbilder aus dem Werk Peire Vidals und vor allem Folquets von Marseille (der auch bei Hausen begegnet) bekannt. Die Entlehnungen betreffen aber nicht ganze Lieder. Fenis setzt entlehntes Gut neu zusammen, so daß beispielsweise das Lied 81,30 in drei der fünf Strophen Anregungen aus drei verschiedenen Gedichten Folquets zeigt und der Ton aus einer andern provenzalischen Quelle stammt. Der deutsche Dichter spielt also frei mit dem Motiv- und Formenbestand, variiert, bereichert ihn, nimmt sozusagen an der zeitgenössischen Diskussion der Troubadours teil (die jüngste datierbare Vorlage stammt von 1190/91). Bei aller Abschwächung und Umbiegung einzelner Gedanken entsteht ein neues musikalisches Ganzes von eigenartig schwebendem Reiz, eine in sich zurücklaufende Klage über den „wân", das verlorene Spiel, die Ausweglosigkeit des Dienstes, in großen, mehrheitlich daktylischen Kanzonenstrophen mit durchgehendem Reimsystem,

das auch über die Strophen hinweggreift und zusammen
mit der Wiederaufnahme von Stichwörtern das Lied-
ganze strukturiert. Vielleicht läßt sich sogar die Gesamtheit des Überlieferten als zusammengehöriger Zyklus
verstehen. Mit solcher weitentwickelten Kunst gehört –
von Deutschland aus gesehen – Rudolf von Fenis zu den
Pionieren, und er bleibt jedenfalls eine der nobelsten
Figuren des Minnesangs.

3. Hartmann von Aue, Albrecht von Johannsdorf, Reinmar

Es entspricht der maßvollen und diskreten Künstler-
schaft H a r t m a n n s v o n A u e, daß seine Rolle in der
Geschichte des Minnesangs lange Zeit unterschätzt worden ist; Mangel an „Empfindung" und „lyrischer Begabung" (Burdach) sind ihm immer wieder vorgeworfen
worden; erst Carl von Kraus hat erwiesen, daß bei den
zahlreichen Anklängen zwischen dem Klassiker Reinmar
und Hartmann diesem die Priorität gebührt. Es sind 14
bis 16 unbestritten echte Lieder überliefert mit erstaunlicher Vielfalt der Töne und der motivischen Wendungen;
sie sind weniger geistreich im Sinne der Minnedialektik,
als daß sie kühn und oft humorvoll das Minnethema in
größere Zusammenhänge rücken. Obwohl Hartmann
das Freudenlied ebenfalls kennt, dominiert doch auch bei
ihm die Klage, ja er steigert sie zu neuer Konsequenz und
nimmt nun auch die Schuld am Unglück moralisch auf
sich:

> si lônde mir, als ich si dûhte wert,
> michn sleht niht anders wan mîn selbes swert.
>
> (206,1)

(Sie lohnte mir in dem Maß, als ich es ihr wert schien: / mich
schlägt nichts anderes als mein eigenes Schwert.)

Sehr schöne Frauenstrophen übertragen den paradoxen Gedanken der Entsagungsminne auch auf die Frau:
Minne üben heißt auf sie verzichten (216,12). Umgekehrt
spielt Hartmann aber auch wieder mit der Möglichkeit,
„anderswâ" zu dienen, ja er versteigt sich zu einem
burschikosen Bekenntnis zur „niederen" Minne: Statt mit
„ritterlîchen vrouwen", die seiner Werbung nur mit
scheelem Blick begegnen, will er die Zeit lieber mit
willfährigen „armen wîben" vertreiben (216,29). Es liegt
nahe, daß Hartmanns frommes Analogiedenken seinen
reinsten Ausdruck im Kreuzlied gewinnt, sei es, daß er
den halben Lohn der Fahrt der Dame zuwenden will, sei
es in der erstaunlichen persönlichen Motivation, daß der
Tod seines Dienstherrn die Fahrt veranlaßt habe und
diese nun zur Hälfte dem Herrn zugute kommen soll
(211,20; 210,23). In prachtvoller Vollendung aber spielt
die Kanzone 218,5 – eines der ganz großen, großgesinn-
ten Stücke im Bestand mittelhochdeutscher Lyrik – die
irdische Minne in eine geistliche hinüber, in Überhöhung
der alten Minneparadoxie: „ez ist geminnet der sich dur
die minne ellenden muoz" (geliebt ist, wer um der Liebe
willen entsagt, d. h. in die Fremde geht, 218,17). Die
Datierung dieser Kreuzlieder – 1189/90 oder 1197 –
gehört samt ihren textkritischen, chronologischen und
biographischen Konsequenzen noch immer zu den ungelösten Fragen.

Schwierig ist es bei der Intensität und dem Tempo der
literarischen Vorgänge in diesen Jahren auch, die literaturgeschichtliche und zeitliche Stellung A l b r e c h t s
v o n J o h a n n s d o r f zu bestimmen: Er gehört zu einem
Ministerialengeschlecht des Bistums Passau; sein Name
ist von 1185 bis 1209 bezeugt. Fünf seiner zwölf Töne
schlagen das Thema des Kreuzzugs an – ob 1189/90, wie
meist angenommen wird, oder erst 1197, ist wiederum
unklar. Bei allem Reden von Dienst, hohem Mut und
Gnade behält Johannsdorfs Minne einen menschlich-

herzlichen Zug, ja sie gelangt im Grunde wie von selbst zur Aufhebung des Dienstgedankens in einer erstaunlichen Innigkeit und Schlichtheit, etwa mit den folgenden Versen einer Frauenstrophe:

> Swâ zwei herzeliep gevriundent sich
> unde ir beider minne ein triuwe wirt,
> die sol niemen scheiden, dunket mich,
> al die wîle unz si der tôt verbirt ...
>
> (91,29)

(Wo zwei Herzliebste sich freund werden / und ihrer beider Liebe *eine* Treue wird – / die soll niemand scheiden, dünkt mich, / solange sie der Tod verschont...)

Das verweist zusammen mit Indizien anderer Lieder auf alte donauländische Tradition und entspricht doch zugleich auch dem späteren Geist Walthers und seiner „Überwindung" des reinmarischen Minnesangs. Eine direkte Beziehung zu Walther wäre schon äußerlich in Passau oder Wien gegeben. Dasselbe Lied zeigt übrigens bei aller scheinbaren Einfachheit der Aussage kunstvolle Responsionen und mühelose, sensible Rhythmik. Ideologische Entspannung des Minnesangs ist jederzeit möglich, die höfische Liebe ist auch hier nichts Exklusives und Isoliertes. Entsprechend stehen die Kreuzlieder Johannsdorfs nicht (mehr) in der Dialektik Hausens oder Hartmanns, sondern verbinden die Treue zur Geliebten in menschlicher Selbstverständlichkeit mit der frommen Unternehmung des Kreuzfahrers. Rechte Minne kann keine Sünde sein, die Schicksale des Mannes wie der Frau ruhen in der Hand Gottes:

> heiliger got, wis (sî) genaedic uns beiden!
>
> (87,12)

Seine fromme menschliche Lauterkeit macht Johannsdorf zu einem der zugänglichsten Lyriker des klassischen Zeitalters; anders ist es bei R e i n m a r , der ungefähr

gleichzeitig und nicht weit von Johannsdorf die stilrein-
ste, konsequenteste Gestalt des hohen Minnesangs zeigt,
in äußerster intellektueller und empfindsamer Verfeinerung, die man oft als Eintönigkeit oder gar „graue Scholastik" verschrien hat. Nach der Handschrift C „Reinmar
der Alte" genannt, von Gottfried von Straßburg als „die
Nachtigall von Hagenau" (im Elsaß?) gepriesen, begegnet uns der Dichter ausschließlich am Wiener Hof (nach
G. Schweikle allerdings auch bei den Staufern) von den
achtziger Jahren bis in die ersten Jahre des neuen Jahrhunderts, offenbar als Berufsdichter. Zu datieren ist nur
die wunderbare Totenklage auf Herzog Leopold V.
(gest. 31. Dezember 1194), die Reinmar der Witwe in
den Mund gelegt hat. Mit dem großen Ruhm des Dichters hängt zusammen, daß die Überlieferung seines
Werks reich und weitverzweigt, aber in den Zuschreibungen auch unsicher ist. Einiges hat sich mit der Überlieferung Rugges vermischt, manches erscheint unter den
Namen Dietmars, Gedruts, Walthers u. a. Umgekehrt ist
ihm wohl manches stilistisch Verwandte oder Nachge-
ahmte untergeschoben worden – die sogenannten Pseudo-
Reinmare. Die strengste Auswahl des Echten bilden die
gut 30 Gedichte, die Carl von Kraus aufgrund minuziö-
ser Untersuchungen hat gelten lassen, gegenüber rund 40
weiteren unechten Stücken. Mit Ausnahme dreier früher
Lieder würde es sich, nach v. Kraus, um einen thematisch und zugleich entstehungsmäßig-chronologisch zu
verstehenden „Zyklus" handeln, in welchem der Dichter
einen eigentlichen Roman unglücklicher Liebe durchge-
spielt hätte. Neuerdings hat Friedrich Maurer ein gutes
Dutzend weiterer Gedichte als echt erklärt, wodurch das
oft als monoton empfundene Bild Reinmars wesentlich
reicher wird. Maurers Kritik an der Überspannung der
Zyklusidee ist überzeugend. Gewiß ist die Verzahnung
der einzelnen Lieder unter sich – durch Entfaltung der
Themen, durch Bezugnahmen, Selbstzitate, formale Ver-

weisungen – ein neues und wichtiges Phänomen, nur
möglich bei einer hochkultivierten und konstanten Hofgesellschaft, wie man sie für den Babenberger-Hof dieser
Zeit ansetzen darf. Hier greift ja auch der „Zyklus" über
den einzelnen Dichter Reinmar hinaus, sofern der junge
Walther von der Vogelweide sich einmischt und beide
Dichter sich eine lyrische Fehde um das Problem des
korrektesten und schönsten Frauenlobes liefern; gerade
diese Fehde ist das sicherste Stück eines Reinmarischen
Zyklus. Anderseits ist die Vorstellung, daß praktisch das
ganze Werk eines Lyrikers unter einer einheitlichen,
durchgehenden Fiktion entstanden und dazu noch einigermaßen geschlossen erhalten sei, überaus fragwürdig.
Es ist von vornherein schwer zu entscheiden, was ein
echter Zyklus, was eine lose Zusammenstellung für einen
„Konzertabend", was einfach eine sekundäre sinnvolle
Reihung durch den modernen Herausgeber sein soll und
vor allem: wieweit jene Verzahnungen nicht überhaupt
von selbst aus der Variation eines überaus beschränkten
Motiv- und Formenbestandes hervorgehen. Mindestens
führt die Benützung des Zyklusgedankens zur Beurteilung der Echtheitsfrage zwangsläufig rasch zu Zirkel-
schlüssen.

Der bezeichnende Ton Reinmars bleibt trotz einer
Reihe von Freudenliedern in jedem Fall die Klage, das
„trûren", die „swaere", die lebenslange Vergeblichkeit
des Dienstes, von dem nur der subjektive Ertrag ritterlicher Selbstveredlung erwartet werden darf. Die Begründungen dafür sind wieder gerade die Tugend, der Adel
der Dame, die auch hier in wundervollen Frauenstrophen zu Worte kommt, aber auch die eigene Unvollkom-
menheit des Dichters (wie bei Hartmann), die sich nicht
zuletzt in Wunschphantasien von Küssen, „bîligen" und
„langer naht" unziemlich äußert. Das wieder gibt Anlaß
nicht nur – immer in Reinmars Gedichten selbst – zum
Hohn von Neidern und insbesondere eines Konkurren-

ten wie Walther, sondern auch zu (vorgegebenen?) Maßnahmen von seiten der Dame, nämlich einem Zutritts-
und einem Redeverbot (d. h. Singverbot) – es sind immer
neue Fassungen der paradoxalen Situation des Dichters,
der aus seiner Trauer zur Freude des Hofes singen soll
und die Dame um so mehr von sich entfernt, je mehr er
sich ihr nähern will, was aber auch wieder zur Fortsetzung des vorbildlichen Dienstes nötig ist. So kann er in
der Tat klagen: „sus gât mîn dienest wunderlîche hin".
Damit ist Reinmars Kunst nun vollends auf das Problem
ihrer eigenen Möglichkeit zurückverwiesen, Dichtung
wird zur Reflexion auf sich selbst. Die Frage, wie „das
leit schône ze tragen" sei, wird zur Frage des Dichten-
könnens, die höfische „zuht" versteht sich formal, ästhetisch. Das Ergebnis ist ein zauberhaftes elegisches
Schweben und Kreisen, zwischen leiser Begehrlichkeit
und Askese, im genauen, eleganten Umschreiben der
intellektuellen und seelischen Spannung. Es geschieht
unter diszipliniertestem Verzicht auf kräftigere, farbige
Motive und Effekte (jede Naturmotivik fehlt), und
ebenso sind aufdringlichere Reimkünste vermieden. Vers
und Satz spielen souverän in Spannung und Gleichlauf
zusammen, fast immer in kunstvollen, aber klar gebauten
stolligen Tönen, ohne Daktylen und Durchreimung. Wie
die lyrische Kunst bei Reinmar und dann auch bei
Morungen ihrer selbst bewußt und somit autonom wird,
so tritt auch die Idee des Minnedienstes als solche rein
hervor, vor allem in der Auseinandersetzung mit Walther. Die Dame, zunächst als ein konkretes Wesen fingiert und sogar auf Kosten der andern Damen – welch ein
Fauxpas! – gelobt, weicht nun dem allgemeinen Begriff
der Frau, dem Prinzip des Weiblichen. So vor allem in
dem berühmten Vers des großen Preisliedes 165,10, den
Walther in seinem Nachruf als Inbegriff der edeln Kunst
Reinmars zitiert: „sô wol dir, wîp, wie reine ein nam!"
(Wohl dir: Frau – welch reines Wort [Begriff]!) Damit ist

freilich ein Grad der Abstraktion und Spiritualisierung erreicht, der nicht mehr überboten werden kann. Walther hat die Konsequenzen daraus gezogen.

4. Heinrich von Morungen, Wolfram von Eschenbach

Ungefähr gleichzeitig mit Reinmar zeigt Heinrich von Morungen eine unverwechselbar eigene Klassik des hohen Minnesangs mit einem Werk, das dem modernen lyrischen Empfinden im gesamten Minnesang am unmittelbarsten bewundernswert scheint. Morungen ist als thüringischer Ministeriale im Dienst des Markgrafen Dietrich von Meißen – eines Schwiegersohns des Landgrafen Hermann – bezeugt und tritt damit als erster ostmitteldeutscher Minnesänger neben den Kreis der thüringischen Epiker. Als „miles emeritus" übermacht er gegen 1220 eine Rente dem Leipziger Thomas-Kloster, wo er bald darauf wohl auch gestorben ist und begraben wurde. Seine 33 erhaltenen Gedichte, die fast alle einen hohen Vollendungsgrad zeigen, fallen vermutlich in die 1190er Jahre. Anregungen aus älterer Lyrik (Veldeke, Hausen) sind nur spärlich belegbar, um so beherrschender ein direkter provenzalischer Einfluß; Nachwirkungen sind bei Walther und im späteren 13. Jahrhundert manche vorhanden, aber mehr in Einzelheiten als im Gesamtstil.

Hoher Minnesang sind auch Morungens Lieder im vollsten Sinn, doch tritt die ideologische und ethische Motivation zugunsten rein „ästhetischer" Fassung zurück: Minne ist Berücktsein durch die Schönheit der Herrin, Dienst ist Schauen, Verlorensein im Anblick dieser Schönheit. Aber gerade dieser völlig ins Schauen gesammelte, gebannte Blick entrückt, verwandelt und transzendiert die Frau vollends ins Unerreichbare – wieder eine Variante der Paradoxie der Minne. Schon die neuartige Faszination durch den roten Mund, die lichten

oder spielenden Augen, die weiße Kehle wirkt isolierend
und symbolisierend. Ganz entrückt wird das „Wunder"
der Angebeteten durch die für Morungen bezeichnenden
Gestirnsvergleiche: Sonne, Mond, lichter Morgenstern,
durch Wolken leuchtend, darüber hinaus überhaupt der
„schîn", das zauberhafte, strahlende Leuchten ihrer
Augen, ihrer Gestalt, zugleich als ein Leuchten im Innern
des Herzens erfahren. Die dem Minnedienst widersprechende sinnenhafte Gattung des Tagelieds wird unerhört
verwandelt: Morungen gibt es (143,22) als Wechsel, verlegt also die Situation in die Erinnerung der Getrennten
und läßt um so kühner – zum erstenmal – den „lîp" der
Geliebten aufleuchten: „wîzer danne ein snê" und wie der
Schein des hellen Mondes – kühl und geisterhaft entfernt.
So nimmt die Minne des einsamen, vergeblichen Sängers
visionäre Züge an, und diese wieder können zwanghaft-
dämonisch werden. Als „Vênus hêre", als Elbenfrau,
deren Liebe nach drei Nächten tötet, wird die Geliebte
angesprochen. In einem durch seine Bildverschiebung
noch immer etwas rätselhaften Gedicht (145,1) erscheint
der „wân" der Minne als Traumvision der Geliebten, doch
wird das Bild dann hinüberverwandelt ins Gleichnis vom
Kind, das sich im Spiegel erblickt und diesen zerbricht,
wie es sich greifen will; und schließlich ist beides auf den
Narziß-Mythus bezogen:

> sam ein kint, daz wîsheit unversunnen
> sînen schaten ersach in einem brunnen
> und den minnen muose unz an sînen tôt.
>
> (145,17)

(wie jenes Kind, das, noch nicht klug geworden, / seinen
Abglanz in einer Quelle sah / und ihn lieben mußte bis zu seinem
Tod.)

Hier wird – nach anonymem provenzalischen Vorbild,
auch nach Bernart von Ventadorn – eine Grundfigur der
höfischen Minne sichtbar: Die Geliebte wird zum Spiegel

(insbesondere auch mit ihren Augen), die Liebe zur
Selbstreflexion; das kann die irrige, tödliche Verherrlichung des Liebenden in sich selbst sein, aber auch der
Weg der gefährlichen Bewußtwerdung, der Selbstsuche
und Selbstentdeckung, nicht anders als in den höfischen
Romanen. In der Lyrik Morungens nimmt dieses Nar-
ziß-Motiv einen besondern, extremen Sinn an: Es deutet
auf eine Dichtung, die nichts anderes zu ihrer Begründung hat als sich selbst.

Wie bei Reinmar ist vom Widersinn eines von der
Dame (oder der Gesellschaft) geforderten freudigen Singens aus der Trauer oder von einem Singen gegen das
Gebot der Dame die Rede. Des Sängers Beruf ist, zu
singen – im äußerlich-konkreten Sinn seines höfischen
Auftrags und doch zugleich als letzte Selbstbegründung:
„wan ich durch sanc bin zer werlde geborn" (denn ich
bin um der Kunst willen geboren, 133,13). So findet auch
das alte platonische Motiv des Schwanengesangs bei
Morungen seine Überhöhung: man wird den unglücklichen Dichter noch um sein Leid beneiden (138,17).

Die ästhetische Wendung dieser Minnekunst, ihre
Nähe zu antikischen Bildern, ihr Spielen mit der Motivik
der Dämonie oder der Mystik, der Ausweg der tödlichen
Liebe in die Absolutheit der Kunst – all das scheint
Morungen dem etwas jüngeren Gottfried von Straßburg
anzunähern. Doch sind die Unterschiede wesentlich.
Morungens Minne bleibt Dienst, bleibt Anschauung,
und gerade die auch bei Morungen starke religiöse Stili-
sierung hält eine echte Transzendenz offen. Das in dieser
Hinsicht entscheidende Gedicht 147,1 spricht zwar die
Geliebte als süße Mörderin an und scheint mit dem
Gedanken mystischen Liebestods zu spielen, aber es
vollzieht den Übergang und droht, in unerhörter
Mischung des Sublimen mit dem Galanten, mit seiner
unsterblichen Seele auch im Jenseits der Seele der Dame
zu dienen. Da wird die Frau zur Seelenführerin, jeder

Zwiespalt zwischen himmlischer und irdischer Liebe wird vor dem „reinen wîbe" wesenlos. So sind auch die zahlreichen andern religiösen Wendungen – das Brennen der Liebe wie Höllenbrand, die mystische Empfängnis der Geliebten im Herzen, Minnedienst als Gottesdienst, das Vokabular von Sünde und Gnade – vielleicht kühn, aber ohne blasphemische Widerhaken. Auch Morungen ist ein eminenter Formkünstler wie Gottfried, doch ohne die Gefahr eines geschliffenen Kunstgewerbes. Seine erstaunliche Formenphantasie, die Durchbildung des Liedes, der Strophe, der Zeile durch eine unwahrscheinliche Kunst des Reims, der Vorklänge und innern Echos, der Responsionen und Gegensätze, ist niemals nur dekorativ, sondern stets geistvoll, seelenhaft bewegt in einer souveränen Rhythmik. Und es fehlt bei aller Pracht und allem Pathos der Bilder nicht die leise Reservatio des Scherzhaften, des Spiels, eben der Kunst.

Noch bleibt unter den „Klassikern" des Lieds W o l f - r a m zu erwähnen. Von den 8 überlieferten Liedern, zweifellos Resten eines größern Bestandes, haben die meisten nicht ihresgleichen an Kraft der Rhythmik und der Bilder, die kühn bis zum Heftigen und Gewalttätigen sein kann und jedenfalls den Lyriker Wolfram dem Erzähler als ebenbürtig erweist. Von den drei Werbeliedern scheinen eins oder zwei mit Reminiszenzen aus Reinmar und Walther parodistisch zu spielen (W. 6, W. 7). Das hindert nicht die hinreißende Nachbildung von Frühling und Liebe in einer bewegten Überblendung von Vergleich und Verglichenem:

> vogel die hellen und die besten
> al des meigen zît si wegent mit gesange ir kint.
> dô slief niht diu nahtegal . . .

(Die Vögel, die hellen und die besten, / wiegen die ganze Maienzeit hindurch im Lied ihre Kinder. / Damals schlief die Nachtigall nicht...)

(wogegen sie jetzt, nach der Höhe des Sommers, in Herbst und Winter, schweigt; gemeint sind wohl die konventionellen Minnesänger, eventuell Walther). Dagegen soll die freie Kunst des Dichters Wolfram nicht bloß von der Jahreszeit abhängen:

> Nû wache aber ich und singe ûf berge und in dem tal.

(Doch nun bin ich wach und singe in Berg und Tal.)

Wolframs Ruhm aber sind seine fünf Tagelieder. Diese Gattung erscheint vor Wolfram nur in den – rückblickend gesehen – atypischen Beispielen von Morungen und Dietmar; sie wird hier, für uns zum ersten Mal, in ihrer hochartistischen Form sichtbar: mit dem Liebespaar in letzter Umarmung, mit dem Abschiedsgespräch und mit dem dritten Spieler, dem Wächter, der den Tag verkündet oder zum Aufbruch mahnt und völlig unwirklich vom Turm der Burg herab mit dem heimlichen Paar in der Kammer lyrische Reden führt. Dieser die Erzählung und den Dialog mischende Typ ist hier zur verpflichtenden Konvention geronnen, als fremdartiger Einschluß in der normalen Dienstlyrik, als Vorwegnahme von deren imaginiertem Ziel. Was vorher lag – einfachere, „volkstümliche" Formen, mit dem weckenden Vogel anstelle des Wächters? –, ist unbekannt (vgl. S. 339).

Wolframs energischer Zugriff verrät sich etwa in der halb großartig mythisierenden, halb artistischen Schilderung des einbrechenden Morgens mit ihrer intensiven lautlich-rhythmischen Ausprägung:

> Sîne klâwen   durch die wolken sint geslagen,
> er stîget ûf mit grôzer kraft,
> ich sich in grâwen   tegelîch, als er wil tagen,
> den tac ...   (W. 3)

(Seine Klauen haben durch die Wolken geschlagen, / er steigt auf mit großer Macht, / ich seh ihn hell werden, tagleich, wie er tagen will, / den Tag ...)

Die Bedrängnis der Abschiedssituation ist expressiv
gesteigert in der Simultanführung der Verläufe des
andringenden Morgens, der Wächtermahnung, der
Abschiedsumarmung oder im raschen Wechsel der Perspektive zwischen Bericht, Warnung, Klage, Dialog der
Beteiligten; die Kühnheit der erotischen Bilder und der
rhythmisch-musikalischen Linie tragen das Ihre dazu
bei. Daß die Tagelieder zusammen einen Zyklus, eine
„Vortragsfolge" bilden, ist auf verschiedene Weise
behauptet worden. Doch bleibt dies hier erst recht Spekulation über eine an sich schon vage Größe. Unter den
Variationen des Tagelieds fehlt allerdings nicht eine
Pointe, in der Wolfram nicht nur einen Liedzyklus,
sondern eine ganze Gattungstradition abzuschließen
scheint: Das Lied W. 5 ist nur noch die Rede des Dichters zum Wächter, dieser möge mit seiner Klage schweigen; denn die wahre Minne sei nicht die „verhohlene"
des Tageliedes, sondern die unverborgene Liebe zwischen Ehegatten – zum „offen süeze wirtes wîp". Mag
dies auch zunächst mehr eine geistvolle Variante des
Themas als eine endgültige Palinodie sein, der Zusammenhang mit dem Ehepreis der großen Romane ist
unübersehbar, und für Wolfram bleibt der Gedanke
verbindlich. Rückblickend gesehen, ist die Folge der
Tagelieder bestimmt durch eine Problematisierung der
Wächterfigur und schließlich eine Absage an die Tage-
lied-Situation (Wapnewski).

VII. WALTHER VON DER VOGELWEIDE

1. Die Person

Nicht nur für Deutschland bringt W a l t h e r die Vollendung hochmittelalterlicher Lyrik in der Volkssprache, eine Vollendung freilich, die zugleich eine Überwindung und Weitung bedeutet und so, vor allem im Spätwerk, auch den Herbst des Minnesangs einleitet. Walthers Größe beruht nicht nur auf seinem künstlerischen Rang oder auf dem Einfluß und der repräsentativen Bedeutung, die er als Anwalt des staufischen Kaisertums unstreitig besaß. Sie liegt, literarhistorisch gesehen, vor allem in der Zusammenfassung und Integration der verschiedenen Traditionen zu einem neuen, persönlich verantworteten Ganzen: Minnelied und Fahrendenspruch, ritterliche und vagantische Kunst, Höfisches und Volksmäßiges, geistliche und weltliche Formen sind spannungsreich vereint im Œuvre eines von neuartigem Selbstbewußtsein geprägten Mannes. Gesellschaftliche Standesdichtung und fahrendes Berufsdichtertum befreien sich gegenseitig – so müssen wir es wenigstens heute sehen – zur Dichtung als dem Organ eines vollen Menschenlebens. So sehr sich Walther im Dienste der höfischen Gesellschaft und der politischen Ordnung fühlt und seinen Auftrag mehr darin sieht, Freude, Ehre und höfische Zucht zu verbreiten als irgendein absolutes Künstlertum zu verwirklichen, so hat sein Werk in der erstaunlichen Fülle seiner Formen und Anliegen doch eine neue, bewegte Folgerichtigkeit, eine spannende Geschichte; diese läßt sich darstellen als Auseinandersetzung zwischen den von ihm übernommenen und zusammengefaßten Erbschaften.

Jenes Selbstbewußtsein ist mehr als ein zufälliger Charakterzug. Es ist die Bekundung einer Persönlichkeit, die

in den verschiedenen Rollen, durch die „personae" der
verschiedenen Dichtungsformen hindurch sich findet
und bestätigt. Zeichen dieser Dissoziation und Integration ist ähnlich wie bei Wolfram ein aktives Vermögen
von Humor oder Ironie, eine Fähigkeit der Distanzierung und Selbstdistanzierung, der sich fortschreitend
neue Horizonte öffnen und die den Weg zum Selbst
ermöglicht. Kein Autor des deutschen Mittelalters
scheint uns so rund und vertraut zu sein wie Walther –
und das hat denn auch vor allem im 19. Jahrhundert zu
den gefährlichsten Anbiederungen verlockt. Dennoch
bleibt hier manches rätselhaft: die Existenz eines Dichters, der so großgesinnt auftritt und doch in seinen
Kampfstrophen oder den – wenn auch noch so geistvollen – Bettelsprüchen seine Würde zu verlieren scheint;
auch die Mischung von Virtuosentum und Bekenntnis-
charakter seiner Verse kann oft genug befremden, Gat-
tungszwang und Persönliches scheinen sich zu widersprechen.

  Weder Heimat noch Stand Walthers sind beglaubigt.
Welcher der verschiedenen Vogelweiderhöfe in Franken,
Frankfurt, Österreich, Südtirol, ja selbst der Schweiz in
Anspruch zu nehmen ist, steht dahin; der Name – Familienname, Herkunftsbezeichnung, Fahrendenname? – ist
undurchsichtig; nicht einmal die Ritterbürtigkeit des
zwischen höfischem Minnedienst und Fahrendendich-
tung schwankenden Sängers ist gesichert; bei aller leidenschaftlichen Berufung auf den Geist höfischen Rittertums fehlt, ganz anders als bei Wolfram, ein Bekenntnis
zu den kriegerischen Tugenden des „schildes ambet".
Die Zeit der Geburt kann auf ungefähr 1170 errechnet
werden. Sicher ist nur, daß Walther in Österreich „singen unde sagen" gelernt hat, am Wiener Hof, und daß
ihm lebenslang als höchste und eigentlichste seiner Aufgaben der höfische Minnesang gegolten hat. Das Jahr
1198 setzt einer ersten Periode ein Ende: Nach dem Tod

des Gönners, Herzog Friedrichs von Österreich, beginnt
ein „Wanderleben"; es bedeutet wohl unmittelbar die
Aufnahme der Spruchdichtung – unmittelbar im Dienste
der Krone! – und eine Erweiterung der Minnelyrik um
neue Dimensionen, zumal – seit 1203 – wiederholte
Aufenthalte am österreichischen Hof anzusetzen sind.
Am Tag nach St. Martin 1203 erhielt der „Cantor Wal-
therus de Vogelweide" vom Bischof von Passau, Wolfger
von Erla, „5 Solidi Longi" für einen Pelzrock – eine
ehrenvolle Gabe. (Es ist das einzige urkundliche Zeugnis
über den Dichter.) Ein entscheidendes Datum ist 1220 –
die endlich erfolgte Schenkung eines „Lehens" (Zinsgu-
tes), wohl in Würzburg, durch Friedrich II. und damit
wohl auch der Übergang zu einer religiös bestimmten
Altersdichtung. Gegen 1230 muß Walther gestorben sein
(„uns ist unsers sanges meister an die vart / den man ê von
der Vogelweide nande", singt um diese Zeit Ulrich von
Singenberg). Sein Werk gliedert sich zwanglos in die
beiden Bereiche der Minne- und Spruchdichtung; gattungsmäßig dazwischen steht die späte Lyrik; nur
erwähnt sei hier der isoliert stehende religiöse Leich, den
man in die mittlere Zeit setzt.

2. Die Minnelieder

Walthers Frühzeit steht im Zeichen der klagenden Min-
nereflexion Reinmars. Man weist ihr einige Lieder zu,
die diesen Stil sorgfältig-konventionell, mit einfachen,
etwas kurzatmigen Formen variieren, darunter eines
oder zwei Botenlieder. Sehr früh aber mischen sich
offenbar kräftigere Töne ein, so etwa das Freudenlied
109,1, mit Morungenschen Motiven und Lautspielen,
oder der die Dame durch deren angebliches Geständnis
provozierende Wechsel 119,17. Zugleich hebt, spätestens
mit einer eigentlichen Reinmar-Parodie in Strophenform
und Motivaufnahme (111,23), die berühmte Fehde an;

vielleicht ist es Reinmar gewesen, der sie eröffnet hat.
Walther aber schaltet sich jedenfalls, scherzhaft oder
schnöde, offensiv in den „Zyklus" Reinmars ein und
sucht in Zusammenspiel oder Konkurrenz eine neue
Position zu gewinnen. Gegen das reflektierende Dienst-
lied und seine enge, sterile Gesellschaftlichkeit wird ein
neuer Minnebegriff immer deutlicher ins Feld geführt:
eine Minne der Gegenseitigkeit, des Spontanen, des Herzens, der natürlichen Freude an der verehrten und geliebten Frau – dies freilich auch jetzt keineswegs privat
gemeint, sondern als Prinzip eines ins Freie und Menschliche erweiterten höfischen Lebens.

Man schreibt den Durchbruch dazu der 1198 beginnenden Wanderschaft und damit der Begegnung mit
anderm Publikum, andern Traditionen zu. Eine konsequente Linie der Entwicklung wird man allerdings kaum
ins einzelne zeichnen können, da je nach den verschiedenen Gelegenheiten verschiedene Stile nebeneinander
denkbar sind. So spinnt sich die Reinmar-Fehde in weiteren Liedgruppen fort. Sie bleibt zunächst der Suche des
idealen Frauenpreises gewidmet, d. h. auch konkret: des
angemessensten, grundsätzlichsten Preisliedes, und dafür
bleibt der Wiener Hof, an welchen Walther mehrfach,
zunächst 1203, zurückgekehrt ist, der eigentliche Ort.
Wenn schon Reinmar sich durchfindet zum Lobpreis des
„reinen Namens" wîp, so feiert nun Walther im sogenannten Preislied aus der Situation des von weiten Reisen
zwischen Rhein, Elbe und Ungarn zurückgekehrten Sängers triumphierend das Glück in der höfischen Gesellschaft der Heimat:

> tugent und reine minne,
> swer die suochen wil,
> der sol komen in unser lant: da ist wünne vil:
> lange müeze ich lebe dar inne!

(56,14)

(Wer Adel und reine Minne / finden will, / der komme in unser Land: da ist Herrlichkeit: / lange möge ich darin leben!)

Man darf vielleicht einen leisen humoristisch-ironischen Ton im Lob der „tiuschen man" und der engelgleichen deutschen wîp nicht ganz übersehen, zumal von der Geleitstrophe her; auch ist das Gedicht wohl eine Antwort auf ein entsprechendes Nationallob der Provence durch Peire Vidal, und es wirbt um Gunst und Lohn des Hofes – dennoch bezeichnet es den klassischen Moment des reinen Hochgefühls der Minne, der Minnegesellschaft an heimatlichen Höfen.

Anderseits sucht die Kritik am konventionellen Minnebegriff in der Reinmar-Fehde neue Auswege. Es scheint, daß eine dritte Phase der Fehde mit einem gewissen Knalleffekt ihr Ende fand, nämlich mit dem „sumerlaten"-Lied (72,31), wo Walthers Frauenpreis in ungeduldigen Hohn umschlägt. „Stirbet si, sô bin ich tôt", hatte Reinmar gesungen (158,28); Walther aber dreht es um: „stirb ab ich, sô ist si tôt (73,16) – der Künstler ist es genau besehen, welcher der Dame und erst der höfischen Gesellschaft erst zu ihrer Schönheit und Ehre verhilft; und in kühnem Fauxpas zieht Walther – unter Benützung von Motiven Reinmars wie Morungens – die Konsequenz: Die Dame wird während dieses vergeblichen Dienstes keineswegs jünger, und dem Nachfolger des Dichters wird es dann angezeigt sein, ihrer „alten hût" mit „sumerlaten", kräftigen jungen Ruten, zu Leibe zu rücken. Frauenpreis wird zur Schmähung: damit wurden wohl die Spielregeln und Fiktionen des Dienstes allzu gröblich verletzt.

Daß, vielleicht schon früh (v. Kraus), der „hôhe sanc" auch rein ästhetisch-erotische Formen annehmen kann, belegt ein Lied auf das „wunderwol gemachet wîp" (53,25), das vom Vorbild des Mittellateins bzw. Morungens bestimmt ist. Die Deskription der Frauengestalt als eines strahlenden Bildwerks des göttlichen Schöpfers steigert sich zu einer Vision der reinen Nacktheit – in anderm Sinne wieder ein klassischer Moment.

Wichtiger ist, wie die Weitung des höfischen Horizonts irgendwann einmal zwischen 1198 und 1205 oder gar erst später den konventionellen Gegenstand des lyrischen Dienstes umprägt und ersetzt. Wenn schon der Begriff „wîp" über den der „frouwe" erhöht wird, so kann das zunächst negativ heißen:

> ich wil mîn lop kêren
> an wîp die kunnen danken:
> waz hân ich von den überhêren?
>
> (49,22)

(Ich will mein Loblied / an Frauen wenden, die zu danken wissen. / Was habe ich von den Übernobeln?)

In positiver Wendung kann das bedeuten, daß das Ewigweibliche nicht mehr im Idol der Herrin, sondern im geliebten und liebenden Mädchen gefeiert werden kann. Anstelle eines auf „guot" und „schoene" gerichteten Dienstes äußerer Art tritt das Verhältnis der „herzeliebe"; die Verehrung der unerreichbaren Dame weicht der gegenseitigen, vielleicht sogar „niederen", glücklichherzlichen Mädchenliebe. Die naturgemäß nicht genau zu umgrenzende, nicht sehr große Zahl der sogenannten Mädchenlieder bleibt Walthers erstaunlichster Beitrag zur Minnelyrik, nicht denkbar ohne die – teilweise nachweisbaren – vagantischen Vorbilder, vielleicht auch „volkstümlicher", ständisch nicht akzentuierter Liebesdichtung, aber eben durchaus als Eroberung höfischer Kunst, von welcher ebenso kühn wie taktvoll jene Motivik anverwandelt wird. Unnachahmlich verbindet sich ein schlichtes Bekenntnis zum „herzelieben frowelîn" („kleine Herrin", d. h. wohl niederen Standes) in seinen einfachen Viererzeilen, die doch mit einem so inständigen Achttakter schließen:

Herzeliebez frowelîn,
got gebe dir hiute und iemer guot.
kund ich baz gedenken dîn (könnte ich dir Besseres
wünschen),
des hete ich willeclîchen muot.
waz mac ich dir sagen mê,
wan daz dir nieman holder ist? owê, dâ von ist mir vil wê.

(49,25)

mit einer ausgewachsenen Theorie der neuen Konzeption: Es geht nicht um Minne nach Besitz und Schönheit,
sondern um „liebe" (Glück), die allein die Geliebte schön
machen kann, um „triuwe" und „staetekeit" als Tugenden einer solchen Liebe, der ein einfacher Glasring kostbarer ist als königliches Gold und die daher über den
Vorwurf, ihr Lied „ze nider" (oder: „sô nider") zu
richten, erhaben ist. Eine Reihe von Liedern umspielt das
Thema innig oder scherzhaft mit den Motiven idyllischer
Frühlings- und Sommernatur, wie sie vorzugsweise zum
mittellateinischen Liebesgedicht gehören. Im Genre
objectif pasturellenhafter Szenerie kommt diese Mäd-
chenlyrik zur abgelöstesten, zauberhaftesten Gestalt.
„Under der linden" (39,11) nimmt frühe, vielleicht vor-
ritterliche (Dietmar 34,3) und zugleich vagantische Töne
auf, indem es das beglückte Mädchen selber sprechen
läßt, in unvergleichlich schwebendem Verhüllen und
Andeuten, ergriffen, jubelnd, schamhaft und neckisch
zugleich, wobei der Naturlaut des Vogelrufs – tandaradei
– in der Mädchenrede selber als Refrain wiederkehrt. In
welchem Maß ein solches Gedicht „nur" Poesie, hochar-
tifiziell ist, kommt kaum zu Bewußtsein. Das vergleichbare Pendant ist 74,20: Hier ist die Szene völlig entrückt,
als Traumerfahrung des Dichters erzählt und in ein länd-
liches Tanzlied verwoben. Nur rollenhaft, spielerisch,
traumhaft, wenn man will: rein literarisch vollzieht sich
solche Überwindung der Dienstideologie. Wie differenziert, wie zart diese Verwendung des pastoralen Motivs

erfolgt, zeigt schon ein Blick auf Neidhart, der nur wenige Jahre später mit seiner grell-parodistischen Kunst die höfische Minne heillos kompromittiert.

Die Mädchenlieder bleiben wohl ein Zwischenspiel, das weder die vorangehende höfische Lyrik ein für allemal überwinden sollte, noch auch vom Dichter programmatisch in einer „Wendung zu neuer hoher Minne" überwunden werden mußte. Walthers pointierte Unterscheidung von niederer, hoher und ebener Minne (46,32) mit ihrer scheinbaren Selbstanklage „ich was vil nâch ze nidere tôt" (47,2) und ihrem Ruf nach mâze darf nicht dazu verführen, solche Phasen säuberlich zu scheiden. Dennoch bleibt natürlich das letzte Wort Walthers eine Liebe, in welcher die hohe Idee der Minne und des reinen Namens der Frau weder ins unwahr Verstiegene noch ins genrehaft Anspruchslose entartet, wo vielmehr „friundîn unde frowe in *einer* waete" erscheinen (63,20), wo im Antlitz der Geliebten die spirituellen Züge, die Verkörperung höfischer, menschlicher Ideale deutlicher hervortreten und wo auch in Klage und selbstironischem Scherz der alternde Dichter den allegorischen Charakter seines Minne- und Hofdienstes unverhüllter zum Ausdruck bringt. Noch übt er, auch spät, klassischen Minnesang, nun freilich detachiert, virtuos und selbstbewußt, so wenn er in 74,10 im Kreis seiner „hêrren unde friunt" den eigenen Namen samt dem seiner Geliebten in der heroischen Sphäre spiegelt, in der gleichsam mutwilligen Coda der letzten Strophe:

Hêrren unde friunt, nû helfent an der zît:
daz ist ein ende, ez ist alsô:
in behabe mînen minneclîchen strît,
ja enwirde ich niemer rehte frô:
mînes herzen tiefiu wunde
diu muoz iemer offen stên, si enküsse mich mit friundes munde.
mînes herzen tiefiu wunde
diu muoz iemer offen stên, sie enheiles ûf und ûz von grunde.

mînes herzen tiefiu wunde,
diu muoz iemer offen stên, sin werde heil von Hiltegunde.

(Herren, Freunde, helft, solange es Zeit ist. / Es ist und bleibt
so: / wenn ich meinen Liebesstreit nicht gewinne, / werde ich nie
mehr recht fröhlich. / Meines Herzens tiefe Wunde, / die muß
immer offen stehn, küßt sie mich nicht mit liebendem Mund. /
Meines Herzens tiefe Wunde, / die muß immer offen stehn, heilt
sie sie nicht von Grund auf. / Meines Herzens tiefe Wunde, / die
muß immer offen stehn, sie werde denn geheilt von Hiltgunt.)

Aber zugleich wird deutlich, daß die Frau die ganze
höfische Welt verkörpert, die immer wieder zur Ordnung gerufen und ermahnt, deren Niedergang mit immer
neuen Wendungen beklagt wird. Noch wird sie ängst-
lich-inständig um freundlichen Gruß, Treue und Lohn
gebeten (59,37), doch kündigen sich hier schon, wohl
noch in der hohen Zeit Walthers, dicht unter der Oberfläche, mögliche religiöse Konsequenzen an.

3. Spruchlieder

Walthers souveränes Spiel mit den strengen Minnekon-
ventionen ist kaum denkbar ohne die gleichzeitige Weitung und Befreiung, zu welcher er als Fahrender gelangt.
Eine Befreiung nach unten zunächst, sofern er in eine
altertümlichere, unhöfische Tradition eintritt, die Kunst
unverhüllt muß um Brot gehen lassen. Aber er nützt in
unerhörter Weise die Chancen; aus der exklusiven
Gesellschaft wird aktuelle Öffentlichkeit, der Dienst
betrifft nun „Reich und Krone", die Liedkunst wird
politisch. Diese Funktion des Spruchdichters ist neu in
der Volkssprache; als politischer Dichter im Sinn des
Stauferreiches übernimmt Walther ein Amt, das eine
Generation früher, unter Barbarossa, der Archipoeta
lateinisch ausgeübt hatte. Die Nähe lateinischer Tradition zeigt sich ja auch hier weniger in der Ritterdichtung
als in der „volkstümlichen" Kunst des Fahrenden. Ver-

wirrend bleibt, wie sich traditonelle Aufgaben und Formen der Spruchdichtung mit den neuen, kühnen Möglichkeiten verbinden. „Gehren" (d. h. Betteln in kunstvoll verhüllter oder pointierter Form), Lobpreis des milden Gönners, moralische und religiöse Paränese, Invektive gegen private oder politische Gegner verbinden sich
mit großgedachter Programmatik und Weltdeutung und
führen immer wieder zu zweckfreiem, persönlichstem
Ausdruck.

Die Abgrenzung der erst modern unterschiedenen
Spruchdichtung gegen das Minnelied wird damit erst
recht schwierig. Entbehrlich ist sie deswegen nicht, trotz
Friedrich Maurers Versuch, die formgleichen Strophen
zu geschlossenen Kompositionen zu verketten und nur
mehr von politischen Liedern zu reden. Es handelt sich
um etwa 16 verschiedene, meist anspruchsvoll gebaute
Strophenformen, zu denen je 1 bis 18 Strophen (18:
„Unmutston") gehören bzw. erhalten sind. Diese Strophenreihen übersteigen an sich schon die Länge eines
normalen Liedes, und sie sind inhaltlich meist recht
disparat. Anderseits gibt es deutliche Fälle inhaltlicher
Zusammengehörigkeit und durchgehender Gedankenfolge, vor allem aber auch Gruppenbildung durch formale Mittel (Leitwörter, Reime usw.). Mehrfach ist
nachweisbar, daß Strophen gleicher Form mit zeitlichem
Abstand mehrerer Jahre entstanden, aber dennoch unter
Umständen zu einem Gruppenganzen komponiert sind
(Reichssprüche). Im Gegensatz zum unwiederholbaren
Minnelied-Ton ist also der Spruchton wiederholbar, ja
offenbar ein Autorsignum, das ja wohl gerade bei tendenziöser Dichtung dieser Art wichtig ist. Im übrigen
aber dürften alle Möglichkeiten nebeneinanderstehen:
einstrophiges Lied, Kette oder Zyklus, wechselnde Ad-
hoc-Komposition. Was zu Herger gesagt wurde, gilt also
wohl im großen ganzen auch für Walther.

Erstaunlich, mit welcher Grundsätzlichkeit und gro-

ßen Gebärde diese politische Dichtung (für uns) einsetzt:
Die drei Reichssprüche (Metrum: je 100 Takte), 1198
(Str. 2 und wohl auch 1) und 1201 (Str. 3) entstanden,
entwerfen aus der fast rituellen Haltung des Denkers
oder Propheten („Ich saz ûf eime steine") ein Bild der
gestörten Menschenordnung; aus der moralischen Forderung, das Streben nach Gut, Ehre und Gottes Huld in
Einklang zu bringen, und dem Gegensatz der fried- und
rechtlosen Menschenwelt zur kosmischen Ordnung des
Naturreichs folgt der Appell an Philipp von Schwaben,
die Krone zu ergreifen und die allzu mächtigen Fürsten
einerseits, die armen künege anderseits hinter sich zu
lassen; die spätere 3. Strophe wendet sich gegen das
Verderben der Kirche, in den Wehruf eines visionären
Klausners mündend. So tritt Walther, im Sommer 1198,
im Thronstreit zwischen Philipp von Schwaben und
Otto IV. auf die Seite des jungen Staufers und wendet
sich, 1201, gegen Innozenz III., wie dieser Otto aner-
kennt. Schon damals oder bald darauf kann Walther, im
Rückblick auf eine traurige Zwischenzeit nach dem Weg-
gang von Wien, triumphieren:

> Ich bin wol ze fiure (Herdfeuer) komen.
> mich hât daz rîche und ouch diu krône an sich genomen.

In zwei Strophen des „ersten Philippstons" feiert er
unvergleichlich Glanz und Würde des Gekrönten (18,29)
und – an Weihnachten 1199 – den Magdeburger Aufzug
des Königs vor seiner byzantinischen Gattin und dem
Geleit der Fürsten; das Weihnachtsfest in der Stadt der
Jungfrau (Magdeburg) gibt die Beziehung auf den Besuch
der wîsen – der Heiligen Drei Könige – beim Herrn der
Welt; die Dreieinigkeit von Kaiser, Kaisersbruder und
Kaiserssohn und die mariologischen Epitheta der Kaiserin Maria bedeuten höchste symbolische Beglaubigung.
Die dichte, strahlende, rhythmisch feierliche Strophe –
zweiteilig: je zweimal eine gedoppelte Terzinengruppe –

gibt einen Begriff von den Möglichkeiten der neuen
Kunst Walthers:

> Ez gienc, eins tages als unser hêrre wart geborn
> von einer maget dier im ze muoter hât erkorn,
> ze Megdeburc der künec Philippes schône.
> dâ gienc eins keisers bruoder und eins keisers kint
> in einer wât, swie doch die namen drîge sint:
> er truoc des rîches zepter und die krône.
> er trat vil lise, im was niht gâch:
> im sleich ein hôchgeborniu küneginne nâch,
> rôs âne dorn, ein tûbe sunder gallen.
> diu zuht was niender anderswâ:
> die Düringe und die Sahsen dienten alsô dâ,
> daz ez den wîsen muoste wol gevallen.

> (19,5)

(Es schritt am Tag, da unser Herr geboren ward / von einer
Jungfrau, die er sich zur Mutter erkoren, / zu Magdeburg König
Philippus herrlich. / Da schritt ein Kaiserbruder und ein Kaiser-
sohn / im selben Kleid, obwohl es drei Personen sind. / Er trug
des Reiches Zepter und die Krone. / Er trat gemessen auf, er eilte
nicht: / ihm folgte eine hochgeborene Königin, / eine Rose ohne
Dorn, eine Taube sonder Falsch. / So edles Wesen gab es
nirgends sonst: / die Thüringer und Sachsen leisteten so den
Dienst, / daß es den drei Weisen wohl gefallen hätte.)

Hart steht dagegen eine recht unverfrorene Mahnung
zur milte – ausgerechnet Saladin und Richard Löwenherz, Erbfeinde sozusagen, werden als Vorbild empfohlen (19,17), und in einem „zweiten Philippston" von
etwa 1207 wandelt Walther mit blutigem Hohn und
drohend das Thema vom versäbelten Spießbraten ab
(17,11). Bald darauf wurde Philipp ermordet. Otto IV.,
der in der Folge allgemein anerkannt wurde, wird nun
von Walther in drei Strophen feierlich als Herr des
Reiches angesprochen; der Dichter führt sich dabei kühn
als Künder göttlicher Botschaft (frônebote) ein, verrät
aber zugleich den Namen seines irdischen Auftraggebers,

des Markgrafen von Meißen. Drei weitere Strophen dieses Ottentons richten sich gegen den Papst, der im Jahre 1210 Otto gebannt hatte. Wahrscheinlich erfolgt diese Huldigung an Otto auf dem Hoftag vom März 1212. Schon im folgenden Jahr, vielleicht auch erst später, vollzieht Walther den Übergang zu Friedrich II., der im Herbst 1212 nach Deutschland gekommen und im Dezember gekrönt worden war. Einige Sprüche eines neuen „König-Friedrichs-Tons" formulieren, teils in entwaffnendem Geständnis der eigenen moralischen Schwäche (26,3), teils mit aggressivem Hohn über des (körperlich) langen Otto kurzgeratene Milde den neuen Frontwechsel. Für eine moralische Bewertung dieses Verhaltens weiß man zu wenig von der politischen Konstellation, weiß man nicht, wieweit es dem Dichter mehr um das Reich als um die jeweilige Person des Kaisers ging; und das oft peinliche Gehren erscheint verständlicher, soweit die unablässig beschworene milte eine Herrentugend darstellt, die unabdingbar zum Feudalsystem gehört, wenn dieses funktionieren soll.

In diese Jahre fallen auch die nun maßlos werdenden antipäpstlichen Sprüche des „Unmutstons" (33,1–34,33): gegen die Simonie des vom Teufel zauberisch beratenen Papstes, gegen den neuen Judas, die päpstlichen Opferstöcke, die das deutsche Silber in den welschen Schrein der römischen Prasser leiten, gegen die Pfaffen als Irrlehrer – alles im Namen der armen deutschen Laien und ihres von Zerstörung bedrohten Reiches. Es sind vor allem diese Strophen, die Walther vor dem Hintergrund des deutschen Kulturkampfes im 19. Jahrhundert zum nationalen Heros werden ließen. Immerhin kommt in diesem – wie immer veranlaßten – Kampf gegen die römische Kurie primär oder sekundär ein Frömmigkeitsideal der Nachfolge Christi in Armut und Demut zur Geltung, eine Laienfrömmigkeit, wie sie sich vor allem auch in der visionären Gestalt des Klausners ausdrückt,

die in mancher Hinsicht an die Funktion Trevrizents in
Wolframs *Parzival* erinnern kann.

Walthers Dienst an Friedrichs Politik und seine geistvollen Bittsprüche, in denen er sich bezeichnenderweise
sehnsüchtig auf seinen Minnesang bezieht:

> Zâhiu wiech danne sunge von den vogellînen,
> von der heide und von den bluomen, als ich wîlent sanc!
>
> (28,1)

(Hei, wie ich dann von den Vögelchen sänge, / von der Heide
und von den Blumen wie einst!)

trugen ihm schließlich, 1220, als Friedrich Deutschland
verließ, den Lohn ein: das begeistert begrüßte „lêhen".
Die spätere Zeit zeigt Walther bei verschiedenen Gelegenheiten erneut an Friedrichs politischer Propaganda
beteiligt, vor allem im Zusammenhang mit den Auseinandersetzungen um den Kreuzzug und vermutlich mit
der Unbotmäßigkeit des jungen Heinrich (VII.) 1228
(Kaiser-Friedrichs-Ton, Engelbrechtston, Rügeton).

Neben und durch diese Spruchdichtung im Dienste
des Reichs schlingt sich eine Fülle von Spruchliedern, die
Walther in oft kritischen Beziehungen zu größeren und
kleineren Höfen zeigen, von Thüringen bis Wien, vom
Reichsverweser, dem Erzbischof Engelbrecht von Köln,
bis zum Patriarchen von Aquileia und dem Herzog
Bernhard von Kärnten. Auch hier mischen sich politische Belange mit weithin gattungsmäßig bestimmtem
Gehren, mit Lobpreis und Invektive; auch hier eine
bewundernswert breite Palette von geistreich verrätselten
Anspielungen, Niedertracht und Tiefsinn, Selbstironie,
Noblesse (Nachruf auf Reinmar 82,24!) und echtem
Pathos. Der Dichter der Reichssprüche ist sich auch
nicht zu gut zu giftigem persönlichem Kleinkrieg wie in
den Atze-Sprüchen, und es fehlt auch nicht die schlicht-
gebaute Strophe der allgemeinen Lebensweisheit, wie sie
zum hergebrachten Amt des Fahrenden gehört.

4. Religiöse Lieder

Walthers Spätdichtung entzieht sich teilweise der üblichen Unterscheidung von Minnelied und Spruch. Das beruht nicht so sehr auf der Fragwürdigkeit dieser Kategorien als auf der Reife eines persönlich gewordenen dichterischen Vermögens, das die Grenzen überspielt und kühn die verschiedenen Bereiche sich transzendieren und berühren läßt, vor allem auch: Geistliches und Weltliches neu in Beziehung setzt und als Ganzes zu verantworten sucht.

Schon in der Wortbedeutung von „welt" ist ein solcher Übergang angelegt. Wenn Walthers Minnedienst immer deutlicher seinen grundsätzlichen, im Grund metaphorischen Charakter hervortreten läßt – als Dienst an der idealen Gesellschaft und ihrer Wertordnung –, so wandelt sich diese Gesellschaft mit der laudatio temporis acti oder der Kritik überhaupt fast unversehens in die Frau Welt. Noch geht es (21,10; 59,37) um eine Rückkehr der „alten êre", aber schon wird auch der „Welt" mit dem Abschied gedroht, da sich der Verfall als ein grundsätzlicher zeigt; schon kommen eschatologische Töne herein (schon im Wiener Hofton): „wol ûf, hie ist ze vil gelegen" (21,25). Das steigert sich unnachahmlich zu dem zögernd-bedauernden und doch entschlossenen Abschiedsgespräch mit der Frau Welt (100,24) und kann wie in dem virtuos-melancholischen Reimspiel von 122,24 zur radikalen Weltabsage und Sündenklage werden:

> Ein meister las, troum unde spiegelglas,
> daz si zem winde bî der staete sîn gezalt.
> loup unde gras, daz ie mîn fröide was,
> swiech nû erwinde, iz dunket mich alsô gestalt;
> dar zuo die bluomen manicvalt,
> diu heide rôt, der grüene walt.
> der vogele sanc ein trûric ende hât.
> dar zuo der linde süeze und linde:
> sô wê dir, Werlt, wie dirz gebende stât!

(Ein Meister hat gesagt, daß Traum und Spiegelglas / dem Wind an Beständigkeit zu vergleichen seien. / Laub und Gras, die stets meine Freude waren, / wie immer ich mich ihnen zuwende, sie kommen mir ebenso vor. / Dazu die Blumen, die mannigfaltigen, / die rote Heide, der grüne Wald, / der Vogelgesang hat ein trauriges Ende, / dazu Süße und Zartheit der Linde. / Nun weh dir, Welt, wie dir dein Kopfputz steht! – Echtheit angefochten; Zl. 1 Beziehung auf Wolframs *Parzival*-Prolog?)

In großartiger Direktheit aber, mit persönlichster Weltklage und doch ohne Verrat an den alten Idealen, wendet sich der Dichter in den 5 Sprüchen (oder Liedstrophen) seines „Alterstons" an die höfische Welt (66,21): Vierzig Jahre oder mehr hat er der Gesellschaft von Minne gesungen und hat Anrecht auf ihre Huld, auf die ihm gemäße Würde. Doch durchschaut er zugleich der Welt Lohn und bereitet sich, von dem schönen Bilde (seinem Leib) Abschied zu nehmen, die irdische Minne mit der „staeten minne" zu vertauschen, dennoch in der Hoffnung, im Himmel den Lohn für seinen unverzagten irdischen Dienst zu empfangen. Was hier an Andeutungen und Zwischentönen, zugleich in souveräner Einfachheit, Kraft und schmerzlicher Ironie, selbstbewußt und doch illusionslos hingesagt ist, ist reifster Altersstil.

Auch von anderer Seite aus wird das geistliche Thema aufgenommen, nämlich vom Kreuzlied her, das ja seit Friedrich von Hausen den Übergang ins geistliche Lied vollzieht, nicht als Preisgabe, sondern Erfüllung der ritterlichen Idee. Der äußere Anlaß des – wohl fünften – Kreuzzugs ließ zwei Lieder von rein geistlichem Gepräge, nach dem Vorbild lateinischer Hymnen, entstehen; das einfach gebaute, dogmatisch-strenge und doch innige Palästinalied (14,38), aus der Rolle eines Pilgers oder Kreuzfahrers gesprochen, und das gebethaft-hymnische Gemeinschaftslied eines Kreuzheers (76,22) mit dem hinreißenden Rhythmus einer kunstvoll reimenden Strophe aus 20 Vierhebern (aaab, cccb, ddde, fffe, ggge). Dennoch bedeutet hier erst die sogenannte Elegie (124,1) aus dem Herbst 1227 die Erfüllung der Form, beispiellos in der verschwebenden Berührung der motivischen Sphären und der ritterlichen Kraft ihrer mächtigen Strophen aus 12 Nibelungenzeilen und dem „ouwê" des Refrains: Herbstklage des Minnelieds, Gesellschaftsrüge des seiner Welt fremd gewordenen Dichters, Ahnung der Endzeit durchdringen sich im Erlebnis des Aufwachens aus dem vergänglichen Traum schönen Lebens, in der elegischen Sehnsucht zurück und zugleich im tapferen Entschluß, den ritterlichen Weg der „lieben reise über sê" und zur ewigen Seligkeit zu wählen. Der eventuelle äußere Auftrag – Werbung für den Kreuzzug – ist hier derart aus der privat-menschlichen Erfahrung, aus dem Anliegen höfischer Zeitkritik und Weltklage (Herbst des Minnesangs, Herbst des Jahres, Herbst der Welt) abgeleitet, daß im Transparentwerden der Motive aufeinander die Ganzheit eines persönlichen und zeitgeschichtlichen Bewußtseins zum Ausdruck kommt. Walthers Kunst der Übergänge, der Mehrdeutigkeit erweist sich hier, in der elegischen Haltung, als ein Mittel der Integration eines menschlichen Selbst in Gesellschaft und Geschichte seiner Zeit. Auch wenn sich dieses Gedicht nicht als eines der letzten Zeugnisse Walthers neben 66,21 datieren ließe, wäre man überzeugt, hier die Summe eines Lebens zu vernehmen und das Ende einer hohen Zeit zu spüren. Walther bleibt damit, im schwebenden Ausgleich, der Klassiker, nachdem sich bereits andere, harmlosere oder ruchlosere, Entwicklungen des Minnesangs angebahnt haben: Neidhart, der Kreis der spätstaufischen Sänger.

1. „Nibelungenlied" und „Klage"

Die größte dichterische Überraschung der klassischen
Zeit ist das machtvolle Wiedererscheinen der heroischen
Dichtung, deren subliterarische Existenz seit dem *Hildebrandslied* nur erschlossen werden kann und die eigentlich, nach jahrhundertelanger Einübung in christliche,
historische, höfisch-romanhafte Formen, längst als überwunden erscheinen könnte. Ist diese „Wiedergeburt" –
die ja nun eine ganze Tradition heroischer, volksmäßiger
Epik einleitet – ein atavistischer Rückfall, ein reaktionä-
res, provinzielles Phänomen, ein optischer Zufall wegen
unserer Überlieferungslage oder gar der Fortgang zu
Neuem, ja eine Überwindung der als oberflächlich, opti-
mistisch und unwirklich empfundenen höfischen
Romankunst (so Gottfried Weber)? Die Frage ist um so
verwirrender, als das Werk rangmäßig alle andere Heldendichtung überragt und wie ein erratischer Block in
der Landschaft steht. Johann Jakob Bodmers Suche und
Entdeckung des großen mittelalterlichen Epos erfolgte
aufgrund eines Postulats, das er in genauer Analogie zu
Thomas Blackwells Homer-Studien (1735) für das Mittelalter aufgestellt hatte; er fand denn auch im *Nibelungenlied* das überragende „iliadische Gedicht"
deutscher Sprache und deutete es bis ins Detail im Vergleich Homers. Auch als die Romantik das deutsche
National- und Volksepos daraus machte, blieb es, im
europäischen Rahmen, das einzig vergleichbare Gegenstück zur *Ilias,* ja das Schulbeispiel für reine Epik, und
die Nibelungenforschung steht seither in enger Parallele
zum Schicksal der homerischen Frage. In beiden Fällen
steht man, am fruchtbaren Moment des Übergangs zur

Schriftkultur, vor dem Großepos, dem Buchepos eines offenbar kühn redigierenden Dichters eines abschließenden Werks, dessen Material aber eine jahrhundertelange und bis ins einzelne ausgeformte, ja ausgeformte Tradition verrät. Die Verlegenheit vor dem Phänomen des *Nibelungenlieds* ist durch dieses Ineinander von altehrwürdigem Sagengeschiebe mit all seinen Überschichtungen und Verwerfungen und von überlegenem Kunstwerk begründet. Kunstvolle Komposition und Partien hohen dichterischen Ranges erscheinen versetzt mit dem „Brei dürftigster Manier" (Hugo Kuhn). Entsprechend stehen sich eine historisch-stoffgeschichtliche Forschung und die Versuche direkter „werkimmanenter" Deutung gegenüber.

Eher still geworden ist es um die prinzipiell noch ungelösten textkritischen Fragen, vor allem was das gegenseitige Verhältnis der drei wichtigsten Handschriften A, B und C (alle 13. Jahrhundert; die hohe Zahl von 31 weiteren vollständigen oder fragmentarischen Handschriften kommt hinzu) betrifft. Im allgemeinen gilt die St. Galler Handschrift B als durchschnittlich besser als die Hohenems-Münchener Handschrift A und vor allem die Donaueschinger Handschrift C, die eine bewußt höfisierende Bearbeitung darstellt. Alle drei Handschriften haben bereits eine schriftliche Vorlage. Ein Stammbaum der Überlieferung läßt sich nicht erstellen, ein Archetypus – der noch keineswegs „das Original" wäre – nicht rekonstruieren; vielleicht ist im Hinblick auf die mündliche Überlieferung und „die große Zahl der beteiligten Sänger" (H. Brackert) der Begriff eines Originals überhaupt gegenstandslos. Die Abweichungen sind allerdings nicht so groß (im Strophenbestand Differenzen von höchstens 5 Prozent), daß nicht doch von einem klar umrissenen Werk geredet werden müßte – der Schöpfung eines Dichters um 1200, den man vor allem am Passauer Bischofshof vermutet. Daß nicht nur einzelne Schichten des jetzigen Werks (in Stoff, Form, Wortschatz) von langer Hand vorgeformt sind, sondern auch ganze Teile vor allem in der zweiten Hälfte mehr oder weniger kompakt in dieses endgültige Werk eingeschmolzen wurden, ist in Anbetracht der unterschiedlichen Dichte und Qualität gewiß.

Die Anonymität des Verfassers ist insofern gattungsbedingt und bei allen Heldenepen die Regel, als sich der einzelne Dichter primär mit Recht als der Träger einer objektiven Tradition des Stoffes, des Stils und wohl auch der Existenzform des „Sängers" vorkommen mußte und auch das Publikum von ihm ein Vertrautes, einen gemeinsamen Besitz und keineswegs ein Romanhaft-Fremdes entgegennahm. Im Nibelungendichter einen Spielmann zu sehen ist heute aus der Mode gekommen; aber wohl zu Unrecht, wenn man darin nichts anderes als den mehr oder weniger berufsmäßigen, in Wortschatz und Motiven, Formeln und Reimwörtern einer mündlichen Tradition eingeschulten Träger von „Erbpoesie" sieht. Ob man dann im letzten Dichter einen Kleriker (wie meistens) oder einen Ritter oder einen bürgerlichen „Fahrenden" erkennen will, tut nicht mehr viel zur Sache. Das Publikum war auch hier sicher zunächst höfisch-aristokratisch, gerade auch, wenn nach altem Herkommen (vgl. S. 149) ein geistlicher Hof in Frage kommt.

Unmittelbarste Anhaltspunkte für die Besonderheit der Gattung und damit auch die Vorgeschichte gibt die Form, die Nibelungenstrophe. Sie besteht – im Gegensatz zu den fortlaufenden höfischen Vierheber-Reimpaaren – aus Langzeilen, wobei ein älteres Grundelement, das endreimende Langzeilenpaar (4 ×, 4 a / 4 ×, 4 a) zum Vierzeiler verdoppelt und durch Kadenzunterschied stark profiliert wurde: auf drei klingend, stumpf gebaute Zeilen („wan rîter unde frouwen   weinen man dô sach") folgt die vierte Zeile klingend, voll als überaus stark profilierter Strophenschluß: „Hie hât daz maere ein ende: daz ist der Nibelunge nôt." Die paarige Langzeilenstrophe erscheint später noch lange im Volkslied. Die Viererstrophe aber liegt, mit gewissen archaischen Freiheiten, die in unserem Nibelungentext nur noch sporadisch als ältere Schicht durchdringen, auch in der lyrischen Kürenbergerstrophe vor, und sie weist damit in eine Ursprungssphäre zurück, aus der einerseits das statische, aber noch szenische, lyrische Lied, anderseits die strophische Erzählung sich entfalten konnte. Daß man, wie schon vermutet worden ist, an einen Einfluß der lateinischen Vagantenstrophe zu denken hat, ist unwahrscheinlich. Nicht nur die Versgeschichte, auch der Vergleich mit der internationalen Volksepik zwingt zur Annahme, daß der Vortrag der heroischen Dichtung noch bei unserem *Nibelungenlied* musikalisch war, sei es in mehr rezitativischem Vortrag, sei es mit ausgeprägter Strophenmelodie. Die Rekonstruktion – entweder Wiederholung einer Zweizeilermelodie ohne Rücksicht auf die volle Halbzeile oder dreimal die gleiche Zeilenmelodie plus variierende Schlußzeile – bleibt hypothetisch. Immerhin darf man sich die Wirkung dieses Vortrags vorstellen: Der ausgeprägte, harte Rhythmus, der stark akzentuierte Strophenschluß, der schon vom Text her jeweils eine Wiederholung, Zusammenfassung oder Vorausdeutung bringt, die Wiederholungen in den Formeln und Reimwörtern des Textes und die ständige Wiederkehr der Zeilen- bzw. Strophenmelodie ergeben den Effekt einer leicht betäubenden Monotonie, in der die so bezeichnende Mischung aus heroischem Hochgefühl und elegischer Stimmung gedeiht.

Die gattungsmäßige Eigenständigkeit der Heldendichtung, die Konstanz der archaischen Überlieferung erweist sich aber vor allem im Stoff. Wenn das Werk in seinem ersten Teil (Aventiure 1–19) am Hof eines Burgundenkönigs Gunther in Worms spielt und im zweiten

(20–39) den Untergang der Burgunden durch die Hunnen erzählt, so spiegelt sich darin – hinweg über dreiviertel Jahrtausend mündlicher Überlieferung – der Untergang des burgundischen Reichs des Königs Gundahari im Kampf gegen die im römischen Sold stehenden Hunnen. Unsicher ist, ob sich in der Gestalt Kriemhilts, der burgundischen Gattin des Hunnenkönigs Etzel, und in ihrer blutigen Rache die Erinnerung an den Tod Attilas an der Seite einer Germanin, Hildiko, verbirgt (453); dieses Faktum wäre zunächst als Blutrache für den Tod der Brüder im Zusammenhang eines Streits um einen Hort gedeutet worden, wie sich dies im alten *Atlilied* der *Edda* darstellt; später erst, im Blick auf die Siegfried-Geschichte, wäre daraus eine Rache an den Brüdern für den Tod des ersten Gatten Siegfried geworden. Älter als der Hortstreit könnte ein Erbstreit sein, in welchem (nach Kézas Ungarnchronik, 13. Jahrhundert) Attilas Witwe Kriemhilt mit ihren Söhnen und Brüdern gegen die Attila-Söhne erster Ehe kämpft (K. Wais). Kriemhilt ist jetzt jedenfalls die durchgehende Figur, welche die Einheit des *Nibelungenlieds* entscheidend verbürgt: Das Epos ist von da aus gesehen die Geschichte Kriemhilts, deren erste Ehe, am Rhein, durch die Ermordung Siegfrieds zerstört und deren zweite, mit dem Hunnenfürsten, die Rache an den Mördern des ersten Gatten ermöglicht. Daß die beiden Sagenkreise – die Geschichte um Kriemhilt, Siegfried und Brünhilt und die Geschichte um den Untergang der Burgunden am Hunnenhof – einander früh induziert haben, ist anzunehmen. Ob sie, wie meistens seit Heusler vermutet wird, erst in unserem Text zum geschlossenen Gebilde verfugt worden sind, ist ungewiß; das Hauptargument dafür ist die geringere Konsistenz, die anscheinend künstlich erweiterte und heterogene Gestalt des 1. Teils, der Handlung am Hof in Worms.

Es ist schwer zu sagen, wer eigentlich die Hauptperson

dieser Siegfried-Brünhilt-Kriemhilt-Handlung ist, und es kommen hier vor allem auch andere Erzähl- und Bewußtseinsschichten zur Geltung. So kommt Siegfried zunächst aus anderm als dem real-geschichtlichen Bereich: Er ist der strahlende Held mit übernatürlichen Körperkräften (die er vor allem in zwei recht burlesken Episoden zur Geltung bringt, im Wettkampf mit Brünhilt auf Isenstein, in der massiven Hilfe zu Gunthers Hochzeitsnacht), mit Märchengaben wie Tarnkappe, Goldschatz, Unverwundbarkeit ausgestattet, sorglos und bedenkenlos sich in sein Verhängnis verwickelnd. Mythisch-märchenhafte Vorereignisse, die kaum mehr ins geschichtlich-höfische Bild passen, sind zu bloßen Reminiszenzen zurückgedrängt: Drachenkampf, Hortgewinnung. Eine Zurückführung auf germanischen Natur- und Göttermythus (der früh sterbende Göttersohn, so noch Franz Rolf Schröder) scheint allerdings allzu romantisch. Näher liegen auch bei Siegfried historische Ursprünge: weniger der ebenfalls unter Romantik-Verdacht stehende Cherusker Arminius (Höfler) als der merowingische König Sigibert, Gatte der Brunhild, der 575 auf Betreiben seiner Schwägerin Fredegund ermordet wurde; die Namen wären allerdings dann vertauscht bzw. ersetzt worden, doch das merowingische Hofklima von Intrige, Eifersucht, Verrat und Mord liegt nicht fern, ja liefert später noch ein anderes mögliches Vorbild (Hugo Kuhn, de Boor).

Vielleicht ist aber gar nicht Siegfried, vielmehr Brünhilt die Hauptperson? Nennen wir die ältesten Stufen Brünhildlied oder Siegfriedlied? Brünhilt ist die walkürenhafte, unbezwingliche Königin von Isenstein, die durch Siegfrieds getarnte Hilfe an Gunther betrogen und überwunden, von Kriemhilt Kebse gescholten wird und zur Wahrung ihrer Ehre Siegfried durch Hagen aus dem Weg räumen lassen muß. Auch sie reicht aus andern Sphären in die burgundische Welt herein, doch hat sie

auch, im Gegensatz zu Siegfried, die hohe Würde einer
im tiefsten beleidigten, machtvollen Frau, Medea vergleichbar; sie ist von dem betrogen, der ihr eigentlich
bestimmt war. Die nordische Dichtung erzählt in diesem
Sinne – primär oder sekundär – von einer „Vorverlo-
bung" Brünhilds mit Sigurd, vom Flammenritt durch die
Waberlohe anstelle der Kampfspiele, und sie läßt sie nach
ihrer Rachetat von eigener Hand sterben. Im *Nibelungenlied* fällt sie mit der Verschiebung des Schauplatzes
vom 20. Abschnitt an aus Abschied und Traktanden, ja
sie wird auch schon vorher Kriemhilt gegenüber eher
abgewertet, wohl im Zusammenhang mit der Konzeption eines „Kriemhiltromans".

Da ist nun vieles unklar, locker gefügt, heterogen in
Stoff und Stil. Als „Verputz" wirkt die breite Schilderung höfischen Lebens, mit viel Aufzügen und Empfän-
gen, Aufwand an Gold und Edelsteinen, kostbaren Waffen und Gewändern – entschuldbar durch die Funktion,
ein helles, festliches Gegenbild zu der zunehmenden
Fahrt ins Dunkel zu geben, verständlich auch aus der
Freude eines anspruchsloseren Publikums an solcher
Schwelgerei. Trotz dieser Ansprüche ist das Bild genau
besehen oft nicht nur archaisch, sondern barbarisch. Das
absichtliche Auftreten „in recken wîs" bemäntelt nur
dürftig ein primitives Geschehen: die eigenhändige
Schiffahrt nach Isenstein, Siegfrieds Auftritt in Worms:
„ich will an iu ertwingen, swaz ir muget hân (110)" –
eine seltsame Einleitung zu Minnedienst und Werbung.
Wie rasch nicht nur der grimmige Hagen, sondern mehrfach gerade der „lichte" Siegfried zu List und Betrug
bereit sind, gehört ins Bild. Falschheit, List, Tücke
stehen neben den heroisch-aristokratischen Idealen,
immerhin wird die untriuwe vom Dichter festgestellt.
Auch die possenhaft brutalen Wettkampf- und Schlaf-
zimmerszenen, in denen sich Primitives (Panzer: Mär-
chenhaftes?) mit „Spielmännischem" zu mischen scheint,

hielt der Dichter für tragbar. Ganz selbstverständlich bekennt Kriemhilt, sie sei von Siegfried wegen ihrer Reden zu Brünhilt heftig „zerblowen" worden (894). Anderseits gibt es Szenen von höchster künstlerischer Kraft: Eine erstaunliche Szenenregie (Hugo Kuhn) beherrscht den Zank der Königinnen oder – am unvergeßlichsten – Siegfrieds Tod. Die Technik der „Teichoskopie" ermöglicht mehrmals bühnenartige Vergegenwärtigung. Der gemeinsame Nenner liegt in der vollkommenen, im Grunde problemlosen Identität dieser episch-heroischen Welt, in welcher Leidenschaft und Schicksal, inneres Geschehen und Gebärde oder Vorgang im Raum zusammenfallen. Das zeigte sich schon an *Hildebrandslied*. Die Königinnen kämpfen um den Vorrang, den Vortritt vor dem Kirchentor, ihre Reden haben physisch-räumliche Konsequenz. Der Tod Siegfrieds wird Kriemhilt kundgetan, indem die Leiche vor die Tür gelegt wird, Kriemhilts Trauerklage läßt die Halle erdröhnen. Fast alle Reden sind „handelnd", nicht gedanklicher Kommentar. Die heroische Existenz – „ze Wormez bî dem Rîne si wonten mit ir kraft" (6) – steht und fällt mit ihrer Macht, ja sozusagen mit der Verdrängung an Raum. Die Personen sind darum gegenüber den zeichenhaft-modellhaften Figuren der höfischen Romane von so kompakter Überzeugungskraft, wie sie von Bodmer bis Gottfried Weber bewundert worden ist. Sie sind Machtzentren, „übermüete" wie Siegfried, grimmig wie Hagen, gefährdet wie Gunther; ihr Zusammenstoß, ihr daraus resultierender Untergang ist nur eine Frage der Zeit. Darum sind auch die psychologischen und moralischen Motivationen wenig schlüssig. Siegfrieds Werbung tritt unversehens und unverhohlen als Herausforderung, als Machtanspruch auf; ob die beiden Königinnen um ihre rechtliche Stellung oder ihre Ehre kämpfen oder ob sie schlicht eifersüchtig sind, bleibt im Grund unentschieden: sie kämpfen um ihre Existenz, ihre Macht.

Siegfried schließlich muß um der Ehre des Königs Gunther und seiner Gattin willen aus dem Weg geräumt werden – zugleich wird es motiviert mit dem Machtgewinn Gunthers an liut unde lant (870, der Triumph 993).

Goethe nennt die „Nibelungen so furchtbar, weil es eine Dichtung ohne Reflex ist und die Helden wie eherne Wesen nur durch und für sich existieren". Nach einer moralisch-weltanschaulichen Deutung des Geschehens fürs Ganze oder für die einzelne Person zu fragen wäre in dieser Welt ohne Transzendenz fehl am Platz. Das Schicksal hat sich erfüllt, die Größe Siegfrieds und Brünhilds ist zu ihrer tödlichen Konsequenz gekommen. Von Tragik zu sprechen, zögert man. Was bleibt, ist die gewaltige Klage (17. Aventiure), zugleich der Ruhm, der sich im Vortrag der heroischen Dichtung selbst ständig erneuert.

Für Brünhilt und Siegfried ist mit dem Ende des „ersten Teils" der Kreis geschlossen. Kriemhilts Schicksal dagegen findet seine Fortsetzung in der „Rache" des zweiten Teils, genauer: Kriemhilts Siegfried-Ehe ist nur die nötige Voraussetzung ihrer eigentlichen Aristie im zweiten Teil, denn bisher ist ihr Schicksal nicht zentral gewesen, trotz der Retuschen unseres Gesamtdichters.

In „Chriemhilden Rache", mit Bodmer zu sprechen, herrscht nun eine ganz andere Geschlossenheit des Verlaufs, der Komposition, des Stils. Das mag schon aus dem einheitlich-heroischen, großartig-einfachen Geschehen hervorgehen, ist aber sicher ebenso die künstlerische Leistung des Dichters, der diesen zweiten Teil entscheidend disponierte. Ob dies der letzte Dichter von 1200 war oder ob er sich hier wesentlich auf ein geschlossenes Substrat stützte – die von Heusler postulierte *Ältere Not*, ein kürzeres Epos von 1160/70 –, das ist heute wieder strittig; ebenso bleibt fraglich, ob eine solche Vorlage nur den Burgundenuntergang oder vielleicht doch schon das

Ganze enthielt (Wais). Die neue Handlung beginnt, Jahre nach Siegfrieds Tod, weit im Osten: Der verwitwete König Attila (Etzel) entschließt sich, um Kriemhilt zu werben. Im mehrfachen Hin und Her über eine geographisch genau vergegenwärtigte Route (Werbefahrt Rüdigers nach Worms, Reise Kriemhilts nach Etzelenburg, Einladung der Burgunden durch die Boten Wärbel und Swämmel) wird die Brücke geschlagen und das gewaltige Geschehen ins Rollen gebracht: Zug der Burgunden an den Hunnenhof und dort ihr völliger Untergang.

Bewundernswert ist die Kunst der Dosierung, in der die Handlung gesteigert und retardiert, schließlich unerbittlich zur Katastrophe gebracht wird. Genau durchdacht ist das Spiel der Vorgeplänkel und Provokationen, die epische Gerechtigkeit, die jedem Helden den ihm angemessenen Gegner und seinen richtigen Platz in der Liturgie des Verderbens anweist. Glanzvoll stehen die heiteren Episoden der Werbung und der Reise, vor allem die festlich-scherzhaften Szenen zu Bechlaren, im Kontrast zum heraufziehenden Dunkel und Grauen. Fast theatralisch ist die Szenerie der heldischen Kämpfe aufgebaut: Saal und Freitreppe davor, die Verteidiger gegen die jeweiligen Angreifer, Saalbrand, 1000 Tote werden herausgeworfen, die blutsaufenden Helden:

> daz ist in solher hitze   noch bezzer danne wîn.
>
> (2114)

Alles ist auf das Gegenüber von Kriemhilt und ihrem Todfeind Hagen zugespitzt, ein von Anfang an nur diesen beiden bewußtes Drama auf Leben und Tod, das im Grunde Selbstzweck wird: Neben die Motivation als Gattenrache tritt die wohl altertümlichere als Kampf um den Hort. In völlig unritterlichen, grausamen Auftritten nimmt „das Lied ein Ende": Fesselung Hagens und Gunthers durch Dietrich, Gunther wird enthauptet,

Hagen durch Kriemhilt mit Siegfrieds Schwert erschlagen, Kriemhilt durch den entsetzten Hildebrand umgebracht:

> ze stücken was gehouwen   dô daz edele wîp.
> Dietrich und Etzel   weinen dô began,
> si klagten innéclîche   beide mâge (Verwandte) unde man.
>
> (2377)

Nur noch die zugleich mit dem Blut zunehmend fließenden Tränen können dem grausigen Geschehen antworten.

Nur zwei Gestalten scheinen außerhalb dieser Raserei
zu stehen und sind immer wieder auf ihre Stellung hin
befragt worden: Rüdiger, der ins Verderben gerissen
wird, und Dietrich, der nicht als Kämpfer, sondern als
eine Art Richter erscheint. Der edle, treue, freundliche
Rüdiger gerät in den tragischen Zwiespalt zwischen Va-
sallentreue und Freundestreue, wendet sich vergeblich an
Gott um Hilfe, bietet seinem Herrn vergeblich an, er
wolle „ûf den füezen in daz ellende gân", entschließt sich
zum Kampf und kann nur noch symbolisch, in der
großartigen Geste der Schildgabe an den Gegner Hagen,
im Untergang seine – nun auch innerlich zu verstehende
– Ehre wahren. Hier ist wenigstens geistig die Automatik
der heroischen Welt gesprengt, ein Aufblick möglich
geworden, ohne daß dies freilich am faktischen Ablauf
etwas ändert; eine reale Alternative wird nicht sichtbar.
Dietrich, der mächtigste aller germanischen Sagenhelden,
erscheint, um ein Maß und eine Grenze zu setzen. Auch
er scheitert freilich, verliert alle seine Leute und wird von
Kriemhilt überspielt, kann das Leben der letzten Burgunden nicht retten. Aber er bleibt Inbegriff der Beson-
nenheit, des Rechts, Garantie eines Heldentums ohne
Übermut, Haß und Lüge.

Man möchte den Dichter gern um eine Aussage pressen: Was meint er, um 1200, in der hohen Zeit eines

christlichen Mittelalters, mit solcher Erzählung? Das Epos kann, als solches, keine Antwort geben. Es kann keine Probleme exponieren oder gar lösen. Das *Nibelungenlied* ist, trotz de Boor, kein „höfischer Heldenroman". Die breite Ausgestaltung höfisch-ritterlicher Szenen und die Rücksichtnahme auf zeitgenössische Rechts- und Moralvorstellungen bleiben trotz allem aufgesetzt, werden nicht zum aktiven Prinzip. Rüdiger und Dietrich könnte man allerdings zu den Vertretern einer – christlichen – Instanz machen, von der aus ein Urteil über das ganze Geschehen fällt, der Versuch einer Überwindung von den Rändern her unternommen wird. Schon Friedrich Hebbel hat den Berner in dieser Rolle gesehen, als Vertreter des neuen christlichen Äons. Aber das bleibt nicht viel mehr als eine Ahnung. Die Konsequenz wäre, das ganze Werk gegen den Strom zu lesen, als ein gewaltiges abschreckendes Panorama eines hybriden, sich selbst zerstörenden Heldentums. Gottfried Weber ist so weit gegangen, nicht nur eine Kritik an altem Heldentum hier zu sehen, vielmehr läßt er den Dichter im Bilde der alten Helden seine Kritik und Desillusion gegenüber dem zeitgenössischen höfischen Rittertum anbringen, gegen den oberflächlichen Optimismus des hochmittelalterlichen Menschenbildes. Diese These stellt die Dinge wohl auf den Kopf, zumal der Dichter auch bei Weber keine Alternative hat. Daß ein österreichischer Dichter und sein Publikum um 1200 das Bedürfnis nach einer kräftigeren Kost als dem modisch-idealistischen Artusroman verspüren, ist zunächst eher eine reaktionäre als eine fortschrittlich-kritische Haltung. Und vor allem gibt sich der Dichter eben doch fraglos der wilden Welt seines Werkes hin: Er ist hingerissen von der Herrlichkeit der Kämpfe, die er mit lustvollen Metaphern wie „hochgezîte", „videl" statt Schwert, mit Hey-Rufen ausstattet, er zählt mit lustvollem Grauen (1936: „wunder bî ungevüege") die Toten, begeistert sich bei allen Vorbehalten an der „übermüete", ja der Todeslust der Helden (1783), auch etwa seines Lieblings Volker, der immerhin durch seine rein provokative Tötung des eitlen Hunnen die Kämpfe unmittelbar auslöst. Nur aus positiver Beteiligung konnte die düstere Größe Hagens und seines hellsichtig-trotzigen Amor fati gelingen.

Das *Nibelungenlied* ist also nur äußerlich integriert in das kulturelle Ganze der deutschen Klassik des Hochmittelalters, ja es hat vielleicht die Heldendichtung erst zu ihrer Konsequenz gesteigert. Dies war in dieser Fülle nur möglich mit der epischen Großform; insofern freilich hat das neue Werk nicht mehr die unmittelbare soziale Funktion des alten Heldenliedes, sondern sozusagen literarischen Charakter – und insofern, in der bewußten literarischen Erfüllung einer Gattungsintention, ist es ein Werk der Zeit.

Schon die Handschrift C – genauer die durch sie vertretene Fassung *C – zeigt das Bestreben, das Geschehen im Sinn zeitgemäßer höfischer und christlicher Moral zu durchdringen und zu deuten. Das ist wahrscheinlich bereits der Einfluß einer Dichtung, die schon den ältesten erschließbaren Aufzeichnungen des *Nibelungenlieds* als eine Art Fortsetzung beigegeben war: die *Klage*. Wann diese, viereinhalb Tausend ritterliche Reimpaare zählende, Elegie auf den Nibelungenuntergang verfaßt wurde, bleibt umstritten und ist je nach der Beurteilung der Entstehungs- und Überlieferungsfrage des Liedes zu entscheiden. Da, wenn nicht alles täuscht, die *Klage* bereits *C beeinflußt hat (und umgekehrt in den *C-Handschriften selber in der Richtung von C bearbeitet worden ist), ist die Datierung von *C maßgebend – „vor 1205" oder „nach 1220" sind die beiden Ansätze, die vertreten werden. Wolfram scheint *C bereits im *Parzival*, um 1204 zu kennen, anderseits zeigt die *Klage* ihrerseits wieder Wolframsche Anklänge. Trotz des entstehenden chronologischen Ge-

dränges nimmt man wohl am besten eine enge Zeitgenos-
senschaft von *B, *C, den entsprechenden Klage-Redak-
tionen und Wolfram an: eine eigentliche Diskussion um
den Untergang der Nibelungen, am Beginn des Jahrhunderts.

Die Klage unternimmt den kühnen Versuch, die Katastrophe der Burgunden sozusagen zu liquidieren. Es
geschieht äußerlich in einer recht dünnen Erzählung vom
Auffinden der Toten, ihrer Bestattung und dem Über-
bringen der Nachricht an die Höfe von Bechlaren, Passau und Worms, schließlich vom Tod Gotelinds und
Utes, von der Heimkehr Dietrichs in sein Reich. Innerlich ist es eine Überwindung in der meditierenden Rück-
schau und der immer neu ausbrechenden gewaltigen
Klage der zurückgebliebenen Personen. In der Klage
wird das unermeßliche Leid, der „ungelückes hort" (909)
ausgesagt und bewältigt, den toten Helden die geschul-
dete Preisung gezollt. Schwierig zu sagen, wie hier alte
rituelle Totenklage aus der heroischen Welt (und Dichtung) übergeht in die tränenreiche Lyrik einer elegischen
Spätzeit. Trotz des großen qualitativen Abstandes darf
man die Klage doch wohl zusammensehen mit Wolframs
Spätwerk; der Willehalm nennt sich eine „klage", der
Titurel zeigt eine ähnliche literarische Form, in der weniger erzählt als meditiert und kommentiert wird, im
Anschluß an ein bereits weitgehend vorausgesetztes
Geschehen. Der gute Bischof Pilgrim von Passau ließ, so
berichtet die Klage, die „groeziste geschiht, diu zer
werlde ie geschach" (3790 f. und 4675 ff.) aufschreiben –
es wäre die umstrittene lateinische Nibelungias des
10. Jahrhunderts gewesen. Entscheidend ist somit, daß
der Nibelungenuntergang nicht mehr als heroisches
Geschehen, sondern als geschichtliche Katastrophe gesehen ist, und zwar unter den Gesetzen einer christlichen
Weltordnung: Sie ist die Folge von „übermuot", „haz"
und „nît" (1399 u. a.), vor allem von seiten Hagens, der

nun einmal „vâlant" (1394) heißt. Kriemhilt aber wird
verständnisvoll entlastet:

> Swer diz maere merken (verstehen) kan,
> der sagt unschuldec ir lîp.
> wan daz daz edel wîp
> tet nâch ir triwe
> ir râche in grôzer riwe (Leid) ...
>
> (195 ff.)

Viel eher jedenfalls als im *Nibelungenlied* selber kommt
hier christliche Interpretation zur Geltung, wenn auch
hier noch dem gewaltigen Vorgang im Grunde nur eine
fassungslose Reverenz erwiesen werden kann.

2. „Kudrun"

Wo man zeitlich und gattungsmäßig das zweite Großwerk der deutschen Heldendichtung einzuordnen hat, ist
eine ungelöste Frage. Wir stellen diesen „extremsten
Außenseiter" (Hugo Kuhn) nach alter Übung mit dem
Nibelungenlied zusammen, gerade um dessen Stellung
deutlicher abzugrenzen.

Die *Kudrun* enthält stoffliche Elemente, die zurück
bis ins 5. oder gar 4. Jahrhundert datiert werden können,
also in die allerälteste Schicht germanischer Sage hinein.
Und es wäre, wiederum einzigartig, wikingische, ostgermanische Lieddichtung im Gegensatz zur südgermanischen Heroik der Völkerwanderung. Vorhanden ist aber
einzig und allein eine Aufzeichnung in der Ambraser
Handschrift des frühen 16. Jahrhunderts, ein Epos von
1700 Strophen, dessen textliche Wiederherstellung pre-
kär ist; die Entstehungszeit muß zwischen dem *Nibelungenlied* und der Mitte des 13. Jahrhunderts liegen und
wird einigermaßen willkürlich meist ins vierte Jahrzehnt
gesetzt, aus sprachlichen Gründen in die bayrisch-öster-
reichische Nähe des *Nibelungenlieds*.

Abgesehen von einigen Motiven und Namen, die in andern Werken erscheinen, und von dem fragmentarischen Gedicht von *Dukus Horant* des 14. Jahrhunderts läßt sich keine Werktradition des Kudrun-Stoffs feststellen. Ob neuzeitliche Volksballaden („Die schöne Meererin", „Südeli"-Typus) in genetischem Zusammenhang mit der *Kudrun* stehen und wie dieser zu deuten wäre, ist kontrovers.

Die *Kudrun* ist äußerlich durch das *Nibelungenlied* bestimmt, das in zahlreichen Wendungen – auch Namen! – anklingt und dessen Strophe offenbar in der *Kudrun* zu einem weicheren Gebilde (4 kl, 4 st a / 4 kl, 4 st a / 4 kl, 4 *kl b* / 4 kl, 6 *kl b*) entwickelt ist:

> Ez wuohs in Irlande   ein rîcher (mächtiger) künic hêr;
> geheizen was er Sigebant,   sîn vater der hiez Gêr,
> sîn muoter diu hiez Uote   und was ein küneginne.
> durch ir hôhe tugende   sô gezam dem rîchen wol ir minne.

> (1; vgl. *Nibelungenlied* 20)

Im einzelnen wird freilich auch hier schwer zu bestimmen sein, was unmittelbares Vorbild und was gemeinsames Stil- und Formelgut ist; daß es sich aber immer wieder um direkte „Kopie" handelt, ist kaum bestreitbar. Ein Problem für sich sind die (als Rest einer Vorstufe?) gelegentlich vorkommenden Nibelungenstrophen.

Entscheidend anders aber präsentiert sich der Gehalt. Der heroische Geist, wie man ihn aus *Hildebrandslied*, *Nibelungenlied* und *Edda* idealiter abstrahiert, erscheint zwar in den großen Kampfhandlungen und ihren Protagonisten, vor allem den gewaltigen alten Rauschebärten Hagen und Wate, aber nicht mehr in Thema und Tendenz des zentralen Geschehens. Anstelle des trotzigen Schicksalspathos von „Chriemhilden Rache" steht eine Komposition aus Brautgewinnungsgeschichten, die über alle Hindernisse und Rückschläge hinweg zum Erfolg und zur Versöhnung führen. Anstelle einer genau lokalisierten Handlung mit glaubhaftem geschichtlichen Hintergrund, also einer als „eigen" empfundenen Sage, tritt hier mit der Meeresszenerie eine vom südostdeutschen Dichter geographisch kaum realisierte Landschaft sozusagen romantischen Charakters auf, in der sich Ostsee-, Nordsee- und Mittelmeerelemente merkwürdig mischen und doch für uns eine einzigartige, charakteristische Atmosphäre von Meerluft und nordischen Stränden ergeben. Was der Dichter erzählt, scheint für ihn kaum mehr verbindliche Sage zu sein. So gehört, vom jetzigen Habitus aus zu urteilen, die *Kudrun* mehr zur romanhaften Spielmannsdichtung als zur Heldenepik, sie wirkt innerlich jünger, weicher, distanzierter als das *Nibelungenlied*. Vielleicht aber gilt das nur von dem genannten germanischen Idealtypus aus: Brauterwerbungsgeschichten – wie sie ja auch die Handlung des *Nibelungenlieds* voraussetzt – sind internationales Gut, allgegenwärtig, nicht weniger ursprünglich als das tragische Völkerwanderungslied, und fast obligatorisch, wo es sich um Liebeserzählung der archaisch-epischen Stufe handelt. Und das glückhafte Ende gehört wohl natürlich und ursprünglich zu ihr, auch wenn man versucht hat, der ursprünglichen Hilde-Geschichte einen tragischen Verlauf zu geben (nach einem Zeugnis des Pfaffen Lamprecht, V. 1321 ff., fällt Hagen durch Wate im Kampf um die Braut; Hetel wäre schon vorher gefallen). Im übrigen liegen gerade für den Hilde-Teil die Beziehungen zur Spielmannsepik auf der Hand – der *König Rother* ist hier offenbar als Vorbild benützt. Aus dem somit versöhnlichen Geist des Dichters braucht darum noch nicht unmittelbar eine christliche Tendenz, ein christliches „Problembewußtsein" zu sprechen – sowenig wie man gezwungen ist, für die älteste Walther-Sage durchaus einen tragischen Ausgang anzusetzen. Die sorglosere, lockere Art des *Kudrun*-Dichters ist wohl nicht ausschließlich ein Zeichen der Spätzeit, sondern einfach des bescheideneren Niveaus und der größeren Nähe zum volkstümlichen Vortrag. Aber auch hier ist grundsätzlich wieder der letzte Dichter oder Redaktor zu unterscheiden von eventuellen Vorgängern mit dichterer Substanz, und je nachdem lauten die Urteile auf „Mittelmäßigkeit" (Stackmann) oder „Anspruch auf Unsterblichkeit" (de Boor).

Die jetzige Dichtung ist eine über drei Generationen (Hagen, Hilde und Kudrun) verteilte Komposition, die heterogenes Gut immerhin recht souverän organisiert hat.

(1) Jung und aufgesetzt wirkt vor allem die erste Vorgeschichte (Aventiure 1–4). Hagen, der siebenjährige Königssohn von Irland, wird von Greifen entführt, doch gelingt es ihm zu entfliehen, in der Wildnis bei drei ebenfalls geraubten Königstöchtern sein Auskommen zu finden, später die Greifen zu erschlagen und die Prinzessinnen nach Hause zu führen; er heiratet eine von ihnen, Hilde von Indien, die ihm eine Tochter desselben Namens schenkt. – Das ist eine den Jung-Siegfried-Abenteuern vergleichbare, locker aus orientalisch-märchenhaften Motiven (*Herzog Ernst*) geklitterte Einleitung.

Enger komponiert, durch Motivvariation und den deutlicheren gemeinsamen Schauplatz von Ost- und Nordsee verbunden sind die zweite Vorgeschichte (von Hilde, der jüngeren, Aventiure 5–8) und die Hauptgeschichte (von deren Tochter Kudrun, Aventiure 9–32). Es sind vor allem Variationen der Brauterwerbungs-Motivik:

(2) Der dänische König Hetel von Hegelingen wirbt um Hilde von Irland, deren Vater allen Werbern den Kopf abschlägt. Hetels Boten – der mächtige Kämpfer Wate von Stürmen, Frute von Dänemark und der sangeskundige Horant – geben sich als von Hetel Vertriebene und zugleich als Kaufleute aus; sie setzen sich mit Hilde

ins Einvernehmen und entführen sie. Auf dem Strand
von Waleis entbrennt der Kampf mit den Verfolgern, vor
allem zwischen Hagen, Hetel und Wate – doch nach
schweren Verwundungen kommt es zur Versöhnung und
zur glücklichen Heirat Hetels mit Hilde.

(3) Reich entfaltet erscheint dieses einfache Schema in
der Hauptgeschichte von Kudrun, der Tochter Hetels
und Hildes. Diese wird vergeblich von den Königen
Sivrid, Hartmut und Herwig umworben, bis es Herwig
gelingt, die Verlobung zu feiern. Doch Hartmut und
dessen Vater Ludwig entführen die Braut. Auf dem
Wülpensand findet die große Schlacht mit den Verfolgern statt, Hetel fällt. Am Hof Hartmuts in Ormanie soll
Kudrun vor allem durch üble Behandlung seitens der
Königinmutter Gerlind gezwungen werden, in die Ehe
mit Hartmut einzuwilligen. Nach vierzehn Jahren enteh-
render Magdarbeit, die Kudrun vor allem als Wäscherin
am Strand zu leisten hat, erfolgt die Befreiung durch
Herwig und Hildes Bruder Ortwin und ihr Heer; die
„Wölfin" Gerlind wird von Wate getötet; auf die Aus-
söhnung mit Hartmut erfolgt die Heirat Kudruns mit
Herwig sowie drei andere königliche Hochzeiten, darun-
ter die Hartmuts mit der treuen Begleiterin Kudruns,
Hiltburg.

Offensichtlich sind hier analoge Motive und Chargen
auf zwei Generationen verteilt. Dabei erweist sich eigen-
tümlicherweise der kurze Hilde-Teil, jetzt nur noch
Vorgeschichte, als der faßbare Kern alter Tradition; in
Zeugnissen des 12. Jahrhunderts sind Horant und Frute
offenbar populäre Helden; die große Schlacht auf dem
Wülpensand wird beim Pfaffen Lamprecht auf Hilde
bezogen. Man kann aufgrund der Namen sowie der
Zeugnisse eine Hildesage ansetzen, die aus der Ostsee-
Welt stammt und dann offenbar später in den Niederlanden (Scheldemündung) angesiedelt war (10./11. Jahrhundert), bevor sie nach dem Südosten kam. Es ist der

klarste regelwidrige Fall einer Sagenwanderung von Norden nach Süden.

Strittig ist nun freilich die Genese der Kudrun-Geschichte. Liegt ihr eine unabhängige alte Sagen- und Liedtradition zugrunde (so u. a. Wisniewski), die ans Küstengebiet der Nordsee zu setzen wäre, oder handelt es sich um eine sekundäre, wesentlich aus der Hildesage entwickelte Schöpfung? Und wenn dies der Fall wäre, fragt sich, ob diese erst die Leistung unseres späten *Kudrun*-Dichters aus dem 13. Jahrhundert wäre oder ob schon im früheren 12. Jahrhundert im Zug der Episierung die beiden Fabeln kombiniert worden wären. Da eine Neuschöpfung dieses Umfangs ganz ungewöhnlich wäre und der jetzige Dichter eher „mittelmäßig" wirkt, wird man die Substanz der Kudrun-Geschichte wohl eher älter sein lassen. Der Kern der Fabel, oder doch ihre Hauptfaszination, liegt in der Bilderfolge der Wäscherinnen am Meer: die unbeugsam-geduldige, nicht nur aschenbrödelhafte Haltung der entehrten Königstochter, die wunderbare Ankündigung der Rettung durch Engel in Gestalt von Wasservögeln, die Wiedererkennung mit Bräutigam und Bruder, die trotzig befreiende Gebärde Kudruns, die Gerlinds Wäsche ins Meer wirft, die Rache seitens der Befreier – dies alles ist unvergeßlich in der kühnen Mischung aus heroischem Duldertum, Härte und Sentiment; da mag man sich einen Moment lang, in nordischer Variante, an Szenen um Nausikaa, Iphigenie oder Penelope erinnert fühlen. Zugleich aber ist dies sprachlich-erzählerisch im einzelnen nicht (mehr?) voll verwirklicht.

> Dô sprach diu Hilden tohter: „dar zuo bin ich ze hêr,
> daz ich Gêrlinde wasche immer mêr.
> dienest alsô swachez (niedriger) sol mir nû versmâhen.
> mich kusten zwêne künige und ruochten (mochten) mich
>   mit armen umbevâhen.

Nu wil ich disiu kleider   tragen zuo der fluot.
si suln des wol geniezen",   sprach diu maget guot,
„daz ich mac gelichen   einer küniginne.
ich wirfe si ûf die ünde (Wellen),   daz si frîlîche vliezen von
                                                    hinnen."

(1268, 1271)

So bleibt die *Kudrun* zwar kein Heldenepos, aber doch –
wenn der alte bequeme Ausdruck gestattet ist – ein
Volksepos ehrwürdiger Herkunft, nicht mehr auf einzelne dichterische Schöpfungen reduzierbar und genetisch nicht in einem Stammbaum darzustellen, aber doch
ein weiträumiges Gebilde, das eine Tradition ahnen läßt,
in der sich stehende Elemente der Volksdichtung bauka-
stenartig in neuen Varianten und Kombinationen zusam-
menfügten. Und gerade die Konzeption von einer ex-
klusiv-germanisch-heroisch-tragischen Dichtung wird
durch die Weitung ins Wikingische und weiter ins Internationale heilsam eingeschränkt.

WANDLUNGEN VOM HOCH- ZUM SPÄTMITTELALTER

I. DIE EPOCHE

Wie jede Klassik war auch die höfische Klassik um 1200 mit ihrem schwebenden Ausgleich von einzelnem und Gemeinschaft, von überzeitlichen und weltlichen Zielen in Maß und Schönheit nur von kurzer Dauer, ein Übergang oder vielleicht die Exklusivität einer dünnen Schicht, während ein breiterer Traditionsstrom etwa der geistlichen, der lehrhaften, der spielmännischen oder heroischen Dichtung wenig beirrt fortdauerte. Unmittelbarer als etwa durch äußere politisch-soziale Ereignisse und Wandlungen – Verlagerung der staufischen Reichsresidenz nach Italien, Bildung eines stärkeren städtischen Bürgertums, Niedergang des höfisch-ritterlichen Selbstbewußtseins seit den Albigenserkriegen – ergab sich wohl die veränderte Stimmung, die veränderte literarische Welt aus der natürlichen Unmöglichkeit, den immer irgendwie gnadenhaften klassischen Moment zu perpetuieren. Ein Erwachen aus dem schönen Traum, das Bewußtsein einer Krise, die Wendung zur Elegie und zur Klage oder doch zur Skepsis zeigt sich im Spätwerk Wolframs und Walthers und in Gottfrieds *Tristan*. Während die großen Meister dieses Neue selbst noch in ihr reifes Werk integrieren konnten, blieb für viele nur das eigene Ungenügen und damit die Retrospektive auf die sofort als klassisch empfundene, zum Kanon gewordene hohe Zeit. Von Epigonentum wird man allerdings nur sprechen können, soweit die Nachahmung nur die Würde einer ehrfürchtigen und dankbaren Rückorientiertheit auf eine höfische Klassik hat und nicht bewußt oder unvermerkt die fortgesetzte Tradition in neue Funktionen hineingenommen ist.

Erstaunlich bleibt die Prägekraft der ritterlichen Ideale und Ideologien über die kommenden Jahrhunderte auch für ganz andere Gesellschaftswelten als die, in denen und

für die sie entstanden waren – es ist durchaus nicht
unbedingt ein Absinken, wenn das städtische Bürgertum, wenn das „Volk" die ritterlichen Erzählstoffe, die
ritterliche Idee der Minne, die Praxis des Liebeslieds
übernimmt –, die einmal geschaffene, objektivierte Form
ist keineswegs an ihren sozialen Unterbau gebunden.
Wenn das 13. Jahrhundert den epochalen Übergang der
höfischen Kultur in eine „bürgerliche" einleitet (bzw.
bürgerlicher Geist auch die Haltung des Adels
bestimmt), so bedeutet dies in mancher Hinsicht einen
neuen Erfolg höfischer Kunst, eine neue Stufe der Bildung von „Literatur" in der Volkssprache, eine weitere
Durchdringung bisheriger Illitterati mit dem literarischen Wort.

Freilich ist sofort beizufügen, was dies zugleich für
Wesen und Funktion der Dichtung, der Literatur bedeutet. Es ist erstens ein Prozeß der Formalisierung der
literarischen Aussage. Es ist ein literarisches Arsenal von
Motiven und Formen und Techniken verfügbar geworden, die durch den wiederholten Gebrauch an Aussagekraft verlieren, spielerisch werden, das Interesse auf die
Form sich konzentrieren lassen, zu Manierismen aller
Art verlocken. Die artistische Verfeinerung ins Spielerische oder Gesuchte oder Esoterische ist eine bezeichnende Möglichkeit des spätmittelalterlichen Stils.

Zweitens bedeutet die nachklassische Lage mit ihrer
allgemeinen Verfügbarkeit verschiedener Traditionen die
Begünstigung eines eigentlichen Berufsdichtertums, das
in einer gewissen Loslösung von den unmittelbaren
sozialen Funktionen der Literatur auf Bestellung jedem
Interessenten das Seine zu liefern vermag. Dichtung wird
zum Handwerk, für eine romantische Poetik ein Greuel,
unter Umständen aber eine sehr ehrenwerte, fruchtbare,
erweiterte Funktion des Dichters im geselligen und kulturellen Leben, zumal eben dieses spätmittelalterlichen
Bürgertums.

Und mit dieser berufsmäßigen Objektivierung der dichterischen Tätigkeit hängt auch ein Drittes zusammen: die Neigung zur Lehrhaftigkeit, zur moralischen und sozialen Information und Erziehung, im Sinne eben nicht mehr der ästhetisch-höfischen Gesellschaftskultur und ihrer adligen Persönlichkeiten, sondern eines handfesteren Gemeinwesens und seiner praktischeren Bedürfnisse. In beidem – Beruflichkeit und Lehrhaftigkeit – kommt gegenüber den Idealen höfischer Diskretion und schöner Lebensart eine neue Pedanterie zum Zug, oder der begründete oder vorgegebene Anspruch auf Gelehrtheit, das überlegene Wissen des Dichters. An die Stelle französischer Gesellschaftskunst tritt wieder stärker das lateinische Schrifttum als Begleiter und Quelle der deutschen Literatur, die nun in juristischer, religiöser und wissenschaftlicher Prosa an Rundheit und Ganzheit gewinnt. Im Zusammenhang damit steht auch eine typisch spätmittelalterliche Tendenz zur Vollständigkeit – das geht vom mechanischen Fertigstellen der großen dichterischen Fragmente (*Tristan, Titurel*) über enzyklopädisch werdende Artusromane zur moralischen und philosophischen Summe oder zur umfassenden Gesellschaftsallegorie (z. B. den Schachbüchern).

In allem aber – auch entsprechend der politischen Entwicklung – eine gewisse Verselbständigung der deutschen Literatur und der Literatur in deutschen Landen, eine vermehrt autochthone, wenn nicht kultivierte, so doch originelle Produktion mit einer ausschließlicheren binnendeutschen Überlieferung.

So sehr man aber auch die neue Literatur des beginnenden Spätmittelalters im umschriebenen Sinn rechtfertigen kann, Bedenken im Hinblick auf die sinkende Qualität bleiben. Und dies wohl nicht nur wegen der Unüberwindlichkeit unserer klassischen Ästhetik. Gewiß: wir sind heute nicht geneigt, das literarisch Interessante, Problematische dem vollendet „Schönen" nachzustellen, weil es vielleicht unmittelbarer, wahrer ist. Doch findet sich eindeutiges Ungenügen, wo sich Abgegriffenes, Leergelaufenes, Unbewältigtes häuft. Im übrigen ist ein krisenhafter Zustand nicht abzuleugnen, eine Krise, die wir im Sinn unseres durchgehenden literaturgeschichtlichen Motivs der Inkarnation als eine Störung zwischen Wort und faktischer Wirklichkeit ansprechen können. Wo das Wort leere Hülle, entleerte Hülse geworden ist, ist anderseits der Stoff, das „Fleisch" nur noch als krasse, unbewältigte, drohende Wirklichkeit vorhanden. Wie nun allerdings gerade aus dieser Spannung – etwa in der Novelle oder in der Artistik des rein spielerisch gewordenen Wortes – eine neue künstlerische Entdeckung wachsen kann, wird zu zeigen sein. Im philosophischen Wirklichkeitsverständnis entspricht der genannten Krise der Niedergang des Ideenrealismus, der Verlust der Wirklichkeit des Geistes – doch konnte gerade der Nominalismus die Begegnung mit einer neuen Fülle des Wirklichen herbeiführen: der Geist weht auch hier, wo er will.

Nirgends freilich wird das Sprachproblem deutlicher und schöpferischer gelöst als in der Literatur der mystischen Frömmigkeit, die fast unbegreiflich neben so vieler mediokrer epigonaler, bürgerlicher Literatur steht. Sie ist offenbar Zeichen einer verstärkten Individualisierung des religiösen Lebens in einer Zeit der Widersprüche und Wandlungen, in der die Selbstverständlichkeit von geistgefüllten objektiven Ordnungen verlorengeht. Gerade hier aber kann in ursprünglichster Weise Unsagbares sagbar gemacht werden; in der Paradoxie der Sprache treffen sich Göttliches und Menschliches und tragen zu einem unverlierbaren Wortschatz und Erfahrungsbereich des Seelischen und Geistigen Entscheidendes bei.

Wenn wir das Spätmittelalter und vor allem das 13. Jahrhundert sicher nicht zu Unrecht als Epoche der Gotik bezeichnen, so sei dies doch mit aller Vorsicht getan. Denn nicht nur ist auch in der Kunstgeschichte die „Gotik" ein vielgestaltiger und nicht ausschließlich herrschender Stil, in der Literatur wird man erst recht nur einzelne Bereiche mit dem kunstgeschichtlichen Phänomen in Beziehung setzen. Die Parallele paßt zunächst im Hinblick auf den maßgebenden Träger – das städtische Bürgertum –; sie trifft zu schon für die edle gotische Linie von der verführerischen Isolde bis zum melancholischen Lancelot, für eine zierliche oder dunkel-verspielte Artistik der Sprache und Form (Konrad von Würzburg, *Jüngerer Titurel*) und vor allem für die transzendierende Dynamik der Sprache in der Mystik vor allem Eckharts.

1. Neidhart

Am deutlichsten und einfachsten läßt sich das Schicksal
der hohen höfischen Konzeption im Minnesang verfolgen. Es ist erstaunlich, wie rasch sich hier, bei dieser aus
wenigen Elementen bestehenden, auf schmaler Basis
errichteten Schöpfung des Hochmittelalters, die Krise
zeigt. Wenn schon Walther mit seinen Mädchenliedern,
mit der Ausweitung höfischer Kunst auf Spruch und
geistliches Lied die konventionelle Bindung sprengt, so
wird diese fast gleichzeitig, wohl noch in Walthers hoher
Zeit, um 1210, gleichsam von innen heraus in Frage
gestellt. N e i d h a r t war es, der am kühnsten den klassischen Stil Walthers ins „Moderne", Interessante und
Zweideutige verkehrt hat. Er ist, wenn auch wohl mißverstanden, doch zum erfolgreichsten nachklassischen
Lyriker geworden; sein Name wird zum Mythus, seine
charakteristische Kunst wird für sich gesammelt, ergänzt
und imitiert, seine Motivik erobert die Schwankerzählung, das Fastnachtspiel und das Epos. Die Dörperdichtung, die Neidhart begründet, wird zu einem festen
Bestand der Tradition und zu einer der bezeichnendsten
Ausdrucksformen des deutschen Spätmittelalters.

Neidhart war wohl ein Vertreter des niederen bayrischen Adels, der frühestens 1230 vom bayrischen Herzoghof (?) zu Friedrich dem Streitbaren von Österreich
hinübergewechselt ist, wo er „wol behûset" wurde
(73,11); hier ist er bis 1237 aufgrund eigener Anspielungen zu verfolgen. Zwei seiner Lieder bezeugen die Teilnahme an einer Kreuzfahrt. Ob der Zuname „von Reuental" ein selbstironischer sprechender Name ist („Sor-
gental" oder gar: „Hölle"), eine Herkunftsbezeichnung
oder – am wahrscheinlichsten (Beyschlag) – der Name

eines zeitweilig innegehabten bayrischen Lehensgutes, ist unklar. Die Frage ist verhängt mit der eigenartigen Selbstironisierung, die der Dichter pflegt, und mit der Allegorisierung, die seine Motive erfahren; selbst der Name „Neidhart", auch als Umschreibung des Teufels gebraucht, ist von solchem Verdacht nicht ganz frei.

Rätselhaft, aber bezeichnend für die mittelalterliche Objektivität der literarischen Formen bleibt, wie die kühnen Mutationen des Minnesangs, die Neidhart bringt, sich sofort gattungsmäßig bei ihm selbst verfestigen und zur Maske erstarren, der er sich nicht entziehen will oder kann. Sein Werk sondert sich scharf in die beiden Gruppen der sogenannten Sommerlieder und Winterlieder, die mindestens eine Zeitlang nebeneinander gepflegt wurden. Sie sind ihrerseits wieder aus stehenden Elementen heterogenen Charakters komponiert oder besser: montiert, so daß die innere Einheit und Geschlossenheit der Lieder oft fraglich wird – erst recht natürlich im Zusammenhang mit den „unechten" Strophen, die sich in großer Zahl angehängt haben.

Die „Sommerlieder" bedienen sich einfacher, unstollig gebauter Strophen, sind formal leichte Reigenlieder, die mit einem konventionellen Natureingang einsetzen, um dann die konkrete Frühlingslust in einem szenischen Gespräch zwischen einem lebenslustigen Bauernmädchen und seiner eventuell erst recht liebestollen Mutter oder zwischen zwei Gespielinnen in zunehmend krasser Form darzustellen. Gegenstand dieser naturhaften Minne ist der Dichter selbst, der ritterliche Sänger, der ins Dorf kommt, zum Tanz aufspielt und hier seine Eroberungen macht. Vermutlich werden dabei auch musikalisch volksliedhafte oder vagantische Formen aufgenommen, aber zweifellos in emporstilisierter Form. Diese Sommerlieder setzen wie Walthers Mädchenlieder die Pasturelle und allgemeiner eine vagantische Liebeslyrik voraus; doch kehren sie die Perspektive um. Indem sie das Mädchen, ja die Alte selbst karikieren, liebestoll und angriffslustig werden lassen, bieten sie einen Kontrast zur normalen höfischen Haltung, der sich zunehmend durch Scheltworte, Prügelszenen, Obszönitäten verstärkt. Das Ergebnis ist offenbar eine Parodie auf die höfische Minne durch ihre Verkehrung ins Dörperliche, im Sinn einer entlarvenden Verhöhnung der Ritter wie zugleich einer Bloßstellung bäuerlicher Roheit. Es war eine kräftige Neuheit für das höfische Publikum, halb Ausdruck einer massiveren Vitalität und Frühlingsfreude, halb Selbstpersiflage.

Aggressiver und hintergründiger sind die „Winterlieder", die in ihren meist breiteren, rhythmisch weiter ausgreifenden stolligen Formen das Dorfthema substantieller zeigen, in stärkerer Spannung zur Position des ritterlichen Dichters. Auf einen kurzen Natureingang folgen Verse höfisch-konventioneller Minne und darauf in entlarvendem Kontrast wilde bäuerliche Szenen aus der winterlichen Tanzstube des Dorfes. Hier agiert nun der Dichter selber mit, läßt die getelinge, die rohen und hoffärtigen jungen Bauern, als Tänzer und Nebenbuhler auftreten und gerät zugleich selbst in der Werbung um seine Dorfgeliebte in die Defensive. Hier beginnt sich eine echte soziale Satire zu entwickeln, Abwehr eines selbstbewußt werdenden Bauerntums im Namen der bedrohten Ritter – aber zugleich mit dem literarischen Lustgewinn einer neuen Stofflichkeit, die in den Schilderungen der Bauern, ihrer Tracht, ihres Aufzugs, ihres Benehmens vor allem auch in Liebesdingen und in grotesken Katalogen von Namen sowie im Gebrauch von Idiotismen wahre Orgien feiert:

> Ir hüete, ir röcke, ir gürtel die sint zinzerlîch,
> ir swert gelîche lanc, ir schuoch unz ûf daz knie ergât gemâl:
> also truogen sîs den sumer ûf den kirchtagen.
> üppiclîches muotes sint si ellenclîch,
> daz si waenent, sî sîn künftic von der Treisem hin ze tal.

wie moht mîn vrou Süezel Limezûnen daz vertragen,
daz er an ir hende spranc
den reien? von der tschoyen
sin houpt er zoedeclîchen swanc
gein ir zem turloyen.   (30, IX)

(Ihre Hüte, Röcke, Gürtel, die sind niedlich, / ihre Schwerter
lang eins wie das andere, ihr Schuh, bemalt, reicht bis zum
Knie: / so trugen sie sie im Sommer auf den Kirchweihen. /
Üppiges Mutes sind sie alle, / daß sie meinen, man erwarte sie
von der Traisen abwärts [im ganzen Tullnerfeld?]. / Wie konnte
meine Herrin Süßel dem Limezun das hingehn lassen, / daß er an
ihrer Hand / den Reigen sprang? Vor Lust / schwenkte er seinen
Kopf zu widerwärtig / ihr entgegen beim Turloyen [Refrain?].)

Hier mischen sich bestimmte Anspielungen doch wohl
mit einer nur fingierten „naturalistischen" Konkretheit –
ein aufregender Einbruch ins genormte Vokabular des
Minnesangs, und darüber hinaus eine mächtige sprachliche Eroberung. Und tiefer geht hier auch die Selbstver-
höhnung des Ritters, des Dichters, der sich als eine Art
Provokateur einmischt und doch den Nebenbuhlern
gegenüber ohnmächtig bleibt. Symbol dafür wird der
immer wieder erwähnte Raub von Frideruns Spiegel
durch den Dörper Engelmar – der Vorfall wird fast
unvermittelt zum Zeichen einer heillosen Störung des
weltlichen Glücks emporgesteigert:

Schouwet an mîn hâr,
daz gevar ist als ein îs!
daz grâwet mir (des ist niht rât),
wande mir von getelingen niwan leit geschach.
jener Engelmâr,
von des schulden bin ich grîs,
der hiute noch den spiegel hât,
den er dörper Vriderûnen von der sîten brach.
von der zît
immer sît
warp ich nimmer mêre,
ich enhiete ein iteniuwez herzenleit.

daz ist mînes leiden herzen sêre
von der liebe, die mîn herze sînem liebe treit.

(32,V)

(Schaut mein Haar an, / das sieht aus wie Eis: / das wird mir
grau, rettungslos, / denn mir widerfuhr von Bauernburschen
nichts als Leid. / Jener Engelmar – / seinetwegen bin ich grau –, /
der noch heut den Spiegel hat, / den er, Lümmel, Friderun von
der Seite riß. / Von da an / immer seither / war ich nie / ohne
immer neues Herzeleid. / Das ist meines unseligen Herzens Not,
/ von der Liebe, die mein Herz zu seiner Liebsten hegt.)

Direkt und unheimlich dringt hier die Klage durch:
„swaz ich nû gesinge, / daz sint klageliet" (34,IV). Die
Liebesklage wird auch hier zur Klage über die Frau Welt,
über den Niedergang der Gesellschaft, über das Alter,
über Vergeblichkeit des eigenen Tuns: „daz ist ein gemei-
niu klage, / diu mich vröuden wendet: / daz ist an mînem
lesten tage / leider unverendet" (30,I). Heftiger, nicht
mehr lösbar ist die alte Paradoxie des Sängers – daß
ihm sein Singen vergeblich und sinnlos erscheint und er
dies doch nicht anders als im Gesang, den er der Gesellschaft schuldet, sagen kann. Es bleibt bei der harten
Dissonanz, der Aussage des Bruchs selbst. So ist auch
die große Weltklage Nr. 30, wenn Bertau recht hat, keine
Überwindung oder gar elegische Verklärung mehr wie
bei Walther, sondern vielmehr endet sie in einer desillu-
sionierten Rückkehr zum alten Thema. Es gibt hier auch
keine Bekehrung mehr, bei allem Willen, vom „üppiclî-
chen sange" (III) abzustehen und die Seele zu retten. Daß
Neidharts Kunst, welche die Spannung, den Kontrast
selbst zum Prinzip macht, ohne ihn zu harmonisieren,
dennoch einen künstlerischen Triumph bedeutet, geht
wohl nicht nur aus ihrem gewaltigen Erfolg hervor – er
liegt wohl auch in der Aufrichtigkeit, mit der die Minnelyrik hier an ihre Grenze und in ein neues Sprachfeld
hinübergeführt worden ist; wie alle parodistische Kunst
bleibt sie tief problematisch – aber als Kunst.

Neben und nach Neidhart vollziehen sich freilich auch weniger spektakuläre Wandlungen; ja es kann der Minnesang in seinen sozialen und sittlichen Aufgaben unvermindert ernst genommen sein; es werden ohne Arg neue Pointen ersonnen, neue Variationen versucht. Die Fülle der überlieferten Liebeslyrik des Spätmittelalters bildet bis gegen die Mitte des 14. Jahrhunderts hin, und das heißt auch, bis zum Abschluß der großen Sammelhandschriften, einen einigermaßen geschlossenen Überlieferungskomplex. Ihn übersichtlich zu organisieren ist allerdings schwierig. Die Überlieferung ist einseitig beherrscht durch die Manessische Handschrift mit ihrem südwestdeutsch-schweizerischen Hintergrund. Regionale Gruppen sind grundsätzlich nicht leicht zu bilden, sofern die Dichter ihren Ort verändert oder sich an entfernten Vorbildern orientiert haben. Stilistische „Schulen" sind beim Eklektizismus mancher Dichter oft nur unscharf zu unterscheiden, zumal wo vom musikalischen Aspekt abstrahiert werden muß. Gattungsgeschichtliche Verläufe sind nur bei prononcierten Formen wie dem Leich oder motivisch ausgeprägten Typen wie dem Tagelied klar zu verfolgen. Von den insgesamt etwa 170 Minne- und Spruchdichtern, die bis 1350 gezählt werden können – viel Anonymes und „Unechtes" kommt hinzu –, muß im folgenden eine enge Auswahl getroffen werden.

2. Die spätstaufischen Dichter

Ein letztes Aufblühen wirklicher Hofkunst im staufischen Bereich und zugleich eine bezeichnende „Wende" dieses Minnesangs läßt sich seit 1220 bei einigen staufischen Dichtern verfolgen. Man hat gerne den Hof König Heinrichs (VII.), der von 1220 bis zu dessen Absetzung 1235 Mittelpunkt der staufischen Verwaltung in Deutschland war, dafür in Anspruch genommen.

Burkhard von Hohenfels erscheint 1216 bei Friedrich II., 1222–27 bei Heinrich. Gottfried von Neifen, aus freiherrlicher Familie (Hohenneuffen bei Urach), Sohn des königlichen Protonotars, ist 1235 Heinrichs Parteigänger, dann allerdings bis 1255 ohne nachweisliche Beziehung zum staufischen Hof. Schenk Ulrich von Winterstetten, aus bewährtem staufischen Ministerialengeschlecht, ist erst von 1241 bis 1280 bezeugt, nach Bumke kommt auch ein 1239 unter diesem Namen erscheinender „Unterministerialer" in Frage. Schon aus zeitlichen Gründen ist also kein geschlossener „Kreis" um den lebenslustigen Heinrich anzunehmen. Dennoch kann die Gruppe dieser schwäbischen Dichter lokal und stilistisch zusammengesehen und auf den weiteren Zusammenhang der staufischen Tradition zurückgeführt werden.

„fröide und frîheit / ist der werlde für geleit" – dieser Refrain bezeichnet den Grundton von B u r k h a r d s 18 Liedern: Höfische Minne schafft Fröhlichkeit; hoher Mut, freier Mut ist weniger sittliche Haltung als natürliche Stimmung, die sich im hinreißenden Tanzlied ländlicher – aber nicht dörperlicher – Szenerie am schönsten äußert:

> Wir sun den winder   in stuben enpfâhen,
> wol ûf ir kinder,   ze tanz sun wir gâhen!
> volgent ir mir,
> sô sun wir smieren (lächeln)   und zwinken und zwieren
>   (äugeln)   nâch lieplîcher gir.
>
> (I,1)

Nicht weniger schwungvoll sind die andern Stücke, die mit Vorliebe sich eines flüssigen trochäischen Vierhebers bedienen. Neidhartisches kann in den ländlichen Szenen und zwei Mädchendialogen anklingen, aber stets ohne die parodistische Absicht. Burkhards noblere Kunst gefällt sich dagegen vor allem in einer neuen Ornamentierung der Sprache; er läßt die „vil süeze minne" aus dem Herzen blühen, metaphorisiert, ja allegorisiert den Minnedienst in Bildern des Tierreichs oder der Jagd, in nuce bereits wie die großen Minneallegorien des 14. Jahrhunderts; er läßt gelehrte Elemente einfließen – so in einer kleinen meteorologischen Theorie im Zusammenhang eines Natureingangs (XI) – und blümt seinen Text mit neuen Wörtern und preziösen Wendungen, die an den späten Wolfram erinnern und doch ganz andern Geistes sind: z. B. „fröidenfrühtic lachen", „ir ougen swanc gap fröiden kleit". Gelehrte oder gesuchte Diktion, die später oft zur gequälten Manier wird, ist hier noch freudig, spielerisch, noch gehalten von höfisch-gesellschaftlichem Umgang, auch wenn dies nicht mehr hohen Stil und strenge Haltung bedeutet.

In der Richtung einer derart entspannten, lebenslustig-eleganten Kunst ging Gottfried von Neifen mit weitreichendem Erfolg weiter. Die „Inhaltsleere" der Lieder Neifens ist „auch für mittelalterliche Verhältnisse ein Extrem" (Hugo Kuhn). Vielleicht ist gerade die nun völlig entschwerte, in müheloser Wiederholung eines schlichten Vokabulars der Minne, der Freude, der lichten Augen, des roten Munds, von Sommerlust und Winterleid sich wiegende Kunst als glückhafte Eroberung empfunden worden. Sie ist gewiß oberflächlich, aber ermöglicht darin, in freudig-anmutiger Helle der Stimmung, in glatter Rhythmik und vor allem im Geläut ihrer Klangspiele und fast seriellen Wortwiederholungen einen eigenartigen impressionistischen Zauber:

> Rôter mund, nû lache
> daz mir sorge swinde;
> rôter munt, nû lache, daz mir sendez leit zergê.
> lachen dû mir mache,
> daz ich fröide vinde;
> rôter munt, nû lache, daz mîn herze frô bestê.

> sît dîn lachen mir gît hôchgemüete,
> neinâ, rôter munt, sô lache mir durch dîne güete
> lachelîche, roeselechte: wes bedörfte ich mê?

(IV,3)

Zu diesen heiteren Liedern, die vermutlich von der gleichzeitigen französischen Kunst angeregt sind (Kuhn), kommt noch eine Reihe pasturellenartiger Stücke in knapper „volkstümlich"-balladenartiger Form und z. T. kräftiger Anzüglichkeit, die unabhängig von Neidhart sein können („Flachsschwingerin", „Wiegenlied", „Büttnerballade"). Hier stellt sich freilich die Echtheitsfrage besonders dringlich. Wir haben den ganzen Neifen, 51 Lieder, nur in der Sammlung C, von denen v. Kraus nicht weniger als 22 gestrichen hat, darunter vor allem die letztgenannten.

Eine noch spätere Stufe des Formalismus vertreten Ulrich von Winterstettens Gedichte – 40 Strophenlieder und 5 Leiche –, eine wiederum nur von C überlieferte Sammlung schwäbischer Kunst. Mit Ausnahme einiger szenischer Dialoge satirisch-parodistischer Art im Gefolge Neidharts oder Neifens sind die Texte inhaltlich sehr konventionell; ja die Minne-Aussage ist offenbar nur noch Vorwand für ein virtuos-energisches Spiel mit den Reimen der meist kurzen Verse und Versikel, das den sprachlich-rhythmischen Zusammenhang völlig zerteilt und unerheblich macht, z. B.:

> werdiu minne,   twinc ir sinne,   daz si mich
> lieplich meine,   diu vil reine   minneclich ...

(XXXIX)

Das gilt vor allem auch für die nun nicht nur bei Winterstetten zahlreich erscheinenden weltlichen Leiche, an denen sich formal-musikalische Kunst besonders entfalten kann. Es sind z. B. Tanzleiche, wie auch die nun meist mit Refrain versehenen Strophenlieder offenbar als

Begleitung zum Tanz gedacht sind. „Wan si gelfent sînen sanc / tag unde naht in dirre gazzen" – so läßt Winterstetten eine Alte zu ihrer Tochter sagen, die durch „Schenkenlieder" von Sinnen gebracht sei (IV). Das mag selbstironische Angeberei des Dichters sein, oder das Kompliment eines Untergebenen – es deutet auf die Möglichkeit einer durch die Melodie begründeten, neuartigen Volkstümlichkeit dieser Kunst, bis zum Gassenhauer.

Dem spätstaufischen Kreis läßt sich biographisch und in mancher Hinsicht auch literarisch der T a n n h ä u s e r anschließen. Trotz verstärkter Züge eines Berufsdichtertums sieht man in diesem Manne einen Ministerialen, vielleicht aus der Nähe von Nürnberg, dessen Leben wenig zu tun hat mit der Sage vom Venus-Geliebten, die sich später an den Namen Tannhäuser schloß. In einem auf etwa 1265 datierbaren Leich aus der Spätzeit des Dichters findet sich eine eigentliche Elegie auf den Untergang der milden Staufer, ihres Reichs und der höfischen Freude, auf Friedrich II. und seine Söhne Heinrich VII. und Konrad IV.; mindestens mit den letztern sind unmittelbare Beziehungen anzusetzen. Ein völlig desillusioniertes Kreuzlied belegt die Teilnahme an Friedrichs Zug von 1227/28. Später hat der Dichter von Friedrich dem Streitbaren Besitz bei Wien erhalten; er beklagt den Tod des Herzogs und eine neue Armut und Heimatlosigkeit nach 1246, wobei er traurig „Tannhusaere" auf „swaere" und „klagebaere" reimt. An Walther von der Vogelweide erinnern nicht nur manche literarischen Reminiszenzen, sondern vor allem auch die Doppelexistenz als höfischer Sänger und fahrender, gehrender Spruchdichter. Verstärkt treten dabei die Züge einer ironisch-qualvollen Selbstpreisgabe hervor. Die 6 (weltlichen) Leiche des Tannhäuser haben formale Beziehungen zu Winterstetten; eigentümlich ist in den 4 Tanzleichen die inhaltliche Trennung eines ersten, einleitenden Teils

(mit einem Lobpreis des Fürsten, einem Katalog
berühmter Schönheiten, einer Aufzählung geographischer oder literarischer Merkwürdigkeiten) von einem
zweiten Teil, der ganz in der Funktion des ländlichen
Tanzvergnügens steht und brauchmäßig schließt:

> Nû singe ich aber hei!
> heia, nû hei.
> Nû ist dem videlaere   sîn videlboge enzwei.

Auch in den strophischen Liedern erscheinen zugriffige
Schilderungen der erotischen Reize des Mädchens
(„sumertöckel"); daneben aber erfüllt sich diese Tendenz
zur Konkretion vor allem in den für die spätere Spruchdichtung bezeichnenden Reihungen von Wissenselementen (im Kreuzlied z. B. der exotische Namenkatalog all
der Winde, die das Schiff des Kreuzfahrers geschüttelt
haben), die sozusagen unassimiliert in das formalistisch
leer gewordene Lied einströmen; hier machen sie allerdings noch den Eindruck von selbsterfahrenem Gut. Die
Freude an den exotischen Namen verbindet sich mit dem
Typus von einer Art sammelnder Merkdichtung; witzig
ausgewertet wird dieser Reiz auch einmal in einer richtigen Mischsprache (III):

> Ein riviere ich dâ gesach:
> durch den fores gienc ein bach
> ze tal übr ein planiure.
> ich sleich ir nâch, unz ich si vant, die schoenen creatiure:
> bi dem fontâne saz diu klâre, süeze von faitiure.

Der Tannhäuser belegt mit solchen Wissens- und Sprach-
spielen sowie mit der autobiographischen Konkretion
seiner Aussagen Tendenzen, die sich von Lichtenstein
über Hadlaub bis zu Oswald von Wolkenstein oder bei
der späteren Spruch- und Meisterdichtung verfolgen
lassen.

3. Der „Frauendienst" Ulrichs von Lichtenstein

Wie sich ein krisenhaft gewordener Minnesang in der Spannung zwischen Idee und Wirklichkeit persönlich zu bestätigen sucht, zeigt das hochinteressante Werk Ulrichs von Lichtenstein, der bedeutendsten Figur einer kleineren Gruppe steirischer Lyriker, unter denen sich auch Ulrichs Schwiegersohn Herrand von Wildonie befindet. Der Minnedienst wird auf das individuelle Leben bezogen, als persönliche Leistung und Erfahrung dargestellt. Die Lieder beanspruchen Dokumentarwert im Rahmen eines Œuvres, das chronologisch gesammelt und dessen Ablauf einer erzählbaren Geschichte zugrunde gelegt wird. Ulrich von Lichtenstein (1198 bis 1275), aus bedeutendem Ministerialengeschlecht, ist höfisch auferzogen, verwaltet einen beträchtlichen Besitz, steht in Beziehung zu den führenden Herren des deutschen Ostens und Südostens, bekleidet die Würden eines Truchsessen, Landesrichters und Landesmarschalls der Steiermark, tut sich hervor in großen Turnierfahrten und Kriegszügen; auch Rückschläge, wie zweimal eine lange Gefangenschaft, blieben ihm nicht erspart. Seine 58 Lieder (davon nur ein Leich) lassen davon zunächst gar nichts ahnen. Es sind gewandte, formenreiche, aber klare und im Grund schlichte Übungen nach den klassischen Vorbildern, vor allem Reinmar und Walther: jahrelanger Dienst an einer spröden und launischen Dame, Lieder der Klage, dann auch der Freude (hier ist Neifen zuständig), Anwandlungen des Zorns, allgemeine Betrachtungen – unter Ausschluß der Richtung Neidharts.

Nun sind diese Lieder nicht nur in C, sondern auch in der einzigen Handschrift eines sogenannten *Frauendienstes* überliefert: hier stehen sie im Zusammenhang einer Großerzählung des sechsfachen Umfangs, die den „autobiographischen" Rahmen liefert. Diese Erzählstrophen, nüchtern mechanische Achtzeiler aus männlichen Vier-

heberreimpaaren, berichten nun die erstaunlichsten
Dinge: die ritterliche Erziehung bis zur Ritterweihe in
Wien, die frühen Minneversuche des Pagen, den ver-
zweifelten Dienst an der launischen Dame, Turnierfahr-
ten, vor allem die große Venusfahrt – der Dichter, im
Kostüm der Frau Venus, reitet mit Gefolge zwischen
Venedig und Böhmen von Turnier zu Turnier. Dazwischen vernehmen wir die berüchtigten Episoden: Der
Dichter läßt sich, um der Dame besser zu gefallen, seine
Hasenscharte operieren; er hackt sich einen krummen
Finger ab und stellt ihn der Dame zu; dann das lächerlich
mißglückte Stelldichein: der Liebhaber hat sich als aus-
sätziger Bettler verkleidet vor der Burg der Dame einzu-
finden (also eine Episode des *Tristan* zu wiederholen)
und peinliche Dinge zu erleben. Später dann, wegen
einer nicht näher bezeichneten Untat der Herrin, die
zornige Kündigung des Dienstes, eine erholsame Existenz als „vrouwen vrîer man" (1376) und darauf die
Huldigung an eine neue, freundlichere Dame. Schließlich
folgen ernstere Ereignisse, Beteiligung an der Schlacht an
der Leitha gegen die Ungarn 1246, Gefangenschaft durch
ungetreue Dienstleute und Befreiung. Nach weiteren
Betrachtungen schließt das Buch mit einer Reverenz vor
Gott und den Damen:

> Ich weiz wol, daz ez missestât,
> daz mîn munt von mir selben hât
> getihtet ritterlîche tât:
> dô moht ôt ichs niht haben rât;
> wan michs betwanc vil grôziu nôt,
> daz mirz diu vrouwe mîn gebôt.
> swaz si gebiutet, des sol ich
> mit triuwen immer flîzzen mich.

> (1849)

Die öffentlichen Ereignisse sind genau datierbar (1212
bis 1248).

Für das Ganze drängen sich zwei Feststellungen auf. Erstens: Es muß ein hoher Grad faktischer, aber bereits nach literarischen Mustern gestalteter Lebenswirklichkeit vorliegen, damit die übertreibende Erzählung verstanden und in der spielerisch-humoristischen Dialektik zwischen Wirklichkeit und Spiel durchschaut werden kann. Die Stilisierung des Lebens wie der Erzählung davon besteht in der Auswahl der minnedienstlich-ritterlichen Aspekte, womit das Werk ein erzählerisch-lyrisches Lehr- und Unterhaltungsbuch wird. Die Schwierigkeit für uns liegt darin, daß das „Spielelement" der Kultur zugleich einen hohen Grad verbindlicher Wirklichkeit hat, ähnlich wie gewisse Formen des modernen Sports. Zweitens: Die „autobiographische" Aussage ist nur erst im Rahmen solcher halb literarischer, halb gelebter Rollen möglich. Das Bewußtsein davon gibt der Selbstbekundung einen humoristisch, ja selbstironisch gebrochenen Charakter. Von Neidhart über Ulrich und Hadlaub zu Oswald von Wolkenstein zeigt sich die Demonstration eines neuen, robusten Ichs immer wieder in der Gestalt von Selbstironie, ja Selbstparodie. Noch sind überindividuelle, konventionelle Lyrik und stoffhaltig-chronikalische Erzählung getrennt: Der *Frauendienst,* am eigentlichen Anfang einer deutschen Selbstbiographie, zeigt auch darin die enormen Schwierigkeiten einer autobiographischen Integration.

4. Schweizer Minnesänger: das Beispiel einer Landschaft

Aus keiner Region sind die Lyriker des 13. Jahrhunderts so gut und so zahlreich belegt wie aus der heutigen deutschen Schweiz, sei es, weil hier wirklich eine besonders intensive Kultur des Minnesangs blühte, sei es, weil hier um 1300 die großen Sammler von Liederbüchern das einheimische Gut besonders berücksichtigten. Von den

170 bekannten Namen mittelhochdeutscher Minne- und
Spruchdichter bis 1350 erscheinen in der Ausgabe der
Schweizer Minnesänger von Karl Bartsch deren 32;
das ist ein hoher Prozentsatz, auch wenn die Zahl noch
reduziert werden müßte, da für eine Reihe von Dichtern
(etwa ein Viertel) die schweizerische Herkunft nicht ganz
gesichert ist; anderseits wäre Konrad von Würzburg
heranzuziehen, und vielleicht kommt auch Rudolf von
Rotenburg noch hinzu. Alle sind in C überliefert, meistens sogar ausschließlich; abgesehen von Rudolf von
Neuenburg sind es durchweg nachklassische Dichter.
Der älteste ist wohl der St. Gallische Truchseß U l r i c h
v o n S i n g e n b e r g (1219–28 bezeugt), der Inbegriff
eines liebenswürdigen, vornehmen Walther-Epigonen;
die jüngsten Vertreter reichen noch tief ins 14. Jahrhundert (so Hadlaub und Rost von Sarnen); aber die
dichteste Streuung zeigt die zweite Hälfte des 13. Jahrhunderts. Im Ganzen erscheint als Hintergrund ein enges
Netz der lokalen und dynastisch-feudalen Beziehungen
zwischen diesen Dichtern an weltlichen und geistlichen
Höfen, in Burgen und Städten. Die bedeutendsten Herren, die sich hier noch dem Minnesang widmen, sind
ein Graf K r a f t v o n T o g g e n b u r g (Mitte 13. Jahrhundert) und der Graf W e r n e r v o n H o m b e r g
(um 1284–1320), der mit den Rapperswilern und Habs-
burgern verwandt ist, dem Kaiser Heinrich VII. nahesteht und sich als großer Kriegsheld auf Feldzügen
nach Litauen und Italien hervorgetan hat. Über Freiherren (Walther von Klingen) und Ministeriale geht die
soziale Leiter bis zu den bürgerlichen Meistern: vor
allem den Zürchern Heinrich Teschler und Johannes
Hadlaub.

Scharf profilierte Neuerer oder auch nur Könner
hohen Rangs sind keine dabei, wenn man Konrad von
Würzburg ausnimmt. Im Gesamten ergibt sich das Bild
einer im besten Sinn gesellig-liebhabermäßigen Pflege der

vornehmen minnesängerischen Übung, wie sie von den
Klassikern begründet worden ist; stellenweise kommen
die Anregungen Neidharts oder Neifens hinzu. Im allgemeinen herrscht das Dienstlied in Klage und Freude, sehr
oft mit dem obligaten Natureingang; immer wieder wird
auch das Tagelied, seltener die Weltklage gepflegt. Im
Text weist sich der Dichter gern durch neue intensivere
Pointen aus, die naturgemäß in der Richtung einer gewissen Vergegenständlichung gehen: Der Toggenburger feiert wortspielerisch den Rosenmund seiner Dame, der
Homberger doppelt nach: ihr Mund brennt wie feuriger
Zunder, sie hat offenbar eine rote Rose gegessen (6); der
Kilchher ze Sarnen läßt sein Herz im Leibe „wepfen",
wie wenn es ein Nest voller Vögelchen gefunden hätte;
die Reize der Geliebten werden detailliert, zum Rosenmund kommen die Wangengrübchen (Otte zem Turne
I). Energischer rüttelt der kriegerische Graf von Homberg an den Gitterstäben der Tradition, wenn er, unfein
genug, den Gatten der Dame, der nicht einmal auf
reinem Stroh zu liegen verdiene, zum Teufel wünscht.
Aber gerade bei ihm erscheint nochmals, spät und groß,
das Thema des Abschieds, der Ferne des in den Krieg, zu
den Heiden oder nach Italien, ziehenden kaiserlichen
Gefolgsmanns, wie einst bei den Sängern um Barbarossa
und Heinrich VI. Auch hier liegt nahe, daß der Ernst der
minnesängerischen Übung in derbe Komik, Ironie und
Parodie umkippt – Beispiele liefert etwa der Taler. Wenn
die gelegentliche neidhartische oder neifensche Szenerie
meist eher idyllisch zu verstehen ist (z. B. Goeli), so
bedeutet die Dichtung S t e i n m a r s eine drastische Travestie der höfischen Ideale (Steinmar: vielleicht Berthold
Steinmar, Dienstmann Walthers von Klingen, um 1280).
Sein Herbst- und Schlemmerlied eröffnet eine neue
kühne Gattung, in der sich – nach lateinisch-vaganti-
schen Vorbildern – der arme Märtyrer der Minne entschließt, „ins Luder zu treten" und sich den pantagrue-

lisch ausgemalten Freuden von Trunk und Fraß zuzu-
wenden. Somit nehmen auch die Minnewünsche massi-
vere Formen an, so in einer pompösen Minneklage mit
dem grotesk abgewandelten Refrain: „daz si mich niht
zuo zir ûf den strousack lât!" Und das Tagelied wird
resolut auf Knecht und Magd übertragen.

Die interessanteste Gestalt, liebenswürdiger Erbe dieser verschiedenen Überlieferungen und zugleich von
sozusagen naiver Originalität ist Johannes H a d l a u b ,
ein Zürcher Bürger, der 1302 als Käufer eines Hauses
erscheint und den liedersammelnden Manessen und
ihrem Kreis in Freundschaft oder Dienst verbunden war
(gest. vor 1340). Die Manessische Handschrift widmet
ihm nicht nur als einzigem ein doppeltes Bild, sondern
bringt auch die hohe Zahl von 54 Liedern, die in den
Jahrzehnten um 1300 entstanden sein müssen. Ein
Gedicht mit höchst anschaulicher Darstellung der Sorgen
eines Ehemanns und Hausvaters (7) – die mit den noch
viel größeren eines unglücklichen Minners verglichen
werden – darf wohl nicht auf Hadlaubs vielleicht recht
komfortable Verhältnisse bezogen werden. Selbst bei der
treuherzigen Beflissenheit dieses „Meisters", der sich in
den verschiedensten Formen, auch Leichen und Tageliedern, ergeht, wird die zeittypische Kunst des Kontrasts
deutlich. Bestimmend ist allgemein das Nebeneinander
und Gegeneinander der „senden swaere", des „ach, ich
minne gar ze hôh", der „tief rede von der minne" und
anderseits einer von Neidhart und vor allem von Steinmar herkommenden saftigen Ernte- und Herbstlyrik;
spezieller aber kann der Kontrast in ein und demselben
Gedicht ausgespielt werden, etwa mit dem Umschlag
ideologischer Minne in schnöd entlarvende Metaphorik:
„Minner herze viht ze ganzer staete – / als in einem sacke
ein swîn"; umgekehrt mündet die groteske Schilderung
der Haussorge oder eine Schlachtfest-Orgie in Minnehuldigung und Minneklage (17,18). Einmalig und histo-

risch bedeutsam sind aber vor allem die paar Lieder,
welche den Minnedienst des schüchternen jungen Mannes um ein vornehmes Mädchen im Kreis der höfischen
Zürcher Gesellschaft schildern, und zwar genrehaft-
anekdotisch erzählend und sorgfältig die Namen der
Beteiligten nennend. Der Minnesänger sucht sich ähnlich
wie bei Lichtenstein, aber nun im Lied selbst, historisch
zu objektivieren und autobiographisch zu beglaubigen,
die zufällige individuelle Episode tritt an die Stelle der
statischen Idee. Es sind die berühmten Erzählungen, wie
der Dichter der verehrten Dame nach der Frühmette
unbemerkt einen Brief ansteckt (1), wie er sie bei einem
Spaziergang vor der Stadt oder beim Küssen eines kleinen Kindes beobachtet (6,4), wie sich die Herren und
Damen der Gesellschaft für ihn bei der störrischen jungen Dame einsetzen, sie ihn aber nur in die Hand beißt
(der Maler der Handschrift läßt zarter nur das Hündlein
der Dame beißen) und ihm das Nadelbein als erzwungenes Geschenk hinwirft (2). Das sind reizende Szenen
eines späten Minnespiels, das offenbar von der Gesellschaft selber weniger mehr geübt als vielmehr an den
Kindern gegen deren Willen als Schauvergnügen inszeniert wird. Unschätzbar werden diese Schilderungen nun
erst recht durch die genaue Nennung der Personen: der
Bischof von Konstanz (Heinrich von Klingenberg, 1293
gewählt, in einer einzelnen Strophe zusätzlich gefeiert,
kann selbst „wîse unde wort"), die Fürstin von Zürich
(d. h. die Äbtissin des Fraumünsters), die Äbte von
Einsiedeln und Petershausen, ein halbes Dutzend Grafen
und Freiherren der Ostschweiz und der Zürcher Herr
Rüdiger Manesse: „edel frouwen, hôhe pfaffen, ritter
guot". Es ist die nobelste Gesellschaft des Landes in
dieser Zeit der 1290er Jahre und offensichtlich der Kreis,
in welchem der Grund zur Liedersammlung der Manessischen Handschrift gelegt wurde. Ein besonderes Lied
(8) preist Rüdiger und seinen Sohn Johannes, den Custos

(des Großmünsterstifts, gest. 1297), wegen ihrer erfolgreichen Bemühungen um die Sammlung der „liederbuoch":

> wâ vund man sament sô manic liet?
> man vunde ir niet im künicrîche
> als in Zürich an buochen stât.

(Wo fände man so viele Lieder beisammen? / Man fände sie nirgends im Königreich / außer dem, was in Zürich aufgeschrieben ist.)

Damit kann aus zeitlichen Gründen noch nicht die später – wohl in Zürich, mit Nachträgen bis gegen 1340 – hergestellte Manessische Handschrift gemeint sein, wohl aber deren Vorstufen, mit denen auch die in Konstanz geschriebene, sehr viel bescheidenere Weingartner Handschrift zusammenhängt. Mit diesem Lob eines bereits literarisch-retrospektiven Interesses am Minnesang durch den Minnesang selbst hebt sich die Tradition letzten Endes selber auf, in einer allerdings festlichen Weise.

Ein Teil der Herren, die im Bereich des Schweizer Minnesangs und insbesondere bei Hadlaub erscheinen, ist einem dunkeln Geschick entgegengegangen. Die Verfolgung der Mörder König Albrechts und der Untergang von Herzog Leopolds Heer bei Morgarten (1315) haben auch den ostschweizerischen Adel betroffen. Bald nach Vollendung der ritterlichen Prachthandschrift hat die Stadt Zürich, das „nobile Turegum" (Otto von Freising), eine bürgerliche Zunftverfassung erhalten (1336), und 1351 ist sie dem Bund der Innerschweizer Bauern beigetreten. Das letzte Lebenszeichen schweizerischen Minnesangs ist die melancholische Notiz späterer Chroniken, daß der von der Stadt 1350–52 gefangengesetzte Graf Hans von Habsburg-Rapperswil in seinem Kerker das Lied „Ich weiß ein blaues Blümelein" gedichtet habe – es ist die späte Wiederholung eines Motivs aus dem

Schicksal der gefangenen Staufersöhne oder des Richard
Löwenherz, nach dem Wortlaut zugleich bereits ein
Zeugnis für den Übergang des Minnesangs ins Volkslied.

5. Fahrende und Meister (Spruchdichtung)

Minnedichtung und Spruch sind formal, inhaltlich und
sozial zwar im Ganzen deutlich unterscheidbar, doch im
einzelnen schwer zu trennen, zumal nachdem Walther
beide Bereiche in Personalunion verkörpert und dem
Spruch eine neue, höfisch-politische Funktion geschaffen
hat. Je mehr die Kunst berufsmäßig wird, je mehr auch
mit einem ausgebildeten, lernbaren Bestand verfügbarer
Formen gewirtschaftet werden kann und soll, um so eher
gibt sich die Möglichkeit von Grenzüberschreitungen. Es
gibt adlige Herren, von denen ausschließlich politische
oder geistlich-moralische Sprüche überliefert sind (so die
beiden Schweizer von Wengen und Johann von Ringgenberg, auch vielleicht Reinmar von Zweter). Normaler ist
das Umgekehrte: die Minnedichtung ist frei verfügbar
und ist meistens auch bei den Spruchdichtern und Fahrenden gepflegt. Dazu kam unter Umständen noch ein
Repertoire erzählender Dichtung: Der Marner beklagt
sich jedenfalls über ein Publikum, das durcheinander
nach Heldendichtung von Rother bis zu Dietrich und
Ecke und nach Minnesang verlangt und mit nichts zufrieden ist (XV,14).

Nichtadlige Herkunft ist denn auch, vor allem in
späterer Zeit, für die Spruchdichter meistens anzunehmen, soweit nicht der „Fahrende" einen eigenen Stand
außerhalb der Stände verkörpert, in dem sich verarmte
Adlige, wandernde Kleriker und „bürgerliche" Laien
sehr unterschiedlicher Bildung begegnen. Aber jedenfalls
ist ihr Kunstideal kein höfisches, vielmehr ein „meisterli-
ches". Hadlaub spricht von „meistersanc" und meint
damit auch die ganze ritterliche Lyrik; Jacob Grimm hat

ihn dabei beim Wort zu nehmen versucht. Das Wort
bezieht sich allerdings hier noch allgemein auf Kunst als
ein Können und Wissen sui generis, das zu lernen und
beruflich zu üben ist. Diesen Charakter hat freilich jede
mittelalterliche „ars", selbst das sittliche Vermögen ist
ein Wissen. Indem aber der lebendige Geist ritterlicher
Gesellschaftsexistenz aus der Kunstübung zurücktritt,
bleibt dem Dichter ausschließlich die Berufung auf sein
Meistertum; er entwickelt eine oft pompöse Berufsideo-
logie und insistiert auf dem göttlichen Ursprung der
Kunst. Dies wohl weniger im Sinn persönlicher Inspira-
tion denn im Sinn einer objektiven, gottgeschaffenen
Einrichtung. Es beginnt der traditionalistische Kult klassischer Meister mit der Ausbildung von sogenannten
Minnesingersagen (Morungen, Tannhäuser, Heinrich
von Ofterdingen, Klingsor) oder anspruchsvollen literarischen Fiktionen wie dem berühmten *Sängerkrieg*
auf der Wartburg (einem heterogenen Gedicht-
komplex frühestens aus der Jahrhundertmitte; er enthält
vor allem das „Fürstenlob", einen grimmigen Sänger-
streit mit dem Einsatz des Lebens um das Lob des
Herzogs von Österreich gegen das Lob des Landgrafen
Hermann, und dann den „Rätselstreit" zwischen Wolfram und Klingsor). Demütiger epigonischer Retrospektive (Konrads von Würzburg „Klage der Kunst"; Friedrich von Sonnenburg, HMS III,I,17 ff.; Kanzler, KLD
II,9) widerspricht aber keineswegs der häufige Ausbruch
unverfrorensten Selbstbewußtseins und Standesan-
spruchs: „ûz kessels grunde gât min kunst" – so stellt
sich Frauenlob gegen die klassischen Meister, und der
genannte Sonnenburg erklärt den für ehrlos und ewig
verloren, der die Künstler darben läßt (a. a. O).

Es ist klar, daß damit, deutlicher und einseitiger als im
zeitgenössischen Minnesang, das virtuose und insbesondere auch „gelehrte" Element überhandnimmt. Der
Dichter demonstriert seine überlegene Kunst materiell

durch gesuchte oder sonst verblüffende Wendungen,
durch Verfremdungen und Verrätselungen aller Art,
gelehrte Andeutungen und Fremdwörter, naturkundliche, kosmologische und vor allem theologische Gegenstände (wie Jungfrauengeburt, Trinität, Schöpfung).
Ähnlich wie im 17. Jahrhundert wird das Wissen, ein im
Grunde bescheidener Bestand von Wissenselementen, als
repräsentatives Material im Gedicht eingesetzt, ein Versuch, konkret die objektive Wahrheit der Kunst zu zelebrieren. Mit Lyrik im neueren Sinne hat das kaum mehr
zu tun, doch muß gerade hier, bei diesen frostigen
Montagen, eine vielleicht großartige musikalische Fassung hinzugedacht werden, mit kühnem Rhythmus und
hochgotischen Verzierungen. Wort und Ton verbinden
sich nicht zu einem expressiv-symbolischen Ganzen,
aber haben ihren Bezug doch in der gemeinsamen
geheimnisvollen Ordnung der Schöpfung. Neben der
hauptsächlichen Möglichkeit des kunstvoll verschlüsselten Spruchs und seiner Steigerung zur dunklen Manier
steht, vor allem in den Formen des Minneliedes, die
Möglichkeit einer rein lautlich-rhythmischen Virtuosität
(Konrad von Würzburg), in der uns am ehesten das
musikalische Element in der Sprache selbst faßbar
geworden ist.

Daß mit der unmittelbaren, aktuellen Funktion des
Spruchs als Paränese die politische Dichtung seit der
Jahrhundertwende zurücktritt, ist begreiflich, um so
unerfreulicher macht sich der Kleinkrieg der Dichter um
ihre Existenz bemerkbar; auch wenn die Aggression auf
den Rivalen, die persönliche oder literarische Fehde
schon bei Walther sozusagen zum Repertoire gehört und
gattungsmäßig entschuldigt ist, nimmt sie in der Konsequenz – etwa in den Sprüchen Gedruts, Geltars oder im
Streit um Reinmar von Zweter, den Marner etc. – häßliche Formen an, läßt hinter den Prätentionen des Fahrenden und Gehrenden eine peinliche Wirklichkeit erken-

nen. Jedenfalls wird die klare Beschimpfung literaturfähig: „ein affe, ein snudel (Rotzjunge), ein gouch, ein rint
/ bistû den ich dâ meine / ... dû sanges lügenaere, / dîn
kunst ist kranker wan ein huon" (Meister Kelin, HMS
III,I,8). Auch Witziges kann darunter sein wie der ironische Angriff Reinmars des Fiedlers auf Lütolt von Seven,
der, ob Gott will oder nicht, besser als alle sein gewaltiges Angebot von Formen („tageliet, klageliet, hügeliet,
zügeliet, tanzliet, leich er kan, / er singet kriuzliet, twing-
liet, schimpfliet, lobeliet, rüegliet als ein man", KLD
III,1) zum besten gibt. Im übrigen ist es heute auch hier
schwierig, den bittern Ernst vom literarischen Spaß zu
trennen.

Sonst gelten die alten Aufgaben des Spruchdichters:
Lob und Huldigung für den Gönner oder seine Partei,
die moralische und soziale Ermahnung – meist im Sinn
eines Eintretens für Ordnung und Recht –, allgemeine
Sittenlehre und Erfahrungsweisheit und vor allem immer
wieder das Lob Gottes, der Trinität, der Schöpfung und
Erlösung. Fast als eigentliche und vielleicht echteste
Domäne des Spruchdichters erscheint der Lobpreis der
Gottesmutter; in der Anrufung der Mutter und Jungfrau,
der Himmelskönigin und Fürbitterin wird er zum Organ
der tiefen Erlösungssehnsucht einer krisenhaft und
angstvoll werdenden Zeit. Als traditionelle, aber nun
gesteigerte Darbietungsformen erscheinen die Fabel, das
Rätsel, das Priamel, eine gesuchte Metaphorik, rhetorische Figuren wie Hyperbel, Adynaton, Paradox und
Wortspiele aller Art.

Bis 1350 lassen sich etwa 40 Dichter zählen, deren
Lieder wesentlich zur Spruchdichtung zu rechnen sind;
manche Namen sind dabei unsicher, manche nur mit
wenigen Stücken bezeugt, manche Zuschreibungen fraglich. Die Hauptquelle ist neben C die Jenaer Handschrift, mitteldeutsch aus der Mitte des 14. Jahrhunderts,
in einzigartiger Weise mit Melodien versehen (J); dazu

kommt eine wichtige Heidelberger Handschrift des gleichen Jahrhunderts (D). Die berühmte Kolmarer Handschrift (cgm 4997) des 15. Jahrhunderts zeigt dagegen trotz älterer Bestände bereits den Charakter einer Meistersingersammlung. Im folgenden können nur wenige, bedeutendere Vertreter genannt werden.

Als der würdigste Nachfolger Walthers gilt Reinmar von Zweter, der uns auch dank Gustav Roethes grundlegender Ausgabe am zugänglichsten ist. Man sieht in ihm einen Ritter (der Name Zweter ist undurchsichtig), der die gehrende Existenz eines Fahrenden führt: „von Rîne sô bin ich geborn, / in Österrîche erwahsen, Bêheim hân ich mir erkorn", sagt er von sich (Str. 150); in den ersten seiner zahlreichen politischen Sprüche wendet er sich, noch gleichzeitig mit Walther, gegen Gregor IX. und die Bannung Friedrichs; bis 1230 ist er am Hof des österreichischen Herzogs, 1235 bis etwa 1240 bei König Wenzel von Böhmen, dann wieder im Westen bei verschiedenen Herren; seinen Tod setzt man vor 1260. Feierlich spricht er mehrfach Friedrich II. bei seinem Erscheinen in Deutschland 1235 als Retter des Reiches an, um jedoch später (1240) die ganze göttliche Macht zum Widerstand gegen ihn aufzurufen (Str. 143); die Forschung versucht vergeblich, dies moralisch zu erklären, und findet es „erschütternd" (de Boor), wie die Reichsidee bei Reinmar versinke. Andere Sprüche, Spruchreihen gelten den sinkenden Idealen der höfischen Zeit: rechte Minne, Maße, Milte, und vor allem die Ehre als umfassender moralischer, sozialer und religiöser Begriff. Daß Reinmar dabei auch eine durchaus handfeste Ehemoral vertritt, zeigen die Ehesprüche, z. B.:

Ein Adam, der ein Êven hât,
diu im gebieten mac,   daz er daz tuot durch si und lât,
der Adam ist der Êven   michels mêr dan Êve Adâmes si.
(101)

(Ein Adam, der eine Eva hat, / die ihm sein Tun und Lassen
befehlen kann, / dieser Adam gehört mehr der Eva / als Eva dem
Adam.)

Schön, würdig, klar und gemessen sind z. T. auch die
religiösen Sprüche, vor allem die an Maria; spruchsänge-
risch forcierte Metaphorik dringt aber auch schon hier
ein, wenn einmal als das wahre Minnebett das Gebet zu
Maria empfohlen wird:

> ir güete wirt sîn materaz,
> so wirt ob im   ir güete sîn declachen (Bettdecke).

(20)

Das gesamte sichere Werk Reinmars besteht, abgesehen
von einem Leich, aus 229 Strophen desselben zwölfzeili-
gen stolligen Frau-Ehren-Tons, wie ihn schon C und
dann die Meistersinger nannten. Was diese völlig extreme
Konstanz des Spruchtons bedeutet, eine wirkliche musikalische Armut oder einen Hinweis auf Variation der
Vortragsmelodie allein, bleibt rätselhaft, erst recht, wenn
der Marner ausgerechnet Reinmar als Tönedieb (Plagia-
tor) beschimpft (XI,3).

Bruder Wernher ist vielleicht trotz seines Namens
ein Laie, der wie Reinmar vor allem in Österreich, aber
auch in Bayern, Schwaben und am Rhein gesungen hat;
seine gegen 80 Sprüche in 8 (?) Tönen fallen in die Jahre
um 1220 bis nach der Jahrhundertmitte und weisen in
vielen Wendungen sowie in ihrer vollen und klaren Form
auf das Vorbild Walthers zurück. Wie Reinmar wendet er
sich gegen den Papst, und er setzt sich ein für Heinrich
(VII.) und Konrad IV. Kaiser und Papst, Kaiser und
Fürsten sind auch seine Probleme, verallgemeinert in den
auch pro domo gemeinten Betrachtungen über Reichtum
und Armut, Alter und Jugend, Ehre und Schande. „Ewig
scheltend" hat ihn Roethe übertreibend genannt. Sein
Ton ist hart, oft unwirsch, etwa im Tadel der geizigen
rheinischen Herren: „si sint so milte sam ein grozer

starker schafe hunt" (HMS III,III,5). Doch ist er ein
Mann von Rang und Profil, der sich im Rahmen seiner
Fahrenden-Existenz wenig vergibt. Seine Weltklagen,
die gebethaften Sprüche von Reue, ja von Weltangst sind
im Sinne dieses ernsten Stils überzeugender Ausdruck
einer Zeitstimmung des Niedergangs, der Enttäuschung,
ja der Bitterkeit. Höfische Träume sind ausgeträumt:
„diu tageweide diu wil hin, der abent siget vaste zuo"
(der Tageslauf geht zu Ende, der Abend sinkt rasch
herein, HMS III,II,3).

Origineller, beweglicher, reicher ist der M a r n e r ,
ein in persönlichen gegenseitigen Invektiven von Rivalen
mehrfach genannter, aber später auch hochgepriesener
„klassischer" Fahrender schwäbischen Ursprungs, der
von Kärnten bis zum Rhein anzutreffen ist. Seine
Gedichte sind datierbar von etwa 1230 bis 1267; um 1270
beklagt Rumelant von Sachsen die Ermordung des alten
Marner:

> schentlicher mort, der wart noch nie begangen
> an einem kranken, blinden alten manne.

> (HMS III,I,9)

Der Name (Ruderer, Seefahrer) ist nicht gedeutet, die
Herkunft ungewiß. Der Dichter ist (geistlich?) gebildet –
es finden sich in seinem Œuvre eine Reihe lateinischer
Gedichte, darunter eine Komposition über die Sieben
Freien Künste. Doch führt hier der Fahrende auch Minnelieder im Neifen-Stil in seinem Programm. Die Sprüche zeigen eine abwechslungsreiche Palette: kunstvolle
Klagen über eigene Armut und den Geiz der Herren,
moralische und religiöse Betrachtungen, Klagen über den
Verfall der Kirche. Ausgeprägter erscheinen beim Marner die typisch spruchdichterischen Formen: ein „Lü-
genmärchen" (XIV,12), priamelhafte Reihungen, gelehrtes Wissen, Tiermetaphorik, Tierfabel:

ohsen krône zimt niht wol, noch in des zagen hant guot swert,
münches tanzen, nunnen hübescheit und affen zagel,
des meien rîfe und in dem ougsten starker hagel
mir selten wol behaget
ûz rîchen mundes lüge, und swâ den bern ein eichorn jaget.

(XV,12)

(Trägt ein Ochs die Krone und die Hand des Feiglings ein
Schwert, das ziemt sich schlecht, / Mönchstanz, Nonnen-
Hübschheit und des Affen Schwanz, / im Mai Reif und im
August starker Hagel / behagen mir nicht, / [sowenig wie] die
Lüge aus dem Mund eines Reichen und wenn den Bären ein
Eichhorn jagt.)

Das Interregnum spiegelt sich in seinen späten Zeitkla-
gen. Der letzte datierbare Spruch ist eine mahnende
Begrüßung Konradins anläßlich seines Zuges nach Italien
1267 – ein melancholischer Abschluß staufischer Reichsdichtung.

Spätere Reichsgeschichte, nun weithin ein binnendeut-
sches Geschehen, erscheint – Frauenlob ausgenommen –
nur noch sporadisch in der Spruchdichtung, vor allem
gelegentlich um die Gestalt Rudolfs von Habsburg und
seine Auseinandersetzung mit Ottokar von Böhmen.
Überragend sind hier nur die bösartig-glänzenden Invektiven, die ein Schulmeister (Berufs- oder Fahrendenname?) von Esslingen gegen den König richtet.
Drastisch wird dessen Geiz gebrandmarkt in einem Nie-
der-mit-ihm-Gedicht mit dem Beginn:

Wol ab, der küng, der gît iu niht;
wolab, er lât iuch bî im frezzen, hânt ir iht.

(KLD I)

(Pfui, der König gibt euch nichts, / pfui, er läßt euch bei sich
[nur] fressen, wenn ihr etwas habt.)

Er stellt schnöde Betrachtungen über den habsburgischen Reichsadler an oder schildert, wie der König ver-

geblich mit Gott ums Himmelreich balgt, dann aber
erfolgreicher mit dem Teufel um die Hölle konkurriert:
„sie kriegent, wer der wirser (üblere) sî" (KLD III). Das
ist immerhin Publizistik mit Witz und Rasse. Der
Wilde Alexander – ein Fahrendenname wohl etwa
in der Bedeutung „weitschweifender Weltfahrer" –, ein
Alemanne aus dem späteren 13. Jahrhundert, führt unter
den Spruchdichtern eine abseitige, aber faszinierende
Stimme. Sein wenig umfangreiches Werk umfaßt die
verschiedensten Formen: einen einfach gebauten stolligen Spruchton mit 24 Strophen wechselnden weltlichen
und geistlichen Inhalts, darunter nur noch einen politischen Spruch, der in kühn kombinierter Tiermetaphorik
die Ereignisse der Jahre 1285–87 (oder 1247–52?) zu
nennen scheint (KLD II,4), dann einen weltlichen Leich,
zwei Minnelieder, einen Minnespruch, ein prachtvolles
dreistrophiges Weihnachtslied – die selten reine Nachbildung lateinischer Hymnik:

> Herre got, dir sungen schône
> hiute naht vor dîme trône
> Cherubin unde Seraphin ...

(I)

Schließlich zwei berühmte allegorische Lieder, die zur
Reue und Wachsamkeit in drohender Endzeit mahnen.
Das eine ist die zauberhafte „Kindheitsballade", Weltklage als subjektiv wirkende Erzählung vom Kindheits-
vergnügen in Wiese und Wald, das doch unheimlich
gestört und abgebrochen wird durch die Warnungen
eines „waltwîsers" oder „waltwîsen", die das Gedicht
allegorisch durchsichtig werden lassen und dann ins
Gleichnis von den zehn Jungfrauen hinüberführen (V);
aus den Elementen zweier Vergil-Verse (*Eklogen* 3,92 f.)
und ihrer traditionellen christlichen Deutung ist dabei
ein neuer Bildzusammenhang entwickelt. Die energische
Rhythmik des Wilden Alexander, der mit expressiven

Tonbeugungen arbeitet, seine klangliche Dichte und vor
allem die eigenwillige Bildverfremdung zeigen sich in
erster Linie in dem Zion-Spruch mit dem unerhörten
Einsatz:

> Sîôn, trûre:
> dîn burcmûre
> hât von schûre
> und von winde manigen stôz.
> dû nâch weine
> dem ortsteine,
> der al eine
> dîne wende zesamene slôz ...
>
> (IV)

(Zion, traure, / deine Stadtmauer / erleidet von Hagel / und
Wind manchen Stoß. / Weine du nach / dem Eckstein, / der deine
Wände allein / zusammengehalten hat ...)

Offen bleibt, ob hier nur das geistliche Zion (die Christenheit) aufgerufen wird oder auch der faktische Verlust
Jerusalems oder des Heiligen Landes mitgemeint ist. Der
dunkle, chiffrierende Stil des Wilden Alexander wird
zum adäquaten Ausdruck endzeitlicher Stimmung.

Wie sich die provozierend verrätselte Spruchdichtung
des Fahrenden mit einer souveränen Meisterschaft in der
einst höfischen Gattung des Minnelieds verbinden kann,
zeigt vor allem Konrad von Würzburg, dessen
Könnertum auch im lyrischen Bereich unerreicht ist.
Auch er pflegt den moralischen, persönlichen und religiösen Spruch und kann hier (z. B. 32,226) erlesene
naturkundliche Reminiszenzen aufbieten und metapho-
risch verwirrend durcheinanderflechten, nur um das
banale Thema des Gehrenden vom „rîchen edelen
schalk" (d. h. dem reichen Geizkragen) abzuwandeln, in
einem „gelehrten" Gebilde, das wie ein Rebus zu entzif-
fern ist. Doch vor allem sind es seine strophischen Lieder, in denen die Reduzierung der Aussage bis zur

völligen Leere die Sprache des Meisters zu einer unerhörten klanglich-rhythmischen Virtuosität freigibt. Diese formalistische Entwicklung ist ja vor allem bei einer um ihre Funktion gekommenen Minnedichtung begründet. Wie die wenigen Vorstellungsbilder des hier fast zum eigentlichen Thema erweiterten Natureingangs sich in einem makellosen, wohllautenden Spiel der Klänge und rhythmischen Linien auflösen, das ist von einer gewichtlosen und vielleicht gerade darum auch etwas schwermütigen Schönheit:

> Jârlanc vrîjet sich diu grüene linde
> loubes unde blüete   guot;
> wunder güete   bluot   des meien ê der werlte bar.
> gerner ich durch liehte bluomen linde
> hiure in touwes flüete   wuot,
> danne ich wüete   fluot   des rîfen nû mit füezen bar.
> mir tuont wê die küelen scharphen winde.
> swint,   vertânez winterleit!
> dur daz mînem muote sorge swinde.
> wint   mîn herze ie kûme leit,
> wande er kleiner vogellîne fröide nider leit.

(13)

(Von nun ist die grüne Linde / ledig Laubes und der schönen Blüte; / Wunderschönheit brachte des Maien Blüte einst der Welt. / Lieber ginge ich dieses Jahr nach hellen, zarten Blumen / durch die Flut des Taus, / als daß ich die Flut des Reifs mit bloßen Füßen nun durchschreite. / Mir tun weh die kühlen, scharfen Winde. / Schwinde, schlimmes Winterleid! / daß die Sorge mir aus dem Gemüte schwinde. / Wind hat mein Herz stets ungern gelitten, / weil er kleiner Vöglein Freude zugrunde richtet.)

Eine fast atemberaubende Reimkunst lädt das Gedicht mit einer Fülle innerer Echos und Korrespondenzen, ohne Gewalttätigkeit bei mühelosem Gang der Verse. Die Strophe zeigt ausgewogenen Stollenbau mit Vierer-, Sechser- und Achterzeilen in wechselnder Kadenz, mit

angereimtem, auch metrisch entsprechendem Abgesang.
Der rührende, aber nicht identische!, Reim wird systematisch durchgeführt (z. B. mhd. leit: „Leid", „litt",
„legt"), in Verbindung mit grammatischem Reim (blüete/
bluot), mit Alliterationen, Assonanzen, Halbreimen,
Vorreimen. Vor allem verblüffen die kunstvollen Über-
kreuzungen (Schüttelreime) blüete/guot: güete/fluot:
flüete/wuot: wüete/fluot usw. Dabei dehnt sich dieses
Reimnetz auch noch auf die folgenden Strophen aus. Das
ist haarscharf an der Grenze des Erträglichen, oft vielleicht auch jenseits davon; aber es ist dennoch ein
Sprachtriumph ohnegleichen, gotisch-scholastische Va-
riations- und Permutationskunst.

Im Werk Heinrichs von Meißen, wegen seines
großen Marienleichs Frauenlob genannt, erfüllt sich
bis auf weiteres die Kunst der „Meister". Was an artistischer Kühnheit, an prätentiöser Dunkelheit, an manieristischer Sprachquälerei und zugleich hoher Ahnung in
den Spruchdichtern des 13. Jahrhunderts lebt, das
kommt bei Frauenlob zu letzter Konsequenz. Das Problematische dieser Kunst gewinnt hier die deutlichste,
überzeugendste Form und findet damit auf seine Art eine
echte dichterische Lösung. Zugleich bezeichnet Frauenlob, der nach späterer Überlieferung in Mainz die erste
Singschule begründet haben soll und von den Meistersingern als Ahnherr verehrt wurde, den Übergang zu einer
neuen Tradition – auch wenn der Meistersang mit seinem
Schul- und Zunftbetrieb erst viel später und auf einer
sozial wie rangmäßig bescheideneren Stufe erscheint und
sich von Frauenlobs Verwegenheit grundsätzlich unterscheidet.

Frauenlob ist wohl „bürgerlicher" Herkunft, in Meißen ausgebildet und frühreif hervorgetreten; er erscheint
vor 1278 bei König Rudolf, dann am böhmischen Hof,
bei einer Reihe von Herren Nord- und Mitteldeutschlands, in Schlesien, Kärnten und Tirol und verbringt

seine letzten Lebensjahre in Mainz in der Nähe des Erzbischofs Peter von Aspelt, des früheren Leibarztes König Rudolfs und dann böhmischen Kanzlers. Auch seine Sprüche, in denen das persönliche Bitten und Gehren fehlt, belegen das Bild eines höfischen „Fahrenden". Frauenlob starb im November 1318 in Mainz; ein ungewöhnliches Grabmal am Dom und die chronikalische Nachricht von einem feierlichen Begräbnis scheinen seine hohe Geltung zu bestätigen. Das reich überlieferte Werk zählt neben einem Dutzend strophischer Lieder mehrere hundert Spruchstrophen in verhältnismäßig wenigen Tönen, oft in Dreiergruppen komponiert, und dazu drei Leiche, die heute seinen eigentlichen Ruhm bestimmen.

In den Sprüchen erscheint die ganze Breite spruchdichterlicher Verpflichtungen: der höfische Lobspruch, die politische und moralische Ermahnung, Betrachtungen über Frauen und Minne und vor allem die Geheimnisse des Glaubens. Stark tritt die Sorge um Fürsten, Adel und Hof hervor, ihre Ehre, ihre Tugenden und Pflichten, doch auch um den Platz der Pfaffen und der Bauern und weiter die Stellung des Menschen überhaupt im Kosmos einer großen sozialen Ordnung, die sich hier in typisch spätmittelalterlicher Art entfaltet. Der Minnedienst wird allgemeiner, idealer auf das letztlich allegorische Wesen des Ewigweiblichen gerichtet, als den Inbegriff der göttlichen Schöpfung und des menschlichen Lebensglücks, wobei dafür ohne scharfe Grenze auch die Gottesmutter Maria oder dann (im Minneleich 4,2 unter Berufung auf Alanus von Lille) die Vrouwe Natura eintreten kann. Hier, im Blick auf die Ordnung und das Schöpfungswunder von Natur und Geschichte findet auch das gelehrte Element seinen Platz; es ist auch hier trotz beträchtlicher theologischer Bildung kaum als Wissenschaft zu verstehen, vielmehr als dichterisches Zeichen des Geheimnisses, als Anspruch des Künstlers auf Wahrheit.

Manche dieser Sprüche sind durchaus unauffällig,
bedienen sich eines schlichteren, verständlichen Stils.
Andere wieder schrauben sich nun in den verblüffend-
sten Aufwand geblümten Redens und dunkler Worthäufung hinein, zumal wo es um den Preis der Kunst, des
Dichters geht:

> Gevîolierte blüete kunst,
> dîns brunnen dunst
> unt dîn geroeset flammenrîche brunst
> diu hâte wurzelhaftez obez:
> gewidemet in dem boume künste rîches lobes
> hielt wipfels gunst
> dîn list, durchliljet kurc.

                                                    (Nr. 313)

(Veilchenhafte Blütenkunst, / deiner Quelle Hauch / und dein
rosig flammenreicher Brand, / die hatten tiefwurzelnde Frucht: /
erhöht im Baume künstereichen Ruhms / hielt Gipfelrang / sein
Können, lilienhaft erlesen.)

Diese Huldigung gilt dem verstorbenen „Kuonrât, helt
von Wirzeburc", und sie bezeichnet einen klaren Stilzusammenhang – doch bleibt ein Unterschied zwischen
Konrads gelassen-reifer Virtuosität und Frauenlobs
erregter, wuchernder Manier.
    Marienleich, Minneleich und Kreuzleich sind die
anspruchsvollen, extremen Hauptwerke, die als „gewaltig lange und gewaltig großartige Stücke" nach dem
Urteil der Fachleute auch in ihrer melodischen Kunst
nicht ihresgleichen haben (Bertau). Ob sie in ihrer zeitlichen Abfolge auch, wie Bertau will, Aufstieg und
Durchbruch einer genialen autonomen Kunst und darauf
dann die resignierende Rückkehr zu einer lehrhaften,
gemeinschaftlichen mittelalterlichen Kunst darstellen,
muß hier offenbleiben. Das Marienlob ist dadurch ins
Objektive gesteigert, daß die Gepriesene, in der Antwort
auf den Anruf des Dichters, in überströmendem Mono-

log sich selber preist; in unerhörter Fülle werden die
mariologischen Bilder und Prädikate gehäuft; die Hohe-
lied-Allegorie wird einerseits zu gewagtesten erotischen
Sensationen getrieben, anderseits erscheint Maria als
Himmelskönigin und Erhalterin der Welt, triumphal,
rauschhaft:

> ich binz, aller himele mezzen:
> swaz ir snelle hât besezzen,
> wie gestecket in die firme
> sint die sterne, daz ich tirme,
> die sich werrent mit der erre;
> inguz, wandel, naehe, verre
> ich hân gehset allen spêren,
> beide ir hemmen und ir kêren,
> wîte, lenge, tiufe, hoehe
> winkelmaezec. mîner lust sich niht empfloehe:
> zal der dinge mit den sachen ligen in der hügede mîn.

(17,20 ff.)

(Ich bin's, aller Himmel Maß: / Was ihre Schnelligkeit ereilt
hat, / wie ins Firmament gesteckt / sind die Sterne, das setze ich
fest, / die sich mit der Irrfahrt wirren; / Einfluß, Wandel, Nähe,
Ferne, / allen Sphären habe ich ihre Achse gesetzt, / ihr Hemmen
und ihre Umkehr, / Weite, Länge, Tiefe, Höhe / nach dem
Winkelmaß. Nichts entflöhe meiner Lust: / die Zahl der Dinge
liegt mit den Ursachen in meinem Geist.)

Der Minneleich singt den Lobpreis der Frau im Bilde der
Natura-Allegorie des „Alânus", ja feiert sie als Trinität
(von meit, wîp und frouwe) und schließlich im Wirbel
der abschließenden rhetorischen Fragen als Maria,
„durch die man alle vrouwen êret". Der Vortrag erhebt
sich stellenweise durchaus ins Hermetische, in erstaunlich kalkulierter Orgie der Sprache, so daß vollends nun
die selbstgenügsame Akrobatik der Wörter und Formen
sich vor jeden auszusagenden Inhalt schiebt. Der Dichter
verstrickt sich in die Wortklänge und Assoziationen, die
Raritäten des Vokabulars, kühne Neubildungen, Rätsel-

metaphern, rhetorische Figuren aller Art und läßt
dadurch sein prunkvolles Werk, ja die eigene dichterische Person selber selbstherrlich werden.

Man kann beim heutigen Stand der Frauenlob-For-
schung das Phänomen dieses Dichters kaum zureichend
würdigen, und jedes Urteil wird von der grundsätzlichen
Einschätzung eines so exzentrischen Manierismus abhängig sein. Frauenlob – „der künste koch", der „ûz kezzels
grunde" schöpfen will, ist aber zweifellos nicht ein bloßes Kuriosum und ein verfrühtes Genie, sondern bleibt
eine stellvertretende geschichtliche Figur: Dichterische
Sprache ist hier nominalistisch, bis zu einem gewissen
Grade autonom geworden; je nervöser und verspielter sie
sich an ästhetische Reize und Experimente verliert, um
so weniger kann sie eine geheime Sucht und Sehnsucht
nach dem Namenlosen hinter dem inflatorischen Aufwand der Worte verleugnen – Frauenlob ist ein genauer
Zeitgenosse des Meisters Eckhart.

III. SITTENLEHRE: DIDAKTISCHE DICHTUNG

Wenn gnomische Dichtung in einfachen Formen zu jeder ursprünglichen Kultur gehört, so ist eine umfangreichere Lehrdichtung gerade auch für spätere und späte Phasen der Entwicklung bezeichnend, in denen nicht nur pragmatische Lebenserfahrung, sondern systematisierendes Denken und gelehrtes Wissen zum Zuge kommen. Neben der dichterischen Behandlung der Glaubensinhalte gewinnen die eigentlichen Fragen der Moral, „wie man zer welte solte leben" (Walther), zunehmendes Gewicht, zumal diese Welt in einer ritterlichen oder auch höfisch-klerikal bestimmten Gesellschaft maßgebende Form gewonnen hatte. Darum verbinden sich in dieser Didaktik auf wechselnde Weise allgemein-menschliche Erfahrungsweisheit und biblische Lehre mit gelehrter Moralphilosophie antiken Ursprungs, ritterlicher Gesellschaftsethik oder satirischer Behandlung des allgemeinen Weltlaufs. Entsprechend vielfältig sind die Formen: Neben der sanglichen Spruchdichtung mit althergebrachter Gnomik, Streitgesprächen, Rätselketten usw. (vgl. z. B. den *Wartburgkrieg*) finden sich längere Lehrgedichte in Reimpaarversen wie die beliebten Minnelehren (zuerst in Hartmanns *Büchlein*) oder wie satirische Moral- und Bußgedichte (früh vertreten durch Heinrich von Melk). Dazu kommt die Erzählung, seien es lehrhafte Einlagen im höfischen Roman (so die „pädagogischen Provinzen" im *Alexanderlied*, im *Tristan*, im *Parzival*), seien es Kurzerzählungen (Märe, Bîspel, Novelle) satirischen oder moralisierenden Charakters. Und schließlich erscheinen große lehrhafte Moralwerke verschiedenen Typs mit enzyklopädischem Anspruch.

Dabei gelten stets zwei mittelalterliche Voraussetzungen: daß die Tugend ein rationales „Wissen" und darum lehr- und lernbar ist, und daß sie wie alles Wahre und

Gute würdiger Gegenstand dichterischer Darlegung und Erbauung sein kann, um so mehr, wenn sie anschaulich oder in reizvoller Form angeboten wird.

Ansätze und Übergänge werden zunächst markiert durch ein Werk wie den W i n s b e k e – ein ostfränkischer Herr von Windesbach (?) verfaßt um 1210–20 ein Lehrgespräch mit seinem Sohn in 56 Spruchstrophen über ein gottgefälliges und zugleich in der Welt ehrenhaftes Verhalten; dieser ursprüngliche Kern ist später durch stärker geistlich bestimmte Strophenreihen und die Ermahnungen einer Winsbekin an ihre Tochter erweitert worden. Etwas jünger sind drei heterogene Fragmente schlechter Erhaltung, in denen ein König Tirol und sein Sohn Fridebrant auftreten – eine dialogische Rätselfolge, ein Lehrgedicht seitens des Vaters und, unabhängig davon, Bruchstücke einer in gleichen schlichten Strophen verfaßten Erzählung um die beiden Figuren. Das Lehrgespräch zwischen Vater und Sohn (Lehrer und Schüler) war klassisch vorgebildet in den spätantiken *Disticha Catonis,* einer unter den Namen des älteren Cato gestellten pädagogischen Spruchsammlung, die in verschiedenen Formen zum Programm des mittelalterlichen Unterrichts gehörte und im 13. Jahrhundert auch eine deutsche Bearbeitung fand. Ebenso sind ein *Supplementum Catonis* und der *Facetus* (samt *Ars amatoria*) übertragen worden. Aus der größeren Zahl solcher Erziehungslehren oder Anstandsregeln (Hofzucht, Tischzucht) geringeren Umfangs verdient als ritterlicher Jugendspiegel der *Jüngling* eines Meisters Konrad von Haslau (Österreich, um 1280) Erwähnung. Die wichtigere und beliebtere Gattung der Minnereden oder Minnelehren findet vor allem im 14. Jahrhundert ihre allegorische Großform.

Eine bedeutende Sammlung von 15 Lehrgedichten, die – nach Maßgabe der darin erwähnten politischen Ereignisse – zwischen 1283 und 1299 in Österreich entstanden sind und ganz verschiedenen Umfang (50–1500 Verse) haben, geht unter dem unzutreffenden Namen Seifried Helbling; der Name des wirklichen Verfassers, der unter dem kleinen Adel Niederösterreichs zu suchen ist, bleibt verschollen. Der Hauptteil der Sammlung verwendet als Rahmen Gespräche zwischen dem Dichter und seinem Knappen, aber in wechselnder Situation und mit erzählerischen oder dramatischen Mitteln ausgestaltet; andere Einkleidungen liefern der Brief oder die Form der Allegorie. Durch solche Mittel der Veranschaulichung und durchwegs durch Schilderung konkreten Details und Bezug auf die geschichtlich-politischen Vorgänge in Österreich gewinnt die Zeitsatire Reiz und Farbe; sie ruft eine „realistische" Wirklichkeit hervor, die auch abgesehen von der ideellen Tendenz Eigenwert hat – für den Dichter wie den Hörer. Die Klage ergeht über den Verfall des ritterlichen Lebens, an dessen große Zeit unter den Babenberger-Herzögen sich der Dichter erinnert, über Roheit und Betrug im Benehmen der „wintschaffenen" Zeitgenossen, über vielfältige Entartungen des sozialen Lebens. Mit der neuen habsburgischen Macht hat er sich aber schließlich ausgesöhnt. Die Kritik erfolgt wie in der Spruchdichtung Hergers oder Walthers aus der Sicht des alten Mannes, der sich den ewigen Werten zuwendet, nicht zuletzt in der Anrufung der Gottesmutter. Zur selbständigen und eigenwilligen Haltung des Zeitkritikers paßt die Härte seiner kunstlosen Verse nicht schlecht.

Repräsentativer sind nun drei Werke des Jahrhunderts, die auf verschiedene Weise die Großform einer umfassenden Moral- und Lebenslehre verwirklicht haben, alle im Allerweltsvers des fortlaufenden Vierheberreimpaars. Von besonderem Anspruch ist das umfangreiche und runde, aus der ganzen Sorge eines engagierten Zeitgenossen erwachsene Lehrgedicht des Thomasin von Zerklaere, eines Adligen (de Cerclaria, Cerchiari) aus der Stadt Cividale in Friaul. Er hat zum Hof des Patriarchen von Aquileja (damals der frühere Passauer Bischof Wolfger) und damit auch der Markgrafschaft Friaul gehört, mindestens später im Rang eines Domherrn. Thomasin war nach Geburt und Bildung ein „Welscher" und offenbar auch in der provenzalischen Literatur bewandert; er schrieb sein Buch, das er als *Welschen Gast* bezeichnete, wohl zunächst für das deutschsprechende Publikum seiner Umgebung, und er erreichte jedenfalls mit heute rund 20 erhaltenen Handschriften vom 13. bis zum späten 15. Jahrhundert ein lebhaftes Echo in Deutschland.

Reizvoll kommentiert der Dichter laufend seine in winterlicher Klausur (1215/16) entstehende Arbeit und zieht eigene Erfahrungen aus Politik und Moral heran. Er steht offenbar von Amts wegen im spannungsreichen Kräftefeld kirchlicher und weltlicher, päpstlicher und kaiserlicher Politik und sucht klug und gerecht eine maßvolle Linie zu halten, nicht ohne dabei die einseitige antipäpstliche Spruchdichtung Walthers von der Vogelweide als verhängnisvoll zu beklagen. Den im engern Sinn höfischen Belangen widmet er, einleitend, den ersten der 10 Teile, zuhanden der adligen Jugend, von Ritter- und Minnelehre bis zur Tischzucht, und er gibt ihnen damit ihr relatives Recht, auch wenn er mit einer fast Hartmannschen Wendung den innerlichen Charakter echter Virtus betont:

> niemen ist edel niwan der man
> der sîn herze und sîn gemüete
> hât gekêrt an rehte güete.

> (3860)

Es folgt die allgemeine Lehre von den Tugenden und Lastern, von den Gütern und Übeln, zwischen denen der Mensch seinen Weg zur saelde zu gehen hat, nicht zuletzt auch gestützt auf Können und Einsicht, wie sie die Sieben Freien Künste, ferner Physica und Divinitas vermitteln (Wissenschaftslehre im 6. Teil). Grundbegriff Thomasins ist die „staete" – basierend auf dem göttlichen Gesetz und dem „orden" der Schöpfung, den nur der Mensch übertritt, und sich entfaltend als Beständigkeit, als Treue und vor allem auch als mâze, d. h. als ein der staete angemessenes Verhalten, dann auch als bescheidenheit (discretio, Unterscheidungsvermögen, Zurückhaltung) und schließlich als reeht und milte. Durch die entsprechenden Laster wird das Spektrum nach der Gegenseite erweitert. Es gelingt kaum, diese Ethik in einem strengen Tugendsystem zu fassen. Thomasin arrangiert seinen Stoff gut mittelalterlich nach wechselnden Schemata, ganz abgesehen von der an sich vagen und weiten mittelhochdeutschen Begrifflichkeit und abgesehen von der Vielfalt der hier zusammenkommenden Traditionen. Denn Thomasin benützt die verschiedensten antiken und christlichen Quellen, über die üblichen Schulautoren hinaus, und greift auch zu zeitgenössischen Werken. So ist der *Welsche Gast* ein überaus eindrucksvolles Denkmal – allerdings mehr aufgrund seiner Umsicht und seiner staete als seiner doch ziemlich beschränkten sprachlichen Meisterschaft.

An Gehalt ungleich reicher und vielfältiger, in der Form pointierter und charaktervoller ist F r e i d a n k s *Bescheidenheit* – ein Schatz an Sittenlehre, der – ein halbes Hundert Handschriften bezeugt es – dem deutschen Mittelalter bis tief ins 16. Jahrhundert hinein teuer war und noch heute eine Fundgrube für die Spruch- und Sprichwörterforschung sowie für den Liebhaber herzhafter Formulierungen ist. Das Werk, das den ebenso intellektuellen wie moralischen Begriff des richtigen Urteilsvermögens im Titel trägt, ist nicht eine geschlossene Darstellung, sondern als Sammlung von (Sprech-)Sprüchen vermutlich im Lauf längerer Zeit zusammengetragen und auch nie zum Abschluß gekommen – denn die Überlieferung bietet sehr verschiedene Anordnungen des

Materials. Ob „Freidank" der sprechende Name eines
Fahrenden war („der mit den freien Gedanken") oder der
angestammte Name des aus Schwaben stammenden
Dichters, bleibt offen; schon die Zeitgenossen haben das
erste vermutet, wenn sie „Frigedanc" zitierten; der Dichter muß bald nach 1230 (er berichtet noch von seinen
eigenen Erfahrungen im Heiligen Land, in das er auf dem
Kreuzzug von 1228/29 kam) gestorben sein, vielleicht im
Kloster Kaisheim, dessen Jahrbücher 1233 melden: „Fri-
dancus magister moritur". Eine Sammlung von Sprüchen, Sentenzen, Sprichwörtern, kurzen Betrachtungen
zu Menschen und Weltlauf, alles in den gleichen knappen
Reimpaaren gefaßt, die teils einzeln, teils in größeren
Folgen erscheinen und durch gemeinsames Stichwort
sich zu Gruppen und Ketten verbinden. Das Verfahren
ist solcher vom Konkreten ausgehenden und sozusagen
pragmatisch auftretenden Erfahrungsweisheit angemessen. Das allgemeine Ethos ist die Haltung des „erfahrenen" zwischenständischen Fahrenden und Meisters
(magister); damit steht Freidank durchaus auch in der
Tradition der Spruchlyriker wie Herger und Walther,
mit dem er sich gelegentlich berührt. Diese Spruchweis-
heit, so volkstümlich sie in ihren treffenden, unverblüm-
ten, knappen Formulierungen ist, hat aber zugleich nach
Form und Geist ihre internationalen Quellen oder doch
Entsprechungen; Altgermanisches und Alttestamentliches, antike und christliche Illusionslosigkeit sind oft
schwer unterscheidbar. Der offenbar lateinisch gebildete
Fahrende oder „Halbkleriker" (F. Neumann) Freidank
hat seine Quellen somit wohl auch direkt in der Bibel, in
antiken und mittellateinischen Sammlungen, abgesehen
von allfälliger volkssprachlicher Tradition mündlicher
und schriftlicher Art. Dabei ist der Übergang vom lebendigen Sprichwort (z. B. „Der Hunger ist der beste
Koch", 124,17) zur sprichwortartigen Neuprägung, zur
literarischen Sentenz und zum längeren Gedicht natür-

lich fließend. Großartig bleibt, wie sich hier nun in
klarer, schlagender Volks- und Laiensprache so etwas
wie ein allgemeines menschliches Grundwissen zusammengefunden hat.

Auch hier ruht die moralische Einsicht völlig im
Glauben.

> Got hêrre, gip mir, daz ich dich
> müeze erkennen unde mich.

(180,8 f.)

„bescheidenheit" (discretio) als höchste Tugend ist
Erkennen und Anerkennen der eigenen Nichtigkeit vor
Gott. Drastisch erscheint die natürliche Schwäche des
Menschen:

> swie schoene der mensche ûzen ist,
> er ist doch inne ein boeser mist.

(21,25 f.)

Und die Unfaßlichkeit der Seele und ihres Schicksals:

> hie enweiz ich selbe, wer ich bin.
> got gît die sêle, der nem s'ouch hin.

(17,27 f.)

Der unbestechliche Blick auf das Menschliche bedeutet
aber keineswegs Weltflucht: Gott und die Welt gilt es
auch hier zusammen ins reine zu bringen (31). Die
Wirklichkeit der Tugenden und noch mehr der Laster
entfaltet sich in der scharf, aber auch wieder nachsichtig
beobachteten Fülle der zwischenmenschlichen Beziehungen und in der Ordnung der Stände, wobei die ritterliche
Ideologie keine Sonderstellung mehr hat. Politisch und
satirisch wird Freidank in seinen Abschnitten über das
Leben in Rom und Akers (Akkon) – Mittelpunkte der
Welt, an denen in kulturgeschichtlich einzigartiger Schilderung die Hinfälligkeit („wâ sint si nû, der Rôme
was?", 148,21) und zugleich Hoffart, Betrug, Schande

jeder Art hervortreten: „ze Rôme ist alles rehtes kraft /
und alles valsches meisterschaft" (153,8). Und Akkon,
der eigentliche „todes grunt", Ort des Verrats, der Geldgier und der Bosheit, bleibt doch zugleich der Zugang
zum Heiligen Land auch im übertragenen Sinn:

> Akers ist des lîbes rôst
> und doch dâbî der sêle trôst.
>
> (163,25 f.)

So bedenklich sich für Freidank, am Rande des Hochmittelalters, die geschichtliche Menschenwelt darstellt,
so fest ist sie doch in seiner Frömmigkeit und fast
zeitlosen Sicherheit des Wirklichen gehalten. Freidank
blieb für Jahrhunderte die Verkörperung einer unbeirrbaren, redlichen, freimütigen und nüchternen Lebensweisheit.

Einen dritten Typus, die breite „bürgerliche" Moral-
enzyklopädie, stellt Hugos von Trimberg Renner
dar. Hugo, um 1230 im Bistum Würzburg geboren, war
jahrzehntelang Lehrer und Leiter einer Stiftsschule in
einer Vorstadt Bambergs und Verfasser mehrerer lateinischer und deutscher Schriften. Von seinen deutschen
Werken ist nur das größte erhalten (gegen 25 000 Verse),
in welchem sich der Dichter wie von einem Renner
(Reitpferd) über Stock und Stein querfeldein tragen läßt.
Das mächtige Werk, an dem er noch 1313 gearbeitet hat,
ist im Groben geordnet nach dem gregorianischen
Schema der sieben Laster (Todsünden), und es steht
schon damit mehr im Zeichen einer Moralpredigt als
einer positiven Tugendlehre. Leitmotivisch tritt dazu die
Vorstellung vom allegorischen Tugendbaum – hier ein
blühender, dann früchtetragender Birnbaum, dessen
Früchte an verschiedenen Orten hinfallen und verderben
oder Nutzen stiften. Im einzelnen freilich folgt die
Anordnung weithin freier Assoziation oder willkürlicher
Häufung. Durch zahlreiche Einlagen – Sentenzen,

Exempelerzählungen, Tierfabeln, Anekdoten, Beispiele aus Natur und Geschichte, ins Genrehafte ausgeführte Schilderungen menschlichen Verhaltens – wird der Gedankengang des Werks ganz unübersichtlich. Es ist schwer zu sagen, wieweit dabei innerhalb des universalen Rahmens pure Formlosigkeit regiert und wieweit sich hier die mittelalterliche Technik des Exkurses (digressio) als reizvolles und überraschendes Kunstmittel versteht. Dem Dichter geht es nicht mehr so sehr um die politische als um die bunte soziale Welt des Spätmittelalters, die er in der Ordnung der Stände, der Berufe, Altersstufen und Geschlechter entfaltet – ein Thema, das fortan in Predigt, Lehrgedicht und Schauspiel unermüdlich abgewandelt wird.

> Swer wider sînen orden strebet
> Und niht nach gotes willen lebet,
> Wizzet der ist ein endecrist:
> Waz ir denne leider ûf erden ist!
>
> (4485 ff.)

Im Vordergrund stehen die drei Stände der Geistlichen, des Adels und der Bauern; das Bürgertum erscheint kaum im Sinn einer selbstbewußten Einheit, aber in der Fülle seiner beruflichen Aufgliederung und vor allem auch ausführlich mit einem sozusagen bürgerlichen Laster, das aber, nicht zuletzt nach der Meinung des Dichters, auch Geistliche und Ritter korrumpiert hat: die gîtigkeit, die Habgier (vgl. 4385 ff.). Selbständige Wertbereiche der höfischen Welt, wie die Minne oder das Waffenhandwerk, werden kaum mehr als solche anerkannt, und entsprechende Skepsis gilt den Lügen der Dichter in Artusroman und Heldenepik. „Bürgerlich" kann der Renner aber wohl vor allem auch heißen im Sinne einer vielfältig lehrhaft und selbstsicher durchdrungenen Ordnungswelt, die vom Schulmeister wortreich und behaglich dargestellt ist. Der unterhaltsame

Sittenspiegel zeugt von einer recht unproblematischen Lebenssicherheit. Das gilt, auch wenn die Unterscheidung von Gut und Böse selbstverständlich auch hier durchaus im Blick auf die Ewigkeit und das kommende Weltende erfolgt und so etwas wie ein pädagogisch bedingter Dualismus herrscht. Die Popularität des *Renners* bis tief in die Neuzeit hinein beruht wohl darauf, daß hier der Leser ein anspruchsloses und unterhaltendes Panorama besaß, mit dem er sich seiner eigenen moralischen und sozialen Stellung versicherte (rund 60 Handschriften und Bruchstücke, Druck 1549).

IV. WANDLUNGEN DER GROSSERZÄHLUNG

Bis ins 14. Jahrhundert hinein hat die geschichtliche, legendarische oder romanhafte Großerzählung, wie sie vom 12. Jahrhundert ausgebildet und dann zu beispielhafter, „klassischer" Form gebracht worden war, lebhafte Nachträge. Die Fülle zu gliedern, aber auch bei den eingeebneten Niveauunterschieden und der Unsicherheit der Maßstäbe die Werke zu werten, ist schwierig; wir versuchen eine Kombination gattungsmäßiger mit chronologischer Ordnung der Werke, nehmen aber den bedeutenden Fall eines vielgestaltigen Gesamtœuvres (Rudolf von Ems) für sich heraus.

Es handelt sich zunächst, nach Publikum und Ideologie, um Werke für eine höfische Laienwelt, auch wenn sich nun unter den Bestellern und Lesern deutlicher auch Stadtadel und bürgerliches Patriziat finden. Stofflich kommt manches aus vorhöfischer Erzähltradition noch und wieder zur Geltung, doch ist das stilistische Vorbild der höfischen Klassik meistens verbindlich, oft genug auch im Sinn unmittelbarer und bewußter Imitation; doch auch der Bestand der arturisch-ritterlichen Dichtung wird erweitert, ergänzt und neugeformt. Wenn der in verschiedenen Graden sich zeigende neue Charakter immer wieder als „bürgerlich" bezeichnet werden kann, so meint dies zunächst eher eine geistig-stilistische als eine soziologische Bestimmung. Entscheidend ist dabei ein unmerklicher Verlust an Transzendenz und strenger ideeller Führung des Erzählgeschehens – zugunsten einer größeren Konkretion, einer aufdringlicheren und undurchdringlicheren „Wirklichkeit". Der Erzähler wird, in verschiedener Mischung, zum Lehrer, zum Handwerker, zum Unterhalter. Soweit einzelne Autoren deutlicher hervortreten, verfügen sie, mehr oder weniger von Berufs wegen, über ein größeres und vielfältigeres

Repertoire, wie ja nun überhaupt an deutschen, französischen und lateinischen Beständen so viel wie noch nie verfügbar und verwendbar geworden ist. Kompilation verschiedenartiger Motive, Handlungstypen, Gattungen wird häufig, Kompilation auch zu großen Sammelwerken. Der Geist ritterlicher Aventiure tritt zurück, oder besser: er verliert sich einerseits im gewichtlos Märchenhaften oder Phantastischen, oder es kommen anderseits neue Sicherungen der Existenz ins Spiel: Lehre, Wissen, „Stoff", bunte Episodik, enzyklopädische Tendenz. Der Roman hat die Neigung, sich wieder ins Historische oder Legendarische, d. h. die Wiedergabe faktischer oder kirchlicher Realität zu verwandeln. Das Lehr- und Bildgut der Kirche ist jedenfalls mehr als je auch im Bewußtsein und im Bücherschrank des Laien allgegenwärtig. Die Erzählform, die der neuen Lage aber vielleicht am meisten entspricht, ist die kurze Geschichte, weil sie dem Wirklichen nicht in Konstruktionen und Synthesen nachgeht, sondern in der undurchdringlichen, aber gerade dadurch schlagenden Konkretheit des Einzelfalls. Die Sprachform schwankt denn auch in diesem Jahrhundert zwischen den Extremen eines dunkeln Manierismus und einer knappen, treffsicheren Direktheit.

1. Geschichts- und Geschichtenerzähler

Geschichte – das ist zunächst immer noch Weltgeschichte und insbesondere römische Reichsgeschichte, und vorab sind es die großen symbolischen Höhepunkte Troja, Aeneas, Alexander, Karl der Große, welche Gegenstand des historisch-literarischen Interesses bleiben. Während die Gründung Roms in der deutschen *Aeneis* des Heinrich von Veldeke ihre klassische Romantisierung für das deutsche Mittelalter gefunden hatte, wurde das vorhöfische Werk um Karl den Großen, Konrads *Rolandslied*, bald nicht mehr als zeitgemäß

empfunden. Der Stricker, der uns noch als Verfasser
eines Artusromans und vor allem als epochemachender
Erzähler neuartiger Kurzgeschichten begegnen wird, hat
zu Beginn seines Schaffens, 1220 ungefähr, eine Modernisierung des *Rolandsliedes* vorgelegt, die dann in zahlreichen Handschriften der eigentliche Träger der populären Karls-Überlieferung wurde und das echte Lied ver-
drängte. Das Werk entstand vielleicht im Zusammenhang mit der Wiederaufnahme des staufischen Karlskults
in Aachen (1215) oder dessen Begründung in Zürich
(1233); entsprechende deutsche Reichsgesinnung drückt
sich in manchen Wendungen aus. Die Überarbeitung der
Vorlage ist weithin formal, sprachlich-metrisch, aber
auch in der Darstellung glättend und mäßigend, verrit-
terlichend, ergänzend, rationaler, womit die Strenge und
Härte des alten Blockstils natürlich schwindet. Die Hin-
zufügung einer kurzen Jugendgeschichte und manche
Ergänzungen im Detail – nach unbestimmten Quellen –
zeigen die Tendenz zum biographischen, legendarisch-
romanhaften Werk über Karl (statt Roland).

Ein Jahrhundert später (die Datierungen schwanken
vom Anfang bis zur Mitte des Jahrhunderts) entsteht der
Karlmeinet (Carolus magnitus, der kleine Karl der
Große), eine Riesenkompilation von 35 000 Versen,
bestehend aus der romanhaften Jugendgeschichte („Karl
und Galie", d. h. Flucht des jungen Karl nach Spanien,
siegreiche Rückkehr, Heirat mit der heidnisch-spani-
schen Prinzessin Galie), dann dem Text von „Morant
und Galie", ferner einer legendarisch-novellistischen
Erzählung („Karl und Elegast"), der Ronceval-Schlacht
nach der Fassung des Strickers sowie historischen Ver-
bindungs- und Abschlußpartien nach lateinischer Chronistik. Das mittelfränkische Werk ist im Raum von Köln
und Aachen entstanden; wieweit niederländische Vermittlung im Spiel war, ist strittig. Die weitere Karls-
Literatur mit Chroniken und vor allem Legenden

(*Legenda aurea, Passional*), aber auch mit lokalen Überlieferungen sagenhafter Art, wo an verschiedenen Orten
Oberdeutschlands das Gedächtnis des heiligen Karl fort-
lebte, ist hier nicht weiter zu verfolgen. Daß im übrigen
auch Dichtungen zur jüngeren Reichsgeschichte lebendig
blieben, beweist eine neue, höfische Fassung des *Herzog
Ernst* (*Herzog Ernst D*), welche der Prager Hofdichter
U l r i c h v o n E t z e n b a c h, ein Nordböhme deutscher
Sprache, in den 1280er Jahren unternommen hat.

    Reicher ist das Fortleben der Alexander-Geschichte,
die ja von den großen geschichtlichen Stoffen zuerst ihre
deutsche Bearbeitung gefunden hatte. Sie hat in mannigfachen Aspekten auch die volkssprachlichen Leser weiterhin fasziniert – Alexander war ja nicht nur der Krieger
und Herrscher, sondern auch der Inbegriff der Vergänglichkeit menschlicher Größe und der Held eines Reisero-
mans bis an die Grenzen der Welt.

    Während Lamprecht in der Gestalt der späteren Bear-
beitungen und Erweiterungen fortexistierte, entstanden
weitere Werke aufgrund auch anderer Quellen. Verloren
und nicht mehr bestimmbar sind die Dichtungen zweier
Gewährsleute, die Rudolf von Ems nennt, eines Berch-
tolt von Herboltsheim (vor 1218) und eines Biterolf. Das
Werk des R u d o l f v o n E m s selbst (um 1235–50) ist
trotz mehr als 21 000 Versen nur etwas über die Hälfte
gediehen und Fragment geblieben. Rudolf hat sich lange
bemüht,

> wie ich diu maere vunde
> wie der tugentrîche
> Alexander wunderlîche
> wunders ûf der erde hie
> mit wunderlîcher kraft begie.
>
> (70 ff.)

Im „wunder" und in der „wârheit" sucht er aber vor
allem reales, weltgeschichtliches Geschehen; der legitime

Erzählstoff ist ihm ein quellenmäßig belegbares Stück Historie, und im übrigen begreift er den „tugentrîchen" Alexander eindeutig als Vorbild und Erfüllung aller ritterlichen und fürstlichen Qualitäten. Bezeichnend für diese Haltung ist die Benützung ergänzender Quellen, vor allem des römischen Historikers Quintus Curtius Rufus; für die Fürstenunterweisung (V. 1423–1830) kommt dazu das vergilisch heroisierende Epos Walthers von Châtillon (*Alexandreis*, 1182), das auch in Deutschland hochgeschätzt war. Daß Rudolf nicht mehr zu den orientalischen Abenteuern kam, läßt seinen Willen zur authentischen Geschichte und zum Fürstenspiegel erst recht hervortreten.

Die *Alexandreis* bildet die Hauptquelle und das Vorbild U l r i c h s   v o n   E t z e n b a c h, der in den Jahren 1271–86 die mächtigste deutsche Alexander-Dichtung schuf (28 000 Verse). Das Werk ist für König Ottokar II. von Böhmen und nach dessen Tod „ze êren" Wenzels II. geschrieben, eine höfische Ausmalung und in mancher Hinsicht auch wieder Romantisierung des Stoffs, aber durchaus im Hinblick auf die aktuelle, reale höfische Wirklichkeit seiner Gönner und Herren am böhmischen Hof, ähnlich wie Ulrichs *Herzog Ernst* und vor allem sein *Wilhelm von Wenden*.

Alexander bleibt auch später populär: Eine neue Nachdichtung der *Historia de proeliis* verfaßt um die Mitte des 14. Jahrhunderts in Österreich ein gewisser Seifrit; um 1390 entsteht der (Wernigeroder) *Große Alexander* (Alexander der Große) nach einer lateinischen Versifikation der *Historia* durch Quilichinus von Spoleto, worauf im 15. Jahrhundert verschiedene Prosafassungen folgen, darunter der große Erfolg des Johannes Hartlieb.

Daß die Geschichten um Troja, die als Nachrichten vom Ursprung der Römer oder anderer abendländischer Völker oder von der heroischen Zeit des Rittertums

interessierten, bei Herbort von Fritzlar keine gültige
Darstellung gefunden hatten, wurde bereits erwähnt. Es
war dann Konrad von Würzburg, der sich des
Stoffes annahm, doch hinterließ er seinen *Trojanerkrieg*
unvollendet 1287. Seine neue, fast uferlose Bearbeitung
(40 000 Verse) – aufgrund der französischen Vorlage
schon Herborts, mit Ergänzungen nach Ovid und Statius
– wurde zu Ende geführt von andern und lange gelesen.
Konrad leistete mit seiner glänzenden Verskunst die
bislang noch kaum vorhandene höfische Fassung, unter
stofflicher Erweiterung vor allem der Vorgeschichte, mit
lehrhaften oder dekorativen Ausmalungen aller Art und
mit besonderem Sinn für die Psychologie der Minne.

Der ebenfalls umfangreiche, nur in einer einzigen
Göttweiger Handschrift des 15. Jahrhunderts überlieferte *Trojanerkrieg* stammt von einem primitiven
alemannischen (schweizerischen?) Dichter frühestens aus
der Zeit um 1300, der sich mit Wolfram von Eschenbach
identifiziert, nach nicht genau bestimmbaren lateinischen
Quellen arbeitet und im übrigen seine homerischen Vorgänge mit Motiven aus der Artusdichtung versetzt. Er
beginnt sein Werk erfrischend direkt und volkstümlich –
es geht um den bösen Traum der Hekuba:

> Ecuba vil sorgen pflag,
> Da si bi hertze liebe lag
> An Priamo, ierem werden man.
> Gros wunder tuwingen do began
> Das wunderschönne süsse wib . . .

Das 15. Jahrhundert bringt auch hier eine Reihe von
Prosabearbeitungen (Volksbücher) des nach wie vor
unentbehrlichen Stoffes.

Neben solchen in einem unmittelbaren Sinn als Welt-
und Heilsgeschichte verstandenen Stoffen hatte schon die
Kaiserchronik oft nur als Rahmen, als heilsgeschichtliche
Legitimation für die verschiedenartigsten novellistischen,

romanhaften oder legendarischen Geschichten gedient;
nicht viel anders, aber in sehr viel gelockerterer Form
stellte die lateinische Sammlung der Gesta Romanorum Novellen, Anekdoten, Exempla unter dem
Sammelbegriff römischer Reichsgeschichten zusammen
(älteste Handschrift 1342, doch einige Zeit früher vermutlich in England entstanden). Wenn irgendwo, kommen wir hier wie in der Kaiserchronik in die Tradition
eines abendländischen Erzählgutes antiken und antik-
orientalischen Ursprungs, nicht zuletzt auch des spät-
griechischen Romans, dessen Elemente sich früh hatten
christianisieren, ja zur legendarischen Verwendung
umfunktionieren lassen. Wie schon im 12. Jahrhundert,
so sind wir auch im 13. in einem Bereich, der nicht von
Hause aus höfischen (arturischen) oder streng geschichtlichen Charakter hat; doch führen von hier dennoch die
Linien zu den verschiedensten Erzählformen: zum spielmännischen Legendenroman, zu höfischem Roman, Geschichtsdichtung und Legende. Als gemeinsamen Nenner könnte man den mittelmeerischen Schauplatz und
die moralisch oder religiös erbauliche Tendenz bezeichnen.

Die Kaiserchronik erzählt vom Sieg des oströmischen
Kaisers Heraklius über den Perserkönig Cosdras (Chos-
rau II., den letzten Sassaniden) und von der Rückerobe-
rung des aus Jerusalem geraubten heiligen Kreuzes. Ein
thüringischer (?) „gelêrter man", Meister Otte, widmet diesem Eraclius eine fromme und schlichte Erzählung, frei nach dem Französischen des Gautier von
Arras. Wenn der schöne Gebetsprolog an Gott und den
Heiligen Geist, der an Wolframs Willehalm-Prolog erinnert, wirklich ursprünglich ist, so fällt die Entstehung
nach 1217, doch ist die übliche Datierung 1203–10. Im
vorliegenden Roman geht es nur am Schluß um die
Kreuzgewinnung und den Sieg über Cosdras; vorher
vernehmen wir die wunderbare Kindheitsgeschichte des

Helden im Stil eines Legendenromans und eine gewagt-
rührende Liebes- und Ehebruchsangelegenheit der Kaiserin Athenais.

Vergleichbar ist der fragmentarische Roman von
A t h i s u n d P r o p h i l i a s , um 1215 nach einer französischen *Estoire d'Athènes* frei gearbeitet, in rhetorisch
geschulter Sprache. Zugrunde liegt eine ursprünglich
orientalische Erzählung von rührender Freundschaft: Der
Athener Athis überläßt seine eigene Frau dem Freunde
Prophilias aus Rom, der von tödlicher Liebeskrankheit zu
ihr ergriffen ist; zur Vergeltung rettet Prophilias den Athis
vor einem falschen Mordverdacht und dem Tode. Schließlich folgt die Geschichte von Gayte, die dem Athis ange-
traute Schwester des Prophilias, und von Kämpfen um
Theseus von Athen. Locker komponierte Elemente auch
hier, wie im *Eraclius*, aber ebenso gläubig bezogen auf den
Hintergrund antiker Geschichte.

Die *G u t e F r a u ,* in der ersten Jahrhunderthälfte von
einem Alemannen nach einer vielleicht mündlich über-
mittelten französischen Quelle verfaßt, verbindet eine
ritterliche Minnegeschichte mit der Legende von freiwil-
liger Weltentsagung des Ritters und seiner edlen Frau
(Eustachius), sowie mit der romanhaften Motivik von
getrennten und wiedervereinigten Familiengliedern; das
Ganze wird am Anfang und am Schluß vorgestellt als ein
Stück Frühgeschichte des Geschlechts „von künec
Karle". Abgesehen von der ritterlichen Einleitung repräsentiert diese Mischung einen trivialen Typus, der von
der christlichen Spätantike an über Chrestiens von
Troyes *Wilhelm von England* bis zum Volksbuch des
16. Jahrhunderts (*Magelone*) und noch zu Grimmelshausen (*Dietwalt und Amelinde*) lebendig war.

Jünger, aber zeitlich, lokal und quellenmäßig nicht
genau bestimmbar ist der Roman von *M a i u n d
B e a f l o r .* Hier ist, wie in der Crescentialegende der
Kaiserchronik, die unschuldig verfolgte edle Frau und

Gattin – die Tochter des Königs von Rom – die Heldin
einer dramatisch-bewegten und bewegenden Familiengeschichte mit Happy-End.

Im 13. Jahrhundert bedeutet wohl jede Modernisierung eines älteren Erzählstoffs den Versuch, ihn ritterlicher oder gar höfischer zu machen; diese Aktualisierung
und Anverwandlung ans geltende Ideal betrifft nicht nur
die Helden der Sage, des Romans und der Geschichtsdichtung, sondern auch der Legende. Wenn schon Hartmann und Wolfram (*Willehalm*) „ritterliche Legenden"
schufen, so war es gerade der Sinn dieses Unternehmens,
die innere Spannung oder Widersprüchlichkeit von höfischem Ritter und Heiligem zu exponieren und zu lösen.
In den Jahren 1231–36 hat der oberpfälzische Dichter
R e i n b o t v o n D u r n e (Dürne) im Auftrag des bayrischen Herzogs Otto II. das Leben des *Heiligen Georg*
ausführlich erzählt. Auch er spricht im Prolog zunächst
von der Aufgabe, „werdeclîchez leben" auf Erden mit
dem Streben nach der Himmelskrone zu vereinen, doch
entfaltet er das Problem kaum. Er erzählt nach französischer (?) Vorlage die ritterlich-kriegerischen Verdienste
des Markgrafen Georg von Palästina im Kampf mit den
Sarazenen und das komplizierte Martyrium Georgs unter
Kaiser Diokletian, im besondern durch den Heidenkönig
Dacian, dessen Frau er zum Christentum bekehrt hat: im
Umriß gleich wie schon das althochdeutsche *Georgslied*,
also auch hier ohne das Motiv des Drachentöters. Hartmann und Wolfram liefern die Sprache und manches
Motiv, aber nicht viel mehr. Es ist schwer zu sagen,
wieweit hier erbauliche Oberflächlichkeit vorliegt etwa
im Sinn der spielmännischen Legendenromane, wieweit
der christliche Ritter und der höfische Heilige seit einer
Generation selbstverständlich geworden sind – Georg
verbürgt als eigentlicher Ritterheiliger von vornherein
diese Fraglosigkeit.

Erst zu Beginn des 14. Jahrhunderts tritt der spätantike

Roman unmittelbar in direkter deutscher Bearbeitung
auf und wird damit die erstaunliche Kontinuität einer oft
unterirdisch verlaufenden Tradition der griechisch-latei-
nischen Trivialerzählung deutlich. Die *Historia* von
Apollonius von Tyrus, die im Zusammenhang mit *Ruodlieb* zu nennen war, hatte im Mittelalter lateinische Fassungen in Vers und Prosa gefunden, aufgrund der allein
erhaltenen alten lateinischen Prosa. Der Wiener Arzt
H e i n r i c h   v o n   (W i e n e r)   N e u s t a d t (urkundlich
1312 genannt), ein vielfältig interessierter und belesener
Mann, hat neben einer größeren geistlichen Dichtung
einen deutschen *Apollonius von Tyrland* im stattlichen
Umfang von über 20 000 Versen hinterlassen. Wenn
schon der alte Roman, den er im ersten und letzten Teil
wiedergibt, das bunte Repertoire einer unfreiwilligen
Abenteuerfahrt, Episoden mit Räubern, Scheintod,
Freudenhaus und andern erotischen Gefahren, mit Täu-
schungen und überraschendem Sichwiederfinden und
selbst die Beförderung des Helden zum römischen Kaiser
bringt, so hat Heinrich von Neustadt den Mittelteil mit
einer großen Menge verschiedenartiger Episoden aus
andern Quellen (Samuel Singer hat sogar byzantinische
Erzählungen vermutet) oder aus eigener Erfindung
bestritten. Diese Fülle findet zwar zur Not Platz in einer
biographischen Erlebniskette des Haupthelden, besitzt
aber ihre Raison schließlich doch nur im Aufreihen und
Häufen des „Stofflichen" und der sozusagen ornamentalen Variation der Motive – man verfehlt den Reiz eines
solchen Werks, wenn man an ihm ideelle Führung und
Integration vermißt. Heinrich schreibt im Sinn dieser
extravertierten Haltung einen handfesten, anschaulichen
Stil voller eingefügter Informationen und Reminiszenzen. Man hat ihm zugleich „Lüsternheit" und „starke
Religiosität" attestiert (Singer), was sich im Rahmen
dieser bürgerlich-fraglosen Wirklichkeit nicht zu widersprechen braucht.

Etwas älter ist ein weiteres Werk dieser Gruppe, das unmittelbar der *Guten Frau* entspricht: der *Wilhelm von Wenden* ist das zweite Werk des böhmischen Hofdichters U l r i c h   v o n   E t z e n b a c h, um 1290 nach unbekannter Vorlage entstanden. Der heidnische Herrscher, vom Namen Christi berührt, bricht mit seiner Frau Bene zur Pilgerfahrt auf; nach der Zerstreuung seiner Familie und vielen Episoden im Heiligen Land, wo Wilhelm getauft wird und gegen die Heiden kämpft, folgt der große Anagnorismos, neues Glück auf dem Thron und am Schluß der Gang ins Kloster. Neu ist der unmittelbar deutliche Bezug des Werks auf seine höfischen Adressaten, nämlich auf König Wenzel II. und seine Gemahlin Guta (Bene), die sich in der Geschichte um Wilhelm, den Bekehrer des Wendenlandes (Böhmen), gespiegelt finden sollen, vielleicht sogar samt bestimmten politischen Bestrebungen. Die ritterliche Legende wird, im Ausgleich höfischer und christlicher Ideale, zum Fürstenspiegel und historisch-politischen Roman.

2. Schicksale des höfischen Romans

Die Werke der eigentlichen ritterlichen „Romantik" büßen seit dem dritten und vierten Jahrzehnt an Verbindlichkeit ein – die Matière de Bretagne ist nun verfügbar wie andere Erzählwelten auch, sie hat sozusagen den geistigen Abenteuerwert eingebüßt, und so können sich stärker die historisierenden, heroischen oder geistlichen Tendenzen anderer Gattungen einmischen. Während – für unser Urteil jedenfalls – das ideelle Element und die persönliche Verantwortung des Dichters zurücktreten, sucht man zunächst das Inventar zu vervollständigen, indem man Unvollendetes fertigstellt, Überkommenes modernisiert und beliebte Stoffe nach vorwärts oder rückwärts zyklisch ausdehnt (aufgrund der jeweils erreichbaren französischen Vorlagen oder aufgrund eigener Kombination), und schließlich kann man auch versuchen, in eigener Regie zu wirtschaften.

Zunächst die Auseinandersetzung mit den klassischen Werken Gottfrieds und Wolframs. Auf Aufforderung des Schenken Konrad von Winterstetten, der zum „spätstaufischen Kreis" König Heinrichs VII. gehört, und unter dem Beifall Rudolfs von Ems hat Ulrich von Türheim (aus der Nähe von Augsburg) es um 1230–35 unternommen, Gottfrieds großes Fragment zu ergänzen, das heißt im wesentlichen: die verhängnisvolle Geschichte von Tristans Ehe mit der zweiten Isolde zu erzählen. Er tat dies auch kurz und bündig (3700 Verse), indem er Eilhart benützte und unter Kürzung um einige Episoden auf Gottfried abstimmte; das Liebespaar feiert er nur distanziert als Opfer des Liebestranks, er bekundet seine Sympathie mit der betrogenen Gattin, verweilt etwas bei den verfänglichen Szenen und beeilt sich im übrigen, alles dem erlösenden Gott anheimzustellen: König Marke stiftet zu Ehren des armen Paares verzeihungsvoll ein reiches Kloster, in dessen Münster das Wunder von Rose und Weinrebe einen prächtigen architektonischen Rahmen findet. Anspruchsvoller und mit über 30 erhaltenen Handschriften erfolgreicher war später Ulrichs *Rennewart* – nach Jacob Grimm ein „unbeschreiblich langweiliges Gedicht" von 36 500 Versen. Anschließend an Wolframs *Willehalm* wird aufgrund französischer Gesten, die Thematik des Hauptwerks variierend, das Schicksal Rennewarts und seiner Gattin Alise, dann ihres Sohnes Malifer und schließlich gar noch ihres Enkels Johannes erzählt, sozusagen im Rahmen einer Familiengeschichte; am Schluß treten auch Willehalm und Kyburg nochmals hervor, das ins Kloster gehende heiligmäßige Paar, dessen Fürbittekraft speziell für Ritter ausführlich empfohlen wird. Neben diesem *Moniage*, dem auch Rennewart anheimfällt, herrscht

wieder der massive alte Stil im Umgang mit den Heiden.
Malifer meint zu seinem Sohn:

> wir suln noch vil gestriten
> mit den vervluohten heiden.
> ez wirt noch von uns beiden
> ertoetet manec Sarrazin.

(33 072 ff.)

Wolframs *Willehalm* bedurfte aber auch einer Vorgeschichte, denn Wolfram hatte sich auf das Werk eines
Zyklus gestützt, das handlungsmäßig in sich nur notdürftig geschlossen war. Der Kärntner U l r i c h v o n
d e m T ü r l i n , wohl bürgerlicher Herkunft, hat nach
der Jahrhundertmitte, aus engster Kenntnis Wolframs
heraus, die Frühgeschichte Willehalms am Kaiserhof,
seine Gefangenschaft bei den Heiden und seine Entführung der Königin Arabele-Gyburg erzählt, wobei er sich
offenbar ganz nur auf die im *Willehalm* gegebenen Hinweise stützte. Die Widmung einer Bearbeitung des
Werks an König Ottokar von Böhmen weist auf einen
eigentlichen Schwerpunkt dieser späten ritterlichen Literaturpflege in Böhmen hin (vgl. Ulrich von Etzenbach
und Heinrich von Freiberg). Wie sehr das Bedürfnis nach
zyklischer Folge herrschte, zeigt die Tatsache, daß das
Werk handschriftlich auch zusammen mit dem *Willehalm* Wolframs und dem *Rennewart* des Ulrich von
Türheim überliefert und schließlich in einer einheitlichen
Prosa des 15. Jahrhunderts bearbeitet wird; daneben geht
es auch in Weltchroniken über.

Daß des Türheimers *Tristan* auch den späteren Generationen nicht genügte, kann die zweite „Fortsetzung"
zeigen, die Gottfrieds Werk nun um 1290 erfuhr. H e i n -
r i c h v o n F r e i b e r g (in Sachsen), bürgerlicher Herkunft, auch als Verfasser mindestens zweier weiterer,
kleinerer Werke am böhmischen Hof hervortretend, hat
die Isolde-Weißhand-Geschichte mit Hilfe Eilharts und

auch Ulrichs von Türheim nochmals und ausführlicher
erzählt. Es geschieht nun sehr hübsch und liebenswert,
im gewandten, lebhaften Stil spätritterlicher Gotik, mit
Sinn für galante, bildhafte, erbauliche Seiten des Stoffs.
Um eine Wiederaufnahme Gottfriedischer Hintergrün-
digkeit kann es auch hier nicht mehr gehen. Daß der
stark zyklisch-novellenhaft geartete Tristan-Stoff wie
einst bei Marie de France auch jetzt noch episodische
Seitentriebe hervorbrachte, beweist eine wenig erfolgreiche Erzählung von *Tristan als Mönch* (um 1260?, de
Boor), die in 2 Handschriften das Corpus Gottfried–Ulrich ergänzt.

Größere Entwicklungsmöglichkeiten als die Chansons
de geste oder der *Tristan*-Roman boten natürlich die
eigentlichen Artusromane. Chrestien und einige seiner
Zeitgenossen, vor allem aber auch Fortsetzer und Kom-
pilatoren schufen eine schon bald inflationäre Welt abenteuerlichen Ritterwesens, die international und für Jahrhunderte, mit *Amadis* und den Epen Ariosts bis tief in
die Neuzeit hinein, lebendig war. Daß ihre gewichtlose
Phantastik jeder Verwilderung Vorschub leisten konnte,
ist kaum zu bestreiten, doch mag man dieser leicht
beweglichen Zauberwelt auch dort, wo die „tragende
Idee" verschwunden ist, echte Funktionen zubilligen.

Von Chrestiens Werken selber harrt in Deutschland
der Lancelot-Stoff vorläufig noch auf seine Stunde, trotz
Ulrich von Zezikon. Der *Cligés* fand zwar deutsche
Bearbeitungen, doch sind sie verloren: so ein *Clies* des
Flore-Dichters Konrad Fleck ganz und ein Frühwerk des
Ulrich von Türheim bis auf einen kärglichen Rest.

Im Vordergrund stand zunächst, von Hartmanns
Iwein und Wolframs *Parzival* her den Deutschen geläufig, die Figur Gawans; wie verwirrend die Lage war, geht
aus der Tatsache hervor, daß Chrestiens kühner Doppelroman (*Perceval*) unvollendet blieb und verschiedene
Fortsetzungen fand, wobei ja auch das Quellenrätsel von

Wolframs deutscher Vollendung noch ungelöst ist. So bietet das Unternehmen eines gewissen H e i n r i c h v o n d e m T ü r l i n, der zwischen 1215 und 1230 ein umfangreiches Artus- und Gawan-Werk dichtete, mindestens stofflich großes Interesse. Heinrich – wohl ein Verwandter des *Willehalm*-Dichters – bezeichnet seinen neuen Großroman als eine Krone, die er zu Ehren der edlen Frauen geschmiedet und mit vielen Edelsteinen geschmückt habe: *Der âventiure Crône*. Es ist ein handfest verfertigtes Gebilde aus einer Artus-Handlung (Artus und der Entführer seiner Gattin Ginover, eine Art Replik zu Partien des *Lancelot*) und dann vor allem einem verwickelten Gawein-Roman, wobei Gawein als idealer Kämpfer und Frauenritter unter vielem anderm auch zweimal zum Gral gelangt. Das „exemplar", auf das sich Heinrich beruft, scheint in Wirklichkeit aus einer Reihe französischer und deutscher Werke zu bestehen, die er in direkter Bearbeitung oder in freier Analogie oder in persönlicher Kompilation zusammengefügt hat, zu einer schwer überblickbaren Folge, samt Wiederholungen und Widersprüchen. Indem die Aventiure ganz aus ihrer ideellen oder allgemein-symbolischen Funktion herausgelöst ist, wird sie selbstgenügsames Material für dekorative Reihungen und Verschlingungen eines im Grunde uferlosen oder bestenfalls märchenhaften Erzählens. Irrende Ritter und kühne oder klagende Frauen und Jungfrauen, Riesen und Zwerge, Unholde aller Art, Feen und Zauberer stehen in einem Geschehen von Kampf und Minne, Festen, Jagd und Turnier, Raub, Notzucht, Keuschheitsproben usw. und haben es immer wieder mit Zaubergegenständen zu tun, so „daz ez übel ze gloubene ist" (8512). Man könnte entschuldigend sagen, der Leser vollziehe in diesem Gewirr der inkommensurablen Ereignisse tatsächlich nichts anderes als eben die Existenz des Chevalier errant. Anstelle des Abenteuers, das zuerst und zuletzt ein Mittel der Selbstbegegnung war, tritt, wie

schon im *Wigalois* angedeutet, die Fortuna (Saelde) und
ihr Rad – Gawein besucht sie in ihrem strahlenden Palast
(15 660 ff.), und ihr ist auch Artus unterworfen. Nachdem in der Einleitung vom Tode dieses Maienkönigs die
Rede war, heißt es trist:

> nu sitzet eine ûf dem rade
> âne erben frouwe Fortûne.
>
> (298 f.)

Es scheint damit von vornherein, als ob alles die bloße
Repristination eines Vergangenen sei, Literatur über
Literatur. Immerhin hat Heinrich von dem Türlin das
Verdienst, daß er auf seine ungenierte, ja gelegentlich
frivole (oder gar karikierende?) Art, mit Sachinteresse
und Humor (etwa um die Gestalt Keies) das höfische
Gut auf bürgerliche Weise sagbar gemacht hat – obwohl
die Herren und Damen, denen er seine *Crône* widmet,
vermutlich ein echtes höfisches Publikum (am Herzoghof in Kärnten) gewesen sind. Furore gemacht hat das
Werk, nach der eher schmalen Überlieferung zu schließen, kaum.

Wie ungefähr gleichzeitig (um 1220) die Spielregeln des
Artusromans aufgelöst oder mißverstanden werden können, zeigt der *Daniel vom blühenden Tal* des S t r i k -
k e r s. Wohl kurz nach seinem *Karl* hat dieser später, in
eigener Form, hervorragende Erzähler aus den verschiedensten Anleihen und Reminiszenzen seine Geschichte
selber zusammengedichtet. Dieses ungewöhnliche Originalwerk gilt einem Königssohn Daniel, der von Keie,
Gawein und Parcival in die Tafelrunde eingeführt wird
und dann als Protagonist des Heereszuges auftritt, den
Artus gegen einen König Matur von Cluse unternimmt;
dieser haust in seinem unzugänglichen Reiche und hatte
durch einen Abgesandten, einen auf einem Elefanten
daherreitenden Riesen, den König Artus zur Unterwerfung aufgefordert. In die Grundstruktur und geläufige

Motivik des Artusromans (Vorbild sind vor allem Hartmann, dann Wirnt, Ulrich von Zazikhoven) werden die Elemente vorhöfischer Tradition eingemischt: die Massenkämpfe nach dem Vorbild des *Rolandsliedes,* Wunder und Zauber im Stil des *Alexanderlieds* und der Legendenromane, die unritterliche Verwendung der List als Kampfmittel; die höfische Minne tritt als Agens zurück, der biblische Name des Helden selbst ist schon ein Stilbruch. Wie de Boor betont hat, faßt man hier schon früh die Konstanz vorhöfischer Erzähltradition, wie sie bewußt den Artus-Typ aufnimmt und zugleich sprengt.

Das Fortspielen der Artusdichtung im 13. Jahrhundert, durch Bearbeitung, Kompilation und Imitation meist einheimischer Vorbilder, belegen der P l e i e r (1260–80: *Garel von dem blühenden Tal* – eine Art Gegendarstellung zu Strickers *Daniel; Meleranz* – stofflich interessant als Geschichte von der Liebe des Ritters zu einer Elbin; *Tandareis und Flordibel*), dann K o n r a d v o n S t o f f e l n (?) mit seinem *Gauriel von Muntabel* (stofflich mit dem *Meleranz* verwandt), der Niedersachse B e r t h o l d v o n H o l l e (1250–70) mit *Demantin* und *Crane* (Fragment) und schließlich der anonyme *Wigamur* – übrigens alles nun wieder kürzere und handlichere Werke.

Chrestiens *Perceval* bleibt in der Vollendung durch Wolfram dem deutschen Hörer und Leser gegenwärtig wie kaum ein anderes Werk und erreicht in dieser ursprünglichen Form auch noch das Zeitalter des Drucks (Mentelin, Straßburg 1477). Die Erzählmasse der französischen Ergänzungen und Fortsetzungen findet erst spät und teilweise eine deutsche Übernahme, die nun fast schon den Charakter eines Kuriosums hat. Im Auftrag eines elsässischen Grafen von Rappoltstein übertragen 1331–36 die beiden Straßburger Goldschmiede und Bürger Philipp C o l i n und Claus W i s s e mit Hilfe eines

jüdischen Dolmetschers Samson Pine eine französische
Sammelhandschrift mit weiteren Parzival- und vor allem
Gawan-Abenteuern, um diese neuen 36 000 Verse zwischen die Bücher XIV und XV des Wolfram-Textes
einzuschieben, den „nüwen Parzeval" in den alten, wie
sie sagen. Erstaunlich, wie weit schon hier der höfische
Stil abgebaut ist und wie noch im alten Rahmen ein
treuherziges, mit holperigen Versen, Flickwörtern und
regionaler Sprachform arbeitendes Erzählen bereits den
Tonfall der kommenden zwei Jahrhunderte vorwegzu-
nehmen scheint:

> Des entwürtete Parzefal wolgemuot,
> er sprach: „lieber herre guot,
> sit ir min öheim sint, des ir jehet,
> so verlobe ich gotte und dunket mich recht,
> daz niemer crone kummet uf daz houbet min
> noch enwelle kein künig ouch sin,
> alle die wile men üch lebendig siht.
> mich gelustet uwers landes niht . . ."

                                        (36 175 ff.)

So nimmt Parzival beim zweiten (eingeschobenen) Grals-
besuch Abschied von Anfortas.

3. Rudolf von Ems

Auf der Höhe des Jahrhunderts wird die mittelhochdeutsche Großerzählung maßgebend vertreten durch
R u d o l f v o n E m s. Seine Schaffenszeit (um 1220
bis 1254?) fällt mit der Zeit der letzten Staufergeneration
Heinrichs VII. und Konrads IV., in deren Nähe er
gezogen wurde, zusammen. Rudolf fühlt sich als Schüler
der großen Meister, vor allem Gottfrieds, dessen Verskunst er bewundert, und sein überaus umfangreiches
Œuvre führt den höfischen Roman ebenso wie die
Geschichtserzählung und die geistlich-legendenhafte
Unterweisung fort.

> Ich ger ir aller lêre:
> mîn kunst hât meister mêre
> dan ir ie würde her an mich ...
> wan ich mich niht gelîchen
> mac den künsterîchen.

(Alexander 3083 ff.)

(Ich will von ihnen allen lernen: / Meine Kunst hat mehr
Meister, / als es bis zu mir gab [d. h., als frühere Dichter Meister
hatten] / ... / denn ich kann mich / mit den großen Künstlern
nicht vergleichen.)

Und dieses vielberufene epigonische Bewußtsein, das
mehr ist als eine bloße Demutsformel und dessen hohe
menschliche Würde man nicht verkennen sollte, führt bis
zum Gefühl der Vergeblichkeit oder Ohnmacht in Zeiten
des Niedergangs:

> elliu unser arbeit
> ist nû an wildiu wort gedign
> diu vor uns wâren ie verswign
> und selten iemer sint vernomn,
> an diu wellen wir nû komn.

(3182 ff.)

(All unsre Mühe / ist nun zu merkwürdigen Worten gediehen, / die vor uns nie laut wurden / und nie mehr vernommen
werden, / zu denen kommen wir nun.)

Man hat erst neuerdings – vor allem Helmut Brackert –
wieder gesehen, wie sich trotz allem Blick zurück ein
positiv Neues begibt: In den alten Formen wird das
Phantastische oder Abenteuerliche abgebaut und durch
Elemente zeitgemäßer Wirklichkeit ersetzt. Unmittelba-
rer dient jetzt die Erzählung einer aktuellen Hof- und
Fürstenlehre, und das Bilder- und Lehrbuch der
Geschichte nimmt chronikalische Züge an. Die zarten
Umrisse höfischer Poesie werden zwar lehrhaft nachge-
zogen, und die höfische Welt der Dichtung verliert an

Leuchtkraft, aber sie gewinnt an ernster, greifbarer Realität, in der nun zwischen geistlichem und weltlichem Aspekt kaum mehr unterschieden wird. Um lêre, um wârheit, d. h. um faktische Verbindlichkeit in moralischer und religiöser Hinsicht geht es in Rudolfs Kunst. Sie scheint mit ihrer höfischen Funktion noch einmal in der Mitte der Dinge zu stehen und unternimmt mit Geduld, Gleichmut und Wissen ein Werk umfassender Sicherung, um dann unvollendet, vielleicht im Zusammenhang mit dem Tode des jungen Königs Konrad IV., abzubrechen. Ein Hauch spätzeitlicher Melancholie umgibt für uns am Ende doch die Arbeit dieses ernsten und soliden ritterlichen Dichters.

Rudolf entstammt einem Geschlecht von Ministerialen der Herren von Montfort, das sich ursprünglich wohl nach Ems/Domat oberhalb Churs nannte, dann aber seinen Sitz in Hohenems im vorarlbergischen Rheintal hatte. Seine beträchtliche lateinische Bildung muß er sich in einer Klosterschule, vielleicht in St. Gallen oder Chur, geholt haben. Sein erstes Werk, der *Gute Gerhard*, ist einem Rudolf von Steinach gewidmet, der wahrscheinlich zu St. Gallen Dienstmann war. *Barlaam und Josaphat* entsteht im Auftrag von Abt und Konvent des Klosters Kappel im heutigen Kanton Zürich; der *Wilhelm von Orlens*, der während einer Arbeitspause an der großen Alexander-Dichtung (ein Auftrag seitens Heinrichs VII. ist nicht beweisbar) entstand, nennt als Auftraggeber Konrad von Winterstetten (gest. 1243), den hohen staufischen Beamten und Mäzen auch Ulrichs von Türheim, und hier sind auch einige weitere Mitglieder des süddeutsch-staufischen Adels genannt; die *Weltchronik* ist ein Auftrag von höchster Stelle, von König Konrad IV., und diesem jungen Herrscher (gest. 1254) ist sie auch inhaltlich zugedacht. So wächst offensichtlich der Dichter aus einem zunächst engern Bereich in ein bedeutendes Wirkungsfeld hinein. Der *Gute Gerhard* ist in 2,

die *Weltchronik* in weit über 80 Handschriften bezeugt,
und dies hat offenbar auch den Sinn einer Entwicklung.

Die Rahmenerzählung des *Guten Gerhard*: Kaiser
Otto, Stifter des Bistums Magdeburg, rühmt sich vor
Gott seiner frommen Werke und möchte schon eine
Vorwegnahme seines himmlischen Lohns erleben – da
weist der Engel des Herrn den Werkgerechten zu einem
Kaufmann in Köln, der in ganz anderem Maße, demütig,
im Buch der Lebenden stehe. Aus dem Munde dieses
„Guten Gerhard" erfährt der Kaiser nun (Binnenge-
schichte) dessen echte Großtaten: Er hat als Kaufmann in
Marokko versklavte Christen, worunter eine norwegi-
sche Prinzessin, die dem englischen Königssohn verlobt
war, freigekauft; er hat die Königstochter seinem Sohn
verheiraten wollen, aber nach dem rührenden Wiedererscheinen des totgeglaubten Bräutigams darauf verzichtet
und selbst die Krone von England, die ihm angeboten,
demütig ausgeschlagen. Kaiser Otto geht in sich und tut
Buße. Die Binnenerzählung (V. 1126–6630) macht in
verblüffender Weise einen Kaufmann zum Helden und
schildert dessen kölnisch-niederrheinische Welt mit
geschichtlich und geographisch fundierten Einzelzügen,
von den realen politischen Verhältnissen der verselbständigten Bürger in der Stadt Köln über die Termini technici
des Handels bis zu den Handelsrouten und den Sprach-
problemen reisender Kaufleute. (Vieles davon wird
schon zu einer unbekannten lateinischen Vorlage gehören, die aber kaum jene von Friedrich Sengle postulierte
„Patrizierdichtung" zugunsten eines umstrittenen Kölner Kaufmanns der Zeit, Gerhard Unmaze, sein wird.)
Anderseits ist der Kaufmann und seine Tugend im
Grunde durchaus mit höfischen Kategorien gemessen,
und das Ganze ist dann doch wieder so ins Erbauliche
stilisiert (z. B. das ganz unrealistische Angebot der
Königskrone seitens der englischen Großen), daß man
nicht von einer Kaufmannsdichtung sprechen kann. Ger-

hard ist mit seiner unkaufmännischen Selbstlosigkeit
zwar ein guot gewordener, erlöster Kaufmann, aber
primär doch Gegenbild und Mahnbild für den eigentlichen Helden, Kaiser Otto; die erbauliche Geschichte von
Selbstruhm und Demütigung des Herrschers ist ein Stück
Fürstenmahnung und hat im Grunde die einfache Struktur eines Exemplums zum Thema der wahren güete, über
welches sich Rudolf im Prolog in reichen Wortvarianten
ergeht. Der *Gute Gerhard* erinnert somit eng an die
ritterlichen Legenden Hartmanns, vor allem den *Armen
Heinrich*, dessen Zartheit und sublime Ironie er allerdings nicht erreicht.

Eine Fürstenunterweisung ist dem Rahmen nach auch
Barlaam und Josaphat, nach lateinischer, ursprünglich
griechischer Fassung (Pseudo-Johannes von Damaskus,
um 630) eines letzten Endes indischen Stoffes, von
Rudolf gegen 1230 frei bearbeitet. Schon vorher hatte
der Freisinger Bischof Otto eine getreue deutsche Versübersetzung (den *Laubacher Barlaam*) verfaßt. Dabei
handelt es sich um nichts anderes als die ursprüngliche
Legende von Buddha (Bodisattwa = Josaphat), deren
orientalisches Kolorit paradoxerweise dazu diente, einer
christlichen Glaubenslehre dichterische Anziehungskraft
zu verleihen. Der verwöhnte indische Königssohn Josaphat erlebt auf seinen Ausfahrten erstaunt, daß es Alter,
Krankheit und Armut gibt, und wird nun von einem
gottgesandten christlichen Eremiten Barlaam in langen
geistlichen Zwiegesprächen und Unterweisungen zum
Glauben bekehrt. Der heidnische Vater sucht den Sohn
durch Drohung, falsche Vorspiegelung und sinnliche
Verführung zurückzugewinnen, wird aber schließlich
selber bekehrt. Josaphat verzichtet nach dem Tod des
Vaters auf die Herrschaft und führt in der Einöde ein
Büßerleben bis zum eigenen Ende. Stofflich ist das Werk
in erzählerischem Rahmen eine Art Enzyklopädie und
Apologie des christlichen Glaubens, ähnlich wie schon

die *Kaiserchronik* in großen Lehrdisputationen die Auseinandersetzung mit den Weltreligionen vorgetragen
hatte. Rudolf schuf damit ein Werk der Weltflucht, mit
legendenhaftem Überschwang, wie es dem Wunsch der
Kappeler samenunge entsprach – kaum ein persönliches
Bekenntnis asketischer Umkehr, trotz der topischen
Revokation früherer Dichtung im Prolog. In jedem Fall
war es auch eine umfassende und erzählerisch anspre-
chende Glaubenslehre für den Laien. Davon zeugt wohl
auch die Beliebtheit des Buches im Spätmittelalter.

   Es ist jedenfalls nicht ein „arger Rückfall" (de Boor),
wenn Rudolf später, nach einem ersten Teil des *Alexander*, nach 1235, gerade auch einen weltlich interessierten
Auftraggeber aufs sachkundigste zu bedienen weiß, nämlich den Schenken Konrad von Winterstetten am staufischen Hof. Auf dessen Wunsch hat er die Geschichte des
Wilhelm von Orlens nach französischer Quelle „berihtet
und in thüsche ... getichtet / Durch siner vrouwen
werden gruoz", aber auch zum Besten aller andern edlen
Damen und überhaupt aller tugendbegierigen Personen
(15 615 ff.). Der Fürstensohn Wilhelm von Orlens, dessen Eltern im Krieg gegen den benachbarten Herzog von
Hennegau und Brabant früh gestorben sind, kommt als
Knabe an den englischen Hof, wo er in der Prinzessin
Amelye eine Gespielin und die – derzeit siebenjährige –
Dame seines Herzens findet. Im Zuge von Entführung
und Gefangenschaft, nach Turnier- und Kriegstaten in
verschiedenen Ländern wird das Paar schließlich wieder
vereint, Wilhelm wird Herzog der Normandie und
König von England, ein Vorfahr Gottfrieds von Bouillon, des Befreiers des Heiligen Grabs. Der Roman ist,
unter Verwendung von zahlreichen motivischen Versatz-
stücken, vor allem auch des Tristan-Stoffs, als eine Art
Fürstenbiographie angelegt und hat den Sinn beinahe
eines Lehrbuchs des richtigen höfischen Verhaltens, vom
Minnedienst und der Hofetikette bis zum Waffenhand-

werk in Sport und Krieg, vom Briefschreiben bis zur politischen Verhandlung, von der Finanzverwaltung und dem Recht bis zur feinen Küche, mit reizenden Genrebildern aus dem höfisch-modischen Leben, nicht zuletzt etwa um die an Flore oder Titurel erinnernde preziöse Kinderminne. Wilhelms Karriere spiegelt offenbar im Groben die Geschichte Wilhelms des Eroberers. Die elterliche Vorgeschichte dazu hat – nach Brackert – ihre Entsprechungen in Grenzfehden von Hennegau und Brabant aus neuerer Zeit; Rudolf hätte hiefür eine zweite Quelle benützt. Deutlicher als etwa bei den rätselhaften Anjou-Bezügen des *Parzival* zeigt sich hier die offenbar bewußte Technik eines historisierenden Romans mit seiner Stilisierung und Verfremdung realer geschichtlicher Vorgänge ins Romanhafte und umgekehrt seinen beziehungsreichen Ausblicken auf geschichtlich-politische Gegenwart. Dazu scheint hier besonders auch die höfische Alltagswelt, wie sie den Hofbeamten Konrad beschäftigte, berücksichtigt; das Zeitkolorit bildet einen eigenen, aktuellen Reiz. „Rainer tugende wîser rât / von edeles herzen lêre" ist auch hier in jeder Hinsicht das Ziel.

Die für Rudolf wohl alles in allem entscheidende Wendung vom bloßen Roman oder auch der Legende zur authentischen Geschichte bringen der *Alexander* und wahrscheinlich gleichzeitig die *Weltchronik* – zwei unvollendet gebliebene Riesenwerke. Geschichte als Heilsgeschichte und, in ihrem weltlichen Aspekt, als Weltreichsgeschichte: das ist der umfassende Zusammenhang, in dem jedes geschichtliche Faktum von Augustin bis Bossuet erschien und durch den es mehr als bloß faktische Bedeutung erhielt. Die Welt- und Kaiserchronik Rudolfs ist nun aber in ganz anderem Maß stoffhaltig und gelehrt als die frühmittelhochdeutsche Geschichtsdichtung. Historisches Erkennenwollen, ja historische Neugier ist nun, natürlich in mittelalterlichem Sinne, stärker beteiligt; die Geschichte gewinnt an Intensität und chronikalischer Konkretion, schon darum, weil dem gelehrten Dichter die lateinischen Quellen – jetzt vor allem die *Historia scholastica* des Petrus Comestor – reichlicher und unmittelbarer zufließen. Dem auch hier maßgebenden heilsgeschichtlichen System – die augustinische Lehre von den sechs Weltaltern – ist die irdische Geschichte, die „von der hohin kraft irdinscher herschaft" (21 671) berichtet, untrennbar eingeschrieben, und die Zuordnung der Weltgeschichte auf den hohen Auftraggeber, König Konrad hin, gibt dem gewaltigen Unternehmen Rudolfs einen dringlichen Sinn: die Legitimation des staufischen Anspruchs auf Weltherrschaft. Darüber hinaus soll das Lehrbuch der Geschichte dem kommenden Kaiser Wissen über seinen Ort in der Welt vermitteln. Das Werk sei geschaffen, daß es sei „ein eweclih memorial" und auch

> etelih urdrúzig mal
> im selben mite verstieze,
> swenne er im lesen hieze
> wie dú dinc in dien landen
> sint an uns her gestanden
> mit manegis wundirs underscheit,
> das keiserlichir werdeckeit
> und kúniglichir herschaft
> in jugent, in uf gender kraft
> wol ze hoerenne gezimet.

(21 698 ff.)

(ihm damit manche verdrießliche Stunde / vertreibe, / wenn er sich vorlesen lasse, / wie die Dinge in den Ländern / sich bis zu unserer Zeit verhielten / mit manchen merkwürdigen Ereignissen, / was kaiserlicher Herrlichkeit / und königlicher Hohcit / in ihrer Jugend, ihrer aufsteigenden Macht / wohl zu hören geziemt.)

Auch die Gestalt Alexanders ist durchaus idealisierend und vorbildhaft entwickelt, eben auf ihren geschichtli-

chen Sinn hin; nochmals steht dabei die „saelde" auf
seiten des „wisen" und „staeten", ist die Fortuna dem
wahren Herrscher günstig. Für die mächtige Demonstration einer solchen moralisch und figural interpretieren-
den Weltchronik, wie sie Rudolf von Ems bis hin zu
Salomo (im fünften Weltalter) ausführt und wie sie dann
andere fortsetzten oder neu begannen, hat neuere Poetik
kein Verständnis mehr. Die Zeitgenossen und ihre Nachfahren haben aber doch wohl diesem Werk so gewaltigen
Erfolg bereitet wie kaum einem andern Buch der Volkssprache, weil sie der angestrebten Einheit von Dichtung,
Lehre und Wissen, dieser Summe vom ewigen Heil und
dem Ablauf der irdischen Ordnungen dankbar und verständig begegneten. Rudolf hat sein „eweclih memorial"
(21 697) einem jungen Herrscher errichtet, der kurz darauf starb und dessen Weltreich immer fragwürdiger
wurde; aber gerade vor diesem dunkeln geschichtlichen
Hintergrund gewinnt Rudolfs Chronik die Würde eines
echten, großartigen Fragments.

4. Neuer Formwille der literarischen Hochgotik

Im späteren 13. Jahrhundert zeigt wie die Lyrik auch die
Erzählung Erscheinungen eines neuen Pathos, vielleicht
eines neuen Durchbruchs. Bei aller Retrospektive auf die
höfische Klassik und aller Imitation der Vorbilder lockt
wieder ein literarisches Abenteuer. Es vollzieht sich
weniger in stofflichen oder ideellen Neuerungen als in
einer exzessiven Beschäftigung mit der Form, die selber
zum Problem wird; die künstlerischen Mittel werden
reflektiert und in ihrer Bedeutung geradezu selbständig.
Das ist das Kennzeichen eines spätzeitlichen Stils, ja
eines ausgesprochenen Manierismus. Die neue Virtuosität der späten Romandichter des 13. Jahrhunderts kann
sich dabei mehr nach der Seite eines preziösen Kunstgewerbes neigen, in Fortführung des Gottfried-Stiles, oder

mehr zum Dunkel-Hermetischen nach der Art Wolframs. Ein völlig neues und noch einsames Phänomen ist der Prosaroman.

Konrad von Würzburg ist nicht nur als Lyriker der eigentliche Meister einer betont virtuosen Sprachinszenierung. Seine Stärke liegt zwar, nach einem gut begründbaren Urteil, vor allem in der erzählerischen Kurzform, doch hat er neben dem bereits erwähnten Riesenfragment seines *Trojanerkriegs* auch zwei bedeutende Romane hinterlassen. Hier sehen wir auch, wie der bürgerliche Dichter (um 1225/30 wahrscheinlich in Würzburg geboren, 1287 als Hausbesitzer in Basel gestorben) zuhanden geistlicher oder großbürgerlicher Auftraggeber arbeitet – in Basel wie vorher in Straßburg und vielleicht auch am Niederrhein. Er gehört zu einer städtischen Kultur, die sich dankbar des bewunderten höfischen Erbes erfreut, das sie nun mit dem zur Stadt in nähere Beziehung getretenen Adel teilt. Das ist in den Bischofsstädten am Rhein – wo nun auch die neuen Kathedralbauten wesentlich von den Bürgerschaften getragen sind – wohl auch auf vornehmere und modernere Weise möglich als im Falle der Zürcher Entsprechung im Kreise um die Manesse und Hadlaub.

Der kurze Legendenroman von *Engelhard* (6500 Verse, nur aus einem Druck von 1573 rekonstruierbar!) beruht auf einer wahrscheinlich sehr frei verwendeten lateinischen Quelle. Die Geschichte hingebender Freundestreue ist um das Motiv der wunderbaren Heilung vom Aussatz erweitert, so daß jeder der beiden Freunde mit seiner Großmut zum Zuge kommt: Engelhard, ein junger Ritter, ist in heimlicher Liebe der dänischen Königstochter verbunden, soll sich im gottesgerichtlichen Zweikampf von diesem Verdacht reinigen und läßt sich nun von dem unschuldigen Freund und Doppelgänger Dietrich erfolgreich vertreten; Engelhard seinerseits heilt später den vom Aussatz befallenen Freund mit dem Blut der eigenen Kinder, worauf diese von Gott wieder zum Leben erweckt werden. Märchen, Legende, ritterliche Galanterie gehen mühelos ineinander über. Weder der – wie im *Tristan* – erschlichene Sieg im Gottesurteil noch die Tötung der eigenen Kinder werden dem Dichter zum Problem. Dafür werden schwelgerisch, in Steigerung von Gottfrieds oft unmittelbarem Vorbild, alle optischen und akustischen Reize beschworen, und die Beschreibungen der weiblichen Schönheit, des blühenden Baumgartens, des ritterlichen Waffenkampfes wachsen sich zu eigentlichen Arien aus. Erlesene Metaphern und Vergleiche bevorzugen die Vorstellung des Kostbaren und Artifiziellen. So wird etwa das althergebrachte Bild vom Wohnen der Geliebten im Herzen des Liebenden nochmals in spielerischer Präzision und Preziosität weiter ausgeführt und vergegenständlicht (und ad absurdum geführt):

> swer dô gespalten haete enzwei
> ir beider herzen als ein ei,
> ez waere bî den stunden
> in iegelîchem funden
> des anderen figûre
> mit golde und mit lasûre
> gebildet und gebuochstabet.
>
> (3459 ff.)

(Wer da beider Herzen entzweigespalten hätte / wie ein Ei – / es hätte sich / in jedem / des andern Gestalt gefunden, / mit Gold und Lasur / gebildet und mit Inschrift versehen.)

Erst recht gilt das vom späteren Roman *Partonopier und Meliur* (1277), der auch thematisch direkt den Zauber der höfischen Vorstellungswelt beschwört. Es geschah auf den Wunsch eines führenden Basler Stadtadligen und mehrfach Bürgermeisters, Peter Schaler, dessen „ritters muot" von Konrad gepriesen wird (180), und mit dem Beistand zweier anderer Basler Bürger, von denen der eine beim Verständnis der französischen Vorlage half.

Diese ist der Roman von *Partonopeus von Blois,* aus der
Zeit Chrestiens. Der junge Partonopier wird durch
geheime Macht auf ein wunderbares Schiff gelockt und in
ein fernes Inselreich entführt, wo er, in allem höfischen
Raffinement, sich in Liebe der Landesherrin verbindet,
die sich ihm jedoch nur im Dunkeln naht; er verspricht
ihr, sie nie leibhaft sehen zu wollen. Nach Jahresfrist
überkommt ihn Heimweh, die Verwandten und nicht
zuletzt auch der konsultierte „erzebischof von Paris"
verdächtigen seine Liebe als Umgang mit einem dämonischen Wesen. So kehrt Partonopier zurück und bricht
mit Hilfe einer geheimen Laterne sein Versprechen.
Damit ist die Katastrophe da, er wird aus der Seligkeit
verstoßen und kann erst nach langen Ritterfahrten und
einem Turniersieg die Huld der Dame wiedergewinnen.
Das Motiv von der Liebe des Sterblichen zu einem
mythischen Wesen ist seit dem Märchen von Amor und
Psyche der abendländischen Erzählung geläufig (Mahr-
ten-Ehe), besonders auch in der speziellen Form der
Melusinen- oder Undinensage. In zwei Fassungen begegnet es bei Marie de France, und vergleichbar ist die
sogenannte Schwanrittersage, die Konrad selber in einem
Fragment sowie der Dichter des *Lohengrin* erzählen. Im
ritterlichen Zusammenhang wirkt die geheimnisvolle
Geliebte wie die Verkörperung der Aventiure schlechthin: Ferne und Zauber, höchste Gefahr und höchstes
Glück im Überschreiten der von Sippe und Kirche
gesetzten Grenzen; das märchenhafte Glück wird zerstört, wenn ein letztes Tabu durch menschliche Schwäche, täppische Neugier oder Zweifel verletzt wird. Das
Feenglück mag zwar grundsätzlich utopisch sein – noch
bei Konrad bedeutet es ein echtes und noch einmal
errungenes Traumziel. Man hat es dem Dichter verübelt,
daß er dem Motiv den eigentlichen magischen Zauber
genommen und den ganzen Feenapparat rationalisiert
habe. Seine Meliur ist in der Tat keine Fee mehr, sondern

eine höfische, ja christliche Dame wie eine andere, ihre Magie beruht bloß darauf, daß sie ein ordentliches Studium der nigromanzi absolviert hat und damit nun allerlei inszenieren kann. Gerade diese Entzauberung ist aber der Versuch, eines Höfischen wirklich habhaft zu werden. Der glückhafte Schluß, der hier noch einmal möglich ist, weicht in späteren Fassungen (Egenolf von Staufenberg, Thüring von Ringoltingen) einer elegischen Wendung, das Glück ist endgültig verspielt. Konrads eigener „Zauber" jedoch liegt sozusagen an der Oberfläche, scheint in die Form eingegangen. „Süezer clanc", „hovezuht" und „gespraechiu zunge" sind die Ziele seiner Kunst (10), die mit kostbaren Bildern, mit Wohlklang, kühnen Reimen und Enjambements und vor allem immer wieder mit Assoziationen von Licht und Kristall, Gold und Edelstein, Süße und Blüten einen rieselnden Zierat über die breitgedehnte Handlung spinnt.

Ebenfalls ein Phänomen des hochgotischen Manierismus – d. h. einer Verselbständigung formaler Elemente, die zum Träger des dichterischen Anspruchs werden und eine fragwürdig und unsicher gewordene Welt überspielen wollen – ist der *Jüngere Titurel,* dessen Dichter ungefähr gleichzeitig mit dem Würzburger sich nun des Wolfram-Erbes bemächtigt, um mit ihm in unerhörter Weise zu wuchern (um 1260–75). Als Dichter nennt sich im Werk ein Albrecht; ob es Albrecht von Scharfenberg ist, dem später in Ulrich Füetrers Abenteuerbuch der *Titurel* zugeschrieben wird, nebst zwei weiteren dort bearbeiteten Werken (*Merlin* und *Seifried von Ardemont*), ist fraglich. Den klerikalen Stand Albrechts belegen seine Kirchlichkeit und seine Bildung, bayerische oder ostmitteldeutsche Herkunft die Sprache. Seine Gönner, wahrscheinlich der Markgraf Heinrich von Meißen und seine Söhne, ließen ihn vor Abschluß des Werks im Stich. Zwei verschiedene Zeugnisse des 15. Jahrhunderts preisen das Werk als göttliche

Adelslehre und „haubt ob teutschen puechen", und nach
der Zahl der überkommenen Handschriften muß es in
der Tat eines der berühmtesten Bücher gewesen sein;
zusammen mit Wolframs *Parzival* wird es schon 1477
gedruckt; bis zu Lachmann galt es als Werk Wolframs.
Der Dichter führt sich tatsächlich als Wolfram ein und
hält die Rolle durch bis zur Nennung des eigenen
Namens in Strophe 5883. Das ist nicht Fälschung (auch
wenn sie geglaubt wurde), sondern eine Huldigung und
ein literarisches Rollenspiel des Fortsetzers, der sich
schließlich dann eben doch zu erkennen gibt.

Albrecht hat bei den rätselhaften 170 Strophen des
Wolframschen *Titurel* eingesetzt und diesen kühnen und
versuchsmäßigen Seitentrieb des *Parzival* wiederum in
die Parzival-Gralshandlung zurückgebogen und aus-
wachsen lassen zu dem Gesamtwerk von rund 6300
Langzeilenstrophen. Den großen Mittelteil bildet die
Geschichte Schionatulanders und Sigunes, von der
schwermütigen Kinderminne über die Suche des Brak-
kenseils bis zum Tode des Helden im Kampf mit Orilus
(*Parzival* 138 ff.). Voran geht die Geschichte des Grals,
der Gralsfamilie sowie Gahmurets, und es folgt, in
Zusammenfassung und Erweiterung von Wolframs Darstellung, die Geschichte von Parzival und schließlich der
Bericht von der Überführung des Grals nach Indien ins
Reich des Priesterkönigs Johannes, über den auch Wolfram bereits Andeutungen aufwies. Das Riesenwerk ist
klar aufgebaut, doch bleibt die Einheit, von der alles
überwachsenden Form einmal abgesehen, stark additiv,
um so mehr, als die auf ein Ziel angelegte Struktur des
Artusromans hier einer statisch kreisenden Folge von
immer gleichen, idealen Elementen gewichen ist.

Ein ungeheures Ganzes will das Werk umfassen.
Wenn schon Wolfram, aufgrund Chrestiens, Gralsreich
und Artuswelt gegeneinandergestellt und in einem
eigentlichen Doppelroman verbunden hat, und wenn er

in den Gahmuret-Büchern bereits die geschichtliche Mittelmeer- und Kreuzzugswirklichkeit hinzufügte, so baut Albrecht diese Kombination systematisch aus, aber so, daß er die ursprünglich gegeneinander gestuften und gespannten Bereiche ausgleicht. Die Gralsfamilie stammt nun aus Troja, wird also dadurch historisiert; mit den romanhaften ritterlichen Zweikämpfen mischen sich die geschichtlichen Schlachten der Kreuzzüge, zu denen Wolframs *Willehalm* ausgiebig herangezogen wird. Der Gral, bei Wolfram immerhin das gewagte Symbol einer selbstverantworteten, eigenständigen Frömmigkeit, erhält stärker kirchlichen Charakter und wird als „aller tugend exempel" ins Moralische verschoben. Wolframs Gralsburg ist zum Tempel geworden, zu einer ungeheuren Rotunde, die mit den Errungenschaften byzantinischer (iranischer?) Technik zum Abbild und Mittelpunkt der ganzen kosmischen Schöpfung gestaltet ist, zu einer visionären Architektur, die stets einem hohen kunstgeschichtlichen Interesse begegnet ist.

Albrecht hat sein Buch ganz und gar mit Reminiszenzen aus Wolframs drei Werken durchtränkt und ferner zahlreiche deutsche, lateinische und französische (Gral) Quellen herangezogen. Den Cantus firmus seiner Dichtung aber liefert die Form: die Titurelstrophe, die Albrecht von Wolfram übernommen, aber durch Einführung gereimter Zäsuren (4 a, 4 b / 4 a, 6 b / 6 c / 4 x, 6 c) besonders schwierig gemacht hat. Ein Beispiel (aus der Erzählung von Schionatulanders letztem Kampf):

> Waz hilfet alliu witze,   und wil gelücke wenken?
>   der talfîn jenz und ditze   (vrou Âventiur, dar an sult ir
>   gedenken)
> wol kund an sinne rîcher witze lêre.
> ist witze wirde rîche,   iedoch sô hilfet saelde michels mêre.
>
>   (5060)

(Was hilft alle Einsicht, wenn sich das Glück wenden will? /

Der Dauphin verstand sich auf dieses und jenes [denkt daran,
Frau Aventiure], / aufgrund der Lehre sinnreicher Einsicht. / Ist
Einsicht zwar reich an Würde, so hilft doch das Glück sehr viel
mehr.)

Diese schwerblütige, nur mit klingenden Schlüssen und
oft mit schwebender Betonung arbeitende, sangbare
Strophe – die häufig nachgeahmt worden ist – beherrscht
alles: Sie hemmt mit ihren Einschnitten und Kadenzen
den Fortgang des Erzählens, sie begünstigt den reflektie-
renden, kommentierenden, lehrhaften Charakter des
Vortrags, der immer wieder den Hörer nicht episch an
einem Geschehen teilnehmen läßt, sondern ihn vor das
Faktum eines unwiederbringlich Geschehenen stellt. Das
verstärkt den elegisch-fatalen Zug, den Albrecht schon
aus Wolfram bezogen, aber nun im Großwerk systemati-
siert hat. Die auch bei Wolfram exzessiv gebrauchten
Mittel der Umschreibung, der Dehnung, des Spiels mit
Annominationen und Lautresponsionen, der Verrätse-
lung und des Schmucks mit seltsamen oder kostbaren
Wörtern und Bildern tragen das Ihre zum Prunk der
Dichtung bei. Der Hörer ist gezwungen, die geheimnisvolle Schale zu durchdringen, um zum Kern der Lehre
zu gelangen. Dieser Kern, das ist durchs ganze Werk die
ritterliche Tugend, ist „wirde", „prîs", „êre", „lop" des
ritterlichen und frommen Menschen, der sich in triuwe
und kiusche der Minne wie im schön und tapfer ertrage-
nen Untergang bewährt. Es ist kaum mehr der Geist
wolframischen Abenteuers und seiner Verheißung, sondern eine schließlich monotone Melancholie im starren
Festhalten der ritterlichen Ideale, ohne Humor und ohne
Mystik. In Albrechts literarischem Gralstempel, so stau-
nenswert er ist, kommt ritterliches Leben zum Stocken,
wird aufgehoben in jedem Sinn.

Der ungeheure Auswuchs des stofflichen wie stilistischen Wolfram-Erbes im *Jüngeren Titurel* hat ein viel
bescheideneres Gegenstück im *L o h e n g r i n* gefunden.

In diesem Werk, das unter dem deutlichen Einfluß des *Titurel* steht, aber spätestens 1289 entstanden ist, wird die Geschichte des Parzival-Sohnes, wie sie Wolfram am Schluß seines Werkes in wenigen Versen skizziert, episch ausgestaltet: Der Gralsritter Lohengrin wird in einem Schwanen-Nachen der bedrängten Herzogin von Brabant zu Hilfe gesandt, er vermählt sich mit ihr, aber muß sie wieder verlassen, als sie entgegen dem Verbot nach dem Namen ihres Gatten fragt. Es ist die „Schwanrittersage", die, wohl kurz vorher, Konrad von Würzburg direkt nach französischer Vorlage in einer Kurzerzählung bearbeitet hatte. Der *Lohengrin*-Dichter stützt sich nun aber unmittelbar auf eine Partie des *Wartburgkrieges*, jener konglomeratartigen Spruchdichtung, wo „Wolfram" im Rätselkampf mit dem Zauberer Klingsor steht und wo er die Lohengrin-Geschichte erwähnt. Diese Rahmensituation ist offenbar vom *Lohengrin*-Dichter als „Prolog und Exposition" (Th. Cramer) übernommen worden und damit auch die Rolle Wolframs. Die anschließende Erzählung verwendet ebenfalls die Singspruch-Strophe des *Wartburgkrieges* und gibt damit ein weiteres Beispiel für die gattungsmäßig so problematische Form der höfischen Strophenepik. Hatte sich Wolfram einer Weiterbildung der Nibelungenstrophe bedient, so handelt es sich jetzt um einen anspruchsvollen zehnzeiligen Spruchton („Klingsors schwarzer Ton") mit einem härteren, weniger lyrischen Effekt. Wenn Richard Wagner in seiner Oper die romantischen Möglichkeiten des Stoffs ausgenützt hat, so hat seine Quelle, eben der *Lohengrin*, umgekehrt viel Gewicht auf Realien gelegt, auf korrekte und reiche Schilderung höfischen Lebens und vor allem auf eine historisch-politische Fundierung, für die er die *Sächsische Weltchronik* heranzog. Er hat das Geschehen in der Geschichte der Sachsenkaiser, speziell Heinrichs I., angesiedelt und die Bedeutung des deutschen Kaisertums und die Herrlichkeit des

Reichs nach Möglichkeit zur Geltung gebracht. Das geschah vermutlich aus der Erfahrung des Interregnums und aus den Problemen des soeben, auch durch eine neue Dynastie, wieder zu ordnenden Reichs heraus. Es ist damit das Anliegen des Dichters, die Idee des Grals und des Gralsrittertums erneut in der Wirklichkeit zu verankern.

Im umfassenden aristokratischen Anspruch, in der Selbständigkeit der Form und als Selbstreflexion spätzeitlicher ritterlicher Existenz ist dem *Titurel* Albrechts ein anderes Werk vergleichbar, das erst in den letzten Jahrzehnten eigentlich entdeckt wurde: der *Prosa-Lancelot*. Dieses Riesenwerk, das endlich der bedeutendsten, edelsten Figur des mittelalterlichen Romans neben Parzival und Tristan auch im Deutschen Heimatrecht zu verschaffen versucht (ganz unabhängig von dem fragwürdigen *Lanzelet* Ulrichs von Zazikhoven), gehört zu den einmaligen Leistungen des dichterischen Mittelalters, auch wenn es im deutschen Publikum kein sehr großes Echo fand und jedenfalls mit seiner entscheidend neuen Form für 150 bis 200 Jahre isoliert blieb. Darum sind auch Art und Zeit der Entstehung dieser ersten deutschen Erzählprosa noch immer kontrovers. Das Werk liegt am vollständigsten und besten in einer Heidelberger Handschrift von etwa 1430 vor (P), deren – rheinfränkisch-südfränkischer – Text aber durchaus älter ist. Zwei Fragmente zum 1. Teil, ein hochdeutsches (A) und ein ripuarisches (M), gehören sicher dem 13. Jahrhundert an, doch ist deren Datierung und Deutung umstritten. Die Entstehung des ganzen Werks wird heute im Rheinland vermutet. Mindestens der 1. Teil wäre nach mittelniederländischer Vorlage schon vor (oder, nach andern, wesentlich nach) der Jahrhundertmitte entstanden, ein neuer Beleg für die bedeutende Rolle niederländischer Vermittlung moderner höfischer Kunst (vgl. Veldeke); die andern zwei Teile beruhen

vielleicht unmittelbar auf der französischen Vorlage und
können sogar erst zu Beginn des 14. Jahrhunderts entstanden sein. Die Frage wird kompliziert dadurch, daß
der französische Roman – um 1225 – selbst eine mit
seinen Reihungen und Redaktionen komplexe Größe ist
und der deutschen Fassung P nicht genau entspricht.
Vom Zusammenhang der deutschen Literaturgeschichte
her wäre eine Spätdatierung des deutschen Werks, das
mit einer bereits hochentwickelten Form und reifem
Gehalt unvermittelt auftritt, einleuchtender, doch gelten
diese Merkmale auch weithin für die französische Dichtung selbst und liegt für uns die frühe Geschichte der
deutschen Erzählprosa ohnehin im dunkeln.

Lancelot: Nachdem Ulrich von Zazikhoven mit seiner
Sonderquelle nur einen Seitentrieb des Stoffes getroffen
und Chrestiens unvollendeter *Lancelot* (*Roman de la
charrette*) keine deutsche Bearbeitung gefunden hatte,
blieb diese reifste Frucht der literarischen Artuswelt der
deutschen Dichtung zunächst fremd, während in den
romanischen Ländern Lancelot bis hin zu Ariost und
Cervantes – von Dantes Francesca-und-Paolo-Episode
zu schweigen – zu den maßgebenden Gestalten gehörte.
Unter den in Frankreich seit der Jahrhundertwende aufkommenden Prosaromanen ist der Lancelot-Komplex
das mächtigste und wohl auch erfolgreichste Unternehmen gewesen. Ein „Lancelot propre" erscheint hier in
kompositorischer Verknüpfung mit neuen Grals- und
Artusreichromanen; das fünfteilige Großwerk umfaßt
schließlich die Vorgeschichte des Grals (nach Robert de
Boron), Merlin und die Gründung der Tafelrunde, Lancelot, die Gralssuche (Queste) von Lancelots Sohn
Galaad und den Tod Artus'. In diesem gewaltigen Entwurf wird die Märchen- und Legendenwelt von Artus
und dem Gral zu einem großen geschichtlich-heilsge-
schichtlichen Ablauf gebracht. Dieser führt zu einer
Götterdämmerung des schuldig werdenden Artusritter-

tums; Gral und Gralssuche werden ins Mystische gesteigert: Galaad ist eine eigentliche Erlösergestalt, der Gral
wird ins Jenseits entrückt; anderseits findet die Artus-
herrlichkeit unter dem Walten der Fortuna, in Schuld,
Verrat und Krieg ihren Untergang. Lancelot wird am
Schluß Eremit. Gegenüber dem messianischen Sohn
Galaad hat er das dunkle Schicksal in tragischer Zwiespältigkeit auszutragen. Die deutsche Prosa (P) bringt
von dem fünfteiligen Zyklus nur die drei letzten Teile
(also ohne Gralsgeschichte und Merlin), und zwar mit
einer größeren Lücke nach der Erzählung von Lancelots
Herkunft („vom See") und Jugend. Es sind in der Ausgabe Reinhold Kluges immerhin 2300 Quartseiten.

Prosa: das heißt hier nicht „Prosaauflösung" höfischer
Epik in eine handlichere, anspruchslosere Form wie später, wohl aber zunächst für uns die Befreiung vom
obligaten gereimten Kurzvers, der metrisch und syntaktisch kurzatmig ist, leicht mechanisch werden kann und
der Typisierung und Formelhaftigkeit des Erzählten
Vorschub leistet, dennoch aber bis ins 16. Jahrhundert
hinein als handfeste, ohrenfällige, bequeme Normalform
dient. Demgegenüber ist erzählende Prosa vielmehr ein
recht schwieriges und anspruchsvolles Unterfangen; das
zeigen noch lange die immer neuen Versuche, an latcini-
schem oder französischem Vorbild einen solchen Prosastil zu entwickeln. Denn Prosa ist so gut eine Kunstform
wie der Vers, ganz besonders für die an akustische
Vermittlung gewöhnte mittelalterliche Literatur. Es geht
um die Pflege rhetorischer Formen, vorab des Rhythmus, der im Zusammenspiel mit einer reicher und logisch
genauer werdenden Syntax steht, wie sie der Vers kaum
erlaubt; es geht um eine verfeinerte, beweglichere Stilisierung des Details gerade auch bei der Schilderung
seelischer Regungen, und um die Sicherung eines ruhigen
und doch gespannten Gangs der Erzählung über größere
Strecken und weiter verzweigte Handlungen hin. Die

Lancelot-Prosa im Französischen wie im Deutschen entfaltet diese Kunst mühelos und mit sanfter Magie, wie sie
dem Thema entspricht; man hat sie als bewundernswerte
Leistung keineswegs populärer, vielmehr aristokratischer
Art zu verstehen. Diese Prosa setzt wohl auch im Deutschen eine größere Übung voraus, denn sie steht in einem
Zusammenhang, der später sowohl in der mystischen
Erzählung (Seuse-Vita) wie dann auch in den besseren
„Volksbüchern" spürbar wird. Älteres ist nur wenig zu
fassen: das primitive Lehrgespräch des *Lucidarius* (das in
einem – gereimten! – Vorwort die Wahl der Prosa mit
deren größerer Sachlichkeit verteidigt oder besser entschuldigt), dann die ebenfalls eher trockene Form der
frühen Prosachronistik der *Sächsischen Weltchronik*, und
vor allem wird man an die Predigt und den geistlichen
Traktat denken können, die dem vermutlich geistlichen
Stand des *Lancelot*-Übersetzers naheliegen mußten. Dies
wird mit dem gelegentlichen Anklingen legendarisch-
biblischer Sprache und geistlicher Rhetorik deutlich. So
etwa in dem von Kurt Ruh herausgehobenen Liebesgespräch Lancelots und seiner Königin und Dame Ginover,
wo sich der sensibel-verhaltene Dialog zu größerer
Intensität steigert:

„Ich han uch geminnet, frau", sprach er, „von dem tag das ich
uch von erst sah." „Wie geschah das?" sprach sie. „Ir datens
mir, frauw", sprach er, „da ir mich uwern amis machtent und
uwer munt so gutlich wiedder mich sprach." „Wie machte ich
mynen amis von uch?" sprach sie. „Ich kam fur uch, frauw",
sprach er, „da ich urlob genomen hett zu mym herren dem
konig, und nam urlob zu uch; ich sprach das ich uwer ritter
were war ich mich bekehrt (wohin immer ich mich wenden
würde), und bevalh uch gott. Da sprachent ir zu mir: ,Got
müßent ir bevolhen sin, schoner süßer amis!' Das wort enkam
mir nummer sitherre uß er mynem herczen; das was ein wort,
das mich noch byderbe sol machen ob got wil. Ich enkam auch
nymer sitherre in so groß angst, mir gedecht desselben wortes.
Das wort hat mich getrost zu allen mynen noten, das wort hat

mich beschirmet in allen mynen nöten vor allen mynen finden, das wort hat mich ußer allen mynen sorgen bracht, es hatt mich sat gemacht so ich hungerig was, es hatt mich ußer großen armuten bracht und hat mich fast rich gemacht." „So wart das wort zu guter zitt gesprochen", sprach die koniginn, „und got der michs sprechen hieß der müß des wortes ummer gelobet syn . . ." (I,294)

Lancelot verkörpert schon bei Chrestien, in einem gewissen Gegensatz zu Tristan, die höfische Minne zur Herrin mit Anspruch auf Lohn, ebenso absolut wie die Tristan-Minne, doch ohne deren dämonisch-ruchlose Züge. Lancelot und Ginover weisen es von sich, ihre Liebe nur als Zwang eines Zaubertranks zu verstehen, und sie wissen denn auch, daß sie Sünde ist und Sühne verlangen wird. Es ergibt sich eine Haltung ritterlicher Unbedingtheit, aber auch der Nachdenklichkeit, der sentimentalen Melancholie, der schönen Schwermut, die bis zum Preziösen gehen kann. Der hohe Mut kämpferischen Rittertums ist einer weicheren Haltung des Duldens gewichen, die geradezu den religiösen Charakter einer Passion annehmen kann. Darin zeigt sich wieder, über ein Jahrhundert hinweg, die Nähe zum Seelenroman der Mystik.

Doch das Geschick Lancelots vollzieht sich in einem fast unabsehbaren, vielfältigen und verschachtelten Geschehen, das – wie Uwe Ruberg gezeigt hat – völlig souverän und in neuartiger Dichte entwickelt ist. Es begibt sich in einem konkreter gewordenen Raum, der mit Anschaulichkeit, Perspektive, Atmosphäre, Stimmung präsent werden kann, und in einem Zeitkontinuum, das nicht nur mit den Stationen von Tages- und Jahreszeit, von Kalender und Kirchenjahr genau registriert wird, sondern auch fühlbar wird in seinem unaufhaltsamen Strömen und Verrinnen, in seiner heilsgeschichtlichen Richtung auf die letzten Dinge hin. Die Suche (Queste), zu der schließlich alle aufgebrochen sind, ist der eigentliche Habitus der Existenz in der fließend gewordenen Zeit, und man könnte sagen, diese Suche habe schließlich das Abenteuer aufgelöst im Strom ihrer eschatologischen Bewegung.

Aus dem geringen Widerhall des deutschen Lancelot muß man wohl schließen, daß die deutschen Hörer und Leser für den Rang und den Anspruch dieses nobelsten, reifsten Werkes ritterlichen Spätgefühls kein Organ hatten – das gehört mit zur Melancholie des *Lancelot*. Die nüchterne Kurzfassung (Prosa), die Ulrich Füetrer (1470–80) aus dem Werk herstellte, ändert daran wenig.

5. Höfische Romane um 1300

Unterdessen bleiben die formalen und inhaltlichen Errungenschaften der Klassiker und vor allem Rudolfs und Konrads verfügbar und werden mit mehr oder weniger Eleganz benützt. Abgesehen von den bereits angeführten Autoren wie Heinrich von Neustadt oder Ulrich von Etzenbach, treten noch ein paar wenige Versromane hervor, bevor dann im 14. Jahrhundert modernere Gattungen erscheinen oder dann die Prosadichtungen des 15. Jahrhunderts im Zusammenhang mit einem allgemeinen Revirement ritterlicher Mode einheimische oder fremde Stoffe aufs neue verbreiten. Die hier noch zu buchenden drei Werke mögen an sich sehr verschieden sein, finden sich aber, und das ist wohl bezeichnend, in der Abkehr von der arturischen Romantik, in der reichlichen Benützung der Vorbilder bei eigener, allerdings vorwiegend kompilatorischer Erfindung des Ganzen, im Bestreben, die erzählte Geschichte in den Rahmen historischer Ereignisse und bekannter Schauplätze zu stellen, und schließlich in der Neigung zu ausgedehnter Lehrhaftigkeit. Das allenfalls Epigonische dieser Erzähler – die alle nicht adligen Standes waren – besteht in dieser Abkehr von der Idee des Abenteuers zugunsten einer

unter Umständen banausischen Konsolidierung der
gesellschaftlichen und moralischen Maßstäbe. Das „Bürgerliche" liegt dabei nicht so sehr im Stand des Verfassers
oder des Publikums als in der Beflissenheit, mit der
höfische Ideologie breitgetreten und um ihre Hintergründe, z. T. auch ihre ständische Exklusivität gebracht
ist. Daß dabei die eigene Erfindung eher das Kennzeichen epigonischer Illegitimität als einer endlich errunge-
nen Selbständigkeit wird, das gehört zur inneren Widersprüchlichkeit dieser Spätphase.

Dem Erbe Rudolfs von Ems am nächsten steht der
umfangreiche Roman *Wilhelm von Österreich,* den ein
gewisser J o h a n n v o n W ü r z b u r g im Jahre 1314
abgeschlossen hat. Es ist die gewandt erzählte Geschichte
einer wunderbaren Liebe von Kind auf, nach dem Typ
von *Flore und Blancheflur* oder von *Wilhelm von Orlens;*
sie spielt im Mittelmeerraum der Kreuzzüge, wobei sich
mit den Erlebnissen des Helden Reminiszenzen an die
österreichischen Herzöge Leopold V. und VI. verbinden. Der Roman, der auf diese Weise in einen geschichtlichen Rahmen gestellt ist, war Herzog Friedrich dem
Schönen und seinem Bruder Leopold gewidmet. Gönner
des „schrîbaers" waren ein Graf von Hohenberg-Haiger-
loch und ein Dieprecht, Bürger zu Esslingen. Daß mit
den geschichtlichen Durchblicken raffiniertere Ver-
schlüsselungen und Huldigungen beabsichtigt sind, ist
kaum anzunehmen – es genügt die Absicht einer allgemeinen geschichtlichen und geographischen Beglaubigung. „tugende, âventiur, minne, / daz sint cleinode
driu" (314 f.) – der behaglich sentimentalen Entfaltung
dieses Programms einer höfischen Sitten- und Minnelehre ist das Werk gewidmet, und es hat mit seinem
Heldenpaar Wilhelm und Aglye bei den Zeitgenossen
auch Erfolg gehabt, bis hin zu einer Prosaauflösung
(1481) und einem Drama des Hans Sachs.

Ähnlich zur Ehre eines Herzoghauses ist der anonyme

und textlich heterogene *Friedrich von Schwaben* gedichtet, den de Boor als „den traurigen Ausklang des ritterlichen Minneromans" bezeichnet (um 1320). Es ist im Kern die verschachtelte Geschichte von der Erlösung einer verzauberten Jungfrau Angelburg durch den Helden Friedrich. Interessant ist die Einarbeitung von Elementen der sonst nur aus dem Norden bekannten Sage von Wieland – Ritterabenteuer, Märchenmotivik und Heldensage mischen sich in merkwürdigem Stilbruch und überaus primitivem Vortrag.

Von größerem Interesse ist der *Reinfried von Braunschweig,* das in der einzigen Handschrift unvollendet abbrechende Romanwerk eines unbekannten Ostschweizers, um 1300 oder später entstanden (27 627 Verse). Die Motive zu dieser Ehrung der Welfendynastie bleiben unklar. Die breite, mit allen denkbaren Entlehnungen und moralischen Kommentaren ausgestattete Liebes- und Abenteuergeschichte ist insofern besonders konkret, als sie sagenhafte Überlieferungen um die Kreuzfahrt Herzog Heinrichs des Löwen im Jahre 1172 benützt. Wir fassen hier, ähnlich wie bisher nur im *Herzog Ernst,* die Spuren nicht nur chronikalischer, sondern wohl auch liedhafter Überlieferung von bedeutenden Zeitereignissen; denn Heinrich der Löwe erscheint viel später noch als Held eines volkstümlichen Strophengedichts (um 1470) und eines Prosa-Volksbuchs. Es ist damit eine konservativere Möglichkeit des ritterlichen Romans wieder aufgegriffen. Wie im *Herzog Ernst* und anders auch im Artusroman erfolgt zunächst eine breite erste Runde des Geschehens: die Gewinnung einer dänischen Prinzessin durch den jungen Braunschweiger Herzog, motivisch und formal angelehnt an Konrads von Würzburg *Engelhard.* Nach Jahren kinderloser Ehe dann der Aufbruch zur eigentlichen Bewährungsfahrt im Kampf gegen die Heiden und in der Begegnung mit der ethnographischen Wunderwelt des Ostens, in enger Verwandtschaft zur Herzog-Ernst-Geschichte oder gemeinsamen Quellen. Der Dichter scheint nun allerdings sein Interesse weniger in anschaulicher und geschlossener Erzählung selbst zu finden als vielmehr in den breiten moralischen und insbesondere auch minnepsychologischen Betrachtungen, für welche die Erzählung oft nur wie ein Vorwand wirkt. So ergibt sich ein gewisser Zwiespalt zwischen dem höfisch-heroischen Erzählstoff und der im Grunde „bürgerlichen" Lehrhaftigkeit mit ihrem Lob der edleren Vergangenheit und ihrer – bis zu den Details der zeitgenössischen Damenmode – eifrigen Zeitkritik.

V. SPÄTE HELDENDICHTUNG

Während die höfische Erzählung sich ins forciert Exklusive steigert oder zeitgemäßen Ansprüchen kunstreicher Form oder geschichtlicher Verbindlichkeit zu genügen sucht, wird zunehmend eine „volkstümliche" Erzählwelt sichtbar, mit der wir zwar ins Anspruchs- und Grundsatzlose zu geraten scheinen, dafür aber auch in einen Bereich, der mehr oder weniger unterirdisch für Jahrhunderte, ja für ein Jahrtausend mächtig vorhanden war. Mit dem Stichwort „Heldendichtung" fassen wir eine Welt, die bisher inselhaft mit dem *Hildebrandslied*, dem *Waltharius*, mit *Nibelungenlied* und *Kudrun* erschien, vielleicht auch modernere Entsprechungen im Sagelied (*Ludwigslied, Herzog Ernst, Heinrich der Löwe* [?] usw.) hatte. Die Gattungsbezeichnung „Heldendichtung", unter der traditionellerweise eine fest umrissene Gruppe nun auch wieder spätmittelalterlicher Dichtungen verstanden wird, ist nicht unangefochten geblieben, um so weniger, als wir sie nach dem *Nibelungenlied* fast immer nicht in einem abstrahierten Idealtyp fassen, vielmehr in mannigfaltigen stofflich-motivischen oder formalen Mischformen. Wir möchten dennoch an diesem Begriff festhalten und damit auch an der üblichen Zuordnung von Werken zu dieser Gruppe. Folgende gemeinsamen Merkmale treten doch sehr deutlich hervor: (1) eine Lokalisierung in der geschichtlichen Welt der deutschen oder allgemein germanischen Stämme (wobei geschichtliche Figuren oder Ereignisse als objektiver Ausgangspunkt noch faßbar sind oder als solche wenigstens geglaubt werden, sei es, daß dies den Stoff als ganzen betrifft oder, wie vielleicht schon im *Hildebrandslied*, daß diese geschichtlich-heroische Welt nur als Rahmen, als Hintergrund signalisiert ist); (2) die Anonymität einer Dichtung, die nicht wie im Roman oder der Novelle dem

einzelnen Autor gehört, sondern einer wie immer
zusammengesetzten Gemeinschaft und einer längeren
Tradition, bei der auch an ursprünglich mündliche Weitergabe und jedenfalls an einen Stand von Berufsdichtern
zu denken ist; (3) die große Variabilität von je verschiedenen „Fassungen" und Schichten einer solchen, primär
der Gemeinschaft gehörenden Dichtung; (4) die Möglichkeit, auf die Existenz einer „Sage" zu schließen, sei
damit nun die bloße Abstraktion eines traditionellen
„Stoffes" gemeint oder gar eine „formlose" Existenz von
Erinnerung und Wissen; (5) in unseren meisten Texten
eine spezifische Form, nämlich die sangbare und gesungene Strophe, deren Varianten vers- und wohl auch
musikgeschichtlich in konkreter Verwandtschaft stehen:
die Nibelungenstrophe, der einfachere Hildebrandston,
der Ecken- oder Bernerton u. a.; (6) die Sammelüberlie-
ferung in sogenannten Heldenbüchern im späten
15. Jahrhundert; (7) eine Region, der deutsche Südosten,
als Schwerpunkt der Überlieferung. Im übrigen gilt freilich die ganze Breite der Möglichkeiten: strenges Heldenlied und volkstümliche Ballade, Kurzepos und größeres Buchwerk. Wie spätmittelalterliche Heldendichtung
die Merkmale des Verfalls, der Mischung, des Absinkens
ins Triviale, Burleske, Rohe, ja Verworrene zeigt, wird
auszuführen sein, anderseits aber auch, wie die Gattung
sozial oder mit ihrem Erlebnisgehalt in neue Funktionen
hineinwachsen kann. Daß sie uns erst in diesem spätmittelalterlichen Zustand reichlicher faßbar wird, erklärt
sich nicht nur aus der Ungunst der Überlieferung für die
frühe Zeit, sondern wohl auch daraus, daß es nun eher
eine „bürgerliche" Bevölkerung gibt, welche sich der
alten Traditionen bemächtigt und sie sogar in einer
gewissen Renaissance wieder lebendig macht. Auch der
Adel, bis hinauf zu Maximilian, verzichtet aber deswegen nicht auf diese Form von Unterhaltungskunst. Der
Verlust an ideeller Transparenz, der Gewinn an Wirk-

lichkeitsdichte, der sich im Schicksal des höfischen Romans feststellen läßt, kommt sozusagen auch einer Wiederaufnahme der Heldendichtung zugute.

Doch zuerst sei das Inventar der hieher zu rechnenden Gedichte aufgenommen.

1. Die Texte

Der alte Stoff von Walther, bisher faßbar im lateinischen *Waltharius* und in den altenglischen *Waldere-Fragmenten* sowie einer Reihe von Zeugnissen, erscheint, über mindestens drei Jahrhunderte hinweg, in geringen Resten einer epischen Dichtung aus der ersten Hälfte des 13. Jahrhunderts, die in der metrischen und stilistischen Nachfolge des *Nibelungenliedes* steht.

Aus dem Kreise der *Kudrun*, die ja selbst nur durch den späten Glücksfall der Ambraser Handschrift auf uns gekommen ist, stammt ein erst 1957 bekannt gewordenes, in einer Handschrift aus Kairo in hebräischer Schrift und mitteldeutscher Sprache (Vierzeiler-Strophen) aufgezeichnetes kleines Epos des späten 14. Jahrhunderts: *Dukus Horant* (als Brautwerber der schönen Hilde, Hagens Tochter); dabei sind in die Kudrunsage (sei dies nun unser Epos oder eine andere Überlieferung) Elemente der Dichtung von *König Rother* eingearbeitet.

Der Nibelungenstoff im engern Sinn wird durch die kurze Strophendichtung des *Hürnen Seyfried* (Siegfried mit der Hornhaut) vertreten, roh und wirr erzählte Jung-Siegfried-Abenteuer, wie sie in *Nibelungenlied*, *Edda* und *Thidrekssaga* erscheinen, jetzt aber, z. T. aufgrund unklarer Vorstufen, z. T. in später Erfindung, den Drachentöter und Hortgewinner Siegfried als Befreier der von einem Drachen geraubten Kriemhilt vorführen.

Alles andere läßt sich dem Kreis der Dietrichsage zurechnen, wobei der populär gebliebene oder erst recht

gewordene Ostgotenkönig, Recke am Hunnenhof und
Kämpfer um sein Reich, samt seinem lombardisch-öster-
reich-tirolischen Lokal (Bern-Verona, Raben-Ravenna,
Garte-Garda, Tiroler Gebirge) oft nur als Aufhänger für
anderes Erbgut oder neue Erfindung dient. Es ist bemerkenswert, daß ein geschlossener Dietrich-Stoff („Ama-
lungensage") selber kaum existiert oder doch keine maßgebende Form gefunden hat – im Gegensatz zum *Nibelungenlied,* dessen durchgebildete Großform maßgebend
blieb und darum mit Ausnahme des *Hürnen Seyfried* bei
aller Volkstümlichkeit keine Abwandlungen und An-
reicherungen mehr erfuhr.

(1) Die Brücke vom ganz archaischen zum spätmittel-
alterlich-populären Typus schlagen in verwirrender
Weise zwei Lieder, die nur spät und abgelegen erscheinen. Das *Jüngere Hildebrandslied* entstammt
wohl grundsätzlich dem 13. Jahrhundert, ist aber erst im
15. und 16. Jahrhundert, dann aber mit großer Verbreitung, faßbar. Der Vater-Sohn-Kampf, dessen tödliches
Ende noch der Marner bezeugt, hat zur gleichen Zeit
schon in der *Thidrekssaga* ein Happy-End gefunden; das
jüngere deutsche Lied ist vollends eine glückhaft-mun-
tere, balladenhafte Heimkehrergeschichte – gewiß eine
gewaltige Trivialisierung, doch auch Ausdruck der vernünftigen Einsicht, wie zwanghaft und barbarisch die
Motivation im alten Liede war. Ein niederdeutscher
Liedtext in zwei Drucken von etwa 1560, im selben
„Hildebrandston", erzählt *Ermenrikes dot:* Ermanarich, der Ostgotenkönig des 4. Jahrhunderts, ist hier
der grausame Usurpator von Dietrichs Reich (ähnlich
wie Odoaker im alten *Hildebrandslied*), wie er auch
bereits in der *Edda* als Gestalt einer eigentlichen Iörmun-
reksage erscheint. Dietrich dringt selbzwölft in die Burg
zu Freysack (Friesach in Kärnten, auch als Breisach am
Oberrhein gedeutet) ein und erschlägt den König:

De Könink de swech ganz stille,　alse de Averweldigen
　　　　　　　　　　　　　　(Überwältigten) doen.
Tohand toech sik her Diderik van dem Bern　ein Swert van
　　　　　　　　　　　　　　　　Golde so rot:
He gaf dem Köning van Armentriken　einen weldigliken
　　　　　　　　　　　　　　　　　　Slach,
Und dat ok jo sin Hövet　vor em up der Erden lach.

So balladenhaft und spielmännisch das ist und so sekundär aus größeren Erzählungen das wieder herkommen
mag, es bleibt doch altes Gut und alte Form, eine Konstanz über 1200 Jahre und ganz Europa hinweg.

(2) *Dietrichs Flucht* (von einem Unbekannten,
der sich als Heinrich der Vogler vorstellt) und die davon
abhängige *Rabenschlacht* (um 1280) behandeln nun
in höfisierender und teilweise historisierender Reimpaar-
form die Ereignisse von Dietrichs Vertreibung, seinem
Aufenthalt am Hof des Hunnenkönigs Etzel, seiner dortigen Heirat und seiner Rückkehr nach Bern (mit langer
Vorgeschichte über Dietrichs Ahnen); die Ravenna-
Schlacht führt die mit Unterstützung Etzels erfolgende
Vertreibung Ermenrichs weiter aus, enthält jedoch als
eigentliches, tragisches Thema den Untergang der drei
jungen kampfbegierigen Söhne Etzels, für deren Wohl-
ergehen Dietrich sich verbürgt hatte. Ähnlich läßt
Alpharts Tod, ein kürzeres und etwas älteres Stro-
phenepos (Handschrift des 15. Jahrhunderts), den jungen
Helden Alphart, Neffen Hildebrands, auf einsamer Feld-
wache den Tod finden – schillernd mischt sich auch bei
diesem Knabenhelden alte Heroik mit jüngerer Empfindsamkeit, balladenhaft mit dem Ende des „kindeschen
degens", der auf grüner Heide kämpft und unter den
unehrenhaften Schlägen zweier Gegner, Witeges und
Heimes, sterbend in die roten Blumen sinkt.

(3) Zu einer weiteren Gruppe treten ein paar Werke
zusammen, in denen Dietrich, vor allem der junge Dietrich, in abenteuerlichen Kämpfen mit Riesen und Zwer-

gen und Drachen erscheint, wo sich also, ähnlich wie in den Jung-Siegfried-Abenteuern, das Heroisch-Geschichtliche ins Sagenhafte oder noch eher Märchenhafte verschiebt. Vielleicht ist das älteste Gedicht dieser Art der *Goldemar,* Fragmente im später sogenannten dreizehnzeiligen Berner Ton: Dietrich reitet zu den Riesen im Gebirge, befreit eine Jungfrau aus dem Gewahrsam des Zwergenkönigs Goldemar und nimmt sie zur Frau. Als Verfasser nennt sich ein A l b r e c h t v o n K e m e n a t e n (um 1230?); er durchbricht wohl nicht zufällig die Anonymität, denn er unternimmt den bewußten Versuch, rohen Heldenstoff ins Höfische, Aventiurenhafte zu wenden. Er beginnt nämlich mit der Erklärung:

> Wir hân von helden vil vernomen,
> die ze grôzen strîten sint bekomen
> bî hern Dietrîches zîten.
> sie begiengen degenheit genuoc,
> dô einer ie den andern sluoc.
> si wolten niender rîten,
> sin waern ze strîten wol bereit ...
>
> nu merkt ir herren, daz ist reht:
> von Kemenâten Albrecht
> der tihte ditze maere,
> wie daz der Berner vil guot
> nie gwan gên vrouwen hôhen muot.
> wan seit uns daz er waere
> gên vrouwen niht ein hovelîch man
> (sîn muot stuont im ze strîte),
> unz er ein vrouwen wol getân
> gesach bî einen zîten:
> diu was ein hôchgeloptiu meit,
> diu den Berner dô betwanc,
> als uns diu âventiure seit.

(1,2)

Rohes Reckentum soll mit höfischer Minne gesänftigt werden. Die Nachgeschichte dieser ja auch schon im

Nibelungenlied versuchten Neuerung zeigt aber doch wohl eher, daß damit einer neuen Art von unverbindlichem Synkretismus Vorschub geleistet wurde.

In derselben Berner- oder eben Eckenstrophe gehalten ist das überaus populär gewordene *Eckenlied*, inhaltlich seit der Mitte des 13. Jahrhunderts bezeugt, aber erst spät in verschiedenen Varianten überliefert. Der Riese Ecke, einer von drei heldenhaften Brüdern im Lande Gripiar, zieht aus, um sich mit dem berühmten Berner zu messen, von dem er schließlich getötet wird. Der Name und die Figur Ecke scheinen aus dem Namen von Dietrichs Schwert Eckesachs (Schwert mit der Schneide) entwickelt. Um den Kern von Eckes Ausfahrt haben sich dann allerlei Abenteuer höfisch-romanhafter Herkunft angelagert. *Sigenot*, ein kurzes Gedicht derselben Form (ältere Fassung um 1250), trägt den Namen eines weiteren Riesen, den Dietrich zusammen mit Hildebrand und einem hilfreichen Zwerg überwindet. *Laurin* (oder *Kleiner Rosengarten*) ist eine Reimpaargeschichte aus derselben Zeit – der Zwerg Laurin besitzt in Tirol einen zauberhaften Rosengarten, den er gegen Dietrich und seine Gefährten verteidigen muß, worauf, nach verschiedenen Peripetien, Friede geschlossen wird. Sehr reizvoll ist *Virginal*: ein größeres Werk im Bernerton, das in verschiedenen Fassungen und Schichten der zweiten Hälfte des 13. Jahrhunderts entstammt. Virginal ist eine junge tirolische Zwergenkönigin, die von einem Heidenkönig bedrängt ist und von dem jungen, erstmals ausziehenden Dietrich im Zuge von allerlei Abenteuern mit Riesen und Drachen befreit und geheiratet wird. Hinter der sagenhaft-märchenhaften Überformung steckt der hübsche, späthöfische Ansatz eines geradezu psychologisierenden Jugend-Heldenromans (Hugo Kuhn). Blutiges Heldentum wird ironisch abgebogen. Schließlich der *Wunderer*: die in 5 Fassungen nur spät überlieferte Geschichte vom menschenfressen-

den, eine Jungfrau jagenden Wunderer, der in Etzels Hof
einbricht und vom jungen Dietrich besiegt wird – kaum
eine „tirolische Volkssage" (W. Krogmann), eher eine
Travestie und darum auch geeignet zum Fastnachtspiel.

(4) Eine spezielle Möglichkeit, mit den geläufigen
Figuren der Heldendichtung zu wirtschaften, wird in
zwei Werken ergriffen, die die Helden verschiedener
Sagenkreise gegeneinander antreten lassen und damit die
zunächst ehrwürdigen Gestalten zu im Grunde unseriö-
sen Konfrontationen und Kombinationen benützen. Der
Große Rosengarten ist eine über ganz Deutschland
verbreitete, in späten Handschriften mit verschiedenen
Fassungen überlieferte Dichtung, deren Urform bis vor
die Mitte des 12. Jahrhunderts zurückgehen kann. Motivisch ist es eine Kompilation u. a. aus *Laurin*, Dietrich-
Epik und (älterem?) Nibelungenstoff. Kriemhilt besitzt
in Worms einen von zwölf Rittern (darunter Siegfried,
Hagen, Gunther) bewachten Rosengarten; sie fordert
Dietrich von Bern (auch Walther von Wasgenstein) heraus, seinerseits mit zwölf Helden zum Kampf gegen die
Wächter anzutreten – den Siegern winken Kuß und
Rosenkranz. Im Zwölfkampf siegen die Berner, Kriemhilt wird keinen Garten mehr hegen. Das zentrale Thema
des Zwölfkampfes, das auch im *Biterolf* und schon –
einseitig – im *Waltharius* erscheint, hat turnierartigen
oder gar rituellen Charakter (so kämpfen in einem der
ältesten deutschen Spieltexte zwölf Ritter des Herrn Mai
gegen zwölf des Herbstes), doch scheint es hier nur die
bequeme Form zu sein, eine große Zahl von Helden
revueartig anzusammeln. Der burleske Schluß des Ganzen, der Auftritt des starken Mönches Ilsan als letzten
Kämpfers für Dietrich, bestätigt den pietätlosen, ja
gegenüber den burgundischen Helden und Kriemhilt fast
parodistischen Charakter des Unternehmens. Der Erfolg
des in Hildebrandstrophen lebhaft erzählten, balladenhaften Werkes gab dem Autor recht.

Auch *Biterolf und Dietleib*, eine umfangreiche Reimpaardichtung des 13. Jahrhunderts, aber erst in der Ambraser Handschrift überliefert, führt Dietrich zum Kampf gegen Siegfried und bietet dabei eine große Zahl der Helden aus dem *Nibelungenlied* auf, doch geschieht dies im Rahmen einer ernsthaften höfischen Ausfahrts- und Erziehungsgeschichte: Dietleib, Sohn des Königs Biterolf von Toledo, sucht seinen Vater, findet ihn am Hunnenhof und unternimmt mit ihm und den andern Helden Etzels den großen, siegreichen Feldzug gegen die Könige am Rhein. Daß neben der bekannten Heldendichtung, vor allem *Nibelungenlied* und Walther-Epik, eine (niederdeutsche) Dietleibsage als Hintergrund anzusetzen ist, ist unwahrscheinlich.

(5) Weit über den Kreis heroischer Dichtung hinaus führen die Geschehnisse in dem komplizierten Komplex der Romane von *Ortnit* und *Wolfdietrich,* so daß es überhaupt fraglich und von der Beurteilung ihres Ursprungs abhängig ist, welcher Gattung man sie zuweisen will. Es handelt sich um zwei Epen im Hildebrandston, die inhaltlich nur lose verknüpft sind und von denen das zweite, *Wolfdietrich,* in mehreren ganz verschiedenen Fassungen kursiert hat. Als Entstehungszeit wird die erste Hälfte, ja das erste Viertel des 13. Jahrhunderts angenommen. Ortnit wird uns als mächtiger junger König von Lamparten (Lombardei) mit Residenz in Garda vorgestellt, der Sohn, wie sich zeigt, des im Gebirge hausenden Zwerges Alberich. Unter dessen unsichtbarer Begleitung unternimmt Ortnit eine gefahrvolle Brautwerbefahrt nach Tyrus, um dort gegen gewaltige Schwierigkeiten die Tochter des Heidenkönigs von Jerusalem zu gewinnen; dieser rächt sich durch die Übersendung von Dracheneiern. Im Kampf mit einem der Lindwürmer, die daraus hervorkriechen, findet Ortnit den Tod; rächen wird ihn Wolfdietrich, der Urahn Dietrichs von Bern. Hier öffnet sich wieder die aus *Herzog*

Ernst, Rother, Salman und Morolf bekannte Mittelmeerwelt, erscheint eine spielmännische Brautgewinnung;
nicht zuletzt handelt es sich aber auch um zeitgeschichtliche Kreuzzugsmotivik, alles vorgeschaltet einem der
beliebten Drachenabenteuer. Die Anknüpfung an die
Dietrichsage ist äußerlich; in den Namen Ortnit, Ylias
(Ortnits Oheim) und Garte (Nov-gorod?) scheinen niederdeutsch vermittelte Reminiszenzen eines russischen
Stoffs vorzuliegen, doch die Fabel selbst kommt aus
westlicher Anregung; Alberich entspricht dem Auberon
des französischen Romans von Huon de Bordeaux.

Der *Wolfdietrich* zeigt ein durchaus ähnliches Bild,
nur wesentlich bewegter und phantastischer. Die wohl
ursprüngliche Fassung (A) erzählt vom jungen Königssohn von Konstantinopel, Wolfdietrich, der infolge einer
Verleumdung von seinem Vater Hugdietrich ausgesetzt,
aber von den Wölfen wunderbar geschont wird. Mit
Hilfe seines treuen Dienstmanns Berchtung von Meran
und dessen sechzehn Söhnen (im *König Rother* war es
Berchter mit zwölf Söhnen) kämpft er für sich und die
verstoßene Mutter, zuerst erfolgreich gegen den Vater,
dessen Gunst er wiedergewinnt, dann nach Hugdietrichs
Tod unglücklich gegen seine Brüder. Er sucht Hilfe bei
Ortnit von Lamparten (Reiseabenteuer), kann aber nur
noch Ortnits Tod am Drachen rächen und die Witwe
heiraten. Die wesentlich spätere Fassung (D), in welcher
offenbar frühere Varianten summiert sind, erzählt als
Vorgeschichte die Brautwerbefahrt Hugdietrichs, die
Flucht Wolfdietrichs und Berchtungs vor den feindlichen
Brüdern, Abenteuer mit einer Meerjungfrau, den Drachenkampf, einen Kampf mit dem grausamen Heiden-
fürsten Belian, die Hochzeit mit Ortnits Witwe und nach
deren Tod den Gang ins Kloster – eine Kombination aus
einheimisch-spielmännischen Elementen und Anregungen aus französischen Chansons de geste und Ritterro-
manen.

2. Entartung und Ursprünglichkeit

Der M a r n e r, ein fahrender Spruchdichter um die Mitte
des 13. Jahrhunderts, gibt in einer berühmten Strophe
eine Übersicht über sein Repertoire an Heldendichtung,
um sich damit zugleich über sein – nach seiner Meinung –
undankbares, meisterloses und anspruchsloses Publikum
zu beklagen. „Sing ich den Leuten meine Lieder", heißt es
da (XV, 14), „so will der erste das, wie Dietrich von Bern
auszog, der andre, wo König Rother saß; der dritte will
den Reußensturm (= ?), dagegen will der vierte Eckharts
Not (kommt in Dietrichs Flucht und Rabenschlacht vor),
der fünfte, wen Kriemhilt verriet, dem sechsten wäre
lieber, wo der Wilzen Volk hingekommen (Wilcinamánn
der *Thidrekssaga*), der siebente möchte Heimes oder
Herrn Witeges Sturm, Siegfrieds oder Herrn Eckes Tod.
Der achte aber will dann nichts als höfischen Minnesang,
dem neunten ist bei all dem langweilig, der zehnte hat
keine Meinung. Nû sust nû sô, nû dan nû dar, nû hin nû
her, nû dort nû hie. Mancher hätte gern den Nibelungen-
hort ..." Man sieht hier, wie es schon zu Marners Zeit
beim Vortrag strophischer Heldendichtung zuging, wie
sie einen jedermann bekannten Stoffkreis bildet, wie ein
fahrender Spruchdichter auch Strophenepik und Minnesang im Repertoire hatte (Strophik eventuell mit Ausnahme des *Rother*, wenn wirklich das Reimpaarwerk
gemeint ist). Der Dichter befriedigt damit wohl nicht in
erster Linie das Interesse höfischer, anspruchsvollerer
Kreise, obwohl natürlich Trivialliteratur keineswegs nur
Sache untergeordneter Stände ist. Sein Katalog trifft sich
zu einem guten Teil mit dem, was uns, wenn auch
vielleicht in anderen Fassungen, erhalten ist, wie etwa die
drei getrennt aufgeführten Themen, die in unserem *Nibelungenlied* vereinigt sind. Daraus darf man wohl vermuten, daß die Menge des seit 1250 Verlorenen nicht allzu
groß ist.

„Nû sust nû sô, nû dan nû dar" – beim Blick auf die spätere Heldendichtung ist es uns vielleicht so wenig wohl wie dem Marner. Wer Germanisches sucht und ehrwürdige, ernsthafte Sagendichtung, wird sich im wesentlichen mit einzelnen Namen und Motiven begnügen müssen, die zwar auf ältere Herkunft verweisen (für Rekonstruktionen sind *Edda* und *Thidrekssaga* wichtig), aber doch recht frei verfügbar geworden sind. Es handelt sich um Versatzstücke, die nicht nur unter sich im Zusammenhang angestammter Heldensage, sondern auch mit Elementen anderer Provenienz (Roman, Chanson de geste) immer neu kombiniert, korrigiert, parodiert werden können. Dabei geht der Sage das Numinosum, dem Märchen die zauberhafte Helle, dem Roman die gedankliche Führung verloren. Auch die Merkmale des Zersingens – wenn dieser Terminus der Volksliedforschung auch für die Auflösungs- und Verwirrungserscheinungen der Epik verwendet werden darf – bleiben bezeichnend für Degeneration und Trivialisierung.

Neben diesem – geradezu gattungstypischen – Vorgang des Entartens ist nun freilich auch die stets vermutbare Gegenbewegung nicht zu übersehen. Wie an der Wurzel der hochmittelalterlichen Heldenepik das Lied stand, so kann jetzt das Kurzepos oder das balladenhafte Erzähllied nicht nur als Zerfallsprodukt, sondern zugleich als Erneuerung eines Ursprünglichen verstanden werden. *Alpharts Tod* etwa ist in seinem Kern eine eindrucksvolle Neuschöpfung dieser Art (de Boor). Das Zersingen legt einen ursprünglichen Ansatz wieder frei, der dann in einfacher Volksliedform unwahrscheinlich lange erhalten bleibt: *Ermenrich* und *Hildebrand* bis mindestens ins 16. Jahrhundert; die zentrale Szene der *Kudrun* – das am fremden Meeresstrand waschende schöne Mädchen – ist möglicherweise in einem neuzeitlichen *Lied von der schönen Meererin* aus Gottschee erhal-

ten. Die im heroischen Erzähllied vorgeformten Muster
können, plötzlich wieder aktuell, dazu dienen, neue
geschichtliche Ereignisse zu fassen. Auf erstaunliche
Weise geschieht das in den Liedern aus der „heroischen"
Zeit der jungen Eidgenossenschaft im 14. und 15. Jahrhundert. Das Lied auf die Näfelserschlacht (1388, das
Lied wohl einige Jahrzehnte später) berichtet in archaischen Nibelungenzeilen die „Glarner nôt", und zwar mit
formelhaften Parallelen, die vom *Ludwigslied* und alten
Hildebrandslied bis zu *Ermenrich* und dem *Jüngeren
Hildebrandslied* reichen. Das Lied auf die Laupen-
schlacht (1339) verwendet ausdrücklich den Eckenton.
Dabei ist allerdings auch hier nicht nur an ungebrochen
archaische Tradition zu denken, sondern eher an eine
auch volkstümliche „Renaissance" des Interesses für
Heldenstoffe.

VI. MÄRE UND BÎSPEL

Wenn es im Bereich der spätmittelalterlichen Erzählung eine spontane und zeittypische wie auch erfolgreiche Schöpfung gibt, so ist dies die Kurzerzählung – ein überaus reichhaltiger Gattungskomplex mit sehr unscharfen Rändern (und darum literarhistorisch schwierig zu organisieren), aber doch einer eindeutigen Kernzone. Für diese hat sich, in moderner Definition, die Bezeichnung „Märe" (daz maere) eingebürgert, am strengsten gefaßt durch Hanns Fischer, der darunter nur die eigentliche und „selbstzweckliche" Erzählung in Reimpaaren, mit profanem und profan betrachtetem Inhalt und im Umfang ungefähr zwischen 150 und 2000 Versen versteht und dazu 219 Texte des deutschen Spätmittelalters rechnet (die zahlreichen Varianten mitgezählt). Die Grenze ist aber fließend zu den im allgemeinen kürzeren Formen der Sprechsprüche und „Reden", der Beispielerzählungen, Parabeln und Fabeln, aber auch zu den größeren Erzählformen von Roman und Legende. Halten wir uns zunächst an die eigentlichen, selbständigen Verserzählungen. So äußerlich das Merkmal der Kürze erscheint, so meint es doch – im Vergleich zur anspruchsvollen Großform der klassisch-höfischen Romane – eine neue Art erzählerischer Weltbewältigung überhaupt. Es handelt sich um die zugriffige und pointierte Wiedergabe von merkwürdigen, wunderbaren oder komisch-grotesken Vorfällen, Handlungsabläufen oder auch nur menschlichen Situationen und Charakteren, die Nachdenklichkeit oder Ergriffenheit, meist aber einfach das befreiende, elementare Lachen erwecken wollen. Eine moralische Nutzanwendung kann das Erzählte auswerten, doch kann sie auch unterbleiben oder wirkt als angehängtes Alibi, es sei denn, daß man im mittelalterlichen Rahmen eines unerschütterlichen Schöpfungsver-

trauens bereit sei, an eine moralische Essenz auch noch
der frivolsten Geschichte zu glauben. Kürze bedeutet
gegenüber der Synthese, dem idealistischen Entwurf,
dem Totalitätsanspruch der höfischen oder geistlichen
Großerzählung die Konzentration auf einen „Fall" (Vorfall, Zufall, Rechtsfall), der die konventionellen oder
idealen Ordnungen durchschlägt, aber in Schrecken,
Erhebung und vor allem in komischer Entspannung eine
vielleicht undurchdringliche, aber fraglos vorhandene
Wirklichkeit enthüllt. Ob das „Unerhörte" nun in einem
sensationellen Mirakel, einem unwahrscheinlichen Vorgang, einem Tabubruch seitens des Erzählers (wie dann
vor allem später in der obszönen Enthüllung der Vitalsphäre) besteht, in jedem Fall versucht der Erzähler
durch seine konzentrierte und dosierte Kunst, dieses
Unerhörte zu bannen und damit in eine neue Ordnung
zu fassen; im günstigsten Fall sind wir auf dem Weg zur
Novelle im neuzeitlichen Sinn. Bei aller stofflichen Verwandtschaft vor allem in den erotischen Themen unterscheidet sich aber das Märe von der klassischen Novelle
durch seine anspruchslosere, behaglich-reimende und
meist volkstümlichere Art. Die Prosanovellen und
-schwänke, wie sie das 16. Jahrhundert dann bringt,
stehen in keinem direkten Zusammenhang mit der Reim-
paartradition, sind nicht etwa als „Prosaauflösung" zu
verstehen.

Der Charakter des Unerhörten oder doch Denkwürdi-
gen verbindet das Märe gewiß auch mit dem Wunder der
Legende, weniger freilich der biographischen Heiligenvita als der Mirakelgeschichte; diese führt als Sensations-
bericht unmerklich aus dem offiziell-kirchlichen in den
weltlichen Bereich hinüber. Schließlich ist auch die
Grenze gegenüber jenen Gedichten fließend, in denen
das Erzählerische auf eine kurze Anekdote oder gar auf
eine bloß verbale Pointe (Witz) reduziert ist oder wo in
sogenannten Beispielen (bîspel) die Nutzanwendung zur

Hauptsache wird oder wo in „Reden" und Spruchgedichten reine Lehrdichtung vorliegt.

Wenn man gerne das „bürgerliche" Märe gegen den
„höfischen" Roman ausspielt, so trifft man damit zwar die
Tatsache, daß in den meisten Werken dieser Kleinepik
bürgerliche, bäuerliche und geistliche Personen die Helden sind und in ihrem Alltag agieren und daß höfische
Ideale – wenn überhaupt – in entarteter oder parodierter
Form erscheinen. Nun ist aber inzwischen ja auch die
höfische Dichtung zur Lektüre des Bürgers geworden,
und umgekehrt sind es im wesentlichen höfische Kreise,
die die Sammelhandschriften anlegen ließen, in denen die
Mären nebst anderen Kleinformen überliefert sind, und
die auch die „Sprecher" bezahlten, die ihrem Publikum
aus eigener oder fremder Erfindung solche Geschichten
zum besten gaben. Nur in diesen Kreisen war ein allfälliger Kontrasteffekt zum leer gewordenen höfischen Stil
wirkungsvoll, nicht viel anders als bei Neidhart und seiner
Schule in der Lyrik. Zwar sind die meisten Märendichter
nichtadliger Herkunft, aber es gibt auch hier vornehme
Ausnahmen. So läßt sich im ganzen höchstens von einer
Verbreiterung der Basis, von einer ständisch unspezifi-
scheren Kunst reden, nicht aber von einer bürgerlichen
und gegenhöfischen Kunst.

Es kommt hinzu, daß die neue „Wirklichkeit", die hier
aufscheint und die man gerne als neuen Realismus anspricht, ihrerseits durchaus stilisiert, auf eine begrenzte
Zahl von typischen Figuren und Motiven und auch
Tabus abgezogen ist, also nicht ohne weiteres etwa als
Beleg für kultur- und sittengeschichtliche Zustände verwendet werden kann. Der dennoch sich abzeichnende
Wandel, die spätmittelalterliche, nominalistische, „realistische" oder wie immer zu bezeichnende Mentalität ist
nur indirekt soziologisch zu fassen, primär aber nur als
Wandlung der erzählerischen Formen und der in ihnen je
enthaltenen „Wirklichkeit".

Was sich in Deutschland als ein geschichtliches Nacheinander, fast als eine Ablösung des (höfischen) Romans durch das sozial breiter verankerte Märe darstellt, sieht in Frankreich etwas anders aus: Hier begegnet die Form des Lai und des selbständigen Episodengedichts im höfischen Bereich z. T. vor und neben dem großen Roman, und das Fabliau, das – von Bédier als „conte à rire" definiert – im wesentlichen dem schwankhaften Märe entspricht, ohne ihm unmittelbare Vorlagen zu liefern, hat seine große Zeit schon eine bis mehrere Generationen vor den deutschen Mären. Vielleicht ist es für Deutschland bezeichnend, daß hier mären- und novellenhafte Stoffe lange Zeit nur eingebunden in eine umfassende literarische und geistige Ordnung erscheinen, im Roman oder in der Chronik (*Kaiserchronik*); das älteste selbständige Beispiel, der *Moriz von Craun*, scheint gerade am Versuch zu scheitern, ein Märe (nämlich einen Minne-Casus) zu einem Ritter- und Liebesroman zu entwickeln.

Die Quellenfrage ist kaum generell zu beantworten, ganz abgesehen von der noch wenig gediehenen Forschung. Anders als beim Roman haben wir eine weithin anonyme Gattung mit variierbarem und kombinierbarem Material vor uns, das bei vielen Erzählungen jeweils denn auch in einer ganzen Reihe stark abweichender Fassungen erscheint, die in verschiedenen sozialen und lokalen Milieus angesiedelt sind. Wenn für den höfischen Bereich trotz eines Mangels an direkten Belegen französische Vorlagen und Anregungen in Frage kommen, so ist für das ganze Phänomen eher an eine lateinische Grundschicht zu denken – an das lateinische und jedenfalls „national nicht festlegbare Erzählplankton des Mittelalters" (H. Fischer). Wir fassen dieses am ehesten in der Form einer Reihe überaus populärer Sammlungen von meist kurzgefaßten Anekdoten, Schwank- und Mirakelgeschichten, Parabeln und Tierfabeln, die zum großen

Teil von der Funktion her als „Exempla" („Predigtmär-
lein", Beispielerzählungen) zur Veranschaulichung moralischer Tatbestände insbesondere in der Predigt und im
Unterricht dienten. Es seien nur drei ganz verschiedene
Beispiele genannt. Als „ältestes Novellenbuch des Mittelalters" in diesem Sinne gilt die weitverbreitete *Disciplina clericalis* (Lebensanweisung für kluge Leute) des
Petrus Alphonsi, eines bekehrten jüdischen Rabbi
mit muslimischer Bildung in Spanien, ein Schatzkästlein
reich kommentierter praktischer Lebensweisheit, in dessen Erzählungen sich am ehesten eine orientalische Tradition im Übergang ins christliche Mittelalter fassen läßt.
In Deutschland bieten der *Dialogus miraculorum* des
Zisterzienserpriors Caesarius von Heisterbach
(um 1180–1240) und dessen unvollendete *Libri miraculorum* eine kaum gebändigte Fülle von sagenhaften,
anekdotischen, legendarischen, merkwürdigen Geschichten aller Art, zusammengetragen in der Absicht
moralischer und religiöser Unterweisung der Klosternovizen, vor allem mit massiver Abschreckung vor dem
Laster. Erst aus dem 14. Jahrhundert (vor 1342) stammen
die vermutlich in England entstandenen *Gesta Romanorum*, ein überaus einflußreiches, bis in die Neuzeit als Fundgrube novellistischer Stoffe dienendes
Werk, wie der Titel andeutet, im Kern antike oder
antikischen Figuren zugeschriebene sagen- und legendenhafte Geschichten, z. T. an die deutsche *Kaiserchronik* erinnernd, z. T. aber auch vermischte exemplarische
und sentenziöse Weisheit. Schließlich ist zu sagen, daß
natürlich einzelne Stoffe in verschiedenen literarischen
Formen ihre langen, selbständigen Überlieferungen
haben. Das klassische Beispiel dafür ist der Schwank vom
Schneekind, der bereits unter den „modi" der Ottonenzeit erscheint, unter den Mären des Spätmittelalters
figuriert wie auch in den späteren Prosaschwänken: das
Kind, das die Frau eines auf langer Reise abwesenden

Kaufmanns empfangen haben will, indem sie Schnee
gegessen, wird vom Kaufmann anläßlich einer nächsten
Reise in die Sklaverei verkauft, worauf er zu Hause
erzählt, das Schneekind sei leider an der südlichen Sonne
geschmolzen (vgl. Röhrich).

Jede Gruppierung unserer erhaltenen Texte ist einigermaßen willkürlich. Wir halten uns im folgenden an
Hanns Fischers Unterscheidung von schwankhaften,
höfisch-galanten und moralisch-exemplarischen Mären,
können aber natürlich nur wenige Beispiele erwähnen,
unter Beschränkung auf unsern Zeitraum bis etwa 1350.
Es sei verwiesen auf die hilfreichen Regesten Fischers
und die gedruckten Sammlungen, unter denen das
Gesammtabenteuer Friedrich Heinrich von der Hagens
(1850) mit seinen hundert Erzählungen sehr unterschiedlichen Charakters immer noch unentbehrlich ist.

1. Mären

Im Bestand der Mären bilden die Erzählungen, die in
ritterlich-höfischem Milieu und im Rahmen des Wertsy-
stems von Minnedienst, Abenteuer und Rittertugenden
spielen und damit meistens auch einen literarisch
anspruchsvollen, ernsten Charakter haben, nur eine
kleine Gruppe. Da der Aventiure-Weg des Ritters und
seine sozialen und geschichtlichen Aufgaben vor allem
Sache des Romans und seiner Problementfaltung sind, so
tritt in den Kurzerzählungen, wie übrigens auch schon in
den Lais der Marie de France, die Minne in den Vordergrund. Es wurde bereits einmal (S. 253 ff.) vom novellistischen Charakter mancher Liebeserzählungen gesprochen; wo es um die blinde Allmacht der Liebe geht, hat
die langwierige Minnepädagogik des Artusromans wenig
zu sagen. Vor allem der *Tristan* enthält, innerhalb seiner
großen Gesamtkonstruktion, doch bereits entscheidende
Elemente novellenhaften, ja schwankhaften Charakters.

Die unsterbliche Dreieckssituation (Frau mit Gatte und
Liebhaber), die dubiose Figur des betrogenen Ehemanns,
die Kette der oft austauschbaren Episoden von List und
Gegenlist – all das berührt geradezu das Wesen des
erotischen Schwanks. Nicht weniger gehört aber auch
der sentimentale gemeinsame Liebestod zu den typischen
Motiven; er bildet den Gegenstand einer ganzen Reihe
von Mären (z. B. *Der Schüler zu Paris* in verschiedenen
Fassungen) und wurde auch direkt nach Ovid gereimt in
den Mären von *Pyramus und Thisbe* und *Hero und
Leander*.

In der Schule Gottfrieds gilt K o n r a d s v o n W ü r z -
b u r g *Herzmäre* als das reinste Beispiel dafür und überhaupt für eine nun isolierte Novellistik höfisch-artisti-
schen Stils. Der Liebhaber einer wohlverheirateten Dame
stirbt auf einer Kreuzfahrt, die er zur Ablenkung unternommen hat, aus Minnesehnsucht; nach seinem letzten
Wunsch soll sein einbalsamiertes Herz der Geliebten in
der Heimat überbracht werden, doch fängt der mißtrauische Gatte den Boten ab, setzt sich ins Bild und gibt das
Herz der Gattin als Leckerbissen zu essen; wie sie nachher vernimmt, was für eine Speise dies war, da will sie
nichts anderes mehr berühren und stirbt gebrochenen
Herzens ihrerseits den Liebestod; bewegend klagt der
Dichter, daß solch lautere Minne selten geworden sei.
Die Geschichte vom gegessenen Herzen ist in verschiedenen Lais und Troubadourviten und auch in einer deutschen Minnesängerballade zu finden, und sie ist lebendig
bis zu Boccaccio und Hans Sachs. Die Drastik des
Motivs und die ungehemmte Sentimentalität verbürgen
die Beliebtheit der Geschichte. Die Mär Konrads verzichtet auf jede Problematisierung und verlegt sich ganz
auf die Entfaltung des empfindsam-grausamen Geschehens. Mit sozusagen bürgerlicher Akkuratheit wird hingegen manches Detail ausgekostet, so etwa die Einbalsa-
mierung des „herze bluotec unde riuwevar":

> Daz soltu denne salben
> mit balsem allenthalben,
> durch daz ez lange frisch bestê.

Natürlich interessiert auch das kostbare „ledelîn", in welchem Herz und Ring verschlossen und versiegelt werden, und ähnlich erfährt die gastronomische Zubereitung des „iaemerlîchen trehtelîns" liebevolle Aufmerksamkeit – ob da nicht leise Ironie und Ruchlosigkeit im Spiel ist, bleibe dahingestellt. Denn Konrad kann ja auch anders.

Mit frommem Augenaufschlag fordert er in einer Allegorie von der Frau Welt (*Der Welt Lohn*) zur Buße und Abkehr vom ritterlichen Weltleben auf oder erzählt drei Heiligenlegenden. Im *Schwanritter* feiert er den gottgesandten Ritter, welcher (wie Lohengrin) der bedrängten Witwe Gottfrieds von Bouillon und ihrer Tochter zu Hilfe kommt. Zu Konrads Artistik gehört schließlich auch, wie er im *Heinrich von Kempten* einen knappen, ehrlichen, massiv-humoristischen Ton trifft, wo es um die Wiedergabe eines – Uhlands würdigen – mannhaften Schwabenstreichs geht. Es ist ein historisch-anekdotisches Märe mit schwankhaften Zügen, das auch die Person des Kaisers „übel unde rôt" und seine Krone nicht verschont. Heinrich von Kempten erschlägt in gerechtem Zorn am Hofe Kaiser Ottos den Truchsessen und kann sich nur freikämpfen, indem er den Kaiser, der bei seinem Barte Rache geschworen hat, an ebendiesem zu Boden reißt. Nach langer Zeit, auf einer Heerfahrt in Apulien, rettet er dafür dem Kaiser das Leben, in lächerlicher Nacktheit zwar (Heinrich sitzt im Bade, sieht von ferne eine Bedrohung des Kaisers und stürzt nur mit Schild und Schwert ihm zu Hilfe), aber mit dem Erfolg von Verzeihung und Gnade. Das ist, obwohl auf Bestellung eines Straßburger Dompropsts und nach lateinischer Quelle verfaßt, ein Meisterstück „volkstümlicher"

Erzählung, im einzelnen mit fast balladenhaften Zügen.
Der Totschlag am Truchseß z. B.:

> do greif er einen stecken
> als einen grôzen reitel (Knüppel):
> er sluog in daz diu scheitel
> im zerclahte sam ein ei,
> und im der gebel (Schädel, Giebel) spielt enzwei
> reht als ein havenschirben,
> daz er begunde zwirben
> alumbe und umbe sam ein topf (Kreisel).
> daz hirne wart im und der kopf
> erschellet harte, dünket mich ...

Verfänglicher sind andere Erzählungen des ritterlich-
höfischen Bereichs, in denen das Minnethema weniger in
sentimentaler als galanter Weise abgewandelt wird.
Dafür stehe die in 4 verschiedenen Fassungen überlieferte
Heidin (alle noch 13. Jahrhundert). Nach dem ältesten
Text (A): Ein christlicher Ritter dient in Minne einer
verheirateten Heidenkönigin, die ihm schließlich einen
Lohn für jahrelange Treue schuldig zu sein glaubt; sie
will ihm aber aus Rücksicht auf den Gatten nur die
Hälfte ihrer Person, nach freier Wahl über oder unter der
Gürtellinie, überlassen. Der Ritter wählt in kluger Tak-
tik die obere Hälfte und gelangt dann nach Überwindung
weiterer Schwierigkeiten auch zum Rest; nach erreich-
tem Ziel zieht er in seine Heimat zurück (in der romanhaft erweiterten Fassung B folgt ihm die bekehrte Heidin). Es handelt sich hier genau um einen jener gewagten
Minne-Casus, die bei Andreas Capellanus zu scharfsin-
niger Behandlung kommen (Trojel S. 206 ff.). Die für die
ganze feudale Minneidee zentrale Frage, wieweit treuer
Minnedienst schließlich Anspruch auf Lohn seitens der
Dame habe (vgl.: *Moriz von Craun*), nimmt hier die
Form eines anatomisch-psychologischen Kompromisses
an – hinter dem tierischen Ernst der Disputation verbirgt
sich galante Groteske.

Von besonderem Reiz, stoff- und geistesgeschichtlich,
ist das Märe von *Peter von Staufenberg,* wahrscheinlich
von einem Ritter Egenolf von Staufenberg am
Anfang des 14. Jahrhunderts erzählt, um einen Ahnherrn
des Geschlechts, dessen Stammburg in der badischen
Ortenau lag, zu ehren und den Nachfahren ein Beispiel
zu geben. Ein vorbildlicher, erfolgreicher Ritter begegnet beim Ausritt in die Kirche am Wegrand einer Dame
von größter Schönheit; sie verspricht, ihm jederzeit
heimlich anzugehören und ihn auch, wie bisher, zu
beschützen und zu fördern, wenn er verschwiegen bleibt
und keine Ehe eingeht; andernfalls müsse er nach drei
Tagen sterben. Peter genießt fortan Glück und Ruhm,
doch drängen ihn Verwandte und Freunde zu einer
Heirat, ja der Kaiser will ihm seine Nichte geben. In der
Not verrät Peter sein Geheimnis, man warnt ihn vor der
heimlichen Geliebten als einer Teufelsbotin, und so läßt
er sich auf die Heirat ein. Während des Hochzeitsfestes
erscheint an der Decke des Saals das verheißene Zeichen:
das wunderschöne Bein der Fee, und nach drei Tagen ist
der Ritter tot. (Zur langen Nachgeschichte der „Sage"
vgl. Röhrich.) Es ist das Melusinenthema, das im *Partonopier* Konrads von Würzburg noch im Sinn eines hohen
Abenteuers, eines erreichbaren, legitimen Glücks selbst
gegen geistliche Mahnungen mit gutem Ausgang behandelt ist. Jetzt, als Novellenstoff, führt die Begegnung mit
der zauberhaften Geliebten in Konflikt und Untergang.
Es bleibt „unerhört", was sich in der unheimlichen
Beglückung durch die Fee eigentlich begibt; es bleibt
offen, ob die Liebe zu der brav christlich redenden Fee
wirklich verdammenswert und ob der Held wirklich
schuldig ist; nicht einmal das Motiv des Beins an der
Decke wird deutlich. Das unheimliche, zur Sage gewordene Faktum dient immerhin noch zur höheren Ehre der
Familie und soll damit auch historisch dingfest gemacht
werden, ähnlich wie später in Thürings von Ringoltingen

Melusinenroman. In dieser Erzählung eines an sich unbedeutenden adligen Verfassers wird deutlich, was die Ablösung des Romans durch die Novelle bedeutet: einen Abschied vom hohen Mittelalter.

Der schon in einigen höfischen Mären gelegentlich zu spürende Unernst wird nun frei im schwankhaften Märe, zu welchem der weitaus größte Teil der überlieferten Kurzerzählungen zu rechnen ist. Auf diesem Gebiet ist offenbar auch der Durchbruch zur neuen Form zuerst erfolgt. Jedenfalls erscheint hier der S t r i c k e r als frühester Vertreter und vermutlich als Schöpfer des Typus. Seine (nach H. Fischers Definition) 16 Mären, die wohl noch vor 1250 entstanden sind und vorwiegend Schwankcharakter tragen, stellen zwar nur einen kleinen Teil seines weitgespannten Œuvres dar, aber sie verraten in zeitlicher und stilistischer Hinsicht besondere Originalität. Was sich hier zuerst zeigt, kennzeichnet für Jahrhunderte die Vers- und Prosaschwänke. Gehen wir aus von einigen Beispielen, und zwar aus dem hier wiederum zentralen Bereich der Ehegeschichten.

(1) *Der begrabene Ehemann*: Mann und Frau beteuern sich um die Wette ihre Liebe. Da nimmt sie ihn beim Wort und läßt ihn absoluten Glauben in alles schwören, was sie sage. Um den Schwur nicht zu brechen und auch um des lieben Friedens willen gibt er eines Mittags zu, daß es Nacht sei, hat ein kaltes Bad als warm zu erklären, muß ableugnen, daß er den Pfarrer hat von seiner Frau wegschleichen sehen, und gibt schließlich seine Identität derart auf, daß er sich gefallen läßt, für sterbend und tot erklärt und begraben zu werden; seine schließlichen Protestschreie aus dem Sarg werden vom Pfarrer als Teufelswerk abgetan, das Grab wird rasch zugeschaufelt. Moral: „den schaden muose er des haben / daz er satzte ein tumbez wîp / ze meister über sînen lîp."

(2) *Der Gevatterin Rat*: Ein Bauer, der seiner Frau

überdrüssig ist, prügelt und beschimpft sie, wie er nur kann. Auf den Rat einer Gevatterin wird dem Mann auf dem Feld mitgeteilt, seine Frau sei gestorben; an ihrer Stelle wird ein täuschend bemalter Holzblock begraben, wogegen die Frau, von der Gevatterin schön aufgepäppelt und hergerichtet, dem bald wieder heiratslustigen Bauern als Braut zugeführt wird; er bleibt glücklich mit ihr, obwohl sie sich nach einiger Zeit zu erkennen gibt und er den Spott der Leute nicht mehr loswird. „Man könnte auch heute noch manchen so wohl betrügen."

(3) *Die eingemauerte Frau*: Ein tugendhafter Ritter ehelicht eine Frau, die von Anfang an widerspenstig und aggressiv ist; da auch Faustschlag und Prügel nichts nützen, läßt er sie in einem türlosen Gaden einmauern, von wo sie durch ein Fensterchen dem fröhlichen Leben des Ritters zuschauen muß, während sie nur Hundefutter bekommt. Sie bereut, wird durch Vermittlung des Pfaffen befreit und ist nun weit im Land herum ein Vorbild.

(4) *Das heiße Eisen*: Eine Frau fordert von ihrem Mann, mit dem sie glücklich verheiratet ist, als Beweis seiner Treue, daß er das heiße Eisen trage; ungern unterzieht er sich dem Gottesgericht, doch gelingt es ihm, durch die Manipulation mit einem Holzspan die Hand heil zu bewahren. Auf die Gegenforderung hin bettelt die Frau um Nachlaß für einen, dann zwei und schließlich drei Liebhaber; trotzdem verbrennt sie sich die Hand gründlich. Der zornige Mann verspricht ihr nichts als Laster und Schande.

Die vier Stücke gehören zum Thema der „ehelichen Kraft- und Treueproben", die zusammen mit den allgemeinen Ehebruchs- oder Verführungsgeschichten die dominierende Gruppe der erotischen Schwänke bestreiten. Beim Stricker geht es primär um die innereheliche Auseinandersetzung, der obligate Pfaffe und die Fehltritte der Frau erscheinen nur am Rande (Ausnahme: *Der kluge Knecht*). In äußerstem Gegensatz zu höfischer Galanterie oder auch zur Ehe am Schluß der ritterlichen Romane zeigt sich hier – meistens in bürgerlichem oder bäuerlichem Milieu – die Ehe als Ort des Kampfs der Geschlechter. Das eheliche Glück ist bestenfalls eine Täuschung, es kommt darauf an, welcher Partner den andern übertölpelt. In den ersten zwei Beispielen siegt die vorwitzige, listige Frau (oder ihre Helferin) über den gutmütig-törichten Gatten, in den andern zwei muß die böse oder törichte Frau brutal gezähmt und entlarvt werden. Im vielbeschworenen spätmittelalterlichen „Bild der Frau" scheint das hemmungslos verbuhlte, listige, böse oder auch törichte Wesen zu dominieren, doch hat auch, schon von Roman und Legende her, die „treue Frau" ihre novellistisch-sentimentale Tradition. Man wird den Tatbestand also nicht ohne weiteres auf einen mittelalterlichen Antifeminismus kirchlich-augustinischer Prägung zurückführen dürfen, eher schon auf zeitlose psychologische Wurzeln.

Nichts wäre gefährlicher, als hier Sittenbilder aus der Epoche erkennen zu wollen. Der Großteil dieser Schwänke arbeitet mit einem typisierten Arsenal von Figuren und Handlungselementen, und die Erzähler scheinen sich auch innerhalb des erotischen Bereichs an gewisse Spielregeln zu halten. Gerade die unwahrscheinliche Kraßheit und Handgreiflichkeit im Verhalten der Personen könnte die Bedingung schwankartiger Wirkung sein. Einem „Realismus", wie man ihn gerne in der Verlegung in bäuerliches Milieu, in der knappen Sachlichkeit des Berichts, in Details aus dem Alltagsleben erkennen möchte, widerspricht nur schon die Unwahrscheinlichkeit der Geschehnisse (1) oder der literarische Charakter des Motivs (4). Die Stilisierung der Ehe auf ein Verhältnis von Macht und List läßt sich im übrigen als spezielle Anwendung allgemein-typischer Schwankstruktur auch außerhalb des erotischen Themas verstehen: Überlistung, dem andern einen Streich spielen, geschickter Betrug und Diebstahl sind Urthemen des Schwanks. Die Figur des Meisterdiebs, seit Herodot bekannt, erscheint z. B. in Strickers *Martinsnacht*. Der Sieg des Klügeren, Gerisseneren auch auf Kosten einer gängigen Moral ist allemal für den Hörer ein Anlaß des Gelächters und der wohltuenden Entspannung. Die Sympathie kann daher ebensosehr dem durchtriebenen Frauenzimmer gelten wie dem unerschrockenen Mann, wenn er eine Widerspenstige zähmt. Man braucht den beim Stricker und anderswo so wichtigen Gegensatz von tump und wîse keineswegs mit einer besonderen intellektualistischen Prudentia-Ethik in Verbindung zu bringen. Das „tumbe wîp" des begrabenen Ehemannes ist keineswegs dumm; die Schlußzeilen formulieren eine „Moral", die dem faktischen Triumph der kühnen Bäuerin eher widerspricht.

Die Frage nach den moralischen Grundüberzeugungen des Strickers ist allerdings auch dann nicht ganz müßig, wenn man sein Ehe- und Frauenverständnis psychologischen oder gattungsmäßigen Mechanismen anlastet. Dies gilt vor allem auch im Blick auf seine umfangreiche eigentliche Lehrdichtung. Eine „Haltung, die die Welt durchschaut aber nicht verurteilt, sondern in ihrer Torheit mit verstehender Überlegenheit bloßstellt", formuliert de Boor. In der Tat schlägt durch alle Typik hindurch eine gewisse Illusionslosigkeit und Härte, ja selbst Bitterkeit. Wesentlicher als des Verfassers Mahnung vor meisterlosen Frauen wirkt die knappe Darstellung einer weithin grundlosen Zerstörung des Eheglücks durch Mann und Frau selbst (1 und 4), bedenklich bleibt der Beifall, der einer so brutalen Zähmung der Widerspenstigen durch einen edlen Ritter gezollt wird, oder die geradezu ruchlose Behandlung des Gottesgerichtsmotivs: Was sonst, etwa in Meineid-Sagen, als höchster Frevel gilt, leistet sich der Mann mit seinem Betrug ungestraft (4), irgendein Respekt vor kirchlichen Formen scheint nicht mehr vorhanden (1, 2, 4). Solche Züge, die beim Dichter selbst gar nicht zur Sprache kommen, enthüllen doch wohl im Schutz der Gattungskomik eine elementare, harte Wirklichkeit, die ideell nicht durchdrungen ist. Mit „verstehender Überlegenheit" hat das nichts zu tun.

Selbst bei einem so harmlos scheinenden Beispiel wie dem *Durstigen Einsiedel* fühlt man sich verunsichert. Ein „luoderaere" beschließt in einem Moment des Katzenjammers, ein frommer Einsiedler zu werden, und zieht in den Wald. Doch bald wird er reuig, tut sich als Wahrsager auf, der aus Weinkrügen prophezeien könne; aber die Wallfahrt von weinbringenden Frauen zu seiner Klause nimmt bald ab, er ist gezwungen, sich etappenweise wieder dem Dorf zu nähern, wo er denn auch als verachteter Trinker endet. Ein abschreckendes Beispiel, eine Warnung vor „unmâze", aber zugleich das komische Porträt eines nicht unsympathischen Säufers, vielleicht sogar mit Seitenhieb auf Einsiedler und abergläubische Frauen überhaupt. Das Thema des monumentalen Zechers ist beim Stricker auch sonst zu finden. Auf die Mahnung eines Freundes antwortet der „unbelehrbare Zecher" mit einem hinreißenden Hymnus auf die alle übrigen Güter ersetzenden Segnungen des Weins. Ähnlich, aber großartiger ist der wohl fälschlich dem Stricker zugeschriebene *Weinschwelg*: ein mit dem Refrain „dô huop er ûf unde tranc" sich steigerndes, gewaltiges Lob des Weins durch einen Meistertrinker. In solchen Stücken ist das Märe bloße dialogische oder monologische Rede; wir sind auf der Linie, die von der Schlemmerlyrik Steinmars zu den berühmten Trunkenlitaneien Fischarts oder Weckherlins führt.

Herrand von Wildonie, Schwiegersohn Ulrichs von Lichtenstein, ein militärisch und politisch führender Ritter der Steiermark (bezeugt 1248–78), hat neben drei

Minneliedern vier Erzählungen hinterlassen und beweist damit ein adliges Publikum für die Mären, wie auch eine adlige Autorschaft. Zwei dieser Geschichten gehören nicht zum schwankhaften Märe im strengen Sinn. *Die Katze* ist eine Art Tiermärchen: Der hoffärtige Kater verläßt seine Frau, um die seiner würdigste, mächtigste Partnerin zu finden, wird aber von einer Station zur andern verwiesen und landet über Sonne, Wind, Mauer, Maus wieder bei seiner Katze. Der lächerliche Zirkel erfährt eine unerwartete sozialpolitische Auslegung: jeder soll dem Herrn, dem er zugeordnet ist, treu bleiben. *Der nackte Kaiser* ist eine tiefsinnig-exemplarische Geschichte, wie sie in den *Gesta Romanorum* stehen könnte: Ein überheblicher römischer Kaiser – wir erinnern uns der Kaiserbilder im *Guten Gerhard* und im *Heinrich von Kempten* – wird, während er im Bade sitzt, von einem Engel vertreten und damit um Würde und Identität gebracht, bis er nach äußersten Demütigungen sich zur wahren Selbsterkenntnis bekehrt.

Hier interessieren uns vor allem die schwankhaften Mären. *Die getreue Gattin* ist die schöne Frau eines sehr häßlichen Ritters. Wie dieser im Kampf dazu noch ein Auge verliert, da zeigt sie ihm ihre unverbrüchliche Liebe, indem sie in ihre Kemenate geht,

> ... dâ sî vant
> ein schaere, und stach vil balde dar
> ir selben ûz ein ouge gar,
> daz ez ir über ir wengel ran ...
>
> (187 ff.)

Wenn hier schon rührende Tugend zur grotesken und grausamen, törichten Konsequenz führt, so gelangen wir mit dem hervorragend erzählten *Betrogenen Gatten* in ein eigentliches Dickicht menschlicher Situationen hinein. Der Liebhaber einer ritterlichen Dame soll vor der Burg des Nachts an einer Schnur ziehen, deren anderes

Ende im Schlafgemach am Fuß der Dame befestigt ist, damit sie, wenn ihr Gatte schläft, zum Stelldichein hinausschleichen kann. Die Schnur verwickelt sich, der Gatte erwacht, stürzt hinaus und greift im Dunkeln den vermuteten Nebenbuhler. Die Frau soll, während er Licht holt, den Unbekannten festhalten; sie läßt ihn lauten und ersetzt ihn durch einen Esel, der sie allerdings störrisch zunächst durch Dornen und Nesseln schleift und ihre Kleider zerfetzt. Der Mann, der nur den Esel zu fassen bekommt, geht ahnungsvoll und zornig zu Bett; die Dame aber schickt an ihrer Stelle eine Gevatterin zu ihm, die denn auch verprügelt und um ihren Haarschmuck gebracht wird, während sich die Liebenden vergnügen. Am Morgen aber liegt zur maßlosen Beschämung des Herrn die Gattin unversehrt neben ihm. Was hier, alles im Dunkeln, in Bett und Dornenhecke an Geraufe, Betrug und Irrtum, List und Brutalität geschieht, ist zunächst nichts als ein etwas angereicherter Dreiecksschwank. Man kann sich an der Komik und den mehrfachen Peripetien beruhigen; der Dichter verzichtet auf eine Moralisation. Aber als Unterhaltung eines vornehmen Publikums, als grobianische Selbstparodie höfischer Minne gelesen, gewinnt dieses Märe doch einen bedenklichen Sinn. Man taucht hier – in der Zeit des Interregnums – in eine dunkle und wilde Zone, und der Selbstverlust, den der gehörnte Hausherr erleidet, wirkt wie ein Symptom für seine Zeit und seine Gesellschaft. Die Geschichte erscheint später, um eine Episode verlängert, in bäuerlichem Milieu (*Der Pfaffe mit der Schnur*), in mehreren Fassungen, ihr entspricht auch die 8. Novelle des 7. Tags bei Boccaccio. Ob die bäuerliche Welt – wegen des Esels – wirklich ursprünglich war, scheint keineswegs sicher. Herrand legt Wert darauf, daß die Geschichte wahr, von seinem Schwiegervater verbürgt, in Friaul geschehen und durch die mißhandelte Gevatterin unter die Leute gebracht worden sei.

Von den zahllosen Schwankmären ist abschließend noch ein durch seine Liebenswürdigkeit, seinen Stoff und seine Herkunft ganz alleinstehendes Stück zu nennen, die Geschichte von *Kobold und Eisbär* (oder früher hübscher *Schrätel und Wasserbär* genannt). Sie scheint fast der einzige vom Norden nach Süden gekommene Erzählstoff zu sein und belegt durch ihre harmlose Heiterkeit, daß es den Erzählern nicht immer um moralische oder amoralische Effekte geht. Ein von einem kleinen, aber unheimlich starken Spukgeist bedrängter dänischer Bauer beherbergt einen Bärenführer, der seinen Eisbären als Geschenk des Königs von Norwegen an den Dänenhof bringt. In nächtlichem Kampf richtet der Bär den „Wicht" übel zu, während sich der Bärenführer angstvoll im Ofen verkrochen hat, und der Schrat verläßt endgültig den Hof, nachdem er entsetzt vom Bauern erfahren hat, die „große Katze" habe Junge bekommen. Eine Novität ist der exotische, aber tapfer-gutmütige Wasserbär als Handlungsträger; die Vertreibung eines Dämons durch List und Witz ist in Volkssage und Märchen beliebt, der „geprellte Unhold" (vgl. Röhrich) ein tröstliches Motiv. Die Eigenart unserer Erzählung liegt darin, wie das Numinose der Sage dem Schwankhaften weicht.

Mit Herrands *Nacktem Kaiser* wurde bereits in eine letzte Gruppe von Mären vorgegriffen, die legendarischen oder allgemeiner exemplarischen Charakter tragen, in sehr verschiedenartigen Formen erscheinen und je mit Mirakel, Exemplum, Sage sich berühren können. Es sind gewöhnlich ernste Märcn, in denen das Neue oder Unerhörte eine allgemeinere Nachdenklichkeit erzeugen soll oder wo von vornherein eine moralische oder dogmatische These veranschaulicht wurde, wie das dann knapper im eigentlichen Bîspel der Fall ist. So kann etwa eine schlichte Parabel zu einem breiten Märe ausgewalzt werden, wie in dem hübsch erzählten *Schlegel* eines gewissen Rüdiger von Hinkhoven (Ende 13. Jahrhundert). Der Mann, der unbedachterweise seinen ganzen Besitz vorzeitig an seine undankbaren Kinder verschenkt hat, wird bei ihnen erst wieder ehrenvoll aufgenommen, nachdem er noch eine geheimnisvolle Schatztruhe sehen läßt – in der sich aber, nach seinem Tod, nichts als ein vielsagender Prügel findet. Es ist die Illustration des vierten Gebots oder genauer der Undankbarkeit der Erben, zugleich aber eine genrehafte Familiengeschichte.

In der Karlsruher Sammelhandschrift (um1430) steht eine wohl aus dem 14. Jahrhundert stammende Erzählung von *Jüdin und Priester*. Exemplifiziert werden soll hier, daß der sündige Lebenswandel eines Priesters nach kirchlicher Lehre das von ihm verwaltete Sakrament nicht berührt: „Swie übel nu der priester tuot, / syn messe ist reyne unde guot." Das Exempel: Ein Priester und ein Judenmädchen sind in innigem Liebesverhältnis verbunden. Eines Samstags ist der Priester „von der Sünde so kräftiglich ergriffen", daß er die Freundin gegen ihren Willen veranlaßt, ihren Sabbat zu brechen; sie erduldet dies, aber verlangt nun umgekehrt, daß der Priester in der Nacht vor der Messe mit ihr das Gebot verletzt. Sie mischt sich am Morgen ins Kirchenvolk; da wird ihr das Wunder zuteil, daß sie drei Engel erblickt, die den Priester – nur für die Dauer der Messe – reinwaschen, und daß ihr in der Hostie in der Hand des Priesters ein wunderschönes Jesuskind erscheint. Erschüttert begehrt sie die Taufe, der Priester bereut seine Sünde. Die Erzählung ist uneinheitlich – quellenmäßig, sofern das Hostienwunder mit dem Jesusknaben aus dem *Passional* stammt und mit der eigentlichen These der Erzählung auch nichts zu tun hat; psychologisch und ideell, sofern die Handlung auch sonst nicht ganz schlüssig auf die Veranschaulichung der These beschränkt bleibt. Märenhaft wirkt das Motiv von Zug und Gegen-

zug zwischen Mann und Frau. Erstaunlich aber ist vor
allem eine Art unterschwelliger Toleranz, wenn christliches und jüdisches Glaubensgebot durchaus gleichge-
stellt sind, wenn das Verhältnis der Liebenden eine echte
Verbundenheit ist, wenn für die Fehltritte von Priestern
um Verständnis geworben wird und wenn die Jüdin,
allein des Mirakels gewürdigt, ihre Sünde als felix culpa
erfahren kann. Hier wird ein zunächst sehr tendenziöses
Exempel novellistisch erweitert und vermittelt fast
unausgesprochen neue Ahnungen und Einsichten.

Völlig einmalig im erzählerischen Rang, in der Komposition, in der Charakteristik der Figuren und Situationen und nicht zuletzt in der geistes- und sozialgeschichtlichen Tragweite ist der berühmte *Helmbrecht* W e r n -
h e r s   d e s   G ä r t n e r s, die unerbittliche Abwicklung
eines erschreckenden, aktuellen Falls samt moralisch-
polemischer Erläuterung. Die beiden erst späten Handschriften nennen je verschiedene Örtlichkeiten zur
Beglaubigung und Aktualisierung ihres Geschehens, von
dem der Dichter versichert: „Hie wil ich sagen, waz mir
geschah, / daz ich mit mînen ougen sah." Danach gehörte
das Publikum Wernhers jedenfalls zum bayrisch-österreichischen Grenzgebiet (Innviertel oder Traungau). Der
Sinn des Beinamens „Gärtner" ist umstritten, der spür-
bare Groll eines persönlich Engagierten würde einen
landsässigen Ritter als Verfasser nicht ausschließen. Die
Entstehungszeit ist bestenfalls auf die Jahre 1250 bis
1280, also praktisch wieder die Zeit des Interregnums,
einzugrenzen.

Der Dichter knüpft mit seiner „Dorfgeschichte" an die
Dörperlyrik an. Das eigentliche Leitmotiv, die hoffärtige
Haube des Helden, die in der Deskription ihres aufge-
stickten heroischen Szenenschmucks an die Homerische
Beschreibung des Achilles-Schildes erinnert, erzähltech-
nisch aber geradezu dem „Falken" der neuzeitlichen
Novellentheorie entspricht, ist einer Strophe Neidharts

entnommen; und mit Neidhart gemein ist auch die sorgfältige, im Märe sonst wenig übliche Namengebung.
Helmbrecht ist einer jener „getelinge" aus der Lyrik,
doch will er nun wirklich, hoffärtig ausstaffiert, Ritter
werden. Er begibt sich trotz der Beschwörungen der
Eltern auf die Burg eines Raubritters, kommt als erfolgreicher Aufschneider wieder auf den väterlichen Hof, um
nun auch seine Schwester Gotelint mitzunehmen und an
einen seiner Spießgesellen zu verheiraten (das so treff-
sichere Motiv der Räuberbraut). Während des Hochzeitsfestes wird die Bande vom Richter und seinen Schergen
überwältigt, neun von den zehn Räubern werden
gehenkt, Helmbrecht allein verstümmelt und geblendet.
Der Bettler und Krüppel wird vom Vater hart vom Hof
verwiesen, später von den Bauern aufgegriffen und auf-
geknüpft, die stolze Haube samt dem Lockenhaar zerfetzt und zerrissen.

Die Schlußbemerkung richtet sich gegen „selpherri-
schiu kint", die richterliche Strafe gilt ausdrücklich als
Rache für Vater und Mutter (Viertes Gebot); drohende
Verse wenden sich gegen die „Helmbrechtel", auf die der
Galgen noch wartet (nur in A). Die Grausamkeit der
Liquidation, die schließliche Härte des Vaters und seine
Mahnung: „din ordenunge ist der pfluoc", belegen die
heftige Tendenz des Dichters gegen die zeitgenössische
Verwirrung der Ständeordnung durch auflüpfische Bauern (wie bei Neidhart) und die – offenbar sich auch aus
Bauern rekrutierenden – Raubritter. Da setzt heute
natürlich auch eine Interpretation an, die von der „konsequenten Kriminalisierung des Aufstiegswillens der
Bauern zugunsten des vom sozialen Abstieg gefährdeten
niedern Adels" spricht (u. a. Brackert). Anderseits gibt
es auch Argumente dafür, daß sich der Dichter gegen
die Territorialisierungsbestrebungen des Landesherrn
(Habsburg) wendet und gegen die Tendenz, dafür Bau-
ernknechte ritterlich auszurüsten:

> Wê, daz si sîn verwâzen (verflucht),
> die da machent îsenknappen
> ûz solhen ackertrappen

klagt etwas später der Chronist Ottokar von Steiermark
(H. Wenzel).

Die Verteidigung des sozialen Ordo – schon Walther
klagt: „sô wê dir tiuschiu zunge, / wie stêt dîn ordenunge!" – ist gewiß ein bezeichnendes spätmittelalterliches Thema, an dem sich in der Zeit der neuen Stadt- und
Zunftordnungen Predigt und Lehrgedicht nicht genug-
tun können. Und so richtet sich die Kritik auch an die
zeitgenössischen Ritter, wenn dem gar nicht „ausgebeu-
teten" alten Meier eine Klage über den Niedergang des
einstigen vornehmen und festlichen Hoflebens in den
Mund gelegt wird; und der Räuber, auf dessen Burg
Helmbrecht als kommender Ritter reitet, gehört ja wohl
dem Adel an. Man hat diese fast zu einem Lebensroman
des ausziehenden Helden ausgestaltete Novelle denn
auch nicht zu Unrecht als die Erzählung von einer sozusagen negativen Abenteuerfahrt aufgefaßt und den Aufbau in Analogie zu den Etappen des Artusromans gesehen (Ruh, v. Reusner). Dann würde sich der *Helmbrecht*
als eine Art Antiroman in Kurzform auch gegen die
hochmittelalterlichen Ideale selber wenden. Die bezie-
hungsreiche Dichtung entzieht sich jedenfalls allzu einfachen ideologiekritischen und politischen Deutungen.

In dieselbe Problematik weist übrigens schon ein
(wohl älteres) Bîspel- oder Redegedicht des Strickers,
das nun wirklich revolutionäre Töne anzustimmen
scheint: *Die Gäuhühner.* Gemeint sind bäuerliche Zins-
hühner, allgemeiner die Bewohner des flachen Landes
und das personifizierte „Gäu" selbst, das sich mit Erdbe-
ben und Feuer und der Hilfe des Landesherrn gegen adlige
Twingburgen wehrt. „Der hiuser ist ze Österriche mê, /
die daz göu hât zebrochen." Als mahnendes Beispiel

wird das Dorf Kirchling genannt. Es geht gegen ungerechte Adelsherrschaft, weniger im Namen der Bauern
als des herzoglichen Landesherrn. Immerhin wird das
Thema des Burgenbruchs drohend angeschlagen, das
wenig später bei den schweizerischen Eidgenossen faktisch, aber noch lange nicht literarisch, aktuell wird.

2. Ein Zyklus

Die Kurzerzählung zielt auf den erstaunlichen Einzelfall.
Wo sie sich behaglicher Breite überläßt und mit weiteren
Episoden anreichert, da verläßt sie – was kein Werturteil
sein muß – das Gesetz, wonach sie angetreten. Die ihr
gemäße Form einer Integration in einen größeren
Zusammenhang ist die zyklische Reihung; über eine bloß
äußerliche Sammlung hinaus, wie wir sie gewöhnlich in
bunter Mischung in den Sammelhandschriften antreffen,
gibt es die kunstvollere, engere oder lockerere Zyklik,
die durch die Konstanz einer oder mehrerer Hauptfiguren, die Beschränkung auf einen Strukturtypus oder
einen Schauplatz, durch eine dünne biographische Verbindung, durch einen lehrhaft-dialogischen oder auch
handlungs- und situationsmäßigen Rahmen bewerkstel-
ligt werden kann, bis hin zu den kunstvollen Kompositionen der Renaissance-Novellistik oder der orientalischen Märchen.

Sieht man von den dialogisch-kommentierenden Ein-
rahmungen ab, wie man sie in den Legenden-, Mirakel-
und Anekdotensammlungen von Gregor dem Großen
bis zu Caesarius von Heisterbach oder Petrus Alphonsi
trifft, so sind im schwankhaften Bereich am ehesten die
Werke der Tierepik vergleichbar. Ein kompliziertes Rah-
mengebilde ist schon die *Ecbasis Captivi,* ein biographisches Epos der *Ysengrimus,* ein loseres Konglomerat
bilden die Branchen des *Renart*-Romans und der *Reinhart Fuchs.* Erstaunlich früh tritt wiederum der S t r i k -

k e r mit einer neuen Schöpfung hervor, mit dem durchkomponierten Schwankbuch vom *Pfaffen Amis,* hinter
welchem wohl am ehesten lateinische Anregungen stehen. Die Person des Pfaffen, des Dorfpfarrers oder
Mönchs, ist durch Jahrhunderte in den erotischen
Schwänken beliebt als der verbuhlte Dritte im Dreieck
(gelegentlich auch als der komisch Unaufgeklärte), in der
Ambivalenz offenbar des Sakramentsträgers und des erotischen Freibeuters, magischer und zugleich vitaler Aus-
nahmemensch, der zur Auseinandersetzung im Gelächter reizt. Der englische Pfaffe Amis ist nun allerdings
ausschließlich der Held witziger Streiche (verschiedener
literarischer Provenienz), in denen es darum geht,
törichte Partner bloßzustellen und um ihren Besitz zu
bringen. Die Einleitung stellt Amis vor als gelehrten und
freigebigen Herrn, der – nach einer witzigen und erfolgreichen Auseinandersetzung mit seinem Bischof – auszie-
hen muß, um Geld und Gut wiederzugewinnen,
wodurch er zum eigentlichen Erfinder von Lügen und
Betrügen wird. In England, auf dem Kontinent und
schließlich in Konstantinopel verübt er ein Dutzend
Streiche, die ihn jeweils zu raschem Ortswechsel nötigen: Er malt angeblich Bilder, die nur von ehelich
Erzeugten wahrgenommen werden können, er tut
schwindelhafte Wunder, läßt sich als Heiliger verehren,
erträgt sich als Kaufmann Seidenstoffe und Juwelen,
bringt sein Gut nach England zurück, führt da ein großes
Haus, um dann – und das wird in ein paar Versen
abgetan – sich nach dreißig Jahren zu bekehren, Abt
eines Grauen Klosters zu werden und ins ewige Leben
einzugehen. Die Bekehrung am Schluß ist nur ein schwa-
ches Alibi für einen kleinen Schelmenroman, der den
Stricker von einer ungewohnt heiteren und beweglichen
Seite zeigt, so daß man auch allfällige satirische Züge –
gegen Wundersucht, kirchliche Mißstände, Torheit der
Menschen, die Kaufleute als professionelle Betrüger –

nicht allzu tragisch nehmen darf. Ein geschichtliches Urbild des Amis ist von Herbert Kolb in Michael Scotus, Hofastrolog Friedrichs II., vermutet worden.

Der Schwankzyklus – man spricht wohl unnötigerweise von einem „Schwankroman" –, wie er vom Strikker hier geschaffen wurde, hat später noch berühmtere Nachfolger: den *Pfarrer von Kalenberg,* den *Neidhart Fuchs,* den *Eulenspiegel,* um nur im Spätmittelalter zu bleiben.

3. Bîspel

Wenn der *Pfaffe Amis* die Aufreihung des Märe zur zyklischen Großform zeigt, so ist nun umgekehrt die Reduktion der Erzählung auf parabelhafte Kürze für den Stricker bezeichnender, mindestens in quantitativer Hinsicht. Unter den 167 Nummern, die man heute, allerdings ohne letzte Sicherheit, zur Strickerschen „Kleindichtung" rechnet, sind die Bîspel (Parabeln) und weiterhin kürzere oder längere Lehrgedichte, Gebete usw. ohne erzählerisches Element weitaus zahlreicher als die Mären. Die Übergänge sind auch hier fließend: Gleichnisse, Fabeln, „Reden", Sprechsprüche eröffnen in bunter Mischung die immer mehr anschwellende Kleindidaktik in unsanglichen Reimversen.

An dieser Stelle beschränken wir uns, ihres erzählerischen Gehalts wegen, auf eine kurze Betrachtung des Typus „bîspel". Es scheint, daß zuerst beim Stricker sich diese „beispielhafte Kurzerzählung in Versen" verselbständigt hat gegenüber der Bindung in größerem enzyklopädischen Zusammenhang, wie ihn etwa Hugos von Trimberg *Renner* noch und wieder zeigt, oder dem Zusammenhang der Predigt. Grundsätzlich ist die „Lehre" im Bîspel nicht wie im Märe ein oft willkürliches oder entbehrliches Anhängsel eines in sich ruhenden Erzählgefüges, vielmehr die ausgeführte Hauptsache, zu

der eine knappe, bereits auf den Gleichnischarakter ausgerichtete Erzählung nur den Aufhänger bildet. Diese
kann denn auch oft nur einen Tatbestand, eine menschliche Situation, ein Faktum aus Natur oder Geschichte
wiedergeben. Ein König hat einen merkwürdigen Diener, der nur dem dient, der ihn streng und schlecht
behandelt; das tut der König auch und hat dadurch
größten Gewinn an Gut und Ehre; sein Nachfolger
verwöhnt dagegen den Diener, ja ehrt ihn so sehr, daß er
ihn schließlich sogar zum König einsetzt und damit
selber abdankt. Der Diener ist, sagt die Erläuterung
dieser fast als Rätsel aufgezogenen Geschichte, der
Reichtum (varnde guot), den man nicht schonen, sondern rücksichtslos einsetzen muß, wenn man ihn nicht
zum eigenen Herrn machen will (Moelleken Nr. 40).
Während hier der Erzählteil schon ganz auf die Moral
hin konzipiert ist, sind andere Bîspel, etwa *Der Käfer im
Rosenhaus* (Moelleken Nr. 29), liebevoller, fast genrehaft
ausgeführt. Ein goldfarbener Käfer hat in einer Rosen-
knospe eine wunderschöne Wohnung gefunden und legt
sich hier glücklich zur Ruhe – bis am andern Tag die
Sonne die Knospe öffnet und ein Sturm die Blütenblätter
raubt, so daß dem guten Käfer nur noch die Dornen
bleiben. So geschieht dem Mann, der bei einer Frau nur
auf Schönheit und Jugend schaut und zum „affen" wird,
wenn ihr Tugend und Ehre fehlen. Hier sind wir bereits
am Übergang zu eigentlichen Tiergeschichten im Sinne
von Tierbeispielen oder Tierfabeln, die beim Stricker
sehr beliebt und aus verschiedenen Quellen bezogen
worden sind.

Der Reiz dieser in Art und Umfang sehr unterschiedlichen und in den Handschriften unsystematisch versammelten Kleindidaktik von geistlichen und weltlichen,
kirchlichen oder bürgerlich-moralisierenden Reimwer-
ken liegt in der freudigen Zuversicht, daß allem und
jedem ein tropologischer Sinn oder sonst eine ungeahnte

Bedeutung abgewonnen werden kann. Alles steht mit allem im Zusammenhang, und so punktuell, so pragmatisch und willkürlich der Ansatz ist, so scheint doch alles zuletzt in einem moralisch-geistlich-natürlichen Kosmos aufgehoben, aus dem nichts und niemand herausfällt und wo man sich aus Unterhaltung Belehrung und aus Belehrung wieder Unterhaltung versprechen darf.

VII. BIBEL-, LEGENDEN- UND GESCHICHTS-DICHTUNG

1. Bibeldichtung und biblische Legende

Die gereimte Bibelerzählung mit ihren Erweiterungen in Apokryphen-, Legenden- und Heilsdichtung aller Art ist eine Art Cantus firmus der mittelalterlichen, ja der christlichen Erzähltradition. Dieser gegenüber haben die weltlichen Romane und Mären einen dichterisch glänzenderen Auftritt, aber mit kürzerem Atem. Höchstens läßt sich sagen, daß die höfische Vers- und Erzähltechnik nun auch in wechselndem Maß der geistlichen Erzählung zugute kommen kann, um so mehr, als auch Laienerzähler wie Rudolf von Ems oder Konrad von Würzburg, ja schon Hartmann und Veldeke, sich geistlichen Themen zuwenden konnten. Dennoch gilt, daß inhaltlich und in den Überlieferungsgruppen (mit denen auch Funktion und Publikum deutlich werden) auch die Werke des 13. Jahrhunderts weniger die klassische als die frühmittelhochdeutsche Tradition fortsetzen, also in unserem Fall etwa an Frau Ava oder den Priester Wernher anzuschließen sind. Mit dem Verblassen des staufischen Traums, mit Interregnum und Habsburgerreich und dem Ende der Kreuzzüge treten diese Schichten wieder deutlicher hervor.

Die Gattung ist insofern durch eine gewisse Offenheit gekennzeichnet, als sie ihre Inhalte ganz verschieden auswählt und neu zusammenstellt nach nicht immer klaren Gesichtspunkten; der Hörer und Leser hat anderseits mit seiner Kenntnis aus Predigt, Liturgie und Unterricht den großen heilsgeschichtlichen Rahmen stets gegenwärtig. Im Ganzen entfaltet sich hier die bunte und breite Welt kirchlicher und legendarischer Bilderfülle, wie sie sich im Marien- und Heiligenkult, in den liturgischen

Formen, im geistlichen Schauspiel, in Malerei und Plastik entwickelt bis hin zu dem plötzlichen Überdruß und Erstickungsgefühl, das sich dann im inneren und äußeren Bildersturm der Reformation und im humanistischen Ruf „ad fontes!" entlädt. Zunächst allerdings wird man das literarische Geschehen in diesem Bereich würdigen dürfen als neue Etappe volkssprachlicher Vergegenwärtigung des Glaubens, als Eroberung neuer Ausdrucksmöglichkeiten einer volkstümlichen Frömmigkeit – neben Spiel, Predigt und religiöser Lyrik. Gegenüber der frühmittelhochdeutschen Zeit geht die Tendenz auf ein immer breiteres Ausmalen und Ergänzen, auf Bereicherung und Konkretisierung des frommen Wissens, und die Lust an der Vergegenwärtigung und am Fortspinnen der heiligen Geschichten scheint keine Grenzen zu kennen. Das bedeutet, aufs ganze Spätmittelalter gesehen, daß die distanzierte Sakralität des Berichteten zurücktritt zugunsten einer menschlich-einfühlbaren, unbekümmert veranschaulichenden Auffassung und im Sinn moralisch-vorbildhafter Interpretation. Nicht nur die Reformation, auch die neuere Zeit pflegt in einem gewissen theologischen Rigorismus die Überwucherung des reinen Bibeltextes durch eine Fülle, ja einen Wust von mirakulösen, phantastischen oder auch einfach zudringlichen Ausschmückungen aller Art bei weitgehender Vorenthaltung eines volkssprachlichen Bibeltextes selbst lebhaft zu beklagen. Nun ist sich auch das Mittelalter des Unterschieds zwischen dem biblischen Kanon und der apokryphen oder legendären Überlieferung durchaus bewußt. Daß die volkssprachliche Aneignung der Bibel – von der Predigt abgesehen – wesentlich als Bibel*dichtung* und erst mit dem allgemeinen Aufkommen einer deutschen Prosa – seit dem 14. Jahrhundert – als Bibel*übersetzung* erfolgte, hängt gerade mit der sakralen Unantastbarkeit des Gotteswortes zusammen. Anderseits wollte man auf die para-evangelische und legendarische Überlieferung insofern nicht verzichten, als man ihr eine mögliche Wahrheit nicht voreilig absprechen mochte, ganz abgesehen von der allgemeinen Bereitschaft, Wahrheit im zeichenhaften und nicht nur im nackt-historischen Sinn gelten zu lassen; auch die weltlichen Dichter folgen ja dem Bedürfnis, nichts preiszugeben, was als geformte Überlieferung „wahr", weil vorhanden ist. Der Autor der populären *Vita Beatae Mariae rhythmica* bemerkt dazu:

> Si quis ut apocrifum hoc velit reprobare,
> Caveat, ne veritatem presumat condempnare.
>
> (33 f.)

(Wenn einer dies als apokryph verwerfen will, / soll er aufpassen, daß er nicht von vornherein [auch] die Wahrheit verurteilt.)

Und im übrigen gehe es nicht ums „dogmatizare", sondern um das Lob Gottes und seiner Mutter (8002). Ein ähnlicher Wahrheitsbegriff liegt auch noch den Reimchroniken und der Geschichtsschreibung überhaupt bis tief ins 16. Jahrhundert hinein zugrunde.

Es mag zufällig sein, daß in der Zeit der höfischen Klassiker offenbar nur ein einziger Bibeldichter auftritt, K o n r a d   v o n   F u ß e s b r u n n e n, ein Laie aus Niederösterreich, mit seiner *Kindheit Jesu* (bald nach 1200?). Mit seinem schmalen Werk von rund 3000 Versen markiert er den wichtigen Vorgang, der noch durch eine ehrenvolle Nennung bei Rudolf von Ems bestätigt wird: die Anpassung an Versstil und Erzähltechnik der höfischen Dichter, insbesondere Hartmanns. Konrads Quelle ist eine nur erschließbare Version des sogenannten *Pseudo-Matthäus* (eines Komplexes von Kindheitslegenden, der seinerseits eine Bearbeitung des Proto-Evangeliums des Jacobus darstellt). Erzählt wird von der Jugend und der Vermählung Mariae, der Verkündigung, den Auseinandersetzungen um die Jungfrauengeburt, den drei Königen, der Flucht nach Ägypten und der

Rückkehr, den Wundern des Kindes (wie beispielsweise das Herabbeugen des früchtetragenden Baums oder die Belebung der aus Lehm gekneteten sieben Vögelchen). Besonders ausführlich und reizvoll erzählt ist die zweimalige Einkehr der Flüchtigen bei einem bekehrten Räuber – dem späteren Schächer am Kreuz. Diese Episode fehlt in der Normalversion des *Pseudo-Matthäus.* Wie unbefangen dabei höfische Stilelemente eingeblendet werden können, zeigt etwa die Wendung, daß der Räuber den abreisenden Gästen noch ein „petitmangir" (kleines Frühstück) anbietet (1874), das wohl aus der Hofhaltung von Wolframs *Willehalm* stammt (103,24). In lateinischen Zusammenfassungen hat das Werk eine Nachgeschichte.

Ein nach Rang und Umfang bescheideneres Gegenstück ist Konrads von Heimesfurt, eines Bayern, Erzählung von der *Himmelfahrt Mariae* (um 1225). Als Bearbeitung einer lateinischen Vorlage erscheint hier wieder eines jener Themen, die seit dieser Zeit auch ihre skulpturale Wiedergabe im Dienst einfühlender Bildfrömmigkeit finden: der Tod Mariae im Kreis der Apostel, das Erscheinen Christi am Sterbelager, die Wiedererweckung zur Auffahrt und Krönung im Himmel. Konrad – er bezeichnet sich selbst als „pfaffen" und wird von Rudolf von Ems als „her Kuonrât" zitiert – steht im Gefolge des Fußesbrunners. Er hat, mit stärkerem theologisch-lehrhaftem Interesse, auch eine *Urstend* hinterlassen, die Erzählung der Ereignisse von der Passion bis zur Auferstehung, vor allem mit den Erweiterungen des biblischen Berichts, wie sie ihm das apokryphe Evangelium des Nicodemus bot.

Kindheit Jesu und Marienleben sind naturgemäß das beliebteste Feld legendärer Ausgestaltung, zumal im Zusammenhang mit der steigenden Marienverehrung und der zunehmend empfindsamen Darstellung des Jesusknäbleins oder des Mutter-Kind-Verhältnisses. Hier wird in Deutschland die lateinische *Vita (Bea-*

tae Virginis Mariae et salvatoris) rhyth-
mica zum eigentlichen Sammel- und wiederum Quell-
becken erzählender Mariendichtung. Von einem bayrischen oder österreichischen Dichter spätestens um die
Mitte des 13. Jahrhunderts verfaßt, wurde das treffliche
Werk in zahlreichen Handschriften rasch verbreitet und in
mehreren Nachdichtungen verdeutscht. Schon die rhythmische Form – etwa 8000 Vagantenzeilen einer freieren
Bauart anstelle der für die Bibeldichtung sonst obligaten
Hexameter – belegt sozusagen eine Übergangsstufe zur
Volkssprache. Die 4 Bücher gelten der Herkunft, Jugend
und Vermählung Mariae, der Geschichte von der Verkündigung bis zum zwölften Lebensjahr Jesu, von der Jordan-
taufe bis zum Tod Christi und zur Marienklage, schließlich
der Auferstehung und Himmelfahrt Christi sowie dem
Tod Mariae und ihrer Himmelfahrt durch die neun Engelchöre hinauf in den Kreis der Heiligen Trinität. Damit ist
das Marienleben gleichsam überwölbend in die evangelische Geschichte einbezogen. Lange statuarische Schilderungen von Körpergestalt, Kleidung und Benehmen
Mariae und Jesu unterbrechen die rasche Erzählung der
biblischen Ereignisse; Idealporträts, in denen selbst das
Grübchen im Kinn nicht vergessen ist:

> Mentum eius decens erat semicirculatum,
> Parumque per medium convalliculatum.

> (709 f.)

(Ihr anmutiges Kinn war halbrund / und in der Mitte ein
wenig eingetieft.)

Wahrscheinlich hat dieses Werk und seine Bearbeitungen
auch einen erheblichen Einfluß auf die Bildprogramme
und die Einzelvorstellungen in der kirchlichen Kunst
gehabt. Nur um die auch örtlich weite Ausstrahlung der
Vita rhythmica zu belegen, seien die deutschen Bearbeitungen aufgezählt. Die älteste Übertragung scheint in
einer Grazer Handschrift bereits aus der Mitte des Jahr-

hunderts zu begegnen, nach einer fragmentarischen Vorlage; es folgt eine in mehreren Handschriften erhaltene
deutsche Wiedergabe im *Marienleben* eines W a l t h e r
v o n R h e i n a u (der sich aber als von Bremgarten im
heutigen Aargau stammend bezeichnet), aus der zweiten
Jahrhunderthälfte, dem lateinischen Text treu, aber ver-
breiternd nachgedichtet; am Anfang des 14. Jahrhunderts
das *Marienleben* B r u d e r P h i l i p p s d e s K a r t h ä u
s e r s, als freiere Übertragung zuhanden eines Ordens-
publikums von Karthäusern oder Deutschrittern, die
ihrerseits fünf verschiedene Bearbeitungen erfuhr und für
weitere Kompilationen verwendet wurde; schließlich
folgt mit einer recht getreuen Wiedergabe ein Geistlicher, der als der S c h w e i z e r W e r n h e r bezeichnet
wird und dessen Werk nur in einer Handschrift von 1382
vorliegt. Dazu kommen noch Fragmente einer mittel-
rheinischen und einer niederrheinischen Fassung.

Die im 13. Jahrhundert nun auch in der Volkssprache
fast elementar aufbrechende Marienfrömmigkeit – deren
mystisch-theologische und hymnische Grundlagen
natürlich schon dem lateinischen 12. Jahrhundert angehören –, findet ihren Ausdruck nicht nur in legenden-
haft-erzählerischer Form. Zugleich erfährt das Lob
Mariens über die frühmittelhochdeutschen Lieder hinaus
die Erweiterung zu neuen hymnischen Großformen,
gereimten Lesewerken hohen Anspruchs.

Das gilt vor allem vom *R h e i n i s c h e n M a r i e n-
l o b*, einer nur einmal überlieferten großartigen Komposition (über 5000 Verse), die offenbar für einen engeren
klösterlichen Kreis im Raume Köln (frühes 13. Jahrhundert?) verfaßt wurde (nach R. Wisniewski durch den
Prämonstratenser Hermann Josef im Kloster Steinfeld in
der Eifel). Es ist eine einzige strömende Anrede an die
Gottesmutter, die durchaus in ihrer Glorie als Himmelskönigin vor dem Dichter thront und in ihren – meist dem
Hohenlied entstammenden – Titeln, ihren im Rückblick

auf Leben und Erlösungswerk Christi geschilderten
„Freuden", in ihrer einem jeden der neun Engelchöre
gegenüber besonderen Erhabenheit, ihrer himmlischen
Schönheit und Glückseligkeit gepriesen wird:

> O allerschönst, wie schön du bis,
> engein (keine) creatur so schön enis,
> an die menscheit (außer der Menschengestalt) dines kindes,
> wand du bis die schönest al's gesindes,
> dat kumen is ind kumen sal
> in des oversten keisers sal.
> Vam throne dines keiserriches,
> da du, vrow, eweliche riches,
> da du so rich bis ind so ho,
> da du so schön bis ind so vro,
> din barmherzge ougen an uns kere,
> die dit ellend bedrücket sere.
> allerschönste keiserinne,
> duo uns up din müderliche sinne
> ind üver uns armen erbarme dich,
> müder ind maget süverlich.   (5058 ff.)

Wieweit diese im niederdeutsch-niederländischen Bereich unter besondern Bedingungen stehenden Verse
metrisch-rhythmisch richtig wiederhergestellt sind,
bleibt allerdings offen (de Boor). Die knittelversartigen,
durchweg voll gebauten Verse mit großer Füllungsfrei-
heit treten aber jedenfalls in wirkungsvollen Gegensatz
zur eingelegten sequenzförmigen Marienklage, in der der
Dichter Maria das einzige Mal selber sprechen läßt:

> Hort min klage
> in disem dage,
> engel ind lüde!
> Niet 'n sit mir verre,
> siet was mir werre (seht, was mich schmerzt)
> al godes brüde!   (897 ff.)

Wenn schon das *Rheinische Marienlob* stilistisch an

Gottfried von Straßburg geschult ist, so gilt das erst recht und in einem viel legitimeren Sinn von K o n r a d s v o n W ü r z b u r g *Goldener Schmiede*, einem überaus beliebten, noch Ende des 15. Jahrhunderts abgeschriebenen und einmal sogar ins Lateinische übertragenen Werk. Der Dichter will da in der Schmiede seines Herzens ein Gedicht aus Gold schmelzen und ein Geschmeide mit Edelsteinen verfertigen. In 2000 Reimpaarversen, die sich in zwei hymnischen, nur von einer Demutserklärung des Dichters einmal unterbrochenen Wellen folgen, werden pausenlos die klassischen Marienattribute gehäuft, durch gesuchte neue Metaphern vermehrt und gesteigert, mit seltenen, „wilden" Reimen durchsetzt, in ständiger Reimbrechung zu einer unaufhörlich fließenden Wortfolge gereiht, als Goldschmuck, als Ehrenkleid der Jungfrau, als Blumengewinde oder wie immer die metaphorischen Bereiche sich entfalten und vermischen. Es ist ein kostbarer Wortschleier, eine Wortkaskade, die vielleicht die angeredete Gottesmutter mehr verhüllt als offenbart – dennoch ist hier der Ort, wo das sprachliche Kunstgewerbe Konrads zauberhaft und hinreißend wird und eine echte Legitimität bekommt:

> er muoz der künste meienrîs
> tragen in der brüste sîn,
> swer dîner wirde schäpelîn (Kopfputz)
> sol blüemen unde flehten,
> daz er mit roeselehten
> sprüchen ez floriere,
> und allenthalben ziere
> mit vîolînen (veilchenhaften) worten,
> sô daz er an den orten
> vor allem valsch ez liuter,
> und wilder rîme kriuter
> darunder und da'enzwischen
> vil schône künne mischen
> in der süezen rede bluot (Blust).

> (60 ff.)

Der Gedanke ist verlockend, wenn auch nicht beweisbar, daß das Gedicht im Zusammenhang mit dem Bau des Straßburger (Marien-)Münsters, insbesondere der Fertigstellung des Langhauses 1275, zu sehen sei.

Ebenfalls der Gottesmutter gewidmet und wohl zur selben Zeit, nämlich 1275/76, entstanden ist ein ganz anderes, auf seine Weise aber ebenso ausgefallenes Werk gotischer Heilsdichtung, des B r u n v o n S c h ö n e b e c k *Hoheslied.* Brun von Schönebeck war ein Magdeburger Patrizier, der seinen Mitbürgern in Erinnerung war als Veranstalter und Dichter eines *Gral,* d. h. eines großen Ritterfestes, zu welchem er feierliche Einladungen an die benachbarten Städte sandte. Nach einigen kleineren, nur in Resten erhaltenen Gedichten investierte er in seinem Hohelied-Kommentar (13 000 Verse in einem mitteldeutschen Mischdialekt) ein Höchstmaß an theologisch-erbaulichem Wissen. „Scientia totius scripturae canticis includitur" (das Verständnis der gesamten Schrift steckt im Hohenlied), heißt es bei Honorius Augustodunensis (vgl. Ohly, *Hohelied-Studien,* S. 256), zu dessen vielfältigen und vielgelesenen enzyklopädischen Lehrbüchern auch eine umfassende *Expositio in cantica* (nach 1150) gehörte. Dieses Buch ist die Hauptquelle von Bruns Unternehmung, zu der er sich theologisch beraten ließ. Neuartig ist die durchgehende Umdisposition, die er gegenüber Honorius vornahm. Und hier ist originell, wie er im Sinn einer Zusammenfassung des Sensus historicus das alttestamentliche Liederbuch zunächst zu einer mehr oder weniger schlüssigen Erzählung von Salomo, seiner Geliebten – der Tochter Pharaos –, von seinem Brief an sie mit dem Lobpreis ihrer Schönheit, vom Empfang der Braut und der Hochzeitsfeier benützt. Der um vieles längere Hauptteil bringt die vielschichtige geistliche Auslegung Salomos auf Gott, der Braut auf Maria, die Seele und schließlich die Kirche, dann den Ausblick auf die letzten Dinge, Antichrist

und Gericht, schließlich den Aufstieg der Braut zur
Seligkeit in fünfzehn Stufen. Die beziehungsfreudige
fromme Willkür im Spiel mit den verschiedenen
Schriftsinnen, die über Honorius hinaus beigebrachten
Zitate von Augustin und Hieronymus bis zu Bernhard,
die beigefügten Fabeln und Legenden, der Scharfsinn
einer zahlenmäßigen Ordnung in „stucke", die dann
wieder „durchfloret" wird mit Blumen aus der alten und
neuen Schrift – all das wirkt recht verwirrend. Auch
wenn der Verfasser sein Werk ins Zeichen einer verstärkten Marienfrömmigkeit stellt und im Aufbau ana-
gogisch vorgeht, so bleibt doch der Eindruck eines
dilettantischen gelehrten Sammeleifers und einer
umständlichen Reimerei vorherrschend, so ergreifend
ein solcher Dienst an Glauben und Lehre sein mag.
Denkt man daran, daß einige Jahre vorher in derselben
Stadt die Begine Mechthild ihre unerhörte Niederschrift
wagte, dann spürt man einen jener Gegensätze und
Widersprüche der Mentalität, wie sie das Spätmittelalter
oft so rätselhaft machen.

Gegen die fragwürdige Originalität und die Beflissenheit Konrads oder Bruns bedeutet *Die Erlösung*, von
einem unbekannten hessischen Dichter wohl bald nach
1300 verfaßt, vielleicht die reinste und echteste Verwirklichung solcher bürgerlichen Bibel- und Heilspoesie
(9 Textzeugen). Das erst von Karl Bartsch so benannte
Werk gehört zu den nicht allzu zahlreichen Dichtungen
des Spätmittelalters, die über alle historische Bedeutung
und Interessantheit hinaus einen ruhigen Glanz bewahrt
haben. Es geht in diesen 7000 schlanken und ausdrücklich schlichten Versen um das christliche Heilswissen als
Ganzes, nach der Art schon des *Ezzoliedes* als
Geschichte im strengsten Sinne gefaßt und damit auch
erzählbar. In dem umfassenden Bogen von der Schöpfung über den Sündenfall und die Erlösung zum Jüngsten
Gericht hat jede menschliche Existenz, jedes Tun und

Geschehen seinen Ort und bei aller Bedrohung durch den ewigen Tod Richtung und Sicherheit. Mit dem gesteigerten Bedürfnis nach frommer Anschauung und erbaulicher Ordnung, welches ja auch durch die Wiederkehr des heiligen Grundgeschehens im Kirchenjahr immer neu geweckt wird, ist in der *Erlösung* sozusagen ein Bilderbogen entstanden, der in klaren, knappen Szenen, Gesprächen und lehrhaften oder lyrischen Einlagen eine bewundernswert disponierte Summa bietet, volkstümlich-predigthaft und doch theologisch fundiert. Dem Preis des Schöpfungswunders folgt die Schilderung des Sündenfalls und dann die mächtige halb apokalyptische, halb allegorische Darstellung der großen Gerichtsverhandlung, die vor dem Thron der Trinität um das Schicksal des gefallenen Menschen durchgeführt wird. Nachdem die Majestas Domini von ihrem – mit erstaunlichem architektonischen Sachverstand geschilderten – edelsteinbesetzten Thron herab die „Fürsten und Herren", d. h. die himmlischen Heerscharen, nach ihrer Meinung befragt hat und sich ihre vier Töchter Barmherzigkeit und Wahrheit, Gerechtigkeit und Friede (vgl. Ps. 84,11 – der „Streit der vier Töchter Gottes", in einer Predigt Bernhards behandelt, hat schon frühere deutsche Reimdichtungen angeregt) nicht einigen können, da tritt Gott als Sohn hervor mit seinem Entschluß, zur Sühne des Vergehens selber Mensch zu werden. Auf die Aufzählung der Patriarchen und Propheten und der Heiden von der Sibylle bis zu Vergil mit ihren Vorhersagen der Menschwerdung Gottes folgt das neutestamentliche Geschehen. Der biblische Bericht ist dabei ergänzt durch die bekanntesten Elemente der apokryphen Tradition (z. B. die Höllenfahrt Christi, nach dem Nicodemus-Evangelium, der Antichrist, Mariae Himmelfahrt).

Wie wenig sich hier einfühlsame Wiedergabe und allegorische Transparenz stören, das kann die aus Hohelied-Elementen bestehende Rede Christi zeigen, der am Sterbebett Marias erscheint (vgl. Konrad von Heimesfurt), um sie heimzuholen:

> Dâ he die lobelîchen sach,
> in lûderkeide er zû ir sprach:
> Dû zartez durteldûbelîn,
> dû ûzerwelte vrûndîn mîn,
> dû lûder schône sunder mcil (Makel),
> kein vlecke hât an dir nit deil.
> Dîn zunge honeg gûzet,
> dîn munt mit seime vlûzet
> und dîn adelîcher smac (Duft)
> uber alle krûder riechen mac.
> Sich der winter ist zugân,
> iz hât sîn reinen ouch gelân (es hat sein Regen nachgelassen),
> die blûmen lobelîch ûfgênt,
> die wîngart alle in blûde stênt ...

(6095 ff.)

Die Marienverehrung kommt auch in der *Erlösung* voll zu ihrem Recht, doch bleibt das Werk durchaus auf das Erlösungswerk Christi zentriert. „Wie god wulde ûf erden / geboren mensche werden", das ist die große, immer wiederholte Botschaft und das Wunder, wobei in der Gestalt Christi noch keineswegs nur der menschlich Leidende, sondern stets auch der König und Fürst, die Person der Trinität, der Schöpfer, der Gefolgsherr und Richter erscheint. Wieder wird hier deutlich, wie die Inkarnation auch als Voraussetzung zu verstehen ist für das dichterische Unternehmen, in immer klarerer Konkretion und innigerem Anteil sich das Heilsgeschehen anzueignen.

Schon bei Frau Ava wurde sichtbar, wie sich die biblisch-liturgischen Vorstellungen berühren mit einer Art von Vergegenwärtigung, die sich im Spätmittelalter nun immer farbiger durchsetzt, mit der geistlichen Feier, dem geistlichen Drama. Es gibt in der *Erlösung* Partien, z. B. die Descensus-Szene, die sich in Sache und Wort-

laut kaum vom geistlichen Spiel unterscheiden, übrigens
auch nicht im Stil der einfachen und doch gelegentlich
mit lateinisch-liturgischen Elementen versetzten Verse.
Daß das Werk als Vorlage oder Grundlage geistlicher
Spiele unmittelbar einflußreich war, ist nachzuweisen –
es gibt sogar das Fragment einer Dramatisierung. Wahrscheinlich stützt sich der Dichter aber schon seinerseits
auf Anregungen durch deutsche oder lateinische Spiele;
das ist schon durch die lokale Nähe zum „rheinischen
Osterspiel", der maßgebenden Spieltradition, gegeben.
Einem Hörerkreis vorzutragende geistliche Erzählung
mit ihren dialogischen und lyrischen Einlagen und geistliches Theater mit seinem erzählerischen Charakter können sich eng berühren.

Eine große Zahl weiterer Werke der Bibeldichtung mit
wechselnder Thematik, wechselnder Mischung von
erzählenden und belehrenden Partien, wechselnder Nähe
zum biblischen Text oder zur apokryphen Tradition
beweist, wie stark nicht nur von seiten eines adligen oder
klösterlichen Publikums, sondern auch bei Bürgern und
den nur zum Teil gebildeten Mitgliedern geistlicher Rit-
terorden der Wunsch nach lebendiger und erbaulich
gereimter Heilsdichtung war. Da ist der Wiener Arzt
Heinrich von Neustadt, der neben seinem weltlichen Roman ein umfangreiches Werk über *Gotes
zukunft* verfaßt hat. Thema ist wieder die Kondeszen-
denz Gottes, das Heilsgeschehen im dreifachen Herab-
kommen Gottes: in seiner Menschwerdung, in „reinen
Herzen und Gedanken" und am Weltende; als Einleitung
vorausgeschickt ist eine Teilbearbeitung des *Anticlaudianus* des Alanus von Lille, dessen Allegorie von der
Erschaffung des vollkommenen Menschen, hier auf
Maria bezogen, zum erstenmal übersetzt erscheint; auch
hier figuriert im übrigen die *Vita Mariae rhythmica* unter
den Quellen.

Ferner hat, bald nach 1298, ein unbekannter Basler (?)

Geistlicher mit seinem *Saelden hort* eine Evangeliendichtung geschrieben, in der vor allem Gestalt und
Leben Johannes des Täufers und der Maria Magdalena –
Bußprediger und Büßerin – zuhanden vermutlich eines
bürgerlich-weiblichen Publikums dargestellt sind. Das
Werk fällt aus dem Rahmen nicht nur durch die unhöfische Roheit seiner Verse und die farbige Provinzialität
seines Vokabulars, sondern ebenso durch die Originalität
und das Temperament, mit denen einzelne Szenen ausgemalt werden, so geradezu unheimlich der schamlose
Tanz der Salome mit dem Haupt des Täufers – „sam
Criemehilt dú vertan" (wie Criemhilt, die verfluchte,
3095).

Dann sind da G u n d a c k e r v o n J u d e n b u r g (Steiermark, um 1300) als Verfasser eines *Christi hort* mit
stark legendarisch-apokryphem Einschlag, J o h a n n e s
v o n F r a n k e n s t e i n (ein Johanniter schlesischer Herkunft, um 1300) mit seinem *Kreuziger* (Kreuzträger),
einer Passionserzählung, schließlich zwei Mitglieder des
Deutschen Ordens: H e i n r i c h v o n H e s l e r (um
1300) mit Versbearbeitungen des Nicodemus-Evange-
liums und der Johannes-Apokalypse und T i l o v o n
K u l m (1331) mit einer neutestamentlichen Heilsgeschichte *Von siben ingesigeln* nach lateinischer Vorlage.
Hier wird, mit der Deutschordensdichtung, eine literarische Welt mit besonderer geschichtlich-sozialer Voraussetzung sichtbar, die vor allem auch in der Legenden-
und Geschichtsdichtung bedeutungsvoll ist.

Der alttestamentliche Bereich der Bibel- und Legendendichtung tritt im ganzen gesehen und im Vergleich
mit der frühmittelhochdeutschen Zeit zurück, oder
genauer: er ist unter andern Gesichtspunkten aktuell.
Eine Ausnahme bildet am ehesten ein an sich anspruchsloses, aber thematisch interessantes Werk eines wahrscheinlich österreichischen Dichters namens L u t w i n
(Liutwin) mit seiner Bearbeitung der schon frühchristli-

chen Legende von *Adam und Eva* vom Anfang des
14. Jahrhunderts. Es ist die auch in kürzeren Fassungen
erscheinende erbauliche Geschichte um das Leben des
ersten Menschenpaares nach der Vertreibung aus dem
Paradies: also das fernere Fortkommen von Adam und
Eva, ihre Vermehrung, ihr Verhältnis zu den andern
Geschöpfen und zu den Boten Gottes, ihr Tod. Abgesehen von dieser naiven Urgeschichte des Menschen und
seiner Kultur findet der alttestamentliche Stoff seine
Aufnahme in die großen Weltchroniken seit Rudolf von
Ems, und sein theologischer Gehalt geht in die bereits
genannten Erlösungsdichtungen ein.

   Die erzählenden Bücher des Alten Testaments, vor
allem die kriegerische Geschichte des Gottesvolks, finden nun aber vor allem dort ein neues Interesse, wo sich
kriegerisches, ritterliches Laientum in den Dienst religiöser Aufgaben stellt und sich dabei kaum mehr als aben-
teuernde Gralsritterschaft, eher als Vollzieher eines politisch-geschichtlichen Auftrags versteht, ganz abgesehen
vom Wegfall der Minneidee. Der Orden der Deutschrit-
ter, bereits 1191 päpstlich bestätigt, fand im Laufe des
13. Jahrhunderts, im Bestreben nach einer territorialen
Grundlage und zugleich einer kreuzzugsartigen Aufgabe, in der Eroberung und Bekehrung der Preußen und
z. T. anderer Ostseevölker den Weg zu einem eigenen
Ordensstaat, neben dem reichen Besitz in den deutschen
Stammlanden. Im Deutschen Orden gibt es nun, seit
dem Ende des 13. Jahrhunderts, auch eine karge literarische Kultur, bestehend aus Bibeldichtung, Legenden und
Reimchroniken, so daß man von einer eigentlichen
Ordensdichtung sprechen kann. Es ist eine Erzähldichtung, in welcher der nicht gebildete, aber durch geistliche
Gelübde gebundene ritterliche Laie sich und seinen
geschichtlichen Auftrag wiedererkennt. Der Begriff
„Ordensdichtung" ist allerdings insofern unscharf, ja
entbehrlich, als die Zuweisung verschiedener Werke

unsicher und auf Grund verschiedener Kriterien erfolgt: Landschaft, Beziehung des Auftraggebers oder des Autors zum Orden, Publikum. Genannt wurden bereits zwei Autoren zur neutestamentlichen Heilsgeschichte: Heinrich von Hesler und Tilo von Kulm. An Nacherzählungen und z. T. Kommentaren alttestamentlicher Bücher sind zu nennen *Judith* (1254, im Überlieferungszusammenhang mit der späteren Ordensdichtung), *Hester* (Esther), *Esra und Nehemia* und vor allem die umfangreichen *Makkabäer* (um 1323 vielleicht vom Hochmeister Luder von Braunschweig selbst verfaßt), *Daniel* und *Hiob* (1338) und schließlich, um 1340, die zusammenfassenden *Historien der alden ê*, an denen die Literarhistoriker keinen guten Faden lassen.

Von ungleich größerer Bedeutung sind nun aber die beiden Riesenwerke, mit denen im deutschen Spätmittelalter die Heiligenlegende maßgebliche Gestalt fand – wahrscheinlich eben im Bereich des Deutschen Ordens. Doch dazu ist etwas auszuholen.

2. Heiligenlegende

Der Begriff der Heiligenlegende ist vom Begriff der apokryphen Schriften oder den Leben-Jesu-, Marien- und Apostel-Legenden schwer abzugrenzen. Tatsächlich greift die Bibeldichtung vom Früh- bis zum Spätmittelalter sehr oft unbefangen hinüber in die Welt der nicht mehr biblisch oder dogmatisch legitimierten Erzählung, vor allem im Bereich der letzten Dinge oder des Frühchristentums. An dieser Stelle ist auszugehen von einer im Spätmittelalter unabsehbar entwickelten Heiligenverehrung und zugehörigen Legendenliteratur – einem gewaltigen, reichen Material, das die Frömmigkeit und die erzählerische Phantasie stärker als je bestimmt, bis es mit der Reformation zunächst zur Ablehnung der eigentlichen Heiligenverehrung, dann aber auch immer radika-

ler zu einer protestantischen Diskriminierung der
„Abgötterei" des Heiligenkults kam, aus Gründen des
Dogmas wie auch eines kritischen Wahrheitsbegriffs. Die
Heiligen, seien es nun die Märtyrer der heroischen Frühzeit des Glaubens, denen man den unmittelbaren Eingang ins Himmelreich zuerkannte, seien es die sogenannten Bekenner, die durch ihr heiligmäßiges Leben und ein
innerliches Martyrium im Gedächtnis der Gläubigen
bleiben, durch die zu ihren Lebzeiten oder später
bewirkten Wunder beglaubigt – sie bilden jene „Wolke
von Zeugen", von der der Hebräerbrief spricht. Sie
tragen die Kirche, sie verbürgen die Nachfolge Christi im
Martyrium, im reinen Lebenswandel und in der Wundermächtigkeit, so daß die Heiligenfiguren und die
Legendenwunder immer wieder selbst als Wiederholung
biblischer Vorbilder erscheinen. In den Berichten und
erbaulichen Erzählungen, die sich da anhäufen, liegt
nicht nur eine „christliche Heldendichtung" oder die
„christliche Mythologie", wie man gelegentlich sagt. Die
Welt der Heiligen wandelt sich, erneuert sich stetig und
bleibt aktuell, solange sie neue Zeugen einzubeziehen,
neue Personen und Vorgänge in Legende zu verwandeln
vermag. Durch die Aufnahme eines Teils der Heiligen in
die Meßliturgie, darüber hinaus durch die verschiedenartigen Heiligenkalendarien und liturgischen Traditionen
ist Tag um Tag bezogen auf die legendarischen Vorbilder
und himmlischen Helfer. Aber auch lokale, regionale,
nationale, ständische, berufliche Zuordnung bestimmter
Heiliger und nicht zuletzt die Bindung jedes einzelnen an
seinen Namensheiligen tragen dazu bei, daß jede Situation, jedes Leiden, jedes Anliegen des täglichen Lebens
auf zuständige Patrone hin orientiert ist. Wie unvollständig sich dabei die kirchliche Kontrolle – speziell die
päpstliche Kanonisation seit dem 11. Jahrhundert –
durchsetzen konnte, wie „wilde", nichtexistente Heilige
(z. B. die „Heilige Kümmernis") oder ein das Magische

streifender Heiligenkult die Krise heraufgeführt haben,
ist hier nicht auszuführen. Zu Beginn des 14. Jahrhunderts stehen wir erst am Anfang der großen spätmittelalterlichen Flut von Bildern und Geschichten, in denen
sich volkstümliche Frömmigkeit und mit ihr bildende
Kunst und Literatur bewegen.

Als literarische Möglichkeit war die Legende stets
präsent gewesen: im Deutschen seit dem *Georgslied,* im
12. Jahrhundert in zahlreichen einzelnen Heiligenlegenden wie in dem geschichtlich gerahmten Sammelwerk der
Kaiserchronik, in den politisch-regional gefärbten Dichtungen über Anno oder Servatius (Veldeke), in den Versuchen Hartmanns zu einer höfischen Verinnerlichung,
aber auch in Wolframs kriegerisch-problemhaftem Epos
vom „herre Sant Willehalm" und schließlich in den Beispielen einer geschliffenen Kunst der Kurzerzählung, wie
sie vor allem Konrad von Würzburg auch der Legende
zugute kommen ließ.

Unter den mittelalterlichen Erzählformen hat die
Legende fast eine Art Schlüsselstellung. Sie steht in
Beziehung zum Roman, soweit vorbildhaftes Leben die
Form der Vita annimmt und soweit auch stofflich der
spätantike Roman in der Legende nachwirkt, zur
Geschichtsdichtung, sofern jedes Heiligendasein ein Teil
der Heilsgeschichte ist, zum Märe oder zur Novelle,
soweit das unerhörte Ereignis der Kurzgeschichte entweder selbst mirakelhaft sein kann oder an sich eine Art
säkularisierter Form des Legendenwunders darstellt. Das
wechselnde Maß an faktischer Glaubhaftigkeit, an symbolischer Wahrheit, an erbaulicher Fiktion oder gar tendenziösem Schwindel macht es schwierig, die Funktion
einer Legende im einzelnen Fall gerecht zu beurteilen. So
wie in einer sakralisierten Welt alles Legende ist (Bausinger), so verliert sie in einer Welt des kritischen Bewußtseins ihre Überzeugungskraft, sinkt sie ab ins nur noch
Volkstümliche, nur noch Verdächtige.

Die Legende ist auch dann, wenn sie sich über die Anekdote oder das Mirakel erhebt, insofern eine Kurzform, als sie zwar lehrhaft sein kann, aber ihren Stoff nicht problematisiert. Auch wenn sie meistens die Form der Heiligenbiographie, der Vita, annimmt, so verlaufen doch diese Viten weithin nach vorgegebenen Mustern (z. B. nach dem Schema: sündiges Weltleben, Bekehrung, Martyrium, Wunder nach dem Tode), und der Heilige ist weniger der Held als der Zeuge, weniger der Täter als der Vermittler des Wunders. Der große Heilszusammenhang, in dem die Legende allemal steht, und vor allem auch die Zuordnung der Heiligen zu den Stationen des Kirchenjahrs und des Kalenders führen schon früh zum Typ der enzyklopädischen Sammlung, zu Legendarien, Martyrologien, Passionalien usw. Seit dem 4. Jahrhundert entstehen kalendarisch geordnete Märtyrerverzeichnisse, daraus die eigentlichen Martyrologien; aufs 6. Jahrhundert gehen zurück die Lebensbeschreibungen der Väter, *Vitae patrum,* die bereits in der *Benediktinerregel* als gemeinsame Lektüre nach der Mahlzeit empfohlen werden. Um 600 entstehen die überaus beliebt gewordenen *Dialogi miraculorum* des großen Gregor, die auf ein Gesamtbild der Frühzeit italischen Mönchtums gerichtet sind und als kommentierte, zugleich unterhaltende Sammlung von Wundergeschichten dargeboten werden. Die zahlreichen Legendarien (*Passiones et vitae sanctorum*), zunächst nach thematischen, funktionellen oder lokalen Gesichtspunkten zusammengestellt, drängen schließlich zu größeren und allgemeiner gültigen Sammlungen. Ein solches umfangreiches Sammelbecken liegt in dem Komplex des *Magnum legendarium austriacum* vor. Mit Abstand die beliebteste und wohl in jeder Hinsicht bedeutendste Sammlung ist aber die *Legenda aurea* des Genueser Predigerpaters und Erzbischofs Jacobus a Voragine (von Varazze), in den 1270er Jahren entstanden

als erbaulich-erzählerische Sammlung über die Kalender-
heiligen nach der Ordnung des Kirchenjahres, nach der
ältesten Handschrift in 182 Kapiteln, die in späteren
Redaktionen teils ausgeschrieben, teils mit sehr großen
Zusätzen erweitert wurden. Die *Legenda aurea* ist im
volkstümlichen Erzählstil ihres einfachen Lateins für
unseren Gattungsbegriff der Legende ähnlich bestimmend geworden wie später das Werk der Brüder Grimm
für das Märchen.

Die maßgebende deutsche Rezeption der lateinischen
Sammlungen erfolgte in zwei mächtigen Werken, deren
Entstehung man sich zeitlich nebeneinander von etwa
1280 bis gegen 1300 denkt, als die Arbeit ein und desselben anonymen Geistlichen, dessen Sprache mitteldeutsch
ist und im Wortschatz auf das Ordensland an der Ostsee
deutet. Eine solche Rezeption bedeutet auch jetzt noch
Umsetzung in die Verserzählung, deren Technik der
Dichter nach den Mustern des 13. Jahrhunderts recht
gewandt beherrscht. Das *Väterbuch*, im Umfang von
über 41 000 Versen (25 Textzeugen) folgt zunächst den
Vitae patrum, also den Geschichten um die ersten Eremiten und Mönche, wie vor allem Antonius, Paulus, Johannes und ihre vielfältigen Versuchungen und Kämpfe mit
dem Teufel, fügt dann aber auch Stücke aus der *Legenda
aurea* an und läßt das Ganze in eine Vorschau des
Jüngsten Gerichts und des Lebens in Himmel und Hölle
ausmünden. Das *Passional*, mit rund 110 000 Versen
wohl die größte Reimgeburt des deutschen Mittelalters
(rund 100 Textzeugen!), bietet in einem 1. Teil legendarisch ausgestaltete Bibeldichtung mit Marienleben und
Marienwundern; ein 2. Teil erzählt die Geschichten der
Apostel und der Maria Magdalena, und der 3., am
umfangreichsten, bringt 75 Heiligenleben in der Anordnung des Kalenders, aufgrund der *Legenda aurea* und
einiger ergänzender Quellen.

Im einzelnen ist die Komposition der beiden Werke

und ihre Abstimmung aufeinander nicht durchsichtig.
Jedenfalls sind das *Väterbuch* und die ersten Teile des
Passionals locker gebaute Lesebücher mit Stücken ganz
verschiedener Art und Länge, vom bloßen Apophthegma
zur Mirakel- oder Beispielerzählung und zur ausgeführten Vita, und immer wieder mit erbaulichen Betrachtungen und Überleitungen versehen. Im ganzen ist es ein
großartiger Schatz an kirchlicher und christlich-volks-
tümlicher Tradition, der hier zum erstenmal in der
Volkssprache in seiner Fülle überschaubar wird, wobei
die Kontinuität der Heilsgeschichte von den Evangelien
bis zur Gegenwart überwältigend zutage tritt, auch wenn
sich die Kernzone echter geschichtlicher Überlieferung
und kirchlicher Tradition immer wieder in die Randbe-
reiche der erbaulichen Fabel, ja der fragwürdigen frommen Unschuld hinein verliert.

In den *Väterleben* herrscht durchaus die monastische
Thematik vor; was der Leser hier an Szenen aus der
heroischen Zeit der Wüstenheiligen, der Anachoreten
und ersten Coenobiten vernahm, das waren Bilder,
denen er noch während Jahrhunderten in den Kirchen
farbig und plastisch begegnete. Im Vordergrund steht die
Figur des Asketen in seinem beständigen Kampf gegen
Versuchungen und Anfechtungen, die gewöhnlich
durchaus auf archaische Weise objektiviert als Teufel und
Dämonen in ihren wechselnden, verführerischen oder
schreckerregenden Verwandlungen erscheinen und den
Glaubensmut oder, meistens, Keuschheit und Selbstbe-
herrschung bedrohen. Man wird im Lauf der ruhig und
aus seelsorgerlicher Nähe vorgetragenen Erzählungen
heimisch in der ehrwürdigen Thebais, wo die Eremiten
zahlreich hausen, ihren Lebensunterhalt durch wunderbare himmlische Hilfe oder auch durch das Flechten und
Verkaufen von Korbwerk bestreiten, wo die Jünger von
den älteren Vätern unterwiesen werden, wo Engel und
wilde Tiere mit den Heiligen auf vertrautem Fuß verkeh-

ren. Da kommt viel Genrehaft-Behagliches herein,
„cleine wunder" (8821) wie das vom Kohl, der aus dem
Gärtchen eines frommen Mannes gestohlen wird, sich
aber dann auf keine Weise vom Diebe kochen läßt, oder
die sorgfältige Wundbehandlung am Löwen, der zu
Hieronymus kommt und nachher allerlei nützliche Dien-
ste verrichtet (27 186 ff.). Die übrigen, aus der *Legenda
aurea* oder andern Quellen stammenden Geschichten des
Väterbuchs betreffen dieselbe frühchristliche Zeit, stellen
aber stärker novellistisch ausgeformte, umfangreiche
Stücke dar. Besonderes Interesse gilt hier den schönen
Jungfrauen, die entweder von Anfang an Heilige der
Keuschheit sind oder, wie Magdalena, von sündigem
Leben bekehrt werden. Da ist Eufrosina, die sich als
Bruder Smaragdus in einem Männerkloster verbirgt, aber
damit sowohl ihrem treuen Vater Kummer wie ihren
Mitbrüdern Anfechtungen verursacht (vgl. Gottfried
Kellers *Eugenia*); da sind Pelagia, die als Bruder Pelagius
heiligmäßig lebt und stirbt, Maria von Ägypten und Abt
Zosimas, eine antiochische Jungfrau ähnlichen Ge-
schicks, schließlich die breit ausladende Legende von
Abraham (2900 Verse), dem reichen Jüngling, Eremiten
und Heidenbekehrer, der mit frommer List und Umsicht
seine sündige Nichte aus dem Freudenhaus entführt und
bekehrt – es ist die schon von Hrotsvit dramatisierte
Konfrontation des frommen Alten mit der Sünderin.
Nicht vergessen sei aber auch die berühmte Legende von
den sieben Schläfern von Ephesus, in welcher auf unvergleichlich einfache und konkrete Weise das heilsgeschichtliche Erlebnis des Phänomens Zeit zum Ausdruck
kommt.

Das *Passional* hat eine stärkere Verschiedenartigkeit
der legendarischen Stile. In Teil I stehen, sozusagen als
Krönung des Marienlebens und für die „Marienritter",
d. h. den Deutschen Orden, von besonderer Bedeutung
„sumliche gute mêre" (9), nämlich fünfundzwanzig

Marienwunder, deren lateinische Vorlagen bereits große
Verbreitung gefunden hatten. Es sind Marienmirakel, die
stets durch ihren lieblich-spielerischen Charakter bezaubert haben. In ihrem Mittelpunkt steht bezeichnenderweise oft das wundertätige oder zu verehrende Bild der
Gottesmutter, es hat also schon eine Art Reflexion der
Verehrung stattgefunden. Maria setzt sich dabei gern über
die konventionellen Maßstäbe hinweg, sofern nur der
Sünder oder Bittsteller in irgendeiner Form zu ihr Verehrung getragen. Ein Beispiel ist etwa die kurze Erzählung
von der Mutter, die vergeblich um die Befreiung ihres in
Gefangenschaft geratenen Sohnes betet, darauf dem Mut-
tergottesbild in der Kirche entschlossen das Kind raubt
und zu Hause als Pfand verschließt, mit dem Erfolg, daß
Maria schleunig den Gefangenen befreit und damit von
der dankbaren Mutter das eigene Kind wieder auslöst.
Hieher gehört auch die weitverbreitete, schon von Hrotsvit erzählte Legende von Theophilus, dem durch Maria
geretteten Teufelsbündler. In diesen Erzählungen nähert
sich die schlicht und knapp erzählte Legende dem Märe,
von der Art der Geschichte *Von der Jüdin und dem
Priester,* oder sogar einem frommen Schwank. Im Hauptteil (III) mit seiner kalendarischen Ordnung treten dagegen die großen, blutigen Martyrien hervor, wie sie die
Überlieferung vor allem aus der Zeit der Diokletianischen
Verfolgung berichtet. Mit derselben Andacht, die den
ergötzlichen Wundern der Anachoreten oder den poe-
tisch-intimen Marienlegenden gilt, sind hier die krassen
Einzelheiten des Schindens und Räderns, des Verstüm-
melns und Brennens wiedergegeben (besonders wild und
altertümlich etwa Nr. 42: Christina). Um so eindrucksvoller ist, wie im Rahmen der Kalenderordnung dazwischen nun die neueren und neuesten Heiligen treten, so
die neuen Ordensgründer Dominicus und, mit besonderer Liebe, Franciscus, und nicht zuletzt die rasch volkstümlich gewordene Elisabeth von Thüringen.

Auf eine Formel bringen lassen sich *Passional* und *Väterbuch* nicht. Legendenfrömmigkeit schillert in den verschiedensten Spielarten. Unbefangene Wirklichkeitsnähe und „Aberglauben", blutiger Ernst und Heiterkeit (die schon Gregor der Große mit der überströmenden Güte Gottes entschuldigt hat), fromme Unschuld und vielleicht auch untergründige Ironie sind eng benachbart. Da liegt vieles am Gesetz der Gattung. Die Legende ist zwar bestimmt eine der schönsten und reinsten Ausformungen mittelalterlicher Frömmigkeit, aber – denkt man an die höfische Dichtung, an Scholastik und Mystik – auch für die spätere Zeit keineswegs allein repräsentativ.

Daß dem Dichter der beiden großen Sammlungen der Vers noch die selbstverständliche volkssprachliche Form zu sein schien, beleuchtet noch einmal das Problem der praktisch fehlenden Erzählprosa, um so mehr, als der Vers dem fleißigen Autor zwar erlaubte, freier und mit Hilfe vorgeprägten Stils zu erzählen (etwa den Dialog zu beleben, die Aussage metrisch oder durch den Reim zu unterstreichen, sich von Reimwörtern auf neue Assoziationen treiben zu lassen), aber doch auch mit seinen mechanischen Zwängen zu Breite und Formlosigkeit führte statt zu poetischer Gestalt. Immerhin erweist sich die Qualität unseres Autors deutlich im Vergleich mit der etwas jüngeren Sammlung *Buch der Märtyrer*, wo sich der mittelhochdeutsche Vers in seiner hilflosesten Form zeigt. Schon um die Mitte des Jahrhunderts beginnen die Prosafassungen, so mit Hermanns von Fritzlar *Heiligenleben*; gegen Ende des Jahrhunderts entstand als große Prosaauflösung *Der Heiligen Leben*, welche 1471 schließlich im Druck erschien.

Von den zahlreichen Heiligenlegenden, die einzeln bereitet wurden, sollen hier nur noch zwei Sonderfälle herausgegriffen werden: die Legendarisierung einer noch beinah als zeitgenössisch empfundenen Figur und die

Ausweitung der Legende zum geistlichen Kompendium.

Wie die Legendenvita eine unmittelbare Funktion im geschichtlich-politischen Geschehen haben kann, das zeigt vor allem das *Annolied,* aber auch, bei zeitlich schon weit zurückliegenden Stoffen, Veldekes *Servatius* oder E b e r n a n d s v o n E r f u r t Doppelvita von Kaiser Heinrich II. und Kunigunde (4752 Verse), um 1220 (?) wohl im Zusammenhang mit der Heiligsprechung der Kaiserin (1200) entstanden. Einen neuen Typus verkörpert nun die Gestalt Elisabeths von Thüringen, die von 1207 bis 1231 lebte, 1235 kanonisiert wurde und in der *Legenda aurea* bereits vertreten ist: Die ungarische Königstochter, noch als Kind dem thüringischen Landgrafen vermählt, als junge Witwe mit ihren Kindern ins Elend getrieben, durch strenge Selbstkasteiung, Mildtätigkeit, Hingabe an die Kranken und Stiftung eines Spitals in Marburg zu Ehren des heiligen Franz heiligmäßig geworden, als „erste deutsche Tertiarin" jung gestorben – ein solches Leben ist schon selbst eine Legendenvita und mußte als Vorbild einer neuen Frömmigkeit die Zeitgenossen tief beschäftigen. Die umfangreiche lateinische Vita eines Dietrich von Apolda (1289) fand etwas später eine ziemlich treue, aber wenig inspirierte deutsche Versfassung. Hier treten Biographie und Hagiographie nahe zusammen, die Legende ist das legitime Mittel, ein Leben nicht zu stilisieren, sondern im Kern zu ergreifen. Man kommt hier, im Raum franziskanischer Frömmigkeit, bereits in die Nähe der Nonnenviten des 14. Jahrhunderts, von denen eine der schönsten ebenfalls einer ungarischen Prinzessin gelten sollte.

Eine ganz andere Möglichkeit vertritt H u g o v o n L a n g e n s t e i n s *Martina.* Der Verfasser ist wie sein Vater und seine Brüder Mitglied des Deutschen Ordens, dem sie ihre Güter, darunter die Bodenseeinsel Mainau, vermachten. Hugo ist als Ordensbruder in Beuggen und

Priester in Freiburg i. B. (1298) bezeugt, sein Werk
wurde 1293 abgeschlossen. Martina ist eine Heilige, die
in der *Legenda aurea* nicht vorkommt und auch sonst in
Deutschland wenig bekannt war – eine schöne und vornehme römische Jungfrau, die unter Diokletian martyri-
siert wurde. Von ihren zwanzig Martern habe er nur elf
behandelt, sagt Hugo mehr zu seinem eigenen Bedauern
als dem des Lesers. Ihre lateinische Vita wurde ihm von
einer frommen Dominikanerin gegeben, die nach jahrelanger geistlicher Not von Gott den Hinweis auf diese
Märtyrerin als die nach Maria mächtigste Helferin im
Himmel erhalten hatte. Der Dichter benützt die Legende
als dünnes Gerüst eines ausschweifenden, im Stile Konrads von Würzburg mit endlosen Reimketten daherkom-
menden Kompendiums geistlichen Wissens um Heilsgeschichte und Tugenden, Natur und Übernatur, mit
33 000 Versen einer allegorisierenden assoziativen Darstellung, der es vielleicht weniger um Belehrung geht als
um eine Leistung subjektiver Andacht und des Gotteslobs. Das Werk ist nur in einer einzigen Handschrift
erhalten, doch scheint es immerhin eine gewisse Ausstrahlung gehabt zu haben, angeblich selbst auf Johann
von Tepl.

3. Reimchroniken, frühe Prosachroniken

Wie eng Bibel-, Legenden- und Geschichtsdichtung miteinander verbunden sind, das haben *Annolied* und *Kaiserchronik* schon gezeigt. Aber auch sonst liegen die
verschiedenen Erzählgattungen nahe beisammen. Auch
Heldenepen und Romane wurden nicht nur als Erfindung, sondern auch als Bericht gelesen. Die Wahrheit
der Geschichtsdichtung war unter Umständen keine
andere als die einer sonstwie verbindlichen Erzählung.
Der künstlerisch gestaltende Charakter jeder Historiographie ist heute zwar kritischer bestimmt und einge-

schränkt, aber dennoch unabdingbar, ob man ihn nun erkenntnistheoretisch rechtfertigt oder als peinlichen Erdenrest empfindet. Nachdem höfische Romantik an Glaubwürdigkeit oder doch an Attraktivität verlor, ist im 13. Jahrhundert, wie immer wieder festzustellen war, eine neue Historisierung der Erzählung eingetreten; die alten Geschichten von Troja, von Alexander und Karl wurden neu bearbeitet, ein neues stoffliches Interesse breiter Laienkreise sucht offenbar das Abenteuer oder doch Unterhaltung und Erbauung im substantiell Geschichtlichen. Die *Weltchronik* Rudolfs von Ems war, in königlichem Auftrag, der eindrucksvollste Griff nach einem geschichtlichen Gesamtbild, die Ausweitung der Bibel- und Heilsdichtung in die Weltgeschichte. Es gehört zu den wichtigsten und noch nicht genügend gewürdigten Phänomenen des literarischen Spätmittelalters und des 16. Jahrhunderts, wie auf allen Ebenen und in allen Formen eine volkssprachliche Geschichtsliteratur aufblüht, von den Weltchroniken über Landes-, Fürsten- und Stadtchroniken bis zur Biographie und Selbstbiographie, ein Geschichtsinteresse, dessen Grund doch wohl ein echtes, fundamentales Bedürfnis nach Selbstidentifikation und damit zugleich nach Orientierung in einer sich wandelnden und unabsehbar andringenden Welt ist. Die Reimchronik ist in unserem Zeitraum noch durchaus herrschend, ja oft der Rahmen für andere Erzählformen. Bei aller möglichen Mechanik der Reimerei darf der Anspruch der Historiographie, allein „wahre" Dichtung zu sein, nicht übersehen werden; der Reimpaarvers ist die normale, lebendig-festliche Art des Vortrags.

Die volkssprachliche Chronistik ist mindestens im Spätmittelalter durchaus nur auf lateinischer Grundlage erwachsen, wobei sich hier neben der herrschenden Prosachronik und Prosavita auch epische Preisdichtung – z. B. über die Staufer – und historisches Versepos finden. Neben der gewaltigen lateinischen Produktion ist die deutsche fast immer unselbständig und auch quantitativ noch eher bescheiden. Wir begnügen uns hier mit einem Inventar und ein paar grundsätzlichen Bemerkungen.

Am eindrucksvollsten sind die weitverzweigten Unternehmungen der Weltchronistik. Älter als das hochdeutsch maßgebende Werk des Rudolf von Ems und in seiner Prosaform eine frühe Ausnahme ist die *Sächsische Weltchronik*, ohne zwingenden Grund Eike von Repgow, dem Autor auch des *Sachsenspiegels*, zugeschrieben, einem bis 1233 bezeugten Laien ritterlichen Standes aus Anhalt; ähnlich wie der Verfasser des *Lucidarius*, der auf ausdrücklichen Wunsch Heinrichs des Löwen „ân rîmen" abgefaßt werden mußte, steht auch der sächsische Chronist mit seiner Prosaform im Dienst nüchterner Wahrheit. Sein Werk ist, nach lateinischen Quellen gearbeitet, abgesehen von einem kurzen Resümee des Alten Testaments, eine wenig umfangreiche, z. T. annalistische Reichschronik bis zur Gegenwart, in mehreren Fassungen bzw. mit Fortsetzungen überliefert. Wohl etwas jünger als Rudolfs von Ems Chronik und unabhängig von ihr, doch teilweise denselben Quellen verpflichtet, ist die thüringische *Christherre-Chronik* (so nach ihrem Incipit benannt) – auch sie bricht noch im Alten Testament ab. Um 1280 schreibt der Wiener Bürger J a n s e n E n i k e l (Enkel des Johannes) seine auf die österreichischen Belange zugeschnittene *Weltchronik*, die ohne eigentlichen politisch-geschichtlichen Ehrgeiz das fabulös-anekdotische Element bevorzugt, unelegant und ungebildet daherkommt, aber eine persönliche Originalität zur Geltung bringt. Schließlich geht unter dem Namen H e i n r i c h s v o n M ü n c h e n , Anfang des 14. Jahrhunderts, eine *Weltchronik*, die quellenmäßig mit der *Christherre-Chronik*, Rudolf von Ems und Jansen Enikel zusammenhängt, auch epische Werke aufnimmt und aus einem ganzen Komplex von stark kompilatorischen Handschriften verschiedener Zusammensetzung besteht.

Der Übergang von der universal zur regional gerichteten Chronik, wie er aus geschichtlichen und sozialen Gründen im Zug der Zeit liegt, läßt sich zweimal beim selben Autor verfolgen. Jansen Enikel hat auch ein unvollendetes *Fürstenbuch*, d. h. eine österreichische Landeschronik, hinterlassen, und von Ottokar von Steiermark („aus der Geul"), dessen *Österreichische Reimchronik* das mächtigste und auch substantiell wesentlichste Beispiel einer gereimten Landeschronik darstellt, wissen wir, daß er auch eine verlorene Weltchronik geschrieben hatte, die bis zum Tode Friedrichs II. reichte. Ottokar, ein Ministeriale der Herren von Liechtenstein (1260/65–1319/21), schrieb dann für die restliche Zeit bis zu seiner Gegenwart, in 100 000 Versen, österreichische Zeitgeschichte im Rahmen der Reichsgeschichte, wozu auch seine berühmte ausführliche Schilderung des Untergangs von Akkon (1291) als einer eigentlichen Zeitenwende gehört. Das gewaltige Material seiner Chronik muß Ottokar selbst und mit Hilfe seiner vornehmen Beziehungen zusammengebracht haben. Wie er zwischen annalistischer Aufzeichnung, thematischer oder geographischer Anordnung des Materials, zwischen Landes- und Reichsperspektive den Weg zu einem Gesamtbild sucht, das zeigt die großen methodischen Probleme einer Darstellung der neueren und neuesten Geschichte. Ottokar erweist sich dabei aber als Schriftsteller, der an guten Autoren geschult war und der es vermochte, ein unabsehbares Material in meisterhafter Weise zu durchdringen. Zu seinem erstaunlichen Wissen kommt seine Kunst, das Erzählte abzurunden, Lücken zu füllen, Reden und Szenen vorzuführen, die moralischen Gewichte mit Schuld und Strafe richtig zu verteilen. Dazu benützt er die Vorbilder der klassischen Erzählliteratur, nicht zuletzt Wolfram.

Alle andern Reimchroniken gelten sehr viel engeren Themen und auch Interessen: Es gibt die Klosterchronik (des Priesters Eberhard kurze Geschichte des Klosters Gandersheim, vor allem seiner Frühzeit, um 1216 entstanden), die Fürstenchronik (eine von einem Braunschweiger Geistlichen zu Ehren der Braunschweiger Dynastie gegen 1300 verfaßte Chronik mittleren Umfangs), die Stadtchronik (vertreten durch die *Kölner Chronik* eines Meisters Gottfried Hagen um 1270, durchaus vom bürgerlichen Standpunkt aus), und am bedeutendsten wieder die Chroniken des Deutschordens, wo es um das Selbstverständnis eines neuartigen ritterlich-missionarischen Staatswesens ging: die anonyme *Livländische Reimchronik*, vor 1300, und des Nikolaus von Jeroschin *Chronik von Preußenland*, nach 1330 auf lateinischer Grundlage entstanden.

Mit dem zweiten Drittel des 14. Jahrhunderts beginnt bereits die Ablösung der Reimchronik durch die historische Prosa. Symptomatisch hiefür sind Christian Kuchimeisters vortreffliche *Nüwe Casus monasterii Sancti Galli* (1335), die deutsche Prosafortsetzung der ehrwürdigen sanktgallischen Klosterhistoriographie durch einen Laien. Auch wenn die großen Reimchroniken, selbst die alte *Kaiserchronik*, weiterhin kopiert und gelesen werden, so lebt die Gattung als solche nur noch in speziellen Fällen fort: Da sind praktisch nur noch die anonyme *Reimchronik des Appenzellerkriegs* (1400–04) und dann einige Chroniken zu Burgunder- und Schwabenkrieg (die *Burgundische Historie* des Straßburgers Hans Erhard Tüsch (1477), die *Reimchroniken des Schwabenkriegs* von Hans Lenz (1499) und Nikolaus Schradin (1500). Hier werden aktuelle historische Vorgänge tendenziös, kunstlos, aber lebhaft berichtet, durchaus wieder in der Nähe des historischen Volkslieds und der herabgekommenen Heldenepik.

> Ich han mich des wol bedaht,
> diz buoch ne wirt nimmer vollenbracht,
> de wile diu werlt stat,
> so vile wirt kunstiger (zukünftiger) dat.
>
> (77 ff.)

Solche Verse – aus der Reimvorrede zu der in Prosa verfaßten *Sächsischen Weltchronik* – deuten auf ein ursprüngliches Grundgefühl des mittelalterlichen Chronisten: Er steht, zwischen Weltanfang und Weltende, in einem ungeheuren Ablauf. Sein Buch ist selbst getragen davon und hat, da es die Zukunft nie einholt, bis zum Weltende keinen Abschluß. Die Überlieferung der meisten großen Reimchroniken spiegelt dies insofern, als es sich um Werke handelt, die laufend fortgesetzt werden, die unter sich kompiliert und verschmolzen werden können und vom Autor selbst oder seinen Nachfolgern in verschiedenen Fassungen geschrieben werden. Uferlos, kompilatorisch, fragmentarisch ist der Versuch, die Geschichte als Ganzes aufzuzeichnen, und je mehr am universalen Rahmen festgehalten wird, desto weniger ist eine auswählende Gestaltung möglich. Vom Standpunkt kritischer Wissenschaft aus ist solche Chronistik ein unerquickliches Gemisch aus Abschreiberei, tendenziöser oder moralisierender Erfindung und Ausschmückung. Zunächst wird man die noch enormen Schwierigkeiten der Informationsbeschaffung in Rechnung stellen müssen: was hier vor allem Ottokar geleistet hat, zwingt zur Bewunderung. Darüber hinaus wird man einen ganz anderen Begriff historischer „Wahrheit" ansetzen müssen. Nicht nur eine dokumentierbare Faktizität wird gesucht – jedes Geschehen enthält neben der faktischen eine moralische, eine „allegorische", man könnte wohl auch sagen dichterische Wahrheit. Es gehört zur Methode, eine typologische Stilisierung auf die Heilsgeschichte hin zu versuchen, also etwa eine Schlacht nach vergleichbaren alttestamentlichen Mustern zu schildern oder den Königsmörder Johannes von Österreich (bei Ottokar) als Judas darzustellen. Seit des Thukydides Zeiten hat gerade auch der die Wahrheit suchende Chronist das Recht, Reden und Szenen zu erfinden, in denen diese Wahrheit hypothetisch objektiviert erscheint. Die Überlieferung enthält an sich schon eine Fülle von anekdotischen, legendären, novellenhaften Geschichten, auf die gerade der volkstümliche Erzähler nicht verzichtet (z. B. Jansen Enikel). Aber auch Ottokar scheut sich nicht, bei den höfischen Romanen Anleihen zu machen, Namenkataloge aus dem *Willehalm* zu transferieren oder nach dem Muster des Osterspiels eine Beratung der Teufel – vor der Ermordung König Albrechts – einzufügen. Natürlich gibt es bei solcher, im Drang zur Anschauung einem gewissen Horror vacui unterliegenden Geschichtserzählung alle Grade von zuverlässigkritischer Augenzeugenschaft oder souveräner politischer Durchdringung eines Problems bis zur törichten oder bösartigen Erfindung und zur eigentlichen Fälschung. Daß schon das mittelalterliche Urkundenwesen und somit erst recht die Geschichtsschreibung mit Erfindung und Fälschung völlig durchsetzt sind, deutet durchaus nicht nur auf Torheit und Bosheit oder auf eine schrankenlose Ausnützung des Schreibe- und Lesemonopols durch eine dünne Schicht Gebildeter, sondern vor allem auf eine andere Einstellung dem Dokument gegenüber. Es ist gewiß billig, wenn sich der Verfasser der *Sächsischen Weltchronik* – und andere ähnlich – gern jeweils mit der Formel salviert: „Of dit war si, dat late wir got"; anderseits ist im Rahmen einer festen Heilsgeschichte die Frage, wie es gewesen sei, im Einzelfall von nur relativer Bedeutung und der Symbolcharakter alles Geschehens und alles Berichtens davon in einer noch nicht kritisch „entzauberten Welt" (Max Weber) wichtiger.

Bibeldichtung und Legende weisen mehrfach auf die Existenz einer Gattung hin, die im 13. und noch im 14. Jahrhundert volkssprachlich nur erst in wenigen Beispielen festzustellen ist, obwohl sie nach den üblichen Kategorien der Poetik zu den Urformen gehören würde: das Drama. Wir stehen vor der Tatsache, daß die dramatische Dichtung der Neuzeit erst seit dem Humanismus des späten 15. Jahrhunderts – in Wiederaufnahme antiker Vorbilder – die heute selbstverständlichen Vorstellungen von literarischem Rang und von dramatischem Wesen erfüllt. Das mittelalterliche Drama, das man vorsichtiger als Spiel zu bezeichnen pflegt, ist nur in geringem Maß unmittelbare Frühform des neueren Dramas; es hat im allgemeinen wenig „dramatische" Züge und bleibt im Bereich eines Spieltexts, während das neuere Drama, gerade auch als Dichtung, oft unabhängig von der Aufführung selbstgenügsam existieren kann. Mit andern Worten: zwar gibt es auch unter den mittelalterlichen Texten, oft gerade wenn sie literarische Ansprüche stellen, reine „Lesedramen", doch ist im ganzen das mittelalterliche Spiel nur zur Aufführung bestimmt, ja der Text ist selbst ein – oft sogar entbehrliches und, wenn lateinisch, vom Zuschauer auch nicht wörtlich verstandenes – Element des „Theaters". Wir befinden uns hier also am Rande der Literaturgeschichte und oft jenseits ihrer Grenze: im Bereich der Liturgie, des Brauchs, der Musik, der Pantomime. Das gilt selbst in zeitlicher und sozialer Hinsicht: Das literarische Drama erscheint im allgemeinen erst spät, und das Spiel ist im volkstümlichen, d. h. geistlich-bürgerlichen Bereich zu Hause, nicht in der sozialen Elite. Es gibt kein höfisches Drama, was im Vergleich zu den schöpferischen Vollendungen in Lyrik und Erzählung immerhin erstaunlich ist, und vielleicht spiegelt die Übernahme des geistlichen Spiels durch das städtische Bürgertum im Spätmittelalter so etwas wie eine Emanzipationsbewegung.

Warum gibt es im Mittelalter kaum ein hohes, literarisches Drama? Man kann hier ganz allgemein verweisen auf den „undramatischen" Charakter des christlichen Glaubens in dem Sinne, daß die heilsgeschichtliche Grundfigur jeden Geschehens und jeder menschlichen Rolle vorgegeben ist und alles Handeln ein Nachvollziehen und Erfüllen bedeutet, nicht ein problematisches oder pathetisches Austragen von Widersprüchen – auch der Märtyrer ist kein Tragödienheld. „Dramatik" oder gar Tragik in einem modernen Sinn wäre am ehesten im Bereich der Heldendichtung zu finden; man hat mit Recht auf den tragischen und zugleich bühnengerechten Charakter des *Nibelungenlieds* verwiesen. Was nun aber, spezieller, das Drama als vergegenwärtigendes Handeln durch Schauspieler und die Objektivierung von Fiktionen auf einem Spielplatz betrifft, so ist nachdrücklich auf das spielhaft-theatralische Element in der ritterlichen Gesellschaft hinzuweisen: ohne Benötigung geformter Sprache im Waffenspiel (Turnier) oder allgemeiner im Zeremonienwesen, mit dem Wort als entscheidendem Träger im Vortrag von Lyrik und Epik. Das Minnelied lebt primär im – vielleicht mimisch unterstützten – Vortrag vor der festlichen Gesellschaft, der Minnedienst selbst ist bis zu einem gewissen Grad ein fiktives Rollenspiel, und die Erzählung mit ihren breiten dialogischen Elementen ist ihrerseits ein Geschehen vor und mit einem Publikum. So ist wohl auch zu verstehen, daß mindestens die höfische Gesellschaft keines weiteren Spectaculums bedurfte. Man war bereit, auch die dramatische Literatur des Altertums, soweit man sie kannte, als Lesedialoge zu verstehen, und kam, aufs Ganze gesehen, erst am Ende des 15. Jahrhunderts zu dem Bedürfnis, sie aufzuführen. Insofern waren Literatur und Theater ver-

schiedene Dinge, und so werden denn auch Gattungsbe-
zeichnungen wie Drama oder Komödie seit der Antike
auch für erzählende oder dialogische Werke und ohne
Bezug aufs Theater verwendet.

Das Erbe der Antike: man muß auch hier zwischen
Drama und Theater unterscheiden. An dramatischer
Literatur gehört Terenz zur Schullektüre, seine *Andria*
wurde sogar von Notker dem Deutschen übertragen.
Plautus war ebenfalls, wenn auch weniger, bekannt, und
nur in ganz geringer Verbreitung kam die Tragödie, d. i.
Seneca, durch das Mittelalter. Die Situation wird nun
aufs interessanteste beleuchtet durch den einzigartigen
Versuch der Gandersheimer Stiftsdame H r o t s v i t, sich
mit Terenz auseinanderzusetzen, ihm einen christlichen
Antitypus entgegenzustellen und der „dulcedo sermonis" des Heiden, die sie anerkannte, einen christlichen
Inhalt zu geben. Das war, wenn nicht alles täuscht, ein
rein literarisches Unternehmen. In ihren sechs Legendendramen, die etwa um 960 entstanden, geht es darum,
den lockeren Liebes- und Familiengeschichten des
Terenz mit dialogisierten Legenden beizukommen, in
denen nun nicht die buhlerische Liebe, sondern die
Keuschheit triumphiert, sei es im Vorgang einer Bekehrung, sei es im Martyrium. Daß dabei auch die Komik
einzelner Figuren und Situationen durchaus in Geltung
bleibt, zeigt nicht nur die Großherzigkeit der ersten
deutschen Dichterin, sondern die Zusammengehörigkeit
von Ernst und Scherz in einem christlichen Drama überhaupt und bei einem Anti-Terenz im besondern. Hrotsvits Dramen sind aufführbar, aber – vielleicht mit der
einen Ausnahme einer szenischen Bearbeitung ihres *Gal-
licanus* aus dem 12. Jahrhundert – nicht aufgeführt worden. Noch weniger für eine Aufführung gedacht waren
die sogenannten Elegienkomödien aus dem französischen 12. und 13. Jahrhundert, welche antikische Erzähl-
und Dramenstoffe in stark dialogisierter Form darboten,

so beispielsweise die Nacherzählung des Plautinischen *Amphitruo* im *Geta* des Vitalis von Blois.

Was nun das römische Theater betrifft, so ist es als Institution und Beruf im Mittelalter verschwunden: Der Untergang des Reiches und seines Publikums, die christliche Ablehnung des Theaters und wohl auch die Entartung ins Zirkushafte wirken hier zusammen. Immerhin läßt sich annehmen, daß es nie eine völlig theaterlose Zeit gegeben hat, daß sich Traditionen der Pantomime, des musikalisch-rezitatorischen Auftritts, der artistischen Darbietungen aller Art mit den mimi des römischen Theaters in Verbindung bringen lassen. Die kirchlichen Warnungen vor mimi, scurrae, ioculatores, histriones (die nach Isidor von Sevilla in Frauenkleidern die Gesten schamloser Weiber vorführen) sind ja nicht nur ein Topos; einige Vertreter dieses fahrenden Volkes begegnen ganz freundlich im *Ruodlieb*. Doch hat das mit der Geschichte des Dramas nichts zu tun.

Eine andere Frage, die Bedeutung von *Byzanz* für Drama und Theater auch im europäischen Mittelalter, ist für die Literarhistoriker noch weithin Terra incognita. In Byzanz lebt nicht nur spätrömisches Theater, sondern auch die Tradition griechischer Dramatik fort; beides tritt in Auseinandersetzung mit christlichem Geist, unter Umständen mit der Idee eines christlichen Schauspiels, soweit ein solches nicht als verwerflicher Bilderdienst empfunden wird. Bekannt ist der tadelnde Bericht Liutprands von Cremona, der 968/69 anläßlich seiner Gesandtschaft in der Hagia Sophia „ludi scenici" mit der Himmelfahrt des Elias sah. Es ist anzunehmen, daß von Byzanz aus nicht nur Anregungen allgemeiner mimischer oder liturgischer Art nach dem Westen gingen, sondern auch die Anregung zu eigentlichen, in der Kirche stattfindenden Spielen. Immerhin kann eine Entwicklung des westeuropäischen geistlichen Spiels auch ohne solche Einflüsse rekonstruiert werden.

Auf der Suche nach Ursprüngen richtet man den Blick schließlich auch auf die Traditionen einheimisch-volkstümlicher Art, auf Bräuche oder gar Riten paganer, womöglich germanischer Herkunft, wie sie sich in alten Formen des Tanzes, in Maskenauftritt, Umzug, Kampfspielen usw. ahnen lassen. Von den romantischen Theorien, nach denen nicht nur im späteren Fastnachtspiel, sondern auch in zentralen Szenen des geistlichen Dramas urtümliche Rituale, germanische „Kultspiele" und dergleichen verkappt weiterleben, ist nicht viel übriggeblieben. Was allenfalls urtümlich und archetypisch erscheint, kann sich auch jederzeit neu gebildet haben, zumal in der oft elementar aufbrechenden Welt des Spätmittelalters. Und ein Drama als sprachliche Ausdrucksform wäre damit sowieso noch nicht gegeben.

So läßt sich mit allen Vorbehalten sagen, das mittelalterliche Spiel und Drama und damit auch eine erste Phase der abendländischen dramatischen Literatur sei als etwas ganz Neues und Eigenes entstanden und ab ovo verfolgbar. Es kommt spontan und eindeutig aus der Mitte der religiösen Existenz; man kann es zwingend zurückführen auf zwei konkrete Sätze der Evangelien, in denen die Osterbotschaft in dramatischem Dialog erfahren wird. Gesamthaft gesehen entspringt das nachantike Drama der zentralen Peripetie des Heilsgeschehens, in der der Tod in Leben umschlägt, genauer: ihrem Nachvollzug im Osterritus, im Osterspiel. Alles andere ist Ausfaltung, Ergänzung, Verwandlung, Vermischung, Übertragung, in welchen Prozessen dann allenfalls auch einige Elemente antiker, brauchtümlich-paganer oder höfischer Herkunft beteiligt sein können.

Im Licht dieses Befundes ist nun die Entstehung eines christlichen Dramas ein höchst erregender Vorgang der Literatur- und Geistesgeschichte. Wenn sich schon die volkssprachliche Literatur des christlichen Mittelalters als ein Geschehen der „verlängerten" Inkarnation, einer

Verkörperung des göttlichen Wortes in der Wirklichkeit einer sukzessive erweiterten und veränderten geschichtlichen und sozialen Welt darstellt, so ist im liturgischen und später im theatralischen Geschehen die Verkörperung bis zur Identifikation von Spieler und Gespieltem, von Wort und Geschehen gediehen, wobei sich ebensosehr das Wort in der Handlung verkörpert, wie die Handlung wiederum das menschliche Wort aus sich entläßt. Allerdings bewegt sich ein solches Theater in einer überaus gefährlichen Zone. Dem frommen Streben zur Vergegenwärtigung und zum Einbezug der Welt in den Glauben tritt die rigorose geistliche Kritik in den Weg, von Tertullian bis Rousseau. Gerade auch im entscheidenden 12. Jahrhundert erheben sich Stimmen gegen das Theater oder gegen die Entartung des Gottesdienstes (Gerhoh von Reichersberg, Herrad von Landsberg) zum Spiel. Es mag sein, daß theologischer Widerstand immer wieder die Entfaltung des geistlichen Spiels behindert hat und beiträgt zu dem komplizierten Bild der Entwicklung im einzelnen. Und alles in allem ist es seit der Reformation nicht mehr möglich gewesen, guten Gewissens geistliche Spiele mittelalterlichen Stils aufzuführen. Noch heute ringt die Interpretation mittelalterlicher Spiele um angemessene Kategorien, vor allem bei den weltlichallzuweltlichen Szenen.

Man sucht denn auch innerhalb der mittelalterlichen Geistlichkeit jene Gruppe für die Entwicklung des geistlichen Spiels verantwortlich zu machen, von der man am ehesten Sinn für Weltlichkeit und gewagtes Spiel erwartet: die Vaganten, die vor allem mit dem 12. Jahrhundert hervortretenden clerici vagantes, die studien- oder erwerbs- oder amtshalber unterwegs befindlichen Intellektuellen. Man kann ihre Beteiligung aus Gründen der Form (Vagantenzeile) wie der Überlieferung (der wichtigsten lateinischen Dramen in der Sammelhandschrift der *Carmina Burana*) wahrscheinlich machen. Anderseits hat man damit nicht sehr viel gewonnen, da der Begriff des Vaganten eine zwar unentbehrliche, aber sehr vage und allgemeine Größe bezeichnet.

Aus dem Gesagten folgt auch, wie schwierig und problematisch es ist, im Rahmen einer Geschichte mittelalterlicher Literatur das Drama darzustellen. Sucht man Literatur, so entzieht sich der Gegenstand in den Bereich der Volkskunde, der Liturgie- und Theaterwissenschaft. Sucht man das Theater, so verliert sich die literaturgeschichtliche Relevanz. Dazu kommen praktische Schwierigkeiten. So klar und geschlossen das Gesamtphänomen ist, so fragwürdig ist die Bestimmung und Deutung der einzelnen Dokumente, die fast immer nur den Wortaspekt des Ganzen festhalten. Die Überlieferung ist zufällig, oft entstellt, die Datierung von Handschrift oder Original wegen des Traditionalismus der Spiele schwierig; die äußere Chronologie entspricht nicht einer gesuchten inneren Logik der Entwicklung: Literarisch anspruchsvolle oder sonst weit entwickelte Formen können am Anfang, Primitives sehr spät erscheinen. Nur im großen ganzen kann der geschichtliche Ablauf als „Entwicklung" gesehen werden. Die allgemeine Richtung geht vom Lateinischen zur Volkssprache, von der liturgischen Feier zum Spiel und Drama, vom geistlichen zum bürgerlichen Träger, vom Kircheninneren zum städtischen Platz, vom musikalischen zum gesprochenen Vortrag, von Frömmigkeit zu Moral und Unterhaltung, vom kurzen zum langen Spiel – wobei aber diese Übergänge keineswegs gleichzeitig oder gar identisch sind und im einzelnen auch reversibel sein können.

Ein letzter Punkt: die Unterscheidung von geistlichem und weltlichem Spiel (meistens in unzulässiger Verallgemeinerung als Fastnachtspiel bezeichnet). Es werden damit zwei sehr verschiedene Größen einander gegenübergestellt: ein großer, früher, umfassender, exklusiver Traditionszusammenhang und ein paar spätere Gruppen

verschiedenen Ursprungs und verschiedener Funktion,
mit bescheidenen Ansprüchen. Weltlich bedeutet dabei
soviel wie nicht-geistlich, nach der Herkunft des Stoffes
und dem Rahmen des Ganzen. Man muß sich hüten,
dabei in die Nähe der aristotelischen Unterscheidung von
tragisch und komisch zu geraten. Das geistliche Spiel ist
früh voller komischer Elemente, und diese Mischung ist
geradezu wesentlich für ein christliches Spiel. „Die
,Welt' ist von Anfang an und grundsätzlich in diesem
Drama einbeschlossen, und auf das Mehr oder Weniger
kommt es grundsätzlich nicht an" (Auerbach). Noch die
Jesuiten lassen in ihren Comicotragödien und Tragicoco-
mödien beides durcheinandergehen. Es gibt, wie auch in
der Legende, eine göttliche Komödie, einen risus coelestis. Anderseits wird das Fastnachtspiel zunehmend in
den Dienst moralischer, satirischer, politischer, schließlich konfessioneller Auseinandersetzung gestellt, und
früh gibt es auch Mischformen. Eine Art dritter Typus
ist in später Zeit die sogenannte Moralität, lehrhafte, aus
einem Gleichnis oder einer Allegorie entwickelte Dramen; für das deutsche Mittelalter ist der Terminus jedoch
entbehrlich.

　　Im folgenden kann es nur darum gehen, einige Grundlinien zu ziehen, anhand der literarisch oder geschichtlich bedeutenden Texte.

1. Liturgie und lateinisches Spiel

Der christliche Gottesdienst – Messe und Offizium (klö-
sterliches Stundengebet) – enthält, soweit er Vergegenwärtigung und Nachvollzug des Heilsgeschehens ist,
bereits wesenhaft Elemente symbolischer Art; so
erscheint schon in der frühmittelalterlichen Osterliturgie
eine depositio und eine elevatio crucis oder hostiae, d. h.
eine symbolische Grablegung und Erhebung Christi.
Auch liegt mindestens in der liturgischen Lesung des

einschlägigen Evangelientextes ein erzählend-vergegen-
wärtigendes Element. Der eigentliche Ausgangspunkt
darstellender Handlung liegt in den sogenannten Tropen,
d. i. Texten, die den zunächst wortlosen Melismen des
liturgischen Gesangs an bestimmten Stellen unterlegt
wurden und ähnlich wie die ausgebildetere Form der
Sequenz zum dialogischen Wechselgesang bestimmt
waren. In der Ostermesse begegnet seit dem 10. Jahrhundert als Ausgestaltung der Schlußsilbe des Halleluja im
Introitus der sogenannte Ostertropus, das responsorisch
gesungene Gespräch der drei Frauen mit dem Engel am
leeren Grab des Auferstandenen, aus Evangelienworten
zusammengestellt. Seine Normalform, die vielleicht
zuerst in Oberitalien geschaffen wurde, begegnet in einer
St. Galler Handschrift des 10. Jahrhunderts (unserer
zweitältesten Überlieferung des Tropus):

Interrogatio (Frage des Engels):
Quem quaeritis in sepulchro, Christicolae (Wen sucht ihr
                                                im Grab, ihr Christen)?
Responsio (Antwort der Frauen):
Iesum Nazarenum crucifixum, o coelicolae (Jesus von
                Nazareth, den Gekreuzigten, ihr Himmlischen).
(Verkündung durch den Engel):
Non est hic, surrexit sicut predixerat. Ite, nuntiate quia
surrexit de sepulchro (Er ist nicht hier, er ist auferstanden,
wie er vorausgesagt hatte. Geht, verkündet, daß er vom
Grab auferstanden ist).

Schrecken des leeren Grabs, überwältigende Frohbotschaft: Die Szene und die Sätze, die dies umschreiben,
sind das Urdrama des christlichen Europa. Damit es sich
textlich ausdehnen und verwirklichen konnte, bedurfte
es der kaum näher begründbaren Übertragung dieses
Tropus ins Offizium des Ostermorgens (Matutin). In
einer für alle englischen Klöster verbindlichen *Regularis
concordia* aus der Zeit von 965 bis 975 ist, vielleicht zum
erstenmal, aus dem Tropus eine sehr ausführlich

beschriebene Handlung geworden, in der Klosterbrüder
mit Schreiten, Gebärden, Requisiten usw. das Geschehen des Grabbesuchs, der Visitatio sepulcri, agieren und
mimen. Ob man diesen Teil der Osterliturgie, der in
mehreren Hunderten von Fassungen aus dem ganzen
mittelalterlichen Europa überliefert ist, als Feier oder
bereits als Spiel oder gar als Drama bezeichnen will, ist
wesentlich eine Definitionsfrage. Jedenfalls konnte diese
Osterhandlung nun in verschiedener Weise nach den
Evangelien ergänzt und verselbständigt, schließlich vor
allem in den Volkssprachen zu eigentlichen, theatralischen Oster- und Passionsspielen erweitert werden. Als
wohl älteste Zutaten erscheinen der Apostellauf (Petrus
und Johannes eilen zum Grabe, Joh. 20,3–10, nur für
Deutschland seit dem 12. Jahrhundert belegt) und das
Erscheinen der dominica persona selbst in der Begegnung
Christi mit Maria Magdalena („Gärtnerszene", Joh.
20,14–17), ebenfalls seit dem 12. Jahrhundert für Frankreich und Deutschland nachzuweisen. Mit Magdalena, die
mit der Sünderin von Lukas 7,36 gleichgesetzt und damit
stellvertretend für den aus Sünde erlösten Menschen
wurde, tritt eine Figur mit einem Schicksal ins geistliche
Drama, die eine große theatralische Zukunft hatte.

Zu diesen Kernszenen können nun weitere Ausgestal-
tungen treten, die das österliche Geschehen zusammen-
hängend und immer realistischer oder genrehafter darstellen und ausmalen, damit allerdings den Rahmen der
„Feier" durchaus zugunsten eines erbaulich-unterhaltsa-
men „Spiels" sprengen: Es sind vor allem die Szenen, die
sich um die Wächter des Grabes (ihre Anstellung durch
Juden und Pilatus, ihr Feilschen um Lohn, ihr Bramarba-
sieren, ihr klägliches Erschrecken), um den Salbenkrämer
und seine Leute, die Höllenfahrt Christi und die Befreiung der Altväter mit den damit gegebenen Teufelsauftrit-
ten entwickeln. Das sind Möglichkeiten, die vor allem das
volkssprachliche Spiel ausschöpft.

Lateinische Spiele von Ostern und Passion sind wenig zahlreich vorhanden, aus Deutschland nur je zwei Texte aus dem 13. Jahrhundert, also kaum viel älter als entsprechende deutsche Spiele. Es sind der aus Klosterneuburg stammende *Ordo paschalis* und das textlich eng verwandte Fragment eines *Ludus … dominicae resurrectionis* in der Handschrift der *Carmina Burana*. Hier sind die durchaus zu singenden Szenen um Pilatus, die Priester, die Soldaten, den Specionarius, die Apostel, die Marien und insbesondere Magdalena, die Höllenfahrt zusammengestellt aus biblischer Prosa, Hymnenstrophen und vor allem neuen gereimten Zehnsilblerstrophen, etwa im Stil des folgenden Vierzeilers aus der Klage der Magdalena:

> Dolor crescit, tremunt precordia
> de magistri pii absencia,
> qui salvavit me plenam viciis,
> pulsis a me septem demoniis.

(Der Schmerz nimmt zu, und es erbebt die Brust / um des Meisters, des gütigen, Verlust, / errettet hat er mich aus Sündenschmach, / vertrieben aus mir den Teufel siebenfach. – Text Klosterneuburg, Übertragung C. Fischer.)

Die beiden Passionsspiele stehen ebenfalls in der Benediktbeurener Handschrift: ein *Ludus breviter de passione* – eine textlich extrem kurze Darstellung der Ereignisse vom Passahmahl bis zur Grablegung, unter Verwendung der zu sprechenden Bibelprosa, gedacht als Vorgeschichte des Osterspiels – und ein ausführlicher *Ludus de passione,* eine überaus lebhafte Komposition aus Sprechprosa und Liedern aus Vagantenzeilen; sie reicht von der Berufung der Jünger wieder bis zur Bestattung, unter breiter Darstellung vor allem der Geschichte Magdalenas mit Weltleben, Salbenkauf zu eigenen kosmetischen Zwecken, Bekehrung und Klage. Hier zeigt sich im weltlich-theatralischen Interesse möglicherweise vaganti-

sche Verfasserschaft und damit ein Hinweis auf wichtige
Träger des neuen geistlichen Spiels. Von besonderer
Bedeutung ist in diesem *Benediktbeurener Passionsspiel* das Auftreten deutscher Partien. Wenn der
Ansatz um 1220 richtig ist, so stehen wir hier bereits
einer vollen Symbiose lateinischer und volkssprachlicher
Spielentwicklung gegenüber. Überaus reizvoll gehen die
beiden Sprachebenen durcheinander, wobei das Deutsche paraphrasiert und fortführt:

Modo vadat Maria (Magdalena) cum puellis ad mercatorem
                                                    cantando:
   Michi confer, venditor,   species emendas
   Pro multa pecunia   tibi iam reddenda,
   Si quid habes insuper   odoramentorum;
   nam volo perungere   corpus hoc decorum.
Mercator cantet:
   Ecce merces optime!   conspice nitorem!

                                    (27 ff.)

(Nun trete Maria [Magdalena] mit den Mädchen zum Salbenkrämer und singe: Gib mir, Krämer, Spezereien zu kaufen, / Für
viel Geld, das ich dir nun gebe, / wenn du dazu etwas an
wohlriechenden Stoffen hast. / Denn ich will diesen schönen
Leib einsalben. // Der Krämer singe: Hier die besten Waren! Sieh
die Pracht!)

Maria Magdalena:
   Chramer, gip die varwe mier,   div min wengel roete,
   da mit ich die iungen man   an ir danch der minnen liebe
                                    noete.
                                    (35 ff.)

Die Entstehung des Weihnachtszyklus bestätigt die
Einheit und Konstanz des geistlichen Spiels in seiner
liturgisch-theologischen Konzeption. Ein Weihnachts-
tropus ist genau nach dem Vorbild des Ostertropus,
vielleicht erst ein Jahrhundert später, gebildet worden
und hat sich ebenso in der Matutin zu Feier und Spiel

entfaltet. Es ist eine Visitatio auch hier, nun durch die Hirten an der Krippe, die wie das Grab durch den Altar oder durch einen eigenen Aufbau vorgestellt ist, dann dieselbe Frage: „quem quaeritis", nun seitens der aus dem Protevangelium Iacobi bezogenen obstetrices (Hebammen), und ebenfalls die Verkündung der Frohbotschaft. Neben und nach diesem officium pastorum erscheinen nun andere Szenengruppen, in loserer Weise verbunden, wobei es offenbleibt, wieweit sie selbständig an andern Festtagen des Weihnachtszyklus (Tag der unschuldigen Kinder, Dreikönigstag) entstanden sind oder wieweit sie als thematische Ausdehnung der Krippenszene sich verstehen lassen; der Ordo prophetarum (eine bereits in einer Predigt Augustins behandelte Revue der alttestamentlichen Propheten des kommenden Messias), das Officium stellae (Erscheinen der Magier, Herodes) und der Ordo Rachelis (Klage der Rahel um die erschlagenen Kinder, in einer gewissen Analogie zu den Marien- und Magdalenenklagen des Osterkreises). Lateinische und deutsche Texte und erst recht Spieltraditionen sind hier spärlicher als im österlichen Bereich. In Deutschland, aus Freising, ist erst aus dem 11. oder 12. Jahrhundert ein immerhin bereits entwickelter Text vorhanden, *Ordo Rachelis* überschrieben, aber in seinen 99 Versen bereits viel umfassender: Verkündigung an die Hirten, Krippenszene, Auszug nach Ägypten, Herodes-Spiel mit den Magiern, Kindermord, Rahelsklage. Ein anderer Freisinger Text derselben Zeit ist ein *Officium stellae,* das die böse Figur des Herodes in den Mittelpunkt stellt, aber andeutungsweise auch die übrige Weihnachtsgeschichte umfaßt. Innerhalb der lateinischen Entwicklung ist die vollkommenste Stufe erreicht im *Benediktbeurener Weihnachtsspiel* (ebenfalls aus den *Carmina Burana*). Es ist ein umfangreiches Werk individueller Prägung in evangelischer Prosa und Versen verschiedenen Typs. Neben solchen Synthesen bleiben aber die Elemente auch einzeln als Spieltradition lebendig, lateinisch wie deutsch.

Im allgemeinen gilt, daß mit der großen „Renaissance" des 12. Jahrhunderts das geistliche Drama erst eigentlich entsteht und in lateinischer Sprache eine gewisse literarische Souveränität erreicht. Es begegnen vor allem in Frankreich nun Spieltexte, die auch außerhalb des Oster- und Weihnachtszyklus biblische und legendarische Stoffe dramatisieren, und darunter sind auch schon volkssprachliche Texte hohen Rangs. Es gibt aus dem französischen 12. und frühen 13. Jahrhundert lateinische Spiele über die Auferweckung des Lazarus, die Bekehrung des Paulus, die Auferstehung, das Gleichnis von den Zehn Jungfrauen („Sponsus"), und aus dem Alten Testament über Daniel. Zum Teil enthalten diese Stücke bereits französische Einsprengsel; dazu kommt, als klassische Eröffnung des volkssprachlichen Spiels, das französische *Adamsspiel*.

Deutscher Herkunft ist vor allem ein Vorauer Fragment über *Isaak und Rebecca*, aus dem Ende des 12. Jahrhunderts, ohne liturgische Elemente, gedanklich durchaus bezogen auf die Heilsgeschichte durch eine Allegorese Esau–Israel, Jakob–Christentum; trotz genauester Bühnenanweisungen war der Text möglicherweise nicht zur Aufführung bestimmt. Der später nicht unwichtige Bereich der Legende ist durch eine Reihe von Nikolaus-Spielen vertreten, zwei davon aus Hildesheim (mit einer Variante aus Fleury), dazu ein Fragment aus Einsiedeln und altfranzösische Fassungen. Nikolaus gilt als der populärste Heilige des Mittelalters; die Spiele haben stark hymnischen Charakter und finden ihren Platz wohl in der Liturgie des Nikolausfestes. Sie behandeln einzelne Episoden der Legende: die drei Töchter, die drei Schüler.

An der Spitze einer nicht allzu zahlreichen Reihe eschatologischer Spiele – Antichrist und Weltgericht –

steht ein einsames Werk, als einmalige, vielleicht gezielte Schöpfung in mancher Hinsicht das bedeutendste Drama des Mittelalters: der *Tegernseer Antichrist*. In diesem kühnen und pathetischen Stück werden Wesen und Möglichkeiten des mittelalterlichen Theaters vielleicht am reinsten deutlich: der liturgische Stil prozessionalen und musikalischen Handelns auch bei einem weithin „weltlichen" Thema, Entfaltung einer reichen mittellateinischen Vers- und Strophenkunst im Zusammenspiel mit einer auf weite Strecken stummen, pantomimischen Handlung, völlige Einheit des ideellen und des konkreten Geschehens im Auftritt typischer und allegorischer Gestalten und in der analogischen und symmetrischen Durchbildung, ohne antikische Reminiszenzen, alles auf einer Simultanbühne, in welcher nun wirklich die Totalität der Welt in Raum und Geschichte anschaubar wird, als Spiel einer in den Horizont der Endzeit gestellten Gegenwart objektivstes, radikales Theater.

Die Handschrift stammt aus der Zeit um 1200, die Entstehung selbst wird meistens auf etwa 1160 in Tegernsee angesetzt, weil um diese Zeit die Polemik des Propstes Gerhoh von Reichersberg ein Antichristspiel erwähnt. Der Stoff war vor allem seit dem *Libellus de Antichristo* eines Touler Mönchs Adso (10. Jahrhundert) geläufig. Es ist die auf Bibelstellen gestützte Theorie, daß im letzten der Weltreiche, also dem römischen, das Weltende und das Gericht sich vorbereiten durch die Inkarnation des Bösen, einen Gegenchristus, der von Babylon aus die Welt erobern und beherrschen werde bis zum Sturz durch einen Donnerschlag Gottes. Dieses Geschehen aus der letzten Zeit irdischer Geschichte wird nun in einem staufisch-deutschen Sinn aktualisiert und konkretisiert: es ist der rex teutonicus, der in seiner Eigenschaft als imperator Romanorum die Könige der Franken (Franzosen), der Griechen und Heiden überwindet und damit die Weltherrschaft vollendet; es sind

Ideen und Ideologien, wie sie aus dem Kreis um Barbarossa bei Otto von Freising, Reinald von Dassel, dem Archipoeta und dem Verfasser eines Barbarossa-Epos, Gunther von Pairis, begegnen.

Das Spiel entwickelt sich somit in zwei großen gegenläufigen, z. T. wörtlich analogen Handlungen: Nach dem unter feierlichem, demonstrativem Gesang erfolgenden Einzug der Hauptgestalten (Gentilitas und der König von Babylon, Synagoge, Ecclesia, Papst, Kaiser, schließlich die Könige von Jerusalem, Frankreich und Griechenland, je mit großem Gefolge) entspinnt sich die erste Handlung, die Unterwerfung der Könige:

> Salutem mandat imperator Romanorum
> dilecto suo inclito regi Francorum.
> Tuae discretioni notum scimus esse,
> quod romano iuri tu debeas subesse ...

(Es grüßt der Kaiser der Römer / seinen ruhmreichen König der Franken. / Wir wissen, daß Deiner Weisheit bekannt ist, / daß du römischem Recht unterliegst ...)

worauf entweder der freiwillige Anschluß oder, bei Frankreich, die Eroberung manu militari in stummer Handlung erfolgt. Nachdem auch die Heiden besiegt sind, ist die Mission des Weltherrschers erfüllt; er legt seine Insignien im Tempel zu Jerusalem nieder und kehrt auf seinen deutschen Thron zurück. Nun die Gegenhandlung: Nach Wettgesängen von Gentilitas, Ecclesia und Synagoge, in strenger Entsprechung zu den Einzugsliedern, kommen von Babylon her die Heuchler, die Hypokriten, als Vorboten, dann der Antichrist selbst; er verjagt die Ecclesia aus dem Tempel und gewinnt nacheinander die Könige, den deutschen erst nach tapferer Gegenwehr und mit Hilfe betrügerischer Wunder. Nachdem als letzte Warner Enoch und Elias – wie sie schon das *Muspilli* erwähnt – erschienen und als Märtyrer umgekommen sind, läßt sich der triumphierende

Antichrist als Gott anbeten, wird aber im Moment, da er
von „pax et securitas" (1. Thess. 5,3) redet, von Gott
vernichtet. Alles kehrt zur lobsingenden Ecclesia zurück.

Das Tegernseer Spiel hat keine nachweisliche Nachfolge gefunden. Das eschatologische Thema wird erst in
der Volkssprache wieder aufgegriffen und neu konzipiert, sei es anhand der Zehnjungfrauen-Parabel, sei es
als Spiel von Antichrist und Weltgericht, sei es sogar in
komischer Wendung als *Des Entkrist Vasnacht*.

2. Anfänge des deutschen geistlichen Spiels

Gleichzeitig etwa mit den Vollendungen des lateinischen
Spiels und mit dem Aufblühen einer ritterlichen Literatur
der Volkssprache wird zuerst in Frankreich, mit dem
üblichen Abstand dann auch in Deutschland der Übergang zu einem volkssprachlichen geistlichen Drama
deutlich: der so wichtige Schritt des göttlichen Wortes
auf die Bühne des mündig werdenden Bürgers. In den
lateinischen Stücken kann sich gelegentlich bereits in
einzelnen Wörtern oder längeren Einschiebseln das Neue
ankündigen. In Deutschland ist es zuerst der Refrain der
Soldaten im *Klosterneuburger Osterspiel*: „*schowa* propter insidias" (Obacht vor Anschlägen!); zu durchgehender Zweisprachigkeit tendiert das *Benediktbeurener Passionsspiel*. Es gibt nun aber auch die andere, schon früh,
wenn nicht überhaupt zuerst erfolgte Methode einer rein
volkssprachlichen Schöpfung aus einem Guß und mit
den neuen formalen Mitteln der gesprochenen Erzähldichtung. Das älteste französische Drama, das *Adamsspiel* aus der zweiten Hälfte des 12. Jahrhunderts, ist in
diesem Sinn eine einmalige, als Vorgeschichte zu Prophe-
ten- und Weihnachtsspiel zu verstehende Dichtung vom
Sündenfall und Abels Tod in Sprechversen, nämlich
Achtsilblerpaaren und an feierlicheren Stellen Zehn-

silberstrophen. Ähnlich allein nach Art und Rang steht der Text, der als „das älteste Drama in deutscher Sprache" gilt, das *Osterspiel von Muri* aus der Mitte des 13. Jahrhunderts.

Der Text konnte aus Pergamentstreifen, die in zwei Bucheinbänden der Klosterbibliothek von Muri (Aargau) verarbeitet waren, zurückgewonnen werden, Fragmente einer „Soufflierrolle", die ursprünglich zwei Meter lang und doppelseitig und zweispaltig beschrieben war, zusammen mehr als die Hälfte eines auf 1100 bis 1200 Verse geschätzten Werks, das sprachlich ungefähr dem weiteren Bereich Muris entspricht. Als Spielort kommen ein Kirchenraum, ein Stadtplatz, ein Burg- oder Klosterhof in Frage.

Das Szenar umfaßt die Verhandlungen des Pilatus mit Juden und Wächtern, die Wacht am Grabe, die offenbar wortlos vor sich gehende Auferstehung des Herrn, Krämerszenen, Höllenfahrt Christi und Erlösung der Altväter, dann als alten Mittelpunkt die Visitatio, schließlich die Gärtnerszene und eine unverhältnismäßig lange, lyrisch-gebethafte Rede Magdalenas zum Auferstandenen. Mit Ausnahme des vielleicht verlorenen Apostellaufs ist das der Kernbestand der lateinischen und volkssprachlichen Osterspiele, ausgebreitet auf einer Bühne, die vermutlich in der Mitte das Grab, zu den Seiten Himmel und Hölle und dazwischen den Hof des Pilatus und den Marktplatz des Salbenkrämers umfaßte. Einzigartig ist nun aber die durchgehende Verwendung des erzählenden Reimpaarverses in der Tradition etwa eines Hartmann von Aue oder Rudolf von Ems. Nur zweimal ist am Rande der Anfang eines lateinischen Hymnus vermerkt, wozu auch ein Schlußlied gekommen wäre. In einer bemerkenswert gewandten und doch schlichten Weise rückt der durchgehende Sprechvers die Episoden zusammen, verschmilzt behutsam die Seelenlagen des Erschreckenden, Feierlichen, Empfindsamen, Scherzhaften, im Ton der Belehrung, Erbauung, Unterhaltung. Ein ruhiges, dem Alltagsgeschehen nahes Agieren wird möglich; Kostüme, Requisiten und Theatereffekte (vermutlich bei der Auferstehungsszene) schaffen eine verhältnismäßig geschlossene Illusion. Und wie in den menschlichen Haltungen spiegelt sich das Erlösungsgeschehen auch in den verschiedenen ständischen Bereichen der zeitgenössischen Umwelt: Hof, Soldaten, Bürger. Da sind die Wächter, die blind und eigensüchtig in Streit geraten über der Auferstehung, da ist der nicht unsympathische, aber ahnungslose Landpfleger, der Krämer, der beim Ganzen seine Geschäfte macht und auf die verliebte Eitelkeit der jungen Leute spekuliert, die höfische Gesellschaft, die mit ein paar Anzüglichkeiten zum Thema Minne hereingeholt wird, schließlich die direkt, z. T. mit Namen angeredeten Zuschauer. Die geistliche Erbauung kommt nicht zuletzt in der innigen Rede der Magdalena zu ihrem Recht (zu dieser Hauptrolle ist am Rand einmal der Name Antonius als Sprecher vermerkt, wohl ein junger Bürger oder Klosterbruder):

> so we wirt mir niemer me,
> so do ih din ungemah,
> here, an dem chrüce sah.
> da wider bin ih aber vro,
> sit mir ist gelungen so,
> daz du, suozer Ihesus Christ,
> von deme tode erstanden bist
> vnd mir diu selde ist beshehen
> daz dih, here, hant gesehen
> vil selichlihe togen (in seligem Geheimnis)
> min sündigen ogen.
> aller sundere trost,
> hilf mir daz ich werde erlost ...

(VII, 39 ff.)

Da wird der ganze Ertrag des Spiels zusammengefaßt. Nachdem es den Schritt hinaus in die Anschauung des

täglichen Lebens getan hat, holt es nun gleichsam alle
Weltlichkeit und alles theatralische Behagen wieder
zurück in Not und Glück des einzelnen Menschen vor
Gott. Hier wird besonders deutlich, wie sehr Magdalena
die eigentliche dramatische Gegenspielerin Christi ist.

Wir können keine direkte Nachwirkung des Spiels von
Muri in den so zahlreichen Osterspielen der späteren Zeit
belegen. Nur einmal, im ältesten deutschen Weihnachtsspiel, begegnet in räumlicher Nähe und in sprachlicher
Verwandtschaft dieselbe Konzeption: im *St. Galler
Weihnachtsspiel* (oder *Spiel von der Kindheit Jesu*),
dessen Entstehung auf die Jahre 1265 bis 1280 einge-
grenzt werden kann. Das Szenar entspricht ungefähr
dem des *Benediktbeurener Weihnachtsspiels*: Propheten-
auftritt, Heirat Josephs, Verkündigung und Heimsuchung, Hirten, Herodes und die Drei Könige, Flucht
nach Ägypten, Kindermord und Rahelsklage. Hier sind
es nun im Vergleich zum Spiel von Muri ausschließlicher
erzählende und räsonierende Reimpaarverse ohne jeden
Hinweis auf eine Aufführung, die auch vom Text her
nicht recht sprechbar scheint. Es ist nicht ausgeschlossen, daß es sich hier um ein Lesedrama handelt, sei es von
Anfang an, sei es als Bearbeitung eines ursprünglichen
Spieltextes. Das liebenswürdige und würdige, aber span-
nungslose St. Galler Spiel zeigt erst recht die Qualitäten
des Spiels von Muri auf.

Alle andern Oster-, Passions- und Weihnachtsspiele
verfahren anders als die beiden Schweizer Texte: Die
alten lateinisch-liturgischen Elemente werden beibehal-
ten, die Volkssprache drängt sich übersetzend, erläuternd, ausmalend dazwischen und wird auf diese Weise
schließlich herrschend. Das ist keineswegs ein primitive-
res Vorgehen, vielmehr werden dadurch Dimensionen
bewahrt, die zum dramatisch-theatralischen und vielleicht auch theologischen Reichtum eines Spiels beitragen
können.

Die spätmittelalterlichen Texte und Spieltraditionen dieser Art sind außerordentlich verwickelt. Aufbewahrungs- und Entstehungsort liegen oft weitab voneinander, in verschiedenartigsten Texten begegnen die erstaunlichsten Parallelen. Das geistliche Spiel ist eine Art paraliturgischer Literatur und zeigt bei aller Freizügigkeit der Einzelmotive große Konservativität. Ob man aus der Fülle der – zentralen – Osterspiel-Überlieferungen auf eine einzige, konkrete Eröffnungstat, ein bestimmtes „rheinisches Osterspiel" (Rueff) schließen kann, ist eine heute wieder oft verneinte Frage. Wir beschränken uns hier auf die Nennung der wichtigsten Beispiele des 13. und 14. Jahrhunderts.

Das älteste und klarste Beispiel für die zweisprachige Technik ist das nur 188 Zeilen zählende *Trierer Osterspiel*, spät überliefert, aber wohl noch im 13. Jahrhundert entstanden. Es besteht nur aus Visitatio (samt dem alten Tropus) und Gärtnerszene und ist vielleicht noch zur Aufführung vor einem speziellen Aufbau des Grabes in der Kirche bestimmt. Den gesungenen lateinischen Strophen oder Prosen folgen jeweils rhickmi (Rhythmi), breitere Paraphrasen in verschieden langen deutschen Versen; der Rahmen bleibt also der eines „religiösen Singspiels". Der deutsche Text bringt nun stellenweise bereits einen neuen, volkstümlichen, ja scherzhaften Ton herein. So fragt Christus als Gärtner die den Herrn suchende Magdalena, nachdem er das biblische „Mulier, quid ploras, quem quaeris?" gesungen hat, geradezu neckisch:

> Ist dyt gueder frauwen recht,
> das sy hy geyt scherczen als eyn knecht
> als frue in dysseme gartten,
> als ab sy eyn jungelynges were warten?

(Schickt sich das für eine anständige Frau, / sich wie ein Bursche hier zu vergnügen, / so früh in diesem Garten, / wie wenn sie auf einen jungen Mann warten würde?)

Die „species hortolani", von der das Johannes-Evangelium spricht, wird naiv isoliert und ernstgenommen, der
Salvator spielt nun wirklich die Rolle des Gärtners und
redet wie ein Parkaufseher.

Stärker ist dann in anderen, jüngeren Spielen der liturgische Rahmen mit weltlich-volkstümlichen Zutaten
gefüllt, und schließlich scheinen diese zur Hauptsache zu
werden. Bis zu einem gewissen Grade wird in dem
Gegeneinander der beiden Stile, Sprachen, Vortragsarten
und Wirklichkeitsschichten eine echte dramatische Spannung deutlich, ein typisch spätmittelalterliches Arbeiten
mit Kontrasten, und es ist heute schwer zu entscheiden,
was ein wohl zu verstehendes, echtes Ineinander von
sublimitas und humilitas ist und damit Ausdruck einer
ungefährdeten Frömmigkeit, oder wo die zeittypische
Freude an Parodie und Selbstparodie durchbricht, oder
wo schließlich nur noch ordinär geredet wird.

Das *Innsbrucker Osterspiel,* thüringischer
Herkunft, 1391 aufgezeichnet, verwandt mit einem *Wiener Osterspiel* (mitteldeutsch) und mit einem Stück der
aus Kärnten stammenden Erlauer Sammlung (*Erlau III*),
zeigt die alten sechs Szenen des Osterspiels nun gewaltig
in parodistisch-komischer Richtung entwickelt. Die
lateinischen Gesangspartien sind noch da, aber ganz
überwuchert von den oft sogar unflätigen Reden eines
stark erweiterten Personals. Der Einstrom ist vor allem
an zwei Stellen erfolgt. Zunächst in den Szenen um den
Salbenkrämer mit seinem Knecht und wiederum dessen
Knechten, mit Frau und Tochter, wobei vor allem die
Gestalt des Knechtes Rubin die Rolle eines bösartigen
Spaßmachers übernimmt, der sich maßlos mit dem
Publikum anbiedert. Dann in den Teufelsszenen, die sich
aus dem Descensus Christi entwickeln ließen; die durch
Christus geleerte Hölle muß wieder bevölkert werden,
Satan bringt im Auftrag Luzifers neue Seelen herbei, die
je ihre Geständnisse von sich geben: Bäcker, Schuster,

Kaplan, Bierschenk, Fleischer, Schroter (Zuschneider) und Helser (Buhler, den Luzifer lieber nicht in der Hölle hätte) werden in die Hölle spediert, womit eine der in der Zeit so beliebten Berufs- und Ständerevuen auch im geistlichen Spiel Platz findet.

Von besonderem Interesse ist die *Frankfurter Dirigierrolle* aus dem frühen 14. Jahrhundert. Sie enthält nur Bühnenanweisungen, die Figuren und die Anfänge ihrer lateinisch-deutschen Reden und stellt eine Art Drehbuch für ein bereits zwei Tage dauerndes Spiel im Freien dar. Der Text nennt sich „Passionsspiel", und er belegt nicht nur die auch schon im Lateinischen festzustellende Aufreihung der Themen zu langen Ketten, sondern auch den Beginn einer der wichtigsten unter den großen lokalen Spieltraditionen, auf die noch zurückzukommen ist. Zu diesem Komplex gehört auch ein *St Galler Passionsspiel* mittelrheinischer Herkunft.

Aus dem Weihnachtszyklus sind für unseren Zeitraum nur wenige deutsche Texte überliefert. Ein sehr kurzer lateinisch-deutscher Text aus dem schon genannten *Erlauer Spielbuch* (*Erlau I*) ist ein Krippenspiel, in welchem aus dem feierlichen Officium pastorum ein auf Komische angelegter „Vagantenscherz" (Michael geworden ist. Etwas ernsthafter und breiter, andeutungsweise mit dem ganzen Stoff der Weihnachtsgeschichte befaßt ist ein sogenanntes Magierspiel derselben Handschrift (*Erlau II*) aus späterer Zeit.

Auch die übrigen Themen sind spärlich belegt. Sieht man vom Fragment eines *Dorotheenspiels* aus Schlesien ab, so tritt hier nur ein einziges und einzigartiges Spiel hervor: das berühmte thüringische *Zehnjungfrauenspiel*. Überliefert ist dieses einzige Parabelspiel des deutschen Mittelalters (das man ebensogut zu den eschatologischen Spielen rechnen kann) in 2 Fassungen: A 1350–70 aufgezeichnet, und B von 1428. Entstanden ist das Stück aber für eine Aufführung vom 4. Mai 1321 in

Eisenach. Ein Zusammenhang mit dem lateinisch-fran-
zösischen Sponsus aus Limoges ist nicht nachweisbar, es
sei denn, auf Umwegen, die Idee der Themenwahl. Wie
geläufig und bedeutungsgeladen im übrigen das Gleichnis war, zeigen die bildlichen Darstellungen der beiden
Jungfrauengruppen, der Kirche und der Synagoge und
des Jüngsten Gerichts an manchen Kathedralportalen.
Das deutsche Spiel ruht zunächst ganz auf den feierlichen
lateinischen Wechselgesängen der beiden Gruppen, d. h.
letztlich auf Evangelientexten und kirchlichen Hymnen.
Wie die „Dominica persona" erscheint, fordern Engel die
klugen Jungfrauen zur Teilnahme am Feste auf; diese
bereiten ihre Lampen, wogegen sich die törichten ent-
schließen, vorläufig sich noch nicht an den Rat zu kehren
und sich „magno gaudio" bei Ballspiel, Spielsteinen und
einem großen „convivium" vergnügen. Diese z. T.
revueartig gereihten Reden erfolgen in deutschen Knittelversen, ebenso dann auch die Reden Christi, der Maria
und der Teufel. Wie die törichten sich schließlich auch
zur Seligkeit melden wollen, werden sie ausgeschlossen.
Auch die inständige Fürbitte der Gottesmutter an ihren
Sohn hilft nichts: Himmel und Erde werden vergehn,
aber Gottes Wort bleibt in Ewigkeit. Unerhört der
Schluß: die deutschen Klagegesänge (deren Strophenmaß
an die populäre Nibelungenstrophe erinnert) mit dem
erschreckenden Nachhall der überzähligen letzten Zeile,
bei der man die Fatuae gleichsam in die ewige Pein
versinken hört:

> Quinta:
>   Vrunt vnde moge,
>   ie endorft vch muowe nicht:
>   spende vnde gabe,
>   daz ist vns gar eyn wicht.
>   waz man vns gutis noch tuot,
>   daz ist gar vorlorn.
>   der tot baz hulfe den eyn selgerete.

wy han vordinet gotis czorn.
Alie respondent:
Des sy wy ewiclichen vorlorn.

(Freunde und Verwandte, / ihr braucht euch nicht zu mühen: /
[geistliche] Spenden und Gaben / sind nichts für uns. / Was man
noch Gutes für uns tut, / ist vergeblich. / Der Tod [das Nicht-
sein] hülfe uns mehr als Seelgerät [fromme Spenden]. / Wir
haben Gottes Zorn verdient. // Die andern antworten: Darum
sind wir ewig verloren.)

Die Erschütterung, die dieses oratorienhafte Spiel
hohen, ernsten Stils (der sechsmal kürzere Sponsus verzichtet nicht auf die Attraktion einer Krämerszene, die
das Thüringer Spiel nicht kennt oder verschmäht hat)
bewirkt haben mochte, klingt nach in einer chronikalischen Nachricht, daß der Landgraf Friedrich, der unter
den Zuschauern saß, sich empört habe über die Vergeblichkeit von Mariae Fürbitte, vom Schlag getroffen worden und an dessen Folgen nach einiger Zeit gestorben sei.
Eine antimarianische Haltung des Dichters, der ja den
Gleichnistext schließlich auch nicht ändern konnte,
braucht man nicht anzunehmen. Immerhin hat er diese
Szene offenbar doch aus einem gewissen theologischen
Rigorismus heraus eingeführt oder nicht weggelassen
und auch die bittere Schlußwendung gegen das „Seelgerät" gewagt.

3. Anfänge des weltlichen Spiels

Texte eines profanen Theaterspiels sind in Deutschland
vor der Mitte des 14. Jahrhunderts nicht nachzuweisen
und die ersten Stücke dieser Art haben gerade nicht den
brauchtümlich-archaischen Charakter, den wir für das
spätere Fastnachtspiel gerne voraussetzen. Weltliche
komische Szenen sind früh, seit dem Apostellauf, im
Rahmen der geistlichen Spiele anzutreffen. Auch wo sich
in einzelnen Fällen die Salbenkrämerhandlung oder das

Magdalenenspiel verselbständigt und wo gelegentlich auch Legendenstoffe ins Komische gewendet werden, bleibt doch der geistliche Bezug grundsätzlich erhalten, ja ist für die komisch-parodistische Kontrastwirkung vielleicht nötig.

Der merkwürdigste Fall einer Umfunktionierung eines geistlichen Spiels zu einer Art satirischer Komödie und vielleicht das älteste Fastnachtspiel ist *Des Entkrist Vasnacht*. Ob dieses Paradox eines komischen Antichristspiels ursprünglich so konzipiert war oder, da die Handschrift eine bairische Fassung des 15. Jahrhunderts darstellt, erst durch die fastnächtliche Bearbeitung eines seriöseren Antichristspiels, etwa in Nürnberg, zustande kam, ist umstritten (E. Simon gegen F. Christ-Kutter). Deutlich ist der Kern: Das Stück bezweckte, in den politischen Händeln zwischen der Stadt Zürich und Österreich 1353/54 dem Kaiser Karl IV., der als Vermittler auftrat und in der Folge 1354 die Stadt vergeblich belagerte, den rechten Weg zu weisen und besonders seine geistlichen Ratgeber schlechtzumachen. Wie im Tegernseer Spiel wird der Kaiser vom Entkrist mit falschen Wundern versucht, treten Elias und Enoch auf, wird die Vision der Endzeit politisch ausgemünzt. Hinter dem Antichrist hat man Cola di Rienzo, den römischen Volkstribun, der an den Hof Karls IV. geflohen war, sehen wollen. Anstelle der schwachen Könige des Tegernseer Ludus treten geistliche Würdenträger auf: Bischof Gugelweit (dem ein nicht existierendes Bistum Luzern vom Entkrist angeboten wird), der trinkfreudige Abt Gödlein Waltschlauch und Abt Schludrich mit dem (geld-)geilen Rachen. Fastnächtlich, mindestens im erhaltenen Text, ist, abgesehen vom Titel, der Auftritt eines „Fraßes", d. i. Fressers, einer bei Steinmar und im Märe vorkommenden komisch-vitalen Figur, und eines „Ausschreiers", der den „schimpf" beschließt. Das rohe und teilweise unklare Stück hat immerhin für sich, daß es seit zweihundert Jahren und noch für längere Zeit das einzige Antichristdrama und zugleich das einzige politische Drama ist.

Ein eigentliches Profanspiel begegnet im 14. Jahrhundert nur erst in spärlichen zwei Beispielen, die im Vergleich zum späteren komischen Spiel durchaus atypisch sind. Das in einer Churer, aus Zürich stammenden Handschrift des späten 15. Jahrhunderts überlieferte *Spiel von Herbst und Mai* muß im Original wenn nicht dem 13., so doch dem 14. Jahrhundert zugewiesen werden. Die schöne Gotelind, Tochter des Herrn Mai, läßt sich freiwillig vom reichen und gefräßigen Herrn Herbst entführen; zwölf Ritter des Maies und zwölf des Herbstes, die sich streng revuehaft je mit einem Vierzeiler vorstellen und komisch-sprechende Namen tragen, kämpfen – in stummer Szene – um das Mädchen. Der Sieg gehört den Freuden des Herbstes: „Hie win vnd wurst vnd weck!" Die Namen und z. T. das Thema weisen zurück auf Neidhart, Steinmar, den *Helmbrecht* und Rudolf von Ems. Die strenge Reihung und Symmetrie und das stumme Kampfspiel könnten für ein urtümliches Jahreszeitenspiel sprechen; wobei allerdings primär ein Kampf zwischen Winter und Frühling anzusetzen wäre. Der Brauch an sich kann aus älteren und jüngeren Zeugnissen wahrscheinlich gemacht werden. Man wird trotz anderer Vermutungen in *Herbst und Mai* doch wohl einen Spieltext sehen müssen, auch wenn ein fastnächtlicher Termin unsicher ist. Als von außen kommende Anregung kann die literarisch-rhetorische Form des Streitgedichts gedient haben; schon aus dem Frühmittelalter stammt ein *Conflictus veris et hiemis*.

Wenn irgendeine Figur der klassischen Dichtung sich zur populären dramatischen Bearbeitung empfahl, so war es der „Bauernfeind" Neidhart, in dessen Dichtung die Maskierung, die Parodie und die Ständesatire zutiefst wesentlich sind und wo, innerhalb höfischer Kunst, tanz- und spielmäßige Anlagen stecken. Aus St. Paul in Kärnten stammt, aus der Mitte des 14. Jahrhunderts, die 58 Verse umfassende Dramatisierung des beliebtesten unter den Neidhart-Schwänken, zu deren Held der Dichter in der Erinnerung geworden war (*St. Pauler Neidhartspiel*). Der Ritter Neidhart findet im Frühling das erste Veilchen, bedeckt es mit seinem Hut und holt die Damen und Herren des Hofes, um es feierlich pflücken zu lassen. Inzwischen hat ein Bauer unter den Hut seine Notdurft verrichtet. Der Zorn der von Neidhart scheinbar beleidigten Damen ist groß, es kommt zum Kampf oder, wohl richtiger, zu einer abschließenden Schlägerei zwischen Rittern und Bauern. In einem späteren *Großen Neidhartspiel* (15. Jahrhundert, im Gegensatz zu einem ebenfalls späten „kleinen" und „mittleren") ist der auch in bildlichen Darstellungen beliebte Veilchenschwank nur eine Episode in einer ganzen Reihe von Schwänken, wozu sogar noch ein Teufelsspiel kommt. Da wird der Kampf zwischen Bauern und Rittern grundsätzlich, langwierig und brutal zu Lasten der erstern durchgeführt. Man ist versucht, hier alles nur Wünschbare zu ahnen: Frühlingsbrauchtum, Fruchtbarkeitsritus (Bauer und Bauerndreck), Tanzspiel und Kampfspiel. Auch wenn man außerliterarische Vorformen dieser Art annehmen wollte, so liegt doch konkret nichts anderes vor als die Dramatisierung einer Schwankerzählung; höchstens daß sich Auswahl und Gestaltung nach urtümlichen Mustern gerichtet haben können.

Gemeinsam ist den drei angeführten Spieltexten (*Entkrist, Herbst und Mai, Neidhart*), mit denen praktisch das deutsche weltliche Spiel beginnt, die Benützung höfischer Reminiszenzen aus Lyrik und Kurzerzählung, die primitiven Formen von Revue, Kampfspiel, eventuell Tanz, die Beschwörung der Vitalsphäre, wobei aber in keinem Fall schon eine fastnächtliche Übung gesichert ist. Diese wird praktisch erst mit dem 15. Jahrhundert in teilweise langen Traditionen sichtbar. Daß gerade die Frühphase literarischen Anregungen folgt, läßt vermuten, daß die archetypischen Elemente sekundär sind und nicht den eigentlichen „Ursprung" bilden.

IX. GEISTLICHE PROSA: SEELSORGE, MYSTISCHE FRÖMMIGKEIT, SPEKULATION

Es besteht ein gewisser Konsens, daß die Literatur des deutschen Mittelalters zwei große Erfüllungen findet: die höfische Klassik ums Jahr 1200 und die geistliche Prosa des 13. und 14. Jahrhunderts, insbesondere die „deutsche Mystik" mit der unvergleichlichen Abfolge der großen Namen Mechthild, Eckhart, Tauler, Seuse. Wenn sich die deutsche Literarhistorie mit einer gewissen Ausschließlichkeit um diese Prosa (Predigt, Traktat, biographisches Zeugnis) kümmert und anderes, wie die scholastische oder sonst lehrhafte Prosa, vernachlässigt, so läßt sich dies begründen. Gegenüber einer gewöhnlichen Sachprosa liegt hier die schöpferische Leistung auf der Hand, inhaltlich wie formal. Es ereignet sich eine „deutsche Theologie", es erfolgen Entdeckungen im Bereich des seelischen wie des natürlichen Lebens, eine Ausdehnung des Vokabulars sowohl ins Konkreteste wie ins Abstrakteste, eine Geschmeidigkeit der Sprache, der nichts mehr schwerzufallen scheint, neue literarische Gattungen, die Ausbildung eines Stils, der diesmal eindeutiger als im Fall der höfischen Klassik der zeitgenössischen bildenden Kunst zu entsprechen scheint: eine im großartigsten Sinn gotische Prosa.

Form und Inhalt sind untrennbar, insbesondere dort, wo das inhaltliche Anliegen unmittelbar von seiner sprachlichen Faßbarkeit abhängt, ja selbst als ein drängendes Sprachproblem erfahren ist. Dennoch lassen sich natürlich zum praktischen Zweck zwei große Bewegungen unterscheiden, die sich treffen mußten, um das umschriebene Ereignis zu ermöglichen: die Ausbildung einer deutschen Prosa überhaupt, auch in weiteren Bereichen, und die Geschichte der Frömmigkeit, je im Zusammenhang mit der Bildung eines neuen oder doch erweiterten Publikums.

Die höfische und schon vorher die geistlich-volkssprachliche Literatur ist fast ausschließlich an den Vers gebunden. Das beruht wohl einerseits auf ihrer Mündlichkeit, d. h. der mnemotechnischen Funktion des Verses, andererseits auf dem Anspruch auf „schöne" Form im Sinn geistlicher Devotion oder höfisch-ästhetischer Haltung. Auch die Prosa ist allerdings, zumal im Mittelalter, als Kunst begriffen, beispielsweise also den rhythmisch-ornamentalen Gesetzen der Rhetorik unterstellt, nicht zuletzt, weil auch sie, um allenfalls ein illiterates Publikum zu erreichen oder auch dem für sich laut lesenden Konsumenten zu entsprechen, zum Hören bestimmt ist. Das gilt insbesondere für die Predigtliteratur, aber auch für die Urkunden. Dennoch ist die Prosa, in der allein kompliziertere gedankliche Strukturen ausgebildet werden können, in ungleich höherem Maß als der Vers – zumal der kurzatmige Allerweltsvers des geistlichen und ritterlichen Reimpaars – auf die schriftliche Fixierung angewiesen, stützt sich auf eine mächtigere Buchliteratur und ist ihrerseits literarisches Produkt. Denn auch die deutschen Predigtsammlungen sind meist keine bloßen Aufzeichnungen mündlicher Rede, sondern Grundlage und wieder Ausarbeitung derselben, also Schrifttum. Das heißt zugleich, daß die Entwicklung einer volkssprachlichen Prosa nur in engem Zusammenhang mit der lateinischen Literatur zu sehen ist, als Übersetzung und Nachbildung im einzelnen wie im ganzen, in Begrifflichkeit, Wortschatz und Syntax. Dieser enge Anschluß liegt bei den frühen Ausnahmewerken – den beiden Hohelied-Kommentaren – auf der Hand, doch auch die weltliche Lancelot-Prosa, die oft an den Tonfall der späteren Mystik erinnert, hat ihre Buchvorlage.

Wenn wir seit dem 8. Jahrhundert eine Tradition der Übersetzungsprosa biblischer, liturgischer und katechetischer Texte verfolgen können, so setzt eine einigermaßen eigenständige volkssprachliche Prosa mit größerer

Verbreitung ein breiteres Publikum voraus. Es sind vor
allem die neuen Orden, die mit ihren aufblühenden
Frauenklöstern und Tertiariern (asketischen Laienver-
einigungen) ein intensives, von Theologen geleitetes spi-
rituelles Leben pflegen. Die neuartige missionarische
Tätigkeit der Bettelorden erreicht die verschiedensten
Stände. Es ist mit frommen Laien – nicht zuletzt auch
Adligen – zu rechnen, die ein spontanes Interesse an
geistlicher Literatur haben, zur Erbauung, zur Unterweisung, zur Teilnahme mit eigenen Niederschriften.
Die lebhaftesten Impulse erfolgen natürlich dort, wo sich
der Hörer nicht mehr mit der Entgegennahme der in
traditioneller Lehre und Liturgie formulierten, priester-
lich vermittelten Wahrheiten begnügt, vielmehr das
Bedürfnis nach individueller, direkter Erfahrung, nach
eigener Reflexion und Aufzeichnung hat. Umgekehrt
stellt sich der Kirche im 13. Jahrhundert die dringende
Aufgabe, sich mit den neuen spiritualistischen, ketzerischen Strömungen auseinanderzusetzen und die neue
Frömmigkeit unter Kontrolle zu bringen. So sehr man
heute dank der Arbeit von Wolfgang Stammler und Kurt
Ruh weiß, daß das sogenannte mystische Schrifttum in
einen breiten Strom auch scholastischer oder volkstüm-
lich-kirchlicher Prosa eingebettet ist, so bleibt doch wohl
die Mystik jene Zone, in der die bedeutendsten, fruchtbarsten Leistungen zu finden sind, der ursprünglichste
Anlaß eines neuen Redens, reichhaltig auch in der Vielfalt der benützten Formen.

1. Predigt und Traktat im 13. Jahrhundert

Die unmittelbarste Gelegenheit und die kontinuierlichste
Tradition geistlicher Prosa bietet die Predigt. Das Gebot
Karls des Großen, die Homilien der Väter „in rusticam
theotiscam linguam" zu übersetzen, hatte allerdings für
eine volkssprachliche Predigtliteratur keine große prakti-

sche Bedeutung. Auch lateinisch blieb die Predigt vorwiegend Auslegung der Perikopen und damit der Liturgie ein- und untergeordnet. Im 12., vor allem aber im 13. Jahrhundert wird sie nicht nur in den Klöstern zum ausführlicheren und selbständigeren Mittel der Belehrung und Erbauung. Neben die traditionelle Exegese tritt der auch deutsch sich oft zum Traktat auswachsende Sermo. Es gibt neue Gelegenheiten der Predigt außerhalb der Kirche und des Klosters, etwa Kreuz- und Ketzerpredigten, volkstümliche Bußpredigten. Der Wanderprediger erreicht, als neuartiges Organ der Verbreitung, unter Umständen große Volksmengen. Scholastisches Denken fordert vor allem im Sermon schärfere logische Ausgestaltung, die Artes praedicandi geben Anleitung zum klaren Aufbau und anziehenden Schmuck der Rede, geistliche und rhetorische Theorie in einem. Vor allem treten nun neben traditionelle Sammlungen übersetzter Predigten Kompilationen moderneren Charakters und schließlich auch umfangreiche Sammlungen von Predigten berühmter Redner mit eigenem Stil.

Das Bild der Überlieferung ist außerordentlich bunt und kaum überschaubar. Kleinere und größere Sammlungen lateinischer oder – meist nach lateinischer Vorlage gearbeiteter – deutscher Texte bilden über Jahrhunderte ein Netz der verschiedensten Kompilationen und Filiationen.

Ein wichtiges Beispiel für den älteren Typ einer deutschen Sammlung, in der Elemente verschiedener alter und neuer Herkunft durch einen kompilierenden Redaktor vereinigt wurden, ist der (nach dem – sekundären – Aufenthalt der ältesten Handschrift so genannte) *St. Georgener Prediger*, in zahlreichen Handschriften verschiedenen Umfangs aus etwa zwei Jahrhunderten und aus dem ganzen deutschen Sprachgebiet überliefert. Im Kernbestand sind es Klosterpredigten für Nonnen, aus der zweiten Hälfte des 13. Jahrhunderts. Der bei den

Zitaten führende Name ist Bernhard, zisterziensische Mystik kann als das bindende Element, das der Redaktor hinzubrachte, bezeichnet werden. Der große Abt von Clairvaux (um 1090–1153) ist eine der maßgebenden Figuren seines Jahrhunderts, ebenso durch seinen politischen Einfluß auf die Mächte der Zeit (Kreuzzug, Beendung des Schismas) wie als Bußprediger und Kämpfer gegen die emanzipierte Philosophie (Abaelard) oder antirömische Bewegungen (Arnold von Brescia, selber ein gewaltiger Prediger). Vor allem aber bestimmt er das geistliche Leben der Zeit durch die Asketik seines Ordens und durch seine Erbauungstheologie, die den Weg zu Gott durch Selbstdemütigung, Betrachtung des Leidens Christi und eine auf freiem Willen beruhende, über Betrachtung zur Schauung aufsteigende Liebe versteht. Diese Liebesmystik bedient sich kühn und groß der erotischen Bildwelt des Hohenliedes (*Sermones in cantica*). Mit ihrer nun ausschließlicher auf die einzelne Seele bezogenen Metaphorik bedeutet sie eine ungeheure Psychologisierung – zugleich Verinnerlichung und Versinnlichung – der Gnadenerfahrung. Welche Quellen damit auch für die weltliche Dichtung erschlossen wurden, ist schon beim Roman – im *Tristan* Gottfrieds wie auch in der Selbsterfahrungsethik des Artusromans – deutlich geworden. Sie beherrscht vor allem die Frauenmystik des 13. Jahrhunderts und erst recht wieder der Spätzeit. Im *St. Georgener Prediger* erscheint der mystische Impuls nur gelegentlich als ein zusätzliches, überformendes Element. Dafür zwei Beispiele, die zugleich das Selbstverständnis des mittelalterlichen Predigers betreffen.

Das 60. Stück in Rieders Ausgabe ist eine – ihrerseits in zwei Varianten erscheinende – Fassung des überaus verbreiteten Traktats vom Palmbaum (Cant. 7,8 f.). Der Baum ist uraltes, archetypisches Bild für Wachstum und Vervollkommnung im Leben der Geschlechter, der Kirche oder des einzelnen, er ist auch wieder mit dem Kreuz

als Lebensbaum gleichgesetzt und auf die Paradieses-
bäume bezogen. Er bildet mit seinen Stufen und Veräste-
lungen auch ein Schema für die Disposition einer Predigt: „praedicare est arborisare", heißt es gelegentlich.
Der Palmbaum unseres Traktats hat sieben Äste, auf
jedem Ast wächst eine Blume mit besonderem Duft,
besonderer Farbe und Schönheit, und sitzt je ein Vögelchen mit besonderem Gesang. „Dirr balm bôm ist ain
ieglich mentsch daz saelig ist, daz únsers herren gottes
balme bôm ist und im suessen sang singet und im schoen
bluomen bringet" (S. 260). Das wird nun systematisch
durchexerziert auf das geistliche Leben hin, das sich
schon nach Augustin auf sieben Stufen vervollkommt;
nach der „mystischen" Fassung in einem Teil der Handschriften steigt die Seele bis hinauf zur ekstatischen
Hochzeit mit dem himmlischen Geliebten. Da kommen
bernhardinische Motive herein, die aber mit längeren
Anleihen aus dem St. Trudperter Kommentar ausgeführt
sind.

Nr. 57, „Von dem Wort Gottes" (Col. 3,16), berührt
mehrfach die Geheimnisse der johanneischen Logos-
lehre, wie sie bei Eckhart zentral werden, unterscheidet
auch das Wort Gottes, das Gott selbst ist, vom Wort des
Predigers, das von Gott und doch nicht Gott ist, wendet
sich dann aber zur gemütvollen Veranschaulichung: „daz
dir der prediger in geschnide und gemale, daz solt du
bachen" (S. 240), und entwickelt eine Darstellung der
klösterlichen Tugenden, mit denen fleischliche und geistige Sünden vertrieben und das Haus der Seele als
Wohnung für Gottes Wort bereitet werden soll.

In der späten Handschrift A von 1387, die Rieders
Ausgabe zugrunde liegt, findet sich eine Reihe von Pre-
digten des berühmtesten deutschen Redners der Zeit,
Berthold von Regensburg. Damit weist wenigstens eine
„Kompilationsvariante" (Frühwald) des *St. Georgener
Predigers* auf den Bereich der franziskanischen Seelsorge,

nachdem der Schluß Rieders, wir hätten im *St. Georgener Prediger* Bertholds verlorene Klosterpredigten insgesamt, als voreilig erwiesen worden ist. Nach und neben der zisterziensischen Frömmigkeit wirkt nun die für Jahrhunderte bestimmende Ausstrahlung der Bettelorden, und zwar zuerst der Franziskaner, die bereits 1221 in Augsburg eine deutsche Niederlassung gegründet hatten. Eine spezifische Minoritenliteratur ist zwar erst etwa um die Jahrhundertmitte faßbar. Wie vor allem Kurt Ruh gezeigt hat, gehören zu ihr große, z. T. noch unerschlossene Bestände, die bis tief ins 15. Jahrhundert hinein lebendig waren und jedenfalls neben der Dominikanermystik, welche bisher fast alles Interesse beansprucht hat, nicht übersehen werden dürfen.

Das Bild der Franziskanerliteratur zeigt verschiedene Aspekte und Phasen. Die Minderbrüder widmen sich vor allem der eigentlichen Volksmission, ihre Predigt gilt bewußt dem einfachen Mann und zielt, unter der Drohung nahender Endzeit, auf Buße und reines Leben im Alltag. Daneben aber verlangt das geistliche Leben im Kloster und bei den dem Orden verbundenen Laien seine Pflege durch eine asketisch-mystische Erbauungsliteratur praktischer Art, wozu noch die eigentliche Ordensliteratur (Legende, Ordensregel usw.) kommt. Es entfaltet sich nun aber auch eine spezifische franziskanische Theologie, die ihren großen Lehrer in Bonaventura (1221–74), dem Doctor seraphicus, findet. Deutsche Bonaventura-Bearbeitungen treten aber erst in Handschriften des späteren 14. und vor allem des 15. Jahrhunderts in Erscheinung und übrigens gerade auch in nicht-franziskanischer Rezeption. Ein einziger bedeutender Autorname steht – wie es scheint noch vor dem Einfluß Bonaventuras – für die lateinische und deutsche klösterliche Literatur des 13. Jahrhunderts: David von Augsburg. Schließlich ist anzumerken, daß in der deutschen Franziskanerliteratur wenig von „der reinen, selig-frommen

Inbrunst des ‚Poverello' von Assisi" und „deren brennender Hingabe an die Kreatur" (Kurt Ruh) zu finden ist, daß es vielmehr die spätere Dominikanermystik eines Heinrich Seuse ist, in der diese Frömmigkeit der Fioretti sich auszuwirken scheint. So treten uns im 13. Jahrhundert zwei scheinbar ganz verschiedene Autoren in der Volkssprache entgegen, der volkstümliche Landprediger und der frühe Lehrer asketisch-mystischen Lebens; sie bilden die Mitte eines von Augsburg und Regensburg ausgehenden Schrifttums in deutscher Prosa.

Der große, ja klassische Volksprediger ist B e r t h o l d v o n R e g e n s b u r g (gest. 1272). Durch viele historische Zeugnisse, besonders ausführlich durch die Chronik des Johannes von Winterthur, ist sein Auftreten als Wanderprediger etwa seit 1240 belegt, für Deutschland, die Schweiz, Mähren, Böhmen, Schlesien, Steiermark; seit 1263 predigt er in päpstlichem Auftrag gegen die Ketzer (Waldenser). Es werden enorme Zahlen von Zuhörern berichtet; wunderbare Begleiterscheinungen, eine Stimme scharf wie ein Schwert und leuchtend wie eine Fackel, der Geist der Prophetie – eines zweiten Elias – werden ihm nachgerühmt, er tritt als Mahner und Schiedsrichter in öffentlichen wie in privaten Konflikten auf. Von Berthold stammen drei Sammlungen lateinischer Landpredigten, die *Rusticani*, die er durch ein Vorwort autorisiert hat; sie geben kaum die tatsächlich gehaltenen Predigten direkt wieder, sind vielmehr mit ihren vielen Bibel- und Väterzitaten und liturgischen Bezügen literarisch-theologische Lesetexte. Bis heute sind allein die meisten *deutschen* Predigten herausgegeben, die in verschiedenen Überlieferungsgruppen wie auch in teilweise anonymer Einzelüberlieferung vorliegen. Nach der Bestandsaufnahme Dieter Richters sind es rund 100 echte Stücke, identifizierbar nach den lateinischen Predigten, die in verschiedenen Graden der Abhängigkeit als Vorlage benützt wurden. Darunter ist

auch eine kleine Anzahl von Klosterpredigten. Der ganze
Komplex ist wahrscheinlich heterogen; die Handschriften erscheinen nicht vor dem 14. Jahrhundert, doch läßt
sich die Entstehung einer ältesten Gruppe auf 1264 datieren. Drei bedeutende Sammelhandschriften, allerdings
der späteren Zeit, sind von weltlichen Adeligen in Auftrag gegeben worden (Richter 218). Entscheidend ist nun
aber, daß bei all diesen Lesepredigten die Mündlichkeit
und Direktheit dennoch im Text wirksam ist, weil sie als
Stil vom Bearbeiter nachgeahmt, ja vielleicht gesteigert
wurde. So ist in einer andern Art von Authentizität als
bei den lateinischen Schriften doch eine inspirierte,
unverwechselbare Prosa entstanden, ein Prediger-
deutsch, das zu den lebendigsten Leistungen des deutschen Mittelalters gehört.

Die Jahre, in denen der berühmte Bettelmönch durch
die Lande zog, entsprechen ungefähr der Zeit des Interregnums. Aus den Predigten und ihrem Echo spricht eine
politische und moralische Krisenstimmung, ja das
Bewußtsein kommender Endzeit. Der Landprediger fordert leidenschaftlich zur Umkehr, zur Buße, zum Recht-
tun auf, zur Vorbereitung auf das Jüngste Gericht und
das Ende aller Dinge, er kündigt an, daß für die Gläubigen der Weg des Martyriums wieder aufgetan werde
(XII). Moralischer Niedergang, Lüge, Heuchelei und
nicht zuletzt der wuchernde Irrglaube sind die Vorzeichen. Berthold kann einer gemäßigten Form der von
Joachim von Fiore verkündeten Eschatologie zugerechnet werden, die mit ihrer Erwartung eines letzten Zeitalters um 1260 im strengen, spiritualistischen Flügel des
Franziskanerordens vertreten wurde. Der Prediger sieht
sich selbst auf der Bühne der Endzeit, ja er warnt vor
einem kommenden Doppelgänger seiner selbst, einem
falschen Propheten, der – in Analogie zum Antichrist –
des Predigers Worte fälschen werde. Im Gegensatz zu
aller religiösen Verinnerlichung ist Bertholds Glaube völ-

lig auf die Heilsgeschichte bezogen, geschichtlich im
konkretesten Sinn. Der Prediger warnt den Hörer vor
spekulativem Grübeln im Glauben, „also daz in vil
gewundert unde ze tiefe darinne rumpelt mit gedanken,
wie daz sîn gemüge"; er mahnt zur Einfalt, zur Übung
der christlichen Tugenden im Alltag, zur ehrlichen
Wahrnehmung eines jeden Amtes. Er erläutert die Formen der kirchlichen Gnadenvermittlung (Beichte,
Messe), weist aber auch hin auf das Buch der Natur, das
neben dem Buch der Bücher zeichenhafte Lehren für den
Laien bietet.

Wir nehmen ein Beispiel aus der Predigt von den fünf
Pfunden (Matth. 25,14–30), in der eine lange Revue der
Handwerke und ihrer spezifischen Formen des Betrugs
entwickelt wird:

Sô ist der ein trügener an sînem koufe, der gît wazzer für wîn,
der verkouft luft für brôt und machet ez mit gerwen, daz ez
innen hol wirt: sô er waenet, er habe ein broseme drinne, sô ist
ez hol und ist ein laeriu rinde. Sô gît der siuwîn für bergîn (barc
„verschnittenes Schwein, Mastschwein") fleisch; daz mac ein
frouwe in eime kintbette oder einez in eime âderlâzen oder in
anderre krankeit ezzen, daz er den tôt dâvon nimet; oder unzîtic
kalpfleisch. Dû trügener, dû mörder, dû wirst schuldic an den
liuten! Sô hât der unrehtez gewiht in sînem krâme, der habet sus
die wâge einhalp, sô daz si gein dem koufschatze sleht, unde
jenez waenet ez habe, sô enhât ez niht; unde wendet sie mit der
hant rehte. Wie sol ich dich trügenheit lêren? Sô kanst dû ir
selber ze vil der trügenheit. Sô hât der ein unrehtez elmez; sô hât
der daz wahs gevelschet, der daz olei. Wê dir, manteler, dû
kanst ouch dînem amte niemer rehte getuon! Dû machest einen
alten hadern, der fûl ist und ungenaeme und dâ mite man
billîcher eine want verstieze, wan ez zuo anders iht nütze sî: daz
vernâdelt er und machet ez dicke mit sterke und gît ez einem
armen knehte ze koufe. Der hât vil lîhte ein halbez iâr dar umbe
gedienet, und als erz angeleit, sô wert ez in niht vier wochen, ê
daz er aber ein anderz muoz koufen ... (II)

Es folgen Bauern, Kleinhändler, Müller, Schuhmacher, Zapfenzieher, und schließlich werden die Herrschenden angerufen: „Ir hêrschaft! lât ez iuch erbarmen, daz sich got über iuch erbarme." Sie sollen zum Rechten sehen, wenn sie sich nicht selbst verdammen wollen. Der Prediger will die Mißstände geißeln, der Wille zur Konkretheit führt ihn zur detaillierten Schilderung der verschiedenen betrügerischen Praktiken. Eins folgt aus dem andern (das unzeitige Kalbfleisch wird nachgetragen, der Käufer des schlechten Mantels ist ein armer Knecht usw.), schließlich entsteht eine jener Berufs- und Ständerevuen, wie sie die satirische Literatur des Hoch- und Spätmittelalters zu entwerfen liebt. In direkter Anrempelung des Sünders und dann wieder der andern Zuhörer werden diese wie der Autor selbst ins Geschehen einbezogen, wird das Wort zur Aktion.

Aber diese neue Wirklichkeit meldet sich nicht von selbst, sondern ist Entdeckung durch Sprache, ist Sprachleistung. Auch dieser „Realismus" ist Stil, nicht weniger als die idealistisch filtrierte Wirklichkeit der höfischen Romane. Sofern er die Schicht sprachlich-literarischer Konventionen und Abstraktionen durchstößt, ist es ein christlicher Realismus – das Pathos des Predigers nährt sich aus der religiösen Not der Zeit, es will die widerständige, unschöne, selbstherrliche irdische Welt in den Griff bekommen und denunzieren. Unvermerkt wird freilich das Anschauliche unterhaltend, ja kontraproduktiv. Der Prediger muß sich selbstironisch zur Ordnung rufen, er will ja keine Detailkenntnis im Betrügen lehren. Wenn er Salomons sagenhaften Reichtum vor Augen führt, so soll es nur darum gehen, auch dessen Vergänglichkeit eindrucksvoll zu machen. Das Pathos arbeitet mit den Mitteln der komischen Entlarvung und Karikierung, es bringt ein neues, bisher unliterarisches Vokabular ins Spiel. Die „wol anderthalbhundert ketzerîe", vor denen Berthold warnt, werden in einem langen Katalog grotesker Namen aufgezählt. Die Insistenz der Schilderung entdeckt geradezu paradoxerweise immer neues, fragloses, interessantes Wirkliches, das sich als solches behauptet: als Leben. In diesem Umschlag liegt die literarische Leistung aller großen Satire, freilich auch ihre tragikomische Selbstaufhebung.

Es wird berichtet, daß Berthold von Regensburg auf seinen Reisen von einem älteren Bruder begleitet wurde, der vielleicht sein Lehrer war und im selben Jahr wie er starb: D a v i d   v o n   A u g s b u r g. Mit ihm wird die nach innen, auf das geistliche Leben des Klosterinsassen, aber auch des frommen Laien gerichtete Seite des Minoritentums deutlich. Das *lateinische* Hauptwerk dieses großen Novizenmeisters und geistlichen Lehrers wurde die klassische Anleitung der Klosternovizen, überliefert in ungezählten Handschriften und Frühdrucken aus ganz Europa, nicht zufällig oft dem höheren Ruhm Bonaventuras zugerechnet: *De exterioris et interioris hominis compositione.* Es sind drei Traktate über die seit alters unterschiedenen drei Grade des asketisch-mystischen Weges: das anfangende, zunehmende und vollkommene Leben. Als eine Art Auszug aus diesem Werk stellt sich die bedeutendste der David zugeschriebenen *deutschen* Schriften dar, die *Sieben Vorregeln der Tugend,* die unbestritten als authentisch gelten (während eine ganze Reihe anderer Traktate in verschiedener Weise als echt oder „davidisch" oder unecht betrachtet werden). Man hat die *Vorregeln* „ein ganz hervorragendes Stück deutscher Prosa" genannt (K. Ruh). In ruhiger, anschaulichinniger Art wird das „tugentliche leben" gelehrt, wobei tugent zu begreifen ist als „eins verstanden gemüetes rehtiu ordenunge nach dem oberistem guote". Die Regeln dieses geistlichen Weges, der als „ûfklimmen eines berges" bezeichnet wird, sind zunächst scheinbar moralischer Art: rasche Bereitschaft zu allen guten Arbeiten,

Vermeiden unnützer Gedanken und böser Begierde, sparsamer Genuß irdischer Dinge, Friedfertigkeit. Mit den drei letzten Regeln wird das religiöse Ziel dieser „rehten ordenunge" deutlicher: der gute Mensch sei jederzeit „in einem güetlîchen ernste, als der sich senet nâch liebe (nach einem Geliebten)", er sei demütig, und er habe allezeit Gott vor Augen. Hier nimmt die Sehnsucht mystische Züge an:

> Uns ist als den, die in einem engen tällîn erzogen sint und nie wîte gesâhen: die wundert wie den wîten landen sî, dâ man ze ende niht gesehen kan von der wîte. Wir sîn in dirre erde tunc (Dung) gewahsen und wizzen niht, daz diu erde das kleineste stücke ist der werlde under den elementen. Sô ist disiu gesihtlîchiu werlt vil kleiner und untiwerer denne diu geistlîche werlt, wan dâ ist diu wîsheit inne, dâ sich die lûtern geiste inne erswingen süln und erwîtern und denne über sich vliegen in die hoehe, diu niht endes hât, dâ inne elliu dinc gezilt sind und beslozzen, daz ist got selbe, aller dinge sache und anegenge und ende. Dâ ruowet diu sêle inne ... (Pfeiffer I,324)

So wird überaus schlicht und inständig, im stillen, gütigen Zuspruch des Seelenführers der „gute Mensch" zur Anschauung Gottes geleitet, mit klarer Einteilung jedes Themas in seine Stücke nach Art der Predigt, mit Exempeln aus der Schrift und Vergleichen aus dem täglichen Leben, in langen Ketten einfacher Sätze, die den Hörer behutsam mit sich zu ziehen scheinen. In der Tat darf die verborgene Kunst dieser humanen Prosa neben der extravertierten Sprache Bertholds, neben den Lyrismen der Frauenmystik und der Gedankendynamik Meister Eckharts nicht geringgeachtet werden.

2. Ältere Frauenmystik

Im großen Aufbruch des 12. Jahrhunderts erhält die Frau eine neue, in mancher Hinsicht zentrale Stellung. Das

gilt keineswegs nur für den Minnekult der weltlich-
höfischen Dichtung oder die Projektion der Erlösungs-
wünsche auf die jungfräuliche Mutter Gottes, vielmehr
bereits für die Frömmigkeit der Frauen selber. Die Nonnen oder die Reklusen – man denke an Frau Ava –
können grundsätzlich als illiterat und als Laien gelten,
zugleich aber werden sie als Religiosen zu Vermittlerin-
nen einer geistlichen Erfahrung und Praxis, die unmittelbarere, kühnere Ausdrucksformen sucht als die von
gelehrten Geistlichen getragene Monastik und frühe
Scholastik. Sie sind damit zugleich immer mehr zum
Medium wie auch zum Publikum einer volkssprachlichen Prosaliteratur geworden, die recht eigentlich für sie
und durch sie entstand. Da sie mindestens in den ersten
Generationen nach Herkunft und Erziehung dem Adel
angehören, so ist auch dadurch eine gewisse Analogie zu
ihrer Rolle in der weltlichen Dichtung gegeben.

Um die Mitte des 12. Jahrhunderts verkörpert die heilige Hildegard von Bingen mächtig wie keine vor
und nach ihr eine urtümliche, autoritative Art von Frauenmystik, ein singuläres Phänomen nach dem Charakter,
dem Umfang und dem Einfluß ihres persönlichen und
literarischen Wirkens. Sie bedeutet mit ihrem in hartem
Latein, sicher mit Hilfe von Beratern und Sekretärinnen
verfaßten spontanen Werk eine Art Gegenfigur zu ihren
großen Zeitgenossen Bernhard oder Abaelard. Um 1098
geboren als Tochter eines Adligen, kam sie jung ins
Kloster Disibodenberg an der Nahe, um später ihre
Neugründungen Rupertsberg bei Bingen und dann
Eibingen bei Rüdesheim zu leiten, wo sie 1179 starb. Als
Benediktinerin vertritt sie eine aristokratischere Welt als
die neu aufkommenden Orden.

Man kann sie der Mystik nur zurechnen, sofern sie als
einzelne Frau in eigener Verantwortung das Wort
ergreift, nicht als subjektives Ich, sondern durchaus als
ein ganz auf die Objektivität der natürlichen und

geschichtlichen Welt gerichtetes Organ Gottes, dazu berufen in Angst, Schrecken und Begnadung, unter Anfällen von Krankheiten neurotischen Charakters. Sie tritt fast alttestamentlich als Prophetin auf, welche eine Verbindung mit Gott nicht in innerlichem Liebesglück, nicht in irgendeiner ethischen oder spekulativen Transzendenz erstrebt; ihre Visionen betreffen nicht die Erfahrung Gottes in der zugleich sich selbst erfahrenden Seele, sondern das göttliche Geheimnis in der kosmisch-heilsgeschichtlichen Aktualität – ihre Visionen sind Lehrvisionen. Die Prophetin ist zutiefst ergriffen von der Geschichte, in der sie steht und in die sie aktiv mit Briefen und auf Reisen, vor allem aber mit einem geradezu enzyklopädischen Werk eingreift, unter dem Zwang einer durchaus eschatologisch erfahrenen Situation. Als „prophetissa teutonica" wurde sie von ihren Zeitgenossen anerkannt und als Autorität aufgesucht. Das Letzte ist für sie nicht der namenlose mystische Gottesgrund, sondern Schöpfung, Gericht und Erlösung. Da es – etwas überspitzt gesagt – um die Geschichte Gottes mit sich selbst geht, gibt es nichts Irdisches, was nicht unter der Macht eines feurigen Lichts aufbricht auf die letzten Dinge hin. Das wiederum bewirkt, daß in einer derart apokalyptischen Geschichts- und Naturlehre jedes Ding und jedes Ereignis nicht nur nach üblicher Weise zeichenhaft ist, sondern symbolisch im ursprünglichen Wortsinn eines Zusammenfalls von Bild und Bedeutung, als Bilderdenken und Bilderreden, wie es vielleicht ähnlich viel später bei Jakob Böhme erscheint. Die Prophetin ist visionär, ekstatisch entrückt in die Weite von Raum und Zeit, das Licht, das sie schaut, die Formen der Liturgie, an die sie sich gelegentlich anlehnt, das Corpus mysticum der Kirche und die Tugenden sind keine Abstraktionen, sondern reale Macht.

Daß die Seherin dabei – in ihrem heilsgeschichtlichen

Werk *Scivias* (Wisse die Wege) oder in ihrer Kosmologie *De operatione Dei* – weithin aus einem Grundstrom ehrwürdig archetypischer Bildvorstellungen schöpft, ist selbstverständlich, wie ja überhaupt die christliche Mystik bei aller Unmittelbarkeit ihre hohe Tradition besitzt. Grundlegend ist da etwa die Vorstellung von Makrokosmos und Mikrokosmos in ihrem gegenseitigen realen Bezug. Die Bilder, die einigen Codices beigegeben sind und vielleicht auf Hildegard selbst zurückgehen, sind denn auch Symbolbilder, zu deren Deutung nicht nur das mittelalterliche Wissen um Natur und Geschichte heranzuziehen ist, sondern ebensosehr die Einsichten moderner Tiefenpsychologie. Die Schilderung ihrer Visionen in einem Brief von 1175 an einen ihrer Jünger, den Abt Wibert von Gembloux, gehört zu den Grunddokumenten des prophetisch-mystischen Phänomens überhaupt und belegt nicht zuletzt die scharfe geistige Präsenz der Visionärin:

Meine Seele steigt – wie Gott will – in dieser Schau empor bis in die Höhe des Firmaments ... Ich sehe aber diese Dinge nicht mit den äußeren Augen und höre sie nicht mit den äußeren Ohren, auch nehme ich sie nicht mit den Gedanken meines Herzens wahr noch durch irgendwelche Vermittlung meiner fünf Sinne. Ich sehe sie vielmehr einzig in meiner Seele, mit offenen leiblichen Augen, so daß ich dabei niemals die Bewußtlosigkeit einer Ekstase erleide, sondern wachend schaue ich dies, bei Tag und Nacht.

... Die Worte in dieser Schau klingen nicht wie die aus Menschenmund, sondern sie sind wie eine blitzende Flamme und wie eine im reinen Äther sich bewegende Wolke.

(Briefwechsel, S. 227)

Gegenüber Hildegard mit ihrem geschichtlich-politischen Auftreten – eine mächtige Korrespondenz, deren Echtheit allerdings nicht überall feststeht, verbindet sie mit Päpsten, Kirchenfürsten und Äbten der Zeit, nicht zuletzt auch mit Bernhard – wirkt fast alle spätere Frauenmystik privat, verinnerlicht und einfühlbar, auch wenn damit neue Bereiche erschlossen werden. Auch Elisabeth von Schönau (Rheinhessen, um 1129–64), die mit ihren von ihrem Bruder aufgezeichneten Visionen und mit ihrem Briefwechsel einen ähnlichen Stil benediktinischer Mystik vertritt, reicht nicht an Hildegard heran.

In deutscher Sprache tritt nun freilich ein Jahrhundert später eine Frau hervor, die in ihrer visionären Gewalt, in der Einmaligkeit und Spontaneität ihrer Offenbarungen mit ihr vergleichbar ist: Mechthild von Magdeburg (um 1210 – um 1282). Der göttliche Auftrag, in dem sie lebt, bezieht sich enger auf die eigentliche Heils- und Kirchengeschichte, auf den geistlichen Kosmos der Heiligen, der Apostel, der Priester und Ordensleute (wobei sie für die zeitgenössische Entartung der Geistlichen oft sehr harte Worte findet). Und vor allem betrifft er unmittelbarer, affektiver, ein persönliches Glaubensleben im Überwältigtsein von Gottes Liebe. Es ist nun, ein Jahrhundert nach Bernhard und doch wieder ganz elementar: Liebesmystik, Brautmystik, immer wieder in der Bildwelt des Hohenliedes.

Vielleicht aus vornehmer Familie stammend, hat sich Mechthild mit etwa zwanzig Jahren nach Magdeburg begeben, wo sie nur einen einzigen Menschen kannte, und dort um die dreißig Jahre als Begine, Mitglied einer Vereinigung frommer Frauen, in Armut und Schmach, in Entfremdung und Kasteiung gelebt. Wie ihre Beginenschwestern stand sie unter dominikanischer Seelsorge; der Bruder Heinrich von Halle hat die auf losen Blättern von ihr etwa seit der Jahrhundertmitte niedergeschriebenen Revelationen in sechs Büchern redigiert, wozu später noch ein siebentes kam. Erst 1271 zog sie sich ins zisterziensische, aber dominikanisch betreute Kloster Helfta bei Eisleben zurück, das in diesen Jahren ein Mittelpunkt religiösen Lebens war – Gertrud die Große und Mecht-

hild von Hackeborn sind hier die etwas jüngeren Verfasserinnen lateinischer Offenbarungen. Mechthilds niederdeutsch abgefaßtes Werk, das sie selbst *Das fließende
Licht der Gottheit* nannte, ist uns nur in einer oberdeutschen Übersetzung erhalten (Heinrich von Nördlingen,
um 1344); schon früher entstanden war eine lateinische
Übertragung, die ihrerseits wieder eine Rückübersetzung
ins Deutsche erfuhr.

Ein Jahrhundert nach dem St. Trudperter Kommentar,
der einer lateinischen Vorlage verpflichtet war, bedeutet
das *Fließende Licht* für uns den eigentlichen Durchbruch
spontanen mystischen Ausdrucks in der Volkssprache,
das wohl großartigste Dokument des Mündigwerdens
einer oft oppositionellen Laienfrömmigkeit aus der
Unruhe und Unsicherheit des beginnenden Spätmittelalters. An Mechthilds Werk läßt sich geradezu eine mystische Sprachtheologie ablesen, wie sie ein neues Reden
und Schreiben bestimmte und legitimierte. „Eia, herre
got, wer hat dis buoch gemachet. Ich han es gemachet an
miner vnmaht, wan ich mich an miner gabe nút enthalten
mag ... Nu gebristet mir túsches, des latines kan ich nit"
(3,30). Der Widerspruch triumphierenden Ermächtigt-
seins und hilfloser Ohnmacht entspricht dem Widerspruch von Mechthilds Existenz zwischen visionärem
Überschwang und völliger Selbsthingabe, ja Verlorenheit
in dem, was sie „gotzfrömdunge" nannte. In dieser
Spannung sind die Aufzeichnungen zu sehen, eine
zunächst unsystematische Sammlung von gebethaft-lyrischen, lehrhaft-erzählenden und oft dialogisierten Texten, auf lange Partien als Reimprosa, gelegentlich auch
metrisiert, auf jeden Fall frei, affektiv und bildhaft. So
fällt zunächst auf die kraftvolle Metaphorik: Die Offenbarungen hört sie „in einer hovesprache, die man in dirre
kuchin nit vernimet" (4); sie dankt Gott, daß „du in den
vnfletigen pfuol hast ein guldin hus gebuwen" (53); von
der himmlischen Hochzeit heißt es: „so got sin abentes-

sen wil haben, so sol man stuolen den brúten gegen irme brútegome" (60), oder „wer von minne stirbet, den sol man in gotte begraben" (7). Das ist keine Symbolik, sondern eigenwillige Anschaulichkeit. Wo es Erfahrungen oder Gedankengänge wiederzugeben gilt, da entwickelt die Dichterin ausführliche allegorische Situationen und Abläufe, eine Allegoriendichtung, die sich von spätantiker Lehrdichtung herleitet und vor allem im kommenden 14. Jahrhundert ihre große literarische Zeit haben wird. Die vielen gerade auch aus der höfischen Dichtung stammenden Formelemente sind aber eingeschmolzen in ein Reden, das sich ganz und gar aus der Selbstoffenbarung Gottes hervorgehn fühlt, in einer dynamischen, „fließenden" Wirklichkeit Gottes als Liebe, von der auch die mögliche Erkenntnis nur ein Teilaspekt ist.

Das „Sprachereignis" Mechthild ist nun durchaus christologisch begründet: in der Menschwerdung Gottes. Diese wird im alten allegorischen Sinn mit den Bildern des Hohenliedes als Liebesvereinigung mit Maria geschildert, aber zugleich ist doch in neuer Direktheit des Ausdrucks auch die einzelne Seele gemeint: „dú ganze helige drivaltekeit ... saste sich in das offen herze ires allerreinosten vleisches und vereinete sich mit allem dem das er an ir vant, also das ir vleisch sin vleisch wart" (148). Das ist nicht nur Gleichnis und biblischer Bericht, sondern läßt erkennen, wie konkret die Fleischwerdung, der Abstieg Gottes in den Menschen, gemeint ist. Die auch im Menschen nun überfließende Minne „wandelet dur die sinne und stúrmet mit ganzen tugenden vf die sele. Diewile das die mine wahset an der sele, so stiget si mit girekeit vf zuo gotte und breitet sich alvliessende gegen das wunder das ir gemuszet (das über sie kommt). Si smelzet sich dur die sele in die sinne; so muos der lichamen ovch sin teil gewinnen, also das er wirt gezogen an allen dingen" (131). Das ist bei aller Verachtung der

irdischen Welt, „dieser Küche", keine Mystik der Entwerdung und Gelassenheit, kein platonisierender Aufstieg ins Ewige, vielmehr ein heftiges Beteiligtsein und
Antworten der Seele wie der Sinne kraft der Menschwerdung Gottes; denn diese hat auch „dem lichamen sin
wirdekeit" verliehen (206). Und die Sprache senkt sich
nicht nur ein ins Anschauliche, sondern ist in ihrem
antwortenden Lobgesang – hierin ähnlich wie bei Hildegard – eine Synästhesie, ein Zusammenraffen aller Sinne:
„Ich enkan noch mag nit schriben, ich sehe es mit den
ougen miner sele und höre es mit den oren mines ewigen
geistes und bevinde es in allen liden mines lichamen die
kraft des heiligen geistes" (107). Bei allem Bewußtsein,
daß die Worte „menschlichen luten" müssen, wird doch
die Sprache geadelt zur Dichtung, in welcher mit Bild
und Klang und Gedanke sich Gott selber loben läßt, in
Anrufungen, wie sie wohl nicht nur die deutsche Sprache
bis dahin nicht gekannt hat:

> O du brennender berg, o du vserwelte sunne! o du voller
> mane, o du grundeloser brunne! o du unreichhaftiu hôhi, o du
> klarheit ane masse! o wisheit ane grunt! o barmherzikeit ane
> hinderunge! o sterki ane widersatzunge! O Crone aller eren!
> dich lobet der minste den du ie geschüffe! (8)

Nun ist die göttliche Minne stürmisch, „mortlich ane
masse und underlas" (15), so daß der Mensch das Glück
der „gebruchunge" (fruitio dei) nicht ertragen kann und
das Spiel lassen muß, wenn es am besten ist (5). Da die
Minne selber als „sinkende" Liebe, als Herablassung
Gottes ins Elend des Irdischen begriffen ist, führt sie
zugleich immer tiefer in Not und Pein, bis zu dem bei so
vielen Mystikerinnen beschriebenen Stand der „gotzfrömdunge", der Gottverlassenheit, die doch zugleich als
eine äußerste Form des Nach- und Mitvollzugs der Passion und damit als Geschehen der Liebe begriffen bleibt.
So kennt Mechthild nicht nur die Visionen des hochzeit-

lichen Fests im aufgetanen Himmel, sondern ebenso die
bis zur Höllenqual sich steigernde Erfahrung einer verzweifelten Finsternis der Seele. Und das heißt auch,
sprachlich, die den modernen Leser immer wieder
erschreckende Grausamkeit von Mechthilds Schilderungen der Hölle und des Fegefeuers, die wohl vor Dante
ihresgleichen suchen. Ihre nur noch sinnliche Konkretheit ist sozusagen die letzte Konsequenz der Selbstentäu-
ßerung sowohl Gottes wie des Menschen, der sich, wie
Mechthild von sich selbst sagt, unter dem Schwanz des
Teufels sieht. Die Höllenfahrt ist ein Aspekt der Auferstehung. Es ist eine wilde, wahrhaft ursprüngliche Welt,
die in Mechthild begegnet – in ihrem Rang und ihrer
Unmittelbarkeit unvergleichlich, so sehr die Liebesmystik wiederum eine ehrwürdige Tradition hat und im
folgenden Jahrhundert eine geradezu populäre Form des
frommen Lebens wird.

Um Mechthilds geschichtlichen Hintergrund klarer zu
sehen, müßte man über die Beziehung ihrer niederdeutschen Offenbarungen zu den ältesten Texten der niederländischen Mystik mehr wissen. Hier kann nur hingewiesen werden auf Hadewijch (wahrscheinlich aus
Antwerpen), die mit ihren 14 Visionen, ihren geistlichen
Briefen und strophischen Gedichten möglicherweise
noch älter als Mechthild ist (vielleicht um 1220–40).
Vergleichbar ist nicht nur der Typus visionär-ekstati-
scher Liebesmystik und ihre literarische, höfisch beein-
flußte Ausdrucksform, sondern wohl auch eine adlige
Herkunft und das Leben als Begine. Klar im Bereich der
bernhardinischen Mystik sind wir in dem ungefähr
gleichzeitigen niederländischen Traktat der Zisterzien-
sernonne Beatrijs van Nazareth (südwestlich von
Gent) über die sieben Stufen der Liebe (*Seven manieren
van minne*).

3. Meister Eckhart

Wenn die ältere Frauenmystik – und in fragwürdigerer
Form die spätere Mystik der Frauenklöster überhaupt –
das Heilsgeschehen in einer umfassenden Ergriffenheit
erfahren hat, in Vision, Prophetie, Ekstase, Leiden,
Dichtung aus allen Sinnen heraus, so ist in ihr natürlich
auch ein Element theologisch-theoretischer Tradition
wirksam, nicht zuletzt auch darum, weil es schließlich
gelehrte und geschulte Dominikanerseelsorger waren,
die das geistliche Leben der Frauenklöster betreuten.
Dennoch bleiben wir damit weithin im Bereich praktischer Frömmigkeit, die sich in bestimmten Techniken
des meditativen Lebens ausformt und sich in persönlichen Erfahrungen und bildhaften, ja allegorischen Darstellungen äußert, somit also sich im Bereich ethischer
und psychologischer Kategorien hält. Die Mystik der
Dominikanerprediger selbst ist grundsätzlich anders,
schon weil sie nicht Offenbarung, sondern Belehrung,
systematisch fundierte Anleitung zum religiösen Leben
sein will. Im Lauf des 13. Jahrhunderts wird diese mystische Theologie – der Dominikaner vor allem – nun auch
in der Volkssprache mit den Mitteln des scholastischen
(aristotelischen) Begriffsapparates systematischer, philo-
sophisch-intellektueller vorgetragen, als es etwa noch bei
dem „undialektischen" Bernhard der Fall war. Wenn
unter Mystik nach einer geläufigen Definition eine
„cognitio Dei experimentalis" (erfahrungshaftes Erkennen Gottes) zu verstehen ist, so gewinnt nun bei dieser
cognitio die Vernunft, der intellectus, zentrale Bedeutung als vornehmstes Organ des Erfahrens und Begrei-
fens. Und es kann gerade darum gehen, auf Kosten alles
Sinnlich-Bildhaften das Vernunftvermögen in höchster
Reinheit und Allgemeinheit für die Erfahrung auszubilden, bis zu jenem Punkt, wo der höchste oder innerste
Grad dieses Abstraktionsvermögens als eigentliches

Wesen des Menschen sich mit dem Wesen Gottes berührt. Die Philosophia perennis, von Thomas von Aquino ausformuliert, ist an sich keineswegs mystisch, aber sie bildet doch die mögliche Voraussetzung für eine spezifisch-begriffliche Fassung mystischen Lebens, dann jedenfalls, wenn, mit Eckhart zu reden, der „lesemeister" zum „lebemeister" wird und das Thema der Gotteserfahrung ganz im Vordergrund steht. Wesentlich ist dabei – neben der Rolle spekulativer Vernunft im Erfahrungsprozeß – der ontologische Ansatz dieser Philosophie: Sie versucht, Gott als reines Sein zu begreifen und von diesem Grund aus alle abgeleiteten Seinsformen zu bestimmen, also auch das Gnadenereignis seinsphilosophisch zu formulieren.

Die Geltung der thomistischen Lehre ist freilich keineswegs exklusiv. Vor allem sind es nach wie vor Augustin, dann die Viktoriner und die von neuem aktuell werdenden Neuplatoniker, vor allem Proklus und Pseudo-Dionysius, welche die Terminologie und Methode der Dominikanermystik beeinflussen. Wenn man von Dietrich von Freiberg (um 1250 – gegen 1320) absieht, der in einem vielgestaltigen gelehrten Werk auch mystische Schriften, alle lateinisch, hinterlassen hat, so bringt erst eine ein wenig jüngere Generation den Durchbruch und Höhepunkt spekulativer Mystik, nun eben nicht zufällig mit einem mächtigen volkssprachlichen Werk, mit den Predigten und Traktaten Meister Eckharts. Die Bezeichnung „deutsche Mystik" besteht für Eckhart und seine großen Nachfolger Tauler und Seuse sicher zu Recht im räumlichen und sprachlichen Sinn – die Volkssprache ist unmittelbar die Voraussetzung des neuen Redens, des neuen Denkstils und auch der unabsehbaren Verbreitung des Werks. Eckhart hier vor allem unter dem literarisch-sprachlichen Aspekt zu sehen ist wenigstens insofern erlaubt, als sein ganzes lateinisches und deutsches Werk nicht so sehr systematisch-philosophischen Aufbau zeigt, vielmehr seine Funktion vor allem im praktisch-seelsorgerlichen Handeln hat und vielleicht nur davon her auch dogmatisch angemessen zu verstehen ist. Auftrag und Not eines wahren, eigentlichen, wirklichen Redens ist wohl auch hier das zentrale Problem; ja es läßt sich bis zu einem gewissen Grade sagen, es gelte zuerst den Stil, dann erst den dogmatischen Inhalt zu würdigen. Die dogmatisch-kirchliche Brisanz von Eckharts Lehre soll damit keineswegs unterschätzt sein – sie ist zu sehen im Kontext einer Zeit des tiefen politischen und gesellschaftlichen Umbruchs mit ihren Ketzerbewegungen und Freikirchen, ihren neuen Formen der Laienfrömmigkeit, den Versuchen der Kirche, die Bewegungen zu assimilieren – etwa durch die neuen Orden – oder zu bekämpfen – mit dem Mittel der päpstlichen Inquisition seit 1232.

Eckhart von Hochheim (Thüringen) ist um 1260 geboren; die oft angenommene adlige Herkunft ist nicht beweisbar. Als junger Predigermönch studiert er die Artes in Paris, besucht die Ordensschule in Köln, wird nach erneutem Pariser Aufenthalt Prior des Erfurter Klosters und Vikar des Ordens für Thüringen, erwirbt sich 1302 in Paris den Magistergrad, bekleidet hohe Ämter in der deutschen Ordensverwaltung, lehrt 1311 in Paris und dann an den Schulen in Straßburg und Köln. Die überaus eindrucksvolle Laufbahn wird abgebrochen durch einen Inquisitionsprozeß, den der Erzbischof von Köln mit rechtlich fragwürdiger Legitimation 1326 gegen Eckhart anstrengt. Der Prozeß führt schließlich 1329 an der Kurie in Avignon zur Verurteilung von 28 Artikeln des lateinischen und deutschen Werks als häretisch oder häresieverdächtig. Zwischen Juli 1327 und Ende April 1328 war Eckhart gestorben. Die Prozeßakten und eine lateinische Rechtfertigungsschrift des Magisters sind die grundlegenden Dokumente für die Fragen der Echtheit der Schriften wie für deren theologische Beurteilung.

Daß Eckhart 1327 öffentlich jeden Irrtum im Glauben, wenn er ihn begangen haben sollte (also mit Vorbehalt), widerrief und, wie die päpstliche Bulle erwähnt, später einen Widerruf der inkriminierten Sätze leistete, war ein Zurückweichen vermutlich nicht aus Schwäche, sondern aus der ernst zu nehmenden Überzeugung, daß seine auch noch so kühne Redeweise, richtig verstanden, gar nichts Irriges meinen konnte – oder er übte damit nichts anderes als jenen Gehorsam der Selbstaufgabe, über den er in den *Reden der Unterscheidung* gehandelt hat. Wenn in der Folgezeit Eckharts Name weithin aus den Handschriften verschwindet, so wurde sein Werk doch von einer Reihe glänzender Schüler weitergetragen und in einer großen Zahl von Handschriften überliefert. Es hat in einer nie abgebrochenen Tradition bis heute immer neu fasziniert, als eine der „lautersten" (um ein Lieblingswort Eckharts zu brauchen) und edelsten Verkörperungen gotischer Frömmigkeit und Ausdruckskraft.

Das lateinische Werk ist in seinen wesentlichen Teilen nur in 4 Handschriften (je teilweise) überliefert und hat offenbar längst nicht so sehr wie das deutsche gewirkt. Immerhin gibt es die entscheidende Ausnahme: die beste Handschrift wurde im Auftrag des Nikolaus von Kues geschrieben, auf dessen Philosophie Eckhart wesentlichen Einfluß hatte. Das als Opus tripartitum angelegte Werk ist wahrscheinlich nie fertig geworden. Neben einem Vorwort zum Ganzen liegen vor die Einleitung zum 1. Teil („Propositiones", Lehrsätze) und die Kommentare zu Genesis, Exodus, Weisheit und Johannes-Evangelium („Expositiones", Schriftauslegungen), die nebst einer Sammlung von Predigten den erhaltenen 3. Teil bilden, wogegen vom 2., den „Quästiones" (Untersuchungen zu Problemen der *Summa* des Thomas), nichts vorhanden ist. Hinzu kommt im wesentlichen nur die Rechtfertigungsschrift. So läßt sich schon vom lateinischen Werk sagen, was vom deutschen erst recht bestätigt wird: es will primär nicht ein philosophisches System sein, sondern geht aus dem Umgang mit dem Bibelwort hervor und steht im Dienste der Verkündigung und der Seelsorge.

An dem wohl frühesten Werk des Meisters, den *Reden der underscheidunge* (Reden der Unterweisung) läßt sich unmittelbar ablesen, wie die Frage des frommen, insbesondere des klösterlichen Lebens, also eine religiöse Ethik, den Anfang bildet und erst sekundär zu einer provokativ formulierten Metaphysik führt. Die Reden, „in collationibus", d. h. als abendliche Tischreden mit „geistlichen kinden" wohl in Erfurt vor 1298 gehalten, sind eine lose Folge von Betrachtungen zu Grundfragen geistlichen Lebens: Gehorsam und Gelassenheit, Gebet und Kommunion, Wille und Sünde, Hoffnung und Rechtfertigung. Aus einem „gedachten" soll ein „wesenhafter" Gott werden, Heiligkeit nicht aus einem Tun, sondern einem Sein hervorgehen – ein Werk ist nicht an sich gut, sondern nur, sofern es aus dem Gutsein des Handelnden kommt. Im Gebet versammelt sich der ganze Mensch auf sein Innerstes, Wesenhaftes hin. Das bedeutet eine Annäherung an Gott durch das „wesen", wobei dieser Prozeß der Verwesentlichung nach alter asketischer Lehre als ein Entwerden, als ein Rückzug des Menschen aus allen seinen äußerlichen Bestimmungen und Zufälligkeiten ins „ledige Gemüt" verstanden wird. Hier ist Gott allezeit zu finden, ja „des menschen inwendicheit" wird geradezu zu einem Organ Gottes – die Seele ist mit Gott näher vereint als mit dem Körper. Das ganz freie Gemüt vermag alle Dinge, wie Gott selbst. Gerade deshalb aber kann und soll das menschliche Tun „brechen in die würklicheit", sofern es vom Sein her geheiligt ist. „Dér mensche treget got in allen sînen werken und in allen steten, und alliu des menschen werk diu würket got lûterlîchen" (V,201 f.). Dem Entwerden entspricht im Gegensatz zu irgendeiner quietistischen

Mystik eine nun vollmächtige Rückwendung ins tägliche Tun. Mit souveräner Nüchternheit mißtraut Eckhart dem „iubilus", der Verzückung, dem Wunder, indem er diese Begleiterscheinungen vor allem der Frauenmystik für letztlich nur äußerlich, dem Bereich der Sinne zugehörig hält – dies aber „ist alwegen daz beste niht". Das alles trägt Eckhart in zauberhaft schlichter, intimer Rede vor. Zwischen den Zeilen scheint sich zu verwirklichen, was er hier mit seinem berühmten Satz aussagt: der spreche am schönsten von Gott, der aus der Fülle des inneren Reichtums schweigen könne. Doch ist die Einkehr des Schweigens immer wieder nur die Voraussetzung eines Verkündigenmüssens, das sich schon in diesen Reden in seinem hinreißenden Stil zeigt.

Swâ der mensche in gehôrsame des sînen ûzgât und sich des sînen erwiget (das Seine aufgibt), dâ an dem selben muoz got von nôt wider îngân; wan sô einez im selben niht enwil, dem muoz got wellen glîcher wîs als im selber ... darumbe muoz mir got wellen, und versûmet er mich an dem teile, sô versûmet er sich selber. Alsô in allen dingen, dâ ich mir niht enwil, dâ wil mir got. Nû merke! Waz wil er mir, dâ ich mir niht enwil? Dâ ich mich ane lâze, dâ muoz er mir von nôt wellen allez, daz er im selben wil, noch minner noch mêr, und mit der selben wîse, dâ er im mit wil. Und entaete got des niht, in der wârheit, diu got ist, sô enwaere got niht gereht noch enwaere got, daz sîn natiurlich wesen ist.   (V, 187 f.)

Das ist wahrhaft provozierend: Der Redner spielt immer intensiver mit der Vorstellung, Gott zwingen zu können, daß er „von nôt" etwas tun müsse, ja daß Gott nicht Gott wäre, wenn er nicht seinem Wesen folgen müßte. Eine noch kühner tönende Konsequenz formuliert der Satz, der in der Bulle als häretisch angeführt ist (und der in gewisser Hinsicht an Mechthilds Verständnis der Gottverlassenheit und der Hölle erinnert): „Wahrlich, hätte der, um den es recht bestellt wäre, die Gewalt zu wün-

schen, er würde nicht wünschen wollen, daß ihm die
Neigung zur Sünde verginge ..." (V,214).

Auch in diesen noch wesentlich ethischen, d. h. auf
den Willen bezogenen Gedankengängen kommt doch
bereits mit den Formulierungen vom „gewesenden" Gott
und von der Notwendigkeit, mit der Gott in den ledigen
Menschen einziehen muß, der ontologische herein, also
der schon platonisch-neuplatonische Versuch, die Beziehung von Gott und Mensch auf einen, wie immer gestuften und vermittelten, Seinszusammenhang hin zu sehen
und irdisches Sein auf seinen ewigen Seinsgrund zu
beziehen. Die platonische Ideenlehre in der Umprägung
des mittelalterlichen Realismus verbindet sich dabei mit
der Logos-Lehre des Johannes-Evangeliums: Der Logos,
der Inbegriff der Ideen, ist Gottes Sohn (davon spricht
Eckhart in seinem Genesis-Kommentar). Konzentriert
zeigt dies der Anfang des *Buchs der göttlichen Tröstung*.
Dieser bedeutendste Traktat Eckharts ist 1308 oder 1315
für die Königin Agnes von Ungarn verfaßt worden, um
sie in ihrem Leid zu trösten, und steht in der seit
Boethius lebendigen Tradition der Consolationslite-
ratur.

Von dem êrsten sol man wizzen, daz der wîse und wîsheit,
wâre und wârheit, gerehte und gerehticheit, guote und güete
sich einander anesehent und alsô ze einander haltent: diu güete
enist noch geschaffen noch gemachet noch geborn; mêr si ist
gebernde und gebirt den guoten, und der guote, als verre sô er
guot ist, ist ungemachet und ungeschaffen und doch geborn kint
und sun der güete.   (V,9)

Hier werden die sogenannten perfectiones generales
Weisheit, Wahrheit, Gerechtigkeit, Güte in ihrer zeitlo-
sen, wesenhaften Ungeschaffenheit auf ihre kreatürlichen
Träger bezogen, und dieses Verhältnis wird zugleich dem
Verhältnis von Vater und Sohn gleichgesetzt. In dem
Nebensatz „als verre so er guot ist" deutet sich Eckharts

Analogielehre an: Kreatürliches „Sein" ist nur „denkbar als radikal empfangenes, oder besser: je neu zu empfangendes Sein" (Haas).

So wird dem leidenden Menschen vor Augen geführt, daß er „in dem natürlichen lieht der vernünftigen sêle ... gewâren trôst alles sînes leides" findet und „leit âne leit" tragen kann. Im vernünftigen, geistigen Wesen seiner Seele findet er den Anschluß an das göttliche Wesen. In noch kühneren Gleichnissen wird vom Prozeß des Ledigwerdens gesprochen („îtel sîn machet wazzer den berg ûfklimmen") und vom Seelenfunken, der zum Feuer aufbrennt und das Holz zu sich verwandelt. Die dem Trostbuch angeschlossene Predigt (Traktat) *Von dem edeln menschen* und ausführlicher dann die deutschen Predigten fassen diese schon dionysische Lehre vom Seelenfunken (Synteresis) in immer neuen Umschreibungen als Samen, Hut, Abgrund, bürgelîn, tröpfelîn, zwîc, brunnen der Seele, um den Ort zu bezeichnen, wo sich die Einung mit Gott vollzieht. Der Sermon vom edeln Menschen gehört neben einigen Stellen von Wolframs *Parzival* zu den schönsten Ausprägungen mittelalterlicher Humanität, im Zusammensehen von Nichtigkeit (homo humus) und Adel des Menschen.

Es sind die *Predigten*, die – wohl meist der späteren Zeit Eckharts entstammend – nun überhaupt am reichsten und kühnsten Eckharts Lehre entfalten und am ehesten erlauben, so etwas wie ein System zu abstrahieren. Allerdings ist zu sagen, daß diese Predigten in allen Formen der Aufzeichnung und der Authentizität überliefert sind: als Nachschriften, Auszüge, Entwürfe, Bearbeitungen, Zuschreibungen, so daß sich echt und unecht nur graduell unterscheiden lassen und auch im einzelnen die Wahl der richtigen Lesart schwer zu treffen ist. Josef Quint zählt aufgrund von Zeugnissen und inhaltlichen Parallelen 59 Predigten als „relativ bestbezeugte", wozu aber eine wesentlich höhere Zahl von Predigten kommt, deren Echtheit weniger belegbar oder schließlich fragwürdig ist. Das ganze Korpus bezeugt eine überaus intensive und wirksame Predigertätigkeit in Frauenklöstern wie vor dem allgemeinen Kirchenvolk, wobei ein ungewöhnlich entwickeltes geistliches Verständnis des Publikums Voraussetzung ist.

In „großartiger Eintönigkeit" (Quint), aber auch in immer neuen Wendungen, in fesselnder Dichte und Inständigkeit wird der Kreis des mystischen Geschehens abgeschritten: vom Geheimnis Gottes über die Schöpfung zur menschlichen Seele, die wieder in ihren Ursprung zurückzukehren sucht. Im innertrinitarischen Leben tritt Gottvater dem Sohn, d. h. dem johanneischen Logos als dem Inbegriff aller Ideen (Urbilder) ewig gegenüber und ist mit ihm im Heiligen Geist verbunden. Die drei Personen der Dreifaltigkeit sind allerdings nur „Namen", als „einvaltec ein" (Pr. 2) ist Gott weder Vater noch Sohn noch Geist – „und ist doch ein waz und enist noch diz noch daz". Von Gott als dem namenlos Einen läßt sich nicht einmal mehr sagen, daß er ist; er wirkt „in unwesenne" – womit Eckhart ausdrücklich Gott ein Sein nicht absprechen, sondern erhöhen möchte (Pr. 9). Gott ist zugleich der Grund seines Seins, in ihm fallen Existenz und Essenz (Dasein und Sosein) zusammen gemäß Exodus 3,14: „sum qui sum". In diesem Sinn kann Gott auch als „vernünftekeit" bestimmt werden, da er sich im Erkennen seiner selbst ewig verwirklicht, reiner spontaner Ursprung ist. Alles geschöpfliche Sein ist abgeleitet, ist nicht sich selbst, da es seinen Grund in Gott, im Logos hat. Über ihren Seinsgrund sind die Kreaturen und vor allem der vernünftige Mensch wesensmäßig mit Gott verbunden oder gar in ihm (Pr. 9).

Das sind z. T. traditionelle Formulierungen. Wenn nun allerdings Zeit und Ort, wîse und eigenschaft, die Kennzeichen alles Kreatürlichen, gleichsam dauernd weggedacht werden können, so versinken Natur und

Geschichte im Unwesentlichen und wird der Schöpfungsbegriff fraglich, die Zeit wird aufgehoben im „êwigen nû" (Pr. 9). Auch mit dem alten Begriff der unaufhörlichen Schöpfung (ohne eine creatio continua müßte die Welt augenblicklich ins Nichts fallen) wird nicht verhindert, daß Zeit und Ewigkeit letztlich zusammenfallen (vgl. dazu Pr. 10). Ähnliches läßt sich von der Sünde, dem Sundenfall als Station der Heilsgeschichte sagen: auch sie wird schließlich unwirklich. Hier, in dieser zuversichtlichen Helle und Richtung nach oben liegt wohl der größte Unterschied zu Mechthild und ihren Höllenvisionen. „Man sol uns an dem liehte / kunden kristen gelouben und Kristes ammet", heißt es in der Schilderung des Gralstempels im *Jüngeren Titurel* – die Dunkelheit einer Krypta soll es nicht geben.

Von aller „eigenschaft" (Eigentum, Eigenheit, Eigenschaft) ledig zu werden und in dieser Gelassenheit Gott sich zu verbinden, das ist der mystische Weg. Eckhart faßt dies als Geburt des Sohnes, als Gottesgeburt im Seelengrunde. Der Vater gebiert den Sohn in jeder einzelnen Seele, das Wort spricht sich in ihr. „Widersprechende werden im ewigen wort" oder wenigstens ein „bîwort" zu werden ist das Ziel. Man kann dies als individuelle Analogie zum trinitarischen Geschehen fassen, doch ist es zugleich im letzten eine Identität, die Seele ist in den trinitarischen Prozeß einbezogen.

Hier ist nun freilich der Ansatz zu den Vorwürfen der Häresie oder gar des mystischen Pantheismus. Die Frage spitzt sich zu im Problem des Seelengrundes – wird der Seele und damit dem Menschen ein göttlicher „Teil" zugeschrieben, oder ist damit nur die Möglichkeit einwohnender Gnade gemeint, wieweit werden die heilsgeschichtlichen Glaubenssätze eingeebnet?

Daß die von der Bulle Johannes' XXII. bezeichneten 17 Sätze, mindestens im Wortlaut („pro ut sonant") häretisch sind, läßt sich kaum bezweifeln. Bedenkt man

aber, wie sehr sie aus dem Kontext herausgerissen und
nur in der Dynamik eines Redegeschehens, nicht als
Lehrsätze zu verstehen sind, so wird der Streit bis zu
einem gewissen Grade gegenstandslos. Oder er reduziert
sich auf den Vorwurf extremer Einseitigkeit und Verwegenheit, mit denen Eckhart sprach. Eckhart arbeitet
mit der seit den Neuplatonikern verwendeten Methode
der apophatischen, d. h. laufend jede Bestimmung wieder aufhebenden und übersteigenden Redeweise. Dazu
kommen andere Versuche, mit sprachlichen Mitteln die
Sprache selbst aufzusprengen: die Verwendung des Para-
doxes, der Hyperbel, des kühnen Vergleichs, der Häufung wechselnder Bezeichnungen. Der Prediger arbeitet
mit einem erst in den Anfängen stehenden deutschen
Abstraktwortschatz, dessen Termini mehrdeutig und
mißverständlich sind und doch gerade darum jene Dynamisierung ermöglichen. Das Unternehmen, spekulativ
die Grenzen des Kreatürlichen zu überwinden und überhaupt die Anschauungsformen von Raum und Zeit den-
kerisch zu überlisten (nach der augustinischen Unterscheidung also: von der immer „ektypischen" Erkenntnis
– der Abenderkenntnis – zur archetypischen Vernunft,
der Morgenerkenntnis, vorzudringen [Pr. 10]), wird man
an sich kaum verurteilen können.

Es ist eine zuversichtliche, kühne, schlanke, drängende und doch in ihrer Lauterkeit demütige Sprache,
die Eckhart zum Mitmenschen spricht und mit der er ihn
zur Rede der Redenden, zum Licht der Lichter, zum
Wesen der Wesenden führen will. Gerade darum hat sie
letzten Endes keine andere Rechtfertigung und Überzeugungskraft als das zugleich hilflose und sieghafte Argument des Glaubens: „Möhtet ir gemerken mit mînem
herzen, ir verstüendet wol waz ich spriche, wan ez ist
wâr und die wârheit sprichet ez selbe" (Pr. 2).

Reizvoll zu sehen ist, wie Eckharts Geist nicht nur in
seinen Schriften und Predigten und durch bedeutende

theologische Jünger fortgewirkt hat, sondern auch in
andern literarischen Formen sich ausprägte und dichterische Gestalt fand. Der Meister wird darin gleichsam
wieder ins Geheimnisvolle, Andächtig-Volkstümliche
zurückgenommen, das Numinose mystischer Lehre meldet sich wieder.

In einer Reihe von Handschriften sind verschiedene
bispil (Exempla) überliefert, die in erzählender oder dialogischer Form Eckhartische Grundgedanken veranschaulichen. Besonders schön unter diesen „Eckhart-
Legenden" ist das „Gute Gespräch einer guten Schwester
mit Meister Eckhart". Eine „tohter" kommt zum Kloster
und begehrt Meister Eckhart zu sprechen. Nach ihrem
Namen befragt, antwortet sie: „ich enwais!" Denn:
„bekenn ich mich, so bekant ich alle creatur". Da sie
nicht in ihrer „ersten lawterkait" steht, so ist sie weder
Mädchen noch Frau, nicht Mann oder Weib, nicht Herr,
nicht Knecht, nicht Magd: „ich bin ein dink als ein ander
dingk vnd lawff nv da hyn". Eckhart aber wendet sich zu
seinen Brüdern: „Ich habe den lautersten Menschen gesehen, den ich je in der Zeit gefunden habe." Der Meister
erfährt hier Belehrung von seiten einer nicht näher
erklärten (überirdischen?) Erscheinung einer „Tochter",
wobei doch die Szenerie der Klosterpforte genrehaft das
ganze umschließt (Spamer 152).

Eine ganz andere, bis ins 17. Jahrhundert hinein lebendige Form ist die Konzentration mystischer Lehre in
Spruch- und Liedform, wobei ähnlich wie in der Spruchdichtung der Fahrenden das spekulative Geheimnis in
rätselhaft-einprägsame Formeln gefaßt und in liturgisch-
meditative Praxis hereingenommen wird. Die aus dem
thüringischen Kreis Eckharts stammende Sequenz
Granum sinapis (Senfkorn) drückt schon im Titel
diese Funktion aus. In 8 Strophen gereiht, z. T. als
Anrede an Gott, z. T. an den Hörer oder den Redenden
selbst, erscheinen die ehrwürdigen paradoxalen Formeln,

wird der mystische Kreis abgeschritten vom „begin, der
ie begin gebar" und der Trinität, vom Abgrund der Seele
jenseits von Zeit, Ort und Bild, vom Berg und der
Wüste, vom finstern Licht bis schließlich zur praktischen
Aufforderung:

> O sêle mîn,
> genk ûz, got în!
> sink al mîn icht
> in gotis nicht,
> sink in dî grundelôze vlût!
> vlî ich von dir,
> du kumst zcu mir.
> vorlîs ich mich,
> sô vind ich dich:
> ô uberweselîches gût.

Daß dieses zauberhafte Lied umgekehrt einen unbekannten Verfasser zu einem umfangreichen lateinischen Kommentar veranlaßt hat und auch deutsche Kommentierungen hervorrief, zeigt doch wohl die volkssprachliche
Spontaneität der deutschen Mystik und die enge Verbindung praktischer und spekulativer Frömmigkeit.

4. Tauler

Ausschließlicher als der Magister Eckhart hat sich in der
folgenden Generation Johannes T a u l e r dem Auftrag
der Predigtmission verschrieben. Seine Wirkung war um
so tiefer und breiter, als er dem Verständnis seiner Zuhörer mehr entgegenkam, mit psychologischem Einfüh-
lungsvermögen, mit ruhiger Eindringlichkeit mahnend
und tröstend und überaus anschaulich die Fragen des
richtigen frommen Lebens erläuternd. Tauler teilt die
Grundgedanken der spekulativen Mystik und kann als
Eckharts „Schüler" bezeichnet werden, obwohl eine persönliche Begegnung nicht nachzuweisen ist. Doch ist er
dogmatisch vorsichtiger als Eckhart, meidet provozie-

rende Aussagen und konzentriert sich ganz auf den ethisch-asketischen Aspekt. Tauler ist um 1300 in Straßburg aus begüterter Bürgerfamilie geboren, hier jung bei den Dominikanern eingetreten und hat bis zu seinem Tod vor allem in Straßburg gewirkt, als Lektor seines Klosters und als Prediger in den zahlreichen Frauenkonventen und Beginenhäusern seiner Umgebung. Abgesehen von einigen Jahren, die er in Basel verbrachte (seit 1339), sind nur kürzere Aufenthalte in Köln, Paris und im Kloster Medingen bezeugt.

Lateinische Schriften hat Tauler nicht hinterlassen; gut überliefert und vielleicht von Tauler selbst autorisiert ist eine Sammlung von rund 80 deutschen Predigten. Eine große Zahl weiterer Predigten sowie einige Traktate, die in Druckausgaben vom Ende des 15. bis ins 17. Jahrhundert unter seinem Namen erscheinen, sind nicht authentisch. Der große Prediger ist jedenfalls mit echten und zweifelhaften Texten stets gegenwärtig geblieben, er wurde von Luther geschätzt und ist in beiden Konfessionen immer wieder gelesen worden. Im Rahmen der sogenannten Gottesfreundliteratur ist er schon früh einer frommen Mystifikation zum Opfer gefallen, die erst im 19. Jahrhundert aufgeklärt wurde. Über einige „geistliche Volkslieder", die unter Taulers Namen liefen, ist das letzte Wort noch nicht gesprochen; eines von ihnen, das noch in den heutigen katholischen und protestantischen Kirchenliederbüchern vorhandene „Es kumpt ein Schiff geladen...", läßt sich in die unmittelbare zeitliche und örtliche Nähe Taulers, das Straßburger Frauenkloster St. Nikolaus, zurückverfolgen und enthält Taulersches Gedankengut; ursprünglich ein mystisches Lied – das Schiff als der Seelengrund und das Vehikel Gottes – ist später als Marien-, Advents- oder Weihnachtslied bearbeitet und entschärft worden.

Auch Tauler spricht in seinen Predigten vom „luter würken" Gottvaters, von der ewigen Geburt des Sohns

und von ihrem „unsprechelichen umbevange" im Heiligen Geist (156). Auch bei ihm ist die Rede von der
Rückkehr des Menschen in sein göttliches Urbild, von
der Gelassenheit, vom Rückgang in die innerste Wesen-
haftigkeit, vom Aufgeben aller Eigenschaft, alles Willens, aller „wîse" (Art und Weise). Besondere Bedeutung
gewinnt dabei der „weseliche ker", das Gnadenereignis
als Wende, Durchbruch, Bekehrung – vielleicht daß dies
in der späteren Legende von „Taulers Bekehrung" biographisch konkretisiert wurde. Von Eckhart scheidet
sich Tauler mit einer feinen, aber scharfen Trennlinie in
der Lehre vom Seelengrund, indem er im Sinne des
augustinischen „abditum mentis" den geschaffenen
Abgrund der Seele vom ungeschaffenen Abgrund Gottes
unterscheidet – „das geschaffen nút" vom „ungeschaffen
nút" (176) – und als Ort der gnadenhaften Einwohnung
Gottes in der Seele bestimmt (vgl. Ps. 41,8).

Die wite die sich in dem grunde do wiset, die enhat weder
bilde noch forme noch wise; es enhat weder hie noch do; denn
es ist ein grundelos abgründe swebende in im selber sunder
grunt, als die wasser wallent und flogieret (hin- und her-
schwanken): iezent sinkent si in ein abgründe und schinent als
do kein wasser ensi; über ein kleine stunde rúschet es her us als
ob es alle ding ertrenken welle. Dis gat in ein abgründe; in
diesem ist eigenlich Gotz wonunge verre me denne in dem himel
oder in allen creaturen.   (331)

Hier ist die Vereinung nicht mehr als ein ontologisch
sozusagen notwendiger Vorgang gesehen, sondern als ein
unberechenbares Hervorrauschen Gottes im Seelengrund. Und bezeichnend ist vor allem, wie das Bild nicht
mehr wie bei Eckhart zur präzisen Verdeutlichung des
Gedankens eingesetzt wird; vielmehr malt es aus, fesselt
an sich, wird dichterisch. Wichtig für Tauler ist der
Begriff der überformunge (z. B. 244), die der Geist Gottes dem menschlichen Geist „aus freier Güte" verleihen
kann. Das mystische Geschehen bleibt trotz allem ein

Gegenüber von Mensch und Gott. Die gnadenhafte „Gleichheit" wird zugleich als absolute „Ungleichheit" erfahren. Diese Erfahrung ist „unsprechelich". Umgekehrt liegt in der Erkenntnis des menschlichen Nichts in seinem mystischen Doppelsinn die Möglichkeit der Gnade. So behält auch die Sünde, als Nichtanerkennung dieses Nichts, bei Tauler ihren schweren Ernst, und der mystische Weg bleibt an die Passion und die Erlösungstat Christi gebunden: „über das bilde unsers herren Jhesu Christi enmag nieman kummen" (71). Was Eckhart gelegentlich zu überspringen scheint, ist bei Tauler stets noch zu bewältigen als Aufgabe eines asketischen Lebens, im kirchlichen Rahmen und im konkreten Alltag.

Taulers Ethik findet ihre eigentliche Mitte in der Anweisung zur Selbsterkenntnis und Selbstkontrolle als inwendiges „warnemen sin selbs" (Haas 90 f.). Es ist der alte augustinische Weg nach innen, vorwiegend ins Ethisch-Asketische ausgeformt und veranschaulicht: Er führt durch alle greulichen Häute hindurch, die den Menschen umgeben wie Zwiebelhäute, aber dick, groß und schwarz sind wie Ochsenleder oder Bärenfelle, dreißig oder vierzig an der Zahl (195). Das Medium dieser Selbsterfahrung und Gotteserfahrung ist auch jetzt die „Vernünftigkeit", obwohl Tauler die hergebrachte tisputacie, ob Erkenntnis oder Minne höher sei, auf sich beruhen lassen will (349). Und jedenfalls lehnt auch Tauler eine überschwengliche Liebesfrömmigkeit mit verblüffend spöttischen Worten ab, als den Sinnen zugehörig und bestenfalls eine erste Stufe: Diese „Leute" – man könnte an die spätere Nonnenmystik, vielleicht aber auch an Seuse denken – „kunnen als vil gedenken an den süssen menschen Christum, wie er geborn wart und wie sin leben und sin liden und sin tot was, und das flüsset mit grosser lust und mit trehenen durch si reht als ein schif durch den Rin" (247), doch sei das mehr Lust und Wohlsein als die wahre göttliche Minne.

Wichtig und folgenreich wird vielmehr – und da führt Tauler Eckharts *Reden der Unterscheidung* weiter – die Heiligung des alltäglichen Lebens in jedem auch noch so bescheidenen Handwerk, in jedem Stand, auch in Ehe und Familie (243). „Wäre ich nicht ein Priester und im Kloster, ich nähme es für eine große Sache, Schuhe zu machen, und das möchte ich vorbildlich tun und wollte gern mein Brot mit meinen Händen verdienen" (177). Oft haben, die geistlich scheinen, ein weltliches und die Weltlichen ein geistliches Herz (244). So soll man den auswendigen Menschen üben mit „arbeit, hende und füsse und rúgge und sol alles meinen wider in den grunt" (343); auf dieses In-den-Grund-zurück-Meinen kommt alles an. Das mutet an wie eine Vorahnung reformatorischer Arbeitsethik: Arbeit verliert die Bedeutung bloßer Mühsal, und die Armut auch des Laien erhält ihre Würde.

Wie die Mahnung zur Selbsterkenntnis in den Anweisungen des Seelsorgers an seine „kinder" ausgeführt ist, das ist ein Stück differenzierter Psychologie, genauer: eine neue Fähigkeit, menschliche Seelenzustände und Empfindungen sprachlich zu fassen. Mit großem Ernst, mit Geduld und immer wieder Trost werden die Schwierigkeiten gerade des frommen Menschen geschildert: Angst und Schwäche, Heißmütigkeit und Verbitterung, Eigenwilligkeit, Ungelassenheit, Mißgunst und neben vielem andern auch die Schwermut und Hypochondrie: „swere wort und ... swere gelas (Benehmen) und antlit und nement in selber iren friden und irem nechsten" (260). Gewiß wirkt in solchen Beschreibungen ein altes monastisches Wissen und alte seelsorgerliche Erfahrung nach. Dennoch rückt mit der Heiligung auch des bürgerlichen Lebens schärfer und reicher auch dessen seelischer Alltag in den Blick.

5. Seuse

Gegenüber der klaren, gewinnenden Gestalt des Predigers Tauler bietet Heinrich S e u s e (lat. Suso) ein verwirrendes, ja rätselhaftes Bild. Vielfältiger in den Äußerungen seiner Frömmigkeit, die von der Spekulation und der Vision bis zur krassen Blut- und Wundenmystik reicht, zugleich fragwürdiger in seinem Übergang zu literarisch-dichterischer Gestaltung und insbesondere zu einer fast schockierenden Selbstdarstellung, kontrovers daher sowohl was seine Theologie wie auch den Rang und die Echtheit seiner Werke betrifft. Die Diskussion der letzten Jahrzehnte hat indessen nicht nur die Befremdlichkeit, sondern auch den originalen, ja genialen Charakter seiner Schriften herausgearbeitet – womit das Phänomen an sich allerdings noch nicht erklärt ist.

In einem Dutzend – z. T. illustrierter – Handschriften sind die vier wichtigsten Werke Seuses zusammen überliefert, durch einen etwas verdächtigen Prolog als „Exemplar", d. h. authentischer Text deklariert. In dieser Sammelausgabe finden sich *Der Súse* (nämlich eine autobiographische Vita), das *Büchlein der Wahrheit*, das *Büchlein der Weisheit* und eine kleine Briefsammlung. Diese Werke sind auch einzeln überliefert, vor allem das *Büchlein der ewigen Weisheit*, das als das meistverbreitete Erbauungsbuch des Spätmittelalters in Deutschland gilt. Außerhalb des „Exemplars" stehen das lateinische *Horologium sapientiae* (die erweiternde Bearbeitung des Weisheitsbuches, die in die meisten europäischen Sprachen übersetzt wurde), ein *Großes Briefbuch* und einiges Zweifelhafte. Alle deutschen Schriften wurden auch lateinisch übertragen, Druckausgaben kamen früh hinzu.

Die Lebensdaten des Autors müssen im wesentlichen seinen Schriften entnommen werden. Er ist wahrscheinlich 1295 in Konstanz geboren aus einem Geschlecht

v. Berg (soll aber aus Abneigung gegen den Vater den Namen seiner Mutter angenommen haben), kommt sehr früh zu den Konstanzer Dominikanern, studiert in Köln, ist seit etwa 1330 Lektor seines Konvents (Insel-Kloster in Konstanz), verläßt während der Wirren des Interdikts (1339–46) Konstanz, um dann, vermutlich nach kurzer Rückkehr und in der Folge persönlicher Anfeindungen, zu den Predigern nach Ulm zu gehen, wo er 1366 gestorben ist.

Unmittelbarer als bei Tauler ist im _Búchli der wârheit_ der Anschluß an Eckhart und zugleich die Auseinandersetzung mit ihm sichtbar. Es ist nach Denifle die schwierigste Schrift der spekulativen deutschen Mystik und jedenfalls das grundlegende theologische Frühwerk, entstanden bald nach des Meisters Tod. Die Schrift gibt sich als katechetischer Dialog zwischen der „Wahrheit" und ihrem „Jünger" und behandelt das zentrale Thema: den Ursprung allen Seins im grundlosen, einen Wesen und die Rückkehr des gelassenen Menschen in diesen seinen Beginn. Obwohl es oft mit Eckhart-Zitaten geschieht, wird dabei der Unterschied zwischen dem in sich gekehrten, zum Sohn Gottes gewordenen Menschen und dem menschgewordenen Gottessohn Christus festgehalten und präzisiert. Die Menschwerdung Gottes ist der einzige, exemplarische Fall einer vollkommenen Einung (Haas 168), wogegen der „wiedergeborene" Mensch niemals so völlig zu „Nichts" wird, daß nicht ein Unterschied seiner „zeitlichen Gewordenheit" bliebe. So wie Christus individuelle, nicht generelle Menschennatur annahm, ist auch die ekstatische Unio der Seele mit Gott ein Wahr-Nehmen der eigenen Identität im Seinsgrunde, ein Sichselbsterkennen – in gnadenhafter Entsprechung zu Gott, dessen Wesen mit Eckhart bestimmt wird als „lebendiu, wesendiu, istigiu vernünftikeit, daz sich selber verstât und ist und lebt selber in im selber und ist das selb" (329; Eckhart I,142). Eine derart vertiefte Christologie soll bewahren vor „valscher vrîheit", zu der offenbar die Eckhartische Metaphysik verleiten kann, wie das Böse sich gern hinter dem Guten verbirgt (327). In einer allegorischen Vision erscheint das „namelos wilde", die Verkörperung unbestimmt ausschweifender Frömmigkeit, die sich mit ihrer Lehre von lediger Freiheit auf „einen hohen Meister" (Eckhart) beruft, aber vom „Jünger" nun über den Unterschied von Geschaffen und Ungeschaffen und über die wahre, geordnete Freiheit belehrt wird (352 ff.). Die Stelle muß sich richten gegen die sogenannten Brüder und Schwestern vom freien Geiste, lose und wechselnde sektiererische Gemeinschaften und Wanderprediger, eventuell auch Beginen und Begarden. Sie sollen den vollkommenen Menschen als sündenfrei erklärt, ihm ein Leben nach „allem sinem muotwillen" gestattet, ja z. T. die Auferstehung Christi geleugnet haben. Hier wird, wie schon bei Berthold von Regensburg, der Blick plötzlich frei auf eine in den Umschichtungen des Spätmittelalters und insbesondere unter dem Einfluß der Mystik entfesselte, ja entartete Laienfrömmigkeit.

Es ist nun, wie wenn die beiden andern Hauptwerke Seuses nichts anderes unternähmen als den Versuch, den Weg individueller Konkretion des frommen Menschen und seines Vorbilds Christus weiterzugehen bis zum Extrem: mystisches Leben ganz zu verstehen als Vergegenwärtigung und Nachvollzug der Passion Christi und ineins damit als fortschreitende Selbsterkenntnis und Selbstwerdung des leidenden eigenen Ich.

Das *Ander büchli* (der ewigen Weisheit) ist im wesentlichen eine Anleitung zur Nachfolge Christi im Leiden: „Meine Menschheit ist der Weg, mein Leiden ist das Tor". Das Erbauungs- und Exerzitienbuch ist wiederum, wenn auch reicher illustriert, dialogisch gehalten: Gespräche zwischen menschlicher und göttlicher Person, zwischen dem Diener der Weisheit und dieser selbst,

dazu für das praktische Gebetsleben zahlenmäßig geordnete Betrachtungen, Anrufungen und venien (Prostratio-
nen). Die Weisheit: schon das angeblich Salomonische
Buch der Weisheit im Alten Testament macht die Weisheit nicht nur zur Personifikation einer Tugend, sondern
zu einem göttlichen Wesen, das eingeweiht ist in Gottes
Wissen, neben und vor seinem Thron, die Schöpfung
durchwaltend und ordnend, die himmlische Braut Salomos. Sie ist damit einerseits auf den Logos bezogen, in
welchem sich Gott selber erkennt und weiß, anderseits –
sozusagen in umgekehrter Analogie – mit der Braut des
Hohenliedes vergleichbar. In der Tradition, die Seuse
hier aufgreift, steht somit die Weisheit für Christus,
sofern erst Christus die Wahrheit verbürgt und erschließt, zugleich aber kann sie sich mit der Bildwelt der
Brautmystik verbinden, die ihrerseits als Minnedienst
höfisch überprägt werden konnte. Damit taucht nun,
und das gilt für die ganze spätmittelalterliche praktische
Mystik, auch Bernhard und seine Liebesmystik wieder
auf – im großen Unterschied zur ontologischen Interpretation des Weisheitsbuches durch Eckhart. Verwirrend
für ein puritanisches Urteil kommt hinzu, daß sich Seuse
liebend auf die Person, ja den Leib des leidenden Christus richtet, in kühner Vermischung von überschwengli-
cher Erotik und Nachvollzug der Marter: „Die Betrachtung meiner Marter soll nicht geschehen in einem eilen-
den Darüberhinfahren, . . . sondern mit herzlicher Minne
und einem klagenden Überdenken" (257).

Was vorliegt, ist ein klassischer Text spätmittelalterlicher, aber erst recht wieder barocker und pietistischer
Blut- und Wundenverehrung, virtuos inszeniert in der
strömenden Folge seiner Klagen und Belehrungen, mit
Gebeten und hymnischen Anreden, mit dem Spiel von
Frage und Antwort und Mitteilungen des Minnedieners
über seine persönlichen Verzückungen. Das autobiographische Element ist schon hier wesentlich.

O du so reht lútzeliger spiegel aller gnaden, in dem die
himelschen geiste ir ŏgen ermeient und erwitterent, wan hetti
ich din gemintes antlút in der tŏtlichen wise, unz daz ich es mit
mins herzen trehnen wol durchgusse, unz daz ich dú schŏnen
ogen, die lichten wangen, den zartten mund so erbleichet und
ertŏdet durschoweti, daz ich min herz mit inneklicher klag ob
im wol erkúlti! (208)

Einer solchen Sprache scheint nichts mehr unmöglich zu
sein: schmeichlerisch, süß, minniglich, melodisch, in
strömenden Bildern appelliert der Dichter an alle Sinne
und Empfindungen, die er doch überwinden und abtöten
will. Der entstellten Lieblichkeit des Heilandantlitzes
entspricht ja überhaupt, daß er sich mit raffiniertesten
Mitteln schönen Wohllauts über das Schreckliche und
Häßliche ergeht, in einer Gratwanderung – mit Bernhard
zu sprechen – der „formosa deformitas et deformis for-
mositas", im dauernden Umschlagen der Wunden in
Rosen, des gefühligen Selbstgenusses in harte Askese.
Der Selbstgenuß, die übersteigerte Empfindsamkeit: das
ist ungefähr das, was Tauler gleichzeitig getadelt hat.
Dahinter steht natürlich auch die Welt der Andachtsbilder – Schmerzensmann, Vesperbild, Johannesgruppe,
kreuztragender Christus –, wie sie gerade im Bodensee-
raum so einfühlsam entwickelt wurden, allerdings
zurückhaltender und spröder trotz allem als die Seusesche Prosa, die auf ihre Weise den weichen oder schönen
Stil vorwegnimmt.

Die Selbstbezogenheit der Empfindung, die Bewußtheit des Redens, die Exemplifikation mit der eigenen
asketisch-mystischen Erfahrung, all dies findet seine
konsequenteste Ausprägung in der eigentlichen Autobiographie. Die Personalisierung äußert sich schon in der
Ausgabe eines „Exemplars"; es wird eröffnet durch das
Buch „daz da haisset der Súse". Nach den noch stark
rollenhaften und partiellen Ansätzen einer weltlichen
Minne-Autobiographie bei Ulrich von Lichtenstein und

Hadlaub ist es zum erstenmal in deutscher Sprache, und unvergleichbar noch für Jahrhunderte, eine Selbstdarstellung, ja Selbstenthüllung aus dem individuellen Lebensstoff, mit dem ganzen Aufgebot des süßen Stils und der Motivik hagiographischer Tradition. Die im Grunde seit Augustin nie mehr so grundsätzlich unternommene Darstellung der eigenen Vita spiritualis bedarf nun allerdings in doppelter Hinsicht einer Abschirmung und Legitimation: Die Autorschaft wird primär nicht dem Helden zugeschrieben, und das Werk mündet in einen traktatartigen Schlußteil, der den anekdotisch-romanhaften Hauptteil relativiert.

Die Vorrede berichtet eine mysteriös anmutende Entstehungsgeschichte: Eine geistliche Tochter (niemand anders als die Nonne Elsbet Stagel im Kloster Töß bei Winterthur) hatte Seuse gebeten, er möge ihr zum Trost in ihrem Leiden von seinen eigenen Erfahrungen – „usser eigenr empfindunge" – erzählen; ihre Aufzeichnungen davon ließ sich Seuse geben, um sie zu verbrennen; ein nachträglich erhaltenes Stück habe er nun aber auf himmlischen Befehl hin bestehen lassen, ja nach dem Tod der geistlichen Freundin mit einiger guter Lehre ergänzt. Das sind z. T. Topoi demütiger Entschuldigung eines unsicheren literarischen Unternehmens, vielleicht auch ein echter Versuch der Distanzierung. Verschiedene Stilschichten lassen sich nun aber kaum unterscheiden und auch keine Lücken erkennen. Anderseits ist beim ganzen Exemplar mit einer späteren Überarbeitung oder wenigstens Ergänzung zu rechnen. Soweit bleibt die Frage der Authentizität vom Prolog aus offen.

Was wir besitzen, ist eine locker gefügte Biographie in Er-Form, nach den Stufen des geistlich-mystischen Weges geordnet. Nach fünf gnadenlosen Jahren im Kloster erfährt der Achtzehnjährige den „êrsten kêr". Nach den „vorstriten eins anfangenden menschen" wird er in die „gemahelschaft" der ewigen Weisheit aufgenommen,

der er fortan einen breit ausgeschmückten geistlichen
Minnedienst widmet (wobei anstelle der Weisheit auch
Maria treten kann). Daneben kasteit und peinigt er sich
mit ausgesuchten und exakt beschriebenen Mitteln (Geißeln, Nagelkreuz auf dem bloßen Rücken, Fasten und
Abtötungen aller Art) bis zur völligen Erschöpfung in
seinem vierzigsten Jahr. Nun erfolgt die Wendung zur
Schule rechter Gelassenheit, nämlich zur inneren Passion
und zur Sorge für das Heil des Nächsten. Dazu gehören
nicht nur die Zeiten gänzlicher Gottverlassenheit, sondern Bedrohungen und vor allem der Verlust der persönlichen Ehre durch übelste Verleumdungen. Die Vita wird
fast zum Hintertreppenroman: Der Diener der Weisheit
wird der Ketzerei, des Diebstahls, der Brunnenvergif-
tung, des Betrugs, der Unzucht und anschließender
Vaterschaft beschuldigt (Kap. 1–45). Das ist vorgetragen
in reich instrumentiertem Wechsel von Ich- und Er-
Bericht, als erbauliches Gespräch, als Exempel, Legende,
Hymnik, Vision, wieder im Wechsel der Aspekte als
Braut-, Weisheits- und Passionsmystik. Die letzten
Kapitel (46–53) bringen nun eben das genannte zweite
Alibi: die Unterweisung der geistlichen Tochter Elsbet
Stagel über die hohen und höchsten Fragen, hinein bis
ins Geheimnis der Trinität und die Verzückung: „Wafen,
ich swimm in der gotheit als ein adler in dem lufte"
(180).

Kein Zweifel: die Biographie ist als Andachts- und
Unterweisungsbuch konzipiert und ausgerichtet auf den
überhöhenden Schluß. Die Vita soll „in glichnusgeben-
der wise" mit wirklichen Geschehnissen belehren, wie ja
auch gute Werke mehr ausrichten könnten als bloße
Worte (Vorrede zum Exemplar). Damit setzt sich das
Werk nun aber der Frage aus, die überraschend klar im
Schlußkapitel über „diss buoches meinunge" denn auch
gestellt wird: Wie kann man „bildlos gebilden und wise-
los bewisen das über alle sinne und über menschlich

vernunft ist?" (191). Die berühmte Antwort lautet: „daz
man bild mit bilden ustribe". Nur über die Konkretion
des faktischen, sinnlichen Individuums (Bild) kann der
Aufstieg ins Bildlose erfolgen. Zwischen Gott und
Mensch vermittelt zunächst der menschgewordene Christus, dann aber auch die Menschlichkeit seines „Dieners". Dies ist die theologische Rechtfertigung für die
Wendung zur kreatürlichen Vorstellungswelt und vor
allem zur Erfahrung seiner selbst.

Das blitzartige Ereignis der Selbstidentifikation erfolgt
in der unvergeßlichen Szene mit dem Fußtuch (58). Dem
Diener, der eines Wintertags traurig und frierend in
seiner Zelle sitzt, wird durch eine Stimme das kommende
Leiden angekündigt: „tuo uf der celle venster und luog
und lern!" Da sieht er einen Hund im Klosterhof mit
einem zerschlissenen Fußtuch spielen und es hin- und
herzerren. So wird es ihm ergehen in seiner Brüder
Munde. In diesem „autobiographischen Moment" (der
literarisch mit Augustins Erlebnis „Tolle, lege!" zusammenhängt) wird ein Ich seiner selbst und seines Schicksals gewahr. Wie epochal diese Wendung ist, zeigt ein
Blick auf die später langsam einsetzende bürgerliche
Selbstbiographie, die sich nur mühsam aus Reisenotizen,
Haushaltrechnungen, Familien- und Städtechroniken
usw. herausringt. Da Selbsterkenntnis an sich nur über
Außenerkenntnis erfolgen kann, wird auch verständlicher, wenn sich bei Seuse das Rollen-Ich des Andachts-
buches und das faktische Ich schwer unterscheiden lassen. Jedes Leben, und schon gar ein mittelalterliches,
scheint von vornherein auf Rollen hin stilisiert, zumal
wenn der Bericht davon exemplarisch sein will und
Erfahrung mit visionären Gleichnissen mischt. Der
Unterschied zu vermeintlich „echteren" Biographien ist
nur graduell.

Im *Seuse* überprägen sich die Rollen und ihre literarisch tradierten Muster oft ununterscheidbar. Die seit der

Patristik gepflegte Heiligen- und insbesondere Mönchs-
vita folgt von jeher typischen und topischen Stationen
und Motiven. Sie ist auch in den Viten der Bettelorden
lebhaft fortgesetzt worden. Ob – nach der Vermutung
Kurt Ruhs – der in den Franziskuslegenden erscheinende
spielerisch-poetische Stil (wozu auch das Motiv von der
Heirat der Frau Armut gehört) auf die Seusesche Domi-
nikanerliteratur gewirkt hat oder nur eine zeitgeschichtliche Parallele bildet, bleibe dahingestellt. An Seuses Vita
bezaubert hat vor allem die poetische Stilisierung des
geistlichen Lebens als Minnedienst in einer Art erzählerischer Kontrafaktur, wie sie das Spätmittelalter liebt. Es
kann aber auch der ritterlich-romanhafte Aspekt hervortreten: Der Diener erkennt sich als aventiurer, in modischer Neuprägung des alten Begriffs der Militia Christi.
Das Tertium comparationis zwischen Roman und Autobiographie liegt im übrigen im Thema der Selbstwerdung.

„bild mit bilden ustriben": beide Seiten der Paradoxie
sind ernst zu nehmen. Was den Leser, wohl nicht nur
heute, vor allem fesselt, ist aber das Bild: klösterliche
Szenen in der Kirche, in der Zelle, bei Tisch, die nächtliche Plage des Ungeziefers, die Nonnen beim Ackerbau,
das rheinumflossene Kloster am See, das Marktschiff, die
Maibräuche der jungen Leute in Schwaben. Das kann
genrehaft sein, ja novellistisch, aber auch grausam bei der
exakten Darstellung der Marter und zugleich empfind-
sam bis zum Selbstmitleid – dies wieder im entscheidenden Moment der Identifikation: der Diener hat sich
selbst gegeißelt, blickt über seinen blutigen Körper und
sieht sich selbst als den gegeißelten Christus. „Er ward
von erbermde über sich selb als reht herzklich weinende"
(43).

Wenn solche Empfindsamkeit und dazu der lyrische
Tonfall dieser Prosa als akuter Ausdruck des Sich-selber-
Erkennens verstanden werden kann, so wird dies noch-

mals überhöht in der Selbstreflexion der Sprache. Sie
weiß, daß „die in der lauteren Gnade empfangenen und
durch einen lebenden Mund ausfließenden Worte ...
erkalten und erbleichen wie abgebrochene Rosen, wenn
sie aufs tote Pergament kommen" (199). Intendiert ist
sozusagen ein übersprachliches Saitenspiel, von dem
immer wieder die Rede ist – als süßes, stilles Getön in der
Seele (17) oder als Jenseitsmusik, wie sie von der antiken
Sphärenmusik und den Engelchören bis zu Mechthilds
stürmischen Auditionen bekannt ist. Damit wird wiederum die Gegenbewegung zur konkretisierend-sinnli-
chen Tendenz deutlich. In der liebenden Empfindung
des Dieners wird die ganze Schöpfung – alle Kreatur in
Himmel- und Erdreich bis zum Sonnenstäubchen und
Wassertröpflein – hereingenommen in den umfassenden
Lobgesang, der endet „in einem ganzen abker von uns
und von allen creaturen" (*Sursum corda* 29).

Es ist trotzdem nicht leicht, die gegen Seuses Stil
erhobenen Einwände (die sich etwa bei Walter Muschg
bis zu Beschimpfungen steigern) zu entkräften. Bleibt
nicht das Bildlose nur Vorwand für die Entfaltung selbst-
verliebter, sentimental überzüchteter Frömmigkeit, liegt
nicht im „Stimmungszauber" und der verspielten Manier
ein Verrat am Geist echter Mystik und echter Dichtung
vor? Ist die Vita nicht doch das unerträgliche, apokryphe
Werk eines wenn auch virtuosen Erbauungsautors, hinter dem der „echte" Seuse versunken wäre? Die Antwort
kann auch hier nur lauten: Ein so reiches und epochales
Buch ist als bloße Mystifikation oder gar Fälschung
undenkbar; was daran fragwürdig und fremd scheint,
gehört zu seinem Wagnis und kann nur Anlaß sein,
hergebrachte Kategorien von Frömmigkeit oder Dichtung zu überprüfen.

6. Schwesternleben

Auch wenn Seuses Werk an Umfang, Rang und Form unvergleichlich ist, so zeigt doch schon die für die Entstehung offenbar wichtige Verbindung mit Elsbet Stagel, daß es nur auf dem Hintergrund einer mächtigen, reifen klösterlichen Frömmigkeit, insbesondere der Dominikanerinnen, denkbar ist. Die großen Visionärinnen des 12. und 13. Jahrhunderts stehen am Anfang einer Tradition, die erst in der ersten Hälfte des 14. Jahrhunderts ihre größte Verbreitung fand, so sehr, daß man nun von einer Volkstümlichkeit mystischen Lebens sprechen kann. Die Volkssprache wird denn auch als unmittelbares Organ der göttlichen Eingebung empfunden; schon im (vielleicht späteren) Prolog von Seuses Weisheitsbuch wird gesagt, er schreibe seine Offenbarungen „ze tütsche" nieder, weil er sie auch so empfangen habe, und eine der Tösser Schwestern vom Ende des 13. Jahrhunderts hört den himmlischen Gesang als „unmässekliche süsse tüsche wort" (St. 72). Ein Verlust an Niveau und Ursprünglichkeit zeigt sich nun aber gerade in der Literarisierung, in der gattungsmäßigen Ausbildung und Aufzeichnung mystischer Lebensläufe: in den sogenannten Schwesternleben. Wie die Seuse-Vita zeigt, sind Biographie und Autobiographie schwer trennbar. Auch die Viten besonders begnadeter Schwestern eines Klosters können sich teilweise auf selber niedergeschriebene Offenbarungen stützen. In der Mehrzahl der Fälle aber erscheinen sie durchaus objektiviert und in Sammlungen retrospektiv-historischer Art, als biographische Reminiszenzen, im günstigen Fall als runde Lebensbilder bedeutender Schwestern eines bestimmten Klosters – gesammelt als Vorbilder aus der heroischen Zeit zum Ansporn der gegenwärtigen Schwestern und natürlich auch zum Erweis der speziellen Gnaden, die ein Kloster erfahren hat. Insofern handelt es sich um Klosterchroniken und speziell Chroniken ihres spirituellen Lebens.

Es existieren solche Sammlungen aus acht Klöstern vor allem Oberdeutschlands. Ihre Erinnerungen beziehen sich teilweise noch auf Personen und Ereignisse des 13. Jahrhunderts, die Niederschriften aber, die oft in verschiedenen Etappen und durch verschiedene Verfasserinnen erfolgen, sind frühestens zu Beginn und spätestens nach der Mitte des 14. Jahrhunderts anzusetzen. Es handelt sich – nach der ungefähr chronologischen Reihenfolge Walter Blanks – um folgende Sammlungen:

Unterlinden (Colmar): 39 lateinische Viten.

Adelhausen (Freiburg i. B.): eine gegen 1350 verfaßte deutsche Bearbeitung einer verlorenen lateinischen Vorlage.

Töß (bei Winterthur): um 1340 und später in mehreren Etappen entstanden, mit insgesamt 39 Viten sehr verschiedenen Umfangs, höchstens teilweise Seuses geistlicher Freundin Elsbet Stagel, der Tochter eines Zürcher Ratsherrn, zuzuschreiben.

Ötenbach (Zürich): eine Klosterchronik, die in eine kleinere Reihe von Biographien mündet.

St. Katharinental (bei Dießenhofen): meist kürzere Notizen über 54 Schwestern dieses auch für die Buchmalerei und die Andachtsbilder mystischer Haltung bedeutenden Klosters.

Kirchberg (bei Sulz in Württemberg).

Weiler (bei Esslingen).

Engeltal (östlich von Nürnberg): das *Büchlein von der Genaden Uberlast* mit über 50 kurzen Viten, verfaßt von der Priorin Christina Ebner (1277–1356), die auch eigene Offenbarungen hinterließ und im Ruf der Heiligkeit stand.

Der Gesamteindruck ist ergreifend und erschreckend zugleich: Was hier an Hunderten von Schicksalen deutlich wird, ist eine Welt der liebenden Hingabe und

Entsagung, einer bis zur Verirrung gesteigerten Selbstpeinigung, von Jenseitsschau und Halluzination. Es ist eine auf Askese und Kontemplation konzentrierte Frömmigkeit, hinter deren legendarischer Fassade man immer wieder unmittelbar die unerhörten Opfer und Seelennöte erkennt, auch das beständige Ringen um den Bestand einer im Innersten bereits zweifelhaft gewordenen Zucht. Man glaubt heute die psychologischen Mechanismen hinter den oft naiv wirkenden Mitteilungen zu erkennen und scheut sich doch mit Recht, damit das Phänomen abzutun. Der Zustrom zu den Frauenklöstern mag seine sozialen und wirtschaftlichen Aspekte (Frauenüberschuß, Versorgung) haben. Neben den Fällen, da schon Kinder ins Kloster gesteckt werden oder Witwen eintreten, begegnet auch die freiwillige Auflösung einer Ehe und der Eintritt beider Partner ins geistliche Leben. Nur selten geht es um spekulativ fundierte oder überhaupt theologisch interessierte Religiosität, auch wenn gelegentlich große Meister genannt werden, ja als Besucher erscheinen, so auch Meister Eckhart. Es geht fast immer um Praxis, d. h. asketische Übung bis zur ausgeklügelten Technik der „Disziplin", deren Wortsinn konkret verstanden wird, die man sich „nimmt": Schweigen, Fasten, Venien zu Hunderten und Tausenden, Geißelung, Sich-Einschnüren oder -Fesseln, Nagelkreuz usw. Als Entsprechung und Resultat dann die „Gnaden" der Ekstase (auch diese gelegentlich ganz konkret als Elevationsphänomen erfahren), der Visionen, der Stigmatisation, der Wunder zu Lebzeiten oder nach dem Tode. Auch wenn das Gesamtbild durchaus von Krankheit und Leiden – der lebenslange siechtuom, ja die völlige Starre als Passion und zugleich Gnadensymptom – geprägt ist, so gibt es doch gelegentlich auch die fröhlich-franziskanisch-einfältige Existenz wie z. B. in der hübschen Tösser Vita der Mezzi Sidwibrin. Und so überschwenglich, ja phantastisch die Wunder vorgetragen werden, so kann doch gelegentlich auch die Frage offengelassen werden, ob eine begnadete Schwester ihre Vision nur geträumt hat oder ob sie wirklich „in Gott entschlafen war".

Bei allen sozusagen unbeabsichtigten Einblicken in den klösterlichen Alltag, den uns diese Viten gewähren, stehen sie mit ihrer Asketik und ihren Wundern weithin im Zeichen der Legendenliteratur seit den *Vitae patrum* des frühen Mönchstums oder den Dialogen Gregors des Großen. Die Typik der Legende und vor allem ihres oft isolierten Elements, des Mirakels, also die unverhohlene Übertragung der Motive vom einen Text auf den andern, ist kein Einwand gegen die „Echtheit" der Schwesternleben. Es geht ja gerade um die Bewährung des Einzellebens an den Mustern, um ihr Verständnis als hagiographische Wiederholung, und zudem ist ja das religiöse Leben von vornherein auf den Nachvollzug dieser Muster ausgerichtet.

In der Art, wie die kleinen Lebensbilder und hier meist nur eine Kette von Mirakeln oder Anekdoten aufgezeichnet und gesammelt werden, läßt sich nun freilich auch der Charakter bürgerlich-behaglichen Registrierens nicht verkennen. Hoher Stil höfischer oder archaischer Art ist selten mehr zu ahnen, es dominiert eine schlichte, oft auch hilflose chronikalische Manier. Unheimliches und Ergreifendes mischt sich mit psychologisch allzu Durchsichtigem, mit spielerischen, ja auch grotesken Zügen, wobei zwischen wirklicher Naivität, Klatsch und Klosterhumor schwer zu unterscheiden ist – das Ergötzliche hat ja schon seit je seinen Platz in der Legende. Nur in wenigen größeren Beispielen kann es zu einer wirklich gestalteten dichterischen Leistung kommen. So stellt die Lebensgeschichte der *Königin Elsbet* am Schluß der Tößer Sammlung eine Perle früher Prosaerzählung dar, auch wenn sich darin nach Entstehung und Überlieferung zwei Schichten unterscheiden lassen (Grubmüller).

Sie berichtet anschaulich von einem Frauenschicksal, das im Glanz großer Höfe begann und in der Namenlosigkeit einer fremden Klosterzelle endete. Elisabeth (1292/1294–1337) war die erbberechtigte Tochter des Königs Andreas von Ungarn und einer Piasten-Prinzessin; sie verlor früh die Mutter und 1301 den Vater, der sich in zweiter Ehe mit Agnes, der Tochter des deutschen Königs Albrecht I., verheiratet hatte. Elisabeth und ihre Stiefmutter werden vom ungarischen Erbe ausgeschlossen; nach der Ermordung Albrechts 1308 residiert Agnes in dem von ihr gestifteten Kloster Königsfelden, während Elisabeth – die ursprünglich dem König von Böhmen, dann einem Herzog von Österreich verlobt war – ins Kloster Töß gesteckt wurde, zum großen Stolz der Schwestern, als „wirdig schatz" des Konvents. Die Härte der Stiefmutter, die letzte Reise der Prinzessin in die Welt nach Baden und Einsiedeln, die Seelennot und Armut der jungen Schwester, das letzte Ringen um den Willen Gottes und den Verzicht, wie der geliebte Herzog vor der Klosterpforte erscheint, um sie zurückzuholen, ihre Liebenswürdigkeit, ihre schweren Leiden, ihre Wunderheilungen, ihr früher Tod und eine Erscheinung vor ihrer Mutter – das ist, wie immer legendarisch überformt und novellistisch ausgestaltet, ein echtes Dokument, das vielleicht mehr verrät, als es wahrhaben will. Daß der Dulderin ihre „Muhme", die heilige Elisabeth von Thüringen, erscheint und neben Gott zu ihrer alleinigen Hilfe und Zuversicht wird, deutet wieder die Prägung des Lebens durch ein Muster an und weist auch auf eine unabsehbare gelebte Asketik und Mystik hin, die sich außerhalb der Sprache und der hagiographischen Literatur vollzog.

SPÄTMITTELALTER

I. GEISTLICHE LITERATUR

1. Gottesfreunde

In Seuses Vita läßt sich verfolgen, wie sich im Verhältnis von Priester und Beichtkind ein neues Klima der Seelsorge, der Selbstbeobachtung, der Belehrung und Offenbarung entwickelt, wie im Dialog mystische Erfahrungen, seelische Regungen, ja schließlich ganz persönliche Gelegenheitsdinge aussagbar werden. Von jeher war der Briefwechsel, sei er nun spontaner oder literarisch überformter Art, ein wichtiges Instrument der geistlichen Kultur und der Sublimierung des klösterlichen Lebens gewesen. Dies ist nun erst recht im Bereich der Mystik der Fall und hier vor allem in späterer Zeit, da sich die Zungen lösen, die Gefühle reichlicher strömen, die Kommunikation leichter vonstatten geht; zahlreiche Geistliche sind für ihre Studien, als Prediger und Beichtväter, zur Visitation der Klöster, zum Besuch eines Kapitels unterwegs. Wenn die Mystikerbriefe, deren Tradition und Bedeutung durch Wilhelm Oehls Auswahl imposant belegt worden ist, ursprünglich meist den Charakter offizieller Briefe oder Sendschreiben hatten (z. B. bei Hildegard), so wird später in der Volkssprache der Ton vertraulicher, die Substanz vielleicht auch dünner, die Aussage privater und alltäglicher. Noch Seuses Briefbuch ist in der überlieferten Form auf geistliche Lehre beschränkt, auch wo Adressaten angesprochen werden.

In welch reichem Netz der Beziehungen, der Freundschaften, Verwandtschaften, der persönlichen oder auch zeitgeschichtlichen Umstände, im Verhältnis gegenseitiger Betreuung und Mitteilung spätere mystische Frömmigkeit gedeiht, das zeigt die Korrespondenz von Margareta Ebner und Heinrich von Nördlingen

sie gilt als der älteste erhaltene Briefwechsel in deutscher
Sprache. Margareta, mit der Nürnberger Ebnerin wahrscheinlich nicht verwandt, war im Kloster Medingen
(nördlich von Dillingen) seit 1312 von schweren Leiden
und Gesichten heimgesucht; seit 1332 ist der Weltprie-
ster Heinrich von Nördlingen ihr Seelenführer und
zugleich ihr Schüler und Verehrer, auf dessen Wunsch
hin sie das – offenbar auf älteren Notizen beruhende –
Buch ihrer „Offenbarungen" (1312–48) verfaßt hat: ihre
Leiden, ihre asketischen Übungen, ihr visionäres Nachvollziehen des Lebens Christi, vor allem der Kindheit
und des Kreuzes. Heinrich war zur Zeit der ersten
Bekanntschaft Priester in Nördlingen, unternahm
1335–37 eine Reise nach Avignon, mußte wie Seuse und
Tauler wegen des Interdikts die Heimat verlassen, blieb
als erfolgreicher Prediger etwa zehn Jahre in Basel, war
aber in Missionen seines Ordens und der kirchlichen
Oberen viel auf Reisen. In Nördlingen wie dann vor
allem in Basel ist er der Mittelpunkt eines frommen
Kreises von adligen und bürgerlichen Damen und Herren, von Laien und Klosterleuten, ähnlich wie eine Zeitlang Tauler. Von Heinrich stammt die unersetzliche
oberdeutsche Übersetzung von Mechthilds *Fließendem
Licht,* die durch eine Basler Bekannte, Margareta zum
goldenen Ring, zu den Waldschwestern nach Einsiedeln
gesandt wurde. Heinrichs fast schwärmerische Briefe an
Margareta Ebner bilden den Hauptteil ihrer Briefsammlung, in der u. a. auch Tauler, der Abt von Kaisheim, die
Basler Margareta vertreten sind. Während ein wirklich
theologischer Gehalt fehlt, mischt sich in diesen spontanen Briefen um so wunderlicher ein wortreicher, aber
zugleich etwas hilfloser geistlicher Überschwang mit All-
täglichkeiten. Die Not der Zeit (Ludwig der Bayer, der
große Tod der Jahre 1348–50) kommt zur Sprache, daneben allerlei Familienangelegenheiten; wir verfolgen den
Austausch von Büchern, vor allem aber auch von Anden-

ken und andern Gaben, von kostbaren Reliquien bis zu
Spezereien und einem Käslein. Zwischen dem Gewölk
mystischer Minneseligkeit fällt der Blick in eine oft recht
bürgerliche Realität.

Was sich schon im *Seusen* und in der allgemeinen
Viten- und Visionenliteratur ankündigt, findet sich
gleichsam ad absurdum geführt im Komplex der sogenannten Gottesfreundliteratur. Hier ist der Übergang
von der Mystik in die Mystifikation und von der autobiographischen Selbsterfahrung in die phantastische
Erfindung pro domo vollzogen, wobei nun irgendwelche
Laien die mystische Vorstellungswelt an sich ziehen und
zugleich ins Mysteriöse auflösen. Als „Gottesfreund"
konnte sich jeder fromme Mensch bezeichnen. Nun
taucht aber im späteren 14. Jahrhundert in einer Vielzahl
erbaulicher Schriften die Idee von einer geheimnisvollen
Verbindung bestimmter Gottesfreunde unter sich auf; als
deren Mittelpunkt erscheint ein „Gottesfreund aus dem
Oberland", wobei „Oberland" das schweizerische Berg-
land meinen kann, zugleich aber volkstümliche Metapher
für das Reich Gottes ist.

In den frühen Druckausgaben von Taulers Predigten
ist eine *Historia Tauleri* vorangestellt, die Geschichte
von der Bekehrung eines berühmten Predigers (womit
eben Tauler gemeint ist) durch einen anonymen Besucher; der pharisäische Prediger wird durch die wahre
Frömmigkeit des Unbekannten erschüttert und geht in
sich; er verzichtet lange Zeit auf das Predigen, insbesondere in lateinischer Sprache, um dann erst langsam wieder zum großen Verkündiger zu werden. Dieser namenlose Gottesfreund aus dem Oberland taucht nun in ähnlichen Rollen auch in andern Schriften auf, die gesamthaft
und in mehreren Exemplaren aus dem Stift „zum Grünen
Wörth" in Straßburg stammen. Dieses „Grüne Wörth"
war ursprünglich ein verödetes Benediktinerkloster
gewesen, das im Jahr 1367 von einem reichen Straßbur-

ger Kaufmann R u l m a n   M e r s w i n (Hieronymus Delphinus) übernommen, umgebaut und durch geschickte Verträge zwar nominell dem Johanniterorden unterstellt, faktisch aber der Verfügung dreier „Pfleger" – alles Kaufleute – übergeben wurde und als ein in mystischem Geist geleitetes, noch im 15. Jahrhundert blühendes Altersheim vornehmer Straßburger diente. Jener Rulman Merswin hatte sich selbst hier zurückgezogen und war 1382 gestorben. Die in seinem Nachlaß erhaltenen, z. T. schon vorher verbreiteten Schriften sind langfädige Traktate und Sendschreiben, teilweise von der Hand Merswins selbst, teilweise angeblich von dem geheimnisvollen Gottesfreund geschrieben. Sie geben geistliche Unterweisung und berichten von Offenbarungen und legendären Ereignissen verschiedener frommer Zeitgenossen, vor allem aber von Merswins eigener geistlicher Entwicklung (*Vier anfangende Jahre*), d. h. seiner Abkehr von der Welt, seinen geistlichen Übungen, seinen Beichtgesprächen mit Tauler. Entscheidend wurde danach auch hier das Erscheinen des oberländischen Gottesfreunds, der nun als heimlicher Korrespondent Merswins sein eigenes Leben und das einer Reihe von Genossen schildert (*Fünfmannenbuch*), die Schicksale des „Grünen Wörth" mitbestimmt, von seinen geistlichen Brüdern und seiner Sorge um die Zeitläufte berichtet. Es scheint, daß die Gestalt des Gottesfreundes kein geringes Echo bei den Zeitgenossen fand und viele Hoffnungen auf sich zog – obwohl sie heute als rein literarische Fiktion voller Unglaublichkeiten und Widersprüche entlarvt ist. Ob es nun Merswin selber oder sein Adlatus, ein gewisser N i k o l a u s   v o n   L ö w e n, war, der diese Erdichtungen oder „Fälschungen" im Interesse ihrer Stiftung oder im Sinn utopischer Erbauungsdichtung verfaßt hat, bleibt ungewiß.

So geschwätzig und durchsichtig diese literarische Machenschaft heute erscheint, ist doch der Stellenwert des Phänomens beträchtlich. Es sind Laien, die hier ihr geistliches Dasein selber inszenieren und die wahre Bekehrung gerade gegenüber einer so unbescholtenen Gestalt wie dem Ordensprediger Tauler ausspielen. In die Person des Gottesfreundes projiziert sich eine aktuelle Erwartung, die das Heil aus der Anonymität eines in den Bergen hausenden Eremiten und Propheten erhofft. Ja darüber hinaus ist die Rede von einer geheimen Bruderschaft, die sich im Gebirge trifft, durch ihr Gebet das schreckliche Gericht noch einmal abwenden kann und durch ihre Sendboten oder durch eine angebliche Romreise des Gottesfreundes zu Papst Gregor XI. selber ins Weltgeschehen eingreift. Das *Neunfelsenbuch* ist eine Art Allegorie der christlichen Menschheitsgeschichte. Die Rahmenvision entbehrt nicht der Größe: Von einem „gar gros wunderliche hoch gebirge", auf dessen Hochfläche sich ein großes reines Wasser befindet, stürzen kaskadenartig die Fluten und in ihnen zahllose Fische herab, in die Flußläufe und bis ins Meer; worauf dann die Fische zurückzukehren suchen, in immer geringerer Zahl sich ihrem Ursprung nähern, hinauf über die neun Felswände und -terrassen, die wie ein alpiner Läuterungsberg sich vor uns erheben. Das ist der Rahmen für eine überaus breite nach den geistlichen und weltlichen Ständen geordnete Schilderung des Verfalls, der „sünde und aller der cristenheit gebreste", aber auch für die Mahnung, den gewaltigen mystischen Berg wieder hinanzu klimmen. Die Idee der geheimen Bruderschaft aber, die den Untergang noch etwas aufhalten kann, mag nicht nur in der Realität mancher Orden, Gemeinschaften und Sekten ihre Stütze haben; sie gehört jedenfalls zu einer literarischen Tradition: von den Gralsrittern über Eberlins von Günzburg *Bundesgenossen* bis zu den Rosenkreuzern und Goethes Gesellschaft vom Turm.

Die erstaunlichste Legitimation der an sich dubiosen Straßburger Publizisten ist jene Gestalt, in der, nach

Walter Muschg, „der Gottesfreund im Oberland doch
noch Fleisch und Blut geworden" scheint: der Unterwaldner Eremit N i k l a u s   v o n   F l ü e (1417–87). Als
Fünfzigjähriger hat dieser Mann seine große Familie
verlassen und den Weg nach Norden (Straßburg?)
genommen, wurde aber bei Liestal durch ein Gesicht zur
Umkehr veranlaßt und lebte dann neunzehn Jahre in
seinem Ranft (Schlucht), abgeschieden und doch als
moralisch-politischer Ratgeber inmitten seiner Leute,
seines Landes tätig. Von seinen urtümlichen, schwerver-
ständlichen Visionen berichten die zahlreichen, z. T.
hochgestellten Besucher. Er selbst ist kein Schriftsteller,
sein „Buch" ist ein zur Meditation dienendes Symbol-
bild: das Rad der Trinität mit der ungeteilten Gottheit als
Nabe. Bruder Klaus hat, im vollen Licht der Geschichte
wie nur je eine der großen Mystikerinnen, ins politische
Geschehen eingegriffen und durch sein persönliches
Erscheinen an den Verhandlungen der zerstrittenen eidgenössischen Orte den Frieden und den Bestand des
Bundes gesichert.

2. Niederländische und deutsche Nachfolge Christi

Schon mit Mechthild von Magdeburg und ihrer Schwester Hadewijch hat sich eine niederdeutsch-niederländi-
sche Landschaft mystischer Frömmigkeit abgezeichnet.
Erst recht ist nun im 14. und 15. Jahrhundert mindestens
der niederländische Kontext auch der hochdeutschen
Erbauungsprosa in Rechnung zu stellen. Das kann hier
nur in knappster Form angedeutet werden.

Am Unterlauf von Rhein, Maas und Schelde hat sich
nicht nur eine ritterlich-höfische Kultur entwickelt, die
schon im Hochmittelalter auch in Oberdeutschland als
führend empfunden wurde; hier gibt es auch verhältnismäßig früh ein durch Handel und Industrie getragenes
Bürgertum, das zugleich mit der höfischen Spätblüte

auch in seinen künstlerischen und religiösen Äußerungen
den reifsten Herbst des Mittelalters darstellt. Im geistlichen Bereich ist an die Ausstrahlung Kölns in die Niederlande zu denken; über Eckharts, Taulers, Seuses Aufenthalte am Niederrhein sind wir unterrichtet. Außer
Frage steht eine intensive Auseinandersetzung mit dem
Erbe Eckharts. Jan van R u u s b r o e c (1293–1381),
Kaplan in Brüssel und dann Gründer einer Gemeinschaft
nach der Regel der Augustinerchorherren, in Groenendaal, wird zur zentralen Gestalt niederländischer Mystik,
nicht nur mit seinen ausschließlich in der Volkssprache
verfaßten Schriften, sondern ebenso mit der Demut,
Milde und Weisheit seiner Person: „doctor ecstaticus"
wurde sein Titel. Seine Lehre von der Einswerdung ist
eine Systematisierung des alten dreigestuften geistlichen
Wegs der Seele; sie trägt eckhartische Züge, aber erstrebt
mit Bernhard und Bonaventura ein Einswerden in Liebe
und durch Gnade (Christus) und formuliert im Titel des
Hauptwerks doch mit der Metaphorik des Hohenliedes:
Die gheestelike Brulocht (*Von der Zierde der geistlichen
Hochzeit*). Dieses Werk wird 1350 zu den Gottesfreun-
den nach Straßburg gebracht und, wenn auch recht unbe-
holfen und laienhaft, alsbald ins Oberdeutsche übersetzt
und weiter verbreitet (vgl. Marquard von Lindau); die
Nachricht belegt am unmittelbarsten die Rückwirkung
der niederländischen Mystik am Oberrhein.

Ruusbroecs bedeutendster Schüler in dem vielbesuch-
ten Stift Groenendaal wird Geert G r o o t e (1340–84),
durch dessen Bußpredigten eine eigentliche Reformbe-
wegung entsteht. Diese führt, vor allem durch die Hilfe
Florens R a d e w i j n s', auch zu neuen organisatori-
schen Formen: Die „Brüder oder Schwestern vom
gemeinsamen Leben" und später die sogenannte Windes-
heimer Kongregation sind nun – auch in Mittel- und
Westdeutschland – „pietistische" Gemeinschaften von
Laien, die Träger der sogenannten Devotio moderna.

Der neue Spiritualismus übt bei völliger Kirchentreue scharfe Kritik an der Veräußerlichung der Kirche und den Mißständen der Zeit, nicht zuletzt auch an gewissen Entartungen der Bettelorden, und er bleibt ein lange nachwirkendes Element der vorreformatorischen Ära. Von besonderem Interesse ist, daß Groote und Radewijns an der neuen, glänzenden Karls-Universität in Prag studiert haben und daß damit wohl auch Beziehungen zur böhmischen Erneuerungsbewegung bestehen, die vor allem im Rahmen der Gründung neuer Stifte von Augustinerchorherren und Augustinereremiten sich äußert.

Mindestens teilweise auf Geert Groote zurück geht das berühmte lateinische Büchlein von der *Imitatio Christi*, das unter dem Namen des Thomas von Kempen (1379/80–1471), eines fruchtbaren theologischen Schriftstellers (in diesem Falle vermutlich in der Funktion eines Kompilators), immer wieder ins Deutsche und in alle Weltsprachen übersetzt worden ist. Auch hier ein Weg nach innen und zur Bescheidung, theologisch und politisch ungefährlich. Wieweit solche moderne Frömmigkeit im erasmischen Humanismus eine Fortsetzung gefunden hat, ist im Ausmaß umstritten, grundsätzlich aber bestehen Verbindungen.

Ein Werk schließlich, das auf seine Weise ebenfalls in die Auseinandersetzungen des 16. Jahrhunderts hineingewirkt hat, ist der sogenannte Franckforter, noch einmal ein umfangreicher Traktat, der in seiner Geschlossenheit und in der Ruhe und Umsicht seiner Argumentation zu den klassischen Werken der deutschen Mystik gehört. Luther hat 1516 einen Teil, 1518 den ganzen Text der Schrift unter dem Titel *Eyn deutsch Theologia* (Nachdrucke: *Theologia Teutsch*) herausgegeben. Die Abweichungen dieser Drucke von einer erst im 19. Jahrhundert entdeckten Handschrift sind keine Eingriffe Luthers, sondern gehören der Vorlage, die inzwi-

schen durch neue Handschriftenfunde als alter Text
erwiesen worden ist. Damit ist Luther von der Verantwortung für den von ihm einfach abgedruckten Wortlaut
gewissermaßen entlastet. Daß er anderseits zweimal den
unveränderten Text herausgab und als reine, solide,
gesunde evangelische Theologie empfahl, bezeugt die
Bedeutung der Mystik für die Wurzeln lutherischer
Theologie. Dies um so eher, als der Luther-Druck 190
Ausgaben in 11 Sprachen nach sich gezogen hat und so
ein Element des protestantischen Erbes wurde. Luthers
Titel ließ sich denn auch mit nationalem Unterton verstehen, obwohl damit nicht mehr, allerdings auch nicht
weniger als eine Theologie in der Sprache des Volkes
gemeint war. Die Autorschaft ist unsicher: nach der
Vorrede war es ein Priester des Frankfurter Deutschor-
denshauses (nach R. Haubst ein Heidelberger Theologe
namens Johannes von Frankfurt [Lagenator]). Er schrieb
wahrscheinlich gegen Ende des 14. Jahrhunderts. Wenn
als spezielles Thema genannt und ausgeführt ist, „wa mit
man erkennen muge die warhaftigen gerechten gotes-
frunde und ouch die ungerechten valschen frien geiste",
so erinnert dies an die Abgrenzungsversuche Seuses, hat
aber in der Zeit zunehmender Laienreligiosität erst recht
einen aktuellen Sinn. Der Zauber des Werks liegt in der
Ruhe, der Weisheit, dem Maß, mit welchen hier das
Wesen des durch Christus aus Adam neugewordenen
Menschen, seine Heiligung und Rechtfertigung erläutert
werden. Die Terminologie ist noch einmal die alte diony-
sisch-eckhartische: Es geht darum, weiselos, willenlos,
lieblos, begierlos und erkenntnislos zu werden – aber das
ist nun richtig zu verstehen als die Einsicht, daß der
Mensch nichts aus sich selbst, doch alles aus Christus ist.
In der Frage, ob Erkenntnis oder Liebe den Vorrang
hätten, meint der Autor (cap. 42) vermittelnd, es sei wohl
wahr, daß jede Liebe von einem Licht oder einer
Erkenntnis geleitet und belehrt werden müsse, aber

wenn der Erkenntnis nicht die Liebe folge, „so wird
nicht darus" (cap. 41). Der Verfasser braucht im übrigen
stets das Worte liebe, nicht minne, und scheint damit
auch auf die ganze hohl gewordene Hohelied-Metapho-
rik zu verzichten. Er warnt mit Tauler vor den Leuten,
die „den bilden etwan zu fru urloub geben" und fliegen
wollen, ehe sie Federn haben (cap. 13). Mit Ausnahme
eines gelegentlichen vorsmacks (praelibatio) ist der kreatürliche Mensch auf sein irdisches Leben angewiesen und
hier allerdings auf die wahre Freiheit durch den Mittler
Christus. Das bedeutet ein Leben in Armut, Demut,
Gehorsam, Selbstverleugnung, einen Umgang mit Christi Leben bis in den Tod. Die Christologie des Frankfur-
ters ist mehr als eine bloß einfühlende Nachfolge Christi
und deutet doch wohl voraus auf die reformatorische
Glaubenslehre. Allerdings zeigt hier wie in der Devotio
moderna der Rückzug in die Innerlichkeit, in den innern
Frieden, die schlichte und demütige Hingabe an Gottes
Willen einen quietistischen Zug und bleibt soweit spätmittelalterlich.

Bei der ganzen mystisch-spiritualistischen Strömung
hat man aber auch immer an den Kontext zu denken. Es
ist das von Huizinga meisterhaft geschilderte Phänomen,
wie in der spätmittelalterlichen Frömmigkeit, gerade weil
sie alle Bereiche des Lebens so selbstverständlich durch-
drang, eine hochkultivierte Innerlichkeit unmittelbar
neben einer ganz ins Magisch-Bildhafte veräußerlichten
Religion (Reliquien, Heiligenkult, Wallfahrten, Ablässe,
Hexenverfolgung usw.) und natürlich immer auch neben
frivolster Weltlichkeit gedieh.

3. Geistliche Lehr- und Erbauungsprosa

Am Rand und außerhalb der eigentlich mystischen Überlieferung gedeiht eine geistliche Prosa, die zu überblicken
und zu klassifizieren heute noch kaum möglich ist. Lite-

rarische Einzelleistungen oder gar Durchbrüche werden seltener erkennbar in einem zähen Geschiebe von Sammlungen, Bearbeitungen, Anthologien und Kompilationen, und die Grenzen zu einer das Bild dominierenden Übersetzungsliteratur sind durchlässig. Was im folgenden an originalem geistlichem Schrifttum der Volkssprache genannt wird, bildet nur eine vom Zufall der Überlieferung, der vorhandenen Druckausgaben und des Kanons der Handbücher geprägte kleine Auswahl.

Im ganzen mag gelten, daß der praktische Gebrauchszweck (Belehrung, Erbauung) im Vordergrund steht, daß die theologischen Traditionen sich vermischen, daß die literarhistorische Relevanz bloßer Sach- und Trivialliteratur zunehmend fragwürdig wird angesichts von Phänomenen, die primär der Sozial- und Frömmigkeitsgeschichte gehören.

Gerade auch bei den verschiedenen Traditionen mystischer Literatur, wo am ehesten spontane, notwendige Schöpfungen gegeben sind, finden sich mannigfache Übergänge. Bernhard und die Franziskaner treten wieder in den Vordergrund, das spekulative Interesse schwindet. Absinkendes Bild- und Gedankengut trifft auf eine ursprüngliche Volksfrömmigkeit. Immerhin gibt es Ausnahmen, welche die Regel bestätigen: Als seltene Belege einer wissenschaftlich „mündig gewordenen Scholastik" (Ruh) deutscher Sprache erscheinen neuerdings zwei spekulative Dialoge zur Gnadenlehre und Schöpfungstheologie: ein *Gratia-Dei-Traktat* (MTU 14) und ein *In-Principio-Traktat* (noch nicht ediert), beide wohl vom selben dominikanischen Autor des früheren 14. Jahrhunderts, echte um ihr Problem bemühte Gespräche.

Ein schönes Beispiel für den Vorgang der Trivialisierung, ja eines gewissen Synkretismus mystischer, allgemein-kirchlicher und volkstümlicher Frömmigkeit ist der Engelberger Prediger, zugleich ein weiterer Beleg für das geistliche Leben in dem nun geographisch

zu verstehenden Oberland, im Süden der durch Straßburg, Basel, Dießenhofen, Konstanz bestimmten mystischen Zone. Es handelt sich zunächst um eine für das
Benediktinerinnenkloster Engelberg (seit 1615 in Sarnen)
hergestellte und abgeschriebene Sammlung von 39 Predigten, die mit Ausnahme zweier Stücke offensichtlich
vom selben Verfasser stammen, wozu in andern Handschriften mindestens sechzehn weitere Predigten desselben Stils kommen. Auszumachen ist nur, daß der
Anonymus ein Welt- oder Ordenspriester war, der um
1350 in den Frauenkonventen der heutigen deutschen
Schweiz als Prediger und Seelsorger wirkte. Er spricht
einmal von den Menschen, die „uf disen bergen erzogen
sint" und viel roher seien als die in den Städten und
Klöstern (Sa 11), während er zugleich meint, das Wort
Gottes werde seinen Zuhörerinnen nachgetragen „vil
subtilklicher vnd minnenclicher denne die ze Strasburg in
der stat sint vnd enmitten darunder sint" – nachgetragen
nämlich durch Prediger, durch Gottesfreunde, Sendung
lieblicher Bücher und allemal durch den Geist Gottes.
Wenn der unverwechselbare Grundton einer milden
Intensität an Tauler erinnert, so ist doch keiner der
großen Dominikaner genannt, dafür immer wieder „der
lieb sant Bernhard", dann Augustin, Gregor, Dionysius,
Bonaventura u. a. Das Hauptthema ist der Aufstieg der
Seele zu Gott in Gehorsam, Demut und Liebe, ohne
Ekstatik, in der geistlichen Übung des klösterlichen Alltags. Spekulative Terminologie ist immer wieder da, ja
das Reden von der Entwerdung, von der Gottesgeburt
im Seelengrund, der Istigkeit, dem Meer oder der Wüste
der Gottheit geht erstaunlich leicht von den Lippen.
Aber es ist nur ein Element unter andern: der stets
präsenten biblischen Geschichte, der Liturgie und
Legende, dem *Physiologus* und dem ganzen Arsenal
christlicher Symbolik. Ebenso wie vom Seelengrund
wird gemütvoll von den zwölf Jungfrauen erzählt, die je

zu zweien das kleine Christkind besorgen mit Windelwa-
schen, Wickeln, Baden, Tränken und Schlafenlegen, alles
allegorisch für die zwölf Tugenden, mit denen Jesus in
unserer minnenden Seele empfangen werden soll (Sb 22).
Jede Predigt ordnet ihr Thema nach einem pedantisch
unterteilten System von Stücken, Punkten, Stufen, Staf-
feln, Graden, Meinungen usw. und bildet damit ein sauber ausgedachtes, spielerisch aufgebautes Andachtswerk,
vergleichbar einem gotischen Altar mit seinem ganzen
Zierat, seinen Flügeln, Nischen, Statuenreihen und seinem Bildprogramm. Diese Freude an der zahlenmäßigen
Disposition, typisch für das gesamte Spätmittelalter,
wirkt wie der volkstümliche Rest des hohen Ordnungs-
denkens der Scholastik. Wesentlich am Engelberger Prediger, der alles auf das biblische Gotteswort bezogen sein
läßt, ist jedoch nicht, wie er mystisches Gut allenfalls tri-
vialisiert, sondern wie es hier mühelos eingegangen ist in
ein Jahrtausend monastischer Exegese und Meditation.

Marquard von Lindau ist 1373 als Lektor in
Straßburg nachweisbar, dann 1389 bis zu seinem Tod
1392 als Provinzial der Franziskaner in Oberdeutschland. Ein altes Werkverzeichnis nennt 29 lateinische oder
deutsche Traktate, dazu kommen deutsche Predigten.
Am bekanntesten scheinen die Traktate über die *Zehn
Gebote* und über die *Eucharistie* gewesen zu sein, die
auch lateinisch kursierten. Es sind wiederum Lehrge-
spräche zwischen „Meister" und „Jünger", in denen
kirchliche Lehre aufgrund von Bibel und Tradition ausführlich erläutert wird. Obwohl Marquard in seinem –
bis heute allein neu edierten – Eucharistie-Traktat Eckhart zitiert, Tauler benützt (Straßburg!) und vor allem
ein längeres Stück aus Ruusbroecs *Zierde der geistlichen
Hochzeit* herübernimmt, steht er wesentlich in seiner
franziskanischen Tradition, ja ist einer von deren bedeutendsten Popularisatoren. Er bewegt sich mit Vorliebe
im Vokabular der geistlichen Minne, doch geht es vor

allem um die Verehrung und den richtigen Gebrauch des Sakraments, um solide kirchliche Unterweisung.

Otto von Passau, 1362–84 im Basler Franziskanerkonvent bezeugt, griff mit seinen *Vierundzwanzig Alten* zu einem damals beliebten, wenn auch umstrittenen Thema: das Motiv der Johannes-Apokalypse 4,4, das zu einer Art Heiligenkult geführt hatte und übrigens auch in einer wichtigen Predigt Meister Eckharts benützt wird, dient als kompositionelle Ordnung, um vierundzwanzig Themen des Glaubenslebens abzuhandeln (Reue, Beichte, Buße, Abendmahl usw.). Es ist ein weithin aus Meisterzitaten zusammengestellter Wegweiser für die minnende Seele, aber praktisch unter Ausschluß eigentlicher Mystikerstellen. Es wurde im 15., ja noch im 16. Jahrhundert ein überaus beliebtes Handbuch.

Welche entscheidende Rolle der Versenkung in die Passion Christi in der praktischen Mystik der Bernhard, Franziskus oder Seuse, aber auch in der Bibeldichtung und im geistlichen Drama zukam, ist bereits mehrfach betont worden. Zu den beliebtesten Passionstraktaten gehörte – mit 133 nachgewiesenen Handschriften – das Werk eines Mannes, den einige Handschriften als Heinrich von St. Gallen, Meister zu Prag, bezeichnen und dem auch andere Schriften zugelegt werden (bis 1397 nachweisbar). Sein *Extendit-manum-Traktat* ist eine kompilierende Übersetzung traditioneller Passionsschriften: eine genaue Nacherzählung des Passionsgeschehens (wie wir sie ähnlich auch in der gereimten Bibeldichtung haben), aber angereichert mit detailliertesten Beschreibungen, in denen die ganze legendarische, ikonographische und exegetische Tradition seit der Patristik zu finden ist. Verglichen mit dem süßen oberdeutschen Stil von Seuses Passionsbetrachtung erscheint hier eine ganz andere Manier: ein ins Harte, Krasse gesteigerter Realismus der Schilderung, ohne mystischen Charakter, durchaus ähnlich zeitgenössischer Tafelmalerei.

Aber der grausame Naturalismus wird aufgefangen nicht nur in der allegorischen Ausdeutung, sondern vor allem in der durchgehaltenen Rhetorik, die einen bewußten, neuen Stilwillen verrät. Mehrgliedrigkeit, Inversionen, Parallelismen, Pflege der Satzkadenz, stärkere Anlehnung an die lateinische Syntax – all das ist nicht mehr treuherzig oder lieblich, erinnert vielmehr, nach Kurt Ruh, an den anspruchsvollen Musterstil der böhmischen Kanzlei der Frührenaissance:

> Die slege der hamer, das ofrecken des herren und das sweymen (Sicherheben) sines heiligen lichnams sach allis Maria, alse Origenes spricht obir das ewangelium: „Stabant iuxta crucem Ihesu" in der personen der iuncfrowen: Ich wil sten und wil sehen, wie man minen son slan wirt an der sule. Ich wil sten und wil sehen, wie man minen son dornach wirt cronen und wie man wirt das orteil obir in geben, wy man in wirt us vuren, wie man in wirt nagiln of das crucze, wie man in wirt erheben in die luft. Ich wil sten und wil sehen, wie sich min kint wirt stellen in der luft, wen im wirt swindeln in dem gehirne. Ich wil sten und wil beiten, bis das die Juden von im werden gen: so wil ich czu im treten und wil im sehen under sine ougen und wil warten, ab ich dennoch trost moge von im empfan. (S. 65)

Eine mit Marquard von Lindau vergleichbare, aber bedeutendere Gestalt ist H e i n r i c h v o n L a n g e n - s t e i n (auch als Heinrich von Hessen der Ältere bezeichnet, 1325–97), Pariser Magister der Artes und der Theologie, Kirchenpolitiker, Universalgelehrter fast schon modernen Typs, seit 1384 an der neuen theologischen Fakultät der Universität Wien. Von seinem überaus großen Werk ist weitaus das meiste lateinisch, aber teilweise von andern ins Deutsche übertragen (so der Traktat *De discretione spirituum*). Weite Verbreitung, auch im Druck, fand ein deutsches Originalwerk, die *Erchantnuzz der sund*: ein Beichtspiegel und eine Behandlung der sieben Hauptsünden, geschrieben für Herzog Albrecht III. Bei Heinrich von Langenstein und seinen

Schülern oder Kollegen N i k o l a u s v o n D i n k e l s -
b ü h l – einem ebenso berühmten Prediger und Gelehr-
ten – und Leopold S t a i n r e u t e r – einem bedeutenden
Übersetzer und Historiker – wird in der Habsburger
Residenzstadt Wien eine geistlich-akademisch-höfische
Kultur sichtbar, die sich durchaus als Gegenstück zum
Prag der Luxemburger verstehen läßt; in beiden Fällen
handelt es sich um künftige Zentren des Humanismus.

4. Geistliche Übersetzungsprosa

Die eigentliche Schule einer geistlichen Prosa der Volkssprache bleibt die Übersetzung, wie sie in allen Varianten
der Übersetzungstechnik und in allen Graden der Qualität überaus reich gepflegt wird. Ein immer breiteres
Publikum wird nun in der Volkssprache geistlich ver-
sorgt, eine Elite auch mit anspruchsvolleren Texten. Die
Prosa – und damit wohl auch z. T. die private Lektüre –
löst nun endgültig den Versvortrag ab. Als Gebrauchsprosa hat sie gewöhnlich auch keinen besonderen literarischen Ehrgeiz an den Tag zu legen.

Die Auswahl ist vorherrschend bestimmt von den
praktischen Bedürfnissen der Erbauung und der Belehrung, und das bedeutet auch, daß es sich selten um die
Wiedergabe von Originalwerken der großen patristisch-
scholastischen Theologen handelt, vielmehr von Bearbeitungen, Florilegien, Auszügen usw. Das wohl bedeutendste, am weitesten verbreitete Handbuch scholas-
tisch-kirchlicher Lehre war das *Compendium theologi-
cae veritatis* des Straßburger Dominikanerpriors Hugo
R i p e l i n (2. Hälfte 13. Jahrhundert). Neben zahllosen
lateinischen Handschriften und später Drucken sind
mehrere deutsche Bearbeitungen in insgesamt 55 Textzeugen erhalten.

Vom größten Scholastiker deutscher Herkunft,
A l b e r t u s M a g n u s (1193–1280) – Philosoph, Kir-

chenfürst, Prediger, Gelehrter, „nostri temporis stupor
et miraculum" –, hat es anscheinend kein deutsches
Originalwerk gegeben, und nur eine einzige lateinische
Schrift ist übersetzt worden, der auch für die kirchliche
Praxis wichtige *Doppeltraktat über Messe und Eucharistie.* Er wurde sowohl in einzelnen Stücken übersetzt, so
bei Marquard von Lindau, fand aber auch 1360–80, also
etwa hundert Jahre nach seiner Entstehung, in Straßburg
eine kürzende Gesamtübertragung, die in einer einzigen
Handschrift überliefert ist. Nun war allerdings Alberts
des Großen Wirkung bald hinter der seines Schülers
Thomas von Aquin zurückgetreten. Doch auch
Thomas-Übertragungen blieben sehr vereinzelt. Neben
verschiedenen Teilstücken, Zitaten, Bearbeitungen von
Einzelstellen ist das wichtigste Dokument eine Auswahl-
übersetzung der *Summa theologica* sowie einiger ergänzender Stellen aus dem übrigen Werk, in einer Handschrift des 14. Jahrhunderts. Diese Übertragung ist nicht
nur eine Ausnahme, sondern geradezu ein Kuriosum: Es
geht dem Übersetzer ausgerechnet um die schwierigsten,
spekulativsten Partien, und zwar scheint er dabei zu der
Sprache der ja auch dominikanischen deutschen Mystik
keine Beziehung zu haben, ja sich überhaupt auch nicht
an ein bestimmbares Publikum zu wenden. Wieweit die
hier begegnende Sprache in ihrem philosophischen
Wortschatz und ihrer Konstruktion ad hoc neu geschaffen ist, in enger Anlehnung ans Latein, oder wieweit
schon eine gewisse scholastische Übersetzungtradition
(etwa auch aus dem mündlichen Unterricht) dahinter-
steht, ist schwer auszumachen.

Nu ist daz eigen 〈werk des〉 wirkenden verstans machenne
verstentlichü gesteltnüsse mit der tate, sü abziehende von der
fantasiunge.

Propria autem operatio intellectus agentis est facere species
intelligibiles actu, abstrahendo eas a phantasmatibus.

(S. 78 f.)

Die Probe soll nur die unwahrscheinlichen Schwierigkei-
ten belegen, die eine im Lateinischen etablierte Fachter-
minologie bietet, wenn sie der Übersetzer mit deutschem
Äquivalent („gesteltnüsse": species; „wirken, tun":
agere), als Lehnübersetzung („abziehen": abstrahere), als
Fremd- und Lehnwort („fantasiunge": phantasmata,
fremder Stamm mit deutschem Suffix) wiedergeben will.
Wenn Kurt Ruh recht hat, wäre der Text ein einsamer
Versuch, und jedenfalls ist er ein Beleg dafür, daß in der
Geschichte der mittelhochdeutschen Prosa während
Jahrhunderten immer wieder fast von vorne begonnen
werden muß.

Aber auch das der Frömmigkeit der Laien und Klo-
sterfrauen viel näher liegende Werk des großen B e r n -
h a r d hat zwar nach dem Zurücktreten der Dominikanermystik im 14. und 15. Jahrhundert eine unabsehbare
Wirkung ausgeübt, wurde allenthalben zitiert und
benützt, aber geschlossene Übersetzungen und damit
auch profilierte sprachliche Leistungen sind vereinzelt
geblieben. Bernhards *Hoheliedpredigten* liegen in einer
deutschen Auswahl vor, die wohl erst nach 1450 für eine
Münchener Frauengemeinschaft verfaßt wurde, von
einem auch für andere Werke nachweisbaren Übersetzer
(MTU 36). Breiter ist die Überlieferung franziskanischer
Texte. Neben einer Zusammenstellung von echten und
zugeschriebenen deutschen Schriften D a v i d s v o n
A u g s b u r g in einem *Baumgarten geistlicher Herzen,*
noch dem 13. Jahrhundert zugehörig, ist das Werk
B o n a v e n t u r a s mit dem späteren 14. Jahrhundert zu
wachsender Bedeutung gelangt. Nachdem es schon Seuse
und vor allem die Devotio moderna wesentlich beeinflußt hat, erscheint es im 15. Jahrhundert in deutschen
Übertragungen. Die zentrale Schrift *De triplici via,* eine
kleine „summa mystica" (Ruh) über den dreifachen Weg
der Reinigung, der Erleuchtung und der Vollkommen-
heit, findet da eine eindrucksvolle schwäbische Übertra-

gung; sie ist durch ihren Willen zur knappen, genauen Wiedergabe gekennzeichnet, latinisierend bis etwa zur Unterdrückung des Artikels („begierd uppigkait": concupiscentia vanitatis), auf nominale Begrifflichkeit gerichtet, ohne Spur des mystischen Redeflusses weichen Stils. Ähnliches gilt auch für einen späteren Übersetzer anderer Werke Bonaventuras, des *Soliloquium* und des *Itinerarium mentis in deum*: der Basler Karthäuser Ludwig M o s e r (aus Zürich stammend, gest. 1510), auch sonst als Übersetzer tätig, scheint sein Deutsch ganz dem Lateinischen anverwandeln zu wollen, „getruwlich on alle verenderung", wie er in seiner 1506/07 gedruckten Sammlung von Übersetzungen nach Bonaventura, Pseudo-Bonaventura, Augustin und Bernhard sagt. Daß ein Franziskanertheologe umgekehrt auch eine Via mystica ohne Zitation Bonaventuras oder der Scholastik aus einer großen Zahl älterer Autoren zusammenstellen kann, das belegt ein überaus erfolgreiches Werk *De septem itineribus aeternitatis* eines gewissen R u d o l f v o n B i b e r a c h (14. Jahrhundert); neben einer niederdeutschen gibt es eine oberdeutsche Übersetzung *Die siben strasse*, deren einzige erhaltene Handschrift aus dem Basler Kreis der Gottesfreunde stammt, als eine – nach Kurt Ruh – vorzügliche Leistung.

Eine späte Vertreterin der Frauenmystik ist die bald nach ihrem Tod heiliggesprochene B i r g i t t a v o n S c h w e d e n (1303–73), die durch ihre vor allem auf das Leben und Leiden Christi bezogenen Visionen, ihr Auftreten gegen die Mißstände der Kirche, ihre Reisen (Rom, Jerusalem) und ihre Ordensgründung zu den großen Religiosen des Spätmittelalters gehört. Ihre *Revelationes*, lateinische Redaktionen ihrer schwedisch diktierten Gesichte, und dazu andere – authentische oder ihr nur zugeschriebene – Schriften fanden auch im Süden Interesse (Bayern zählte drei Birgitten-Klöster). Den Höhepunkt der volkssprachlichen Rezeption bildet eine

1502 mit Unterstützung Maximilians I. gedruckte Fassung des *Buchs der himlischen offenbarungen.*

Als ein typisches Beispiel für die Populartheologie des 15. Jahrhunderts kann schließlich die ums Jahr 1400 entstandene Übersetzung einer *Spiritualis philosophia* gelten unter dem Titel *Ler von der aygen erkanntnuzz.* In einer 19 Kapitel umfassenden Stufenfolge, die von der Betrachtung über das Schweigen, die Selbsterforschung, die Demut usw. zum Heil führt, wird noch einmal das seit Augustin zentrale Thema des Wegs nach innen gelehrt, wiederum in enger Anlehnung an die lateinische Vorlage, was hier mehr als Unsicherheit denn als Stilbewußtsein zu werten ist. Das Original wurde wohl zu Unrecht dem als religiöser Autor sonst wohlbekannten Benediktiner J o h a n n e s   v o n   K a s t l (Oberpfalz) zugeschrieben.

Im Rahmen dieser knappen Literaturgeschichte muß die große Masse der geistlichen Gebrauchsprosa – Gebete, kurze Traktate, Liturgisches, Ordensregeln, Legenden, Exempla, Katechetisches wie Erläuterungen zu den Zehn Geboten oder den Sakramenten, Buß- und Beichtspiegel usw. – übergangen werden. Nur *ein* Thema ist unabdingbar: die Aneignung der Bibel durch die volkssprachliche Prosa.

Das biblische Wort war seit je gegenwärtig in den im liturgischen Gottesdienst vorgetragenen Epistel- und Evangelientexten (Perikopen); diese wurden in verschiedener Weise zusammengestellt, vollständig und kalendarisch geordnet in den sogenannten Plenarien. Sie werden seit dem 13. Jahrhundert auch übersetzt und ergaben eine volkssprachliche Tradition, die bis in die Luthersche Übersetzung hineinwirkt. Einzelne biblische Bücher – vor allem Psalter und Hoheslied – wurden samt Kommentar von den Monsee-Wiener Fragmenten bis zu Notker und Williram übersetzt, ebenso die grundlegende Evangelienharmonie des Tatian. Allgegenwärtig blieb die

Bibeldichtung als Epik oder geistliches Spiel. Mindestens das Alte Testament ging in Weltchroniken und Historienbibeln ein; seit dem 13. Jahrhundert erscheinen die sogenannten Armenbibeln, eine illustrierte Auswahl von Bibelpartien vor allem im Hinblick auf die typologische Konkordanz zwischen Altem und Neuem Bund. Mit dem Gefühl, daß die Versform überholt sei, wuchs gleichzeitig das Bedürfnis nach einem vollständigen und unmittelbaren Gotteswort vor allem in den frommen Laienkreisen. Schon im 12. Jahrhundert entstand die provenzalische Waldenserbibel, im frühen 13. Jahrhundert eine französische Vollbibel. Eine tschechische aus dem 13. Jahrhundert wurde unter Karl IV. zusammengestellt; die englische Bibel wurde von Wiclif und seinen Mitarbeitern im Sinne ihres neuen Biblizismus geschaffen.

Wenn von der Königin Agnes von Ungarn (1281 bis 1364), die in ihrer aargauischen Klostergründung Königsfelden residierte, berichtet wird, „sie hett ein bibel, diu was zu dewtsch gemacht", mit dem Zusatz, sie habe sich jedoch einfältig am evangelischen Text gehalten, so deutet dies immerhin auf das Ungewöhnliche eines solchen Besitzes noch um diese Zeit hin, und tatsächlich war der unmittelbare Zugang des Laien zum biblischen Text von der Kirche nicht immer gern gesehen. Aber es fehlte vor der Reformation doch auch das Pathos einer aus der Volkssprache inspirierten Bibel. Der durch die kirchliche Tradition kanonisierten *Vulgata* kommt allein der Charakter des sakralen Originals zu. Die vorlutherische Geschichte der deutschen Bibel ist also kaum die Geschichte einer revolutionären Bewegung, auch wenn es zum Teil Randgruppen (Waldenser, andere Laienbewegungen, Deutscher Orden) waren, von denen Anstöße ausgingen. Sie bietet vielmehr das Bild einer aus vielen Rinnsalen langsam zusammenfließenden Strömung. Aus den verschiedenen Zweigen oder Kreisen

volkssprachlicher Bibelübersetzung trat schließlich eine
einzige Fassung hervor, die 1466 durch den Druck bei
Johann Mentel in Straßburg maßgebend wurde. Sie
beruht auf einer im 14. Jahrhundert entstandenen Übertragung, die für das Alte Testament durch eine Wolfenbütteler Handschrift, für das Neue durch die berühmten
Codices von Tepl bzw. Freiberg vertreten ist. Die Mentelbibel ist samt ihren Revisionen durch die Drucker
Günther Zainer (Augsburg 1476) und Anton Koberger
(Nürnberg 1483), mit insgesamt 14 hochdeutschen und 3
niederdeutschen Ausgaben, *die* deutsche Bibel vor Luther geworden. Dies gilt, obwohl der Wortlaut bereits
beim ersten Druck um rund hundert Jahre veraltet war.
Die spätmittelalterliche Bibelübersetzung ist im allgemeinen nahe am Text, oft treuherzig und hilflos, ja im
neueren Urteil sogar „entsetzlich prosaisch" (W. Walther), belastet mit der ganzen Hypothek alten und heterogenen Herkommens und der nach Grammatik und
Wortschatz völligen sprachlichen Zersplitterung. Anderseits erhebt sie keinen Anspruch auf eigene kanonische
Geltung und Autorität, weder in philologischer noch in
theologischer, noch in nationaler Hinsicht. Sie versteht
sich als Hilfsmittel und nicht als letzte Instanz. Dennoch
ist es heute kaum mehr möglich, nicht von der Lutherbi-
bel aus zu urteilen, in welcher – zusammen mit der neuen
Schriftsprache – der deutsche Wortlaut eine spirituelle,
sprachliche und stilistische Verbindlichkeit ganz neuer
Art erhalten sollte.

5. Volkstümliche Devotionalpoesie

Wenn sich schon bei den deutschen Predigten und Traktaten Auswahl und Darstellung oft auf den praktischen
Gebrauch ausrichten, so gibt es auch Formen noch
anspruchsloserer Popularerbauung. Dahin gehören einmal die Versifikation mystischer Lehre, dann aber auch

die verschiedenen Arten literarischer Einkleidung, speziell in ausgeführten Allegorien, die bis ins Spielerische oder „Geschmacklose" gehen können. Was sich auf hohem Rang schon bei Seuse abzeichnet oder in den um die großen Prediger Eckhart und Tauler gewobenen Legenden, Exempeln und Sprüchen, kann weiter profaniert und verbürgerlicht werden, kann vollends versinken im bunten Bilderkram einer Frömmigkeit, von der schwer zu sagen ist, wieweit sie roh und primitiv oder wieweit sie schlicht und unschuldig ist – das Dilemma, das alle Trivialliteratur bereitet. (Geistliche Lyrik nehmen wir hier noch aus.)

Ein früher Versifikator franziskanischen Gutes ist L a m p r e c h t   v o n   R e g e n s b u r g, ein weltlicher Knappe, der sich zu frommem Leben bekehrte. Er bereimte schlecht und recht die *Franziskus-Vita* des Thomas von Celano, um 1240, also bereits wenige Jahre nach deren Entstehung (nur eine einzige Handschrift erhalten). Nachdem Lamprecht ins Kloster eingetreten war und weitere geistliche Schulung empfangen hatte, verfaßte er selbständiger und mit größerem Erfolg eine umfangreiche Versfassung der *Filia Syon*. So nannte sich ein zeitgenössischer lateinischer Prosatraktat bernhardinischer Richtung, der in allegorischen Formen den Aufstieg der liebenden Seele zu Gott beschreibt: Cognitio gibt der liebenden Sionstochter keinen Trost, aber Fides und Spes treten auf, holen die Sapientia, diese die Caritas und die Oratio, worauf die von Liebespfeilen getroffene und von Christi Blutstropfen trunkene Seele mit dem himmlischen Bräutigam vereinigt wird. Diese Vorlage hat Lamprecht mit zusätzlich-belehrender Ausstattung auf 4300 Verse gebracht, nicht ohne Reminiszenzen an sein eigenes Weltleben und an die höfische Dichtung. Die lateinische Vorlage hat ihrerseits noch im 13. Jahrhundert eine weitere Versbearbeitung, im 14. und 15. Jahrhundert dazu noch drei Prosabearbeitungen erfahren. Über die Faszination, die seit der Spätantike (Martianus Capella, Prudentius) von allegorischer Lehrdichtung und ihrem Schweben zwischen bewußter Verbildlichung (Fiktion) und gedanklicher Systematik ausging, wird anläßlich der weltlichen Allegorie noch zu reden sein. Ein sehr viel kürzeres Beispiel ist etwa das in zahlreichen Fassungen kursierende Gedicht *Der Seele Kranz*. Dieser besteht aus den Blumen, d. h. Tugenden, die am Wege zum Himmelstor wachsen und vom aufsteigenden Menschen zu einem Kranz geflochten werden. Ob die Urfassung dieses zum beliebten Kreis der Baum-, Blumen-, Gartensymbolik gehörenden Stücks wirklich noch dem 12. Jahrhundert angehört, bleibe hier offen.

Der zisterziensische Mönch von Heilsbronn, wie er sich aus Bescheidenheit ohne weiteren Namen nennt, begnügt sich mit den auch in der Predigt herrschenden Stück- und Stufenprogrammen. Sein *Buch der sieben Grade des Gebets* – das die in der Nähe lebende Margareta Ebner 1346 kennt – legt den Weg der Minne zur Unio mystica als eine Folge von verschiedenen Phasen des Gebetslebens ins Streckbett seiner wenig inspirierten Verse: Der höchste Grad, die erst nach dem Tode mögliche unmittelbare Schau Gottes, verhält sich zu allem vorangegangenen Liebesglück wie eine ganze Haut zu einem Riemen (was eine Erinnerung an den Freidank zu sein scheint). Vermutlich hat das Werk zusammen mit einem verwandten deutschen Prosatraktat eine gemeinsame Quelle. Der Heilsbronner Mönch hat wahrscheinlich schon vor seinen *Sieben Graden* selber einen Prosatraktat verfaßt: *Die sechs Namen des Fronleichnams*. In einer Versvorrede zu dieser erfolgreichen Schrift muß er die Prosaform noch eigens begründen: „wann swelch getiht man reimet, / Wort zu worten leimet, / Da irret oft der worter glanz / Daz der sin nicht gar ist ganz." Der vom späten 12. bis ins 15. Jahrhundert begegnende Topos belegt auch hier das Formproblem popularisierender Lehre, das der Mönch in seinem späteren Werk dann doch wieder anders entschieden hat.

Die *Geistliche Gemahelschaft* ist ein umfangreiches Verswerk, das ein Franziskaner namens K o n r a d um die Mitte des 14. Jahrhunderts verfaßt hat, und zwar vermutlich für den Wiener Hof, für den später ja auch Heinrich von Langenstein arbeitete. Größere Verbreitung als Konrads Versfassung fanden im 15. Jahrhundert wiederum Prosafassungen. Aus beträchtlicher Kenntnis (Albertus Magnus, Alexander von Hales, Bonaventura, *Filia Syon* u. a.) wird nach altem Muster die geistliche Brautschaft allegorisch ausgemalt von der Verlobung (Taufe) bis zur Hochzeit (gnadenhaft im irdischen Leben, endgültig nach dem Tode); die Gottesboten werden ausgesandt und treffen sieben Jungfrauen, von denen nur die siebente weise ist und dem Rufe des himmlischen Bräutigams folgt. Furcht, geistliche Zucht, Gerechtigkeit, Reue, Beichte und Buße treten auf und vor allem die Frau Weisheit, die im großen Mittelteil des Werks persönlich die sieben Erscheinungsformen des göttlichen Wortes erläutert. Nach Gesprächen von Glaube und Hoffnung, Furcht und Gerechtigkeit erscheint die Minne mit ihrem Hofstaat, und die Braut wird dem Gemahl zugeführt. Ein letzter Teil gilt der Schilderung des Jenseits mit den vierzehn Gaben der Seligen. Das alles ist in schöner, oft auch rhythmisch eindrucksvoller Weise würdig und wohlkomponiert vorgetragen: „von der gäistleich aynung wil ich reden durch pezzrung", lautet die etwas moralisierend tönende Devise des Autors.

Es ist nicht verwunderlich, daß im geistlichen Kramladen des Spätmittelalters auch das Bild von Christus als Kaufmann (Matth. 13,45) anschaulich ausgeführt wird. Die Legende von *C h r i s t u s u n d d e n s i e b e n L a d e n* verkörpert den Typus eines allegorisch aufzählenden Exemplums; sie ist in verschiedenen illustrierten Prosafassungen beliebt gewesen: Ein Einsiedler möchte in die Welt und in seine frühere Kaufmannschaft zurück, da begegnet ihm ein Kaufmann, Christus, der ihn mit der Erläuterung seiner in sieben Laden versorgten geistlichen Ware eines besseren belehrt.

Das repräsentativste Beispiel für eine späte, populär, ja vulgär gewordene Liebesmystik (der auch eine Reihe kleinerer Strophengedichte gilt) ist das große dialogische Bilderbogengedicht von *Christus und der min- nenden Seele*, nach älterem Typus im 15. Jahrhun- dert in der Bodenseegegend entstanden. In über 2000 Versen, die in 21 je mit einem Bild versehene Abschnitte sich gliedern, wird die geistliche Liebesgeschichte in dramatischen Gesprächen zwischen Christus und seiner Braut handfest vorgeführt. Christus weckt die Schla- fende, verlangt ihre Entsagung, blendet und lähmt sie, warnt vor dem Ehebruch, entblößt sie (von zeitlichen Gütern und Ehren), hängt sie auf, macht sie trunken, lädt sie nach spielerischem Versteckspiel zum Tanz. Am Anfang schildert Christus etwa 70 Verse lang das Elend, das die Seele bei einem weltlichen Mann erwarten würde, um sie zugunsten seiner selbst von solchen Gelüsten abzuschrecken:

> hettist ain weltlichen man,
> mit dem müstist tag und nacht übel zit han
> Und villicht ain kind oder zway
> Und darzü müyung mangerlay
> Und ettwen schlahen und roffen.
> So man sölt das brot koffen,
> So wär ain pfennig in dem hus nicht;
> Wisse dass es mengem beschicht!
> Villicht keme denn der man
> Umb mitternacht gan
> Von dem win
> Trunkner und völler denn ain schwin;
> So hebt sich denn ain schweren und ain schelten ...

(23 ff.)

Das ist Mystik in Knittelversen, nicht ohne weiteres das
Zeugnis schamloser Roheit, vielmehr auch ein Stück
spätmittelalterlicher Kontrafaktur und Parodie. Wenn
sich derart Spiritualität und Naturalismus gegenseitig
brechen, zeigt sich in aller Entartung doch auch, wie
massiv und unerschütterlich solche Frömmigkeit sein
kann.

II. DIDAKTIK, SATIRE, PARODIE

1. Reimrede

Als eigentliches Kennzeichen der spätmittelalterlichen Literatur hat man immer wieder das Überhandnehmen der lehrhaften Dichtung bezeichnet: In allen denkbaren Formen fiktionaler oder unmittelbarer Aussage wird Wissen, Lehre, Ermahnung, Reflexion versifiziert, verbreitet und gesammelt. Nun ist ein lehrhaftes Ziel von mittelalterlicher Dichtung überhaupt kaum je wegzudenken, selbstverständlich in der geistlichen Dichtung, grundsätzlich aber auch in den weltlichen Formen von Roman und Märe sowie in der Lyrik, insbesondere Spruchdichtung. Schon die frühmittelhochdeutsche Reimpaardichtung samt den satirischen Werken Heinrichs von Melk kann man als „Rede", als Verspredigt bezeichnen, wobei die unsangliche Form des fortlaufenden Reimpaars sozusagen „prosaischen" Charakter hat. Früh kommt auch systematisch-moralische Lehrdichtung hinzu, mit dem *Welschen Gast* oder, als Übersetzung, mit Werner von Elmendorfs *Moralium dogma philosophorum.* Die eigentliche Wende zu einer allgegenwärtigen, nun auch von Laien produzierten und getragenen Versdidaktik markiert der Stricker, bei dem zwar das erzählerische Interesse noch stark ist, der aber mit seinen Beispielreden eine nun massenhaft werdende Kleindidaktik vertritt. Neben ein höfisches Publikum, das sich seinerseits in seinen Interessen wandelt, treten immer mehr nichtadlige, ländliche und vor allem städtische Laien, die ein ganz ursprüngliches Bedürfnis nach Belehrung in den Dingen des Glaubens, der Lebensführung, der sozialen Ordnung und des Wissens überhaupt entwickeln und im Anhören oder gar Lesen einer entsprechenden populären Versdidaktik befriedigen.

Diese Didaktik kann sich direkt äußern oder allerlei wechselnde Mittel der Veranschaulichung und der Attraktion verwenden: Einbezug von Parabeln und Exempeln, Personifikation von abstrakten Begriffen, allegorische Verschlüsselung (die aber erst recht zum Übersetzen in den Klartext zwingt), schließlich auch formale Reize, sei es in der Art der Darbietung (Dialog, Streitgespräch, Rätsel, Brief, Klage usw.) oder – eher ausnahmsweise – kunstvolle Strophik. Man tut sich in der Germanistik schwer mit dem Versuch, in dieser didaktischen Literatur des Spätmittelalters Gattungstypen zu unterscheiden und terminologische Ordnung zu schaffen. Es will dies nicht recht gelingen, weil gerade eine gewisse Formlosigkeit und Beweglichkeit bezeichnend sind und weil weder sozial noch überlieferungsmäßig klare Gruppen bestehen. Man geht am besten vor exclusionem vor: Nach Ausschluß der wenigen Großwerke (die fast immer Sonderfälle sind) und nach Abzug der sanglichen Kleinformen (Lied und Spruch) sowie der Erzählung (Roman und Märe) bleibt ein Typus didaktischer Sprechdichtung in der Allerweltsform des Reimpaars, im begrenzten Umfang von einigen zehn bis einigen hundert Versen, in denen ein „Sprecher" unter Betonung seiner persönlichen Erfahrung und Verantwortung, also meistens in Ichform, räsonierend ein Stück Glaubens- oder Lebenslehre, sozialer oder eventuell auch politischer Ermahnung vorträgt – vor einem Laienpublikum „bürgerlichen" oder auch höfischen Charakters. Diese Reden („Reimreden"), diese „Reimsprecherkunst" leben zunächst im mündlichen Vortrag, teilweise wohl sogar in mündlicher Überlieferung, doch haben sie eine Tendenz zur Reihung und Sammlung in zahlreichen wechselnd zusammengestellten Handschriften, die dem vermögenden Besitzer als „Hausbuch guter Lebensregeln" dienen mochten.

Die thematisch unterscheidbaren Untergruppen haben

verschiedenes Gewicht und führen auch wieder zu andern Formtraditionen hinüber. Die politisch-moralische Satire, wie sie schon beim Stricker und beim Seifried Helbling begegnet, tritt zurück; auch die „Ehrenrede" oder Totenklage auf bedeutende Zeitgenossen oder Gönner hat begrenzte Bedeutung; in beiden Fällen besteht Nähe zum Liedspruch. Den bedeutendsten Sonderzweig bilden die Minnereden, die wieder eine Affinität zum Minnesang zeigen. Die allgemeinen religiösen oder moralischen Reden können in mancher Hinsicht wieder auf die sangliche Spruchdichtung oder dann die Prosapredigt verweisen.

Was nun hier zunächst unter Reimrede verstanden wird – kunstlose, aber unermüdliche, gesprochene kleine Didaktik in Reimpaaren – ist am faßbarsten vertreten (bzw. als Typus abstrahiert) von einem gewissen H e i n - r i c h   d e m   T e i c h n e r . „Also sprach der Teichnaer" – mit diesem jeweils abschließenden Vers sind nicht weniger als 747 solcher Reimpaarreden firmiert und in Sammelhandschriften (deren 14 liegen vor, z. T. schon aus der Lebenszeit des Dichters) angehäuft. Der Teichner muß ein österreichischer „Fahrender" gewesen sein, der mindestens zeitweise in Wien lebte und dessen Œuvre sich auf die Jahre 1350 bis 1365 eingrenzen läßt. Sein Corpus ist freilich nicht völlig bestimmbar, da die Schlußzeile auch übernommen werden konnte, um so mehr, als man „Teichner" gelegentlich auch als Appellativum für diese Art Dichter überhaupt verstand. In trokkener, harter, humorloser Versifikation wird alles behandelt, was an Glaubensartikeln, Lebensweisheiten und sozialen Grundsätzen ein spätmittelalterliches Laiendasein beschäftigen konnte. Die wichtigste Handschrift (A, Wien) umspannt mit ihren 463 Stücken über die Trinität und die letzten Dinge, über Tugenden und vor allem Laster, über Ehe und üble Weiber, Klosterzucht, Richter und Hofleben, arm und reich und zahllose Einzelweis-

heiten ein überaus eindrucksvolles Kompendium. Die
Kunstlosigkeit wird vom Dichter selbst zum Prinzip
erhoben: Er ist gegen Gesangsvortrag, der nur verwirre,
gegen formales Spiel, gegen das Erzählen von âventiure,
er verknappt um der Sache willen überkommene Stilformen. Eine angemessene Würdigung dieser Reimsprecherkunst kann, mit Eberhard Lämmert, nur aus ihrer
sozialen Funktion und Mission heraus erfolgen, als
„soziale Dienstleistung in hohem Grade". Insofern ist sie
ein laikales Pendant zur Predigt, was sich auch thematisch und strukturell aufweisen läßt. Interessant im Hinblick auf das Selbstbewußtsein solcher Laienlehre ist ein
Vergleich, mit dem der Teichner die unsichtbare Präsenz
Gottes, besonders in der Wandlung der Hostie, verdeutlicht:

> Got ist uns verporgen vor
> ze geleicher weis mit verspartem tor
> als latein versperren (verschließen) chan
> dautschew wort, wie nahen ich stan,
> daz ich nicht erchenn deu wort,
> ob ichs dautsch reden hort,
> daz ichs pey ainem wort erchant.
> also hat sich got verbant
> in die menschait, als latein
> dautschen worten nympt den schein.

(Nr. 7)

Das deutsche Wort ist im unverständlichen Latein verborgen und doch gegenwärtig wie Gott in der Menschheit (Christi) und in der Schöpfung – mit dem Respekt
vor dem geheimnisvollen Latein verbindet sich die Berufung auf die Wahrheit der Volkssprache.

Unter den zeitgenössischen Reimsprechern, deren
Werke gelegentlich auch mit denen des Teichners überliefert werden, ist unmittelbar zu fassen Heinrich K a u f -
r i n g e r (von Landsberg oder Umgebung, um 1400?),
der neben seinen Mären auch ein halbes Dutzend geistli-

che und weltliche Reden hinterlassen hat, welche die
Kenntnis des Teichners verraten. Einen eigentlichen
Nachruf auf den Teichner, der als „slehter lai" in seiner
Zucht, Weisheit und guten Lehre gepriesen wird, hat
Peter Suchenwirt gedichtet (Pr. XIX), ein österreichischer Reimsprecher und, wie schon sein Name
ausdrückt, Fahrender ganz anderen Stils und mit vorwiegend höfischen Beziehungen; neben seinen Lob- und
Wappengedichten hat er aber auch im Stil des Teichners
einige religiöse und moralische Reden zu den Themen
von Spielsucht und Habgier verfaßt.

2. Minnereden

Nach ihrer Form und Darbietungsart kann man die
sogenannten Minnereden als thematische Untergruppe
der Reimreden betrachten; auch beim Teichner finden
sich zahlreiche Beispiele, sofern er sich mit dem richtigen
Verhalten zwischen Mann und Frau beschäftigt, über
den Sittenverfall klagt, Prahlerei und Modetorheiten aufs
Korn nimmt, die Tugenden der Frau und vor allem die
gute Ehe preist. Mit der Idee und Praxis des höfischen
Minnedienstes hat das allerdings nicht mehr viel zu tun.
Nun ist es aber gerade die höfische Literatur, die sich an
den Ideen von Minne und Frauendienst entwickelte, das
ganze spannungsreiche, vielfältig problematische Thema
„Liebe, Minne, Ehe" in Bewegung brachte und damit
auch der Didaktik ein weites Feld eröffnete. In diesem
Sinn sind die spätmittelalterlichen Minnereden – Tilo
Brandis zählt in seinem Katalog deren 520, wobei allerdings der Begriff weit gefaßt ist und die niederdeutschen
und niederländischen Stücke mitgezählt werden – ein
Literaturtypus für sich. Es kommt hinzu, daß dieser
Typus schon vom Thema her besonderen Bestimmungen
unterliegt. Es geht hier nicht einfach um Grundsätze,
sondern um die Lehre eines Weges, eines Verfahrens: sei

es, daß schlicht doziert wird, wie man eine Frau ver-
führt, sei es, daß der Weg der Vervollkommnung des
Liebenden oder des Menschen überhaupt, also eine Ars
amandi in höherem Sinne, zur Debatte steht. Das erotische wie das pädagogische Programm bringen ein pro-
zeßhaftes Element herein, das den Typus, bei aller
Abstraktheit, den erzählenden Formen annähern kann.
Ein zweites ist der von Anfang an idealistisch-fiktive
Charakter höfischer Minne, deren Didaktik im Bereich
antiker Tradition, christlicher Forderungen und vitaler
Wirklichkeit ein gefährliches Unternehmen ist. Dessen
ist sie sich stets bewußt, und so bleibt die hier zele-
brierte ideale Weltlichkeit gern im Bereich des Spiels,
der Vorbehalte, des Wagnisses, und es kommt kaum
zum Ernst einer Sittenpredigt oder eines Glaubensarti-
kels. Um so eher ist das Thema zur unterhaltenden
Diskussion geeignet, ist sozusagen Pseudo-Didaktik
und kann sich immer wieder in Parodie oder Obszönität
selbst dementieren.

Für morphologische Definitionen gibt es natürlich
auch hier Schwierigkeiten. So kann man die wenigen
Großwerke, die besondere Ansprüche an die metrische
Form und die durchgehende allegorische Inszenierung
stellen, mit zu den Minnereden rechnen oder, wie es hier
geschehen soll, gesondert behandeln. Auch der Obertitel
„Ars amandi" dürfte nicht alles decken, obwohl damit
die echt mittelalterliche Grundüberzeugung, daß auch
die Liebe eine Kunst und ein Wissen sei, getroffen
wird.

„Minne" ist auch in der Erzählung von Anfang an
Theorie, und die höfische Lyrik ist sogar wesentlich
nicht Aussage der Minne, sondern Reflexion über sie.
Mit Ausnahme von Hartmanns *Büchlein* beschränkt sich
die deutsche Minnelehre der klassischen Zeit ganz auf
diese angewandten Formen. Die minnetheoretische Einlage – als Exkurs des Dichters, als Gespräch seiner

Figuren oder gar als ganze allegorisierte Partie – ist seit Eilhart, Veldeke und Gottfried beliebt. Ja der spätere Roman hat bei Rudolf von Ems oder Johann von Würzburg erst recht den Charakter eines pädagogischen Lehr- und Bilderbuchs der Hof- und Minnekultur. Maßgebende Großwerke der Minnetheorie erscheinen in Deutschland mindestens zunächst nicht, wogegen in Frankreich zwei Werke weltliterarischer Bedeutung das Bild beherrschen. In seinem lateinischen Prosawerk *De amore* bietet der Kaplan Andreas eine scharfsinnig-hinterhältige Systematik und Kasuistik der Liebe, aus der Nähe Chrestiens und der großen Höfe von England und Frankreich (1184–86?). Und vor allem entsteht dann, in der Volkssprache, das große, ja vielleicht einzige Muster einer wirklich dichterischen Allegorie: der zauberhafte *Rosenroman* des Guillaume de Lorris (um 1230) samt seiner ironisch-satirischen Fortsetzung durch Jean de Meun (gegen 1280). Der *Rosenroman* hat nur eine niederländische Bearbeitung gefunden, Andreas Capellanus eine direkte deutsche Rezeption erst im 15. Jahrhundert.

Die Verselbständigung einer deutschen Minnerede – nach Hartmann – erscheint vielleicht wiederum zuerst beim Stricker. Die Datierung seiner *Frauenehre* von gegen 2000 Versen ist unsicher; die Distanz dieses Werks von der höfischen Klassik ist nicht nur sozial, sondern auch zeitlich begründet, wenn er eine Restauration des wahren Minnedienstes fordert und das Lob der Frauen als Inbegriff der *tugent* und aller Ehre und Freude doziert. Ungefähr gleichzeitig hat Ulrich von Lichtenstein nicht nur mit seinem *Frauendienst* die konkretisierende „autobiographische" Wendung vollzogen, sondern auch die Verselbständigung der Theorie. Sein *Frauenbuch* von 1257 ist ein Streitgespräch zwischen Ritter und Dame über die Minne und deren gegenwärtige Entartung, worauf der Dichter die Diskussion mit einem

Lobpreis der Frauen zu Ende bringt (2166 Verse). Von besonderem Reiz ist schließlich ein drittes Werk dieser frühen Gruppe, die *Minnelehre* eines Johannes von Konstanz (2500 Verse). Diese um 1300 entstandene Dichtung gehört wohl in den gleichen geistigen und gesellschaftlichen Rahmen, in welchem die große Inventarisierung des Minnesangs unternommen wurde. Der Verfasser war vermutlich der Bruder eines Heinrich von Konstanz, Propsts des kleinen Augustinerstifts auf dem Zürichberg. Der Text erscheint u. a. in der Weingartner Liederhandschrift. Die Geschichte einer Werbung ist das Dispositionsschema, grundsätzlich wie im *Rosenroman* und in zahllosen Minnereden sonst. Der Dichter erzählt modellhaft von sich, dem „iungelinc", der von der Minnekrankheit zu „aller frouwen crone", nämlich einer „megede" am Hof, ergriffen ist. In diesem Zustand erfährt er eine umfangreiche Traumvision, die ihn offensichtlich als gebildeten Kleriker ausweist. In einem paradiesischen Liebesgarten begegnet er dem kleinen, nackten Cupido, es erscheint dessen Mutter, die Frau Minne, auf einem schönen, von Tauben gezogenen „wegelin", er wird von ihr mit einem Pfeil ins Herz geschossen, belehrt und beraten. Auf diesen artigen Konstanzer oder Zürcher Triumph der Venus folgt ein Briefwechsel des Dichters mit der jungen Dame, die sich langsam und sukzessive zu einem Stelldichein und schließlich programmgemäß zum „umbevanc" überreden läßt. Das gemahnt an Minnemotivik aus Veldeke oder Gottfried und ist antikisch-ovidische Tradition – jedenfalls, trotz höfischen Vokabulars, keine Dienstminne. Ausdrücklich wird vor der Liebe zu bereits verheirateten Damen gewarnt, und das Mädchen denkt ängstlich, was „väterlin" und „liebiu muoter" sagen würden. Auch das Mittel der Korrespondenz mag an Hadlaub erinnern. Der Liebesbrief wird eine häufige Form der Minnerede, sei es nach dem Vorbild lateinischer Liebesbriefsteller oder in Anlehnung an das Botenmotiv der Minnelyrik, ganz abgesehen natürlich von wirklicher Praxis dieser Art.

Von nun an erweist sich die Minnerede für anderthalb Jahrhunderte als eine nicht umzubringende, trotz aller Vielfalt monotone Gattung, deren anhaltende Faszination nur daraus erklärbar ist, daß unter dem Stichwort „Minne" der Inbegriff menschlichen Strebens und menschlicher Bildung gesucht wird. Es ist ein erstaunliches Spiel mit den Restbeständen einer hohen Zeit, darum auch sehr häufig durchsetzt mit der Klage um den Verlust wahrer Minnetugenden. Genereller Ritter- oder Frauenpreis wechselt mit der Rüge übler Weiber oder Liebhaber. Wechselnd ist der Ernst, mit dem eine mehr idealistische oder mehr ovidisch-frivole Theorie vorgetragen wird. Und wie die Minne emphatisch in religiöse Zusammenhänge gesteigert werden kann, so gibt es auch immer wieder die parodistische Umkehrung der Tendenz ins Dörperliche oder Obszöne.

Für die volkssprachliche Explikation der Minneethik mit ihren Tugenden und Lastern kommt, mindestens in den kleineren Gedichten, eine systematisch-moralphilosophische Darlegung kaum in Frage. Um so wichtiger und beliebter ist die Technik der Personifikation: Wie schon im Minnesang und in der Spruchdichtung Frau Minne oder Frau Maße oder Frau Unvuoge erscheinen, so liegt nun der Erschaffung einer ganzen konfusen Population von solchen existenz- und konturlosen Ad-hoc-Gestalten nichts mehr im Wege, und je nach Ehrgeiz des Dichters können diese in größere allegorische Handlungen einbezogen werden.

Wir müssen hier auf eine Aufzählung der vielen, oft anonymen kleineren Texte und ihrer Sammlungen verzichten und beschränken uns auf einige größere Werke der Minnedidaktik, in denen versucht wird, das Potential allegorischer Technik auszuschöpfen, zu kunstvolleren Kompositionen zu gelangen und eine gewisse Enzyklo-

pädik zu erreichen, Werke, die ihrerseits in den späteren
Minnereden wieder Schule gemacht haben.

3. Große Minneallegorien

Ein literaturkundiger, wenn nicht gelehrter Anonymus,
vermutlich aus dem Bistum Würzburg, hat um 1340 die
Minneburg verfaßt, ein erfolgreiches Werk, das in
zwei Versbearbeitungen und einer späteren Prosaum-
schrift vorliegt und vielleicht das anspruchsvollste allegorische Konglomerat der deutschen Minnedidaktik darstellt. Nach einem lyrischen Prolog geschraubten Stils
wird in rund 5500 Versen folgendes vorgetragen: An
einem heißen Sommertag geht der Dichter spazieren,
gelangt in ein hohes Gebirge und dann mittels eines
Floßes in eine anmutige Landschaft. Hier steht die kostbar und bedeutungsvoll ausgestattete Minneburg, meisterlicher gebaut als Troja, Munsalvaesche oder der Tempel Salomons, und darin eine Wundersäule, in der sich
ein männliches Bildnis aus Glas und ein weibliches aus
Stahl befinden; die Gestalten neigen sich zueinander, und
im Tausch der Blicke wird das Kind „Minne" gezeugt;
Mann und Frau verkörpern zugleich die obersten Seelen-
kräfte Verstand und Wille (eine ungewöhnliche Meta-
physizierung des Themas). Ein alter Meister in Alexandrien gibt dem Erzähler Auskunft über die Minneburg
und unterrichtet das Kind über die Minne. In diese Lehre
schaltet der Dichter die persönliche Anwendung, d. h.
eigene Betrachtungen und Klagen zuhanden seiner
Dame, ein. Nun unternimmt die Minne (das Kind) mit
einem Gesinde von Leidenschaften einen Feldzug und
belagert eine von den Tugenden verteidigte Burg namens
Freudenberg. Die Aktion endet mit einem Vergleich der
Gegner, mit der Hochzeit mit der Burgherrin und der
Geburt einer neuen Minne (Widerminne, Gegenliebe),
während die Burg vergeblich von Kläffern umlagert

wird. Ein letzter, lose angeschlossener Teil führt ein
großes Minnegericht vor, wo unglückliche oder betro-
gene Liebende, unter ihnen auch der Dichter, ihre Klagen vorbringen.

Was dem ersten Blick nur als Kuriosum erscheinen
mag, steht in einer wohlbegründeten Tradition von tausend Jahren. Grundlegende Bücher des Mittelalters, Prudentius vor allem mit seinem christlichen Epos vom
Kampf personifizierter Tugenden und Laster, aber auch
Martianus Capella mit seiner Bildungsallegorie gehören
dazu, und im Hochmittelalter haben Alanus von Lille und
der *Rosenroman* neue Maße gesetzt. Allegorie liegt dort
nahe, wo es hinter der anschaubaren Wirklichkeit eine
andere, eigentliche gibt – die theologische Hermeneutik
hat die Entzifferung des geistigen Sinns der Schrift und der
äußeren Wirklichkeit zur hohen Kunst entwickelt – und
wo nun umgekehrt versucht werden kann, geistige Sachverhalte künstlich zugleich zu veranschaulichen und im
Uneigentlichen zu verrätseln – was nicht zuletzt unter der
Anweisung der lateinischen Rhetorik geschehen kann.
Der Reiz liegt in der Parallelführung der beiden Ebenen,
die aber gelegentlich auch vermischt und verwirrt werden,
liegt im Schweben zwischen Verfremdung und Zwang zur
Entschlüsselung, im Gegeneinander von Phantastik und
rationaler Lehre. Die Mehrdeutigkeit – z. B. daß die Burg
in unserem Werk die reine Frau, das Wesen der Minne, die
Geliebte des Dichters und die Tugenden bedeutet, umgekehrt aber auch die Frau wieder verschieden verkörpert
werden kann – ist offenbar ein geschätztes Raffinement
und keineswegs nur Konfusion. Die *Minneburg* ist besonders kompliziert schon im Aufbau. Das tragende Gerüst,
die Erzählung von der Entstehung der Minne und dem
Erlangen des Minneziels, wird durch lange lehrhafte
Partien und durch Exkurse des Dichters selbst, also durch
Minnereden im engern Sinn (Klage, Lobpreis, Werbung),
unterbrochen.

Der Autor operiert somit auf verschiedenen Ebenen. Es scheint, daß ihm auch die geistliche Allegorese vertraut ist, und dem entspricht es, wenn er in seinen Prologstrophen die irdische Liebe kühn in den christlichen Heilszusammenhang rückt. Dazu kommt, vor allem in den eingeschalteten Partien, eine ausgesprochen preziöse, dunkel-verschnörkelte Diktion nach der Manier Konrads von Würzburg, Frauenlobs, des *Jüngeren Titurel*:

> Ach got, wie ist verselket (versenkt),
> Vermuoret und verkelket (vermauert und übertüncht)
> In mich der mynnen kunder (Wundertier)!
> Die mynne hat nuwe wunder
> Mir in daz hertze gestiftet.
> Ich forcht mir sy vergiftet
> Min freudenricher wandel,
> Daz ich fur freuden mandel
> Werde eßen leides zeidelbast.
> Ir mynnenclicher sußer glast
> Mich in dem hertzen kitzelt,
> Daz mir min freude verhutzelt
> Ist und auch gar verdorret.   (2306 ff.)

Ähnlichen manieristischen Stil zeigt ein gewisser Meister Egen von Bamberg, der in der *Minneburg* mehrfach als Vorbild erwähnt wird und von dem in der Tat einige kürzere Minnereden vorliegen.

Was die Titelmetaphorik betrifft, so findet sich das castrum amoris schon bei Ovid, und ebenso alt und ehrwürdig und immer neu entdeckt ist die Auffassung der Liebe als Krieg und Belagerung. Auch darf man wohl an die mystische Analogie, das Bürglein der Seele, die Seelenburg erinnern. Im übrigen gehört die Vorstellung zu der die Allegorien beherrschenden Bild- und Symbolwelt von Bauwerken (Burg, Palast, Kloster, Kirche, mit Gärten und idealer Landschaft) sowie der zugehörigen Institutionen (Orden, Sekte, Konzil, Turnier). Was schon in Hartmanns „Hoves fröide", in Minnegrotte, Gralsburg und Gralstempel erscheint, kann sich in der Minnedidaktik selbständig entwickeln.

Zu diesen Allegorien gehört auch das *Kloster der Minne* (alemannisch-bairisch, Mitte 14. Jahrhundert, 1890 Verse). Auf dem üblichen Eröffnungsspaziergang begegnet der Dichter einer Sendbotin der Königin Minne, die ihn zu einem seltsamen Konvent in wunderbarer Landschaft weist: In einer unendlich weiten Anlage, mit zwölf Toren wie das himmlische Jerusalem, findet er viele vornehme Damen und Herren, die in klösterlicher Ordnung ein „lustlichez" Leben führen, wohnt einem großen Turnier bei und wird von einer reizenden Begleiterin (die er kennt) über alles informiert. Wer nun in dieser Dichtung, etwa im Gedanken an das *Liebeskonzil im Kloster Remiremont* (lateinisch, 12. Jahrhundert) oder an Rabelais und die Abtei Thélème, eine frivole Parodie oder Satire erwartet, sieht sich enttäuscht: Die Organisation des Hof- und Minnelebens in geistlichen Formen zielt vielmehr ähnlich wie die *Minneburg* auf die letztliche Identität von Minne- und Gottesdienst, oder der Dichter ist doch zu diskret, vielleicht auch zu naiv, um das Thema erotisch auszuspielen. Wenn die Herrin des Ganzen, die Frau Minne, überhaupt nicht in Erscheinung tritt und das Kloster nicht im einzelnen durchallegorisiert wird, so erweist sich das Werklein eher als eine liebenswürdige Utopie. Die Ansicht, diese sei von der ursprünglichen Ordnung des von Ludwig dem Bayern gestifteten Klosters Ettal inspiriert (Männerkonvent mit einem Annex für Ehepaare und Witwen), läßt sich kaum halten. Im übrigen hat dann ein viel jüngeres Werk, das *Weltliche Klösterlein* (1472), dem Thema eine verwandte, aber nur noch scherzhaft-pikante Behandlung zukommen lassen.

Ungefähr gleichzeitig mit der Burg- und Klostermetaphorik erhielt ein anderer Bereich hohe allegorische

Würde und Popularität: die Jagd. An sich mag es
unschön und männlich brutal berühren, wenn die Werbung um eine Dame als Jagd auf ein Wild verstanden
wird. Auch daß bereits Ovid die Metapher kennt, macht
sie nicht feiner. Doch ist zu bedenken, welche Rolle das
Weidwerk als aristokratisches Vorrecht, als Kunst und
Vergnügen spielt, daß es sich in unserem Fall um eine
Such-Jagd handelt und daß um die jagdliche, ritterliche
Suche Wolframs *Titurel*-Strophen kreisen. Wir treten
jedenfalls in einen Bildzusammenhang von langer
Geschichte und vielen Dimensionen ein. Hadamar
von Laber, der Angehörige eines oberpfälzischen, mit
dem Hof Ludwigs des Bayern eng verbundenen Adelsgeschlechts, hat mit seiner *Jagd* (meist gegen 1340 datiert)
ein ausgesprochen anspruchsvolles Werk geschaffen und
dazu wohl nicht zufällig die Titurelstrophe gewählt – in
starkem Gegensatz zu fast allen vorangehenden Minnelehren. Der Dichter zieht aus, um ein edles Wild zu
stellen, mit dem Leithund „Herze" als Begleiter und
einem Troß von Knechten und Hunden, die sich Glück,
Lust, Liebe, Gnade, Freude, Wille, Harre (Geduld) usw.
nennen. Umständlich wird im Walde des „schalks"
(Gefahren der Minne) die Jagd organisiert. Die Einkrei-
sung gelingt, aber Herze reißt sich los und wird von dem
aufbrechenden Wild verwundet. Auch in zweiter Versuch schlägt fehl, die Hunde werden von Wölfen (Mer-
kern) vertrieben, am Schluß ist der Jäger allein mit Harre
auf der erfolglosen Suche:

> Harre lie do schinen
> als er e dicke erzeiget
> wie groz er was in pinen.
> Daz houbt er aber nach der ferte neiget.
> Er iaget hin an Fröuden und an Wunnen,
> an Trost und ane Helfe,
> der hunde was im aller do zerunnen.

(564)

Die allegorische Erzählung wird wiederum durch Klagen des Dichters, Gespräche und Reflexionen vielfach unterbrochen und verunklärt. Die detaillierte Allegorie zwingt zur Auflösung und darf doch nicht gepreßt werden. Nobel und höfisch ist der Grundgedanke: Das Wild entkommt, weil der Jäger zögert, den Hund Ende einzusetzen; die Ehre der Dame soll nicht angetastet werden, das Harren der Liebe hat seinen Lohn in sich.

Hadamars vielfältige Nachwirkungen sind hier nicht aufzuzählen. Von dem unverminderten Interesse aller Schichten an der Gattung der Minnedidaktik überhaupt sollen hier nur noch drei identifizierbare Autoren mit ihren Namen zeugen. Ein Meister Altswert (Name eines Fahrenden aus dem Elsaß, 2. Hälfte 14. Jahrhundert) huldigt mit vier Minnereden einer wohl bürgerlichen Geliebten, die er in der Topik auch noch des volkstümlichen Liebesliedes mit der Initiale – G – anspricht. In seinem *Der Tugenden Schatz* sind wir am strahlenden Hof der Frau Venus. Eberhard von Cersne (Kanonikus in Minden, 1404) hat in seinen umfangreichen *Minneregeln* erstmals den Kaplan Andreas ausgiebig benützt. Der württembergische Adlige Hermann von Sachsenheim (gest. 1458) verfaßte in hohem Alter und konservativer Gesinnung unter anderm drei allegorische Minnelehren und dazu eine grobe, pasturellenartige Selbstparodie (*Die Grasmetze*). Die personifizierende und allegorisierende Dichtungstechnik ist noch lange aktuell: zum umfassenden Mittel der Selbstdarstellung verwendet sie noch und wieder Kaiser Maximilian in seinem *Teuerdank*.

4. Ständedidaktik

Die Minnelehre behält den Charakter einer höfischen Spezialität, auch wenn ihr Thema über die ursprünglichen Grenzen sachlicher und gesellschaftlicher Art erweitert wird. So gibt es denn daneben die Bemühung um eine umfassende, für jedermann und jederzeit gültige Morallehre. Seit Thomasin und Freidank und erst recht mit Hugo von Trimberg entfaltet sich eine moralische Enzyklopädik, die sich eine Fülle von Kleinformen unterordnet und bereits ins Uferlose zu geraten droht. Mit wachsender Bedeutung der Städte und ihres bunter werdenden gesellschaftlichen und wirtschaftlichen Lebens, mit dem Aufstieg und der zunehmenden Selbstbesinnung auch der dörflich-bäuerlichen Existenz wächst allenthalben das Bedürfnis nach anschaulichen Modellen des sozialen Gefüges, nach Reflexion dessen, was sich in spätmittelalterlicher Wirklichkeit vollzieht. Das bedeutet in den meisten Fällen natürlich nicht eine politische, juristische oder gar soziologische Argumentation; auch ein kämpferisches Engagement, wie es sich bei Wernher dem Gärtner, gelegentlich beim Stricker und bei Seifried Helbling zeigt, bleibt selten. Meistens geht es darum, das Zusammenleben der Menschen im Ganzen einer umfassenden Ordnung, die Verteilung ihrer Aufgaben, Pflichten und Rechte im Rahmen einer allgemeinen wie spezifischen Lehre von den Tugenden und Lastern darzustellen. Man denkt nicht in Klassen, sondern in Ständen, was immer das heißen mag.

„Got hât driu leben geschaffen, gebûre, ritter, phaffen", sagt Freidank. Das Ordo-Denken, das sich in der Scholastik am schärfsten ausprägte, betrifft die gesamte Kreatur und in ihr, freilich durch ständige Insubordination bedroht, auch die menschliche Gesellschaft. Das alte Schema der genannten drei Stände – Nährstand, Wehrstand, Lehrstand – wird zwar theoretisch kaum in Frage gestellt, entspricht aber den faktischen Verhältnissen längst nicht mehr. Einen „Stand" von Rittern gibt es höchstens in der idealistischen höfischen Dichtung, de facto meint das Wort immer noch oft nur den berittenen Soldaten, der etwa mit dem Feudalherrn nur in einer

verblassenden Idee etwas zu tun hat. „Bürger" sind
zunächst alle Burg- und Stadtbewohner und jedenfalls in
dem genannten Ternar nicht unterzubringen; wo sich der
Begriff im modernen Sinn ausprägt, sind sofort die oft
großen Klassenunterschiede zwischen (Fern-)Handel
und Handwerk zu bedenken. Jedenfalls geht es in der
Didaktik meistens darum, die Ständeordnung zu diffe-
renzieren nach Funktionen, Privilegien und vor allem
Berufen. Der Ordo-Gedanke wird nicht preisgegeben,
aber sozusagen konkretisiert und detailliert. In der städtischen Wirklichkeit geschieht dies durch die überall seit
dem späten 13. Jahrhundert erscheinenden Zunft- und
Regimentsordnungen; in der moralischen Literatur mit
ihrem oft abstrakten oder allegorischen Systemzwang
werden Ständerevuen in allen möglichen Formen überaus
beliebt: katalogartige Aufreihungen oder auch Auftritte
der nach Stand, Beruf, Alter, Geschlecht oder sonstwie
unterscheidbaren gesellschaftlichen Gruppen. Wir begegnen ihnen in der Predigt, im Lehrgedicht, im Drama.
Diese Revuen verbinden in ihrer schlichten Freude an der
Aufzählung und Reihung den bunten spätmittelalterlichen Partikularismus mit der unerschütterten Idee der
solidarischen Zugehörigkeit des einzelnen zu einem
Ganzen.

Etwa zur gleichen Zeit mit den Minneallegorien und
den städtischen Zunftordnungen erscheint in der Literatur eine neue, überaus erfolgreiche Rahmenvorstellung,
mit der eine sozial gegliederte Morallehre entwickelt
werden konnte, die zugleich unterhaltend und wenigstens zum Schein systematisch war: das Bild, die Allegorie vom Schachspiel (schachzabel). Seit dem *Ruodlieb*-
Roman ist das Schachspiel auch in Deutschland bezeugt:
als Spiel der Könige, mit seinem ehrwürdigen orientalischen Ursprung, mit seiner Verbindung von Geheimnis
und Scharfsinn hat es von jeher symbolische Interpretation erfahren, als Kriegsspiel, aber zunehmend auch als

Abbild der gesellschaftlichen Ordnung. Schon die den mittelalterlichen Schachbüchern beigegebene Entstehungsgeschichte des Spiels läßt es erfunden sein zur Belehrung und Besserung eines mißratenen Königssohnes. Trotz gelegentlicher kirchlicher Anfeindung gewinnt das Spiel im 12. und vor allem im 13. Jahrhundert weitere Verbreitung und schließlich seine literarische Interpretation. Ein spanisches *Buch vom Schach-, Würfel- und Brettspiel*, das König Alfons der Weise 1283 schreiben ließ, ist aufgrund arabischer Quellen noch eine rein sachliche Anleitung zu den verschiedenen Spielarten. Maßgebend für ganz Europa wurde aber eine lateinische Schach*allegorie*: das Prosawerk eines gelehrten oberitalienischen Dominikaners, Iacobus de Cessolis, der gegen Ende des 13. Jahrhunderts in einem französischen Kloster lebte: *De moribus et de officiis nobilium super ludo scaccorum*, ein Sittenspiegel insbesondere für Fürsten, den der Verfasser ursprünglich als Predigtserie geplant hatte. Damit wurde eine ganze Literaturgattung begründet, die noch bei den Neulateinern Hieronymus Vida und Jakob Balde vertreten ist.

Eine erste – kürzende – deutsche Versbearbeitung des de Cessolis entstand schon um 1300 durch einen H e i n - r i c h   v o n   B e r i n g e n, vermutlich einen Augsburger Kanonikus. Unabhängig von diesem nur in einer einzigen Handschrift überlieferten, gut geschriebenen Werk entstand ein anderes *Schachzabelbuch,* das viel ausführlicher war und für die ganze folgende Tradition maßgebend wurde: das 1337 vollendete Werk des K o n r a d   v o n   A m m e n h a u s e n, Benediktinermönch und Leutpriester im Städtchen Stein am Rhein. Mit seinen über 19 000 Versen ist es eine stark erweiternde und sozusagen verbürgerlichende Bearbeitung derselben Vorlage. Nach der Ordnung der Spielfiguren werden die Stände abgehandelt: nach dem Königspaar die weltlichen Herrscher, nach den „Alten" (Läufern) die Richter, nach den „Rittern" (Springern) die Ritter, nach den „Rochen" (Türmen) die Landvögte und überhaupt hohen Beamten, und dann nach den acht „Venden" (Fußsoldaten, „Bauern") 1. die Bauern, 2. die Bauhandwerker, 3. das mit Haut und Haar (circa pellem) befaßte Gewerbe, das von den Wollwebern über die Metzger und Bartscherer bis zu den Schreibern reicht, 4. die Kaufleute und Geldwechsler, 5. die Ärzte und Apotheker, 6. die Wirte, 7. die Stadthüter und Amtsleute und 8. die Verschwender, Spieler und Läufer (Boten) – auch die Nichtsnutze haben ihren Platz, ihre Funktion. Zu jedem Stand werden die einschlägigen Tugenden und Laster aufgezählt und mit Beispielen, Anekdoten, Exkursen aller Art, oft aus eigener Erfahrung, illustriert. Diesem Hauptteil voran geht die Geschichte der Entstehung des Spiels in Chaldäa, und es folgen ihm die Bedeutungen des Spielbretts, der Stellung und des Gangs der Figuren – alles zusammen ein Bild der Stadt Babylon, eines Reiches, ja der Welt überhaupt. Die geistliche Hierarchie ist dabei praktisch ausgeklammert: Das Spiel betrifft die profane Welt, der gegenüber der Verfasser bei mehreren Gelegenheiten die geistlichen Privilegien im Rechts- und Steuerwesen zu verteidigen weiß.

Konrad, vermutlich ein Bauernsohn vom thurgauischen Seerücken, scheint wenig zu wissen von den großen geistigen Ereignissen in seiner Nachbarschaft – weder von der höfischen Literatur und ihrer Pflege in Konstanz und Zürich noch von der mystischen Frömmigkeit in den Nachbarklöstern zeigt sich die geringste Spur. Auch das gehört zum spätmittelalterlichen Partikularismus. Der Benediktiner und Pfarrer predigt die sittliche Praxis im täglichen Leben, mit speziellem Sinn für Recht, Rechtlichkeit und Treue, welche das Zusammenspiel der gesellschaftlichen Gruppen erst ermöglichen. Er tut dies offen, aufmerksam, pragmatisch und behaglich, weiß aber auch gelegentlich: es wird nicht viel

helfen (7400). Wenn er von den Rittern spricht, so sind
ihm das weniger die Hofleute als die milites, über die er
mit antiken Exempeln argumentiert; er fordert entsprechend der ständischen Aufgabenteilung vor allem den
Schutz der Schwachen durch sie (nicht ohne einen Aus-
fall gegen die Raubritter seiner Zeit) und denkt dabei
nach den „gotzhüsern" und der „pfaffheit" speziell an die
Bauern:

> ir schirm sol ouch sîn bereit
> witwen, weisen und dâbî
> swas andrer antwerchlüte (Handwerker) sî,
> und sunderlich, swer bûwes pfligt (wer Landwirtschaft treibt),
> sîd an den bûlüten ligt
> der mêrteil aller welt genuht (volles Genügen):
> si bûwent ûs der erde vruht,
> der alle die lüte müessen leben.
>
> (7386 ff.)

Später bezeichnet er die gerechten Bauern sogar als „ein
krôn ob andern antwerklüten" (10 266 f.). Er empfiehlt
ihnen immerhin die gewissenhafte Entrichtung des Zehnten, Solidarität mit den Nächsten und Arbeitsfleiß,
wobei er sich nicht versagt, alle Zweige der Landwirtschaft samt Bodenseefischerei genauestens zu explizie-
ren. Darin zeigt sich neben der alten Idee des Menschen
als Adam und Ackermann wohl auch das eigene Herkommen. Auch der Bürger erscheint nun bei Konrad als
geläufiger Begriff (4917); selbst die bei Thomasin und
Freidank theologisch noch scheel angesehenen Kaufleute
und Geldwechsler haben ihre Geltung, sofern sie ehrlich
und treu sind. Trotz eines gewissen Mißtrauens gegen die
Städte und ihre politischen Bestrebungen (Städtebünde)
betont der Dichter doch, daß nun die Untertanen allzu
harter Herren in eine freie Stadt fliehen und dort Frieden
finden können.

Konrads liebenswürdiges und reichhaltiges Werk ist
viel gelesen (24 Handschriften) und mehrfach für Bear-

beitungen benützt worden. So hat noch 1507 der Konstanzer Arzt Jakob M e n n e l einen kurzen Auszug in Versen hergestellt. Die ursprüngliche Nähe des Schachbuchs zur Predigt schlägt hingegen wieder durch in dem Prosatraktat, den ein Straßburger Dominikaner, der sich M e i s t e r I n g o l d nennt, unter dem Titel *Das goldene Spiel* etwa 1430–50 verfaßte. Es ist zur Hälfte eine Schachallegorie, der dann anhand von sechs anderen Spielen je eine spezifische Ermahnung beigefügt wird: sieben Spiele, sieben Todsünden.

Ein auf seine Art bedeutendes und originelles Werk aus der räumlichen Nähe Konrads ist *D e s t ü f e l s s e g i* – die in 4 Fassungen (7050–13 660 Verse) überlieferte Ständerevue eines seeschwäbischen Anonymus aus der Zeit um 1420 (Anspielungen auf das Konzil). Die allegorische Rahmenvorstellung ist der Seelenfang des Teufels mit der segi (mhd. segi, segene, aus lat. sagena), dem besonders im Bodensee verwendeten großen Schleppnetz, unter Mithilfe seiner sieben Knechte, den sieben Todsünden, in unheiliger Analogie zu Matthäus 13,47. Der Teufel selbst berichtet darüber, von einem Einsiedler in der Reihe der Stände nach den Listen und Tücken seines Menschenfangs befragt. Am Schluß erscheint Christus und ermächtigt den Teufel, die Sünder in die Hölle zu bringen. Das letzte Wort behält der Teufel:

> Hiemit ker ich mit den minen hin
> In die bittern helle pin. Amen.

Das primitive, aber machtvolle Werk ist weit weniger konstruktiv als Konrads Sozialgemälde. Die Ständerevue ist im wesentlichen als Sündenkatalog nach Art der Beichtspiegel angelegt, im Ergebnis eine Straf- und Drohpredigt, die ihrerseits wieder an die Teufelsszenen einzelner Osterspiele oder an die Totentänze erinnern kann. Im Mund des Teufels ist eine solche Predigt allerdings nicht ganz überzeugend. Er enthüllt sich zwar gezwungenermaßen, aber fällt dann doch immer wieder aus seiner Rolle und spielt selbst den Prediger. Dem Leser bleibt die gefährliche Möglichkeit, sich allzusehr in den Teufel einzufühlen. Dieser ist zwar der Beauftragte Gottes, aber doch kaum als Sprachrohr des Predigers geeignet.

Schon von der Anlage her gilt hier eine radikale Haltung: Städtisches Bürgertum ist zwar jetzt eine selbstverständliche Wirklichkeit, aber die Kaufleute sind fast alle des Teufels. Die landflüchtigen Bauern finden keine Gnade (12 355 ff.). Der Stände-Ordo hat verbindlichen Charakter. Man kann darin zeitgeschichtliche Reflexe sehen und an den wenig späteren rabiaten bauernfeindlichen Dialog des Zürcher Frühhumanisten Felix Hemmerlin erinnern, der allerdings mehr politisch als religiös motiviert ist. Vor allem ist nun auch die Geistlichkeit nicht mehr vom Strafgericht ausgenommen. Die Hierarchie wird von den Päpsten (hoffart, gitikeit und übermuot) über den ganzen Klerus herab, von Äbten und Mönchen, Äbtissinnen und Nonnen bis zu den Waldschwestern, Beginen, Klausnerinnen und Vorklausnerinnen detailliert durchgenommen – unter heftigsten Vorwürfen wie Habsucht, Gleisnerei und Unzucht, wobei sich die Anklage stellenweise zu eigentlicher Ablehnung des Klosterlebens und der Geistlichkeit überhaupt auswächst:

> Nieman sich an die gaistlichen ker!
> Kain gewissne hand si um kain sach,
> Ir gemüt ist unrain, boes, nidig und swach.
>
> (5063 ff.)

Dies sagt der Teufel und meint wohl der Dichter, der an solchen Stellen den Übergang der alten, ausgeleierten Reimpaardichtung zum ausdrucksvollen Knittelvers erkennen läßt. Viel kürzer werden die Ritter abgetan – sie vernachlässigen ihre Standespflichten und sind wegen

Hoffart, Räuberei, Gewalttat und „ussrot der e wiben"
(außerhalb der Ehe sich beweiben) meistenteils „des tiu-
fels kind". Nur die eigentlichen Asketen, Einsiedler und
freiwillig Armen kommen fast ungeschoren weg. Darum
hat man im Dichter einen Mann vermutet, der zwar in
enger Beziehung zur Geistlichkeit stand, vielleicht selbst
Kleriker war, aber mit seiner radikalen Haltung oder gar
mit persönlichem Asketentum sich außerhalb der Institutionen fühlen konnte.

Es bietet besonderes Interesse, neben solchen Enzy-
klopädien nun auch einen *Ritterspiegel* zu finden, also
die spezielle Darstellung des in mancher Hinsicht – ideell
und in Wirklichkeit – problematisch gewordenen Elite-
standes. Johannes R o t h e , Weltgeistlicher bürgerlicher
Herkunft, Jurist, Historiker, Leiter der Stiftsschule
St. Marien zu Eisenach (um 1360–1434), hat neben einer
thüringischen Chronik (deren Prosa er in einer Reimvorrede noch entschuldigen zu müssen glaubt) und Dichtungen über die Passion, über Elisabeth von Thüringen und
über die Tugend der Keuschheit für seine adligen
Freunde sein kleines Lehrbuch des Rittertums geschrieben (4100 Verse in Kreuzreimen, um 1415). Die Lehre
erfolgt aus bürgerlicher und gelehrter Perspektive, also
auch hier von außen, aber in Sorge um das Schicksal eines
dem Verfasser vertrauten Standes. Denn einen Stand im
alten Sinne sieht auch er in den Rittern (wobei „miles"
die Bezeichnung des Soldaten wie des Adligen ist), deren
Aufgabe das Führen der Waffen zum gemeinen Nutzen
ist und auf die allgemeinen menschlichen Tugenden
bezogen bleibt; argumentiert wird mit der Bibel (Altes
Testament), mit antiken und christlichen Autoren, wobei
für die Kriegskunst insbesondere Vegetius herangezogen
wird. Alle Stände freilich sind im Blick des Geistlichen
der Vergänglichkeit unterworfen, vor der alle Menschen
gleich sind. Diese ordo-gemäße Legitimation betrifft
nicht den „licham", sondern Herz und Blut, d. h. den

Geist, und sie kann durch Untugend (wie hochvart, hure und worffelspil) jederzeit verlorengehen; Adel und Freiheit beruhen auf der Tugend (1545, 2061). So hält Rothe denn auch daran fest, daß der Ausgleich der moralischen und der sozialen Stellung immer wieder erfolgt: Rechte Eigenleute werden tüchtige Bauern, ihre Kinder ziehen in die Städte, reiten an die Höfe, können Lehensträger und in vierter Generation zum Ritter geschlagen werden (409 ff.); sie sind für sich und ihre Nachkommen adlig, wenn sie mannhaft und unverdrossen bleiben. Auch wenn dies theologisch und juristisch korrekt sein kann, bleibt es doch recht theoretisch. Konkreter sind die differenzierten Ratschläge, wie sich arme Ritter behelfen können: Ein weniges an standesgemäßem Handel und Geldausleihen ist ihnen erlaubt, dagegen kein Handwerk außer Landwirtschaft und Herstellung von Waffen (Büchsen und Bolzen) (2175 ff.). Scharfen Tadel erfahren wieder die Raubritter, die „ritter obir kuwedreck" (943). Was die eigentliche höfische Erziehung anlangt, so ist ein wenig von Hofzucht (Leibesübungen, Schachspiel, Bedienen bei Tisch) die Rede, nicht aber von Minnedienst und Jagd. Dafür wird das Erlernen von Lesen und Schreiben und der Sieben Künste empfohlen. Breite Erläuterung finden dagegen das Wappenwesen, die Ausrüstung und die äußeren Vorrechte des Ritters. Rothes nur in einer einzigen Handschrift überlieferter *Ritterspiegel* ist offenbar ohne Echo geblieben. Uns zeigt er die Schwierigkeiten eines gesellschaftlichen Selbstverständnisses zwischen biblisch-antiken Autoritäten, höfischer Ideologie und Wirklichkeit.

5. Geistliche Allegorie

Daß auch die geistliche Lehrdichtung sich der allegorischen Einkleidung bedient, ist um so selbstverständlicher, als die weltliche Allegorie ja erst aufgrund der geistlichen und als Parodie zu dieser entstehen konnte. So allgegenwärtig die allegorische Veranschaulichung und Ordnung geistlicher und geistiger Sachverhalte in der Predigt und allgemein in der geistlichen Literatur sind, so sind durchgehaltene Allegorien großen Stils aufwendig und selten. Das einzige Werk, das hier genannt werden kann, ist die *Pilgerfahrt des träumenden Mönchs*, entstanden als Übersetzung aus dem Französischen – was im geistlichen Bereich ebenfalls selten, in diesem Fall aber bezeichnend ist. *Le pelerinage de vie humaine* ist 1330/31 entstanden als Arbeit eines Zisterziensermönchs, Guillaume de Deguileville, der sich selbst auf den *Roman de la rose* als sein Vorbild beruft. Es handelt sich also um eine Art Rück-Kontrafaktur, womit man auch wieder zur altchristlichen Allegorie nach der Art des Prudentius zurückgeführt ist.

Das französische Werk war ein großer Erfolg und wurde in mehrere Sprachen übersetzt. In Deutschland entstanden nicht weniger als drei verschiedene Fassungen, die allerdings alle ohne eigentlichen Nachhall blieben: Am Anfang des 15. Jahrhunderts entsteht eine rheinfränkische Versübertragung (Handschrift in Berleburg); unabhängig davon 1444 eine ebenfalls metrische, aber wesentlich gewandtere Fassung (Entstehung und Handschrift in Köln); schließlich aufgrund der Berleburger Fassung eine Prosa (2 Handschriften des späteren 15. Jahrhunderts). Der Mensch unterwegs, als Homo viator, im Weltlichen der Ritter auf der Suche – dieser Grundgedanke des christlichen geschichtlichen Menschenbildes ist hier als konsequente und genaue Allegorie ausgeführt. Der Verfasser sieht in einer Traumvision das himmlische Jerusalem und macht sich als Pilger dorthin auf. Seine Ausrüstung und seine geistliche Vorbereitung werden detailliert auf die Glaubensartikel und die kirchlichen Heilsmittel hin ausgeführt. Er ist auf seiner Wallfahrt begleitet von der „Gnade" und der „Redelichkeit"

(Köln: „recht verstentenisse"), begegnet vielen andern
Wesen (Natur, Weisheit, Tugenden und Laster usw.),
geht seinen Weg durch manche Gefährdungen und
gelangt zu Alter und Krankheit, bis ihn ein altes Weib
(„la mort", in der Kölner Fassung der Sensenmann)
überfällt – in diesem Moment wacht der Dichter auf. Die
Heilsgeschichte ist im individuellen und sozusagen alltäglichen Nachvollzug dargestellt und führt denn auch
nicht über den Tod hinaus. Es ist der einzelne Mensch,
der hier seinen Heilsweg geht. Die Allegorie ermöglicht,
wenn auch noch abstrakt und schematisch, den Lebens-
gang des Menschen zu erzählen, mit dem Tod als Ende –
nicht mit einem Märchenschloß, einer gepflückten Rose,
einer eroberten Minneburg –, freilich auf dem Weg zur
ewigen Stadt. Damit war die Möglichkeit einer auch
autobiographischen Vertiefung angelegt, wie sie in später
Deszendenz von Guillaume de Deguileville eines der
berühmtesten englischen Bücher brachte: *The Pilgrim's
Progress* des John Bunyan (1675).

6. Die Fabel

Die „äsopische" Fabel – d. h. die als bîspel, Parabel,
ausdeutbare kurze Erzählung unter Tieren, gelegentlich
auch unter Pflanzen, Körperteilen und andern Natur-
phänomenen (der Berg, das Podagra) – ist im Bereich der
didaktischen und im weiteren Sinn allegorischen Literatur eine relativ klar umreißbare Gattung von hoher Konstanz durch das ganze Mittelalter, überaus beliebt dann
wieder im 16. und im 18. Jahrhundert, in welchem sie als
eigentliches Konzentrat der Poesie gefeiert wurde (wenn-
gleich mit sehr verschiedenen Begründungen). Die mittelalterliche Überlieferung ist immer wieder in einzelnen
Beispielen oder Anspielungen faßbar; in der Hauptsache
ist sie durch zwei mannigfach verzweigte Traditionen
vertreten:

(1) Des Phädrus zu Beginn unserer Zeitrechnung entstandene Bearbeitung des äsopischen Corpus in Senaren wurde – seit dem frühen 10. Jahrhundert faßbar – in Prosa umgesetzt im sogenannten *Romulus* und diese Prosa im 12. Jahrhundert wiederum versifiziert in Distichen in dem sogenannten Anonymus Neveleti (nach Isaak Nevelet, der 1610 in Heidelberg eine *Mythologia aesopica* publizierte), der mit dem Werk des englischen Hofkaplans G(u)alterus Anglicus identifiziert wird. Dies blieb fortan die verbreitetste Sammlung.

(2) Die gegen 400 n. Chr. entstandene Distichenfassung des Avianus blieb als Schullektüre direkt lebendig oder wurde in Prosa oder – von verschiedenen Autoren – in Versen auf neue Weise erzählt, als *Novus Avianus*.

Dazu kommen zahlreiche kleinere Kompilationen und Einzelstücke im Zusammenhang von Predigt, Rhetorik, Morallehre usw. Die Fabel zeigt auch später eine bezeichnende Affinität zum geistlich-volkstümlichen Bereich, während sie im höfischen Idealstil praktisch nichts zu suchen hat. Dies gilt jedenfalls für Deutschland, während am englischen Hof durch Marie de France ein großer volkssprachlicher Äsop nach einer verlorenen Vorlage entsteht (um 1180).

Das Wesen der Fabel ist lehrhaft, ja satirisch. Sie belehrt durch Entlarvung, indem sie menschliches Verhalten im tierischen spiegelt. Sie verkleidet und verfremdet zunächst wie die Allegorie, doch anstelle der Personifikation geistiger Mächte tritt eine belustigende Bestiifikation des (allzu) Menschlichen. Das kann unter Umständen einen politisch-aggressiven Sinn haben – die Fabel als Form notwendiger Tarnung –, doch läßt sich dies durchaus nicht verallgemeinern und daraus auch nicht die Entstehung der Fabel ableiten. Der Reiz der Fabel als einer dichterischen Form ist doch wohl auch tiefer begründet als nur durch ihre Tendenz. Der konstante Kern der äsopischen Tradition umfaßt eine begrenzte Zahl von Tierfiguren mit ihren festen Charakteren und bildet damit so etwas wie eine Mythologie, mit der dichterisch gespielt, die ergänzt, gewandelt, verschieden gedeutet werden kann. Diese Mythologie ist noch heute in unseren vorwissenschaftlichen und im Sprachschatz verankerten Vorstellungen vom Charakter der Tiere (Hund, Schaf, Wolf, Fuchs, Katze) durchaus vorhanden und ansprechbar. Es bleibt offen, wie sich Tierfabel, Tiermärchen, Tierepik genetisch zueinander verhalten. Bedenkt man die Nähe des Mittelalters zum Tier (Haustier, Vieh, Jagdtier) und zur Kreatur überhaupt und die Bedeutung tierischer Symbolik im geistlichen Bereich (*Physiologus*) wie auch in der weltlichen Verwendung (Heraldik), so erstaunt erst recht, wie konstant und im wesentlichen voneinander getrennt die Traditionen geblieben sind. Äsop und *Physiologus* haben wenig miteinander zu tun. Die Tierfabel erzählt, wenn auch noch so kurz, Geschichten mit moralischem Sinn, der *Physiologus* deutet feste Eigenschaften auf die Heilslehre hin aus. Die Fabel bleibt im weltlichen Bereich, lehrt Lebensweisheit meist handfester, praktischer Art – daher auch ihre Nähe zum Spruch und zum Sprichwort. Weltliche Moral hat hier auch insofern ein gewisses Eigenleben, als in ihr antike Tradition der Tugendlehre oder außerchristlich-urtümliche Lebensweisheit fortgeführt werden kann.

In deutscher Sprache begegnet die Fabel zuerst in der Spruchdichtung Hergers – schon hier nur angedeutet und verrätselt wie später meist in dieser Gattung. In der eigentlichen Erzählform vorgetragen wird die Fabel zuerst beim Stricker, der in seinen Bîspeln das Tierleben häufig heranzieht, meist parabelhaft knapp und am Erzählerischen wenig interessiert, d. h. von der Lehre und nicht von der Fabelwelt aus konzipierend. Ein ins Märchenhafte gehendes Tier-Märe erzählt Herrand von Wildonie, Fabeln als Einlage zahlreich Hugo von Trimberg.

Welches die erste deutsche Fabelsammlung war, ist unsicher. Die mittelniederdeutsche Sammlung eines G e r h a r d   v o n   M i n d e n (*Wolfenbütteler Äsop*, 125 Fabeln in Reimpaaren) wird von einer darauf beruhenden Magdeburger Sammlung (*Magdeburger Äsop* des 15. Jahrhunderts) auf das Jahr 1370 datiert. Da ein Dekan Gerhard von Minden nicht um 1370, wohl aber 1260–78 bezeugt ist, nimmt man mit dem Herausgeber Albert Leitzmann meistens einen Lesefehler in der Magdeburger Handschrift an („dre" statt „*zwe") und hätte dann einen neuen Zeugen für das frühe und besondere Interesse der Niederländer und Niederdeutschen an der Tierdichtung.

Für die spätere Fabeltradition entscheidend war aber sicher die hochdeutsche Sammlung von genau 100 Reimpaarfabeln, die der Berner Dominikaner Ulrich B o n e r , bezeugt 1324–50 als Angehöriger eines Berner Ratsgeschlechts, schrieb und unter den Titel *Der Edelstein* stellte (um die Jahrhundertmitte). Die Mehrzahl dieser Fabeln stammt aus dem Anonymus Neveleti, ein kleinerer Teil aus Avian und das restliche Viertel aus verschiedenen lateinischen Quellen. Das Werk fand zahlreiche Abschriften, gehörte 1461 unter die ersten gedruckten Bücher, wurde von Johann Georg Scherz teilweise, dann von Johann Jakob Breitinger zum größten Teil herausgegeben und erfuhr die Ehre, wissenschaftlich von Pionieren der Germanistik wie Lessing, Oberlin, Eschenburg, Benecke, Jakob Grimm, Lachmann, Pfeiffer behandelt zu werden. Nicht zuletzt an diesem Werk entzündete sich der Gegensatz einer Ästhetik des Wunderbaren und einer des Rationalen. Es ist in der Tat ein klassisches Fabelwerk, frisch und klar erzählt, maßvoll in der Verteilung von Geschichte und Lehre, klug und behaglich, in sich verfugt durch die Anordnung, die verwandte Themen sich folgen läßt, vor allem gegen den Schluß hin auch überführend in rein menschliche Exempla.

Mit dem Anonymus stellt Boner eine Fabel über die
Fabel als Titelstück voran: Der Hahn findet auf dem Mist
einen Edelstein und wirft ihn weg, da er, wie er ausführlich räsoniert, nichts mit ihm anfangen kann und lieber
ein Haferkorn hätte. Nur der Kluge weiß mit den Edelsteinen der folgenden Fabeln (bischaft) umzugehen.
Boners Vortrag ist dennoch einfach, solide und gesund
und steht, wie Gervinus lobte, im Gegensatz zu „den
verschrobenen Gnomologen", d. h. den geheimnistueri-
schen Spruchdichtern der Zeit. Boners Moralisation ist
weniger eine satirische Sittenpredigt als vielmehr heitere,
natürliche Feststellung. Seine Fabeln sind kein Beleg für
die soziologische Entstehungstheorie der Fabel, sie
haben mit getarnter Subversion gar nichts zu tun, so sehr
sie die neue Ära bürgerlicher Freude an der Fabel eröffnen. Boner gehört wohl der städtischen Aristokratie an,
und er widmet sein Werk dem Freiherrn Johann I. von
Ringgenberg, einem Minnesänger und bedeutenden Politiker im Süden Berns. Es ist entstanden in den bewegten
Jahrzehnten, in denen die Stadt ihre für Jahrhunderte
erfolgreiche Expansion betrieb und ihre Macht begründete. Man glaubt ein Echo dieser Kraft zu hören, wenn
Boner eine auffällige Vorliebe für die Wörter „vri" und
„vriheit" bekundet und ihren Sinn gerne vor Augen
führt. Die 25. Fabel (aus Phädrus) erzählt von den Fröschen, die meinten, nicht ohne einen König leben zu
können, und auch nicht zufrieden waren, als Jupiter, an
den sie sich gewandt hatten, ärgerlich ihnen einen „tre-
mel" (Holzklotz) in den Teich „schoß" (beide Wörter
berndeutsch noch heute). Schließlich schickt er ihnen
einen Storch, der alle erreichbaren Frösche verschlingt.
Die Moral heißt in der Vorlage: „Alterius non sit, qui
suus esse potest." Bei Boner:

> wer her mag sin, der si niht knecht!
> wer hat des in benüegen sol,
> der hab genuog! so vert er wol.

> wer sin selbes müge wesen,
> der volge mir, wil er genesen;
> wil er ruowe und er behan,
> der eigen sich enkeinem man,
> und habe sinen vrien muot.

> (25,52 ff.)

In dieser kaltblütigen politischen Maxime von Freiheit, Ruhe, Ehre steckt offenbar ein echtes Pathos. Das Lob des freien Mutes um jeden Preis wiederholt sich mehrfach. In der 58. Fabel will selbst eine Witwe „ein vriges leben han" und lehnt einen zweiten Mann ab (das Argument stammt von Boner). Freidanks beruflicher Stolz des Fahrenden auf zollfreie Gedanken oder des Burkhard von Hohenfels höfisches Bekenntnis zu vröide und vrîheit erscheint hier sehr viel konkreter wieder auf der Ebene eines Bürgers der jungen, mächtigen Stadt Bern. Wenn Boners *Edelstein* für mehr als ein Jahrhundert maßgebend bleibt, so kommt doch die eigentliche hohe Zeit der Fabel erst mit den neuen Funktionen, die sie in Humanismus und Reformation erhält.

7. Wittenwilers „Ring"

Trotz der Beliebtheit der Tierfabel hat im Hochdeutschen das Tierepos nach dem *Reinhart Fuchs* keine spätmittelalterliche Nachgeschichte. Ständesatire, Ständekomik rankt sich vielmehr um einen anderen und komplizierteren Träger allegorischer Verfremdung: nämlich den Bauern. Er ist hier nicht der ehrenwerte Nährstand, nicht der nur gehaßte Emporkömmling, nicht der symbolische Ackermann und nicht der „frume edle pur" der politischen Lieder der Eidgenossen – er ist das zunächst literarische, vieldeutige Geschöpf Neidharts, eine Figur, die mit ihrem Schöpfer zusammen zu einer Art von spätmittelalterlichem Mythus wird, nicht weniger als der Fuchs Reinhart, mit dem er schließlich sogar ver-

schmilzt. Im *Helmbrecht* wird die Welt Neidharts konkret zum politischen und moralischen Problem. In den
allerdings erst gegen Ende des 15. Jahrhunderts gesammelten Neidhart-Schwänken ist der Bauernfeind, der
jetzt *Neidhart Fuchs* heißt, zum Helden ungezählter
Streiche geworden, die er nicht nur den Bauern spielt. In
den Neidhartspielen wird einer dieser Schwänke fastnächtlich dramatisiert. Das sind nur einige Facetten von
der Nachwirkung des Lyrikers. Neidharts geniale Erfindung, zugleich Verhöhnung des Bauern und literarische
Eroberung von dessen Welt, damit zugleich Apologie
und Selbstparodie höfischer Ideale und ihres Dichters,
entsprach zutiefst dem in Analogien, Typologien, Kontrafakturen denkenden Mittelalter und stieß in der
Volkssprache vielleicht zum erstenmal zu der Möglichkeit vor, Dichtung aus ihrem Gegenteil, Poesie aus Satire
zu entwickeln, freilich als abenteuerliche Gratwanderung
und vor dem Hintergrund einer Weltklage. Die Bauern-
satire kann sich allerdings in mancher Weise vom ritterlichen Gegenpol lösen. Der Bauer kann zum Untermen-
schen überhaupt, ja zum unheimlich-grotesken Wesen
gesteigert werden und damit genauso dem Städter oder
jedem andern Menschen als Gegenbild dienen. Zutiefst
aber bleibt die spätere Dörperdichtung, wo sie ihren
Rang behält, zwielichtig und schillernd. Anstelle der
sozusagen naiven, klar deutbaren Fabel tritt eine fatale
Verschlingung von Lehre und Ironie, von Groteske und
Didaxe – was freilich im mittelalterlichen Sinn auch
wieder als eine ideale Verschmelzung von utile und dulce
verstanden werden kann.

Im *Ring* des Heinrich W i t t e n w i l e r ist in einer
ebenso kühnen wie rätselhaften Weise unternommen, in
einer neidhartischen Bauerngeschichte eine Enzyklopädie (daher der Titel) des Wissens und der Lebenslehre zu
geben. Und er vermag dieses Versprechen auf seine
Weise auch in den verhältnismäßig wenigen 9700 Versen

zu erfüllen. Das Werk ist ein völliges Unikum. Die
einzige Handschrift (eine Abschrift offenbar aus der
Nähe des Dichters) war vielleicht überhaupt das einzige
Exemplar, das es gab. Es läßt sich keine Wirkung nachweisen, es wurde erst 1851 bekannt und erst seit der
Neuausgabe und Erschließung durch Heinrich Wießner
1931 als ein Haupt- und Schlüsselwerk des Spätmittelalters entdeckt. Als Verfasser kommt entweder ein 1436
mit 90 Jahren verstorbener Stadtweibel des kleinen toggenburgischen Städtchens Lichtensteig oder, viel wahr-
scheinlicher, ein Rechtsgelehrter am Konstanzer
Bischofshof in Frage. Sie sind wohl nicht miteinander
identisch, aber gehören derselben thurgauischen,
ursprünglich edlen Familie an. In jedem Fall verfügt der
Dichter über genaue Kenntnisse sowohl der Umgebung
Lichtensteigs wie der Stadt Konstanz. Als Entstehungszeit nennt man entweder „um 1400" oder, wenn wirklich
Reflexe des Konstanzer Konzils festzustellen sind (Birk-
han), „kurz nach 1414". Die Sprache ist ein Problem für
sich: ein ostalemannischer Schriftdialekt als Grundlage,
penetrant versetzt mit toggenburgischen und anderseits
bairischen (und schwäbischen) Formen und Wörtern.
Bei der sehr beträchtlichen literarischen und fachlichen
Bildung des Verfassers kann kaum nur eine zufällige
Mischung darin gesehen werden, vielmehr ein bewußtes
Parodieren verschiedener, speziell bäurischer Mundarten
oder der eigenwillige Versuch einer Hochsprache ad hoc.
Wir sind ja nun, wie auch die beiden großen Zeitgenossen Oswald von Wolkenstein und Johannes von Tepl
zeigen, in eine Epoche der sprachlichen Willkür und
Experimentierfreude eingetreten.

In seinem gewagt genug der Dreifaltigkeit und der
reinen Mutter und Magd Maria gewidmeten Werk erklärt
der Dichter, daß er den Weltlauf und das, „was man tuon
und lassen schol, ze ring umb" darstellen wolle, und um
die Lehre eingängiger zu machen, habe er sie mit „der

gpauren gschrai gemischet", nicht ohne am Rand das „törpelleben" grün und die ernste Meinung rot anzustreichen. Und von vornherein erklärt er, ein Bauer sei seiner Meinung nach „der unrecht lept und läppisch tuot" und nicht, der vernünftig und treu sich mit Arbeit ernähre. Wenn er, in bezeichnendem Kalauer, seine Helden als „esle pauren" vorstellt, so ist nicht nur das gemeinte „edle" ironisch, es liegt wohl zugleich ein Spott gegen das Epitheton darin, das sich die Eidgenossen zuzulegen begannen.

Das „törpelleben" ist der fastnächtlichen Narrenwelt zugehörig und in der entsprechenden animalischen Komik vorgeführt. Es besteht in der krassen Liebesgeschichte eines tölpelhaften Bauernsohns, Bertschi Triefnas, aus dem Dorf Lappenhausen mit dem grotesk häßlichen Mätzli Rüerenzumpf, wobei die Hochzeitsfeier in einen wilden Krieg zwischen Lappenhausen und dem benachbarten Nissingen ausartet (sind Assoziationen an die Appenzellerkriege im Spiel?); nachdem sich schließlich die halbe Welt am Krieg beteiligt, wird Lappenhausen zerstört, Mätzli kommt um, Bertschi verteidigt sich in einem Heuschober, entkommt und wird Einsiedler im Schwarzwald. Einen Teil dieses Grundplans bezog der Dichter aus einem in mehreren Fassungen vorliegenden Schwankmäre (*Metzen Hochzeit*), doch hat er die hier wie schon bei Neidhart und in den Spielen abschließende Schlägerei zum großen Krieg und zum radikalen Ende fortgesetzt, die Erzählung von einem Bauernturnier mit persönlichem Erscheinen Neidharts vorgeschaltet, das Ganze in einem Seitental des Toggenburgs (Neckertälchen) angesiedelt in einer Scheinlokalisation, wie sie schon bei Neidhart und Wernher gattungstypisch ist, und vor allem: die Lehre eingemischt. Diese betrifft 1. „Hofieren", nämlich Turnier und Minne, 2. Ehe, Kinderzucht, Glauben usw., 3. Kriegskunst – wobei sich aber durchs Ganze hin in Gesprächen und Ermahnungen der Personen unter sich die reichhaltigsten kirchlichen, rechtlichen und praktischen Anweisungen ergeben. So ist der *Ring* eine unerschöpfliche Fundgrube für die Geschichte von Recht und Brauchtum, Sprache und Wortschatz, literarischer Kleinformen wie Metapher, Sprichwort, Sentenz und rhetorischer Traditionen wie Deskription, Brief oder Rede. Dabei verbindet sich gelehrtes Wissen mit dem volkstümlicheren Erbe der Didaktik, der Heldendichtung und der Spiele. Trotz dieser Elemente lehrhafter Art bleibt der epische Charakter durchaus beherrschend, wir haben das neue Phänomen eines großartigen, prallen Bauernepos.

> In dem tal ze Grausen
> Ein dorff, hiess Lappenhausen,
> Was gelegen wunnechleich,
> An holtz und wasser überreich . . .

Bei diesem Einsatz der Erzählung darf man sich geradezu an den ersten Satz von Gotthelfs erstem Roman erinnern: „Ich bin geboren in der Gemeinde Unverstand in einem Jahr, welches man nicht zählte nach Christus." Und der Schluß ist wie eine Vorwegnahme des Rückzugs eines andern Simplicissimus als Einsiedler in den Schwarzwald.

Die Anwendung der grünen oder roten Linie am Rand ist durchaus nicht immer einleuchtend, teils weil der Dichter selbst damit Ironie treibt, teils weil sich die beiden Ebenen wirklich nicht mehr scheiden lassen. Das Sprachtemperament, der rasche, einfallsreiche Vortrag bewirken eine intensive Vermischung der Sphären. Ironie, Parodie durchzieht alles, in der verkehrten Welt wird alles lächerlich und alles eine Lehre, Ernst und Scherz werden in der Welt der Groteske unheimlich ähnlich. Beim Bauernturnier fallen einige Teilnehmer ins Wasser; der eine, zu sich gekommen, lobt Gott „mit allem Fleiß", daß seine Läuse ertrunken sind (267), der

andere fühlt sich nun getauft – was Anlaß zu einer
korrekten kirchenrechtlichen Belehrung über Bedingungen und Art der Taufe (Wasser, Blut, Geist) seitens eines
dritten gibt, worauf der vierte äußert (womit sich
zugleich der Dichter aus der Affäre zieht):

> Siha, durch gotz plunder,
> Ist daz nit ein wunder,
> Daz Chuontz da haim uf sinem mist
> Ist worden ein so guot jurist?
>
> (309 ff.)

Und er findet überhaupt mit parodiertem Bairisch (Dual-
form): „Es mügt wol encher selber spotten" (ihr könnt
euch gut selbst verhöhnen). Nach dem Kampf mit Neidhart gehen die Bauern, von Katzenjammer befallen, zu
ihm, um zu beichten – eine seriöse Beichtlehre in fast
blasphemischer Travestie. In der Minnegeschichte verbinden sich parodistisch gestelzte Stilproben mit Scham-
losigkeiten. Der Liebesbrief, an einem Stein befestigt und
in Mätzlis Kammer geworfen, schlägt diesem den Kopf
blutig.

Der Hauptteil gilt Eheproblemen, die nun Sache der
Sippe sind. Mit dem Bräuigam wird ein eigentliches
Eheexamen veranstaltet, wobei eine lange christliche
Glaubenslehre dem Bauern Lastersack in den Mund
gelegt wird, ferner hygienische Ratschläge, eine Tugendlehre und eine Art Haushaltungskurs vermittelt werden.
Das gewaltige Hochzeitsfest bringt Orgien im Fressen
und Saufen samt manch andern Naturalia. Ein Bauer
erstickt an Fischgräten, seine Seele fährt ins Schlaraffenland, sein Leib wird in den Necker geworfen. Die Groteske erlaubt im übrigen einen sorglosen Umgang mit der
psychologischen oder realen Schlüssigkeit der Vorgänge.

Der dritte Teil führt vollends ins Große und Phantastische: Die Kriegsvorbereitungen, die in Lappenhausen

töricht oder gar nicht erfolgen, in Nissingen unter dem
Bürgermeister Strudel – der einzigen runden, sympathi-
schen Figur – klug und systematisch durchgeführt werden, sind voll angewandter Lehre (auch hier Vegetius).
Auf Hilferufe an 72 Städte suchen diese zu vermitteln,
bleiben aber, wie die Ritter, dem Kampfe fern. Dafür
werden nun Hexen und Zwerge, Riesen und Recken der
Heldensage aufgeboten; den Lappenhausern hilft die
Heidenschaft, den Nissingern kommen die bereits seit
der Schlacht bei Sempach berühmten Eidgenossen zu
Hilfe mit ihren geschliffenen „Helmparten" (7959 ff.),
„frais (schrecklich) und darzuo übel", was sich auf den
„Melkkübel" reimt, den sie hier anstelle des Uri-Stiers im
Wappen führen. Der Kampf tobt bis tief in die Nacht.
Man watet bis zu den Knöcheln, später bis zu den Knien
und am Schluß bis zum Gürtel im Blut. Bertschi kommt
zu einer gewissen Größe: Wie die Nissinger, die ihn
vergeblich belagern, ihn Heu und Stroh fressen sehen
(vgl. Dan. 4,22), fliehen sie, und Bertschi ist gerettet.
„Mit sendem gschrai" stimmt er die übliche Heldenklage
an:

> Owe jämerleicher tag,
> Das ich dich ie gelebet hab! ...
> Das ich so weisleich was gelert
> Und mich so wenig dar an chert.

Er sucht Gottes Minne im Schwarzwald und

> Nach disem laid das ewig leben.
> Das well uns auch der selbig geben,
> Der wasser aus dem stain beschert
> Hat und auch ze wein bekert! Amen.

Die zusammenfassende Anspielung auf das Moses-Wun-
der (4. Mos. 20,8 ff.) und die Hochzeit zu Kana (Joh.
2,9 ff.) als antitypische Entsprechung ist nochmals dop-
pelsinnig: Das Weinwunder, das im kühnen Enjambement sozusagen tröstlich noch herangezogen wird, ist

dörperlich stilecht, und doch bedeutet es, im Deutschen seit Otfrid, das Gleichnis des spirituellen Schriftsinns, den man auch im *Ring* suchen soll.

Die „Weisheit", die für Wittenwiler zentrale Tugend, kann dem Buch kaum in konkreten Erkenntnissen abgewonnen werden, es sei denn die Erfahrung von der Narretei und Vergänglichkeit alles Irdischen. Auch von einer seriösen Bekehrung oder gar „Entwicklung" Bertschis (U. Gaier) ist bei diesem abrupten Schluß kaum zu reden. Die Weisheit ist – wie dann auch in der Narrenliteratur der Zeit um 1500 und bei Grimmelshausen – eine letzten Endes namenlose Erfahrung aus der krudesten, kompaktesten Wirklichkeit heraus. Und der viel beschworene Pessimismus Wittenwilers, seine „Zerrissenheit" (Boesch) ist nur die Kehrseite einer vitalen Positivität.

III. LYRIK

1. Spruchdichter und Meistersinger

Nach der großen Kodifikation des Minnesangs zu Beginn des 14. Jahrhunderts tritt dieser als höfische Übung zurück. Das heißt, daß traditionelle Liebeslyrik nun von breiteren Schichten getragen wird. Sie kann einerseits als sogenanntes Gesellschaftslied oder gar Volkslied anonym werden und anderseits doch in gelegentlichen Einzelfällen im Sinn einer Repristination höfischer Kunst persönlichen Ausdruckswert gewinnen. Im ganzen aber wird das Bild der anspruchsvollen Liedkunst von der Spruchdichtung beherrscht – d. h. von einer ständisch seit je neutraleren, lehrhaften und vorwiegend berufsmäßig betriebenen Kunst. Die vor allem durch Frauenlob ausgeprägten Tendenzen bleiben lange bestimmend für eine selbstbewußte, artistisch ornamentierende Lyrik, die sich zwar in ihren formalen Mitteln, ihren Inhalten und Absichten beschreiben, aber oft nur noch schwer nachvollziehen läßt. Grund dafür mag z. T. sein, daß der musikalische Aspekt, der im Vortrag zunehmend wichtiger und selbständiger wird, von der Literaturgeschichte aus schwer zugänglich bleibt. Jedenfalls bereitet der bloße Text mit seinem Anspruch auf handwerkliches und vor allem zugleich gelehrtes Meistertum Schwierigkeiten: In eigenartiger Weise waltet die Leitvorstellung einer wahrhaften, objektiv in unverfälschter Tradition die Lehre von den Schöpfungs- und Heilsordnungen verkündenden Dichtung, und doch inszeniert sich zugleich ein uns heute erratisch vorkommendes Selbstgefühl des Laiendichters. Wie sich jeweils die peinlich genaue Beobachtung artistischer Spielregeln mit dem Pathos der Inspiriertheit oder doch mit der Demonstration origineller Formfindung verbindet, ist noch

heute das zentrale Forschungsproblem von Spruchdichtung und Meistersang.

Daß dieser Meistersang, der erst im 16. Jahrhundert
sich voll entfaltet, aus der Spruchdichtung hervorgegangen ist, liegt auf der Hand. Dennoch empfiehlt sich
terminologisch eine klare Unterscheidung, das heißt vor
allem eine restriktive Verwendung des Begriffs „Meister
sang". Man sollte – mit Karl Stackmann – das Wort für
einen nachweislich schulmäßigen und speziell zünftischen, durch Gesellschaftsordnungen und Kunstregeln
(„Tabulatur") verfaßten Betrieb reservieren. Nicht jeder
Meister ist ein Meistersinger, d. h. ein Angehöriger jener
„scharfen und engförmlichen Gesellschaft" (Jacob
Grimm). Dabei wird besonders auf den jeweils höfischen
oder städtisch-bürgerlichen Ort dieses Singlebens zu
achten sein. Die Entwicklung im einzelnen ist für das
14. Jahrhundert schwer bestimmbar. Man wird – wie es
etwa das Frauenlob-Bild der Manessischen Handschrift
schon um 1340 nahelegt – mit irgendwelchen Singschulen
und mit organisiertem Wettsingen, das über eine persön-
lich-berufliche Rivalität hinausgeht – etwa im Sinne des
Wartburgkriegs –, zu rechnen haben.

Die lange Zeit von 1310 (Frauenlob in Mainz) bis zu
den ersten nachweisbaren Schulgründungen – nicht vor
der Mitte des 15. Jahrhunderts – läßt sich nur durch
einzelne Namen überbrücken, von denen keiner einer
Meistersingerschule angehört hat. Und auch später noch
gibt es profilierte einzelne, die höchstens nach ihrem Stil
als „meistersingerisch" zu bezeichnen wären und die sich
oft auch in andern Gattungen wie Lehrgedicht, Chronik
und Drama hervorgetan haben. Von den zwölf alten
Meistern, die in wechselnder Zusammenstellung als
Gründer des Meistersangs verehrt wurden (Normalreihe
nach B. Nagel: Wolfram, Walther, Reinmar, Klingsor,
Ofterdingen, Marner, Frauenlob, Regenbogen, Kanzler,
Poppe, Stolle, Mügeln) ist ein Teil früh oder sagenhaft,

und von den jüngeren ist keiner Meistersinger im engeren Sinn. Im folgenden sind auswahlsweise einige faßbare Figuren des 14. und 15. Jahrhunderts aufgezählt.

Neben und kurz nach dem bedeutenden modernistischen Dichter Frauenlob ist der aus Schwaben stammende R e g e n b o g e n ein schlichterer fahrender Meister. Er erscheint in Rivalität oder eher in einem schon beinahe institutionalisierten Wettstreit mit Frauenlob, nämlich in einer lyrischen Disputation der schon längst klassischen Frage nach dem höchsten Namen: vrouwe oder wîp. Wie einst Walther den alten Reinmar, so befehdet, ja beschimpft Regenbogen seinen Konkurrenten, um ihn doch nach dessen Tod (1318) hoch zu preisen. Er stellt sich vor:

> Ich Regenboge,
> ich was ein smit
> uf hertem ane boz,
> gewan gar kümberlich min brot …
>
> (HMS III,346)

Doch brach er aus solcher Armut aus, ergab sich der Kunst und nun „Ich tar (ich darf, oder: ich würde es wagen?) singen vor edeln vürsten und vor keiser rich". Seine Kunst ist sprachlich und metrisch einfacher, geradliniger als die manch anderer Meister. Sie widmet sich den üblichen Themen des Glaubens, z. T. in erzählerischen Gleichnissen der Ständelehre, der Moral, der Berufung auf die Sieben Freien Künste. Auch hier scheint dem Schwund einer politisch-sozialen Funktion die gesteigerte Selbstdemonstration des wissenden Könners zu entsprechen. Was bei Frauenlob zu einem souveränen L'art pour l'art werden kann, ist bei Regenbogen direktere Art bloßer Selbstbehauptung.

Durch die neuere Forschung ist H e i n r i c h v o n M ü g e l n (faßbar in den Jahren 1346–71) als besonders repräsentative und aufschlußreiche Gestalt der Jahrhun-

dertmitte, die auch besondere Verehrung seitens der
Nachfolger genoß, herausgestellt worden. An ihr bleibt
dennoch sozial- und geistesgeschichtlich manches rätselhaft. Der wohl aus dem meißnischen Dorf Mügeln stammende Dichter erscheint am Prager Hof König Johanns
von Böhmen, dann Karls IV., dem er eine große allegorische Lehrdichtung widmet. Wir finden ihn beim
Ungarnkönig Ludwig I. und bei Herzog Rudolf IV. von
Österreich, also zwei Schwiegersöhnen des Kaisers, und
schließlich bei dem österreichischen Adligen Hertnit von
Pettau: gewiß ein „Fahrender", aber der nobelsten Art
und immerhin lateinisch gebildet. Neben seiner umfangreichen Sammlung von Spruchliedern verfaßte er eine
lateinische und eine deutsche Chronik von Ungarn, jene
ein Fragment in rhythmischen Versen, diese in Prosa.
Dazu kommen eine Übersetzung des Valerius Maximus
und des Psalmenkommentars des Nikolaus von Lyra.
Am Hof also des in Frankreich aufgewachsenen Luxemburger Kaisers, im Zentrum der frühesten humanistischen Regungen (Universitätsgründung, Kanzleireform,
Italienzüge, Verkehr mit italienischen Humanisten,
Dombau mit den Porträtbüsten Peter Parlers und später
die neue Prosa des Johann von Tepl) erscheint ein durchaus mittelalterlicher Spruchdichter mit einer oft als bürgerlich, ja im negativen Sinn als meistersingerisch empfundenen Kunst – ein Widerspruch, der wohl nicht nur
die Folge unserer unzulänglichen Epochenschemata ist,
denn man kann ihn, wenn man will, bis in den Charakter
Karls IV. hinein verfolgen.

Dem Kaiser und der Gottesmutter zu Ehren ist die
große Allegorie *Der meide kranz* (2593 Reimpaarverse)
gedichtet, die nach Thema und Stil in die Nähe der
Spruchdichtung gehört: Zwölf Künste treten vor den
Thron des Herrschers zur Entscheidung, welche von
ihnen als Edelstein in der Krone der Jungfrau Maria
stehen soll. Es ist, nach einem Zögern Karls zugunsten

der Philosophie, die Theologie, die den Preis gewinnt und nun im Haus der Natur von den zwölf Tugenden, die ihrerseits von Gott stammen, gekrönt wird. Die Anregungen zu dieser sozusagen mehrstöckigen Allegorie stammen aus Alanus' von Lille *Anticlaudianus* und aus Heinrich von Neustadt, der in seiner *Gottes Zukunft* Alanus benützt hatte. Entscheidend bleibt, wie hier eine Wissenschaftslehre mit einer Tugendlehre und beides mit der Huldigung an den Herrn des Weltreichs und die königliche Jungfrau verbunden ist. Künste, Kunst, Tugend und Ehre gehören zusammen.

Die hier systematisch entfaltete Lehre von den Artes ist auch das Thema einiger Spruchreihen. Die Spruchkunst versteht sich auch hier als feierliche Manifestation gelehrter Einsicht in die objektive Wahrheit des Seins und seiner Geschichte. Nicht daß der Dichter in den verrätselten Strophen über die Trinität, den Gang der Sternsphären, die Dinge der natürlichen Schöpfung, den Inhalt der Offenbarung und das Wesen der Tugend wirklich Neues und Spontanes zu sagen hätte oder auch nur sagen wollte. Es geht – das zeigt gerade die sprachliche Verschlüsselung und Aufschmückung, die „Blümung" – um den lobpreisenden Hinweis auf eine absolute, vorgegebene „wârheit". Der „meister" erhebt den Anspruch, diese mit seiner von Gott stammenden Kunst zu vermitteln, in einem fast priesterlichen Auftrag. Er reklamiert für sich, den Laien, ausdrücklich „wîsheit", Mündigkeit. Das Pochen auf die eigene Berufslegitimation führt oft auch wirklich zu einer Wendung gegen die „pfaffen"; eine solche antiklerikale Tendenz ist auch für den Meistersang immer wieder bezeichnend: Die Teilhabe des Laien am vollmächtigen Wort ist immer deutlicher ein Leitmotiv der volkssprachlichen Literatur.

Obwohl Heinrich von Mügeln Hofdichter ist und sein Werk frei bleibt von Schelt- und Bettelstrophen, so hat sein künstlerisches Selbstgefühl nichts zu tun mit der

Haltung der höfischen Klassiker. Abgesehen von wenigen knappen Tributen, die er dem Minnesang zollt, ist ihm und offenbar auch seinem Publikum die höfisch-ritterliche Ideologie fremd. Sie ist durch das Pathos des Wissens ersetzt. Mehr als andere Spruchdichter zeigt Heinrich im Ansatz auch eine gewisse Systembildung, indem er seine Strophen gleichen Tons zu inhaltlich zusammenhängenden Ketten ordnet. Auch darin liegt aber wohl nicht mehr als eine formale Prätention auf Ganzheit und Rundung. Wie Frauenlob steigert Heinrich die formalen Mittel der Spruchdichtung zu echter Manier, vor allem durch Umschreibungen, insbesondere die fast manischen Genitivumschreibungen mit all ihren Konsequenzen der Bildkontamination und -verkürzung. Noch einfach ist ein preziöses Beispiel aus der Minnelyrik:

> Des ich sie vor allem wibe
>   ewig an mins herzen want
> mit der truwe pinsel schribe –
>   des min sel si ir ein phant.
>
> (Nr. 391)

Schwieriger schon:

> Dins adels werk klimm nach der eren solde.
>
> (Nr. 42,8)

(Du sollst, ein Edler mit deinem Handeln, nach dem Lohn der Ehre klettern.)

Dazu kommen Gewalttätigkeiten der Syntax, welche die Beziehungsverhältnisse der Wörter im Satz verrätseln. Solches „Florieren" versteckt die – im Grunde bekannte – Aussage hinter einem ornamentalen Pomp, der schließlich starr und melancholisch wirken muß.

Ob man in solcher Ausrichtung auf die Artes und die Kunst, in der Betonung des Laienauftrags, in der reichlichen Zitation antiker Überlieferungselemente und im

Fehlen des höfischen Vokabulars bereits moderne, humanistische Züge sehen darf, bleibt fraglich. Im ganzen dominiert das „Mittelalter", oder wenn man will eine frühe Spätgotik. Umgekehrt gesehen: die frühhumanistischen Höfe Prag und Wien gehören noch einer gotischen Welt zu; wie stark Mügelns Einfluß selbst und gerade noch im *Ackermann* ist, bleibt noch zu zeigen.

„Item dedimus I guldein dem Müscatplüt des von Mencz varend man", dieser Eintrag in einem Ausgabenregister des Nürnberger Bürgermeisteramts von 1441 gilt wahrscheinlich einem Spruchdichter, dessen Name M u s k a t p l ü t (vielleicht ein Familien- und kein Künstlername) auch sonst zwischen 1414 und 1458 genannt wird: in Nürnberg, am Mainzer Hof und bei Konrad von Weinsberg, wobei die Identität allerdings nicht immer gesichert ist. Die datierbaren, jeweils durch Namensnennung am Schluß „signierten" Lieder Muskatplüts fallen in die Zeit von 1410 bis 1438; die Trierer Handschrift, die 95 von insgesamt 104 ihm zugeschriebenen Liedern enthält, ist auf 1434 datiert. Diese „Gesamtausgabe" zeigt die ursprünglich wohl ostfränkische Mundart ins Moselfränkische übersetzt. Obwohl Muskatplüt wegen seines Stils und seiner Thematik (wie Marienlob, Heilsgeschichte, Sieben Künste usw.) gelegentlich als Meistersinger bezeichnet wird, ist er mit seiner Existenz an Fürstenhöfen und auch vor bürgerlichem Publikum, mit seinem politischen Engagement zugunsten des Konstanzer Konzils, für Albrecht von Österreich, gegen die Hussiten und vor allem auch mit seiner verhältnismäßig schlichten Sprache und Metrik ein fahrender Spruchdichter im herkömmlichen Sinn und ohne nachweisbare Bindung an eine Singschule. Er vertritt den Anspruch eines öffentlichen Lehrers von Recht, Sitte und Glauben auf Anerkennung und Würde, auch wenn gerade das vornehme Publikum offenbar nicht mehr viel davon wissen will:

Ich prube vnd merke,   daz manlich sterke
ist worden krang,   seyt myn gesang
dem adel ist worden vnwerde.
Etwan do man   dichtens began
vur vursten her,   do hilt man eer
vur gyriger gebere.
Zwair wocher rauben morden brant
kan nu der adel drīben.
ich wulde daz man in alle schand
sulde an yr stirne schriuen,
so sege man doch   der eren joch
wer sie nu het verschroten.
zwair hoiffart vnd vnkussche diet   daz want nu mit
der adelschafft,   der wyrden krafft
ist in nun verboden.

(Nr. 55)

(Ich erkenne und bemerke, daß mannhafte Stärke / schwach
geworden ist, da mein Singen / dem Adel nicht mehr paßt. /
Einst, als man anfing, vor edlen Fürsten zu dichten, / zog man
Ehre / einem gierigen Gebaren vor. / In der Tat: auf Wucher,
Raub, Mord, Brand / versteht sich heute der Adel. / Ich möchte,
daß man ihnen die ganze Schande / auf ihre Stirne schreiben
sollte, / so sähe man doch, wer das Joch der Ehre / nun
verstümmelt hat. Ja, Hoffart und unanständiges Volk, das haust
nun bei / den Adligen, die Kraft der Würde / ist ihnen nun
versagt.)

Dieser „Hofton", in welchem 70 meist mehrstrophige
Lieder komponiert sind (drei andere Töne teilen sich in
den Rest), lobt eine bessere Vergangenheit und versteckt
das persönliche Gehren in der topischen Klage; die stollige Strophe mit ihren Vier- (bzw. binnenreimenden
Zwei-)Taktern ist verhältnismäßig einfach, die Sprache
ohne Ornamentik. Nur die religiösen und allegorischen
Gedichte kennen eine gewisse Verschlüsselung, aber nur
um sie sogleich predigthaft aufzulösen. So wird die
Heilsallegorie vom Wort Gottes als Brot in allen technischen Details vom Bestellen des Ackers und der Ernte bis
zum Mahlen des Weizens ausgeführt (Nr. 28, 29). Die

Minnelieder singen das Lob der Frau und Jungfrau nicht
ohne Analogie zum Marienlob. Sie nähern sich teilweise
volksmäßigen Liebesliedern, wobei dann der Moralist
auch für eine treue und solide Ehe eintritt:

> ouch frauwe du solt   in haben holt
> din elighen gespontsen,
> ret Muschgapluot, fur alle man ...
>
>   (Nr. 35)

Nötigenfalls empfiehlt er dann für widerspenstige Gat-
tinnen auch handfeste Prügel (Nr. 77).

Auf das Vorbild Muskatplüts beruft sich Michel
B e h e i m mit einem Werk durchaus ähnlichen Stils und
ähnlicher Funktion. Nur daß Beheim (1416 – um 1475)
nun einer der produktivsten Berufsreimer des Spätmittelalters ist. Im württembergischen Sülzbach als Sohn eines
Webers geboren, erscheint er wie Muskatplüt im Gefolge
seines Grundherrn Konrad von Weinsberg (gest. 1448),
dann u. a. beim Markgrafen von Brandenburg, bei König
Christian I. zu dessen Krönung 1450 in Trondheim, bei
Herzog Albrecht III. von Bayern, am Prager Hof des
Königs Ladislaus (Zug nach Belgrad), seit 1459 nennt er
sich „unsers allergenadigesten herrn des römschen kais-
sers teutscher poet und tichter" und ist zuletzt bei Friedrich von der Pfalz. In schwer verständlichem Gegensatz
zu diesen vornehmen Adressen steht der handfeste, wenn
nicht gar rohe, nach der Form und meistens auch nach
der Aussage unverblümte Stil der scheinbar am Laufme-
ter hervorgebrachten Dichtung. Das mächtige Œuvre
umfaßt über 400 z. T. größere Lieder und drei strophische Reimchroniken im Umfang von Tausenden von
Strophen der zehnzeiligen „Angstweise" (über die Belagerung Kaiser Friedrichs in Wien, über die Stadt Triest,
die Geschichte der Pfalz nach der Prosachronik des
Matthias von Kemnat). Man pflegt es zu retten mit dem
Hinweis, daß nur das Ganze von Melodie, Metrum und

Text ein Urteil erlaube und daß Michel Beheim mindestens als Komponist bedeutend sei. So richtig das grundsätzlich ist, so stellt es Beheim doch selber dem Benützer seiner Strophenchroniken anheim, ob er sie lesen oder singen wolle; und de facto zeigen die Texte nun das so schwer nachvollziehbare Prinzip des nur silbenzählenden Versbaus, d. h. ein Auseinandertreten von metrischem und natürlichem Akzent und vermutlich ein rein metrisches Skandieren, das als solches mit seinen Tonbeugungen und Enjambements keinen Ausdruckswert anstrebt und auf eine Malträtierung der Sprache hinausläuft. Deutlicher und imposanter noch als bei Muskatplüt tritt immerhin das soziale Amt, die Institution eines solchen fahrenden Hofsängers in Erscheinung: Kaum sehr angesehen und doch offenbar benötigt, steht der Sänger als Lehrer, als Laientheologe und Moralist, als Unterhalter, als historisch-politischer Publizist im Dienste seiner Herren. Er tritt aber auch immer wieder in eigener Sache auf, sei es mit der Erzählung von Reiseerlebnissen, sei es mit persönlichen Invektiven und Apologien seines Berufs. Dabei setzt er alle verfügbaren Formen ein, von Fabel, Exempel, Minnelied, historischem Lied, geistlichem Spruch bis zur Großform der Chronik oder des geistlichen Liederbuchs (*Buch der Liebhabung Gottes*, 22 „kapitel" mit insgesamt etwa 500 Strophen). Das zeigt eine erstaunliche Universalität der Funktion, wobei für die verschiedensten Bereiche insgesamt elf Töne verwendet werden. Die selbstveranstalteten und z. T. selbstgeschriebenen Sammlungen der Werke sind wie bei anderen Dichtern der Zeit ein Beleg dafür, daß trotz aller Berufsmäßigkeit dieses dichterischen Handwerks doch eine neue Art von Selbstbewußtsein und Selbstdokumentation möglich wird.

Die Reihe der hier genannten Dichter läßt *eine* Frage offen: Wie war das faktische Verhältnis dieser „Vorphase" zum später institutionalisierten Meistersang, wie

sah das Nebeneinander vagierender (auch an Höfen wirkender) und seßhafter (städtischer) Sänger aus? In beiden
Fällen handelt es sich um berufsmäßige Laienkunst mit
lehrhaftem Charakter und stark handwerklichen oder
anspruchsvoll artistischen Zügen. Die Verwandtschaft ist
ferner von der Musik her, durch die zum Spruchlied
tendierende Auswahl in den Meistersinger-Handschrif-
ten und schließlich durch den traditionellen Lobpreis
bestimmter vorbildlicher Meister zu belegen. Aber es
bleibt problematisch, wie früh sich meisterliche Singschulen in den Städten nachweisen lassen und auf welchem Wege die Anregungen erfolgten. Die berühmte
Kolmarer Handschrift (jetzt in München), die um 1450
vermutlich in Mainz entstanden ist, als umfangreichste
deutsche Liedersammlung des Mittelalters überhaupt gilt
und später im Meistersingerbetrieb mindestens Kolmars
eine große Rolle spielt, enthält viel nicht-meistersingeri-
sches Gut und hat nach Horst Brunner eher retrospekti-
ven Charakter. Vor 1480 haben wir keine sicheren Nachrichten über Singschulen. Wenn es sie in irgendeiner
Form schon früher gegeben haben wird, so läßt sich zwar
ausmalen, wie die Sänger in den Schulen ausgebildet oder
in ihnen gelegentlich aufgetreten sind (Nagel), doch
bleibt dies alles unklar; die Blütezeit des eigentlichen,
zünftischen Meistergesangs hat uns erst später zu beschäftigen.

   Soweit es bei der ständigen Diffusion der verschiedenen Stilentwicklungen und Hörerschaften sowie bei dem
stets möglichen Rückgriff auf ältere Anregungen überhaupt angeht, lassen sich neben der bisher skizzierten
Spruch- und Meistertradition zwei weitere Bereiche
unterscheiden: eine sorglosere, aber im Grund lebendi-
gere und noch heute ansprechendere Welt des Volks-
und Gesellschaftsliedes und dann einzelne hervorragende
Dichter individuellen Gepräges, die mit geschlossenem
Werk auftreten. In beiden Fällen handelt es sich weniger

um das Fortleben der Spruchdichtung als das des Minnesangs und um die wachsende Bedeutung selbständiger geistlicher Liederdichtung.

2. Geistliche und weltliche Liederdichter

Mitten in diese noch ungenügend erhellte Geschichte des spätmittelalterlichen Gesangs führt uns ein Œuvre, das in seinen persönlich-biographischen Zusammenhängen strittig ist, aber für die Liedkunst im höfischen, kirchlichen und volkstümlichen Bereich eine Art Schlüsselstellung besitzt. „Der Mönch", wie die Verfasserangabe in den Handschriften heißt, nämlich der Mönch von Salzburg, ist der Sammelname für einen Komplex von über 100 geistlichen und weltlichen Liedern, die sich durch diese Bezeichnung, aber auch durch ihren Stil, ihre gruppenmäßige Überlieferung in zahlreichen Handschriften des 15. Jahrhunderts wie auch durch ihre Nachwirkung als besondere Leistung herausheben. Unsicher bleibt, ob es sich nicht um mehr als einen Dichter handeln könnte und wie sie sich identifizieren ließen. Sicher ist nur der Ort dieser Kunst: der Hof des Salzburger Erzbischofs Pilgrim II. (durch Akrosticha sind einige Lieder ihm und andern Mitgliedern seines Kreises gewidmet), der 1365 bis 1396 macht- und prunkvoll regierte und sein Land zur bisher größten Ausdehnung und besonderen Blüte brachte. Um nur eines zu erwähnen: Um 1400 ist die hohe Zeit des besonders in Salzburg gepflegten weichen Stils der Skulptur, insbesondere der Schönen Madonnen in ihrer oft tänzerischen Bewegung und farbigen Lieblichkeit. Es ist mit einer Hofgesellschaft nicht ohne Damen zu rechnen, in der das weltliche Minnelied eine späte, spielerische Pflege findet und wo vor allem eine festliche Musikalität des deutschen geistlichen Lieds in Übertragungen und Neudichtungen entwickelt wird. Die Musik, von der Notierungen für den

Text und die instrumentale Begleitung, z. T. schon
mehrstimmig, überliefert sind, ist hier deutlicher als je
unabdingbar.

Auch die weltlichen Dichtungen sind Kunstlyrik, spä-
ter Minnesang etwa im Gefolge der schwäbischen Schule.
Die höfische Motivik des Dienstes, des Trauerns, der
Merker (Klaffer) ist aufgelockert durch die Vorliebe für
Kurzverse mit munteren Reimspielen:

> Min herz, pis fro,
> tu nicht also
> durch ymands dro:
> wen fürchtest du?
> wer tut dir nu?
> sprich frölich: ju!
> frisch als ain gräslein aber als ee . . .

> (M.-R. Nr. 25)

Im berühmten „Kühhorn" wird das Tagelied in Fortsetzung etwa Steinmars zu einem rhythmisch reizvollen
Duett von Knecht und Magd im Stroh. Liebe, Treue und
Beständigkeit, die man sich versichert, scheinen nicht
mehr standesgebunden, es treten neuere Themen auf wie
der Abschied, der Brief, der Neujahrsgruß. Die beliebte
Deskription der Schönheit des Mädchens (dieren) wettei-
fert strophenlang mit der Kunst des Faßmalers:

> gar   klar   ist ir har,
> recht als gold gefar;
> krawsw löcklein liepleich gar
> dekken schon der dieren   stieren;
> die ist völlig vnuerplichen;
> smal gestrichen
> sint ir pra mit fleis;
> falcken augen, wänglein rot vnd weis . . .

> (Nr. 44)

Wieweit man hier im Hinblick auf das Publikum und auf
„Volkstümliches in Anschauung und Fühlen" (RL I,570)

von Gesellschaftsliedern sprechen soll, ist eine Definitionsfrage.

Die 49 geistlichen Lieder des Mönchs belegen eine wichtige Etappe in der Geschichte der religiösen Lyrik des Mittelalters. Bis zur Reformation hat das geistliche Lied in der Volkssprache keine „vollwertige liturgische Funktion" (Janota) – wobei allerdings der Liturgiebegriff sehr dehnbar ist. Es ist denkbar im Umkreis der Predigt, als tropische Ausschmückung der Sequenzen, zu bestimmten Zeiten und Tagen. Es bleibt stark an die lateinischen Texte (strophische Hymnen) gebunden, als deren Übertragung zum Verständnis durch Laien, auch zu außerliturgischer Andacht. Dahin gehören ja auch etwa die deutschen Liedtexte des geistlichen Spiels. Ein besonderer Bereich ist die Marienlyrik, wo ja im 12. Jahrhundert auch zuerst deutsche Repliken entstanden waren und die auch beim Mönch mit 20 Liedern die geschlossenste Gruppe bildet. Zentral wird das religiöse Lied eigentlich nur bei kirchlichen Randgruppen: in der Mystik, speziell der Devotio moderna, zur persönlichen Erbauung oder als Gemeinschaftslied. Auch die spezielle Gruppe der Geißlerlieder (während des Marsches oder zum Bußakt, speziell aus dem Pestjahr 1349) gehört hieher. Wenn es somit ein Kirchenlied im strengen Sinne kaum gibt, so bleibt eine spontane, sich erneuernde religiöse Liedkunst die Domäne der Laien, der Spruchdichter vor allem, aber auch der Minnesänger, sofern sie im Kreuzlied, in der Welt- und Totenklage von weltlicher Minnetopik aus zu religiösen Formen gelangen.

So kann es beim Salzburger Mönch nicht verwundern, daß sich seine geistliche Kunst meist als Übersetzung oder Fortsetzung lateinischer Kirchenlieder darstellt und daß die Marienlieder voranstehen. Die lateinischen Reime können, auch wenn sie in der Vorlage einfach sind, in der deutschen Wiedergabe zu gesuchten Wörtern und Reimen führen:

O Maria, stern des meres,
ain wirdikait sunder weres (Zeugen)
und des himelischen heres
ordenung ein überpog (Prinzip).
in gestalt des höchsten himmel
wasch von uns der sünden schimel,
das wir, deines kind[e]s gezimel (Schmuck),
auch sein frei vor veintes trog.

O Maria, stella maris,
Dignitate singularis,
Super omnes ordinaris
    Ordines caelestium.
In supremo sita poli,
Nos commenda tuae proli,
Ne terrores sive doli
    Nos supplantent hostium.

                      (Nr. 7,XI)

Fünf Lieder gelten Heiligen, der Rest umfaßt Hymnen und Sequenzen auf die Personen der Trinität und die heilsgeschichtlichen Ereignisse von Weihnachten bis Passion und Ostern. Dabei erscheint neben anspruchsvollen Kompositionen auch das volkstümliche, brauchmäßig gebundene, mit verteilten Rollen zu singende Weihnachtslied zum „Kindelwiegen": „Joseph, lieber nefe mein, / hilf mir wiegen mein kindelein …" (Nr. 22).

Die primäre Funktion der Lieder ist nicht ersichtlich. Pilgrim hat im Dom eine Kapelle mit sechs Altären gestiftet und Anordnungen für den Gesang durch Kapläne und Schüler getroffen. Ob dies auch für die deutschen Lieder galt, ob – eventuell daneben – an außerkirchliche Aufführungen vor einer geschlossenen Gesellschaft zu denken ist, bleibt unklar. Die große handschriftliche Verbreitung der Lieder und die Nachwirkung auf Oswald von Wolkenstein und Heinrich von Laufenberg sprechen jedenfalls für eine bedeutende Ausstrahlung gerade auch des geistlichen Salzburger Musiklebens.

Daß Motive und Formen des Minnesangs nicht nur als anonyme Gesellschaftskunst fortleben, sondern gerade um 1400 in erstaunlicher subjektiver Wendung neue Funktionen übernehmen, belegt das wohl nur scheinbar isolierte Auftreten zweier österreichischer Lyriker vornehmen Standes in dieser Zeit: Hugo von Montfort und Oswald von Wolkenstein. Gerade indem die Verbindlichkeit der Minnekultur längst verschwunden ist, kann sie nun Ausdrucks- und Dokumentationsmittel für ganz persönliche Haltungen und Erfahrungen werden. Man könnte an neuen Wein in alten Schläuchen denken, doch würde dieses Bild die Form-Inhalt-Beziehung grob vereinfachen und die rätselhafte Kontinuität im geschichtlichen Wandel verfehlen.

Der Graf Hugo von Montfort-Bregenz und Pfannberg (1357–1423), Inhaber einer bedeutenden Herrschaft im Vorarlberg, die er, der zweimal Verwitwete, durch die erheirateten Güter im Toggenburgischen und vor allem in der Steiermark erweiterte, war seit 1396 Hofmeister des Herzogs Leopold IV. von Österreich, beteiligte sich an Kriegszügen in Preußen und Italien, bekleidete verschiedene hohe Ämter und war als diplomatischer Vermittler, der es sich selbst nicht leicht machte, hoch angesehen. Er hinterließ ein offenbar selbst zusammengestelltes Liederbuch (Heidelberger Handschrift, eine Abschrift des Originals) mit 40 Gedichten, von denen nur zwei auch sonst überliefert sind. Soweit Melodien beigefügt sind, stammen sie nach Hugos eigener Aussage von seinem „getreuen Knecht" Burk Mangolt aus Bregenz. Diese Trennung von Wort und Ton, wie sie hier erstmals deutlich wird, scheint auf die Priorität des privaten Aussagecharakters hinzuweisen. Die Gedichte sind als Texte konzipiert, dilettantisch im Sinn der Liebhaberei eines hohen Herrn wie auch im Sinn technischer Unbeholfenheit, originell aber in der Wahl mancher Themen, anschaulicher Redensarten und Schil-

derungen, überhaupt in der selbständigen Handhabung
des literarischen Erbes.

Von den Minneliedern sind die meisten als Dienstlie-
der ausdrücklich an die Braut oder Ehefrau gerichtet.
Bezeichnend ist dabei das Vorherrschen des Liebesbrie-
fes, und zwar des echten, geschriebenen Gelegenheitsge-
dichts, in welchem sogar das Datum gereimt wird:

> Gemacht und geben ze Ensishein
> Nach Crists gebürt drüzehenhundert jar
> In einem stüblin, das was klein,
> Im sechs und nüntzgosten, das ist war ...

(XXIII)

Besonders schön ist eine ganze Reihe von geistlichen
Morgen- und Tagliedern – überall wird das tradierte
Genre unbefangen gesprengt und von irgendeinem Motiv
aus ins Geistliche gewendet, weniger um des kontrafak-
torischen Reizes willen, als weil Aufwachen, Besinnung,
Reflexion, Abschied geradezu Anlaß und Hauptgegen-
stand von Hugos Dichten zu sein scheinen, wobei dieses
„tichten" sich immer selbst mitbedenkt und als Vergäng-
lich-Eitles in Frage stellt. Dies gilt nicht zuletzt auch von
der Gruppe der „reden". Dies sind moralische oder
geistliche Betrachtungen in Reimpaaren oder einfachen
Viererstrophen, wozu freilich auch eine weit ausholende
Weltklage in der Titurelstrophe kommt (XV) mit einer
Exemplifikation, die von David und Absalom über „Ari-
stotiles" und „Karolus magnus" bis zu „Artus, Barcifal"
und „Tschinachtilander" reicht. Diese Reden können
allegorisch sein wie das Gespräch mit der Frau Welt
(XXIX) oder, im weitaus längsten Gedicht, der Besuch
des Dichters auf der Gralsburg, deren breit ausgeführte
Architektursymbolik zugleich ans himmlische Jerusalem
erinnert (XXVIII). Sie können aber auch unmittelbar
Zeitkritik und Weltklage enthalten, einmal im Rahmen
einer Entrückung, die der Dichter in einem Beinhaus

erfährt (XXV). Ein langes Gebet spricht vom Verlust der
zweiten Gattin, der Gräfin Clementia von Toggenburg,
im selben Jahr 1400, da Johann von Tepl seine Margareta
verlor – Hugo von Montfort ringt sich nicht weniger
ergreifend von Zorn und Zweifel durch zur Ergebung
und vom eigenen Schmerz zur Fürbitte für die Verstorbene:

> Ich opfer dir min unmuot gross
> In din götlich gnad;
> An dir so lit min gantzer trost,
> Du gist die grechten gab.
>
> Herr got, erbarm dich über der frowen sel
> Die ich han in minem muot ...

(XXVII)

Die Gesellschaftskunst des Mönchs von Salzburg, die
autobiographische Reflexion Hugos von Montfort, die
Ironiker und Parodisten des Minnedienstes wie Neidhart
und Ulrich von Lichtenstein – auf diesem Hintergrund
steht die großartige Erscheinung des letzten ritterlichen
Lyrikers, Oswald von Wolkenstein (1376? bis
1445). Oswald kam aus einem bedeutenden südtiroli-
schen Adelsgeschlecht (Stammburg Wolkenstein im
Grödnertal). Er verließ seine Heimat mit zehn Jahren,
offenbar als Knappe eines fahrenden Ritters, gelangte
unter oft abenteuerlichen Umständen zu „Cristen, Krie-
chen, haiden" in die Ländern des Mittelmeers, des
Nahen Ostens (er spricht von Arabien und Persien), des
Schwarzen Meers, dann in die Ostseeländer und Skandinavien (18,44). Er kehrt nach dem Tod des Vaters 1400
nach Tirol zurück, übernimmt seinen Anteil an dem
umstrittenen Familienbesitz Hauenstein am Nordhang
des Schlern, geht auf eine Pilgerfahrt ins Heilige Land,
erscheint am Konstanzer Konzil und tritt hier in die
Dienste König Sigismunds. In dessen Auftrag unternimmt er eine Gesandtschaft nach Portugal und erlebt

die Eroberung von Ceuta, begleitet Sigismund von Perpignan nach Paris und hat später schließlich eine Reihe von Reisen nach Ungarn, Böhmen, Deutschland und Oberitalien unternommen. Im Lauf der Wirren in Tirol, wo er auf seiten Sigismunds gegen den Landesherrn Friedrich IV. („mit der leeren Tasche") und die mit diesem verbündeten Bauern steht, gerät er 1421 in die Hand des Herzogs und bleibt, mit einer Unterbrechung, bis Ende 1423 in Haft. Er muß Urfehde schwören, kann aber den Erbstreit um Hauenstein 1427 zu seinen Gunsten entscheiden. Verheiratet war Oswald seit 1417 mit der „stolzen Schwäbin" Margarete von Schwangau, die denn auch auf verschiedenen Stilebenen im Lied gefeiert wird. Verhängnisvoll wurde ihm dann eine immer noch dubiose (frühere?) Liebschaft mit der „Hausmannin" (Anna Hausmann, in Brixen?), die im Streit um die Hauensteinschen Güter der Gegenpartei angehörte und – nach Oswalds Schilderung – den Liebhaber zu dem Stelldichein lockte, bei dem er verhaftet wurde. Begraben ließ sich Oswald im Neustift bei Brixen, wo er schon 1407/08 eine Kapelle gestiftet und ein Porträtrelief – Oswald als Kreuzritter mit raffiniert geflochtenem Bart – angebracht hatte. Von seiner Liedersammlung existieren drei Exemplare, zwei davon, mit Noten und dem berühmten Porträt des einäugigen Dichters versehen, sind vom Autor selbst veranstaltet. Daneben gibt es nur eine spärliche Überlieferung einzelner Lieder in andern Sammlungen.

Die Vita kann für die spätere Zeit durch urkundliche Belege und im übrigen durch die von konkretesten und auch wieder bizarren Details strotzende Lyrik gesichert werden. Sie ist, kritisch gesichtet, für ein oft chaotisches, aber zugleich offenes Spätmittelalter und seine überaus mobile Oberschicht wohl nicht ganz so ungewöhnlich. Daß dieses Leben „mit toben, wüten, tichten, singen mangerlai" (18) sich derart intensiv selber darstellt, ist dennoch einzigartig. Was bei Ulrich von Lichtenstein noch der Rahmenhandlung vorbehalten bleibt, durchdringt hier die Dichtung von innen her und scheint sie völlig persönlich zu machen. Erst langsam wurde im Gang der Forschung deutlich, wie sehr dabei das faktische Material durch die Optik der Tradition gefiltert und wie nötig es ist, dazu noch die beständigen ironischen und parodistischen Brechungen, die effektvollen Übertreibungen und versteckten Absichten in Rechnung zu stellen. Mehr als je ist das Verhältnis von „Leben" und „Dichtung" das zentrale Thema und die Crux der Oswald-Forschung.

Vor allem ist hier, abgesehen vom politischen Hintergrund, das Publikum zu beachten. Deutlicher als sonst ist gerade die Selbstbekundung eine gesungene, aufgeführte, man möchte gelegentlich sagen: gestische, getanzte Darbietung vor den „gesellen" – vor der Gemeinschaft adliger Freunde und Verwandter, vor irgendeiner Hofgesellschaft oder Tafelrunde, vor der sich der Lyriker produziert und die er immer wieder mit sich selbst unterhält. Es sind echte, gesungene Lieder, anders als beim Montforter selbstkomponiert, wenn auch oft unter Anlehnung an vorhandene Melodien (Kontrafakturen). Etwa ein Drittel der Texte ist mit mehrstimmigen Sätzen nach französischem und eventuell italienischem Vorbild versehen und mit verschiedenen Instrumenten zu begleiten (9 dieser Sätze sind als Kontrafakte nachgewiesen). Vor allem gilt dies für die „objektiven Genres" (Tagelied, Pastourelle, Liebesdialog, Trinklied, Scheltlied usw.), wo die Duette zu überaus lebhaftem Vortrag und die Refrains zur Beteiligung der Gesellschaft Anlaß geben. Ebenfalls für den Vortrag bestimmt, aber einstimmig, sind die teilweise langen Stücke, die *rede*artig oder in ruhigen Strophen autobiographisch erzählen (Reiselieder) oder politische und religiöse Betrachtungen anstellen (vor allem das großartige Lied Nr. 1).

Auch Oswalds Liedkunst bedient sich noch der mittelalterlichen Typen und Topoi, freilich in ungewohnter Konkretion. Was bei Neidhart ein im Grunde fiktiver Naturalismus war, wird hier zur wirklichen Dokumentation einmaliger Gelegenheiten mit echten, nicht mehr austauschbaren Personen- und Ortsangaben. Das Liebesgespräch waltet zwischen Öslein und Gredlein (Margarete), die topische Deskription der Geliebten wird porträthaft:

> Rot, weiss, ain frölich angesicht,
> emplösst auss swarzer farbe klaid,
> ain klain verdackt der stieren slicht
> mit ainem schlaierlin gemait,
> durchsichtiklich geschittert ...
>
> (87)

und die parodistische Umkehrung, die hyperbolische Schilderung einer Häßlichen, ist auf eine Kellnerin in Überlingen gemünzt (45). Mit dem seit Hadlaub geläufigen Haussorge-Motiv verschafft Oswald sich Luft für seine schlechte Laune im winterlichen, unwirtlichen Hauenstein und den Ärger über seine lärmigen Kinder und deren scheltend heranbrausende Mutter, die wirtschaftlichen und politischen Sorgen, die Feindschaft zum Landesfürsten. Unvergleichlich dann das Frühlingslied, wo die alte Topik des Mailieds selber wie der Schnee dahinzuschmelzen scheint und urkundlich identifizierbare Menschen, die nahe Landschaft freigibt in Raum, Bewegung und Gespräch, in einem Frühling auf dem eigenen, zäh erkämpften Grund und Boden:

> Zergangen ist meins herzen we,
> seid das nu fliessen wil der snee
> ab Seuser alben und aus Flack,
> hort ich den Mosmair sagen.
> Erwachet sind der erden tünst,

des meren sich die wasser rünst
von Castellrut in den Isack,
das wil mir wol behagen.
Ich hör die voglin gros und klain
in meinem wald umb Hauenstain
die musigk brechen in der kel
durch scharpfe nötlin schellen ...

(116)

In unheimlich-grotesker Weise wird der bis zu Goethe
lebende Topos vom gefangenen Minnesänger aktuell:
Die Geliebte, die „Hausmannin", wird wirklich zur
schönen Feindin, in deren Gefangenschaft der Dichter
leibhaftig gerät, die ihn wirklich foltert und ihm statt des
goldenen Kettleins Halseisen umlegt. Auch hier ist freilich ironisch-sarkastisches Rollenspiel und versteckte
Absicht nicht auszuschließen: Die Gefangenschaftslie-
der, in denen sich der Dichter selbst verspottet, haben
vielleicht die Funktion, die in Wahrheit von seiten Herzog Friedrichs erlittene Demütigung zu tarnen (A.
Schwob).

Die allgemeine „Versinnlichung" (Rupprich) dieser
Kunst und ihres Existenzgefühls erfolgt nicht nur auf der
Ebene der Vorstellungen (Landschaft, Reiseerlebnisse,
vor allem im Bereich einer ungeniertesten Erotik), sondern ergreift die Sprache selbst. Oswald rühmt sich, zehn
Sprachen zu kennen, und mischt exotische Namenkataloge und ganze Passagen fremder Laute ein; er bestreitet
Zeilen oder gar Strophen aus Vogellauten oder, im Jagdlied Nr. 52, aus Interjektionen; er imitiert Liebesgestam-
mel oder sucht den liebreizenden Mund der Geliebten
durch onomatopoetischen Zungenkitzel zu aktualisieren:

Lünzlot, münzlot, klünzlot und zisplot, wisplot freuntlich
sprachen ...
sol dein pöschelochter, rotter mund ...

(53)

Solches Aufsprengen der Sprachnormen gedeiht auf dem Boden einer ganz idiomatischen Mundart, ist aber natürlich vor allem auch durch Melodie und Rhythmus provoziert. Insbesondere in den Genre-Liedern und deren mehrstimmig-dramatischem Vortrag geht es nicht so sehr um eine schlüssige Aussage als vielmehr um das Vermitteln einer expressiven Bewegung, die sich hinter Sprache, Ton und Gestik vollzieht. Im Jagdlied (52), das die erotische Hadamar-Allegorie in heftige Aktion umsetzt, ist mit Ausrufen, Imperativen, Kurzzeilen, Dreierreimen die Aufgeregtheit einer Jagdszene vergegenwärtigt:

> Wolauff, gesell! wer jagen well,
> wiss, das er sein netz recht stell.
> psetz die hohen wart!
> Los! zü hin all mit laut und schall,
> das es den forstern wolgevall,
> perg und tal.
> nu kall! blaus ab der klingen,
> das uns müss wolgelingen!
> Hin loufft die stolzen hind.
> Wart, wunn und hail!
> lass nicht von dem sail,
> so machstu wild wolfail.
> vertritt die alten spür!
> nicht lass für,
> geud und meld, mit willen kür!
> Se, lapp!
> setz von rügg und trapp!
> her loufft gail und gsund!
> still, ir lieben hund!
> danck so hab eur mund.

Der Vorgang wird hier oder auch in den Tageliedern und im Trinklied (84) nicht so sehr beschrieben oder erzählt als gespielt und in rhythmische Bewegung übersetzt. Man möchte bei solchen Vorgängen, die natürlich ohne die musikgeschichtliche Dimension nicht zureichend beschrieben werden können, von einer Überwindung der mittelalterlichen Lyrik von innen heraus sprechen. Freilich wird ein humanistischer, renaissancehafter Stilwille nicht feststellbar. Auch sind ja vom Werk Oswalds wenig nachweisliche Wirkungen ausgegangen. Er bleibt im Grunde inkommensurabel – Spätmittelalter im Grödner Tal wie zu gleicher Zeit beim Wittenwiler im Toggenburg, ebenso elementar wie weltoffen.

Wenn die geistliche Lyrik bei Oswald in der Form laienmäßiger, subjektiv gewendeter Form erscheint, so findet die kirchlich bestimmte Kunst des Mönchs von Salzburg (als geistlichen Dichters) ein wesentlich jüngeres Gegenstück bei Heinrich von Laufenberg, dem Verfasser des wohl umfangreichsten und für das 15. Jahrhundert repräsentativsten Corpus geistlicher Lieder. Eine 1870 verbrannte Straßburger Handschrift trug den Vermerk: „Diß buechelin hat gedichtet her heinrich louffenberg ein priester, ertzpriester vnd dechan der dechanye ze Friburg in brysgowe ... gieng von der welt in Sant Johans orden ze dem grüenen werde ze stroßburg." Die Sammlung enthält auch Gedichte des Mönchs und einiges Fragliche; für Heinrich bleiben rund 90 Lieder mit Datumsangaben von 1413 bis 1458. Heinrichs Familie, vielleicht er selbst, stammte aus dem Städtchen Laufenburg am Hochrhein. Er muß um 1390 geboren sein, hat sich von der „Welt" – in diesem Fall dem Amt des Priesters und Dekans in Freiburg i. B. – nicht zufällig in Rulman Merswins Johanniterstift zurückgezogen und hier bis 1466 gelebt. Neben seinen Gedichten hinterließ er ein astrologisch-medizinisches Lehrbuch in Versen, das *Regimen sanitatis,* dazu zwei umfangreiche, heute verlorene Versbearbeitungen des *Speculum humanae salvationis* (einer überaus verbreiteten christlichen Heilslehre aus dem frühen 14. Jahrhundert) und des *Opus figurarum* des Konrad von Alzey (Marien-Typologie, um 1370).

Laufenbergs geistliche Lyrik gibt sich, aufs Ganze gesehen, nicht als Kunstdichtung, wie sie die Minne- und Meistersinger von ihren weltlichen Voraussetzungen her entwickelt haben, auch wenn, etwa für ein geistliches Tagelied, der Ausdruck „meisterlied" fällt. Ein individueller Aussagecharakter fehlt – der Dichter nennt sich höchstens um der Fürbitte willen (Ph. Wackernagel II,732). Bestimmend ist die lateinisch-kirchliche Tradition und deren Nähe zu volkstümlicher Frömmigkeit, wie sie sich ähnlich im geistlichen Spiel zeigt. Sie ist denn auch weithin Übersetzung oder Bearbeitung lateinischer Hymnik, zu verstehen kaum als Kirchenlied im strengen Sinn, höchstens am Rande der Liturgie angesiedelt, meistens wohl für engere Gemeinschaften religiösen Lebens (Kloster, Stift, Schule) oder für persönliche Andacht bestimmt. Die lateinischen Hymnen, die sorgfältig, genau und mit bemerkenswertem Sinn auch für Reimkünste wiedergegeben werden, sind z. T. der Sammlung beigefügt. Die Durchdringung kirchlicher und volkssprachlicher Kunst wird reizvoll sichtbar in einer Reihe von Mischgedichten, z. B.:

> Sed quid dicam
> ich armer iam?
> zwor ich mich scham,
> wan mir din nam
> apparet magna laude;
> min cantica,
> o maria
> piissima
> mit süssigkeit exaudi.
>
> (779)

Das ist nicht vagantisches Stilvergnügen, sondern frommes Zeugnis einer Sprachsymbiose während tausend Jahren.

Die Lieder haben keine didaktische Haltung, sondern sind durchaus als Gotteslob und insofern Gottesdienst zu verstehen, entstanden aus der Frömmigkeit einer der

Welt abgekehrten, „minnenden sele", die der Dichter
selbst einmal traulich anredet:

> Ach Döchterlin, min sel gemeit!
>
> (708)

Etwa ein Drittel aller Lieder sind Marienlieder, gelten
der im Spätmittelalter über alles gepriesenen und geliebten Mittlerin. Nur im Sinn einer einfühlenden, gemüt-
haften Frömmigkeit, die immerhin von engeren religiö-
sen Gemeinschaften getragen war, kann bei Laufenberg
von Mystik gesprochen werden. So sehr dieses geistliche
Lied das spätere protestantische Kirchenlied mitbegrün-
det, so wenig ist der Unterschied zu verkennen. Die
berühmten Verse:

> Ich wölt daz ich do heime wer
> vnd aller welte trost enber,
>
> Ich mein doheim in himelrich,
> do ich got schowet ewenclich ...
>
> (715)

kommen aus spätmittelalterlicher Innerlichkeit und
Weltabwendung. Hier gedeihen denn auch die vor allem
aus der Malerei oder dem Drama bekannten Äußerungen
„altdeutscher Volksfrömmigkeit", insbesondere die
Weihnachtsszenerie mit Krippe und Wiegenlied.

Neben lateinischen Vorlagen benützt die neue geistliche Dichtung in steigendem Maß auch verbreitete weltliche Lieder als Quelle. Die Kontrafaktur, schon im Minnesang, etwa den geistlichen Tagliedern, geübt, wird eine
beliebte Technik. Im weiteren Sinne verstehen wir darunter die Aneignung einer bereits bekannten Melodie für
einen neuen, insbesondere geistlichen Text, im engeren
Sinn die Umdichtung, „Parodie" auch des ursprünglichen weltlichen Wortlauts. Ein Liedanfang wie 704 „Ich
weiss ein stolze maget vin" und dazu der Vermerk „In

die wisse Diu stolze müllerin" deuten auf ein weltliches
(Volks-)Lied als Vorlage hin, wobei nun Maria als geistliche Müllerin erscheint, die die Weizenkörner des Gottesworts zu reinem „simel mel" mahlt, aus welchem das
edle Himmelsbrot gebacken wird. Ähnliches gilt vom
Liedanfang „Es stot ein lind in himelrich / do blüyend alle
este", die Einleitung zu einem Lied von der Verkündigung. Die Kontrafaktur ist nicht nur – wie dann noch für
Luther – ein bequemes technisches Mittel zur Gewinnung neuer kirchlicher Lieder und zugleich zum oft
erwähnten Kampf gegen weltliche Buhllieder. Sie ist vor
allem eine geistvolle Anwendung mittelalterlichen Ana-
logie-Denkens: Weltliche und geistliche Bedeutung treten einander scharf gegenüber und werden zugleich im
Sinn einer konstruktiven Par-odie aneinander gebunden.

Die reizvollsten Kontrafakturen stehen allerdings
nicht beim Laufenberger, sondern in einer Pfullinger
Handschrift des 15. Jahrhunderts: Fastnachts-, Minne-,
Mai- oder Badlieder („Woluff im geist gon baden, / in
zarten frowelin", 820), am schönsten vielleicht das als
Rätsel aufgezogene Marienlied mit dem Anfang:

> Ich han mir ußerkoren
> ein mynnekliche meyt,
> Die ist gar hoch geboren,
> mins herczen ougenweid.
> Jo vor vil tusent joren
> ist vil von ir geseit.
>
> (831)

3. Gesellschaftslied und Volkslied

Beim Mönch von Salzburg wie bei Heinrich von Laufenberg ist die individuelle Leistung eingebettet in einen
Strom weithin namenloser Überlieferung und gemein-
schaftlich geübten Singens, ob dabei nun an weltliches
oder geistliches Publikum zu denken ist. Spätestens um

die Mitte des 15. Jahrhunderts wird vor allem im weltlichen Bereich dieses Publikum faßbar als städtisch-bürgerliche Welt, an der sich der Adel weiterhin beteiligen kann, soweit er nicht selber eine Kunst bürgerlichen Stils betreibt. Neben einer persönlich verantworteten höfischen oder meisterlichen Kunst tritt nun deutlicher jene Art von Lied in ihr Recht, die man als Volkslied und als Gesellschaftslied bezeichnet. Die beiden Begriffe sind unter sich wie auch nach außen nicht leicht abzugrenzen. Sie umfassen Verschiedenartiges, je nachdem der Aspekt der Gebrauchsfunktion, des sozialen Orts, des Stils oder der literarischen Herkunft besonders ins Auge gefaßt wird.

Voraussetzung ist eine zunehmende Freude am gemeinschaftlichen Singen und damit eine ausgesprochen soziale Funktion. Das wird deutlich etwa in einigen Sätzen einer 1509 in Mainz erschienenen *Geistlichen Ermahnung zum frommen Leben*:

Wann zwo oder dri zusammenkommen, so müssen sie singen, und sie singen alle bei der Arbeit in Haus und Feld, bei Gebet und Frömmigkeit, in Freud und Klag, bei Trauer und Gelag ... Zu Gottes Ehre singen und der Heiligen, als es von allem christenlichem Volke in den Kirchen geschieht und an den Sonntagen und Feiertagen nachmittags von den ehrbaren Hausvätern samt ihren Kindern und Hausgesind, das ist sonderlich wohlgetan und stimmt fröhlich das Herz.

(Nach J. Janssen, *Geschichte des deutschen Volkes* I)

Solchem geselligen Singen bei den verschiedensten Gelegenheiten wird nun auch der Lied*stil* entsprechen: Je deutlicher die Merkmale formaler Einfachheit, des Formelhaften, der vielfältigen Variation, des „Zersingens" von „herrenlosem Gut" in Jahrzehnten, ja Jahrhunderten der mündlichen Überlieferung werden, um so eindeutiger wird man von „Volkslied" sprechen. Historisch, textgeschichtlich gesehen aber kann das Volkslied abgesunkenes, umgemodeltes Kunstgut sein, oder es kann auch umgekehrt wieder als Material individueller Kunstlyrik dienen, so daß die Grenzen je nach dem gewählten Kriterium unterschiedlich zu ziehen sind.

Zwischen Kunstlied und Volkslied gibt es nun freilich seit dem Spätmittelalter eine breite Zone der Liedpflege in geselliger Gemeinschaft, offen nach dem Kunstlied wie nach dem Volkslied hin: mit einem Verlegenheitsausdruck als „Gesellschaftslied" bezeichnet und auch sozial und bildungsmäßig einer gewissen Mittelschicht (Bürger, Beamte, Studenten, städtisch-höfisches Publikum) zugerechnet.

Unschätzbares und auch erst teilweise erschlossenes Material verschiedenster Provenienz und Funktion, aber am ehesten unter dem vermittelnden Begriff der Gesellschaftslyrik zu buchen, beginnt nun reichlich zu fließen. Nachdem zu Ende des 14. Jahrhunderts die *Limburger Chronik* über populäres Liedersingen berichtet und wichtige Proben davon mitteilt, so bringt nun die zweite Hälfte des 15. Jahrhunderts geradezu eine Flut von handschriftlichen Liederbüchern, in denen beliebtes Liedgut der Zeit gesammelt wird. Wir sind damit an der Grenze zwischen mündlicher Überlieferung und schriftlicher Festlegung, zwischen Praxis und Literatur, die ihrerseits wieder die Praxis lenken kann, zwischen Kunstlied und Volkslied, je nach Umwelt, Quellenlage und Geschmack. Hans Rupprich zählt für diese Zeit nicht weniger als 23 Sammelhandschriften auf, wobei in diesen Sammlungen nicht selten neben Liedern auch Lehrhaftes und Erzählendes aufgeschrieben ist. Für die Aufzeichnung geistlicher Gemeinschaftslieder kommen in erster Linie Klöster in Frage; so stammt aus Wienhausen die wichtige Sammlung mystischer Lieder in niederdeutscher Sprache (1470). Im übrigen sind es durchaus bürgerliche (eventuell patrizische) Liebhaber, die sich Sammlungen anlegten oder abschreiben ließen. So ist das *Lochamer Liederbuch* von einem Nürnberger Bürger dieses Namens in Auftrag gegeben worden (nach 1450). Fast gleichzeitig entstand das *Augsburger Lieder-buch*. Andere Sammlungen sind von Wien bis Rostock, von München bis Frankfurt erhalten. Am bekanntesten und durch seinen verschiedenartigen, z. T. weit zurück-reichenden Inhalt von Bedeutung ist das *Liederbuch der Klara Hätzlerin*. Der Name gehört einer berufsmäßigen Schreiberin aus Augsburg, die das Werk im Auftrag eines Mitbürgers 1471 kopiert hat. Es enthält nach einer Anthologie aus lehrhaften und erzählenden Stücken 133 Lieder ritterlicher (auch Oswald ist vertre-ten), meisterlicher und volkstümlicher Herkunft, geistli-ches und vor allem recht weltliches Gut. Noch etwas umfangreicher ist das *Königsteiner Liederbuch*, das in einem Berliner Sammelcodex aus dem Besitz Cle-mens Brentanos enthalten ist und neuerdings eine sorg-fältig kommentierte Ausgabe erfahren hat (Sappler MTU 29). Das Buch ist in der Gegend von Königstein im Taunus etwa 1470–73 in rheinfränkischer Sprache, viel-leicht für adlige Interessenten, hergestellt worden. Wir greifen hier überall in eine unendlich verzweigte und unabsehbare Liedtradition, die sich über Jahrhunderte erstrecken kann. Ihre große Zeit kommt erst noch im 16. Jahrhundert.

Was nun das Volkslied im eigentlichen Sinn betrifft, so sei wenigstens an einem Textbeispiel die Eigenart des Stils, der dichterische Reiz und die weitläufige Verflocht-enheit angedeutet (für die Melodie gilt Analoges). Im *Königsteiner Liederbuch* steht, als am ehesten volksmäßi-ges Lied, folgender Text:

> I Ich hat mir ein falcken ußderkorn,
> der ist mir hin geflogen.
> er flüget über berg und tieffe dail,
> er flüget dahin gen Schwaben.
>   er fert dahin,
> hin gen Schwaben ist im also gach.

II Ja er nuw inn geen Schwaben kam,
    da stunt er nuw alleine.
    „Elßlin, lieber pule min,
    wer ich bei dir alleine,
      so wer mir wol,
    so lebt min hertz in freuden."

III Zwischen berg und tieffem tail
    da ligt ein genge straßen.
    der sin bulen nit haben mag,
    der muss in faren laßen.
      er fert dahin,
    er vert darthin genn Schwaben.

                                        (Nr. 82)

Auffallend ist die lockere, ja inkohärente Fügung. Vermutlich spricht die Liebende von ihrem entflogenen „Falken", wobei durch die Ortsangabe „Schwaben" das Ereignis und die Adresse offenbar aktualisiert werden (Str. I). In Strophe II scheint der Geliebte nun zu antworten, doch gehören das formelhafte Elslein und die ihm gewidmeten Verse nicht in den ursprünglichen Zusammenhang. Die sentenzhaft, im Namen des Dichters, abschließende Strophe bringt ein neues, auch sonst begegnendes Motiv; was die „gängige" (oder falsch für „enge"?) Straße zwischen Berg und Tal bedeutet, wird allerdings nicht klar (Str. III). Anderseits aber sind die Strophen sorgfältig gebunden durch das refrainhafte „Schwaben", I und III durch das Berg-und-Tal-Motiv und dieselbe 5. Zeile, I und II durch die Anapher, II und III durch das Wort „Buhle". Das Ganze ist nach Rede, Gegenrede und Sentenz aufgebaut (sozusagen nach 1., 2. und 3. Person). Bilder, Strophenform, Komposition, Stil sind altertümlich, mit geschlossener Wirkung und dem Zauber des Andeutend-Vielsagenden, den die Romantik so geliebt hat. Und doch weisen die rationale Inkohärenz und das Erscheinen einzelner Versgruppen in vielen andern Kontexten auf typisch volksliedhaftes Zersingen

hin. Das einleitende Falkenmotiv hat seine lange
Geschichte, auch international. Am Anfang der deutschen Reihe steht für uns, 300 Jahre zurück, das Falkenlied des Kürenbergers. Etwa 100 Jahre zurück liegt ein
Falkenlied Heinrichs von Mügeln, das umständlich rationalisiert:

> Ein trouwe sprach: min valke ist mir enphlogen
> so wit in fremde lant . . .

und schließt mit dem merkwürdig kleinmütigen
Wunsch, anstelle des edlen Falken doch einen (weniger
vornehmen und schwierigen) Blaufuß zu haben. – Dieser
pedantisch-spruchdichterlichen Fassung steht wieder
eine volkstümliche gegenüber in einer Berliner Sammlung von 1574:

> Ich zempt mir einen falken Vill lenger als sieben Jahr,
> Er ist mir wilt geworden, ich muest ihnn fliegen lohnn.
> Er flogh mir also ferne, so fern in frembde lanndt
> Zu einer zart schoener Jungfrawen vf ihr schneweisse handt.

> (*Euphorion* 9,40)

Da treffen wir wieder oder immer noch die alte Strophenform des Kürenbergers und sogar einzelne Wendungen, aber die Vorstellungen des munteren Sängers
sind von keiner Kenntnis mehr belastet, sonst hätte er
nicht an eine siebenjährige Zucht gedacht und nicht die
schneeweiße Hand der Dame den scharfen Krallen des
Falken ausgesetzt. Das Phänomen einer fast unbegreiflichen Konstanz in der Geschichte mittelalterlichen und
insbesondere volkstümlichen Singens ließe sich auch an
andern Typen – z. B. dem Tagelied oder der Weltklage –
aufweisen.

4. Historische Volkslieder

Zum volkstümlichen Lied gehört von alters her das Erzähllied heroisch-sagenhaften oder politisch-geschichtlichen Inhalts, das nun nicht als Gemeinschaftslied, sondern als Vortrag eines mehr oder weniger berufsmäßigen Sängers, allerdings vor einem breiten Publikum, zu denken ist. Es wurde erwähnt, wie die alte Heldendichtung und auch neuere Stoffe (wie der _Herzog Ernst_) neben und nach großepischer Ausgestaltung in kürzeren und längeren Liedern bis ins 16. Jahrhundert fortleben können. Für das späte 13. Jahrhundert gibt das Repertoire des Marners einen guten Querschnitt. Es scheint auch, daß im 15. Jahrhundert bei einem breiteren, meist städtischen Publikum so etwas wie eine geschmacklich anspruchslose Renaissance der Heldendichtung vor sich geht, belegbar durch neue Abschriften, Fassungen, Zitationen, Namengebungen.

Wichtiger ist, daß nun auch neue, aktuelle Ereignisse zum Gegenstand liedhaften Vortrags in den alten Formen werden, ja oft von Liedern geradezu begleitet scheinen. Anders gesagt: das heroische Lied kann, in veränderter Umwelt, ein neues, aktuelles Subjekt erhalten – ein Lied über die Schlacht bei Laupen (1339) trägt im ersten Druck von 1536 den Vermerk „in der wyß wie des Ecken ußfart". Bürgerliche, bäuerliche Gemeinschaften bekommen in den politischen und militärischen Auseinandersetzungen des Spätmittelalters eine neue Identität, die sich nicht zuletzt mittels solcher Lieder bestätigt. Das können die Dithmarscher Bauern sein (1404, Liliencron 45) oder städtische Bürgerschaften Oberdeutschlands, die einen Feldzug unternehmen, eine Burg erobern (z. B. 77). Am dichtesten schlagen sich die Kämpfe der Eidgenossen gegen Österreich, Burgund, das Reich und untereinander (im sogenannten Alten Zürichkrieg) in Liedern nieder. Hier läßt sich vom 14. Jahrhundert an jedes grö-

ßere Ereignis mit Liedern belegen, die schon früh auch
zu „Liederchroniken" zusammengestellt wurden. Was
ursprünglich den geschichtlichen Vorgang begleitet hat
oder unmittelbar darauf von ihm Kunde gab, kann nachher, oft in verschiedenen Fassungen, als Retrospektive
lebendig bleiben und im 16. Jahrhundert in gedruckten
Flugschriften massenweise verbreitet werden. Was ein
aktuelles Lied war (oder nicht selten als solches fingiert
wurde), kann ein im engeren Sinn „historisches Volkslied" werden.

In einzelnen Liedern können sich von der wieder
elementaren Funktion her oft geradezu archaische Züge
wiederum durchsetzen, so im Lied auf die Schlacht von
Näfels (1388), das mit seiner alttestamentarischen Haltung und im Aufbau ans *Ludwigslied* erinnert und in
seinen Nibelungenversen, Wort- und Satzformeln
Anklänge an die klassische Heldenepik aufweist. In
andern Stücken, so zur Schlacht von Sempach oder den
Burgunderkriegen, überwiegt der historisch-berichtende
Stil, die Ermahnung oder die Herausforderung. Das
hängt nun wieder mit dem jeweiligen gattungsgeschicht-
lichen Kontext zusammen. Gerade wenn es sich um
Erinnerungslieder handelt, sind sie volkstümlicher Chro-
nik-Ersatz; sie werden in den großen Prosachroniken
zwar oft und gern als Belege aus der Zeit zitiert, umgekehrt können sie aber auch aus dem Chroniktext heraus
entwickelt werden – so ist gerade das Näfelserlied fast ein
halbes Jahrhundert nach der Schlacht aufgrund urkund-
lich-chronikalischen Berichts entstanden. Ohnehin fließend ist der Übergang zur Reimchronik oder zur Reimrede. Ein großer Teil der in Liliencrons klassischer
Sammlung enthaltenen Texte sind als „Reden" (vgl. etwa
Strickers *Gäuhühner*) oder kurze Reimchroniken aufzufassen. Ebenso kann natürlich auch die Tradition des
politischen Spruchs im Spiele sein – anstelle eines Fürsten
hält sich eine Stadt einen Lobsänger. Gerade die ältesten

der schweizerischen Lieder zeigen einen lehrhaften
Zusammenhang, sofern sie Vorgänge und Ermahnungen
in der Form von Tier-Beispielen darstellen: Das Lied
zum Bündnis von Bern mit Freiburg i. Ü. ist eng verwandt mit einer Fabel Boners, das Lied vom Güminen-
krieg braucht das Bild vom Jäger und dem (Berner)
Bären. Hier schließt sich dann auch die vor allem im
Sempacherlied glänzend eingesetzte heraldische Tiersymbolik an.

Im Lauf des 15. Jahrhunderts treten die Dichter aus
ihrer Anonymität heraus und signieren ihre Lieder nach
Art der fahrenden Sänger. Allein die schweizerischen
Lieder enthalten etwa 40 Namen. Am deutlichsten wird
Veit W e b e r aus Freiburg i. B., der offenbar im Dienst
eidgenössischer Städte an den Burgunderkriegen teilnahm und sich in einem seiner Stücke einführt:

> Mit gesang vertrib ich min leben,
> von tichten kan ich nit lan.

Er und seinesgleichen bitten auch um Entgelt, andere
scheinen eher Gelegenheitsdichter zu sein, Reisläufer,
Handwerker, Schulmeister, Schreiber und andere „gesellen". Allein aus Luzern sind acht Liederdichter genannt.

Ein interessanter, folgenreicher Fall ist das *Lied von
der Entstehung der Eidgenossenschaft*, 1477
nach dem Tod Karls des Kühnen als historischer Rückblick auf den Ursprung des Bundes und die Befreiungs-
schlachten und als Lobpreis der Verbündeten entstanden. In den ersten neun Strophen aber steckt der Rest
eines alten Liedes von Wilhelm Tell, der mit seinem
Apfelschuß und seiner Reizrede gegen den Landvogt als
„der erst eidgenoß" gefeiert wird. Diese verstümmelte
Fassung der Tellengeschichte ist älter als die chronikalische Tradition und näher dem vermutlich nordischen
Ursprung (Saxo Grammaticus' Dänenchronik). Der
Kern, das Streitgespräch vor dem Kampf, ist heroisch,

im Typus vergleichbar dem *Hildebrandslied* (A. Heusler: „Doppelseitiges Ereignislied"):

> Wilhelm Tell der was ein zornig man,
> er sah den landvogt übel an:
> Het ich min kind erschossen,
> so sag ich dir die warheit guot,
> so hat ich das in minem muot,
> ich wolt dich ouch han troffen.

> (Str. 6a)

Der Einbau der Tellengeschichte in einen stolzen geschichtlichen Rückblick, die Frage nach dem Ursprung des Bundes und dem ersten Eidgenossen, die Antwort darauf durch eine aus dem Norden entliehene „Sage" – das verrät dagegen humanistische Bemühung. Die Nachwirkung der Tellensage über die fast gleichzeitig einsetzenden Chroniken, über die immer wieder neuen Lieddrucke und über die mehrfache Dramatisierung ist unabsehbar bis zu Schiller, bis heute.

IV. DAS SPIEL

1. Abgrenzungen

Die Geschichte des *spät*mittelalterlichen Spiels läßt sich schwer überblicken. Die amorphe Menge kreuz und quer untereinander verwandter Spieltexte, die Kompilationen und Überschichtungen aller Art, zufällige Einzelüberlieferung neben jahrhundertelangen Spieltraditionen sei es der Texte, sei es der Orte – all das macht eine sachliche wie zeitliche Ordnung schwierig. Hier darzustellen ist zunächst das volkssprachliche geistliche Spiel, wie es im 15. Jahrhundert, von bürgerlich-städtischer Gesellschaft getragen, tief ins 16. Jahrhundert hinein, ja in mancherlei Repristinationen über die Barockzeit hinaus lebendig blieb. Für uns ist es in einer Reihe genau dokumentierter Theater- und Texttraditionen am klarsten faßbar. Dazu kommt nun, praktisch überhaupt erst im 15. Jahrhundert, das weltliche Spiel („Fastnachtspiel"), das inhaltlich, typenmäßig, nach Umfang, Aufführung, Verbreitung und Niveau sehr viel schlichter ist und nur in wenigen Städten als Übung von langer Dauer Bedeutung hat.

Wir setzen die Grenze nach innerer Chronologie dort, wo neue Formen des Theaters wie das humanistische Schuldrama oder neue Funktionen wie das gedruckte Lesedrama erscheinen, wo das Theater neue Aufgaben übernimmt wie z. B. als Medium der politischen und konfessionellen Auseinandersetzung und der moralischen Paränese, wo damit auch die Unterscheidung von weltlich und geistlich – die sowieso nichts mit der Unterscheidung von Komödie und Tragödie zu tun hat – gegenstandslos wird. Im ganzen gilt, daß damit das Spiel zum Drama in einem anspruchsvolleren, literarischen Sinne wird, zum Werk namentlich verantwortlicher

Autoren. Aus dem Spiel als feierlicher Wiederholung und Repräsentation auch der Gesellschaft wird ein gespanntes, problemhaftes oder doch pathetisches einmaliges Stück. Die Simultanbühne geht, mit Zwischenformen, in die Sukzessionsbühne über, die den Betrachter in eine bestimmte raum-zeitliche und sachliche Perspektive drängt. Was damit verlorengeht, haben alle modernen Bemühungen um ein neues episches Theater nicht wiedergewinnen können.

Wenn man die Verflochtenheit der Textüberlieferungen von Tirol und Kärnten bis Niederdeutschland und den Traditionalismus vor allem des geistlichen Spiels (besonders wo es direkte liturgische Wurzeln hat) in Betracht zieht, so kann man innerhalb dieser Traditionen zwei z. T. gegenläufige Entwicklungstendenzen feststellen. Weil das geistliche Spiel keine dramatische Komposition ist, vielmehr eine offene, auch im zeitlichen Ablauf sorglose Vergegenwärtigung allbekannter heilsgeschichtlicher Vorgänge, besteht immer die Möglichkeit einer Auswahl von einzelnen Szenen ad hoc, aus technischen oder künstlerischen Gründen: So bietet das *Erlauer Osterspiel* (*Erlau III*) nur ein breit und derb entwickeltes Salbenkrämerspiel neben der eigentlichen Visitatio. In der Erlauer Sammlung sind ein heiteres Magdalenenspiel mit Ständesatire (*Erlau IV*) und ein Wächterspiel (*Erlau V*) separat überliefert, und nimmt man diese Elemente zusammen, so fehlen zu einem kompletten Osterspiel immer noch Apostellauf und Höllenfahrt. Die vielleicht reifste Schöpfung des deutschen spätmittelalterlichen Spiels, das *Redentiner Osterspiel*, begnügt sich umgekehrt mit Wächterspiel, Auferstehungs- und Höllenfahrtszene und einem langen ständesatirischen Teufelsspiel. Solchem Auswählen und Isolieren steht nun aber eine im großen ganzen herrschende Tendenz zur Anreicherung zu immer größeren Szenenreihen gegenüber: Das Osterspiel – etwa der Luzerner Tradition –

wird Passionsspiel, Leben-Jesu-Spiel und schließlich
durch Rückgriff auf die alttestamentlichen Figuren
zurück bis zur Schöpfung zum Spiel der Heilsgeschichte
insgesamt. Das heißt nun nicht, daß es sich beim späteren
Passionsspiel um eine „Entwicklung" aus dem Osterspiel
heraus handelt; es scheint vielmehr, daß das Passionsspiel
seine eigene Entstehungsgeschichte hat: Es ist später
entstanden (13. Jahrhundert), es ist außerliturgisch und
gilt der Erlösung als ganzer (Bergmann). Erst sekundär –
allerdings schon im Benediktbeurener *Ludus breviter* –
wird es zum Vorspann des Osterspiels. Eine eigenartige
Mittelstellung nimmt dabei die Marienklage ein – die
Klage der Mutter Jesu vor dem Kreuz, monologisch oder
meistens dialogisch mit Johannes, kann als selbständig-
lyrische Komposition erscheinen, aber auch als Szene des
Passionsspiels oder sogar über eine Reihe von Szenen
verteilt (*Egerer Fronleichnamsspiel*). Das relativ junge
Fronleichnamsspiel hat von der prozessualen Form her
seinerseits einen eigenen Ursprung, kann aber kompilatorisch zum stationären Passionsspiel oder überhaupt
Heilsspiel werden. So ist die jeweilige Konzeption eines
geistlichen Spiels selbstverständlich immer auch mit dem
Aufführungstermin zusammenzusehen, und das heißt
auch, mit seiner Einbettung ins Kirchenjahr einerseits, in
die sozialen und lokalen Gegebenheiten anderseits. Und
stets wird sich der Literarhistoriker bewußt sein, daß er
auch mit den umfangreichsten Texten nur über einen
vielleicht nicht einmal wesentlichen Aspekt des Ganzen
verfügt, und daß es sich bei diesem Ganzen um eine
Äußerung mehr des religiösen und gesellschaftlichen als
des literarischen Lebens handelt.

2. Große Spieltraditionen

Wie immer man die heterogene Entwicklung des Passionsspiels und die Rolle des rheinischen Osterspiels in

diesem Zusammenhang beurteilt, so ist in jedem Fall der mittelrheinisch-hessische Raum das wichtigste Gravitationszentrum für das Zusammenwachsen großer Passions- oder allgemeinerer Heilsspiele. Das Neue wird textlich vielleicht zuerst faßbar im *St. Galler Passionsspiel (Spiel vom Leben Jesu)* in einer Handschrift aus der Mitte des 14. Jahrhunderts. Sprachlich liegt eine Mischung aus rheinischen und alemannischen Elementen vor. Der Urtext gehört wohl an den Mittelrhein – ob dahinter wieder eine alemannische Vorstufe erkennbar ist (Hartl), bleibe dahingestellt. Es ist der Typus eines ganz von guten deutschen Versen getragenen, aber mit lateinischen Gesängen und eventuell auch Bibelrezitationen durchsetzten Spiels. Der Kirchenlehrer Augustin hält einen Vorspruch und begleitet kommentierend das ganze Geschehen: die Hochzeit zu Kana, Johannes den Täufer, Magdalena, Wundertaten, Abendmahl und Passion – noch zurückhaltend wiedergegeben –, dann Ostern mit Wächter- und Auferstehungsszenen, Höllenfahrt und Befreiung der Altväter und schließlich den Besuch der Marien am Grabe. Es sind rund 1600 Verse. Breiter ist die Anlage in der berühmten *Frankfurter Dirigierrolle*, die wohl noch in der ersten Hälfte des 14. Jahrhunderts einer bereits zweitägigen Aufführung der Passion auf dem Frankfurter „Römer" (am zweiten Tag vielleicht im Dom) gedient hat. Es ist das Regiebuch in Rollenform für den Spielleiter, das die szenischen Anweisungen, aber von den Reden nur die Einsätze gibt. Die Komposition aus lateinischen Gesangspartien und deutschem Sprechtext enthält ein Prophetenspiel als erklärende Einleitung und dann die Szenen von Johannes dem Täufer über die Versuchung Jesu, die Berufung der Jünger, Wundertaten, Magdalena, Martha, Lazarus bis zum Passionsgeschehen vom Einzug in Jerusalem bis zur Grablegung – so weit der erste Tag. Es folgt ein vollständiges Osterspiel, die Begegnung mit den Jüngern, die Himmelfahrt und ein Streitgespräch von Synagoge und Kirche am zweiten Tag. Es ist eine umfassende Zusammenstellung verschiedener Elemente mit viel Personal und großem Aufwand, ausführlich, aber rasch voranschreitend und, soweit erkennbar, in durchaus ernstem, würdigem Stil, eine nun aufs Ganze und letztlich auf die völlige Wiederholung des biblischen Geschehens zielende Vergegenwärtigung, wie sie nun für die großen Passionsspiele kennzeichnend wird. Nicht zuletzt die Darstellung der Passion folgt nun dem Willen zu unmittelbarer und detaillierter Demonstration des Leidens, durchaus in Analogie zur zeitgenössischen Passionsfrömmigkeit und zum entsprechenden Realismus der Malerei. Es wurde schon darauf hingewiesen, daß hier wie auch bei späteren Stücken ein Zusammenhang mit der epischen Darstellung in der ebenfalls hessischen *Erlösung* besteht.

Erst eine Handschrift von 1493 bietet nun, mit vollen 4408 Versen, den ganzen Wortlaut des Frankfurter Spiels in einer ebenfalls zweitägigen Fassung. Allerdings liegt eine Entwicklung der Spielübung von anderthalb Jahrhunderten dazwischen. Die Dialoge sind lebendiger geworden, die Darstellung anschaulicher und volkstümlicher, der sakrale Charakter ist weiter abgebaut. Und dennoch hat sich am ganzen Typus wenig geändert.

Inzwischen ist aus der oberhessischen Stadt Friedberg ein Passionsspiel in Prozessionsform durch eine Dirigierrolle von 1465 belegt, das seinerseits zusammen mit Frankfurter Vorlagen auf die *Alsfelder Passionsspiele* eingewirkt hat. Diese sind nun eine dreitägige Veranstaltung, die mindestens für 1501, 1511 und 1517 belegt ist mit einem Text von über 8000 Versen. Ein Teufelsspiel eröffnet die neutestamentlichen Szenen, die von Johannes dem Täufer bis zu Pfingsten und der Verteilung der Apostel reichen.

Zur hessischen Gruppe gehört auch ein *Fritzlarer Spiel*

und eine sehr umfangreiche, lehrhaft durchsetzte *Heidelberger Passion* (Mainz?, Frankfurt?). Vor allem von
Bedeutung werden nun die Passionsspiele im Süden,
auch sie vielleicht Ableger der mitteldeutschen Tradition.
Spätestens für 1453 ist die Aufführung eines Osterspiels
in Luzern bezeugt, das anfänglich aus Anlaß eines innerschweizerischen Priesterkapitels mit Hilfe der Stiftsschü-
ler aufgeführt wurde. Seit etwa 1470 erscheint hier eine
„Bruderschaft der Bekrönung unseres lieben Herrn Jesu
Christi" als Trägerin der Spiele – eine gesellschaftlich-
bürgerliche Vereinigung, die in der Folge mit Unterstützung des Rats das Spiel zu einer wirklichen Staatsaktion
werden ließ. Texte sind erst aus dem späteren 16. Jahrhundert erhalten, doch nimmt man an, die ersten Anregungen seien aus dem hessisch-rheinischen Raum
gekommen. Denn die Luzerner Fassung kann mindestens teilweise aus dem Spieltext rekonstruiert werden,
der um 1480 in Donaueschingen und, bearbeitet, in
Villingen benützt wurde und noch den späteren Luzerner Fassungen z. T. entspricht. Dieses also aus Luzerner
Vorlage stammende Schwarzwälder Passionsspiel umfaßt
bereits auch zwei Tage (Magdalena, Wirken Jesu, Passion, Ostern bis zur Visitatio).

Die *Luzerner Spiele* des 16. Jahrhunderts sind in
einzigartiger Fülle dokumentarisch belegt, und sie wur-
den damit für die Theatergeschichte zum Schulbeispiel
des spätmittelalterlichen Dramas überhaupt. Dies dank
der gewaltigen Masse von Texten, Urkunden und andern
Aufzeichnungen, die der Stadtschreiber und Spielleiter
Renward Cysat (1545–1614) gesammelt hat: über die
Einzelheiten der Regie, der Bühne, der Requisiten, der
Kosten, mit Namenverzeichnissen und Plänen, kurz
über alle nur wünschbaren Details eines zweimal zwölf
Stunden dauernden Riesenspiels von je achtundzwanzig
„Akten", das in mehrjährigen Abständen jeweils Mitt-
woch und Donnerstag nach Ostern auf dem Luzerner

Weinmarkt aufgeführt wurde. Die Textausgabe von Wyss stützt sich auf die je in verschiedenem Umfang erhaltenen Texte zu den Aufführungen von 1545, 1571, 1583 und noch 1616. Nach dieser letzten Aufführung haben die Jesuiten mit ihrem Schuldrama das Theaterspiel endgültig den Bürgern aus der Hand genommen.

Die Luzerner sprachen vom Osterspiel, die Literarhistoriker meistens vom Passionsspiel. Faktisch ist es ein Heilsdrama, das mit Schöpfung und Sündenfall beginnt und mit den wichtigsten Figuren (Präfigurationen) das Alte Testament einbezieht. Die Handlung des ersten Tags reicht bis vor den Palmsonntag, der zweite Tag bringt Passion und Ostern bis zur Wiedererscheinung Christi vor den Jüngern; alles ist durchzogen von den Kommentaren der Propheten und Kirchenlehrer. Mit erstaunlichem technischen Aufwand, auf einem prallvoll mit Requisiten, Tribünen und Gerüsten überbauten Platz als Simultanbühne agieren 1597 165 Spieler in 309 verschiedenen Rollen vor Tausenden von Zuschauern auf der „brügi" und in den Häusern um den Platz.

So sehr das Ganze ein mächtiges Spectaculum, ein „religiöses Staatsfestspiel" (O. Eberle) vor allem für das Auge darstellt, ist der Text doch mehr als ein gleichgültiges Libretto – ein eindrucksvolles kollektives Literaturwerk, das sich im ganzen maßvoll und würdig abhebt von den Exzessen anderer Spiele. Die biblische Materie wird treuherzig-volkstümlich, mit andächtiger Geduld und barbarischer Behaglichkeit abgehandelt; aber in diesem epischen Theater schlechthin gibt es doch eine Vielfalt stilistischer Möglichkeiten vom Lehrhaften und Ledernen bis zu frommer Innigkeit, vom gemessen Feierlichen zu Komischem und Derbem. So konnte es Gesamtausdruck einer bürgerlichen Gemeinschaft werden, die sich hier selber mit darstellt und deren soziale Ordnung sich auch teilweise im Spiel selbst spiegelt, indem einzelne Rollen Prestige vermitteln oder gar erblich sind. Man kann dabei von Verweltlichung sprechen, doch erfolgt gerade damit eine äußerste Identifikation weltlicher Existenz mit dem biblischen Geschehen.

Wiederum bleibt das Weihnachtsspiel sehr viel bescheidener in der Überlieferung wie im Umfang der Texte. Die große Gesamtkomposition des lateinischen *Benediktbeurener Spiels* wird, allenfalls vom *St. Galler Weihnachtsspiel* abgesehen, nicht mehr angestrebt; noch die beiden *Erlauer Spiele (Erlau I* und *II* – ein schlichtes Krippenspiel und ein Magierspiel, das allerdings auch die Verkündung an die Hirten, den Kindermord und die Rahelsklage enthält) aus dem 15. Jahrhundert sind recht einfach und knapp. Wiederum ragt Hessen hervor. Hier sind für das spätere 15. und das frühere 16. Jahrhundert traditionelle Weihnachtsaufführungen mindestens für Frankfurt und Alsfeld bezeugt. Der erhaltene Text, das *Hessische Weihnachtsspiel*, ist um 1500 nach älterer Vorlage (Franziskanerkloster Friedberg um 1460?) aufgezeichnet worden. Es zählt gegen 900 Verse, zu denen allerdings noch eine Fülle lateinischer Gesänge kommt. Dieses hessische Spiel ist der reizende Inbegriff eines altdeutschen Krippenspiels geworden. Aller theologische Ballast ist abgeworfen, alles auf das Geschehen von Bethlehem konzentriert: zuerst die Verkündigung und Josephs Zweifel, die Geburt im „gemeynen hus" (Armenhaus) zu Bethlehem, dann das eigentliche Krippenspiel mit dem alten Wiegenlied aus dem 14. Jahrhundert:

> Ioseph, lieber newe myn,
> hilff mir wiegen daß kindelin,
> das got dyn loener muße syn
> in dem hymmelrich, der meyde sone Maria!

Dazu überschwengliche Chöre der Engel, der Mädchen (wohl ursprünglich die Töchter Zions), der Cantores, zu denen nach einer humoristischen Episode auf dem Felde noch die lobpreisenden Hirten stoßen, possenhafte Szenen um Joseph, den Wirt, die beiden Kindsmägde, und schließlich ein Teufelsspiel und der Aufbruch nach Ägypten mit der geradezu fastnächtlichen Schlußerklärung Josephs:

mir woln gen zu dem guden bier!

Also kein Magier- und Herodesspiel, keine Prophetenrevue und keine Rahelsklage. Weihnacht ist ganz aufgefaßt als das fröhliche, mit „singen und springen", dem Tanz um die Wiege und allen Späßen zu feiernde Fest. Die liebevoll-realistische Komik in der Zeichnung des Personals (etwa in den Gebeten der Hirten) wie der Umstände überhaupt hindert nicht eine von Musik und Tanz getragene fromme Stimmung des Ganzen. Man könnte geradezu von einem Singspiel sprechen. Gegenüber den offiziellen Bürgerspielen kann man hier im Hinblick auf volkstümlich-kirchliche Bräuche des Kindlwiegens an junge Leute als Träger der Aufführung denken. Für die weiträumige Vermittlung von Spieltexten ist es wiederum kennzeichnend, daß ein nahe verwandtes, etwas umfänglicheres Krippenspiel auch in der Sammlung Vigil Rabers in Tirol auftaucht, das *Sterzinger* oder *Eisacktaler Weihnachtsspiel* – Anton Dörrer denkt an franziskanische Vermittlung und eher an den Weg von Süden nach Norden als umgekehrt.

Tirol ist nun im 15. und 16. Jahrhundert – und in bestimmten Formen weit darüber hinaus – neben Hessen eine Landschaft mit besonders intensiver Kultur des geistlichen (wie auch weltlichen) Spiels. Handel und Bergbau, Verkehrslage und politische Umstände wirken zusammen und geben Tirol zwischen Mittelalter und Neuzeit eine bewegte Geschichte und ein kulturelles Selbstbewußtsein, das sich seitens der städtischen Bürgerschaften in vielfältigen repräsentativen Aufführungen äußerte. Auch hier erscheint ein Spielleiter und Sammler,

der ähnlich wie Cysat in Luzern ein reichhaltiges
Theaterarchiv hinterlassen hat: Vigil Raber aus Sterzing
(Vipiteno am Südhang des Brenner), seines Zeichens
Maler und Kunsthandwerker überhaupt (um 1475 bis
1552). Raber hat vor allem in Bozen, aber auch in
Sterzing, Brixen, Trient und anderswo Passionsspiele
inszeniert oder inszenieren helfen, hat sich in Sterzing
auch ums Fastnachtspiel gekümmert und eine Sammlung
solcher Spiele angelegt. Zu diesem Sterzinger Material
kommt noch eine Menge anderer Zeugnisse und Texte,
zusammen ein unentwirrbar scheinendes Geflecht von
Überlieferungen, das sich aber dank der Forschungen
Wackernells und Dörrers doch einigermaßen ordnen
ließ. Es läßt sich so ein mächtiger textlicher Grundstock
der Spieltraditionen erkennen: die *Tiroler Passion*.
Dies ist ein großes dreiteiliges, dreitägiges Passionsspiel,
das sich am deutlichsten und frühsten in Hall i. T. fassen
läßt, um 1430, und das später vor allem in Bozen aufwendig ausgestaltet wird. Neben dieser *Tiroler Passion*
sind einfachere oder partielle Spiele älterer Tradition
vorhanden, nicht zuletzt faßbar in einem Codex, den
Benedikt Debs (gest. 1515), ein Bozener Lehrer, Musiker
und Spielleiter, hinterlassen hat. Die *Tiroler Passion*,
etwa in einem Dutzend Handschriften oder Handschrif-
tengruppen erhalten, ist eine überlegte und konzentrierte
Komposition aus drei Spielen für Gründonnerstag, Karfreitag und Ostern, an welchen Tagen je die entsprechenden Ereignisse nach Bibel und Tradition dargestellt wurden. Es sind Teile von etwa gleichem Umfang, zusammen gegen 4000 Verse. Sie reichen von der Exposition in
den Verhandlungen des Hohen Rates der Juden bis zu
den Osterszenen und einem Teufelsspiel, welches die
übliche kleine satirische Ständerevue bringt: die Hölle
muß wieder mit neuen verdammten Seelen bevölkert
werden. Den Höhepunkt des tirolischen Passionsthea-
ters bildet eine Aufführung von 1514 in Bozen unter

maßgebender Beteiligung Vigil Rabers und des Benedikt
Debs. Hier wurde das Spiel auf sieben Teile erweitert
und damit wohl auf das Maximum der deutsch-mittelal-
terlichen Möglichkeiten gebracht. Das Prinzip der Kon-
gruenz zwischen biblischen Ereignissen und Spiel wurde
durchgehalten: Den drei Spielen wurde ein Palmsonn-
tagsspiel (Einzug Jesu in Jerusalem) vorangestellt, am
Karsamstag eine Marienklage eingeschoben, am Oster-
montag ein „Bruderspiel" (Gang nach Emmaus) und
schließlich, 40 Tage später, ein Himmelfahrtspiel zuge-
fügt. Die Veranstaltung erforderte 110 Rollen mit gegen
300 Spielern; absolute Neuheit ist, daß die weiblichen
Rollen mit Ausnahme jener der Gottesmutter und der
weiblichen Verdammten von Spielerinnen agiert
wurden.

Wenn Oster- und Passionsspiel schon von sich aus eine
Tendenz zur stofflichen Ausweitung in die ganze Heilsgeschichte zeigen, so ergab sich mit dem Fest von Fronleichnam unter Umständen eine neue Gelegenheit geistlicher
Darstellungen mit universalem Charakter. 1264 war das
Fest der Eucharistie päpstlich sanktioniert worden; schon
bald war die Prozession, der Umgang mit der Mon-
stranz, sein wesentliches Kennzeichen. Die Fronleich-
namsprozessionen konnten zu Umzügen der Bürgerschaft in ihrer ganzen beruflichen und ständischen Ordnung werden, konnten durch Mitführen von Emblemen
und Bildern, durch Darstellen „lebender Bilder" zu
Heilsgeschichte und Legende theatralischen Charakter
annehmen, konnten schließlich durch Aufsagen von
Sprüchen und Dialogen zu eigentlichen Prozessionsspie-
len werden. Im einzelnen sind dabei alle Übergänge von
losen Auftritten während des Umgangs bis zu bestimmten
Stationen des Umzugs oder eigentlichen Bühnen denkbar.
Die älteren geistlichen Spiele, vor allem das Passionsspiel,
lieferten dafür Texte; wurden die Szenen der Um-
gangsspiele wieder an feste Bühnen gebunden, dann

handelte es sich praktisch wieder um nichts anderes als um an Fronleichnam aufgeführte Passions- und Heilsspiele.

Wieder liefert Tirol besonders viele und reichhaltige Zeugnisse. So sind schon für 1327 in Brixen, vor allem aber seit 1471 in Bozen solche Spiele bezeugt. Es scheint, daß es lange Zeit einfache Umgänge mit wenig Text, formelhaften Versfolgen waren und daß erst von 1534 an der Bozner „große Umgang" sozusagen die Bedeutung der Passionsspiele übernahm und dann bis zum Verbot durch Maria Theresia 1751 eine ruhmreiche Tradition erhielt. Die unvollständige Prozessionsordnung von 1543 führt über zwanzig verschiedene, von der Pfarrei, den Zünften und Bruderschaften gestellte Gruppen auf, welche die ganze Heilsgeschichte von Adam und Eva bis zum Jüngsten Gericht und eine ganze Reihe von Heiligen – vor allem Margareta mit dem Lindwurm und den Ritter St. Georg – vorzustellen hatten, teilweise mit eigenen Bühnenszenen. In Umzugsform ist wiederum die gesamte Bürgerschaft in Bewegung gesetzt und in die große Heilsordnung integriert.

Eine ganz ähnliche Struktur zeigt die Fronleichnamsprozession in Freiburg i. B., nicht zufällig, da Freiburg zur selben habsburgisch-tirolischen Herrschaft wie Bozen gehörte. Der Münsterpfarrer und seine Leute sind zuständig für die Marienszenen, die übrigen Episoden der Heilsgeschichte vom Sündenfall bis zum Jüngsten Gericht werden von den zwölf Handwerkerzünften gestellt. Die Texte, von denen die ältesten Bruchstücke aus dem Anfang des 16. Jahrhunderts, ganze Fassungen aber erst seit 1599 erhalten sind, zeigen anfänglich einfache Spruchstrophen, die erst im Lauf der Zeit reicher ausgeführt und dialogisiert werden. Dazu geben auswärtige Vorbilder Anregung, darunter schließlich sogar auch ein reformiertes Passionsspiel des Zürcher Dramatikers Jakob Ruf.

Eine kleine Gruppe für sich bilden schließlich jene

Fronleichnamsspiele, die zwar an Fronleichnam aufgeführt, doch schließlich nicht mehr in Umgangsform, sondern als konsistente Simultanbühnenwerke dargeboten wurden, sich also an sich kaum von den großen Passionen etwa des Luzern-Donaueschinger Typs unterschieden. Die Terminologie der Fachleute ist hier denn auch schwankend.

Aus Künzelsau (Württemberg) stammt eine 1479 datierte Handschrift, das Regiebuch für ein umfassendes Fronleichnamsspiel beträchtlichen Umfangs. Ein rector processionis kommentiert fortlaufend die z. T. nur lose verknüpfte und wortkarge Szenenfolge, nicht zuletzt, um die typologische Entsprechung zwischen Altem und Neuem Testament und die Beziehung auf die Eucharistie hervorzuheben. Die Analyse der Szenen ergibt, daß der Grundstock ein prozessionales Spiel war, das bereits die ganze Heilsgeschichte umfaßte; durch Zusätze wurde es in der Richtung eines Standort-Spiels, wenn auch vermutlich noch auf mehreren Plätzen, fortentwickelt.

Es scheint, daß das *Fronleichnamsspiel von Eger*, das in einem Text aus ungefähr der gleichen Zeit erhalten ist, diesen Weg schon weitergegangen ist bis zu einem geschlossenen Standortspiel, das während dreier Tage auf dem Marktplatz der westböhmischen Stadt aufgeführt wurde; Aufführungen sind für die Zeit von 1443 bis 1519 bezeugt. Wahrscheinlich war es die Aufnahme umfangreicher Passionsszenen, die das ursprüngliche Umgangsspiel stationär werden ließ, ohne daß der Aufführungstermin geändert wurde. Das *Egerer Spiel* gehört mit seinen 8312 Versen zu den mächtigsten Veranstaltungen, in denen sich denn auch die spätmittelalterliche Lust an realistischer bis grausamer Veranschaulichung manifestiert, mit beträchtlichem theatralischen Apparat. Dem noch stark kirchlichen Charakter des *Künzelsauer Spiels* gegenüber bricht damit der weltliche oder doch bürgerliche Zug deutlich durch.

3. Vereinzelte geistliche Spiele

Aus der Gruppe der Osterspiele ragt als einzigartige
Leistung das *Redentiner Osterspiel* hervor. Es
gilt, literarisch, als das bedeutendste Drama des deutschen Mittelalters und zugleich als ein Hauptwerk der
mittelniederdeutschen Dichtung. Es ist der Ableger einer
Tradition, die im *Innsbrucker Osterspiel* – das aus Thüringen stammt – am ähnlichsten faßbar ist. Der Text
findet sich nur in einer unsorgfältigen Abschrift, die das
Datum (Hof) Redentin (bei Wismar) 1464 trägt. Das
Original mag kurz vorher hier oder in Wismar, kaum in
Lübeck, aufgeführt worden sein. Die Souveränität des
Dichters – hier ist dieses Wort am Platz – zeigt sich in
seiner Beschränkung auf wenige Szenen: Bewachung des
Grabes durch „Ritter" des Pilatus, Auferstehung, Befreiung der Altväter aus der Hölle zum Leidwesen Luzifers
und seiner Gesellen, und dann ungefähr in derselben
Länge von nochmals tausend Versen ein ausgebautes
Teufelsspiel um die Wiedergewinnung schuldiger Seelen
für die durch Christus geleerte Hölle. Im Grunde sind es
nur zwei Themen: die Erlösungstat Christi in Auferstehung und Höllenfahrt und die Nachstellungen der Teufel
auf die heutigen Menschen. Dafür opfert der Verfasser
die Szenen um Magdalena und den Krämer und sogar die
zentrale Visitatio. Er gibt die erzählende Folge auf und
gewinnt damit eine dramatische Verdichtung auch insofern, als er Wächterhandlung, Höllenfahrts- und Teufelsspiel ineinander verschränkt – beispielsweise durch
die Erfindung eines die Ereignisse begleitenden Turm-
wächters – und aus der linearen Reihe ein mehrdimensio-
nales Ganzes macht. Das Osterereignis und seine Folgen
rücken in den Mittelpunkt, mit der Gewißheit, daß das
breit ausgeführte Ringen der Teufel um die sündigen
Seelen letzten Endes vergeblich sein wird:

Eines dinges bün ik wis
Dat got jo weldiger wen der düvel is.

(1912 f.)

Dies sagt der wenn auch sündhafte, so doch unerschrok-
kene Pfaffe, der Held des letzten Teils: Nachdem Bäk-
ker, Schuhmacher, Schneider, Wirtin, Metzger, Fisch-
händler und Räuber wegen ihrer bedenklichen
Geschäftspraktiken der Hölle überliefert worden sind,
weiß er, was zu tun ist, und rückt dem Teufel mit
Grobheit und Drohungen, mit Weihwasser und Weih-
rauch so zu Leibe, daß Luzifer, vor Kummer schwach
geworden, sich von seinen Gehilfen in die Hölle zurück-
tragen lassen muß. Der Scherz, daß der Teufel Angst
bekommt, ist aus der Volkssage bekannt und begegnet
auch sonst im geistlichen und weltlichen Spiel. Hier aber
ist der Pfaffe eine erfrischend runde Figur. Dem Dichter
ist es gelungen, die dubios-komische Gestalt des Geistlichen aus Schwankerzählung und Fastnachtspiel ohne
Abstriche pro domo umzufunktionieren. Wenn der
sacerdos in seinen massiv-witzigen Worten dem Teufel
die Hölle heiß macht, so ist er im übrigen nur die
Verkörperung des frischen und freien Geistes, der das
ganze Werk bestimmt und in überlegener Weise die
Ausdrucksmöglichkeiten des freien Knittelverses
benützt. Die sichere, positive Energie seines Humors
erscheint denn auch in den Reden der Teufel, in der
parodistischen Behandlung der bramarbasierenden
Grabwächter, in der durchaus sachkundigen Berufssa-
tire. Die Frage, wieweit der Teufelshumor noch
abschreckend und wieweit er bloßer Ulk gewesen ist,
erübrigt sich, erkennt man die Eindringlichkeit und
sichere Führung, mit der gerade die volkstümliche
Komik hier waltet: Der Dichter kann sich die Scherze
leisten, ohne unglaubwürdig zu werden. Vor allem wird
man den überlegenen Ernst bewundern, mit dem die

heikelste Szene des Osterspiels, die Auferstehung, wiedergegeben ist, und daraus das Maß auch für das folgende nehmen. Ursprünglich geht die Auferstehung,
allenfalls durch Donnerschlag angekündigt, wortlos vor
sich; später, auch noch im *Redentiner Spiel*, ertönt der
Weckruf, den der Engel Michael über dem Grabe singt in
Anlehnung an die Psalmverse 43,23 ff.: „Exsurge, quare
obdormis, Domine?" Darauf folgt nun die deutsche Paraphrase:

> Sta up, here, gådes kint,
> Deme we underdanich sint!
> Sta up, gotlike trost!
> Alle schult is nu gelost,
> Alle dink werden nun vullenkåmen,
> Süntu an dine minscheit hest tu di nåmen
> De gotliken klarheit,
> De nu lefliken an di steit.
> Sta up, here, des begere wi,
> De we to allen tiden denen di!
> Sta up, here, an dine rouwe,
> Alre minschen vrouwe,
> Du unde de archa diner hillicheit,
> De hir an desseme grave is bereit!
> Sta up, minsche unde got,
> Du lidest nicht mer pine ofte not!
> Sta up van aller pin,
> Du bist dinen uterkornen en ewich schin!

(233 ff.)

(Steh auf, Herr, Gottes Sohn, / dem wir untertänig sind! / Steh
auf, göttlicher Trost! / Alle Schuld ist nun abgelöst, / alle Dinge
werden nun vollendet, / da du, als Mensch, hast zu dir genommen / die göttliche Klarheit, / die nun lieblich an dir steht. / Steh
auf, Herr, das begehren wir, / die wir dir zu allen Zeiten dienen!
/ Steh auf, Herr, zu deiner Ruhe [Ps. 131,8], / aller Menschen
Freude, / du und der Schrein deiner Heiligkeit, / der hier an
diesem Grabe bereitet ist! / Steh auf, Mensch und Gott, / du
leidest nicht mehr Pein oder Not! / Steh auf von aller Pein, / du
bist deinen Auserkorenen ein ewiges Leuchten!)

Wie hier im wechselnden Ausschwingen der Verse, in
den sorgfältig bemessenen Anaphern machtvoll und zart,
menschlich einfühlend und theologisch ausformuliert, in
strengem, schlichtem Aufbau und doch mit dem
Schmuck eines hohen Bildes für den verklärten Leib (Ps.
131,8) die Osterbotschaft vorbereitet wird, das ist unvergleichlich.

Dem österlichen Überschwang der Erlösung, der sich
gerade auch im Aufbrechen der Höllenpforte durch den
Auferstandenen bestätigt, widerspricht nicht, daß die
Scheidung von Gut und Böse bleibt – sei es, daß sie vom
einzelnen gefällt werden muß, sei es, daß sie am Jüngsten
Gericht zu erwarten ist. Die großen prozessionalen Sum-
men der Fronleichnamsspiele haben die letzten Dinge
gern einbezogen, doch bleibt auch eine selbständige Tradition zu beachten. Vor allem gibt es ein besonderes
Weltgerichtsspiel, das in einem runden Dutzend abgelei-
teter Fassungen überliefert ist, besonders aus dem süd-
deutsch-schweizerischen Raum, und sich auf eine verlorene Urfassung noch des 14. Jahrhunderts zurückführen
läßt. Die unvollständig erhaltene älteste Fassung ist ein
Donaueschinger Text (schweizerischen Ursprungs); eng
verwandt damit sind ein *Rheinauer* (1467) und ein *Berner Weltgerichtsspiel* (1465, aus Luzern stammend). Das völlige Fehlen komischer oder genrehafter
Züge haben diese Texte gemeinsam mit dem *Eisenacher
Zehnjungfrauenspiel*, das mit einigen Verspartien auch
eingewirkt hat. Ob man für die Entstehung des Spiels
wiederum besondere Zeiten der Weltangst und Bußstim-
mung (Pest, Geißler) in Anspruch nehmen muß, bleibe
offen. Vielleicht duldet das Thema an sich kaum dergleichen, mindestens ursprünglich. Nur die bildende Kunst,
vor allem mit den Portalprogrammen der großen spätmittelalterlichen Kirchen, so gerade auch des Berner
Münsters (von 1466 an), bietet figurenfreudig den ganzen
Apparat eines anschaulich-malerischen Gerichtspanora-

mas mit Teufeln und Engeln, Propheten, Aposteln, Zehn Jungfrauen und vielen recht bürgerlich dreinschauenden Seelen aller Stände auf. Das Stück, wie man es am vollständigsten im Berner Text liest (1007 Verse), ist dagegen streng, ernst und etwas steif von Anfang bis Ende. Propheten und Kirchenlehrer kündigen das Gericht an; der letzte, Hieronymus, schildert ausführlich die fünfzehn Vorzeichen vor dem Gericht. Erst dann geht die Prophetie in theatralische Wirklichkeit über: Die Engel blasen das Horn zur Auferstehung der Toten und zum Gericht, Christus der Herr erscheint, die Engel tragen die Marterinsignien herbei, die Guten werden von den Bösen geschieden. Maria und die Zwölfboten setzen sich zur Seite des Richters. Vergeblich bitten die Verdammten um Gnade, Christus bleibt unerbittlich und läßt sie durch Luzifer „seilen" (fesseln). Ganz ähnlich wie im *Eisenacher Spiel* legen sich Maria und Johannes voll Erbarmen ins Mittel. Allein Christus entscheidet:

> Werent das alle heligen vnd du
> Weineten bluotigen trene nu,
> Das möchte sy doch nit vervan,
> Sy müssen in die helle gan!
> Siczent wider an üwer stat,
> Min hercz kein erbermde hatt.
>
> (790 ff.)

Daß diese vom Stoff gebotene Härte nicht nur seinerzeit den Landgrafen von Thüringen, sondern auch schlichtere Zeitgenossen schockierte, beweist später der Luzerner Spielleiter Zacharias B l e t z , der 1549 in Kenntnis der alten Texte ein großes zweitägiges Antichrist- und Weltgerichtsspiel anstelle des Passionsspiels zusammenreimte. Er läßt Maria und Johannes schon vor dem eigentlichen Urteil auftreten und ihre Fürbitte erfolgreich tun; beim Urteilsspruch sind sie dann nicht mehr anwesend. Das mag Rücksicht auf protestantische

Zuschauer sein (Reuschel), entspricht aber doch auch der nun läßlicheren Betrachtung der Dinge.

Einen weitverzweigten Zusammenhang für sich bilden die Marienklagen. Nach dem Johannes-Evangelium steht Christi Mutter mit Johannes unter dem Kreuz. Eine szenische Gestaltung der Episode, mit der Klage Mariae und den tröstenden, erläuternden Worten des Johannes, begegnet nun sowohl selbständig – aufführbar oder zum Lesen – wie als Bestandteil der großen Passions- und Fronleichnamsspiele. Im *Ludus breviter* der *Carmina Burana* heißt es summarisch: „Maria planctum faciat quantum melius potest" (Maria soll ihre Klage halten, so gut sie nur kann). Im großen Passionsspiel derselben Sammlung gibt es bereits eine ausgeführte Maria-Johannes-Szene mit lateinischen Gesängen und deutschen Reden der Maria und einer kurzen lateinischen Strophe des Johannes. Unter den Liedern findet sich auch die beliebte Sequenz des Gottfried von Breteuil (gest. 1196):

> Planctus ante nescia
> planctu lassor anxia,
> crucior dolore ...

(Die ich keine Klage kannte, / bin ich nun von Klage erschöpft und voller Angst, / bin vom Schmerz gemartert ...)

die in der Karfreitagsliturgie verwendet wurde. Das ist noch monologische Klage, doch ist auch damit der Schritt zur Rollendichtung, zur szenischen Darbietung bereits getan. Früh erscheint aber auch die dialogische Form mit Reden des Johannes, dann Jesu und der andern Marien, da sie vom Evangelium her nahegelegt ist und auch in der bildlichen Darstellung der Kreuzigungsgruppe seit dem Frühmittelalter gegenwärtig war. Die Szene kann erzählerisch im Rahmen des Marienlebens wiedergegeben werden; im *Rheinischen Marienlob,* einer Lehrdichtung, erscheint die Marienklage als separate Einlage. Der Inhalt der Marienklage selbst kann angereichert werden zu meditativ-traktathaften Mariendichtungen, wie sie z. B. von *Unser frowen klage* vertreten sind, einem vom 13. bis 16. Jahrhundert beliebten Werk nach pseudo-bernhardischer Vorlage; Maria erzählt die Passion, der Dichter kommentiert.

Voraussetzung der Marienklage in all ihren Formen ist die neue Marienfrömmigkeit nachvollziehender Compassio mit ihrer Pflege, ja ihrem „Genuß" eines erschlossenen Gefühlslebens. In der Trauer Mariens wird nicht nur die Passion menschlich einfühlbar gemacht, Maria als Verkörperung der Kirche ist für den Gläubigen das Gefäß, in dem sich das Mit-Leiden objektiv sammelt. Die Passion im Nachvollzug durch Maria ist eine zentrale Möglichkeit spätmittelalterlicher Nachfolge Christi. Nur am Rande sei vermerkt, wie sehr die Klage, der Planctus, auch im außerkirchlichen Bereich von jeher ihre selbständige Gattungswürde und offenbar auch ihre wichtigen seelisch-sozialen Funktionen hatte: die Totenklage in Heldenepik, Roman und Lyrik, die Weltklage, die Liebesklage.

Von den etwa 20 selbständig überlieferten Marienklagen, die hier allein zur Diskussion stehen, sollen nur zwei angeführt werden: das kurze älteste und das spätgotisch-reichste, dichterisch bedeutendste Stück, beide vom „dramatischen" Typus.

Die *Lichtentaler Klage,* bairisch, aus dem 13. Jahrhundert, umfaßt 10 schlanke Liedstrophen, 7 von Maria gesprochen (gesungen?), 3 von Johannes (Str. 4, 7, 10). Klage und Trostargumente mögen etwas nüchtern angereiht sein – in der strengen statischen Form, mit der hier mehr zum Zuhörer als zum Dialogpartner gesprochen wird, bleibt es ein eindrucksvolles Denkmal. Das andere Extrem ist die *Bordesholmer Marienklage,* wieder ein Hauptwerk der mittelniederdeutschen Dichtung (855 Verse, die Singpartien mit Noten versehen). Das Stück ist frühestens 14/5/76 in dem Hol-

steiner Marienkloster Bordesholm aufgeführt worden;
nicht zufällig ist der Text zusammen mit Schriften Bernhards überliefert. Eine Spielanleitung gibt die genauen
Angaben: am Karfreitag vor dem Mahl, vor dem Chor
der Kirche oder bei schönem Wetter draußen, in zweieinhalb Stunden bequem durchzuführen. Es sei kein
ludus oder ludibrium – dies offenbar eine Distanzierung
von den verweltlichten Spielen –, vielmehr Klagen und
Flehen und „pia compassio Mariae virginis gloriosae". Es
soll die Umstehenden zu Weinen und Mit-Leid rühren.
Die Personen sind Jesus (von einem frommen Priester zu
spielen), die drei Marien (von Jünglingen darzustellen)
und Johannes (ein Priester). Unter den Requisiten interessiert ein Holzschwert, das die Schmerzen Mariae kennzeichnet (Luk. 2,35) und ihr jeweilen vom knienden
Johannes auf die Brust gesetzt werden soll. Der Prolog,
von Johannes gesprochen, erzählt die Passion. Dann aber
soll es um das Leid Marias gehen:

> helpet huden (heute) sunte Marien wenen!

Was folgt, ist eine musikalisch-lyrische, aus deutschen
und lateinischen Gesängen (bekannte Hymnen und
Sequenzen, eine Melodie nach dem Palästinalied Walthers von der Vogelweide) und weit ausschwingenden
deutschen Sprechversen bestehende Golgatha-Szene.
Maria, unterstützt von Johannes, tritt vors Kreuz und
bricht in Klagen aus; Christus – der das Kruzifix vor sich
hält – singt und spricht seine Worte bis zum „consumma-
tum est"; dreimal stürzt Maria verzweifelt zu Boden,
dreimal wird sie, zuletzt von Johannes, aufgehoben und
getröstet. Am Schluß ist Johannes wieder der Priester,
der sich ans Volk wendet und einen Schlußgottesdienst
zelebriert. Im Gegensatz zu den ludibria ist es somit eine
echte Feier, ein Oratorium, fast opernhaft in der ausschweifenden Variation der Klagen, anschwellend bis
zum Höhepunkt nach dem Tod Christi und dann wieder

abklingend mit den Gedanken an die durch die Passion
erwirkte Erlösung. Auch die Form variiert kunstvoll,
meist mit kürzeren Versen in den Liedern – beispielsweise nach dem Meßtext:

> Trut sone myn,
> De moder dyn
> An desser stunt
> Vt herten grunt
> Dy byddet ynnichliken:
> Giff my dynen dot
> In desser not!
> Myn herte, brich,
> Went ik see dich
> Hangen so yamerlyken!
>
> (344 ff.)

oder weiter ausgreifend in ausdrucksvollen Sprechversen, wie in der ersten Rede Christi vom Kreuz:

> Myn volk, wo seer hestu dy an my gewraken (hast du mich
> mißhandelt)!
> Ik hebbe dy doch nicht to leyde gedan edder gespraken?
> Myn volk, yk vorede (führte) dy ouer dat wylde meer
> Vnde vordruckede Pharaonis heer;
> Ik reghende dy enghelsch brod
> Yn der wöstenyge to dyner not:
> Darvmme hestu my ghevanghen
> Vnde darto an dat crutze gehanghen!
>
> (217 ff.)

Die Monotonie der Klage, wie sie der Gattung eigentümlich ist, wird so durch den Reichtum der motivischen
und formalen Ornamentik überspielt; dennoch ist wohl
ein Äußerstes erreicht, und wie oft in der späten Passionsmystik bleibt schwer zu sagen, wie sich echte ekstatische Versenkung und spielerisches Formulieren verbinden.

Spiele mit legendarischem und mariologischem Gehalt

sind im deutschen 15. Jahrhundert wenig zahlreich und vereinzelt. Wohl am ältesten ist ein erst im 15. Jahrhundert überliefertes *Katharinenspiel* aus Thüringen, die schlichte Dramatisierung der Legende der Märtyrerin, die mit Dorothea zu den „drei heiligen Madeln" gehörte. Ferner sind einzelne Stücke von Alexius, Georg, Oswald und Helena (dies ein umfangreiches Heilig-Kreuz-Spiel) anzuführen. Am bedeutendsten sind wohl drei Werke, deren Motivation in der erlösenden Rolle der Gottesmutter liegt. Eigentlich heilsgeschichtlich-mariologisch ist ein Wolfenbütteler *Spiel vom Sündenfall*, verfaßt von einem Geistlichen namens Arnold Immessen aus Einbeck, etwa 1480 bis 1490: eine lange Revue alttestamentlicher Szenen von der Schöpfung bis zur Erfüllung in der Geburt Mariens, bedeutend durch die Selbständigkeit und Konsequenz der Konzeption. In der *Theophiluslegende*, die in einer niederdeutschen und einer späteren Trierer Fassung erscheint, wird von Maria selbst ein Teufelspäktler wieder gerettet. Und schließlich das *Spiel von Frau Jutten*: die Sage von der schönen Jutta, die sich aus Hochmut und teuflischer Einflüsterung emanzipiert und verkleidet zum Papst wählen läßt, zur Hölle fahren soll, aber dann durch Fürbitte der Maria beim Salvator errettet wird. Verfasser ist ein Geistlicher Dietrich Schernberg, 1483 bis 1502 im thüringischen Mühlhausen bezeugt. Solche nicht zufällig mit dem Autornamen versehene Stücke zeigen, wie nun mit den mannigfachen Elementen des geistlichen Spiels über den ursprünglichen Rahmen hinaus gearbeitet werden kann. Das *Juttenspiel* ist nur im Druck erhalten, den ein antipapistischer Geistlicher 1565 veranstaltete – unfreiwillig gerät es in die konfessionelle Polemik.

4. Das weltliche Spiel (Fastnachtspiel)

Im Vergleich zum geistlichen Spiel ist das weltliche eine
bescheidene und meistens sogar bemühende Sache. Wir
befinden uns da gewöhnlich am Rande von „Literatur".
Es geht, mittelalterlich, meistens um primitive, im
Grund improvisatorische Auftritte mit wüsten Reden,
rudimentären Handlungen, anspruchslosem Publikum.
Erst in späteren Zeiten, in den Auseinandersetzungen
von Humanismus und Reformation, wird sich zeigen,
welche echten dramatischen und auch literarischen Möglichkeiten gerade in den Strukturen des weltlichen Spiels
stecken.

Die Bezeichnung „Fastnachtspiel", im weiteren Sinne
genommen, betrifft den zeitlichen Bereich, der für die
Aufführung weltlicher Spiele praktisch allein in Frage
kommt, wenn man von einigen unsicher anzusetzenden
Neujahrs- oder Maispielen absieht. Im engern Sinn verstehen wir darunter brauchmäßig verfestigte, im Fast-
nachtswesen (Maske, Tanz, Komik, Unfug) enger
zusammenhängende Spiele, die z. T. in lange währenden
Traditionen begegnen – an sich eine europäische Erscheinung, in Deutschland als zusammenhängende Übung
nur in wenigen Städten, vor allem Nürnberg, faßbar.

Im mittelalterlichen Kontext gesehen, hat das Fastnachtspiel immer wieder fasziniert, weil hier durch die
christlich-kirchliche Ordnung ein Durchbruch archai-
ischer, kollektiver Kultur- und Seelenschichten zu erfolgen scheint, wie immer auch die Kirche die Fastnachtzeit
ins Kirchenjahr integriert und dadurch die Emanzipation
elementaren Lebens zu kanalisieren versucht hat. Man
hat die „rituellen", die „kultischen" Wurzeln des Fastnachtspiels in jahreszeitlichen Begehungen, Fruchtbar-
keitszauber, Dämonenbeschwörung usw. erkennen wollen und hat ihm damit die Würde eines urtümlichen
Phänomens verliehen, ja vorübergehend das Fastnacht-

spiel von „Kultspielen der Germanen" hergeleitet. Heute erfolgt eine gewisse Rettung eher mit Kategorien der Soziologie und Psychologie: Die Vitalsphäre, stets unter der Schwelle der Konventionen vorhanden, fordert ihr Recht; man spricht von karnevalischer Existenzform; der Tabubruch wird anerkennend registriert; es wird der Sexualnotstand der Nürnberger Handwerksgesellen bemüht und die neue Selbstrepräsentation des Bürgertums gegenüber der Geistlichkeit und dem Adel betont. Gewiß können solche „Herleitungen" eine gewisse Tiefendimension erschließen und das Phänomen nobilitieren. Aber die überzeugendste Legitimation ist doch wohl literaturgeschichtlicher Art, nämlich die Tatsache, daß im Bereich der Fastnachtspiele ein echtes Neues entstehen konnte, das mehr wurde, als es selbst war: ein weltliches oder doch von Laien verantwortetes aktuelles Theater. Das geistliche Spiel war da vergleichsweise ohne Folgen. Die von Anfang an bestehende Offenheit des Fastnachtspiels erlaubte es, daß aus brauchtümlicher Zote und Narrenfreiheit ein satirisch-moralisches, ein politisches, ein problemhaltiges Spiel werden konnte, eine dramatische Literatur. Aufs Ganze gesehen, ist es allerdings erst die Zeit von Humanismus und Reformation, die dem weltlichen Spiel Rang und neue Funktionen gibt. Wir haben es an dieser Stelle zunächst mit den älteren Formen zu tun und diese nur soweit zu verfolgen, als sie im mittelalterlichen Bereich bleiben.

Die Überlieferung ist ungünstig und einseitig. Von den bereits genannten, durchaus atypischen Belegen des 14. Jahrhunderts abgesehen, tritt das Fastnachtspiel erst etwa um 1430 in Erscheinung (das Wort selbst zuerst 1426). Der Gesamtbestand bis zu Beginn des 16. Jahrhunderts beträgt höchstens etwa 150 z. T. sehr kurze Stücke, davon 132 in Adelbert von Kellers Sammlung (K). Von diesen stammen über hundert aus Nürnberg. Aus Lübeck haben wir die Titel von 73 Spielen bezeugt,

aber den Text nur von einem einzigen Stück. Daß in
zahlreichen Städten Tirols, Süddeutschlands, der Eidge-
nossenschaft, des Elsaß gespielt wurde, ist durch Zeugnisse und vereinzelte Texte belegbar – so ist in *Des
Entkrist Vasnacht* in Nürnberger Fassung ein Zürcher
Spiel enthalten. Typen, Themen, Texte der Spiele sind
gewandert. Nürnberg bezieht Anregungen von auswärts,
umgekehrt stammt in der Fastnachtspielsammlung Vigil
Rabers, die 1510–35 zustande kam und 26 Spiele zählt
(Z, herausgegeben von O. Zingerle), etwa die Hälfte aus
Nürnberg. Anderseits zeigt sich aber gerade in Tirol altes
Gut und eine größere Freiheit der Stoffwahl als in Nürn-
berg, und einen wesentlich andern Typ überhaupt
scheint Lübeck entwickelt zu haben.

Das Nürnberger Spiel, das für uns repräsentativ bleibt,
ist im 15. Jahrhundert ein recht formloser Auftritt: Zu
einer fastnächtlichen Gesellschaft in einem Wirtshaus
dringt eine Gruppe herumziehender Spieler herein mit
einem Praecursor (Exclamator, Ausschreier) an der
Spitze, der die Spieler und das Stück vorstellt und den
Auftritt wieder abschließt, nicht ohne um Entschuldigung der vor sich gegangenen „unzuht" zu bitten:

> Ir herrn, wir haben grop gespunnen;
> Doch seit ir weder munch noch nunnen,
> So kunt ir auch wol schimpf versten.

(K 29)

Die Produktion selbst dauert wenige Minuten, höchstens
eine halbe Stunde, im Durchschnitt etwa 200 Verse; sie
ist fast mehr auf Komik und Zote angelegt als auf konsi-
stenten Sinn, für eine Männergesellschaft und ohne Notwendigkeit einer Bühne. In Nürnberg sind die Träger des
Spiels vor allem die Handwerksgesellen, an andern Orten
treten vornehmere Spielgesellschaften in Erscheinung,
die sich dann auch einen größeren Aufwand leisten können. Neben den Spielen gibt es auch andere Fastnachts-

veranstaltungen, so in Nürnberg das Schembartlaufen, ein Maskenumzug der Zünfte mit offiziellerem Charakter.

Obwohl fast alle Texte anonym überliefert sind, treten in Nürnberg zwei Spezialisten hervor, Hans R o s e n - p l ü t und Hans F o l z , von denen man annimmt, daß sie mehr als die Hälfte der Nürnberger Spiele verfaßt haben. Rosenplüt, mit seinem bürgerlichen oder Übernamen „Schneperer" geheißen, war seit 1444 „Büchsenmeister" der Stadt; er nahm an den Hussitenkriegen teil, verfaßte zahlreiche Spruchgedichte und Lieder und lebte bis mindestens 1460; von ihm ist nur ein Stück ganz gesichert. Folz kommt 1479 aus Worms nach Nürnberg, nach der Überlieferung im Zusammenhang mit einer Reform des Meistersangs, zu dessen modernen Vertretern er gehört. Seines Zeichens Barbier (Wundarzt), hat er stärker als Rosenplüt, dessen Theater er fortsetzt, meisterlichen Ehrgeiz. Gesichert sind für ihn 10 Stücke. Die Schwierigkeit der Zuweisung zeigt im übrigen, wie gleichgültig die Autorschaft im Grunde ist, da es sich um kollektive Bemühung handelt.

Strukturell lassen sich zwei Typen unterscheiden. Die einfachere Form ist die Revue, das Reihenspiel. Monologische Einzelreden, die man sich auch einzeln, spruchartig vorgetragen denken könnte, werden in gewollter Formwiederholung aneinandergereiht: törichte Bauern, Liebhaber, Narren, Berufs- oder Ständevertreter geben je ihren Spruch zu einem gemeinsamen Thema zum besten (vgl. K 13, 28). Schon *Herbst und Mai* hat diesen Typus schön gezeigt. Der Ausgang kann nach einer solchen Reihe von Scherz-, Obszön- oder Schimpfreden offen sein: die Spieler ziehen, nach einem Trunk, weiter. Auch im einzelnen macht sich der Reihencharakter gern bemerkbar, etwa im Aufzählen von Rätseln, in Priameln, in Namenkatalogen, Schimpftiraden. Aus der Reihe kann sich eine Steigerung oder ein Wettbewerb ergeben;

das gemeinsame Thema koordiniert die Aussagen, die Redenden können aufeinander direkt Bezug nehmen. Die Gestalt eines Richters, eines Königs, eines Arztes, der Frau Venus usw. kann den Wettbewerb leiten und eventuell entscheiden. Das Spiel kann abgebrochen werden, in eine Schlägerei oder Exekution übergehen. Damit kann bereits ein gewisses Geschehen mit Anfang und Ende ablaufen, ein Minimum noch an dramatischer Fiktion. Anspruchsvoller ist es, wenn der Wettbewerb zum Streitgespräch wird, sozusagen zwei Reihen gegeneinander geführt werden, sei es in gegenseitigen Beschimpfungen und Anklagen, sei es in ausführlichen Disputationen zwischen *Alter und neuer E* (Juden und Christen, K 1) oder einem Redekampf wie zwischen *Salomo und Markolf* (K 60). So ist der Übergang zum zweiten und innerlich jüngeren Typ, dem Handlungsspiel, fließend. Dieses, schon im Neidhartspiel vorliegend, schürzt einen Knoten, bringt ein „Problem" zum Austrag, vor allem auch, wenn es sich um dramatisierte Erzählungen handelt. Das Ehegerichtsspiel oder das Arztspiel kann einen Fall diskutieren, ja Charaktere in ihrer Umwelt sichtbar machen. Auch diese Handlungsspiele sind freilich kaum je geschlossen aus einer dramatischen Situation heraus entwickelt, auch sie haben stets etwas Abruptes, Willkürliches, die Fiktion ist dünn und wird durch den Selbstzweck der jeweiligen Rede immer wieder unterbrochen. Nur gesamthaft und in einem logischen Sinn wird man sagen können, das Handlungsspiel entwickle sich folgerichtig aus dem Reihenspiel. In Nürnberg scheint es immerhin der geschichtliche Weg gewesen zu sein: Während Rosenplüt nur Reihenspiele verfaßt, erscheinen bei Folz kompliziertere Formen und anspruchsvollere Gehalte.

Die fastnächtliche Komik besteht nun natürlich nicht nur in der improvisatorisch-närrischen Form des Auftritts und der Verkleidung, sondern auch in der herr-

schenden Vorstellungswelt, den Inhalten des Spiels. Die
Dominanz gehört der Vitalsphäre, dem Sexus und seinen
Substitutionen im Bereich der Verdauung. Gerade letzte-
rer ist in unwahrscheinlicher Häufigkeit und Drastik
beliebt, eigentlicher Gegenstand im *Spiel vom Dreck*
(K 23), zu beinahe wieder akzeptabler Groteske gesteigert im Spiel um einen enormen Diarrhötiker (*Der
Scheyssend*, Z 19). Dem Thema des *Nachthungers* jedoch
gelten wohl die meisten Spiele. Eine Reihe von Sprechern
berichtet von ihren diesbezüglichen übeln oder stolzen
Leistungen und Erfahrungen. Eine Bauerntochter ist
Objekt einer Reihe sich anpreisender Bewerber (K 12),
ein Mann nimmt es mit sieben Weibern auf (K 122). Vor
der „Frau mit dem Apfel" oder „Frau Fenus" (*Morisken-
tanz*, K 14, K 32) rivalisiert eine Reihe erotischer Narren.
Zwei ganz kurze Texte reden in unflätiger Weise davon,
wie die noch verbliebene Jungfrauschaft bis zur nächsten
Fastnacht einzusalzen sei. Die Ehe, insbesondere die
Bauernehe und ihre Krisen, wird zum Lieblingsthema:
die Anpreisung des Mädchens mit seinem zwei- und
eindeutigen Heiratsgut, die Klage der unbefriedigten
Frau oder des überforderten Mannes, die Heiratsklage
des sitzengelassenen Mädchens – aus dieser Motivik
leben die meisten Figuren und Handlungen. Schmutz
oder ritueller Tabu-Bruch, das ist die bange Frage; auf
jeden Fall waren die Nürnberger keine Aristophanese.
Die Phantasie ist beschränkt, vielleicht auch dürfen nur
bestimmte Tabus gebrochen werden. Eine gewisse
sprachschöpferische Kraft wird man der volkstümlichen
Sexualmetaphorik gelegentlich zuerkennen. Aus einer
Beschimpfung der Ehegatten:

> Du kumet, rosfeil und uberlast,
> Du fegenteufel, rollfaß, du schimelkast,
> Du leschtrog, harmkrug, lochrete tasch,
> Du stinkender eimer, du kunige flasch,
> Du anhank, du schelmigs aß,

Du kiteltuch, teufelsslucht und rollfas,
Du merwunder, ungelucksnest, du falldubel,
Du mürfeltier, du herhur, du lasterschubel,
Du kupplerin, geitiger schlunt und nasenrimpf,
Du spulnapf, hebenstreit, wentenschimpf,
Du fiper, nater, du weter, donder und plitz,
Du wulfin, preckin, unhuld, pilbitz!

(K 31)

Diese Welt ist getragen von repräsentativen Figuren.
Der Fastnachtsnarr, die Narretei ist zwar ein allgemeiner
Nenner des Fastnächtlichen, aber tritt wohl erst später
als eigentliche epochale Gestalt hervor, in der sich
Dämonisches, Komisches und Tiefsinniges mischen.
Zentral ist immer noch, seit Neidharts Zeiten, der Bauer,
als Tolpatsch, Aufschneider, Ackertrapp, Knollfink mit
seinen komischen sprechenden Namen und seiner
Reduktion menschlichen Wesens auf das Animalische, so
sehr, daß man hier das Nachwirken von Vegetationsdä-
monen hat wittern können. Es ist schwer zu entscheiden,
wieweit hier – bei einer in den Städten nach wie vor sehr
engen Beziehung zur Landwirtschaft – bürgerlich-städtischer Hochmut sich äußert und wieweit nur eine
abstrakte Maskenfigur gemeint ist. Der Bauer des Fastnachtspiels hat kaum mehr viel mit der Wirklichkeit
gemein; dennoch ist es dann eine der großen literarisch-
sozialen Leistungen des frühen 16. Jahrhunderts, die
Figur des Bauern ins politisch, moralisch und religiös
Positive umzuwerten. Ähnlich zwiespältig, hexenhaft
und komisch-schwankhaft erscheint das böse „alte
Weib" (K 4) – als bedrohliches Eheweib, als Kupplerin
und häßliche Vettel, am urtümlichsten in dem wilden
Spiel *Von dreien pösen weiben, die nemen das Vich vor
der helle* (K 56). Nach Saufgelage und Schlägerei stehlen
die drei Weiber Weinzange, Glattenkling und Harlire
dem Teufel das Vieh, das vor der Hölle weidet, und
schlagen Luciper in die Flucht. Der Teufel hat seinen

angestammten Ort im Osterspiel, auch dort schon befreit
man sich von ihm, dem armen Teufel, durch Gelächter.
Im Fastnachtspiel kommt er nicht häufig vor, obwohl
sein Vertreter, der Entkrist, schon früh in fastnächtlicher
Ambivalenz aufgetaucht ist. Eine andere Verkörperung
des Bösen erfährt im Spiel von *Tanawäschel* (K 54) eine
formelle Exekution; Tanawäschel oder Tanawetzel hieß
eine 1414 grassierende Krankheit, der hier in aller Form
der Prozeß gemacht wird: sie wird schließlich geköpft
(das interessante Spiel stammt erst aus dem Ende des
Jahrhunderts, wohl aus Österreich). Einzigartig ist das
Unternehmen, eine Schreckgestalt der Zeitgeschichte
fastnächtlich zu annektieren und dadurch zu zähmen wie
den Teufel und satirisch einzusetzen. *Des Türken Vasnacht* (K 39) von 1456, wahrscheinlich ein Werk Hans
Rosenplüts, ist das einzige „politische" Drama des Jahrhunderts geworden. Der türkische Sultan – 1453 war
Konstantinopel gefallen – empfängt Abgesandte der
christlichen Mächte, die gegen seine Einmischungen pro-
testieren. Doch der Türke gibt sich als Instrument der
Rache Gottes für Hoffart, Wucher, Ehebruch, Meineid,
Irrglaube, Bestechung, Simonie, neue Zölle und Verachtung der Niederen. Zwei Bürger (Nürnbergs?) treten
auf, um dem Türken freies Geleit für seine Mission zu
versprechen. Es bleibt erstaunlich, wie hier wenigstens
einmal die Not der Zeit gegen alles bloße Brauchtum zu
Wort kommt und das Fastnachtspiel zum Instrument
einer politischen Tendenz des kleinen, gedrückten Bürgers zu machen scheint.

Von erschreckender Brutalität ist es, wenn vor allem
bei Hans Folz der Jude die Funktion des exekutierten
Fastnachtsschrecks zu übernehmen hat (K 1, 20). Hier
zeigt sich, zur Zeit der großen Judenaustreibungen in
Westeuropa, die negative Form eines aktuellen, wenn
man will politischen Spiels. Unter dem Vorwand großer
theologischer Disputation zwischen Altem und Neuem

Bund wird der Jude verhöhnt und geplagt, als Gegenstand sadistischer Fastnachtsbelustigung.

Überaus populär, besonders in den Spielen der Raberschen Sammlung, ist der Arzt als Fastnachtsfigur, in offensichtlicher Nachfolge der Salbenkrämerszenen des Osterspiels. Auch der Arzt ist eine Anathema-Figur: ein eindrucksvoller Medizinmann und ein lächerlicher Scharlatan, zu dem männiglich wallfahrtet, um das Wasser beschauen zu lassen und zynische Ratschläge zu empfangen. Lustspielhafte Züge kann das annehmen, wenn der Arzt zum bayrisch radebrechenden Italiener wird und mit den mehr als bayrisch redenden Bauern verhandelt, die mit ihren Verdauungsproblemen zu ihm kommen (Z XIX, K 120):

> A portas lasaro, scholl ig nit mirabilia schagen!
> alsch mir gut elf, kganstu der paster noster icht?

> (soll ich nicht Wunder sagen! / So mir Gott helfe, kannst du etwas vom Paternoster?)

Schließlich erscheinen gelegentlich auch die aus der Schwankliteratur bekannten Pfaffen und Mönche in der Rolle potenter Liebhaber und erotischer Experten (K 66, 37), auch sie Machtträger, an denen man sich im Gelächter schadlos hält.

Die dramatischen Handlungen, die sich um solche Figuren entwickeln, sind sehr verschieden weit verdichtet. Die Aufreihung, der Wettbewerb, das Streitgespräch ergeben noch kaum ein wirkliches Spiel, besonders wenn sie offen enden, wenn der Entscheid vertagt wird oder selbst einen närrischen Charakter hat (die schlimmste Strafe für einen Ehebrecher: er bekommt „zwei weiber ze der e", K 18). Die Illusion wird aufgehoben durch einen Tanz oder eine episodische oder abschließende Schlägerei (K 2, 3, 52, 56). Mindestens ein Viertel aller Spiele hat die Form eines Gerichtsprozesses. Man kann sagen, in der Fiktion des Gerichtsspiels seien Kampf oder

Exekution veredelt, das dramatische Urelement der fastnächtlichen Beschwörung elementarer Mächte wäre
domestiziert zur Auseinandersetzung mit Reden und
Argumenten, unter Umständen sogar juristischen. Bei
den vorherrschenden Ehegerichtssachen ist die Prozeß-
form allerdings oft nur Vorwand für die bequeme Ausbreitung der turpia naturalia. Der Richter ist meistens
nicht viel mehr als eine Bezugsperson für die Redenden.
In einigen Fällen kommt es nun allerdings doch zu einer
richtigen Verhandlung mit dem ganzen Aufmarsch von
Klägern, Zeugen, Beschuldigten und Richtern. Die sogenannte actio de sponsu bringt die Einklagung eines Ehe-
versprechens vor Gericht. Das Thema ist vor allem entwickelt im *Spiel von Rumpolt und Maret* (K 130): Das
Küchenlatein der Juristen (aber auch die Sachkenntnis
des Autors), Hochmut und Geldgier von Richtern und
Advokaten, die bäuerlichen Chargen der Verwandten,
Zeugen, Nebenbuhler – alles wird mit lebendigem
Humor und mit der Kunst des Kontrasts ins Spiel
gebracht, das nach dem unfreiwilligen Selbstverrat des
Angeklagten Rumpolt zu einem raschen Happy-End
führt. Der Typus war beliebt (vgl. K 115 und Z I, VIII)
und hat noch um 1530 in Niklaus Manuels (?) *Elsli
Tragdenknaben* eine meisterhafte Neuinterpretation gefunden.

Wenig zahlreich sind in der früheren Zeit die Dramati-
sierungen schwankhafter Erzählungen (*Mönch Bertolt*,
K 66; *Kaiser und Abt*, K 22) oder von Episoden aus
Roman und Heldensage. Es sind vorläufig nur einzelne
Reminiszenzen, die da den primitiven Gesetzen des
Spiels unterworfen werden. *Des Künig von Engelland
Hochzeit* (K 100), ein Werk Rosenplüts, borgt Namen
aus dem *Wilhelm von Orlens* und läßt eine Reihe von
Herolden auftreten, die das Fest ankündigen und ruhm-
redig-übertriebene Preise für die besten und schlechte-
sten Turnierritter und die eleganteste Dame versprechen.

Aus einer frivolen Episode des Artusromans stammt der negativ verlaufende Wettbewerb um den Beweis der Keuschheit der Damen der Tafelrunde (*Die Krone*, K 80; *Luneten Mantel*, K 81). Ferner eine trübe Spiegelung der Heldensage: das Fastnachtspiel vom wilden *Wunderer* (K 62). Das *Spiel von Salomo und Markolf* (K 60) greift zu einem beliebten Stoff von Spielmannsepik, Volksbuch und Spruchdichtung: Der unflätige, schlaue Bauer behauptet sich gegen den edeln und weisen König. Wahrscheinlich ist Folz der Verfasser, der geschickt nur kurz den erzählerischen Rahmen andeutet, um alles auf den Redekrieg zu konzentrieren. Man tut dem Stück wohl zuviel Ehre an, wenn man auch hier einen „radikalen Kern" wittert, nämlich auflüpfische Parteinahme des kleinen Mannes gegen die Mächtigen.

5. Die Frage der „Moralität"

Wir haben bis jetzt diesen Gattungsbegriff vermieden. In der Tat kann die deutsche Theatergeschichte für das 14. und 15. Jahrhundert praktisch ohne ihn auskommen. Die französische Bezeichnung meint ursprünglich jede moralische Dichtung, wird aber später auf dramatische Spiele eingeschränkt, und zwar auf jene ernsten Spiele, die nicht zum eigentlichen geistlichen Theater gehören, vielmehr ethische und politische Lehren formulieren. Im engsten Sinn handelt es sich um Spiele, in denen allegorische Gestalten oder sonst Personifikationen und Abstraktionen, wie sie in der zeitgenössischen Lehrdichtung beliebt sind, auf der Bühne erscheinen. Solche moralités sind im 15. und 16. Jahrhundert in Frankreich, England und den Niederlanden in großer Zahl gespielt worden. Sie bilden neben Mysterienspiel und Farce eine dritte Möglichkeit: ein ernstes, aber dennoch weltliches, frei gedichtetes Spiel. In Deutschland werden Dramen dieses Typs erst im 16. Jahrhundert von Bedeutung (*Jedermann*).

Gewiß ist ein allegorisches, personifizierendes Element schon immer auch in den deutschen Spielen anzutreffen: im Auftreten von Ecclesia und Synagoge in geistlichem und weltlichem Zusammenhang, im Antichrist und seiner Fastnachtsversion, im Parabelspiel von den Zehn Jungfrauen. Des *Entkrist* oder des *Türken Vasnacht* kann man als politische Moralitäten bezeichnen, und selbst die Stücke von Folz enthalten solche Elemente. Im ganzen aber wird man gut tun, den Begriff auf den klar ausgeprägten Typus allegorischer Spiele der späteren Zeit zu beschränken, wo auch der Anschluß an die europäischen Vorbilder deutlich vollzogen ist.

Hier soll nur an zwei Beispielen gezeigt werden, was sich im 15. Jahrhundert ankündigt. In *Basler Fragmenten* von 1434 erscheint ein reicher Gutsherr, der eine Reihe von Pächtern empfängt, die den Zins gestundet und Vorschuß auf die kommende Ernte haben wollen, aber vergeblich über ihre Armut, die hungrigen Kindlein und die schlechten Preise klagen:

> Owe Herr, das ist min klag
> Die ich alle mine stunde sag:
> Der win was do ze wolfeil.
> Ir sönd úwer sele heil
> Bedencken an mir armen,
> Land mich úch erbarmen
> Und tuond mir doch aweinig reht,
> Won ich bin gar ein nötig kneht.

Die Antwort des hartherzigen gnädigen Herrn heißt aber nur: „Pfy du böser wiht!" Voraus geht eine Aussendung der Teufel, was auf den Zusammenhang eines Osterspiels deutet; das Thema des Bauern im sozialen Aspekt und die realistisch-sachkundige Auseinandersetzung lassen hingegen an ein Fastnachtspiel denken.

Solche Spiele ernster, moralischer Natur haben wir nun aber in großer Zahl aus Lübeck bezeugt in den Aufführungslisten der dortigen Zirkelbrüderschaft, die

offenbar im Niveau anspruchsvoller war und sich niederländischer Anregungen bediente. Neben komischen
Titeln finden wir Historisches und Mythologisches
(Alexander, Paris), aber nun auch ausgeführte Allegorien: *Von der Maße,* die der Vater den Sohn lehrte, *Von
Treue und Wahrheit,* wie die eine für die andere sterben
wollte, *Die fünf Tugenden, Das Glücksrad, Wie der
Glaube gesucht und nicht gefunden wurde.* Ein einziges
Spiel ist erhalten, weil es gegen Ende des Jahrhunderts
gedruckt wurde: *H e n s e l y n* oder *Van der rechtferdi-
cheyt* (Rechtfertigkeit, Gerechtigkeit, Rechtschaffen-
heit). Es ist eine weltliche Parabel wie die Ringparabel.
Ein Vater verspricht seinen drei Söhnen ein Vermächtnis,
das sie aber selber in der Welt suchen müssen: die
Gerechtigkeit. Sie beginnen die Suche in Rom, werden
aber von einer Adresse zur andern verwiesen: vom Papst
zum Kaiser, zu den Fürsten, den Edelleuten, den Soldaten – nur die Bauern wissen noch, daß sie einst bei ihnen
gewesen, wie es in der Bibel stehe. Es folgt eine zweite
Runde: Kleriker, Trinker und Schlemmer, schöne
Frauen und Klosterleute. Am Schluß merken die Brüder:
„Vater, nun verstehen wir deine Meinung; Rechtfertigkeit ist in uns selbst verborgen, wer sie will, der findet
sie." Formell ist es eine satirisch-fastnächtliche Ständerevue, die laufend kommentiert wird durch den Narren
Henselyn, der die Brüder begleitet und berät, als ein
überlegener Mentor, ein weiser Narr. Der letzte Sinn
weist in den Glauben; der Vater ist Gottvater selbst, der
seine Kinder mit seinem Testament in die Welt sendet,
damit sie zu sich selber finden – fast möchte man sagen:
gerechtfertigt werden.

> Ja broder, dat is unses vaders testament,
> Dat he uns nu leret unde gyft;
> Dar umme worde wy van em uth ghesent:
> Salich is de, dar rechterdicheyt in is unde blift.

In diesem kostbaren kleinen Stück läßt sich – fast schon
an der Schwelle der Reformation – eine Moralität erkennen, in der sich das Fastnachtspiel selber überwunden
hat.

V. DIE VERSERZÄHLUNG

1. Mären

Die unterhaltende Verserzählung genießt auch im 15. Jahrhundert unverminderte Popularität, auch wenn sie lange nicht mehr die Durchschlagskraft ihrer ersten Meister zeigt. Vielleicht ist sie durch die aufkommende Prosaerzählung nun stärker in die Rolle einer hergebracht volkstümlichen Gattung gedrängt. Daran ändert nichts, daß mehrere umfangreiche Sammlungen von Reimpaardichtungen gerade in der ersten Hälfte des 15. Jahrhunderts angelegt worden sind und daß nun auch eine Reihe identifizierbarer Erzählerpersönlichkeiten erscheint, auf die wir uns denn im folgenden auch beschränken können. Der große Karlsruher Sammelkodex Nr. 408 enthält 35 eigentliche Mären, eine Donaueschinger Handschrift Nr. 104 deren 31 – zusammen ein reiches Geschiebe verschiedenen Alters und verschiedener Überarbeitungsstufen. Auch bei den namentlich bekannten Autoren ist die Zuschreibung teilweise ungewiß und meint meistens nicht den eigentlichen Erfinder, sondern den Bearbeiter; die gleichen Geschichten liegen häufig in verschiedenen Varianten vor.

Heinrich Kaufringer nennt sich ein Bürger von Landsberg am Lech, der zu Beginn des Jahrhunderts mindestens 13 in zwei Handschriften gesammelte Mären verfaßte. Es sind fast alles Schwankmären des üblichen Typs: die listig-verbuhlte Frau, der Pfaffe, der leichtgläubige Ehemann, zur Abwechslung auch einmal umgekehrt der Triumph des Mannes über die Frau, des klugen Bauern über den pfäffischen Nebenbuhler. In hartem Versgang, eher schwerfällig werden grobe, wüste Geschichten erzählt. Das einzige „höfische" Stück (dem Lokal nach), von Kaufringer sicher nicht selbst erfunden, treibt einen Novellenstoff ins eindrucksvoll Moritaten-

hafte (Stackmann): Eine unschuldige Gräfin, die dem
König verlobt ist, wird von einem Ritter entehrt; sie tötet
diesen, muß sich aber einem zweiten Mann hingeben, um
die Leiche des ersten beseitigen zu können; sie muß auch
den zweiten töten und schließlich eine untreue Dienerin
im Feuer umkommen lassen, um ihre Ehre und zugleich
ihren königlichen Gatten zu retten; die Moral: Gottver-
trauen wird belohnt (Euling Nr. XIV).

Eine St. Galler Handschrift enthält 21 Mären eines
S c h w e i z e r   A n o n y m u s , wohl alles Überarbeitun-
gen älterer Vorlagen. Bei den mit Namen versehenen
(„signierten“) 9 Schwankmären Hans R o s e n p l ü t s
handelt es sich nur um einen Ausschnitt aus dem nur
teilweise identifizierbaren Werk eines sehr beweglichen
Autors. Erstmals wird eine Personalunion von Fast-
nachtspielautor und Märenerzähler faßbar. Rosenplüts
flüssig erzählte Geschichten scheinen einen besonderen
Zug zur Groteske zu haben und damit innerhalb der
obszönen Topik eine eigene Qualität zu entwickeln – sei
es die Art, wie er die phantastische Unersättlichkeit einer
Nymphomanin schildert (*Der Barbier*), sei es das kultur-
historisch reizvolle Kolorit in der Geschichte vom Maler
und Bildschnitzer von Würzburg: Der geile Dompropst
wird von der treuen Frau des Schnitzers veranlaßt, sich
ausgezogen und farbig bemalt, unkenntlich unter die
„götzen“ zu reihen, die der Wand entlang stehen; der
Künstler scheint sich täuschen zu lassen, möchte nun
aber mit dem Beil dem falschen Götzen „ans geschirr“:

> der probst erschrack, das er erpleicht,
> und fur an der wend hin und herwider
> und stieß der götzen wol zwelf darnider.
> zu der tür auß was im gach.
> der maler lief im hinden nach
> und schrei: werft ab prucken und steg!
> die götzen laufen mir alsamt weg ...

> (MTU 12,16b)

Solche Scherze mit den hölzernen Heiligenfiguren sind
durchaus nicht vereinzelt, sie begegnen auch beim *Pfarrer von Kalenberg* oder bei Thomas Platter. Bei Hans
Folz ist die Palette breiter, aber auch gröber. Neben
vielen andern Reimpaardichtungen und neben seinen
Meisterliedern hat er 18 Schwankmären hinterlassen,
darunter zwei, die erst bei Grimmelshausen recht eigentlich zum Tragen kommen: *Der falsche Messias* (im *Wun-
derbarlichen Vogel-Nest*) und *Der Schinkendieb als Teufel* (im *Simplicissimus*).

2. Zyklisches

Interessanter sind Schwankdichtungen zyklischer Art, in
denen ein und derselbe Held die verschiedensten
Schwänke und Streiche auf sich vereinigt und so im
günstigen Fall ein Profil gewinnt, das ihn zur stellvertre-
tenden Figur einer Epoche machen und jahrhundertelang
am Leben erhalten kann.

Im alten Spielmannsgedicht von *Salman und Morolf*
sind König Salomo und sein Bruder die Helden eines
abenteuerlichen Brautentführungsromans. Erst in dem
sogenannten Spruchgedicht von Salomo und Markolf tritt der Gegensatz des weisen, aber letztlich
schwachen Königs und des grob-unflätigen Spaßmachers
als eigentliches Thema hervor. Dieses Spruchgedicht, in
mehreren Handschriften aus der Mitte des Jahrhunderts
überliefert, ist wohl um 1400 als Bearbeitung einer sehr
verbreiteten lateinischen Prosa entstanden, die ihrerseits
englische, französische und italienische Nachfahren
hatte. Diese Fassung beginnt mit einem eigentlichen
Spruchteil: Marcolfus und seine Frau kommen zu
Salomo zu einem Redekampf. In stichomythischer Form
werden Salomos gesetzte moralische Sprüche durch
grobe, meist unanständige Antworten Markolfs über-
rumpft. Es folgt darauf der Schwankteil mit weiteren

Redegefechten und Streichen Markolfs, der schließlich
gehenkt werden soll, durch eine List aber erreicht, daß
man ihn laufen läßt. „Salmon wisheit lerte, / Marolt daz
verkerte", sagt schon Freidank einmal. Der Spruchkampf
wird zwar von Markolf mit teilweise ödesten Mitteln und
unter billigstem Reimzwang bestritten, aber bringt doch
das Gegenüber von zwei gegensätzlichen Arten des
Weltverhaltens in eine schlagende Form und rechtfertigt
so den Typus des niederträchtig-realistischen, aber vitalen Possenreißers gegenüber dem blassen Moralisten. Die
geringe Konsistenz des ganzen Marcolfus-Komplexes hat
eine große Popularität nicht verhindert: Abgesehen von
Fastnachtspiel des 15. und 16. Jahrhunderts und von
einem Prosavolksbuch, das seit 1487 in zahlreichen
Drucken kursiert, erscheint auch ein gewisser Gregor
H a y d e n , der dem bayrischen Landgrafen Friedrich
von Leuchtenberg (1459–87 bezeugt) einen deutschen
Markolf gereimt hat, wieder nach der lateinischen Vorlage. Die noble Adresse ist immerhin bei einem so vulgä-
ren Stoff bemerkenswert.

Im Bereich des Schwanks begegnet nun auch die Ausstrahlung der epochalen Lyrik Neidharts mit ihrem von
Anfang an erzählerisch-anekdotischen Gehalt. Neidhart
hat eine unabsehbare Nachfolge nicht nur in der Lyrik
der Pseudo-Neidharte, sondern auch in epischer (Wernher der Gärtner, Wittenwiler) und dramatischer Form
gefunden. Die hochproblematische Figur des Bauern-
feindes hat die Phantasie jahrhundertelang beschäftigt
vor allem im bayrisch-österreichischen Gebiet. Neidhart
wird zum Helden neuer Schwänke, die teils ihm selbst
liedhaft in den Mund gelegt werden, teils über ihn erzählt
sind. Die zentrale Rolle spielte dabei wieder der auch in
Wandmalereien verewigte Veilchenschwank. Anfänge
einer zyklischen Reihung von Neidhart-Geschichten lassen sich wohl schon für das 14. Jahrhundert vermuten.
Bei der erzählerischen Ausgestaltung ist wichtig, daß nur

auch der Hof, für dessen Gesellschaft die Liedkunst ja
gedacht war, konkretisiert wird, indem Neidhart zu
einer Art Hofnarr des österreichischen Herzogs Otto des
Fröhlichen (gest. 1339) in Wien gemacht wird. Man sieht
die Figur um hundert Jahre jünger, als sie war. Ein
heterogenes Endprodukt dieser Entwicklung ist eine
merkwürdige Kompilation, von der nur Drucke (der
älteste um 1491) bekannt sind: *Neidhart Fuchs*. Mit
Ausnahme eines unbeholfenen Epilogs in Reimpaaren ist
dies eine Folge von 36 lose aneinandergereihten Stro-
phengedichten. Sie beginnen meistens mit dem Natureingang der Neidhartischen Frühlingslieder und bringen
dann entweder eine Erzählung oder wirkliche Lieder im
Stil Neidharts, darunter auch zwei Gedichte Oswalds
von Wolkenstein und eins von Hans Hesselloher. Breit
ausgeführt ist einleitend der Veilchenschwank als eigentlicher Anlaß der Bauernfehden, bei denen der Meier
Engelmar zum großen Gegenspieler wird. Erstaunlich
ist, wie die z. T. kunstvollen Lieder nur wegen ihres
stofflichen Gehalts verbreitet wurden oder wie allenfalls
die Melodien vorausgesetzt werden konnten. Daß der
Held als Neidhart *Fuchs* vorgestellt wird – wie Neidhart
schon beim Wittenwiler einen Fuchsschwanz und
andernorts einen Fuchs im Wappen trägt – ist wohl
weniger eine isolierte Anspielung aufs Tierepos als vielmehr auf die Schläue des Fuchses allgemein.

In die Nähe des *Neidhart Fuchs* weist eine weitere
zyklische Dichtung von originellerem Charakter: Die
Geschichte des *Pfarrers vom Kalenberg,* wiederum nur in
Drucken, seit etwa 1473, überliefert. Ein nicht sicher
identifizierbarer Philipp Frankfurter zu Wien nennt
sich als Verfasser – vielleicht ein 1486 bis 1507 nachweis-
barer Wiener Bürger, der theologische Bildung genossen
haben muß. Auf sein Werk bezieht sich dann bereits der
Epilog des *Neidhart Fuchs.* Vielleicht stammt sogar die
Anregung zum *Neidhart* schon aus dem älteren Werk,

das bereits seinen Helden am Hof Ottos des Fröhlichen angesiedelt hatte. Der *Kalenberger* ist nun ein reines Erzählwerk in 2180 Reimpaarversen, wie einst der *Pfaffe Amis* um die populäre Figur eines schlauen und resoluten Geistlichen herum gedichtet, wahrscheinlich nicht in freier Erfindung, sondern aus umlaufenden Anekdoten um ein historisches Vorbild zusammengestellt (es gibt auch einzelne Kalenberger Geschichten außerhalb des Frankfurterschen Buches), nun sehr geschickt komponiert als Lebensfolge von der ersten Bekanntschaft mit dem Herzog bis zum Tod, und gruppiert nach den bäurischen, den höfischen und den geistlichen Opfern seiner Streiche. Als Student noch erhält der Held durch ein geschicktes und witziges Stücklein am Hof seine Pfarre. Es folgen die Auseinandersetzungen mit den Bauern seines Dorfes, dann Schwänke mit einem Amtsbruder, dem Bischof, dem Weihbischof und Mitgliedern des Hofes. Das ist nun kunstlos, aber volkstümlich anschaulich und lebhaft erzählt, in rasch voranschreitenden, etwas mechanischen strengen Knitteln. Neu ist aber – etwa dem *Amis* gegenüber –, daß nun gerade in geistlichen Dingen stärkerer Tobak gereicht wird. Der Pfaffe leistet sich Späße, die ihn nicht nur zum Schwankhelden, sondern zum Vertreter einer karikierten und sich selbst karikierenden Kirche machen und ihm etwas Respektlos-Provokatives geben: Mangels einer Kirchenfahne hißt er seine Hosen an der Stange, dem alten und schwachen Passauer Bischof verordnet er eine „praut" zur nächtlichen Kur, worauf der gute Mann nicht mehr nur halb, sondern doppelt sieht; statt der kanonischen Vierzigjährigen hält er sich zwei Haushälterinnen zu zwanzig Jahren, am Fasttag veranstaltet er mit dem Bischof ein Essen mit Wildpret und Geflügel, wozu er den Bischof diesmal nicht Brot in Gott, sondern eben die Vögel in Fische wandeln läßt:

Nun sag ich euch, ist nit ein tant,
man pracht wilprat, vogel vnd ant,
die man beraittet het zu essen,
des freittags hetten sie vergessen,
dar an man visch solt haben pracht.
Der pfarrer sprach: ich hab gedacht,
das die vogel do nit verderben,
hor, ich wil wol der auff ersterben,
alß ich mir selber hab gedacht,
herre, ir habt gewalt vnd macht,
das ir got wandelt in ein brat,
darumb so ist hie wenig nat,
das ir die vogel in die visch
verwandelt hie auff dissem tisch,
das sie vnß schmecken in der kel
alß den kinden von Jsrahel
das himelprat in der wüste thet ...

(785 ff.)

Da begreift man die Volkstümlichkeit des *Kalenbergers*:
Von Brant bis Luther wird er zitiert, eine niederdeutsche, niederländische, englische Bearbeitung entsteht,
später auch eine Imitation, die *Historie Peter Lewen des
andern Kalenbergers* (Mitte 16. Jahrhundert). Ein an sich
älterer niederdeutscher Held, Eulenspiegel, tritt später in
hochdeutscher Prosa hinzu und wird zusammen mit dem
Kalenberger und der Narrendichtung überhaupt von
großer Bedeutung für den Geist der unmittelbar vorreformatorischen Welt.

Wenn es darum geht, den Schelm zum Helden zu
machen und das Wesen des Menschen bloßzustellen,
kann auch das Tierepos neue Bedeutung gewinnen. Zum
alten Reiz der Tierdichtung, die im Menschen das Tier
und im Tier den Menschen vor Augen führt – eine
Provokation sozusagen nach zwei Seiten, ähnlich wie die
parodistische Dichtung Neidharts –, kommt mit dem
Fuchs als Protagonisten der Reiz des Schelmenromans
hinzu. Wie tief nicht nur die Vertierung, sondern vor

allem die Vermenschlichung reicht, geht schon daraus hervor, daß der Eigenname Reinhart als renard zum Appellativum wurde und im Deutschen dafür die Koseform Reinke, Reinecke eintrat. Was in den französischen Renart-Branchen – und damit auch beim Glichezaere – angebahnt war, ist über niederländische Vermittlung im niederdeutschen *Reinke de vos* zum klassischen deutschen Tierepos gediehen: 1498 erschien das Werk (6844 Verse) im Druck, als eine muntere und ausdrucksvolle Übersetzung, teilweise auch Bearbeitung der *Reinaert*-Dichtung eines Hinrek van Alckmer (Druck Antwerpen um 1487, großenteils verloren). Dieser Hinrek, der sich Schulmeister und Zuchtmeister des Herzogs von Lothringen nennt und auf fürstlichen (!) Wunsch ans Werk gegangen war, gibt seinerseits niederländische Dichtungen wieder, in denen offenbar aufgrund französischer Branchen die eigentliche kompositorische Leistung erfolgt war, in einem *Reinaert I* vom Anfang des 13. Jahrhunderts und in dessen Fortsetzung, *Reinaert II* aus der Zeit um 1375. Von Hinrek persönlich stammt die ebenfalls ins Niederdeutsche übersetzte und erweiterte Glossierung, d. h. moralische Erläuterungen in Prosaeinschüben zwischen den Kapiteln oder Kapitelgruppen, wodurch der geistliche Bearbeiter vergeblich das erzählerische Vergnügen vor ruchlosen Gedanken und falscher Identifikation zu schützen sucht – oder mindestens sich ein Alibi schafft.

Es ist die sozusagen homerische Leistung der *Reinaert*-Dichter, daß sie die lockere Masse der Tiergeschichten zum umfassenden Epos, zur Repräsentation einer ganzen Welt vereinigt haben. Es ist nun wirklich ein Tier-Reich, unter dem König Nobel, der zum Hoftag und Gericht aufbietet, wo sich die Tiere versammeln, ihre Händel austragen, ihre Geschichten erzählen und vor allem ihre Klagen über Reineke vorbringen. Zweimal gelingt es dem Odysseus der Tiere, sich loszuschwin-

deln, beim dritten Mal siegt er in mörderischem Zweikampf über den Wolf und scheidet hochgeehrt von Hofe.
Auch wenn sich da in der Überlieferung Dubletten ein-
gestellt haben, so ist doch nun die ganze Tierheit in ihren
Ordnungen, in der reich abgestuften Fülle der Eigenschaften, Funktionen und Namen präsent, eine Weltordnung umfassender Art in vollkommener Analogie zur
Gesellschaft des Menschen, inmitten einer voll ausgebauten Szenerie des bäuerlichen und bürgerlichen Daseins,
seiner Landschaften und Jahreszeiten. Obwohl noch viel
Brutales und Grobianisches mit unterläuft, so bewegen
wir uns doch in einer behaglichen Erzählwelt mensch-
lich-bürgerlichen Zuschnitts. In gewissem Sinn ist erst
hier Jacob Grimms Vorstellung von einer echten volkstümlichen, märchenhaften Tierepik ganz erfüllt. Aber
gerade in der gemütvollen Konsequenz, mit der hier ein
moralisches und soziales Ganzes entfaltet ist, liegt es
auch, daß – mindestens im Vergleich zu den älteren
Werken der Gattung – die bösartig-gezielte Satire
zurücktritt, die Erzählung sich selbst genügt als Panorama spätmittelalterlichen Hof-, Bürger- und Bauernle-
bens, das den menschlichen Zuständen sich notwendig
aufs äußerste angenähert hat. Diese Tiere können lesen,
sie schreiben sich Briefe, verwenden Waffen und Werk-
zeuge und leisten sich ein differenziertes Gemütsleben.
Damit hebt sich die Tierdichtung im Grunde selber auf,
die Tiermaske hat ihre Notwendigkeit, ihre Hintergrün-
digkeit weithin eingebüßt. „Wenn auch hier das Men-
schengeschlecht sich in seiner ungeheuchelten Tierheit
ganz natürlich vorträgt, so geht doch alles, wo nicht
musterhaft, doch heiter zu", sagt Goethe, der den
Reinke in Gottscheds 1752 erschienener Prosa las und
diese seiner Neudichtung zugrunde legte. Obwohl er die
Aktualität des Werks hervorhob, beschäftigte er sich
damit, um sich von den Zeitläuften abzulenken. Nicht
zufällig aber führte er in seiner Neubearbeitung ein

verlorengegangenes, aber wesentliches Spannungsele-
ment wieder ein: das ironische Pathos der heroisch-
hexametrischen Form, wie sie die lateinische Tierepik
gezeigt hatte. Der *Reinke* hat unmittelbar im Niederdeutschen, seit einer Übertragung 1544 auch im Hochdeutschen Erfolg gehabt und neben Übersetzungen ins
Englische, Dänische und Schwedische sogar eine lateinische Fassung (1567 und 5 weitere Auflagen) erlebt.

3. Roman und Epik

Im Lauf des 14. Jahrhunderts tritt der höfische Versro-
man fast ganz zurück. Eine neue Ära der Ritterbücher
beginnt erst mit den Prosaauflösungen und -übersetzun-
gen seit etwa 1430. Auch wenn man die äußere Form
nicht unbedingt zum Kriterium machen darf – das zeigte
schon der *Lancelot* –, so ist die Versgestalt des Romans
doch auch der Ausdruck der Verbindlichkeit der moralischen und sozialen Welt, deren Organ er ist und deren
festliche Ordnung er demonstriert. Nun bringt das
spätere 15. Jahrhundert, gegenläufig zur allgemeinen
Tendenz, nochmals in einzelnen Fällen eine Vorliebe für
die klassische Erzählkunst. Sie ist literarischer Ausdruck
einer ausgewachsenen ritterlichen Romantik, die sich vor
allem in der burgundischen, aber auch – bis zu Maximilian – in der bayrischen und österreichischen Hofkultur
äußert. Wir fassen diese gelegentlich fast gespenstische
Retrospektive in erneuter Abschreibetätigkeit – klassisches Beispiel dafür ist Maximilians Ambraser Handschrift –, im Sammeln rar werdender Bücher und in
Bearbeitungen und Neudichtungen.

　　Ein unschätzbares Zeugnis für solches Interesse ist der
sogenannte *Ehrenbrief* des Jakob Püterich von
Reichertshausen, eines Münchener Stadtadligen
der weit herumkam, als Richter und herzoglicher Rat
dem Hof verbunden war, sich an Turnieren beteiligte

für Genealogie sich interessierte und höfische Literatur
sammelte. Er verfaßte, nicht zufällig in der pompösen
Titurelstrophe, im Jahr 1462 ein Huldigungsgedicht von
148 Strophen für die in Rottenburg am Neckar lebende
Erzherzogin Mechthild von Österreich, Gattin Albrechts VI., geborne Pfalzgräfin bei Rhein (1418/19–82),
eine literarisch interessierte Dame, in deren Umkreis
auch Hermann von Sachsenheim, Niklas von Wyle,
Johann Hartlieb u. a. erscheinen, wo also neben höfischen auch humanistische Strebungen am Werk sind. Im
Rahmen einer umständlichen Ehrerweisung und einer
nicht allzu ernst genommenen Minnehuldigung enthält
der Brief ein gereimtes Register des bayrischen Adels und
dann eine Bücherliste, Auszug aus Püterichs Besitz von
164 Werken, die er der Dame zur Verfügung stellen will,
wogegen er aus deren Sammlung teils schon Bücher
erhalten hat, teils weitere erhofft. Dabei wird auch die
berühmte Heidelberger librei ihres Vaters, des Kurfürsten Ludwig III., erwähnt. Allem voran stellt Püterich
den (Jüngeren) *Titurel*, das „haubt ob teutschen puechen", und überhaupt Wolframs Werke, dann folgen
Lohengrin, *Tristan*, *Iwein*, Ulrichs *Lanzilot*, *Wigileus*
und viele jüngere Werke, die z. T. schwer bestimmbar
sind. Spielerischer Umgang mit Relikten ritterlichen
Wesens verbindet sich mit einer fast modern berühren-
den Sammelfreude und Handschriftensuche.

Anspruchsvoller, nämlich ein als Dichtung erneuertes
Kompendium des höfischen Romans, ist das Ziel Ulrich
F ü e t r e r s, eines jüngeren Freundes von Jakob Püterich.
Füetrer, um 1420 in Landshut geboren, erscheint seit
1453 als Maler (Handwerksmaler, besonders Wappen-
maler) mit Aufträgen des Hofes und der Stadt München,
mit Beziehungen zur Abtei Tegernsee und zum Hof in
Innsbruck, schreibt im Auftrag des Herzogs Albrecht
IV. eine Bayernchronik in Prosa und tritt vor allem als
höfischer Dichter auf. Sein Hauptwerk ist das *Buch der*

Abenteuer; daneben schuf er einen *Prosa-Lanzelot*, den
er später selbst in ein großes Verswerk umdichtete. Im
Zeitpunkt, da die Prosaerzählung vorzuherrschen schon
lange begonnen hat, wendet sich der Hofdichter wieder
zur pompösesten Form, der Titurelstrophe, zurück. Was
schon im *Jüngeren Titurel* angebahnt war, wird mit dem
Buch der Abenteuer fortgeführt zu einer Großkomposi-
tion des wichtigsten Romangutes: in den Rahmen der
Titurel-Handlung werden Auszüge aus dem *Trojanerkrieg* nach Konrad von Würzburg, dem *Parzival*, dem
(verlorenen) *Merlin* des Albrecht von Scharfenberg (Prosa?), aus von dem Türlins *Crone* und *Lohengrin* eingearbeitet. Ein zweiter Teil bringt dann die nur lose verbundenen Artusgeschichten von Wigalois, Seifried de Ardemont (wieder nach einem verlorenen Werk des von
Füetrer hochgepriesenen Albrecht von Scharfenberg),
Meleranz des Pleier, Iwein, Persibein, Poytislier und
Flordimar – die drei letzten nach unbekannten, wohl
ausschließlich deutschen Quellen des 13. Jahrhunderts
kompiliert. Es ist ein prätentiöses Unternehmen der
Quantität (5644 Strophen), aber auch der technisch
schwierigen Komposition und Konzentration. Das universale Fresko ritterlichen Heldentums soll, auch genea-
logisch, Herkunft und Horizont des ritterlichen Daseins
umschreiben; die Einarbeitung der antikischen Troja-
Geschichte gibt dazu auch geschichtlichen Halt und sei
kein Umweg (krümme):

> Wie sich nun das anfienge,   Ob ir des welt gedagen (zuhören),
> Vnnd wie es als ergienge,   Mit kürtz wolt ich ein wenig
>   dauon sagen.
> So mag ettlicher dar zue vileicht sprechen
> wartzue die krümen solde,   Der abenntewr well ich den rugk
>   ab prechen.
>
> Dem sag ich das mit namen: Ich will den grund hie rueren,
> frucht, est vnnd auch den stammen   wil ich mit alle auss der
>   wurtzel fueren,

Durch das ir müget frage uil enperen
Von Artus an vnd alter an   gar auss der schelf zaig ich eůch
                           recht den keren.
                               (DTM 57,CXIV)

Indem der Dichter sich selbst immer wieder im Zwiegespräch mit Frau Minne und Frau Aventiure vorführt,
wird der Inszenierungscharakter des ganzen Unternehmens deutlich. War einst der Artusroman auch ein
Medium, Probleme und Krisen darzustellen, so bleibt es
nun bei der Entfaltung farbig-ornamentaler Szenerien;
die Kommentare, Huldigungen usw. können an die
Grenze von Spiel und Selbstparodie gehen. Ideologie
und Mythologie des höfischen Romans sind im Grunde
obsolet geworden, äußerlich und starr. Den „Sterbelaut
des Mittelalters" hat man Füetrers Werk poetisch
genannt (Hanns Fischer), damit aber dem robusten
Unternehmen doch wohl zuviel Ehre erwiesen.

Wenn mindestens in der alten Form die höfische Epik
versinkt, so bleibt auf sehr reduziertem Niveau die alte
Heldendichtung in Lied und Buchepos offenbar lebens-
kräftiger, und zwar auf den verschiedensten sozialen
Ebenen bei Fürsten und Bauern. Materiell wurde bereits
darauf eingegangen. Die Zahl der unverändert abgeschriebenen Dichtungen dieser Art ist im 15. Jahrhundert
noch recht beträchtlich. Ein guter Teil der Textzeugen
noch des *Nibelungenliedes* stammt aus dieser Zeit. Alles
wird dann überragt durch das *A m b r a s e r H e l d e n -
b u c h* Maximilians (von 1504 bis 1515/16 entstanden); es
enthält in bunter Interessenmischung neben höfischen
Erzählungen und Novellistik auch sieben Heldendichtungen, darunter das *Nibelungenlied* (d) und als Unikum
die *Kudrun.* Im Druck erscheint schon früh, Straßburg
1477, ein *Heldenbuch* mit *Ortnit, Wolfdietrich, Laurin*
und *Rosengarten*; die Ausgabe fand bis 1590 mehrere
Neuauflagen und war damit wesentlich erfolgreicher als

die gleichzeitig gedruckten *Parzival* und *Titurel*. Unter den verschiedenen Sammelhandschriften ist als eigentliche enzyklopädische Bearbeitung das *D r e s d n e r H e l d e n b u c h* zu nennen, das 1472 von einem jungen Adligen, Kaspar von der Rhön, und einem Mitarbeiter für einen Herzog von Mecklenburg unter starker Kürzung, wenn nicht Verstümmelung der Vorlagen hergestellt wurde.

Die erstaunliche Präsenz der Heldensagenfiguren und mancher zugehöriger Motive im allgemeinen Bewußtsein ist am Beispiel des verhältnismäßig kleinen Bereichs der deutschen Schweiz des 15. und 16. Jahrhunderts dargetan worden (Viktor Schlumpf). So läßt der Wittenwiler in seinem *Ring* den Berner, Hildebrand, Dietleib, Wolfdietrich und Laurin in den Dörperkrieg eingreifen. Anspielungen vor allem auf die Dietrichsage sind bei Chronisten und Liederdichtern nicht selten, ja sie werden in den Auseinandersetzungen der Reformationszeit nicht weniger häufig. Die kämpfenden Eidgenossen selber feiern sich gerne als „helden" oder „degen", und allerlei Motive (z. B. Feueratem), Formen und Formeln der Heldendichtung (Nibelungen-, Eckenstrophe) finden sich in ihren historischen Volksliedern, auch wenn sie sich gegenüber Fürsten und Adel gerne selbst als wahren Adel und erwähltes Volk Gottes, kurz als „frume edle puren" bezeichnen.

VI. NEUE PROSA

1. Fachprosa: Natur und Recht

Im 14. und 15. Jahrhundert bildet sich mehr oder weniger endgültig eine kohärente deutsche Prosaliteratur. Erst damit kann strenggenommen von einer deutschen Literatur als umfassendem Ausdrucks- und Kommunikationssystem gesprochen werden. Das gilt, auch wenn der Humanismus des 16. und noch des 17. Jahrhunderts teilweise wieder ein Zurückweichen des volkssprachlichen Schrifttums vor allem im Bereich der wissenschaftlichen Prosa bringt. Das Deutsche bleibt immerhin Partner in einem nun sehr bewußten Zusammenspiel mit verteilten Rollen, mit verschiedenen Stilfunktionen. Beim Entstehen spätmittelalterlicher Prosa sind zwei Aspekte zu unterscheiden. Einmal handelt es sich um ein Mündigwerden der Laien und ihrer Sprache auf allen Gebieten des Lebens und des Wissens. Wenn bisher vor allem im geistlichen Bereich – für die Unterweisung des Kirchenvolks und insbesondere auch der Frauenklöster – eine bis ins Raffinierte gehende Kultur des prosasprachlichen Ausdrucks möglich war, so geht es jetzt um ein Reden von und für Laien in allen Bereichen gerade auch des weltlichen Lebens, als Wissensprosa und Gebrauchsprosa. Der zweite Aspekt ist die Ablösung der Versform, die für Unterhaltung und Belehrung in der Volkssprache durchaus obligat war, zugunsten des Prosastils – ob nun die Prosa als das sachlich allein angemessene, allein „wahre" und zuverlässige Medium erschien oder ob aus alter lateinischer Übung heraus die Prosa ihrerseits als anspruchsvolle Kunstform begriffen wurde; es gibt sachlich-nüchterne und literarisch-prätentiöse Prosa.

Diese Vorgänge sind natürlich keineswegs kontinuierlich. Es erstaunt immer wieder, wie kühn oder hilflos,

souverän oder tastend die Autoren sich in neuer Prosa
versuchen, wie manche Ansätze steckenbleiben, wie
mühsam oft von neuem begonnen wird, wie stark Theorie und Reflexion beteiligt sind. Es ist selbstverständlich,
daß dieses Geschehen eingebettet ist in die bewußte oder
unbewußte Bildung überregionaler (und natürlich auch
intersozialer) Kanzlei-, Drucker- und Literatursprachen.
Von der neu darzustellenden Materie her ist eine mächtige Erweiterung des deutschen Wortschatzes, von der
Form her eine logisch-differenzierte Syntax möglich,
wenn das Gerüst des Verses und die an ihm hängenden
Formeln preisgegeben werden. In jedem Falle aber ist die
Entstehung einer Prosaliteratur nicht denkbar ohne die
intensive Hilfeleistung des Lateins, das unmittelbar oder
indirekt für Begriffsbildung und Satzbau maßgebend
wird.

Im Moment, da die Volkssprache alle Lebensbereiche
durchdringt, stellt sich die Frage der Literarität unseres
Materials. Je breiter die Sach-, Fach- und Gebrauchsprosa in den schriftlichen Aufzeichnungen wird, je mehr
sie in die eigengesetzlichen Entwicklungen der Sachbe-
reiche verschlungen ist, desto weniger kann solche Prosa
von der „Literaturgeschichte" noch integriert werden.
Scharf wird der Umkreis dessen, was zur Literaturge-
schichte gehört, nie zu ziehen sein. Nur bei offenen
Grenzen kann Literatur als lebendiger Zusammenhang
und in lebendiger Funktion erscheinen, nur in der
Geschichtsschreibung selbst, kaum in systematischer
Unterscheidung kann ausgemacht werden, was zur
„Literatur" und zur „Literaturgeschichte" gehören soll.
Wir rechnen grundsätzlich dazu alles, was über bloß
Fachliches (wenn auch vielleicht gerade auf dessen
Kosten) hinausgeht und ins Gesamtmenschliche reicht.
Und diese allgemeinere Repräsentanz wird sich an einem
gewissen Werkcharakter solcher Texte ablesen lassen,
d. h. als besondere sprachliche Leistung deutlich werden.

Gerade im 15. und 16. Jahrhundert hätte man mit einer Beschränkung auf die sogenannte schöne Literatur vorwiegend gesunkenes Kulturgut vor sich und würde die wirklichen Schöpfungen, die in Theologie, Historiographie, Naturkunde oder Politik liegen, verfehlen. In jedem Fall wird der Rang der sprachlich-werkhaften Leistung maßgebend sein. Es ist gewiß sinnvoll, mit Gerhard Eis einmal darauf hinzuweisen, daß die Fachliteratur und nicht die Dichtung im deutschen Mittelalter die großen Bucherfolge erzielte und daß das Hebammenlehrbuch des Eucharius Rößlin (1513) in sämtliche Kultursprachen übersetzt wurde, während die deutschen Klassiker des Mittelalters samt und sonders im Ausland unbeachtet blieben – ein Auswahlkriterium ist damit aber natürlich nicht gegeben.

Der genannte Werkcharakter ist bei der Geschlossenheit des mittelalterlichen Weltbilds und seiner inneren symbolischen Verfugtheit von vornherein zu erwarten. Der „dichterische Sinn" mittelalterlicher Kosmologie, Natur-, Rechts- und Geschichtskunde liegt insofern auf der Hand. Eines der ältesten und zugleich bewußtesten deutschen Prosawerke, der *Lucidarius* (um 1190), ist in diesem Sinn eine runde Weltkunde in Katechismusform; in trinitätsanalogischer Folge werden dargestellt die Schöpfung, das Reich der Kirche und die jenseitigen Dinge. Heinrich der Löwe, der Auftraggeber, hatte zum Leidwesen seiner Kapläne Prosa gewünscht, im Interesse der „wârheit" und „als ez ze latîne steit". Es geht um ein ungewöhnliches, ja kühnes Unternehmen, zu dem der Heilige Geist helfen muß.

Am unmittelbarsten und von jeher zeigt sich das Bedürfnis volkssprachlicher Prosaformulierung im Bereich des Rechts. Mit zunehmender Verdichtung von Handel und Wandel ist es immer wünschbarer, daß die abzuschließenden und zu unterzeichnenden Urkunden auch ohne geistliche Vermittlung verstanden werden können. Der Übergang zu vorwiegend deutscher Urkundensprache vollzieht sich sachlich, regional und sozial mit Unterschieden, aufs Ganze gesehen im späten 13. Jahrhundert. Als Zentren deutscher Urkundenfertigung erscheinen vor allem die Städte und als Interessenten der städtische Adel. Die urkundliche „wârheit" verlangt die Prosa; dennoch läßt sich wohl sagen, daß die literarische Laienkultur des Hochmittelalters gewisse Voraussetzungen für das deutsche Urkundenwesen schafft. Anderseits hat die Urkundenprosa ihre eigene „literarische" Note; in den althergebrachten Formeln liegt, mit Jacob Grimm, eine gewisse „Poesie des Rechts". Die in den volkssprachlichen Urkunden erscheinende Wendung „für die, die es lesen oder hören lesen" weist auf die große Bedeutung der mündlich-akustischen Vermittlung hin, ja es begegnet auch der Brauch des regelmäßigen öffentlichen Vorlesens. So ist gerade die scheinbar trockene Urkundenprosa einer Pflege der rhythmischen Werte, der Satzkadenzen, der rhetorischen Formen überhaupt zugänglich. Schwer faßbar, aber doch in Rechnung zu stellen ist umgekehrt die Einwirkung der Urkundenprosa auf die Ausbildung literarischer Prosa im engern Sinn.

Als „das älteste größere Prosawerk in deutscher Sprache" gilt – mindestens im Sinn des ältesten Originalwerks – ein Rechtsbuch von unabsehbarer Verbreitung: der *Sachsenspiegel.* Dieses älteste deutsche Rechtsbuch wurde von dem Ritter E i k e v o n R e p g o w (das anhaltische Reppichau) zwischen 1220 und 1235 verfaßt, aus der Praxis und für die Praxis des täglichen Rechts- und Gerichtslebens, zugleich aber aus einem umfassenden Nachdenken über Wesen und Grund des Rechts und seine normative Entwicklung. Der erste und hauptsächliche Teil umfaßt das Landrecht (das Rechtsgut der Sachsen aller Stände), der zweite betrifft das Lehnrecht. Obwohl es sich beim Unternehmen Eikes um die Dar-

stellung eines weithin volkssprachlich lebenden Rechts
handelt, war es anscheinend nicht leicht, die Schwelle zur
Aufzeichnung auf deutsch und in Prosa zu überwinden.
Eike, möglicherweise in der Domschule zu Halberstadt
gebildet (er verfügt über Kenntnisse des kanonischen,
nicht aber des römischen Rechts), hatte sein Werk zuerst
lateinisch geschrieben und übertrug es dann nur widerwillig auf den Wunsch seines Lehnsherrn, des Grafen
Hoyer von Falkenstein, in die Volkssprache:

> ungerne he it an quam ...
> do duchte en det to swere,
> dat he't an dudisch gewande

sagt er in der – gereimten! – Vorrede. Im Hintergrund
steht eine Adelsgesellschaft mit ihrem durch die höfische
Literatur gewachsenen sprachlichen Selbstbewußtsein,
und dazu kam eine reiche Erfahrung und ein differenziertes juristisches Interesse. Die Fülle des hier ins
Geschriebene tretenden sprachlich-sachlichen Materials
beschäftigt die Rechtshistoriker. Der Literatur verbunden ist das Werk vor allem durch die spontane Gesamt-
schau. Dazu gehört, wie das Landrecht mit einer Art
Reichsstaatsrecht (Zweischwertertheorie zum Verhältnis
von päpstlicher und kaiserlicher Macht, Lehre von der
translatio imperii – der deutsche Kaiser als Nachfolger
Caesars –, von der Königswahl usw.) eröffnet wird, vor
allem aber wie allenthalben das Recht aus Gott hervorgeht: „Got is selve recht, dar umme is em recht lef." Aus
diesem Ethos erfolgt die oft auch geschichtlich argumentierende Durchdringung des Gewohnheitsrechts mit der
Suche nach der Norm. Der Größe und Gründlichkeit des
Unternehmens entsprach der Erfolg: Rund 200 Handschriften sind erhalten, Übersetzungen ins Mittel- und
Oberdeutsche, Niederländische, Polnische, Tschechische und wieder Lateinische belegen seine weit über
Niedersachsen, Norddeutschland, ja Gesamtdeutschland

hinausreichende Autorität. Der *Sachsenspiegel* wurde
Anregung und Grundlage weiterer Verschriftlichung und
damit Fortentwicklung des Rechts, so vor allem im
Schwabenspiegel (Augsburg 1275–80, ebenfalls mit Hunderten von Handschriften) und im *Deutschenspiegel*
(wahrscheinlich ebenfalls Augsburg um 1275), wo nun
zum Gut des *Sachsenspiegels* auch bereits Einwirkungen
des römischen Rechts kommen.

Ein zweites Feld, auf dem – allerdings mehr als hundert Jahre später – ein Durchbruch zu enzyklopädischer
Sachprosa erfolgt, ist die Naturkunde. Gewiß gibt es seit
dem *Lucidarius* und dem *Physiologus* einige kurze Darstellungen einzelner Bereiche. Den großen Wurf tat wohl
erst K o n r a d v o n M e g e n b e r g (Mainberg bei
Schweinfurt?), ein in Erfurt ausgebildeter, in Paris und
Wien lehrender Magister, der dann als Domherr in
Regensburg lebte und hier 1374 gestorben ist. Er hat
unter dem falsch etymologisierenden Namen „de monte
puellarum" eine Reihe von lateinischen Werken zur Politik und Moraltheologie geschrieben. Mit seiner *Deutschen Sphära* und seinem *Buch der Natur* schuf er um
1350 zwei überaus beliebte, noch im 16. Jahrhundert
wiederholt gedruckte Lehr- und Hausbücher in der
Volkssprache. Die *Sphära* ist eine gewandte Übersetzung
nach dem Traktat des Engländers Johannes de Sacro-
bosco (um 1250), eine gedrängte Darstellung des mittelalterlichen astronomischen Weltbildes mit seinen Plane-
tensphären(waltzer) und Tierkreiszeichen. Die umfangreiche Naturkunde folgt in freier Umarbeitung dem
Liber de natura rerum des Thomas von Chantimpré,
eines Schülers Alberts des Großen. Das Werk beschreibt,
stellenweise katalogartig, den Menschen und seine Anatomie, die Tiere, die Pflanzen, die Edelsteine, Metalle
und Elemente, nicht ohne auch der Meerwunder und
exotischen Fabelgeschöpfe zu gedenken. Konrad habe,
sagt Franz Pfeiffer, das Buch der Natur zum ersten Male

den Laien geöffnet. Die Summe dessen, was Antike und Mittelalter in aristotelischer Tradition wissen, wird hier besonnen und umsichtig aufgezählt, geschildert und gedeutet. Man spürt die Lust des Sagen- und Nennen-Könnens, man bewundert die Sorgfalt und Mühelosigkeit einer rein deutschen Formulierung. Es ist der vertraute vorkopernikanische Kosmos, der hier erschlossen wird, mit dem Menschen als mikrokosmischem Mittelpunkt: „daz seins wesens stük und seines leibes gelider sint gesetzet nâch dem satz der ganzen werlt", heißt es im ersten Abschnitt. Der Verfasser bringt offenbar kaum neues Wissen, schon gar nicht aus eigener Beobachtung, bei, aber er bezieht gelegentlich kritisch Stellung, spielt auf volkstümliche Meinungen und Bezeichnungen an und versagt sich nicht satirische Bemerkungen zur Zeitlage – dem Naturgeschehen läßt sich auch in dieser Hinsicht Menschliches, Moralisches ablesen.

2. Geschichte und Selbsterfahrung

Der vielleicht eindrucksvollste Bereich neuer Prosa ist die Geschichtsschreibung. Das 15. und 16. Jahrhundert sind unvergleichlich geschichtsfreudige, geschichtsbewußte Epochen, in denen ein wesentlicher Teil auch der schriftstellerischen Energien der Chronistik zugute kommt. Wenn bisher von der Historisierung der höfischen Erzählung im 13. Jahrhundert und vom Einbezug des geschichtlichen Geschehens in die Form der Reimchronik die Rede war, so ist nun von der Omnipräsenz spätmittelalterlicher Prosachronistik zu sprechen. Dies kann nur gesamthaft geschehen. Der Anspruch der Prosa auf ehrliche Wahrheit und der Verdacht auf Lügenhaftigkeit des Reims sind den Chronisten besonders geläufig. Prosa versteht sich meistens als der schmucklose Sermo humilis, der allein dem Ernst des Gegenstandes angemessen ist. Prosaauflösungen der alten *Kaiserchronik* und die

Sächsische Weltchronik huldigen schon im 13. Jahrhundert diesem Gedanken. Zumal für Übertragungen wird die Prosa vorgezogen. Der Topos der Wahrhaftigkeit meint im übrigen weniger irgendeine unparteiisch-kritische Haltung als eine treuliche Abschrift – diese Chronistik umfaßt, meistens im annalistischen Raster, Großes und Kleines, Erfundenes und urkundlich Belegbares und bildet als Ganzes ein ungeheures Geschiebe und Geflecht von jeweils verschiedenen Fassungen, Rezensionen, Kompilationen, Fortsetzungen usw., wo sich nur etwas Gestalthaftes rundet, wenn ein eigenwilliger Autor, ein überwältigendes Geschehen, ein Augenzeugenbericht den Überlieferungsstrom durchbrechen. Wenn später der Humanismus eine anspruchsvolle Historiographie begünstigt und Geschichtsschreibung als Kunst begreift, so ist damit natürlich meistens noch kein moderner Wahrheitsbegriff oder gar Quellenkritik ins Spiel gebracht.

Überall aber ist Chronistik getragen von einem neuen, aktuellen Interesse, Ausdruck einer lebhaft erfahrenen geschichtlichen Existenz. Sie ist nicht mehr oder nicht mehr nur ein frommes Anschauen der großen Zeitordnungen, vielmehr gilt ein neues *Tua res agitur;* sie ist Selbstdokumentation, Mittel der Selbstidentifikation, der politischen Auseinandersetzung, aufgezeichnete Erinnerung zum Nachruhm, zur Mahnung, aus dem einfachen Bedürfnis, ein Erlebtes zu fixieren. Das heißt natürlich nichts anderes, als daß der beherrschende Zug in der Entwicklung der spätmittelalterlichen Historiographie die Verschiebung des Interesses von der umfassenden Welt- und Reichschronik im Sinn der augustinisch-hochmittelalterlichen Idee zu kleineren, konkreteren, partikulären Geschichtsträgern darstellt, daß also die Landes- und vor allem die Städtechroniken hervortreten, auch Chroniken von Bünden, Familien, Firmen bis hin zur mühsam und doch großartig sich konstitu-

ierenden Selbstbiographie. Und dies wiederum heißt,
daß unter den Verfassern die Geistlichen zurücktreten:
Die zeittypischen Chroniken stammen von bürgerlichen
Laien, beispielsweise Stadtschreibern, Ratsherren oder
Schullehrern, sei es im Auftrag des Rats oder aus eigenem
Antrieb. Und hier ist denn auch die Volkssprache vom
Verfasser wie vom Adressaten her die Regel. Eine der
ältesten deutschen Prosachroniken sind die *Nuwen casus
monasterii Sancti Galli* (seit 1335) des Christian K u c h i -
m e i s t e r – selbst das ehrwürdige Kloster bedurfte zur
Fortsetzung seiner berühmten *Casus* eines deutschschrei-
benden Bürgers aus der Stadt.

Umgekehrt stehen die von großen Höfen veranlaßten
Chroniken mindestens anfänglich noch in der gelehrt-
lateinischen Tradition. Leopold S t a i n r e u t e r (um
1340 – um 1400), Wiener Augustiner-Eremit, verfaßte
seine erfolgreiche österreichische Landeschronik für
Herzog Albrecht III. auf deutsch (wobei eine fabulöse
Urgeschichte der österreichischen Fürsten bereits an
humanistische Konstruktionen erinnert). Lateinisch ist
das große *Chronicon Austriacum*, die österreichische
Fürsten- und Landesgeschichte des einflußreichen Wiener Theologen und Gelehrten Thomas E b e n d o r f e r
(1388–1464). In Bayern ist es A n d r e a s v o n R e -
g e n s b u r g, ein gelehrter Regensburger Augustiner, der
im Auftrag des Herzogs Ludwig von Bayern-Ingolstadt
seine lateinische Chronik von den Fürsten zu Bayern
schrieb (von 1425 an) und anschließend selber deutsch
bearbeitete. Der Faden wird dann aufgenommen von
Ulrich F ü e t r e r, der in seiner deutschen Prosachronik
die Geschichte der bayrischen Fürsten von den Urzeiten
bis zur Gegenwart behandelt.

Diesen dynastisch-territorial orientierten Werken
gegenüber sind die Chroniken der Städte, vor allem der
Freien Reichsstädte wie Straßburg, Nürnberg und Augsburg als bürgerlich-deutsche Unternehmungen aus ande-

rem Blickwinkel verfaßt. Hier läßt sich verfolgen, wie sich in der Konkretion des städtischen Alltagslebens der universale Reichsgedanke mit kurzsichtig-annalistischem Realismus bricht: Zwischen der universalen und der lokalen Perspektive braucht kein Widerspruch zu bestehen; vielmehr kann sich im Bewußtsein der von den Fürsten bedrohten Städte geradezu das Recht, die Ehre und das Heil des Reiches verdichten.

Aus der Fülle der städtischen Chronistik sei nur weniges herausgehoben. Einflußreich war die Straßburger Chronistik, begründet von Fritsche (Friedrich) C l o s e - n e r, der als Priester und zugleich städtischer Beamter um 1350–62 sein Werk zusammenstellte, und maßgebend fortgeführt von Jakob T w i n g e r   v o n   K ö n i g s h o - f e n, ebenfalls einem bürgerlich-kaiserlich gesinnten Geistlichen, der seit 1386 arbeitete. Seine *Deutsche Chronik*, ausdrücklich für den klugen Laien verfaßt, ordnet wie ihr Vorgänger nach Kaiser- und Papstgeschichte, Bistums- und Stadtgeschichte; ein Abriß der Geschichte seit Michaels Kampf mit Luzifer und der Erschaffung der Welt geht voran, und ein alphabetisches Kompendium der Hauptereignisse schließt das Ganze ab. Twinger hat selbst mehrere Rezensionen seines Werks erstellt, die in zahlreichen Handschriften umliefen und Grundlage, Quelle oder methodisches Vorbild für eine Reihe süddeutscher, rheinischer und schweizerischer Städtechroniken wurden. Diesen Erfolg verdankten sie wohl gerade der Kombination des universalen Rahmens mit einem bunten Inhalt, der weit über den Straßburger Standpunkt hinausführt und mit dem unverwechselbaren, fesselnden Chronikton vorgetragen ist.

Von besonderem Reiz ist die *Limburger Chronik* des Notars und Stadtschreibers Tilemann E l h e n   v o n W o l f h a g e n (1347/48 – nach 1411). Sie notiert in rein annalistischer Reihung ausschließlich selbsterlebte oder -gehörte Memorabilia aus 65 Jahren: politisches und dynastisches Geschehen um Limburg und das Lahntal, Naturereignisse, Persönlichkeiten, Seuchen, Kleidermoden und immer wieder die jeweils gängigen Lieder („Item zu der selben zit da sang unde peif man dit lit: ...") – Geschichte im Bewußtsein eines aufmerksamen Bürgers, der sich selbst völlig ausspart, aber gleichsam als Augenpunkt stets anwesend ist: die Chronik ist eine Art extravertierter Selbstbiographie.

Unmittelbarer in den Alltag persönlich erlebter Geschichte führen die Aufzeichnungen aus den großen Reichsstädten Nürnberg und Augsburg. Erstaunlich früh verzeichnet der Nürnberger Patrizier und Papierfabrikant Ulman S t r o m e r (gest. 1407) die Zeitereignisse in der Stadt und im Reich von 1349 bis 1401 und fügt seit 1360 in einem speziellen „puchel" Familiennachrichten und Persönliches bei: über die Herkunft des Geschlechts, Geburten, Todesfälle; ein Nürnberger Geschlechterverzeichnis und einen Bericht über die Papiermühle. Denselben, aber bereits entwickelten Typus vertritt die Augsburger Chronik des Burkhard Z i n k (um 1396–1474/75): auch hier anstelle gelehrter Überlieferung der selbsterlebte oder mindestens persönliche Bericht und die Selbstdokumentation in einer eingelegten Autobiographie. Der aus Memmingen stammende Zink kam mit einem andern fahrenden Schüler früh in die Welt hinaus, hielt sich als Lehrer und dann Kaufmann in den schwäbischen Städten, später in Nürnberg und Bamberg auf, erarbeitete sich als Teilhaber einer Handelsfirma in Augsburg eine angesehene Stellung, diente als Gesandter des Rats und bekleidete eine Reihe städtischer Ämter. Seine Chronik umfaßt das Jahrhundert von 1368 bis 1468; der Anfang übernimmt eine ältere Chronik, das folgende beruht auf eigenen Recherchen und Erfahrungen; als dritter Teil folgt die Darstellung des eigenen Lebens und dann als Schlußteil wieder neuere augsburgische Stadtgeschichte. Die Identifikation des eigenen

Lebens mit der Geschichte der Stadt ist hier erstaunlich
intensiv und weit gediehen: In fast ausschließlicher
Extravertiertheit demonstriert sich das Ich in eins mit
seiner Gemeinschaft, nimmt sich wichtig, aber scheint
sich noch kaum zu reflektieren. Als „bürgerlich" mag
man bezeichnen, wie der wirtschaftliche Erfolg, wie
Lebenskosten und Besitz zum Maß aller Dinge werden,
aber auch, wie das Schicksal von Frauen und Kindern
trocken, aber genau notiert wird. Zink war viermal
verheiratet und hatte sich dazwischen „ains torenden
(betrügerischen, betörenden) freulins understanden".
Die Unmittelbarkeit des Berichts, in welchem gleich
sachlich und unbefangen über Politisches und die Preise,
über Seuchen, Straßenpflasterung oder Judenaustreibungen gehandelt wird, wirkt neu und doch hart und erschreckend.

Daß neben solchen bürgerlich-familiären Aufzeichnungen auch die Weltgeschichte als Ganzes nach wie vor
gerade in den Städten im Blick blieb, das belegt die
lateinische Weltchronik des Nürnberger Arztes Hartmann S c h e d e l (1440–1514). Sein *Liber Cronicarum*
erschien im gleichen Jahr 1493 bereits auch deutsch im
Druck und wurde in seiner reichen Ausstattung mit
Holzschnitten ein beliebtes Hausbuch und die Quelle
weiterer chronikaler Überlieferung.

Von besonderer Bedeutung wurde die historiographische Selbstidentifikation für die junge schweizerische
Eidgenossenschaft im Süden. Hier läßt sich unmittelbar
verfolgen, wie aus den noch partikulären Chroniken der
einzelnen städtischen oder ländlichen Orte in der Folge
territorialer Machtentwicklung, im Zug der internen
Auseinandersetzungen und vor allem dann mit der heroischen Selbstbehauptung nach außen in den Burgunder-
und Schwabenkriegen eine Bundeschronik mit einem
ideologisch, ja mythologisch sich darstellenden eidgenössischen Bewußtsein wird. Nur diese Linie innerhalb

der überaus reichen Schweizer Chronistik, welche die ganze Breite von volkstümlich-primitiver bis zu humanistisch-gelehrter Darstellung umfaßt, sei hier kurz nachgezeichnet.

Die eindrucksvollste chronistische Tradition entwickelt sich in Bern, das sich, zwischen Savoyen und Österreich, im Lauf des 14. Jahrhunderts zur führenden territorialen Macht im Südwesten entwickelt hatte und seit 1353 dem eidgenössischen Bund angehörte. 1420 beauftragte die Stadt ihren früheren Schreiber Konrad J u s t i n g e r (gest. 1438 in Zürich), „geschicht und harkommenheit" der Stadt Bern in einer Chronik darzustellen. Aufgrund der Urkunden „in der stat kisten" sowie unter Benützung älterer Stadtchroniken (*Königshofen, Basler, Konstanzer, Zürcher Chronik*) entstand eine klare, überlegene *Berner Chronik* von der Stadtgründung bis zur Gegenwart; die Frühgeschichte der Innerschweiz wird noch zurückhaltend und in allgemeinen Wendungen als Einschub berichtet. Diebold S c h i l l i n g der Ältere (um 1430–1486), Schreiber und Ratsmitglied, führt die Justingersche Chronik weiter bis 1483 und kann dabei die hohe Zeit der Burgunderkriege aus eigener Anschauung lebendig machen. Die Schlußfassung wurde vom Rat amtlich zensuriert. Berühmt wurde Schillings Chronik ebenso wie die *Luzerner Chronik* seines Neffen Diebold Schilling des Jüngern durch ihre kulturgeschichtlich überaus reichhaltige Illustrierung – es sind durchgehende Bilderchroniken, in denen die Geschichte erhöhte Anschaulichkeit und volkstümlichen Charakter gewinnt. Den Höhepunkt der Berner Historiographie bildet dann, bereits im Zeichen von Reformation und Humanismus, das hervorragende Werk des Valerius Anshelm, entstanden 1529 bis 1540.

Die zürcherische Chronistik ist ein heterogener Komplex von Nachrichten, die durch verschiedene Verfasser in verschiedener Qualität im Lauf des 15. Jahrhunderts

gesammelt und aufgezeichnet wurden – der Krieg mit
den Eidgenossen 1439 bis 1446 läßt zunächst noch keine
Ausrichtung auf eine Bundesgeschichte zu; die Chronik
des konservativen Ratsherrn Gerold Edlibach
(1454–1530) betrifft gerade diese Zeit des Alten Zürich-
kriegs und der im Zeichen des mächtigen Bürgermeisters
Hans Waldmann stehenden krisenhaften späteren Entwicklung.

Eine Bundeschronik im eigentlichen Sinn wächst
unterdessen in der Innerschweiz heran. Das *Weiße*
Buch, ein hell eingebundener Band mit politisch-staats-
rechtlichen Urkunden im Obwaldner Landesarchiv zu
Sarnen, enthält auch eine kurze Chronik, die spätestens
um 1470 vom Obwaldner Landschreiber eingetragen
wurde, möglicherweise nach älterer Vorlage. Hier nun
erscheinen zum erstenmal die später so berühmten
Geschichten der heroischen Zeit, je für die einzelnen
Orte als Beleg des Freiheitskampfes: der Mann aus dem
Melchi (Melchtal), der im Bad erschlagene Vogt, der
Stauffacher in Schwyz, der Rütlischwur, die Geschichte
Tells, der Burgenbruch – die ganze, erzählerisch glän-
zende Befreiungssage mit der beständigen Präsenz der
vertrauten Landschaft. Dazu kommen kurze Erwähnun-
gen des sagenhaften Ursprungs der Urner, Schwyzer und
Unterwaldner, worüber gleichzeitig eine Chronik *Vom*
Herkommen der Schwyzer und Oberhasler phantasie-
volle Ausführungen bietet. Welchen Ursprung die
Geschichten des *Weißen Buches* haben: echte mündliche
Überlieferung, alte Lieder, alttestamentliche und altrö-
mische (Livius) Prototypen – ist gänzlich umstritten. Die
Tellengeschichte selbst scheint über ein Lied zur Ver-
herrlichung des „ersten Eidgenossen" aus gelehrter
Chronistik zu stammen; die Ähnlichkeiten mit der
Geschichte vom Schützen Toko in der Dänenchronik des
Saxo Grammaticus sind zwingend; auch eine Analogie
zum römischen Tyrannentöter, dem älteren Brutus, mag

mitspielen. Daß diese Überlieferung des *Weißen* Buches das Selbstbewußtsein der Eidgenossen für Jahrhunderte in ihren Bann schlug und zeitweise internationale Berühmtheit erlangte, das war nur möglich, weil 1507 aus der Hand des Luzerner Soldaten und Gerichtsschreibers Petermann E t t e r l i n die erste *Kronica von der loblichen Eydtgnoschaft* im Druck erschien, wo diese Innerschweizer Tradition benützt und in den Zusammenhang einer umfassenden Schweizer Geschichte gestellt war – dem Heiligen Römischen Reich zu Ehren auch hier noch. Die Substanz dieser Befreiungsgeschichten wurde durch Etterlin und alle, die ihm direkt und indirekt folgten bis hin zu Schiller, kaum verändert. Sie bildete, zusammen mit der stolzen Kette der alten Schlachten, erzählerisch die eigentliche Attraktion der eidgenössischen Chronistik.

Eine letzte Etappe auf dem Weg eidgenössischer Mythologisierung bildet schließlich die Chronik des Heinrich B r e n n w a l d aus Zürich (1478–1551), eine anekdotenreiche, aber erstmals doch auch pragmatisch verknüpfende und sorgfältig fundierte Chronik der Eidgenossenschaft, 1508 bis 1516 entstanden. Jeder eidgenössische Ort erhält die Darstellung seiner Geschichte bis zum Eintritt in den Bund; allem voran ist jedoch die Geschichte der alten Helvetier gestellt: Die Eidgenossen erhalten damit erstmals gemeinsame, humanistisch ehrenvoll beglaubigte Ahnen, als „confoederatio helvetica".

Dem historischen ist das topographisch-geographische Interesse verwandt. Die Reisebücher von Spätmittelalter und früher Neuzeit bilden eine Gattung, in der ähnlich wie in den autobiographisch motivierten Chroniken Welt- und Selbsterfahrung eins werden und Ausdruck suchen. Ist für die frühen Selbstbiographien das persönliche Erlebnis von Aufstieg und Bewährung Anlaß der Niederschrift, so ist es bei den Reisebüchern das einma-

lige Unternehmen, das als Höhepunkt eines Lebens zur
Aufzeichnung drängt; dabei wird Selbsterfahrenes oft
unbefangen mit Gehörtem, Gelesenem oder Erfundenem
angereichert. Es gab die fremden – ihrerseits durchaus
nicht immer stichhaltigen – Reisebücher des Marco Polo
und des besonders romanhaften John Mandeville (Iohan-
nes de Montevilla), die beide – Mandeville mehrfach –
deutsch bearbeitet und dann auch früh gedruckt wurden.
Weder die empirische Aufrichtigkeit noch das erlebende
Subjekt sind schon fest etablierte Kriterien.

In besonderen Fällen ist der Anlaß zur Orientfahrt ein
militärisches Unternehmen, so im *Reisebuch* des Johannes Schiltberger aus München, der „gerennesweyß",
d. h. als Reiter, mit 16 Jahren im Heer König Sigismunds
gegen die Türken zieht, bei Nikopolis gefangen wird,
dann in die Hände der bei Ankara siegenden Mongolen
fällt und insgesamt 33 Jahre im Osten unterwegs ist, bis
er 1427 nach Hause kommt. Fortan dient er als Kämme-
rer dem Herzog Albrecht III. Seine Aufzeichnungen, für
die er Mandeville und andere Quellen beizog, wurden
achtmal gedruckt. Die übliche Art des Reiseabenteuers
ist aber natürlich die Wallfahrt. Im 14. und vor allem
15. Jahrhundert werden die Pilgerfahrten nach Rom,
Santiago und vor allem zum Heiligen Grab in großer
Zahl von Adligen und vermögenden Bürgern unternommen. Sie führen zu tagebuchartigen oder rückblickend
erzählten Niederschriften – zur eigenen Erinnerung, für
die Familie, zur Belehrung und Hilfe für andere Rei-
sende. Die Motive zu diesen Pilgerfahrten zu sondern ist
sehr schwer. Immer noch lebendig ist das Wissen um das
Leben als Pilgerfahrt, die sich dergestalt konkretisieren
kann: Das Betreten des Heiligen Landes bedeutet, einen
Lebenssinn erfüllt, vielleicht ein Gelübde eingelöst zu
haben; Familientradition, Abenteuerlust, kaufmännische
Interessen kommen unter Umständen hinzu; Vorstellungen der alten Kreuzfahrergeschichten mögen noch nach-

wirken. Zeugnisse der Ergriffenheit stehen neben solchen der Desillusion wie schon im Hochmittelalter (ist doch das Wallfahren auch von kirchlicher Seite sehr verschieden beurteilt worden). Notiert werden geistliche und weltliche Merkwürdigkeiten, die erlebten Gefahren und immer wieder – die gehabten Ausgaben. Auch wenn die meist über Venedig und den Seeweg nach Jaffa und Jerusalem erfolgenden Reisen gewerbsmäßig organisiert waren, schriftliche Reiseführer existierten und die Berichte denn auch oft eine gewisse Gleichförmigkeit aufweisen, so blieb die Fahrt zumal für den Binneneuropäer doch ein großes und abenteuerliches Unternehmen. Die Regel bleibt auch hier das Fehlen subjektiver Reflexion in den Niederschriften, die durchgehende Orientierung am „Äußeren" – was natürlich keineswegs das Fehlen eines Innenlebens, nur das Fehlen einer angemessenen Ausdruckskonvention bedeutet.

Die überaus zahlreichen Aufzeichnungen reichen vom kurzen Eintrag in eine Familienchronik bis zum dreibändigen lateinischen Reisehandbuch. Dieses *Evagatorium in terrae sanctae, Arabiae et Egypti peregrinationem* des aus Zürich stammenden Dominikaners Felix Faber (oder Fabri) ist mit seinen anderthalbtausend Druckseiten das weitaus bedeutendste Werk dieser Art. Es beschreibt des Verfassers Reisen von 1480 und 1483, zieht aber auch gelehrtes Material heran und hält sowohl den geistlichen Sinn der Pilgerfahrt aufrecht, wie daß es auch eine Weltkunde des Vorderen Orients vermittelt. Wenn es durch seine Schilderung der „pericula, angustiae et tribulationes diversae" den Mitbrüdern in Ulm mehr Geschmack an ihrer „monastica quies" und „claustri stabilitas" geben will, so zeigt es auch damit die Spannung zwischen Weltinteresse und hergebrachter Frömmigkeit.

Im Ganzen der deutschen Aufzeichnungen kann man ein Zunehmen des erzählerischen Elements im Lauf der

Zeit feststellen, ein wachsendes Interesse für Land und
Leute, für Tiere, Pflanzen, Bauwerke, eine wachsende
Freude an der orientalischen Szenerie, eine zunehmende
„Verweltlichung" überhaupt. Instruktiv ist da das Reisebuch der Nürnberger Familie R i e t e r, deren Mitglieder
von 1384 bis zum Beginn des 17. Jahrhunderts auf Palä-
stinafahrt gingen. Das Reisebuch zeigt, wie die Notizen
von Peter Rieter (1436) zu Sebald dem Älteren (1464)
und Sebald dem Jüngeren (1479) in die Breite gehen.

Daß die Literatur der Chroniken, Reisebeschreibun-
gen und Selbstbiographien ihre volle Entwicklung erst im
Zeitenwandel von Humanismus und Reformation finden
wird, ist selbstverständlich.

3. Kunstprosa aus Böhmen

Den modernsten Beitrag zu einer neuen Prosa leistet seit
der Mitte des 14. Jahrhunderts die Hofkultur Kaiser
Karls IV. in Prag. Nirgends wie hier wird um diese Zeit
bewußt ein maßgebender Prosastil hohen Ranges gesucht
und gepflegt, im Anschluß an italienische Vorbilder und
weiter zurück an die spätlateinische und mittelalterliche
Rhetorik. Was die päpstliche und staufische Kanzlei des
Hochmittelalters an erhabenem Kunstprosastil und die
frühen Humanisten leichter und eleganter pflegten, wird
nun auch für die Muttersprache angestrebt. Symptomatisch ist, schon zu Anfang des Jahrhunderts, Dantes
Abhandlung über die „vulgaris eloquentia"; hier wird
sogar der Primat der Volkssprache über das Latein vertreten und wurde als höchste Form das vulgare illustre
unterschieden und an poetischen Beispielen auch für die
Prosa gelehrt. Ein hoher Stil, wie ihn Dante als aulicus
und curialis definiert, wird auch, lateinisch wie deutsch,
am kaiserlichen Hof und seiner Kanzlei in Prag erstrebt.
Das Interesse an rhetorisch streng durchgeformter lateinischer und deutscher Sprache entspringt dem Willen, in

neuen Zentrum eines neu begriffenen Reiches Stil und
Bildung darzutun, nicht zuletzt auch zuhanden der Hof-
gesellschaft, und dem Bedürfnis, durch die Reform der
Kanzleisprache dem schriftlichen Verkehr ein verbindli-
ches Maß zu geben – soweit das auf deutsch bei der
Zerklüftung der deutschen Sprachlandschaft überhaupt
möglich war. Eine solche Prosa, in der die rhetorische
Form nicht nur als Schmuck dient, vielmehr auch Bewegung und Lenkung der Geister will, steht neben Karls
Verdiensten um bildende Kunst und Architektur, um
Wirtschaft und Verwaltung und schließlich um die Wissenschaft und die 1348 gegründete Prager Universität. Sie
widerspricht nur auf den ersten Blick der gleichzeitigen
Gönnerschaft Karls für die auf ihre Weise gelehrte und
formbewußte Spruchkunst eines Heinrich von Mügeln.

Der Geist dieser böhmischen Spätgotik und Frührenaissance bleibt bei aller Modernität von Karls kluger,
wirtschaftlich denkender Politik durchaus religiös
bestimmt: Daß der junge Fürst eine lateinische Selbstbiographie verfaßt, ist als Versuch individueller Reflexion
neuartig; sie bleibt inhaltlich zugleich dem Vergänglich-
keits- und Sündenbewußtsein spätmittelalterlicher
Frömmigkeit verpflichtet. Der Versuch, mittelalterlich-
weltflüchtige und neuzeitlich-diesseitige Elemente aus
der Welt Karls IV. auszusondern und ihr Verhältnis
geistesgeschichtlich abzuwägen, liegt nahe, führt aber
sehr bald zum Unfug eines Operierens mit sinnlos
abstrakten Epochenbegriffen von „Mittelalter" oder
„Renaissance". Es ist noch die Größe des *Ackermanns
aus Böhmen,* wie hier scheinbar widersprüchliche Tendenzen in einem einmaligen Ganzen individuell überhöht
werden.

Nirgends wie in den Sprachbemühungen zeigt sich die
– immer noch recht partielle – Anregung seitens des
frühen italienischen Humanismus. Ihr Träger ist vor
allem J o h a n n v o n N e u m a r k t (bei Breslau), um

1310 bis 1380, seit 1352 königlicher Protonotar und Hofkanzler in Prag, seit 1353 Bischof von Leitomischl und später von Olmütz. Er hat Karl IV. auf seinem ersten Italienzug 1354/55 begleitet und dort Petrarca, mit dem bereits eine Korrespondenz vorlag, persönlich getroffen, und er stand in Beziehung mit dem römischen „Volkstribunen" Cola di Rienzo, der 1350 nach Prag geflohen war, dort aber schließlich von Karl konsigniert und später nach Avignon ausgeliefert wurde. Als Kanzler folgte Johann von Neumarkt dem Vorbild des eleganten, souveränen Humanistenlateins der Italiener wie auch ihrem Versuch einer Nachbildung in der Volkssprache. In seiner *Summa cancellariae Caroli IV* gibt Joannes Noviforensis, wie er sich nun nannte, in der alten Tradition der sogenannten Formelbücher – aus Brief- und Urkundenmustern, Formelsammlungen und Stilanweisungen bestehend – das Musterbuch für einen neu geregelten Kanzleistil und dessen Sprache. Ein bestimmender Einfluß dieser Prager Kanzleisprache auf die andern, sprachlich verwandten ostmitteldeutschen Kanzleien (so auch Sachsens) und damit auf die Entwicklung der neuhochdeutschen Schriftsprache wird heute allerdings nicht mehr angesetzt, da man vielmehr an eine komplexe gesamtsprachliche Entwicklung auf verwandter Grundlage denkt. Aber Johanns Unternehmen verliert damit nichts an Rang und stellvertretender Bedeutung. Das gilt vor allem für seine, auch als Muster gedachten, Übersetzungen. Denn auch jetzt und hier wird die Übersetzung wieder zum wichtigsten Mittel, in neue stilistische und literarische Möglichkeiten einzutreten. Der große Erfolg der von Johann von Neumarkt übersetzten, leicht eingängigen Erbauungsbücher ist zweifellos auch ihrem Übersetzungsstil zu verdanken und hat diesem wiederum zum Erfolg verholfen.

Aus Italien hatte Johann von Neumarkt den pseudoaugustinischen *Liber soliloquiorum animae ad Deum* (wohl um 1300 entstanden und für ein Werk Augustins gehalten) mitgebracht. Dieses *Buch der libkozung* hat er auf Wunsch des Kaisers „von wort czu worte" übersetzt und dem Auftraggeber in einer schwungvollen, aus einer einzigen großen Periode bestehenden Dedikation übergeben. Obwohl der sprachenkundige und in den heiligen Schriften geübte Kaiser eine deutsche Fassung nicht nötig gehabt hätte, sagt der Übersetzer, so wollte er eine solche doch anfertigen lassen zum Trost derer, die kein Latein verstünden (und damit sind wohl die Damen und Herren des Hofes gemeint) und zum Lob des allmächtigen Gottes und der Heiligen Dreifaltigkeit (auch dieses Motiv für eine Eindeutschung darf noch immer ernstgenommen werden). Das gebethaft-hymnische Buch – Selbstergründung und Lobpreis Gottes, Demütigung der zu Gott zurückstrebenden menschlichen Kreatur – ist ein überaus beliebter und bezeichnender Text des spätmittelalterlichen Augustinismus, wie er auch der Frömmigkeit des Humanismus zu einem guten Teil entsprechen mag. Er verkündet die Hingabe des frommen Menschen an Gott und gerade darin die Wiederherstellung seiner Würde und Ehre als göttliches Geschöpf und als Erlöster durch den Tod Christi. Das Selbstgespräch vor dem eigentlichen Adressaten, Gott, ermöglicht zugleich hohen rhetorischen Stil und gefühlshaft-reflektierenden Monolog, eine bei allem Anspruch einfach-getragene, in Anaphern, Parallelismen und Mehrgliedrigkeit der Satzteile mehr als in komplizierten syntaktischen Konstruktionen sich ergehende Sprache.

Auf Wunsch der mährischen Markgräfin Elisabeth ließ Johann von Neumarkt später die Übersetzung eines lateinischen *Hieronymus*-Werkes folgen; die Vorlage war eine ebenfalls in Italien entstandene Sammelkomposition zum Leben des Kirchenvaters, der als geheiligter Philologe, Gelehrter und Übersetzer seitens der Humanisten eine besondere Verehrung genoß und dem auch noch

Johann von Tepl ein Offizium mit Votivbild für einen
Hieronymus-Altar in einer Kirche zu Eger stiftete.
Schließlich übertrug Johann von Neumarkt – wenn
Joseph Klappers Zuschreibung an ihn richtig ist – auch
den *Stimulus amoris* (*Stachel der Liebe*), ein wiederum
beliebtes und mehrfach erweitertes Erbauungsbuch
mystisch-augustinischer Richtung, das im Original Bernhard oder Bonaventura zugeschrieben wurde, aber wohl
einem Franziskaner vom Ausgang des 13. Jahrhunderts,
Jakob von Mailand, zu verdanken ist. Aus dem Kreis
mährischer Augustiner-Eremiten lag bereits eine ältere
Übersetzung (um 1370) vor, die nun aber stilistisch weit
überholt wurde.

„Von wort czu worte" – so heißt von nun an das
Stichwort einer Übersetzungsmethode, die mit radika-
lem philologischen Gewissen, aber oft kühn und gewalttätig die deutsche Wendung dem lateinischen Vorbild
nachprägen will. So weit braucht indes Johann nicht zu
gehen. Mindestens die Soliloquien erlauben ihm, ohne
komplizierten Periodenbau ungezwungen und elegant,
unter behutsamer Berücksichtigung der deutschen Wortstellung, einen hohen Grad von Äquivalenz zu erreichen:

Hec sunt tenebre, quibus operior in hac abysso caliginosa
Das sind di schaten, domit ich bedeckt bin in disem vinstern
apgrund

carceris huius in quo prostratus iaceo, donec aspiret dies
dicz kerkers, dorinn ich verworfen bin vnd lig, bis der tag
erschein

et inclinentur umbre. Fiatque uox in firmamento uirtutis tue,
vnd der schat sich neig. Nu werd ein stymme in der uestenung
deiner warheit,

vox domini in virtute, vox domini in magnificencia dicatque ...
ein stymm des herren in kreften, ein stymme des herren in
mehtickeit. Nu mustu, herr, sprechen ...

(cap. XI)

In diesen Übersetzungen wie vor allem auch in den Anweisungen der Formelbücher spielt eine große Rolle die Pflege des cursus, d. h. der rhythmisch berechneten Kolon- und Satzschlüsse (im Prinzip die zwei letzten Worte). Nachdem die quantitierende Silbenmessung der Antike dem akzentuierenden Sprechen gewichen war, hat das hochmittelalterliche und wieder das humanistische Kanzlei- und Kunstlatein der Wahl und dem Wechsel der verschiedenen Kadenztypen (z. B. „planus" x́x/ xx́x; „velox" x́xx/x́xx; „tardus" x́x/xx́xx und „trispondiacus" x́xx/xx́xx) große Aufmerksamkeit geschenkt. Die wechselnd umspielten rhythmischen Elemente dieser Art waren in der Prosa, was das metrische Gerüst in der Versdichtung. Die Umsetzung des Prinzips in die Volkssprache brachte im Deutschen, anders als im Italienischen, begreiflicherweise besondere Schwierigkeiten in Theorie und Praxis, etwa mit dem hier häufigen männlichen Wortschluß. Eine Systematik in den deutschen Texten strikte nachzuweisen oder gar zum Gesichtspunkt der Textwiederherstellung zu machen bleibt darum problematisch.

Ohne die Pionierarbeit Johanns von Neumarkt wäre auch das einsame Gipfelwerk der böhmischen „Frührenaissance" und Wunder der spätmittelalterlichen Prosa überhaupt nicht denkbar: des Johannes von Tepl *Streitgespräch des Ackermanns mit dem Tod.* Johannes von Tepl (nach seinem Geburtsort) oder von Saaz (nach dem Ort seines Wirkens), um 1350 bis 1414, steht als Mitarbeiter in der Prager Kanzlei, als Stadtschreiber der böhmischen Stadt Saaz, wohl seit 1373, und der Prager Neustadt, seit 1411, beruflich in der Nachfolge Johanns von Neumarkt, dessen Bemühung um eine rhetorische Kunstprosa er zur Vollendung führt; er zitiert ausgiebig das *Buch der Liebkosung,* er hat seinerseits eine Reihe von Formelbüchern hinterlassen, er teilt den Bildungsbesitz des Prager Hofes mit zahlreichen Anklängen an

Heinrich von Mügeln und die gelehrte Spruchdichtung.
Er ist nun allerdings ein Laie, ein Jurist, der an der Prager
oder einer andern Universität (Paris?) ausgebildet wurde
und vermutlich den Magistergrad erhielt, in Saaz auch als
Schulrektor tätig war, ein angesehener und vermögender
Mann, und er schreibt in der neuen zusätzlich angereicherten Prosa ein originales Werk.

   Der erst 1933 entdeckte lateinische Begleitbrief, mit
welchem Johannes von Tepl sein neues Werk dem
Jugendfreund Petrus Rothers (Rothirsch) nach Prag sendet, spricht mit großem Aufwand an Bescheidenheitsfor-
meln von dem „incomptum et agreste ex Teutunico
li(n)guagio consertum agregamen" (dem ungefügen und
rohen aus deutscher Redeweise zusammengereihten
Gebilde), das er im Gedanken an den Freund und auf
dessen Bitten verfaßt habe, als Ährenlese „ex agro rheto-
ricalis iocunditatis" (vom Acker rhetorischen Vergnü-
gens). Die „grossa materia" (das grobe Thema) sei eine
„Invektive gegen das Fatum des unausweichlichen
Todes". Entsprechend bringt der Rest des Briefes ausschließlich eine Aufzählung der verwendeten Kunstmittel: Erweiterung und Verknappung des Stoffs, Lob und
Tadel, vollendeter und unvollendeter Ausdruck, Homo-
nymie und Synonymie, Rhythmus, Scherz und Ernst,
Metaphorik, Ironie, Wort- und Satzfiguren, Tropen und
auch sonst alle rhetorischen Zutaten, soweit sie „in hoc
idiomate indeclinabili" (in dieser sperrigen Mundart)
überhaupt möglich seien.

   In der Tat ist es noch immer neu und unerhört, was
hier dem Widerstand der Volkssprache abgerungen und
kunstvoll ausgeformt wird, nach Mustern sei es der
mittelalterlichen, sei es der humanistischen Manier. Und
dies will auch zuerst bedacht sein. Jeder Satz dieses
Streitgesprächs mit dem Tode ist eine gedrängte Demonstration von Kunstformen. Im folgenden einfachen Beispiel sind u. a. zu beachten die Laut- und Wortrespon-

sionen, die fast durchgehende zwei- oder dreigliedrige Variation des Ausdrucks, sentenziöse Wendungen, Deutsch-Idiomatisches („schabab"), metaphorisches und gleichnishaftes Reden, Antithetik im Aufbau des ganzen Passus, ausdrucksvolle Rhythmisierung und Proportionierung der Sätze und die Steigerung ihrer Folge:

> Frut (frisch) und fro was ich vormals zu aller stunt; kurz und lustsam was mir alle weil, tag und nacht, in geleicher maße freudenreich, wünnereich sie und ich beide; ein jegliches jar was mir ein genadenreiches jar. Nu wirt zu mir gesprochen schabab (kratz ab)! Bei trübem trank, auf dürrem ast, swarz und zerstort beleib ich und heule on underlaß. Also treibt mich der wind, ich swim dahin durch des wilden meres flüß, die tunnen (Wellen) haben überhant genomen, mein anker haftet niergent. Hierumb ich on ende schreien wil: Ir Tot, euch sei verflucht!　(III)

Neben solchem Pathos steht in andern Partien eine ins Preziöse gehende Kunst der umschreibend-amplifizierenden Schilderung, die latinisierend ist mit ihren Partizipialkonstruktionen und Genetivketten, zugleich aber durchaus dem geblümten Stil der Spruchdichtung verpflichtet. Aus dem Lobpreis des menschlichen Körpers:

> Da ist in der nasen der ruch, durch zwei löcher ein und aus geend, gar sinniglichen verzimert zu behegelicher senftigkeit alles lustsamen und wünnesamen riechens; da ist narung der sele. Da sint in dem munde zene, alles leibfuters malende einsacker; darzu der zungen dünnes blat den leuten zu wissen bringet ganz der leute meinung; auch ist da des smackes allerlei kost lustsame brüfung.　(XXV)

Oder schließlich der schwere, anaphorisch häufende, hymnische Prunk des Schlußgebets; daraus der Passus, der die ehrwürdige mystische Formel vom göttlichen Licht und der Finsternis permutiert:

> O licht, das da nicht enphehet ander licht; licht, das da verfinstert und verblendet alles auswendiges licht; schein, vor dem verswindet aller ander schein; schein, zu des achtung alle

licht sint als finsternüß; licht, zu dem aller schein ein schate ist, dem alle finsternüß licht sein, dem aller schate erscheinet; licht, das von anbeginnen gesprochen hat „Es werde licht!"; feuer, das unerloschen ewig brinnet; anfang und ende – erhöre mich!

(XXXIV)

Wenn nun aber im Begleitbrief nur von einer deutsch-rhetorischen Stilübung die Rede ist und dies vom Werk selbst bestätigt werden kann, so handelt diese „invectio contra fatum mortis inevitabile" dennoch, wenn nicht alles täuscht, von der persönlichsten Erfahrung und Lebensnot, die sich denken läßt: In der Rolle eines Ackermanns (des Menschen schlechthin, des Ackerbauers Adam, des Schreibers als des Pflügers mit der Feder) rechtet der Dichter mit dem Tod, der ihm vor kurzem seine geliebte Frau genommen hat. Der Gegensatz von rhetorischer Formkunst und „Erlebnis" ist freilich hinfällig, bedenkt man, was dem Verfasser und seiner Zeit Rhetorik und Formgebung überhaupt bedeuten, wie intensiv er seine Materie durchdrungen, wie genau die biographischen Angaben sind – und wie wenig sich bei jeder Dichtung das Erlebnis außerhalb des Werks dingfest machen und gar als Qualitätsmaß verwenden läßt. Am Ernst des Dichters oder auch nur am biographischen Anlaß zu zweifeln, liegt jedenfalls kein Grund vor. In sublimer Selbstrechtfertigung des Autors und seines Unternehmens ist der Tod nur darum bereit, sich vor dem Ackermann zu verantworten, weil dieser in Prosa spreche, es ihm also ernst sei:

> Du tust dem geleich, als dir ernst sei und dich not swerlich betwinge. Dein klage ist on reimen und on döne, davon wir brüfen, du wellest durch dönens und reimens willen deinem sinn nicht entweichen. (II,

(Zum Topos vgl. S. 818 ff.)

Die persönlichen Daten sind als solche signalisiert und zugleich verrätselt nach einer Manier, die gelegentlich im spätmittelalterlichen Gesellschaftslied verwendet wird: Aus Buchstaben- und Zahlenangaben sowie einem Akrostichon geht hervor, daß der Verfasser, Johannes, Magister artium, Schreiber der Stadt Saaz in Böhmen, nicht lange vor Abfassung des Werks, nämlich am 1. August des Jubeljahrs 1400, seine geliebte Ehefrau, Margaretha, Mutter mehrerer Kinder, durch den Tod verloren hat. Er fordert in der Rolle des Ackermanns den „herrn" Tod unter Klagen und Beschimpfungen zur Rechtfertigung heraus. Die Rahmenvorstellung einer Anklage vor Gericht mit zeitgemäßen juristischen Formen und Argumentationen tritt im Lauf des Disputs zurück vor dem allgemeinen Charakter eines scholastisch-rhetorischen Streitgesprächs (conflictus, altercatio, disputatio). Schließlich ist der Tod bereit, vor den Richterstuhl Gottes zu treten; über beide ergeht Gottes Urteil. Die Verzweiflung und die Klage (Anklage und Wehklage) des Ackermanns haben sich im Lauf der Auseinandersetzung objektiviert; der Prozeß geht um den Menschen, seine Vergänglichkeit und sein Elend, aber auch um seine Würde und Ehre. Der Tod, herausgefordert, gelangt von der persönlichen Verächtlichmachung seines Gegners zu einer Beschimpfung und Verhöhnung des Menschen überhaupt; auf den leidenschaftlichen Lobpreis der tugendhaften Verstorbenen durch den Ackermann, der dazu Wendungen aus der höfischen und volkstümlichen Liebeslyrik sowie der Mariendichtung braucht, antwortet der Tod mit dem Lasterkatalog einer Frauenschelte, wie sie in einem Fastnachtspiel stehen könnte. Noch einmal, im längsten Kapitel (XXXII), beschreibt der Tod zusammenfassend das Elend und die allgemeine Eitelkeit – es ist eine große Weltklage (nach Innozenz III., aber auch einem Typus des Meistersangs), in die er nun selbst, wie aus der Rolle fallend, einzustimmen scheint. Damit ist auch übergeleitet zum berühmten Richterspruch Gottes: „Ihr habt beide wohl gefochten; den zwingt das Leid zu klagen, diesen die Anfechtung des Klägers, die Wahrheit zu sagen." „Darumb: klager habe ere! Der Tot habe sig!" Beide haben ihren Besitz, ihre Herrschaft nur geliehen. Es folgt das unerhörte, alle Anrufungen Gottes häufende und durchspielende Schlußgebet des Ackermanns „für seiner frauen sele". Zur geheiligten Zahl der dreiunddreißig Abschnitte kommt damit vollendend der vierunddreißigste – die Zahl ist zugleich eine Huldigung an das hier besonders benützte *Buch der Liebkosung* und dessen 34. Kapitel „De luce divina".

Im Lob der verstorbenen Geliebten, der edlen Frauen und der reinen Ehe ist der Kläger frei geworden von der Subjektivität seines Leids: Sein Gebet gilt nur noch der Verherrlichung Gottes und dem ewigen Heil der Geliebten. Sein Wunsch lautet nicht, sie wiederzusehen, sondern nur, daß sie Gott schauen möge. Auf das gewaltig instrumentierte Gebet folgt aber noch ein wunderbares Decrescendo, die schlichteste Zusammenfassung in zwei kurzen Absätzen. „Mich reuet Margret, mein auserweltes weib", beginnt der erste, mit dem „Amen" endet der zweite. Wie in Wolframs *Parzival* der mächtige Aufwand des ritterlichen Suchens sich löst in der völlig einfachen, spontanen Mitleidsfrage, so wird hier das simpelste Wort der Trauer (mit dem schon die Totenklagen Hergers und Walthers beginnen) mit der Namensnennung zur Lösung. Gegen alle Anfechtungen des Todes hat sich der Ackermann dieses Menschenrecht der Klage nicht nehmen lassen: „unmenschlichen tete ich, wo ich solich löbliche gabe ... nicht beweinet" (VII, vgl. IX, XI, XXIII). Und damit sind wohl auch Recht und Sinn seiner Dichtung gemeint. Die Klage bedeutet auch die Ehrung der Frau; großartig der Einfall des Dichters, ihr Ehre und Saelde gerade durch den Mund des Todes zuzusprechen (IV).

Es ist schwierig, die eigentliche „Aussage" der Dichtung und damit ihren geistesgeschichtlichen Ort zu bestimmen. Die Form der Disputation in einem mehr oder weniger angedeuteten forensischen Rahmen erlaubt, ja erfordert, möglichst viele Gesichtspunkte zur Sprache zu bringen und die Argumente der Parteien im Gleichgewicht zu halten. Der Dichter ist natürlich nicht mit dem Ackermann identisch, er kann auch in der Rolle des Todes sprechen, oder genauer: es kommt ihm nicht auf das Recht einer Partei, sondern auf die Gesamtkomposition der Argumente an. Der so modern wirkende Protest (invectio) eines Individuums gegen das Fatum des Todes ist nur Element eines Ganzen, das objektiv und vielfältig vor uns aufgebaut wird. Die Disputation ist kein Drama, die Person des Dichters verschwindet hinter dem großartigen Zierat der Formen.

Auch von den Quellen und eventuellen Vorlagen her ist Johann von Tepl schwer zu fassen – es sei denn eben gerade seine synthetische Vielfalt (die spekulative These Antonin Hrubys von einem *Ur-Ackermann* in der Form eines aristotelisch orientierten Schuldialogs muß hier unerörtert bleiben, auch die Frage, was im Begleitbrief mit „libello *de novo* dictato" gemeint ist). Konkreter stellt sich die Quellenfrage dar, seit 1961 der tschechische Forscher Karel Doskočil in Prag einen Sammelband aus der zweiten Hälfte des 14. Jahrhunderts entdeckte, der u. a. eine Reihe von Schriften zum Thema Tod enthält und nach einem darin enthaltenen Eintrag einmal von „Johann von Teple" besessen oder wenigstens benützt worden ist. Neben Traktaten von Seneca, Richard von St. Viktor, Bonaventura und Augustin stehen darin Bernhards Schrift *De contemptu mundi,* die der Dichter für sein 24. Kapitel benützt hat, und vor allem ein *Tractatus de crudelitate mortis.* Dieser, aus 26 lateinischen Reimstrophen bestehend, kann als eigentliche Anregung, ja Vorlage betrachtet werden: Einer Schilderung der Allgewalt des Todes, von dem zuerst in der dritten Person, dann in direkter Anrede gesprochen wird, folgt

die Antwort des Todes, in der z. T. wörtlich und in
derselben Reihenfolge die gleichen Verteidigungsargu-
mente des Todes erscheinen. Im strengeren Sinne ein
Streitgespräch, mit angedeuteter Szenerie, ist ein sehr
verbreiteter *Dialogus mortis cum homine* in Vagantenzeilen, der den Gattungshorizont des *Ackermanns* noch
näher bestimmt. Inhaltlich wichtig ist ferner, neben
andern Seneca-Reminiszenzen, der sehr bekannte Dialog
De remediis fortuitorum (eine spätantike Bearbeitung),
das Gespräch zwischen einem klagenden Witwer –
„amisi bonam uxorem" ist sein Refrain – mit einem
Partner, der ihm mit rationalen Argumenten die Trauer
auszureden versucht; dieser Text ist vor allem im
20. Kapitel benützt. Schließlich bringen auch die spätmittelalterlichen Bilderbogen der Totentänze mit ihren
Aufschriften ebenfalls die pointierte Auseinandersetzung
des Menschen mit dem personifizierten Tod.

   Zu diesem dialogischen Grundtypus kommen die
inhaltlichen und formalen Anleihen im einzelnen. Wichtig ist natürlich die Bibel, vor allem das Alte Testament,
dazu kommen lateinische geistliche Prosa und Johann
von Neumarkt. Außerordentlich stark ist nun aber, wie
Arthur Hübner gezeigt hat, die mittelalterlich-deutsche
Komponente: immer wieder die Spruchdichtung von
Frauenlob bis zu Mügeln mit ihren gelehrten Anspielungen und ihrem florierten Stil, dann die Gesellschafts- und
Meisterlyrik, die Mariendichtung, das moralische Lehrgedicht und das Fastnachtspiel. Mit Namensnennungen
ist sogar die Heldenepik präsent. Alles hat natürlich im
Duktus der neuen Prosa ein ganz anderes Gesicht erhalten, ist kühn in neuen Zusammenhang eingeschmolzen
(umgekehrt stellt auch der geblümte Stil kein autochthon
deutsches Gewächs dar). Mit einem gewissen Recht kann
Hübner sagen, der *Ackermann* stehe zwischen zwei Stil-
sphären, ja es finde gelegentlich ein Zusammenstoß der
beiden Formwelten – deutsches Mittelalter und lateini-

sche Renaissance – statt. Zugleich aber rühmt er den „satten und kräftigen Wortgebrauch", die „Planheit, Durchsichtigkeit, Abgemessenheit" des *Ackermann*-Stils, die neue Anschaulichkeit der Bilder. Auf das Ganze gesehen, das selten so wie hier mehr ist als die Summe seiner Teile, ist eine neue Sprachschöpfung geglückt.

Deshalb ist es trotz des verwirrenden Quellenbefunds erlaubt, abschließend die Frage nach der eigentlichen Position dieser Dichtung gegenüber dem Problem des Seins zum Tode zu stellen. Das Schlußgebet steht außerhalb der dialektischen Auseinandersetzung; es ist auch als rhetorisches Prunkstück zum Nennwert zu nehmen: im Aufschwung des Gotteslobs und des Glaubens ist der Tod und das Leid überwunden. Am meisten sagt dabei vielleicht das aus, was hier fehlt: nämlich jede Betonung der Sündhaftigkeit, des Sündenbewußtseins, des Todes als der Sünde Sold. Der Tod ist ähnlich wie in der Mystik im Unbegreiflichen aufgehoben, vielleicht im Sinne Wilhelms von Ockham als freie Willensverfügung des allmächtigen Gottes. Aber: Menschenrecht und Menschenehre werden wiederhergestellt. Es ist zwar der Ackermann, der das Lob des Menschen verkündet als des „hübschesten ... allerbehendesten und allerfreiesten gotes werkstück", nach seinem Bilde geschaffen, fähig, bis in die Gottheit, ja darüber hinaus zu klimmen (XXV); er ist der Meinung, der Tod beleidige den Schöpfer in seinem edelsten Werk. Aber es paßt dazu, daß auch der Tod selbst nicht mit dem Vorwurf der Sünde operiert, sondern die Eitelkeit alles Menschlichen verhöhnt und seine eigene Existenz mit stoischem Rationalismus (Natura, Fatum, Wesen) erläutert.

In Gottes Urteil erhält der Ackermann seine *Ehre*, er hat wohl gefochten, er hatte Grund zu klagen. Ehre und Saelde (Gottesgunst) werden der verstorbenen Frau selbst vom Tod bescheinigt (IV), Prädikate höfischer Humanität selbst bei einer im übrigen „bürgerlichen"

Auffassung der Frau und Hausfrau. Im *Buch der Liebko-sung* (VII, vgl. XX) ist von der „wirdickeit" und „er" des Menschen die Rede, als des vernünftigen Wesens, das als Geschöpf nach dem Bild Gottes und als Herr der Schöpfung dank der Fleischwerdung Gottes bestimmt ist, über die Engel erhöht zu werden. Der *Ackermann* klingt daran an; christliche Theologie ist auch jetzt gültig, aber sie scheint welthaltiger, kühner geworden zu sein. Der Prozeß um die menschliche Ehre und Würde ist so direkt und so voll wie in dieser Dichtung bisher kaum geführt worden.

Im selben Jahr 1400, da des Stadtschreibers von Saaz Gattin starb, wurde Wenzel von Böhmen, der Sohn Karls IV., als deutscher König abgesetzt. Nach seinem Tod 1419 fiel Böhmen an seinen Bruder Sigismund, König von Ungarn, deutschen König seit 1410, doch konnte dieser das Land erst kurz vor seinem Tode 1437 in Besitz nehmen. Die Hussitenkriege (1419–36) machten inzwischen der Kultur von Prag und insbesondere ihrem maßgebenden deutschen Anteil für einmal ein Ende. Unter diesen Umständen mußte auch die Wirkung der *Ackermann*-Dichtung leiden. Aus Böhmen ist keine Handschrift erhalten, nur eine für die Textkritik wichtige tschechische Umdichtung (die wohl fälschlich auch schon als Vorlage Johanns von Tepl angesehen wurde): der *Tkadlek* oder *Tkadleček* (*Weber* bzw. *Weberlein*) eines gewissen Ludvík – ein Weber rechtet mit dem personifizierten Unglück um die Untreue seiner Geliebten (1409?). Vor allem in Oberdeutschland hat der *Ackermann* dennoch eine große Verbreitung gefunden. Es liegen 16 Handschriften und 17 alte Drucke vor. Die Differenzen zwischen den verschiedenen Texten wurden bei einer so intensiven Aneignung einer teilweise fremden Sprachform und eines ungewohnten Stils groß. Die Herstellung eines Überlieferungs-Stemmas ist problematisch und umstritten, so daß auch die verschiedenen

wissenschaftlichen Ausgaben in ihrem Wortlaut ungewöhnlich stark voneinander abweichen (zitiert wurde
hier nach der Ausgabe von Jungbluth 1969).

4. Anfänge des Prosaromans

Im Bereich der Erzählung bleibt der Vers erstaunlich
lange die obligate Form. Höchstens in der geistlichen
Literatur, mit Exemplum und Legende, und vor allem in
der Chronistik dringt die Prosa ein, also in den nicht-
höfischen und als nicht-fiktional empfundenen Gattungen, wo zudem lateinische Prosa im Hintergrund stand.
Die weltlich-literarische Erzählung, zumal der ritterliche
Roman und die heroisch-historische Erzählung französischen Ursprungs, verharrt länger in der mechanisch-
bequem gewordenen Verssprache, länger auch als die
französischen Vorbilder im Durchschnitt selbst. Wenn
nicht alles täuscht, blieb der deutsche *Prosa-Lancelot* ein
einmaliges Ereignis, während in Frankreich sich im
13. Jahrhundert – noch lange neben der Verserzählung –
eine kontinuierliche Kunst erzählerischer Prosa bildete,
die nun erst ziemlich tief im 15. Jahrhundert in Deutschland wirkliche Nachfolge fand. Diese deutsche Romanprosa entwickelt sich nun aber bereits zu einer Zeit, da –
im Durchschnitt nur wenig jünger – eine modernere,
literarisch bewußtere Prosakunst erscheint: die um die
Novelle gravitierende, nach lateinischen oder italienischen Vorlagen arbeitende Erzählung des frühen Humanismus.

Auch die neue Romanprosa der sogenannten Volksbücher, um die es hier zunächst geht, ist von hoher Bedeutung. Es geht ja um nichts Geringeres als um den Anfang
der nun nicht wieder abreißenden Allerweltstradition des
neuzeitlichen Romans überhaupt, um die Begründung
des beweglichen, leichten, offenen, unruhigen, im
Ergebnis alle sozialen Schichten umfassenden und Litera-

tur als soziales Geschehen wie keine andere Form konsti-
tuierenden Erzählmediums. Der Prosaroman löst endgültig alles Repräsentativ-Epische ab, umfaßt die ganze
Breite von der trivialsten Unterhaltungskunst bis zur
Problemdichtung und setzt auch die im höfischen Vers-
roman des Mittelalters noch gebundenen Energien frei.
Aufs Ganze der ersten Phase des Prosaromans gesehen
läßt sich sagen, daß dieser fern von allem literarisch-
rhetorischen Ehrgeiz ist, vielmehr zwanglos mitteilend,
stoffbezogen, ein kontinuierliches, rasches, aber
anschauliches Erzählen, unbekümmert vergegenwärti-
gend, aber mit eigenen Formen und Formeln und einem
eigenen unverwechselbaren Ton.

Solche Schlichtheit, ein oft fälschlich treuherzig wirkender Stil, der Reiz „altdeutscher" Intimität haben dazu
beigetragen, daß sich der Begriff „Volksbuch" für die
Prosaerzählung des 15. und 16. Jahrhunderts eingebürgert hat. Er hat viel Verwirrung gestiftet, hat seit der
Romantik seine Bedeutung unmerklich verändert und ist
jedenfalls, zum Nennwert genommen, für unsern Zweck
ungeeignet. Er meinte zunächst eine Literatur, die dank
großer sozialer und zeitlicher Verbreitung als umfassender Gemeinbesitz des Volkes erschien, des Volkes im
Sinn nationaler Gesamtheit wie auch speziell der tragen-
den Unterschichten, in denen der Volksgeist besonders
lebendig sei. Der Begriff reicht zeitlich über unsere Epoche hinaus, sofern es Görres gerade um die Kontinuität
von Jahrhunderten bis zur Gegenwart ging, und er
bezeichnet nicht nur den besonders wichtigen Typ des
frühen Prosaromans, sondern auch Kurzerzählung,
Schwanksammlung, Kalender, Arzneibüchlein usw.
Dazu kommt heute das Bedürfnis, zwischen Hochliteratur und Trivialliteratur zu unterscheiden, schichtenspezi-
fische Funktionen festzulegen, nach ästhetischen oder
geschichtlichen Qualitäten zu fragen. Von vornherein ist
freilich zu sagen, daß der Prosaroman nicht anders als

der höfische Vorgänger wesentlich von der sozialen Elite geschaffen und getragen ist. Er kann dann allerdings durch die Erfindung des Buchdrucks mit oder ohne weitere Trivialisierung zur verbreiteten Volksliteratur werden, zu „abgesunkenem Kulturgut". Es gehört aber zum Signum der Epoche, daß das Sozialsystem in Bewegung geraten ist und soziales und literarisches Niveau keineswegs mehr konform sind. Auch die soziale Elite kann vulgär sein, und die Erfahrungen und Träume einer Unterschicht können auch für eine Oberschicht gelten.

Die neue Form ist – und das mag enttäuschen – nicht durch einen klaren schöpferischen Akt entstanden. Die Autorin, die für uns repräsentativ am Anfang steht, ist bei aller imponierenden Umsicht und Tüchtigkeit keine große Begabung, und die ganze Gattung bedarf zu ihrer Würdigung eines differenzierten historischen Wohlwollens. Der frühe Roman ist keine Pionierleistung, soweit man nur auf die Stoffe achtet und nicht auf die spezielleren Probleme der Prosaform. Bis zur Mitte des 16. Jahrhunderts ist der deutsche Roman in stofflicher Hinsicht beinahe nichts anderes als ein Produkt von Zerfall und Zersetzung, ein Ausverkauf der erzählerischen Erbmasse des Mittelalters, wenn auch mit oft bezeichnender Auswahl. Und er ist in Deutschland fast ganz nur die direkte oder indirekte Verwertung französischer Vorlagen, er gilt – etymologisch korrekt – importierten romanischen Stoffen, die als solche schon romanhafte, „romantische" Reize für den deutschen Leser besaßen.

Entstehungsgeschichtlich sind verschiedene Fälle zu unterscheiden: (1) deutsche Prosa nach französischer Prosa- oder Versvorlage (wobei die beiden Schritte der Prosaauflösung und der Übersetzung gleichzeitig erfolgen). (2) Prosa nach deutschen Versvorlagen (deutsche Prosaauflösungen im engern Sinn); dazu kommen (3) in sehr geringer Zahl deutsche Originalwerke. Für Niederdeutschland ist wiederum mit niederländischer Vermitt-

lung zu rechnen. Wir verfolgen hier den Vorgang bis
zum Beginn des 16. Jahrhunderts.

(1) Einzelne Fragmente, Nachrichten und unsicher aus
späteren Handschriften erschließbare Vorlagen lassen
erkennen, daß es schon im 14. Jahrhundert Ansätze eines
Prosaromans gab (man kann das Troja-Buch Hans Mairs
hieherrechnen) und Prosaauflösungen von Legenden wie
Gregorius oder *Heinrich und Kunigunde*. Die Gattung
war auch im Deutschen längst fällig, als die Gräfin
Elisabeth von Nassau-Saarbrücken (um
1390–1456) um 1437 ihr Corpus von vier inhaltlich und
überlieferungsmäßig verwandten Romanhistorien in die
Welt setzte und damit im großen ganzen ein überaus
repräsentatives Werk schuf. Es war originell auch insofern, als sie selbst als Tochter eines Herzogs von
Lothringen ganz in französischer Kultur aufgewachsen
war und zu deutschen Traditionen keine nachweislichen
Beziehungen hatte, aber nun, als Gattin und regierende
Witwe eines deutschen Grafen, für ihren deutschen Hof
eine angemessene Lektüre bereitstellte. Sie wußte, was
galt; sie hatte verwandtschaftliche und politische Beziehungen zu literaturfreudigen französischen Höfen; in
Deutschland bestanden engere Bande zur Kurpfalz:
Mechthild von der Pfalz, später von Österreich, an deren
Hof in Rottenburg am Neckar sich später humanistische
und späthöfische Literaturpflege verbanden, war eine
Cousine Elisabeths. Ihre Vorlagen erhielt die Gräfin
vermutlich von ihrer Mutter, Margarete von Vaudémont
und Joinville, einer Enkelin des großen Chroniqueurs, in
dritter Ehe Gattin des Herzogs Friedrich von Lothringen.

Es handelt sich um eine Gruppe unter sich verwandter
junger Chansons de geste in Versen, die direkt in deutsche Prosa umgesetzt wurden, wahrscheinlich in folgender Reihenfolge:

Herpin, nach einer in verschiedenen Fassungen überlieferten Chanson *Lion de Bourges*, einer späten abenteuerreichen Kompilation über die Taten des Sarazenenkämpfers Vicomte de Bourges. 3 Handschriften, eine weitere bezeugt, 4 Drucke im 16. Jahrhundert.

Sibille, nach verlorener Vorlage, eine kurze Geschichte vom Typ der zu Unrecht verleumdeten und verfolgten Ehefrau, hier Karls des Großen, verwandt mit der beliebten, schon im 14. Jahrhundert entstandenen und später auch in Prosa gefaßten *Königin von Frankreich* eines gewissen Schondoch. Die einzige Handschrift erst 1977 abgedruckt.

Loher und Maller, nach einer nur über mittelniederländische Fragmente rekonstruierbaren Vorlage, die kompilatorische Geschichte eines Freundespaars: Loher, der Frankenkönig Chlothar I., hier zum Sohn Karls des Großen gemacht, geht, nur von seinem treuen Vasallen Maller (Mallart) begleitet, in die Verbannung, heiratet die byzantinische Königstochter, wird entmannt, besiegt seinen mißgünstigen Halbbruder Ludwig, tötet unwissentlich Maller, woran sich die Schicksale von Lohers Sohn samt der Handlung der alten Chanson von *Isembart et Gormont* anschließen. 5 Handschriften, 3 Drucke im 16. Jahrhundert, von Dorothea Schlegel als romantisches Volksbuch bearbeitet.

Huge Scheppel, die sagenhafte Geschichte des Hugo Capet, der als Enkel eines Metzgers die Tochter des letzten Karolingers heiratet und die neue Dynastie der französischen Könige begründet. Vorlage ist die erhaltene Chanson von *Hugues Capet*. Nur 1 Handschrift, aber 10 Drucke von 1500 bis 1794.

Daß das Werk der Gräfin sowohl – bei *Loher und Maller* und *Huge Scheppel* – in illustrierten Prachthandschriften niedergelegt wurde wie auch als populärer Lesestoff während Jahrhunderten diente, beleuchtet die Veränderung der literarisch-sozialen Szene. Ähnlich wie in Deutschland um diese Zeit eine neue Zuwendung zur

Heldendichtung erfolgt, verzeichnet Frankreich ein spätes Revirement der Chanson de geste, also einer vorhöfischen Literaturgattung. In der neuen Mode wird diese freilich versetzt mit spielmännischen und abenteuerlichen Motiven und verliert den alten heroisch-sakralen Glanz. Zurück bleibt eine massive, wenn nicht primitive Stofflichkeit, die offenbar gegenüber einer ausgezehrten höfischen Idealität als wohltuend und gesund empfunden wurde. Dazu kam in günstigen Fällen eine gewisse Aktualisierung, zunächst insofern, als sich in der vorherrschenden Motivik der Fehden, Brutalitäten und Niederträchtigkeiten, der Orienterlebnisse, der unzimperlichen Liebesabenteuer bei veräußerlichter Wahrung zeremoniöser Formen unschwer eine konzentrierte Spiegelung der wirklichen Zeitverhältnisse erkennen ließ – wobei nur zu vermuten bleibt, daß sich weniger die Verhältnisse als die Literatur geändert haben.

Am modernsten ist zweifellos der _Huge Scheppel_. Er macht einen sozialen Aufstieg zum Thema, spricht unverblümt vom Geld und den Schulden seines Helden, schildert ihn als unentwegt erfolgreichen Kämpfer oder besser Schlächter in Einzel- und Massenkämpfen und führt zugleich einen Frauenhelden vor, der im ganzen Land herum sich „ermanet" (ermannt) „vnd künlich syn weydespiel getrieben" hat (3 v), und läßt die Bürgerschaft von Paris und den Metzgermeister Simon, Huges reichen Onkel, eine entscheidende Rolle spielen. Das wird illusionslos, aber auch problemlos vorgetragen; auftauchende Bedenken werden rasch beseitigt: „Jst wol in bulschafft grosse dorheit / so ist aber grosse freude vnd wollust da Inne" (2 v).

Die Gräfin erzählt das alles rasch und sachlich nach. Nachdem sie sich anfänglich sehr eng an den Text gehalten, befreit sie sich zu einer selbständigeren Sprache, mildert immerhin fragwürdige Stellen und nimmt einige Kürzungen vor (worin die Drucke dann noch weiter

gehen). Der *Huge Scheppel* kann auch stilistisch als gutes
Beispiel eines „Volksbuchs" dienen, obwohl er keineswegs als Volkslektüre geschaffen wurde. Es ist der Stil
einer bis zur Roheit kompakt und fraglos gewordenen
Welt. Die Sätze folgen sich meist parataktisch oder in
einfacher Verkettung durch eintöniges „und, darmit,
danach, indes" usw. Darin mag die notwendig einfache
Syntax des Versstils noch nachwirken, doch entspricht es
auch einer Wirklichkeit, in der die Dinge isoliert nebeneinanderstehen, ohne Wertung, Stufung, ideelle Beziehung und Transparenz. Die Personen stellen sich objektiv dar in ihren sachbezogenen Reden und Gedanken,
ohne daß der Erzähler explizit einzugreifen pflegt. Auch
eine höfisch-zeremonielle Szene ist in dieser eiligen Parataxe gegeben:

(Die Königin spricht:) Got gebe das ich üch des her nach
gelonen möge / Da mit name sij yne by der hant / Vnd furte yn
hin vff den palas / Vnd waren da Jnne in grossen freuden / vmb
das is yne wol erlongen hatte / Marie ire dochter mit yrem
stoltzen libe vnd frolicher geberde / wart in irer nature beweget /
Vnd begonde hugen heymlich liep zu haben vnd sprach zu ir
selbs / Ach were is gottes wille / Das ich einen solichen Jongen
gesellen zu manne hett Ich han doch by mynen dagen keynen als
schone als er ist nit gesehen In des Alls siy also vff dem palas
waren / Da kamen die taffel diener Vnd hiessen wasser nemen
Dar nach satzete man sich zü dysche / Die konigynne vnd yre
dochter sassen an eynen dische besunder / vnd darnach iglicher
nach dem yme geburte /   (13 r)

Was die Liebe betrifft, so ist sie auch von seiten der
Damen – hier sogar im Wettbewerb von Mutter und
Tochter – direkt und ungeniert und ohne ideellen Überbau. Und das ritterliche Handwerk ist blutig wie nur je
in der Heldendichtung; die abgehauenen Hände und
Füße und die gespaltenen Köpfe werden mit erschrek-
kender Selbstverständlichkeit rapportiert, wobei allerdings mehrfach, in humoriger Anspielung auf die Her-

kunft des Helden, von „metzlen" die Rede ist. Eine Steigerung ist nur durch die Quantität möglich, bei der Zahl der eroberten Damen wie der erschlagenen Gegner.

Dennoch herrscht ein, wenn man will, einnehmender Erzählton, ja der Eindruck treuherzigen Vortrags. Es fehlt ja auch nicht an frommen Floskeln, an Anrufungen von Gottes Gnade und Allmacht, am Aufsagen des Credos, aber auch diese Elemente stehen wie unverbunden neben dem faktischen Vorgang. Und im übrigen ist immer die Autorität der „History" da, um allfällige Bedenken zu zerstreuen – es handelt sich bei den Chansons ja um historisch gedachte oder vorgegebene Geschichten. Die fraglose Wirklichkeit des Erzählten verhindert offenbar auch, daß mindestens für den deutschen Leser eine Grundfrage zum Austrag kommt: wieweit nämlich eine solche Gründungsgeschichte des französischen Königtums ernst und wieweit ironisch, ja zynisch gemeint ist und verstanden werden soll. Manche Episoden sind reine Burleske, so etwa die der zehn Bastarde im Land herum, die sich spontan versammeln, um ihrem Vater in Paris beizustehen. Vor abgebrühten, wissenden Mitgliedern des französischen Hochadels vorgetragen, mag diese Chanson über den Aufstieg von den Fleischbänken zum Thron als Frivolität, als Hohn oder Selbstparodie (je nach der Adresse) und ihr Naturalismus als neuer Reiz verstanden worden sein. Wie sich die tüchtige Gräfin Elisabeth dazu stellte, ist abgesehen von ihren Milderungen kaum mehr erkennbar, und der Volksbuchleser von drei Jahrhunderten wird die Geschichte aus Frankreich offenen Mundes zur Kenntnis genommen oder sich – gut unterhalten – gar nichts gedacht haben. Für uns wichtig ist der Durchbruch eines handfest-derben, gedrungenen Stils, der ja auch in der zeitgenössischen Malerei und Plastik seine Parallelen hat.

Einen eigentlichen Gegentyp zu den massiven Chansons der Gräfin Elisabeth bildet der Roman von *Pontus und Sidonia,* die sentimentale Variante eines erfolgreichen höfischen Trivialromans. Unabhängig voneinander und ungefähr gleichzeitig haben sich um die Mitte des Jahrhunderts zwei Übersetzer der anonymen, bereits in französischer Prosa um 1400 entstandenen Vorlage angenommen. Die für die Folgezeit maßgebende Übertragung (A) stammt eine erstaunliche Analogie zur Unternehmung Elisabeths – von der Stuartprinzessin E l e o - n o r e v o n Ö s t e r r e i c h (1433–80), die 1449 dem Herzog Sigmund von Tirol verheiratet und nach wenigen Jahren imstande war, ihrem Innsbrucker Hof einen französischen Roman in gutem Deutsch zu präsentieren (1453?), unbeschadet ihrer vielfältigen andern literarischen Interessen. Ihre Übersetzung wurde 1483 erstmals gedruckt, erfuhr bis 1769 immer neue Auflagen und wurde 1792 in Reichardts „Bibliothek der Romane" aufgenommen. Eine zweite Bearbeitung durch einen Unbekannten (Rheinfranken?) war zwar mit 5 erhaltenen Handschriften zunächst stärker verbreitet, gelangte aber nicht in den Druck (B).

Der *Pontus* ist in der Grundstruktur ein Liebesroman vom alten griechischen Typ (z. B. *Apollonius von Tyrus*), wie er in vielen Varianten, so in *Flore und Blancheflur* oder im *Wilhelm von Orlens,* höfisch geworden war. Dazu kam die kriegerisch-abenteuerliche Motivik des Kampfs mit den Heiden, hier in Europa selbst, was im Hinblick auf die spanischen Mauren und auf die Türkengefahr Aktualität auch in Deutschland besaß. Der junge galicische Königssohn wird von den einbrechenden Scharen des Sultans von Babylon aus seinem Land vertrieben und gelangt nach Klein-Britannien, wo ihm die schöne Königstochter Sidonia hold wird und er Wunder an Heldentaten gegen die Heiden vollbringt. Eine Verleumdung trennt das Paar, Pontus zieht sich in ein Kloster zurück und fordert darauf als unbekannter Schwarzer Ritter mit den weißen Zähren die halbe Welt zum Zweikampf heraus, schickt ein Jahr lang jeden Samstag einen besiegten Ritter an Sidonia, geht nach England und wird nach vielen Abenteuern mit der Geliebten versöhnt und vereint, bringt den bösen Verleumder gründlich um und herrscht glücklich als König von Galicien und Britannien. Der Drucker verspricht seinen Lesern „viel guoter schöner Lere" und „Vnterweisungen vnd Geleichnuss", und tatsächlich herrscht hier, abgesehen von dem neidischen Bösewicht, eitel Tugend und Frömmigkeit. Ausführlich werden des Pontus Qualitäten beschrieben: Er ist reinlich, geht zur Kirche, ist mäßig, mildtätig, zurückhaltend im Schwören, versöhnlich und mutet keiner Jungfrau oder Frau etwas Unehrenhaftes zu (A 125 f., 147). „Vnnd also der ewig gütig Got, der geren erhöret vnnd nicht vergisset den Ruoff seiner lieben Dienere vnnd Freund, der erhöret jr Gepet" (123). Aber Pontus hat auch den irdischen Vorzug spätgotischer Eleganz: „Schone was er von lybe, breit von schuldern vnd mitten small, schone lange beyne oben an den dieche (Oberschenkel) gesetzt vnd geformet, als ob man yne wuntschen solt" (B 61). Dessenungeachtet ist er ein gewaltiger und ungehemmter Krieger, Kampfschilderungen entfalten sich auch hier breit und blutig. Während Eleonore der Vorlage eng zu folgen scheint, ist der Anonymus schon eher ein Bearbeiter. Er schwellt den erzählenden Text durch neue, anschauliche Details temperamentvoll an, vor allem aber erweitert er die Liebesgespräche und Klagereden, um hier seinem stilistischen Spieltrieb den Lauf zu lassen und einen „höfisch gedrechselten und geblümten Stil" (K. Schneider) zu zelebrieren. Damit wird auch, entgegen der üblichen Tendenz, im Volksbuch ein Versuch eigenständiger rhetorischer Kunstprosa unternommen:

Vnd ist is sache, das ir also werdent myn ritter, vnd das ir vch so ferre tornt (wagt) getruwen vnd vwer denckent so mechtich

zu sin, mir in getruwem dienst zu verblyben vnd stetich zu
verharren, wollent mir das dan zu den heyligen sweren, das ir
mir getruwelich also dienen wollent vnd das thun mit eren.

(B 23)

Zu den erfolgreichsten Prosaromanen gehört auch des
Thüring von Ringoltingen (um 1410–85) *Melusine*. Dieses Werk, 1456 abgeschlossen, 1474 erstmals
und dann immer wieder gedruckt, daneben in 16 Handschriften erhalten, kann zudem einen dritten Typus des
neuen Romans belegen. Der Verfasser gehörte einer in
Bern reich und mächtig gewordenen Familie an, die aus
dem Simmental stammte und wegen ihres Handels mit
Milchprodukten ursprünglich „Zigerli" hieß; Thürings
Vater war dreimal, Thüring selbst in den Jahren 1458 bis
1468 viermal Schultheiß. Er äußert sich sehr genau über
Motive und Umstände seines Unternehmens. Er hat das
„in franckzoyser sprach und welscher zungen" verfaßte
Versepos eines gewissen Couldrette (es gab daneben zum
selben Thema auch den Prosaroman eines Jehan d'Arras)
„translatiert, schlecht und one rymen nach der sub-
stantz". Es kam ihm auf den Inhalt an, den er denn auch
ernsthaft „für ein warheit" erklärt, für dessen Schauplätze er Augenzeugen nennt und den er ausdrücklich
abhebt vom Geschehen der Artusromane, von *Tristan,
Sant Wilhelm, Pontus, Wilhelm von Orlens* u. a. Wenn er
dennoch erklärt, „kunst und aventür" seien über alle
andern zeitlichen Dinge zu schätzen, so gilt dies, weil
ihm Gottes faktische, geschichtliche Wunder abenteuerlicher sind als alles Erfundene. Er erzählt in einer sachlichen, unter Umständen trockenen Prosa, gegenüber der
Vorlage tilgt er alles rhetorische Beiwerk, arbeitet das
Inhaltliche heraus und versieht es gelegentlich mit Kommentaren. Man darf seine Prosa wohl mit dem Stil der
Chronistik zusammensehen; das aufrichtige Sachinteresse gibt ihr eine eigene Inständigkeit. Das Melusinen-

märchen („gestörte Mahrtenehe") ist hier wie im *Peter von Staufenberg* verknüpft mit der Geschichte eines ritterlichen Geschlechts, also romantisiert und historisiert. Die Herren von Lusignan, noch zur Entstehungszeit unseres Werks Inhaber des Königreichs Cypern, führten ein Meerweibchen im Wappen und ließen ihren Aufstieg aufgrund einer etymologischen Theorie (Mer + Lusigne = Mellusigne) in Zusammenhang bringen mit einer glückhaft-abenteuerlichen Ehe ihres Urahns. So bildet die Melusinenhandlung nur den Rahmen: Der arme Grafensohn Raymund begegnet der königlichen „merfaye", sie bringt ihm höchstes Glück und Reichtum; er bricht seinen Eid und beobachtet eines Samstags seine Gattin im Bade und sieht, daß sie vom Nabel abwärts „ein schamlicher wurm" ist; Melusine scheidet klagend und muß nun unerlöst bis zum Jüngsten Tag in Pein sein, Raymund endet sein Leben als Einsiedler in Montserrat. Ebenso wichtig sind nun jedoch die Schicksale und Taten der zehn Söhne, die alle mit einem körperlichen Makel geboren sind, aber z. T. große Geschlechter begründen, drei von ihnen ein Königtum. Besonders die Geschichte des Riesenkämpfers Geoffroy ist wieder ein Roman für sich. So ist das Ganze eine Familiengeschichte und ein Beitrag zur Geschichte des europäischen und nahöstlichen Adels. Melusine, die dem Helden bei einem Brunnen erscheint, ist noch weniger als in den andern Fassungen ein dämonischer Naturgeist. Sie ist bei allen magischen Fähigkeiten eine gläubige und fromme Christin, Inbegriff einer Geliebten, Mutter und Königin. Das unerhörte Glück, das sie verheißt, betrifft über das Individuum Raymund hinaus das ganze Geschlecht. Das Melusinenmotiv hat weniger individualpsychologische als soziale Bedeutung. Man kann Melusine auch hier als die Verkörperung aller höfischen Wunschträume schlechthin verstehen. Dieses Wunschglück aber mißlingt und damit auch die Erlösung, die Verwirklichung dieses „halben gespönste" zum ganzen Menschen. Thüring spricht vom Walten der Fortuna und vom Ende aller menschlichen Glückseligkeit in Leid und Kummer, und er führt mit einem Exemplum aus Ambrosius (Polykrates-Motiv) aus, daß gerade die scheinbar vollendete irdische Glückseligkeit ein Vorzeichen der ewigen Verdammnis sei. Der Übersetzer mochte dabei auch an sich selber denken: jedenfalls verlor Thüring im Lauf seines Lebens sein Vermögen, und sein Geschlecht erlosch im Mannesstamm mit ihm so rasch, wie es aufgestiegen war. Entscheidend ist, wie sich Schuld ins Glück mischt: die scheinbar so glückhafte Verbindung mit Melusine steht von Anfang an unter bedenklichen Vorzeichen. Raymund hat seinen Herrn auf der Jagd versehentlich erschlagen und verheimlicht dies nun – auf Anraten von Melusine selbst. Das ist die im Grund ungelöste Melancholie dieses Romans: Der Glanz hohen Adels ist zwar begehrenswert wie nur je, aber ebenso bewußt und immer mehr aus der Zeitgeschichte beglaubigt ist der Wandel aller Dinge, der Aufstieg und der Niedergang von Geschlechtern und die tiefe Verstrickung in menschliche Schuld. Es bleibt dennoch ein gläubiges Staunen: „Ach got, wie ist din wunder so groß und so manigfaltig, oder wie mag die natur an sich selbs ein solich gestalt haben, das sü eynen man lat werden, der von synem übeltuon und syner mistat sol in großem glück und zittlichen eren erhohet werden" (40).

Harmloser ist das jüngere, ungeniert schon ins Reformationszeitalter hineinragende Unternehmen eines andern Berners. Wilhelm Z i e l y (gest. 1542), Angehöriger eines ebenfalls nur kurzlebigen Ratsgeschlechts, hat 1511 zwei bereits in französischer Prosa (1482 und 1489) vorliegende Romane übersetzt, die 1521 und dann noch mehrfach gedruckt wurden: *Olivier und Artus* und *Valentin und Orsus*. Sie sind motivisch miteinander verwandt, beides Geschichten vom Typ der Freundschafts-

sage, wie ihn etwa Konrads von Würzburg *Engelhard*
vertritt: Olivier ist der Sohn des Königs von Kastilien, er
flieht vor der Liebe seiner Stiefmutter nach England,
kommt um Hab und Gut, erringt sich die Königstochter,
wird aus dem nachfolgenden Unglück von seinem Halbbruder Artus gerettet und heilt diesen seinerseits durch
das – von Gott rückgängig gemachte – Blutopfer seiner
Kinder; Valentin und Orsus sind Zwillingssöhne des
Kaisers von Konstantinopel, Orsus wird von einer Bärin
im Walde bei Orléans geraubt und wächst als namen-
und sprachloser Waldmensch heran. Nach „einem wahren Rattenkönig von verschlungenen Abenteuern"
(J. Bächtold), die sich von Portugal und Frankreich über
Konstantinopel bis Indien ziehen, beschließen beide ihr
Leben als Büßer. Beim *Valentin*-Roman handelt es sich
um die jüngere Fassung eines Stoffes, der auch in einer
Versfassung in Europa verbreitet war, so in einer mittelniederdeutschen Dichtung aus der ersten Hälfte des
15. Jahrhunderts und einer fragmentarischen mitteldeutschen Fassung, auf der wieder eine frühe Prosaauflösung
aus Breslau (Handschrift von 1465) beruht. Ziely möchte
mit seiner Arbeit „verdrüßlichen" und „schwermütigen
menschen" Erleichterung bringen, bittet aber seine
Leser, dem Buch nur so viel Glauben zu schenken, als es
der Wahrheit entsprechen möge, jedenfalls nicht so, wie
man die Bibel lese. Mit dieser Alibi-Erklärung läßt er die
Wunder- und Zaubermotive seiner Romane auf sich
beruhen. Er übersetzt freier und volkstümlicher als Thüring, bringt Bilder und Wendungen aus seiner kräftigen
Berner Umgangssprache und nähert sich damit stärker
dem Stil eines behaglichen „Volksbuchs".

Diesen Erfolgsromanen gegenüber blieb zweifellos
manches andere im verborgenen. So ist nur ein kurzes
Fragment einer *Cleomades*-Erzählung in Bern erhalten,
spätestens auf 1452 zu datieren, nach einer französischen
Prosa *Adenes li roi*. Bis heute ungedruckt blieb eine

unabhängig von Thüring entstandene Melusinenprosa nach Couldrette des Basler Ratsherrn Nikolaus Meyer (Handschrift 1471).

Umgekehrt ist es bemerkenswert, daß manches nicht ins Hochdeutsche gelangte, was im übrigen Europa sehr beliebt war. So wurde 1488 in Antwerpen nach niederländischer Vorlage ein niederdeutscher Liebesroman von *Paris und Vienna* gedruckt mit einem Stoff von großer europäischer Verbreitung: Die Liebe des Ritters Paris zur Tochter des Dauphins siegt über alle im Westen wie im Osten sich stellenden Hindernisse und führt zum rührenden Finale. Entstanden war der Roman im 14. Jahrhundert in der Provence oder in Katalonien und lag bis 1528 bereits in neun verschiedenen Sprachen gedruckt vor.

Spät erst erscheinen andere Werke, die als „Volksbücher" in ganz Europa und in vielen Fassungen verbreitet waren und in Deutschland eine große Zukunft hatten. *Die vier Haimonskinder* (d. h. Söhne des Grafen Haimon in ihren Kämpfen mit Karl dem Großen), ursprünglich eine Chanson de geste des 12. Jahrhunderts (Renaus de Montauban), werden aufgrund niederländischer Vers- und Prosabearbeitungen handschriftlich 1471 in niederdeutschen Versen, 1531 in hochdeutscher Prosa wiedergegeben und 1535 sowie in vielen späteren Ausgaben gedruckt. Den ganz andern Typus des empfindsamen kleinen Liebesromans mit mittelmeerischem Ambiente verkörpert die beliebte *Schöne Magelone*, nach französischer Prosa des 15. Jahrhunderts durch den kursächsischen Hofbeamten Veit W a r b e c k übersetzt und ebenfalls 1535 erstmals herausgegeben.

(2) Eine verhältnismäßig kleine Gruppe bilden die Prosaauflösungen deutscher Versromane.

Tristrant und Isalde (nach Eilhart von Oberg, nur Drucke seit 1484), *Wilhelm von Österreich* (nach Johann von Würzburg, 1 Handschrift, Drucke seit

1481) und *Wigoleis* (nur Drucke seit 1493) sind alle im
16. Jahrhundert lebendig geblieben. Der Rückgriff auf
Eilhart ist wohl nicht nur durch die Unvollständigkeit
von Gottfrieds Werk, sondern auch durch die stilistische
Verwandtschaft zu erklären, in den zwei andern Fällen
handelt es sich um innerlich nahe späthöfische Romane.
Überaus beliebt bis tief in die Neuzeit hinein blieb ein
anderer früh- oder vorhöfischer Stoff in einer Prosa von
Herzog Ernst (1 Handschrift, Drucke seit ungefähr
1480), atypisch als Übersetzung einer lateinischen Prosa,
deren pompöser Stil auf die deutsche Fassung abgefärbt
hat; hier ist das geistlich-historische Interesse maßgebend. Anderes blieb ungedruckt: Füetrers *Prosa-Lanzelot*, der allerdings bereits seine Vorlage in der großen
mittelhochdeutschen Prosa hatte und dann vom Verfasser selbst mit seiner anspruchsvoll-anachronistischen
Versfassung überholt wurde, und vor allem eine Reihe
von Prosaauflösungen, die in einer Zürcher Handschrift
von 1474/78 erhalten sind, wohl von einem Geistlichen
stammen, den höfischen Charakter der Vorlagen abzu-
streifen suchen und mit ihrer Tendenz zum Zyklus
bemerkenswert sind (in der Literatur als *Deutsche Volksbücher aus einer Zürcher Handschrift* oder als *Zürcher
Legenden* bezeichnet). Darunter umfaßt das *Buch
vom heiligen Karl* (der in Zürich besonders verehrt
wurde) eine Nacherzählung von Konrad Flecks *Flore
und Blanscheflur* (den angeblichen Großeltern Karls des
Großen), Karls Geburt nach unbekannter Quelle, den
Krieg in Spanien (Stoff des *Rolandslieds*, ähnlich wie
beim Stricker) und weiteres nach einer dem Pseudo-
Turpin verwandten Quelle. Das *Buch vom heiligen
Wilhelm* ist nach der bereits vorliegenden Trilogie über
Willehalm und Rennewart, d. h. nach den Werken
Ulrichs von dem Türlin, Wolframs von Eschenbach und
Ulrichs von Türheim gearbeitet; hier ist somit echter
Wolfram präsent. Es folgen Legenden und Lehrdichtun-

gen, welche das mehr erbauliche als weltlich-gesellschaftliche Interesse des Kompilators bestätigen.

Im ganzen ist festzuhalten, daß von den mittelhochdeutschen Klassikern weder Gottfried noch Wolfram (der aufwendige Druck von *Parzival* und *Willehalm* von 1477 fand keine Nachfolge) noch Hartmann in die Druckliteratur des 16. Jahrhunderts gelangten, sowenig wie sogar das *Nibelungenlied*.

Die genannten Prosawerke lassen sich hier – unter Ausschluß des *Herzog Ernst* – gesamthaft charakterisieren. Die Prosaauflösung nach deutscher Vorlage scheint öfter als die Übersetzung zugleich Bearbeitung zu sein, meistens als Trivialisierung, Einebnung, Kürzung. Was das höfische Erzählwerk ausgezeichnet hatte, der spielerische Dialog mit der Hörerschaft, die Einmischung des Autors, die Reflexion des Erzählten, die arienhaften Einlagen aus Gesprächen und Monologen, das ganze Fluidum von Andeutungen, Exkursen, Scherzen und nicht zuletzt Ironie, wird entscheidend abgebaut zugunsten einer einsinnig-kompakten, schlicht dem Faktischen folgenden Aufzählung. Vielleicht, daß hier der Übergang vom Vortrag in der Gemeinschaft zur Privatlektüre gedruckter Bücher mitspielt. Dem rein stofflich-objektivierenden Interesse entspricht das Verständnis des Erzählten als eines historisch Überlieferten, das vom Erzähler nicht eigens zu verantworten ist. Gegenüber den Vorlagen bringt die Prosa – trotz gelegentlicher erläuternder Zusätze – meist eine Kürzung, weil viel Beiwerk beseitigt, direkte Reden indirekt zusammengefaßt, die Handlung gestrafft wird. Ein wohl extremes Beispiel ist die Behandlung der von Wolfram mit großem Pathos inszenierten Szene von Vivianz' Tod auf dem Schlachtfeld von Alischanz. Aus Wolframs 313 Versen macht das Zürcher Volksbuch 23 Druckzeilen, deren letzte lauten:

(Vivianz:) „Und hastu des gesegnotten brottes by dir, so gib mir es ze niessen, das es myn jungste spiß sig!“ Und do gieng Wilhalm über syn teschen und gab im in dem namen des sacramencz unnsers hern Jhesu Cristi des gesegnotten brocz. Und das noß er mit grosser andacht. Und glich schied sin sele von sym lib. Und gieng ein guotter geschmack von sym lib. Und kan niemancz vol geschriben die grossen clag, die Wilhalm hat umb syner schwester sun. Und nam in also todt fur sich uf sin pferid und wolt in hinwegk füeren.

(S. 141; *Willehalm* 68,23 ff.)

Natürlich darf man bei solcher Austrocknung der Vorlage nicht nur die Verluste sehen. Es wird auch ein neues Erzählen möglich, das in seiner Dichte, seinem Tempo fesseln kann und durch die Nähe des Erzählers am Stoff und am Leser überzeugt. Der Stil des „Volksbuchs“ hat seinen Reiz schließlich immer noch in der inneren Spannung, die zwischen dem fremden, oft phantastischen Geschehen und dem schlicht-naiven Vortrag besteht.

(3) Schließlich die deutschen Eigenschöpfungen. Solange nicht unwahrscheinlicherweise eine Vorlage nachgewiesen werden kann, muß der *Fortunatus* als erster und längere Zeit einziger deutscher Originalroman in Prosa gelten, ein bewußt fiktives und auch dem Leser nicht als „Wahrheit“ aufgedrängtes Werk, das aber gerade damit sich der Aktualität des Alltags annehmen konnte. Das hochwichtige, komplexe Buch ist vermutlich gegen Ende des 15. Jahrhunderts von einem Augsburger oder Nürnberger Bürger (Geistlichen?) geschrieben worden. Es kann am Ende unserer Entwicklungsreihe von Prosaromanen stehen, anderseits ist es der Vorläufer eines neuzeitlich-bürgerlichen, autochthonen Romans, wie er dann, spärlich genug und nur vorübergehend, um die Mitte des 16. Jahrhunderts wieder erscheint. Vom *Fortunatus* haben wir nur die Drucke zuerst von 1509 und dann Neuauflagen und Bearbeitungen bis zu Görres' Zeiten, insgesamt gegen 40 Ausgaben

Zugrunde liegt der Typus des „biographischen" Romans, wie er vor allem in den großen der ritterlichen Selbstverwirklichung geltenden Artusromanen, z. T. aber auch schon im griechischen Roman und in der Legendenvita vorgebildet war. Hier nun hören wir vom Sohn eines einst reichen, durch Verschwendung verarmten Bürgers von Famagusta im Königreich Cypern, der mittellos in die Welt hinauszieht, im Dienst eines flandrischen Grafen, dann eines florentinischen Kaufmanns in London sich in vornehmen Kreisen, aber auch in „böser Gesellschaft" bewegt und unschuldig oder aus eigenem Versagen gefährliche Abenteuer erlebt. Nach dieser ersten Runde beginnt es wie eine allegorische Lehrdichtung: Im Walde verirrt, begegnet der Held einer schönen Jungfrau, Fortuna, die ihm Weisheit, Reichtum, Stärke, Gesundheit, Schönheit oder langes Leben zur Wahl stellt. Er wählt den Reichtum in Gestalt eines Säckels, der stets Geld enthält. Damit beginnt das eigentliche, manchmal gefährdete, aber durch Geschick und Klugheit zunehmend gemeisterte Glücksleben, das den Helden durch die Länder Europas (ohne Deutschland), die Türkei, den Balkan, Skandinavien, Böhmen und zurück nach Cypern führt, wo er mit der Grafentochter Cassandra eine glückliche Ehe schließt und von ihr zwei Söhne erhält. Nochmals erfaßt ihn Reiselust „vnnd sollte ich mein leben darumb verlieren" (76). Er kommt bis Indien und weiter, wo der Pfeffer wächst. Auf der Rückreise, zu Gast beim Sultan in Alexandrien, raubt er diesem durch List das Wunschhütlein, das seinem Besitzer augenblicklich jede gewünschte Ortsveränderung verschafft, eine zweite Märchengabe, die Fortunatus fortan „viel Kurzweil" bereitet. Nach einem Leben voll Freuden und Ehren sterben Cassandra und bald darauf Fortunatus: „O Fortunate", sagt der Sterbende, „was ist dir nun nütz, das du gelts genuog hast vnd dem soldan sein allerbestes kleinat vor haltest, alle reich durchzogen bist

vnd yetzo nit waist tzu welicher stund der tod kommpt
..." (94) Die beiden Söhne vollziehen das Geschick
vollends: Andolosia gibt sich in fremden Landen einem
festlichen Leben hin, wird aber auf der Heimreise gefangen, um den Beutel gebracht und ermordet, während
Ampedo, zu Hause geblieben, in Zorn und Unmut das
Hütlein verbrennt und in Herzeleid stirbt – „half yn
weder der schön pallast noch daz par gelt" (146).

Auch hier somit das Walten der Fortuna im Aufstieg
und Niedergang eines Geschlechts in drei Generationen,
Bürger diesmal, aber immer noch mit der Lebenserfüllung in höfisch-adliger Existenz. Faktisch freilich wird
alles am Maßstab des baren Geldes gemessen, werden die
zeitgenössischen wirtschaftlichen und sozialen Verhältnisse aus sichtlich enger Vertrautheit gespiegelt. Der
Verfasser mochte in der Familie der Fugger in familien-
geschichtlicher wie wirtschaftlicher Hinsicht ein ziemlich
genau entsprechendes Modell vor Augen haben, bis hin
zu der frommen Geste, daß Fortunatus neben seinen
Palast eine Kirche samt Propstei und dreizehn Häusern
bauen läßt und dazu Gülten und Renten für den Propst
und zwölf Kapläne bereitstellt. Auch die Liebe ist kaum
mehr höfisch, sondern wohlüberlegt auf Eheschluß
gerichtet, wobei das alte Brautwerbemotiv in neuen
Varianten zu Ehren kommt. Der Auszug des jungen
Mannes führt nicht in ritterliche oder spielmännische
Abenteuerwelt, vielmehr zu den bekannten Zentren des
großen Lebens in Höfen und Städten (London, Florenz,
Venedig usw.) und darüber hinaus, im Zeitalter der
Entdeckungen, zu Reisen und Expeditionen zu fremden
Völkern des Orients, alles durchaus konkret und mit
genauen Angaben versehen, für die der Verfasser zeitge-
nössische Reiseberichte benützt hat (vor allem Hans
Tucher, der 1479 mit Sebald Rieter reiste) und auch den
bekanntesten davon, den Montevilla, anführt. Die Moral
ist dennoch: Weisheit wäre besser als Geld. Die letztlich

religiöse Qualität dieser Weisheit wird aber kaum sichtbar. Fortunatus macht zwar Karriere, er ist bereits, wie dann die Helden des modernen Bildungsromans, eine Modellfigur: farblos und ahnungslos zunächst, aber er weiß zu lernen, sich anzupassen, ist klug und neugierig und ohne große Skrupel auf seinen Vorteil bedacht, erfolgreich und im Gegensatz zu seinen Söhnen selbstbeherrscht und verschwiegen. Soweit kann und soll sich der Leser offenbar doch mit ihm identifizieren. Dennoch ist er mit seiner Wahl auf der falschen Bahn und insofern ein Anti-Held. Darum bleibt der Roman auch merkwürdig offen, vielleicht resignierend, jedenfalls auch ohne ausgeführte religiöse Konsequenzen. Gattungsgeschichtlich ist es aber gerade kühn und neu, wie hier Zeitaspekte ohne romantische oder erbauliche Rundung zur Geltung kommen, der Roman direkt zur Funktion des Zeitbewußtseins wird.

Das zentrale Motiv, im eigentlichen Wortsinn, ist der Glückssäckel, die märchenhafte Gabe, die dem Helden in letztlich allegorischer Szene überreicht wird, aktuell als Verkörperung der Faszination durch das bare Geld. Das Motiv vom Wunschhütlein, das Fortunati Reiseleben krönt und ebenfalls zeitgemäß den Wunsch nach Mobilität und Ubiquität erfüllt (auch Doktor Faust wird sie praktizieren), kommt im Roman nicht mehr voll zum Tragen. Wieder, wie im Artusroman, sind es Märchenmotive, die der Roman in Dienst nimmt, integriert, um damit eine neue Dynamik zu gewinnen. Dabei wird die Spannung zwischen einem durchaus realistischen Stil (grausam etwa die Folter- und Tötungsszenen) und den phantastischen Elementen erzählerisch meisterhaft ausgespielt, wie das ähnlich nur noch im *Faustbuch* oder bei Grimmelshausen begegnet.

Zur Grundstruktur der Vita und der Vorstellungswelt des Märchens kommt schließlich noch ein drittes Element, das dem Roman Fülle und Beziehungsreichtum gibt: die z. T. novellistisch ausgebauten Episoden, die fast selbständig im Ganzen eingereiht sind. Internationales Erzählgut auch deutscher Mären, einmal vielleicht auch der *Decamerone*, tragen mit der Variation von Motiven vor allem der Brautwerbung und der Überlistung zu dem bei, was August Wilhelm Schlegel als „witzige Composition" am *Fortunatus* rühmte. Soweit solche Episoden stumpf bleiben, zeigen sie den neuen Roman noch auf der Suche nach einer innerlich schlüssigen Großform, doch kann man die lockere Struktur auch als echten Ausdruck der geschichtlichen Situation verstehen. Nach sozio-ökonomischer Theorie würde sich darin „die strukturelle Aporie" des bürgerlichen Bewußtseins in frühkapitalistischer Zeit äußern; dem „bürgerlichen Pragmatiker" Fortunatus stehe das „auf Selbstverwirklichung drängende bürgerliche Individuum Andolosia" gegenüber (W. Raitz). Der *Fortunatus* ist nicht ohne Grund ein literatursoziologischer Musterfall.

Unbestreitbar ist freilich das bewegliche Temperament dieses Erzählers, der kein chronikalisches Aufzählen mehr bietet, sondern sach- und sprachnah erfindet und formuliert, sei es in kurzen, stets im Erzählfluß stehenden Kommentaren in der Form volkstümlich-sprichwörtlicher Redensarten („darbey man wol merckt, wenn es an das guot geet, das alle liebe auß ist" (26) oder „da was aber kain gelt, es was alles vmb nassen zucker gegeben wordenn" (d. h. vergeblich, 19), sei es im ausdrucksvollen Wechsel von Hauptsätzen und komplizierter Hypotaxe oder in rhetorischen Aufhöhungen der Reden, insbesondere der Monologe. Hier ist eine neue Erzählprosa ungezwungener, freier, volkstümlicher Art erreicht und zugleich eine epochale Symbolfigur geschaffen – beides deutet auf das *Faustbuch* und den *Simplicissimus* voraus.

5. Frühhumanistische Übersetzungsprosa

Einen entscheidenden Impuls erfährt die deutsche Prosa durch die neue Bildungsbewegung, die ganz aus der Wiederentdeckung der Sprache in ihrer gemeinschaftsbildenden und wahrheitstiftenden Kraft lebt. Soweit die Volkssprache in Deutschland überhaupt vom Humanismus unmittelbar erreicht wird, geschieht dies nicht in der noch nicht imitierbaren Form der antiken oder romanischen Vers- und Strophenmaße, sondern durch die Ausbildung einer beweglichen, rhetorisch geschulten Prosa und meistens in den leichteren Kommunikationsformen von Brief, Rede, Dialog, Traktat, Novelle usw. – und eben vor allem auf dem Weg der Übersetzung. Gerade der Frühhumanismus trägt solche volkssprachlichen Früchte, während später eine selbstgenügsame Neolatinität dominiert.

In inhaltlicher Hinsicht zögert man freilich oft mit dem Prädikat „humanistisch". Ein neues, emanzipatorisches, renaissancehaftes Lebensgefühl ist noch kaum spürbar, oder ein solches ist – etwa bei Oswald von Wolkenstein – nicht humanistisch. Noch ist das Bildungsprogramm, wie es die italienischen Humanisten formulieren, nur zum Teil ernst genommen, noch sind es scheinbar zufällige äußere Beziehungen, die eine neue Orientierung bringen. Immerhin: bei aller Kontinuität „mittelalterlicher" Traditionen ist das neugierige Interesse für antikisch-weltliche und italienische Vorbilder da, sucht man bewußt oder unbewußt einen neuen deutschen Stil, der diesen Vorbildern gewachsen wäre, hat man eine Vorliebe für novellistisch gerundete und pointierte Erzählungen oder für geistvolle Behandlungen von allerlei praktischen Lebensfragen. Man macht bewußt Literatur; vereinzelt erscheint auch schon der Typ des vielseitigen Intellektuellen und Literaten, der mit seiner gelehrten oder wenigstens sprachlich-rhetorischen Bildung den Anspruch auf eine die sozialen Schichten übergreifende Eliterolle stellt, der als Bürger, als Gelehrter, als Beamter (seltener mehr als Geistlicher) die Weite einer aristokratischen Gesellschaft sucht.

Bedeutungsvoll für die internationalen Kontakte, vor allem mit den modernen Italienern, und für das Bewußtsein eines gemeinsamen Aufbruchs waren bekanntlich die Konzilien, die ja selbst Ausdruck einer religiösen und politischen Emanzipationsbewegung waren, Konstanz zunächst – wo nicht nur Männer vom Schlage Oswalds, sondern auch Vertreter des italienischen Humanismus wie Poggio Bracciolini dabei waren – und dann vor allem, seit 1431, Basel. In Basel finden wir, um nur zwei geistesgeschichtliche Schlüsselfiguren zu nennen, Nikolaus von Kues, dessen Philosophie und Frömmigkeit genug unterschwellige Beziehungen zum Humanismus haben (auch wenn er nur bis 1437 die Suprematie des Konzils vertrat) und vor allem E n e a S i l v i o Piccolomini (1405–64), der ein paar Jahre später seinerseits einen Frontwechsel vollzog. Nach juristischen und literarischen Studien war der junge Sienese als Sekretär eines Kardinals nach Basel gekommen; er wird 1442 Rat Kaiser Friedrichs III., tritt 1444 im Sinn einer ernstzunehmenden religiösen und zugleich politischen Umkehr in den Priesterstand, wird Bischof von Triest und dann von Siena und 1456 Papst als Pius II. Rund zwanzig Jahre verbrachte Enea Silvio trotz Klagen über Barbarei und Winterkälte in Deutschland, die Hälfte davon in Wien, und er hat wie kein zweiter durch den Charme seiner lebhaften Persönlichkeit, seine Kunst der Vermittlung, seine gelehrten Beiträge zur deutschen Geschichte, den leichten Stil seiner Schriften das Evangelium der neuen Bildung, der neuen Humanitas verbreitet: „omnis bene vivendi norma litterarum studio continetur" (die ganze Norm eines richtigen Lebens liegt in der literarisch-gelehrten Bildung), schreibt er 1443 in einer programmatischen Epistel dem jungen Herzog Sigmund von Tirol. Bei aller Weltlichkeit ist damit noch kaum ein Widerspruch zur kirchlich-christlichen Glaubenslehre bewußt geworden.

Wie sehr das Studium nun nicht zuletzt im Sinn humanistischer Laienbildung zur Sache auch der deutschen Regenten und Bürger wird, das zeigt eine neue Welle von Universitätsgründungen seit der Jahrhundertmitte, von Greifswald 1456 über Freiburg i. B., Basel, Tübingen bis zu Wittenberg 1502, auf fürstliche, aber (im Falle Basels) auch auf bürgerlich-städtische Initiative hin. Wenn einerseits die Städte mit ihren Schulen, Beamtenstellen, Kanzleien, Druckereien Träger des humanistischen Lebens sind, so bilden anderseits manche fürstlichen Höfe das begehrte Ziel und den Begegnungsort humanistischer Autoren: Rottenburg, Innsbruck, München, Wien. Für die Stellung zwischen städtischer und fürstlicher Ebene mögen hier zunächst zwei lateinisch schreibende Frühhumanisten genannt sein, beides bedeutende Juristen, beides Teilnehmer am Basler Konzil, beides Anreger des großen Übersetzungswerks des Niklas von Wyle (für dessen soziale Bedingungen Ähnliches gilt). Felix H e m - m e r l i n (Malleolus, 1388 – um 1460) war Bürger von Zürich, studierte in Erfurt und Bologna, wurde Chorherr in Zürich und Inhaber verschiedener anderer Pfründen und stand im Dienste des Markgrafen von Baden, des Herzogs Albrecht VI. von Österreich und Kaiser Friedrichs. Er war rabiater Parteigänger der österreichischen Seite in den innerschweizerischen Auseinandersetzungen, wurde nach dem Friedensschluß im Alten Zürichkrieg den Eidgenossen ausgeliefert und starb in der Internierung bei den von ihm besonders bekämpften Franziskanern zu Luzern. Sein Hauptwerk, ein dialogischer *Liber de nobilitate*, hebt das Problem seiner Person und seines Standes ins Grundsätzliche als leidenschaftliche Verherrlichung adliger und Schmähung bäuerlicher Existenz:

Es markiert eine vielbeachtete Extremposition bei den Eidgenossen, im Humanismus und in der ganzen Epoche von Neidhart bis zur Reformation und den Bauernkriegen. Gregor von Heimburg (um 1400–72), in Schweinfurt geboren, in Padua zum Juristen ausgebildet, erschien zusammen mit Enea Silvio, seinem Freund und späteren politischen Gegner, am Basler Konzil, wurde Syndikus der Stadt Nürnberg und gilt als Begründer des nürnbergischen Humanismus, ist später u. a. im Dienste Albrechts von Österreich. Er wurde berühmt wegen seiner glänzenden Rednergabe, seines unabhängigen Charakters und seiner scharfen politischen Schriften.

Daß schließlich unter humanistisch-juristischem Einfluß auch die Kanzleien der Städte und Fürsten ihren Sprachstil erneuern, liegt nahe. Bei der Modernisierung der kaiserlichen Kanzlei in Wien unter der Leitung des Kanzlers Kaspar Schlick – eines ungewöhnlichen bürgerlichen Aufsteigers und ersten Laien in dem hohen Amt – war dessen Freund Enea Silvio wesentlich beteiligt.

Aus der anschwellenden Menge der anspruchsvollen Prosaübertragungen sollen im folgenden die repräsentativsten vorgestellt werden, wobei die meisten der soeben genannten Namen wieder erscheinen werden. Wir stellen zwei frühe Erzählungen voran, welche die Schwierigkeiten belegen können, denen eine Adaption italienisch-lateinischer Vorlagen und mit ihnen einer neuen literarischen Aktualität begegnet.

Der wichtigste antikische Geschichts- und Erzählstoff ist im Mittelalter – neben Alexander dem Großen – der Untergang Trojas. Die Bücher vom Trojanerkrieg sind bei allen romanhaften Elementen, die Benoît de Sainte-More beibrachte, bestimmend für das historische Bewußtsein; nicht nur das Römische Reich, sondern auch manche anderen Länder und Städte werden auf vertriebene Trojaner zurückgeführt, selbst das Rittertum ist im Denkschema der als Translatio legitimer Ordnun-

gen verstandenen Weltgeschichte in Troja entstanden.
Konrads von Würzburg fragmentarisches Werk war von
andern, z. T. nach Dares Phrygius, fortgeführt worden,
und das Ganze fand verschiedene Prosaauflösungen, die
älteste wohl noch im späten 14. Jahrhundert. Wichtiger
für das Spätmittelalter wurde jedoch die überaus verbreitete lateinische *Historia destructionis Troiae* des Sizilia-
ners Guido delle Colonne (de Columnis) vom Ende des
13. Jahrhunderts, der sich seinerseits auf Dares und Dictys bezieht, aber faktisch Benoît folgte. Dieser durch
theologische Erörterungen, stark rhetorisierten Stil und
christliche Perspektive charakterisierte Text fand mehrere deutsche Bearbeitungen; die älteste und interessanteste darunter stammt von Hans M a i r (d. J.), Ratsherrn
und Stadtammann von Nördlingen, verfaßt 1392,
gedruckt seit 1474. Das Werk ließe sich als frühes, wenn
nicht frühstes Beispiel den oben besprochenen Prosaromanen zuordnen; die lateinische Vorlage, das historische
Interesse, die Auseinandersetzung Mairs mit einem stili-
stisch-syntaktisch komplizierten Text geben ihm eine
Sonderstellung. Mairs Haltung ist unsicher und zwiespältig. Er ist selbständig und frei, wo er sich entschließt,
zu kürzen und zu straffen, beschreibendes und kommen-
tierendes Beiwerk zugunsten des sachlichen Geschehens
zu opfern. Aber daneben versucht er doch auch, die
Vorlage genau, bis in Wortbildung und Satzkonstruktion
hinein, nachzuformen, und stürzt sich damit in stilistische Abenteuer, die nicht immer glücklich ausgehen:

ez ist auch nit witzlich noch ze loben an kainem weisen mann,
der da ist mit ettlichen swären sachen bekümmert, und daz im
daz gelük bey ist, also daz er sich mit snellen und gelüklichen
zufellen möht wol vor schaden behüten, und daz im daz gelük
snelliklich geit, und nimt er daz nit bald danknemlich uf, und
wirt undankbar, der mag leiht nimmer mer zu ainem alz gelüklichen end komen, alz er leiht in ainem puncte komen wär.

(114, 257)

Die verwirrenden Anakoluthe sind wohl nicht nur der mangelnden lateinisch-deutschen Sprachbeherrschung des bürgerlichen Übersetzers anzulasten, sondern auch einer deutschen Sprache, deren syntaktische Mittel dem geschraubten Stil Guidos einfach noch nicht gewachsen waren. Von Guido wie von Mair gilt aber, daß sie die Troja-Geschichte aktualisiert und problematisiert haben. Die radikal christliche Sicht kann die Welt Trojas, der Heiden und ihrer Mythologie nicht mehr als buntes, allenfalls sogar höfisches Geschehen würdigen, sondern nur noch als verdorbene Welt, die zum Untergang bestimmt ist. Das trojanische Rittertum wird an sich und explizit in den Kommentaren als eine Welt von List, Betrug, Verrat, Mord und Laster dargestellt, im politisch-kriegerischen wie im erotischen Handeln, und Homer wird zurechtgewiesen, Achill als Mörder bezeichnet: „nu merk, du armer maister Humere, daz Achilles nie kainen fraidigen mänlichen man hät erslagen, dann mit mortt" (169). Möglich, daß der bürgerliche Übersetzer hier auch die zeitgenössische ritterliche Gesellschaft und ihre Ideologie anvisiert. Nur daraus erklärt sich das Pathos seiner Zwischenrufe. Bei aller Faszination durch die hohe Überlieferung sieht er ohne höfische oder heroische Brille, realistisch, christlich-pessimistisch, und es bleibt ihm nur das Staunen, daß „daz selb vergangen übel gebuwen hab vil gutz" (12), nämlich dank der Neugründungen durch die Priamiden.

Wie eine italienische Renaissance-Novelle noch im Jahr 1432 (1436?) ins deutsche Mittelalter zurücktransponiert werden kann, das belegt des Erhart G r o s z *Grisardis*, die gemeinhin als „Perle der deutschen Prosaliteratur" angesprochen wird. Boccaccio erzählt im *Decamerone* (X,10) eine grausame Ehegeschichte: Der junge Markgraf Gualtieri hat ein armes Bauernmädchen Griseldis geheiratet und auferlegt ihr nun „in dummer Roheit" immer härtere Prüfungen ihrer Treue und Stand-

haftigkeit, nimmt ihr die Kinder, um sie angeblich zu
töten, und verstößt sie ins Elend, um sie dann im Happy-
End wieder zu erhöhen und zu belohnen. Petrarca hat
darauf die Erzählung lateinisch bearbeitet und „interpretiert", um dem Ernst des Stoffes stilistisch gerecht zu
werden und die Geschichte international bekannt zu
machen; er hat dabei die moralisch-soziale Problematik
in gepflegter, differenzierter Latinität mehr herausgehoben und aufgehoben als gelöst und den Charakter des
Markgrafen entsprechend aufgehellt. Durch Vermittlung
Petrarcas wurde die Griseldis denn auch ein Stoff der
Weltliteratur, der allein in Deutschland vier verschiedene
Rückübertragungen in die Volkssprache fand. Die
dubiose Mesalliance des Fürsten und die sozialen Glücks-
peripetien der Heldin waren als Möglichkeiten ebenso
aktuell und faszinierend, wie die exzessive Geduld und
Treue der arg versuchten Gattin die Leser rührten; *Griseldis* gehört zum Typus der Erzählung von der standhaf-
ten Frau, ähnlich wie die ebenfalls zwischen Legende
und Novelle schwankenden Geschichten von Genoveva
oder Crescentia. Erhart Grosz, ein Nürnberger Kartäu-
ser patrizischer Herkunft, ist der Verfasser verschiedener
lateinischer und deutscher Erbauungsschriften; in seiner
Grisardis, die direkt oder indirekt auf Petrarca fußt, hat
er in souveräner Neufassung die Geschichte vollends
zum lehr- und legendenhaften Exemplum verwandelt:
Der Markgraf wird ein fast heiligmäßiger Zölibatär, der
sich nur im Interesse seines Fürstentums eine Gattin
nimmt, nachdem er mit seinem Ratgeber das Wesen der
Ehe, ihre Vor- und Nachteile in langer Disputation
erörtert hat. Das Geschehen selbst wird in zarten Stri-
chen verallgemeinert und auf Biblisch-Theologisches hin
durchsichtig gemacht: Die tugendhafte Heldin bekommt
marianische Züge, der Markgraf scheint göttliches Handeln selbst zu verkörpern, einzelne Motive wie die Ver-
stellung des Markgrafen oder das Hochzeitsfest werden

ausdrücklich auf evangelische Prototypen bezogen. In
der predigthaften, intimen und doch ruhig getragenen
Prosa wird gewiß „den eleuten und allen menschen zu
pesserung" eine aktuelle „Historye" vorgetragen, ist
doch die Ehe, als soziale Institution wie als christliche
Möglichkeit irdischer Liebe, nach der Ablösung der höfischen Minne ein zentrales Thema der bürgerlichen Welt.
Anderseits transzendiert die Legendarisierung wieder
jede konkrete Wirklichkeit. Immerhin nahm ein Albrecht von Eyb den Text in sein Ehebüchlein auf.

Eine noch für die Zeit um 1450 kennzeichnende Mitt-
lerfigur ohne ausgeprägtes Gesicht ist Johannes H a r t -
l i e b (gest. 1468): Er ist ausschließlich Bearbeiter lateinischer Schriften für höfische Herren und erscheint nur als
Übersetzer. Als gelehrter Laie (Dr. med.) bürgerlicher
Herkunft und Leibarzt, Berater und Vertrauter von Fürsten nimmt er sozial eine für den Humanismus oft typische Zwischenstellung ein; mit seinen Arbeiten befriedigt
er ein naturkundlich-popularwissenschaftliches wie ein
belletristisches Interesse. Er trägt in seiner weltkundigen
Versatilität, in seiner vielseitigen schriftstellerischen Existenz moderne Züge, nimmt aber mit seinen Werken
typisch mittelalterliche Traditionen auf, vielleicht sogar
in zunehmendem Maß.

Hartlieb stammte aus der „Dienerschaft" des Schlosses
Neuburg a. d. Donau und damit eines bayrischen Her-
zogs, der ihm offenbar das Studium der Medizin, ver-
mutlich an der Universität Wien, ermöglichte. 1440
übersetzt er für den damals zweiundzwanzigjährigen
Herzog Albrecht VI. von Österreich, den späteren
Gemahl Mechthilds, das raffinierte hochmittelalterliche
Lehrbuch der höfischen Minne, des Kaplans Andreas *De
amore* (Bücher I und II, Buch III folgt 1449). Diese erste
Gesamt- und Prosaausgabe füllte zwar eine alte Lücke,
stellte aber doch einen erstaunlichen Anachronismus dar.
Bald darauf ist Hartlieb Leibarzt und Hofmann des

Herzogs Albrecht III. von Bayern-München und später
von dessen Sohn Herzog Sigmund. Hartlieb heiratet eine
bereits verwitwete Tochter der berühmten Agnes Ber-
nauer, wird also Schwiegersohn Albrechts III.; er ist
mindestens Nutznießer der Judenvertreibung von 1442,
indem er sich vom Herzog das Haus der Judenschule
schenken läßt. In den fünfziger Jahren übersetzt er für
seinen Herrn und dessen Söhne die Geschichte Alexanders des Großen, ausdrücklich als Fürstenspiegel gedacht
(nach einer Kompilation aufgrund der *Historia de proeliis*
des Leo) – es wurde Hartliebs großer Bucherfolg, in
zahlreichen Handschriften und in 20 Drucken von 1472
bis 1670 verbreitet und damit zugleich der erfolgreichste
Alexanderroman in Deutschland überhaupt. Eine Art
geistliches Pendant dazu ist, nach lateinischer Vorlage,
eine Legende von St. Brandan; um 1460 folgt, für den
Münchener Patrizier Hans Püterich d. J. verfaßt, eine
Übersetzung von Buch II der *Dialogi Miraculorum* des
Caesarius von Heisterbach (um 1180–1240), somit eines
Werks, das als Inbegriff eines mirakelfrohen und aber-
gläubischen, mönchischen Mittelalters gilt. Diese
umfangreichste Arbeit, die immerhin auch ein Reservoir
von Kurzgeschichten darstellte, wie sie in der Form
zeitgemäß gewesen wären, ist nur in einer einzigen
Handschrift erhalten.

Über die fachlich naturkundliche Prosa sind die Akten
noch nicht geschlossen. Für die sogenannten mantischen
Schriften, die ihm zugeschrieben wurden (Gedächtnis-
kunst, Chiromantie, Astrologisches usw.), ist Hartlieb
vermutlich nicht mehr in Anspruch zu nehmen – womit
auch fragwürdige Folgerungen für seine geistige Entwicklung dahinfallen. Was ihm dagegen bleibt, ist ein
Buch aller verbotenen Kunst (*Puoch aller verpoten kunst,
vngelaubens vnd der zaubrey*), 1456 für den Markgrafen
Johann von Brandenberg-Kulmbach geschrieben, eine
Streitschrift *gegen* die sieben nigromantischen Künste,

die vom Boden einer massiven Kirchlichkeit aus als
Teufelswerk dargestellt, aber immerhin dargestellt werden. Schließlich hat er aus praktischem Anlaß eine Schrift
Felix Hemmerlins über die *Warmen Bäder* und die
Secreta mulierum verfaßt, dies ein als geheim gedachtes
gynäkologisch-sexualpraktisches Kompilat für den jungen Sigmund (der sich später als „inutilis et prodigus"
erwies) und in einer zweiten Fassung für niemand
geringeren als Kaiser Friedrich III.

Hartlieb genießt in der Literaturgeschichte den Ruf
eines Fürstendieners, der je nach den Wünschen seiner
Gönner dubiose Geheimliteratur oder offizielle Erbau-
lichkeit besorgte; doch scheint sich sein Charakterbild
heute aufzuhellen. Sein Übersetzungsstil ist gekennzeichnet durch eine gewisse Beweglichkeit, mit der er
sich den verschiedenen Vorlagen anpaßt; unter Umständen kann er auch versuchen, lateinische Konstruktionen
nachzubilden. Anderseits ist seine Übersetzungsweise
gewöhnlich frei, kommentierend und ausmalend, unter
behaglichem Gebrauch von mehrgliedrig-synonymen
Umschreibungen. Ein spezifischer, gar humanistischer
Stilwille dürfte bei ihm kaum festzustellen sein.

Bei Niklas von Wyle (um 1410–nach 1478) ist,
bei ähnlichen äußeren Verhältnissen, das Neue da. Aus
unbekannter Familie im aargauischen Städtchen Bremgarten geboren, an unbekanntem Ort (vielleicht Italien)
als Jurist ausgebildet, in Zürich an der Stiftsschule tätig,
kommt Niklas von Wyle in der Folge über Nürnberg als
Ratsschreiber nach Esslingen, wo er von 1449 bis 1469
bleibt. Von hier aus übernimmt er diplomatische Missionen zu deutschen Städten und Höfen, ist mehrfach in
Oberitalien, erscheint in Beziehungen zum Kaiserhof
(wo ihm der Titel eines Hofpfalzgrafen verliehen wird),
zu den Markgrafen von Brandenburg und Baden, vor
allem aber zu Mechthild von Österreich auf Rottenburg
und ihrem Sohn, dem Herzog von Württemberg, bei

dem er 1469 Kanzler wird. Gelehrt-literarische Beziehungen unterhält er mit Felix Hemmerlin, seinem Zürcher Gönner und Freund, mit Gregor von Heimburg in Nürnberg und vor allem mit Enea Silvio als seinem modernsten Inspirator, der ihn in zwei Briefen von 1452 und 1454 ermuntert, seine Wohlredenheit zur Geltung zu bringen, und den er 1461 wieder als Papst Pius in Mantua trifft. Gestorben ist er vermutlich in Zürich.

Seine nobeln Beziehungen werden deutlich in den demonstrativen Widmungen, die er jeder der achtzehn von ihm übersetzten Schriften vorangestellt hat (darunter erscheint mehrfach Mechthild). Diese wurden einzeln seit 1461 handschriftlich oder im Druck verbreitet und gesamthaft mit eigener Vorrede 1478 gedruckt: *Translationen* (oder *Translatzen*) *oder Tütschungen*. Anderes, darunter eine Übersetzung von Ciceros *Rhetorik*, ist verlorengegangen.

Daß ein Buch den bloßen Titel *Übersetzungen* trägt, zeigt bescheiden und arrogant zugleich den formal-literarischen Anspruch, den Humanismus der Sprache. Es geht um „Texte", wie man heute sagen würde, um Stilvorbilder. Dennoch liefert Niklas zugleich ein repräsentatives Lehr- und Lesebuch humanistischer Literatur für den deutschen Laien, ausschließlich nach lateinischen Vorlagen. Zwei bedeutende Novellen (nach Enea und – über Aretinos lateinische Fassung – nach Boccaccio) eröffnen die Sammlung. Darauf folgen ausschließlich Reden und Traktate: vertreten sind einmal Petrarca, sechsmal Poggio, dreimal Enea und zweimal (als einziger Deutscher, und das hat den Sinn einer tiefen Huldigung seitens des dankbaren Schülers) Felix Hemmerlin. Im Sinn des neuen Stils geht es keineswegs um philosophische oder gar theologische Probleme, sondern um spielerisch-geistreiche Erörterung praktischer, weltlicher Lebensfragen: wie man sich „unordentlicher buolschaft" entledigen kann, ob ein alter Mann wieder heiraten soll und wen, von den Tugenden eines Hausvaters, über Gastfreundschaft, vom Wert humanistischer Studien (Eneas Epistel), über das Glück und den Trost im Unglück. Zweimal scheint dabei, in der von Niklas stammenden Einleitung zu Poggios Betrachtung über die Wiederverheiratung eines alten Mannes (VI) und in Petrarcas Trostschrift (XV), das zeitgemäße *Ackermann*-Thema vom Verlust der geliebten Ehefrau auf. Dazu kommen einige Beispiele politisch-satirischer Beredsamkeit, darunter Hemmerlins Kampfschrift gegen die Bettelorden, die für den Autor so verhängnisvoll wurde, und ein Kapitel aus seinem Dialog *De nobilitate*. Die Vorrede bringt etwas ganz Neues: eine Theorie der Übersetzung. Niklas gilt bis heute als der konsequenteste Vertreter der Wort-zu-Wort-Übertragung. Mit seinem eigenen Beispiel: den lateinischen Satz aus des Enea Euryalus-Novelle

Sed invenies aliquos senes amantes, amatum nullum

habe er wiedergegeben mit

du findest aber etlich alt liebhabend mane, aber liebgehapten kainen,

was verständlicher und im Sinn der bisherigen Methode geheißen hätte:

du findest aber etlich alt mane die frowen liebhabent; aber kainen alten findst du, der von frowen werd lieb gehept. (8)

„Auf das genaueste nach dem Latein": Niklas beruft sich dafür auf Gregor von Heimburg, und er gibt zu, das sei zwar – mit seinen Partizipialkonstruktionen, mit Accusativus cum infinitivo und absolutem Ablativ – schwieriger zu lesen, aber es komme darauf an, daß dem lesenden Menschen bei emsiger Lektüre guter und zierlicher Dichtung heimlich und verborgen nach und nach eine Neigung, ein Geschick und Art wachse, auch auf solche

Form zu reden, zu schreiben und zu dichten. Das heißt nichts anderes, als daß das „zierliche und wohlgesetzte Latein" müsse der deutschen Sprache aufgeprägt werden können, eine humanistische Konsequenz der sprachlichen Suprematie des Lateins. Niklas von Wyle wagte diese Konsequenz tatsächlich – mit unumgänglichen Konzessionen, wie sie schon sein eigenes Beispiel zeigt – zu ziehen und auch in eigenen Texten durchzuhalten. Es ist heute fast unmöglich zu sagen, wie das auf die Zeitgenossen im Sprachchaos des 15. Jahrhunderts wirkte, als verschrobene Kunstsprache, als Manier oder als neuer großer Stil – man kann sich nach längerem Einlesen dem Reiz dieses Unterfangens nicht entziehen, aber es hat sich eine solche Zumutung an die deutsche Sprache schließlich doch als Sackgasse erwiesen. Und zu sagen ist wohl auch, daß die Eleganz der Vorlagen der härteren, pedantischeren deutschen Tonart teilweise zum Opfer fällt. Das zeigt auch das letzte, selbstverfaßte Stück der *Translatzen,* wo der Verfasser von der Orthographie, von der richtigen Wortfolge im Satz und der Wortwahl handelt und am ausführlichsten von den Anreden und Titulaturen, die je nach Stand und Amt des Adressaten sorgfältig zu wählen sind – die Sprache hat für Niklas einen bedeutenden sozialhierarchischen Aspekt, der im Widerspruch steht zum Ideal spontaner Eleganz.

Einzugehen bleibt auf den ersten, längsten und dichterisch wichtigsten Text: Enea Silvios Liebesnovelle von *Euryalus und Lukretia,* 1444 entstanden, 1462 übersetzt und alsbald in zahlreichen Neuauflagen und in Übersetzungen ins Französische und Italienische verbreitet, bis heute ein klassisches Beispiel der modernen Form und der renaissancehaften Auffassung der Liebe. Stofflich geht es um den einfachsten Vorgang: das Liebesabenteuer eines jugendlichen Helden mit der schönen Frau eines reichen Bürgers; er zieht weiter, sie stirbt aus Gram. Alles kommt auf die Ausführung an, auf die

Kunst, das Elementare als solches zu formulieren, zu „fassen", es nicht banal oder lehrhaft werden zu lassen. Es ist eine wahre Geschichte, ausdrücklich eingeführt als eine Affäre des kaiserlichen Kanzlers Kaspar Schlick, die sich 1432 auf dem Römerzug Sigismunds in Siena zugetragen hat; es gehört zu den Erfordernissen der Gattung, daß sich das Unerhörte auch wirklich ereignet hat. Das Leben und Treiben des in Siena wartenden kaiserlichen Gefolges, die Stadt mit ihren engen Gassen, hohen Häusern, dunkeln Kammern wird glaubhaft präsent. Was auch in irgendeinem spätmittelalterlichen Ehebruchs-Märe realistisch dargeboten wird, erfährt nun aber eine repräsentative Aufhöhung durch klassische Namen und Anspielungen auf antike Mythologie – das Liebespaar wird mit Paris und Helena verglichen, der gehörnte Gatte heißt Menelaus. Und noch wichtiger: in Beschreibungen, Gesprächen, Monologen, Briefen entfaltet sich eine raffinierte Wortkunst, eine rhetorische Reflexion. Sie gilt kühn und unbefangen einer eigentlichen Psychologie der sinnlichen Leidenschaft, dem Spiel der Listen und Ränke, den Ängsten, der Sophisterei der Liebenden, vor allem auf seiten der schönen, schlanken Sienesin mit dem goldblonden Haar. „Ich waisz welches das besser ist, aber dem böser folg ich", sagt Lukrezia. Ihr Tod aus Liebesleid wird denn auch mehr aus dem seelischen Ablauf denn aus einer moralischen Konsequenz begründet. Er hat als Liebestod seine Größe in sich. Der Mann, Euryalus, der sich brieflich verabschiedet hatte und mit dem Kaiser weitergezogen war, trauert der toten Geliebten zwar eine Weile nach, doch läßt er sich vom Kaiser dann „ain hüpsche Jungfrouwen vsz hertzigostem (herzoglichem) bluote geborn" zur Frau geben. Vorgebildet ist dieser Typ der zugleich sentimentalen und ruchlosen Novelle wohl nirgends so deutlich wie in Gottfrieds *Tristan* – bis hinein in die ästhetische Artistik, das Interesse für die Unberechenbarkeit des Seelenlebens bei

Mann und Frau, die aufgesetzten antikischen Lichter. Die humanistische Legitimation lautet: „dann du bist gewesen ain mensche" (19). Nur ein Stein oder ein unvernünftig Tier hat nie das Feuer der Liebe empfunden, schreibt Enea in seinem Begleitbrief an den Helden der Geschichte, den Kanzler Kaspar Schlick.

Ausdrücklich nicht von „wort zuo wort", vielmehr „von sin zuo sin getütschet" (Hess 115) gibt sich das vielfältige Übersetzungswerk Heinrich S t e i n h ö w e l s (1412–82), der von Niklas von Wyle einmal mit Hochachtung genannt ist und neben diesem als bedeutendster literarischer Vermittler seiner Zeit gilt. Diese schon antike Alternative hängt vermutlich – Heinz Otto Burger hat darauf hingewiesen – zusammen mit dem Gegenüber der zwei hauptsächlichen Genera dicendi, von zierlichem und schlichtem Stil. Steinhöwel wählt damit also eine Stilebene, die dem Bedürfnis und Verständnis einer breiteren Leserschaft entgegenkam. Steinhöwel war in Weilderstadt bei Stuttgart geboren, hatte in Wien die Artes und in Padua Medizin studiert und war seit 1450 Stadtarzt in Ulm und gräflich-württembergischer Leibarzt, ein begüterter und angesehener Mann. Er war nicht nur Übersetzer, sondern auch Initiator, Geldgeber und Teilhaber der ältesten Ulmer Druckerei (Johannes Zainer, seit 1472). Die Widmung dreier späterer Werke an Eleonore von Österreich und ihren Gatten, den Herzog Sigmund, zeigt die höfische Orientierung auch dieses städtischen Literaturfreundes.

„In ruigem verstentlichem tütsch" will er schreiben und „den lesenden menschen" (Hess 115) dienen, wenn er gelegentlich strafft, erweitert oder erläutert und nur maßvoll lateinische Partizipialkonstruktionen nachbildet. Und dies heißt wiederum, daß es ihm weniger um die Vermittlung eines neuen Stils als um Lehre, Zuspruch und Unterhaltung auf volkstümliche Weise geht. Und was er – ausschließlich aus dem Lateinischen – übersetzt,

bedeutet kein humanistisches Programm, sondern spiegelt ein unbefangeneres Interesse.

Von humanistischen Texten kann man nur in drei
Fällen sprechen. (1) Petrarcas nach Boccaccio gearbeitete
Griseldis erfährt nun eine eigentliche Übertragung, die
der Vorlage sorgfältig gerecht zu werden, zugleich aber
auch einem anspruchsloseren deutschen Publikum sachliche Schwierigkeiten aus dem Weg zu räumen sucht. Die
älteste von 10 Handschriften stammt von 1468, es folgen,
spätestens seit 1471, zahllose Drucke und verschiedene
Dramatisierungen von Hans Sachs bis zu Gerhart
Hauptmann, Zeichen der bleibenden Faszination, die der
vielseitig interpretierbare Text ausgeübt hat. (2) Boccaccios *De claris mulieribus* (*Von den synnrychen erlüchten
wyben*) übernimmt den antiken und jetzt wieder neu
beliebten Typus der Biographiensammlung, um ihn erstmals für eine Porträtgalerie berühmter Frauen zu verwenden; anstelle des höfisch-ritterlichen Frauenbildes
tritt, renaissancehaft, die Größe der durch Tugend, Tat-
kraft oder auch durch Laster berühmten Frau hervor,
von Eva an über die zahlreichen antiken bis zu einigen
wenigen mittelalterlichen Beispielen. Die wegen ihres
„schantlichen missztuons“ berühmten Damen bereiten
dem Übersetzer einige Hemmungen, doch haben sie für
ihn als abschreckende Vorbilder, als Dornen unter den
Rosen, ihren Sinn; immerhin kürzt und mildert er einige
Stellen und reduziert die Zahl der Heroinen von 104 auf
99 – um den Platz Nr. 100 galant für Eleonore freizulas-
sen (ältester Druck ohne Jahreszahl, dann 1473 ff.). (3)
Schließlich hat Steinhöwel in seinen *Esopus* sieben
„schimpfreden“ (Fazetien) Poggios aufgenommen.

Als das älteste Werk (1461, Drucke seit 1471) gilt seine
Apollonius-Übersetzung; der Roman war im Mittelalter
bekannt und beliebt, war durch Heinrich von Neustadt
seinerzeit in Versen bearbeitet worden; er erschien nun
zum erstenmal als „Volksbuch“, in zeitgemäßer Form,

und verschaffte damit dem weltliterarisch-griechischen Element in der deutschen Romanliteratur stärkere Geltung. Ungefähr gleichzeitig entstanden eine Übersetzung der *Historia Hierosolymitana* des französischen Benediktiners Robertus – eine Geschichte des ersten Kreuzzugs aus dem frühen 12. Jahrhundert – sowie der Auszug aus den *Flores temporum* des Minoriten Martinus unter dem Titel *Tütsche cronica von anfang der welt vncz vff keiser fridrich* (Friedrich III., Druck 1473). Ebensowenig wie diese beiden chronikalischen Arbeiten folgt *Der spiegel menschlichs lebens* (Autograph 1474, Druck 1475) modernem Geiste; es ist die Übersetzung einer 1468 in Rom erschienenen Darstellung der geistlichen und weltlichen Stände und Berufe, einer moralisierenden Revue nach dem Geschmack des Spätmittelalters.

Das erfolgreichste Werk wurde der *Esopus*, eine wohl von Steinhöwel selbst zusammengestellte, aus verschiedenen Quellen schöpfende Sammlung von Tierfabeln, ergänzt um einige Schwänke aus Poggio sowie um Exempla aus der *Disciplina clericalis* des Petrus Alphonsi; der lateinische Text ist dem deutschen jeweils vorangestellt. Zahlreiche Drucke seit 1476/80 und Übersetzungen in fünf andere Volkssprachen machen den *Esopus* zum wohl wichtigsten Fabelbuch bis zur Aufklärung. Obwohl das Werk dem Herzog Sigmund gewidmet war und Steinhöwel sich des heute so gern betonten sozial-satirischen Charakters der Tierfabel kaum bewußt war, fand er hier am ehesten seinen eigenen Stil einer treffenden, bequemen, volkstümlichen Prosa voll muttersprachlicher Redensarten. Dieses Verfahren wählt er ausdrücklich, um „beim Text", und das heißt für ihn: bei der Sache, bleiben zu können. Hier kann er am besten seinem Bedürfnis nach freiem und natürlichem Umgang mit der Sprache folgen, seine unabhängigen Betrachtungen zu moralischen Dingen anbringen und einen persönlichen Erzählkontakt mit dem Leser pflegen. Hier ist eine erste

Etappe auf dem Weg zu einer unwillkürlich-lebendigen Erzählprosa erreicht. Der *Esopus* ist damit über die Fabelliteratur hinaus ein bedeutendes Frühwerk in der Gattung der Kurzgeschichten-Sammlungen in Prosa, in denen dann im 16. Jahrhundert der eigentliche Schwank besonders hervortritt.

Ein echtes Gegenstück zum *Esopus*, vergleichbar nach Gehalt, Verbreitung und letztlich auch Ursprung, doch nun weit in die orientalische Weltliteratur hinausgreifend, ist die ungefähr gleichzeitig entstandene deutsche Bearbeitung einer Fassung des *Pantschatantra* (die fünf Bücher). Die umfangreiche und in der Überlieferung unabsehbar verzweigte altindische Sammlung von Tierfabeln, Parabeln, Exempla in lehrhaft-dialogischer Rahmung war über Persien und Syrien nach den Mittelmeerländern gekommen; nach einer hebräischen Fassung schrieb Johannes von Capua um 1270 sein lateinisches *Directorium vitae humanae,* und dieses Werk fand nun als *Buch der Beispiele der alten Weisen* eine bereits erstaunlich gewandte deutsche Übersetzung durch Anton von Pforr. Pforr stammte aus Breisach, erscheint dann als Rat der Herzöge Sigmund von Tirol und Albrecht VI. von Österreich, schließlich als Kirchherr zu Rottenburg und Hofkaplan der Erzherzogin Mechthild im selben Kreis wie Niklas von Wyle und Steinhöwel. Dem Grafen Eberhard hat er sein Buch gewidmet, das sofort in Handschriften und Drucken (diese spätestens seit 1481) während eines Jahrhunderts weite Verbreitung fand.

Nicht nach dem Erfolg, wohl aber nach der Modernität des Unterfangens ist endlich die erste Gesamtübersetzung von Boccaccios *Decamerone* ein literarisches Großereignis des frühen Übersetzerhumanismus. Das einzigartige „Zehntagewerk", das wie kein anderes die kühne, aristokratische und zugleich realistische Gesinnung der italienischen Renaissance verkörpert, das die

Epoche volkssprachlicher Erzählprosa in Italien eröffnet und die zeittypische Kunstform der Novelle in ihrer zyklischen Großform ein für allemal klassisch ausprägt, erschien 1472 oder 1473 zuerst bei Johannes Zainer in Ulm in deutscher Sprache. Einzelne Stücke, ausschließlich über lateinische Vermittlung, waren seit kurzem bekannt oder wurden es in diesen Jahren: die *Griseldis* (Grosz, Steinhöwel) sowie *Guiscard und Sigismunda* (Niklas von Wyle, Albrecht von Eyb). Nun kam das umfangreiche Gesamtwerk, unmittelbar nach dem italienischen Original. Bis heute ist nicht ganz klar, wer der Verfasser war, welche Übersetzungsprinzipien er befolgte, warum seine Arbeit wenig Erfolg hatte, d. h., erst in einer Bearbeitung von 1535 den Durchbruch fand.

Der Übersetzer nennt sich A r i g o (ital., „Heinrich") – das tönt wie der Übername eines Italienkenners. Derselbe Verfassername erscheint auch in einer autographen Handschrift einer Übersetzung der *Plumen der tugend* (1468), nach dem italienischen Exempelbuch *Fiori di virtù* eines Tommaso Leoni (u. a.), das bereits 1411 einmal durch den Südtiroler Hans von Vintler in deutschen Versen traktiert worden war. In einer zweiten, ebenfalls autographen Handschrift nennt sich der Übersetzer Heinrich S c h l ü s s e l f e l d e r. Nach einem Indizienbeweis sind die Übersetzer von *Decamerone* und *Tugendblumen* identisch, Arigo-Schlüsselfelder ist wahrscheinlich ein Nürnberger Patrizier, möglicherweise geistlichen Standes. Eine frühere Zuweisung an Steinhöwel ist bestimmt irrig.

Die Übertragung aus dem Italienischen, dem eben literarisch gewordenen Volgare, mußte ganz andere Schwierigkeiten bringen als die Vermittlung aus dem Latein, das mit deutscher Prosa schließlich seit Jahrhunderten in enger Symbiose gelebt hatte. Das Ergebnis genießt in den Literaturgeschichten keine gute Presse.

Der Arbeit Arigos wird vorgeworfen, sie sei ungelenk, schwerfällig und voller Fehler. In der Tat ließe sich sagen, ihr Stil sei in sich widerspruchsvoll. Da ist einerseits deutlich der Wille, die Vorlage getreu nachzubilden (aus philologischem Interesse oder aus Ängstlichkeit) in Satzbau, Wortschatz, auch im Lautlichen (Binnenreime). Es finden sich zahlreiche Neubildungen, Lehnübersetzungen und dergleichen (assalto: „ansprung"; vana gloria: „eytellere"); in großer Menge werden italienische Wörter und Wendungen übernommen, gar nicht oder halb eingedeutscht (ragazetto: „rägätz", „Knäblein"), zweifellos oft aus Verlegenheit. Dann scheint einiges – das wäre wohl eine zweite Schicht – latinisierend nach der Art des Niklas von Wyle zu sein: Neigung zur Schlußstellung des Verbs, häufiger Verzicht auf das Personalpronomen in Subjektstellung. Schließlich aber und drittens ist Arigo frei und ohne Hemmungen, wenn es um anschauliche Vorstellungen für den deutschen Leser geht. Italienische Ulmen oder einfach Bäume erscheinen als Linden und Tannen, Maße und Münzen werden adaptiert, sprichwörtliche Wendungen fließen ein: tremando forte: „zittert als in eine espenlaube". Es grassiert die mehrgliedrig-synonymische Umschreibung, indem dem italienischen Wort noch das deutsche beigegeben wird (tu se' in purgatorio: „du bist in der pein vnd purgatore") oder deutsche Doppelformeln eintreten (liberato: „aller pusz vnd pein erlediget") oder nachdrückliche Worthäufung erscheint (gli ci fece sposare: „mit dem er si mächlet, eelichet vnd sponsieret"). Zu einer spontanen Sprachfreude kommt hier auch der Einfluß der beiden herrschenden, gleichermaßen auf Worthäufungen bedachten Stilsprachen der Kanzlei und der Kanzel. Entsprechend wird in zusätzlichen Wendungen, Anreden, Ausrufen geistliches Kolorit oder, z. B. in sorgfältig gewählten Titulaturen, kanzlistisches Wissen entfaltet. Da wird die Atmosphäre des florentinischen

Trecento – das diesseitige Humanum zwischen den elementaren Mächten von Liebe, Schicksal und Tod – ins Altdeutsch-Biedere verwandelt, und der deutsche Leser konnte wohl kaum den entscheidenden qualitativen Unterschied spüren, der da zwischen Boccaccios Novellen und den thematisch ja oft ähnlichen deutschen Verserzählungen klafft.

6. Albrecht von Eyb

Die eindrucksvollste Figur unter den deutschen Frühhumanisten ist Albrecht von Eyb (1420–75), aus alter Adelsfamilie, Doktor der Rechte und Domherr in Eichstätt, Bamberg und Würzburg. Er hat in Erfurt, Bologna, Padua und Pavia studiert und mit Ausnahme eines Jahres (1452), das er infolge seiner Residenzpflicht in Bamberg zu verbringen hatte, insgesamt fünfzehn Jahre in Italien gelebt, in engem Umgang mit Gelehrten der neuen Schule. Erst 1459 kehrte er endgültig nach Deutschland zurück, um als Rechtsgutachter für Städte und Fürsten zu wirken. Seine deutschen Arbeiten fallen erst in die Spätzeit. Sein ganzes Werk ist gekennzeichnet durch sein formales Interesse für die neue Eloquenz nach antiken und neulateinischen Mustern und inhaltlich durch die Behandlung lebenspraktischer Fragen, vor allem von Ehe und Familie, die ihn offenbar auch als Juristen besonders beschäftigten und für die er gelehrte Zitate häufte.

Einige kleine lateinische Traktate oder Reden, die 1452 in Bamberg entstanden, demonstrieren provokatorisch den modernen Stil. Darunter ist der hübsche *Tractatus de speciositate Barbarae puellulae* geradezu schon als Eröffnungswerk des deutschen Frühhumanismus angesprochen worden (H. O. Burger); an sich ist es eine der seit der lateinischen oder latinisierenden Liebeslyrik des Hochmittelalters üblichen Deskriptionen weiblicher

Schönheit, aber nun dermaßen reich und schwungvoll inszeniert und mit (angeblich? Barbara = barbara puella) bestimmter Adresse versehen, daß man mehr als nur rhetorische Übung darin zu sehen pflegt. Eine *Appellatio mulierum Bambergensium* gefällt sich in modischer Frivolität: Angeregt durch Leonardo Bruni (Heliogabal preist im Kreis nackter Dirnen die ars meretricia und fordert staatlich geförderte Weibergemeinschaft), läßt Albrecht die Bamberger Frauen vor Gericht ihre Männer anklagen, weil sie von diesen schlecht behandelt würden, obwohl sie nach Heliogabals Vorschriften lebten. In dem pompösen satirischen Scherz spukt Renaissance-Emanzipation des Fleisches, vielleicht aber auch die Reminiszenz an gut einheimische Fastnachtspiele. Die *Margarita poetica* (1459) ist ein Lehr- und Musterbuch der Rhetorik; auf eine theoretische Einleitung folgt eine Anthologie lyrischer, epischer und dramatischer Zitate und eine Sammlung von dreißig Reden, fast ganz nur aus der antiken Literatur und Petrarca zusammengestellt. Das Buch hat viele Druckausgaben erfahren.

Zum Teil gestützt auf eigene lateinische Traktate entstand das deutsche „Ehebüchlein" *Ob einem manne sey zunemen ein eelichs weyb oder nicht*, einer der Großerfolge der frühen Druckgeschichte. Das Werk ist auf Neujahr 1472 dem Rat der Stadt Nürnberg gewidmet „zu lob vnd ere vnd sterckung irer pollicey vnd regimentz". Das Thema Ehe begegnet allenthalben in der spätmittelalterlichen Literatur, vom Fastnachtspiel und den Mären, vom *Ring* und vom *Ackermann* bis in die neue Novellistik und Jurisprudenz hinein. Die res uxoria ist ein Lieblingsthema der Humanisten, als ein humanum, das sich ebenso satirisch und frivol wie ernst und erbaulich behandeln ließ. Das Thema hat nach dem Verblassen der höfischen Ideologie, bei der Libertinage der Humanisten und bei dem, wie sich Max Herrmann ausdrückt, „tiefen Stande des Geschlechtslebens" in den volkreichen spät-

mittelalterlichen Städten, bei der notwendigen Suche
bürgerlicher Ordnungsformen, bei dem Ungenügen
schließlich einer herkömmlichen Moraltheologie, die den
Sinn der Ehe noch lange nur in Kinderzucht und Kanali-
sierung des Geschlechtstriebs erkennen kann, in der Tat
eine hohe soziale und moralische Aktualität, und es
betraf sehr wohl auch „pollicey vnd regiment". So folgt
Eyb in seinem Buche ebenso seinem rhetorisch-disputa-
tatorischen Spieltrieb und seiner literarischen Sammelfreude wie dem Impuls eines echten moralischen Interesses für alles Menschliche. Es entsteht dadurch auch
sprachlich die glückliche Mischung eines volkstümlichen, angewandten Humanismus. In der nur sehr lockeren Ansammlung von Argumenten, Zitaten, Exempeln
und Geschichten gilt ein 1. Teil vorwiegend den möglichen Bedenken gegen Heirat und Familie (etwa die damit
verbundene Unfreiheit, der Wankelmut der Weiber, die
Vergänglichkeit ihrer Schönheit); der 2. Teil und der
Anfang des 3. plädieren *für* die Ehe, mit einem Lob der
Frauen und einem Lob der Ehe, unter vielen Erwägungen und Ratschlägen auch praktischer Art für Kinderzucht, Hauswirtschaft und dergleichen. Am Schluß wird
– ausgerechnet anhand der inzestuösen Greuellegende
von Albanus – tröstlich vor Augen geführt, daß kein
Sünder verzweifeln solle. Als größere Einlagen zur Veranschaulichung und Unterhaltung finden sich neben dieser Legende die Griseldis (nach Erhart Grosz), die
Marina (nach lateinischer Vorlage, der Stoff begegnet
wieder in Goethes *Prokurator*) und die auch von Niklas
von Wyle übersetzte Boccaccio-Novelle von Guiscardus
und Sigismunda. Wie Albrecht von Eyb in seinen Erzählungen einen einfachen, flüssig-verständlichen Vortrag
erreicht, so sind auch die räsonierenden Partien von
gewinnender Natürlichkeit. Das Fehlen einer festen
theologischen oder moralischen Systematik hat den Vorteil unterhaltsam-pragmatischer Betrachtung. Daß auch

dann das Problem durchaus in männlicher Perspektive
behandelt ist, darf bei dem Stand der Ehediskussion noch
lange nicht verwundern. Immerhin hat das Ehebüchlein
auf seine Weise der kommenden Ehekonzeption des
Protestantismus vorgearbeitet.

Im *Spiegel der Sitten* (1474 abgeschlossen, als Ganzes
erst 1511 gedruckt, ohne Erfolg) gibt Eyb nach lateinischen Vorlagen eine Tugendlehre, jetzt noch ausschließlicher in der Form eines Florilegiums, wobei zum Kummer der Geistesgeschichtler die mittelalterlichen Traditionen (System der Sieben Todsünden) und Lehrmeinungen wieder stark hervortreten. Von ganz besonderer
Bedeutung ist nun aber eine literarisch-humanistische
Beigabe, nämlich zwei Prosaübersetzungen von Komödien des klassischen Altertums – die *Bacchides* und die
Menaechmi des Plautus – und dazu die Bearbeitung der
Philogenia, der leichtfertigen modernen Komödie des
Ugolino von Pisa. Die Stücke entstanden spätestens
1474, und wenn sie auch erst 1511 gedruckt wurden, so
waren sie ursprünglich die erste deutsche Wiedergabe
von altlateinischen Spielen (von Notkers verlorenem
Terenz abgesehen), und sie gelten mit Recht als die
originellste Leistung Albrechts von Eyb.

Als Mittel des Lateinstudiums und auch als Lektüre
war vom Mittelalter besonders Terenz stets geschätzt
worden. Der Humanismus entdeckte, vor allem nun
anhand des massiveren Plautus, neue Reize an der antiken Komödie: antikes Alltagsleben, eine ungenierte
Weltlichkeit, menschlich-allzumenschliche Charaktere
und Verhaltensweisen. Nötigenfalls ließ sich die Freude
an dem „groslüstigen vnnd frölichen poeten" (Eyb) auch
dort als Gewinn an moralischer Einsicht rechtfertigen,
wo „pöse, verkerte sitten" dargestellt waren. Nachdem
1429 am Basler Konzil eine Plautus-Handschrift mit
zwölf neuen Stücken aufgetaucht war, wurde Plautus in
Italien vielfach kopiert, emendiert, übersetzt, aufgeführt

und nachgeahmt; eine erste Gesamtausgabe erschien 1472. Albrecht von Eyb muß schon um die Jahrhundertmitte in Italien seinen Plautus studiert haben; eine Handschrift mit drei Komödien, der *Philogenia* und der *Marina* stammt teilweise von seiner Hand.

Auch in diesen Übersetzungen ist Eyb nicht der Philologe, vielmehr der Liebhaber, der Nachdichter, der moralische Betrachter. Er deutscht und christlicht ein (läßt z. B. statt bei einem Katalog von Göttern „bey gott vnd bey allen hailigen" schwören), bearbeitet mit Kürzungen und Erweiterungen, er fügt – wahrscheinlich schon aufgrund seiner Vorlagen – Erklärungen und vor allem erzählende Zusammenfassungen und Überleitungen ein. Er hat also wahrscheinlich an keine Aufführung gedacht. Im übrigen handhabt er auch hier überlegen eine klare und ausdrucksvolle Sprache mit natürlichem Tonfall, die bei aller Unmittelbarkeit eine leichte rhetorische Überprägung nicht verleugnet. Sie nimmt damit weniger ein noch lange Zeit vorwiegend in Versen gehaltenes deutsches Lustspiel vorweg als vielmehr den Prosastil, den dann die dialogischen Flugschriften der Reformationszeit zeigen. Als Probe diene hier eine Rede aus den *Bacchides* (der Knecht Chrysalus/Pentz spricht mit seinem Herrn Nicobulus/Vtz, den er im Bunde mit Vtzens Sohn Mnesilochus/Entz um zweihundert Gulden betrogen hat):

pentz. wie aber nu, du schemlichs mensch, nu bist du deines gelts gewiß! sag an, warumb warestu so sauer vnd so fraydig vnd wolst entzen erstochen haben? mainstu nitt: hetestu gehabt ain swert, wir hetten gehabt ain helmparten? ich sag dir für war: vnnd thust vns mer etwas, wir machen dich mitt der selben helmparten demütiger, dann ain meuslin ist vor der katzen. Ich waiß wol, was du dir gedachtest: du maintest, entz wär bey der bachis. (DS II,46)

CH. quid nunc, impure? numquid debetur tibi? / quid illi molestu's? quid illum morte territas? / et ego te et ille mactamus

infortunio. / si tibi est machaera, at nobis ueruinast domi: / qua
quidem te faciam, si tu me inritaveris, / confossiorem soricina
nenia. / iam dudum hercle equidem sentio suspicio / quae te
sollicitet: eum esse cum illa muliere.   (884 ff.)

7. Ein Prediger

Die geistliche Rede gehorcht seit je ihren eigenen Gesetzen, und sie hat seit bald zweihundert Jahren eine Kultur
der Prosasprache erreicht wie auch nicht im entferntesten
eine andere Gattung. Daß die neuen humanistischen
Ideale der Eloquenz nun auch die Predigt beeinflussen,
ist – zumal bei den Bettelmönchen – kaum zu erwarten
oder kommt doch nur spät und selten vor. An dieser
Stelle ist denn auch nur auf die Breite und Konstanz
dieser wichtigsten Form der Prosatradition auch und
gerade im Spätmittelalter hinzuweisen und das berühm-
teste Beispiel nach Symptomen der spätesten Zeit oder
des kommenden Übergangs zu befragen.

  Noch ist die gewaltige Masse von lateinischen und
deutschen Predigthandschriften kaum gesichtet und
organisiert. Gerade die enge Verflechtung lateinischer
und deutscher Fassungen ist, wie schon bei Berthold von
Regensburg, ein schwieriges Problem. Im Normalfall
werden lateinische Notizen des Predigers in mündlichem
Deutsch entfaltet; für die Lektüre und erst recht für den
Druck werden lateinische Notizen, lateinische oder
deutsche Nachschriften zu deutschen Lesepredigten
bzw. Traktaten verarbeitet; es kommt aber auch vor, daß
Predigten deutsch gehalten und lateinisch publiziert werden. Die Person des Predigers ist mit der des Nachschrei-
bers oder Redaktors oft nicht identisch. Ohnehin sind
die Elemente, die in den Artes praedicandi, in Florilegien
und Handreichungen aller Art, in Sprichwort- und
Exempelsammlungen, in allegorischen Wörterbüchern
zur Verfügung standen, Gemeingut, so daß die Frage der

Authentizität kompliziert und oft gegenstandslos ist. In den Städten nimmt die Predigt trotz der häufigen Klagen über Faulheit und Ignoranz der Geistlichen eher zu. Nicht nur die Bettelorden, auch der Pfarrklerus nimmt sich bis zu einem gewissen Grad der Predigt an. Im intensiven kirchlichen und weltlichen Leben der nun teilweise auch anspruchsvolleren städtischen Bevölkerung wird die Predigt aus der schlichten Verkündigung von Gottes Wort unter Umständen zu einer Art Massenmedium, das auch neue attraktive Techniken entwickelt: Dauerpredigten, Predigtserien, Predigten über nichtbiblische Texte, unterhaltende Einlagen, Bezugnahme auf Aktualitäten, aggressive Zeitkritik, verblüffende Allegorisierung usw. Es sind dies natürlich Züge, die sich bereits auch in der Volkspredigt des 13. Jahrhunderts (Berthold von Regensburg) finden, doch scheint dieser Stil nun im Dickicht der spätmittelalterlichen Städte und im Vorfeld der Reformation erst recht zu gedeihen.

Wir halten uns hier an den mit Abstand berühmtesten Prediger, die „schmetternde Posaune des Straßburger Münsters“, Johannes Geiler von Kaisersberg (1445–1510). In Schaffhausen geboren, im Elsaß aufgewachsen, wird Geiler Magister der Künste in Freiburg i. B., 1470 Priester, 1475 Dr. theol. in Basel, kam auf Wunsch und Kosten eines Straßburger Bürgers 1478 auf eine eigens für ihn geschaffene Predigerstelle ans Münster und blieb hier, außer einem kurzen Aufenthalt in Augsburg, sein Leben lang. Sein Kampf gegen die üblichen kirchlichen Mißstände, seine Stellungnahme gegen die Bettelorden, persönliche Beziehungen zum Straßburger Humanismus, die Indizierung seiner Schriften – all das ließ ihn lange Zeit als Vorläufer der Reformation erscheinen. Alle neueren Kenner kommen aber zum Schluß, daß er zwar ein Reformer im Sinn des 15. Jahrhunderts, aber keineswegs der Reformation war. Das Werk ist schwer überschaubar; in vielen Fällen handelt es sich bei

Geiler selbst um Bearbeitungen von Vorlagen; bei der Aufzeichnung oder deutschen Fassung oder Druckredaktion hatten meist andere die Hand im Spiel, und die Großzahl der Drucke erschien überhaupt erst nach Geilers Tod, als „eine förmliche Industrie in der Veröffentlichung seiner Reden und Schriften".

Der große Name, der hinter Geilers Theologie und Frömmigkeit steht, ist Johannes Gerson (1363–1429), der „doctor christianissimus", Vorkämpfer des konziliaren Gedankens und einer Kirchenreform im Geiste einer Mystik der Liebe und des Glaubens im Gefolge Bonaventuras und weiter zurück der Viktoriner. Geiler hat 1488 eine Ausgabe von Gersons Schriften in Verbindung mit Peter Schott und Jakob Wimpheling herausgegeben; eine _Ars moriendi_ und einen _Beichtspiegel_ hat er in freier deutscher Bearbeitung erscheinen lassen. Auch für die Predigten stützte sich Geiler mehrfach auf Schriften Gersons, benützte in ähnlicher Weise aber auch Albertus Magnus, Johannes Nider (um 1380–1438) und andere. Besonderes Aufsehen erregte 1498/99 während zweier Fastenzeiten die lange Serie täglicher Predigten über Sebastian Brants _Narrenschiff_; die Benützung eines – allerdings nicht namentlich genannten – weltlichen Textes wurde dabei legitimiert durch das übergeordnete Bibelwort „Stultorum infinitus est numerus" (Eccl. 1,15).

Wie wenig mystisch, wie sehr auf schlichte, praktische Kirchenfrömmigkeit und handgreifliche Anschauung gerichtet Geilers Predigt ist, zeigt sich gerade etwa an einer Serie, die er aufgrund eines Gerson-Traktats über den mystischen Berg des Schauens (vgl. Jes. 2,2) in einem Augsburger Frauenstift gehalten hat. Da werden nicht nur die drei „bühel" spezifiziert, die da zu überwinden sind (demütige Pönitenz, Einigkeit und Stille, starke Beharrung), auch die 21 Schwierigkeiten eines Bergsteigers werden geschildert und allegorisch erklärt wie z. B. das schwere Gepäck, die Mücken und Fliegen, die bellenden Hunde, das Überladen des Esels, der Hunger usw. Der Mensch ist von weltlicher Liebe angekettet wie ein Bär an einer Säule, und „das Hertz des menschen (Augustins cor inquictum!) ist gleich als ain käss der voller maden ist die allzeit durch ainander wuetend und zablend" (gedruckt 1508 in den *Predigen teütsch*, Bl. X°). In einer andern Reihe wird am „Eschengrüdel" (Aschenbrödel) die Metaphorik der schmutzigen Küchenmagd – der „anfangende Mensch" – ausgequetscht. Der Löwe wird in einer langen Serie, aus Anlaß eines in Straßburg gezeigten Löwen, nach verschiedenen Bedeutungen (frommer Mensch, Weltmensch, Christus) interpretiert, dann aber vor allem als der „hellisch Lew", der Teufel, vorgeführt, unter Aufgebot einer ganzen apokryphen Zoologie. Der Löwe frißt besonders gern Waldesel und, zur Arznei, Affen von allen Arten:

Es seind lobaffen die liebhaben dass man sie lobt, gross achtet, hochfertige menschen. Es seind sorgaffen, greitige (habgierige) menschen denen der gryt kein ruo lat. Es seind malaffen, unküsche menschen, die sich malen, zieren vnd vff mutzen. Es sein jaaffen, schmeichler, kutzenstreicher, niemans widerstreiten in zorn: aiunt aio negant nego (sie und ich sagen ja, sie und ich sagen nein). Es sein moraffen, brasser, schlemmer, die da als moren fressen sauffen füllen. Es seind munaffen (Brummaffen), neidig menschen, hessig, gond grummen mit iren nechsten. Es seind ginaffen (Maulaffen), fürwitzig menschen, faul um gotz dienst. Darumb kerend sie sich vß vf weltliche ding vnd schneucken vff die geschöpffd durch fürwitz – kumpt vß tragheit. Sein auch faulaffen. Die affen alle samen isset der hellisch löw gern. Aber die roraffen (komische Gliederpuppe an der Orgel des Straßburger Münsters) isset er am allerliebsten. Dise roraffen seind regenten ...   (*Das irrig schafe ...* 1514.)

Da werden die Wortassoziationen, die Namenreihungen Selbstzweck, und es kündigt sich etwas von der grobianischen Sprachfreude an, die zum Ton des folgenden Jahrhunderts gehört.

SECHZEHNTES JAHRHUNDERT

I. DIE EPOCHE

Mit der Wahl eines rein chronologischen Titels für eine letzte in diesem Band darzustellende Epoche der Literaturgeschichte wird auf eine charakterisierende Etikette verzichtet. Diskussionen über Epochengrenzen sind unfruchtbar und damit auch die Doktorfragen, ob das Mittelalter um 1400, um 1500, mit dem Tode des Hans Sachs oder gar erst im 18. Jahrhundert zu Ende gehe, ob die Renaissance um 1350 in Böhmen oder erst mit einem westdeutschen Humanismus beginne, ob die Reformation noch und wieder zur mittelalterlichen Geistesgeschichte gehöre oder eine religiöse Form der Renaissance darstelle, ob es überhaupt eine deutsche Renaissance oder – im Blick etwa auf die Geschichte der bildenden Kunst – nur einen Übergang von der Spätgotik zum Manierismus gebe: solche Fragen sind z. T. rein definitorischer Art oder bringen, etwa dem Luthertum gegenüber, voreilig Wertungen ins Spiel. Sie sind für die Literatur deshalb besonders gefährlich, weil diese in der fraglichen Epoche in ungewöhnlicher Weise engagiert und deshalb nicht nach irgendeiner literarischen Eigengesetzlichkeit, sondern nach übergreifenden Inhalten und Funktionen glaubensmäßiger, wirtschaftlicher, politischer, wissenschaftlicher Art zu periodisieren ist. Es kommt die Schwierigkeit hinzu, daß der Träger der „Literatur" schwer zu bestimmen ist – geographisch (was heißt Deutschland unter Maximilian und Karl V., wohin gehört Erasmus?), sozial (der Begriff „bürgerlich" kann sehr Verschiedenes umfassen) und vor allem sprachlich (durch die Ausbildung einer humanistisch-neulateinischen Literatur internationaler Reichweite einerseits, die Popularisierung des volkssprachlichen Literaturlebens durch den Druck anderseits ergibt sich ein enges Incinander und Gegeneinander zweier Literaturen). Alles

scheint in Bewegung geraten. Mehr als je empfiehlt es
sich jedenfalls, auf geistesgeschichtliche Konstruktionen
zu verzichten und – wenn auch innerhalb der konventionellen Einteilungen – den Texten zu folgen und die
allgemeinen Gesichtspunkte an ihnen zur Geltung zu
bringen.

Bei aller Skepsis gegen Epochenbegriffe sind wir dennoch pragmatisch veranlaßt, Zäsuren zu setzen und ihren
Ort zu begründen. Auch wenn man sich hütet vor der
Faszination durch die Zahl 1500 – Mitte und Höhe eines
Jahrtausends – oder gar durch die Analogien zur hochmittelalterlichen und weimarischen Literaturblüte je im
Abstand von dreihundert Jahren, so wird doch unübersehbar, daß sich gegen Ende des 15. Jahrhunderts zunehmend Neues ankündigt, Altes sich überlebt, Bewegung,
Krise in die Masse der Traditionen kommt. Es ist – seit
etwa 1490 – wie eine beschleunigte Gangart der
Geschichte, eine dichtere Koinzidenz folgenschwerer
Vorgänge, ein geschichtlicher Schub – weniger schon
eine neue Erfüllung als eine Erwartung, keine plenitudo
temporis, viel eher eine Suche, ein Programm, von Kri-
sengefühlen und Ängsten begleitet. Im Hintergrund
erfolgt eine gewisse Kulmination des reichsstädtischen
Lebens, die Entwicklung eines auf Bergbau und Fern-
handel gestützten frühen Kapitalismus in seltsamer Verknäuelung mit neuen Phasen ritterlicher Romantik, die
rasche Entwicklung des Buchdrucks zum Massenmedium, die immer stärker zu Bewußtsein kommende Verweltlichung der Kirche als einer fiskalisch-politisch-mili-
tärischen Institution und demgegenüber eine neopri-
mitive Volksfrömmigkeit mit den bekannten Exzessen
von Heiligenkult, Reliquien-, Ablaß- und Wallfahrtswe-
sen; Judenaustreibungen und Hexenprozesse (der *Malleus maleficarum* erscheint 1487) vervollständigen das
Bild.

Mit der Regierungszeit Maximilians I. (1493–1519),

die ziemlich genau diese vorreformatorische Epoche
deckt, erfolgt unter manchen Rückschlägen doch faktisch die Gründung eines weltweiten Habsburgerreichs,
doch führen die fragwürdigen Versuche einer Reichsreform nur zu geringen Teilerfolgen im Schatten einer
allgemeinen Stärkung der fürstlichen und territorialen
Mächte. Die habsburgischen Auseinandersetzungen in
Frankreich, den Niederlanden, in Italien, im Osten,
überaus verwirrend im raschen, oft erratischen Wechsel
der diplomatischen, militärischen und heiratspolitischen
Fronten, kompliziert durch die ständischen Partikular-
interessen im Innern, sind dem gemeinen Mann kaum
mehr überschaubar. Dazu kommen die langfristig welt-
verändernden Entdeckungen Amerikas durch Columbus
und des Sonnensystems durch Kopernikus (1497 Bologna?), aber auch unmittelbare Schrecken wie das Eindringen der Syphilis (1494 in Augsburg). All das läuft
hinaus auf eine Stimmung der Unruhe, des Aufbruchs
und zugleich tiefer Unsicherheit. Neben der oft nur
programmatischen Emanzipations- und Lebenslust der
Humanisten, die in den 1490er Jahren entscheidende
Durchbrüche erzielen, steht die Schwermut der saturni-
schen Naturen und die endzeitliche Angst der Gläubigen. Die Reformation bringt die lang vorbereitete Entladung und schließt eine erste Phase unserer Epoche. Es
folgt die Durchsetzung des neuen Glaubens, die Abgrenzung gegen radikale Konsequenzen, dann auch die Dogmatisierung und Erstarrung. Unentwegt und nur langsam sich wandelnd pflanzen sich indessen die alten volks-
literarischen Traditionen des Spätmittelalters fort: Volkslied und Meistersang, Volksbuch und Spiel.

Im Gegensatz zu irgendeiner „klassischen" Dichtung
ist Literatur im 16. Jahrhundert mehr als je Aktion,
Handeln, und die bedeutendste sprachliche Potenz ist
auch jetzt nicht in den autonomen fiktionalen Formen zu
finden, vielmehr in den Gattungen des Gebrauchs, vor

allem der Prosa. Damit stellt sich dem Literarhistoriker das Problem einer zureichenden Würdigung. Es gilt etwa Luther, Paracelsus, Aventin, Franck primär in ihrer literaturgeschichtlichen Bedeutung zu fassen; die theologische, naturwissenschaftliche oder historische Aussage soll immer wieder auf diesen literarisch-sprachlichen Aspekt bezogen werden. Und Ähnliches gilt von der neulateinischen Literatur: Sie kann hier nur soweit erscheinen, als sie als Quelle, Anreger und Partner der deutschen Produktion nicht wegzudenken ist.

II. RENAISSANCE UND HUMANISMUS

1. Maximilian I.

In mehr als einem Sinn sind die letzten Jahrzehnte vor der Reformation die Zeit Maximilians (1459–1519, Kaiser seit 1493). Politisch steht sein Name für eine Erneuerung des Reichs, die zugleich eine Erneuerung des mittelalterlichen Reichs sein wollte und die Grundlegung der riesigen habsburgischen Hausmacht bedeutete. Mindestens versuchsweise wurden Reformen in Recht, Militär, Finanzwesen und Verwaltung unternommen. Deutschland konnte sich jedenfalls wieder und noch einmal als Mittelpunkt eines Reiches sehen, das trotz Rückschlägen (Burgund, Schweiz) mit kriegerischen und heiratspolitischen Mitteln schließlich einerseits nach Spanien (samt Neapel-Sizilien) und den Niederlanden, anderseits bis nach Ungarn ausgriff und als nie erreichtes Fernziel den Sieg über die Türken plante. Kulturell bedeutet Maximilians Epoche die Zeit einer glänzenden Hofhaltung, in der sich ritterliches Spätmittelalter mit dem Humanismus der Renaissance verbündete. Maximilian entwarf zahlreiche Projekte wissenschaftlicher, literarischer und künstlerischer Art, zu denen er die besten Kräfte der Zeit heranzog. Er unterstützte die Universitäten, insbesondere Wien, und ließ das untergehende Erbe des deutschen Mittelalters sammeln und abschreiben (*Ambraser Heldenbuch* u. a.). Auf diesem Hintergrund entsteht auch die ganz ungewöhnliche ideologisch-literarische Selbstinterpretation in Maximilians autobiographischen Werken, die gerade in ihrer Fragwürdigkeit zu den sprechenden Repräsentanten der Zeit gehören.

Als Maximilian mit 34 Jahren seinem Vater Friedrich III. auf dem Thron folgte, besaß er bereits große militärische und politische Erfahrung, vor allem aus dem Kampf um das burgundische Erbe. In Deutschland wurden dem jungen, hochgebildeten, unternehmenden Fürsten große Hoffnungen entgegengebracht, und sie sind im Rahmen des Möglichen auch nicht enttäuscht worden. Obwohl dann die Reformation die Fronten und Kategorien völlig veränderte, hat doch die Erscheinung Maximilians die spätere Zeit immer wieder fasziniert. Die neueren Historiker haben manches an ihm auszusetzen: Sie werfen ihm ein zunehmend fahriges, rastloses Wesen vor, neben aller erfolgreichen Kühnheit phantastische Züge und dazu eine oft widerspruchsvolle Politik, die Deutschland in einen epochalen Zwei- und Mehrfrontenkrieg verwikkelte. Auch das kulturelle Mäzenatentum kann zwiespältig wirken – um auch hier das in den Handbüchern beliebte Wort zu brauchen –: die großen Unternehmungen brachen zu einem guten Teil unvollendet ab, fielen der Geldnot oder der Sparsamkeit zum Opfer und gewannen im Widerspruch zwischen Absicht und Mitteln etwas Monströses: so etwa die ungeheuren Holzschnittkompositionen der „Ehrenpforte" und des „Triumphzugs" (alles aus Papier) oder der gespenstische bronzene Trauerzug des Grabmals (mit Artus, Theodorich, dem Ahnen Caesar usw.), das als unvollendetes Kenotaph in der Innsbrucker Hofkirche steht, oder die Arbeiten zur Habsburger Genealogie, die das Stammhaus bis in die Urzeit hinein, zu Hektor und versuchsweise weiter bis zu Noah zurück, verherrlichen. Die unermüdliche Sorge um Repräsentation, um Nachruhm und „Gedächtnis" geht nicht nur aus renaissancehaftem Selbstgefühl und dem Wissen um göttliche Sendung hervor, sie scheint auch aus einem unruhigen Bedürfnis der Selbstbestätigung, ja einem Gefühl tiefer Bedrohung zu kommen. Und die autobiographischen Werke sind denn auch Dokumente zugleich einer großartigen Reflexion des eigenen Lebens wie einer schließlich kuriosen, unglücklichen Selbstinszenierung.

In den 1490er Jahren beginnt der Kaiser, in seinem „Reuterlatein" (so zu Willibald Pirckheimer) an Memoiren zu diktieren. Er tritt damit zunächst in die Spuren Karls IV. Bald wurde der Plan geändert zugunsten einer idealisierend-allegorisierenden Selbstdarstellung in deutscher Sprache, eines les- und schaubaren Monuments. Ein ganzer Stab von gelehrten Beratern, von Künstlern und Schreibern erhält genaueste Aufträge. In der Hauptsache geht es zunächst um ein Prosawerk, das sozusagen die geschichtliche Rolle des Kaisers, seine politischen und militärischen Taten und Schicksale in verschlüsselt-romanhafter Form darstellen sollte, in Bild und Wort. Von diesem *Weißkunig* lagen beim Tode des Kaisers 251 Holzschnitttafeln und unbereinigte Materialien zum Text vor. Als Redaktor unter der Aufsicht des Kaisers und nach dessen Tod selbständig wirkte der Geheimschreiber Markus T r e i t z (oder gewöhnlich, samt Beinamen, Marx Treitzsaurwein genannt). Gedruckt wurde der *Weißkunig* erst 1775. Das Ganze ist angelegt auf die Lebensgeschichte und das Lebenswerk eines Helden mit geradezu messianischer Sendung, auf dem Hintergrund der Epoche. Die Geburt wird mit der Weihnachtsgeschichte parallelisiert, den Abschluß sollte der Sieg über die Türken bilden – das Werk greift programmatisch den Leben vor und damit ins Leere. Die geschichtlichen Personen und Mächte erscheinen ritterlich-romanhaft unter heraldischen Farbbezeichnungen: Der weiße König ist zunächst Friedrich III., dann Maximilian selbst, die weiße Gesellschaft sind die Deutschen, der blaue König ist der Franzose, der König vom Fisch der Doge von Venedig. Die Eidgenossen, die im Hinblick auf den verlorenen Krieg von 1499 schlecht wegkommen, sind die Bauerngesellschaft oder die Gesellschaft mit den vielen Farben. Der biographisch-chronikalische Stoff ist romanhaft stilisiert, verschlüsselt und aufgehöht in einer spätmittelalterlichen Manier, für die burgundi-

sche Vorbilder (Christine de Pizan, Olivier de la Marche)
bestanden. Solche Verkleidung dient nicht nur der Hero-
isierung des Stoffs und nicht nur dem Vergnügen einer
exklusiven, wissenden Leserschaft, sie ermöglicht erst
die repräsentative Form und entschuldigt zugleich, als
vorgegebene Rolle, die Kühnheit des Anspruchs.

Als spezielle, intimere Einlagen oder Seitenflügel zum
Weißkunig sind die zwei andern Werke aufzufassen: der
ebenfalls dem Treitzsaurwein aufgetragene *Freydal* (oder
Freidalb, zu freydig „übermütig, kühn", und albus:
„weiß"), von dem nur Entwürfe vorhanden sind, eine
ebenfalls in Prosa gehaltene Darstellung des höfisch-
festlichen Lebens des jungen Mannes in Minnedienst,
Turnieren und Maskeraden; und dann vor allem das
allein vollendete Verswerk, der *Teuerdank*. Dieser
erschien 1517 als Prachtwerk mit den 118 z. T. großartigen Holzschnitten von Hans Burgkmair d. Ä., Schäufe-
lein und Leonhard Beck im Druck. Im Text hatten, auch
hier aufgrund genauer Anweisungen und wohl auch Dik-
tate des Kaisers, verschiedene Autoren, darunter wieder
Treitzsaurwein, mitgewirkt, was sich auch in einer
uneinheitlichen Handhabung des Vierheberreimpaars
verrät. Die Schlußredaktion besorgte Melchior P f i n -
z i n g, Nürnberger Patrizier, Hofmann, Geistlicher und
Gelehrter. Teuerdank – der mit den hohen Gedanken,
der nach kostbaren Zielen Strebende (vgl. „Freidank") –
ist wieder Maximilian, als Held eines locker gebauten
Ritterromans. Hier werden die privaten Erlebnisse des
Helden wirklichkeitsnah und authentisch erzählt, aber
zugleich durch gesteigerte Allegorisierung auf ihren
moralisch-religiösen Lebenssinn hin zu deuten gesucht.
Der Rahmen ist – „in Form, Maß und Weise der Helden-
bücher" (Pfinzing) – die Brautwerbung des Achtzehnjäh-
rigen um die Dame Ehrenreich, d. i. Maria, die Erbin
von Burgund. Nachdem Teuerdank wie Christus die
Versuchung durch den bösen Geist überwunden hat im

Namen von Vernunft, Tugend und göttlicher Lehre,
muß er auf seiner Fahrt drei Pässe überwinden; an deren
jedem wartet auf ihn ein verräterischer, dem Teufel
verpflichteter Diener der Königin Ehrenreich: Fürwittig
(Fürwitz, jugendliches Ungestüm), Unfalo („Ungefell",
Verfolgung durch unglücklichen Zufall) und Neidelhart
(feindliche Menschen und Mächte äußerer Art). Die drei
tückischen Widersacher sind zugleich drei verschiedenen
Lebensetappen des Helden zugeordnet. Sie führen nun
die in lockerer Kette anekdotisch erzählten Lebensbe-
drohungen heran: es ist eine lange, seltsame Sammlung
von Jagdabenteuern (35 von insgesamt 88 Bewährungs-
proben), von gefährlichen Erlebnissen im Gebirge und
zur See, Lebensgefahren aller Art wie Pulverexplosio-
nen, Brandfälle, schadhafte Treppen und Gerüstbalken,
falsche Ärzte und Nachstellungen durch Waffen oder
Gift. Nachdem der Held alle mit Geschick, Tugend und
göttlicher Gnade überwunden hat, gelangt er an den Hof
der Königin, besiegt sechs feindliche Ritter und gewinnt
die Dame, während die drei dämonisch-allegorischen
Mächte hingerichtet werden. Doch vor dem Vollzug der
Ehe hat Teuerdank noch eine Kriegsfahrt gegen die
Feinde der Christenheit zu unternehmen: das 117. Kapitel, das den Türkenkrieg schildern würde, bleibt ausge-
spart.

Noch einmal soll der Sinn eines vollen fürstlichen
Lebens geborgen werden in der Form einer christlich-
ritterlichen Abenteuerfahrt um eine Minnedame. Doch
durch den mächtigen idealistischen Überbau und die
Selbstverherrlichung schlägt eine ganz andere Wirklichkeit. Im Grunde ereignet sich keine echte Ausfahrt, keine
Suche, keine Weltbegegnung; an die Stelle des hochgemuten Abenteuers sind Zufall, Mißgeschick und Bosheit
getreten, die den Helden verfolgen, der kleine, um so
tückischere Unfall der Jagd, der Reise, des Alltags, eine
groteske Kette von kleinlichen Bedrohungen, Pannen,

Faits divers, die offensichtlich authentisch, im Kontext kaum integriert sind und ähnlich in irgendwelchen bürgerlichen Chroniken stehen können. Durch die idealistische Programmatik dringt eine unberechenbare, unheimliche, angsterregende, widerständige Realiät, die vorweg bereits an die Welt Fischarts oder Rollenhagens erinnern kann. Der Held ist weniger geführt als bedroht von der Fortuna, die hinterhältig und mesquin geworden ist. Er hat sein Leben unter widrigen Gestirnen angetreten, und wenn er seine Sendung erfüllen kann, so verdankt er dies neben seinen persönlichen Tugenden nur Gottes Hilfe, und er empfängt diese als Melancholiker. Dies ist vorreformatorische, dann wieder gegenreformatorische Stimmung. Maximilian soll das unheimliche Wort gesprochen haben, seit Christus habe niemand so viel gelitten wie er. Die Würde des Fürsten beginnt sich zunehmend zu bemessen nach der Größe des Leids und der Schwere des Verhängnisses, die er zu tragen hat. So gesehen ist die mehrfach erfolgende figurative Bezugnahme auf das Leben Christi keine blasphemische Anmaßung, sondern ein Griff nach dem allein wahren Maß – so hat sich ja auch ungefähr gleichzeitig Albrecht Dürer in seinem Münchener Selbstbildnis als Christus dargestellt.

Selten ist ein so groß gedachtes dichterisches Werk so kläglich an der Ausführung gescheitert. Das Erlebnismaterial konnte weder kompositionell noch ideell durchdrungen werden und bleibt ein kurioses Inventar. Die Versifikation wirkt ebenso gewalttätig wie hilflos, die kaiserlichen Schreiber haben roher und „bürgerlicher" als irgendeiner der dichtenden Handwerker der Zeit gearbeitet. Als Beispiel ein Stück aus dem 37. Kapitel (auf Unfalos Geheiß rollen zwei Bauern Steine über eine Felswand):

> Und ließen über des Fels Wand
> Der Bauren ein jeder zuohand
> Ein großen Stein laufen daher.

Derselben einer mit Gefer
Den teuren Held, das edl Bluͤet,
Traf und schluog im seinen Huͤet
Vom Kopf und in die Erd ein Loch.
Der ander Stein felet sein, doch
Trafe er den Gembsjegersknecht
Mit vollem Laufen also recht,
Daß er zu der Erd strauchen tet,
Gar nahend er im den Tod hett
Gebracht. Der Held bald merket das,
Darumb im aus dem Gebürg was
Gach zu steigen herab darvon,
Dann er merket wol, daß zuͦ gon
Denselbigen Tag was mißlich.
Desgeleichen der Jeger sich
Darin auch nicht lang saumen tet . . .

Eine Zufallsepisode wird sehr genau, aber wohl infolge der allegorischen Motivation unklar und durch die Mechanik des Verses – der nach der gängigen Theorie alternierend gelesen werden soll – zerhackt vorgeführt; die Pointe der umständlichen Erzählung besteht darin, daß nichts passiert, der Held einer Gefahr entgangen ist.

Das kaiserliche Bilderbuch des *Teuerdank* hat mehrere Ausgaben und Bearbeitungen auch noch im 17. Jahrhundert gefunden, literarisch aber kaum Wirkungen gezeitigt.

2. Die Narrensatire

Wie ein Gegenbild zur pathetisch-melancholischen Heldenfigur Teuerdanks erscheint gleichzeitig die Figur des Narren. Fast seuchenartig wird die bürgerliche Literatur der Zeit obsediert von der Vorstellung, daß der Mensch ein Narr, die Menschheit im Ganzen und einzelnen ein Gewimmel der unterschiedlichsten Formen der Torheit sei. Als Träger dieser Vorstellungswelt greift die Satire um sich, als die vielleicht dominierende literarische Ausdrucksform der Zeit. Die Satire ist das Medium, in dem eine zutiefst unsichere, krisenhafte und dann in bittere Auseinandersetzungen aufbrechende Zeit sich am ehesten ausdrücken und fassen kann: in ihrem Pessimismus, ihrer aggressiven Vitalität, ihrer Suche nach Maßstäben, ihrer Phantastik. Dabei gibt es alle Grade und Spielarten der Komik, der Ironie, der Didaxe. Die Satire kann die Waffe eines strengen und zielbewußten Moralismus, aber auch der Vorwand der Unterhaltung (auf Kosten Dritter) oder einer artistischen Schriftstellerei sein. Unbestritten ist es Sebastian B r a n t (1458–1521) gewesen, der zuerst die verschiedensten spätmittelalterlichen Traditionen dieser Art in seinem *Narrenschiff* versammelt und durch eine gewisse Totalisierung der Narrenvorstellung eine eigentliche Narrenliteratur begründet hat. Sebastian Brant war ziemlich genau ein Generationsgenosse des Kaisers und stets dessen Parteigänger. Für ihn und das Reich ist er in manchen Gedichten (*Varia carmina*, 1498) eingetreten und hat er sich mit deutschen Flugblättern als Mahner betätigt. Der Straßburger Gastwirtssohn hat in Basel studiert und den Doktor beider Rechte erworben, hat hier als Dozent gewirkt und war daneben im Buchwesen tätig; im Zusammenhang mit Basels Loslösung vom Reich ist er in die Vaterstadt zurückgekehrt und hat als Stadtschreiber, mit dem Titel eines kaiserlichen Rats, eine gewisse Rolle im Verkehr zwischen Reichsstadt und Kaiser gespielt. In Brant vernehmen wir die Stimme eines bürgerlich-städtischen und zugleich patriotischen Bewußtseins; seine moralische Satire sucht in einer bunt und spannungsreich gewordenen Gesellschaft ein vernünftiges Zusammenleben zu befördern, im Geist einer eher konservativen Frömmigkeit und eines pragmatischen Sinns für das Recht. Wichtiger als einige juristische und historische Arbeiten ist denn auch seine deutsche Volksschriftstellerei, und hier, alles überragend, das *Narrenschiff* von 1494; mit seinen zahllosen Nachdrucken

und seinen Übersetzungen – u. a. durch Jakob Locher ins
Latein – soll es für Jahrhunderte der größte Bucherfolg
deutscher Sprache gewesen sein. Die Leit- und Rahmen-
idee, die Vielfalt menschlichen Tuns und Lassens im
Bilde verschiedenster Narren zu personifizieren und
zusammenzufassen in dem (nur lose und inkonsequent
durchgeführten) Bild einer Schiffahrt nach Narragonien,
muß auf eine große Aufnahmebereitschaft gestoßen sein.
Man erhielt ein Panorama menschlichen Verhaltens, eine
ebenso unterhaltende wie eindrucksvolle Sittenlehre mit
vielen Exempeln, Stück für Stück mit vorzüglichen
Holzschnitten veranschaulicht. Auch für literarisch
anspruchsvolle Leser war das Werk von Interesse; mit
seinen offenbar nach lateinischem Vorbild sauber durchgeführten jambischen Vierheber-Reimpaaren war es eine
Pionierleistung im Bereich volkssprachlich-humanisti-
scher Dichtung. Mehr als früher sieht man heute (Gaier)
die Sorgfalt des formalen Aufbaus, die bewußte Dosierung von abschreckenden und belehrenden Partien, die
Gruppierung des Stoffs, überhaupt eine gattungsgerechte
Nachahmung der römischen Satire.

Brant hat seine über hundert Narrenporträts mit Beispielen aus der Bibel und der klassischen Literatur und
moralischen Exkursen angereichert, nicht ohne damit die
Klarheit seiner Narrenkonzeption stark zu gefährden.
Zu dem alttestamentlichen Gegensatz von Narr und
Weisem als Grundkategorie des moralischen Urteils
kamen Bestimmungen der philosophischen antiken
Ethik; für die Narrenfigur als solche, mit ihrer festen
Schellentracht und ihren Requisiten, sind die mittelalterlichen Institutionen des Hofnarren einerseits, des Fast-
nachtsnarren anderseits maßgebend geworden. Die
Narrheit ist zunächst ein moralisches Gebrechen und
kann soweit als Schwäche, Unorientiertheit, Wissens-
mangel verstanden werden; letztlich aber ist sie als Folge
des menschlichen Sündenstandes religiös begründet.

Dummheit und Bosheit, Schwäche und Schuld, Irrtum
und Sünde sind nicht leicht zu trennen. In diesem Sinn ist
der letzte Horizont von Brants *Narrenschiff* religiös,
wenn nicht am Schluß geradezu eschatologisch. Die
Fahrt des „schluraffen schiffs" endet mit dem gänzlichen
Untergang:

> Wir suochen gwynn jn dieffen muor
> Des würt vns bald eyn böse ruor
> Dann vns bricht mastboum, sågel, schnuor
> Vnd künnen doch jm mer nit schwymmen
> Die wållen sint bösz vff zuo klymmen
> Wann eyner wånt er sitz gar hoch
> So stossent sye jn zuo boden doch
> Der wyndt der tribt sie vff vnd nyder
> Das narren schiff kumbt nym har wider . . .
>
>   (Nr. 108)

Bedenkt man, welche Bedeutung die Metaphorik von der
Fahrt mit dem Schiff (der Arche) über das Meer des
Lebens zum ewigen Ufer besitzt (vgl. auch Ps.
106,23 ff.), dann gewinnt die Narrenfahrt einen radikale-
ren Sinn. Der Weise ist nicht nur der Wissende, der gut
und vernünftig Handelnde, sondern der Gottesfürchtige.
Nun ist freilich Rettung nur möglich, wenn der Narr
seinen Zustand erkennt; die Selbsterkenntnis macht den
Narren zum Weisen, demütige menschliche Selbsterkenntnis ist die Erkenntnis seiner selbst als eines Narren.
Es gehört durchgehend zur Narrensatire, daß sich ihre
Verfasser selber als Narren bezeichnen und damit übrigens auch ihrer Lehrhaftigkeit die Spitze brechen und
ihrer Satire einen gewissen Selbstzweck verschaffen.
Damit kommen wir aber auch in die Nähe der Konzeption des weisen Narren, die von einer christlichen docta
ignorantia und den Narren in Christo bis zu den abgrün-
digen Shakespeareschen Narren reicht (für Deutschland
wäre an *Henselyn* zu erinnern). Schließlich hat aber die
Narrenfigur auch einen sehr vitalen Aspekt: Wie der

Bauer oder andere komische Figuren des Fastnachtspiels können auch die Narren als Verkörperungen einer fraglos-naturalen Welt erscheinen und in Unfläterei und Gelächter eine befreiende Wirkung haben. Ein Abglanz solcher Komik mag auch der Narrenrevue Brants zugute kommen. Mindestens ist diese prallvoll von menschlicher Alltagswirklichkeit. Jede Satire lebt ja davon, daß sie gleichsam hinterrücks mehr als Satire ist, d. h. positive Wirklichkeit produziert. Bei Brant vorherrschend ist freilich der solide bürgerliche, humanistisch vertiefte Moralismus, mit dem er, am Zusammenleben einer städtischen Gesellschaft interessiert, die Narrenwelt darstellt. Nur gelegentlich dringt durch die Ritzen ein angstvoller Pessimismus, von dem schwer zu sagen ist, wie weit er zum Typus jeder volkstümlichen Gnomik seit dem Prediger Salomo gehört und wie weit hier die Stimmung eines klugen Beobachters einer Krisenzeit sich ausgesprochen hat.

Wie sehr Brants Rahmenvorstellung als Möglichkeit erkannt wurde, die verschiedensten Nöte der Zeit zu begreifen, das zeigt eine lange Rezeptionsgeschichte, vor allem in der Reformationszeit. Ältestes Zeugnis dieser Wirkung ist wahrscheinlich das *Windschiff aus Schlaraffenland* (Luftschiff aus Narrenland), ein erst kürzlich entdecktes handschriftliches Gedicht von 1891 freien Knittelversen, das um 1504 von einem unbekannten Mainzer Studenten verfaßt wurde. Hier stehen im Rahmen einer satirischen Ständerevue lange Partien über die Zustände im Reich, insbesondere über den „frumen furst Maximilian", die hochmütigen „Schwitzer" (Schwabenkrieg), den bayrisch-pfälzischen Erbfolgekrieg, die Syphilis und die Türkengefahr.

In zeitlicher Abfolge wird allerdings zunächst eine andere Tradition wichtiger, eine andere Spezies des Narrentums. Das ist der „Schalksnarr", der mit seinen Narreteien und Streichen den Mitmenschen übel mitspielt und diese damit in ihrer Torheit entlarvt, während er selbst als der Schlaue oder gar als der Weise dasteht. Auf der Linie des Pfaffen Amis, des Kalenbergers, Neidharts und Reinharts des Fuchses und in einer gewissen Verwandtschaft mit den ambivalenten Narren des Fastnachtspiels steht das Buch von *Eulenspiegel*, das – ebenfalls von Straßburg ausgehend – im 16. Jahrhundert und lange darüber hinaus mit seinen Bearbeitungen und Übersetzungen (darunter zwei lateinischen) zu den beliebtesten und folgenreichsten Druckwerken der Zeit gehört, ein Beitrag Niederdeutschlands zur Weltliteratur.

Der älteste eruierbare Druck stammt von 1510/11. Wenn nicht alles täuscht, steckt in diesem *Dil Ulenspiegel* keineswegs eine seit dem 14. Jahrhundert mündlich gewachsene Geschichtensammlung um eine wirkliche Figur, sondern das satirische Werk eines einzelnen Autors, der allerdings verschiedenartiges Schwankgut auf seinen fiktiven Helden übertrug und ihm einen wirklich bezeugten Familiennamen verlieh. Der Verfasser war höchstwahrscheinlich der Braunschweiger Zollschreiber Hermann B o t e (gest. 1520/25), der als der bedeutendste niederdeutsche Autor der Zeit gilt. Den *Ulenspiegel* hätte er jedoch für den Druck von vornherein in (mangelhafter) hochdeutscher Sprache verfaßt. Bote spielte eine aktive Rolle in den langwierigen Fehden zwischen den sich erhebenden Handwerkergilden und dem patrizischen Rat in Braunschweig; er ist schon 1488 wegen eines Spottgedichts gefangengenommen und vorübergehend seines Amtes entsetzt worden, und 1513 wurde er, als „einer der bestgehaßten Männer der Stadt", wiederum mißhandelt. Seine niederdeutschen Werke befassen sich immer wieder mit der Wahrung des Friedens in seiner Stadt und wenden sich, im Sinn der Obrigkeit, gegen inneren Hader und vor allem das auflüpfische Volk. Die selbsterlebten und dazu einige ältere Handwerkeraufstände hat er in seinem *Schichtbok* (Schicht:„Geschichte",

insbesondere böses, verderbliches Geschehen) in außer-
gewöhnlich souveräner und lebendiger Weise dargestellt,
aus der Sicht der rechtmäßigen Regierung einer bedeutenden Hansestadt und gegen Unordnung und Aufruhr.
Eine *Weltchronik*, eine gereimte Ständesatire unter dem
Titel *Boek von veleme rade* (Räder bzw. Ratschläge) und
eine Spruchsammlung *Koker* (Köcher mit scharfen Pfeilen) belegen ebenfalls seine historischen und sozialpoliti-
schen Interessen. Bote scheint nun seine engagierten
Kenntnisse aus Literatur und Lebensumkreis und seinen
angriffslustigen Spott in höchst freier Weise als
Geschichtenerzählung arrangiert, lokalisiert und datiert
zu haben. Ulenspiegel – der Name ist als Familienname
bezeugt, bedeutet den Schleier der Schleiereule, läßt sich
aber auch als Torenspiegel oder Wisch-den-Hintern (ul'n
spegel) verstehen – macht mit seinen Streichen immer
wieder gutgläubig-dumme oder auch bösartige Handwerker lächerlich; gelegentlich kommen auch Pfaffen
und Doktoren schlecht weg. Letztlich geht es – interpretiert man wohlwollend – wie bei Brant um ein verständi-
ges, kluges und ehrliches Zusammenleben in der
Gemeinschaft. Der Narr ist es, der die Menschen entlarvt
und weise macht. Viele Schwänke Ulenspiegels bestehen
im absichtlichen oder gutgläubigen Mißverstehen der
Sprache, im Wörtlichnehmen von Redensarten, in Wort-
verdrehungen: Dem Herrn, der seinen Knecht Ulenspiegel das Haus räumen heißt (d. h. entläßt), stellt er sämtli-
chen Hausrat auf die Gasse; dem Bierbrauer, der ihm
Hopfen zu sieden befiehlt, steckt er den Hund, der
zufällig Hopf heißt, in den tödlichen Sud. Das ist eine
Art Sprachkritik, die weniger der Verständigung dient,
als daß sie die Sprache in ihrer Mehrdeutigkeit ad
absurdum führt. Mehrfach ist Ulenspiegel selbst das
Opfer, erfolgen seine Streiche aus Rache – das soziale
Verhältnis ist jedenfalls gestört. Der Schalksnarr verkörpert die Narretei in aktiver, aggressiver Form: er ist mehr

als ein weiser Narr. „Es ist niemans so weis, er würt
vonn den Doren betrogen." Eulenspiegel ist eine mythische Figur geworden nicht zuletzt, weil er in diesem
Sinne aktiv ist, auch Bosheit und Schadenfreude aus-
strahlt. Das ist schon angelegt in der Art, wie Ulenspiegel überall auftaucht und wieder verschwindet – „Hic
fuit", steht nachher an der Haustür. Ein unheimlicher
Rest, eine gewisse Diabolik bleibt. Die Komik ist nicht
immer befreiend, wenn auch unmittelbar und drastisch;
sie verzichtet auf Erotisches und ist um so reichlicher
fäkalisch. Tätliche Verwirrung ist das Ende – wie bei den
Bäuerinnen zu Bremen, die er alle ihre Milch in seine
große Kufe schütten läßt, weil er sie kaufen wolle; dann
erklärt er, er habe erst in vierzehn Tagen Geld, und wer
wolle, könne seine Milch wieder zurücknehmen:

Die bürin machten ein geröhel (Gegröhl) vnnd ein rumor.
Ein, die het so vil gehebt, die ander so vil, die drit des gleichen
vnnd so füran, so daz sich die frawen darüber mit denn eimern,
logelen (Fäßchen) vnnd Fleschen zů den köpffen wurffen vnd
schlůgen vnd gossen sich mit der milch in die ougen in die
kleider vnnd vff die erden geschüttet so das es eben da gestalt
war, als het es milch gereget. (LXX)

Immerhin: die zuschauenden Bürger finden es lustig und
loben Ulenspiegels Schalkheit.

Das Werk ist eines der ersten Schwankbücher in Prosa
– noch Fischart sah sich veranlaßt, eine Versbearbeitung
zu veranstalten (1572), nachdem kurz zuvor eine lateinische Versifikation erschienen war. Als „historische" Biographie von der Geburt bis zum Tode gehört das Werk in
die Tradition der Prosachronik und des Prosaromans. Da
der Held ursprünglich nicht im Narrengewand, sondern
als Landstreicher herumzieht, könnte man bereits von
einem Schelmenroman sprechen.

Die Narrensatire ist entscheidend bereichert, ja zur
Vollendung gebracht worden durch des E r a s m u s *Lob*

der Torheit (Morias enkomion, Stultitiae laus), seit 1509
entstanden und 1512 in Paris erschienen. Auch ohne die
Übersetzung durch Sebastian Franck (1534) ist dieses
Werk und mit ihm die rhetorische Schulform des ironischen Enkomiums so sehr Gemeingut geworden und
steht so sehr für den Geist des Humanismus, daß es hier
erwähnt werden muß. Daß Erasmus das Brantsche *Narrenschiff* in einer lateinischen Übersetzung (Jakob
Locher 1497, Iodocus Badius 1502) kannte, ist nicht
nachweisbar, aber zu vermuten. Eine Anregung für die
völlig andere Konzeption des Narrentums bot Brant
jedoch nicht. Nicht zu übersehen ist auch die ausdrückliche Huldigung an Thomas Morus, die mit dem griechischen Titel bezweckt war. Hier wird nun nicht von
einem Autor, der sich gelegentlich selbst an die Brust
schlägt, das Narrentum denunziert, vielmehr tritt die
personifizierte Torheit selber auf, um eine Declamatio
(kunstreiche Schulrede) auf sich selber zu halten. Damit
hat die topische Selbstbezichtigung des Autors ihre
grundsätzlichste Form gefunden, und zugleich ist das
Thema auf die Ebene einer verwirrenden, schwebenden
Paradoxie verschoben. Von vornherein ist dementiert,
was die Torheit zu ihrem eigenen Lob vorbringt; ihre
Schilderungen des lächerlichen Menschenwesens, der
Spott der Torheit (oder des Autors?) auf die gesellschaftlichen, politischen und vor allem kirchlichen Verhältnisse haben von vornherein ihr Alibi. Auch wo die
Torheit aus der Rolle zu fallen scheint, läßt sich der
Autor nicht dingfest machen. Allerdings ist nun die
radikale Doppeldeutigkeit und Reziprozität der Begriffe
Torheit und Weisheit dennoch eine Aussage, sofern es
gerade auf die Ganzheit des menschlichen Wesens
ankommt: das Humanum in seiner nur mit Verständnis
und Toleranz zu begreifenden Unbegreiflichkeit, das
schwierige, aber notwendige und auch wieder fesselnde
Ineinander von Geist und Leben. Kein menschliches

Zusammenleben ist ohne Torheit möglich, nur anhand der Torheit gehen wir den Weg zur Weisheit. Jeder harte Moralismus, jeder Dogmatismus ist damit überspielt. Die satirische Ständerevue, die auch hier nicht fehlt und den breiten Mittelteil bestreitet, gewinnt eine neue Heiterkeit. Das zitierte Cicero-Wort: „Stultorum plena sunt omnia" (alles ist voller Narren), hat nicht mehr den bitteren alttestamentlichen oder Brantschen Sinn. Der Schluß bringt die kühne Aufgipfelung im religiösen Bereich: Christus selbst hat mit der Menschwerdung Torengestalt angenommen, der Glaube ist mit Paulus töricht um Christi willen (1. Kor. 4,10; 1,18), den Armen im Geist ist das Himmelreich versprochen. Hier scheint der erasmische Christ, ein christlicher Humanismus zu sprechen, und Sebastian Franck hat das ohne weiteres so akzeptiert. Dennoch fällt es schwer, hinter dem geistreich-rhetorischen Spiel der Declamatio ein Bekenntnis zur Frömmigkeit der Bergpredigt zu sehen. Die Irritation bleibt, aber gerade sie war wohl der Grund für die gewaltige Wirkung: freiwillig oder unfreiwillig stellte sich hier ein sublimer Humanismus in Frage.

> Wo ich hyn greiff, do findt ich narren,
> Die zuo schiff vnd ouch zuo karren
> Kummen sindt mit doctor brandt
> Vnd handt gefült alss dütsches landt;
> Wir sind der narren vber laden ...
>
> (Nr. 1)

So bezieht sich im gleichen Jahr 1512 Thomas M u r n e r (1475–1537) auf die Ubiquität der Narrenvorstellung, um sie in ganz anderem Sinne als Erasmus zum Äußersten zu führen. Es geschieht nicht mehr auf moralisch-humaner Ebene, sondern sozusagen im Missionsauftrag des Bettelmönchs. Der Elsässer Thomas Murner, der als junger Franziskaner in Freiburg, Paris, Köln, Rostock, Prag, Krakau, Wien, Basel war und gleicherweise in

Philosophie, Rhetorik, Jurisprudenz und Theologie lernte und lehrte, gehört zu den umgetriebensten und unruhigsten Geistern der Zeit, war als Publizist, ja Agitator in allen Sparten tätig, wurde schließlich zum Exponenten des Kampfs gegen Luther und – z. T. auch im eigenen Lager – einem der bestgehaßten Zeitgenossen. Zunächst ist hier nur auf seine vorreformatorische Schaffenszeit einzugehen. Neben und nach lateinischen, meist polemischen Schriften wandte er sich der volkssprachlichen, durchweg in populärem, massiv alternierendem Versstil gehaltenen Dichtung zu. Unter seinen Gegnern finden sich die Eidgenossen anläßlich des Schwabenkriegs, die Berner Dominikaner in einer umfänglichen lateinischen, zugleich auch in der Art einer deutschen Reimchronik wiedergegebenen Darstellung des berüchtigten Jetzerhandels und der Straßburger Wimpheling im Streit um die Deutschheit des Elsaß. Erstaunlich ist, im Zusammenhang mit Vorlesungen in Freiburg i. B., eine Übersetzung von Vergils *Aeneis*, ein erstmals gewagtes und zugleich im Grunde retrospektives Unternehmen (1515); die unbefangen verbürgerlichende und moralisierende Bereimung des römischen Reichsepos war dem Kaiser Maximilian gewidmet, der Murner schon 1505 zum Poeten gekrönt hatte, und insofern als humanistisch-politische Huldigung zu verstehen.

Die Narrensatiren sind dagegen eindeutig an den gemeinen Mann gerichtet. Der Volksprediger tritt mit der *Narrenbeschwörung* (1512) als Exorzist auf; die Narren sind zu ungeheurem Ungeziefer, zu Dämonen geworden, die im Menschen stecken, zu Tausenden immer neu entstehen und den Geisterbanner, der sich selbst als Narren vorstellt („Murr-Narr" läßt er sich nennen, mit einem Katzenkopf abbilden), zum komisch-verzweifelten Kampf gegen sie herausfordern. Murner hat eine originelle Darbietungsform gefunden mit einer Art volkstümlicher Emblematik: Jeder der gegen hundert

Abschnitte trägt einen Titel in irgendeiner kräftigen
metaphorischen Redensart (im Grind lausen, Heuschrecken und Flöhe sonnen, den Hühnern die
Schwänze aufbinden, etwas mit Dreck reinwaschen
usw.), die dann mit einem epigrammatischen Vierzeiler
umschrieben, mit einem Holzschnitt dargestellt und im
eigentlichen Text ausführlich behandelt wird. Dies
geschieht mit großem Aufwand an Anspielungen, Wit-
zen, Sentenzen, mit mimischer Vergegenwärtigung, oft
als dramatisches Gespräch oder als Monolog des betref-
fenden Narren, sehr abwechslungsreich, persönlich, oft
grobianisch, oft auch überwältigend in der Phantastik
der Einfälle. Der Narr wird ins Böse gesteigert, zugleich
aber auch die vitale Komik, die von ihm befreien soll.
Der anschaulich-aggressive Stil der Franziskanerpredigt
wird zur Groteske verdichtet. Man ist hier bereits in der
Nähe der satirischen Dialog-, Flugblatt- und Fastnacht-
spiel-Literatur der Reformationszeit. So echt dabei der
missionarische Impuls sein mag (im „schimpf", im
Gelächter soll der Gegner überrascht und erledigt werden), so wird daraus doch unvermerkt eine Grotesk-
Literatur, die primär selbst fasziniert ist von der Dämonie, die sie produziert. Der Narrenbeschwörer treibt
weniger seinem Publikum die Narren aus, als daß er sich
selbst und damit seiner Zeit Ausdruck verschafft. „Ich
bin ein Narr, das weiß ich wol, / und steck der jungen
Narren voll." Auch der „volkstümliche" Stil, der sich
hier ungewöhnlich drastisch gibt, mit dichtester
Anschauung des täglichen Lebens und derbster Metaphorik gesättigt ist, gründet keineswegs nur auf dem
Bestreben, seinem Publikum „aufs Maul zu schauen".
Man darf sich fragen, ob dieses Volk so redet und immer
so geredet hat, ob hier nicht auch Literatur, „Rhetorik
des einfachen Mannes" (L. Röhrich), eine nach unten
stilisierte Sprache vorliegt. Gewiß meldet sich der
„gemeine Mann" nun zu Wort, doch dieser Begriff

mußte auch erst geschaffen werden und zu seinem Bewußtsein kommen.

In einer Reihe kleinerer Werke hat Murner sein Thema in derselben Form fortgesponnen. Der ähnlich aufgebaute Lasterkatalog der *Schelmenzunft* gilt einem stärker ins Kriminelle gehenden Aspekt des Narrentums. Die *Gäuchmatt* ist mit kaiserlichem Privileg 1519 erschienen, wohl später als Pamphilus Gengenbachs gleichnamiges Drama, doch war sie schon 1515 entstanden, aber vom Orden unterdrückt worden. Diese Revue gilt den Weibernarren, den Unzüchtigen (gouch: „Kuckuck, Tor"). Auf einer Wiese in der Nähe von Straßburg treffen sich – das ist die Rahmenvorstellung – die Gäuche bei der Frau Venus, sie organisieren sich zu einer Zunft mit umständlicher Verfassung. Zum Teil sind die Abschnitte berühmten Gäuchen und Gäuchinnen aus der biblischen oder der weltlichen Geschichte gewidmet, bis hin zu Euryalus und Lucretia. Textlich verwandt ist die 1515 erschienene *Mühle von Schwindelsheim* (gezielt ist auf Schwindratzheim bei Straßburg), wo das alte Bild von der geistlichen Mühle und der verbuhlten Müllerin ausgeschlachtet wird; den Schluß bildet die Geschichte des Müller-Esels, der, als neue Verkörperung des Narrentums, bei allen Ständen, in Hof, Kirche und Kloster aufs höchste geehrt wird. Schließlich hielt Murner seine Narrenbeschwörung noch für mächtig genug, damit auch den Kampf mit der Reformation und mit dem „großen lutherischen Narren" persönlich aufzunehmen.

3. Moralisch-politische Ermahnung

Das tiefe Ungenügen, das Krisengefühl, das sich im Lauf des 15. Jahrhunderts seit den weithin verunglückten Reformbestrebungen der Konzilszeit verstärkte, hatte natürlich von Anfang an auch seine wirtschaftlichen und politischen Ursachen und Aspekte: das Aufkommen der

Geldwirtschaft, die allgemeine Fiskalisierung, selbst des geistlichen Lebens, die Befestigung territorialer Herrschaft durch weltliche und geistliche Machthaber, auch durch die Städte, die zunehmende rechtliche und politische Not der bäuerlichen Existenz. Diese Zeitproblematik kann sich denn auch direkt – wenn auch zunächst selten genug – in der volkssprachlichen Literatur Ausdruck verschaffen.

Zum ersten Mal in deutscher Sprache und aus der Sicht des einfachen Mannes waren die Fragen der Kirchen- und Reichsreform in der ganzen Verknäuelung ihrer religiösen, politischen und moralischen Argumentation in der *Reformatio Sigismundi* zum Ausdruck gekommen, einer in den 1430er Jahren stufenweise entstandenen, später mehrfach bearbeiteten und gedruckten Schrift (13 Auflagen bis 1716) unbekannter Verfasser im Gefolge des Basler Konzils. Wenn eine Erneuerung von Kirche und Reich nach deren Vorstellungen nicht erfolgen würde, war eine revolutionäre Erhebung zunächst auf das Jahr 1439 in Aussicht gestellt. Die Gebrechen der Kirche – Simonie und Geiz – sollten verschwinden, der kirchliche Besitz säkularisiert, die Priester verheiratet, die Zehnten abgeschafft, eine neue soziale Ordnung in einem starken Reich unter einem Priesterkönig Friedrich eingerichtet werden. Gesteigert kehren solche eschatologisch-utopistischen Vorstellungen wieder in der nur handschriftlich verbreiteten, umfangreichen Schrift des sogenannten Oberrheinischen Revolutionärs: *Das Buch der hundert Kapitel und vierzig Statuten*. Im Rahmen einer astrologisch periodisierten Weltgeschichte nimmt der Gedanke der Reichsreform chiliastische Form an. Jener messianische Kaiser Friedrich wird erscheinen, die Weltherrschaft antreten und die Armen, die durch kirchliche und weltliche Macht- und Geldgier unterdrückt sind, entschädigen. Religiöse Reformideen – Kritik des Mönchtums, von Wucher und Unzucht, Lobpreis der Ehe – verbinden sich mit der Erwartung des Endgerichts und eines durchaus germanisch-patriotisch gesehenen tausendjährigen Reichs: „wir sind all gebruoder von Adam herkummen", Adam „ist ein tusch man gewesen", die Deutschen sind alle von Ursprung her frei und edel. Das revolutionäre Programm ist dunkel und verworren, mehr Heilserwartung als Aufruf zu einem Umsturz, und jedenfalls in seinem bitteren, haßerfüllten, unklaren Suchen und seiner widerspruchsvollen Phantastik bezeichnend für eine noch ausweglos scheinende Lage vor der Reformation und dem Ausbruch des großen Bauernkriegs.

In konkreterer und im realeren Sinn politischer Form erscheinen Satire und Ermahnung, schließlich auch stolze Selbstdarstellung des Erreichten vor allem im Bereich des schweizerischen Bundes, der sich seit 1499 faktisch vom Reich gelöst hatte und sich in der Phase einer intensiven Diskussion der eigenen Identität befand. Formell bewegt sich die kleine Gruppe dieser z. T. flugschriftenartigen Produkte zwischen Lied, Dialog, Traktat und Spiel. Die Gattungen geraten in dieser Zeit überhaupt in Bewegung und gehen oft unmittelbar ineinander über.

Pamphilus Gengenbach (um 1480 – um 1525) stammte vermutlich aus Basel, machte eine Buchdruckerlehre in Nürnberg (wo es auch Gengenbachs gab) und ließ sich 1499 in Basel nieder. Er figuriert mehrfach in den Gerichtsakten, war Teilnehmer an Feldzügen und erscheint schließlich als wohlbestallter Hausbesitzer. Anders als der Humanist Brant oder der gelehrte Bettelmönch Murner ist er der handwerkliche Autodidakt, der als Drucker und Schriftsteller aus eigener Betroffenheit an der Not und den Herausforderungen der Zeit teilnimmt. Sein eigener Anteil ist aus seinen Verlagsprodukten nur teilweise abzugrenzen. Die direkteste Form politischer Volksdichtung, zu der er beiträgt, ist das

sogenannte historische Volkslied. Wie Gengenbach,
dann auch Manuel und der Dichter des alten Tellenspiels
zeigen, können solche Lieder zu breiteren, räsonierenden Darstellungen dialogischer und schließlich dramatischer Art anregen. Das *Lied auf die Schlacht an der Adda*
(1509), mindestens in Gengenbachs Offizin erschienen,
spiegelt eine momentane Situation der oberitalienischen
Kriege, wo das Schweizer Kontingent auf seiten von
Kaiser und Papst steht, und nimmt energisch gegen die
Franzosen und für Maximilian Partei. In Strophenform
gehalten ist auch *Der alt Eydgnoß* (1514, von Gengenbach signiert), eine dialogische vaterländische Ermahnung im Hinblick auf die gespannten inneren Verhältnisse. Der symbolische Alte mahnt zu Uneigennützig-
keit, Gottesfurcht und Einfalt, warnt davor, sich in
fremde Händel zu mischen und damit die eigene Freiheit
zu verlieren. Er läßt die Vertreter der europäischen
Mächte (Papst, Franzose, Venediger, Mailänder, die
Könige von Spanien und England, Kaiser), die alle als
Versucher an ihn herantreten, kritisch Revue passieren.
Einem jungen Eidgenossen, der nicht zu Hause „klauen
sugen" und „finger spitzen" will und lieber Sold nehmen
möchte, rät er ab:

> Der vntrew hab ich entpfunden vyl
> Darumb ich do heimen bliben wil
> By kinden und by wiben.

> (336 ff.)

Ein Jahr vor der Katastrophe von Marignano wird hier
das wichtigste Problem schweizerischer Politik, Wirtschaft und Moral, die fremden Dienste, das Pensionenwesen und ihre Folgen Luxus und Untreue aus eigener
Erfahrung diskutiert, wie das gleichzeitig und kurz darauf Sproß, Manuel und Zwingli tun: Vorbereitung einer
neuen politischen Maxime, der Neutralität. So unmittelbar war Literatur selten Aktion gewesen. Gengenbachs

größter Erfolg wurden, 1515, *Die zehn Alter dieser Welt*: Nachweislich in Basel aufgeführt, war es ein typisches Reihenspiel aufgrund eines beliebten Spruchs, der auch für Holzschnitte, Ofenkacheln und dergleichen verwendet wurde. Ein Einsiedler – wir kennen die Figur seit Walthers „klôsenaere" – geht an den zehn Vertretern der verschiedenen Lebensalter vorbei und stellt in Rede und Gegenrede nichts anderes fest als Bosheit, Untreue, Geiz und Leichtsinn. Neu ist die grimmige Schärfe der Charakteristik und der Ausblick auf den baldigen Jüngsten Tag, der sich durch viele Vorzeichen und die Verkehrung aller Ordnungen ankündigt. Gengenbach ist ein Kenner alter und neuer prognostischer Literatur. Er benützt sie auch für den *Nollhart* (1517), eine in die Prophezeiung des Weltendes mündende Revue der Mächte dieser Welt (Kaiser Max, der Papst, Frankreich, Türke, Jude, Eidgenoß, Landsknecht usw.), die sich an den Nollhart (Lollhart, Begharde, Laienbruder) und dann an die heilige Brigitta, die cumäische Sibylle und St. Methodius wenden, um die Zukunft zu erfahren. Ein Basler Handwerker sucht hier der bangenden, fragenden Stimmung dieser Zeit Ausdruck zu geben und die Weltverhältnisse nach seinem schlichten Vermögen zu beurteilen. Die Szene, die er sich ausdenkt, hätte einige Zeit früher sich vor der Zelle des Niklaus von Flüe ereignen können.

Ein echtes Fastnachtspiel mit dramatischen Qualitäten ist *Die gouchmat* (1516 oder erst 1521?), abgesehen von der gemeinsamen Grundvorstellung unabhängig von Murner entstanden. Vor dem Zelt der Frau Venus treten ein junger und ein alter Soldat, ein Bauer und ein Doktor auf, um der großen Dame bzw. ihren hübschen Dienerinnen Circe und Palastra zu huldigen; einer nach dem andern verschwindet im Zelt, um dann schimpfend, klagend und ruiniert abzuziehen – eine Narrenrevue sub specie Veneris und entsprechend kräftig im Ausdruck. Um einen klassischen Venushof oder ein erotisches Welttheater handelt es sich nicht, eher um ein kleinbürgerliches Bordell, und die eigentliche Adresse, verkündet der Narr, sei die Malenzgasse zu Basel, d. h. das Siechenhaus.

Bereits eine reformatorische Flugschrift (1521?) sind *Die Totenfresser*, ein antipäpstlicher Dialog oder allenfalls ein kleines Drama über ein wüstes Motiv der zeitgenössischen Flugblattliteratur (vgl. Manuel): Die Geistlichen aller Grade werden als Kannibalen vorgeführt, auch im Holzschnitt, wie sie sich von den Totenmessen mästen. Der Totenfresser ist eine letzte, grausig-groteske Verkörperung des fastnächtlichen Dämons. Hier ist das dumpfe Leiden an den Mißständen der Zeit zur Entladung in einem aggressiven, wenn nicht revolutionären Akt gekommen.

Näher bei humanistisch-pädagogischen Traditionen sind wir in den zwei schweizerischen Dramen, die für lange Zeit die einzigen politischen Stücke der deutschen Literatur bleiben. Auf dem Höhepunkt militärischer Erfolge und zugleich moralischer Krisenstimmung, wahrscheinlich im Winter 1512/13, inszeniert ein Schulmeister oder Schreiber in Altdorf (Kanton Uri) ein *Spiel von Wilhelm Tell*, wobei er sich auf ein altes Lied (s. S. 764) und die Schweizerchronik Petermann Etterlins stützt. Der älteste erhaltene Druck des Spieltexts stammt erst von 1540/44. Der junge Mythus von Tell ist in seinem dramatischen Kern vorgeführt, nämlich der Apfelschußszene; der Sprung Tells auf die Platte ist nur kurz, die Tötung des Landvogts nur in einem Botenbericht gegeben; dafür wird Tell – im Gegensatz zur chronikalischen Tradition – zum Mitbegründer des Bundes auf dem Rütli gemacht. Heroldsreden resümieren die Vorgeschichte bis zurück zu den alten Römern (ist ja doch Tell der eidgenössische Brutus); Kommentare eines ehrwürdigen alten Mannes und eines frommen und weisen Narren ermahnen zu Gottesfurcht und Einigkeit (diese beiden Reden können spätere Zutat sein). Im Tellenspiel greift man mit Händen, wie ein neues Drama die überlieferten Formen des jahreszeitlichen Spiels ablöst: Streitgespräch und Liquidation eines bösen Widersachers, vielleicht auch der Narrenauftritt, entsprechen brauchtümlichen Elementen, sind aber inhaltlich und funktionell ganz neu gefaßt. Das weltliche Spiel wird zur historisch-politischen Ermahnung und Selbstbestätigung. Ohne bürgerlich-humanistischen Hintergrund ist solche ideologische Arbeit nicht denkbar.

Eine andere Methode befolgt Balthasar S p r o ß, ein junger Zürcher, der als französischer Stipendiat seit 1508 in Paris studiert hatte, dann an der Großmünsterschule wirkte, öffentliche Ämter übernahm und schon 1521 in Oberitalien starb. Auf Neujahr 1514 führte er mit seinen Schülern das Spiel *Von den alten und jungen Eidgenossen* auf, eine Art politischer Moralität, vielleicht durch französische Spiele dieser Art angeregt. Der Gegensatz der Generationen ist hier wie in Gengenbachs gleichzeitigem *Alten Eydgnoß* zur Exposition der Zeitprobleme benützt, nur viel dramatischer und detaillierter: Franzose, Ungar, die Frau von Mailand umwerben die Eidgenossen, ein süddeutscher Bauer hofft klagend auf Hilfe gegen seine bösen Herren, und ein „welscher bur", ein Tessiner, freut sich, soeben ein „schwizman" geworden zu sein. Altrömische Helden, in der eidgenössischen Ideologie nun stets die republikanischen Vorbilder (Horatius Cocles, Mutius Scaevola, Scipio Africanus und dazu Hannibal), treten mit ihren Ratschlägen auf. Die Beratungen der alten bäurischen Eidgenossen und der jungen „moderni Helvetii" führen zu einem konservativen Ergebnis: „land kein adel vnnd hoffart in vnser land kan" (543), einfaches Leben, keine Soldbündnisse mit „herren", Gottesfurcht und Bundestreue – so lautet auch hier die Parole. Wie nur noch als gattungsmäßiges Alibi geistert ein Narr mit seinen Kommentaren durch das

Spiel und veranstalten die alten Eidgenossen einen Bauerntanz (chorea rusticorum). Das Stück ist ein bedeutender Versuch, die politisch-moralische Position des Bundes zwischen Großmachts- und Neutralitätspolitik zu diskutieren und den Generationenkonflikt abzubauen. Erstaunlich auch die Ideologie republikanisch-eidgenössischen Bauerntums, die – man denke an Wittenwiler, Felix Hemmerlin oder die Nürnberger Spiele – von einem städtischen Humanisten hier vertreten wird. Vehikel dafür ist das zum ernsten Schultheater entwickelte oder umfunktionierte Fastnachtspiel. Ein entsprechendes Verfahren wird bald darauf Niklaus Manuel mit seinen reformatorischen Stücken befolgen.

4. Humanismus: eine Lebensform

Das ganze 15. Jahrhundert stand im Zeichen gelegentlicher „humanistischer" Bestrebungen, von der böhmischen Frührenaissance über das Wirken Enea Silvios bis zu den verschiedenen Übersetzern lateinischer und italienischer Prosa. Trotz intensiven Kontakts persönlicher und literarischer Art mit Italien während des ganzen Jahrhunderts läßt sich erst zur Zeit Maximilians von einem Humanismus im Sinn einer mehr oder weniger geschlossenen Elite von Literaten, Gelehrten und Beamten reden, die über ein einheitliches Bewußtsein ihrer selbst, ein kulturelles Programm, ein Instrumentarium von spezifischen Ausdrucksformen wie z. B. Brief, Rede, Dialog und Satire verfügen und ihre festen Stützpunkte an Schulen, Höfen und in Städten besitzen. Erst jetzt läßt sich auch literaturgeschichtlich von einer humanistisch bestimmten Epoche reden, so lange wenigstens, bis die Reformation mit ihren elementareren Anliegen religiöser und sozialer Art die humanistische Bewegung relativiert – d. h. zum Teil verwandelt und vertieft, zum Teil bricht. Daß es sich um die Bildungsbewegung einer aufs Ganze gesehen dünnen und anspruchsvollen Gesellschaftsschicht handelt, macht zugleich die hohe Qualität wie auch die Schwäche des Humanismus aus: Es kam alles darauf an, ob und wie sich der jugendliche, universal gesinnte Aufschwung nicht nur in einem selbstgefälligen und exklusiven neulateinischen Bildungsvergnügen verlor, sondern wirklich auch das soziale, religiöse und politische Leben durchdringen konnte.

„Studia humanitatis i. e. poetarum, oratorum ac historiographorum" – so definiert schon 1456 einer der frühen Verkünder des neuen Stils, Peter Luder, in seiner Heidelberger Antrittsrede das Programm; damit werden die Humana nicht etwa nur im Sinne der alten Artes den Divina gegenübergestellt, sondern als Methode und Lebensinhalt begriffen. Um 1500 erscheint auch der Ausdruck „humanistae" und bezeichnet ein weitgehendes Einheits- und Identitätsbewußtsein. Dennoch handelt es sich immer um ein überaus komplexes Phänomen, das vom hochmütig-selbstgenügsamen Gelehrten zum pädagogisch interessierten Moralisten und „Bürgerhumanisten", vom vagierenden Literaten bis zum Hofjuristen, vom Renaissance-Freigeist bis zum religiösen Denker reicht. Die wichtigsten Residenzen sind zweifellos die Städte mit ihren Schulen, Universitäten, Druckereien, ihren wirtschaftlich-verkehrsmäßigen Voraussetzungen, ihrer Beamtenschaft und ihrem patrizischen oder höfischen Publikum. Wichtig sind ja auch jetzt noch die Höfe, auch die geistlichen, und gerade auch der Kaiserhof, nicht nur soweit immer wieder eine gewisse Interessengemeinschaft zwischen Reichsstädten und Kaisertum besteht, sondern auch dank einer spontanen Förderung seitens Maximilians, der fast überall einmal als höchste Adresse humanistischer Bemühungen erscheint und mit der Institution der Dichterkrönung sich auch als literarisch maßgebende Instanz betätigt. Es gehört aber auch zum Bild, daß die Humanisten durch ihre Studienaufenthalte in Italien, ihre Tätigkeit im Dienste verschiedener Herren, ihren oft auch unfreiwilligen Wechsel der Universitäten und Städte eine bezeichnende Mobilität entwickeln und so erst das weitgespannte Netz des humanistischen Wesens knüpfen.

Verschieden ist die Bedeutung des Humanismus für die volkssprachliche Literatur. Stärker als im Frühhumanismus ist eine neulateinische Kultur und Literatur das Endziel, und die deutsche Literatur profitiert davon nur durch gelegentliche Übersetzungen und das allgemeine geistige Klima. Gerade bei den großen Patrioten will man das germanische Barbarentum durch vollendete Beherrschung des Lateins dementieren und läßt die Volkssprache nach Möglichkeit beiseite. Die neulateinische folgt denn auch noch lange anderen Gesetzen als die deutsche Literatur. Eine ausgeführte Geschichte des Humanismus – eine noch heute kaum bewältigte Aufgabe – sprengt damit auch den Rahmen einer deutschen Literaturgeschichte. Wir suchen hier die wichtigsten Aspekte des Gesamtphänomens zu skizzieren, nicht seine Vertreter im einzelnen darzustellen, und können nur dort näher zusehen, wo literarische Formen und Einzelwerke der Humanisten in deutscher Sprache unmittelbar Geschichte machen oder umgekehrt unter deutschem Einfluß stehen. Für das subtilere Spiel zwischen den beiden Sprachen und Literaturen zumal im Bereich der Satire sei auf die glänzenden Ausführungen von Günter Hess verwiesen.

Humanismus – die bestimmte Art von Studien ist natürlich im Grunde durch ein neues Lebensgefühl motiviert, Ausdruck einer Wendung zum Diesseitig-Menschlichen, dessen Erfüllung von einer Rückkehr zum klassischen Altertum mindestens im Abglanz einer neuen Latinität erwartet wird. Ob in grundsätzlichem Ernst oder nur in literarischer Frivolität, es ist eine neue Weltlichkeit am Werk, die mittels einer natur- und sinnenhaften

Antike die christliche Welt der „mittleren Zeit" in Frage
stellt und erst als Epoche von sich abgrenzt. Diese Weltlichkeit geht mehr gegen die Theologen als gegen die
Theologie, mehr gegen die Kirche als gegen den Glauben. Sie sieht im gebildeten Laien (als Literat und
Gelehrter, als Jurist oder Arzt) eine autonome Lebensform und will sich in persönlicher Freiheit entfalten und
darstellen. Gewiß bleibt man immer wieder eingeordnet
in städtische oder höfische Gesellschaft und immer noch
in die Institution der Kirche. Daneben oder darüber
bildet sich aber eine Res publica litteraria, eine Gelehr-
tenrepublik, eine nationale und internationale Gemeinschaft, von der aus hergebrachte Standesunterschiede
relativiert werden können. Man kann sich an Hochschulen oder in Freundschaftszirkeln oder in Sodalitäten
(rheinländische, donauländische Sodalität) locker organisieren, identifiziert sich aber vor allem im dichten
Zusammenhang der gelehrten, literarischen, politischen
Publizistik, der Episteln, Satiren, Freundschafts- und
Huldigungsgedichte, Widmungen und Reden, die vom
einen zum andern gehen und stets zum Fenster hinaus
gesprochen sind. Der Buchdruck ermöglicht eine neue
und rasch (rascher als heute!) funktionierende, berauschende Öffentlichkeit. Deutlicher gibt es nun aber auch
die Individualitäten, die auch nach ihrer Studienzeit freiwillig oder unfreiwillig ein unstetes Leben führen. Zum
Typus dieser „Wanderhumanisten" – in mancher Hinsicht moderne Variante des mittelalterlichen Vaganten –
gehört schon Peter Luder (um 1410 – nach 1474, nach
Lehrjahren in Italien und Mazedonien in Heidelberg,
Ulm, Erfurt, Leipzig, Basel, Wien und wieder Italien),
dann vor allem auch Konrad Celtis und auf seine Weise
Ulrich von Hutten. Auch des Erasmus weltbürgerliche
Wanderschaft gehört hieher, sie führt ihn zu einem subti-
len Verzicht auf konkrete Parteinahme überhaupt.

Wie sich hier Wanderlust, Unabhängigkeitsdrang und

bittere Suche nach Brot verteilten, war von Fall zu Fall
sehr verschieden, und das Verhältnis von virtù und fortuna war literarisch und faktisch wohl nicht immer dasselbe. Rudolf A g r i c o l a (1444–85), der Begründer des
Heidelberger Humanismus, erscheint als glückhafte und
von den Späteren als Pionier eines neuen Lebens- und
Bildungsstils bewunderte Figur; der Sohn eines holländi-
schen Geistlichen war nach dem Besuch deutscher Universitäten nach Italien gegangen, kam an Universität und
Hof zu Ferrara in hohes Ansehen, gehörte dann zum
Kreis des Kanzlers Johann von Dalberg am Heidelberger
Kurfürstenhof. Erst recht Erasmus, „Fürst der Humani-
sten", konnte sein Wanderleben zwischen Holland,
Frankreich, England, Italien und Deutschland in den
obersten Rängen führen und daraus eine noble innere
Unabhängigkeit folgen lassen – auf die Gefahr hin, daß
sie als Schwäche oder Eigensucht mißverstanden wurde.
Am extremsten im Sinn schicksalsliebender Freiheit hat
Konrad C e l t i s (Bickel, 1459–1508), der sogenannte
Erzhumanist, sein Lebensgefühl dargetan. Sein Hauptwerk, die Elegiendichtung der *Amores* (1502), feiert in
noch kaum dagewesener Art die Emanzipation des Fleisches. Aber während er mit seiner Geliebten Hasilina
verschlungen ist, geht sein Blick zum Himmel mit den
ewigen Sternen und kosmischen Göttern, und seine
Lyrik – „erotice et odiporice", als erotisches Reisebuch
geschrieben – hat mit ihren vier Adressatinnen in den
verschiedenen Himmelsrichtungen Deutschlands zugleich topographische und astrologische Struktur und ist
den vier Temperamenten und vier Elementen zugeordnet. Der Dichter durchwandert die Länder Europas und
das deutsche Vaterland und bricht im Geiste schließlich
zur ultima Thule auf. In dem intendierten großen Stil
sind Unrast und Heimatlosigkeit dennoch unverkennbar:

Dissideo mecum, probo nec mea tempora Celtis,
Qualis sum nolo, nescio qualis eram.

(Amores IV,3,49 f.)

(Ich bin mit mir zerfallen, verstehe auch meine Zeit nicht, /
will nicht sein, der ich bin, weiß nicht, wer ich war.)

Hier darf man schon daran erinnern, wie sich in dieser
Epoche der Weltraum geöffnet, die Zentralperspektive
durchgesetzt hat: ein optisches System, das zwar auf den
isolierten Punkt des betrachtenden Ich hin alles zu ordnen vermag, aber dieses Ich auch der Unendlichkeit
ausliefert. „Medium te mundi posui, ut circumspiceres"
(in die Mitte der Welt habe ich dich gestellt, damit du
dich umschauest) – was Pico della Mirandola in seinem
Lobpreis über die Würde des Menschen überschwenglich
feiert (1487), hat auch seine Kehrseite: Kopernikus hat
bald den Menschen aus dieser einsam gewordenen Mitte
verdrängt. Und daß „alle fürtrefflichen, hochsinnigen
Ingenien", die Männer hoher Vernunft und Kunst, Melancholiker sind, das ist seit Marsilio Ficinos *De vita
triplici* (1505 von Johann Adelphus Muling als *Buch des
Lebens* übersetzt) geläufig, als edles und doch schmerzli-
ches Pathos. Es bedarf kaum eines Hinweises, daß an der
Oberfläche des humanistischen Treibens in dieser gefahr-
vollen, aufgewühlten Zeit gerade das Allzumenschliche
sich reichlich zeigt – in Streit und Eitelkeit, Armut und
Krankheit, frühem Tod.

Neben der Liebe, der Freundschaft und der Gemeinschaft der Humanisten gibt es eine säkulare Instanz, die
wie ein Ersatz des verblassenden Gottesreiches am Horizont erscheint und die Geister an sich zieht: das Vaterland. Erasmus allerdings nennt sich „mundi civis ... et
peregrinus" (an Zwingli) und denkt seinen Weg zur
civitas coelestis hin. Doch die deutschen Humanisten der
Maximilian-Zeit stellten sich eine glanzvolle irdische
Reichsordnung als Träger ihrer neuen Kultur vor. Wie

sich die Italiener als Abkömmlinge und Erneuerer des römischen Altertums in Literatur und Staat verstanden, so beriefen sich, etwas prekärer, die Deutschen mit der Formel „amor litterarum et patriae" (Celtis) auf das Römische Reich Deutscher Nation und projizierten ihren Traum von Größe zurück zu den alten Germanen, die seit der Wiederentdeckung der Taciteischen *Germania* (1455) in hellem Licht erstrahlten, mit Arminius die Römer besiegten, mit Theodorich und durch die Translatio imperii in aller Form das Reich übernahmen. „Patria" kann im lose gefügten Länderkomplex des Habsburgerkaisers alles mögliche heißen: römisches Reich, ein altneues Germanien, eine neu entdeckte Heimat der Regionen, der Stämme, ja der einzelnen Städte, eine Einheit der Sprache und später sogar des Glaubens. Nach dem Vorbild von Flavio Biondis *Italia illustrata* mühte man sich auch in Deutschland um eine historisch-topographische Synthese, in der die geschichtliche Identität des Vaterlands in seiner Vielfalt durch zwei Jahrtausende belegt, Altertum im Gesicht der Gegenwart und Aktualität im Vergangenen anschaubar gemacht werden sollten. Konrad Celtis, Beatus Rhenanus, Franciscus Irenicus, Aventinus und andere haben das Projekt, zu dem schon Enea Silvio, etwa mit seiner Geschichte Böhmens, Ansätze geliefert, verfolgt. In der ganzen Breite von konkreter Städtebeschreibung (z. B. des Celtis *Norimberga* 1502) bis zur phantastischen Beschwörung eines germanischen Ur- und Weltreichs ergibt sich eine Historiographie, die wie kaum je früher oder später zur Leidenschaft des Selbstverstehens, der Selbsterfahrung gehörte: Aufgang der Geschichte als natürlicher Dimension des Lebens, einer Geschichte, der man sich fast abstandslos und unromantisch bemächtigt.

Die Sehnsucht kann freilich auch einem erst herzustellenden Reich des Friedens gelten. Humanität, wie sie vor allem Erasmus begriff, bedurfte zum Gedeihen nicht nur

der bonae litterae, sondern eines universalen Friedens
unter dem Gebot der Vernunft, der menschlichen Würde
und vor allem der Lehre Christi. Erasmus sah die Welt
als das eine, gemeinsame Vaterland aller an und wollte
einen nationalen Vaterlandsbegriff nicht gelten lassen.
Seiner konkreten Hoffnung gibt er am Vorabend der
Reformation mit seiner großen Friedensschrift *Querela
pacis* Ausdruck (u. a. von Leo Jud 1521 übersetzt).

Unter günstigen Umständen gab es auch die andere
Möglichkeit: ein Einstehen des universal Gebildeten in
die Forderung des Tages, das Seßhaftwerden zumal in
der städtisch-bürgerlichen Gemeinschaft als der allein
konkreten und realen Patria. Der Nürnberger Patrizier
Willibald P i r c k h e i m e r (1470–1530) verbrachte sieben
Jahre des Studiums in Italien, wurde 1496 für Jahrzehnte
Mitglied des Regierenden Nürnberger Rats, übernahm
diplomatische und militärische Missionen, diente als kaiserlicher Rat („der gelehrteste Doktor des Reiches")
Maximilian, besaß eine Familie und versammelte als
Gelehrter, Schriftsteller und Mäzen einen weiten Kreis
von Freunden und Korrespondenten um sich (am nächsten stand ihm Dürer), kurz, war die patrizische Variante
eines uomo universale. Auch er freilich zog sich seit 1523
vom aktiven Leben zurück und bezog in heftigen Streitschriften gegen die Reformation Stellung. Vergleichbar,
wenn auch in kleineren und überschaubareren Verhältnissen, ist Joachim von W a t t (Vadianus, 1484–1551).
Eine akademische Laufbahn in Wien, wo er die Artes
und anschließend Medizin studiert hatte und 1516/17
Rektor der Universität wurde, gab er auf, um als Stadtarzt in seine kleine Heimatstadt St. Gallen zurückzukehren. Hier wurde er Ratsherr und Bürgermeister, führte
die Reformation durch, spielte eine bedeutende Rolle in
der eidgenössischen Politik und fügte zu seinen bisherigen gelehrten und literarischen Werken (eine Poetik,
Editionen, Kommentare zu antiken Autoren, Streit-

schriften und Dichtungen) zahlreiche selbständige
Geschichtswerke in deutscher Sprache, darunter die
Große Chronik der Äbte St. Gallens. Wie bei seinem
Freund und Studiengenossen Zwingli verschwand alle
humanistische Rhetorik völlig in den politisch-sozialen
und wissenschaftlichen Aufgaben. „Ich weiß nit mehr
einen solchen Eidgenossen", sagte Zwingli. So konnte
sich bei der jüngeren Generation der Humanismus verwirklichen, indem er sich überwand.

5. Humanismus: ein Bildungsprogramm

Seit Enea Silvio, seit Luder und Agricola gehört ein feierlicher Brief oder eine Eröffnungsrede über den Nutzen der
Studien zum programmatischen Ritual des Humanisten.
Am beschwingtesten äußert sich wohl Celtis 1492 in
Ingolstadt: Das Ziel eines „bene beateque vivere" sei
erreichbar durch „virtus" und „optimarum artium studia".
Humanistisch heißt hier weltlich gebildet, im Gegensatz
zu jeder Barbarei und meist unter stillschweigender Aus-
blendung religiöser Dimensionen. Es geht um das hic et
nunc der persönlichen Entfaltung und des erfreulichen
Zusammenlebens, zu welchem die Bildung führt und aus
welchem sie sich nährt. Humanismus ist vom Wesen her
pädagogisch und lebt daher aus dem Gespräch, der Rede
pro und contra, dem Scherz, der Satire, dem Lob, auch der
Verleumdung, kurz, aus dem Wort, aus der Sprache als
dem Organ des Miteinanderseins und Menschseins. Solche
Philo-Logie sieht sich in scharfem Gegensatz zu jeder
scholastischen Formalisierung und Spezialisierung des
Lehrbetriebs mit Autoritäten und Begriffsanalysen und
bevorzugt die leichten, eleganten Formen der Vermittlung
und Selbstdarstellung. In den bonae litterae, denen man
sich zuwendet, sind Poesie, Rhetorik und gelehrtes Wissen, nicht zuletzt auch die Kunst der Geschichtsschreibung
eng benachbart (vgl. Luder).

Gewiß gibt es auch eine humanistische Wissenschaft der Natur, die dadurch neu auf den Menschen bezogen werden kann. Der Wiener Humanist und Hofastronom Georg von Peuerbach (1423–61) beschäftigt sich mit Rhetorik und Poetik und gehört zugleich mit seinen mathematisch-astronomischen Schriften zu den Begründern der neuzeitlichen Himmelskunde. Sein Schüler Regiomontanus (Johannes Müller aus Königsberg in Franken, 1436–76) ediert antike Autoren, liest über Mathematik, verfaßt die für die Schiffahrt der Zeit wichtigen *Ephemerides* (Vorausberechnungen der Stellungen der Himmelskörper für 1475 bis 1506) und baut astronomische Instrumente. Ein Paracelsus sprengt zwar durchaus den Begriff „Humanismus", aber zeigt doch in seinem Kampf gegen die traditionelle Buchmedizin, im Lebensstil und in der Betrachtung des Menschen als Mikrokosmos gewisse Parallelen. Noch bei Konrad Gessner steht eine neue Naturkunde im Rahmen universalen Gelehrtentums.

Dennoch dominieren durchaus die litterae und ihre aus der Antike wieder erneuerten Muster, sei es im Sinne von Theorie und Lehre, sei es durch eigene literarische Produktion.

Zum Studium der antiken Poetiker und Rhetoriker (Horaz, Cicero, Quintilian) kommt in mannigfacher Form eigene Anleitung im Sinne einer während zwei Jahrhunderten immer wieder neu- oder abgeschriebenen Regelpoetik („Renaissance-Poetik") nebst zugehörigen Nachrichten über den Ursprung und die Geschichte der Dichtung. Am souveränsten ist wohl V a d i a n s Werk *De poetica et carminis ratione* (1518), eine umfangreiche Apologie der Dichtkunst als Inbegriff alles Bildungsgeschehens, als Nachahmung des Schöpfers in der Ausbildung der dem Menschen ureigenen Gabe der Sprache. Den Kapiteln über Wesen und Ursprung der Poesie und dem eigentlichen Lehrgang voran stellt Vadian eine unvergleichliche geschichtliche Darstellung der Literatur von den Hebräern zu Griechen und Römern und dann durch die mittleren Zeiten (mit Würdigung Hrabans, Notkers oder der von Celtis herausgegebenen Hrotsvit) zum neuen Aufschwung in Italien und – vor allem durch den auch von Erasmus als Pionier gefeierten Rudolf Agricola vermittelt – im gegenwärtigen Deutschland. Dabei findet Vadian sogar lobende Worte für das italienische Volgare (Dante) und weiß Werke deutscher Heldendichtung zu nennen.

Einen großen Raum beansprucht naturgemäß die philologische Arbeit im engern Sinn: Edition und Kommentierung klassischer, z. T. neu entdeckter Autoren; als Beispiel kann Vadians überreich ausgestattete Ausgabe und Erläuterung der Weltbeschreibung des Pomponius Mela gelten: Dessen Schrift *De situ orbis* dient nur als Aufhänger für ein imposantes Kompendium des aktuellen geographischen Wissens. Zu den Bemühungen um altdeutsche Literatur ist in erster Linie der Benediktinerabt Johannes Trithemius (von Tritheim bei Trier, 1462–1516) anzuführen, Schüler von Reuchlin und Celtis, hochgelehrter und etwas zu phantasievoller, patriotischer Mann; unter seinen zahlreichen Schriften ist ein Katalog *De viris illustribus Germaniae* (1495), wo sich erstmals ausführliche Nachrichten über Otfrids Bibelwerk finden (der Text wurde dann 1571 von Matthias Flacius Illyricus ediert).

Besonders aktuell im Sinne eines umfassenden und insbesondere auch christlichen Humanismus war das Studium der zwei anderen heiligen Sprachen, des Griechischen und Hebräischen. Dafür steht in erster Linie der Name des Johannes Reuchlin (Kapnion, 1455–1522). Der Pforzheimer trat nach juristischen Studien in Deutschland und Frankreich in den Dienst des Grafen Eberhard im Bart, mit dem er nach Italien reiste, kam dann 1496 zu Johann von Dalberg, dem Gönner schon Agricolas, und lehrte später als Professor in Ingolstadt und Tübingen. Er gab verschiedene Lehrbücher zur griechischen und hebräischen Sprache heraus, publizierte Werke von Äschines, Demosthenes und Xenophon und veranstaltete eine Edition der sieben Bußpsalmen – das erste in Deutschland hebräisch gedruckte Buch (1512). Aufgrund seiner neuplatonischen und kabbalistischen Studien entstand ein religionsphilosophisches Dialogwerk *De verbo magnifico* (1494), etymologisch-zahlensymbolische Studien um Namen und Wesen Gottes. Es enthielt damit auch den Gedanken einer letzten Konvergenz der Weltreligionen, freilich im Sinn einer schließlichen Bekehrung des Judentums. Der Hebraismus-Streit, der indirekt durch dieses Interesse für jüdische Sprache und Überlieferung ausgelöst wurde (1514–19), führte zu einem moralischen Sieg des Humanismus, der sich nicht zuletzt bei dieser Gelegenheit als geistige Gemeinschaft erfuhr. Zugleich wurde in der Person Reuchlins die zentrale Bedeutung der Philologie für den Humanismus offensichtlich. Von Reuchlins pädagogisch-poetischer Anwendung humanistischen Geistes in der Schulkomödie ist ebenfalls noch zu reden.

Welche Bedeutung die Gräzistik bekam, wird am sichtbarsten im philologischen Hauptwerk des E r a s - m u s , seiner Ausgabe des griechischen Neuen Testaments (1516) im Gefolge Lorenzo Vallas, der zuerst den *Vulgata*-Text kritisch mit dem griechischen Urtext verglichen hatte. Ohne das Testament des Erasmus ist die reformatorische Wendung zum reinen Bibelwort gar nicht denkbar.

Schließlich stellt sich die Frage nach der Übersetzung. Wenn im Frühhumanismus die Übersetzung sich als wirkliche Aneignung klassischer oder italienischer Werke verstand – ob sie nun frei oder wörtlich erfolgte –, so mußte sie in einer wiedererstandenen neulateinischen Kultur eine etwas andere Funktion bekommen, ganz abgesehen davon, daß man nun auch, seit Agricola, vom Griechischen ins Lateinische übersetzte. Zwar waren vornehme Mäzene weiterhin Förderer oder gar Anreger solcher Übertragungen. So hat Eberhard im Bart systematisch eine Sammlung von deutschen Klassikertexten ins Leben gerufen (die allerdings heute fast ganz verloren ist, vgl. Worstbrock), und selbstverständlich bleibt die popularisierende Übersetzung für ein weiteres Publikum in vielen Fällen weiterhin wünschbar. Wenn Reuchlin drei Demosthenes-Reden direkt aus dem Griechischen ins Deutsche übertrug (als erster!), so geschah es aus Anlaß des Wormser Reichstags 1495 in politischem Kontext. Und ähnlich hatten eine Übersetzung aus Lukian für Eberhard und aus Cicero für den Pfalzgrafen Philipp besondere Anlässe. Ebenso aus dem Heidelberger Kreis stammt eine ungedruckt gebliebene Sammlung der verschiedensten antiken Autoren (das Griechische davon über lateinische Vermittlung), die Johann Gottfried (Pfarrer in Oppenheim, Freund Wimphelings, bis 1507 nachzuweisen) an Friedrich von Dalberg, den Bruder Johanns, richtete im Sinn einer Anthologie zur humanistischen Lebenskunst.

Darüber hinaus aber verstanden Humanisten wie Agricola das Übersetzen ins Deutsche als eine Einübung in den lateinischen Sprachgeist, als „methodisches und kritisches Instrument im Dienst der Erziehung zu reinerer Latinität" (Worstbrock). Eine Vervollkommnung der Volkssprache konnte allenfalls nebenbei herausschauen. Wie daraus auch ein virtuoses oder scherzhaftes Spiel mit Sprachmischung, etwa der künstlichen Verwendung barbarischen, volkstümlichen Lateins, werden konnte, zeigen Bebels *Fazetien* oder die *Dunkelmännerbriefe*. So reich und reizvoll eine solche Bilinguität sein konnte, humanistische Kultur begriff sich mindestens vor der Reformation exklusiv als lateinische, römische.

6. Humanistische Dichtung

Als feinste Blüte humanistischer Bildung und Selbstdarstellung versteht sich die neulateinische, durchaus nach
dem Vorbild der italienischen Humanisten entstehende
Dichtung. In der Aneignung insbesondere der antiken
metrischen Formen hat sich, zusammen mit der Eleganz
der Sprache, der neue Stil zu bewähren, erscheint auch
die Möglichkeit einer die Elite der deutschen und europäischen Geister verbindenden Literatur. Schon von der
Form her bleibt solche Dichtung bis zum Ende des
16. Jahrhunderts ohne eigentliche Wirkung auf die deutsche Literatur. Während in Italien und Frankreich die
volkssprachliche Poesie und gerade die Lyrik in enger
Wechselwirkung zur neulateinischen gepflegt wird, bleiben die Wege in Deutschland bis zum Beginn des Ba-
rockjahrhunderts getrennt; aufs Ganze gesehen gibt es
bis zur späten Vermittlung durch die romanischen
Gedichtformen kaum eine humanistische Lyrik deutscher Sprache; der „barbarus sermo" (so nennt Celtis die
deutsche Sprache) herrscht in Meistersang und Volkslied
und hat mit Stil, Metrik und sozialer Adresse der lateinischen Kunstlyrik wenig zu tun. Anders ist das Verhältnis
im Bereich der Komödie, der Kurzerzählung und der
Satire, wo ein breiteres Publikum angesprochen werden
soll und verwandtere Traditionen einen Übergang ermöglichen.

Die neulateinische *Poesie*, noch heute kaum überblick-
bar und schwierig zu würdigen, ist docta poesis, lebt
nicht aus einer wie immer gearteten Unwillkürlichkeit,
sondern bildet sich aus Zitaten, Anspielungen, übernommenen Rollen, ist ein Versteckspiel für Wissende, und sie
hat gerade auch dort, wo sie – etwa im Liebesgedicht –
sich zu neuer Lebenskühnheit zu emanzipieren scheint,
immer das Alibi der nur gespielten Aussage und läßt sich
weder in der zur Schau getragenen Toga noch in demon-

strativer antikischer Nacktheit so ganz ernst nehmen.
Ein Nachvollzug heute möchte immer wieder die Kriterien der Originalität, der echten Empfindung, der Erleb-
nishaltigkeit, der glaubwürdigen Schlichtheit usw. zur
Anwendung bringen, aber faßt damit doch vielleicht oft
nur ein Zufälliges. Dieser Bildungs- und Spielcharakter
samt seiner naheliegenden Entartung ins Leere und
Schulmäßige setzt die Humanistenkunst auch weithin ins
Unrecht gegenüber dem elementaren Ernst des religiösen
und sozialen Aufbruchs und seinem motivierten volkssprachlichen Ausdruck. Es sei denn eben, daß in Satire
und Schauspiel die humanistischen Mittel nun selbst
radikalisiert und kämpferisch eingesetzt werden können.

An sich wird der Übergang zu christlich-kirchlicher
Thematik immer wieder gesucht. Es ist für manchen
frommen oder indifferenten Humanisten kein Problem,
über Wunder und Heilige zu dichten – selbst Celtis war
derart tätig – oder gar in aller Form heidnische Klassiker
zu christianisieren, wie das in Spätantike und Mittelalter
beliebt war. Eobanus H e s s u s (Eoban Koch, 1488–1540)
etwa, der führende Lyriker des Erfurter Kreises und
spätere Anhänger Luthers, hat 1514 die Ovidischen Hel-
denbriefe imitiert, indem er heilige Frauen aus Bibel und
Legende an ihre geistlichen Geliebten schreiben läßt:
Maria Magdalena an Christus, Maria an Johannes, Monica
an Augustin usw. Die *Heroidarum Christianarum epistolae* wurden ein berühmtes Werk. Aber auf subtilere Art
den Ausgleich eines christlichen Humanismus zu unternehmen blieb im Bereich der Dichtung doch dem späteren
Luthertum und vor allem dann der barocken, insbesondere jesuitischen Latinität mit ihrer Technik der *parodia
christiana* vorbehalten.

Humanistische Lyrik ist doch wohl zunächst nichts
anderes als das Mittel der neuen Bildungselite, sich selbst
zu formieren und zu feiern. Sie ist Gelegenheitsdichtung
zuhanden der Freunde, der Lehrer und Schüler, der

Geliebten. Sie feiert den Verstorbenen – ein Beispiel ist die berühmte Totenklage Pirckheimers auf seinen Freund Albrecht Dürer –, sie huldigt dem Gönner und mit ihm dem Vaterland. Panegyrische Dichtungen an Maximilian haben Celtis, Locher, Bebel, Glarean, Hutten und viele andere geschrieben, meist in elegischer Form. Der Dichter verwaltet ja die Ersatzunsterblichkeit des Ruhms – seiner selbst und der Besungenen, der Hinweis darauf soll sogar das Herz der Geliebten erweichen. Eine beliebte panegyrische Form sind auch die Elegien auf Städte und Landschaften im Überschwang der historisch-topographischen Entdeckung der eigenen Heimat. Celtis hat so Würzburg und die Mainlandschaft besungen, der Schweizer Humanist Glarean (Heinrich Loriti, 1488–1563) in einem Zyklus von Hexametergedichten eine feierliche *Descriptio Helvetiae* verfaßt (1515).

Zentrales Thema ist aber natürlich, schon vom antiken Vorbild her, die irdische Liebe in Elegien und Oden – sie steht wie nichts anderes für die Befreiung der Sinne, aber auch für das Ausgeliefertsein einer neuen Subjektivität an die Unrast des Natürlichen, sei es in einer durch Petrarca veredelten Liebesklage oder, viel eher, einer massiven Hetärenpoesie, wie sie schon Peter Luder gehandhabt hat. Alles steht hier im Schatten der *Amores* und der horazischen Oden des Celtis. Nur dieser bringt in seiner Durchdringung von erotischer und patriotischer, autobiographischer und „philosophischer“ Lyrik so etwas wie ein Weltgefühl zum Ausdruck, und zwar trotz und mit aller antikischen Inszenierung ein durchaus modernes.

Engere Wirkung in die deutsche Literatur hinein hat das *Drama*. Das Interesse für eine Belebung und Veredlung hatte verschiedene Gründe: Die zunehmende Aktualisierung der volkstümlichen Fastnachtspiele weckte den Gedanken an ein literarisch anspruchsvolleres Drama; die Wiederaufführung antiker Dramatiker,

die grundsätzlich vom Mittelalter nur als Lesestoff
geschätzt waren, erschien als ein Weg, sich ein Stück
lebendigen Altertums zu vergegenwärtigen; vor allem die
Komödie kam dem Bedürfnis nach einer Darstellung
urbaner Weltlichkeit entgegen; die Freude am rhetorischen Vortrag dialogischer Formen legte eine öffentliche
Darbietung nahe, besonders auch um das neue Bildungsprogramm und die Leistungen humanistischen Unterrichts bekannt zu machen; Schule, Freundeskreise, der
Hof boten sich als Rahmen für ein derart gebildetes
Theater dar. Zwischen 1480 und dem Beginn der Reformation finden sich vielfältige Bemühungen um ein humanistisches Theater, und es kommt, durchaus in Verbindung mit der volkssprachlichen Entwicklung, zu einer
gewissen Grundlegung der neuen Form, vor allem im
Bereich der Komödie.

Schulaufführungen im unmittelbarsten Sinn sind
gespielte oder spielbare Dialoge, in denen Schüler und
Studenten über den Sinn ihres Strebens diskutieren und
ihr Studienprogramm verkünden, in ähnlicher Funktion,
wie sie die vielen Fest- und Eröffnungsreden über den
Nutzen der studia humanitatis ausüben. In Jakob W i m -
p h e l i n g s *Stylpho* (1480), einer einfachen Handlung in
Prosa, aus Anlaß einer Lizentiandenfeier in Heidelberg
inszeniert, wird ein fleißiger Student neuer Richtung
einem faulen, nur auf Protektion rechnenden Ignoranten
alten Stils gegenübergestellt. Heinrich B e b e l schreibt
1501 eine *Comoedia vel potius dialogus de optimo studio
scholasticorum*. Andere Gespräche verbreiten sich über
alte gegen neue Bildung, über den Wert der Dichtkunst
u. ä. V a d i a n s *Gallus pugnans* (Hahnenkampf, Wien
1514) parodiert scholastische Streitgespräche, indem er
einen solchen Wortkampf zwischen Hühnern und Häh-
nen sich abspielen läßt und so bereits zu einer witzigen,
nicht ganz unaristophanischen Tierdichtung gelangt.

Anspruchsvoller sind Darbietungen allegorisch-my-

thologischer Art, in denen das literarische Arsenal des
Humanismus samt musikalischen Einlagen zu Ehren
eines hohen Gönners aufgeboten wird. So hat C e l t i s
1501 vor dem Hof Maximilians in Linz seinen *Ludus
Dianae* inszeniert. Eine andere Abart sind dialogische
Aufführungen zum Zeitgeschehen, wie sie Jakob
L o c h e r in Freiburg zur Verherrlichung und Unterstüt-
zung des Kaisers schrieb und aufführte: *Historia de rege
Franciae* (1495, Kampf Karls VIII. um Neapel) und
Tragedia de Thurcis et Suldano (1497, ein Aufruf zum
Türkenkrieg).

Literarisch wichtiger als solche festspielartigen Unternehmungen sind die Versuche eines echten neuen Lustspiels. Eine frühe Tat war Albrechts von Eyb Eindeutschung einiger Plautus-Komödien. Nun beginnt man an
verschiedenen Orten, die Originale, vor allem mehrfach
den *Eunuchus* des Terenz, wieder aufzuführen. Dabei
war auch ein Bühnenproblem zu lösen; die sogenannte
Terenz-Bühne bringt die Ablösung von der mittelalterlichen Simultanbühne und leitet bereits zur modernen
Sukzessionsbühne hinüber: Ein fester Schauplatz bedeutet nacheinander Verschiedenes, zwar findet noch kein
Dekorationswechsel statt, doch bringt das Auf- und
Abtreten der jeweiligen Spieler das Nacheinander einer
Szenenfolge.

Ein nächster Schritt bestand in eigenen Spielen dieser
Art, nach dem Vorbild entsprechender älterer Versuche
in Frankreich und vor allem Italien. Entscheidend wurde
für Deutschland das Unternehmen R e u c h l i n s. Ein
Dialog *Sergius*, der eine Polemik zum Reliquienwesen
mit persönlichem Angriff auf einen Gegner war, wurde
nicht aufgeführt. Dafür wurde 1497 im Hause Dalbergs
in Heidelberg Reuchlins *Henno* von jungen Leuten
gespielt. *Scenica progymnasmata* (dramatische Vorübun-
gen) heißt der eigentliche Titel, noch ganz auf den Bil-
dungszweck des Theaterspielens gerichtet. 31 Druckaus-

gaben, eine deutsche Übersetzung um 1500 und danach
eine freie Bearbeitung, schließlich eine ganze Reihe
späterer Fassungen, darunter eine von Hans Sachs, belegen den großen Erfolg. Geist und Stil einer terenzischen
Verskomödie wurden auf einen internationalen
Schwankstoff übertragen, der in Frankreich in der Farce
von *Maître Pathelin* erscheint, Reuchlin aber wahrscheinlich aus Italien zugekommen war. Damit war in
glänzender Weise ein zeitgemäßer Stoff sozusagen von
innen heraus antikisiert, die antike Komödie in lustige
Gegenwart verwandelt. Henno und Elsa sind ein Bau-
ernpaar; Henno hat im Stall Geld gefunden, das seine
Frau beiseite gebracht und dort vergraben hatte; er
schickt den Knecht Dromo in die Stadt, um Tuch zu
kaufen; der Knecht kauft auf Kredit, verkauft das
Tuch und besitzt so das Doppelte; Bauer und Tuchhänd-
ler verklagen Dromo vor dem Richter Minos; ein kluger
Advokat rät dem Dromo, sich dumm zu stellen und auf
alle Fragen nur mit „ble" zu antworten; wegen Unzu-
rechnungsfähigkeit freigesprochen, bringt er auf gleiche
Weise den Advokaten um sein Honorar; im Happy-End
bringt er das gewonnene Geld in die Ehe mit Hennos
Tochter Abra ein. Das ist nicht mehr eine Komödie im
Sinn brauchtümlichen Fastnachtspiels, vielmehr humanistisch heitere Darstellung des Menschlichen, mit milder
didaktischer Tendenz, differenzierten Charakteren
(die tüchtige, aber geizige Bäuerin, der etwas naive
Bauer, der schlaue Knecht, der Advokat, der aufgebla-
sene Richter) und einer durchkomponierten, pointierten
Handlung mit raschem Szenenwechsel. Nicht zuletzt gab
ein derartiges Lustspiel Anlaß zu einem ungezwungenen
sprachlichen Spiel mit lateinischen Archaismen, Neubildungen, lateinischer Eloquenz niederen Stils. Der Erfolg
bedeutet den Durchbruch zu einem selbständigen literarischen Drama, wie es sich dann auch an andern Stoffen
und im ernsteren Bereich entwickeln konnte.

Hier ist nun auch die Rezeption durch die deutsche Literatur unmittelbar zu belegen. Einer um 1500 entstandenen Übersetzung (*Frankfurter Henno*) folgt eine sehr freie deutsche Bearbeitung, das *Luzerner Spiel vom klugen Knecht,* wahrscheinlich noch im ersten Jahrzehnt, spätestens gegen 1520 entstanden. Der unbekannte Verfasser setzt das Stück in schweizerisch-bäuerliches Milieu um und tut zugleich einen weiteren Schritt zum geschlossenen Drama. Er gestaltet Handlung und Dialog wirklichkeitsnäher, detaillierter, schafft eine dichtere Spielillusion, motiviert sorgfältiger und betont das moralische Element stärker, womit sich das Stück ins Seriösere wendet. Im freien Knittelvers handhabt er eine bewegliche und ausdrucksvolle Entsprechung zum jambischen Senar, an die Stelle humanistischen Sprachspiels tritt die Freude an der bäuerlichen Idiomatik. Das Stück setzt erfrischend ein mit der Auseinandersetzung zwischen dem Bauern, Ruedi, und seiner „Hausfrau" Gret:

> Ee min Gret, louff flugs vnd bhent
> Vnd nimm den schlüssel ab der went,
> Beschlüss den spicher vnd duo die hüener in,
> Wir mechten ir suss woll ein gast sin (wir möchten ihrer
>   sonst wohl beraubt werden),
> Die schid achs (Scheitaxt) vnd den holsschlegel,
> Den hüener trog vnd vnseren pflegel (Dreschflegel),
> Dan die heiden (Zigeuner) sind in dem land.
> Darum bschlüss den blunder allan sand,
> Dan solltent wir kumen vm vnseri hab,
> Der schad gieng vnns niemer ab (wäre nicht gutzumachen).

Das schafft sofort Raum, die Szenerie eines Bauernhofs mit dem liebevoll aufgezählten „Plunder" und mit dem Herannahen des Zigeuners im Hintergrund, und es präludiert das im Stück zentrale Thema der Habgier. Zugleich werden die Charaktere im Dialog exponiert – Gret antwortet wie eine Gotthelfsche Bäuerin energisch scheltend und jammernd über den Mann, der ihr mit

seinem faulen und liederlichen Leben das väterliche Erbe
(die Felder, den treuen Schimmel) vertut. So wird hier
das Genrehafte wichtig, wogegen das Fastnächtliche
zurücktritt. Das humanistische Element ist ganz assimi-
liert.

In die Nähe solcher Freude am Lustspiel kann man die
humanistischen Bemühungen um die *Kurzerzählung*
rücken, eine andere Form gesellig-humoristischer Darstellung des menschlichen Alltags. Zwar bleibt natürlich
im epischen Bereich das vergilische Hexameterepos das
problematische Hochziel des prätentiösen Dichters, von
Petrarcas *Africa* bis zu Klopstocks *Messias*, sei es mehr in
weltlich-nationaler Funktion oder als der Versuch,
christlichem Gehalt die klassisch vollendete Form zu
geben. Doch sind die Ergebnisse bescheiden: Von deutschen Latinisten stammen einige kürzere Legendendichtungen (Celtis, Locher), biblische Epik (Eobanus Hessus: *Victoria Christi ab Inferis*) oder Patriotisches wie
Glareans unvollendetes *Näfelserepos*, wo die Schlacht der
Bauern gegen die österreichischen Ritter reizvoll zum
Kampf um Troja hochstilisiert wird. Interesse und Leistung liegen aber, wie ja auch in der volkssprachlichen
Entwicklung, vorwiegend im Bereich der unterhaltenden
Kurzprosa. Hier verbindet sich die bei Steinhöwel (*Esopus*) angebahnte, aber zugleich im Predigtexempel oder
in der anekdotischen Einlage der Geschichtsschreibung
geübte volkssprachliche Kunst der kurzen, gerundeten
Geschichte (Anekdote, Exempel, Sentenz) mit der durch
Poggio verselbständigten Gattung der humanistischen
Fazetie (Scherzrede, Witz, vor allem auch anzüglicher
Art). Nach Poggios Vorbild, in der Substanz aber durchaus eigenständig, bilden Heinrich B e b e l s *Facetiae*
(1508, 1512) das eigentliche Gelenk zwischen lateinischer
und volkssprachlicher Kunst dieser Art. Humanistische
Frivolität und Pointe bedienen sich handfester Komik,
wenn nicht Obszönität, heimischer Provenienz, nehmen

mündliche Anregungen auf und wirken auf die Volkssprache zurück. Der bald beliebt werdenden Literatur
der Prosaschwänke hat der Humanist auch im Deutschen
die Zunge gelöst.

Heinrich Bebel (1472–1518), ein schwäbischer Bauernsohn, nach Studien in Krakau und Basel Professor für
Poesie und Rhetorik in Tübingen, 1501 von Maximilian
zum Dichter gekrönt, hat sich in verschiedenen Lehr-
schriften zu seinem Fach, in vaterländischen Traktaten
und schließlich einem *Triumphus Veneris* (1509), einer
großen allegorischen Hexametersatire zum Thema der
Venus-Narren, hervorgetan. Bereits in seinen *Proverbia
Germanica*, eine Art einheimischen Gegenstücks zu den
Adagia des Erasmus, zeigt sich sein Interesse für deutsche Sprachüberlieferung und die Freude, sie ins Lateinische umzusetzen. Deutlicher ist dies in den *Fazetien*,
seinem europäischen Erfolg. Es sind über 400 meist
kurze, gewöhnlich in einem Bonmot, einer schlagferti-
gen Antwort, eben einem „facete dictum" kulminierende
Anekdoten, in knappem, beweglichem Umgangslatein
erzählt, das den volkssprachlichen Tonfall und die
Erzählsituation (Unterhaltung beim Wein, beim Mahl,
als Badelektüre) mit zu vermitteln weiß. Das vulgare
dicendi genus zu meistern, die „teutonischen" Geschichten im Dienst von hilaritas und urbanitas in angemesse-
ner lateinischer Form zu bieten, will als Kunst, als Reiz
der Verfremdung begriffen sein. Die häufige Nennung
von bestimmten Personen und Örtlichkeiten meistens
Schwabens macht die wirklich oder angeblich aus dem
Leben genommenen Geschichten unmittelbar und glaubhaft – es sollen facetiae suevicae sein. Der Erzähler macht
sich zwar mit Vorliebe und ungeniert über Geistliche
und Bauern lustig und ihren Kirchenalltag, aber eine
grundsätzliche Kritik ist daraus kaum zu entnehmen.

Mit den frühen Formen des Lustspiels verwandt, aber
nun zunehmend auch als Mittel der satirischen Auseinan-

dersetzung benützt, ist die Form des humanistischen *Dialogs*, wie sie auf höchstem Bildungsniveau E r a s - m u s in seinen *Colloquia familiaria* (vertrauliche Gesprä- che) darbot und dann Hutten in seinen Gesprächsbüch- lein und weiter die reformatorische Flugschriftenliteratur praktizierte. Die erste Ausgabe der *Colloquia* von 1518 stand zunächst in der Tradition humanistischer Schüler- gespräche und wollte mit Formeln und Wendungen eines gebildeten Gesprächs auch für den Alltag eine Schule der Eloquenz sein. In den späteren Ausgaben (1522, 1524 usw.) wurde eine umfassende Demonstration humanisti- scher Lebenshaltung daraus. In der Form antikisierender Dialoge nach dem Vorbild von Plato bis Lukian ergab sich ein Panorama menschlichen Daseins und Zusam- menlebens in den verschiedenen Ständen, Berufen, Lebensaltern und Lebenssituationen, mit witzigen und liebevollen Charakteristiken, in denen die Seitenhiebe auf moralische Übelstände der Zeit (wie z. B. die veräu- ßerlichte Kirche, der Krieg und das Reislaufen, der mor- bus gallicus) um so gezielter sitzen. Humanität in Heiter- keit und Toleranz, in natürlicher Einsicht und Frömmig- keit sind weniger als Programm denn im lebendigen Umgangsstil selbst vorgetragen, wobei die aktuelle Sub- stanz in der antikisierenden Fassung eine reizvolle Ver- fremdung erfährt. In den Jahren der Reformation, im Zuge der Neuausgaben wird daraus immer deutlicher die erasmianische Gegenposition gegen die Entartungser- scheinungen der Kirche einerseits und anderseits gegen die Radikalität der neuen Glaubenslehre. Ein Beispiel *Adolescens et scortum* (Jüngling und Dirne). Der Jüng- ling Sophronius ist plötzlich tugendhaft geworden und sucht nun die darüber sehr verwunderte bisherige Hetäre Lukretia (mit beziehungsreichem Namen) zu bekehren. Er hat das Neue Testament des Erasmus studiert, für den sich auch Lukretia interessiert, nur daß sie befürchtet, dadurch ihre besten Kunden, die Dominikanerpatres, zu

verlieren. Bei aller ernsthaften Argumentation gegen die
Gefahren der Prostitution und für ein enthaltsames und
frommes Leben – schlimmstenfalls bleibt ja immer noch
die Möglichkeit einer Heirat – gehen doch ironische
Lichter über das Gespräch zwischen dem eifrigen jungen
Mann und dem munteren Mädchen, und gerade die
natürliche und realistische Vernunft, mit der operiert
wird, läßt beim Leser wenig Glauben an einen nachhaltigen Erfolg aufkommen. Die erasmische Behandlung des
Themas wird besonders deutlich, wenn man sie mit
Hrotsvits auch schon recht gewagter Pafnutius-Geschichte vergleicht, die Erasmus ja aus des Celtis' Ausgabe kannte.

Schließlich eine besonders kennzeichnende literarische
Form, in welcher der Humanismus brilliert und schriftstellerisch wie geistesgeschichtlich Epoche macht: die zur
Parodie und gezielten Invektive entwickelte *Satire*; ein
Geniestreich unmittelbar vor dem Auftreten Luthers
sind die *Dunkelmännerbriefe*. Johannes Pfefferkorn, ein getaufter Kölner Jude, hatte seit 1507 antijüdische Schmähschriften verfaßt und sich schließlich ein
kaiserliches Mandat geben lassen, alle hebräischen Schriften zu konfiszieren. Er wurde dabei von den Kölner
Dominikanern und einer Reihe deutscher Universitäten
unterstützt. Johannes Reuchlin, der führende Hebraist,
Verfasser eines hebräischen Lehrbuchs und einer kleinen
deutschen Schrift, die für Toleranz gegenüber den Juden
eintrat, wurde neben andern in dieser Sache als Gutachter bestellt; er trat für die Erhaltung der jüdischen Schriften ein, soweit sie keine antichristlichen Schmähungen
enthielten. Daran schloß sich ein immer heftiger werdender Krieg von gegenseitigen Streitschriften (insgesamt
deren 43) mit steigendem Gehalt an Unterstellungen und
Verleumdungen, auch von seiten Reuchlins und seiner
Parteigänger, mit Vorladungen vor verschiedene Instanzen der Inquisition und einem Prozeß in Rom, der 1516

vertagt, aber 1520 gegen Reuchlin entschieden wurde
Der Streit führte zur eigentlichen Polarisierung der Lage
der Humanisten (nur Erasmus distanzierte sich von die
sem neuen Stil) und der von den Kölner Dominikanern
geführten kirchlich-klerikalen Front. Im ganzen war e
eine Episode, die nur durch den Glanz einer literarischen
Leistung so wichtig wurde für die Scheidung der Geister
im übrigen aber durch den Glaubenskampf sehr rasch
überholt war.

Reuchlin hatte 1514 eine Sammlung von Briefen seiner
angesehenen Parteigänger publiziert: *Clarorum virorum
epistolae*. Das brachte nun einen Kreis junger Erfurter
Humanisten auf die Idee eines parodistischen Gegen
stücks mit dem neu geprägten Begriff „dunkler Männer"
1515 erschien anonym eine Sammlung *Epistolae obscu
rorum virorum*, der 1517 eine zweite Lieferung folgte. E
waren ausschließlich erfundene Briefe existierender oder
phantasievoll erfundener Reuchlin-Gegner an den Magi
ster Ortvinus Gratius in Köln, einen Dominikaner, de
als Übersetzer und verlegerischer Betreuer der Pfeffer
kornschen Literatur gewirkt hatte (einige wenige Brief
gehen an andere dominikanische Adressen, einer ist Ort
vinus selbst unterschoben). In gespenstischer und
zugleich in der Mischung wahrer und erfundener Ele
mente bösartiger Weise erhob sich da ein ganzes dunkle
Gelichter aus halb Europa, um sich in törichter Selbst
entlarvung auf die Seite der üblen Kölner zu stellen und
gesamthaft dem Pater Ortvin auf den Hals zu laden.

Die Idee und der Text des 1. Teils kam, wie man ers
seit 1904 weiß, von Johannes C r o t u s R u b e a n u s (au
diesem biblisch-griechisch-lateinischen Nom de guerr
übersetzbar als Johann Jäger aus Dornheim), um 1480 bi
1539, in Fulda und Erfurt zu den Freunden des Mutianu
Rufus gehörend, Anhänger Luthers, dann seit 1530 wie
der beim alten Glauben und von Luther als Dr. Kröt
beschimpft. Der 2. Teil stammt mit wenigen Ausnahmer

von Ulrich von Hutten, der eindeutiger, härter und
aggressiver vorgeht. Diese Hatz wäre an sich in ihrer
Vermischung von Tratsch, Verleumdung und grundsätzlichen Zielen unschön und heute geradezu kriminell;
schon Erasmus hat sie als blutig bezeichnet. Doch ist sie
so glänzend inszeniert, hält sich so geschickt auf dem
Grat zwischen bösem Angriff und jugendlichem Übermut, beherrscht so sehr die Dosierung der Zutaten, daß
sie als humoristisches Meisterwerk bezeichnet werden
kann, sozusagen als ebenso schlagkräftiger wie geistreicher Beitrag zur Narrenliteratur. Es ist vor allem dem
differenzierteren Crotus gelungen, nicht nur den Gegner
aufs unterhaltendste anzuschwärzen, als das Obskuran-
tentum schlechthin festzunageln und lächerlich zu
machen – Ignoranz, Torheit, scholastischer Schulbetrieb,
mönchische Unzucht, Aberglaube, Intrigantentum heißen die Aspekte, und ein schon von Reuchlin behaupte-
tes Liebesverhältnis Ortvins und anderer zur Frau des
Pfefferkorn wird genüßlich entfaltet. Es gelingt ihm
zugleich, sozusagen im Reflex, alles namentlich zu rekla-
mieren, was in diesen Tagen an aufgeklärten, eleganten,
gelehrten und geistvollen Kräften sich meldete. Noch nie
und nie wieder trat humanistisches Selbst- und Gemeinschaftsgefühl so sieghaft auf, allerdings, wie man gesagt
hat, erst fünf Minuten nach zwölf. Der ganze Kampf
spielte sich immer noch nur auf der Ebene der Bildung
ab: die ganze Parodie läuft letzten Endes nur auf das
ungebildete Mönchslatein der Gegner hinaus, die nicht
als Theologen, sondern als mittelalterliche Barbaren
widerlegt werden. Man kann nun so gut Latein, daß man
auch das schlechte Latein des Gegners parodieren kann.

Etwa im 35. Brief: ein gewisser Buntschuhmacherius,
Prediger Ordens, also ein bäurischer Mönch, schreibt an
Guillermus Hackinetus (gemeint ist Guillaume Hacki-
net, Beichtvater des Königs Franz I.) unter anderm:

Sed accedo ad novitates. Schwitzenses et Lanssknechti fecerunt unam magnam guerram inter se, interficientes se ad multa milia; est timendum, quod nullus illorum venit in caelum, quia faciunt propter pecuniam, et unus Christianus non debet interficere alium. Sed vos ista non curatis, sunt enim leves personae, et sequuntur rixas ex proposito.

(Doch ich komme zu den Neuigkeiten. Die Schweizer und die Landsknechte haben unter sich eine große Schlacht gemacht, wobei sie sich zu vielen Tausenden umgebracht haben; es steht zu fürchten, daß keiner von ihnen in den Himmel kommt, denn sie tun's um Geld, und ein Christ darf keinen andern umbringen. Aber das kümmert Euch nicht, es sind ja geringe Leute, und sie laufen absichtlich den Händeln nach.)

Schlimmer sei denn auch die Nachricht, daß eine neue Ausgabe von Reuchlins *Augenspiegel* herausgekommen sei. So erscheint der Sieg Franz' I. bei Marignano mit den deutschen Landsknechten über die Eidgenossen und Mailänder 1515 im engen Gehirn des fiktiven Schreibers, der im übrigen sein Latein „wort ze worte" aus dem Deutschen holt und auch eine germanisch-mittellateinische Vokabel nicht scheut. Diese und ähnliche Spiele mit der seit den antiken Grammatikern so bezeichneten Barbarolexis haben an sich eine gute humanistische Tradition. Sie verlieren aber mit dem Auftreten der Reformatoren und einem neuen Pathos der Volkssprache ihr satirisches Gewicht. Aber nicht zuletzt durch ihren deutschen Sprachhintergrund und dessen polemische Thematisierung gehören die *Dunkelmännerbriefe* in die deutsche Literaturgeschichte, ganz abgesehen von ihrer Vorbildlichkeit für den satirischen Ton, die hemmungslose Angriffslust der kommenden Auseinandersetzungen auch in der Volkssprache.

7. Humanistische Frömmigkeit

Der Humanismus ist mindestens in Deutschland und vorläufig vom Ereignis der lutherischen Reformation überrollt worden – auch wenn er diese wesentlich vorbereitet hatte und vor allem die jüngere Generation (Zwingli, Melanchthon, Ökolampad, Vadian) wesentliches humanistisches Gut in den neuen Glauben einbrachte. Die Gretchenfrage, ob es einen christlichen Humanismus geben könne, ob das ursprüngliche Programm nicht nur hinsichtlich Bildung und Lebensführung, sondern auch in bezug auf die letzten Dinge und die Rechtfertigung des Menschen vor Gott bestehen könne, jenseits aller Rhetorik, stellt sich unausweichlich. Dies auch dann, wenn wie bei allen Glaubensfragen eine endgültige Antwort nicht möglich ist und wenn schon bald, im späteren Luthertum und vor allem der jesuitischen Gegenreform, neue und großartige Lösungen versucht worden sind.

Zur christlichen Kirche und den Sätzen des Credos haben sich praktisch alle deutschen Humanisten in aller Selbstverständlichkeit bekannt, und auch dort, wo am ehesten ein gewisser Paganismus zum Ausdruck kommt, etwa in des Celtis Verherrlichung der irdischen Liebe, des Vaterlands anstelle des Gottesreichs, der Unsterblichkeit des Ruhms, einer gottbeseelten Natur, zeigen sich nach wie vor unvermittelt Züge des Aberglaubens, hält man am Heiligenkult oder an Wallfahrten fest. Immerhin finden sich unter den Humanisten nicht nur konservative Kirchenmänner wie z. B. Wimpheling, sondern erstaunlich viele Laien, die nicht auf eine eigene Theologie verzichten und ihren eigenen religiösen Weg suchen: Celtis, Reuchlin, Pirckheimer gehören zu ihnen. Einhelligkeit besteht in der Wendung gegen eine veräußerlichte, sakramentalisierte, politisierte, fiskalisierte, primitivierte Kirche und deren unglaubwürdig gewordene Vertreter. Dies bedeutet eine Neigung zu innerer, spiritualisierter Frömmigkeit, vielleicht auch zu einem durch Maß und Vernunft geleiteten, durch moralisches Handeln bestätigten Glauben. Es bedeutet auch – und hier sind die Humanisten als Philologen engagiert – einen Rückgang zu den Quellen, sowohl zur Bibel wie zum natürlichen Licht der antiken Autoren und vor allem auch zu den Kirchenvätern als den großen Begründern eines mit antiken Mitteln interpretierten Christentums. Die mittelalterliche Scholastik hingegen, deren große Lehrer langsam dem Vergessen anheimfielen und die durch eine mechanische Lehrmethode und dialektische Technik kompromittiert war, kam gerade aus Gründen eines spontaneren und natürlicheren Zugangs nicht mehr in Frage. Dagegen wirkten sich zusätzlich – grob gesehen – drei verschiedene, sich mannigfach verbindende religiöse Strömungen für den Humanismus fruchtbar aus.

Die sogenannte Devotio moderna (s. S. 671) trat in ähnlichem Gegensatz zur Schultradition und zur materialisierten Kirche für eine von innen kommende Frömmigkeit und praktische Nachfolge Christi ein und relativierte damit die Ansprüche der kirchlichen Überlieferung und Institution. Der junge Priestersohn E r a s m u s war 1475 bis 1486 in der Schule der Brüder vom gemeinsamen Leben zu Deventer und Hertogenbosch und brachte von hier wahrscheinlich mehr mit, als er später zugeben wollte. Ähnliches gilt ja auch von den Anfängen der reformatorischen Bewegung.

Stärker literarisch und gelehrt war eine Laientheologie, wie sie mit platonisch-neuplatonischen Vorstellungen vor allem in der Florentiner platonischen Akademie Marsilio Ficinos und bei dessen Freund Pico della Mirandola versucht wurde, aber auch auf verschiedenen Wegen von Nikolaus von Kues her wirkte. Diese philosophia pia sieht den Menschen als Mikrokosmos vor dem Universum, wie er kraft seiner Sonderstellung und getrieben von seinem inneren Anteil am Göttlichen aufsteigen soll zur schließlich unvermittelten Anschauung Gottes; Christus aber als Urbild des Menschen und eine spirituell verstandene Kirche verbürgen dazu Gottes helfende Liebe. Ficino wurde in Florenz von deutschen Humanisten, so von Reuchlin und seiner Dalbergschen Reisegesellschaft, besucht; er hatte deutsche Korrespondenten u. a. in Basel und Tübingen und wurde weiterhum gelesen, so von Celtis, Pirckheimer, Zwingli.

Ein dritter, ebenfalls mystisch-theosophischer Weg zu einem christlichen Humanismus ist Reuchlins zuerst von Pico inspirierte kabbalistisch-pythagoräische Spekulation mit ihren Konsequenzen für eine Annäherung der Weltreligionen, ganz abgesehen von der Sprengwirkung, die seine Haltung im Hebraismusstreit bekam.

Meistens kann es sich bei solchen Bemühungen zwar um Ergänzungen, Umdeutungen und Verinnerlichungen der christlichen Lehre handeln, nicht aber um eine genuin christliche und systematische Theologie; eine solche ist auch kaum beabsichtigt. Vielmehr geht es bei solcher „christlicher Philosophie" (der Ausdruck erscheint seit Agricola, wurde aber auch schon von Abaelard gebraucht) um die Begründung wahrer Frömmigkeit, um eine christliche Lebenslehre, um Moral, um Praxis, und das war in diesen Zeiten des Umbruchs schon dringend genug. Wohl nur bei Erasmus läßt sich sagen, daß der Humanismus eine Religiosität von der Würde und Tiefe einer wirklichen Alternative entwickelt habe – gegenüber der Kirchenwirklichkeit des Spätmittelalters wie dann auch gegenüber dem Luthertum. Nur zwischen Luther und Erasmus kommt die Frage eines christlichen Humanismus zum echten Austrag. Erasmus ist, sieht man etwa von den *Adagia* und von der weltlichen Oberfläche seiner erfolgreichsten Werke, der *Moria* und den *Colloquia* ab, ein vorwiegend religiöser Schriftsteller und Gelehrter. Er war ja geweihter Priester und

Augustinerchorherr (allerdings von seinen Verpflichtungen dispensiert).

Groß ist die Zahl seiner theologischen Quelleneditionen, d. h. des Neuen Testaments und verschiedenster patristischer Texte – ein gewaltiger Einsatz für ein ursprüngliches, evangelisches, mit dem Erbe klassischen Denkens gedeutetes und zugleich von falscher Dogmatisierung befreites Christentum. Um von den Abhandlungen nur das Wichtigste zu nennen: Das *Enchiridion militis Christiani* (Handwaffe des christlichen Soldaten, 1502, unendlich wirksam seit 1515, deutsch 1520) ist ein grundlegendes, leicht faßliches Erbauungsbuch aus dem neuen Geiste; die *Institutio principis christiani*, 1516 für den späteren Kaiser Karl V. verfaßt, sucht die christliche Ethik zur Staatslehre zu erweitern, ähnlich wie die *Querela pacis*; 1524 erschien die im Sinn seiner Willenslehre fällig gewordene Absage an Luther, *Diatribe de libero arbitrio*, und 1526/27 dazu die heftige Duplik zu Luthers Antwort *De servo arbitrio* unter dem Titel *Hyperaspistes* (Schutzschild, I und II), sogleich von Hieronymus Emser übersetzt.

Als platonisierend gesehenes Mittelwesen aus Geist, Seele und Fleisch hat der Mensch die Möglichkeit, in einem christförmigen Leben zu Gott zu kommen. Die von den Humanisten (Agricola, Pico, gelegentlich auch Erasmus) rhetorisch gefeierte Größe des menschlichen Genius ist jedoch angewiesen auf demütigende Selbsterkenntnis, auf die Lehre des biblischen Gottesworts und auf dessen Inkarnation in Christus. Der menschliche Wille kann, bei allem Geheimnis im Zusammenwirken mit der Gnade, als frei bezeichnet werden, die Würde des Menschen ist Voraussetzung seiner Erlösbarkeit durch Gebet und Erkenntnis. Glaube widerstrebt nicht der Vernunft (und damit nicht der Einsicht der erleuchteten Alten) und auch nicht einem recht verstandenen Glück; der Christ kann, mit Erasmus, ein sublimer Epikuräer

sein. In der Lehre der Bergpredigt ist zugleich alle wahre
Humanität zusammengefaßt. Der Buchstabe tötet, und
der Geist macht frei: damit ist jede Äußerlichkeit und
kirchliche Gesetzlichkeit – Mönchstum und Zölibat
inbegriffen – relativiert, und für die Bibelinterpretation
ist die Grenze gezogen sowohl gegen eine ausschwei-
fende Allegorese wie gegen Wortklauberei.

Eine gewaltsame Änderung der kirchlichen, sozialen
und politischen Verhältnisse kommt damit kaum in
Betracht, ein Wandel muß von innerer Erneuerung kommen. Nicht nur persönliches Temperament, Verletzlich-
keit oder Eigensucht, auch der Gedanke des Friedens
und einer vorausgehenden humanen Bildung trieb Erasmus weg von aktiver Parteinahme und praktisch zurück
zu der bestehenden, legitimen Kirche. Wo man Freiheit
und Gerechtigkeit jedoch nicht mehr nur als Sache der
Bildung ansehen konnte, da mußte man in der Haltung
des Erasmus einen Rückzug in ein Elitedasein und in die
Utopie erkennen und verurteilen.

8. Ulrich von Hutten

Zwischen Humanismus und Reformation, Latein und
Deutsch, ritterlicher Reichsromantik und revolutionärem
Aufbruch ins Ungewisse steht die schillernde Figur
Ulrichs von H u t t e n (1488–1523), irritierend oder
begeisternd je nach dem Aspekt, unter dem Zeitgenossen
und Nachwelt ihn sahen. Daß er eine Situation der Verwirrung und Krise bezeichnet, steht außer Zweifel; offen
bleibt nur, ob er die Würde eines tragisch untergehenden Freiheitshelden besitzt oder ob sein unglückliches
Schicksal aus dem eigenen Ungenügen in einer allerdings
unberechenbaren Zeit hervorgeht. Auf dem Hintergrund
der habsburgisch-französisch-päpstlichen Auseinandersetzungen, der Reichsreform, der wachsenden wirtschaftlichen und sozialen Spannungen, der ersten Refor-

mationsjahre wird humanistische Schriftstellerei vollends zu hektischer Publizistik und Agitation, in der sich leidenschaftliche Selbstdarstellung und der Kampf für allgemeine Interessen seltsam vermischen. Der junge Hutten, aus reichsritterlicher Familie auf der väterlichen Burg Steckelberg geboren, flieht aus der Klosterschule in Fulda und beginnt als Student, Dichter und zeitweilig auch Soldat in der kaiserlichen Armee ein Leben im Stil der Wanderhumanisten – in Deutschland, Böhmen, Wien, Italien (bis 1513, dann wieder 1515–17). Seine erste literarische Tat war die Privatrache an seinen Gastgebern in Greifswald, die ihn gepfändet hatten. Familienrache war zunächst der Kampf gegen den berüchtigten Herzog Ulrich von Württemberg, der wegen einer Frau Huttens Vetter umgebracht hatte und später von den schwäbischen Städten vertrieben wurde. In den Reden gegen Ulrich (1515–17) und dem Dialog *Phalarismus* (1517, der Tyrann Ulrich wird nach dem Vorbild eines Lukianischen Totengesprächs von Merkur und Charon in die Hölle geführt und dort vom antiken Tyrannen Phalaris in allen Techniken despotischer Grausamkeit unterrichtet) richtet sich der Kampf immer grundsätzlicher gegen die Fürsten überhaupt, im Namen der Freiheit und insbesondere der wirtschaftlich und politisch bedrängten reichsfreien Ritter. Mit den Huldigungsgedichten an Maximilian, der ihn 1517 zum Dichter krönte, einem Aufruf zum Türkenkrieg und durchgehend in vielen andern Schriften wurden Kaiser und Reich zur letzten Instanz, von der Hutten Erneuerung und Durchgreifen erwartete. Darüber hinaus verbanden sich diese Reichshoffnungen mit der aus Tacitus genährten Vision alter germanischer Größe. Im nachgelassenen Dialog *Arminius* (1519/20) begründete Hutten den gespenstischen Kult um diesen germanischen Befreier von römischer Fremdherrschaft, sozusagen als den Prototyp Maximilians. Kampf gegen Rom, das war seit

den Italienaufenthalten und trotz Huttens Stellung am
Hof des Erzbischofs Albrecht von Mainz (bis 1520) nun
der Cantus firmus seiner Agitation, Kampf gegen den
Papst als Reichsfeind, gegen die „Kurtisanen", gegen die
Römlinge in Deutschland, gegen das römische Recht und
seine formalistischen Vertreter. In diesen Rahmen
gehörte auch die Mitwirkung an den *Dunkelmännerbrie-
fen* seines Freundes Crotus und andere Aktionen gegen
die Anti-Reuchlinisten. Der nationale Affekt steht hier
durchaus anstelle einer moralischen oder gar religiösen
Motivation, so utopisch auch diese Hoffnung auf ein
germanisch-deutsches, ritterliches Reich berührt und so
vage der pathetische Begriff der teutschen Nation auch
ist.

Die Parteinahme für Luther seit 1519 hatte denn auch
weniger theologische Beweggründe als den Charakter
einer vorübergehenden Interessengemeinschaft. Die
anfänglichen Hoffnungen auf Karl V. verschwinden
bald, nach dem Wormser Reichstag vollzieht sich das
Schicksal rasch, beschleunigt insbesondere durch die
Verbindung mit dem Söldnerführer Franz von Sickingen,
auf dessen Ebernburg Hutten einen Teil seiner Flugschriften verfaßte. Der allgemeine Krieg gegen die geistlichen Fürstentümer, gegen die Fürsten überhaupt und die
kirchliche Hierarchie vermochte viel zu wenig Bundesgenossen zu gewinnen, auch die Reichsstädte hielten sich
zurück. Die teutsche Nation – das waren auch noch nicht
wie bald darauf die Bauern, es waren Ritter und Söldner,
die in spätmittelalterlichem Stil mit Raub und Erpressung
fochten. Der Feldzug gegen Trier mißlang, Sickingen
fiel, der kranke Hutten hatte schon vorher fliehen müssen. Er wandte sich umsonst an Erasmus in Basel, fand
aber dank der unvergleichlichen Geste Zwinglis ein Asyl
auf der Insel Ufenau im Zürichsee, wo er bereits Ende
August 1523 seiner Lues erlag.

Hutten ist primär ein lateinischer Autor, der im Drang

der Ereignisse sich nur zögernd veranlaßt sieht, zur Volkssprache zu greifen. Auch seine Invektiven haben noch literarischen Charakter und bedienen sich des humanistischen Bildungsbeiwerks. Neben der Fülle seiner lateinischen und dann auch deutschen Klagschriften, Vermahnungen, Sendbriefe usw. stehen vor allem seine anspruchsvollen Prosadialoge, die er gleichzeitig mit Erasmus, aber ohne dessen Brillanz und Ironie, dafür mit Pathos und Schärfe zur wichtigsten Form der nun anhebenden Flugschriftenliteratur macht. Nach dem *Phalarismus* sind es u. a. *Febris* I (Fieber, ein Pamphlet gegen den päpstlichen Legaten Cajetan), *Febris* II, *Aula* (über das Hofleben, ein Thema schon des Enea Silvio, löste dann den Briefwechsel mit Pirckheimer aus), *Vadiscus* (1519, die Hauptschrift gegen Rom), *Inspicientes* (die Zuschauenden: Sol und sein Sohn Phaethon halten den Sonnenwagen an und kommentieren den eben weit unter ihnen stattfindenden Augsburger Reichstag), *Arminius*, *Fortuna*.

Einige dieser Dialoge wurden teils von Hutten selbst, teils von Parteigängern übersetzt und unter dem volkstümlichen Titel *Gesprächbüchlin* verbreitet. Ihr Erfolg beruhte wohl weniger auf ihrer Substanz oder der Unmittelbarkeit ihres Anliegens als auf einer durchgehenden Aggressivität eines neuartigen Kämpfers mit Schwert und Feder, der sich hier darstellte unter allgemeinen, aber aufregenden Devisen: „iacta est alea", „Ich habs gewagt", „In tyrannos", für die Spätern auch: „O Jahrhundert, o Wissenschaften! Es ist eine Lust, zu leben" (so an Pirckheimer). Der Kampf ist stets personalisiert; wie auch sonst in der Geschichte von Predigt und Satire bietet sich der Redner und Schriftsteller als Identifikationsfigur an. Es ist noch heute schwer, die publizistische und die existentielle Seite von Huttens Auftreten zu scheiden. Er hat immerhin seine Ichbezogenheit nicht nur gelebt, sondern in einer erstaunlich eingehenden und differenzierten Selbstanalyse reflektiert: Im großen Brief an Pirckheimer leitet er seinen Entscheid für eine vita activa weniger aus humanistischem Lebensgefühl ab als aus seiner ritterlichen Tradition; es war, anders als bei Erasmus oder Luther, eine zutiefst säkularisierte militia, der auch die raubritterlichen Züge nicht fehlten.

Seine erste deutsche Schrift schrieb Hutten – das ist immer noch bezeichnend – in Versen: *Clag vnd Vormanung gegen dem übermässigen vnchristlichen gewalt des Bapsts zů Rom ... von wegen gemeiner beschwernuß vnd auch seiner eigen notturfft [!] in Reymens weyß beschriben* (Herbst 1520). Hier steht das bekannte Zeugnis:

> Latein ich vor geschriben hab,
> das was eim yeden nit bekandt.
> Yetzt schrey ich an das vatterlandt,
> teutsch nation in irer sprach,
> zu bringen dißen dingen rach.
>
> (III, 262 ff.)

Ein De Profundis aus Not und Zorn nationaler und persönlicher, nicht religiöser Art. Am schönsten und freisten ist aber wohl das einzige deutsche Lied, das Hutten nach dem Wormser Reichstag als Flugblatt publiziert hat mit dem Entschluß, nun die Flucht nach vorn, den verzweifelten Kampf gegen Fürsten und Pfaffen anzutreten:

> Ich habs gewagt mit sinnen
> vnd trag des noch kain rew:
> mag ich nit dran gewinnen,
> noch muoß man spüren trew,
> dar mit ich main
> mit aim allain,
> wen man es wolt erkennen:
> dem Land zů gůt,
> wie wol man thůt
> ain pfaffen feyndt mich nennen.

> Ob dan mir nach thůt denken
> der Curtisanen list:
> Ain Herz last sich nit krenken,
> das rechter maynung ist.
> Ich wais noch vil,
> wöln auch ins spil
> vnd soltens drüber sterben:
> Auff, landssknecht gůt
> vnd reutters můt!
> Laßt Hutten nit verderben!
>
> (Str. 1 und 7; II, 92 ff.)

Hier verbündet sich der Ritter und Humanist mit der Fortuna, die volkstümliche Form bringt Huttens Sache zu einer klaren, ruhigen Entschiedenheit.

III. REFORMATION

1. Flugschriften der ersten Jahre

Die Reformation ist ein überaus komplexes Phänomen, in welchem die neue Glaubenslehre nur den theologischen Aspekt einer schweren revolutionären Krise auch sozialer, politischer und moralischer Art bedeutet. Literaturgeschichtlich steht im Vordergrund, daß trotz allen bisherigen Bemühungen um eine volkssprachliche Literatur die Reformation einen neuen, pathetisch erlebten, religiös begründeten, tiefer als je verantworteten und bewußten Durchbruch der Volkssprache bringt. Erst jetzt wird sie autonom, ja schließlich allein legitim. „Denn das konnen wir nicht leucken, das, wie wol das Euangelion alleyn durch den heyligen geyst ist komen und teglich kompt, so ists doch durch mittel der sprachen komen und hat auch dadurch zugenomen, mus auch dadurch behallten werden" (Luther). Der Anteil deutscher Schriften an der Produktion der Drucker steigt von etwa $\frac{1}{20}$ im Jahr 1500 auf $\frac{1}{3}$ im Jahr 1524.

Zu der religiösen Begründung, die Luther so machtvoll vertrat wie bisher höchstens die Predigt der Mystiker, kommt ein nationales (das heißt praktisch: antirömisches, antikirchensprachliches) Motiv und schließlich, oft kaum davon trennbar, die sozialen Umstände: Der Illiterat, der Bauer, der Handwerker nimmt teil an den Zeitfragen oder wird an ihnen durch die immer breitere Auseinandersetzung beteiligt; der Buchdruck ermöglicht eine Kommunikation von nie dagewesener Reichweite und Raschheit, auch mit allen Möglichkeiten einer hemmungslosen Demagogie. Schon vor dem Auftreten Luthers kann der Bürger der unteren Schichten das Wort ergreifen, im Druck sich äußern, die Sorgen und Nöte des „gemeinen Mannes" zum Ausdruck bringen. Und

diesem Aufstieg von unten begegnet, gleichsam von oben
herab, die Wendung manches Humanisten zur Volkssprache, weniger mehr um vom Adel als vielmehr vom
„Volk" – was immer das heißt – verstanden zu werden.
Etwa um 1520 kommen die verschiedenen Motive zur
Deckung, bricht wie ein Sturm jene Auseinandersetzung
aus, in der die „Sprache", die Volkssprache, wie eine neu
entdeckte Waffe gehandhabt wird, großartig und oft
auch grauenhaft. Zweifellos hat Luther, vor allem mit
seinen grundlegenden Schriften von 1520, den Sturm
ausgelöst und auch Huttens Übergang zur deutschen
Sprache bewirkt, doch waren die sozialen, wirtschaftlichen und politischen Nöte bereits aufgestaut, die in
Luthers Auftreten einen gemeinsamen Nenner fanden
und nun artikuliert werden konnten. So ist es vielleicht
richtig, nicht gleich von Luther zu sprechen, sondern die
ersten Kampfjahre in der Breite der populären Tageslite-
ratur mit ihren vereinfachten und zugleich vermischten
Argumenten zu verfolgen, bevor man ins Innere des
Zyklons tritt.

Durch das Auftreten Luthers hat der „gemeine man"
wie nie zuvor eine Stimme bekommen, weit über das
zunächst von Luther gewünschte Maß hinaus. Es gab
nun, abgesehen von der traditionellen Volksdichtung
und vom humanistischen Bildungsgespräch, eine neue
Öffentlichkeit, die vor allem durch eine aktuelle Form
der Druckpublikation hergestellt wurde: die Literatur
der sogenannten Flugschriften. Man hat für die Jahre
1518 bis 1525 die Zahl solcher billiger, rasch gedruckter
und durch „Buchführer" verbreiteten Schriften, mit
denen der Kampf geführt, die eigene Sache erläutert, der
Gegner denunziert, gelegentlich auch begütigend ein
Ausgleich gesucht wird, auf etwa 3000 geschätzt. An sich
ist die Gattung kaum genau definierbar. Sie reicht vom
fliegenden Blatt, etwa mit einem Lied, bis zur anspruchsvollen Abhandlung, von der rohen Schmähschrift bis zur

feinen literarischen Satire. Sie interessiert uns hier in
allgemeinen Zügen, soweit sie die drängenden Zeitfragen
zum Austrag bringt (vor allem Kirchenkampf und Bauernkrieg), und spezieller, soweit sie durch ein fiktionales
Element und die agitatorische, meist auch volkstümliche
Funktion in geradezu klassischer Weise den Typus einer
hic et nunc „engagierten Literatur" gewinnt.

Als Adressat, oft auch als gedachter Autor und insgesamt als Träger dieser Tendenzliteratur erscheint immer
wieder der einfache, der „gemeine", der Mann des Volkes, und wenn auch selten Handwerker und noch seltener Bauern die Verfasser solcher Schriften sind, so werden sie doch rollenhaft vorgeschoben in einer religiösen,
sozialen, humanen Ideologie des schlichten, aber mündi-
gen und freien Laien, der im Glauben wie im rechtlichen
und wirtschaftlichen Leben sich nun zu Wort meldet.
Humanistische Überlegungen zum wahren, d. h. auf Bildung oder Tugend beruhenden Adel, zu Widerstands-
recht, Frieden und Gerechtigkeit, aber auch religiöse
Rechtfertigung des Menschen als Adam, als Ackermann,
nicht zuletzt auch die traumhafte Vorstellung von einem
freien Germanentum (nach Tacitus) und einer teutschen
Nation, an der jeder auf gleiche Weise Anteil hat,
schließlich noch die im Süden entwickelte Ideologie
freier Bauernschaften oder gar der „frumen, edlen
puren" (wie sich die Eidgenossen gelegentlich nannten) –
all das erhält nun eine zentrale religiöse Fundierung, so
daß in diesen Flugschriften wie auch im gleichzeitigen
Drama der Bauer und der einfache Mann überhaupt eine
– im Vergleich zu Märe, Schwankerzählung und her-
kömmlichem Fastnachtspiel – völlig veränderte Rolle
spielt. Er wird zu einer der beliebtesten Symbolfiguren
für den neuen evangelischen Laien, er erscheint immer
wieder als Gesprächspartner, und an ihm ist letztlich
auch Sprache und Stil der Auseinandersetzung orientiert.
Welche Gefahren und Illusionen hier im Spiel waren, das

zeigen Huttens Pfaffenkrieg und dann vor allem die Bauernerhebung von 1525.

Wie noch nie wird „Literatur" zum Medium des gesellschaftlichen Handelns und des geschichtlichen Schicksals. Die Formen der literarischen Einkleidung sind dabei überaus verschieden. Weitaus am häufigsten ist der Dialog, wie ihn vor allem Huttens *Gesprächbüchlein* populär gemacht haben, wobei der Grad szenischer Fiktion, charakterlicher Differenzierung der Gesprächspartner und echter Dialogführung stark schwankt; der Übergang zum spielbaren oder gar für die Aufführung gedachten Text ist fließend. Daneben finden sich auch zahlreich die monologischen Formen des Traktats, der Predigt, der Klage, des Sendbriefs, dann das liedhafte oder lehrhafte Versgedicht und verschiedene Formen metaphorisch-allegorischer Darstellung. Die eigentliche Leistung wird man in der Ausbildung einer treffsicheren, anschaulich argumentierenden, rhetorisch zügigen Prosa sehen; die Streitschrift wird man als literarische Form würdigen und die oft hemmungslose, durch keine Presse- und Persönlichkeitsrechte eingeschränkte Praxis der Verunglimpfung und Unterstellung in Kauf nehmen müssen.

Wie so oft in der Literaturgeschichte steht eine große, repräsentative Schöpfung am Anfang, das Werk des Johann E b e r l i n v o n G ü n z b u r g (1468–1533), dessen Prosa mit einem gewissen Recht immer wieder mit der Luthers verglichen wird. Eberlin, aus der Stadt Günzburg an der Donau, war ein Ulmer Franziskaner der strengen Richtung („Barfüßer Observantzer"), der, von Luthers Bewegung ergriffen, im Juni 1521 aus seinem Kloster verstoßen wurde, sich dann als Prediger und Publizist in einigen Städten Süddeutschlands und der Schweiz aufhielt, nach Wittenberg kam, 1525 Superintendent in Wertheim und schließlich Pfarrverweser in der Nähe von Ansbach wurde. Noch im Kloster entstanden

die ersten seiner *Fünfzehn Bundesgenossen*, einer Serie
von Heften, die in rascher Folge alle 1521 bei Gengenbach in Basel erschienen: mit diesem Durchbruch eines
lange gestauten Wortes trat der Dreiundfünfzigjährige in
die vorderste publizistische Front. Die Form war eine
Mystifikation, den Schriften des Gottesfreundes im
Oberland vergleichbar: Fünfzehn Männer haben sich
verschworen und wenden sich „auß befehl teutscher
nation" an „gemeine christen", um Klage und Anklage
zu erheben. Sie sprechen teils gemeinsam, teils tritt jeder
mit seinem besonderen Thema auf. Alles ist auf Ernst,
Pathos, Dringlichkeit gestellt, appelliert an endzeitliche
und nationale Erwartungen. Noch erhofft der erste
Bundsgnoß, unmittelbar vor dem Wormser Reichstag,
Hilfe vom Kaiser; Karl V. wird beschworen, sich mit
dem Volk und den Gottesboten Luther und Hutten
gegen die Feinde des Reiches zu verbünden, d. h. gegen
die Tyrannei der Kirche und der Pfaffen. Die „starken
teutschen" werden sich erheben, dem Kaiser mit Leib
und Gut beistehen, mit ihm nach Rom ziehen, ganz
Italien unterwerfen und ein mächtiges Reich begründen.
Später, im vierzehnten Bundsgnoß, werden auch die
„Schwitzer – schützer und schirmer aller trostlosen und
getruckten" zu Hilfe gerufen. Der Kampf gilt dem Papst,
der ganzen römischen Hierarchie und insbesondere den
Bettelmönchen, der ganzen Unterdrückung durch
Fasten, gottesdienstliche Vorschriften, Klosterleben,
Heiligenkult usw. Am eindrücklichsten ist die Schilderung der seelischen Not der jungen Mönche und Nonnen: „Vnd werden die armen kind von anfang ires
ingangs ins kloster also vol furcht vnd scrupuly gestos-
sen, das sy dar nach ir nimmer ledig mögen werden ...
kurtz sie sind ir lebtag versteckt vnd nagt sy ire con-
scientz allweg vmb sunst." Die Argumentation, die rein
psychologisch-moralisch verfährt und, fast erschrek-
kend, auch den geringsten Sinn für die Idee klösterlichen

Lebens verloren hat, läuft im Namen von Menschlichkeit, christlichem Erbarmen und deutscher Freiheit zu
großer rhetorischer Form auf:

> Ir frummen christen lassen euch erbarmen solich vnmensch-
> lich lyden der klosterleut, ist ein menschlich härtz in euch; so
> lassen euch erbarmen solich vnchristlich wesen, ist ein christen-
> lich bluot in euch. Lassen euch erbarmen solich vnmanliche
> gefencknüß, ist ein tütsche ader der fryheit in euch. Sind sie
> doch ewer flaisch vnd bluot, ewer landtsleut, ewer mit christen,
> lassen sie euch erbarmen, das sy nit seel vnd lyb so vbel
> verderben.   (IX)

In solcher Sprache verrät sich der erfahrene Prediger, der
aber in der Klarheit, dem rhythmischen Maß und den
rhetorischen Figuren seiner Sätze, ja auch in gelegentlichen lateinischen Konstruktionen eine literarische Schulung erkennen läßt.

   Im ganzen kommt mehr die allgemeine revolutionäre
Situation zum Ausdruck als eine religiöse oder gar theologische Problematik. So erstaunt auch nicht, daß der
zehnte und elfte Bundsgnoß eine kleine christliche
Staatsutopie entwickeln: die Verfassung eines reformierten Landes Wolfaria (Land der Wohlfahrt). Es ist eine
Art agrarkommunistischer Gesellschaft mit strenger
Sittenordnung (z. B. Zwangsverheiratung der jungen
Burschen und Mädchen, Verbot jedes andern Gebets als
des Vaterunsers bei Kopfabhauen). Ein Narr mit Schel-
lenkappe auf einem Titelblatt mag andeuten, es sei nicht
alles so ganz ernst zu nehmen; anderseits sind wir nicht
allzu fern von ähnlichen puritanisch-gottesstaatlichen
Ordnungen der späteren Zeit.

   „Biß gedultig, die zyt nahent" – so heißt das Motto der
letzten Nummer. Noch sind, in der gespannten Erwartung, humane, nationale, soziale und konfessionelle
Anliegen eine Einheit. Bald nachher wäre dies nicht mehr
so einfach. Eberlin hat später in zwanzig weiteren Flug-

schriften (Predigten, Sendbriefe, Gespräche) den Kampf gegen die Papisten und insbesondere die Mönche fortgesetzt, daneben aber auch in differenzierterer Form *Vom Mißbrauch christlicher Freiheit* gehandelt (1522). Reizvoll ist der umfangreiche, noch 1565 wiederaufgelegte Dialog *Mich wundert das kein gelt ihm land ist* (1524) – eine teils ökonomische, teils kirchenpolitische, teils sittenkritische Analyse der Lage mit schr viel persönlichen und zeitgeschichtlichen Anspielungen: Ursache der Not sind die zahlreichen Kriege, die Kaufleute und die Pfaffen und Mönche. Interessant dabei eine ausführliche Kritik der Buchdrucker, die aus Gewinnsucht ihre Ware unter „närrischen, bübischen Titeln" wie z. B. auch „bundtsgnoß" vertreiben – solche Selbstironie des volkstümlichen Agitators kann an seinen Ordensgenossen Murner erinnern. Daß ihm schließlich auch der vaterländische Gedanke wichtig blieb, belegt eine nur handschriftlich erhaltene Übersetzung der *Germania* des Tacitus, die den deutschen Humanisten als hohes Lied deutscher Kraft und Sitte so kostbar war.

Eine der frühesten, literarisch und sachlich bedeutendsten Flugschriften nennt sich *Karsthans*, zu Beginn 1521 in Straßburg erschienen und dann vielfach wiederaufgelegt. Der alemannische Verfasser, in dem man fälschlich Vadian hat sehen wollen, ist unbekannt. Die Schrift richtet sich gegen Thomas Murner, der kurz vorher den Kampf gegen Luther aufgenommen und diesen in seiner dem Kaiser gewidmeten Streitschrift *An den großmechtigsten vnd Durchlüchtigsten adel tütscher nation* als Catilina hingestellt hatte, der das Ansehen der Obrigkeit und jede Ordnung der Stände gefährde. Der *Karsthans* dreht nun den Spieß um und erteilt Murner eine komisch-lächerliche, nachdrückliche Abfuhr. Er macht gerade den ungebildeten Bauern zum Helden, der kraft seines gesunden Urteils Parteigänger Luthers und der evangelischen Freiheit wird. Die Einkleidung des Dialogs erfolgt durchaus nach dem Vorbild von Huttens Gesprächen: Der tüchtige Bauer Karsthans unterhält sich mit seinem Sohn, einem Studenten, als ein Knurren und Miauen hinter der Szene ein seltsames Tier ankündigt und Murnar (Murr-Narr, Kater) erscheint, von Vater und Sohn anzüglich kommentiert. Das mühsame Gespräch mit Murner bricht ab, da Luther, freudig begrüßt, herbeikommt und Murner verschwindet. Die ganze Unterhaltung wird durch kurze Zwischenrufe des Mercurius laufend beurteilt. Vielleicht mit Ausnahme dieser ins Allegorische gehenden Figur ist die szenische Fiktion und auch ein gewisser Handlungsablauf gut durchgehalten. Nachdem Karsthans zuerst nach seinem Dreschflegel ruft, um sich zu wehren und Luther zu helfen, beginnt er unter Berufung auf das Bibelwort immer ausführlicher zu argumentieren, so daß Merkur in zeitgemäßer Abwandlung des mystischen Worts von der docta ignorantia feststellt: „docta rusticitas Germanorum!" Von hohem Reiz ist, wie hier der lateinisch-deutsche Gegensatz der Bildungsschichten im Licht des Evangeliums geradezu thematisiert wird. Der Bauer, der mit Luther „die einfalt des tütschen volcks" vertritt, versteht die lateinischen Brocken Murners oder seines gelehrten Sohns falsch in der bekannten Technik des gezielten Mißverständnisses – Murner: „vitium est indignis secreta vulgare. distinctio xliij" (es ist ein Fehler, Geheimnisse Unwürdigen bekannt zu machen. Bestimmung 13 [des Kirchenrechts]); dagegen Karsthans: „Ja warlich stincken yr vom secret (Abtritt)". Murner entlarvt sich selbst, indem er aus seinem Kirchenlatein plötzlich in ordinäre deutsche Beschimpfungen fällt; selbst Merkur macht einmal einen deutschen Scherz. Wie nah dem Verfasser beide Sprachen sind, zeigt die deutsche Vorrede mit ihren latinisierenden Konstruktionen. Ungeniert greift der Verfasser zur persönlichen Verunglimpfung des Gegners, witzig etwa in den Betrachtungen über die

Eigenschaften der Katzen, weniger geistvoll mit Nachrichten über den unsittlichen Lebenswandel des Mönchs. Fortan ist der katzenköpfige Murr-Narr erst recht im Mittelpunkt des volkstümlichen Flugschriftenkriegs. Der fromme, wackere Karsthans wird seinerseits zur repräsentativen Figur.

Im *Gesprech Büechlin Neuw Karsthans*, ebenfalls noch 1521 entstanden, vielleicht aus der Feder Martin Butzers (Luthers Schlettstädter Parteigänger, Reformator in Straßburg), kommt ein vom Klerus unterdrückter und über die kirchlichen Mißstände empörter Karsthans zu Franz von Sickingen. Wie der Bauer meint, man sollte nun mit Kärsten und Flegeln dreinschlagen, rät Sickingen: „Ach, mein lieber Karsthans, laß uns mit Geduld handeln." Zu unserer Verwunderung erscheint Sickingen als der fromme, mit seinem Gast Ulrich von Hutten auf der Ebernburg gemeinsam die Lutherischen Schriften lesende, maßvolle Mann, der immerhin überzeugt ist, es sei niemand fester von der Pfaffheit bedrückt als der gemeine Adel, und so nebenbei drohend vom hussitischen Kirchensturm redet. Der überaus gewandt, ernst und liebenswürdig vorgehende Verfasser gibt – im Munde des Bauern – ein detailliertes und anschauliches Bild der kirchlichen Repression; er scheint gleichzeitig den unzufriedenen gemeinen Mann zur Ruhe zu mahnen, ihn zu Luther bekehren zu wollen und doch recht deutlich dem Gegner mit kommendem Aufruhr zu drohen. Da ist kaum ein schwärmerischer Idealismus am Werk (A. E. Berger), eher Diplomatie im Dienst einerseits Luthers, andererseits Sickingens, unmittelbar vor dem Wormser Reichstag.

Wieder in anderem Zusammenhang erscheint der Karsthans, immer noch im selben Jahr, in der *Göttlichen Mühle*, einem allegorischen Holzschnitt mit einer erläuternden Prosa- und einer Versrede von „zwen schweytzer bauren", hinter denen sich der Maienfelder

Stadtvogt Martin Seger (nicht: Jeger), Huldrych Zwingli
und Glockengießer Hans Füßli verbergen. Ein altes Bild
wird gemütvoll neu gefaßt: Gottvater hat die Mühle
seines Wortes wieder in Betrieb gesetzt, Erasmus hat als
Müllersknecht das göttliche Korn bereitgestellt, Luther
bäckt das Brot, Karsthans aber wird ihn mit dem Flegel
vor den Pfaffen schützen: „Karsthans seinen flegel noch
hat: / der die heilig schrift iez auch verstat." In ungezählten Dialogen und Spielen der folgenden Jahre erscheint
nun wenn nicht Karsthans, so doch der Bauer Fritz oder
Kunz oder Nickli Zettmist als der mit Liebe gezeichnete
Zeuge und Anwalt des Evangeliums. Mit dem Bauernkrieg wird dann allerdings das Motiv kompromittiert.

Der *Karsthans* hat seine Propaganda für Luther und
den Mann aus dem Volk auf dem Buckel M u r n e r s
durchgeführt, des volkstümlichsten Satirikers, der seit
1520 gegen Luther aufgetreten war. Der publizistische
Kampf um Murner ist ein kleines Kapitel für sich, das
vor allem Süddeutschland, das Elsaß und die Schweiz
betrifft. Als Sittenkritiker hatte Murner auch die Kirche
und ihre Vertreter durchaus nicht geschont, und jedenfalls zögerte er längere Zeit, bis er gegen 1520 in rascher
Folge und in zunehmend scharfer Formulierung mehrere
deutsche Stellungnahmen gegen Luther herausgab; die
wichtigste, die mit ihrem Titel (*An den großmächtigsten
Adel deutscher Nation*) Luthers Schrift parodierte, hat
unmittelbar zur Reaktion des *Karsthans* geführt. Murner
hatte hier, wie auf ihre Weise Eberlin und *Neuer Karsthans*, sich vor dem Reichstag an den Kaiser gewandt; er
hatte versucht, Luthers „spen, zenck und häder" von der
Sache des Glaubens und der Kirche „abzusündern", den
zum Narren und Aufrührer gestempelten Luther zu
isolieren und die kirchlichen Mißstände der Verantwortung von Kaiser und Kurfürsten zu überlassen. Murner
kämpft für die Papstkirche, ihre Institutionen und Traditionen; er erörtert in dieser Schrift grundsätzlich Luthers

Lehre von der Kirche, den Sakramenten und dem allgemeinen Priestertum und wirft ihm vor, er „verwirre" die geistliche und die weltliche Gewalt. Es ist eine vorwiegend sachliche, eindrucksvolle Darlegung der konservativen Position.

Aus dieser Haltung ließ sich Murner nun abbringen durch eine Reihe persönlicher Streitigkeiten, zahlreiche reformierte Gegenschriften und Invektiven. Unter diesen war neben dem *Karsthans* auch ein lateinischer Dialog *Murnarus Leviathan* eines gewissen Raphael Musäus, vielleicht ein Deckname des Straßburger Humanisten Nikolaus Gerbel. Hier wurden in einer grotesken Handlung Murners Geldgier und sein Hang zum weiblichen Geschlecht traktiert. Besonders herausfordernd, schon durch ihren großen Erfolg, waren schließlich Eberlins Angriffe auf seinen Orden. So nahm Murner wieder zur illustrierten Verssatire Zuflucht und schrieb bis Ende 1522 eine wüste und uneinheitliche Dichtung *Von dem großen lutherischen Narren*, eine lockere Folge von dialogisch-dramatischen Szenen im Stil einer fastnächtlichen Narrenrevue (4796 Verse). Der große Narr ist die universale Verkörperung des Reformationsgeistes. Er wird beschworen, d. h. in einem Schlitten angefahren, und die in ihm hausenden kleineren Narren werden ausgetrieben – es sind zunächst die fünfzehn Bundesgenossen, von denen jeder zu seinem Thema eine selbstparodistische Rede hält. Anschließend bildet sich ein lutherischer Bund, ein „lumpen troß" mit magerem Zuzug, darunter weitere noch zutage geförderte Narren wie Karsthans. Luther „schmiert den Bundschuh", d. h. mobilisiert die Bauern. Nach drei vergeblichen Sturmangriffen auf die von Murner verteidigten Stellungen bietet Luther dem verliebten Murner seine Tochter an; dieser will in der Tat lutherisch werden und sie heiraten, prügelt sie dann aber aus dem Hochzeitsbett, denn sie hat den Grind (Schorf), zweieinhalb Finger dick. Luther stirbt ohne Sakramente

und wird darum ins Scheißhaus geworfen. Es folgt ein
Streit um das Erbe (Murner erhält die Narrenkappe) und
ein allgemeines Begräbnis der Narren. Wieder ist da ein
erstaunlicher Reichtum an grob-grotesken Einfällen, an
lebhaften Bildern, idiomatischen Wendungen, Anspielungen aller Art. Die Satire wird auch hier stellenweise
zum fastnächtlichen Selbstzweck, geht damit aber auch
am Ernst des Themas vorbei und landet auf dem Tief-
punkt der Auseinandersetzung. Fast tröstlich ist es, daß
das Werk – z. T. infolge eines Verbots durch den Straßburger Rat – keinen Erfolg hatte. Das einzige Echo
scheint eine Verserzählung zu sein, die wohl fälschlich
Gengenbach zugeschrieben wurde (1523), wo der Narrenbeschwörer Murner erscheint, um den Geist des verstorbenen Karsthans zu beschwören, aber dann vom
großen lutherischen Narren verschluckt wird. Murner
mußte 1525 Straßburg verlassen, mischte sich von
Luzern aus in die eidgenössischen Händel, wurde wieder
vertrieben und starb 1537 als Pfarrer in Oberehnheim im
Elsaß.

Im Bauerkrieg hat das Flugschriftenwesen seinen
Höhepunkt erreicht, in der Folge dann aber an Aktualität verloren. Der „gemeine Mann", der in den reformatorischen und politischen Flugschriften angesprochen war
und zum Wort drängte, wurde hier in kaum geahnter
Weise aktiv, und auch wenn die Revolutionäre von 1525
großenteils Analphabeten waren (und ihre wenigen
erfahrenen Führer keine Bauern), so war doch der Aufstand vorbereitet, begleitet und liquidiert vom Geister-
kampf der Flugschriften wie bisher kaum ein geschichtlicher Vorgang. Das gilt schon für den technischen
Aspekt: Das fast überall gleichzeitige Losbrechen der
Erhebung war nur möglich dank raschester Verbreitung
der berühmten *Z w ö l f A r t i k e l*, deren knappe Redak-
tion aufgrund vieler diffuser Strebungen und Forderungen allein schon eine bedeutende Leistung war und eine

gemeinsame Basis schuf. Wenn allerdings heute der Bauernkrieg gern als die erste eigentliche Revolution der deutschen Geschichte zugleich zum literaturgeschichtlichen Ereignis emporstilisiert wird, so ist wohl der Wunsch der Vater dieses Gedankens. Bei aller Wortgewalt hat Thomas Münzer nicht entfernt das Format Luthers.

Im Kampf gegen die institutionelle Macht der römischen Kirche und weiterhin gegen jede ungerechte Obrigkeit flossen religiöse und soziale Anliegen zusammen. Doch mußte die Stunde der Wahrheit kommen: Waren nun „die frücht des newen euangelions" (Ingreß der *Zwölf Artikel*) wirklich zu pflücken und das „götliche recht" (Artikelbrief der Schwarzwälder Bauern) in die Tat umzusetzen, oder sollte die neue christliche Freiheit sich nur auf den innern Menschen beziehen? Letztlich ließ sich innen und außen ja nicht trennen. Wenn man nicht wie die marxistischen Darsteller nur von einer „christlich-religiösen ideologischen Verkleidung" der klassenkämpferischen Ziele spricht, wird man das ganze Geschehen auch theologisch ernst nehmen müssen und dann auch Luthers Tragödie erkennen.

Thomas M ü n z e r (um 1490–1525) war nur einer der verschiedenen Schwarmgeister, die unter Berufung auf ihr Erwähltsein durch den Geist eine völlige Veränderung der Dinge, wenn nicht ein Gottesreich auf Erden erwarteten. Der Stolberger Bürger Münzer kam als Weltgeistlicher nach Sachsen, war mit den sogenannten Zwikkauer Propheten verbunden, wurde vertrieben, kam in Prag in Berührung mit hussitischen Strömungen und gelangte 1523 als Pfarrer nach Allstedt in Thüringen. Hier und dann seit 1525 in Mühlhausen hat er eine zunehmend radikale Bewegung ausgelöst und wurde zum Führer des Bauernaufstands im größten Teil Mitteldeutschlands. In seiner berühmten *Fürstenpredigt* an die Regenten von Sachsen (1524) richtet er anhand der Pro-

phetie Daniels und als neuer Daniel einen drohenden
Appell an die Fürsten, auf die Seite der Erwählten zu
treten, den Zorn der Fürsten und den Zorn des ergrimm-
ten Volkes zu versöhnen und die Feinde mit dem
Schwert zu verfolgen.

In der massen werden sich ane zweifel vil vnuorsuchter
menschen an dyesem büchlein ergern, drumb das ich mit Christo sage. Luce 19. vnd Matth. 18. vnd mit Paulo. 1. Corint. 5.
vnd mit der vnterrichtung des gantzen göttlichen gesetzes, das
man die gotlosen regenten sunderlich pfaffen vnd mönche töd-
ten sol die vns das heylge Euangelion ketzerey schelten vnnd
wollen gleich wol die besten Christen sein, do wirt die heuchli-
sche getichte güttigkeit vber die masse ergrimmet vnd erbittert,
do wil sie dann die gotlosen vortedigen vnd saget Christus habe
nyemandt getötet etc.   (262)

Das richtet sich gegen Luther – „bruder mastschwein vnd
bruder sanffte leben" –, der 1523 „von weltlicher Obrigkeit und wieweit man ihr Gehorsam schuldig sei" gehandelt hatte und gegen den Münzer nun eine wilde Streitschrift folgen ließ. Der Passus zeigt die wachsende
Aggressivität einer mächtigen, drängenden, mit Bibelver-
weisen gespickten Sprache, die grob und volkstümlich
wie die Luthers sein kann, aber auch Züge eines wirren,
gehetzten Redens hat. Sie steigert sich in dem berühmten
letzten Manifest an die Bergknappen („dran, dran,
dran!") ins „Rasende" (Ernst Bloch). Damit ist Luther,
der nach einem Vermittlungsversuch nicht weniger
schrecklich in den Bauernkrieg eingriff, nicht entschuldigt, und ebensowenig die sinnlose Brutalität der Sieger.

Auf breiter Front, inständig und zugleich maßvoll
exponiert eine anonyme Schrift *An die Versammlung
gemeiner Bauernschaft* (1525) das Problem des Wider-
standsrechts gegenüber der Lutherischen Forderung, es
sei jeder, auch ungerechter, Obrigkeit zu gehorchen.
Biblische, juristische und vor allem historische Argumente (zu denen die Befreiungsgeschichte der Eidgenos-

sen ausführlich herangezogen wird) beweisen die
Absetzbarkeit einer gewählten Obrigkeit, selbst von
Papst und Kaiser. Zugleich ermahnt der Verfasser seine
Brüder zu Liebe und Treue untereinander, zu guter
Ordnung und Selbstlosigkeit, wenn der Kampf unver-
meidbar wird. Um so eindrücklicher sind in diesem
Kontext die wenigen Ausbrüche über das gegenwärtige
Elend, die „babylonische Gefangenschaft" unter geistli-
chen und weltlichen Herren, speziell die Frondienste:

dass wir armen also söllent vertriben sein, ijre (d. h. der
Herren) wysen ab zumåyen vnd zuheuwen, die äcker zu pawen,
den flachß darein zusehen, wider herauß rauffen, raffeln, röß-
len, weschen, prechen vnd spinnen, ja die prüch an den arsch
etc. auch erbsal klawben, moren vnd spargen zu brechen.

(FdB 117)

Da wirkt Melanchthons Schrift wider die *Zwölf
Artikel* der Bauernschaft als souveräne und klare Darlegung der Lutherischen Auffassung von der Gottgegeben-
heit jedes Regiments und dem völligen Verbot jeden
Aufruhrs, aber auch als ein Dokument der Preisgabe
jenes gemeinen Mannes, der sich in vielem auf Luther
berufen konnte, aber in seinem Elend inneres und äußeres Reich nicht so leicht zu trennen vermochte. Johannes
Cochlaeus hat denn auch von katholischer Seite aus
die Hauptverantwortung am Bauernkrieg Luther
zuschieben können. Sympathischere Dokumente sind
schließlich Johannes Agricolas Versuch, in einem
*Nützlichen Dialog zwischen einem Münzerischen
Schwärmer und einem evangelischen frommen Bauern*
(1525) diese Problematik zu verdeutlichen, und vor allem
des Johannes Brenz, des späteren schwäbischen Reformators, Eintreten für christliche Milde und ein versöhn-
liches, gerechtes Abwägen der Schuld: *Von Milderung
der Fürsten gegen die aufrührischen Bauern* (1525).

2. Dialog und Drama

Die reformatorische Schriftstellerei bringt in Ernst und
Satire entscheidende Impulse für die Ausbildung des
neueren Dramas, sei es daß der Dialog zunehmend zur
Funktion einer vorgestellten Handlung wird und zur
szenischen Vergegenwärtigung drängt, sei es daß das
Fastnachtspiel oder auch das neue Schuldrama in den
Dienst von Bekenntnis und Polemik gestellt wird, sei es
schließlich daß die Tradition des geistlichen Schauspiels
aufgenommen und in verschiedener Weise „reformiert“
wird. Diese Vorgänge hangen natürlich vielfältig zusammen und sind auch reversibel, so daß in den ersten Jahren
kaum eine Gesamtentwicklung, sondern nur eine Reihe
ganz verschiedenartiger, um so origineller Ansätze zu
registrieren ist.

Murners *Großer lutherischer Narr* richtet sich unter
anderm auch gegen eine glänzende antikatholische Satire,
von welcher er selbst, was die Lebendigkeit und Dichte
von Dialog und Szene betrifft, gelernt zu haben scheint.
Das ist der gegen Johannes Eck, Professor in Ingolstadt,
den damals wichtigsten theologischen Gegner Luthers,
gerichtete lateinische Dialog *Eccius dedolatus* (die
Abhobelung, die Ent-Eckung Ecks), im Februar 1520
erschienen. Als Verfasser galt damals vielen Willibald
Pirckheimer, später wurden andere Autoren, so Nikolaus Gerbel, vermutet. Es ist noch das Dokument eines
übermütigen, progressiven Humanismus, das selbst die
Dunkelmännerbriefe in den Schatten stellt. Die Verhöhnung Ecks, des physisch-rhetorischen Athleten, der Luther an der Leipziger Disputation bedrängt hatte, gerät
zu einem komödiantischen Meisterwerk, dessen lateinische Prosa mit klassischen, vor allem auch griechischen
Zitaten parodistisch durchsetzt und voller aktueller Seitenhiebe ist.

In Ingolstadt ist Dr. Eck erkrankt; er „tragödiert“

klagend mit Seneca-Zitaten und löscht sein inneres
Feuer, indem er eine Kanne Wein nach der andern in sich
schüttet. Er braucht einen Arzt: die nebenan wohnende
Hexe Canidia (aus Horaz) rüstet ihren alten Ziegenbock
und fliegt mit ihm nach Leipzig, um von dort Ecks
Freund Johannes Rubeus und einen bedrohlichen brandenburgischen Chirurgus zu holen. Alle drei, mühsam
auf dem Bock reitend, fliegen unter drastischen, unappetitlichen Zwischenfällen nach Ingolstadt zurück (eine der
frühen dichterischen Flugphantasien!). Nun wird der
jammernde, protestierende Eck einer Gewaltkur unterworfen: Nach einer Beichte wird er festgebunden,
geschoren, geputzt, purgiert, zum Erbrechen gebracht,
geschunden und feierlich kastriert („dedolatus" meint
auch dies). Ähnlich wie beim fastnächtlichen „Narrenschneiden" wird überall allegorisches Geschwür, Ungeziefer, Unfug aller Art zutage gebracht und ausgemerzt,
so daß der Patient sich schließlich wieder besser fühlt.
Das ist in überaus dramatischem Dialog vorgeführt: Die
Reden machen stets Handlung und Szene sichtbar; die
Komik bekommt aristophanischen Charakter durch die
klassischen Zitate, die Wortwitze, die versteckten Bosheiten, die Mischung pompösen und ordinären Redens.
Angehängt werden dem Opfer wie üblich Trunksucht
und Ausschweifung, die im Falle Ecks allerdings auch
sonst gut bezeugt sind: „vino et libidini fuit deditus".
Der *Eccius* hebt sich durch seine literarisch-geistreiche
und bewußt groteske Komik von einer bloßen Invektive
ab. Anderseits bleibt er, wollte man ihn als wirklichen
Beitrag zur Sache nehmen, ganz im Bereich eines bloßen
Geniestreichs.

   Durch seine persönliche und sachliche Konsequenz
wie durch seinen literarischen Rang ragt dagegen das
Werk Niklaus M a n u e l s (1484?–1530) aus der polemischen Literatur der Zeit hoch heraus (in einem späten
Text übrigens vom *Eccius* beeinflußt). Der Berner Dich-

ter, Maler und Staatsmann spiegelt, im Bereich der Zwinglischen Reform, eine glücklichere, konkretere Möglichkeit des Handelns in unvergleichlicher Einheit humanistischer, religiöser und politischer Existenz.

Niklaus Manuel, mit dem Künstlermonogramm NMD (D = Dütsch = Aleman?) und dem Wort „schwytzerdegen" als Siegel der literarischen Werke, ist vermutlich der Sohn eines Emanuel Aleman und der Margarethe Frikker, einer natürlichen Tochter des Berner Stadtschreibers und bedeutenden Chronisten Thüring Fricker. Die Familie Aleman war vermutlich aus Oberitalien eingewandert. Manuel betrieb in Bern eine Malerwerkstatt, von der eine Reihe vorzüglicher Altartafeln der Jahre 1515 bis 1520 erhalten sind; einige originelle „tüechli" (Leinwände) mit humanistischen Sujets (Pyramus und Thisbe, Urteil des Paris) entstanden vielleicht später. Der von Haus aus kleinbürgerliche Meister heiratete eine Ratsherrentochter, kam 1510 in den Großen Rat, wurde 1523 Landvogt zu Erlach, 1528 Mitglied des Kleinen Rats. Er war einer der Führer der Reformpartei und wurde einer der beliebtesten und erfolgreichsten Politiker, dessen Ansehen und diplomatisches Geschick ihm ungewöhnlich viele heikle Missionen eintrug. In Zürich galt er als Mann des Friedens und stand darum im Verdacht, von Frankreich bezahlt zu sein.

1516 beteiligte sich Manuel an einem – von der Regierung nicht bewilligten – bernischen Kriegszug, der Franz I. in Mailand zu Hilfe kommen wollte und das Risiko eines Zusammenstoßes mit den Landsleuten im kaiserlichen Lager brachte. 1522 nahm er wiederum Sold, war bei der Eroberung und Plünderung Novaras beteiligt und geriet dann in die schwere Niederlage der Franzosen und Schweizer bei Bicocca. Ein leidenschaftliches Schmäh- und Hohnlied auf die deutschen Landsknechte, Ausdruck ohnmächtigen Zorns, ist Manuels erstes dichterisches Zeugnis. Vermutlich bald darauf ent-

stand ein völlig anderes Werk, Dokument einer religiösen und politischen Selbstbesinnung: *Ain seltzamer wunder schöner troum.* Für Manuel gesichert ist das nur in
Abschrift und lückenhaft überlieferte Werk allerdings
nicht – doch steht es wohl nur bei ihm in einem literarisch und biographisch adäquaten Zusammenhang. Es ist
ein persönlich eingekleidetes Lehrgedicht vom alten Typ
der Traumallegorie, in flüssigen, kreuzweis gereimten
Versen, vermutlich angeregt von einer lateinischen Satire
auf den Tod des Papstes Julius II. Der Sprecher liegt
schlaflos im Feldlager, in Sorge über Kriege und Wider-
wärtigkeiten seiner Zeit, schläft nach Mitternacht ein und
sieht nun einen Mann mit drei Kronen, der ein großes
Buch hütet (die päpstlichen Dekretalen), das aber von
einem immer heller leuchtenden kleinen Buch, dem
Evangelium, überstrahlt wird. Der Papst wird zornig,
eine göttliche Stimme spricht, daß er den Menschen zur
Strafe gesandt sei, weil sie den Heiland verachtet hätten.
„Gottes völkly", nämlich Witwen, Waisen und eine
Unzahl erschlagener Soldaten, klagt über die Kirchenfürsten und ihre verderblichen Kriege. Der Papst stirbt,
seine Schlüssel passen nicht zur Himmelspforte, nur die
Hölle nimmt ihn auf, seine Stellvertreter sorgen unterdessen auf Erden für teuflische Zwietracht. Glücklich
schaut der Schläfer in den offenen Himmel – da schellt
ein Maultier, kräht der Hahn, bellt sein Hund:

> Ich wond ich solt im himel sin
>   do lag ich tieff hie vnden
> Im harnesch vnd vff blößer erd
>   Min buob vnd ross dar neben
> Vnd etliche grosse kürriß pferd
>   Die hattend ain wild leben
> Vnd bissend mich die lüs so hart
>   Das mich die hut thet schmertzen
> Gar dick ich da ersünffzen ward
>   Vss gantzem grund mins hertzen

> Sid mir der throm erschinen ist
> Ist mir die welt empfallen ...
>
> (Burg 96)

Er ist der Welt entfallen, ersehnt den Tod, weiß nicht, in
welches Grab er kommen wird, und wendet sich im
Schlußgebet zu Christus. Die so realistisch und selbstironisch geschilderte Szene aus dem Reisläuferdasein
umschließt einen „autobiographischen" Moment von
höchster Bedeutung – man denkt an Walthers „Elegie"
oder an Seuses Blick durch das Fenster der Zelle. Daß
jedenfalls Manuel nach Bicocca ein „Erwachen" erfahren
haben muß, wissen wir: Aus dem Reisläufer ist ein *miles
christianus* geworden, ein Anhänger der Reformation,
der seine Malerwerkstatt schließen mußte und aktiv in
die politische Auseinandersetzung eingriff. Der *Traum*
scheint die drei durchgehenden, einfachen Themen des
künftigen Werks zu exponieren: die Papstkirche als die
verderbliche Macht, das Evangelium als alleinige Instanz,
der gemeine Mann, der es am reinsten wahrnimmt.

Im Februar des kommenden Jahres 1523, vierzehn
Tage nach dem Durchbruch der Reformation in Zürich,
wird von jungen Bürgern an der Kreuzgasse in Bern
Manuels Fastnachtspiel von den *Totenfressern* aufge-
führt. Das Thema stammt wohl von Gengenbachs Dialog, ist nun aber breit ausgelegt. Auf der erhöhten Bühne
stehen in „grossem gepracht" der Papst, seine Hof- und
Kriegsleute und die gesamte Hierarchie; davor die Laien:
Edelmann, Bettler, Bauern; im Hintergrund stehen die
Apostel Peter und Paul und schauen verwundert zu.
Ganz vorne tritt ein Leichenzug auf und bringt einen
Toten – was nun die ganze Klerisei veranlaßt, revuehaft
ihre Freude über den fetten Braten (Meßgebühren, Ablaß-
gelder usw.) auszudrücken, vom Siegrist und der Pfaffen-
metze Anastasia Fuchsöhrli bis hinauf zum Papst, der wie
üblich als Antichrist erscheint, aber nur in gemütvol-

lem Diminutiv: Entchristelo. Vollends bewegt sich die
Szene mit dem erregten Auftritt eines Rodiserritters: der
Sitz des Johanniterordens auf Rhodos ist Ende 1522 von
den Türken erobert worden, nachdem der Papst seine
Hilfe versagt hatte. Es folgt die lange Besprechung des
Prädikanten Dr. Lüpolt Schüchnit – er bleibt fortan ein
literarischer Typus – mit einigen frommen Landleuten
über die kirchlichen Übelstände, die kritischen Kommentare der Apostel, der Aufbruch des Papstes zu einem
neuen italienischen Krieg und ein Schlußgebet des Prädikanten. – Die Struktur eines Fastnachtspiels ist noch
erkennbar in der (hier vor allem geistlichen) Ständerevue
und in der Rolle des Papstes als eines halb lustigen, halb
dämonischen Fastnachtspopanzes. Die Bauern tragen
noch ihre komisch-sprechenden Namen, die mit liebevoller Sachkenntnis gewählt sind, z. B. Zenz Klepfgeisel,
Batt Süwschmer. Nur mit Rodiserritter und Prädikant
bricht der aktuelle Ernst durch die Fastnacht. Vor allem
aber lebt das Spiel von den lebhaften, treffsicheren
Reden. Die Möglichkeiten des freien Knittelverses sind
kraftvoll und behaglich ausgespielt wie sonst kaum
irgendwo, und der polemische Zorn bricht sich am freudig ausgemalten Detail:

> Man solt die ablasskrämer all ertrenken!
> Si stuondend wie kouflütknecht bi den benken
> Grad glich als ob Gott ein grempler wär
> Und verkouft eim für ein krützer schmer,
> Dem andern kümich und blawen faden,
> Schwebelhölzli, fulen käs voll maden,
> Brisriemen (Schnürriemen), haselnuss und brandtenwin,
> Fenkel, suren senf ouch im häfelin –
> Glich als Gott ein grempler si:
> Es ist im grund ein büebery!

(1378 ff.)

Eine Woche nach den Totenfressern, an der Bauernfastnacht, ließ Manuel noch einen zweiten, doch sehr kurzen

„Fastnachtschimpf" folgen: *Von Papsts und Christi Gegensatz*. Er besteht textlich nur aus dem Gespräch zweier Bauern über den Kontrast zweier Aufzüge, denen sie zuschauen: Auf der einen Gassenseite erfolgt der Einzug des dornengekrönten Christus auf einem Esel, mit Armen und Kranken und einem alten Fischer (Sant Peter); auf der andern Seite erscheint der hoffärtige Papst mit großem Kriegsgefolge und der Schweizergarde. Der einfache Typ eines Umzugs ist dramatisiert durch die kontrastive Verdoppelung.

Als eines der besten und rundesten Fastnachtspiele überhaupt gilt Manuels *Ablaßkrämer*, nur im Autograph von 1525 vorhanden. Richardus Hinderlist, der Ablaßkrämer, kommt wieder einmal aufs Dorf, wo man aber inzwischen den Betrug durchschaut hat. Bauernweiber beschimpfen und ergreifen den Krämer, ziehen ihn mehrmals an einem Seil hoch und hängen Steine an, bis er alle seine Lumpereien im Ablaß- und Reliquienhandel gesteht und in die Hosen macht; sein Geld wird einem Bettler geschenkt, er selbst davongejagt. Da der Ablaßhandel im Bernischen schon 1518 verboten wurde, konnte das Stück höchstens einer immer noch drohenden Gefahr begegnen wollen. Vielleicht aber überwiegt hier einfach das Fastnachtsvergnügen: die Verhöhnung und Liquidation des Dämons, der Auftritt hexenhafter alter Weiber mit ihren wüsten Namen und unflätigen Reden. All das war kaum mehr aktuell und evangelisch, eher nur die Rückkehr zum alten Brauch in zeitgemäßer Thematisierung.

Auf den Flugschriftendialog zurück greift das umfangreiche Büchlein von *Barbali* (kleine Barbara, 1526), das unter Einfluß Eberlins von Günzburg das Klosterproblem und zugleich die Kraft eines reinen Glaubens behandelt. Das zehnjährige Kind armer Eltern soll ins Kloster gesteckt werden. Es wehrt sich dagegen, erhält Bedenkzeit, kauft von einem Studenten ein Testament-

lein und stellt sich einer Diskussion mit dem geschickten
Pfarrer Hiltbrand Stuolgang. Mit der Bibel in der Hand
und unter Berufung auf den Willen Gottes widerlegt es
die Argumente des Priesters und vertritt evangelisches
Arbeitsethos („wer nit werket, sol ouch nit essen"), das
Ziel von Ehe und Familie und das Vertrauen auf Gottes
Hilfe. Es kommen weitere Doktoren herzu und wollen
dem Kind Angst machen. „ketzerli, ketzerli, du wirst
verbrant!" Die Standhaftigkeit des Mädchens bekehrt
einen der Geistlichen, die Mutter hört aus ihm den
Heiligen Geist sprechen. Sie kehrt mit Barbali nach
Hause zurück, um dem Vater zu kochen, die Pfarrherren
streben einem guten Jahrzeit-Essen zu. Oft erhobene
Einwände gegen die „Altklugheit" des Mädchens gehen
so fehl wie im Falle von Barbalis berühmterer Schwester,
dem Mädchen in Hartmanns *Armem Heinrich*. Die
Macht des Bibelwortes im Mund des Kindes, die reine,
spontane, freie Kraft der Seele – wie wären sie anders zu
verbildlichen! Auch der Dichter weist sich über eine
bedeutende Bibelkenntnis aus; sein *Barbali* ist mit der
ruhigen, sorgfältigen und ehrlichen, dennoch humoristisch getönten Argumentation eine der schönsten Refor-
mationsschriften eines Laien.

Noch war 1526, nach der Disputation in Baden, wo Eck,
Murner und der Konstanzer Generalvikar Faber erfolgreich auftraten, die Reformation in Bern nicht gesichert;
den Umschwung brachte erst die Berner Disputation von
1528. Ein Gedicht über *Ecks und Fabers Badenfahrt* und
eine *Klagred der armen Götzen* (zum Berner Bildersturm
1528) stammen kaum von Manuel. Dagegen ist voll
authentisch der glänzende Prosadialog *Krankheit und
Testament der Messe*, kurz vor der Berner Disputation
entstanden und mehrfach gedruckt. Der Papst erhält aus
deutschen Landen die Nachricht, die „Messe" sei auf den
Tod erkrankt und bereits von ihren Genossen wie Toten-
ämtern, Jahrzeiten, Kirchenopfern verlassen worden; aus

Baden sei sie räudiger als zuvor zurückgekommen. Eine neue Kur ist nötig. Man holt wieder den Dr. Eck (jetzt, als gehobelter, heißt er Rundeck, Schreieck und Lügeck), dazu Faber und weitere Sachverständige und Zuschauer. Trotz neuer Untersuchung, Schwitzkur und Anschreien geht es ans Sterben. Ein Zuschauer schildert:

> Für war, die Mess ist schwach und dem Tod näher dann Schaffhusen dem Ryn! Sehend zuo, wie zuckt sie mit den achslen, die ougen sind ir ingefallen, sie ist als bleich umb den schnabel und als röslecht umb die backen, wie ein unbachen wissbrot oder ein wol gesotten ei! Wie ist iro die nas so spitzig und gand ir die nasbälg so schnell! der buls schlecht ir nüt mer. Das ist ein bös zeichen! Sie nimpt den atem tief und mechtig kurz, dreffenlich schnell, ist voll todflecken; sie wirts nit lang triben, die fües sind ir schon erkaltet.

Um sie zu wärmen, trägt man sie zum Fegfeuer, aber es zeigt sich:

> Die puren hand das wiewasser drin geschütt und das fegfür erlöschen, und sitzen münch, bettler und nunnen im rouch, dass inen die ougen überloufen; demnach sind etlich so frefel gesin, dass sie in kessel geschissen hand.

Auch diese Vision wird überboten durch die Antwort des Frühmessers, der den „herrgott" (Hostie) hätte holen sollen:

> Herr doctor, ich mag in nit erlangen! der himel ist sin stuol und die erd sin fuoßschemel, wie möcht ich in erlüpfen?

Es folgt noch das Testament der Messe mit dem Katalog der anzüglichen Legate (der wohlschreiende Eck z. B. erhält das Ampelöl, um seine Kehle zu salben). Für die kühne, groteske Erfindung und die bewegte Handlung war zweifellos der *Eccius dedolatus* das Vorbild; dessen parodistisch-pathetischer Stil ist frei nachgebildet in der Pflege von Periode und Rhythmus, in der genießerischen Wortwahl, im Spiel mit rhetorischen Figuren aller Art, insbesondere den Metaphern und Vergleichen, die den makaberen Sterbevorgang mit Vorstellungen aus der bodenständig-bernischen Welt erfreulicher Viktualien veranschaulichen und im gleichen Zug das Gottesbild der Psalmen zitieren. Es gibt in dieser Zeit kaum eine Prosa von vergleichbarem Glanz und Zugriff. Es sei „einem zumute, als lese man einen der besten Schriftsteller der alten oder neueren Zeiten", sagte dazu ein anderer politischer Malerdichter, Gottfried Keller.

Ein Fall für sich ist das Fastnachtspiel *Elsli Tragdenknaben*, 1530 in Bern gespielt und ohne Verfasserangabe in Basel gedruckt. Es wird Manuel meistens abgesprochen. Er war seit Mai 1528 Mitglied des Chorgerichts, der reformierten Nachfolge des bischöflichen Ehegerichts, und in einem Brief an Zwingli erwähnt er unter seinen Schriften ein „korgricht". Das *Elsli* spielt nun aber vor dem Gericht eines bischöflichen Offizials, wäre somit in Bern ein Anachronismus, aber darin dem *Ablaßkrämer* vergleichbar. In jedem Falle könnte es sich nur um eine Bearbeitung der beliebten actio de sponsu (s. S. 798) handeln; auch die Verse tönen nur zum Teil manuelisch. Interessant ist immerhin der Versuch, den fastnächtlich-erotischen Typus (Elsli klagt das Eheversprechen Ueli Rechenzahns gerichtlich ein, beide haben eine dubiose Vergangenheit) reformatorisch zu überprägen. Das fragwürdige Paar entschließt sich durch das Zuraten der Dorfgenossen zu Besserung und Heirat. Konfessionelle Polemik fehlt, es ist wieder der immerhin verchristlichte Alltag eingezogen.

Das evangelische Bekenntnis zum einfachen Mann und zur christlichen Freiheit kann bei Manuel auf seine Echtheit überprüft werden. Er mag als Verwaltungsmann und führendes Mitglied der Regierung erfahren haben, wie schwer die Bergpredigt in der politischen Praxis zu verwirklichen ist. Die Legitimität weltlicher Obrigkeit hatte er allerdings nie angezweifelt. Er brauchte seinen repu-

blikanischen Stadtstaat nicht im Gegensatz zu einer
christlichen Gemeinde zu sehen, und als Parteigänger
Frankreichs hatte er die deutschen Sorgen um Reich und
Fürsten nicht zu teilen. Einen Aufstand der Oberländer
Bauern half er 1528 rasch und unblutig liquidieren, deren
Hilfstruppen aus der katholischen Innerschweiz ließ er
um des eidgenössischen Friedens willen abziehen. Als
Mensch, Künstler und Politiker bietet Manuel ein Bild
überzeugender Geschlossenheit.

Der Rang wird in jeder Hinsicht deutlich beim Blick
auf einen Anhänger Zwinglis, der um die gleiche Zeit,
1524 bis 1527, die reformatorische Lehre zu popularisie-
ren und Zwinglis Politik zu unterstützen suchte. Utz
(Huldrych) E c k s t e i n (süddeutscher Herkunft, um
1490–1558) war katholischer Geistlicher in Weesen und
seit 1523 Prädikant in verschiedenen Gemeinden der
Ostschweiz. In vier Dialogen (in einem Fall als „Spyl"
bezeichnet) werden alter und neuer Glaube einander
gegenübergestellt (*Dialogus*), werden die katholischen
Mißstände bekämpft und zugleich Adel und Fürsten
ermahnt (*Klag*), verteidigen bibelkundige Bauern den
wahren Glauben gegen die großen Theologen der Bade-
ner Disputation (*Concilium*) und werden die Fragen
einer gerechten Obrigkeit und des Zins- und Zehnten-
zahlens diskutiert (*Rychstag*). Im *Rychstag* und in zwei
Schmähliedern werden Eck, Faber und vor allem Murner
aufs massivste hergenommen. Interessant ist die Spiegelung der Bauernfrage. Die schweizerischen Bauernunru-
hen wurden durch kleinere, bald wieder zurückgenom-
mene Konzessionen, vor allem aber durch das Schicksal
der deutschen Bauernerhebung gedämpft. Eckstein läßt
nun zwar die Bauern eine wichtige Rolle als Sprecher des
Evangeliums spielen, aber auch ihrerseits wieder deutlich
belehrt werden über recht zu verstehende Freiheit, über
den der Obrigkeit geschuldeten Gehorsam und über
falschen Eigennutz. Die Form des ganz undramatischen

Versdialogs, die Eckstein benützt, ist im Grunde überholt, ganz abgesehen von den hilflosen, rohen Versen
und den bei aller Belesenheit primitiven Argumenten;
originell ist allenfalls nur die Breite seines Grob-Vokabu-
lars.

Ein grundsätzlich anderer Weg zu einem neuen reformatorischen Spiel wird 1527 am andern Ende des deutschen Sprachgebiets beschritten. Burkhard Waldis
(um 1490 – um 1556), ehemaliger Bettelmönch und nun
seines Zeichens Zinngießer in Riga, dichtet und inszeniert ein bekenntnishaftes Spiel liturgischen Charakters
mit seiner *Parabell vom verlorn Szohn.* Nicht die Stoffwahl, wohl aber die Konzeption der Aufführung blieb
folgenlos, doch ist das Unternehmen von hohem Rang
und bedeutendem literaturgeschichtlichen Stellenwert.
Wenn fast alle Reformationsdialoge und -spiele vorwiegend aus Polemik und Satire leben und im Grund nicht
die Mitte der Glaubenserneuerung vergegenwärtigen,
sondern die schwächsten Stellen des Gegners angreifen
wollen, so machte Waldis aus jener biblischen Parabel,
die immer deutlicher als die Veranschaulichung der
Lutherischen Rechtfertigungslehre betrachtet wurde, ein
eigentliches geistliches Spiel. Ernste Polemik ist dabei
nicht vermieden, aber im wesentlichen einem das Spiel
begleitenden Kommentator vorbehalten. Waldis scheint
mit seinen Mitbürgern und Schülern dorthin zurück-
kehren zu wollen, von wo das geistliche Spiel sich längst
entfernt hatte. Fastnächtlich bleibt nur der Termin,
gespielt wird aber vor der christlichen Gemeinde, im
erhöhten Chor der Kirche. Geführt und erläutert wird
die Handlung von einem actor (Herold) als dem Spiel-
führer und priesterlichen Lehrer zugleich. Er spricht ein
Gebet, das bereits den Gedanken entwickelt: wir sind
erlöst durch Gott und nicht durch unser Verdienst, „uth
rechter gnad vnd ydel gunst / On all vnße todont, werck
vnd kunst". Ein unschuldiges Kind verliest das Evange-

lium; es folgt der Gemeindegesang mit fünf Stimmen und
dann erst das Stück. Die zwei einander streng entgegen-
geführten Akte bringen Auflehnung, Auszug, Verelen-
dung und Verzweiflung des jüngern Sohnes (I) und dann
die Heimkehr, das Freudenfest des Vaters, die Unzufrie-
denheit des ältern Sohnes und – neu – seinen werkgerechten Entschluß, in einen harten Mönchsorden zu treten,
sowie die Bekehrung des Hurenwirts. Eine lange Auslegung durch den Actor, der durch das Kind gesprochene
Segen und der Gemeindegesang schließen ab. Die Handlung ist streckenweise sehr lebhaft und genrehaft ausgespielt. Waldis muß aus den Niederlanden oder Italien
eine Tradition solcher Art gekannt haben: Die familiäre
Ausgestaltung des Stoffs mit dem Personal und den
Mitteln der antiken Komödie erscheint kurz darauf auch
bei Gnaphaeus, offenbar aufgrund gemeinsamer Anregung. Wesentlicher für Waldis war, daß die Gleichnis-
handlung keinen Moment der geistlichen Führung ent-
glitt. Die Reden der Personen weisen an sich schon auf
den eigentlichen Sinn: Der bekümmerte Vater spricht
von einem Verführer des Sohnes, nämlich dem Teufel,
der Hurenwirt beklagt sich über Luther, der ihm das
Geschäft verderbe, der Sohn spricht von seinem Erbe in
Worten, die zugleich die Gnade meinen. Punkt für
Punkt interpretiert aber vor allem der Actor: Der ältere
Sohn ist der Pharisäer, die Begleiter und Mitspieler sind
Diener des Teufels, Papst und Kleriker, die Schweine
sind die vergeblichen guten Werke, die Treber die nutz-
losen geistlichen Zuchtmittel. Der Schluß bringt eine
sublime Steigerung, der geistliche Sinn verzehrt gleich-
sam den historischen, der Vater ist zum himmlischen
Vater geworden, der zum älteren Sohn und zugleich zum
Zuschauer spricht.

> Ach Szohn, swich, laet de reden staenn.
> Ick hebbe ohm dat beste kleydt angethagen,
> Schal mit my weßen gudes hagenn (guter Dinge sein).

Mit hemmelbroedt will ick ohn spyßenn,
Myn ewige gnade ohm bewyßenn,
Myn hilgen geyst will ick ohm geuenn,
Dat he nicht valle ynn düssem leuenn . . .

(1459 ff.)

Das Schauspiel wird über das strenge Lehrstück zur geistlichen Feier verwandelt und führt in die Praxis.

3. Luther

Auch wenn man sich auf den literaturgeschichtlichen Aspekt von Martin L u t h e r s (1483–1546) Werk beschränkt, bleibt das Thema uferlos. Dies nicht nur, weil die Reformation den kulturellen, politischen und geistesgeschichtlichen Kontext fast des ganzen literarischen Lebens verändert hat, und nicht nur, weil Luther mit seinen Schriften und vor allem seiner Bibelübersetzung wesentlich an der Ausbildung der neuhochdeutschen Schriftsprache beteiligt ist, sowohl in der Sprachform wie im Wort- und Bilderschatz. Der innerste Grund auch für die literarische Bedeutung Luthers liegt darin, daß sich die Reformation als ein Ereignis des göttlichen wie des menschlichen Wortes verstand: Das Wort wurde und blieb ihr wichtigstes Medium, am wichtigsten dort, wo es sich um die Beschäftigung mit dem konkreten biblischen Wort handelt. Wie nur je ein großer christlicher Theologe und Prediger redet auch Luther aus der Überzeugung heraus, auf neue und ursprüngliche Weise am Wort teilzunehmen, eine Sprache zu reden, die nur kraft eines göttlichen Wortes möglich und wahr sein kann. Gewiß steht auch Luther als Kanzelredner und als Kenner griechischer und lateinischer Literatur in einer mächtigen Tradition der Rhetorik und überhaupt der schriftstellerischen Formen, und er teilt mit den deutschen Prosaschreibern seiner Zeit, etwa den Flugschriftenverfassern, viele Züge: die Vorliebe für den anschaulichen Ausdruck, ja für drastisches und grobianisches Reden, für volkstümliche Wendungen, Bilder und Sprichwörter. Aber es ist doch bezeichnend, daß die ganze gewaltige Schriftstellerei Luthers – Ende 1524 soll ein Drittel sämtlicher in Deutschland umlaufender Schriften Luther zum Verfasser gehabt haben – nichts „Literarisches" im herkömmlichen Sinn aufweist. Während der Flugschriftenkrieg, dessen Mittelpunkt Luther schließlich war, sich aller erdenklicher Einkleidungen bediente, hat Luther praktisch keine Gesprächbüchlein, Allegorien, Dramen, Lehrgedichte und dergleichen geschrieben. Die Satire, die ihren ästhetischen Lustgewinn aus dem Angriff auf den Gegner zieht und eine der Grundformen des Zeitalters ist, kennt er, im strengen Sinne, ebensowenig wie eine eigentliche Erbauungsliteratur, die sich in Selbstreflexion erfreut. Es geht ihm unmittelbar um Mitteilung, Anrede, Ermahnung, Abwehr, Angriff, und so sind seine Formen der Traktat, der Sermo (aus der Predigt hervorgegangen oder als solche gedacht), die Schriftauslegung, Thesen, Briefe, Sendschreiben, Streitschriften – Reden als Mittel, nicht als Selbstzweck, auch im Aufbau kunstlos, aber klar und oft einfach ihre Inhalte reihenmäßig behandelnd und durchnumerierend. „Potentior est veritas quam eloquentia, potior spiritus quam ingenium, maior fides quam eruditio" (mächtiger ist die Wahrheit als die Beredsamkeit, wichtiger der Geist als die Naturbegabung, größer der Glaube als das gelehrte Wissen, WA IV, 2,544). Wahrheit, Geist, Glaube – das bedeutet also soviel wie eindeutig, klar, spontan und, wenn nötig, grob. Vieldeutigkeiten und Künstlichkeiten, vor allem etwa die allegorische Bibelauslegung, haben da keinen Platz. Hier liegt die entscheidende Differenz, ja der schließliche Bruch zwischen Luther und dem Humanismus, obwohl dieser natürlich bald wieder zu mancher Hintertür hereinkam. Und wenn es Mode wurde, Luther als den deutschen

Cicero zu feiern (von Erasmus Alberus bis zu den Sprachtheoretikern des 17. Jahrhunderts), so kann dies ernstlich nur eine ganz unciceronianische Beredsamkeit meinen, einen auf deutsch völlig anders begründeten Stil.

Wenn man sich, wie hier, auf ein reprasentatives Beispiel aus der fast unübersehbaren Fülle von Luthers Schriften beschränken muß, so wird man sich an die zugleich wohl berühmtesten Traktate aus dem entscheidenden Jahr 1520 halten, wo Luthers Durchbruch am umfassendsten und zugleich zentralsten sich darstellt. Vorangegangen war der Ablaßstreit, die Publikation der 95 Thesen und dann der erläuternden *Resolutiones*, das neue Eingreifen Roms, die Leipziger Disputation von 1519, bei der Luther dazu gedrängt wurde, den päpstlichen Primat und die Unfehlbarkeit der Konzilien zu leugnen zugunsten des reinen Bibelworts.

Nach seinen Kommentaren zu biblischen Büchern und einer Reihe von Sermonen entschloß sich Luther, nun ein eigentliches Reformprogramm an eine breite und maßgebende Öffentlichkeit zu richten: „Die zeit des schweygens ist vorgangen, vnd die zeit zureden ist kommen, als Ecclesiastes sagt." Die Schrift *An den christlichen Adel deutscher Nation von des christlichen Standes Besserung* (August 1520, Ndr. 4) wendet sich an die verantwortlichen weltlichen Obrigkeiten, also den jungen Kaiser, die Fürsten, Herren und Städte. Es sind die Laien, die nun der Kirche gegen die römischen Herrschaftsstrukturen helfen sollen. Einleitend werden die berühmten drei Mauern niedergelegt, hinter denen sich bisher die „Romanisten" unangreifbar verschanzt haben: die Grundsätze, daß die geistliche Gewalt über der weltlichen stehe, daß nur der Papst die Schrift verbindlich auslegen könne, daß nur er Konzilien einberufen dürfe. Daran schließen sich in loser Folge immer detailliertere Vorschläge zur Regelung einer neuen Ordnung. Der Papst soll in Armut auf seine Machtansprüche verzichten, eine nationale deutsche Kirche soll unter dem Kaiser unabhängig von Rom sein, die Ausbeutung der Deutschen muß ein Ende haben, die deutschen Reichsstände haben ein Konzil zu bilden. Das geistliche und das weltliche Leben wird dadurch eine neue Gestalt gewinnen: es gibt, bei allgemeinem Priestertum, nur *einen* christlichen Stand und nur *eine* Obrigkeit. Einzelne Abschnitte handeln von der Abschaffung der Ablässe, Wallfahrten, Bettelorden, Kirchweihen, über die Umwandlung von Klöstern in Schulen, über Universitätsreform, Armenpflege, öffentliche Sittlichkeit und nicht zuletzt über die Einschränkung von Großhandel und Zinsnehmen zugunsten einer Vermehrung des „ackerwerks". Hier müsse man wahrlich auch „den Fuckern und der gleychen geselschafften ein zawm ynß maul legen". Das ging, langfristig, sehr folgenreich gegen den Zug der Zeit.

Wie hier die große Vision der papstfreien, nationalen Kirche sich bis in die Einzelheiten hinein, bis zu Kleiderluxus und dem Mißbrauch „fressens und souffens" konkretisierte, das war von mächtiger Sprengkraft, und wenn auch utopische Züge nicht fehlen, so hat ja nun Luther sein Werk in Ausbau und Abwehr erstaunlich weit verwirklicht und Stück für Stück in weiteren Schriften die Einzelentscheide begründet.

Bei einem so umfassenden und grundlegenden Manifest mag es verwundern, wie persönlich und ungezwungen Luther spricht und sowohl innige wie aggressive, humorvolle wie pathetische, zarte wie grobe Töne anschlägt und so die ganze Fülle und Vielfalt des Themas auch unmittelbar menschlich vertritt. Er führt sich, diesmal noch, sogar mit der Narrenkappe ein: „ich bin villeicht meinem got vnd der welt noch eine torhei schuldig", er wolle auch einmal „Hofnarr werden". Er wendet sich nur an die „messig vorstendigen" und verzichtet auf die „ubirhochvorstendigen". Gegen die

Papstkirche zieht er alle Register vom freundlich ironischen „mein lieber papst" bis zu „des Endtchrists und teufels gemeinschafft" und zum „schendlich teuffelisch regiment der romer". Er appelliert an die nationalen Gefühle der lieben Deutschen, des armen Volks deutscher Nation, und an die sozialen: Die Tötung eines Priesters führe zum Interdikt, warum nicht die eines Bauern? Er höhnt ironisch, man könne ja die Bibel verbrennen, wenn die ungelehrten Herren zu Rom sowieso den Heiligen Geist in sich hätten, er beschimpft die päpstliche Verwaltung des Ablaß- und Pfründenhandels als „hurhauß ubir alle hurhewßer". Das alles ist instrumentiert mit volkstümlich-bildhaften Redensarten und Wendungen: man „will euch ym sack vorkeuffen"; „als wen man mit einem teuffel in die helle wurff"; „die handt auß der suppen zihen" usw. Aufzählende Häufungen, Doppelformeln, Alliteration und Assonanz steigern die Intensität der Aussage: „O wilch ein schetzerey und schinderey regirt da, das ein scheyn hat, das alle geystlich gesetz allein darumb gesetzt sein, das nur vil geltstrick wurden." Oder: „Mich vordreusset, das wir solch vnuorschampt, grobe, tolle lugen mussen ym geystlichen recht leßen vnd leren." Solche Sätze sind nicht nur zum Lesen, sondern zum Hören gedacht, der Hörer ist unmittelbar ins Gespräch gezogen.

Daß Luthers Stil äußerst grob, ja unwahrscheinlich ordinär sein kann – als klassischer Text hiefür gilt das späte Pamphlet gegen den Herzog Heinrich d. J. von Braunschweig *Wider Hans Worst* (1541, Ndr. 28) –, ist immer wieder anstößig. Da sind allerdings zunächst die rauhen Sitten der Zeit, in der schriftlichen Auseinandersetzung wie im physischen Verfahren. Ein gewisser Grobianismus ist darüber hinaus geradezu zur legitimen literarischen Stilform geworden, in der sich Vitalität und Manierismus eigentümlich verbinden; schließlich wird in einer Art Trotzhaltung für Jahrhunderte die ehrliche

Grobheit zu einem Element des deutschen Selbstverständnisses (im Gegensatz zu welscher Glätte und Tücke), auch ohne daß es dazu noch einer religiösen Untermauerung bedarf. Aber bei einem Luther wird man wohl den spezifischen Polter- und Schmähstil dennoch als pervertierte Form der Glaubensgewißheit anzusehen haben.

Was Luther in seiner Schrift an den Adel inhaltlich entwickelt, war im einzelnen allenthalben in der Prosa der Zeit diskutiert – in der Dichte und Fülle, in der es hier zusammengefaßt war, mußte es als geballte Ladung wirken. Im übrigen war diese Schrift ja mehr für die Außenfront der reformatorischen Bewegung bestimmt. Zwei Monate später brachte die lateinische Schrift *De captivitate Babylonica ecclesiae praeludium* die Konsequenzen für die Heilsaufgaben einer Kirche, die nun ohne Macht und Geld und ohne das priesterliche Monopol dastehen würde. Aufgrund der Bibelautorität kam Luther hier zu einer scharfen Kritik der Sakramentenlehre; es blieben als eigentliche – d. h. als mit Zeichen verbundene – Sakramente nur noch Taufe und Abendmahl.

Ins Zentrum von Luthers Theologie führte, im November 1520 zugleich in deutscher und lateinischer Fassung erschienen, die kurze Schrift *Von der Freiheit eines Christenmenschen* (Ndr. 18), die schlichte und klare, ruhige Darlegung der Lehre von der Rechtfertigung durch den Glauben. Mit Hilfe des Paulusworts 1. Korinther 9,19 stellt Luther „zwo widderstendige rede der freyheyt und dienstparkeyt" voran, um dann in 30 kurzen Abschnitten zu erläutern, wie der innere Mensch, allein vom Wort Gottes genährt, allein im Glauben gerettet, freier Herr über alle Dinge ist; wie dagegen der äußere Mensch ein dienstbarer Knecht aller Dinge wird, indem er in Liebe seinem Nächsten dient und seine guten Werke nicht des Verdienstes halber, sondern in Liebe und freiem Gehorsam tut. Rechtfertigung durch den

Glauben aber heißt: vor der Größe Gottes müßte der Mensch verzweifeln, könnte ihm nicht in der Anerkennung dieser sündhaften Nichtigkeit Gott als Liebe und Freiheit aufgehen. Hier wird das nur scheinbar paradoxe Lutherische Lebensgefühl des „simul iustus et peccator" (Gerechtfertigter und Sünder in einem) deutlich, der Fröhlichkeit und zugleich Angst, des auf Nichts gestellten Seins, der „rechten geystlichen, christlichen freyheyt, die das hertz frey macht von allen sundenn, gesetzen und gebotten". Für das Gnadenereignis braucht Luther hier noch das alte mystische Bild von der Hochzeit der Seele mit dem himmlischen Bräutigam, aber in sozusagen gemütvoller, bürgerlich-realistischer Abwandlung: „Ist nu das nit ein fröliche wirtschafft, da der reyche, edle, frumme breudgam Christus das arm vorachte, bößes hürlein zur ehe nympt vnd sie entledigt von allem übell zieret mit allen gütern?"

Das Problem der Willensfreiheit war mit der radikalen Glaubenslehre Luthers gestellt und zugleich überholt. Erst 1524 kam Erasmus darauf zurück. Sein Traktat *De libero arbitrio* war die schließliche Absage an Luther im Namen der Selbstverantwortlichkeit des Menschen, seiner Möglichkeit freien, sittlichen Handelns. Hier war, von ethischer Fragestellung aus, Luthers religiöse Rechtfertigungslehre wohl nicht begriffen. Andererseits wurde dadurch Luther zu einer Entgegnung veranlaßt, die nun im Namen der Unerforschlichkeit Gottes ihrerseits wieder in die Nähe jenes prädestinatinischen Ärgernisses und der Verzweiflung rückt, wenn sie feststellt: „Diese Allmacht und Vorsehung Gottes vertilgt, sage ich, die Sache vom freien Willen bis auf den Grund" (*De servo arbitrio*, WA I,18,718).

Man hat gesagt, Luther habe in unaufhörlichem Zwiegespräch mit der Bibel gelebt (Bornkamm). Das Sich-Einlesen, das Ringen um Verständnis des Gottesworts war zugleich der Versuch, aus ihm heraus zu sprechen, es

zu verwirklichen. „Gott hat mir den Mund aufgemacht
und mich reden heißen", so begründet er mit Jesaias eine
Eingabe zugunsten christlicher Schulen *An die Ratherren
aller Städte deutsches Lands* (1524). Das Bibelwort
erhielt als einzige Instanz eine ausschließliche und dring-
liche Bedeutung. Nicht nur, daß die tradierte kirchliche
Wahrheit wegfiel; Luthers Bibelverständnis hatte sich
zwischen zwei Gefahren zu bewähren: Weder konnte
hier die tötende Gesetzlichkeit des Buchstabens gelten
(so sehr es auch auf den philologisch sichergestellten
Wortlaut ankam und Luther dem Erasmischen Text verpflichtet war), noch konnte die Berufung auf den Geist
die konkreten Schwierigkeiten überspringen und den
Wortlaut von der andern Seite her relativieren. Dem
gemeinen Mann die Bibel zu erschließen war eine dringende Aufgabe; die Bibelübersetzung wurde die nachhal-
tigste literarische Leistung und die reinste reformatorische Tat Luthers. Nachdem er bereits 1517 die sieben
Bußpsalmen herausgegeben hatte, begann Luther das
Neue Testament im Dezember 1521 auf der Wartburg, es
war im September 1522 („Septemberbibel") vollendet.
Die erste volle Bibel erschien 1534. Zu Luthers Lebzeiten
kamen noch 18 Ausgaben des Neuen Testaments und 9
der gesamten Bibel heraus, die zahlreichen Nachdrucke
nicht gerechnet. Zunächst Melanchthon und dann eine
ganze Kommission waren Luther bei der Übersetzung
und vor allem bei der ständigen Revision behilflich. Im
Wortschatz und in den Sprachformen bildet Luther, im
wesentlichen bis 1531, eine gewisse Regelmäßigkeit aus,
wodurch ein schließlich auch von den Grammatikern
beachtetes normalisiertes Schriftdeutsch, die Luther-
Sprache, entsteht. Eine niederdeutsche Fassung entstand
unter Leitung von Luthers Freund Johannes Bugenhagen
und erschien ebenfalls 1534.

Die Wirkung des Lutherschen Bibeldeutsch ist bis
heute im hochdeutschen Sprachschatz unübersehbar;

zurückhaltender beurteilt man heute seinen Beitrag an die Ausbildung der neuhochdeutschen Schriftsprache überhaupt: Die Entwicklung und gegenseitige Beeinflussung der Kanzleien, die Buchdruckersprache, wirtschaftliche und gesellschaftliche Faktoren bilden ein Wirkungsnetz, in welchem die Luther-Sprache zwar wesentlich beteiligt ist, aber von dem sie ihrerseits wieder getragen war. Auch die Beziehung zu der sächsischen und schlesischen Literaturblüte im 17. Jahrhundert ist nur mittelbar.

An sich war das Unternehmen einer deutschen Bibel keineswegs neu (s. S. 685 f.). Neu war – gegenüber den vorhandenen Laienbibeln und Perikopenbüchern – die Grundlage: ein philologisch-sprachlich gesicherter Urtext, also die Lösung von der *Vulgata*, und neu waren vor allem Sinn und Ziel: eine vollgültige Bibel für den mündig gewordenen Laien, der hier das echte Gotteswort selber schöpfen könnte, eine Bibel, wie sie als Haus- und Handbuch der Karsthans oder später das Barbali benützen. Die bisherigen Übersetzungen waren in frommer Sorgfalt darauf angelegt, zum sakralen Originaltext hinzuführen, als Übersetzungshilfe für Nichtgebildete, die sich unter Umständen einer Interlinearversion nähern konnte und wo jedenfalls das Durchscheinen des Originaltexts nur ein Vorteil sein konnte. Durchs ganze Mittelalter herrscht die Vorstellung von den drei heiligen Sprachen, auch wenn aus theologischen Gründen immer wieder die Gottunmittelbarkeit auch oder gerade einer demütigen Volkssprache postuliert werden konnte. Nun aber war, philologisch wie theologisch, der *Vulgata*-Text auch nur als eine fragwürdige, von Rom sanktionierte Übertragung erkannt, der gegenüber eine deutsche Bibel nicht nur die Unabhängigkeit der Deutschen von der Papstkirche, sondern auch die Authentizität des Gotteswortes in deutscher Sprache demonstrieren sollte.

Die herkömmliche Alternative der Übersetzer: Wort

für Wort oder Sinn nach Sinn, war nun weithin gegenstandslos. Entscheidend war, ob das Wort *Gottes* hier
wie dort vernehmlich war. „Es gehöret dazu ein recht
frum, trew, vleissig, forchtsam, Christlich, geleret,
erfarn, geübet hertz." Tatsächlich hat Luther jahrzehntelang mit allen Kräften des ganzen Menschen hingehört,
hingehorcht in jedem Sinne und sich eingeübt, das Wort,
nicht die Wörter, zu verstehen und wiederzugeben, im
Bewußtsein: „was Gott pflantzt, wird bleiben". Luthers
Verständnis des Dolmetschens geht in eins mit seiner
Rechtfertigungslehre: Seine katholischen Kritiker sind
ihm die Werkgerechten, die Wortklauber, die „Esel und
Buchstabilisten", die nicht aus dem „Hertzen", aus dem
Ganzen des Glaubens übersetzen. Insofern übersetzt er
nach dem Sinn, aber sucht auch den Nuancen der Wort-
aussage so weit wie möglich gerecht zu werden. Luther
hat sich vor allem in zwei Texten zu seinem Übersetz-
zungswerk geäußert: in dem berühmten *Sendbrief vom*
Dolmetschen (1530), zum Neuen Testament, und in den
Ursachen des Dolmetschens (in den *Summarien über die*
Psalmen, 1532), beidemal fast nur anhand konkreter
Beispiele, in überaus heftiger Abwehr gegnerischer Vor-
würfe und mit einem hohen Bewußtsein des eigenen
Werts, ja mit dem Anspruch auf verbindliche Inspiriertheit seines Texts. Seine Beispiele zeigen den unlösbaren
Rest des Übersetzungsproblems in klassischer Form.
Den Englischen Gruß „Ave Maria gratia plena" möchte
Luther unter Hinweis auf das griechische kecharitomeni
am liebsten übersetzen mit „Gott grüße dich du liebe
Maria", und er macht sich lustig über die Vorstellung
„voll Gnaden" (kaum zu Recht); er wagt dann aber das
mariologische Understatement doch nicht und übersetzt,
für ein katholisches Ohr immer noch unzureichend, mit
„du holdselige". Die Eindeutschung durch Luther entbehrt des sakralen Glanzes, der kirchlichen Tradition
und macht das Bibelwort spontan, aktuell, ja unmittelbar

bis zum Gewöhnlichen. Die berühmte Forderung, man müsse der Mutter im Haus, den Kindern auf der Gasse und dem gemeinen Mann auf dem Markt aufs Maul sehen und danach dolmetschen, führt in der Tendenz zu einer Vulgarisierung des Tons. Die Suche des richtigen deutschen Gefäßes für das Wort Gottes ist nur die andere Seite eines unmittelbaren, spontanen Bibelverständnisses in Gegenwart und Wirklichkeit. Für Luther und den Stil der Reformationszeit bedeutet dies oft eine Dynamisierung des Ausdrucks, eine schlagende Expressivität. Als Beispiel diene Matthäus 15,21 f.

Vulgata: sumere panem filiorum et mittere canibus
Mentel 1466: ze nemen daz brot der sune vnd ze geben den hunden
Luther 1522: das man den kindern yhr brott neme vnd werff es fur die hunde

Mit „kindern" wird das Wegnehmen des Brotes härter, mitleiderregender, „werffen" statt „geben" macht anschaulicher und bewegter, die chiastische Wortstellung steigert den Ausdruck, der Rhythmus des zweiten Satzteils ahmt die Bewegung nach. Die grobe Wendung „vor die Hunde gehen" ist wohl nicht ohne die Luthersche Fassung in den allgemeinen Sprachgebrauch übergegangen. Ähnlich macht Luther aus dem Stachel im Fleisch den Pfahl im Fleisch, aus dem Loch die Kluft, aus unsinnig rasend. Man hat schon gesagt, Luther habe die Septemberbibel mit der Faust statt mit der Feder geschrieben; daß spätere Milderungen des revolutionären Tons mit der Reaktion auf die Bauernkriege zusammenhängen (Schirokauer), scheint dagegen fragwürdig. Sicher ist nur, daß die unablässige Arbeit am Text zu einer deutschen Bibel ohnegleichen führte; die in Luthers eigener Prosa sozusagen naturhaft angelegten Qualitäten treten in den Dienst einer höheren Ordnung und machen den Bibeltext sinnenfällig, unmittelbar, in Lautwahl und

Rhythmus ausdrucksvoll, sachlich klar und sicher, sorgfältig Rücksicht nehmend auf das natürliche Sprachge-
fühl und auch, soweit möglich, auf eine überregionale
Verständlichkeit. Es ist eine sprechbare Sprache, eine
hörbare Stimme. Auch wenn der Luthersche Text das
Maß, mit dem wir ihn heute messen, selbst geschaffen
hat, kann doch ein Vergleich auf Schritt und Tritt das
Vordringen zur optimalen, bewundernswerten Lösung
aufzeigen. Das folgende Beispiel mag veranschaulichen,
wie aus der Vorlage ein verhältnismäßig freier, aber
sinnmäßig überzeugender und ohrenfälliger Wortlaut
gewonnen wird. Psalm 50(51),12:

Vulgata: Cor mundum crea in me deus et spiritum rectum
innova in visceribus meis
Mentel 1466: O gott schöpff in mir ein reins hertz vnd ernewe
ein rechtten geyst in meinen inedern
Luther 1517: Ach gott schaff yn myr eyn reynes hertz und
ernewe yn meym ynwendigsten eyn richtigen geist
Luther 1525: Schaffe myr got ein reines hertze und ernewe ynn
myr eynen willigen geyst
Luther 1531: Schaffe jnn mir gott ein rein hertz vnd gib mir
einen newen gewissen geist

Die Vorbildlichkeit dieses Bibeltextes wurde auch von
den Gegnern nur im einzelnen bestritten, und das katholische Konkurrenzunternehmen des Hieronymus Emser
(Neues Testament 1527) war auf massive Anleihen bei
Luther angewiesen, was dieser mit gehörigem Poltern
vermerkte. Nicht im ursprünglichen Sinne Luthers
konnte es allerdings liegen, daß gerade der Ruhm seines
Textes zu einer neuen Kanonisierung führte und auch das
allenfalls noch Grobianische mit der Zeit ehrwürdig und
sakral werden ließ.

Als die Grammatiker feststellten, aus Luthers Schriften lasse sich die „perfecta et absoluta linguae germanicae
cognitio" gewinnen, war faktisch die deutsche Bibel zum
Originaltext geworden – weil eben mit der Reformation

eine „translatio sacerdotii" von Rom zu den Deutschen stattgefunden habe (Johann Klaj 1578). So wurde gerade der dem Maul des Volkes abgehorchte Wortlaut ein Element in der Entwicklung einer neuen Orthodoxie.

Die Geschichte des Luthertums ist schließlich nicht denkbar ohne das protestantische *Kirchenlied* (Ndr. 230). Bei allen Einschränkungen im einzelnen handelt es sich auch hier um eine echte Schöpfung Luthers, veranlaßt durch die Umgestaltung des Gottesdienstes (*Von der Ordnung des Gottesdienstes in der Gemeine*, 1523). Anstelle des Priesters wurde die christliche Gemeinde zum aktiven Träger des Gottesdienstes, Gottes Lob im Gesang ertönte nun deutsch, das Chorlied der Gemeinde erhielt liturgische Funktion. „Das geystliche lieder singen gut vnd Gott angeneme sey, acht ich, sey keynem Christen verborgen, die weyl yderman nicht alleyn das Exempel der propheten vnd Könige ym allten testament, ... sondern auch solcher brauch sonderlich mit psalmen gemeyner Christenheyt von anfang kund ist." So lautet die biblische Begründung des Kirchengesangs in Luthers Vorrede zu dem noch schmalen Wittenberger *Geistlich Gesangbüchlein* von 1524, das den Anfang der großartigen Tradition des protestantischen Kirchenliedes bildet. Sehr viel mehr als der an sich ebenso musikfreudige Zwingli brachte Luther dem musikalischen Element der Liturgie Interesse entgegen, benützte gerne einen bereits vorhandenen Vorrat geistlicher Lieder und die Praxis des mehrstimmigen Singens in der Gemeinschaft (s. S. 743) und war überhaupt zurückhaltend mit Neuerungen. Kirchlicher Gemeindegesang war ja auch der Frühkirche (Ambrosius) bekannt, und er war auch im Mittelalter in der Volkssprache wenigstens bei bestimmten Gelegenheiten und Festen üblich, wenn auch ohne liturgischen Charakter im eigentlichen Sinn. Die neue Funktion des Gemeindeliedes ließ nun allerdings den künstlerischen Charakter zurücktreten und bewirkte einen Stil von

„Gebrauchslyrik", der seine eigene Größe bekam. Das protestantische Kirchenlied wurde ein unvergleichliches religionssoziologisches Phänomen. Das Lied war sozusagen harte und strenge Kost, bekennerisch-objektiv, als Gotteslob, aber auch als Lehre, Trost und Selbstbestätigung gedacht. Der rhythmisch harte, oft tonbeugende Versgang – nach der silbenzählenden Metrik des Meistergesangs – ist zwar nur von der Melodie her richtig zu beurteilen, dennoch kann er geradezu den lutherischen Glaubenstrotz zum Ausdruck bringen: „Nemén síe den léib, / gut éhr kíndt vnnd wéyb, / las farén dahin . . ." Nicht zu vergessen ist aber auch der kämpferische Sinn, den Luther dem Lied und seiner glaubensgewissen Fröhlichkeit beimaß, ob nun der „altböse Feind" der Papst oder der Teufel war: „Gott gebe, das damit dem Römischen Babst der nichts denn heulen, trawren vnd leid in aller welt hat angericht durch seine verdamte, vntregliche vnd leidige gesetze, großer abbruch vnd schaden geschehe. Amen." Dieser unverblümte fromme Wunsch steht in der Vorrede zu den *Geystlichen Liedern*, die Valentin Babst in Leipzig 1545 druckte und die das maßgebende Liederbuch des 16. Jahrhunderts wurden.

Luthers eigener Beitrag zu den verschiedenen Gesangbüchern umfaßt drei Dutzend Lieder, doch sind die wenigsten darunter als neue, originale Dichtungen zu bezeichnen. Die meisten sind Bearbeitungen älterer Texte wie Psalmenparaphrasen, freie Übersetzungen lateinischer Hymnen oder Kontrafakturen. Zu den Psalmennachdichtungen, mit denen sich Luther an den weitaus bedeutendsten Traditionsstrom der christlichen Lyrik anschloß, gehören „Aus tieffer not schrey ich zu dyr, / Herr Gott erhor meyn ruffen" (Nr. 4), wo in der 2. Strophe – „Bey dir gillt nichts den gnad und gonst" – die Lutherische Gnadenlehre ihren Ausdruck findet, und vor allem „Ein feste burg ist vnser Gott" (Nr. 26). In einer zweiten Gruppe, den Bearbeitungen lateinischer

Hymnen, findet sich „Mitten wyr ym leben sind / mit dem tod vmbfangen" (Nr. 3: „Media vita in morte sumus"), mit dem Luther das Sterbelied zu einem Lied vom Sündentod und der Rettung im Glauben umgedeutet hat, oder das Pfingstlied „Veni creator spiritus" mit der immer noch, trotz Goethe, Franz Werfel und andern Nachdichtern, gerade in ihrer metrischen Härte unerreichten Wiedergabe der schwierigen ersten Zelle: „Kom Gott schepfer, heyliger geyst" (Nr. 22). Eine Kontrafaktur nach Text und Melodie ist das späte „kinder lied auff die Weinacht Christi": „Vom himel hoch da kom ich her, / ich bring euch gute newe mehr" (Nr. 30), nach dem Volkslied „Ich komm aus fremden Landen her". Solange kein Vorbild nachgewiesen ist, können schließlich als original Lutherisch nur drei Lieder gelten, darunter „Nu frewt euch lieben Christen gmeyn" (Nr. 10) und das „Kinderlied" gegen die zwei Erzfeinde Christi: „Erhalt vns Herr bey deinem Wort / vnd steur des Bapsts vnd Türcken Mord" (Nr. 35).

Im Riesenwerk Luthers nehmen die Lieder wenig Raum ein und bilden doch in unerhörter Verdichtung ein Vermächtnis, an dem sich während eines Jahrhunderts protestantische Glaubenshaltung und das Gemeinschaftsgefühl einer angefochtenen, aber unerschütterlichen Kirche klar und streng bewährt und erneuert haben. Um den altlutherischen Kern herum ist dann in Variation und Nachahmung, später in individualisierender, gefühlhafter, pietistischer Abwandlung und auch immer wieder in neuer Anempfindung bis hin etwa zu den fragwürdigen Repliken Rudolf Alexander Schröders ein immenses Kirchenliedgut entstanden. Es wurde in Liederbüchern verschiedener konfessioneller oder regionaler Bestimmung gesammelt und weitergetragen und hat sich später auch mit einer aufblühenden katholischen Lieddichtung stellenweise vermischen können. Jener Lutherische Kern aber blieb unverlierbar.

4. Zwingli

Die sprachliche Ausstrahlung Luthers ist so mächtig und erfolgreich, daß eine Beurteilung des zweiten Reformators, Huldrych Z w i n g l i (1484–1531), in sprach- und literaturgeschichtlicher Hinsicht schwierig ist. Auch Zwinglis Wirken ist nicht denkbar ohne eine eminente Sprachkraft und ist, vielleicht noch genauer und radikaler als das Luthers, genährt aus der Ausschließlichkeit des Bibelwortes. Aber Zwingli braucht seine Sprache offensichtlich anders als Luther, in andern Umständen und mit andern Zwecken; er verfügt von Anfang an über einen engeren Resonanzraum, und wegen der inzwischen erfolgten Ausbreitung der Lutherisch geprägten Hochsprache wirkt Zwinglis oberdeutsche oder gar nur ostschweizerische Sprache selbst für den heutigen schweizerischen Leser abseitig. Wenn Luther anläßlich des Marburger Gesprächs von 1529 unwirsch über das „filzichte und zottichte", den Hörer zum Schwitzen bringende Deutsch Zwinglis klagte, so war das damals naiv und anmaßend, wurde aber durch den späteren Sieg von Luthers meißnischem Hochdeutsch nachträglich ins Recht gesetzt. Dazu kommen die Schwierigkeiten einer theologischen Würdigung, vor allem was das Verhältnis von humanistischem, christologischem und sozialpolitischem Anteil an Zwinglis Denken und dessen Selbständigkeit gegenüber Luther betrifft. Noch heute sind Originalität und Tiefgang von Zwinglis reformatorischem Ansatz umstritten, und auch die Persönlichkeit Zwinglis scheint sich im Vergleich zu der Luthers einer unmittelbaren Einfühlung immer wieder zu entziehen.

Der Toggenburger Bauernsohn besucht in Basel und Bern die Lateinschule, studiert in Wien zusammen mit Vadian, aber ohne Kontakt zu Celtis, erwirbt 1506 in Basel den Magistergrad und wird Leutpriester in Glarus 1506, in Einsiedeln 1516 und in Zürich 1519. Das Jahr

1516 bringt den persönlichen und brieflichen Umgang mit Erasmus und andern Humanisten (Glarean, Beatus Rhenanus), aber wohl auch bereits die Wendung zu einer auf Christus und den Bibeltext zentrierten Frömmigkeit. Seit Ende 1518 erscheint der Name Luthers in Zwinglis Briefen; der Beginn des eigentlichen reformatorischen Wirkens läßt sich mit der fortlaufenden Matthäus-Interpretation in den ersten Zürcher Predigten Anfang 1519, eindeutiger mit der zweiten Hälfte des Jahres 1520 ansetzen. Dabei stand weniger das persönliche Ringen um einen gnädigen Gott im Vordergrund als der Kampf für eine neue politische und gesellschaftliche Wirklichkeit mittels eines durch Christi Hilfe neuen, genauen, ausschließlichen Bibelverständnisses. Weniger die kirchlichen Mißstände als die sozialen und wirtschaftlichen Probleme der schweizerischen Gegenwart geben den Anstoß: Reisläuferei und Pensionenwesen, in die er als Teilnehmer mehrerer oberitalienischer Feldzüge und, bis 1520, als Bezieher eines päpstlichen Jahrgeldes selber verstrickt war. Der entschlossene Wille zur Änderung und Neuordnung der irdischen Dinge, die praktische Bewährung des Glaubens in seinen diesseitigen Konsequenzen kennzeichnen Zwinglis und später entsprechend Calvins Reform. Die unmittelbare politisch-ethische Umsetzung des Bibelworts führt Zwingli über den Humanismus und über Luther hinaus. Er verfolgt sein Ziel im klugen Zusammenwirken mit der Zürcher Obrigkeit; dann wird, etwa seit 1526, eine zunehmende eschatologisch-theokratische Tendenz sichtbar, eine Härte und Ungeduld, die in die politische Isolierung führte und zum Krieg trieb, schließlich zur Katastrophe und zum Tod in der Schlacht bei Kappel. Auch Zwingli blieb es nicht erspart, in den Auseinandersetzungen mit den Bauern und mit den Wiedertäufern als dem radikalen Flügel der Reformation harte Konsequenzen zu ziehen und zwischen *Göttlicher und menschlicher Gerechtigkeit*

(1523) schwierige Entscheidungen zu treffen – d. h., die
Autorität anstelle der christlichen Gemeinde der weltlichen Obrigkeit zu überlassen, um Aufruhr und Mißbrauch der christlichen Freiheit zu verhüten.

Die sprachliche Energie von Zwinglis Predigt ist vielfach bezeugt, am schönsten wohl durch Thomas Platter,
der eine Predigt über Johannes 10 hörte: „das legt er so
streng uß, das ich wond, es zuge mich einer by dem har
über sich". Zwinglis Predigt gab sich fast ganz als Bibelauslegung, war frei vorgetragen und strebte eine unmittelbare moralische und politische Wirkung an. Es
scheint, daß er sich dabei der Mundart bedient hat.
„Simplicibus ac apud Helvetios natis verbis" will Zwingli
das Evangelium lehren – nicht ohne ein nationales
Sprachpathos auch er. Die deutschen Druckschriften
Zwinglis, meist aus Predigten hervorgegangen, bedienen
sich dagegen einer gewissen Hochsprache im Sinn eines
oberdeutschen Kanzlei- oder Druckerdeutsch. „Umb
der einvaltigen willen" ist auch Zwingli in zunehmendem
Maß vom Latein zur Volkssprache übergegangen, doch
bleibt ihm wegen der „welschen" das Latein für seine
theologischen Hauptschriften wichtig wie z. B. für *De
vera ac falsa religione commentarius* (1525).

Den Unterschied zwischen Zwinglis und Luthers
Sprachgebrauch hat man auf die Formel gebracht, daß
Zwinglis Rede kurzfristiger, unmittelbarer Appell an
möglichst alle Volksschichten ist, wogegen Luthers
Deutsch überregionale, dauernde Geltung und auch
ästhetische Qualität erstrebt (W. Schenker). Wenn sich
Luthers muttersprachliches Reden als Verlängerung von
Gottes Wort versteht, so ist für Zwingli die Sprache wohl
eher ein zweckhaftes Instrument. Seine Sprache ist voll
von bewußt volksnahen, idiomatischen Vokabeln und
Wendungen und gesättigt mit Vergleichen und Metaphern. Seine Predigten konnten Scherze und Wortspiele
enthalten, tendierten aber zu Angriff und Schärfe, waren

nach eigenem Eingeständnis unter Umständen „räß"
(scharf, salzig). Die Klarheit, Verständlichkeit und solide
Sorgfalt von Zwinglis Argumentationsstil in den deutschen Schriften mag gelegentlich trocken erscheinen, hat
aber auch ihren eigenen Reiz der Nüchternheit.

> So einer lang in dem schneglantz gewandlet hat, vnd demnach
> an aabre gruene ort kumpt, betrügt jnn noch lang die schnee-
> blende, ja etlich müssend sich lange zyt artznen, ee vnd jnen die
> recht gsicht widervmb werde. Etlich aber erblindend gar. Also
> ist es umb menschlichen verstand.
>
> (1525 an Valentin Compar)

Der Vergleich, der etwas von Zwinglis Bergbauernerfah-
rung mit sich bringt, macht zugleich deutlich, wie er
seine Lehre versteht: die Überwindung der „blende"
durch ruhiges, klares, sich einübendes Schriftverständ-
nis. Nicht der Schneeglanz, sondern die offenen, grünen
Stellen stehen ihm für die wahre Erleuchtung.

Zwinglis Umgang mit dem Bibeltext ist am besten in
den Bibelzitaten seiner deutschen Schriften zu verfolgen,
wo es sich um spontane Übersetzungen aus dem Urtext
handelt; sie zeigen den Willen zur genauen, verständlichen, oft verdeutlichenden Wiedergabe, ohne besondere
Rücksicht auf den rhythmischen Fluß. Die große Zürcher Bibelübersetzung, die unter Zwinglis Einfluß entstand, ist nicht unbedingt für seinen Stil repräsentativ, da
sie sich weithin (Pentateuch, historische Bücher, Neues
Testament) an Luthers Übersetzung anlehnt, die allerdings seit 1524, da die ersten Zürcher Ausgaben erschienen, nach Vokalismus und Vokabular immer stärker dem
schweizerischen Deutsch angenähert wurde. 1529 kamen
die Propheten und, von Zwinglis Helfer Leo Jud neu
übersetzt, die Apokryphen hinzu, und 1531 erschien,
vor Luthers Gesamtbibel, die vollständige Zürcher Ausgabe. Sie wurde in den kommenden Jahrzehnten laufend
überarbeitet, bis dann mit der Ausbreitung der neu-

hochdeutschen Schriftsprache wieder eine Annäherung an die Lutherische Lautgestalt erfolgt.

Zwingli hatte, schon als Humanist, Verständnis für künstlerische, für literarische Formen, doch ordnete er diese Neigung dem reformatorischen Ziel unter. Er vertrat, wenn auch mit einem gewissen Bedauern, die Entfernung der „Götzenbilder" aus den Kirchen und suchte sie wenigstens in geregelten Bahnen zu halten. Er hat Orgel und Gesang aus dem Gottesdienst verbannt, war aber ein Liebhaber der Musik, der die verschiedensten Instrumente spielte und für eine griechische Aristophanes-Aufführung der Großmünsterschüler, Neujahr 1531, die Begleitung komponierte. Das Theater blieb überhaupt unter ihm und eine Zeitlang nach ihm in Zürich lebendig. In poetischer Form hat er wenige, aber bedeutende Werke hinterlassen. 1510/11 entstand das rein patriotisch-politische *Fabelgedicht vom Ochsen* in fortlaufenden deutschen Reimversen und zugleich einer lateinischen Hexameterfassung: Mit einer auch im historischen Volkslied beliebten Tiersymbolik wird im Bilde des friedlich weidenden, aber von allen Seiten verführten und bedrohten Ochsen die eidgenössische Lage zwischen Franzosen, Kaiser und Papst vorgeführt, wobei der Papst immerhin als Hirte erscheint. Dasselbe Thema wird etwas später (1516?) in einem kunstvolleren deutschen Reimgedicht mythologisch aufgemacht: *Das Labyrinth* zeigt den kühnen Helden (Theseus), der im Irrgarten der Welt zwischen den Bedrohungen durch die Mächte seinen Weg sucht, anhand des Fadens der Vernunft, für Vaterland und Christus, den Minotaurus (Schande und Laster) tötet und zu Ariadnes Tugend gelangt; jede Teilnahme an fremden Kriegen wird hier abgelehnt. Selbst komponiert und gedichtet sind drei prachtvolle Gebetslieder von kunstvollem Aufbau und schlichter, klarer Aussage: das *Pestlied* („Hilf, Herr Gott hilff in diser Not"), 1519 anläßlich einer Epidemie, die auch Zwingli erfaßt hatte, entstanden, dann eine Bearbeitung des *69. Psalms* (1525) und das großartige *Kappelerlied* von 1529, das ähnlich wie Huttens „Ich habs gewagt" etwas von dem verzweifelt-glaubensstarken Amor fati der letzten Zeit spüren läßt:

> Herr nun heb den Wagen selb,
> Schelb wirt sust all unser fart.
> das brächt Lust der Widerpart
> die dich veracht so frävenlich ...

Das Lied begegnet in ähnlichen Fassungen bei Heinrich Bullinger und – französisch – bei Theodor Beza.

5. Die Bibel der Geschichte und der Natur

So sehr auch die Reformatoren um den tötenden Buchstaben wissen und sich bei ihrem Bibelverständnis auf mehr berufen als nur die lesende Vernunft, so haben sie doch Sinn und Ordnung des Menschenlebens in den neuen kirchlichen und politischen Gemeinschaften sehr konkret festlegen müssen. Kirche, Schule, Staat etablieren sich als äußere, objektive Wirklichkeit, und eine ursprüngliche Glaubensfrömmigkeit verfestigt sich zu obligatorischer Lehre, zu orthodoxem Dogmatismus. Es bleibt dem „linken" Flügel der Reformation – den Täufern, Sekten, spekulativen Einzelgängern – vorbehalten, den Geist lebendig, den Glauben frei, das Handeln gewissenhaft zu bewahren, mit der beständigen Gefahr allerdings, daß sich erst recht sektiererhafte Rechthaberei, Zwang oder blinde Schwärmerei daraus ergaben. Die spiritualistische Frömmigkeit, die sich mit der Glaubensspaltung unmittelbar als dritter Weg ergab und zugleich Überlieferungen mittelalterlicher Mystik fortsetzen konnte, bleibt für Jahrhunderte eine in tausend unterdrückten Formen fortlebende Macht, die nicht nur auf die offizielle Kirche zurückwirkt, sondern auch die Brük-

ke zu neuen Bereichen des Denkens und der Kunst
schlägt. Indem das mittelalterliche Kirchen- und Sozialsystem gesprengt wird, tritt stärker ein Typus einzelner
Autoren hervor, die auf eigene Faust, selbst in Not und
Verfolgung sich ein Bild der Dinge machen und Gottes
Hand nicht nur aufgrund der Bibellektüre, sondern auch
eigenen Ergriffenseins in der Heilsgeschichte oder in der
natürlichen Schöpfung zu verfolgen suchen. In der
Volkssprache, als deutsche Theologie und Philosophie,
beginnt eine Schriftstellerei, die durch ihr Außenseiter-
tum gegenüber der Kirche und den geltenden wissenschaftlichen Lehrmeinungen gekennzeichnet ist und
dabei einen ebenso volkstümlich gedachten wie dunklen
Stil entwickelt, eine Sprache des Suchens, des Staunens
und Raunens, der verlorenen Prophetie, die in der Folge
immer wieder die schlichten wie die tiefsinnigen Gemü-
ter ergriffen hat.

Eine der reinsten und konsequentesten Gestalten dieser Art ist Sebastian F r a n c k (1499–1542), noch heute
nicht leicht zugänglich, obwohl ihm schon Wilhelm Dilthey eine geistesgeschichtlich hervorragende Rolle zuer-
kannt hat. Der zu Donauwörth geborene Franck war
zunächst katholischer Priester, dann, in der Nähe von
Nürnberg, Prädikant. Er trat in Beziehungen zu den
Wiedertäufern Johann Dencks und zu Kaspar Schwenk-
feld, entschließt sich aber zu einer „vierten", unsichtbaren Kirche ohne äußere Bindung und zu weltlichem
Beruf als Publizist, Drucker oder Seifensieder in Straßburg, Esslingen, Ulm, immer wieder von der Obrigkeit
vertrieben, und schließlich, von 1539 bis zu seinem
frühen Tod, in Basel.

Unter seinen Werken sind einige nicht zufällig Erasmus verpflichtet; mit ihm verbindet ihn eine gewisse
Ironie gegenüber den weltlichen Dingen (allerdings aus
tieferen religiösen Gründen), die Liebe zum Frieden
und eine skeptisch-gelehrte Betrachtung des Weltlaufs.

Franck hat das *Lob der Torheit* übersetzt (1534), ein *Kriegsbüchlin des frides* geschrieben (1539) und eine große Sammlung von je ausführlich kommentierten *Sprichwörtern* veranstaltet, ein deutsches Gegenstück zu den *Adagia* (1541). Diese lockere Form der Darstellung kennzeichnet auch das umfangreiche Hauptwerk des Theologen Franck: die *Paradoxa* (1539). Es sind Erläuterungen zu 280 „Wunderreden", d. h. Sätzen aus der Heiligen Schrift und aus theologischen oder philosophischen Autoren vom Altertum bis zur Gegenwart, nicht zuletzt aus Tauler, dem Frankfurter und Erasmus. Paradox sind diese ausgewählten Zitate, soweit sie dem fleischlichen Menschen unglaublich und unwahr vorkommen, aber im Licht des Geistes gewiß und wahr sind, und weil sie in ihrer Rätselhaftigkeit sowohl auf die Unergründlichkeit Gottes wie auf die Torheit des unerleuchteten Menschen verweisen. Folgerichtig gibt Franck mit seiner „götlichen Philosophei vnd Teutschen Theologei" kein Lehrsystem und wendet sich auch im einzelnen gegen jeden Dogmatismus – beispielsweise in den Fragen der Gnadenlehre, der Trinitäts- und der Prädestinationstheologie. Es geschieht im Namen eines „unparteiischen" Christentums, das auf dem innern Wort, dem innern Christus, dem allein lebendig machenden Geist beruht. „Darumb bleibt die Schrifft ain ewig Allegori, Wunderred, Räterschafft (Rätselwesen), verschlossen buoch vnd ain onuerständigs Rottwelsch allen Gottlosen." Der biblische Buchstabe ist ohne das Licht des Geistes eine finstre Laterne. Die Erlösung, die Menschwerdung Gottes, ja die gesamte Heilsgeschichte vollzieht sich in uns selbst und wäre, bloß historisch gesehen, „nichts nutz". Ohne die von innen kommende Verwirklichung ist der Glaube gegenstandslos, darum lehnt Franck auch Luthers Rechtfertigungslehre ab. Das Evangelium berichtet nicht buchstäblich von einem einmaligen Erlösungswerk, sondern von einem ewigen und täglichen Geschehen.

Damit wird die Bedeutung der Bibel – dieser lauteren,
gänzlichen Wunderrede – zugleich gesteigert und relati-
vitiert. Der Geist offenbart sich auch außerhalb des
biblischen Buchstabens und seiner stets menschlichen
Deutungen: Einem gut gelehrten und sehenden Menschen predigen alle Kreaturen, sie führen ihn zu sich
selbst und damit zu Gott. „Wer aber nur alle Kreatur,
Wort und Werk Gottes allein angafft, hört, liest und
verwundert und sich nit selbs darin findet und so gar sein
eigen macht, daß er sich selb in allen Kreaturen, Worten
und Werken Gottes findet, siehet und ergreift, der liest,
sieht und hört alle Ding vergebens."

Zur natürlichen Schöpfung, von den Predigern seit je
als das zweite Buch Gottes empfohlen, tritt bei Franck
das beständige Walten Gottes in der Geschichte. Die Spiritualisierung des Glaubens führt, nur scheinbar paradox, zu
einer Entdeckung der Geschichte. Alles echte, d. h. vom
Geist gewirkte Geschehen, ist immer individuell, ist
immer nur hic et nunc. Darum ist die Weltgeschichte – die
sich nun dem Ende zuneigt – der Ort, wo das Wirken des
Geistes in immer neuen Manifestationen verfolgt werden
kann. „Die Chronik bietet der Bibel die Hand."

Francks erfolgreichste Werke sind Geschichtsbücher:
1531 die berühmte *Chronica, Zeytbuch vnd Geschychtbi-
bel*, gefolgt 1534 von einem *Weltbuch*, d. h. einer den
Schauplatz des Geschehens beschreibenden Kosmographie, und 1538 einem *Germaniae Chronicon*, einer auch
Franck am Herzen liegenden Selbstfindung und Selbstdarstellung der Deutschen in ihrer Geschichte bis zur
Gegenwart. Nicht Wissenschaft interessiert Franck.
Seine Chroniken sind mächtige, ganz unkritische Kompilationen, und obwohl er sich in der *Geschichtbibel*
etwas zugute tut auf die angeblich bei ihm erstmals für
eine Chronik verwendete Volkssprache, hat er insbesondere die – deutsche – *Weltchronik* Hartmann Schedels
ausgiebig benützt.

Sein Ziel ist eine Universalgeschichte für gelehrt und ungelehrt, auf Frieden und Gottseligkeit gerichtet. Er will für die, die sehen können, Gottes Walten in der Geschichte erkennen lassen. Es geht ihm zunächst um die Einsicht, wie Gott immer wieder die Gewaltigen erniedrigt und die Hoffärtigen zerstreut, die Niedrigen erhoben hat. Die Geschichte erscheint ahnungsweise als Weltgericht, als „Zeugnis über den Menschen", als Ort der Veränderung und Vergänglichkeit, ja – in Vorwegnahme mancher Stimmungen der Barockzeit – als tragisches oder lächerliches Welttheater. „Wir sind alle Gelächter, Fabel und Fastnachtspiel vor Gott" (Dilthey 88). Dennoch erschließt sich dem frommen Blick in der Geschichte die „eüsser welt (als) ein figur vnd bilde der jnnern", entsteht die Ahnung eines *allegorischen* Sinns. Eine formulierbare Lehre oder gar ein Entwicklungszusammenhang im modernen Sinn ergibt sich daraus allerdings noch nicht. Das verbietet der Charakter der Geschichte als Wunderwerk und die Einmaligkeit jeden Geschehens, aber auch die schwermütige Bescheidenheit des Betrachters. „On urteil, hon vnd schmutz" will Franck Geschichte schreiben, „unparteiisch vnd ungefangen" auch hier. Das bedeutet das erstemal eine tolerante Geschichtsschreibung, die auch das Wirken des Geistes außerhalb der offiziellen weltlichen und kirchlichen Ordnungen in den Blick faßt. Zwar teilt Franck sein Werk konventionell in eine Chronik der vorchristlichen Zeit, eine Chronik des römisch-christlichen Kaiserreichs und eine Chronik der Päpste und des geistlichen Lebens, doch legt er hier, im 3. Teil, einen umfangreichen Katalog der Ketzer ein: sein Interesse gilt den Abseitigen, Unterdrückten, Armen. Das hat ihm Verfolgungen seitens der Städte oder Fürsten eingetragen, macht ihn aber auch zum Bahnbrecher eines neuzeitlichen Geschichtsverständnisses – auf dem Wege zu Gottfried Arnolds Kirchen- und Ketzerhistorie und zur Geschichtsentdeckung von Aufklärung und Idealismus. Er macht damit wohl auch deutlich, welcher Sinn, unbewußt und unreflektiert, hinter der mächtigen historiographischen Literatur des späten 15. und des 16. Jahrhunderts steckt.

Eine zweifellos größere, rätselhaftere Gestalt und doch in mancher Hinsicht verwandt ist Paracelsus, den Franck 1529 in Nürnberg kennenlernte. Auch Paracelsus ist auf der Wanderschaft, stellt sich außerhalb der sozialen Ordnungen auf die Seite der Armen, der Bauern, der Landstreicher, ist jenseits der konfessionellen Spaltungen, wendet sich gegen den Dogmatismus von Kirche und Wissenschaft, nur dem innern Licht, aber damit gerade der Erkenntnis der Schöpfungswunder verpflichtet. Auch er sucht in der Volkssprache Ausdruck und Gehör für eine solche Erkenntnis und lehnt eine in Rhetorik oder äußerer Lehrhaftigkeit aufgehende Prosa ab. Auch des Paracelsus Nachruhm war lange umstritten und verdunkelt, noch heute ist die Bedeutung seines Werks nicht voll ermessen. Man pflegt für Paracelsus die Formel „zwischen Mittelalter und Neuzeit" zu gebrauchen, um den Reichtum, die Schwierigkeiten und Widersprüche seiner Schriften zu verstehen, doch kann das nur im Sinne eines die Epochen übergreifenden Wesens richtig sein.

Auch in der Zeit der großen Umwälzungen und Entdeckungen ist das Leben des Theophrastus Bombastus von Hohenheim (1493/94–1541) von ganz ungewöhnlicher Bewegtheit: nichts als eine rastlose, nur von wenigen Versuchen zur Seßhaftigkeit unterbrochene Wanderschaft. Als Sohn eines wahrscheinlich illegitimen Abkömmlings des württembergischen Adelsgeschlechts der Hohenheimer ist er in der Nähe von Einsiedeln, an der Teufelsbrücke, „in Tannzapfen" geboren, dann nach Villach in Kärnten ausgewandert, wo der Vater Stadtarzt wurde. Nach dem Studium (seit 1509 in Wien) und nach der Promotion (1516 in Ferrara) durchzieht der junge

Arzt die Länder Europas von Portugal bis Litauen,
England bis Ungarn lernend und lehrend, geehrt und
noch häufiger verfolgt, im heftigen Streit mit den offiziellen Instanzen von Gesellschaft, Kirche und Medizin;
eine Niederlassung als Arzt in Salzburg, ein Amt als
Stadtarzt und Professor in Basel bleiben Episode; ein
früher Tod ereilt ihn 1541 in Salzburg. Noch rätselhafter
ist die schriftstellerische Leistung. Über zweihundert
Schriften hat er hinterlassen, von denen er nur einen
kleinen Teil selber gedruckt sehen konnte; der Rest
wurde postum gedruckt, zuerst in einer großen Gesamtausgabe 1589/90 mit späteren Nachträgen, vieles, noch
heute nicht alles, erst in der großen modernen Edition,
wo nun vor allem die theologischen Arbeiten hervortreten. Der Name Paracelsus, den er sich seit 1529 zulegt,
ist ungeklärt („Hohenheim" oder „über Celsus hinaus-
reichend"), steht jedoch im Zusammenhang mit ähnlich
anspruchsvoll-dunkeln Titeln einiger Hauptwerke: *Vo-
lumen* bzw. *Opus Paramirum, Buch Paragranum.*

Das Schlüsselwort „Erfahrenheit" (Erfahrung) hat
vom Leben des Paracelsus her seinen vollen Sinn. Es
bezeichnet in Medizin, Naturphilosophie und Theologie
(vor allem Kommentare zu biblischen Schriften und
sozialethische Traktate) ein Suchen und Erkennen, das
sich in leidenschaftlicher Konkretion und zugleich den
spekulativsten Zusammenhängen bewegt. „Dann das
Ampt ist des Menschen, das er soll die ding erfahrn, vnd
nicht Blind dorinn sein: Dann darumb ist er beschaffen,
von den Wunderwercken Gottes zu reden ... Dann
nichts ist beschaffen, das nit dem Menschen zuergründen
sey: vnnd darumb beschaffen, das der Mensch nit müssig
gang, sonder wandel im Weg Gottes das ist in seinen
Wercken" (*Liber de nymphis*, Prologus). Der „Luther
der Medizin" sagt sich los von gelehrter Buchtradition in
wilder Auseinandersetzung mit der Schulmedizin, im
Kontakt aber mit einer weltweit studierten volkstümli-

chen Praxis. Die Empirie, die ihn zum Pionier der verschiedensten medizinischen und naturwissenschaftlichen Disziplinen (Metallurgie, Chemotherapie, Balneologie, Psychiatrie, Gynäkologie usw.) macht, vollzieht sich nun aber aus dem Wissen und Nachdenken über einen großen, bewegten Schöpfungszusammenhang. Die Überlieferungen der neuplatonischen Kosmologie und antik-arabischen Alchemie, die in der Renaissance eine Erneuerung gefunden hatten, werden umgekehrt mit der Erfahrung konfrontiert und dadurch umgedeutet und vertieft. Alles aber bleibt im Rahmen einer höchst selbständigen, kühnen Laientheologie eines ergriffenen Christen. Das natürliche Licht, in welchem Paracelsus die Schöpfungsdinge betrachtet, ist letzten Endes nur möglich dank dem Licht des göttlichen Geistes, der im Menschen wirkt. „Was ich geredt hab, das ist aus dem heiligen geist also ist es das euangelium" (v. Boehm 10), sagt schon der junge Arzt mit größter Selbstverständlichkeit.

Von hier aus wird nun sein Schaffen zu einem Sprachproblem, das auch die Literaturgeschichte näher angeht. Paracelsus hat fast alle seine Schriften auf deutsch verfaßt und nur lateinische Titel gegeben, und er hat seine Basler Vorlesungen provokativ auf deutsch gehalten, womit er bis zu Thomasius (1687) ohne Nachfolger blieb. Auch er versteht sich als „Philosophus nach der teutschen Art", wendet sich gegen die Hoffart der Schulsprache, gegen die Anmaßung der Rhetorik und bedient sich der Sprache des gemeinen Mannes, nicht nur um verständlich zu sein, sondern weil es die demütige und darum wahrhaftige, eigentliche Sprache, die Sprache der Erfahrenheit und zugleich des Geistes ist. „Und ir rethores, was ist dass ir gross stent vor den konigen und fursten und den reten, auch vor den steten! vor wem stant ir? rechens us, so got do sess, wie verächtlich wurden ir euch stellen! ... was ist, dass ir mit verplumten (verblümten) worten eurn

teil herfurtreiben! fueren eurn teil in got, zu got ... die
rechte religion der rhetorica ist veritas, ist Christus selbs"
(v. Boehm 9).

Allerdings: was bei den Fortsetzern des Paracelsischen
Denkens und Denkstils, bei Valentin Weigel und Jakob
Böhme und deren Schülern bis zur Romantik einen
vollen, faszinierenden Ton bekommt, ist für uns bei
Paracelsus noch Gegenstand einer gewissen Verlegenheit. Er ist schon sprachlich ein schwieriger, oft sogar
mühsamer Autor, ganz abgesehen von seiner starken
dialektalen Färbung, für die er sich gelegentlich entschuldigt. Seine Sprache ist oft umständlich, tastend, die
Wörter häufend, wiederholend, zugleich aber oft eilig,
verkürzend, unpräzis. Ersparung und Verschwendung
seien bis zum Äußersten getrieben, urteilt die Stilunter-
suchung von G. v. Boehm. Dazu kommt die Eindeutschung oder Neuschaffung von Fachtermini der Medizin
und Naturphilosophie, die an sich oft vieldeutig sind.
Paracelsus scheint Mühe zu haben, einen logischen
Zusammenhang in adäquater Syntax zu ordnen; so hat
seine Sprache durchweg einen parataktischen Charakter.
Abstrakte Systematik liegt ihr nicht und wäre auch nicht
am Platz in einem Denken, das nicht kausal und logisch,
vielmehr mit realsymbolischen Analogien in der Schöpfung arbeitet. In jedem einzelnen ist das Ganze anwesend, die Schöpfung vollzieht sich in jedem Augenblick
neu, es gibt nichts Äußeres, das nicht ein Inneres anzeigt.
Eine grundsätzliche Trennung zwischen äußerem und
innerem Wort scheint in der steten kosmogonischen
Bewegung von Gott zur Kreatur hin weitgehend aufgehoben. Die Entsprechung von menschlichem Mikrokosmus und natürlichem Makrokosmus ist nur die wichtigste Formel für solchen von Gott bewirkten und für ihn
zeugenden Einklang. Da der Mensch in der Mitte des
Kosmos steht und diesen in sich zusammenfaßt, also
auch Leib und Geist bei ihm eng zusammengehören, so

muß ihn die ärztliche Kunst auch aus dem Ganzen verstehen, lieben und heilen. Und darum ist die Medizin des Paracelsus auch völlig eingebettet in die Fragen nicht nur naturphilosophischer, sondern ebensosehr, ja immer mehr ethisch-sozialer und theologischer Art. Diese Theologie, die noch kaum absehbar ist, versteht sich außerhalb verfaßter Kirchen, als geistgetriebene Laientheologie, wobei Mariologie und Abendmahlslehre eine besondere Bedeutung gewinnen, um die Präsenz Gottes im Menschen und das Verhältnis von Geist und Natur zu verstehen. Obwohl Paracelsus keinem Pantheismus zuzurechnen ist (da die Natur Schöpfung bleibt) und ebensowenig der Mystik (da es ihm um konkrete Erfahrung und um die Gestaltwerdung des Göttlichen geht), so kommt doch bei der Dynamik des göttlichen Geistes in der Natur der geschichtliche, menschgewordene Christus und der Ablauf einer eigentlichen Heilsgeschichte wenig zur Geltung, wird die Christologie problematisch.

Aufs Ganze gesehen, nimmt Paracelsus eine geistesgeschichtlich zentrale Stellung ein, sofern spiritualistische Frömmigkeit hier einen Einstrom naturphilosophischen und naturwissenschaftlichen Denkens aufnahm. Diese Verbindung blieb, mehr oder weniger unterirdisch, eine Konstante bei den späteren Pansophen Weigel und Böhme, bei den Rosenkreuzern, manchen Pietisten bis schließlich hin zur Identitätsphilosophie der Romantiker (Novalis, Baader, Schelling), hatte aber auch Einfluß auf Giordano Bruno und vor allem englische Paracelsisten und Böhmisten.

1. Zur Historiographie seit Humanismus und Reformation

Heils- und Weltgeschichte sind seit den frühen Geschichtsdichtungen der legitimiste und vornehmste Gegenstand der Erzählung gewesen. In dem Maß, als im 13. Jahrhundert der höfische Roman an Verbindlichkeit verliert, werden Geschichtserzählung und Reimchronik aufs neue aktuell. Das Spätmittelalter sieht eine Prosachronistik in der Volkssprache entstehen, als Mittel zur immer konkreteren Selbsterfassung der neuen Lebensordnungen in Ländern, Städten und Bünden. Dabei dient das herkömmliche System der Weltgeschichte, ja selbst die annalistische Form, noch lange dazu, die verschiedensten Inhalte, die buntesten Memorabilien in bequemer, offener Weise zu sammeln und darzubieten. Auch jetzt, wenn es um das Nächste geht, wird noch gern der fernste Horizont festgehalten, beginnt man mit der Weltschöpfung, mit der Reichsgründung oder den alten Germanen. In den Vordergrund treten nun allerdings jene überschaubaren Identitäten, die sich in spektakulären Vorgängen im Spätmittelalter gebildet haben und sich als Geschichtssubjekte etablieren, wie z. B. die schweizerische Eidgenossenschaft. Daneben entstehen weiterhin die verschiedenartigsten Landes-, Fürsten-, Städte- und Familiengeschichten. Die konkreteste Form historiographischer Selbstdokumentation ist die Selbstbiographie, deren Subjekt allerdings eine von seiner jeweiligen Welt schwer isolierbare Größe bleibt. Sie wächst ja zunächst durchaus extravertiert auf dem Grund städtischer oder fürstlicher Chronistik, selbst im Fall von Maximilians romanhafter Selbstinszenierung. Der Übergang von der allgemeinen Chronik zu den Memoiren des

Chronisten, von Reise- oder Familienbuch zu frühen
Versuchen verinnerlichender Autobiographik ist durchaus fließend.

Humanismus und Reformation haben in diese spätmittelalterlichen Entwicklungen neue Impulse gebracht. Für
die Humanisten ist die Geschichtsschreibung hervorragender Ausdruck ihres neuen Lebensgefühls, ihrer Bil-
dungsinteressen, ihres an der Antike orientierten Weltbildes. Grundsätzlich lassen sich dabei zwei Tendenzen
unterscheiden, die sich unter Umständen in die Quere
kommen, aber auch zu kühnen und interessanten Synthesen führen können. Da ist einmal eine gelehrte Forschung, die auf fundierte Erkenntnis, auf Überliefe-
rungskritik und Entdeckung neuer Quellen gerichtet ist
und die wahre menschliche Situation aus der Geschichte
erfahren will. Nicht zuletzt geht es dabei gegen die
Fortschreibung kirchlich-institutioneller Grundsätze –
man denke etwa an die Entlarvung der Konstantinischen
Schenkung durch Lorenzo Valla. Das andere Interesse ist
die Geschichtsschreibung als literarische Form, als Feld
einer rhetorisch geschulten Prosa nach den Vorbildern der
antiken Historiographen und als Gelegenheit schöpferischer Konstruktion. Dazu gehört auch die Freude an der
Antikisierung der deutschen Geschichte vor allem in ihren
sich nun langsam erhellenden Frühzeiten, wobei man mit
den Italienern in Konkurrenz tritt und zugleich von ihnen
abhängig bleibt. Hier wird nun das nationale Interesse
ungehemmter deutlich: in mancher Hinsicht wird das
noch vage und rhetorische Nationalgefühl zum weltlichen
Ersatz des religiösen Horizonts. Was hier noch anhand
humanistischer Vorstellungen als retrospektive Legitimation „Germaniens" betrieben wird, gewinnt Jahrhunderte
später wirkliche politische Konsequenzen.

Die Reformation beschleunigt naturgemäß den Fortgang der historiographischen Emanzipation. Sie hat die
Einheit des kirchlich-feudalen Abendlandes und damit

die Voraussetzungen der Universalhistorie gesprengt, sie
hat die Entstehung neuer staatlicher Gebilde befördert,
sie hat auch dem Glauben einen nationalen Charakter
gegeben und das Verständnis für die Bedeutung der
Ketzer in der Geschichte geweckt. Die Geschichte
konnte auf neue Weise irritierend und als Wunderwerk
Gottes – vor allem Franck gibt der alten Formel einen
neuen Sinn – faszinierend werden. Nicht zuletzt aber
fördert die Reformation den Zug zur volkssprachlichen
Geschichtsschreibung. Mit dem Verzicht auf das gelehrte
Latein und seine kritischen oder rhetorischen Ansprüche
wächst die Möglichkeit zu unkritischer, aber volkstümlicher, lebendig-unterhaltender Geschichtserzählung. Um
so mehr wird es Aufgabe heutiger Literaturgeschichte,
solcher volkssprachlicher Chronistik samt ihren Antrie-
ben und Funktionen gerecht zu werden.

Die vorliegende Darstellung kann somit den Fortgang
der lateinischen Historiographie, die seit dem Humanismus immer deutlicher im Zusammenhang der Wissen-
schaftsgeschichte zu sehen ist, nicht verfolgen. Übergangen werden müssen denn auch so bedeutende gelehrte
Historiker wie – um ein paar beispielhafte Namen zu
nennen – der elsässische Humanist Beatus Rhenanus mit
seinem patriotisch-kritischen Werk (*Rerum germani-
carum libri tres*, 1531), der Wiener Hofhistoriograph
Wolfgang Lazius (*Vienna Austriae*, 1546, zahlreiche
Arbeiten zu einer umfassenden österreichischen
Geschichte) oder der maßgebende protestantische Refor-
mationshistoriker Johannes Sleidanus (*De statu religionis
et reipublicae Carolo V. Caesare commentarii*, 1555).

Auch in der Volkssprache steht man einem mächtigen
Material gegenüber. Hier begegnen jene Geschichtswerke, von denen Goethe mit einem vielzitierten Wort
gesagt hat, man könnte mit ihnen einen trefflichen Menschen tüchtig heranbilden, ohne dabei ein anderes Buch
zu brauchen: die Chroniken Aventins und Gilg Tschu-

dis. Es sind zugleich die Werke, in denen gelehrte Sammelfreude und volkssprachliche Darstellungskraft sich
am glücklichsten verbunden haben. Als eine Art Kontext
zum Werk Tschudis soll die eidgenössische Chronistik
im Zusammenhang überblickt werden – ein bloßes Beispiel, das jedoch mit seiner erzählerischen Leistung
sowie in der Geschlossenheit des Themas und der Überlieferung hervorragt.

2. Aventin

Johannes Turmair, nach seinem Heimatort Abensberg
(Niederbayern) A v e n t i n u s genannt (1477–1534),
wurde nach Studien in Ingolstadt, Wien (Celtis), Krakau
und Paris zum Erzieher bayrischer Prinzen und später
zum herzoglichen Hofhistoriographen berufen. Unter
seinen verschiedenen Schriften stehen seine *Annales
ducum Boiariae* (1519–21, im Auszug gedruckt 1554)
voran, die er anschließend, bis 1533, zur *Baierischen
Chronika* als freier deutscher Bearbeitung umgestaltete.
Ein Auszug daraus erschien schon 1522, das Ganze erst
1566. Bei dieser Verzögerung mag die Sympathie Aventins zum Protestantismus und seine Kirchenkritik mitgespielt haben. Die Bayernchronik verkörpert humanistischen Geist, sofern sie auf ungewöhnlicher, umfassender
Quellenkenntnis, auf Archivreisen, Urkunden und
Inschriften beruht; zugleich aber hat sie den Übergang
ins Volkstümliche vollzogen. Die deutsche Fassung steigert den unkritischen, erfinderisch ausmalenden Umgang
mit dem gelehrten Material und gelangt zu einem erbaulichen, unterhaltenden Erzählwerk großen Stils, dem dann
auch ein entsprechender Erfolg beschieden war. Die
Mischung von Gelehrtheit mit kühner darstellerischer
Erfindung setzt eine Auffassung von historischer Wahrheit voraus, die vom heutigen Wissenschaftsbegriff aus
schwer zugänglich ist.

An das Programm einer bayrischen Fürsten-, Stammes- und Landesgeschichte hält sich Aventin nur insofern, als er alles sammelt und durch eigene Erfindung ergänzt, was die Rolle der Bayern in der Weltgeschichte ins Licht setzen kann. So liefert er faktisch die bayrische Geschichte im Rahmen einer deutschen, germanischen und universalen Chronik, bedient sich also im Grunde des alten mittelalterlichen Typus einer Welt-, Reichs und Kaiserchronik. Bei ihm wird nun aber insbesondere alles vereinigt, was die Humanisten seit Enea Silvio und die wiedergelesenen antiken Historiker an Wissen und Konstruktionen zur Frühgeschichte hergaben, um das Alter, die Freiheit und Größe der Germanen zu begründen und diese – was immer unter Germanen zu verstehen war – als Stützen und legitime Erben des Reichs von alters her zu verherrlichen. Von besonderer Bedeutung wurden dabei die falschen Berosus-Fragmente des Annius von Viterbo, die von den meisten Gelehrten Italiens, aber auch z. T. Deutschlands (wie z. B. Beatus Rhenanus) abgelehnt wurden, nun jedoch von Sebastian Franck und von Aventin in die patriotische Klitterung aufgenommen sind. Der von Tacitus erwähnte Gott Tuisto erscheint als Tuiscon, bei Aventin etymologisch korrigiert als Tuitsch oder Teutsch, der ein Sohn Noahs war, mit achtundzwanzig Gefährten nach Europa kam und Stammvater der Deutschen wurde. Damit war ein altes Problem der Universalhistoriker, nämlich ein Anschluß der deutschen Stämme an die Genealogien des Alten Testaments und damit an die Geschichte des Volkes Gottes überhaupt, auf neue und ehrenvolle Weise gelöst. Guten Gewissens ließ sich dann auch die bayrische Chronik wie üblich mit der Weltschöpfung beginnen. In neuem Glanz erstrahlte auch die von Hutten literaturfähig gemachte Gestalt des Arminius (samt der kühnen Verdeutschung als Erman, Herrmann), die über den barocken Roman bis zu Klopstock und Kleist das

nationale Gemüt beschäftigte. Die massive vaterländische Tendenz Aventins war humanistisches Gemeingut,
in Deutschland zusätzlich gegen die italienischen Vorbilder gerichtet und unterstützt durch eine antirömische
Haltung auf kirchlichem Gebiet. Etwas weit ging Aventins etymologische Marotte, die ihn die alten Namen ins
Deutsche übersetzen ließ (Ariovist = Ernst, Indutioma-
rus = Tütschmair) und selbst zur Verdeutschung einiger
altrömischer Namen führte.

Man schreibe Geschichte, sagt Aventin, um die Wahrheit abzumalen, den Weltlauf wie in einem Spiegel
anzuzeigen und die Ursachen von Gut und Übel, die
Gerechtigkeit Gottes und die Vergänglichkeit menschlicher Pracht einzusehen. Daß bei der Wahrheit, für die
Aventin energisch eintritt, mehr eine moralische als faktische Größe gemeint ist, mag seine Fabulierlust verständlicher machen, trägt aber auch zu der Abstandslo-
sigkeit bei, mit der hier Geschichte erzählt ist. Wie schon
die humanistische Freude, antikische Gegenwart in einer
Italia oder Germania illustrata aufzuweisen, die Distanz
zwischen Vergangenheit und Gegenwart reizvoll auf-
hebt, so macht Aventins Zuversicht, er könne *„auf guot
alt grob baierisch"* sein moralisches Urteil nach unverän-
derlichen Kriterien zum Ausdruck bringen, den Reiz
und zugleich das Unhistorische seines Unternehmens
aus. Dafür ein beliebiges Beispiel:

(Es wird der Zerfall des römischen Reichs unter Honorius
erzählt.) Mit disem anschlag, mit disem weg stelten die gewelti-
gen am kaiserlichen hof hübschlich nach dem reich: ietlicher
wolt der vödrest sein, schalt die andern, verachts, ließ niemant
auf und zu emptern kummen dan die sein liedel sungen, sein
reien geigeten und tanzten. Also sprangen die stüel auf die pänk
und gieng das undrest zu dem öbresten, darnach gieng es an ein
kriegen und schlahen mit großem schaden des gemainen nutz,
merklichem verderben des heiligen römischen reichs.

(IV,2,1107)

Mit behaglicher moralischer Kennerschaft, leichtem Humor („hübschlich") und sprichwörtlichen Redensarten wird Menschliches geschildert, in parataktisch, oft asyndetisch gereihten kurzen Sätzen und Satzteilen, unter reichlicher Verwendung von synonymischen Doppelgliedern. Eine konstruktive, intellektuell ordnende, argumentierende Erfassung der Geschichte zeichnet sich in solchem Stil nicht ab.

3. Eidgenössische Chronistik

Die überaus reiche Chronistik, die sich im 15. und nun erst recht im 16. Jahrhundert um den jungen schweizerischen Bund mit seinen konkreten, akuten Gegenwartsproblemen und seiner intensiv an ihnen beteiligten Bevölkerung entwickelt, hat es leichter: Die Befreiung der Waldstätte ist trotz aller Mythenbildung ein echteres und unmittelbareres Thema als die Schlacht im Teutoburger Wald; die politischen und konfessionellen Auseinandersetzungen der Gegenwart sind überschaubarer als die Anliegen der bayrischen Herzöge, besonders wenn der Chronist an ihnen selber führend teilhat.

Der St. Galler Humanist V a d i a n ist in diesem Sinn die überragende Figur, weit über den schweizerischen Bereich hinaus. Bei ihm verbindet sich politische Führerschaft mit einem ungewöhnlichen Geschichtssinn, in seltener Einheit von Praxis und distanzierter Wissenschaft. Seit 1526 Bürgermeister und Reformator seiner Stadt, wuchs er auch in die Rolle eines eidgenössischen Politikers und begann doch gerade in diesen Jahren seine historischen Arbeiten. Der Rahmen war – äußerlich in annalistischer Form – eine Chronik der Äbte von der Gründung St. Gallens bis in die Gegenwart. Eine Reinschrift umfaßt nur die Jahre 1199 bis 1490, die Frühgeschichte wurde ersetzt durch eine später, um 1545, ent-

standene Reihe von meisterhaften Studien u. a. zur
Geschichte des Mönchtums oder zur St. Galler Stadtgeschichte, und eine „kleine Chronik der Äbte" brachte im
Auszug die Ereignisse von 720 bis 1531. Weiteres Material ging in die Schweizerchronik von Johannes Stumpf
ein. Von der engsten Heimatgeschichte ging Vadian aus,
aber wiederum nur, um sie im Zusammenhang der deutschen und universalen Geschichte darzustellen. Mit Ausnahme einer *Farrago* (Mischfutter) *de collegiis et mona-
steriis Germaniae veteribus* bediente sich der Reformator
nun der deutschen Sprache, ohne allerdings Konzessionen an volkstümlichen Geschmack zu machen. Der
ideelle Antrieb seiner Geschichtsforschung war zweifellos das problematische Verhältnis geistlicher und weltlicher Ordnung – das war das Hauptthema seiner lokalen
Politik bei der Loslösung der Stadt aus der Abhängigkeit
von der mächtigen Abtei, deren Untergang zeitweilig
schon besiegelt schien. Es war aber auch der Inhalt der
reformatorischen Umgestaltung der Herrschaftsverhält-
nisse in der Schweiz, und es hatte schon, als Spannung
zwischen Papsttum und Kaisertum, die Geschichte des
Mittelalters bestimmt. Aus seiner reformatorischen Einstellung macht Vadian hier kein Hehl: Er verfolgt kritisch die Verweltlichung der *„möncherei"*, er nimmt
leidenschaftlich Partei für die Staufer, er steht auf seiten
der Stadt gegen die Äbte, vor allem gegen den mächtigen
Restaurator der äbtischen Herrschaft Ulrich VIII.
(Rösch), dessen Geschichte er breit behandelt (*„kain abt
ist uns grämmer und ufsätziger gsin"*, II,376). Zugleich
aber ist Vadian wie kein zweiter der kritische Wissen-
schaftler, der die Fakten reflektiert, begründet, historisch
relativiert, vielfältig aufeinander bezieht, Entwicklungen
sieht und die Quellen wertet. So erwähnt er beispielsweise die innerschweizerische Befreiungsgeschichte nur
summarisch als „seltsam sachen" und „fabelwerk". Bei
aller möglichen Treffsicherheit seiner Kommentare ist

denn auch sein Stil wissenschaftlich, logisch gliedernd,
oft mit Sätzen von reich gestufter Syntax und gelegentlich auch sich anlehnend an lateinische Konstruktionen –
eine helle, klare, überlegene Prosa.

Die selbstbewußte, mächtige Stadt Bern hatte eine
reiche historiographische Tradition, zu der vor allem
auch eine amtliche Chronistik gehört (Justinger, Schilling). Diese kulminierte und endete mit Valerius Anshelm (genannt Rüd, 1475–1547), Bürger der damals den
Eidgenossen verbündeten Stadt Rottweil, der nach Stu-
dien in Tübingen und Krakau 1505 in Bern Leiter der
Lateinschule, dann Stadtarzt und seit 1529 bis zu seinem
Tod vom Rat besoldeter Geschichtsschreiber war, ein
früher Anhänger der Reformation, im Kontakt mit
Zwingli, Vadian und natürlich Manuel. In seinem
Lebenswerk berichtet er in annalistischer Form über die
Zeit der Burgunderkriege und die anschließende selbster-
lebte Gegenwart. Auch hier erscheint die Lokal- und
Schweizergeschichte selbstverständlich im großen
Zusammenhang: Vor jedem Jahr steht die Angabe des
regierenden Papstes, Kaisers, Königs von Frankreich
und Schultheißen von Bern. Die Aufnahme buntester
Einzelfälle gehört auch hier dazu. Im Gegensatz zu
Vadian redet hier nicht ein Protagonist der Geschichte,
vielmehr ein wenn auch leidenschaftlicher Betrachter und
vor allem ein ambitiöser Schriftsteller. Seinem zeitgeschichtlichen Gegenstand entsprechend stützt er sich
wenig auf chronikalische Quellen, um so mehr aber auf
die genauestens studierten Akten des staatlichen Archivs,
auf die Berichte von Augenzeugen und eigenes Erlebnis.
Seine rigorose reformatorische und moralische Gesinnung, die ihn zu einem gewissen Pessimismus der Welt-
betrachtung führt, trägt er mutig und unabhängig vor,
auch wenn er damit seine Herren und Auftraggeber
desavouiert. Die ruhmreichen Burgunderkriege verurteilt er, aristokratisch wendet er sich gegen Gelddenken

und Krämergeist. Seine Berichte sind zuverlässig und
wollen nichts beschönigen. Wenn ihm der politisch-
pragmatische Blick Vadians abgeht, so liefert er dafür
eine stofflich, moralisch und stilistisch intensive Darstellung hohen Stils. Nach dem Vorbild der Römer, vor
allem wohl des Tacitus, pflegt er eine verknappte, rhetorisch pointierte Diktion. In der programmatischen Einleitung ist diese demonstrativ gesteigert:

> Rechter kronick inhalt, not, nutz und art.
> Die wil ouch der mensch, us verkerter art, sin selbs lieb,
> eigennützig und ergitig, zuo gmeiner lieb, er und nutz untög-
> lich, ist zum höchsten not, menschliche biwonung und fridliche
> gmeinsame ze pflanzen und zuo erhalten, gebot und verbot,
> belonung und straf, tugent und laster, und deren vorgönd und
> nachgönd exempel, personen, stat, zit, rat und tat, zuo aller
> nachkommenden ler, warnung, volg oder flucht, in geschrift
> flissig und ordenlich zuo verfassen, empsig und ernstlich, inson-
> ders so zum regiment gehörent, für- und inzebilden.

Wenn sich Geschichtsschreibung als Lehre und Warnung
versteht, will sie auch das menschliche Zusammenwoh-
nen, die friedliche Gemeinschaft und ihr Regiment
befördern und hat somit einen eminent sozialen Auftrag.
Anshelm gehört zu den Pionieren einer hohen historiographischen Tradition deutscher Sprache – Ranke hat ihn
gepriesen. Auch um dieses Werk hat sich das Gemeinwe-
sen, das es getragen hatte, bald nicht mehr gekümmert –
es wurde erst im 19. Jahrhundert gedruckt. Die Verhältnisse waren konsolidiert, wenn nicht erstarrt, gerade die
große, engagierte Geschichtsschreibung war seit der
Mitte des Jahrhunderts nicht mehr gefragt.

Mehr Glück hatte in Zürich Johannes S t u m p f
(1500–77/78), der aus Bruchsal in die Schweiz gekommen, Johanniterprior und dann reformierter Prediger auf
der Landschaft geworden war, die Tochter des Chronisten Heinrich Brennwald heiratete und seit etwa 1540
sein Hauptwerk schrieb: *Gemeiner loblicher Eydgno-*

schaft Stetten, Landen und Völckeren Chronickwirdiger Taten beschreybung. Das Werk, 1548 gedruckt und dann zweimal wiederaufgelegt, trug ihm das Zürcher Bürgerrecht ein. Vorbereitet war das mächtige Unternehmen durch eine annalistische Reformationschronik in mehreren Fassungen, die in die Arbeit Heinrich Bullingers einging, durch eine Archivreise durch die Schweiz und nicht zuletzt auch durch Material, das ihm Vadian und Tschudi großzügig beigesteuert hatten. Ein bedeutender Nebenertrag waren die sorgfältig von Stumpf gezeichneten Landkarten. Im Gefolge Brennwalds und Etterlins ging es um eine Geschichte des Bundes und seiner Mitglieder seit den alten Helvetiern, also um das aktuelle und konstruktive Unternehmen, dem eidgenössischen Bewußtsein (gerade ungeachtet der konfessionellen Spaltung) eine breite und tiefe Grundlage zu geben. Leitend war dabei der Gedanke einer Helvetia illustrata, d. h. einer die Topographie des Landes und seine Geschichte in eins sehenden, die Gegenwart auf den Hintergrund antikischer Vergangenheit projizierenden Darstellung, wie sie Flavio Biondi in seiner *Italia illustrata* als bewundertes Vorbild geschaffen und die deutschen Humanisten nur in einer Reihe von Ansätzen zu einer „Germania illustrata" hatten nachahmen können. Nun war es bei dem kleinen, selbstbewußt gewordenen Geschichtskörper in dem überschaubaren Raum möglich. Gerade weil es sich um eine positive, im Grund verherrlichende Selbstdarstellung zuhanden eines breiten Publikums handelte, traten die problematischen Seiten – so vor allem die Konfessionsstreitigkeiten und eine moralisch-theologische Parteinahme –, aber auch die Neigung zu Quellenkritik zurück. So entstand ein zwar gelehrtes und materialreiches, volkstümlich darstellendes, aber wenig profiliertes Werk. Nicht zuletzt die Fülle der beigegebenen Holzschnitte machten die Stumpf-Chronik jedoch zum hochgeschätzten Repräsentations- und Standardwerk

und übrigens zu einem der aufwendigsten Druckwerke
des Jahrhunderts.

Das eigentliche Monument der schweizerischen
Geschichtsschreibung schuf jedoch der Glarner Patrizier
und Staatsmann Gilg (Aegidius) T s c h u d i (1505–72).
Hier bestanden einzigartige Voraussetzungen: Ein Schüler Zwinglis in Glarus, Glareans in Basel, war Tschudi
mit einundzwanzig Jahren Ratsherr, mit vierundzwanzig
eidgenössischer Landvogt in Sargans, später in Baden; er
führte diplomatische Missionen in Frankreich, Rom und
Augsburg aus und war, trotz seines Verharrens beim
alten Glauben, einer der angesehensten eidgenössischen
Politiker und insbesondere Vermittler; erst der gewaltsame Versuch einer Wiederherstellung der alten Verhältnisse im sogenannten Tschudi-Krieg kostete ihm Sym-
pathien. Während Jahrzehnten betrieb er seine histo-
risch-antiquarischen Studien, unternahm Forschungsrei-
sen, durchsuchte die eidgenössischen Archive, bemühte
sich um Urkunden, Inschriften und Münzen. Von seinen
verschiedenen Arbeiten – darunter auch eine theologische über das *Fegfür* – ist nur eine einzige zu seinen
Lebzeiten erschienen, die *Uralt warhafftig Alpisch Rhe-
tia*, eine Art Raetia illustrata, die von dem Kosmogra-
phen Sebastian Münster ins Lateinische übersetzt und
1538 zugleich in einer deutschen wie einer lateinischen
Ausgabe publiziert wurde. Seine mächtigen Material-
sammlungen zur Schweizergeschichte konnte Tschudi
nur noch zum Teil historiographisch verarbeiten. Er
hinterließ das annalistisch geordnete *Chronicon helveticum*, das die Zeit von 1001 bis 1470 behandelte (die
„Reinschrift" davon geht nur bis 1370), ferner als eine
Art vorrömischer und römischer Vorgeschichte dazu die
topographisch disponierte *Gallia comata* (Langhaar-Gal-
lien im Gegensatz zur Gallia togata). Von diesen Werken
kursierten zwar Abschriften, in den Druck kamen sie
aber erst 1734 bzw. 1758.

Die leitende Idee dieses Riesenwerks war eine geschlossene Darstellung, ja eine historisch fundierte Rekonstruktion der eidgenössischen Geschichte, wie sie nur Tschudis Kenntnis, Erfahrung, Ansehen und Vision hervorbringen konnten. Im Legitimitätsdenken Tschudis und seiner Zeit konnte dies nicht irgendeine Entwicklung aus Anfängen und im Lauf der Geschichte erbrachten Leistungen sein, sondern, sozusagen statisch gesehen, nur die Wiederherstellung eines ursprünglichen Zustands oder Wesens, das sich wieder zu seiner Identität verwirklichte. *„Das land Helvetia (jetzt Switzerland genant) wider in sin uralten stand und fryheit"* zu bringen, das war die Absicht des Bundesschwurs auf dem Rütli und der Sinn aller Ereignisse seither – und eben auch die Idee von Tschudis Geschichtsschreibung. Freiheit heißt dabei nicht irgendeine bäurische Erhebung zur Unabhängigkeit schlechthin, sondern Freiheit zum Reich, wie immer diese christlich-römisch-deutsche Ordnung konkret zu verstehen war. So sieht denn auch Tschudi, der für sich selbst einen kaiserlichen Adelsbrief malte und eine entsprechende Familiengeschichte rekonstruierte, die Rolle des Adels durchaus nicht in irgendeinem Gegensatz zur Geschichte des Bundes aus Städten und Ländern. Darüber hinaus bedeutet die Bundesgeschichte denn auch den Vollzug eines geheimen göttlichen Willens: die Eidgenossen sind – wie bei andern Humanisten die Germanen – ein Urvolk, ein Reichsvolk, ja ein Volk Gottes. Solche Leitidee kommt nun begreiflicherweise in Konflikt mit einer modernen (und auch damals durchaus nicht unmöglichen) Vorstellung von kritischer Erforschung der historischen Wahrheit. Das Erstaunliche an Tschudi ist, wie er ein auf rastloser gelehrter Forschung beruhendes Wissen verschmelzt und ergänzt mit scharfsinnig erfundenen Elementen – mit Erfindungen oder eben Fälschungen, wenn man ihre Raison verkennt. So oder so geht Schillers Lob von Tschudis „Treuherzigkeit" fehl – gerade treuherzig ist er nicht. Man hat ihm wegen seiner Erfindungen denn auch heftigere Vorwürfe gemacht als dem viel unbefangener fabulierenden Aventin.

Die konstruktive, er-bauende Tendenz führt nicht nur zu ergänzenden „Hypothesen", sondern natürlich auch zu einer entsprechenden Auswahl und Beleuchtung der Tatsachen. Tschudi spricht davon, daß er seinem Material „die formliche rhetorische gestalt" geben wolle. In der Geschichtserzählung soll die Identität der Eidgenossenschaft plastisch hervortreten, und das Werk soll denn auch „ze allen teilen und Partyen mit gedultigen Oren, mit Anmut und Danksagung" aufgenommen werden können. Tschudi wollte sogar vor der Publikation noch den zensierenden Rat seiner Gewährsleute in allen Orten einholen – obwohl er in praxi ein heftiger Parteipolitiker war. Dennoch war wohl eine gewisse Hybris des Mannes im Spiel, der als das eidgenössische oraculum galt und Wissen und Erfahrung wie kein anderer besaß. Als Schöpfer des gewaltigen Werkes mochte er der Versuchung erliegen, die ihm so vertraute Vorsehung nach seiner eigenen Vorstellung walten zu lassen. Schriftstellerisch tat er es mit einer unvergleichlichen Meisterschaft, ob es nun darum ging, in Verhandlungen und Reden die geschichtlichen Positionen argumentierend zu erläutern, mit kräftigem Vokabular Menschen und Vorgänge zu charakterisieren oder mit Syntax und Rhythmus ein Geschehen erzählerisch abzubilden. Für das letzte ein Beispiel aus dem Anfang einer der Schlachtenschilderungen, die nach altepischem Brauch zu seinen bewußten Glanzstücken gehören. Es beginnt einfach, fast stockend mit dem Bericht über den Aufbruch des Herzogs Leopold von Österreich und seines Heers von Zug hinauf gegen Aegeri und Schwyz am 15. November 1315:

Also am Samstag was Sant Othmars Abend (Tag vor St. Othmar) / am Morgen früy / wie der Tag anbrach / kam Hertzog Lüpolt mit siner Macht daher an den Morgarten / und was Nachts

von der Statt Zug für Aegri haruffgezogen / Er zoch selbs mit
sinem Adel und dem reisigen Zug in der Vorhut / und hat das
Fuß-Volck den Nachzug / der Adel hat ein Lust an die Puren.

Nach diesen kurzen, vorbereitend wirkenden, parataktischen Sätzen, in denen anaphorisch der Zug und das
Ziehen deutlich wird und die in dem asyndetisch ange-
schlossenen Schlußsatz zusammengefaßt und begründet
werden, folgt ein neuer Einsatz, zunächst plusquamper-
fektisch, wobei der neue Anlauf nochmals durch einen
Nebensatz gebremst wird:

> Nun hattend sich die 50 Waldstettische Banditen (Verbannten,
> die zu Hilfe gekommen waren) mit Stöcken und grossen Steinen /
> so Si zusammen getragen uff den Rein / da Si lagend / wol gerüst /

doch die Bewegung springt über:

> und wie die Herrschafft an den Berg Morgarten kam / da es an-
> fing ruch und eng sin / da die Pferd kein Schwung möchtend ha-
> ben / und kum zwey oder dry nebend einandern gen köntend / ...

nach dieser erneuten Retardation mit den drei parallelen
Nebensätzen („da...“), welche die Spannung steigern,
kommt endlich der entscheidende Hauptsatz:

> liessend die Banditen Stöck und Stein den Berg nider unter Si
> louffen / daß Roß und Mann zu Boden gieng / ...

> (Druck 1734, 272)

Solche Sicherheit und Präzision nicht nur in der sachlichen Anschauung, sondern vor allem im Einsatz der
syntaktisch-rhythmischen Mittel, der behäbige Schwung
der sachlich wie gefühlshaft ausdrucksvollen Perioden
machen Tschudi zum souveränen Prosaisten. Er steht am
Ende einer großen Epoche, bereits zur Zeit der anlaufen-
den Gegenreformation, ja zeigt vielleicht im Umfang und
in der Inszenierung seines Werks bereits barocke Züge.

Ohne Zukunft war Tschudis weitgehend normalisierte
schweizerische Hochsprache; nach ihm, schon seit
Stumpf, setzte sich das Neuhochdeutsche der Drucker
und Luthers durch.

4. Familienchronik, Denkwürdigkeiten, Selbstbiographie

Wenn in den meisten Chroniken das erzählerische Element in der Erwähnung von Merkwürdigkeiten und
insbesondere in anekdotischen Einlagen besteht, so kann
es übermächtig werden, wo ein engerer Kreis von
Hörern und Lesern gedacht, wo persönliche Nähe mit
dem Autor, ein engerer Ausschnitt aus der Geschichte
gegeben ist und neben gelehrter Information bewußt
auch Unterhaltung geboten werden soll. Wie bei Städtechroniken kann auch bei Familienchroniken oft keine
Grenze zwischen allgemeiner Chronik, Lebenserinne-
rung und Selbstdarstellung gezogen werden. Ohne
System und Reflexion ergreift der Chronist im Namen
seiner selbst und seiner sozialen Gruppe die ganze Fülle
der wiß- und erzählbaren Dinge um ihn herum, will
nichts anderes als eine irgendwie selber gelebte Welt
festhalten. Mehr als beim durchschnittlichen Bürger ist
bei adligen Familien die Pflege der Überlieferung wichtig, als Legitimation der eigenen Dynastie, als Rechts-
grund in den laufenden Händeln um Besitz und Rang, als
Mittel, Ansehen und Ruhm zu gewinnen. Die verschiedenen Familienchroniken von adligen Häusern der Zeit
werden alle überragt von der gewaltigen *Chronik der
Grafen von Zimmern*, eines katholischen süddeutschen
Geschlechts, das in Meßkirch und in verschiedenen
andern schwäbischen Schlössern residierte, aber im Mannesstamm bereits zu Ende des Jahrhunderts erlosch. Im
Gegensatz zu früheren Annahmen scheint heute gesichert, daß der alleinige Verfasser der Chronik der Graf

Froben Christoph von Zimmern (1519–66) war. Er hat nach juristischen Studien in Deutschland, Frankreich und Flandern (Bourges, Paris, Angers, Löwen) 1548 das väterliche Erbe und 1553 das seines Onkels, dem er geduldig zwölf Jahre lang gedient hatte, übernommen und die zerrüttete Herrschaft mit Erfolg reorganisiert. Gleichzeitig mit diesem Neuaufbau muß, nach weitreichender Sammlung von Urkunden und andern Nachrichten, aufgrund historischer Lektüre und mit Hilfe von Beiträgen Dritter die Chronik entstanden sein. Sie schildert das obligate „Herkommen", das in diesem Fall geradewegs von den alten Cimbern hergeleitet wird; sie bietet einiges aus der älteren Geschichte und behandelt dann sehr breit die Ereignisse von etwa 1490 bis 1558. Die Handschriften zeigen ein ähnliches Bild wie die zu Tschudis Schweizerchronik: ein noch stets im Wachsen begriffenes, für Einschübe und Nachträge offenes, amorphes Gebilde, das die europäische Welt auf den Meridian von Meßkirch visiert. Hier geht nun alles ins Lokale und Vertraute der Ereignisse und Personen, also vor allem der süddeutschen Adelsgesellschaft. Obwohl der Graf Froben sehr wohl zwischen wahren Nachrichten und Erfindungen zu unterscheiden weiß, fügt er in oft rein assoziativem Anschluß anekdotische und novellistische Erzählungen vor allem schwankhaften Charakters ein, in der erklärten Absicht, die Chronik unterhaltsam und zum allgemeinen Sittenspiegel zu machen. Dabei verbindet sich die Freude am Witz, an Schwank und Anekdote mit einem offensichtlichen Interesse für Menschliches und auch Allzumenschliches seiner geschichtlichen Personen und einem Sinn für alle Médisance aus dem Adels- und Klosterleben. Er findet nichts dabei, hiefür Boccaccio, Poggio und nicht zuletzt Bebel zu benützen, und kann damit der Skandalchronik sozusagen literarische Weihe geben. Ein „geheimes Fazetienbuch" hatte er sich als Reserve für diesen Zweck angelegt. Zweifellos ist aber auch vieles aus mündlicher Überlieferung bezogen. Was in den zeitgenössischen Schwankbüchern, von denen Froben Kirchhoffs *Wendunmut* (1563 ff.) kannte, um seiner selbst willen versammelt ist, erscheint hier in größter Fülle und saftiger Drastik im Kontext einer Chronik und ist damit noch oder wieder integriert im gesamtmenschlichen Geschehen. Die Einheit verbürgt im übrigen ein Erzählstil hohen Ranges mit allen Reizen unverblümter volkstümlicher Sprache, die mit gezielt eingesprengten lateinischen oder mundartlichen Vokabeln auf verschiedenen Sprachebenen spielt und so die Dinge ironisch und selbstironisch relativiert. Obwohl der Chronist grundsätzlich von sich selbst in der dritten Person spricht, so fällt er doch häufig in ein „versehentliches" Ich und reguliert auch damit die Intimität des Berichts je nach Bedarf. Die Zimmersche Chronik zeigt bereits ausgeprägt den humoristisch-ironischen Ton der sogenannten Volkserzählung, wie er noch hundert Jahre später bei Grimmelshausen blüht.

Die Frage nach Weltanschauung und Geschichtsauffassung Frobens von Zimmern ist „im weltanschaulichen Vakuum zwischen Reformation und katholischer Reform" (B. R. Jenny) kaum zu beantworten, ja vielleicht überhaupt gegenstandslos. Obwohl sich ein komplexer, scheuer, rankünöser, in der Verfolgung seiner Ziele hartnäckiger Charakter erschließen läßt, bleibt man zuletzt doch verwiesen auf die Kollektivweisheit, die sich in der mit anzüglichen Redensarten und Sprichwörtern gesättigten Sprache ausdrückt. Auf Schritt und Tritt begegnen Sentenzen wie die folgenden:

Es ist kain kunst, ain kindt zu machen, dann die bauren und unverstendigen kindens (könnten es) schier am besten, sonder das ist ain maisterschaft, dem kindt ain vater schöpfen (so wird eine Reihe von Eheskandalen kommentiert, deren Früchte einem falschen Vater zu unterschieben waren) –

Ein meusle bringt (nur) ein anders meusle für (zu frühes Heiraten bringt keine kräftige Nachkommenschaft hervor) –

Die Schweizer haben nie kainem geholfen, dem darvor nit baß gewest (eine politische Erfahrungsweisheit).

In die deutsche Adelswelt des 16. Jahrhunderts und vor allem zu ihren problematischen Seiten führt auch eine größere Zahl von memoiren- und chronikhaften Aufzeichnungen einzelner Herren, bei denen nicht Familienstolz, sondern ein bewegtes Leben Anlaß zur Niederschrift war. Diese Werke bieten weniger ein literarisches als ein kulturgeschichtliches Interesse. Am bekanntesten geworden ist wohl die Lebensbeschreibung des Götz von B e r l i c h i n g e n (1480–1562), Raubritters und Söldnerführers von Beruf, der am Ende seines Lebens in recht formloser Weise eine Darstellung seiner Fehden, Kriegshändel und „anderer actiones" gab, nicht zuletzt zur Rechtfertigung seiner umstrittenen Rolle im Bauernkrieg. Damit vergleichbar sind *Das Leben und die Taten* des Sebastian S c h e r t l i n v o n B u r t e n b a c h (1496–1577), Memoiren aus dem abenteuerlichen Leben eines württembergischen Landsknechtführers im Dienste zuerst des Kaisers, dann auf seiten der Schmalkaldener, als geächteter Lutheraner schließlich im Sold des Königs von Frankreich. Von bildungsmäßig, politisch und menschlich sehr viel höherem Rang sind die Aufzeichnungen des Freiherrn Siegmund von H e r b e r s t e i n (1486–1566), der im Dienste der Kaiser Maximilian I. und Ferdinand I. als Militär und vor allem in schwierigen diplomatischen Missionen u. a. nach Dänemark, Rußland (1517 und 1525), die Niederlande und Spanien zu großen Ehren am Wiener Hof gelangte. Zustatten kam ihm dabei ausdrücklich die aus seiner Jugend in der Krain mitgebrachte Kenntnis des Slovenischen, die ihm damals den Spott seiner Kameraden eingetragen hatte. Herberstein hat seine für die Kenntnis des alten Rußland einzig-

artigen Erinnerungen zuerst lateinisch (gedruckt 1549),
dann deutsch abgefaßt mit der Begründung, daß „alle
Menschen sollen dermaßen auf erden leben, damit sy
muogen vnnd sollen Raittung (Rechenschaft) geben Jres
thuns unnd wesens".

Ein Bürgerlicher, der im pommerschen Fürstendienst
weit herumkam, in Rom war, an den Reichstagen von
1547 und 1548 teilnahm und schließlich als Ratsherr und
Bürgermeister von Stralsund in viele politische und private Händel geriet, war der Jurist Bartholomäus
S a s t r o w (1520–1603) aus Greifswald. Er hat erst 1595
wohl aufgrund von Tagebüchern seine umfangreichen
Lebenserinnerungen geschrieben, die, schon an der
Schwelle einer neuen Zeit, als die größte und vollständig-
ste deutsche Autobiographie vor dem 18. Jahrhundert
gelten. Familiengeschichte, Jugenderinnerung, politische
Memoiren bilden hier zusammen ein Lebensdokument
großen Stils, von einem höchst vitalen und eigenwilligen
Mann.

Neben dem kriegerisch-politischen Anlaß der Welter-
fahrung sind es nach wie vor, auch im bürgerlichen
Bereich, die Reisen, die zu einer gewissen Selbstbegegnung führen, in Tagebüchern festgehalten und später zu
Lebenserinnerungen redigiert werden: die Pilgerfahrten
ins Heilige Land oder nach Santiago, die Studienreisen
(seien es fahrende Studenten wie Johannes B u t z b a c h
mit seinem lateinischen *Odoeporicon* – Wanderbuch –
1506 oder Albrecht D ü r e r mit dem Tagebuch seiner
niederländischen Reise 1520/21) und die Handelsreisen.
Wie die Handelstätigkeit großer Firmen zu persönlichen
Schicksalen führen kann, zeigen die *Reisen und Gefangenschaft* des Ulmer Bürgers Hans Ulrich K r a f f t
(1550–1621), der nach Lehrjahren in Frankreich und
Italien im Dienste des Augsburger Handelshauses Melchior Manlich in der Levante tätig war und schließlich in
Tripolis für drei Jahre namens seiner bankrott gegange-

nen Firma in Schuldgefangenschaft saß; nach der Befreiung und nach weiterer Reisen übernahm er im Alter von siebenunddreißig Jahren eine ruhige Amtsstelle als Administrator in Geislingen, worüber die sehr lebendigen Erinnerungen, die erst im Alter geschrieben wurden, keine Angaben mehr zu machen haben.

In den erwähnten Denkwürdigkeiten adliger und bürgerlicher Verfasser werden die Fragen des Glaubens kaum mehr zum Thema oder nur im Sinne einer nun einmal vorhandenen konfessionellen Spaltung und ihrer Folgen. Anderseits ist es doch immer wieder das Erlebnis und die Bedrängnis der Reformationszeit gewesen, die Anlaß einer Selbstfindung oder der Niederschrift von Memoiren wurden. Wenigstens einige solcher Werke sind als eminente Selbstzeugnisse aus der ersten Jahrhunderthälfte hier anzuführen.

Charitas Pirckheimer (1466–1532), die gelehrte Schwester des Nürnberger Humanisten (Konrad Celtis widmete ihr seine Ausgabe der Hrotsvit von Gandersheim), war Äbtissin des Klosters St. Clara in Nürnberg. Sie hat in ihren *Denkwürdigkeiten* genau, mit vollständiger Dokumentation, die Drangsale beschrieben, die das Kloster in den Jahren 1524–29 durch die „lutterey" durchzumachen hatte, seitens des Rats, der Pfleger des Klosters, der Bevölkerung, der zwangsweise zur Bekehrung eingesetzten Prediger, der Angehörigen der Nonnen. Es ist die empörte Klage, Anklage und Rechenschaftsablage einer mutigen und klugen Frau, die zusammen mit ihren „armen kinden" (nur eins ging verloren) für den alten Glauben und seine Lebensformen kämpfte und bei aller Trübsal doch ihrem Gelübde treu bleiben und das Kloster in eine ruhigere Zeit hinüberretten konnte. Was hier von der andern Seite der Reformation in ganz konkreter, persönlicher Brechung sichtbar wird, pflegt auch in den aufgeschlossenen protestantischen Chroniken selten zu erscheinen –

selbst nicht bei so besonnenen Reformatoren wie Vadian und Keßler.

Johannes K e ß l e r (1502/03–74) war ein St. Galler von einfacher Herkunft, der nach Studien in Basel und Wittenberg nicht mehr Priester werden wollte, in der Heimat das Sattlerhandwerk ergriff, daneben Lehrer und Prediger war und zusammen mit seinem hoch verehrten Freund Vadian in St. Gallen die Reform durchführte. Seine Chronik nannte er *Sabbata* (Ruhetage, Feierabende, an denen er sie schrieb); sie gilt wegen ihres gemütvollen, erzählerisch-ausführlichen Charakters als besonders reiche und lebendige Reformationschronik. Keßler beschreibt die zeitgenössischen Ereignisse von 1519 bis 1539, nämlich eben die Reformationszeit in St. Gallen, mit ausführlichen Ausblicken auf die schweizerische und allgemeine Geschichte und mit einer Historie der Päpste als Einleitung. Die allein erhaltene Reinschrift von 1539, die nicht mehr alles ursprüngliche Material enthält, läßt die Entstehungsweise der Chronik nicht mehr genau erkennen. Berühmt ist Keßlers ausladende, oft ins Genrehafte gehende Erzählkunst, zu der auch die sorgfältige Schilderung von Personen und ihrem Auftreten gehört – das Glanzstück ist der Bericht über die persönliche Begegnung mit Luther, wie dieser inkognito von der Wartburg nach Wittenberg unterwegs ist. Wichtig ist die übersichtliche, einläßliche Darstellung des Bauernkriegs; sie endet mit einer Notiz über Keßlers Eheschluß – auch Luther hat gerade in dieser bewegten Zeit den Schritt getan.

Was Keßler allenfalls an kritischer Distanz vermissen läßt, ersetzt er durch seine persönliche Nähe und die gemüthafte Färbung seines Berichts. Der Chronist ist präsent auch dann, wenn er nicht von sich selber spricht, und so erhält die Chronik einen echten autobiographischen Charakter. Im Menschlichen vergleichbar, aber nun eine konsequente, gestraffte Darstellung des eigenen

Lebens ist das *Chronicon* des Konrad Pellikan (Kürschner, 1478–1556), eines Mannes, den Keßler hoch gepriesen hat. Diese lateinische Chronik kann als Beispiel einer humanistischen Selbstbiographie aus der Reformationszeit gelten. Der hochgebildete elsässische Franziskaner trat in Basel auf die Seite Luthers, lehrte dort und seit 1526 in Zürich als Alttestamentler und Hebraist und war auch wesentlich an der Zürcher Bibel beteiligt. Für seinen Sohn und seine Enkel erzählt er 1544, mit späteren Nachträgen, auf schlichte und bescheidene Weise sein äußeres Leben. Reizvoll vor allem der Bericht über die Reisen, die ihn 1504 durch die Innerschweiz mit ihren gerade damals aufblühenden historischen Erinnerungen nach Oberitalien und 1517 über den Brenner nach Rom führten, dann die Schilderung der menschlichen Begegnungen, Mitteilungen über seine Arbeit, Familienangelegenheiten – in der späteren Zeit vor allem ein Gelehrtendasein im Schutz und Schatten des „incomparabilis Huldricus Zwinglius".

Etwas von der klaren, tüchtigen und bescheidenen Frömmigkeit der Keßler und Pellikan ist auch noch in der Lebensbeschreibung des Thomas Platter (1499–1582) zu finden. Dieses berühmte Werk bleibt alles in allem trotz oder gerade wegen seiner Schlichtheit das bedeutendste und echteste Beispiel der frühen deutschen Selbstbiographie. In den etwa hundert Seiten dieses Lebensrückblicks, der 1572 angeblich in vierzehn Tagen, jedenfalls spontan und geschlossen niedergeschrieben wurde, ist alles da: die Laufbahn des armen, verwaisten Walliser Geißhirten, der zum fahrenden Studenten wird, zum Seiler und Buchdrucker und Schulleiter in Basel, zum vermögenden Mann und Begründer einer kleinen Dynastie von Gelehrten, die auch ihr Leben beschreiben werden; die Unruhe der Zeit, an der auch der Erzähler mit seinem Aufbruch aus dem Elend, seiner Suche nach neuen Lebensmöglichkeiten, im Wechsel sei-

ner Berufe Anteil hat; die Bedeutung des neuen Glaubens
und auch der humanistischen Bildung für die Selbstwerdung nun auch des gemeinen Mannes (der Seilerlehrling,
der während der Arbeit heimlich Plautus liest); das Hineinwachsen eines zunächst verlorenen Ich in die Ordnungen der Gesellschaft, der Kultur. Eine Fülle von
unbefangen, knapp und schlicht erzählten Erinnerungs-
bildern ist aufgereiht, an sich schon unvergeßlich und
kulturgeschichtlich informativ: das Dasein eines Walliser
Hirtenbubs, das Leben der fahrenden Schüler, mit denen
Platter als „Schütz“, d. i. geplagtes Knechtlein, herumzieht, der Betrieb in einer Lateinschule, die Wirkung
einer Predigt Zwinglis. Fragt man nach dem roten Faden
in diesen Erinnerungen, so antwortet der Erzähler am
Schluß selbst: es ist das große, dankbare Staunen über die
Errettung aus unaufhörlichen Lebensgefahren – „wie ist
es miglich, das ich noch läb, stan oder gan kan, so ein
lange zyt!“, wie ist es möglich, daß er sogar zu Besitz
(„vier hüser mit zimlichem hußradt!“), zu Ansehen und
Ehren kam. Die Antwort ist Lob und Dank an die
Vorsehung, nicht so sehr in Worten als in der Lebensstimmung und dem Arbeitsethos, die mindestens seit der
Wendung zum reformierten Glauben diese Existenz
bestimmen und im Ganzen spürbar werden. Noch sind
mit jenen Lebensgefahren Bedrohungen äußerer Art
gemeint: „und han nie kein glid brochen . . . do hatt mich
gott durch sine engell behüettet“. Platter dankt für die
Bewahrung des physischen Lebens. Für die innere Entsprechung – man denke etwa an die ungeheure seelische
Gefährdung des verwilderten fahrenden Schülers, der
mit achtzehn Jahren noch nichts gelernt hat – gibt es
noch kaum Worte. Sieht man aber näher zu, so führen
diese Erinnerungsbilder doch immer wieder heran an den
Punkt, wo der Held auf sich selbst gestoßen sein muß,
wo eine Selbstreflexion in Gang kommen, wo ein Ich
seiner selbst gewiß werden und zugleich den Zusammen-

hang einer Lebensbewegung erfahren kann. Hier wird Unformulierbares ins Bild gefaßt. Einmal ist dieses Geheimnis als ein eigentliches Wunder objektiviert: bei der Wanderung über die Grimsel überkommt den Erschöpften der gefährliche Schlaf, und er wäre erfroren, wäre nicht ein Mann erschienen, hätte ihm die Hände auf die Achseln gelegt und gesagt: „ei, was sitzest du do? stand uff und gang." Der Mann blieb verschwunden. Das Wort „stand uff und gang" ist ein Christuswort, es reicht über die einmalige Situation hinaus. Platter sieht die wunderbare Rettung: „kan ich nit anderst gedenken, dan gott habe mich bim läben bhalten". Ein anderes Beispiel ist die Szene des Abschieds von München. „Enent der Iser ist ein bühell, do satzt ich mich, gsach die statt an und weinet innenclich, das ich ietz niemantz mer hette, der sich minen anneme." Oder die Rückkehr in die Schweiz, bei Konstanz: „ach min gott, wie was ich so fro, ich meint, ich weri im himelrich" – Sicherheit und Bewahrung in einer Heimat. Oder, in aktiver Form, eine Art Gottesgericht, das der Diener in der Fraumünsterschule veranstaltet, indem er, da Brennholz fehlt, einen „götzen", nämlich eine Johannes-Statue, in den Ofen schiebt: „Jögli, nun buck dich, du muost in den offen" – es gibt keine Katastrophe. So wird bei aller humorvollen Ausmalung nun überwundener Nöte doch das eigentliche Thema objektiv umspielt. Auch der Leser nimmt teil an der Identität eines Lebens, das gerade in seiner sozialen und moralischen Einfachheit exemplarisch wird. Das Ganze einer Zeit ist ohne jede Selbstbespiegelung und ohne viel Kommentar auf ein Ich bezogen und zu einem Sinn integriert.

Der „liebe sun Felix", auf dessen Wunsch des Vaters Erinnerungen geschrieben worden sind, hat später, 1612, bereits als alter Mann, aber aufgrund von alten Aufzeichnungen, seine Memoiren redigiert. Felix Platter (1536–1614) behandelt allerdings nur seine Jugend- und

Studienzeit. Das Bild hat sich durchaus gewandelt. Bürgerliche Sekurität umgibt den begabten und geliebten
Sohn von Anfang an. Nach freundlicher Kindheit in
Basel kann er wunschgemäß Musik treiben und in Montpellier Medizin studieren. 1557 kehrt er glücklich
zurück, heiratet seine Jugendliebe, aus vornehmer Familie, wird Stadtarzt und, worüber man nichts mehr
erfährt, ein berühmter Medizinprofessor und von den
europäischen Höfen gesuchter Arzt. Mit Ausnahme der
wissenschaftsgeschichtlich interessanten Partien über das
Leben in Montpellier haben die sehr ausführlichen Erinnerungen wenig Spektakuläres zu bieten. Was den Verfasser außer den üblichen familiären Memorabilien interessierte und was nun erstaunlich detailliert wiedergegeben wird, das sind möglichst frühe, möglichst scharfe
Erinnerungsmomente (die erste Hose, ein begehrtes
Schreibgerät, ein Vetter, der aus der oberen Kammer
zum Abort geht, ein Hund namens Canis usw.) und
dann die Beobachtung und Deutung eigener Veranlagun-
gen: die Lust an Konfekt, die krankhafte Abneigung
gegen Fingerringe. Das setzt einen psychologischen Sinn
voraus, der erst später einmal in den Dienst autobiographischer Analyse treten wird.

Schließlich der Stiefbruder T h o m a s   P l a t t e r (d. J.,
1574–1628), ein Sohn aus der späten zweiten Ehe von
Thomas d. Ä. Er wurde ebenfalls Mediziner und nach
dem Tode des Bruders Professor an der Hochschule.
Seine Erinnerungen sind Berichte über seine Studienreisen nach Frankreich, Spanien und England, eher trok-
kene, rein sachlich orientierte Tagebuchnotizen (redigiert 1604/05). Daß auch er die Tradition solcher Niederschriften fortgesetzt hat, zeigt, wie sehr es hier noch ein
Subjekt sozusagen kollektiver Art ist (Familie, Stand),
dem sich der einzelne Schreiber unterordnet.

V. DIE WELT DES HANS SACHS

1. Die Meistersinger

Eines der eigenartigsten literatursoziologischen Phänomene ist der Kunstbetrieb, der sich – sozusagen am Ende eines verlängerten Mittelalters – in den mittleren und unteren Bevölkerungsschichten der Städte entfalten kann. Formen und Stoffe, die ursprünglich einem adligen oder humanistisch gebildeten Publikum gehörten, werden Gemeingut auch des bescheidenen bürgerlichen Laien, vor allem der städtischen Handwerker, und Gegenstand einer institutionalisierten Übung. Als Meistersang im engen Sinn gilt die zünftisch organisierte, handwerklich-artistisch betriebene, durch Vorschriften und Bräuche geregelte, gemeinschaftliche Pflege der Liedkunst in Erfindung und Vortrag. Diese Vereinigungen, in denen zur Erbauung, zur Lehre, zum Lob Gottes und zur Unterhaltung – man könnte auch sagen: als Spiel und Sport und sinnvolle Freizeitbeschäftigung speziell auch der Handwerksgesellen – dieser Gesang betrieben wird, nennen sich Singschulen. In einem weiteren Sinn kann der Begriff des Meistersangs verwendet werden, soweit sich zünftige Meistersinger auch in andern Gattungen äußern können oder Singschulen selbst dramatische Spiele zur Aufführung bringen, schließlich, soweit damit eine bestimmte Mentalität und eine soziale Schicht literarischen Lebens auch außerhalb der Singschulen gemeint sind. Es gibt Meistersinger, die Erzählungen schreiben oder Spiele verfassen und mit ihresgleichen aufführen (Hans Folz, Hans Sachs, Jörg Wickram), und es gibt bürgerliche Berufsdichter, die zu keiner Singschule gehören und keine Meisterlieder erfinden, aber dennoch ihre Kunst wie Handwerksmeister betreiben (z. B. Hans Rosenplüt).

Seit Goethes Wiederentdeckung von Hans Sachsens poetischer Sendung, die er nicht ohne Ironie und Herablassung in einer tüchtigen „Poesie des Tages" sah, schwankt die Einschätzung solcher meistersingerischer Kunst zwischen Verachtung und Verherrlichung, wechseln die Urteile je nach den Kriterien der Ästhetik und der Gesellschaftslehre. Während das 19. Jahrhundert in Hans Sachs den bedeutendsten Dichter des Reformationszeitalters und einen Lehrer seines Volkes pries, aber doch auch wieder, gerade von goethezeitlichen Maßstäben aus, mit Kopfschütteln vor dem biedermännischen Kunstbetrieb stand, ist es heute wieder Mode, die „allzulange an den Normen der klassischen Ästhetik orientierte Literaturwissenschaft" (Horst Brunner) zu tadeln und ein Verständnis des Meistersangs aus seinen sozialgeschichtlichen Gegebenheiten und Funktionen zu versuchen. Man sieht einerseits, wie wichtig nach der Reformation eine solche, stark auf religiöse Thematik ausgerichtete Laiendichtung für die Konsolidierung deutscher Volkskultur war, stellt aber andererseits fest, daß die Träger dieser Kunst eine Schicht bildeten, die vom städtischen Regiment praktisch ausgeschlossen war und sich durch die obrigkeitliche Zensur gezwungen sah, die „von Menschen gemachte Miserabilität der Verhältnisse zu angeblich von Gott gesetzten, daher als unabänderlich gehaltenen Verhältnissen ... zu verinnerlichen" (Brunner). Auch damit ist uns freilich die Mischung aus kleinbürgerlicher Duckmäuserei und pathetischem Kunstanspruch noch nicht besonders sympathisch gemacht, und der Beitrag zu einer „Volkskultur" bleibt zwiespältig. Schulmäßig zu dichten war zwar im Lateinunterricht gute mittelalterliche und humanistische Tradition und bedeutete da die Aneignung einer großen, maßgebenden Kultur. Die volkssprachliche Meisterkunst konnte aber kaum etwas Vergleichbares leisten.

Die Herkunft des Meistersangs ist von den Texten und

Melodien aus in der Sangspruchdichtung des 14. und 15. Jahrhunderts zu sehen, die zu einer Art „Vorphase" des Meistersangs wird: mit dem artistisch-lehrhaften Charakter, mit dem Kult der alten Meister, deren Töne unverändert oder verwandelt im Meistersang fortleben, wohl auch schon mit einer gewissen Vergesellschaftung in Singbruderschaften. Nach der Tradition hat Frauenlob die erste Singschule in Mainz gegründet, und das Bild in der Manessischen Handschrift scheint dem recht zu geben. In Mainz ist wohl auch die wichtigste Meisterliederhandschrift (die um 1470 abgeschlossene Kolmarer Handschrift, s. S. 443) entstanden. Der Wettbewerb oder Wettkampf unter Sängern erscheint nicht nur in persönlichen „Fehden" seit Walther und Reinmar, sondern in offenbar schon institutionalisierter Form im *Wartburgkrieg*. Entscheidend ist wohl die Verschiebung der Trägerschaft: Wenn die Jenaer Handschrift mit ihrem reichen Gut an Sangsprüchen um die Mitte des 14. Jahrhunderts noch für Adelskreise geschrieben wurde und in Mainz die Singschule zunächst noch in Beziehung zum Hofe stand, wird die meisterliche Liedkunst schließlich ganz zur Domäne des Bürger- und Kleinbürgerstandes. Höfische Inhalte der Lieder verschwinden, didaktische, politische, vor allem religiöse Themen beherrschen das Bild, unter geheimnisvollem Gehaben geht es um bewußte Vermittlung von Wissen aller Art.

Die älteste nachweisbare Gründung einer Meistersingerschule im strengen Sinn ist 1449 in Augsburg erfolgt. Diese Schule erlebte ihren Höhepunkt nach der Reformation und existierte bis ins 18. Jahrhundert hinein. Wohl ungefähr gleichzeitig entstand das nachmals weitaus bedeutendste Zentrum: Nürnberg. Die führende Figur war hier zunächst Hans F o l z , der von Worms gekommen und bereits 1459 in Nürnberg verbürgert war. Er verlieh dem Meistersang neue Impulse, indem er gegenüber einer konservativen Gruppe, die sich auf die

Nachahmung einer bestimmten Reihe alter Meister ver-
steifen wollte, die Erfindung neuer Töne forderte. Später
wurde Hans S a c h s die große repräsentative Gestalt,
deren Autorität denn auch die Übernahme der Nürnberger Vorschriften durch andere Singschulen bewirkte. Um
1558 zählte man in Nürnberg 250 Mitglieder. Noch im
15. Jahrhundert entstanden die Singschulen in Worms,
Speyer, Straßburg, im 16. Jahrhundert folgten Freiburg,
Kolmar, Ulm, Breslau, Iglau sowie einige österreichische
Gründungen, noch um 1600 Memmingen, wo sie bis
1875 existierte – insgesamt rund zwei Dutzend Singschulen. Keinen Widerhall fand die Bewegung in Norddeutschland sowie in der Eidgenossenschaft. Der Meistersang verfügte somit über eine respektable Lebenskraft und reichte weit in die Zeit hinein, da eine neue,
aristokratische Barockkunst und neue Organisationsfor-
men (Sprachgesellschaften, Freundeskreise, Sodalitäten)
das literarische Leben bestimmten und die Meistersingerei lächerlich machten: im *Peter Squentz* des Andreas
Gryphius ist die Meistersinger-Parodie das eigentliche
Vehikel dramatischer Komik. Heute ist der Zugang
erschwert nicht nur durch die Art dieser Kunst, sondern
auch durch die Quellenlage. Die für den Vortrag in der
Kirche oder einem Saal bestimmte Kunst wahrte normalerweise ihre Exklusivität durch das Verbot der Druckle-
gung. Die handschriftlichen Sammlungen sind noch
heute nicht ausgewertet, sie müssen zugleich literar- und
musikhistorisch durchdrungen werden.

Das Meisterlied hält sich durchweg – mit einem musikalischen Terminus – an die Bar-Form, d. h. an die aus
dem Minnesang hergebrachte dreiteilige (stollige) Strophenform, die aber nun meist zu größeren, bis zu hundert Versen umfassenden Gebilden (Gesätzen, Gebän-
den) entwickelt wurden, die ihrerseits zu Liedern unge-
rader Strophenzahl gereiht wurden. Entsprechend kompliziert wurde das Reimsystem, das zusammen mit der

Melodie die Versmasse gliederte, oft unter Anreimen des Abgesangs an die Stollen oder an Stollenteile oder mit einem Dacapo des Stollens am Ende des Abgesangs. Strophenbau und Weise sind kongruent oder identisch, doch spielt das Unterlegen neuer Texte unter überkommene Melodien eine große Rolle. Die Lieder werden einstimmig und ohne Instrumentalbegleitung gesungen, im Einzelvortrag oder a cappella. Das kleinste Bauelement ist die Silbe. Vers und Strophe werden durch die Zahl der Silben und die Reimbindung bestimmt und werden somit sozusagen mathematisch konstruiert. Dieser bewußte Formalismus lebt, freiwillig oder gezwungen, auf Kosten des natürlichen Tonfalls von Wort, Satz und Aussage überhaupt. Härteste Tonbeugungen, Enjambements auch mit Versgrenzen mitten im Wort, eine eigentümliche Ausdruckslosigkeit der Sprache sind die Folge, ohne daß sich doch die Musik befreien könnte. Doch sei hier über die musikalische Qualität des Meistersangs und über seine musikgeschichtliche Einordnung – etwa das Verhältnis zur Gregorianik und zum sogenannten Volkslied – kein Urteil gewagt.

Die Kunstregeln sind in der sogenannten Tabulatur – die in verschiedenen Schulen verschieden sein kann – festgelegt. Sie enthalten die Kriterien, nach denen die „Merker" – der oberste Grad in der Hierarchie der Schulmitglieder – Bau und Vortrag eines Liedes bewerten, unter Verwendung eines Systems von Strafpunkten für die verschiedensten möglichen Verstöße. Dazu kommt eine zeremoniöse Gesellschaftsordnung über das Vereinsleben und seine Veranstaltungen, über die Ausbildung, die Ränge, Ämter und Ehren.

Inhaltlich bietet sich das bunteste Bild. Grundsätzlichen Vorrang haben wie bei den vorangegangenen Spruchdichtern die Themen der Glaubenslehre, des Gotteslobs, der christlichen Moral, die Nachdichtung biblischer Texte. Hier mag ein ursprünglicher Zusammenhang mit geistlichen Bruderschaften nachwirken. Anderseits hat solche Frömmigkeit von Laien wohl den Übertritt der meisten Singschulen zur Reformation begünstigt, mit der von neuem die Aufgabe gestellt war, das religiöse Gut in der Kunst der Laien zu verankern. Es kommt die Vermittlung von Wissen aus Natur und Geschichte hinzu, Ausführungen zu den Sieben Freien Künsten und nicht zuletzt auch die Erzählung von Geschichten, insbesondere Schwänken. Die Texte wirken, bloß gelesen, äußerst prosaisch, und sie sind ja wohl zum Teil nur Rohmaterial der Komposition. Eine wichtige Rolle spielen die sogenannten Schulkünste, das sind Meisterlieder über den Meistersang, seine Meister, Ideale und Regeln, also auch hier Dichtung über Dichtung als höchste Selbststeigerung der Kunst. Dazu gibt es eine reiche Literatur meistersingerischer Selbstdarstellung, vor allem in den Büchern von Adam Puschmann (1571), Cyriak Spangenberg (1598) und Johann Christoph Wagenseil (1697).

So geschlossen die Meistersingerei uns entgegentritt, so sehr ist doch von vornherein anzunehmen, daß ihr literarischer Betrieb sich nicht auf die Pflege des Liedes beschränkt. Insbesondere stellt sich die Frage, ob und wieweit von einem Meistersinger*drama* gesprochen werden kann. Wenn führende Meister wie Folz und Sachs in Nürnberg, Jörg Wickram in Colmar, später Wolfhart Spangenberg in Straßburg als Dichter von ernsten oder komischen Spielen auftreten, so braucht dies zunächst nicht mehr zu bedeuten als eine naheliegende Personalunion zwischen Meistersinger und Spieldichter (Spielleiter). Es wird aber doch in einigen Fällen (Mainz, Nürnberg, Straßburg, Augsburg) deutlich, daß die Singschule als solche engagiert war. Dabei bleibt im einzelnen Fall immer noch zu unterscheiden, ob solches Meistersingertheater für den engeren Kreis der Zunftgenossen stattfand oder ob es sich um öffentliches, von der Regierung gefördertes Spiel handelt. In keinem Fall aber scheint es sich um ein Meistersingerspiel im strengen Sinn, um ein dem Meistersang analog durch Formen und Bräuche geregeltes Spiel zu handeln. Auch dann aber ist das Drama, insbesondere die Nürnberger Aufführungen, über Spieler und Publikum sozial und stilistisch mit der Welt der Meistersinger verbunden.

2. Hans Sachs

Was das Phänomen Hans S a c h s einzigartig macht, ist kaum eine qualitativ maßgebende Leistung. Sachs ist dem Typus nach ein Meistersinger wie die andern, und auch wo er über die zünftische Übung hinausgeht, bleibt er seiner handwerkerlich-kleinbürgerlichen Schicht verpflichtet. Triviale Belehrung und Unterhaltung eines eher anspruchslosen Publikums ist sein literarischer Lebenszweck, und nur in einzelnen Ausnahmefällen gewinnt er größere Repräsentanz. Die Obrigkeit, d. h. der Rat der Reichsstadt Nürnberg, setzt ihm enge Grenzen für eine konfessionell oder politisch engagierte Kunst, und die Existenz einer patrizischen und bildungsmäßig-humanistischen Oberschicht beläßt die Dichtung des Schuhmachers von selbst in einem Bereich zweiter Ordnung. So beharrlich Sachs sein Ziel verfolgte, so war es doch gerade auch ihm um die Bewahrung von Eintracht und Ordnung zu tun, und er fügte sich in seine Grenzen. Vielleicht mit einer großen Ausnahme: der Druck, in welchem Sachs seine nicht-meistersingerischen Werke alsbald verbreiten konnte, sprengte diese Schranken und gab eine Wirkung ins Unbestimmte frei.

Erstaunlich bleibt, wie hier ein einzelner Mann dank unermüdlichem Fleiß, gutem Willen und langem Leben die gesamte ihm irgendwie zugängliche Bildungswelt bearbeitet und seinem Publikum vermittelt. Und es verlangt Respekt, mit welcher moralischen Insistenz dieser

Mann, auf seine Weise, an der Konsolidierung seiner städtischen Gesellschaft arbeitet. Daß allerdings die „soziale Dienstleistung", die er damit erbringt, und überhaupt die literatursoziologischen Kategorien von einer „literaturimmanenten Betrachtung" dispensieren, bleibt zu bezweifeln. Das 19. Jahrhundert hat in Hans Sachs den bedeutendsten Dichter des Reformationszeitalters sehen wollen, der alle Gedanken seiner Zeit aufgenommen und in poetischer Verklärung seinem Volke vor Augen gestellt habe (E. Goetze bei der Vierhundertjahrfeier 1894); davon wird heute nicht mehr geredet. Es wäre jedoch ebenso falsch, nun von der sozialpädagogischen Rolle des Dichters her einen neuen Kult aufzubauen. Und es bleibt ja doch auffällig, wie wenig, dem Rang nach, Hans Sachs ein literarisches Gegenstück zu den großartigen Malern, Bildschnitzern und Baumeistern aus derselben Handwerkerwelt Nürnbergs sein kann.

Indem Sachs mit seiner unbeirrten Versproduktion in den verschiedensten Gattungen das Erbe mittelalterlicher, humanistischer und volkstümlicher Dichtung auf denselben handfesten Nenner bringt, wird er immerhin zu einer zentralen Figur in der deutschen Literatur des bürgerlichen 16. Jahrhunderts. Heldendichtung und höfischer Roman, Antike und Bibel, Novellen und Schwänke, Volks- und Meisterlied, Geschichtliches und Geistliches findet sich zusammen, nicht zu einem echten Panorama, eher zu einem Ausverkauf. In Nürnberg, der zentralen Reichsstadt mit ihrem blühenden Handel und Gewerbe, ihrem Wohlstand, ihren humanistischen und volkssprachlichen Traditionen hat Sachs dafür Platz und Widerhall gefunden, obwohl sich keine persönlichen Beziehungen zum Patriziat oder dem Humanismus nachweisen lassen. Hier ist der Schneiderssohn 1494 geboren und in eine bescheidene Lateinschule gegangen, hat er seine Lehre absolviert und gleichzeitig seine Ausbildung bei den Meistersingern genossen (der Leineweber Lienhard Nunnenpeck war sein Lehrer), hieher ist er nach fünfjähriger Gesellenwanderschaft zurückgekehrt, hier ließ er sich als Schumachermeister nieder und begründete seinen Hausstand. Seine Umstände waren behaglich: schon 1522 besaß er zwei Häuser, und er muß durch Schuhexport und den Ertrag seiner Schriften gut verdient haben. Bis zum Tod 1576 entstehen jene weit über 6000 Dichtungen verschiedenster Art, über die der Autor mit bürgerlichem Sammeltrieb, Selbstbewußtsein und Ordnungssinn genau Buch geführt hat. Das Jahr 1576 kann mit guten Gründen als das Ende mancher literarischer Traditionen, als später Schlußpunkt insbesondere des deutschen Mittelalters gelten.

Ein Indiz für die Problematik des Sachsischen Stils ist wohl auch das Faktum, daß die metrische Form seiner Verse heute kaum mehr nachvollziehbar ist und deshalb verschiedene Deutungen findet. Was beim Meisterlied noch verständlich scheint, das Auseinanderklaffen von Vers- und Satzakzent, ist bei der nur gesprochenen Reimpaardichtung und den Spielen gravierender:

> Nach dem solt du vom tisch auffstehn,
> dein Hend waschén und wider gehn
> an dein gewerb und arbeyt schwer.
> So sprichet Háns Sachs, Schumachér.

Dieser silbenzählende (8 bzw. 9 Silben), jambische Reimpaarvers des Hans Sachs ist wohl in der Tat mechanisch-alternierend zu lesen, u. a. weil nur so ein Reim zwischen Haupt- und Endsilbe möglich ist. Diesen „strengen Knittelvers" hat Goethe bezeichnenderweise fälschlich als „freien Knittel" (mit natürlichem Satzakzent und wechselnder Zahl der Senkungssilben) nachgeahmt. Mit solchen Härten ist nun Sachs in seiner Zeit allerdings nicht allein, auch Luther oder Fischart haben solche Verse geschrieben. Doch ist es bezeichnend, daß sie in Volks- und Kirchenlied trotz ihrer musikalischen Bestimmung seltener sind.

Sachs hat 1567 das Inventar seiner Opera selber zusammengestellt und in Reime gebracht (*Summa all meiner Gedicht*) – die poetische Selbstschau nimmt konsequenterweise die Form eines gereimten Registers an. Dieses stützt sich auf damals 33 handschriftliche Bände, in die Sachs seine neuen Schöpfungen fortlaufend eintrug. Während die Meisterlieder normalerweise nicht gedruckt wurden, gab es von den andern Werken, vor allem aus der früheren Zeit, zahlreiche flugblattartig verbreitete Drucke. Dazu erschien 1558 bis 1579 eine fünfbändige Folioausgabe, die mehrere Neuauflagen bzw. Neudrucke einzelner Bände noch im 17. Jahrhundert erlebte.

Der junge Nürnberger Meister hat wie viele seinesgleichen sich seit 1520 intensiv mit den Schriften Luthers beschäftigt und ist dann, in den bewegtesten Jahren, mit einer Reihe von Flugschriften hervorgetreten, die seinen Ruhm begründeten und auch heute innerhalb seines Riesenwerks die größte Überzeugungskraft haben. Das lange Reimpaargedicht *Die Wittenbergische Nachtigall, die man yetz höret überall* (1524, mit Prosavorrede), eine Darlegung des reformatorischen Standpunktes, wurde sogleich das bekannteste seiner Werke. Es beginnt in ausführlicher Allegorie mit dem Schema des geistlichen Tageliedes: Hier sind die Motivik des morgendlichen Aufbruchs, das jugendliche Auftreten eines erregten Dichters und die Zeitstimmung kongruent gewesen. Im Geist Luthers und auf dessen Anregung entstanden auch Kirchenlieder (1525) sowie eine Reihe von Psalmenbereimungen, in denen Sachs den einfachen Stil des neuen protestantischen Liedes traf: „Herr, hör mein Wort: merk auf mein Not: / Vernimm mein Red gar eben!"

Ins entscheidende Jahr 1524 fallen auch, neben weiteren geistlichen Spruchgedichten, die vier reformatorischen Prosadialoge (von drei weiteren, später entstandenen, ebenfalls zeitkritischen Gesprächen ist eines verloren). Nirgends wie hier, bei dieser formalen Ausnahme im Werk des Hans Sachs, ist eine ganz moderne Form aufgegriffen, um ein persönliches und zugleich aktuelles Anliegen einem weiten Publikum vorzutragen. An die Stelle des Karsthans tritt im ersten Dialogus der Handwerker, der „Schuster Hans", der sich in Anwesenheit der kanonischen Köchin mit einem Chorherren auseinandersetzt. Dieser meint schließlich:

Secht nur an, liebe köchin, wie reden die leyen so gar freflich gegen uns geweychten! Ich main, der teuffel sey in dem schuster vernet: er hat mich in harnisch gejagt, und wer ich nit so wol gelert, er het mich auff den esel gesetzt.

Hier bringt Sachs eine Beteiligung, eine Frische, einen Witz und eine Gedankenarbeit auf, die man in seinen Reimgedichten so nicht findet. Das Ethos des Handwerks, das sonst oft nur bieder wirkt, ist hier in eine große, aktuelle Sache eingebracht. Im Gegensatz zu den meisten zeitgenössischen Flugblattsatiren sind diese Gesprächbüchlein gutmütig und kommen ohne bösartige Angriffe aus. Ja es finden sich dann auch bereits Warnungen vor dem „ergerlich wandel etlicher Lutherischen" und ihrer Unverträglichkeit. Im übrigen hat seit 1527 auch der Rat darüber gewacht, daß Hans Sachs bei seinem Leisten blieb. Doch läßt sich sagen, daß die protestantische Überzeugung die Grundlage seines ganzen Werkes bildet, das weithin der laienmäßigen Verkündigung dient und stets eine zwischen Tyrannei und Aufruhr (Bauernkriege) zu sichernde bürgerlich-sittliche Welt im Auge hat.

Seine Meisterlieder (meist dreistrophige Bare) hat Sachs schon als Geselle, dann als hochangesehenes Mitglied der Nürnberger Singschule verfaßt. Die Produktion, die gegen die Jahrhundertmitte ihren Höhepunkt erreicht und dann hinter der Reimpaardichtung zurücktritt (man wird auch an die stimmliche Disposition des alternden Sängers denken müssen), umfaßt, abgesehen von den wenigen einfach-volksmäßig gebauten Liedern, über 4300 Nummern, wobei die weltlichen Inhalte leicht überwiegen. Die große Zahl der geistlichen Meisterlieder, die dem eigentlichen, schulmäßigen Singen vorbehalten waren – Bearbeitungen biblischer und dogmatischer Themen –, ist noch ungedruckt; von den weltlichen Stücken sind die über 1000 in Goetze-Dreschers Ausgabe enthaltenen *Fabeln und Schwänke* herausgegeben. Von den insgesamt verwendeten 301 Tönen stammen nur 13 von Hans Sachs selber, vor allem die frühe „Silberweise", doch haben gerade diese die Anerkennung der Musikhistoriker gefunden. Im ganzen bleibt dieses Schaffen im Rahmen des allgemeinen Meistersangs. Auffällig ist dagegen das Vorherrschen erzählender Inhalte, bei denen naturgemäß die Dissonanz zu der „lyrischen" Form besonders befremdlich wirkt. Hier strömt nun, gleich wie in den Spruchgedichten (Reimpaargedichten) und in den Spielen, das ganze vielfältige Erzählgut, dessen Sachs habhaft werden konnte, zusammen. Oft handelt es sich auch um Umsetzung von einer Gattung in die andere oder um parallele Bearbeitungen. Als Quelle dienen die Tierfabel (Waldis, Steinhöwel u. a.), die Narrendichtung samt *Eulenspiegel*, die Mären, die Renaissance-Novellistik (Boccaccio, Poggio u. a.), Exempla, Anekdoten, Schwänke aller Art. Hier werden die neuen Prosaschwänke in einer Art literaturgeschichtlicher Regression wieder versifiziert. Unbestreitbar entwickelt Sachs Routine im Einpassen einer längeren oder kürzeren Vorlage ins Prokrustesbett der Liedform, im humoristischen Vortrag samt ungenierter fäkalischer, aber zurückhaltender sexueller Derbheit, in der Formulierung der obligaten Schlußmoral.

Unter der mißverständlichen Rubrik „Spruchdichtung" pflegt man alle nichtstrophischen, nicht sangbaren, vielmehr in den fortlaufenden Hans-Sachs-Versen gereimten Gedichte zusammenzufassen, insgesamt etwa anderthalbtausend Stück im durchschnittlichen Umfang von 100 bis 200 Versen. Es kommt hier alles zusammen, was an Reimreden, Sprechsprüchen, Dialogen und Streitgesprächen, Allegorien, Fabeln, Historien, Exempeln, Mären und Schwänken sich nur unvollkommen und willkürlich unterscheiden läßt. Hier werden nun, beim gesprochenen und gedruckten Gedicht, die Sachsischen Qualitäten deutlicher: die durch alle Bereiche der Literatur dringende Erzähl- und Formulierfreude, die sich nicht trennen läßt von einem spontanen Interesse am Tun und Lassen der Menschen und von einem ständigen didaktischen Eifer. Auch hier, wie schon bei den frühen Spruchsprechern, tritt der Dichter gern in die Rolle des erfahrenen Ratgebers, eines Sachwalters des sozialen Lebens, und bringt sich als Icherzähler selbst ins Spiel, besonders bei den allegorischen Begebenheiten. Im Gegensatz zu manchen älteren Moralisten geht es Sachs nicht um eine religiös oder sozialkritisch begründete Satire, vielmehr um die bescheidenen „Alltagsbedürfnisse" (B. Könneker) des menschlichen Zusammenlebens, um Einsicht, Nachsicht, unzimperlich anständiges und vernünftiges Verhalten. Daß die engste soziale Problematik, die der Ehe und der bösen Frau, aber auch des einfältigen Ehemanns, im Vordergrund steht, ist selbstverständlich. Im übrigen freut sich der Dichter unbeschadet der Reformation weiterhin an der topischen Rolle des verbuhlten Pfaffen und des törichten Bauern, ebenso wie in den Fastnachtspielen. Auch hier zeigt sich das Paradox einer sehr engen, aber stofflich zugleich uferlosen Welt.

Auch wenn vom Text her die Grenzen zwischen Dialog, Streitgespräch und aufführbarem Spiel fließend sind, so läßt sich doch mit über 200 für die Aufführung bestimmten Dramen ein mächtiger Hauptkomplex im

Œuvre herausheben. Dabei sind grundsätzlich (nicht immer im Einzelfall) zwei Typen zu unterscheiden je nach den von Sachs gewählten Bezeichnungen, nach dem Umfang und nach Art und Ort der Aufführung. Es ist einerseits das Fastnachtspiel als kurzer, meist einfacher und geschlossener Auftritt von 300 bis 400 Versen und anderseits das wesentlich umfangreichere ernste Spiel oder „Drama" mit literarischem Anspruch, von Sachs als „Comedi" oder „Tragedi" bezeichnet. Die Wahl des Gattungstitels richtet sich dabei nach dem glücklichen oder unglücklichen Verlauf des Geschehens, doch läßt sich, bei dem erzählenden Charakter dieser Stücke, der Entscheid nicht immer eindeutig fällen. Bei beiden Typen hat man sich Sachs als Beteiligten, d. h. als Spielleiter oder Mitspieler, zu denken.

Die Gesamtausgabe von Edmund Goetze umfaßt 81 Fastnachtspiele, meistens für drei Spieler, die aber gelegentlich mehr als eine Rolle übernehmen können; gespielt wird auf einer neutralen „Stubenbühne" ohne viel Requisiten und, mindestens in der früheren Zeit, für ein engeres Publikum. Zunächst wird damit die ältere Nürnberger Tradition oder auch die Art eines Gengenbach fortgesetzt, oft noch in der Form eines einfachen Reihenspiels. Zunehmend begegnet dann größere Geschlossenheit des Aufbaus und der theatralischen Illusion, es beginnt die zaghafte Entwicklung zu einem eigentlichen Lustspiel. Dies vor allem auch insofern, als die unmittelbare, vital-fastnächtliche Komik zugunsten einer humoristisch-moralischen Haltung verschwindet. Nach der Reformation und dem Humanismus herrscht wieder eine stärkere sittliche Disziplin, die kathartische Darstellung einer unflätigen Gegenwelt ist gegenstandslos geworden. Abgesehen von den zwei frühen revuehaften Spielen von 1517/18 (*Das Hofgesind Veneris*; *Von der Eigenschaft der Lieb*), setzt die fastnächtliche Dichtung erst in den dreißiger Jahren ein und endet 1559. Nun verarbeitet Sachs auch erzählende Vorlagen aus dem Alten Testament, aus der Antike (z. B. Plutarch), aus Novellen, Mären und Prosaschwänken, nicht anders als bei den Spruchgedichten. Auch Neidharts Veilchenschwank darf nicht fehlen. Besonders zu rühmen pflegt man die Kunst, „Bilder aus dem täglichen Leben" zu geben und damit unmittelbarer das Selbstverständnis des Publikums zu befördern. Auch hier sind allerdings die Bauern und Pfaffen, die fahrenden Schüler und verbuhlten Frauen, die Knechte, Mägde, Gevatterinnen und Kupplerinnen längst typisierte Figuren, die an sich oder samt zugehörigem Schwankgeschehen übernommen werden. Manches hat Sachs wohl selbst erfunden, alles hat er mit seinem soliden, zuversichtlichen Wesen imprägniert. Ein Beispiel dafür ist etwa *Das heiß Eysen* (1551): die böse Strickersche Geschichte findet hier ein glimpfliches Ende. Anstelle der höhnischen Schlußrede des Bauern, der mit seinem Betrug im Gottesgericht triumphiert, tritt jetzt die Wiederversöhnung des Paares unter dem Segen der Gevatterin. Mit dem „täglichen Leben" hat das allerdings nicht unmittelbar zu tun. Dennoch: diese von der Situation, dem zentralen Motiv und dem Personal her geschlossenen kleinen Spiele gelten mit Recht als die liebenswürdigsten Leistungen des Dichters.

Die Tragödien und Komödien bilden die etwas umfangreichere Gruppe des dramatischen Werks, bestimmt für die öffentliche, vom Rat zu genehmigende Aufführung durch eine Truppe von Meistersingern. Dieses eigentliche Meistersingertheater begegnet nun eben am deutlichsten in den 1550er Jahren in Nürnberg und wohl als persönliche Leistung von Hans Sachs. Man spielte im alten Predigerkloster und in der nicht mehr benützten Martha-Kirche, gegen ein Eintrittsgeld, das für die Singschule nicht ohne Belang war. Die Bühne, ohne Kulissen, bot einen neutralen Spielraum mit Vorder- und Hintergrund, ermöglichte aber den Zugang und

Abgang der Spieler, d. h. eine Szenengliederung, unterschied die Spielwelt vom Publikumsraum und setzte
wahrscheinlich bereits einen gewissen technischen Aufwand voraus. Die ersten Versuche Sachs' gehen in die
Zeit zurück, da sich nach der Reformation an manchen
Orten ein neues Schul- oder Bürgerdrama deutscher
Sprache und meist protestantischen Geistes bildete, mehr
oder weniger unter dem Einfluß des jungen humanistischen Schultheaters und im Sinn verweltlichter bürgerlicher Spieltradition: 1527 der *Verlorene Sohn* des Burkhard Waldis, spätestens 1529 Bullingers *Lukretia* und das
Zürcher Spiel vom *Reichen Mann und armen Lazarus*,
1530 die erste deutsche Bearbeitung des *Prodigus* von
Gnaphaeus. 1527 hat Sachs bereits ein Lukretia-, 1530
ein Virginia-Stück aufgeführt und damit die für lange
Zeit beliebten Römerdramen inauguriert. Im Jahr darauf
folgte eine Bearbeitung von Reuchlins *Henno*, die aber
gegenüber den wesentlich älteren Fassungen von Frankfurt und Luzern deutlich abfällt. Die Hauptmasse der
Sachsischen Meisterdramen liegt erst kurz vor und vor
allem nach der Jahrhundertmitte. Erstaunlich, wie nun
hier erst recht die ganze Weltliteratur dem Nürnberger
Dramaturgen zur Verfügung steht, Bibel, Antike, Mittelalter, Humanismus, wobei er – offenbar mit Helfern –
auch an lateinische Werke herankommt, deren Sprache er
kaum verstand. Es konnte sich dabei bereits um dramatische Vorlagen handeln, meistens aber waren es Erzählungen und historische Berichte, die er durch rigoroses
Kürzen, Raffen oder auch einmal Dehnen zurechtzu-
stern und spielbar zu machen suchte. Es ist eine oft
primitiv, kindlich wirkende, aber elementare Methode,
sich Literatur durch Aufführen, Nach-Agieren anzueignen. Da sind die Römerstoffe, meist nach Livius, die
griechischen Geschichten vom Urteil des Paris (mit
„Beschauung" der drei Damen hinter der Bühne) bis zu
„Klitimnestra", Iokaste und Ulysses, die Bibel von Kain

und Abel zu Saul, Ahab, Judith und Herodes, die deutsche Heldensage mit dem Hürnen Seyfrid (nach einem der zeitgenössischen Drucke des Liedes), die Romane und Volksbücher von Flore und Blanscheflur, Tristan, Fortunatus, Melusine, Olivier und Artus, Griselda usw. Man versucht heute, diese Dramen und ihren völligen Mangel an „dramatischem" Aufbau durch den Begriff des epischen Theaters zu retten. Tatsächlich geht es um Demonstration eines Geschehens, das durch den Prolog des Herolds und die Schlußmoral von vornherein als Ganzes präsentiert und moralisch kommentiert wird. Anderseits ist Sachs nicht Brecht, und es bleibt diese Art von „Volksaufklärung" (Spriewald) und Volksbildung mit ihrer alles einebnenden Moralisation doch recht barbarisch. Dies sei veranschaulicht an Sachsens Behandlung der Liebestrankszene in seinem Tristan-Drama von 1553 (*Tragedia mit 23 personen*, nach dem auf Eilhart beruhenden Volksbuch von *Tristrant und Isalde* von 1484).

Die alte Königin von Irland hat sich verabschiedet und mit Brangäne die Szene verlassen:

> Herr Tristrant und Isald kummen, Tristrant spricht:
>> Nun fahrn wir dahin auf der see.
>> O wie thut mir der durst so weh,
>> weil so uber-heiß scheint die sunn!
> Isald, die Braut spricht:
>> Kein grösern durst ich auch nie gwun.
>> Ich glaub auch, es mach die groß hitz.
>> O hetten wir zu trinken ietz!
> Herr Tristrant:
>> Ich weiß: zu trincken hat kein mangel.
>> In einem fläschlein hat die Brangel
>> in ihrem watsack, das muß sein
>> der aller-beste plancken-wein.
>> Das hab ich gnummen euch und mir.
>> Darmit wöllen uns trencken wir.
> Herr Tristrant trinckt und gibt es Isalden, die trincket auch, und Tristrant spricht:

> Was ist das gewest für ein wein?
> Wie springt und tobt das Herze mein?
> Mein gmüt ist in ganzer unrhu
> und setzt mir lenger herter zu,
> ich bin mit schmertzen gros umbfangen,
> samb hab ein pfeil mein hertz durchgangen.
> Isald spricht:
> Es ist mir warlich auch nicht recht ...

Abgesehen von der üblichen Härte von Vers und Reim und der Wiederholung der Aussagen anstelle eines Dialogs zwischen den Liebenden fällt auf, mit welcher Zeitnot der Verfasser ringt, wie er ohne Überleitungen und Vorbereitungen – immerhin vielleicht mit ausführlichen Pantomimen – auskommen und – zu Beginn – auch noch die neue Szenerie mitteilen muß. Höchstens daß er mit dem Vorratsack (Brangels Reisegepäck) und dem natürlich vorzüglichen Weißwein etwas an bürgerlich überzeugenden Assoziationen hinzutut. Und auch die Moral der Tragedia ist leicht zur Hand:

> Auß dem, so laß dich treulich warnen,
> O mensch, vor solcher liebe garnen,
> und spar dein lieb biß in die e!
> Denn hab *ein* lieb und keine me!
>
> (12,142 ff., LVSt 140)

So findet eines der kühnsten und folgenreichsten Romanabenteuer des Mittelalters vorläufig sein kurzes, bündiges Ende.

Der Meistersang ist trotz seiner großen Verbreitung und langen Lebensdauer nur ein Sonderfall der spätmittelalterlichen und frühneuhochdeutschen Lyrik: institutionalisiert als zünftischer Betrieb, mit Einzelvortrag, einstimmig, auf die Schicht der Handwerker beschränkt, nicht zur Publikation gedacht, genetisch weithin als Spätphase der mittelalterlichen Sangspruchdichtung zu verstehen. Was im Gattungsbereich der Lyrik – sofern man diesen allgemeinen, unspezifischen Begriff hier überhaupt als Ordnungsprinzip verwenden will – neben dem Meistersang erscheint, ist durchaus heterogen. Die Hauptunterscheidung ist wohl zwischen den beiden Sprachen zu machen. Da ist einerseits die anspruchsvolle, literarische Kunst; sie ist mit dem Humanismus aufs neue lateinisch, ist das carmen doctum in antiken Maßen und mit antikischem Dekor, als Lesegedicht gedacht, in Szene gesetzt als individuelle Äußerung und zugleich in stolzer Teilhabe an einer internationalen Übung, einer Jahrtausendtradition. Anderseits ist da die volkssprachliche Lyrik, getragen von der nichtgelehrten oder gar illiteraten Bevölkerung (zu der bis zu einem gewissen Grade auch die höfische Gesellschaft gerechnet werden kann). Von dieser volkssprachlichen und meist volkstümlichen Lyrik kann hier der kunstlose Sprechspruch – wie er etwa zur Erläuterung eines Holzschnitts gebraucht wird – außer Betracht fallen. Es bleibt der mächtige Bereich des zum Singen bestimmten und nur im geselligen Gesang lebenden Liedes, wobei mindestens bei den Texten der Unterschied zwischen einem eigentlichen Volkslied und einem sogenannten Gesellschaftslied oder gar einer höfischen Liedkunst mehr gradueller als prinzipieller Natur ist. Das 16. Jahrhundert ist die große Zeit des Volksliedes, freilich nur in Fortsetzung und Ausbreitung dessen, was

das 15. Jahrhundert begründet hat und was bei der großen
Konstanz von Melodien und Texten und einer weitge-
streuten Überlieferung oft gar nicht genau zugewiesen
und datiert werden kann. Der Text, der uns literaturgeschichtlich interessiert, lebt erst zusammen mit dem Ton,
ja im Schatten der Musik und ihrer zunehmend ausgebildeten Mehrstimmigkeit. Die Melodietradition ist bei aller
Variabilität auch hier faßbarer als die Tradition der stets
veränderten, den alten Melodien neu unterlegten und in
ihrem dichterischen Anspruch meist bescheidenen Texte.

Im letzten Viertel des Jahrhunderts läßt sich verfolgen,
wie die beiden Traditionen – das volkssprachliche, volksliedhafte Lied und die lateinische Lyrik – zusammenkommen: Nach lateinisch-neulateinischen Vorbildern
und mit Hilfe der früher entwickelten romanischen Literatursprachen wird eine volkssprachliche Kunstlyrik
höfischen Stils ins Werk gesetzt, die frühe, auch jetzt
noch zunächst der Musik halber importierte, dann aber
immer deutlicher literarisch autonome Barocklyrik.

1. Das Volkslied

Das 16. Jahrhundert als klassische Zeit einer volksmäßigen Liedkultur: eine Kunst, die man sonst der sozialen
Unterschicht zuweist, tritt hier repräsentativ an die
Oberfläche und steht für das Ganze. Darin kommt
natürlich, abgesehen von der geschilderten Aufspaltung
in lateinische und deutsche Literatur, die wirtschaftliche
und soziale Blüte der städtischen Gemeinschaften zum
Ausdruck, ein noch bewegtes und offenes Bürgertum,
das durch die Reformation eine neue Mündigkeit erlangt
hat. Durch den Buchdruck ist die Verbreitung des Lied-
gutes intensiver und weiträumiger geworden. In Ein-
blattdrucken und mehrseitigen Flugschriften werden die
jeweils als neu angepriesenen Lieder (meistens nur die
Texte mit dem Hinweis auf eine bekannte Melodie)

massenhaft vertrieben. Und dazu kommen nun auch ganze gedruckte Liederbücher oft stattlichen Umfangs.

Eine Übersicht über diese Welt zu geben ist schwierig. Man hat vom ahistorischen Stil der Volksdichtung gesprochen (Max Lüthi). Auch wenn dies natürlich nur relativ zu verstehen ist, so verbieten jedenfalls das Beharrungsvermögen ihrer Formen und Inhalte und die immer wieder elementare Art ihres Stils eine einfache Synchronisierung der Geschichte des Volksliedes mit der Geschichte der Hochliteratur. Insofern ist es einigermaßen willkürlich, was hier – in Ergänzung von S. 756 ff. – an Hinweisen gegeben werden kann.

Zunächst ist wohl vom geistlichen Lied zu sprechen. Das Volkslied ist von und für Laien da, und es ist auch schon vom gemeinsamen, geselligen Singen her vorwiegend weltliches Lied. Doch sind die beiden Bereiche im Bewußtsein wie auch im Brauchtum so eng verknüpft, daß eine scharfe Grenze nicht zu ziehen ist. Die Kontrafaktur – das Unterlegen geistlicher Texte unter Melodien weltlicher Lieder – ist ein geradezu leidenschaftlich geübtes Verfahren, die beiden Bereiche in reizvolle Spannung, wenn nicht zur Deckung zu bringen und das Liedgut zu mehren, möglich dadurch, daß die Melodie an sich ursprünglich weder geistlichen noch weltlichen Charakter hat. Das klassische Beispiel einer solchen Kontrafaktur ist die Umdichtung des anonymen, von Heinrich Isaak vertonten

> Isbruck ich muß dich lassen
> ich far do hin mein strassen
> in fremde landt dohin
>
> (15. Jahrhundert, 1. Druck 1539)

zum geistlichen Lied

> O welt ich muß dich lassen
> ich fahr dahin mein strassen
> ins ewig Vatterland.
>
> (1555)

Auch das Umgekehrte kommt ohne weiteres vor: Formeln der geistlichen Weltklage werden für eine Liebesklage verwendet. Die Symbiose von geistlichem und weltlichem Lied kann sehr schön etwa in der beliebten Sammlung der *Bergreihen* verfolgt werden.

Eine deutliche Sondergattung des geistlichen Lieds, die man gewöhnlich nicht zum Volkslied rechnet, ist das Kirchenlied. Mindestens seit der Reformation hat es liturgische Funktion, ist von einem Verfasser persönlich verantwortet und in einem Gesangbuch fixiert. Anderseits ist es durch Melodie, Strophenbau, die Variation fester Elemente und seine große Verbreitung in Raum und Zeit dem Volkslied vergleichbar. In großer Zahl entstanden protestantische Gemeindelieder in Luthers Wittenberger Kreis, zu dem auch der heute noch lebendige Nikolaus H e r m a n n, Lehrer und Kantor in Joachimsthal, gehört („Die helle Sonn leucht itzt herfür"). In regionaler Abwandlung entstehen Liederbücher in Nürnberg, Niederdeutschland (Nikolaus D e c i u s), Straßburg, Konstanz (die Brüder Ambrosius und Thomas Blarer oder B l a u r e r) usw. Die böhmischen Brüder besaßen schon 1501 ein tschechisches Gesangbuch, dem 1531 ein sehr reichhaltiges deutsches Gegenstück folgte, bearbeitet von Michael W e i ß e, dessen Lieder noch heute gesungen werden („Gelobt sei Gott im höchsten Thron"). Zurückhaltender waren die Reformierten. In der Zürcher Kirche wurde der Gemeindegesang erst 1598 in aller Form eingeführt. Calvin förderte weniger den hymnischen als den Psalmengesang (1539). Die Melodien von Claude Goudimel mit den Übersetzungen der französischen Verse durch Paul S c h e d e M e l i s s u s (1572) und Ambrosius L o b w a s s e r (1573) bildeten neben den mit der Zeit übernommenen Lutherischen Liedern lange die Grundlage des Kirchengesangs in den reformierten Gemeinden Deutschlands und der Schweiz. Eigentliche Märtyrerlieder waren im Gesangbuch der Wiedertäufer

gesammelt (1583), so etwa ein Text des 1529 verbrannten
Jörg Blaurock: „Herr Gott, dich will ich loben / von jetzt
bis an mein endt". Wenn diese Bekenntnis- und Loblie-
der zugleich mehr und weniger sind als bloße Literatur,
so findet sich eine als volksliedhaft zu bezeichnende
Poesie wohl eher noch im katholischen Kirchenlied,
gerade weil es nie im strengen Sinn liturgisch wurde und
mit seinen Heiligen- und Marienliedern unmittelbarer
einer gewissen Volksfrömmigkeit dienen konnte. Das
New Gesangbüchlein geystlicher Lieder, das der Domini-
kaner-Propst Michael V e h e aufgrund alter Traditionen
in Halle 1537 herausgab, enthielt auch protestantische
Fassungen. Als erstes offiziell eingeführtes katholisches
Gesangbuch wurden Johann L e i s e n t r i t t s *Geistliche
Lieder und Gesänge* (für die Diözese Bamberg 1576 in
einem Auszug verbindlich geworden) weiterhin grundlegend. Eines der bekanntesten, auch von den Protestanten übernommenen Lieder ist „das alt Catholisch Trie-
risch Christliedlein" „Es ist ein Ros entsprungen"
(1582–88, 1. Druck 1600).

Das weltliche Lied ist schon früh in einigen gedruckten
Sammlungen verbreitet worden, die offenbar weniger das
Volkslied als die Liedkunst einer städtischen und höfi-
schen Oberschicht wiedergeben: Es sind die Lieder-
bücher der Drucker Erhart Ö g l i n (Augsburg 1512), Peter
S c h ö f f e r (Mainz 1513) und Arnt von A i c h (von
Aachen; Köln um 1520). Stärker volksliedhaft sind die
Sammlungen des Johann O t t (Nürnberg 1534) und des
Ambraser Liederbuchs, dieses mit 262 Liedern (Frankfurt a. M. 1582 und öfter). Dazu kommen die verschiedenen Auflagen der B e r g r e i h e n (Zwickau 1531–37),
ursprünglich das Liedgut der besondern Arbeits- und
Sozialwelt der Bergleute, vor allem in Sachsen, dann
überhaupt Bezeichnung für Volkslied, und vor allem,
mit der größten Verbreitung, die *Guten alten und neuen
teutschen Liedlein*, die Georg F o r s t e r 1539 bis 1556 in

5 Teilen in Nürnberg herausgab. Neben weiteren gedruckten Liederbüchern gab es die handschriftlichen
Sammlungen, unter denen die Heidelberger Handschrift
Pal. 343 und das Liederbuch aus Raab (Ungarn) – dieses
für die Spätzeit – wichtig sind.

Bei den älteren Sammlungen von Schöffer, Öglin oder
von Aich pflegt man seit Hans Joachim Moser gern von
„Renaissancelyrik" zu sprechen, da es sich bei den hier
vertretenen „Dichter-Melodisten" und ihren vierstimmi-
gen Kompositionen um „Hofweisen", um Liedkunst für
Hofkantoreien und ein entsprechendes Publikum von
Kennern handelt. Tatsächlich zeigen auch viele Texte
renaissancehafte, humanistische Elemente: Anspielungen
auf antike Mythologie, Vorliebe für Fremdwörter oder
antikische Vorstellungen wie z. B. das Glück (Fortuna),
gelegentlich eine Neigung zu preziösem Ausdruck und
gewagten Motiven. Als Beispiel die Strophe aus einem
Frauenlied des Sebastian Virdung, eines bayrischen Priesters und Verfassers einer musiktheoretischen Schrift,
1511 in Basel bezeugt:

> Kein ander freüd hab ich nit mer
> dann so ich lig in schlaffes gwalt
> vnnd ich darin mich zuo im ker
> mit lieber gir lieplicher gstalt.
>   So ich erwach
>   mein hertz würd schwach,
> sag ich von leid vnd vnfals dück,
>   des bin ich on
>   den werden tron (schönen Traum),
> allein den polster zu mir drück.

(Schöffer 44,3)

Die Grundform der Strophe mit ihren Vierhebern und
den paarig reimenden Zweitaktern (ein im 16. Jahrhundert bis zum Überdruß verwendetes metrisches Motiv)
ist volkstümlich, aber die Diktion mit ihren Genitivkon-
struktionen und ihrer Annomination (Zl. 4) sowie die

fast rokokohafte galante Wendung mit dem ersatzweise
umarmten Plumeau sind wohl durchaus auf der Höhe
der Zeit.

Auch beim Volkslied im strengeren Sinn ist es zweifellos die Liebeslyrik, die den größten Raum einnimmt und
sowohl die erstaunlichsten Konstanten wie auch die brei-
teste Streuung der jeweiligen Abwandlungen des Wortlauts aufweist. Und hier liegt wohl auch die reinste
dichterische Möglichkeit des Volkslieds, sein immer wieder wirkender Zauber. Auf dem „ahistorischen" Grund
ist es dennoch eine höchst historische Erscheinung, die
sich hier, nach Jahrhunderten, immer noch als Substanz
bemerkbar macht: der Minnesang. Es sind dieselben
Typen und Motive wie einst: die Liebeswerbung, die
Schilderung der Schönheit der Geliebten, die Liebesklage, der Abschied, das Taglied, die verlassene Geliebte,
die Abwehr der „Klaffer". Doch sind sie unter den neuen
sozialen Bedingungen meistens verändert. Aus der höfischen Dame wird das „feine braun Mägdelein", Bäuerliches mischt sich selbstverständlich ein: „Laß rauschen,
sichele, rauschen / vnd klinge wol durch das korn!"
(Heger 507), die Ehre des Mädchens wird zum Motiv,
das erzählerische Element wird stärker, in Wiederholungen und Refrains, in dramatisierendem Wechsel der sprechenden Personen wirkt sich die Geselligkeit des Vortrags, das Zusammenspiel von Sänger und Gemeinschaft
unbekümmerter aus. In einer Art Regression – auf das
Zeitlose oder, wenn man will, auf die Stufe eines vorhöfischen Lieds – tritt das Bild wieder an die Stelle der
Reflexion, selbständig bis zur kaum mehr verstehbaren,
darum um so ahnungsreicheren Chiffre:

> In meines Bulen garten,
> do stehen zwey Beumelein.
> Das eine tregt muschkaten,
> das ander die negelin.
> Muschkaten die seind süsse,

> die Negelein die seind frisch.
> Die geb ich meinen feinen buln,
> das er mein nicht vorgist.

(Bergreihen 99)

Die jahreszeitliche, naturhaft-genrehafte Motivik tritt stärker hervor. Zu den beliebtesten Typen gehört daher immer noch und wieder das alte Taglied, darunter etwa das knappe und dichte, in vielen Varianten verbreitete

> Es taget vor dem Walde / stand vff Kätterlin,
> die hassen louffen balde / stand vff Kätterlin ...

(Düwel 168)

Immer wieder erscheint die Metaphorik der Jagd für die Werbung, die Verfolgung der Geliebten, wobei offenbleibt, wie sich hier die höfische Allegorie, das Volkslied und eine immer wieder spontane Bildgebung zueinander verhalten. Am berühmtesten aus diesem Umkreis ist wohl das Lied, das dem jungen, musikalisch begabten Herzog Ulrich von Württemberg (1487–1550) zugeschrieben oder doch in den Mund gelegt wurde, als er aus politischen Gründen Sabina von Bayern heiraten und auf seine schöne Geliebte, die Markgräfin von Brandenburg, verzichten mußte:

> Ich schell mein horn in jamers thon
> [Andere Fassung: Ich schwing mein Horn in Jammertal]
>   mein freud syndt mir verschwunden
> Vnd hab geiagt on abelan
>   es lauft noch vor den hunden
> Eyn edels gwildt in disem gfild
>   als ichs het außerkoren.
> Es scheucht ab myr, als ich es spir,
>   meyn yagen ist verloren.

(Düwel S. 57)

Für eine gewisse Authentizität spricht der dann folgende schnöde Vergleich, er – der Jäger – habe nun eben auf edles Hochwild zugunsten von Hasenfleisch zu verzichten.

Weiter verbreitet als im Spätmittelalter und unmittelbarer auf dem Hintergrund lebensfreudiger bürgerlich-bäuerlicher Gelage erscheint das Freß- und Sauflied, insbesondere auch aus Anlaß bestimmter Feste wie St. Martinstag oder Fastnacht. Nicht zu vergessen sind schließlich die erotischen Lieder mit ihrer stets produktiven und doch eintönigen Sexualmetaphorik, und teilweise verwandt damit die populären „Gassenhauer". Beides begegnet schon bei Neifen bzw. Winterstetten, und für die Sparte der „Graslieder" kommt man mühelos bis zu den lateinischen Pasturellen zurück. Schließlich steht das Lied oft im funktionellen Zusammenhang mit der Berufsarbeit und ihrem Brauchtum, im Sinn eigentlicher Arbeitslieder oder doch thematisch bestimmter Reiter-, Soldaten- und vor allem Bergmannslieder.

Einen großen Raum nimmt die erzählende Liederdichtung ein. Was man mit dem weitgefaßten Begriff „Ballade" bezeichnen kann, geht aus recht verschiedenen Traditionen hervor. Vom Fortleben, ja Wiederaufleben der Heldensage in liedhafter Form wurde bereits unter anderm Gesichtspunkt gehandelt: das *Jüngere Hilde-brandslied* ist in gegen 30 Drucken noch des 16. und 17. Jahrhunderts im Umlauf und über die deutschen Grenzen gedrungen; Stoffe der Dietrichsage (*Ermenrichs Tod*, niederdeutsch, 1560) und vielleicht auch der *Kudrun* (*Die schöne Meererin, Südeli*) reichen über unsern Zeitraum hinaus. Schon eher ein Kleinepos (179 Strophen) ist der den Nibelungenstoff vertretende *Hürnen Seyfried*, der in zahlreichen Drucken des 16. Jahrhunderts erhalten ist und die Vorlage einer Tragödie des Hans Sachs und eines späten Volksbuches wurde. Als eine zweite Gruppe können die Balladen sagenhaften oder novellistischen Inhalts gelten. Wir nennen nach den Daten der ältesten Überlieferung, ohne Rücksicht auf ihren älteren Ursprung: die drei sogenannten Dichterheldensagen vom *Tannhäuser* (mit dem Motiv des Venusbergs und des zweifelnden Papsts, 1515), vom *Bremberger* (die Geschichte vom gegessenen Herzen mit dem Minnesänger Reinmar von Brennenberg als Helden, niederländisch, 1530) und vom *Edlen Moringer* (eine auf Heinrich von Morungen übertragene Heimkehrsage, 1533); der *Ulinger* (die weitverbreitete Ballade vom Ritter, der mit seinem Gesang Jungfrauen betört, um sie zu töten, aber von der letzten selbst getötet wird, 1550–60); die *Frau von Weißenburg* (die falsche Frau, Herrin auf Schloß Weißenburg, die durch ihren Buhlen Friedrich den eigenen Gatten umbringen läßt – vielleicht auf ein geschichtliches Ereignis von 1085 zu beziehen und bis ins 20. Jahrhundert zu verfolgen, 1550). Hier ist man schon nahe bei der sentimentalen Moritat, wie sie später im Bänkelgesang vorgetragen wird.

Schließlich spielt immer noch eine entscheidende Rolle das politisch-historische Lied, sei es als politische Tendenzdichtung, als Medium der Information über zeitgenössische Ereignisse oder als chronikalischer Rückblick. Neben die Berichte über kriegerische Ereignisse wie die Mailänderkriege und die Rivalitäten zwischen Landsknechten und Eidgenossen, den Bauernkrieg, den Schmalkaldenerkrieg usw. treten auch die konfessionellen Auseinandersetzungen, der Fürstenpreis und anderes. Die Gattung bleibt noch Jahrhunderte lebendig, doch verliert sie wohl zunehmend an Bedeutung, je stärker andere Informationsformen hervortreten und vor allem, je mehr im Lauf des 16. Jahrhunderts eine demokratische Öffentlichkeit schwindet.

Volksdichtung im strengen Sinn ist fast per definitionem namenlos, oder sie wird es im langen Lauf ihrer Verbreitung und Abwandlung. Bei den politisch-historischen Liedern, aber auch sonst nicht selten, kommt es vor, daß sich mehr oder weniger berufsmäßige Dichter, die auch die ersten Vortragenden sind, am Schluß nennen, ihr Werk sozusagen firmieren. Im allgemeinen wis-

sen wir wenig über diese Verfasser und Träger volkstümlicher Kunst. Als eine der aufschlußreichen Ausnahmen
gilt der Nürnberger Jörg G r a f (1475?–1542), dessen
vielleicht extreme, aber doch bezeichnende Dichterexis-
tenz sich aus den Nürnberger Akten erheben ließ. Er
diente als Landsknecht in den Heeren Maximilians,
erblindete um 1517, beging bald darauf einen Totschlag
und wurde immer wieder aus Nürnberg verbannt und
dann wieder zeitweise geduldet. Spätestens 1521 ist er
Anhänger Luthers. Seine Frau lief ihm weg, zum Mißfal-
len des Rates lebte er mit einer „Trumpelmetze". Er
verdiente seinen Unterhalt als Dichter, Sänger, Buchführer mit eigenen Sachen, wohl auch als Bettler. 1542
wurde er ins Spital geschafft. Die elf weltlichen und fünf
geistlichen Lieder, die von ihm bekannt sind, bilden
wohl nur den signierten Rest eines vielfältigen Œuvres,
das in rohen Formen vom Meistersingerischen bis zum
Volks- und Kirchenlied reicht, aber wahrscheinlich ohne
eigene Melodien war. Politische Lieder, so gegen die
Türken, standen im Dienst Maximilians. In einem auf
seine Art großartigen Lied gibt er eine Selbstdarstellung
und ironische Verherrlichung der Landsknechte als eines
gänzlich ungeistlichen Ordens: „ein orden, durchzeucht
alle land / mit pfeifen und mit trummen / . . . Fasten und
beten lassen sie wol bleiben". Dazu kommen reformatorische Kampflieder, satirische „Schmachlieder" über
Nürnberger Verhältnisse, Bettel und Hurerei, und ein
wildes erotisches Jagdlied: „Es jagt ein jäger geschwinde /
dört oben vor dem holtz". Auch eine schwankhafte
Moritat in 27 Strophen fehlt nicht, die Geschichte von
der Fischerin, „wie sie hat gestift vier mord". Unter den
religiösen Liedern ist am ältesten eine Bitte um Sündenvergebung an die Mittlerin Maria: „Gots hulde ich verloren han", es ist eine Kontrafaktur ausgerechnet nach dem
Buhlliedchen „Es hat ein magdlein sein schw (Schuh)
verlorn". Im ganzen ergibt sich, könnte man sagen, das

Bild eines Poète maudit aus der untersten Schicht, wie es
auch zur Volksdichtung gehört.

2. Zur neulateinischen Lyrik

Georg Ellinger versichert, er habe für seine grundlegenden Forschungen zur neulateinischen Lyrik die Werke
von gegen tausend lateinischen Dichtern des deutschen
16. Jahrhunderts gelesen. Die noch immer wichtigste
Anthologie, 1612 unter dem Titel *Delitiae poetarum
germanorum* von Jan G r u t e r, dem aus den Niederlanden stammenden Heidelberger Professor und Bibliothe-
kar, herausgegeben, umfaßt 6 umfangreiche Bände.
Diese machtvolle Tradition, die aus dem Humanismus
stammt und sich tief ins 17. Jahrhundert fortsetzt, ist in
der deutschen Literaturgeschichte bis gegen Ende des
16. Jahrhunderts kaum integrierbar, sie steht der volkssprachlichen und das heißt zugleich volksmäßigen Dichtung ziemlich beziehungslos gegenüber. Ihre Wirkung
besteht, einfach gesagt, in der Verdrängung der volkssprachlichen Lyrik in die wenig gebildeten Gesellschafts-
schichten. Denn sie ist die eigentliche Ausdrucksform
der Gebildeten, gelehrt und gelernt im Latein-, Poesie-
und Rhetorikunterricht an Gymnasien und Hochschulen, getragen von den Studenten, Gelehrten und Leh-
rern, den Pfarrern, Ärzten und Beamten – also einem
oberen Bürgertum mit dem Blick hinauf zur höfischen
Welt, zu der über Studium und akademischen Beruf ein
sozialer Aufstieg auch aus einfachen Verhältnissen gelingen kann. Die Funktion der Lyrik besteht nicht zuletzt
darin, das Leben dieser gebildeten Gesellschaftsschicht
zu formen und ihr zur Selbstdarstellung zu verhelfen.
Intimer artikuliert sie sich in Freundeskreisen, gelehrten
Zirkeln, im Brief- und Buchverkehr. Sie ist die einzige
„literarische" Lyrik, unsanglich, von Grund auf intellektuell, aber mit dem unschätzbaren Vorteil einer interna-

tional und überkonfessionell gängigen Sprache, einer freien Teilhabe am ehrwürdigen, neu entdeckten europäischen Kulturbesitz.

Daß die Unschuld des Humanismus und seines emanzipatorischen Willens in den verschiedensten Bereichen mit dem Glaubenskampf der Reformation ein Ende fand, ist ohne Zweifel. Ob die neulateinische Literatur, die der Humanismus für anderthalb oder zwei Jahrhunderte begründet hat, weiterhin als humanistisch oder, etwas deklassierend, als Gelehrtenliteratur zu bezeichnen sei, bleibt eine Definitions- und Ermessensfrage. Aufs Ganze gesehen ist gewiß der radikale Impetus der Celtis oder Hutten mehr und mehr verschwunden, wirkt gerade etwa die gewohnheitsmäßige Gelegenheitslyrik und Panegyrik konformistisch bis zur Langeweile, werden die Profile der Poeten im allgemeinen schwächer und konventioneller. Poesie und Beredsamkeit als Schul- und Hochschulfach nutzen sich ab. Anderseits ist die Leidenschaft oder doch der Fleiß, mit denen man sich um die „vis superba formae" (die hohe Kraft der schönen Form, Johannes Secundus, von Goethe zitiert) bemüht, Disziplin und Eleganz erstrebt, Lebensrollen bereitstellt, das antike Erbe auf die Gegenwart anzuwenden sucht, des Respekts, ja der Bewunderung wert. In diesem Sinn muß die allgegenwärtige Gelegenheitsdichtung in erster Linie genannt werden. Geburt und Tod, Taufe und Hochzeit verlangen ihre literarische Form, sie werden durch das von Freunden, Verwandten, Berufsdichtern gelieferte Carmen erst legitimiert, wobei zugleich die konventionelle Typik erfüllt und überraschend variiert werden soll. Unabsehbar sind die Epigramme, Grabschriften, Sentenzen aus fiktivem oder realem Anlaß, bei denen alles auf Knappheit und Pointe ankommt. Ohne diese sprachlich-intellektuell-formale Arbeit, die erst im 17. Jahrhundert auch für die deutsche Sprache Frucht trug, wäre diese Erneuerung der volkssprachlichen Literatur gar nicht

möglich gewesen. Denn bei allem poetischen Reiz war
die Volksdichtung des 16. Jahrhunderts mehr ein Ende
als ein Anfang. Gewiß ist manchmal das klassische
Gewand – die Elegie, die Ode, die Ekloge mit ihrem
mythologischen und gelehrten Apparat – eine Nummer
zu groß, doch wird gerade aus der Not des Kostüms, der
Maske, der geliehenen Sprache eine Tugend gemacht,
sofern die Spannung zwischen Antike und Gegenwart
zum prickelnden Reiz werden oder ein zwiespältiges
Lebensgefühl selber zum Ausdruck bringen kann, zum
mindesten im Versuch einer Parodia christiana. Und das
Verhältnis von faktischem Leben und literarischer Stilisierung kann so eng, so reziprok und dialektisch sein,
daß die privatesten Erlebnisse – ein Liebesverhältnis, eine
Reise, eine Krankheit, eine Lebensstimmung – gerade in
der höchst artistischen Form aussagbar werden. Das gilt
von Celtis über Fleming und Günther bis zu Goethe.

Der Schwerpunkt einer Pflege ernster neulateinischer
Dichtung liegt zunächst im protestantischen Bereich,
d. h. in einem lutherischen Humanismus, wie ihn Philipp
Melanchthon verkörpert hat. Im Umkreis Luthers
und Melanchthons finden wir ein paar der bekanntesten
Namen: Johann Stigel (1515–62), Professor der Poesie
in Wittenberg und Jena, Georg Fabricius (1516–71),
Schulrektor in Meißen, am berühmtesten Georg Sabinus (1508–60), Melanchthons Schwiegersohn, Professor
der Poesie und Rhetorik in Frankfurt a. d. O. und dann
Königsberg. Bei diesen und andern nimmt der Bereich
der Carmina sacra großen Umfang an: versifizierte und
paraphrasierte Bibelstellen, Passionsbetrachtungen,
Theologisches, auch konfessionelle Polemik. So befrem-
dend heute etwa die Wiedergabe der Psalmen in lateinischen Distichen und die entstehende Stilbrechung wirken, es ist das elementare Bemühen um klassisch-poeti-
sche Umsetzung und Aneignung der Bibel, seit der Spätantike, im Deutschen von Otfrid bis zu Klopstock eine

zentrale Konstante. Des Sabinus *Hodoeporicon itineris Italici* (Italienische Reise) gehört zur beliebten humanistischen Reisedichtung in elegischer Form, in der Persönliches, Anekdotisches und Informatives unterhaltend verbunden sind. Auch das vaterländische Thema ist immer noch aktuell, sei es daß der politisch-moralische Verfall Deutschlands beklagt wird – „Germania degenerans" im Vergleich zur antiken Größe oder der Idee des Reichs –, sei es daß einem Fürsten zu huldigen ist oder politische und kriegerische Vorgänge kommentiert werden.

Berühmt wurde des Petrus L o t i c h i u s S e c u n d u s (1528–60) Elegie auf die Belagerung und drohende Zerstörung Magdeburgs im Schmalkaldischen Krieg 1550/51. In einer Angstvision erscheint dem Dichter die Jungfrau auf dem Mauerkranz (wie im Wappen der Stadt), um in Zorn und Klage das bevorstehende Ende der von ihr beschützten Stadt, ausgerechnet durch die kaiserlichen Truppen, anzukündigen. Lotichius war es ernst, er hatte sich freiwillig als Soldat gemeldet, und doch gestaltete er sein Gedicht als Allegorie und spickte es mit gelehrten Anspielungen aller Art. Ein ähnliches Gedicht hat später Hugo Grotius auf den Untergang von La Rochelle geschrieben. Martin Opitz hat beide Werke übersetzt, nachdem Magdeburg, das 1551 durch die Kapitulation glimpflich davonkam, 1631 durch Tilly das prophezeite Schicksal erlitten hatte. Lottichs Elegiendichtung bewegt sich auch sonst zwischen heroischer Beschwörung der einst ruhmreichen, freien Mutter Germania:

> Tunc clarum tibi, magna parens Germania, nomen
> nostraque libertas sanguine parta fuit.

(Damals ward dir, große Mutter Germania, dein Name berühmt / und unsre Freiheit in Blut geboren.)

und der persönlichen Sehnsucht nach Frieden und musischem Dasein:

Pax ades, aut virtus illa paterna redi!

(Komm, Friede, oder kehre doch, du hoher Sinn der Altvordern, zurück!)

Auch dies ein pathetisches Thema, das in deutschen Versen dann bei Opitz und Fleming wiederkehrt. Lottich gilt seit je als der bedeutendste Lyriker des deutschen 16. Jahrhunderts. Er war in Marburg, Leipzig, Wittenberg und nach langem Frankreichaufenthalt in Padua zum Arzt ausgebildet und zum Professor der Medizin nach Heidelberg berufen worden, als er in jungen Jahren starb. Sein lyrisches Werk (Elegien, Oden, Eklogen) wird zum Spiegel einer empfindsamen Existenz, die sich in unsteter Wanderschaft, im Kreis der Freunde, in Glück und Enttäuschungen der Liebe und in Frömmigkeit verwirklicht, in ungewöhnlich reiner und reicher Form. Der Humanismus ist dabei immer wieder gebrochen durch eine persönliche wie zeittypische Melancholie.

Nil praeter lacrimas haec et suspiria vita est,
quae si fine bono clauditur acta sat est.

(Nichts als Tränen und Seufzer ist dieses Leben, / dem, wenn es mit gutem Ende schließt, Genüge getan ist.)

Oder:

Quid toties aeger de pectore spiritus imo
Surgit, et inviti saepe madent oculi?

(Was erhebt sich so oft aus innerstem Herzen ein Geist der Krankheit / und sind, wider Willen, die Augen naß?)

Solche Stimmungen nehmen Haltungen des kommenden Jahrhunderts vorweg, humanistische Form wird selten wie hier zum Ausdrucksmittel eines weichen, verinnerlichten Gemüts.

Ganz anders die weiterhin, im Gefolge von Ovid oder Celtis gepflegte Gattung der „Amores". Ihr huldigen am massivsten die Elegien des Simon L e m n i u s (1511–50), der aus dem graubündischen Münstertal auf Umwegen

nach Wittenberg kam, aber trotz seiner Freundschaft mit
Stigel und Sabinus mit seinen Epigrammen in heftigen
Streit mit Luther geriet, fliehen mußte, sein maßloses
Pamphlet der *Monachopornomachia* (Mönch-Huren-
Krieg) schrieb und schließlich in Chur als Lehrer unter-
kam. Seine *Amores* bieten zur Entrüstung Georg Ellin-
gers statt „künstlerischer Veredlung des Naturtriebs" ein
„bloßes Schwelgen in den wüsten stofflichen Vorstellungen". Der klassische Erotiker für Jahrhunderte wurde
indes J o h a n n e s   S e c u n d u s (Everard, 1511–36), der
die im 16. und 17. Jahrhundert enge Nachbarschaft niederländischer und deutscher Neulateiner belegt. Er war
ein junger Jurist aus vornehmer Familie aus Den Haag,
der als Sekretär des Erzbischofs von Toledo nach Spanien
kam und dort – nach einer unglücklich verlaufenen Liebe
zu einer Julia – in einer vornehmen Hetäre seine Geliebte
fand. Diese Neaera wurde die Heldin seines berühmtesten Werks, der *Basia*, eines formenreichen Zyklus von
Kuß-Gedichten in kongenialer Nachfolge von Ovid,
Catull und Properz. Der frühe Tod des Dichters wirkt
wie bei Catull als hintergründiger Kontrast zu dem sinnlichen Furor – „languet in extremo cum moribundus
amor" (wenn, dem Tode nah, die Liebe im äußersten
schmachtet) –, der sich im überlegenen Umgang mit
Elegie- und Odenformen auch zu manieristisch-zwang-
haften Wort- und Klangspielen steigert:

> haec illa lingua nostra est,
> quae tortiles capillos,
> quae paetulos ocellos,
> quae lacteas papillas,
> quae colla mollicella
> venustulae Neaerae
> molli per astra versu
> ultra Iovis calores
> caelo invidente vexit ...

(... dies ist dieselbe Zunge, / die deine Ringellocken, / die dein
verschwimmend Auge, / die deine weißen Brüste, / die auch den
zarten Nacken / der reizenden Neära / in weichem Vers erhoben /
zu Sternen, höher noch als / zum sonnenwarmen Himmel, / der
diesen Ruhm dir neidet ... H. C. Schnur)

Auch in solcher vom Lebenszusammenhang isolierter
Erotik eines „mollis versus" kündigen sich Möglichkeiten und Gefahren der Folgezeit an.

3. Neue deutsche Lyrik

1601 gab Theobald Hoeck, Sekretär des Fürsten Rosen-
berg in Böhmen, von Geburt ein Pfälzer, eine deutsche Ge-
dichtsammlung mit dem preziös-programmatischen Titel
Schönes Blumenfeld heraus. In einem berühmten Gedicht
„Von Art der Deutschen Poeterey" steht die Strophe:

> Warumb sollen wir den vnser Teutsche sprachen
> In gwisse Form vnd Gsatz nit auch mögen machen
> Vnd Deutsches Carmen schreiben
> Die Kunst zu treiben
> Bey Mann vnd Weiben.

Der Verfasser setzt damit voraus, daß es ein deutsches
Carmen, ein literaturfähiges Gedicht in der Volkssprache
nicht gebe, und er postuliert ohne einen Blick zurück
„gwisse Form vnd Gsatz" dafür, schon aus Gründen des
Nationalstolzes. Wie recht er in seinem Falle hat, belegt
er selbst: Er bedient sich einer schwer durchschaubaren
Metrik, die zusätzlich durch nachlässigen Druck verunklärt ist, nur teilweise ohne Verletzung des natürlichen
Akzents als Vers ins Ohr fällt; die Sprache ist mundartlich, unsicher, „unpoetisch", die Behandlung der Endsil-
ben willkürlich. Offenbar ist eine Strophe angestrebt, die
den üblichen Viertakter vermeidet und mindestens in den
ersten zwei Zeilen einen ausholenden jambischen Fünf-
takter bringt. Von der Vers- und vor allem Reimkunst ist

in dem Gedicht noch viel die Rede, vom Gehalt verlautet
nichts. Es dauert noch mindestens fünfzehn Jahre, bis
Weckherlins eigenwillige Kunst energischer und origineller die fremden Muster eindeutscht und höfischen Stil
verwirklicht, und noch dreiundzwanzig Jahre, bis Martin Opitz die ersehnten, faktisch so einfachen Regeln
proklamiert. Dennoch sind die Versuche, mit Hilfe lateinischer, italienischer und französischer Muster einen
neuen deutschen Stil zu entwickeln, schon älter, als
Hoeck weiß.

Auf der Stütze der französischen Psalmenmelodie hat
schon der humanistische Lyriker Paul S c h e d e M e l i s -
s u s neue Verse getragenen Tons versucht (vgl. Bd. 2,
S. 43). Und etwa gleichzeitig schuf der in Innsbruck und
Wien wirkende Hofkapellmeister Jakob R e g n a r t (um
1540–99) seine deutschen Lieder „nach art der welschen
Villanellen" (1576), ein aufgrund einer ursprünglich volkstümlichen Form entwickeltes Kunstlied mit dem Pathos
petrarkistischer, d. h. dienender, höfischer Liebe, mit
einer gewissen Neigung zum feierlich Verspielten, jedenfalls zu einer gedanklich und formal strengen Struktur.

Die liebenswürdigste Erscheinung, wichtig weniger an
sich als wegen ihres Stellenwerts, ist der Österreicher
Christoph von S c h a l l e n b e r g (1561–97). Der protestantische Landedelmann hat in Deutschland und in Italien Jurisprudenz studiert und übernahm dann in Wien
höfische und militärische Ämter. Sein schmales Werk,
das erstmals 1910 nach einer Sammelhandschrift gedruckt worden ist, besteht aus neulateinischer Lyrik, der
deutschen Nachdichtung französischer und italienischer
Vorlagen und eigenen deutschen Versversuchen. Dabei
ist nun das Nebeneinander der beiden Formtraditionen
besonders hübsch verfolgbar. 1586 hat Schallenberg einer
jungen Witwe den Hof gemacht und wie folgt um ihre
Hand geworben (vergeblich, wie sich zeigte, doch folgte
ein „novus amor"):

1 Wittfreulein, euer widfreuligkeit
   legt ab, es ist nun zeit,
   ich rath's euch in vertreulichkeit,
   der winter ist nit weit.

2 Wer rosen nit im sommer bricht,
   die veyl und lilgen spart,
   im winter er mit khumer spricht:
   es ist zu lang gehart.

5 Ihr seid selbst die holdseligkeit,
   steht's euch sonst als wol an,
   allein, frau, euer widfreuligkeit
   legt ab und nembt ein man.

                                      (107)

Das sind, im populärsten Metrum, Minnesangmotive,
das Carpe diem mit treuherzig-bürgerlicher Argumentation verbunden. Ganz anders die Huldigung an eine
Dame namens Engelburg, wo in sechs Terzinenstrophen
ein etymologisches Spiel mit dem Namen in strengem
Aufbau bis zur erwarteten Pointe durchgeführt wird:

Die engelburg man enge burgk soll nennen,
weil du dein hertz so eng mir thuest verschliessen
und mich darein nit wirdig wilst erkennen.

O engelburg, dein burgk kan nit mit spiessen ...

                                      (148)

erobert werden, nur mit Amors Pfeilen (Str. 2), die
Dame ist ein Engel mit burgartigem Herzen (3), der
Dichter will die Burg erobern (4; 5) und schließlich: er
will Burggraf werden. Noch handelt es sich um Lieder.
Erst im Heidelberger Kreis und bei Opitz
erfolgt eine systematische Bemühung um die strengen
romanischen Formen, die, da eine Umsetzung in antike
Maße noch nicht möglich ist, wenigstens indirekt römisches Maß und architektonischen Geist vermitteln.

VII. DRAMA

Aufs Ganze gesehen, war das Drama in der Zeit des
frühen Humanismus und der reformatorischen Auseinandersetzung nur ein Vorspiel. Die hohe Zeit einer breiten theatralischen und dramatischen Tätigkeit bricht erst
in den 1530er Jahren an, nachdem die konfessionellen
Fronten sich einigermaßen stabilisiert haben (Augsburger Reichstag 1530) und die protestantischen Städte die
neuen Verhältnisse auch nach innen zu sichern beginnen.
So wirken die beiden entscheidenden Impulse weiterhin
– der des Humanismus in Richtung auf ein anspruchsvolles, an antiken Vorbildern geschultes Drama, und der der
Reformation für den Einsatz des Theaters in der konfessionellen Auseinandersetzung und zur Darstellung der
neuen Glaubens- und Morallehre. Im katholischen
Bereich können die mittelalterlichen Traditionen des
geistlichen wie des fastnächtlichen Spiels fortleben, unter
Umständen bis in die Neuzeit hinein.

Humanistische Dramatik, zunächst als Wiederaufführung von Terenz und Plautus (weniger Senecas), aber
auch der Griechen, dann immer mehr in originaler neulateinischer oder auch volkssprachlicher Produktion, findet ihren Platz vor allem im Schultheater der Gymnasien
und Hochschulen, zunächst vorwiegend im protestantischen Bereich, als Mittel der Sprachschulung, der Bildung und der Propaganda, besonders auch seit Luther
das geistliche wie das weltliche Theaterspiel empfohlen
und Melanchthon es durch seine lateinischen Übersetzungen griechischer Stücke und eigene Inszenierungen
gefördert hatte. Durchaus fließend ist allerdings die
Grenze zum Bürgertheater, sei es, daß ein weiteres bürgerliches (unter Umständen auch höfisches) Publikum
anvisiert ist, sei es, daß die Spieler selbst sich aus der
jüngeren Bürgerschaft rekrutieren. Entsprechend werden

die Stücke in der lateinischen oder sogar griechischen
Originalform oder in jeweils bald erfolgenden deutschen
Bearbeitungen gespielt, oder es handelt sich von vornherein um volkssprachliche Texte. Dabei steht ein immer
breiteres Repertoire an Stoffen zur Verfügung. Für das
vorwiegend protestantische Theater kommen zwar Hei-
ligen- und Legendenspiele nicht in Betracht und wird
neutestamentlichen Themen gegenüber Zurückhaltung
geübt. Um so stärker werden die Geschichten des Alten
Testaments oder antike Stoffe dramatisiert. Nach allen
möglichen Stoffen greift schon früh, vor allem aber seit
der Jahrhundertmitte, Hans Sachsens Meistersinger-
drama.

In der wohl überwiegenden Zahl der Fälle wird der
dramatische Text sofort oder später im Druck verbreitet
und somit auch als Lesetext verstanden. Damit wird die
alte Spannung zwischen (literarischem) Drama und
Theater erst recht deutlich, und die Schwierigkeit
wächst, diesem ganzen ungeheuren dramatisch-theatralischen Betrieb zwischen Literaturgeschichte und Theater-
oder gar Schulgeschichte gerecht zu werden. Zusätzliche
Verlegenheit bereitet, daß die meisten dieser Dramen-
drucke sich nur in vereinzelten Exemplaren erhalten
haben und daß auch die Auswahl der modernen Neudrucke etwas Zufälliges hat.

Zum Gesamtbild sind vorweg zwei Anmerkungen zu
machen. Was erstens die Sprache betrifft, so herrscht
zwischen Latein und Deutsch ein sehr intensives und
unbefangenes Hin und Her und Zusammenspiel, im
Gegensatz zu den Verhältnissen in der Lyrik. Die
Durchdringung lateinisch-humanistischer und volkstüm-
lich-christlicher Dichtung kann ja als eigentliche literaturgeschichtliche Aufgabe des 16. Jahrhunderts bezeichnet werden. Die beiden Literatursprachen befinden sich
durch ein ständiges Übersetzen oder Nachahmen in
einem dialektischen Prozeß, durch welchen sich eine auf

ihre Weise weitgreifende und spannungsreiche Zweisprachigkeit herausbildet, die im 17. Jahrhundert dann langsam und endgültig wieder eine Entflechtung erfährt. Und zweitens: mit dieser Dialektik hängt wohl auch eine merkwürdige Gegenläufigkeit zusammen, die stilistisch die Entwicklung im 16. Jahrhundert bestimmt. Einerseits geht, unterstützt durch eine moderne Bühnenform, die Tendenz in der Richtung auf stärkere Artikulierung des Geschehens durch sinnvolle Gliederung in Akte und Szenen, auf eine Proportionierung der Handlungsteile und auf die Einschaltung von Zwischenchören zum Zweck idealer Bestandsaufnahme und formaler Abwechslung. Anderseits bricht die natürliche und durch die Volksspieltradition unterstützte Neigung durch, das Spiel mit allen möglichen Zusätzen anzureichern und, dem Zeitstil entsprechend, die Linien manieristisch zu brechen und in die Breite zu gehen. Der Magdeburger Schulrektor Georg Rollenhagen gibt einmal die Schwierigkeit zu bedenken, bei 1600 Gymnasiasten möglichst viele Spieler zu beteiligen. So kommt es denn auch in der späteren Zeit gerne zu den großen zweitägigen Aktionen von 5000 bis 7000 Versen. Dieses Gegeneinander von humanistischem Formstreben und unbekümmertem Drang in die Breite findet im wesentlichen erst im Kunstdrama des 17. Jahrhunderts einen strengen und klaren Ausgleich.

Eine Übersicht über das Drama im deutschen 16. Jahrhundert kann nach den verschiedensten Gesichtspunkten erfolgen: nach den lokalen Spieltraditionen (wichtig dabei die von Wittenberg ausgehende Verbreitung in Sachsen, das lebhafte, meist von Bürgern getragene Spiel in den Städten der Eidgenossenschaft, das berühmte Schultheater in Straßburg usw.), nach Autoren (die gelegentlich an verschiedenen Orten und in verschiedenen Sprachen und Gattungen in Erscheinung treten), nach Spieltypen (humanistische Komödie, protestantisches

Bürgerspiel), nach Stoffen (Altes Testament, Gleichnisse), nach den Konfessionen. Aber jede allzu schematische Gliederung verbietet sich angesichts der sehr engen Wechselwirkungen solcher Gruppen von selbst. Bei der folgenden, nur skizzierenden Darstellung waltet denn auch eine mehr assoziative Kombination der Gesichtspunkte und soll deutlich werden, wie sich die Gruppen überlappen und ineinander übergehen.

In zeitlicher Hinsicht kann eine Abgrenzung nach rückwärts, zu den mittelalterlichen Spielformen und den frühen Formen von Humanismus, nur unscharf sein: die Grenzen sind fließend. Dagegen ist, ähnlich wie bei den andern Gattungen, eine Zäsur gegenüber der Folgezeit nicht allzu schwierig zu entdecken. Sie ist gegeben mit dem Auftreten neuer Formen des Theaters, also vor allem mit dem Vordringen eines Berufstheaters, insbesondere in der Form des von England herkommenden Wandertheaters, das auch, obschon verballhornt, den neuen Stil des elisabethanischen Schauspiels und dessen neue Stoffe bringt. Zunächst noch wichtiger ist, wie seit der Jahrhundertmitte dem protestantischen Schultheater ein ungleich schlagkräftigeres, literarisch wie bühnentechnisch moderneres katholisches Schultheater entgegentritt, vorwiegend von den Jesuiten getragen, eines der Vorbilder für einen neuen, dichterischen Theater- und Dramenstil in der Barockzeit, triumphales Unternehmen eines christlich-katholischen Humanismus vor allem lateinischer Sprache und höfischer Orientierung. Nicht zuletzt aber wird das protestantisch-bürgerliche Schauspiel von innen her geschwächt: durch das Schwinden eines bürgerlichen Selbstgefühls in den städtischen Gemeinschaften im Zeitalter patrizischer oder höfisch-absolutistischer Herrschaft, und vielleicht noch mehr durch ein grundsätzliches Mißtrauen gegen das Theater im Bereich der reformierten, zunehmend kalvinistisch-puritanisch bestimmten Kirche. Theater erscheint als

moralische und religiöse Gefahr für die Identität eines
frommen Menschen. Der Antistes der zürcherischen
Kirche, Johann Jakob Breitinger, hat 1624 in einem
Gutachten zuhanden des Rats alle moralischen und religiösen Argumente gegen das Theaterspielen (*Bedencken
von Comoedien oder Spilen*) gesammelt und damit das
überaus reiche Theaterleben in seiner Stadt für lange Zeit
erledigt. In dieser puritanischen Tradition steht auch
noch Rousseaus *Lettre à d'Alembert sur les spectacles*
1758.

1. Gleichnisspiel und Moralität

Der überragende Vertreter einer immer noch aktuellen,
aber nun mit allen Mitteln humanistischer Schulung
arbeitenden reformatorischen Kampfdramatik, ja vielleicht des Dramas im deutschen 16. Jahrhundert überhaupt, ist Thomas Naogeorgus (Kirchmeyer, aus
Straubing[?], um 1508–63), Pfarrer in sächsischen
Gemeinden, dann in Kaufbeuren, Kempten, Stuttgart
und Esslingen. Aus dem gegenreformatorischen Bayern
kommt mit ihm der rabiateste Gegner des Papsttums, der
aber wegen kryptokalvinistischer Neigungen und offenbar auch persönlicher Unverträglichkeit – „homo furio-
sus" nennt ihn Melanchthon – auch bei den Lutherischen
immer wieder in Schwierigkeiten geriet. Sein *Pammachius* (1538) ist ein aktualisiertes Antichrist-Spiel, sein
Mercator (1540) ist dem Typus des Jedermann-Spiels
zuzurechnen. Es folgen eine dramatische Invektive gegen
den Herzog Heinrich von Braunschweig – *Incendia seu
Pyrgopolynices* –, drei Bibeldramen von *Haman, Hiere-
mias* und *Judas*, ein Lehrgedicht von wahrer Seelsorge
und Theologie *Agricultura sacra*, Satiren gegen die
Greuel des Papsttums (vor allem das *Regnum papisticum*)
und schließlich eine lateinische Übersetzung des ganzen
Sophokles.

Der Reichtum der Einfälle und der literarischen Bezüge ist wohl am eindrucksvollsten bei der Tragoedia von *Pammachius* (der totale Krieger, der Weltfeind), zugleich einem hervorragenden Beleg für die Rückwirkungen des volkssprachlichen Spiels auf das lateinisch-terenzische, gern mit griechischen Brocken aufgehöhte Drama. War der Papst in Niklaus Manuels Fastnachtspiel fast noch humorvoll als „Antichristlein" aufgetreten, so ist jetzt die von Luther erneut propagierte Beschimpfung des Papsts als Antichrist ins Grundsätzliche und Großartige ausgedehnt. So entstand ein ganz auf den aktuellen Kirchenkampf bezogenes eschatologisches Drama, das an Aufwand, Glanz und politischer Schärfe nur mit dem Tegernseer *Ludus* vergleichbar ist. Wie bei Manuel ermöglicht eine gestufte Bühne, daß im Hintergrund die Apostel Petrus und Paulus, und nun auch Christus, das eigentliche Geschehen auf der Hauptbühne mit ihren Kommentaren begleiten. In den Akten 1–4 wird – nach einem Vorspiel im Himmel – die Vorbereitung der satanischen Herrschaft bzw. der Inkarnation des Teufels im Papsttum vorgeführt, dann die Unterwerfung des zunächst zögernden, aber hilflosen Kaisers unter die päpstliche Weltherrschaft und der Aufbau des päpstlichen Systems in einem grotesk-parodistischen Sechstagewerk geschildert. Es folgt das triumphale Festmahl, mit wild ausgestaltetem Totenfresser-Motiv, und der erschreckte Aufbruch zum umfassenden Krieg mit einem neuen Widersacher: Theophilus aus der Gottesburg Sachsen. Ein Epilog erklärt, daß der 5. Akt am Tag des Gerichts durch Christus selbst vollzogen und der gegenwärtige Streit und das Blutvergießen dann sein Ende finden werde. Die Handlung ist durch eine Überfülle von Episoden ausgesponnen und ornamentiert – ein ganzes Teufelsspiel zieht sich durch das Stück, die Aktionen des terenzischen Dieners und Boten Dromo sorgen für Komik, allegorische Figuren (Veritas, Parrhesia) heben die Handlung nach Art des humanistischen und noch barocken Schuldramas auf die lehrhaft-abstrakte Ebene. Das Ganze ist eine kühne Verschmelzung von antikischem Lustspiel, volkstümlichem Fastnachtspiel, geistlichem Drama und allegorischem Lehrstück: zusammen ein fast schon manieristisches Welttheater, dessen geistreicher, satirischer Humor vor lauter Hohn und Bitterkeit kaum zum Tragen kommt:

> Insaniunt in nos Turcae perfortiter,
> Insanimus nos in nos ipsos haud minus,
> Vt Christianis sit molestum vivere et
> Spectare iugiter Satanae tragoedias.

> (3387 ff.)

In der Übersetzung:

> Uns mord[t] der Türck und wütet seer:
> So morden wir selbst einander
> Also, das eim Christen möcht wol
> Weh thun, das er nu leben sol,
> Sehn, hörn, erfaren teglich viel,
> Wie Satanas nur treib sein spiel!

> (Menius 5826 ff.)

Die „kurtzweilig Tragedi" fand sofort Übersetzer. Von den vier voneinander unabhängigen deutschen Übertragungen, die mit ihrem Vierheber natürlich viel hausbackener wirken, gilt die stark erweiternde Fassung des Iustus Menius (1539) als die beste; dazu kommt eine englische Übersetzung mit Aufführung in Cambridge 1545 und eine tschechische Prosa.

Ein bedeutend humanerer und frommerer Geist als in solchen gewaltigen Eruptionen herrscht in den großen, repräsentativen, einander verwandten Gruppen des Gleichnisspiels (vor allem durch die Parabel vom verlorenen Sohn vertreten) und der Moralität (insbesondere vom Typus des *Jedermann*). Das kühne und große Unternehmen des Burkhard Waldis, ein neues protestan-

tisches Spiel fast liturgischen Charakters zu schaffen,
blieb im wesentlichen folgenlos. Die Auslegung der
Parabel vom Prodigus auf die lutherische Gnadenlehre,
1523 von Michael Styfel begründet, war längst die
einzige Interpretationsmöglichkeit. Von vorreformatorischen Aufführungen der Parabel an bis in die moderne
Literatur hinein sind die verschiedensten Behandlungen
und Abwandlungen versucht worden. Selbst im 16. Jahrhundert war es eine wesentlich überkonfessionelle Auffassung, welche die größte Verbreitung fand. Wie schon
oben bemerkt, sind die Filiationen der Fassungen nicht
immer klar, da mit verlorenen Zwischengliedern und mit
Mischung zu rechnen ist. Der große Erfolg gehörte dem
lateinischen *Acolastus* (ausschweifend, zügellos) des protestantischen Holländers Wilhelm Gnaphaeus (de
Volder, 1493–1568), der 1528 seines Glaubens halber
auswanderte und als Schulmann in Elbing und Königsberg, dann in Ostfriesland lebte. In Elbing hatte er noch
weitere Schulkomödien verfaßt. Sein *Acolastus* erfüllte
das Gebot der Stunde: die halb kühne, halb naive Synthese von altrömischer Klassizität mit christlicher Moral
und Frömmigkeit. Diese neue christliche Komödie, als
„humanae vitae speculum" dargeboten, erlebte rund 60
Drucke, zahlreiche deutsche Bearbeitungen und Übersetzungen auch in England und Frankreich, und sie
diente allgemein als Modell auch für andere biblische
Dramen. Der theologische Gehalt trat zurück: Ausschweifung und Rückkehr des Sohnes werden zum einfachen Exempel von Sünde, Reue und Wiederaufnahme in
Gnaden. Der unzufriedene, zu Hause gebliebene ältere
Sohn, den Waldis zum Vertreter mönchischer Werkgerechtigkeit gemacht hatte, bleibt ganz aus dem Spiel und
damit jeder Anlaß zu konfessionellen Differenzen. Die
Moral ist verdeutlicht durch halb-allegorische Ratgeber:
Eubulus ist der Nachbar des Vaters Pelargus, Philautus
ist der Verführer des Sohns. Breit entfaltet sich im 2. und

3. Akt das Leben des Prassers mit Schmarotzern und einer Freundin, Lais. Hier erscheinen die Typen der römischen Komödie in lebendigen und munteren Szenen – Lais etwa bettelt um ein kostbares Halsband mit den Schmeichelworten „passercule mi" oder „mea mentula". Das Ganze ist bewegt durch den Wechsel zwischen verschiedenen Versmaßen – was auch einen didaktischen Gewinn bedeutet.

Der Zürcher Schulmeister und Chorherr Jörg B i n - d e r, Regisseur der von Zwingli unterstützten Aristophanes-Aufführung von 1531, hat als erster im selben Jahr eine freie deutsche Bearbeitung unternommen, welche 1535 aufgeführt wurde. Binder hat bewußt den Text noch volkstümlicher gemacht, das genrehaft-bürgerliche Element verstärkt und den Reiz seiner farbigen heimatlichen Sprache eingesetzt. Den älteren Sohn hat er wieder eingeführt und – über den Bibeltext hinaus – eine Versöhnung mit Bruder und Vater veranstaltet. Der Vierheber wird nur zugunsten gelegentlicher Zweiheber an belebteren Stellen aufgegeben. Im Liebesgespräch erscheint hübsch der immer noch geltende Typus des spätmittelalterlichen Volksliedes:

> Entzündt bin ich
> Inbrünstengklich
> Gen dir, min hort;
> Vernimm min wort! ...
> Din hendly wiß
> Mit ganzem fliß
> Vßsträyt fin, rund,
> Din roter mund
> Hand mir min hertz besessen.

Auch in andern Bearbeitungen geht es um schlichte, der theaterspielenden Jugend einzuflößende Mores. So bei Jörg Wickram, der vorwiegend nach Binder 1540 einen *Verlorenen Sohn* vor der Bürgerschaft zu Colmar aufführt, durchaus pedantisch gegen Ungehorsam,

Leichtsinn und ihre bösen Folgen gerichtet, ähnlich wie in seinen Erziehungsromanen. Recht primitiv sieht es bei der Wiener Bearbeitung durch Wolfgang Schmeltzl aus; als Lehrer am Schottenkloster hat er damit 1545, ebenfalls nach Binder, das Wiener Schultheater eröffnet. Der Text ist stark gekürzt, „Vnnütz geschwetz daruon gethon", doch belegt er immerhin die überkonfessionelle Bedeutung der Parabel. Das Zwickauer Spiel eines Johann Ackermann (1536) geht direkt auf Gnaphaeus zurück, während Hans Sachs, der auch hier nicht fehlt, in seiner 1556 geschriebenen Komödie wie Waldis gegen die Werkheiligkeit polemisiert, ohne daß sich ein direkter Zusammenhang nachweisen läßt.

In dieselbe Zeit fallen schließlich zwei andere, eigenständige Fassungen des Stoffs. 1537 erscheint im Druck der *Asotus evangelicus* (griech. asotus „prodigus") des bedeutenden niederländischen Schuldramatikers Georg Macropedius (van Langveldt, um 1475–1558), als eine Jugendarbeit angeblich aus der Zeit um 1507. Es ist eine verhältnismäßig freie, sich auf die Einheit des Ortes, das Vaterhaus, beschränkende, gewandte und witzige Fassung, in starker Anlehnung an plautinische Szenen; der ältere Sohn bittet ebenfalls um Verzeihung. Nachwirkungen dieses Stücks sind mehrfach festzustellen, so in einem deutschen *Asotus* eines Nicolaus Risleben in Zwickau 1586. Einen bedeutenden Stellenwert hat das im Erscheinungsjahr des *Asotus* in Luzern aufgeführte Stück vom *Güdigen Sun*, eine Arbeit des Luzerner Soldaten, Chronisten, Wanderregisseurs und heftigen antizwinglischen Satirikers Hans Salat (1498–1561). Es ist der lebendige, schwungvolle Versuch, die Parabel ausdrücklich für die katholische Auffassung zurückzugewinnen, somit direkt oder indirekt gegen Waldis gerichtet, mit dem das Szenarium zusammengeht. Mindestens ist es ein Angriff auf die protestantische Glaubenslehre: sie verführe zum Leichtsinn und habe auch bereits den Zuzug

zur Hölle verstärkt, weil sich die Buben den Himmel
allzu billig zu erwerben hoffen, indem sie meinen, Gott

> git um ein spot das himmelrich,
> Nimpt die buoben all an für sine kind,
> So bald si wend, verzücht er inn gschwind.

(810 ff.)

Soweit an der Parabel vorwiegend der pädagogische
Gehalt, ein für Schulaufführungen geeignetes Exempel
gesehen wird, können auch manche rein weltlichen
Schulkomödien in den Zusammenhang des Prodigus-
Stoffs gerückt werden. Schon Wimphelings *Stylpho*
arbeitet mit dem Gegensatz eines vorbildlichen und eines
nichtsnutzigen jungen Mannes. Macropedius bot in seinen *Rebelles* (1535) zwei verzogene, unbotmäßige Schüler, die genau wie der Sohn der Parabel auf Abwege
geraten und gar zum Tod verurteilt, aber von ihrem
Lehrer wieder befreit werden – die Wirtshausszenen
entsprechen durchaus Gnaphaeus und Waldis. Von Gnaphaeus und Macropedius angeregt ist die *Comoedia de
vita studiosorum*, 1545 durch Christoph Stymmelius
(Stummel, 1525–88) in Frankfurt a. d. O. verfaßt. Hier
kippt nun die biblische Parabel um in ein durchaus
säkulares, realistisches Lustspiel: Der leichtsinnige Acolastus, flankiert vom schlechten Beispiel Acrates und
vom Musterstudenten Philomathes, gibt sich den Versuchungen des Studentenlebens hin, heiratet aber schließlich die von ihm verführte Wirtstochter. Das Stück
wurde von Melanchthon gelobt, häufig aufgeführt und
gilt, ganz abgesehen von seinem hohen schulgeschichtli-
chen Wert, als eine der lebendigsten Leistungen der
Schulkomödie. Eine ebenfalls weltliche, deutsche
Variante gibt schließlich *Der jungen Mannen Spiegel* des
Zürchers Jos Murer, 1560, nach Gnaphaeus, Binder
und einem schon von Salat herangezogenen Novellenstoff.

Von ungleich geringerer Verbreitung ist ein anderes Gleichnisspiel, die dramatisierte Parabel vom reichen Mann und armen Lazarus (Luk. 16). Das Thema vom Sterben des reichen Mannes haben diese Spiele mit den eigentlichen Moralitäten gemeinsam, doch unterscheiden sie sich davon durch die Härte des vom Bibeltext vorgezeichneten Ausgangs. Das anonyme Zürcher Bürgerspiel *Von dem rychen Mann vnnd armen Lazaro* von 1529, also zwei Jahre nach Burkhard Waldis, gilt als das früheste biblische Drama der Schweizer Reformation. Es hat in seiner gedrängten Kürze und mit seinem teilweise revuehaften Aufbau altertümliche Züge und beruht wohl auch auf irgendeiner vorreformatorischen Vorlage (der hoffärtige reiche Mann verwehrt einem frommen Bruder den Zutritt). Eine soziale Tendenz könnte man vermuten, wenn die Diener des Reichen ihr Mitgefühl mit dem Bettler bekunden („kein Rycher glaubt keim armen bluot", sagen sie) und die Frauen aus dem Volk ihm ein Süpplein bringen wollen. Das Gegenüber von Himmel und Hölle, dem seligen Lazarus und dem durch Tod und Teufel vom Festmahl geholten reichen Mann, bleibt streng gewahrt. Neben Engeln und Teufeln sorgt ein buntes Personal für ständische Vielfalt und humoristische Lichter: Diener, Koch, Kämmerling, Frau und Magd, Narren, Musikanten, Doktor, Hauptmann und Leutnant der Garde, zwei „Hüerly" – alle wenden sich vom Sterbenden ab wie die Freunde Jedermanns. 1541 schreibt Macropedius seinen *Lazarus mendicans*, der dann wieder die Grundlage einer ganzen Kette von deutschen Bearbeitungen wird bis hin zu einer umfangreichen „Action", die Georg Rollenhagen 1590 mit seinen Schülern in Magdeburg veranstaltete.

Vereinzelt erscheint das Gleichnis von des Herrn Weingarten (Matth. 21,33 ff.). Es wurde mit antikatholischer Tendenz 1539 in Zürich gespielt, wahrscheinlich von Jakob R u f. Eine lateinische *Vinea Christi* des

Katholiken Hieronymus Z i e g l e r (München 1548) bezieht sich auf Matthäus 20,1 ff.

Die Tendenz zur umfassenden Allegorie des Menschenlebens in seinen moralischen, sozialen und vor allem religiösen Aspekten erfüllt sich in den sogenannten Moralitäten. An die Stelle eines biblischen oder heilsgeschichtlichen Stoffs tritt die freie, ideelle Komposition. Es ist hauptsächlich diese Werkgruppe, wo der Mensch radikal sub specie mortis (und das heißt auch: des möglichen Heils) dargestellt wird, aber nicht nur, wie beim Sterben des reichen Mannes, als drohender Appell, vielmehr als Dramatisierung der spätmittelalterlichen Ars moriendi: der Schrecken wird verarbeitet, führt zu Umkehr und seligem Ende. Die Vorgeschichte unserer Texte ist unklar; verwandt sind die Bilderfolgen des Totentanzes. In den Mittelpunkt tritt dann der zuerst in England erscheinende Typus des *Jedermann*. Auch diese spätmittelalterliche Schöpfung kann zum Mittel der neuen konfessionellen Auseinandersetzung werden.

Vom aygen gericht vnd sterbenden Menschen nennt sich ein eindrucksvolles Münchener Spiel von 1510 – „aygen gericht" im Gegensatz zum Weltgericht. Das in ausladenden (fünfhebigen?) Versen geschriebene Lehrstück läßt, nach einem Vorspiel im Himmel, vor den Augen eines Kaufmanns und seines theologischen Lehrers drei verschiedene Menschen verschieden sterben, je nach der Wahl, die sie zwischen den Argumenten eines Versuchers und eines Beichtigers treffen. Der erste überwindet seine Hoffart und kommt in den Himmel, der zweite fällt der Verzweiflung anheim und damit der Hölle, der dritte faßt geistliche Zuversicht und kommt ins Fegefeuer, dessen Darstellung den Schluß bildet.

Die englische *Everyman*-Dichtung, erstmals 1509 gedruckt, aber wohl noch im 15. Jahrhundert und vielleicht sogar nach kontinentalen Anregungen entstanden,

konzentriert in zwingender Weise das Geschehen auf den
einen Jedermann, der vom Tod, auf Gottes Geheiß, zur
Rechenschaft geladen wird. In strenger allegorischer
Handlung wird Jedermann von Freundschaft und Verwandtschaft, von Gut, später von Schönheit, Stärke,
Verstand und Fünfsinnen verlassen, um dann nur von
den Gutenwerken unterstützt und von Einsicht (know-
ledge) beraten zur Beichte und den Sterbesakramenten
und darauf, vom Engel geleitet, in den Himmel zu
gelangen. Das ernste und schöne, wohldurchdachte
Werk fand bald eine niederländische Bearbeitung, die
durch Christian I s c h y r i u s 1536 lateinisch als *Homulus* neugefaßt wurde. Eine deutsche Übertragung des
Homulus erschien 1540 bei dem Kölner Drucker Jaspar
van Gennep. Die letzte Vollendung und zugleich
Aktualisierung findet das Thema bei den drei großen
lateinischen Dramatikern Macropedius, Naogeorg und
Levin Brecht. Sie bringen alle eine Erweiterung zum
Familienstück und zugleich zum Welttheater, mit den
terenzisch-plautinischen Mitteln des Gleichnisspiels und
unter der Frage nach der wahren Rechtfertigung des
Menschen.

Des M a c r o p e d i u s *Hecastus*, 1538 in Utrecht
gespielt, hat das allegorische Personal reduziert auf Virtus (anstelle der Gutenwerke) und vor allem Fides. Hecastus ist der reiche Prasser, von Gattin Epicuria, Söhnen,
Knechten, Freunden umgeben. Im Grunde nicht
schlecht, versöhnt er sich trotz der Drohungen von Tod
und Teufel mit Gott und geht in einer großen Sterbe-
szene mit Hilfe des Glaubens zur himmlischen Glorie
ein. Macropedius – der auch von Sachs bearbeitet wurde
– kam damit im Geist der Devotio moderna, zu der er
gehörte, der protestantischen Haltung entgegen. Diese
wird nun von N a o g e o r g in aller kämpferischen
Schärfe formuliert. Sein Drama *Mercator* (1540) macht
den Jedermann wie schon das Münchener Spiel zum

Kaufmann, also zum Vertreter des bürgerlich maßgebenden, aber von Luther neu in Frage gestellten Standes. Er
ist ein sehr massiver Sünder, der aber, durch Tod und
Gewissen aufgerufen, in sich geht und durch Paulus, d. h.
den reinen Glauben, gerettet wird. Dem Pfarrer, der ihm
mit guten Werken und dem ganzen Katalog der kirchlichen Heilsmittel beistehen will, sagt er ab, und dieser wird
obendrein vom Teufel lächerlich gemacht. Anstelle der
Szenen vom reichen Prasser, der sukzessive von allen
Helfern verlassen wird, bedient sich Naogeorg der Vorbilder des *Eccius dedolatus* und der Manuelschen Satire
von der *Krankheit der Messe*: Er läßt Paulus und den Arzt
Cosmas eine groteske Purgationskur an Mercator durch-
führen, in welcher der Patient alle die falschen Trostmittel
der Kirche und der eigenen guten Werke unter entsetzli-
chem Rumoren der Eingeweide von sich gibt:

> Dirumpor miser, adeo duae velut acies
> In ventre concurrunt meo fortissime.
> Hem, vicit pars una et insequitur alteram ...
> Mooc –
> Paulus: Vome audacter!
> Mercat.:   Mooc, Mooc!
> Paulus: Papae,
> Quid video? Peregrinationes et preces,
> Eleemosynas, ieiunia, indulgentias
> Una evomuit ...
>
>   (1906 ff.)

(Ich werde zerrissen, ich armer, so sehr stoßen gleichsam zwei
Schlachtordnungen / in meinem Bauch heftig aufeinander. / Hem,
die eine Partei hat gesiegt und verfolgt die andere. / Mooc – /
Erbrich dich nur tapfer! / Mooc, Mooc! / Potz, / was seh ich? /
Wallfahrten und Gebete, / Almosen, Fasten, Ablässe / hat er, alles
aufs Mal, herausgespien ...)

Ein Nachspiel doppelt nach: Vor dem Gericht Christi
wird der Mercator begnadigt, während drei Kontrastfigu-
ren – Fürst, Bischof, Minorit – trotz ihres reichlichen

Seelgeräts der Verdammnis überantwortet werden. Die
fromme Moralität ist damit wieder zur grotesken, stellenweise fastnachtspielhaften Satire und Polemik umge-
dreht worden. Durch deutsche Bearbeitungen und Übersetzungen auch in andere Sprachen wurde der Mercator
berühmt. Dennoch war es bei aller Bravour ein Rückfall.
Das letzte Wort, literatur- und theatergeschichtlich gesehen, gehörte der katholischen Gegenseite.

Levin B r e c h t (aus Antwerpen, 1502/03–60) hat 1548
als Franziskaner in Löwen die Tragoedia von *Euripus*
geschrieben und aufgeführt: Der Jüngling Euripus macht
sich auf, um der Welt zu entsagen und zum Himmel zu
gelangen; trotz aller Ermahnungen von Timor dei und
Tempus (Gnadenzeit) ermüdet er auf seinem Weg und
läßt sich von Venus und Cupido verführen. Tod und
Pestilenz erscheinen und bringen ihn um. Venus und
Cupido enthüllen sich als Dämonen und geleiten das
klagende Opfer, dem sie die kommenden Qualen schildern, zur Hölle. Das überaus einfache, aber durch die
Reden der allegorischen Begleitpersonen langwierige
Stück fußt auf dem Jesuswort vom engen und breiten
Weg (Matth. 7,13) und zugleich der antiken Geschichte
vom Scheideweg (Prodikos: Herakles am Scheideweg).
Der Name, von Erasmus bezogen, meint die als Ort der
Unbeständigkeit und Gefahr sprichwörtliche Meerenge
in Griechenland. Hart ist in diesem „Seelendrama"
(Günther Müller) das Entweder-Oder von Weltfreude
und Gottesfurcht exponiert. Der Mensch ist für sein Heil
voll verantwortlich, nur durch Selbstdisziplin, Weltabkehr, Demut, Gehorsam und nicht zuletzt Kirchentreue
kann er sich retten. Der ganze 5. Akt ist die Liturgie
einer Höllenfahrt, wie sie dann in Jakob Gretsers *Udo*, in
Bidermanns *Cenodoxus* und nicht zuletzt schon im
Faustbuch zelebriert wird. Eine Art Höhepunkt ist dabei
die verzweifelte Selbstverfluchung des untergehenden
Helden.

Der Streit zwischen Tugend und Laster ist – vor allem seit Prudentius – ein beliebtes Thema der abendländischen Allegorie. Auch die Humanistenkomödie hatte sich seiner angenommen. Der Wiener Abt Benedictus Chelidonius (Schwalbe) hatte das Thema in mythologischer Verkleidung mit seiner *Disceptatio Voluptatis cum Virtute* mit adligen Schülern vor höfischem Publikum – darunter der künftige Kaiser Karl V. 1515 auf die Bühne gebracht. Hier stehen Pallas und Herkules Venus und Cupido gegenüber, doch diese werden samt Epikur zur Hölle geschickt. Dieser spielerischen Komödie gegenüber zeigt Brechts *Euripus* einen neuen radikalen Ernst und eine rigoristische Ethik, wie sie dann von den Jesuiten vertreten wurde. Das Stück des Minoriten war denn auch eines der ersten und beliebtesten Stücke des jesuitischen Schultheaters, wie es sich nach den Grundsätzen der „Ratio studiorum" nun langsam entwickelte und die kühnsten Dramen eines neuen christlichen Humanismus hervorbringen sollte, als Vorbild schließlich auch wieder des protestantischen Schultheaters. Zu den Aufführungen des *Euripus*, wie sie zahlreich in deutschen Landen, so 1554 in Wien, stattfanden, kamen auch Übersetzungen. 1582 hat der Augsburger Stiftskaplan Cleophas Distelmayer eine deutsche Bearbeitung verfaßt, in der hübschen, treuherzigen, verbreiternden Art, in der auch im 17. Jahrhundert die lateinischen Dramen noch popularisiert werden müssen.

Es bleibt die Frage nach deutschen Originalwerken moralitätenartigen Charakters. Sie sind wenig zahlreich. Entfernt mit einem Jedermann-Drama oder Totentanzspiel verwandt sind die knapp gehaltenen *Fünfferley betrachtnusse den menschen zur Buoss reytzende*, die der Lehrer und Liederdichter Johannes Kolroß 1532 in Basel öffentlich aufführte. Ein leichtsinniger junger Mann wird vom Pfarrer vergeblich gewarnt, aber vom Tod zur Umkehr gezwungen und schließlich, nach wei-

teren Versuchungen durch den Teufel, vom Engel ins
Paradies geleitet. Darauf folgt eine Art Satyrspiel mit
Narr, Teufel und „jungen knaben", von denen einer zur
Hölle fährt. Kompositionell und metrisch interessant
sind die vier Chorlieder, mit denen die Handlung eingerahmt und unterteilt ist: frühe reimende Nachbildungen
der sapphischen Strophe.

> Gott grüß üch schone hie in einer gmeyne,
> Vff disem plone alle groß vnd kleyne,
> Herren vnd gsellen   losen, was wir wellen
> üch hie erzellen.

Ins fast Konfuse entartet dagegen der Versuch des
Elsässers Valentin B o l t z , der als Prediger ebenfalls in
Basel wirkte und mehrere Stücke verfaßte, die Moralität
zu einem totalen *Weltspiegel* auszuweiten (1550). Es ist
ein Zwei-Tage-Spiel mit Tod und Teufeln und einem
umfangreichen allegorischen Personal von Tugenden und
Lastern, zugleich eine Revue der Stände, Berufe und
menschlichen Charaktere, ein Sittenbild zwischen Fastnachtspiel und Totentanz. Zahlreiche alttestamentliche
Figuren, von Adam bis Moses und den Propheten, greifen ein, schließlich auch die Vertreter der eidgenössischen Orte samt Bruder Nikolaus von Flüe. Die Eschatologie gilt zugleich für den einzelnen wie für die
Erneuerung des eidgenössischen Bundes. Mit seinen 158
Rollen begegnet uns da, wenn man so will, ein kollektives Jedermann-Spiel in der Art der großen, formlosen
Bürgerspiele.

Die überragende Schöpfung ist jedoch ein ebenso reiches wie strenges Werk aus dem Norden: der niederdeutsche „Jedermann" des Johann S t r i c k e r (Stricerius, um
1540–98), Predigers im Dorf Grobe und dann in Lübeck,
De düdesche Schlömer (Schlemmer, 1584). Stricker, dem
es mutig ums Ganze geht, macht aus Jedermann einen
holsteinischen Landadligen, der in seiner Freß- und vor

allem Sauflust vorgeführt wird, im Kreis seiner Familie und Sippschaft. Das Werk denunziert einen Stand – der Verfasser wurde in der Folge denn auch aus seiner Pfarrei deshalb vertrieben –, zugleich aber auch die pralle Roheit eines ganzen Zeitalters. Der Prasser schlägt die Mahnungen seiner Frau und des Predigers in den Wind, erschrickt zwar über das Erscheinen von Engel und Tod, wird aber zusammen mit seinen Kumpanen und seiner Buhlschaft rückfällig. Bei der zweiten Attacke des Todes wird er nachdenklich, bekehrt sich in Todesnot, gibt seine zwei geraubten Vikareien zurück und wird, trotz eines Verdammungsurteils durch Moses und das Gesetz, gerettet durch Christus, „de dyn register gemäckt klar" (5155). Das umfangreiche und doch kraftvolle Werk lebt aus einem vitalen christlichen Wirklichkeitsbesitz, wie er gerade bei den großen Bußpredigern zu finden ist. Es ist eine frontale, scharfe Satire gegen ein Landjunkertum, das sich nach der Reformation an den Kirchengütern bereichert hat und sich nun in Hoffart, Prasserei und Ehebruch gütlich tut.

> Dat se de Klöster an sick gbracht,
> Deith den guden Heren all sacht.
> En schmeckt och söte Christi Brodt
> Vnd achten der Papen nicht groth.

(355 ff.)

Die Charaktere der Figuren: Ehefrau, Liebschaft, Schwager, Ohm, Nachbar, sind reizvoll differenziert. Die allegorischen Wesen sind verschwunden, um so realer sind Tod, Engel, Narr, Moses und vor allem der angriffslustige Prediger, der sich, Alter ego des Dichters, als der eigentliche Gegenspieler des Schlömers erweist. Reminiszenzen an Jedermann, den reichen Mann im Lazarus-Spiel, auch an Nabal (1. Sam. 25) scheinen sich hier zu verbinden. Wirklichkeitsfreude – auf seine Art auch beim Dichter – und eschatologischer Hintergrund

bedingen sich gegenseitig. Der drastische Katzenjammer
des Säufers geht überzeugend hinüber in Todes- und
Höllenangst. „Vaer wol, du vntrüw schnöde welt" – ein
früher Barockton ist in diesem klassischen Werk der
niederdeutschen Literatur nicht zu überhören.

Im selben Jahr 1584 erscheint im Druck eine letzte
Variante, eine vom Erzherzog F e r d i n a n d II. von
Tirol (1529–94, Gemahl der Philippine Welser, Förderer
der katholischen Reform) „selbst erdachte und gemachte
Comoedi" *Speculum vitae humanae*, die schon durch
ihre deutsche Prosaform ganz ungewöhnlich ist. Ob der
Text wirklich so aufgeführt und nicht nur für die Lektüre
so bearbeitet wurde, bleibt unklar. Ein reicher Jüngling
ist mit seinem Gefolge auf der Reise und befragt eines
Abends seine Berater über die zu wählende Lebensfüh-
rung in Hof-, Kriegs- und Reiseleben; da erscheint ein
Einsiedler und empfiehlt dem jungen Mann den Stand
der Ehe. Und nun folgen 7 Akte, in denen je die verschiedenen Werke der Barmherzigkeit und die Sieben
Todsünden kontrastierend in typischen, z. T. Jeder-
mann-artigen Szenen vorgeführt werden – eine Art
Revue als Spiel im Spiel, ähnlich wie im Münchener
Drama von 1510. Im letzten Akt haben dann wieder der
Jüngling und die Räte das Wort und diskutieren über die
richtige Brautwahl. Der Jüngling wird ein Fräulein wählen, das „nit sonders schön" ist und arm, aber von gutem
Geschlecht, gottesfürchtig und züchtig. Eigentümlich
kommen hier Welt- und Ehespiegel zusammen, offenbar
vor einem sehr persönlichen Hintergrund. Man mag sich
dabei der Selbstdarstellungen von Ferdinands Urgroßva-
ter Maximilian erinnern.

2. Bibel- und Historiendrama

Wenn das mittelalterliche Spiel und seine neuzeitlichen
Ausläufer bei aller möglichen Verweltlichung ein Heils-

geschehen nachvollziehen oder doch einen jahreszeitlichen Brauch begehen, so ist das Drama seit Humanismus und Reformation und besonders seit seiner neuen Ausbreitung in den 1530er Jahren im Kern nicht mehr religiös, sondern lehrhaft geprägt, lehrhaft immer mehr im Sinn personaler und sozialer Moral. Das hat sich schon am Sonderfall der Parabelspiele gezeigt. Der in Wittenberg gebildete, mit Luther und Melanchthon befreundete Paul Rebhun (1505?–46) hat in der Vorrede zu seiner *Susanna* (1535) ähnlich wie ungezählte andere Dramatiker den Zweck seines Unternehmens wie folgt formuliert: Es gelte, mit Paulus, seinem Nächsten zu gefallen, nämlich im Guten und in allem zur Besserung, und zwar für hoch und niedrig, arm und reich, alt und jung. So veranstalte er denn ein liebliches, aber nicht leichtfertiges, vielmehr nützliches Spiel zur Stärkung des Glaubens, zur Geduld, zur Bewahrung der weiblichen Ehre und auch dazu,

> wie öberkeit sich halten soll im rechten,
> was zugebürt herrn, frawn, kind, meyden vnd knechten ...

Das Drama dient dazu, eine „gerechte" obrigkeitliche und ständische Ordnung zu erhalten, es ist ein Mittel der Sozialisation. Die neue protestantische Gesellschaft vor allem der Städte setzt sich hier ihre Leitbilder. Vor allem im Süden kommt zur sozial-ethischen Funktion auch die politische Erziehung hinzu. Der konfessionelle Kampf und die Satire treten damit zurück.

Mit wenigen Ausnahmen bleibt die stoffliche Quelle dieser neuen Dramatik die Bibel als das eigentliche Bilderbuch, mit dem exemplifiziert wird. Das heißt auch, daß weniger mehr das Neue Testament benützt wird. Man meidet den alten, katholischen Typ des Spiels und hat überhaupt Bedenken, Christus selbst als Handelnden auf die Bühne zu bringen. Und aus dem Alten Testament sind vor allem jene Geschichten beliebt, die mit ihrem apokryphen Charakter unverfänglich sind und zugleich eine runde, einfühlbare Handlung mit schlüssiger und erbaulicher Moral anbieten. Auf die ideelle und theologische Tragweite kommt es weniger an. Das vorwiegend moralische Interesse, etwa an der Bestrafung der Bösewichter, wird gerade durch die Gesetzlichkeit alttestamentlicher Geschichten am ehesten befriedigt. Anderseits geht die Säkularisierung des Theaters, abgesehen natürlich vom Fastnachtspiel und der universalen Produktion des Meistersingers Hans Sachs, nur in wenigen Fällen über den biblischen Rahmen hinaus; man greift dann vor allem zu den Geschichten des Römischen Reichs, die auf ihre Weise kanonisch sind. Im ganzen läßt sich sagen, daß das so reiche Bibeldrama des 16. Jahrhunderts eine neue Phase in der Jahrtausendaufgabe, die Bibel umzusetzen und sich anzueignen, darstellt, und zwar immer noch in der fruchtbaren Spannung zwischen lateinischen und deutschen Fassungen.

Die Dramatisierung biblischer Erzählung besteht wie beim Gleichnisspiel in der Wahl des richtigen Ausschnitts, im Hervorheben oder Kontrastieren von Hauptpersonen, im Zufügen einer beliebigen Zahl weiterer Chargen, die das Geschehen vertraut, nachfühlbar, familiär machen können: Verwandte, Knechte, Mägde, Kinder usw., auch Engel und Teufel werden gerne herangezogen, und bei fastnächtlichem Spieltermin erscheint auch der Narr als unentbehrlicher Unterhalter und Kommentator. Die klassische Trennung in tragisches und komisches Spiel ist ja auch hier keineswegs verbindlich, so weit gehen die Forderungen humanistischer Poetik nicht.

Die fast unübersehbare Menge solcher Dramen samt ihren Bearbeitungen, Übersetzungen und Nachahmungen ist schwer zu ordnen. Im durchschnittlichen Bürgerspiel macht die literarische Qualität nur einen einzelnen Aspekt aus; die üblichen Maßstäbe – die Gewandtheit des Verses, die „Dramatik" der Handlung und des Dialogs, die Differenzierung oder gar Entwicklung der Charaktere, die ideelle Durchdringung – entstammen einer klassischen Ästhetik, die nicht unbedingt am Platz ist. Sie werden jedenfalls der so häufigen Vorliebe dieses auf seine Weise epischen Theaters für rhetorische Monologe und moralische Belehrungen kaum gerecht (ohne daß damit Brechtschen Kategorien das Wort geredet sei). Auch die Ordnung nach Inhalten oder Stilen, nach jeweiligen Spieltraditionen oder Verfasserpersönlichkeiten ist nicht leicht. Wir nennen im folgenden zuerst die wichtigsten Stoffe mit einigen ihrer Bearbeitungen und suchen dann eine Übersicht über die fruchtbarsten Autoren im Zusammenhang mit ihren lokalen Spieltraditionen. Mehr als eine Art räsonierenden Auswahlkatalogs ist in unserem Rahmen nicht zu geben, um so weniger, als auch die Theatergeschichte vernachlässigt werden muß.

Bedenkt man, daß alle Rollen von männlichen Spielern übernommen werden mußten, so erstaunt immerhin eine gewisse Vorliebe für weibliche Helden, was mindestens für die Illusionskraft echten Theaters zeugen kann. Die erbauliche Geschichte von Susanna war besonders beliebt: eine ehrbare Schönheit im Bade, zwei Lustgreise, zwei immer willkommene Gerichtsszenen, der Auftritt eines inspirierten Knaben und die Steinigung der Übeltäter – was wollte man mehr! Sixt Birck hat zuerst ein deutsches Susannen-Drama 1532 in Klein-Basel aufgeführt und später eine neue lateinische Fassung in Augsburg herausgebracht, die ihrerseits zahlreiche Bearbeitungen, Übersetzungen und Nachahmungen erfuhr. Susanna erhält da ein „schwesterle" und ein „brüderle" sowie ein Söhnchen, und zusammen mit dem Gatten, den Knechten und Mägden ergibt sich ein ganzes bürgerliches Familienidyll. Mit Sixt Birck berührt sich Paul Rebhun (1535) in seinem technisch gewandteren und eleganteren Stück. Eine überragende, temperamentvolle

und unterhaltende lateinische *Susanna* bietet 1577 Nicodemus Frischlin, und im Anschluß daran verfaßt Heinrich Julius von Braunschweig, der Theaterherzog, eine
Prosafassung, die bereits von den englischen Komödianten beeinflußt ist.

Wenn es bei Susanna um die Ehre der Frau und den
Familienfrieden geht, so vertreten Judith und vor allem
Esther den wenn auch blutigen Triumph der schönen und
kühnen Frau über die Feinde ihres Volks und eröffnen
damit auch staatsbürgerliche Perspektiven. Judith wurde
ebenfalls von Birck behandelt, und zwar deutsch (Druck
1539, Entstehung früher) wie lateinisch (1541), worauf
Wolfgang Schmeltzl in Wien wieder eine deutsche Fassung schreibt (1542). Esther-Dramen stammen von Hans
Sachs und Andreas Pfeilschmidt aus Sachsen (1555); von
diesem ist abhängig der Zürcher Jos Murer, 1567, auf den
noch im selben Jahr eine anonyme Berner *Esther* folgt.
Den höchsten Rang hat hier allerdings wieder N a o -
g e o r g u s mit seinem *Hamanus* (1543). Das Drama, das
eine Menge neuer Episoden bringt und nicht ohne komische Züge ist, verlegt alles Gewicht auf den hoffärtigen
Gegner, der in einer Art Faszination des Bösen zum
eigentlichen Helden des Stücks wird. Der Sturz des
verblendeten Usurpators – das ist ein Grundthema des
kommenden Barock- und insbesondere Jesuitentheaters.
In Übersetzungen und neuen lateinischen Stücken hat der
Hamanus weitergewirkt. Trotz des keineswegs juden-
freundlichen Klimas der Zeit können sich in diesen
Esther-Dramen die Zuschauer mit dem biblischen Volk
Gottes identifizieren, und dessen Feind kann je nach dem
gesetzten Akzent der konfessionelle Gegner sein oder
auch der Feind der Christenheit wie z. B. die Türken.

Ein weltliterarischer Stoff höchsten Ranges ist natürlich Joseph oder, wie er meistens heißt, der ägyptische
Joseph. Familienroman, Karriereroman, Joseph als Präfiguration Christi, zugleich als tugendhafter Held einer

Verführungsszene – solche weitreichenden Möglichkeiten liegen im selben Stoff bereit. Ein von Georg Major und Joachim Greff 1534 in Magdeburg aufgeführtes Stück von Jakob und seinen zwölf Söhnen gehört zu den frühesten Bibeldramen aus Sachsen; es enthält die Josephsgeschichte in recht knapper Form. Maßgebender wurde der *Iosephus* des niederländischen Katholiken Cornelius Crocus (1535), nach welchem im Süden 1538 der Berner Hans von Rüte und 1540 der Zürcher Jakob Ruf (?) große erzählende Stücke gestalteten. Auch Sixt Birck ist mit einem deutschen *Joseph* vertreten (Druck 1539, Entstehung vor Crocus?), und es folgt lateinisch 1544 Macropedius. Eines der besten deutschen Bibeldramen überhaupt ist der *Joseph* des Tiebolt G a r t , 1540 in Schlettstadt gespielt. Gart betont den religiösen Aspekt, indem er Christus, Petrus und Paulus von einem „Winkel" aus das Geschehen verfolgen läßt, und gleichzeitig psychologisiert er recht fortschrittlich die Leidenschaft der Sophora mit Anleihen aus Ovid:

> O wee, mein höchster Jupiter,
> Cupido du gewaltigster,
> O Venus, dein gestrenges kind,
> Durchtringt mein traurigs hertz geschwind,
> Mit scharpffen pfeilen heysser lieb,
> Du brünnens fewr, der ehren dieb,
> Was bringstu für ein preiss daruon? . . .
> Treib auß deim keuschen hertzen, treib
> Die schandtlich lieb, o leydigs weib,
> So fast du magst, ja wann ich möcht?

(614 ff.)

Im Jesuitentheater ist Joseph sehr beliebt, im evangelischen Schultheater bleibt er in einer Reihe weiterer Fassungen vertreten, so bei Thomas Brunner in Steyr 1566. Noch Nicodemus Frischlin hinterließ Vorarbeiten für eine deutsche Joseph-Trilogie, an der er im Gefängnis kurz vor seinem Tod arbeitete.

Beliebt war auch die wunderbare Geschichte des frommen Tobias und seiner Familie. Sie wurde u. a. von Jörg Wickram (1550), Thomas Brunner (1569) und Georg Rollenhagen (1576) behandelt.

Von den weniger oft behandelten Stoffen des Alten Testaments sind zu nennen Adam und Eva (Ruf), Kain und Abel, Abraham, Rebecca, Simson, Nabal (von Zwinglis Schwiegersohn Rudolf Gwalther, lateinisch, 1549), Saul, David, Daniel usw. Überall bestätigt sich der lebhafte Austausch zwischen lateinischen und deutschen Fassungen.

Seltener sind die Werke zum Neuen Testament. Schwache protestantische Versuche, die alten geistlichen Spieltypen wiederaufzunehmen, finden sich vor allem im Süden; Luther hatte eine Darstellung der Passion ausdrücklich mißbilligt. Eine 1544 in Zürich gespielte *Auferstehung* griff vielleicht noch auf vorreformatorische Texte zurück; sie wurde 1566 in Jos Murers *Vfferstäntnus* neu bearbeitet. Eine *Passion* verfaßte ebenfalls in Zürich Jakob Ruf 1545; sie wurde dann 1604 für eine Aufführung im katholischen Freiburg i. B. überarbeitet. Ein erstes protestantisches Weihnachtsspiel hat Heinrich Knaust 1541 in Berlin aufgeführt; es folgte u. a. der aus Konstanz stammende Bieler Prädikant Jakob Funkelin 1553, der auch eine *Auferweckung des Lazarus* geschrieben hatte. Als kurzes Gelegenheitsspiel gedacht ist Paul Rebhuns *Hochzeit zu Kana* 1538, „dem gottgeordneten Ehestand zu Ehren" geschrieben. Es ist ein Thema, das wie Rebecca oder Susanna für die hohe Wertschätzung der Ehe und damit für die neue Sozialordnung wichtig und gleichzeitig auch in den weitverbreiteten Ehespiegeln behandelt war.

Auch auf der katholischen Seite konnte sich unter Umständen neben den traditionellen Formen ein freier gestaltetes geistliches Drama entwickeln, anders gesagt: aus den umfassenden heilsgeschichtlichen Spielen konn-

ten sich einzelne Episoden verselbständigen. In der
Schweiz geschieht dies vor allem in den altgläubig geblie-
benen Städten Luzern, Solothurn und Freiburg. Ein sehr
wertvolles, umfangreiches Spiel ist die zweitägige *Tragoedia Johannis des Täufers*, die Johannes Aal, Propst
und Schulleiter in Solothurn, einst Schüler des Humanisten Glarean, verfaßte (1549); es geschah wahrscheinlich
unabhängig sowohl von dem 1546 im Druck erschienenen *Johannes decollatus* des katholischen Dortmunder
Geistlichen Jakob Schöpper wie von *Herodes und Johannes* des sächsischen Lehrers Johann Krüginger von 1545.
Einen gewissen Aufschwung nimmt in dieser Zeit auch
das Legendenspiel, das fast ausschließlich in der Schweiz
begegnet. 1581 wurden in Solothurn an zwei aufeinan-
derfolgenden Tagen die zusammengehörigen, je fünfakti-
gen Spiele von *St. Mauritius* und *St. Ursus* (beide behandeln das Martyrium der thebäischen Legion) gespielt.
Dieses eigentliche Patronats-Doppelspiel stammte von
dem Lehrer Johannes Wagner.

Zur moralischen Botschaft der Dramen gehört immer
wieder die Belehrung über gerechte und ungerechte
Obrigkeit und bürgerliches Verhalten. Doch hat praktisch nur das eidgenössische Theater ein politisch wirklich verantwortliches Publikum, dem – übrigens auch
nur in wenigen Fällen – die konkreten politischen Anliegen vorgebracht werden. Und zwar lassen sich diese nun
an Episoden der eigenen oder der allgemeinen
Geschichte exemplifizieren. Mitten in seiner Folge biblischer Stücke bringt Jakob R u f in Zürich vaterländische
Spiele. Um 1538 erweitert er des Balthasar Sproß Spiel
von den alten und jungen Eidgenossen zu einer Art
politischer Moralität: Ein alter Eidgenosse und sein
„Etter Heini" (Gevatter Heinrich) konsultieren die sieben weisen Meister, deren Ratschläge sie dann vor eine
Landsgemeinde bringen (es geht um die Abschaffung der
Pensionen und der Reisläuferei und allgemein die Ver-

besserung der Sitten). Satan im Gewand eines Kloster-
bruders und anderseits der treue Eckhart greifen in die
Handlung ein. 1545 walzt Ruf ferner das alte Urner
Tellenspiel zu einem neuen Stück aus.

Der Befreiungsmythus der Eidgenossen hatte sich gern
am Vorbild des alten republikanischen Rom orientiert,
Tell als schweizerischen Brutus gefeiert und überhaupt
eine Art weltlicher Typologie geschaffen, die noch im
17. Jahrhundert schweizerische, altrömische und alttestamentliche Figuren zusammensah. Heinrich B u l l i n g e r
(1504–75), der Retter der Reformation Zwinglis und
Vorsteher der Zürcher Kirche, hat wahrscheinlich schon
1526 sein Drama von Lukretia und der Vertreibung des
Tyrannen Tarquinius geschrieben (*Geschicht der Edlen
Römerin Lucretiae*). Es wurde erst anläßlich von Aufführungen in Basel und Aarau 1533 gedruckt. Das Stück soll
die Not des Volkes, insbesondere auch der Bauern, unter
Tyrannei oder „oligarchi" zeigen, und es feiert die
Befreiung Roms durch Brutus mit Hilfe des Landvolks,
unter aktuellen Anspielungen auf das Pensionenwesen,
den Hochmut des schweizerischen Adels und die Tyrannei des Papsttums. Das knappe Stück, das eine erstaun-
lich demokratische, vaterländische und reformatorische
Tendenz verkörpert, ist eine ungewöhnliche und überlegene Leistung. Sie inauguriert eine zunächst noch dünne
Tradition schweizerischer Römerdramen: ein Berner
Stück von *Appius und Virginia* 1565, zwei Stücke des
Solothurners Georg Gotthart (1552–1619), nämlich der
Kampf der Horatier und Curiatier (1584 gedruckt) und
eine *Zerstörung Trojas* (1598). In Luzern gibt es 1592
einen *Cato* und in Zürich 1596 Christoph Murers *Scipio
Africanus*. Diese Linie scheint unabhängig zu sein von
der durch Hans Sachs schon früh begonnenen und von
Jakob Ayrer fortgesetzten allgemeinen Dramatisierung
weltgeschichtlicher und weltliterarischer Stoffe.

Diese stoffliche Übersicht sei nun – quer dazu –

ergänzt durch einen Blick auf die wichtigsten lokalen Traditionen und ihre Autoren.

Als Schlüsselfigur eines von Wittenberg ausgehenden und in verschiedenen Städten Sachsens, vor allem Zwickau, blühenden Bibeltheaters gilt Paul R e b h u n. Nach seinem Studium in Wittenberg war er als Lehrer und Prediger in Sachsen tätig. Humanistisch interessiert und gebildet, trug er sich mit dem zukunftsträchtigen Plan einer Metrik und Grammatik der Sprache Luthers. Seine beiden Dramen *Susanna* und *Hochzeit zu Kana*, die er unter Berufung auf Luther verfaßte, streben denn auch ein sprachlich reines Kunstdrama an, mit Zwischenchören und gepflegtem Vers. Rebhun verwendet je nach dem Pathos einer Szene je verschiedene Verse und versucht insbesondere vergeblich, als Pionier des jambischen Fünfhebers die allgegenwärtigen kurzatmigen Acht-/ Neun-Silbler einzuschränken. Eine ganze Gruppe sächsischer Dramatiker – als Zentrum kann etwa Zwickau bezeichnet werden – steht offenbar unter Rebhuns Anregung, darunter Hans Ackermann, Johann Krüginger, der Pammachius-Übersetzer Hans Tirolff. Auch der aus Straubing stammende Naogeorg ist zeitweise in Sachsen tätig.

In der Schweiz hat die Reformation eine bereits lebhafte Tradition des Volksschauspiels zu neuen Formen umgeprägt, doch blieb bei diesen im allgemeinen ein bürgerlich-volkstümlicher Stil erhalten. Mit dem biblischen und vaterländischen Drama steht Zürich voran: Nach Jörg Binder und Heinrich Bullinger repräsentiert Jakob R u f (um 1500–58) den Typus eines fleißigen, für Bürgeraufführungen und für den Buchmarkt schreibenden durchschnittlichen Dramatikers. Seines Zeichens war er „Chirurgus und Lithotomus" (Steinschneider), ein überzeugter Reformierter, der auf eigene Kosten in den Kappelerkrieg zog. Sein Œuvre umfaßt *Hiob* (1537), *Etter Heini, Des Herrn Weingarten, Joseph (?), Passion,*

Wilhelm Tell und *Adam und Eva* (1550) in bunter Folge.
Ihm folgen J o s   M u r e r (1530–80), Glasmaler, Illustra-
tor und Kartograph, mit fünf alttestamentlichen Dramen, dem *Jungmannenspiegel* und einer *Auferstehung*,
darauf dann sein im selben Beruf tätiger Sohn C h r i -
s t o p h   M u r e r (1558–1614), der u. a. den *Scipio Africanus* schrieb. Neben dieser ins Biedere absinkenden Reihe
ist aber auch der einflußreiche Theologe Rudolf G w a l -
t h e r (1519–86) zu nennen, dessen lateinischer *Nabal* in
Schaffhausen deutsch gespielt wurde und noch 1582 in
Straßburg zu Ehren kam.

Für Basel steht neben Kolroß und Boltz vor allem der
Augsburger Sixt   B i r c k (Betulius, Betuleius, 1500–54),
der als Lehrer in Basel sechs deutsche Stücke zum Alten
Testament schrieb (*Ezechias, Zorobabel, Susanna,
Joseph, Judith, Beel*) und hier auch die Aspekte der
politischen Erziehung zur Geltung brachte. Nachdem
Birck als Schulrektor 1536 nach Augsburg zurückgekehrt
war, schrieb er nur noch anspruchsvollere lateinische
Dramen, darunter Neufassungen von *Susanna* und *Iu-
dith*.

In Bern hat Hans von R ü t e (gest. 1558) zunächst ein
großes antikatholisches Fastnachtspiel in der Nachfolge
Niklaus Manuels inszeniert und dann fünf biblische Dramen folgen lassen, u. a. 1538 einen *Joseph* nach Crocus
und zweitägige Spiele über *Gedeon* (1540) und *Noah*
(1546).

Besonders wichtig ist das Elsaß mit Colmar (Jörg
Wickram), Schlettstadt (Tiebolt Gart) und vor allem
Straßburg. Hier hatte der Humanist Johannes Sturm
1538 in einer großen Schulreform ein städtisches Gymna-
sium (seit 1566 Akademie) geschaffen. Aus den üblichen
Schulaufführungen lateinischer und griechischer Klassiker wurden aufwendige, vom Rat unterstützte und von
weither besuchte Freilichtaufführungen. Gespielt wurden seit 1565 auch neulateinisch-biblische Dramen von

den verschiedensten Autoren, nicht zuletzt aus den Niederlanden, aber auch ältere Stücke von Birck, Macropedius, Naogeorg u. a. oder Neueres von einheimischen Verfassern. Seit 1597 wirkt Wolfhart S p a n g e n b e r g in Straßburg, der mit deutschen Übersetzungen von Neulateinern sowie mit eigenen deutschen Dramen (*Simson, Saul, Sodom*) den wohl bedeutendsten Übergang in ein frühbarockes evangelisches Schultheater auch deutscher Sprache vollzieht – in Rivalität zu den Jesuiten.

Schließlich Österreich. Ein gewisser Stellenwert, kaum mehr, kommt Wolfgang S c h m e l t z l (um 1500–57) zu, der aus der Oberpfalz stammte, vorübergehend protestantisch gewesen und nun als Lehrer am Schottenkloster zu Wien tätig war. Er hat zwischen 1540 und 1551 sieben deutsche Bibeldramen inszeniert und damit das von Haus aus wesentlich protestantische Schuldrama in Österreich eingeführt. In Steyr war es der Landshuter Protestant Thomas B r u n n e r (gest. 1570), der 1566–1569 mit drei Stücken zum Alten Testament hervortrat.

3. Komödie

Die klassische Trennung der dramatischen Gattungen läßt sich auf das ernste Drama des 16. Jahrhunderts nur schwer anwenden. Das dominierende Vorbild der römischen Komödie auch für Moralität und Bibelspiel, die Unvereinbarkeit von tragischem Geist und christlichem Weltbild, ein genuin christlicher Realismus, das Übergreifen des Narren ins ernste Spiel und der Allegorien in die Komödie, schließlich unter Umständen der fastnächtliche Termin setzen die Unterscheidung von komisch und tragisch außer Kraft und führen zu den verschiedensten Formen einer Mischung oder Kombination von Ernst und Heiterkeit. Immerhin ist die reine Komödie möglich – sei es das primitive Fastnachtspiel (wie immer seine Wurzeln zu beurteilen sind), sei es

humanistische Nachahmung der antiken Komödie. Auf
das Fortleben des Fastnachtspiels, wie es in der Nürnberger Tradition bei Vigil Raber, im Berner *Elsli* oder auch
in der noch lange möglichen Umfunktionierung zur konfessionellen oder politischen Satire begegnet, ist hier
nicht mehr einzugehen. Das Fastnachtspiel des Hans
Sachs, das einen Typus für sich darstellt, hat eine gewisse
Entsprechung bei dem Colmarer Meistersinger Jörg
Wickram, der aber ältere, revuehafte Formen wieder
aufgreift. Er bearbeitete Gengenbachs *Zehn Alter*, läßt
sich von Brant zu einem Panorama der Torheiten und
Laster inspirieren (*Das Narrengießen*, 1537) und gibt in
seiner *Weiberlist* 1543 einen Reihenauftritt antiker und
alttestamentlicher Experten der Liebe.

Eine Auswahl verschiedener Typen und verschiedener
Qualitäten bietet wieder die schweizerische Theaterlandschaft. Zacharias Bletz (1511–70), Luzerner Gerichtsschreiber, war nicht nur Spielleiter eines großen Antichrist- und Weltgerichtsspiels, sondern inszenierte auch
öffentliche Fastnachtspiele. Erhalten sind ein umfangreicher *Marcolfus* (1546, nach dem Volksbuch), in welchen
ein kleines Spiel vom Nürnberger Typus eingeschoben
ist: *Die mißratenen Söhne*, ein edler Streit zwischen
Trinker, Spieler und Buhler, wobei der Trinker vor
Gericht am besten wegkommt. Beispiel der beliebten
Arzt-Komik ist schließlich Bletz' *Wunderdoktor* von
1565.

Zu den stolzen Belegen einer kraftvoll-behäbigen und
wirklichkeitssicheren Berner Literatur gehört das *Weinspiel* von Hans Rudolf Manuel (1525–71), einem
Sohn des Niklaus, Landvogt in Morges im Waadtland.
Der Druck von 1548 bezieht sich auf eine Aufführung in
Zürich. Das große „holdsälige" Spiel, „darinn der edel
wyn von der Truncknen rott beklagt, vonn Räblüthen
beschirmbt vnd vonn Richtern ledig gesprochen" wird,
ist somit ein Gerichtsspiel um die Personifikation des an

sich edlen und „frommen" Getränks, theoretisch gegen
das unmäßige Trinken gerichtet, tatsächlich aber ein –
auch von Fischart benütztes – Stück Trunkenheitspoesie,
wie sie schon etwa im *Weinschwelg* oder, lyrisch, bei
Wolkenstein und Steinmar vorlag, nun aber, als Sprach-
lustbarkeit des chaotischen Jahrhunderts, besonders
bedeutsam wurde. Mit dem Aufgebot von einem halben
Hundert Rollen wird die Gesellschaft der Zecher in der
Blauen Ente – Bauern aller Art, Soldaten, ein Pfaff,
einige „Mätzen" usw. – sowie deren unsichere Heimkehr
zu den zornigen Weibern geschildert, ebenso dann das
Gericht über den angeklagten „Wyn" mit Richtern und
Anwälten. Fritz Sältenlär erbittet sich, vor seiner Haus-
türe ängstlich geworden, den Beistand eines Kumpans:

> Sölt ich mich min wyb meistren lan,
> Ich wölt jr e beyd arm abschlan!
> Meinst du, das ich sy fürcht, min wyb?
> Ich bitt dich, lieber, by mir blyb.
>
> Cüntz Löffelstil.
> Denck mir sy nit, ich thůn es nit!
> Alde, so du nit nider wit!
>
> Fritz Sältenlär. Klopft an der thür.
> Hoscha, hoscha, Gret thů mir vff!
> Ich wirff es sunst als vff ein huff!
>
> Sibilla Schälckly, sin wyb.
> Ists nit, das dkumbst, du trunckne loß (Mutterschwein)?
> Das dich bül aller suw anstoß!
>
> Fritz Sältenlär.
> Ä das dichs Erdrych fräß, wie thůst,
> Du nütsöllender suppenwůst!
> Woltest du erst lang mit mir bochen?   (1605 ff.)

Die harten Verse – strenge Knittel nach dem Vorbild
etwa Brants – sind voller Sprachwitz, lautlich wie in der
ohnmächtig-phantastischen Metaphorik oder in den

massiven Vokabeln und Wendungen, die zugleich den Sprecher charakterisieren.

Gegenüber solch breit ausgespielter Komik liegt der Vorzug einer kleinen „Comedia" des bedeutenden Malers Tobias S t i m m e r in der äußerst knappen Bewältigung eines pointierten Schwankgeschehens. Stimmer (1539–84) stammte aus Schaffhausen und lebte seit 1571 in Straßburg. Sein Spiel *Von zwei jungen Eheleuten* existiert nur im Autograph von 1580, welches durch meisterhafte Federzeichnungen von hohem Interesse für Kostüm und Gebärdensprache der Aufführung ist. Die Handlung ist eine Variante des zur Genüge bekannten Stoffs vom Verhältnis einer liebeshungrigen jungen Ehefrau samt Magd zum Pfaffen. Während der Gatte auf Reisen ist, verkleidet sich der Pfarrer für seine Zwecke als Bauer; doch wird ein richtiger und ehrbarer Bauer von der Magd irrtümlich zur Dame hereingelassen, während der falsche Bauer von einem reisenden Kaufmann verprügelt wird. Worauf alles zu rechter Zeit mit der Rückkehr des Gatten ins reine kommt und mit Reue und Versöhnung endet. Die fastnächtliche Handlung ist durch die Namengebung (Amorrosa, Gorgus, Mercurius), vor allem aber durch das Abbiegen der Ehebruchsmotivik in eine gefahrlose und heitere Komödie der Irrungen von human-humanistischem Geist geprägt. Man kann wohl sagen, in solchen Versuchen vollziehe sich ein Übergang des Fastnachtspiels ins eigentliche Lustspiel.

Und nochmals zurück ins Latein! In der Gestalt des Nicodemus F r i s c h l i n (1547–90) begegnet, persönlich faßbar und faszinierend, die Existenz eines späten Humanisten, in dessen Werk einige Komödien den Abschluß eines Zeitalters bilden. Eine Comicotragoedia kann man mit dem Verlegenheitsterminus der zeitgenössischen Poetik dieses Leben wohl nennen. Der Pfarrerssohn aus Balingen, im Tübinger Stift gebildet, erhielt alsbald eine kleine Professur und wurde als Hofpoet vom

Herzog protegiert, solange es irgend ging. Doch verwikkelte er sich in immer schlimmere teils literarische, teils handgreifliche Streitereien mit den Tübinger Kollegen und mit dem württembergischen Adel. Eine Zeitlang ging er als Schulrektor nach Laibach (Ljubljana); eine Rückkehr nach Tübingen gelang nicht mehr – seine Reisen nach Prag, Wittenberg, Braunschweig gingen in Irrfahrten über. Nachdem der Herzog dem Pasquillanten nicht mehr helfen konnte, wurde er verhaftet und auf die Burg Hohenurach verbracht. Nach einem halben Jahr Gefangenschaft versuchte er zu fliehen und stürzte über die Burgfelsen hinab zu Tode. Dieses Leben hat kein Geringerer als David Friedrich Strauß, selber ein Stiftler, aufgrund der ungezählten Akten, die es begleitet hatten, ausführlich beschrieben (1855). Es ist das Bild eines unsteten, händelsüchtigen, trinkfreudigen, witzigen, selbstbewußten und im Grunde gutmütigen Späthumanisten, will heißen Philologen, Versemachers, Unterhalters und Verfassers von Spott- und Schmähschriften. Frischlin verstrickte sich in die bösartige Enge eines akademischen Ghettos mit seinem Klatsch, seinem Brotneid, seiner pedantischen Eitelkeit. In seiner *Oratio de vita rustica* versah er ein ehrwürdiges Vergilisches Thema mit gezielten Ausfällen gegen städtisches Wesen und vor allem gegen die „centauri", den menschenfressenden und -schindenden, hoffärtigen Adel. Frischlin war kein Revolutionär, nicht einmal ein Nonkonformist. Sein Humanismus bestand in seiner philologischen Kompetenz und darüber hinaus in einer Leichtigkeit des Redens, des Verse- und Witzemachens, die er nicht zügeln mochte und die ihm daher zum „ungehäben Maul" geriet, wie es einmal in den Akten heißt.

Das Werk dieses beweglichen Geistes erstreckt sich auf alle Sparten: Sprachlehre, Epik (eine *Hebrais*), Elegien, Epigramme, vor allem aber Dramen, die meistens für Schul- oder Festaufführungen in Tübingen oder am Hofe

in Stuttgart bestimmt waren. Es sind Bibeldramen (lateinisch *Rebecca* und *Susanna*, deutsch *Ruth, Hochzeit zu
Kana*, Summarien für einen *Joseph*); dann Dialogisierun-
gen nach Vergil (*Venus, Dido*) und Caesar (*Helvetioger-
mani*); ferner, thematisch neuartig, für höfischen Zweck
zwei geschichtlich-legendenhafte Stücke: eine lateinische
Hildegardis (eine Frau Karls des Großen) und eine deutsche *Frau Wendelgard* (eine ähnliche Geschichte von
Frauentreue aus der Ottonenzeit). Überragend aber sind
wohl drei lateinische Komödien im eigentlichen Sinn.

Priscianus vapulans (der verprügelte klassische Grammatiker Priscian, 1578) feiert in der Tradition der eigentlichen Schulaufführungen den gegenwärtigen hohen
Stand der Bildung: Priscian, bei allen Fakultäten mißhandelt, wird von Erasmus und Melanchthon geheilt. Das ist
rückblickende Selbstverherrlichung des deutschen Humanismus oder wenigstens seines Lateinunterrichts,
inzwischen aber doch wieder von einer gewissen Aktualität geworden – bald darauf wird in einem ähnlichen
Stück Jakob Gretsers das *Regnum humanitatis* im Sinne
eines neuen jesuitisch-christlichen Humanismus verkündet. *Phasma* (Erscheinung, nach einem Komödientitel
Menanders, 1580 gespielt) ist eine fastnächtliche, stramm
lutherische Abrechnung mit allen andern Konfessionen
oder Häresien, bereits mit einer Attacke gegen das Tri-
dentinum.

Als Hauptwerk Frischlins gilt *Iulius redivivus* (der
wieder lebendig gewordene Caesar, 1584). Von Mercurius geleitet, kommen Caesar und Cicero aus dem Orkus
herauf, um das moderne Germanien zu besichtigen. Sie
staunen über die neue Kultur, besprechen sich mit einem
deutschen Heerführer, Hermannus, und mit einem führenden Humanisten, Eobanus Hessus. Caesar besucht
ein Zeughaus (die Deutschen haben ja inzwischen das
Pulver erfunden und besitzen entsprechende Waffen),
während Cicero sich eine Druckerei, d. h. das

Instrumentarium der deutschen Dichter und Denker, zeigen läßt. Ferner erscheinen ein hausierender Savoyarde (Allobrox) und ein italienischer Kaminfeger und demonstrieren mit ihrem Kauderwelsch, was aus dem stolzen römischen Latein in den romanischen Landen geworden ist. Das alte, mindestens schon Huttensche Motiv von der Kommentierung der aktuellen Gegenwart durch antike Persönlichkeiten ist überaus belustigend zu einer eigentlichen Mischung der Zeitebenen ausgestaltet, die modernen Techniken durchaus vergleichbar ist. Die großen Römer, die da mühsam und zunächst völlig ratlos nach Deutschland angereist kommen, geraten dabei selber in komisches Licht und dementieren so ihre Vorbildlichkeit:

> Cicero. Ego mehercle jam defatigatus animi
> Et corporis laboribus cupio parum
> Quiescere . . .

(Ich, beim Herkules, bin nun erschöpft von der Mühe an Geist / und Leib und wünsche ein wenig / auszuruhn . . .)

Aber auch der deutsche Kriegsmann und der große Humanist wirken bei allem vaterländischen Pathos nicht ganz seriös. Hermannus begreift durchaus nicht, wer die angekommenen Herren sind, und fragt dann erstaunt, wieso sie nach so langer Zeit wieder lebendig sein könnten. Er muß sich belehren lassen, dies sei eben die Leistung der Komödien- und Fabeldichter:

> Cicero.   Sicut comici solent resuscitare mortuos
>   In suis comoediis aut fabulis.
> Hermannus. Intelligo.

(So wie die Komödianten in ihren Komödien und Fabeln die Gestorbenen wieder lebendig machen. / Aha.)

So berufen sich die Personen des Stücks fast im Sinn romantischer Ironie auf ihren Autor. Allerdings findet damit das Thema Humanismus eine Behandlung, deren Leichtfertigkeit doch wohl symptomatisch ist. Und aufs Ganze gesehn belegt das Phänomen Frischlin eine Spätzeit, ein Ende mindestens der Renaissance-Phase des deutschen Humanismus.

1. Kurzformen

1520 erschien des Johannes P a u l i *Schimpf* (Spaß) *und
Ernst*, eine Sammlung von 693 „exempeln, parabolen vnd
hystorien", die bis 1699 mindestens 60 – vielfach erweiterte – Nachdrucke erfuhr und zu einem der beliebtesten
deutschen Bücher wurde. Das Werk steht am Anfang
einer neuen Reihe von Sammlungen volkssprachlicher
und volkstümlicher Prosageschichten, und gleichzeitig
verkörpert es doch, an der Schwelle der Reformation,
noch reinstes Spätmittelalter, kaum berührt von der
neuen humanistischen Kunst pointierter Fazetien.
Johannes Pauli (um 1450 – nach 1520) war Franziskaner
und wirkte als Prediger sowie in Ordensämtern in Villingen – eine Handschrift des dortigen Nonnenklosters
überliefert 28 seiner Predigten –, Basel, Straßburg,
Schlettstadt, Colmar, Thann, wo er 1519 seine Sammlung abschloß. Er stand unter dem Einfluß Geilers von
Kaisersberg, von dem er eine Reihe von Werken herausgab und dessen Predigteinlagen wohl die wichtigsten
seiner Vorbilder waren. Die im Titel seines Buchs
genannten Erzählformen haben fließende Gattungsgren-
zen. Zum Predigtexempel kann jede Fabel, jede Wunder-
erzählung, jede Anekdote, jeder Schwank oder Witz,
jede kurze Geschichte rein durch ihre Funktion im Kontext werden. Parabeln (bispel) sind als von vornherein
auf Auslegung angelegte Geschichten zu verstehen, und
Hystorien sind alle Erzählungen, die an sich selbständig
sind, aber bei Bedarf doch auf ihren moralischen Gehalt
hin befragt werden können. Direkt und vor allem indirekt sammelt Pauli aus der unabsehbaren Überlieferung
an solchem Erzählgut, wie es vor allem im Hochmittelalter in den großen Exempla-Sammlungen, in den *Gesta*

Romanorum, in den Legenden- und Mirakelwerken (*Legenda aurea, Dialogi* des Caesar von Heisterbach) zu finden war. In der Volkssprache gab es bisher kein solches Werk in Prosa: Was die gereimten Formen (Spruchlied, Bîspel, eventuell Märe oder Fastnachtspiel) oder die Prosaanekdoten in Chroniken oder vor allem Predigten verstreut boten, trat hier zum ersten Mal einheitlich und kompakt als volkssprachlicher Thesaurus auf.

Die religiöse und moralische Absicht dieser meist mit kurzer Anwendung versehenen Geschichten wird durch die überall aufbrechende Erzählfreude nicht dementiert, im Gegenteil. Obwohl zunächst vermutlich als Hilfswerk für Prediger begonnen, ist es schließlich ein Lesebuch für jedermann. Es will „der Welt Handlung durchlaufen", d. h., es gibt in locker geordneten thematischen Gruppen (Stände, Berufe, Laster, Tugenden, kirchliche Einrichtungen usw.) ein umfassendes Bilderbuch. Pauli erzählt einfach, knapp, trocken, formal sorglos, nahe der Umgangssprache, als das Konzentrat einer reichen Fülle. Scherz und Ernst sind gemischt (und zwar genau im offenbar bekömmlichen Verhältnis von 2 : 1), und bei jeder Nummer ist vermerkt, wohin sie gehört, ähnlich wie Wittenwiler mit seinen grünen und roten Randlinien verfährt. Diese Mischung soll sowohl ermöglichen, daß sich die „geistlichen kinder" in den Klöstern bisweilen etwas erlustigen und ausruhen mögen, als auch umgekehrt, daß „die vff den schlössern und bergen" sich an erschreckenden und ernsten Dingen bessern können. Sie zielt auf einen tiefer liegenden Ausgleich der Gegensätze. Auch wo Schwänke oder „facete dicta" ohne Moral erscheinen oder diese erzwungen wirkt, sind sie bei diesem Volksprediger doch aufgehoben in dem Vertrauen, daß alles seinen Platz und seinen Sinn findet. Scherz und Ernst, Mirakel und Moritat, Anekdote, Tierfabel, Sprichwort, Episoden der Weltgeschichte und

eigene Erlebnisse sowie deren kleine und große Helden
samt den üblichen Bauern, Pfaffen und Metzen – all das
gehört zu einer großen Schöpfungswelt, in der zuversichtlich eines aufs andere verweist und wo sich, richtig
bedacht, jederzeit auch die Vorzeichen umkehren können. Kurz: eine Welt und ein Buch voller Figur. Erst wo
sich später in den humanistischen Übersetzungen und
vor allem nach dem Vorbild Bebels die frivole Erzählung
als Kunstform verselbständigt und im Gefolge Luthers
die volkssprachliche Prosa ungeniert auftritt, ja Grobheit
zur Tugend macht, wird diese Einheit gesprengt.

Es dauert nach der Reformation dennoch ein
Menschenalter, bis plötzlich eine wahre Welle der nun
eindeutig zur Schwankerzählung gewordenen Geschichten durch das deutsche Sprachgebiet geht.

Am berühmtesten wurde die erste dieser Sammlungen,
das *Rollwagenbüchlein* des Elsässers Jörg Wickram,
der damals Stadtschreiber in Burkheim im Breisgau war,
1555, vielleicht symptomatischerweise im Jahr des Augsburger Religionsfriedens. Die zunächst 67 Stücke sind in
den zahlreichen späteren Ausgaben laufend vermehrt
worden. Nun sind es behaglich oder gar ein wenig
umständlich erzählte Geschichten, zur reinen Unterhaltung auf Reisen (Rollwagen), in Scherhäusern und Bad-
stuben bestimmt, zum „Hören und Lesen". Die hier
vereinigten Schwänke sind verschiedenster Herkunft;
neben mehr novellistischen Stoffen internationalen Charakters stehen die üblichen, in heimatlicher Nähe ange-
siedelten Geschichten von Ehe und Buhlerei, törichten
Weibern und Geistlichen, Bauern und Handwerkern,
alles gleichermaßen volkstümlich und gemütvoll vorgetragen. Selbst die konfessionelle Polemik ist harmlos
geworden, etwa in der Geschichte vom eifrigen Geistlichen, der nach seiner Anstellung durch eine protestantische Gemeinde das Abendmahl nun in dreierlei Gestalt
austeilen will.

1556 folgt die *Gartengesellschaft* von Wickrams engerem Landsmann und Kollegen Jakob F r e y, Stadtschreiber in Maursmünster, 1557 der *Wegkürtzer* und bald
darauf eine weitere, als *Ander Theyl der Gartengesellschaft* deklarierte Sammlung des Martin M o n t a n u s,
eines nicht näher bekannten Straßburgers, der auch drei
Boccaccio-Novellen übersetzt und drei weitere dramatisiert hat. Anschließend kam Michael L i n d e n e r aus
Leipzig (um 1520–62) mit seinem *Rastbüchlein* und seinen *Katzipori* (beide 1558) heraus; Lindener war lateinisch gebildet und nannte sich „poeta laureatus“, was ihn
nicht vor der Hinrichtung wegen eines Totschlages rettete. Ebenfalls aus Leipzig stammt Valentin S c h u -
m a n n, Schriftgießer und Landsknecht, der 1559 sein
Nachtbüchlein auf den Markt brachte. Lindener und
Schumann sind wegen ihrer ausgeprägten koprophilen
Neigungen besonders verrufen. Den Abschluß der Reihe
bildet die nun enzyklopädische, an protestantischer
Belehrung interessierte siebenbändige Sammlung *Wendunmuth* (1563–1603) des Hans Wilhelm K i r c h h o f f
(um 1525–1603, aus Kassel, Burggraf in Spangenberg),
und dieses Werk ist dann wiederum der Steinbruch für
die Folgezeiten geworden.

Das ganze hier ausgebreitete Erzählgut ist ein dichtes
Geflecht der Überlieferung aus den verschiedensten
Bereichen und Sprachen, vom Altertum bis zur selbster-
fahrenen Gegenwart, je nach Zweck und Bedarf oft eilig
kompiliert und bearbeitet. Die überwältigende Erzählfreude gedeiht trotz allen Einschränkungen zu einer
eigentlichen Erzählkunst, nicht denkbar ohne den humanistischen Sinn für geformte, pointierte, das Menschlich-
Allzumenschliche erfassende Darstellung und nicht ohne
den lutherischen Durchbruch zur Selbstsicherheit der
eigenen Volkssprache. Den Leuten aufs Maul zu sehen –
diese Anweisung ist gründlich säkularisiert in einem oft
treuherzigen, oft bösartigen Vergnügen, in Schwänken,

Grotesken und mancherlei Tabubrüchen einer undurchdringlichen Wirklichkeit habhaft zu werden. Von einem
fast beliebigen Beispiel wie dem folgenden läßt sich
sagen, daß es eine für Jahrhunderte gültige Form der
deutschen Volkserzählung, eine auf ihre Art perfekte
Erzählkunst belegt:

> Zu Osterhoven im Bayerland da ware ein gar armer ungelerter
> pfaff; sein narung warde im saur zu bekomen. Uff ein zeit wolte
> er predigen, klagt sein not, ward gantz und gar unlustig, sagt:
> „Lieben kinder Christi, ich solt enckh das wort gots verkünden;
> so seit es so schantlich böß bawrn, es wölt nichtz bettn, nichtz
> faßtn, nichtz opffern auffn altar und nichtz durch gotzwilln
> gebn. Nempts war, über nacht so stürb ich und far von mund
> [stund?] auff zu dem almechtign, ewign got. So spricht er zu
> mir: ‚Seidt mirs gotwilkhem, herr Hans!‘ So zeuch ich mein
> baretlin ab und sprich: ‚Gnad, herr.‘ Alßdann sagt der almech-
> tig ewig got: ‚Sihe, mein herr Hans, wo habt es enckhere
> schäfle, die es gewädnet habn auffm erdtreich herunden? Lieber
> herr Hans, wo sends enckhere arme leut?‘ Sihe mein, so steh ich
> vor dem allmechtign, ewign gott, als wer mir in dhend gschissn;
> der teufel hat sie alle hinter rucks mir hinweg. Darumb will ich
> enck endtlich sagn, wann es kain andter weiß wölt habn, so seye
> der teuffel enckher selnsorger unnd pfarherr! Und wil hiemit
> urlaub gnomn habn.“
>
> Also zohe er von der pfründen und kam gen Filtzhoven, da ist
> er noch. (Frey, cap. 43)

Der Text beruht auf einer Fazetie Bebels (I,78), die in
kurzer Form nichts als die komische Predigt berichtet
und darin kurz das Gespräch mit dem Herrgott, bereits
mit zwei deutschen Sätzen. Der (elsässische) Erzähler
lokalisiert das Geschehen nach Niederbayern, differenziert das Stereotyp des Schwankpfaffen zum bayrisch-
groben, urtümlichen, aber in seiner echten Verzweiflung
komischen und einfühlbaren Pfaffen, dem er auch einen
Namen gibt. Er baut die Anekdote aus, indem nun, neu,
der Pfaffe seine Gemeinde zum Teufel schickt (wo sie
eigentlich schon sei), und darum muß er dann auch

Urlaub nehmen – aus dem bloßen Diktum wird eine
kleine Geschichte. Diese wird, nach behaglicher Ausmalung des himmlischen Gesprächs, kurz abgebrochen und
damit schlagartig aktualisiert: „da ist er noch". Schon
Bebel setzt kühn den lateinisch-deutschen Sprachgegen-
satz ein, um die komisch-grobe Wendung des Pfaffen
plastisch zu machen. Frey macht daraus den Gegensatz
seiner deutschen Normalsprache zu einem karikierten
Bayrischen: er zieht also aus der Lokalisierung zugleich
Gewinn für eine neue komische Spannung – ein bemer-
kenswerter Fall aus dem wechselnden literarischen Rollenspiel der Sprachen.

Ein erschreckendes Extrem ist L i n d e n e r – gewiß ein
Äußerstes an Roheit und Verwilderung, wenn man die
Thematik seiner Schwänke bedenkt. Dennoch bricht
gerade bei dieser Gelegenheit ein neues Symptom der
literaturgeschichtlichen Entwicklung durch. Lindeners
ungehemmte, assoziative und nach allen Seiten aggressive
Sprache belegt nicht nur die Möglichkeit eines ironischen, zynischen, ja gelegentlich blasphemischen Erzählens, sondern auch ihren eigenen Krisenzustand. Seine
„newe mugken, seltzamme grillen, unerhörte tauben,
visierliche zotten" (so im Titel der *Katzipori*, welches ein
welscher Ausdruck für „Schnudelbutz" oder „Schluk-
ker" sei) zeigen Züge einer Verselbständigung der Sprache in grotesken Wortreihen, Neubildungen, makkaro-
nischer Sprachmischung, Lautspielereien, z. B. auch mit
Prosareimen. Die Sprache bleibt gleichsam in ihrem eigenen Netz hängen, spielt mit sich selbst, zersetzt sich
selbst und gibt keine oder nur eine phantastische Wirklichkeit wieder. Solche Züge werden dann bei nieman-
dem deutlicher als bei Fischart, gehören aber seit der
Narrendichtung zu den heimlichsten Tendenzen des
Jahrhunderts.

Eine letzte Möglichkeit ist prinzipiell auch hier wieder
die zyklische Anordnung von Schwänken, als Anreiz der

Erfindung und Mittel der Komposition. Faktisch ist da allerdings bereits der *Eulenspiegel* vorangegangen, indem er zuerst eine Reihe von Prosaschwänken zur Biographie eines einzigen Helden ordnete. Ähnliche Sammlungen oder Ansätze dazu gab es auch über andere Spaßmacher mit echten oder übernommenen Schwänken, so eine Sammlung um den Berliner Schlosser *Hans Clawert* (1507) und eine um *Claus Narr*, einen früheren sächsischen Hofnarren (1572, mit gereimter Moralisation). Wie sich echte, erfundene und übertragene Geschichten um eine sagenhaft gewordene Figur zusammenschließen, zeigt in einem andern, teilweise aber verwandten Bereich die Vorgeschichte des *Faustbuchs*.

Bleibt noch die Vita nicht einer Person, sondern einer ganzen Gemeinschaft. In diesem Sinn ist eine späte, aber geistreiche und durchkomponierte Schöpfung das *Lalebuch* (1597) eines unbekannten, akademisch gebildeten Elsässers, in welchem man schon Wolfhart Spangenberg hat sehen wollen. Die Lalen sind die Bewohner von Dorf und Schloß Lalenburg im Königreich Utopien (Lale wie Lälli oder Löli: Tor mit heraushängender Zunge, zugleich von griech. λαλεῖν „viel reden, schwatzen" abgeleitet). Wegen ihrer großen Weisheit, die sie von ihren griechischen Vorfahren ererbt haben, sind sie im Ausland dermaßen als Ratgeber begehrt, daß sie ihr eigenes Hauswesen vernachlässigen. Auf den feierlichen Wunsch ihrer Frauen kehren sie nach Hause zurück und tarnen sich als Narren, damit man sie in Ruhe läßt. Das heißt aber, daß sie nun stufenweise faktisch aus weisen Bauern zu Narren werden. Und damit beginnt die eigentliche „Narration", bestehend in bekannten, weitgehend andern Schwankbüchern entnommenen Taten dieses Narrenkollektivs: der Bau des dreieckigen Rathauses ohne Fenster und Ofen, der Salzacker, das groteske Benehmen beim Staatsbesuch des Kaisers, Geschichten um Schultheiß und Schultheißin, Hochzeit des Sohnes,

Versenken der Glocke usw. – Leitgedanke ist dabei die zunehmende ständische Überhebung der Bauern, die sich zu Bürgern und Rittern machen. Schließlich wollen die Lalenburger einen „Maushund" (Katze) verbrennen und lassen dadurch Dorf und Schloß in Flammen aufgehen. Sie fliehen in den Wald, wandern aus und zeugen seither Narren in aller Welt. Der Typus eines solchen Narrengemeinwesens – hervorgewachsen aus Orts- und Stammesneckerei – reicht von Abdera bis Seldwyla. Am nächsten verwandt ist vielleicht, ohne direkten Zusammenhang, das Dorf Lappenhausen des alten Wittenwiler, woran auch einzelnes wie das Hochzeitsfest, die Satire auf den Schultheißen und vor allem der panische Untergang erinnert. Unmittelbarer spielt auch Brants Narrenschiff und Narragonien und des Rabelais Utopia herein. Mit seinem Zug zur Groteske und auch seinen gelegentlichen Sprachscherzen gehört das *Lalebuch* zu den manieristischen Werken der Spätzeit (die Lalen besichtigen ihr neues Rathaus: „Aber als sie in aller Erbertet dareyn getretten kamen, Ecce vide schaw guck siehe lug botz Velte videte, da da [!] war es gantz vnd gar finster"). Bedauerlicherweise ist es ins allgemeine Bewußtsein übergegangen nur in der schon 1598 erschienenen Raub-Bearbeitung der *Schiltbürger*, d. h. einer Verlegung nach Schilda in Meißen (Misnopotamia). Vom selben Bearbeiter folgten als neue Varianten noch ein *Grillenvertreiber* (1603) und die *Witzenbürger* (1605).

2. Romane

Man hat das *Lalebuch* gelegentlich als (humoristischen) Roman bezeichnet. Damit ist eine literarische Aufgabe genannt, vor der das deutsche 16. Jahrhundert mit einer gewissen Verlegenheit steht: die idealisierende oder kritische Darstellung eines Lebens und einer Sozialwelt unter aktuellen Aspekten, aus dem Stoff der Zeit und deren

Problematik heraus und wieder einmündend in diese Zeit
als Bewußtmachung in Kritik und Lehre mit den Mitteln
erzählerischer Erfindung und Ordnung. Im Grund gilt
immer noch, was für das 15. Jahrhundert galt: Die sogenannten Volksbücher sind immer noch Prosaauflösungen
mittelalterlicher Romane oder, zum größeren Teil,
Übersetzungen. Sieht man von einer durch Reihung
zustandegekommenen Vita wie dem *Eulenspiegel* oder
von den stark chronikalischen Selbstbiographien ab, so
bleibt als originales Romanwerk nur der *Fortunatus*.
Auch die Reformationszeit ist mit ihren Kämpfen und
Umbrüchen keine Zeit für durchdachte Synthesen; vorherrschend sind Satire und Schwank, also Formen der
punktuellen Aktion und Reaktion. Es ist dennoch
erstaunlich, daß es nur *einen* klaren Fall gibt, in welchem
versucht wurde, dem bürgerlichen Dasein in seinen
gesellschaftlichen, moralischen und wirtschaftlichen
Aspekten einen Spiegel in Romanform vorzuhalten. Und
diese Ausnahme scheint zunächst noch beeinträchtigt
durch das bescheidene künstlerische Format ihres Urhebers, der persönlich kaum über die Welt seiner oberrheinischen Städte und hier seiner kleinbürgerlichen Umgebung hinauskam. Jörg Wickram (um 1505? – vor
1562) stammte aus Colmar, war hier Ratsdiener, begründete eine Meistersingerschule, für die er die nachmals
berühmte Colmarer Liederhandschrift erwarb, und
wurde 1554 oder 1555 Stadtschreiber in Burkheim. Aus
der Vielfalt seiner literarischen Unternehmungen wurden
bereits seine Theaterstücke und das *Rollwagenbüchlein*
erwähnt. Hinzu kommt u. a. eine Überarbeitung von
Ovids *Metamorphosen* nach Albrecht von Halberstadt.
Wickram ist einer jener wenig gebildeten, aber neugieri-
gen, fleißigen und unbeirrbaren Laien, die handwerklich
und in eigener Regie Literatur produzieren, wie Hans
Sachs.

Das Hauptgewicht seines Œuvres liegt in den fünf

Romanen, die das hartnäckige Bemühen um diese Gattung – bzw. um die Erneuerung des Volksbuchs – eindrucksvoll belegen. Es sind folgende Bücher:

Ritter Galmy aus Schottland, 1539: die rührende Geschichte eines einfachen Ritters, der sich in die Frau seines herzoglichen Herrn verliebt; die Dame wird zu Unrecht von Neidern verfolgt, dann aber beim Gottesgericht durch ihren Ritter Galmy gerettet und heiratet nach dem Tod ihres Gatten den treuen Verehrer.

Gabriotto und Reinhart, 1551: die „erschrockliche" Liebesgeschichte zweier edler Jünglinge aus Paris und zweier hochadliger englischer Damen, eine „schöne und doch klägliche" History von standesüberwindender Liebe, Freundestreue und Tod.

Der Goldfaden, 1554 (gedruckt 1557): der Held Leufried ist ein Hirtenjunge, der von einem Kaufmann in Salamanca erzogen wird, in die Fremde geht, an einem portugiesischen Hof als Küchenjunge dient, kriegerische Taten vollbringt und die geliebte Grafentochter Angliana zur Frau bekommt.

Der Knabenspiegel, 1554 (zugleich auch in dramatischer Form bearbeitet): der brave Bauernsohn Friedbert steigt zum Kanzler am preußischen Hof empor, während sein Kamerad, ein junger Adliger, Wilbaldus, in schlechte Gesellschaft gerät und Schweinehirt wird, dann allerdings bereut und zu Hause wieder aufgenommen wird, während sein Verführer, Lottarius, am Galgen endet.

Von guten und bösen Nachbarn, 1556: eine komplizierte und locker gefügte Geschichte zweier durch Ehen und Geschäfte miteinander verbundenen Familien von Kaufleuten und Goldschmieden in drei Generationen, mit den Gefahren, Erfolgen, Tugenden und Prüfungen tüchtiger Bürger.

In dieser Abfolge zeigt sich, wie der Erzähler Motive der ihm zugänglichen Volksbücher und späthöfischen

Romane kombiniert, um sie dann zunehmend durch
stoffliche Elemente seiner eigenen bürgerlichen Welt
abzulösen. Im *Goldfaden* demonstriert er den kontinuierlichen Aufstieg eines Hirten zum Ritter und zum
Herrn, im *Knabenspiegel* greift er zu einem Parabelstoff,
den er etwa nach dem Muster gewisser Schulkomödien
mit einer Kontrastfigur anreichert, und schließlich komponiert er eine freie Erzählung um zeitgenössische Fern-
händler und Handwerker, auch diese allerdings noch ins
Internationale (Antwerpen, Lissabon) aufhöhend. Die
höfische Welt bildet zunächst noch die ideale Staffage.
Auch Leufried muß noch ein großer Kriegsheld sein und
zum Ritter geschlagen werden, bevor er seine Angliana
bekommt. Und die sentimentale Liebe wird in ihren
verspielten spätmittelalterlichen Formen vorexerziert,
etwa mit dem Motiv des Goldfadens aus der Stickarbeit
seiner Angebeteten, den er unter der Haut seiner Brust
verbirgt, nachdem er diese mit seinem „Schreibmesser-
chen" aufgetrennt hat (man denkt an Ulrich von Lichtenstein oder Seuse). Romanhaft-märchenhaft ist das wohl
aus dem *Iwein* stammende Zeichen der Erwählung, der
zahme Löwe als Begleiter und Helfer Leufrieds. Ins
Preziöse gehen die Schilderungen weiblicher Schönheit,
die im Sinne vorbildlicher Stilübungen in dem sonst
schlichteren Kontext stehen:

> Ir neßlein langlecht und nit gar zů scharpff; ire wenglein
> schon mit kleynen grüblein bekleydet, lieblich rosiniert; ir zart
> und wolgesprecher mund mit einer lustigen rubinfarb von der
> edlen natur begabet; das under leftzlein hieng ein wenig für das
> ober gegen dem zwifachen gespalten kinlein zů tal (usw.).

(Knabenspiegel 51)

Diese höfische Welt erscheint zwar zunächst noch als
Ideal und Ziel, aber immer weniger als vorgegebene
Bestimmung, vielmehr als jedermann erreichbar durch
Tugend, insbesondere Fleiß und Treue. Die Sozialord-

nung wird zur Leiter eines möglichen gesellschaftlichen Aufstiegs. Demonstrativ wird im Knabenspiegel der brave Bauernsohn ein erfolgreicher Hofmann, während der adlige Wilbaldus die Rolle des Verlornen Sohns übernimmt. Die hohe Liebe der Pariser Jünglinge endet im *Gabriotto* noch tragisch, im *Goldfaden* und *Knabenspiegel* wird sie dem Helden möglich, im Nachbarroman unnötig. *Galmy*, *Goldfaden* und *Knabenspiegel* sind richtige Karriereromane, der letzte dazu noch ein Erziehungsprogramm. Alles beruht auf der persönlichen und sozialen Untadeligkeit des Helden. Im letzten Roman werden diese Tugenden ganz und autonom aus der bürgerlichen Gesellschaft selbst entwickelt.

Das Abenteuer im ritterlichen Sinn hat hier kaum mehr Platz, auch nicht in der modernen Form von Reisen und Entdeckungen. Wickrams zielstrebige Ordentlichkeit kommt immer mehr ohne es aus. Im Familienroman von den Nachbarn wird das Schiff auf einer Reise nach Portugal auf eine paradiesische Insel verschlagen, ein schlaraffenlandähnliches Eiland, wo einige Reiseteilnehmer gerne bleiben möchten. Von den beiden Helden heißt es aber: „sie weren lieber daheim in iren heusern gewesen". Das Robinson-Motiv wird hier sehr früh berührt, aber nur, um es von der Hand zu weisen. Zwischen wohlanständiger Bravheit und Erfolg besteht eine genaue Entsprechung – man kann das Erziehungsgläubigkeit nennen, es kann zunächst aber auch, bei einem Protestanten, als krasse Werkgerechtigkeit erscheinen. Ein eigentlicher Tugendbold ist Friedbert, stets der „freüntlichest, züchtigest und ernsthafftigest". Beim Spaziergang mit dem Lehrer (zur Vermeidung von „melancolia" der Schüler) gibt er sich nicht mit kindlichen Spielen ab, sondern „sůcht seinen lust in den schönen natürlichen gewechsen als blůmen und anderen zierlichen kreüteren; deren gestalt und schonheit er alweg mit gantzem fleiß beschawen und betrachten thet". Er fragt seinen Lehrer nach den lateinischen Pflanzennamen und notiert alles säuberlich in dem stets mitgeführten Schreibtäfelchen. Botanisieren und Registrieren sind unmittelbare Äußerungen bürgerlicher Moralität.

Kaum ausdrücklich zur Sprache kommen der religiöse und der politische Aspekt, und doch läßt sich Wickrams erzählerisches Anliegen genauer in seine konfessionelle und sozio ökonomische Umwelt stellen. Wenn am deutlichsten im *Knabenspiegel* – der Aufstieg in adlige Machtpositionen und umgekehrt der Sturz aus diesen möglich ist, so ist an die Stelle feudaler Vorstellungen von Geburtsadel die Idee des Leistungsadels getreten, wie das den Thesen der Humanisten und auch der reich gewordenen Kaufleute entsprach. Wenn Hannelore Christ recht hat, so spiegelt sich darin auch die persönliche Situation des unehelich geborenen, in bescheidener Stellung, unter meistersingerischen Handwerkern lebenden Colmarer Bürgers. Der Nachbarn-Roman dagegen sieht den Aufstieg ganz innerhalb eines aktuellen „Manufakturbürgertums", d. h. der Verbindung von Gewerbe und frühem Kapitalismus der Kaufleute (Lazarus ist Goldschmied, sein Freund Richard liefert ihm als Kaufmann die Juwelen). Auch hier ist das wirtschaftliche und soziale Gedeihen genau gekoppelt mit Fleiß, Sparsamkeit, Hilfsbereitschaft. Dennoch ist es auch hier immer als Fügung des gnädigen Gottes betrachtet. Deutlicher wird aber ein positives Arbeitsethos, mit puritanischen Moralbegriffen, die nun auch die Einschätzung der Liebe bestimmen: Die Ehen in diesem Roman und schon im *Knabenspiegel* sind völlig eingebunden in nüchterne, nicht zuletzt wirtschaftliche Überlegungen. Der Geist des Nachbarn-Romans kann einleuchtend mit der in Straßburg und in Burkheim, nicht aber im mehrheitlich katholischen Colmar möglichen reformiert-kalvinistischen Frömmigkeit zusammengebracht werden. So steckt in dem „unschuldigsten Stil" (Jacob Grimm) und hinter den volks-

buchhaften Verfremdungen doch wahrscheinlich eine
jeweils recht konkrete Ideologie oder doch Mentalität.
Und von daher gewinnen Wickrams Romane zwar nicht
einen hohen literarischen Rang, aber eine geschichtliche
Repräsentanz.

Die nächste Zukunft gehörte, im Bereich des Romans,
allerdings einem internationalen Riesenwerk von sozusa-
gen reaktionär-höfischem Charakter, dem *Amadis*, einer
Spätform, oder von Frankreich und Deutschland aus
gesehen: einer Wiedergeburt des Artusromans. Des
Garci-Ordonnez de Montalvo 4 Bücher über *Amadis de
Gaula* waren, seit dem 14. Jahrhundert stofflich vorbereitet, 1508 in Saragossa erschienen, hatten 1525 König
Franz I. in seiner spanischen Gefangenschaft als passende
Lektüre gedient und waren seit 1540 in französischer
Bearbeitung durch Nicolas Herberay des Essars herausgekommen. Und danach erschien nun, seit 1569, in
Frankfurt eine deutsche Bearbeitung von verschiedenen
Übersetzern, bis 1594 in 24 Bänden. Der deutsche *Ama-
dis* war überaus erfolgreich, um so länger, als Cervantes,
der in seinem *Don Quijote* den Amadis-Ritter zugleich
erledigte und verklärte, in Deutschland erst spät bekannt
wurde.

Diese *Hystorien vom Amadis auß Franck-
reich* waren nun wieder eine sich selbst beliebig erneuernde phantastische Romanwelt, ja fast eine Mythologie,
die nicht nur die Geschicke des „Junkers vom Meer" und
der Prinzessin Oriana von Groß-Britannien berichtete,
sondern auch von seinen Eltern, seinem Bruder Galaor
(einer Gawan-ähnlichen Parallelgestalt), seinem Sohn
Esplandian und seinen ferneren Nachkommen erzählte.
Die rasch sich komplizierende Handlung kriegerischer
und zugleich erotischer Natur, von Feen, Zauberern und
Riesen lebhaft mitbestimmt, dehnt sich von Wales und
Schottland über Frankreich ins Mittelmeer und bis nach
Konstantinopel hin aus. In dem unabsehbaren Gewebe

von Handlungen, Personen und Schauplätzen äußert sich
eine gewisse manieristische Entartung, aber auch der
Anspruch auf einen umfassenden Erzählkosmos (die
deutsche Vorrede spricht von einem „offenen Schawspiel
und Theatro der gantzen Welt") und nicht zuletzt der
Wille zu einem Muster neuen höfisch-absolutistischen
Stils, in welchem sich denn auch Roheit und empfind-
same Zierlichkeit merkwürdig und arrogant vermischen.
Noch Grimmelshausens *Landströrtzerin Courasche* liest
hundert Jahre später den *Amadis*, „die Zeit darin zu
vertreiben und Complimenten daraus zu ergreifen".
Diese Tendenzen nimmt später der heroisch-galante Ba-
rockroman auf, artikuliert sie allerdings dann in einer
real und geschichtlich zu denkenden Welt, mit rational
durchdachter Komposition und staatspolitischem
Gehalt. Eingewirkt hat dabei auch ein klassisches, auf
seine Weise ebenso weltweites und geheimnisvolles
Romanwerk, die *Äthiopischen Geschichten* (*Theagenes
und Charikleia*) des Heliodor, die in deutscher Übersetzung – über lateinische Vermittlung – bereits seit 1554
vorlagen.

Das wohl bedeutendste und jedenfalls originalste deutsche Erzählwerk der Spätzeit gedieh nicht zu einem
eigentlichen Roman, weil es vom Andrang verschiedenartigen Materials überholt wurde und vor allem, weil in
seinem Thema eine letzte Aporie epochalen Charakters
lag, die nicht zu überwinden war. Das *Volksbuch
vom Doktor Faust*, im ältesten Druck (H, Frankfurt
1587) *Historia von D. Johann Fausten* betitelt, ist in der
Anlage die Vita des „weitbeschreyten Zauberers vnnd
Schwartzkünstlers", aber streckenweise eine zufällig wirkende und in verschiedenen Ausgaben variable Reihe von
Belehrungen, Schwänken und okkulten Geschichten,
wie sie z. T. auch in anderen Sammlungen stehen.
Zusammen mit der wahrscheinlich etwas älteren Wolfenbütteler Handschrift (W) und mit den Zusätzen in späte-

ren Bearbeitungen des Frankfurter Drucks gelangt man
zurück in eine fluktuierende Masse von Überlieferungen,
die sich um die Gestalt des Teufelsbündlers angesammelt
hat. Prinzipiell lassen sich daraus zwei Größen rekonstruieren. Da ist einmal eine *geschichtliche* Figur: Georg
Faust, um 1480 bis um 1540, ein württembergischer
Bauernsohn, der als Arzt, Astrolog, Wahrsager, Zauberer und wahrscheinlich Hochstapler in Deutschland her-
umzog und teils durch urkundliche Erwähnungen, teils
durch Zeugnisse von Zeitgenossen wie dem Abt Trithemius, Luther, Melanchthon und einigen Humanisten gut
belegt ist, meistens unter negativem Vorzeichen. Und
zweitens kann man eine *literarische* Größe vermuten,
einen ursprünglichen, noch konsistenteren Faust-Roman
deutscher (oder lateinischer?) Sprache, der noch hinter
der bereits kontaminierten gemeinsamen Vorlage von H
und W läge.

Ein weiteres kommt hinzu. In den mündlich oder
schriftlich umlaufenden Faust-Anekdoten wie auch in
den romanhaften Grundlinien unseres erhaltenen *Faust-
buches* machen sich ältere, weltliterarische Typen gel-
tend, die gesamthaft bereits den Zwiespalt zeigen zwischen Bewunderung und Verdammung, zwischen Magie
als abenteuerlichem Versuch und Magie als dämonischer
Versuchung. Der Teufelspakt ist beliebt in Apokryphen,
Legenden und Sagen. Zu den bekanntesten Vertretern
gehört der in der Apostelgeschichte erwähnte Magier
Simon, von dem u. a. die *Kaiserchronik* berichtet, wie er
sich, vom Teufel getragen, in die Luft erhob, aber durch
das Gebet des Petrus zum Absturz gebracht wurde.
Andere Teufelsbündler sind Theophilus (dem die
Umkehr und Buße gelingt) oder der in Jakob Gretsers
Drama behandelte Erzbischof Udo von Magdeburg (der
von Maria begnadigt wird). Ein subtilerer Höllenfahrer,
ohne Teufelspakt, ist dann Jakob Bidermanns heuchleri-
scher Gelehrter Cenodoxus (der wie Faust in Verzweif-

lung endet). Doch unvergessen blieb auch der Typus des bewunderten Entdeckers, des großen, wenn auch maßlosen Alexander, der ans Ende der Welt, mit einer Taucherglocke in die Meerestiefe und mit einem Greifenwagen in den Weltraum vorstößt, dann allerdings mit seinem frühen Tod die Eitelkeit menschlichen Strebens, menschlicher Größe offenbart. Solche Urvorstellungen oder Wunschträume von magischer Macht und Überwindung menschlicher Grenzen werden gewaltig verstärkt im Zeitalter der Entdeckungen, des Humanismus mit seinem emanzipierten und exaltierten Lebensgefühl und vor allem der Reformation mit ihrer neuen Selbstverantwortlichkeit des gottunmittelbaren Menschen. „Das Faust-Thema gehört unmittelbar zur Dialektik der lutherischen Reformation" (Hans Mayer). Und unmittelbarer an die Faust-Figur heran führen große Erforscher der Natur im Zwielicht von Größe und Scharlatanerie wie ein Paracelsus, die pansophische Bewegung als Ganzes und ein allgemeines volkstümliches Interesse für Zauber- und Teufelsliteratur überhaupt. Die Wissenschaft der Renaissance überschritt noch leicht die Grenzen zur Nachtseite von Natur oder Geschichte.

Faust wird geschildert als der hoffärtige Studierer und „Speculierer", der – in Wittenberg! – den theologischen Doktor erwirbt, sich Arzt nennt, alle Gründe im Himmel und auf Erden erforschen will („name an sich Adlers Flügel", vgl. Jes. 40,31) und nach wiederholten Beschwörungen, die mit lustvollem Grausen erzählt werden, mit dem Teufel seinen Pakt abschließt. Zunächst folgen, nach wunderbarer Beschaffung von Speis und Trank und einem vom Teufel erzwungenen Verzicht auf eine Ehe, lange Disputationen mit Mephostopheles über Hölle, Engel und Teufel und die Unwiederbringlichkeit der Verdammten. Dabei erhält Faust auch die teuflisch-falsche Auskunft, die Welt sei „unerboren und unsterblich", d. h. ewig. Dann erst, nach acht

Jahren Forschen, Lernen, Fragen und Disputieren, folgt
die praktische Erfahrung: Faust läßt sich in die Hölle
führen, fährt wie Alexander in einem Drachenwagen zu
den Gestirnen empor und besichtigt anschließend die
wichtigsten Länder und Städte der Erde (eine Geogra-
phie-Lektion, wörtlich nach Hartmann Schedels *Weltchronik*). Dabei wird in Rom der Papst gefoppt und in
Konstantinopel ausgiebig der Harem besucht. In einem
3. Teil schwindet das faustische Erkenntnisstreben noch
mehr. Es folgen in bunter Reihe die Zauberstücklein und
Schwänke, die Faust mit Studenten, Bauern und Hofleu-
ten veranstaltet, dann die Schilderung des „säuischen und
epicurischen Lebens" mit „succubae" aus allen Ländern
und schließlich, wie bei Simon Magus, die Verbindung
mit der heraufbeschworenen Helena, mit der er einen
Sohn zeugt. Eine hübsche humanistische Note bringen in
einer wenig späteren Ausgabe die sogenannten Erfurter
Kapitel: Faust hält in Erfurt eine Homer-Vorlesung und
läßt dabei die griechischen Helden leibhaftig im Hörsaal
auftreten, oder er erlangt Kenntnis der verlorenen
Komödien des Plautus und des Terenz – der Teufel im
Dienste der Philologie. So scheint der *Faustbuch*-Verfas-
ser eine gewisse absteigende Ordnung in die faustischen
Aktivitäten gebracht zu haben – diese erfolgen ja in den
Teufelsbündler-Überlieferungen aus ganz verschiedenen
Motiven; Streben nach Erkenntnis, nach magischer
Macht, nach sinnlichem Genuß oder purer „Fürwitz",
das ist nicht alles gleich zu beurteilen.

Immer wieder, und nicht immer widerspruchsfrei, ist
von der Schwermut und der Reue Fausts die Rede, doch
die Drohungen Mephostos lähmen ihn, und nach drei
großen Weheklagen naht das schreckliche Ende. Und
hier, in den zwei Schlußszenen, liegt die kühnste und
großartigste Leistung des *Faustbuchs* und sogar so etwas
wie eine tragische Lösung im Dilemma des Autors zwischen demütig-christlichem Glauben und dem großen

Abenteuer einer progressiven Welterkenntnis. Faust lädt
seine Studenten ein, mit ihm hinauszukommen in das
Dorf Rimlich, eine halbe Meile vor der Stadt Wittenberg,
frühstückt mit ihnen und bittet sie, zum Nachtmahl zu
bleiben. Er gibt sich fröhlich, sucht sie zu trösten und
spricht mit „behertztem Hertzen" über seinen kommenden Untergang, der denn auch mitternachts mit gewalti-
gem Getöse vor sich geht und am Morgen den Studenten
ein detailliert geschildertes blutiges, „greuliches specta-
cul" bietet. Es ist kein Zweifel: das Abschiedsmahl, der
„Johannes-Trunk" Fausts mit seinen Schülern und das
warnende Vermächtnis seiner Rede ist nach dem Typus
des Abendmahls Christi gestaltet, feierlich, wehmütig,
liebevoll. Trotz des immer wieder und kompensatorisch
heftig geäußerten Abscheus des streng lutherischen
Erzählers und trotz der zunehmenden Entartung der
Abenteuer bleibt Faust schließlich sein Held, und es wird
ja auch die innere Beteiligung des Lesers an dem ganzen
verwerflichen Tun vorausgesetzt. Die Figuration der
Schlußkapitel gibt dem Teufelsbündler eine echte und
einfühlbare Größe und seinem Untergang fast den Charakter eines Opfers. „Ich habs also wollen" – in diesem
Wort Fausts klingen Selbstvorwurf und Selbstbewußtsein zusammen. So nennt er sich denn auch in seiner
Abschiedsrede mit berühmten und rätselhaft bleibenden
Worten einen „bösen und guten Christen" – gut mit
seiner Reue (auch wenn sie nun vergeblich ist; am Rand
des Drucks steht: „Judas Rewe"), böse, weil er wie Kain
nicht mehr an seine Rettung glauben kann, also der
unverzeihlichen Sünde des Zweifels anheimgefallen ist.

Die Faszination Fausts und die Offenheit seiner Problematik hielt an und ist bis in die Gegenwart hinein nur
gewachsen. Der Weg führt über die zahlreichen erwei-
ternden Drucke, die mit breiten erläuternden Beigaben
versehenen Bearbeitungen durch Georg Rudolf Widmann (1599) und danach Johann Nikolaus Pfitzer (1674),

die Übersetzungen in andere Sprachen und vor allem die
Dramatisierung durch Marlowe (vor 1593) und das Thea-
ter der englischen Komödianten ins 18. Jahrhundert.
Eine erste Freisprechung erfolgt aus frühpietistischem
Geist schon in einem lateinischen Stück des Johann
Valentin Andreae: _Turbo_, 1616. Der Wirrkopf, der
durch alle Erfahrungen und Wissenschaften irrende
Geist, hat nicht mit dem Teufel paktiert, und er kann
nun vor dem Richterstuhl der göttlichen Weisheit eine
neue docta ignorantia des Glaubens lernen.

1. Manieristische Tendenzen

Der kunstgeschichtliche Epochenbegriff ist hier nur mit allen Vorbehalten auf gewisse Strömungen in der deutschen Literatur des späteren 16. Jahrhunderts übertragen, allerdings in der Meinung, daß damit ein wesentliches Phänomen getroffen sei. Gemeint ist damit ein Stil und also auch eine Geisteshaltung, wie sie im Werk Johann Fischarts kulminieren und damit zugleich ein Epochenende anzeigen. Es ist irreführend, dafür mangels gängiger Bezeichnungen etwa zum Terminus „vorbarock" zu greifen oder überhaupt den literarischen Manierismus dem Barockstil zu subsumieren. Wenn irgendwann in der deutschen Literaturgeschichte nicht nur ein Stilwandel, sondern ein eigentlicher Stilwechsel und damit trotz aller zeitlichen Auffächerung eine klare Epochengrenze, ja eine grundsätzliche Zäsur festzustellen ist, dann zwischen dem „16. Jahrhundert" und der Barockzeit. Schwieriger ist die Abgrenzung nach rückwärts, zumal für Deutschland, wo nie eine Renaissance etwa im italienischen Sinn stattgefunden hat, deren „Entartung" der Manierismus dann hätte sein können, und wo von einem Streben nach Stilreinheit, Harmonie, natürlichem Maß und dergleichen nicht die Rede sein kann. Sofern Manierismus einen Krisenstil meint, sind entsprechende Phänomene schon vor der Reformation vorhanden, sie finden aber ihre volle Ausbildung erst in der zweiten Jahrhunderthälfte. Hieher zu rechnen ist schon die im Grunde so zwanghafte Narrenliteratur von Brant bis zum *Lalebuch* mit ihrer freiwilligen und unfreiwilligen Selbstparodie des Weisen und mit ihrer Dämonisierung des Narren. Und hieher gehört wohl überhaupt das Vorwalten der satirisch-parodistisch-ironischen Literatur mit ihren

Verzerrungen der Realität, mit ihrer Mischung von
Naturalismus und Phantastik, mit ihrer Neigung zur Groteske und Monstrosität. Gewiß kann man im gelegentlichen Durchbruch chaotischer Vitalität ein „karnevali-
sches" Wesen im Sinne Michail Bachtins erkennen, aber
von einer befreienden „Lachkultur" wird man im Zeitalter
des Hexen- und Teufelsglaubens, der Astrologie und so
mancher Ängste und Melancholien kaum sprechen dürfen.
Dazu ist das Krisenhafte oder Endzeitliche doch zu deutlich erkennbar. Die fast qualvoll wirkende Freude an den
Vorstellungen von Kot oder Ungeziefer, an Vertierung
und Brutalität sind nicht zu übersehen. Und der Volkskultur, aus der dies allenfalls wächst, ist weder mit biedermei-
erlich-romantischen noch mit soziologischen Kategorien
so einfach beizukommen. Im folgenden sollen zwei
bezeichnende Motivkomplexe herausgegriffen werden.

Man hat das 16. Jahrhundert immer wieder als das
„grobianische" Zeitalter bezeichnet und damit auch ein
Element des Manierismus getroffen. Das makkaronische
Wort „Grobian" ist schon älter als Sebastian Brant, doch
wurde der Begriff von ihm sozusagen kanonisiert: „Ein
nuwer heylig heißt Grobian". Und Friedrich Dedekind
hat ihn gar zum Gegenstand einer großen und erfolgreichen Morallehre e contrario gemacht. Zu bedenken ist
auch, wie sehr sowohl zum reformatorischen wie zum
nationalen Pathos (Deutsche, Bayern, Schweizer) die
Grobheit gehört – grob ist soviel wie ehrlich, aufrichtig,
dem gemeinen Manne verständlich. Gewiß sind die
Grobheiten und Unflätigkeiten, der maßlose Stil des
literarischen und publizistischen Umgangs Abbild der
auch faktisch rohen Zustände einer in Weltbild, Gesellschaft und Glauben revolutionären Zeit. Doch ist die
fragliche Literatur ja mehr als nur Widerspiegelung. Die
Grobheit wird stilisiert und gepflegt, sie hat ihre eigenen
literarischen Traditionen und Vorstellungsbereiche und
trägt spontan zum Zeitgeist bei.

Die „alma ... rusticitas, nostro Dea maxima saeclo"
(die nährende ... bäurische Grobheit, für unsere Zeit die
mächtigste Göttin) wird 1549 im *Grobianus* des Friedrich D e d e k i n d in gegen 1200 eleganten, mit klassischen Belegen gespickten Distichen beschworen, als eine
ironische Anleitung zum unanständigen Benehmen, sei
es zu Hause, sei es als Gast, von der Morgentoilette und
vom Frühstück bis zur Hauptmahlzeit und bei dieser
Gelegenheit im Umgang mit Mitmenschen überhaupt.
Friedrich Dedekind (von Neustadt am Rübenberg, bei
Hannover, 1524–98) leistet damit als junger Theologe,
angeblich unter dem Eindruck der übeln studentischen
Sitten der Zeit, seinen Beitrag zur ehrwürdigen Gattung
der Tischzuchten, an der sich auch die Humanisten und
sogar Erasmus (*De civilitate morum puerilium*) beteiligt
haben und die als Elementarstufe der eigentlichen Morallehre gelten kann, so etwa in Thomasins *Welschem Gast.*
Auch die ironische Umkehr der Anstandsvorschriften
durch Schilderung bzw. Empfehlung des Unanstands –
eine Art Verkehrter Welt – war nicht neu. Da war schon
ein gewisser W. S. 1538 vorangegangen mit einem kleinen Grobian, „den Brüdern im Sew Orden gewidmet".
Und die einzelnen Unflätereien waren mit Vergnügen
schon von Wittenwiler in seiner großen Schilderung des
bäurischen Hochzeitsmahls vorgetragen worden. Die
ironische Umkehrung von Verboten in ausführliche
Anweisungen soll nicht nur erzieherisch wirken – der
Glaube daran darf dem künftigen Superintendenten in
Neustadt und Lüneburg nicht verweigert werden –, sondern gibt eben die Möglichkeit zu einer Enzyklopädie
der Unappetitlichkeiten, die denn auch in der zweiten,
erweiterten Ausgabe mit besonders bedenklichen Zutaten, z. T. nach Bebels Fazetien, sich als Selbstzweck
enthüllen. Der humanistische Scherz, die elegant-
gelehrte Formulierung der Grobianismen, scheint nicht
ohne weiteres eine Übersetzung zu erlauben. Von den

verschiedenen deutschen Wiedergaben war die durch
Kaspar S c h e i d t (um 1520–65, Schulrektor in Worms,
Verwandter und Lehrer Fischarts) die erfolgreichste und
originellste. Scheidt schreibt die üblichen, aber lebhaften
und flüssigen Reimpaare, ohne die Vorlage allzusehr
auszuwalzen. Dabei ging es vor allem darum, die sachliche Roheit sprachlich abzubilden, ohne selbst zu verro-
hen, und das hat Scheidt auf humor- und kraftvolle
Weise getan. Er malt phantasievoll aus und weiß auch
den Reim schlagend einzusetzen, etwa:

> Dann ist die naß zu butzen zeit.
> Auf beide ermel wüsch den rotz,
> Daß wer es seh vor vnlust kotz.
>
> (240 ff.)

Hübsch sind auch seine Marginalglossen in Form von
Stichwörtern, Zitaten, sprichwörtlichen Wendungen, Be-
kräftigungen usw., etwa bei der Schilderung der Freßgier:
„porco tedesco" (deutsches Schwein) oder „Schläck-
mündle, Schweinebrätle".

Neben einer solchen grobianischen, rustikalen Verkehrten Welt ist eine zweite, häufigere Variante zu
erwähnen: die Verwandlung ins Animalische. In den
Tierfabeln, wie sie Burkhard Waldis (1548) und Erasmus
Alberus (1550) gesammelt hatten, und vor allem im
tierepischen Komplex des *Reineke Fuchs* lag bereits eine
Erzählwelt vor, in der sich Menschliches und Tierisches
immer untrennbarer zusammengefunden hatten. Es ging
ja nicht nur darum, menschliche Verhältnisse durch Verfremdung zu parodieren, sondern auch um die Vision
einer phantastischen und hintergründigen Welt an sich.
Vor allem das Tierepos ist nicht nur als Verkleidung und
Tarnung reizvoll, sondern hat auch dichterischen Selbstzweck, ähnlich wie die Narren- oder die Bauerndich-
tung. Gesteigert und unter Umständen bedrohlich wird
das animalische Unwesen, wo es sich um Kleinzeug wie

Mäuse und Frösche oder gar um das bösartige, von alters
her als dämonisch empfundene Ungeziefer der Fliegen
und Flöhe handelt. Schon Augustin gesteht, sich die
Erschaffung von Mäusen, Fröschen, Fliegen und Wür-
mern durch Gott nicht vorstellen zu können, und so fragt
auch Doktor Faust den Teufel bei seiner Disputation über
die Schöpfung, wer denn das Ungeziefer hervorgebracht
habe. Er wird denn auch gleich durch einen Überfall von
allen möglichen Quälgeistern wie Ameisen, Egel, Kuh-
fliegen, Heuschrecken, Mücken, Raupen, Spinnen, Läu-
sen und Flöhen über deren satanische Herkunft belehrt.
Was die Flöhe betrifft, so hat sich über sie von langer
Hand eine ganze humoristisch-satirische Literaturgattung
entwickelt, über die bei Fischart zu reden ist.

Harmloser sind zunächst Frösche und Mäuse, und sie
haben sogar eine stolze klassisch-literarische Vergangenheit. Die *Batrachomyomachia*, das wohl noch in früh-
klassischer Zeit entstandene Kleinepos von rund 300
Versen, in welchem die *Ilias* mit homerischen Wendungen auf einen Krieg zwischen Fröschen und Mäusen
übertragen und parodiert war, genoß als Homerisches
Werk großes Ansehen, als eine Art Satyrspiel zum erhabenen Epos. Georg Rollenhagen (1542–1609), Prediger und Rektor der großen Domschule in Magdeburg,
der sich auch als Verfasser von Schulstücken und einigen
chronikalischen Schriften bekannt machte, war schon bei
seinem Studium in Wittenberg anläßlich einer Vorlesung
seines Lehrers Veit Ortel über den *Froschmäusekrieg* zu
einer Übersetzung und systematischen Ausgestaltung des
klassischen Werks angeregt worden, doch sein schließlich
auf 20 000 Verse gediehener *Froschmeuseler* erschien erst
1598. Monströs und manieristisch ist dabei weniger die
Wahl des Vorwurfs als der Versuch, aus dem pseudoho-
merischen Scherz eine umfassende Sitten-, Staats-, Kir-
chen- und Kriegslehre zu machen und darüber hinaus eine
eigentliche „contrafaktur dieser vnser zeit".

Die Ausarbeitung erfolgt denn auch in zwei konträren Richtungen. Der Erzähler malt das tierische Wesen und Geschehen mit Genauigkeit aus, zeigt eine differenzierte zoologische Kenntnis, beobachtet sorgfältig Naturformen, Tageszeiten usw. Die Handlung umfaßt nach der Vorlage die offizielle Begegnung von Froschkönig Bausback (Physignathos) und Mäuseprinz Bröseldieb (Psicharpax), den Tod des Mäuserichs, der auf dem Rücken seines Gastgebers über den See getragen wird, aber ertrinkt, weil der Frosch, von einer Schlange erschreckt, untertaucht. Es folgen auf beiden Seiten die Beratungen über Krieg oder Frieden, die Kriegsrüstung, die Kriegserklärung seitens der Mäuse, die große Feldschlacht und der allgemeine Untergang. Vor allem in den ersten zwei der drei Bücher wird nun aber in Gesprächen, Verhandlungen, Erzählungen die eigentliche Lehre untergebracht, und zwar so ausführlich und selbständig, daß der tierepische Rahmen zeitweise völlig vergessen scheint. Wahrscheinlich hat dies den Dichter und seine Leser nicht gestört. Denn die Linien sind, vor allem im 1. Buch, noch zusätzlich verwirrt durch eine komplizierte Schachteltechnik. Der Mäuserich erzählt, was seine Mutter, diese, was der Hahn gesagt hat, dann läßt die Mutter Katze und Fuchs erzählen und dieser wieder den Goldkäfer, den Bauern und den Haselwurm, worauf dann das Wort in umgekehrter Folge wieder stufenweise zum Mäuserich zurückkehrt. Obwohl nur Mauskönig und Froschkönig da sind, kann die halbe Tierfabelwelt – vor allem nach einer Fassung des *Reineke Fuchs* –, das einschlägige Abenteuer des Odysseus und seiner Gefährten bei Circe (Bausback hat Homer gelesen) und eine Menge gelehrten Wissens aller Art beigebracht werden. Die Anordnung der einzelnen Reden und Beispieleinlagen scheint in der Form einer genauen logisch-rhetorischen Argumentation vor sich zu gehen (R. Richter). Dabei legt Rollenhagen auch Wert auf Verwendung

volkstümlicher Elemente, vor allem von Sprichwörter-
gut, aber auch von Sagen- und Märchenhaftem. Und
dazu kommen nun noch, erst recht verwirrend, die
zeitgeschichtlichen Anspielungen: in der Darstellung des
Froschreiches ist vom tapferen Frosch Elbmarx (Luther)
und von seinem Feind Beiskopf (Papst, Bischof) erzählt.
Wieweit dann im einzelnen eine Entschlüsselung auf
Zeitereignisse hin systematisch möglich ist, bleibt fraglich. In inhaltlicher Hinsicht ist eine Bewertung auch der
vorgetragenen Lehren schwierig, da für jede Aussage das
tierische Alibi besteht. Im allgemeinen handelt es sich um
lutherische Ermahnung zu Bescheidenheit, Gottesfurcht
und Zufriedenheit mit dem eigenen Stande im Rahmen
einer gottgewollten Ordnung. In der Diskussion über die
beste Form des Regiments (Demokratie, Oligarchie und
Monarchie) neigt der Autor offenbar zu einer gemäßigten Monarchie mit klarer Trennung der weltlichen und
der geistlichen Gewalt.

Das 3. Buch enthält im wesentlichen nur Erzählung.
Sie kulminiert in der großen homerischen Schlacht, hier
nun mit einer Art blutiger und grausamer Apokalyptik
geschildert, wie man sie von dem milden Theologen
nicht erwartet hätte. Die Mäuse sind im Begriff zu
siegen, da greift Gott nach Beratung mit seinen Engeln
durch Blitz und Donner ein. Schließlich kommt aus dem
Seegrund ein neues, gepanzertes Heer, die Krebse (die
detaillierte, naturwahre Schilderung ihrer kostbaren
Rüstung ist ein Meisterstück manieristischer Deskription), und diese Krebse nun

> brachten den meusen ein mummenschanz,
> Kniffen ihn ab hend, füß und schwanz,
> Faßten sie bei der kel und brust,
> Das hinten ausdrang luft und wust,
> Die sel auch folget mit gefar,
> Weil vorn die tür versperret war.

Nachdem sich auch noch die Käfer eingemengt haben
und in die Flucht geschlagen sind und auf der Walstatt
nur noch Tote und Verwundete liegen, kommen die
Tiere des Waldes, Heinz und Reineke mit Freunden und
Gesinde, Wiesel und Marder mit Weib und Kind,
Schwein, Dachs, Igel und Iltis,

> Hielten ein köstlich herren mahl
> Und frassen die erschlagnen all.

Und dann der kurze, gar nicht mehr humorige Schluß –
die ganze ungeheure Veranstaltung ist aus:

> So ward des tags der krieg volnbracht,
> Die sonn gieng unter und es ward nacht.
> So fal, so schal, so kal gets aus,
> Wenn sich der frosch rauft mit der maus.
> Aller welt rat, macht, trotz und streit
> Ist lauter tand und eitelkeit,
> Macht doch mord, armut, herzeleid.
> Gott helf und tröst in ewigkeit. Amen.

(281, 288)

2. Johann Fischart

In der zweiten Jahrhunderthälfte bleibt überragend, fast
einsam und bis heute rätselhaft Johann Fischart,
genannt Mentzer (eigentlich: Fischer, genannt Mainzer).
Er war 1546/47 als Sohn eines wohlhabenden Gewürz-
händlers in der großen freien Reichs- und Humanisten-
stadt Straßburg geboren, hat hier das berühmte Gymna-
sium besucht und kam nach dem Tode seines Vaters zu
seinem „Gevatter" Kaspar Scheidt nach Worms. Aus
Bemerkungen in seinen Werken erfährt man, daß
Fischart später in Flandern war, zwei Jahre in Paris
studierte und in Straßburg den Magister Artium erwarb.
Im Herbst 1568 ging er für das Studium der Rechte nach
Siena, besuchte später England und wurde 1574 in Basel

zum Doctor iuris promoviert. Schon 1570 stürzte er sich in eine konfessionelle Polemik, und von da an war er als Publizist und als Mitarbeiter im Verlag seines Schwagers Bernhard Jobin in Straßburg tätig. Als weitgereister, in mehreren Sprachen beschlagener Humanist trug er mannigfach zu den Publikationen dieses initiativen Druckers bei. Seine eigenen Werke beschränken sich weitgehend auf satirische und unterhaltend-lehrhafte, volkssprachliche Schriften, deren wichtigste in das Jahrzehnt von 1570 bis 1580 fallen. Nach einem dreijährigen Praktikum am Reichskammergericht zu Speyer wurde Fischart 1583 Amtmann (Gerichtsvorsitzender) der lothringischen Herrschaft Forbach. Er starb bereits 1590.

Die Reihe der wichtigsten Werke beginnt und endet mit heftigen antikatholischen Satiren. Seit dem Konzil von Trient war die konfessionelle Polemik wieder sehr virulent geworden. In dem vergleichsweise liberalen Straßburg, wo der Bischof und die vorwiegend protestantische Bürgerschaft einander die Waage halten mußten, brachte die Wahl eines neuen Bischofs eine Verschärfung der Gegensätze. Provoziert durch die aggressive Predigt eines Protestanten hatte der Konvertit Johann Jakob R a b eine für die neue katholische Kirchenzucht eintretende *Ablähnung* geschrieben. Darauf antwortete Fischart mit seiner ersten bekannten Arbeit: *Nachtrab oder Nebelkräh. Von dem vberauß Jesuwidrigen Geistlosen schreiben und leben des Hans Jacobs ... Rab.* Das umfängliche Reimwerk wiederholt die bekannten protestantischen Angriffe gegen die katholische Kirche, ihren Aufwand, den Zölibat, die Priesterweihe usf., greift die Jesuiten (zu denen Rab nicht gehörte) höhnisch an und breitet üble Geschichten aus dem angeblich unzüchtigen Leben Rabs aus, wobei er sich immer wieder mit Tierfabel-Assoziationen und Kalauern in den Namen seines Opfers verbeißt. Es folgt 1571 der Kampf mit Johannes N a s , Ingolstädter Franziskaner, dann

Domprediger in Brixen und Hofprediger in Innsbruck,
der im Mittelpunkt einer ausgedehnten Pamphletistik
stand. Nas hatte u. a. eine Folge von _Centuria_, d. h.
Hundertschaften evangelischer Lehrmeinungen bzw.
Irrtümer, publiziert. Die 4. Centurie brachte eine wüste
Anatomia Lutheranismi zur Verhöhnung der Zerspalten-
heit der Protestanten mit ihren verschiedenen Kirchen
und Sekten – ein Holzschnitt zeigt Luthers Leiche auf
dem Seziertisch, von der sich jeder seiner Jünger ein
Stück herunterschneidet oder -reißt. Darauf antwortet
Fischart mit einer thematisch wenig originellen Entgegnung: _Der Barfüsser Secten vnd Kuttenstreit ... vnd ...
wie der arm Sanct Franciscus ... gemartert, zerrißen vnd
zuschanden gemacht wird._ Der Vorwurf zänkischer Auf-
splitterung wird an die Bettelorden zurückgegeben in
einer „bäbstischen Anatomie" und in einer Darstellung
der lächerlichen Varianten der Ordenstrachten, ausgestattet mit eigenen Erinnerungen Fischarts an einen
Besuch in Assisi. Und endlich, ebenfalls 1571: _Von S.
Dominici ... vnd S. Francisci ... artlichem Leben vnd
grossen Greweln_, speziell an Nas gerichtet. Es ist ein
satirisch-schwankhaftes Epos über die Gründer der Bettelorden, wieder mit besonders phantasievoller Verwertung des Namens, Nase. An Grobheit sind diese Satiren
kaum zu übertreffen, die buchstäblich den Gegner in den
Kot ziehen, ihn zu vertieren und zu verteufeln versuchen.

Nach einigen satirischen Bildgedichten – darunter
Verse zu einem interessanten, Arcimboldo-artigen
Papstporträt, das aus Heilsgeräten der Kirche wie Glok-
ken, Kerzen, Kelch, Ablaßbrief, Meßbuch und einem
Heringskopf als Nase zusammengesetzt ist und den Titel
Gorgonisch Meduse Kopf trägt (2. Fassung 1577) – folgt
die stark erweiternde Bearbeitung einer aufsehenerregen-
den antikatholischen Schrift des niederländischen Kalvi-
nisten Philipp de Marnix: _De Bienkorf_ (1569). Fischarts

Binenkorb des heyl. Römischen Imenschwarms (1579) ist eine scharfsinnige und zugleich zotige Behandlung der Organisation und der Heilsmittel der römischen Kirche im Bilde eines Bienenstocks (= Tiara). Er arbeitet hier ausgiebig mit der inzwischen in der *Geschichtklitterung* entwickelten Technik der „Mentzer-Kletten" (Fischartsche Wortreihen und Worttrauben) und verfehlt nicht, das Bild des diabolischen Insektenstaats im einzelnen auszumalen. Schließlich *Das Jesuiterhütlein* (1580), eine nun direkt an den jesuitischen Erzfeind gerichtete Versdichtung, auch hier nicht ohne die Benützung anregender Vorlagen. Sie erzählt, wie die vierzipflige Kopfbedeckung der Jesuiten vom Teufel und seinen Helfern in der Hölle als letzte und perfideste, mit allen Lastern und Bosheiten vernähte und in Teufelsdreck imprägnierte Erfindung zustande kommt; es soll damit die einhornige Mönchskappe, die zweihornige Mütze der Prälaten, Äbte und Bischöfe und der dreihornige Hut des Papstes überboten werden. So sagt denn der Teufel zu seiner neuen Kreation:

> Sei du das Hornthier, welches schaft,
> Daß man anbett der Besty Krafft.
> O Suität, Satannitet,
> Aller Schelmerei Quotlibet,
> O du Neue Pandorae Büchs,
> Eyne Grundsupp alles Vnglücks,
> O Vulcaniten, Lugvolliten,
> Ignazianer, Sataniten,
> Euer Höllisch Vierhornigkeyt
> Hab ich zum Stichblatt mir bereyt.
> Ihr seit mein rechte Eychel Sau
> Auf die ich jetzund bau vnd trau.

(DNL I,260)

Der maßlose Stil solcher Schmähschriften ist an sich durchaus zeitüblich, und Fischart ragt nur durch die Phantastik seiner Ausmalungen und sein von Metaphern,

Neubildungen, Wortwitzen strotzendes Vokabular hervor. Aber gerade bei einem Humanisten und Juristen
würde man einen sachlicheren oder literarisch anspruchsvolleren Kampf erwarten, auch wenn die Auseinandersetzung längst nicht mehr um die Sache, sondern um Sein
oder Nichtsein ging. Es kommt hinzu, daß Fischarts
antikatholische Satiren meistens wenig Erfolg hatten und
wohl auch wegen ihrer Verknäuelung von volkstümlichen, gelehrten und persönlichen Elementen nicht haben
konnten. Fischart blieb gerade in seinen satirisch-komi-
schen Werken trotz aller Volkstümlichkeit und Derbheit
ein schwieriger Autor. Die Frage stellt sich, ob Fischarts
Leidenschaft um die Sache oder um die Gelegenheit einer
sprachlichen Demonstration ging, und allgemeiner, wo
sein wahrer Standpunkt war.

Abgesehen von vielen kleinen Beiträgen, Übersetzungen, Vorreden, Sprüchen, Bildgedichten und nicht
zuletzt einigen schlichten geistlichen Liedern hat Fischart
nur zwei ernsthafte Werke von einigem Gewicht
geschrieben: das *Glückhafte Schiff* und das *Ehezucht-
büchlein*. Sie verherrlichen Bundestreue und Freundschaft zwischen zwei verbündeten Reichsstädten und die
Ehe als Keimzelle glücklicher sozialer Ordnung. Die
etwa 1200 Verse des *Glückhafft Schiff von Zürich* (1577,
ein früherer Druck verloren) besingen die Fahrt von 54
Zürcher Bürgern, die 1576 in einem einzigen Tag, zwischen Sonnenauf- und -untergang, von Zürich zum
Straßburger Schützenfest fuhren und einen noch warmen
Hirsebrei überbrachten, zum Zeichen, wie nah und
schnell im Ernstfall die Hilfe wäre. Fischart preist diese
Schiffahrt – sie war die Wiederholung einer ähnlichen
Freundschaftsbezeugung 120 Jahre zuvor – als Demonstration wahrer Bürgertugend, von Fleiß, „Standmut und
fester Hand", einer auf Gemeinnutz und Wohlfahrt
gerichteten Gesinnung. Es fehlt jede Polemik, auch jeder
Humor. Vielmehr wird das Geschehen ganz humani-

stisch-rhetorisch präsentiert. Es wird mit der Argonau-
tenfahrt verglichen, der vergebliche Zorn des Xerxes
gegen das unbotmäßige Meer, die Sorgen der Venezianer
um das Wohlwollen des Meers werden angeführt. Halb
im Ton Homers, halb des Kirchenlieds heißt es zu
Beginn der Fahrt:

> O heller Tag, o liebe Sonn,
> Sprachen sie, nun dein Schein vns gonn,
> Zeig vns dein liechtes rotes Haupt
> Des vns hast dise Nacht beraubt,
> Geh auf mit freuden vns zu heyl,
> Das wir vollbringen vnser theyl ...

Die Fahrt, von der Sonne begleitet und mit ihr um die
Wette, gibt Gelegenheit zur Schilderung der Landschaft,
der befahrenen Flüsse und ihrer Geschichte, zu einem
Stück humanistischer Topographie. Das Ganze ist die
Feier eines hohen freudigen Moments der Freundschaft
und Gemeinschaft, im Einklang mit der Natur, aufgehöht durch klassische Reminiszenzen. Die Fahrt und
ihre literarische Verewigung sind ein spätes Zeugnis der
schon schwer bedrohten freien, städtisch-bürgerlichen,
protestantischen Welt von Gewerbefleiß und Bildung.
Hier darf man Fischart wohl in seiner Identität greifen.
Das spektakuläre Ereignis hatte im übrigen schon vor
Fischart kurze Darstellungen gefunden und zeitigte auch
ein höhnisches Pamphlet, auf welches Fischart sofort
lustvoll mit einem unflätigen *Kehrab* auf „gut schweize-
risch" antwortete.

Auch das *Philosophisch Ehzuchtbüchlin* (1578) darf als
authentisches Zeugnis gelten. Es ist Fischarts Beitrag zu
der von den Humanisten (in Deutschland seit Albrecht
von Eyb) und dann vor allem von den Anhängern der
Reformation geschaffenen Eheliteratur, in der nicht nur
ein natürlich-menschliches Glück, sondern ein gottge-
wolltes Werk, die tragende Gemeinschaft der Familie

und die wiederhergestellte Würde der Frau gefeiert
wurde. Zugleich war diese Ehelehre das wichtigste Argument gegen Priesterzölibat und Mönchtum – es sei nur an
Manuels *Barbali* oder an die Dramen über Rebecca oder
die Hochzeit zu Kana erinnert. Nicht umsonst verlangt
Mephosto als erste, zwingende Folgerung aus dem Teufelspakt Fausts Verzicht auf die Ehe. Fischart übersetzt
und kommentiert in seinem Buch ein Werk Plutarchs
(aufgrund der lateinischen Übersetzung) und kompiliert
dazu aus andern antiken und neueren Quellen eine
umfassende Ehe- und Familienapologie, die mit ihren
Ratschlägen, ihren Exempeln und Sprichwörtern gern
über das eigentliche Thema hinausgreift. Für Belege aus
dem Tierreich hat Fischart sogar Konrad Gessners *Thier-
buch* ausgebeutet.

Weniger aus seinen antirömischen Satiren als aus seinen Übersetzungen kalvinistischer Werke und aus ein-
zelnen Zitaten läßt sich die religiöse Haltung Fischarts
einigermaßen bestimmen, nämlich seine zunehmende
Neigung zu reformiert-kalvinistischen Lehren oder doch
Haltungen. Er wendet sich gegen Glaubensverfolgung
und Glaubenszwang, im Interesse städtisch-bürgerlicher
Freiheit und in der Zuversicht auf Erwählung. Einen
positiven Ausdruck hat ein solcher Glaube allerdings in
Fischarts Werk kaum gefunden – aus der antipapistischen
Rabiatheit ist sie nicht schon zu erschließen. In diesen
Kämpfen ist im übrigen die Verteufelung des Gegners
nicht nur ein Mittel der Beschimpfung. Wenn Fischart
Jean Bodins *Démonomanie des sorciers* in sorgfältiger
Übersetzung und mit seinem vollen Namen gezeichnet
herausgibt (1581), so steht er offenbar persönlich durchaus dahinter. Auch der große Staatsrechtler Bodin neigte
zu konfessioneller Toleranz und hat doch dem Hexen-
glauben eine grausame und fatale Unterstützung gegeben. Ferner hat Fischart 1582 bei einem Frankfurter
Verleger eine Neuausgabe des berüchtigten *Hexenham-*

mers (*Malleus maleficarum*) mit einem Anhang neuerer Literatur zum Thema veranstaltet.

Unbestreitbar liegt nun aber die Hauptleistung Fischarts in seinen komischen Büchern, die in der Hauptsache kein anderes Ziel verfolgen als Unterhaltung des Lesers – oder des Autors selbst. Voran geht eine ausführliche Bereimung des *Eulenspiegel* (1572). Sie steht unter dem Einfluß von Kaspar Scheldts *Grobianus*, erreicht aber kaum dessen Dichte und Kraft. Der sachlich vorgetragenen Prosa der Vorlage gegenüber etabliert sich Fischart als humoristischer, kommentierender, breit ausladender Erzähler, der es nicht unterläßt, Eulenspiegels Charakter wie dessen Taten aufs Unflätige hin zu entwickeln und die Pfaffensatire zu unterstreichen.

Flöhhatz – Weibertratz (1573 und 1577) zeigt Fischarts Groteskkunst ausgeprägter. Der 1. Teil der 1. Ausgabe stammte von Mathias Holtzwart (einem Freund des Verlegers Jobin), Verfasser eines Saul-Dramas und eines Emblembuches, zu welchem Tobias Stimmer die Bilder zeichnete und Fischart das Vorwort schrieb; doch ist dieser Teil in der 2. Ausgabe weitgehend durch eigene Verse ersetzt und erweitert. Seit dem Mittelalter ist in Elegien, Fabeln, Schwänken und Liedern der Floh ein beliebtes Wesen, speziell in der üblichen Vorstellung, daß es die Flöhe vor allem auf die Frauen abgesehen hätten. So werden sie zu Trägern erotischer Wunschvorstellungen, aber auch antifeministischer Regungen. Auch hier nützt Fischart die Vorgänger. *Flöhhatz* – das ist die Klage eines jungen Flohs zu Jupiter und im Gespräch mit einer Mücke über die grausamen und blutgierigen Weiber. Der Floh hatte sich trotz der Warnungen seines Vaters, der ausführlich über seine Abenteuer und Kriegszüge gegen die Frauen auf Märkten, in der Kirche und der Stube berichtet, an eine schöne Jungfrau herangemacht, die aber bis auf ihn selbst, der entkommen konnte, seine ganze Familie vernichtete. In der Gegenklage *Weibertratz* erscheint der Dichter als Flohkanzler im Namen Jupiters und verurteilt in langer Rede die Flöhe: sie sind Räuber und Diebe, quälen die Frauen, machen sie unanständig, stören den Gottesdienst, die Ehe und jedes menschliche Zusammensein; sie sollen sich in Zukunft mit Tierblut begnügen. Das Thema ist gleichermaßen lächerlich und erschreckend. Man verfolgt, gleichsam mit dem Vergrößerungsglas, den Ansturm des Ungeziefers auf die intimsten Körperstellen im zwielichtigen Bereich zwischen Hemd und Haut, in Schmutz, Blut und Schweiß. Ebenso grausam und verzweifelt sind aber auch die Frauen. In immer neuen Wendungen wird das Zerquetschen, Zerdrücken, Verbrennen, Zertreten, Aufspießen der Flöhe geschildert. Die Weiber bekommen zwar recht, aber stehen doch als blutgierige, grausame Wesen da. Das schöne, zarte Mädchen erscheint als „hauend wildes Schwein". Die Flöhe machen den Menschen zum Tier. So ist auch in diesem Insektenepos ein recht unheimliches Element hinter den gelehrten oder volkstümlichen Scherzen zu finden.

Von der Winzigkeit des Flohs zur Enormität des Riesen: 1575 ist Fischarts Hauptwerk, die *Affentheurlich Naupengeheurliche Geschichtklitterung*, erstmals erschienen, die manche Tendenzen des *Flöhhatz* und der Streitschriften in freier Prosaentfaltung zeigt. Die Bearbeitung von Rabelais' *Gargantua* wurde eines der unwahrscheinlichsten Produkte der deutschen Literatur, aufgetürmt nur auf dem ersten von Rabelais' fünf Büchern. Es ist die Geschichte des Riesen Gargantua, Sohn des Königs Grandgoschier (Grandgousier), seines Kampfs gegen den König Bittergroll (Picrochole), den Sieg über ihn und die Gründung der Abtei Willigmuth (Thélème). Die schon bei Rabelais überquellende Erzählung ist von Fischart durch Einschaltung ganzer Kapitel und auf Schritt und Tritt von Zusätzen, Exkursen und Wortkaskaden auf den dreifachen Umfang gebracht und

in den späteren Auflagen weiter vermehrt worden. Der
Roman Rabelais' beruht auf einem Volksbuch, das er
selber sachlich und sprachlich ins Groteske und Saftig-
Phantastische getrieben und zur Satire gegen Mönchtum,
Scholastik, allgemeine Dummheit im Sinne einer renaissancehaften Verherrlichung des Leiblichen, des Bon
sens, der freiheitlichen Gesinnung gemacht hatte; bei
aller ungeheuren Drastik und bei allem überwältigenden
Witz verfolgt er den Ablauf eines Geschehens und entwickelt ein humanes Programm von unzweifelhafter
Gesundheit. Fischart hat alles übernommen, aber
zugleich übertrieben und verunklärt, indem er das
Erzählgeschehen völlig zudeckt mit seinen Sprachorgien,
die ins Absurde zu führen scheinen. Der Leser fühlt sich
nicht mehr durch die Komik befreit, sondern durch die
schwer entwirrbare Chaotik der Laute, Wörter und Vorstellungen im Grunde bedroht. Diese Mentzer-Kletten
scheinen etwas Zwanghaftes und Qualvolles, Monoma-
nes mit sich zu bringen. Nehmen wir ein kräftiges, aber
durchaus durchschnittliches Beispiel.

Im 3. Kapitel schildert Fischart Grandgoschiers Diät,
d. h. die Art, wie sich dieser Riesenkönig ernährt. Seine
Eßfreude wird bei Rabelais auf etwa einer halben Seite
erwähnt und illustriert. Fischart malt die Organisation
seiner Küche aus, und zu diesem Zweck zunächst das
Gegenteil, wie sie nicht sein soll, aber an andern Höfen
üblich sei:

Item des Garkuchners vier rotzklitzige, grindschupige, reu-
dige, beschissene, beseichte, molckentremlige Hurenkinder,
was lusts können die eim geben? wann das ein neben den Tisch
pflatteret, das ander darunter das beyn abwässerlet, das dritt bei
den Herd hoffiert, das viert mit Hunden unnd Katzen auß den
Schüsseln frißt, vnnd alle Kar mit dem spiegeligen ermel außspi-
let, auch das Sudelweib das ein strelt, wischt und wescht, dem
andern Schreiling mit Muß wie den Rappen das Maul stopfft
vnd mest ... Demnach beseh einer den kleberigen,

schmotzigen, klotzigen Sudelkoch und Kuchenlumpen, Vnnd
sein holdselig Ehegemahl die naßtrieffige, vberkupfferte, pfit-
zige, Säwpfinnige, Plewelwäschige, bachschnadrige, pfudel-
nasse, Sacksteubige, Sackwirdige, vnnd (dass ich mich nit ver-
redt) Schneckkrichige, belzpletzige alte Kupplerin, Pfaffenkra-
werin, Teufelsfängerin, vnnd Gabelreuterin.

Zunächst die Sache selbst: Koch und Köchin mit ihren
„Hurenkindern", mit Hund und Katze im unappetitlich-
sten Zustand; Essen, Zeugen, Verdauen, Rotz und Grind
gehen aufs ekelhafteste durcheinander. Sprachlich wird
das zunächst zwar drastisch, aber sachlich geordnet
wiedergegeben (Kinder Nr. 1–4). Dann aber gerät die
Sprache immer wieder ins Rutschen oder Schlingern, in
Reihen von Nomina oder Verben, die sich wie von selbst
fortpflanzen, mit Endreim oder Stabreim sich folgen, zu
Neubildungen und ungewohnten Zusammensetzungen
führen (z. B. plewelwäschig: „mit dem Pleuel, dem
Schlag- und Rührstecken, waschend oder danach ausse-
hend"). Die meisten dieser Bildungen sind bei näherer
Überlegung verständlich, vieles ist literarisch, aus Mundarten oder Fremdsprachen bezogen. Das Ganze ist sehr
viel dichter und beziehungsreicher gearbeitet, als der
Leser vielleicht denkt. Der erste Eindruck ist jedoch
Verwirrung, Verfremdung, und über vierhundert Seiten
hin ist bei aller schlagenden Sprachgebung im einzelnen
die Aufmerksamkeit nicht durchzuhalten. Der so volkstümlich redende Fischart erweist sich auch hier als
schwierig und eigensinnig. Sein Interesse gilt weniger der
Aussage eines realen Zusammenhangs als der Sprachbil-
dung, dem Sprachgeschehen selbst, wobei er in Lauten,
Wörtern und Vorstellungen einem fast manischen Asso-
ziationszwang folgt.

Eine einzigartige Gelegenheit, die Sprache in einer Art
Trancezustand walten zu lassen, ohne daß der Erzähler
auktorial eingreifen muß, ist die gleichsam bloß akustische Wiedergabe eines Zechgelages, die berühmte

„Truncken Litanei". Schon Rabelais hat eine solche Szene ausschließlich aus den Reden der Beteiligten bestritten, doch aus den wenigen Seiten hat Fischart eine dreißigseitige Orgie gemacht: nichts als die durcheinandergehenden Rufe, Stimmen, Reden der zunehmend betrunkenen, lallenden, streitenden Zecher, ohne Absatz gedruckt wie ein Stück Poésie automatique, ein Bewußtseinsstrom, eine Folge von Halluzinationen.

Die Deutung dieses Stils ist umstritten. Zweifellos steckt in der Komik und Derbheit jene bei Rabelais deutlichere „karnevalische" Lebenskraft, aus der sich auch ein solches fast ekstatisches Spielen mit der Sprache erklären ließe. Man hat vom Wirbel der tänzerischen Bewegung gesprochen, in der sich Sprache und Dichter fänden. Im komischen Gelächter, das der erfindungsreiche Sprachwitz erzeugt, manifestiere sich reine Daseinslust. Fischart selbst hat sich für seine komischen Grobheiten in der Vorrede entschuldigt mit dem alten Argument, es gelte dem Leser ein abschreckendes Beispiel zu geben. Das „verwirrete vngestalte muster der heut verwirrten vngestalten Welt" solle dieser Welt den Spiegel vorhalten und von ihr „abführen". Diesen Zweck wird man ihm weniger glauben als die Wörter „verwirrt" und „ungestalt", die für seinen Stil zutreffen. Fischart ist selbst an dieser Welt zutiefst beteiligt.

Fischarts Dichtung hat sich fast immer an Vorlagen entwickelt und trotz ihres enormen Reichtums nicht aus eigenem Programm. Und sie war auch kaum wirksam – offenbar ein, wie auch immer geniales, Ende. Sein Gelächter war nicht befreiend, es verhallt merkwürdig echolos im neuen pathetischen Ernst des Frühbarocks der Martin Opitz, Jakob Bidermann, Jakob Böhme.

Wir blicken zurück auf acht Jahrhunderte deutscher Literatur, die Literatur des deutschen Mittelalters. Ob wir diese Epoche um 1400, um 1500 oder 1600 zu Ende gehen lassen und ob die Neuzeit an einem dieser Termine oder erst viel später begann, ist eine bloße Frage der Sprachregelung, verschieden zu beantworten je nach den gewählten Kriterien des Weltbilds, der Wirtschaft, der Gesellschaft, des literarischen Stils. Historia non facit saltus, und jede Zeit ist wie jeder einzelne Mensch ein Bündel des Ungleichzeitigen, von Aktualitäten und Anachronismen. Unzweifelhaft ist aber gegen Ende des 16. Jahrhunderts, das so viele Umbrüche und so viel Chaotisches erlebt hatte, mindestens literarisch eine tiefe Zäsur zu erkennen: eine Erschöpfung, ein Sinnverlust, eine Entartung der bisherigen Formen, während sich unter neuen politischen, konfessionellen und gesellschaftlichen Konstellationen andere Kräfte zu sammeln, andere Formen zu bilden beginnen – alles im nachhinein zu spüren wie die Stille vor dem Sturm des großen Krieges.

Die Ablösung des Mittelalters – etwa seiner theologischen Traditionen, seines Bildinventars, seines ptolemäischen Weltbildes – dauert lange. Das Phänomen Mittelalter tritt wie ein Gebirgszug gesamthaft erst langsam, aus der Ferne des 18. Jahrhunderts, in den Blick. Was die Humanisten noch als unglückliche Zwischenzeit abtaten, gewinnt eine eigene Größe und wird beispielhaft. Wie immer die Wiederentdecker des Mittelalters im 18. Jahrhundert und in der Romantik ihre Begeisterung thematisierten: in der Auseinandersetzung zwischen alter (antiker) und neuer Poesie tritt das Mittelalter auf die Seite der Aktualität.

Ob „Mittelalter" als kulturmorphologischer Begriff

für eine bestimmte Entwicklungsphase auch anderer
Kulturen sinnvoll ist, bleibe dahingestellt. Für das europäische Mittelalter gilt die einmalige Situation einer
jugendlichen Epoche, in der vorgeschichtlich-barbari-
sche Völker (Germanen, Kelten) im Auseinanderset-
zungsprozeß mit der sinkenden, aber getauften Hoch-
kultur der Antike zum Aufbau eines eigenen Welt- und
Kultursystems kommen. Es ist überschaubar in der Ein
heit seiner offiziellen Latinität, seiner Kirchen- und
Reichsidee, weitgespannt zwischen vitalem Dasein und
jenseitigem Heilsziel, allenthalben aber lebendig aufbre-
chend in die nationalen, regionalen, sozialen Formen
seiner jungen und neuen Kulturen, Sprachen und Literaturen. Vom Standpunkt europäischer Neuzeit aus
bestaunen wir das Mittelalter als unsere eigene Jugend,
die uns doch so fremd geworden ist. Gerade in dieser
Zwiespältigkeit kann das Mittelalter zum Modellfall werden. Es bietet dem Betrachter ein abgetanes, überschaubares Ganzes, zeigt Werden und Wandel eines verhältnismäßig geschlossenen Geschichtskörpers und erlaubt
ein exemplarisches Geschichtsverständnis.

Die Literatur dieser Zeit steht zunächst in der so
schwierigen wie fruchtbaren Spannung ihrer Bilinguität,
dem Gegenüber reifer, lateinischer Buchliteratur und der
ganz oder teilweise nur mündlich lebenden volkssprachlichen Formen. Der Gegensatz deckt sich weithin mit
dem von Kleriker- und Laienliteratur, wobei das
geschichtliche Ziel in der zunehmenden Schulung und
Verselbständigung des literarischen Laientums besteht.
Nur ein kleiner Teil der Laien kann lesen und schreiben,
und dazu braucht gerade die soziale und politische Elite
nicht zu gehören. Darauf beruht ein wesentliches Merkmal des literarischen Lebens: Literatur ist gemeinschafts-
bildend, gemeinschaftsorientiert, sie hat in Lehre und
Unterhaltung integrierende Kraft. Der Autor arbeitet
meistens im Auftrag, sein Zweck ist Dienst (am irdischen

oder himmlischen Herrn, an der Gesellschaft, der Frau) und nicht „Selbstverwirklichung". Der einzelne Text will nicht ein autonomes Werk sein, er geht in übergreifende Reihen und Funktionen ein. Aus der Dichtung für Laien wird zunehmend Dichtung von Laien, die als Hofliteratur am ehesten selbständigen Glanz und einen Anspruch auf ideologische Führung erwirbt. Das 15. Jahrhundert bringt eine eigentliche „Literaturexplosion" (Hugo Kuhn), eine weitere Verbreitung von Lesen und Schreiben und mit dem Buchdruck – Ursache und Wirkung zugleich – eine neue Intensität der Literatur in breiteren Schichten. Es entsteht am Ende des Mittelalters eine neue Öffentlichkeit, ein Markt, ein Verlagswesen; damit ändern sich Funktionen, Ort, Gebrauchsweisen der Literatur und nicht zuletzt das Selbstverständnis des Autors. Stärker sondert sich „schöne" Literatur als ein Autonomes heraus.

Mittelalterliche Dichtung glaubt an den Nutzen, den sie erbringen kann, auch an den moralischen selbst dort, wo sie sich am übeln Beispiel unterhält. Sie ist nicht exklusiv ästhetisch, versteht sich vielmehr als ars, als Handwerk aufgrund von Wissen, und darum ist es auch nicht statthaft, eine klare Grenze zwischen schöner, fiktionaler Literatur und den angewandten Formen der Lehrdichtung, der Geschichtserzählung, der Sachprosa aller Art zu ziehen oder etwa, von der „klassizistischen Rezeptionsbarriere" gehemmt (H. R. Jauß), die so beliebte Allegorie („Poesie des Unsichtbaren") nicht ernst zu nehmen.

Man hat immer wieder, von der Romantik bis heute, die Geschlossenheit des kulturellen mittelalterlichen Kosmos wenigstens der Idee nach bewundert: im Glauben, im Reich, im Weltbild. Doch ist diese Statik zusammenzusehen mit der Tatsache, daß sich in eben diesem Mittelalter dennoch die großen Innovationen vollzogen, die für die europäischen Nationalliteraturen grundlegend

wurden und uns noch heute bezaubern: die neue Erfindung des Aventiure-Romans, in welchem die eschatologische Offenheit menschlicher Existenz selbst zum
Thema wurde, oder die Liebeslyrik, in der die innigsten
Strebungen des Menschen zwischen irdischer und himmlischer Liebe umschrieben wurden, oder die deutsche
Prosa der Mystiker, in der Unsagbares auf luzideste oder
gefühlteste Weise zur Sprache kam.

Das paradoxe Zusammengehen von kühner Neuerung
und geschlossener Statik ließe sich etwa anhand der
Kunstgeschichte mit dem Gegensatz romanischen und
gotischen Stils erläutern. Doch ist das Problem allgemeiner, betrifft das ganze Mittelalter. Diachronisch betrachtet, verbürgt eine unerschütterliche, durch die Präsenz
einer zeitlos vorbildlichen Antike und die grundsätzlich
offenbarte Heilswahrheit der Kirche gesicherte *Traditionalität* ein gelassenes Gefühl geordneter Zeit. Und
gerade weil nicht das Einzelwerk oder eine Autorenpersönlichkeit wichtig sind, vielmehr die überindividuelle
Tradition der Typen und Funktionen die Literatur trägt,
ergibt sich eine große Konstanz der Formen und Vorstellungen, ja bestimmter Texte und Themen, durch die
Jahrhunderte hindurch. Aber bei allem Gleichmut sind
auch Unruhe und Zielstrebigkeit dem christlichen Zeitverständnis eigen. Und so ist auch mittelalterliche Literaturgeschichte ein Ablauf schöpferischer Akte, in denen
immer wieder Offenheit, Geheimnis, Bewegung sich
melden. Da aber dennoch nichts verlorengehen darf, so
bedeutet der Gesamtprozeß weniger eine Folge von
Änderungen als eine Anreicherung und Neuordnung mit
der bezeichnenden Vorliebe zur Form des Zyklus, zur
Summa, zur Enzyklopädie – dem literarischen Abbild
des runden Weltgebäudes.

Nun ist aber, sozusagen synchronisch, der Zusammenhang alles Seienden und Geschehenden auch von den
Ordnungen und Korrespondenzen innerhalb der Schöp

fung her begründet. Ein weniger die Kausalverhältnisse
ergründendes als in Vergleichen und *Analogien* figural
denkendes Verfahren gilt nicht nur dem Verständnis der
Natur (z. B. nach dem Verhältnis von Makro- und
Mikrokosmos) und der Geschichte (z. B. nach dem Verhältnis von Neuem zu Altem Testament oder andern
typologischen Entsprechungen zwischen bestimmten
Geschichtsabschnitten oder Personen). Auch das Wort,
die Bild- und Gedankenfolge eines literarischen Texts, ist
davon gesteuert. Die Lehre vom mehrfachen Schriftsinn,
von Zahlenbeziehungen kompositorischer oder symbolischer Art, die Freude an Kontrafakturen und Parodien –
all das hilft, die Einheit und Verläßlichkeit der Welt
wiederherzustellen und die Gefahr des Zerfalls zu bannen. Kein Geschöpf sei ohne Zeichenhaftigkeit, sagt
Freidank, und so besteht eine Einladung zum symbolischen Verständnis auch dort, wo Symbolik nicht beabsichtigt oder vieldeutig ist. Der Dichter ist denn auch
nicht verpflichtet, für jedes Wort eine persönliche, expli-
zite Verantwortung zu tragen, eben im Vertrauen auf die
Tradition oder die immer sinngeladene Welt. Darum
wirken denn auch viele Dichter so unklar oder gar hinterhältig, wenn ihnen der moderne Interpret eine ideelle
Aussage abringen, sie auf eine moralische oder religiöse
These hin festnageln will. Auch wenn ein weltflüchtiger
Rigorismus immer wieder auftritt, so hat doch in dieser
Welt viel Gegensätzliches (etwa das Grüne und das Rote
in Wittenwilers *Ring*) gelassen nebeneinander Platz.

Wenn dann aber im Spätmittelalter jene Anreicherung
und Vieldeutigkeit immer verwirrender wird, das Vertrauen in die verbürgte Tradition und die Weltbezüge des
Worts zerfällt, ist das Ende der Epoche nah.

Wort und Welt: die geheime Bindung einer christlichen Literatur an das Wort Gottes als Schöpfungswort,
als fleischgewordenes Wort im Erlöser, als ausgesproche-
nes Wort in der biblischen Offenbarung, als Sprechen

Gottes im Seelengrund, als Pathos des volkssprachlichen Wortes bei Luther durchzieht das lateinische und deutsche Mittelalter. Auf dem Hintergrund solcher Sprachreflexion vor allem der Volkssprache, von Otfrid bis Luther und Fischart, stehen nicht nur die Einzelleistungen, sondern erscheint ein faszinierendes Ganzes, das als entstehendes und bewegtes Literatursystem gewürdigt werden will.

Auch das asketische Mönchstum hat das Studium der gelehrten und poetischen Literatur kaum je als überflüssig oder verächtlich angesehen. Im Gegenteil sagte sogar Bernhard von Clairvaux:

> scientia litterarum ornat animam.

ANHANG

BIBLIOGRAPHIE

von Barbara Meili

Die folgenden Angaben beschränken sich auf die wichtigsten Textausgaben und eine kleine Auswahl weiterführender Forschungsliteratur. Im Zweifelsfall gaben die Bedeutung der Publikation, der bibliographische Nutzen, das Erscheinungsdatum und die Erreichbarkeit den Ausschlag.

Der *systematische Teil* enthält zuerst die Literatur, die sich auf den ganzen Zeitraum bezieht, dann die Literatur zu jedem der Hauptabschnitte (Epochen).

Der *alphabetische Teil* (Autoren und anonyme Werke) verzeichnet die wichtigsten in der Darstellung behandelten Namen bzw. Titel, soweit sie nicht ohne weiteres in maßgebenden Sammelausgaben zu finden sind. – Die Alphabetisierung folgt der Praxis in: *Die deutsche Literatur des Mittelalters. Verfasserlexikon*, begr. v. W. Stammler, fortgef. v. K. Langosch, 5 Bde., 1933–55, ²1978 ff. hg. v. K. Ruh, mit Ausnahme der mittelalterlichen Spiele, die nicht nach ihrer Herkunft, sondern nach ihrem Typus eingeordnet sind.

Für die mittelalterliche Literatur ist in jedem Fall das *Verfasserlexikon*, für sach- und formgeschichtliche Begriffe das *Reallexikon der deutschen Literaturgeschichte*, hg. v. P. Merker u. W. Stammler, 4 Bde., 1925–31, ²1958 ff. hg. v. W. Kohlschmidt u. W. Mohr, das nächstliegende, unumgängliche Hilfsmittel.

ABKÜRZUNGEN

AfdA   = Anzeiger für deutsches Altertum und deutsche Literatur, 1876 ff.

ALB   = Althochdeutsches Lesebuch, hg. v. W. Braune, fortgef. v. K. Helm, ¹⁴1965 bearb. v. E. A. Ebbinghaus, ¹⁷1979.

ATB   = Altdeutsche Textbibliothek, begr. v. H. Paul, 1881 ff., fortgef. v. G. Baesecke, hg. v. H. Kuhn.

Baechtold = Schweizer Schauspiele des 16. Jahrhunderts, hg. v. J. Baechtold, 3 Bde., 1890–93.

CDS   = Die Chroniken der deutschen Städte vom 14. bis ins 16. Jahrhundert, 1862 ff.

DHB   = Deutsches Heldenbuch, hg. v. A. Amelung u. a., 5 Bde., 1866–73, Nachdr. 1967/68.

DL   = Deutsche Literatur, Sammlung literarischer Kunst- und Literaturdenkmäler in Entwicklungsreihen, hg. v. H. Kindermann u. a., 1928 ff., Nachdr. 1964 ff.

DNL   = Deutsche National-Litteratur, begr. v. J. Kürschner, 1882 ff.

DTM   = Deutsche Texte des Mittelalters, 1904 ff.

DVjs.   = Deutsche Vierteljahrsschrift für Literaturwissenschaft und Geistesgeschichte, 1923 ff.

FdB   = Flugschriften der Bauernkriegszeit, hg. v. A. Laube u. H. W. Seiffert, 1975.

Froning   = Das Drama des Mittelalters, hg. v. R. Froning, 3 Bde., 1891/92 (DNL 14,1–3).

Hartl   = Das Drama des Mittelalters, hg. v. E. Hartl, 3 Bde., 1937–42 (DL, Drama des Mittelalters 1; 2; 4).

HB   = Heldenbuch, hg. v. F. H. v. d. Hagen, 2 Bde., 1855.

HMS   = Minnesinger, hg. v. F. H. v. d. Hagen, 5 Tle., 1838–56, Nachdr. 1963.

K   = Fastnachtspiele aus dem 15. Jahrhundert, hg. v. A. v. Keller, 4 Bde., 1853–58, Nachdr. 1965 (LVSt 28–30; 46).

KLD   = Deutsche Liederdichter des 13. Jahrhunderts, hg. v. C. v. Kraus, bearb. v. H. Kuhn, 2 Bde., 1952–58, ²1978.

LVSt   = Bibliothek des Literarischen Vereins in Stuttgart, 1841 ff.

M   = Sammlung Metzler. Realien zur Literatur.

Maurer   = Die religiösen Dichtungen des 11. und 12. Jahrhunderts, nach ihren Formen besprochen u. hg. v. F. Maurer, 3 Bde., 1964–70.

MF   = Des Minnesangs Frühling, nach K. Lachmann, M. Haupt u. F. Vogt neu hg. v. C. v. Kraus, ³⁶1977 hg. v. H. Moser u. H. Tervooren (2 Bde.).

MGH   = Monumenta Germaniae Historica.

MSD   = Denkmäler Deutscher Poesie und Prosa aus dem VIII. bis XII. Jahrhundert, hg. v. K. Müllenhoff u. W. Scherer, 2 Bde., 1864, ³1892 bearb. v. E. Steinmeyer, Nachdr. 1964.

MTU   = Münchener Texte und Untersuchungen zur deutschen Literatur des Mittelalters, 1960 ff.

Ndr.   = Neudrucke deutscher Literaturwerke des 16. und 17. Jahrhunderts, 1876 ff.

PBB   = Beiträge zur Geschichte der deutschen Sprache und Literatur, begr. v. H. Paul u. W. Braune, 1874 ff. (1955 ff. Tübingen).

SMS = Die Schweizer Minnesänger, hg. v. K. Bartsch, 1886, Nachdr. 1964.

TSM = Texte des späten Mittelalters, hg. v. W. Stammler u. E. A. Philippson, 1956 ff.

UB = Reclams Universal-Bibliothek.

WdF = Wege der Forschung.

ZfdA = Zeitschrift für deutsches Altertum, 1841 ff.

ZfdPh. = Zeitschrift für deutsche Philologie, 1869 ff.

Z = Sterzinger Spiele. Nach Aufzeichnungen des Vigil Raber, hg. v. O. Zingerle, 2 Bde., 1886.

BIBLIOGRAPHIEN, LEXIKA, FORSCHUNGSBERICHTE, LITERATURGESCHICHTLICHE DARSTELLUNGEN

Bibliographie der deutschen Sprach- und Literaturwissenschaft, hg. v. H. W. Eppelsheimer u. C. Köttelwesch, 1957 ff.

Handbuch der deutschen Literaturgeschichte. Abt. 2: Bibliographien, hg. v. P. Stapf, Bd. 1: Frühes Mittelalter, v. H. Kratz, 1970, Bd. 2: Hohes Mittelalter, v. M. Batts, 1969, Bd. 3: Spätes Mittelalter, v. G. F. Jones, 1971, Bd. 4: Renaissance, Humanismus, Reformation, v. J. E. Engel, 1969.

Lexikon des Mittelalters, 1977 ff.

Deutsches Literatur-Lexikon. Biographisches und bibliographisches Handbuch, begr. v. W. Kosch, [2]1949–58, [3]1968 ff. hg. v. B. Berger u. H. Rupp.

Allgemeine Deutsche Biographie, 1875–1912.

Neue Deutsche Biographie, 1953 ff.

Geschichte der deutschen Literatur von den Anfängen bis zur Gegenwart, hg. v. H. de Boor u. R. Newald, Bd. 1: 770–1170, v. H. de Boor, [9]1979, Bd. 2: 1170–1250, v. H. de Boor, [10]1979, Bd. 3,1: 1250–1350, v. H. de Boor, [4]1973, Bd. 4,1.2: 1370–1570, v. H. Rupprich, 1970–73.

Geschichte der deutschen Literatur von den Anfängen bis zur Gegenwart, hg. v. K. Gysi, K. Böttcher u. a., 11 Bde. u. 1 Erg.-Bd.; *Internationale Bibliographie...*, 1960 ff.

Annalen der deutschen Literatur, hg. v. H. O. Burger, 1952, [2]1971.

G. Ehrismann: *Geschichte der deutschen Literatur bis zum Ausgang des Mittelalters*, 4 Bde., 1918–35, Nachdr. 1954.

J. Schwietering: *Die deutsche Dichtung des Mittelalters*, 1932–41, Nachdr. 1953 u. ö.

K. Bertau: *Deutsche Literatur im europäischen Mittelalter*, Bd. 1: 800–1197, Bd. 2: 1195–1220, 1972/73.

Die deutsche Literatur. Ein Abriß in Text und Darstellung, hg. v. O. F. Best u. H.-J. Schmitt, Bd. 1 u. 2: Mittelalter I u. II, hg. v. H. J. Koch, Bd. 3: Renaissance, Humanismus, Reformation, hg. v. J. Schmidt, 1976 u. ö. (UB 9601 [4]; 9605 [4]; 9609 [4]).

Neues Handbuch der Literaturwissenschaft, hg. v. K. v. See, Bd. 8: Europäisches Spätmittelalter, hg. v. W. Erzgräber u. a., 1978, Bd. 9 u. 10: Renaissance und Barock, hg. v. A. Buck u. a., 1972.

M. Manitius: *Geschichte der lateinischen Literatur des Mittelalters*, 3 Tle., 1911–31, Nachdr. 1964/65.

F. Brunhölzl: *Geschichte der lateinischen Literatur des Mittelalters*, Bd. 1: Von Cassiodor bis zum Ausgang der karolingischen Erneuerung, 1975.

E. R. Curtius: *Europäische Literatur und lateinisches Mittelalter*, 1948, [8]1973.

R. R. Bezzola: *Les origines et la formation de la littérature courtoise en occident (500–1200)*, 5 Bde., 1958–63.

A. Heusler: *Deutsche Versgeschichte*, 3 Bde., 1925–29, Nachdr. 1956 u. ö.

J. Baechtold: *Geschichte der deutschen Literatur in der Schweiz*, 1892, Nachdr. 1919.

H. Jellinghaus: *Geschichte der mittelniederdeutschen Literatur*, [3]1925.

Handbuch der bayerischen Geschichte, Bd. 1: Das alte Bayern, hg. v. M. Spindler, 1967.

E. Auerbach: *Literatursprache und Publikum in der lateinischen Spätantike und im Mittelalter*, 1958.

L. Bouyer u. a.: *Histoire de la spiritualité chrétienne*, 3 Bde., 1961–66.

F. Ohly: *Schriften zur mittelalterlichen Bedeutungsforschung*, 1977.

Verbum et signum, Fs. Ohly, hg. v. H. Fromm u. a., 2 Bde., 1975.

P. Michel: *Formosa deformitas. Bewältigungsformen des Häßlichen in mittelalterlicher Literatur*, 1976.

H. Kuhn: *Kleine Schriften*, Bd. 1: Dichtung und Welt im Mittelalter, Bd. 2: Text und Theorie, 1969, Bd. 3: Liebe und Gesellschaft, 1980.

R. Assunto: *Die Theorie des Schönen im Mittelalter*, 1963.

E. de Bruyne: *Études d'esthétique médiévale*, 3 Bde., 1946, Nachdr. 1975.

A. Hauser: *Sozialgeschichte der Kunst und Literatur*, [2]1958.

H. de Lubac: *Exégèse médiévale*, 2 Bde., 1959–64.

P. Dronke: *Die Lyrik des Mittelalters. Eine Einführung*, [2]1977.

F. J. E. Raby: *A History of Secular Latin Poetry in the Middle Ages*, 2 Bde., 1934, [2]1957.

M. Wehrli: *Formen mittelalterlicher Erzählung*, 1969.

W. F. Michael: *Das deutsche Drama des Mittelalters*, 1971.

H. Kindermann: *Theatergeschichte Europas*, Bd. 1: Antike und Mittelalter, 1957, Bd. 2: Renaissance, 1959.

D. Brett-Evans: *Von Hrotsvit bis Folz und Gengenbach. Eine Geschichte des mittelalterlichen deutschen Dramas*, 2 Bde., 1975.

B. Boesch: *Lehrhafte Literatur. Lehre in der Dichtung und Lehrdichtung im deutschen Mittelalter*, 1977.

B. Sowinski: *Lehrhafte Dichtung des Mittelalters*, 1971 (M 103).

G. Eis: *Mittelalterliche Fachliteratur*, ²1967 (M 14).

G. Eis: *Forschungen zur Fachprosa*, 1971.

H. Rosenfeld: *Legende*, ³1972 (M 9).

U. Wyss: *Theorie der mittelhochdeutschen Legendenepik*, 1973.

A. Masser: *Bibel- und Legendenepik des deutschen Mittelalters*, 1976.

J. Janota: *Studien zu Funktion und Typus des deutschen geistlichen Liedes im Mittelalter*, 1968 (MTU 23).

H. Buntz: *Die deutsche Alexanderdichtung des Mittelalters*, 1973 (M 123).

G. Misch: *Geschichte der Autobiographie*, Bd. 2–4: Mittelalter, 1955–69.

TEXTSAMMLUNGEN

Die deutsche Literatur. Texte und Zeugnisse, hg. v. W. Killy, Bd. 1: Mittelalter, hg. v. H. de Boor, 2 Tle., 1965, Bd. 2: Spätmittelalter, Humanismus, Reformation, 2 Tle., hg. v. H. Heger, 1975–78.

Epochen der deutschen Lyrik, hg. v. W. Killy, Bd. 1: Von den Anfängen bis 1300, hg. v. W. Höver u. E. Kiepe, 1978, Bd. 2: 1300–1500, hg. v. E. u. H. Kiepe, 1972, Bd. 3: 1500–1600, hg. v. K. Düwel, 1978.

Das Drama des Mittelalters, hg. v. R. Froning, 3 Bde., 1891/92 (DNL 14,1–3).

Das Drama des Mittelalters, hg. v. E. Hartl, 3 Bde., 1937 42 (DL, Drama des Mittelalters 1; 2; 4).

Minnesinger, hg. v. F. H. v. d. Hagen, 5 Tle., 1838–56, Nachdr. 1963.

VON DER VÖLKERWANDERUNG BIS ZUM ENDE DER OTTONEN

G. Baesecke: *Vor- und Frühgeschichte des deutschen Schrifttums*, Bd. 1, 1940, Bd. 2, hg. v. I. Schröbler, 1950–53.

St. Sonderegger: *Althochdeutsche Sprache und Literatur*, 1974.

A. Heusler: *Die altgermanische Dichtung*, 1924, [2]1943, Nachdr. 1967.

J. S. Groseclose / B. O. Murdoch: *Die althochdeutschen poetischen Denkmäler*, 1976 (M 140).

W. Schröder: *Grenzen und Möglichkeiten einer althochdeutschen Literaturgeschichte*, 1959.

F. v. d. Leyen: *Das Heldenliederbuch Karls des Großen*, 1954.

K. Hauck (Hg.): *Zur germanisch-deutschen Heldensage*, 1961 (WdF 14).

J. de Vries: *Heldenlied und Heldensage*, 1961.

M. Bowra: *Heldendichtung. Eine vergleichende Phänomenologie der heroischen Poesie aller Völker und Zeiten*, 1964.

K. v. See: *Germanische Heldensage. Stoffe, Probleme, Methoden*, 1971.

M. Diebold: *Das Sagelied. Die aktuelle deutsche Heldendichtung der Nachvölkerwanderungszeit*, 1974.

K. v. See (Hg.): *Europäische Heldendichtung*, 1978 (WdF 500).

R. Bräuer: *Literatursoziologie und epische Struktur der deutschen ‚Spielmanns'- und Heldendichtung*, 1970.

G. Eis: *Altdeutsche Zaubersprüche*, 1964.

J. Belkin / J. Meier: *Bibliographie zu Otfrid von Weißenburg und zur altsächsischen Bibeldichtung (Heliand und Genesis)*, 1975.

D. Kartschoke: *Altdeutsche Bibeldichtung*, 1975 (M 135).

D. Kartschoke: *Bibeldichtung. Studien zur Geschichte der epischen Bibelparaphrase von Juvencus bis Otfrid von Weißenburg*, 1975.

B. Bischoff (Hg.): *Karl der Große. Lebenswerk und Nachleben*, 2 Bde., 1965.

Textsammlungen

Althochdeutsches Lesebuch, hg. v. W. Braune, fortgef. v. K. Helm, [14]1965 bearb. v. E. A. Ebbinghaus, [17]1979.

Denkmäler Deutscher Poesie und Prosa aus dem VIII. bis XII. Jahrhundert, hg. v. K. Müllenhoff u. W. Scherer, 2 Bde., 1864, [3]1892 bearb. v. E. Steinmeyer, Nachdr. 1964.

SALISCHE UND FRÜHE STAUFISCHE ZEIT

Studien zur frühmittelhochdeutschen Literatur. Cambridger Kolloquium 1971, hg. v. L. P. Johnson u. a., 1974.

W. Schröder: *Der Geist von Cluny und die Anfänge des frühmittelhochdeutschen Schrifttums*, in: PBB 72 (1950).

J. Leclercq: *L'amour des lettres et le désir de Dieu. Initiation aux auteurs monastiques du moyen-âge*, 1957.

H. Rupp: *Deutsche religiöse Dichtungen des 11. und 12. Jahrhunderts*, ²1971.

C. Soeteman: *Deutsche geistliche Dichtung des 11. und 12. Jahrhunderts*, ²1971 (M 33).

M. Curschmann: *„Spielmannsepik'. Wege und Ergebnisse der Forschung von 1907–1965*, 1968.

W. J. Schröder (Hg.): *Spielmannsepik*, 1977 (WdF 385).

B. Naumann: *Dichter und Publikum in deutscher und lateinischer Bibelepik des frühen 12. Jahrhunderts*, 1968.

F. Ohly: *Hohelied-Studien*, 1958.

Textsammlungen

Die kleinen Denkmäler der Vorauer Handschrift, hg. v. E. Henschel u. U. Pretzel, 1963.

Die religiösen Dichtungen des 11. und 12. Jahrhunderts, nach ihren Formen besprochen u. hg. v. F. Maurer, 3 Bde., 1964–70.

DIE RITTERLICH-HÖFISCHE DICHTUNG DER STAUFERZEIT

F.-W. Wentzlaff-Eggebert: *Kreuzzugsdichtung des Mittelalters*, 1960.

Th. Frings: *Die Anfänge der europäischen Liebesdichtung im 11. und 12. Jahrhundert*, 1960.

F. Munari: *Ovid im Mittelalter*, 1960.

P. Dronke: *Medieval Latin and the Rise of European Love Lyric*, 2 Bde., 1965/66.

H. Fromm (Hg.): *Der deutsche Minnesang*, ⁴1972 (WdF 15).

R. Grimminger: *Poetik des frühen Minnesangs*, 1969 (MTU 27).

H. Tervooren: *Bibliographie zum Minnesang und zu den Dichtern aus Des Minnesangs Frühling*, 1969.

R. S. Loomis (Hg.): *Arthurian Literature in the Middle Ages*, 1959.

K. Wais (Hg.): *Der arthurische Roman*, 1970 (WdF 157).

K. Ruh: *Höfische Epik des deutschen Mittelalters*, Bd. 1, ²1977.

K. O. Brogsitter: *Artusepik*, ³1979 (M 38).

E. Köhler: *Ideal und Wirklichkeit in der höfischen Epik*, 1956.

J. Bumke: *Ministerialität und Ritterdichtung. Umrisse der Forschung*, 1976.

K. E. Geith: *Carolus Magnus. Studien zur deutschen Literatur des 12. und 13. Jahrhunderts*, 1977.

J. Bumke: *Studien zum Ritterbegriff im 12. und 13. Jahrhundert,* ²1977.
Bulletin Bibliographique de la Société Internationale Arthurienne,
1949 ff.
B. Boesch: *Die Kunstanschauung in der mittelhochdeutschen Dichtung,*
1936, Nachdr. 1976.
G. Eifler (Hg.): *Ritterliches Tugendsystem,* 1970 (WdF 56).
Die Zeit der Staufer. Geschichte – Kunst – Kultur, Katalog der Ausstel-
lung Stuttgart 1977, hg. v. R. Haussherr u. a., 5 Bde., 1977–79.
Stauferzeit. Geschichte, Literatur, Kunst, hg. v. R. Krohn u. a., 1978.

Textsammlungen

Des Minnesangs Frühling, nach K. Lachmann, M. Haupt u. F. Vogt neu
hg. v. C. v. Kraus, ³⁶1977 hg. v. H. Moser u. H. Tervooren (2 Bde.).
Die mittelhochdeutsche Minnelyrik, Bd. 1: Frühe Minnelyrik, Texte und
Übertragungen, hg. v. G. Schweikle, 1977.

WANDLUNGEN VOM HOCH- ZUM SPÄTMITTELALTER

J. Janota: *Neue Forschungen zur deutschen Dichtung des Spätmittelalters
(1230–1500). 1957–1968,* Sonderheft zur DVjs. 45 (1971).
H. Kuhn: *Minnesangs Wende,* ²1967.
L. Röhrich: *Erzählungen des späten Mittelalters,* 2 Bde., 1962–67.
W. Blank: *Die deutsche Minneallegorie,* 1970.
I. Glier: *Artes amandi,* 1971 (MTU 34).
G. Köpf: *Märendichtung,* 1978 (M 166).
H. Fischer: *Studien zur deutschen Märendichtung,* 1968.
J. Heinzle: *Mittelhochdeutsche Dietrichepik,* 1978 (MTU 62).
E. Straßner: *Schwank,* 1968 (M 77).
K. Grubmüller: *Meister Esopus. Untersuchungen zur Geschichte und
Funktion der Fabel im Mittelalter,* 1977 (MTU 56).
K. Ruh (Hg.): *Altdeutsche und altniederländische Mystik,* 1964 (WdF 23).
A. M. Haas: *Sermo Mysticus. Studien zur Theologie und Sprache der
deutschen Mystik,* 1979.
K. Ruh: *Bonaventura deutsch. Ein Beitrag zur deutschen Franziskaner-
mystik und Scholastik,* 1956.
S. Ringler: *Quellen und Studien zur Viten- und Offenbarungsliteratur in
Frauenklöstern des Mittelalters,* 1980 (MTU 72).
W. Werner: *Studien zu den Passions- und Osterspielen des deutschen
Mittelalters in ihrem Übergang zur Volkssprache,* 1963.

Textsammlungen

Deutsche Liederdichter des 13. Jahrhunderts, hg. v. C. v. Kraus, bearb. v. H. Kuhn, 1952–58, ²1978.

Die Schweizer Minnesänger, hg. v. K. Bartsch, 1886, Nachdr. 1964.

Mittelhochdeutsche Minnereden, Bd. 1, hg. v. K. Matthaei, 1913, Nachdr. 1967 (DTM 24), Bd. 2, hg. v. G. Thiele, 1938 (DTM 41).

Mittelhochdeutsche, mittelniederdeutsche und mittelniederländische Minnereden, Verzeichnis, v. T. Brandis, 1968 (MTU 25).

Codex Karlsruhe 408, bearb. v. U. Schmid, 1974.

Heldenbuch, hg. v. F. H. v. d. Hagen, 2 Bde., 1855.

Deutsches Heldenbuch, hg. v. A. v. Keller, 1867 (LVSt 87).

Deutsches Heldenbuch, hg. v. A. Amelung u. a., 5 Bde., 1866–73.

Lateinische Osterfeiern und Osterspiele, hg. v. W. Lipphardt, 5 Bde., 1975/76.

Gesamtabenteuer. Hundert altdeutsche Erzählungen, hg. v. F. H. v. d. Hagen, 3 Bde., 1850, Nachdr. 1961.

Die deutsche Märendichtung des 15. Jahrhunderts, hg. v. H. Fischer, 1966 (MTU 12).

SPÄTMITTELALTER

E. Bernstein: *Literatur des deutschen Frühhumanismus,* 1978 (M 168).

C. Rischer: *Literarische Rezeption und kulturelles Selbstverständnis in der deutschen Literatur der „Ritterrenaissance" des 15. Jahrhunderts,* 1973.

B. Nagel (Hg.): *Der deutsche Meistersang,* 1967 (WdF 148).

H. Moser (Hg.): *Mittelhochdeutsche Spruchdichtung,* 1972 (WdF 154).

H. Brunner: *Die alten Meister. Studien zu Überlieferung und Rezeption der mittelhochdeutschen Sangspruchdichter im Spätmittelalter und in der frühen Neuzeit,* 1975 (MTU 54).

Spätmittelalterliche Epik, Sonderheft zur ZfdPh. 93 (1974).

P. Heitz / F. Ritter: *Versuch einer Zusammenstellung der deutschen Volksbücher des 15. und 16. Jahrhunderts,* 1924.

A. Mihm: *Überlieferung und Vorbereitung der deutschen Märendichtung im Spätmittelalter,* 1967.

K. Schneider: *Der ‚Trojanische Krieg' im späten Mittelalter. Deutsche Prosaromane des 15. Jahrhunderts,* 1968.

A. Brandstetter: *Prosaauflösung. Studien zur Rezeption der höfischen Epik im frühneuhochdeutschen Prosaroman,* 1971.

H. J. Kreutzer: *Der Mythos vom Volksbuch. Studien zur Wirkungsgeschichte des frühen deutschen Romans seit der Romantik*, 1977.

W. Borvitz: *Die Übersetzungstechnik H. Steinhöwels...*, 1914, Nachdr. 1972.

W. F. Michael: *Das deutsche Drama und Theater vor der Reformation. Ein Forschungsbericht*, Sonderheft zur DVjs. 47 (1973).

E. Wainwright: *Studien zum deutschen Prozessionsspiel*, 1974.

H. Biermann: *Die deutschsprachigen Legendenspiele des späten Mittelalters und der frühen Neuzeit*, 1977.

E. Catholy: *Das Fastnachtspiel des Spätmittelalters*, 1961.

E. Catholy: *Fastnachtspiel*, 1966 (M 56).

H. Schuhladen: *Vigil Raber und die Tiroler Fastnachtspieltradition*, in: DVjs. 51 (1977).

R. Dithmar: *Die Fabel. Geschichte – Struktur – Didaktik*, 1971.

L. Hervieux: *Les fabulistes latins...*, 5 Bde., [2]1893–95, Nachdr. 1966.

E. Leibfried: *Fabel*, [3]1976 (M 66).

R. W. Brednich u. a. (Hg.): *Handbuch des Volksliedes*, 2 Bde., 1973.

W. Suppan: *Volkslied*, 1966 (M 52).

V. Schlumpf: *Die frumen edlen puren. Untersuchungen zum Stilzusammenhang zwischen den historischen Volksliedern.. und der deutschen Heldenepik*, 1969.

B. Neumann: *Identität und Rollenzwang. Zur Theorie der Autobiographie*, 1970.

R. Feller / E. Bonjour: *Geschichtsschreibung der Schweiz*, 2 Bde., [2]1978.

M. Beyer-Fröhlich: *Die Entwicklung der deutschen Selbstzeugnisse*, 1930 (DL, Selbstzeugnisse 1).

H. Kraume: *Die Gersonübersetzungen Geilers von Kaisersberg*, 1980 (MTU 71).

J. Huizinga: *Herbst des Mittelalters*, 1924, [11]1975.

Textsammlungen

Mittelhochdeutsche Spruchdichtung. Früher Meistersang. Der Codex Palatinus Germanicus 350 der Universitätsbibliothek Heidelberg, Bd. 1, hg. v. W. Blank, Bd. 2, hg. v. G. u. G. Kochendörfer, 1974.

Meistersang. Meisterlieder und Singschulzeugnisse, hg. v. B. Nagel, 1965 u. ö. (UB 8977 [2]).

Fastnachtspiele aus dem 15. Jahrhundert, hg. v. A. v. Keller, 4 Bde., 1853–58, Nachdr. 1965 (LVSt 28–30; 46).

Fastnachtspiele des 15. und 16. Jahrhunderts, hg. v. D. Wuttke, [2]1978 (UB 9415 [6]).

Sterzinger Spiele. Nach Aufzeichnungen des Vigil Raber, hg. v. O. Zingerle, 2 Bde., 1886.

Das deutsche Kirchenlied von der ältesten Zeit bis zu Anfang des 17. Jahrhunderts, hg. v. Ph. Wackernagel, 5 Bde., 1864–77, Nachdr. 1964.

Die historischen Volkslieder der Deutschen vom 13. bis 16. Jahrhundert, hg. v. R. v. Liliencron, 4 Bde., 1865–69.

Die Chroniken der deutschen Städte vom 14. bis ins 16. Jahrhundert, 1862 ff.

Texte des späten Mittelalters, hg. v. W. Stammler u. E. A. Philippson, 1956 ff.

DAS SECHZEHNTE JAHRHUNDERT

G. Voigt: *Die Wiederbelebung des classischen Alterthums oder Das erste Jahrhundert des Humanismus*, 2 Bde., ⁴1960.

F. J. Worstbrock: *Deutsche Antikerezeption 1450–1550*, Bd. 1, 1976.

W. Dilthey: *Weltanschauung und Analyse des Menschen seit Renaissance und Reformation*, 1914.

R. Newald: *Probleme und Gestalten des deutschen Humanismus*, 1963.

H. O. Burger: *Renaissance, Humanismus, Reformation. Deutsche Literatur im europäischen Kontext*, 1969.

I. Spriewald u. a.: *Grundpositionen der deutschen Literatur im 16. Jahrhundert*, 1972.

R. Pfeiffer: *History of Classical Scholarship*, 1976.

J. Ijsewijn: *Companion to Neo-Latin Studies*, 1977.

H. Bornkamm: *Das Jahrhundert der Reformation*, ²1966.

G. Ellinger: *Geschichte der neulateinischen Literatur Deutschlands im 16. Jahrhundert*, 3 Bde., 1929–33.

B. Könneker: *Die deutsche Literatur der Reformationszeit. Kommentar zu einer Epoche*, 1975.

H. Brackert: *Bauernkrieg und Literatur*, 1975.

K. Schmidt: *Vorstudien zu einer Geschichte des komischen Epos*, 1953.

J. Lefebvre: *Les fols et la folie. Étude sur les genres du comique et la création littéraire en Allemagne pendant la Renaissance*, 1968.

G. Hess: *Deutsch-lateinische Narrenzunft*, 1971 (MTU 41).

M. Bachtin: *Literatur und Karneval. Zur Romantheorie und Lachkultur*, 1969.

L. W. Spitz: *The Religious Renaissance of the German Humanists*, 1963.

F. Gotthelf: *Das deutsche Altertum in den Anschauungen des 16. und 17. Jahrhunderts*, 1900.

W. Schwarz: *Principles and Problems of Biblical Translation. Some Reformation Controversies*, 1955.

W. Elert: *Morphologie des Luthertums*, 2 Bde., 1931/32.

J. Huizinga: *Europäischer Humanismus: Erasmus*, übers. v. W. Kaegi, 1958.

U. Herzog: *Faustus – „ein böser und guter Christ"*, in: Wirkendes Wort 27 (1977).

A. Hauser: *Der Ursprung der modernen Kunst und Literatur. Die Entwicklung des Manierismus seit der Krise der Renaissance*, ²1973.

Textsammlungen

Flugschriften der Bauernkriegszeit, hg. v. A. Laube u. H. W. Seiffert, 1975.

Flugschriften aus den ersten Jahren der Reformation, hg. v. O. Clemen, 4 Bde., ²1967.

Die erste deutsche Bibel, hg. v. W. Kurrelmeyer, 10 Bde., 1904–15 (LVSt 234 ff.).

Deutsche Lyriker des 16. Jahrhunderts, hg. v. G. Ellinger, 1893 (Lateinische Litteraturdenkmäler 7).

Lateinische Gedichte deutscher Humanisten, hg. v. H. C. Schnur, 1966 u. ö. (UB 8739 [7]).

Schweizer Schauspiele des 16. Jahrhunderts, hg. v. J. Baechtold, 3 Bde., 1890–93.

AUTOREN UND ANONYME WERKE

A a l, Johannes. *Tragoedia Johannis des Täufers*, hg. v. E. Meyer, 1929 (Ndr. 263–267).

A b r o g a n s. *Das älteste deutsche Buch. Die A.-Handschrift der Stiftsbibliothek St. Gallen*, hg. v. B. Bischoff, J. Duft u. St. Sonderegger, 1977. – J. Splett: *A.-Studien*, 1976.

A g r i c o l a, Johannes. *Nützlicher Dialog*, in: FdB.

A l b r e c h t   v o n   E y b. *Deutsche Schriften*, hg. v. M. Herrmann, 2 Bde., 1890. – M. Herrmann: *A. v. E. und die Frühzeit des deutschen Humanismus*, 1893.

A l b r e c h t   v o n   H a l b e r s t a d t. K. Bartsch: *A. v. H. und Ovid im Mittelalter*, 1861, Nachdr. 1965. – G. Heinzmann: *A. v. H. und Jörg Wickram*, 1969.

A l b r e c h t   v o n   J o h a n n s d o r f. In: MF XIV.

Albrecht von Kemenaten. *Goldemar*, in: HB 2.

Albrecht von Scharfenberg. *Jüngerer Titurel*, hg. v. W. Wolf, 3 Bde., 1955–68 (DTM 45; 55; 61). – W. Wolf: *Wer war der Dichter des Jüngeren Titurel?*, in: ZfdA 84 (1952/53); W. Röll: *Studien zu Text und Überlieferung*, 1964; H. Ragotzky: *Studien zur Wolfram-Rezeption*, 1971; D. Huschenbett: *A.s Jüngerer Titurel* (in Vorber.).

Alexander, Der Große (Wernigeroder Alexander). Hg. v. G. Guth, 1908 (DTM 13).

Alexander, Der Wilde. In: KLD 1. – F. J. Worstbrock: *Das Kindheitslied des W. A.*, in: Fs. Ruh, 1979.

Alpharts Tod. Hg. v. E. Martin, in: DHB 2.

Altdeutsche Exodus. Hg. v. E. Papp, 1968.

Altdeutsche Genesis (Wien-Millstätter Genesis). Hg. v. V. Dollmayr, 1932 (ATB 31).

Althochdeutsche Glossen. Gesammelt u. bearb. v. E. Steinmeyer u. E. Sievers, 5 Bde., 1879–1922, Nachdr. 1968/69.

Althochdeutscher Isidor. Nach der Pariser Handschrift und den Monseer Fragmenten neu hg. v. H. Eggers, 1964 (ATB 63).

Altsächsische Genesis. *Heliand und G.*, hg. v. O. Behaghel, bearb. v. W. Mitzka, [8]1965 (ATB 4); hg. v. F. Genzmer, 1955 u. ö. (UB 3324–26).

Altswert, Meister. Hg. v. W. Holland u. A. v. Keller, 1850 (LVSt 21).

Hystorien vom Amadis auß Franckreich. *A.*, hg. v. A. v. Keller, 1857 (LVSt 40). – H. Weddige: *Die H. v. A. a. F.*, 1975.

Andreas von Regensburg. *Sämtliche Werke*, hg. v. G. Leidinger, 1903.

Anegenge. Hg. v. D. Neuschäfer, 1969.

Annolied. Hg. v. E. Nellmann, 1975 u. ö. (UB 1416). – H. Thomas: *Ein Quellenfund zum A.*, in: ZfdPh. 97 (1978); A. Haverkamp: *Typik und Politik im A.*, 1979.

Anshelm, Valerius. Hg. v. E. Blösch, 6 Bde., 1884–1901.

Antichrist s. Tegernseer Antichrist.

Appenzeller Reimchronik. Hg. v. T. Schieß, 1913.

Appius und Virginia. Hg. v. F. v. Fischer, in: Berner Taschenbuch, 1886. – M. Büßer: *Die Römerdramen in der Theatergeschichte der deutschen Schweiz*, 1938.

Arigo (Heinrich Schlüsselfelder). *Decamerone von Heinrich Steinhöwel (!)*, hg. v. A. v. Keller, 1860 (LVSt 51); *A.s Blumen der Tugend*, hg. v. F. Vogt, in: ZfdA 28 (1896). – K. Drescher: *A.*, 1900.

Athis und Prophilias. In: Mittelhochdeutsches Übungsbuch, hg. v. C. v. Kraus, [2]1926.

A v a , Frau. *Die Dichtungen,* hg. v. F. Maurer, 1966 (ATB 66). – R. Woelfert: *Wandel der religiösen Epik zwischen 1100 und 1200. Dargestellt an F. A.s Leben Jesu* ..., Diss. 1964.

A v e n t i n (Johannes Turmair). *Bayerische Chronik,* hg. v. M. Lexer, 2 Bde., in: J. T.s genannt Aventinus sämmtliche Werke, Bd. 4 u. 5, 1883–86. – G. Strauss: *Historian in an Age of Crisis: the Life and Work of J. A.,* 1963.

B a s l e r   F r a g m e n t e . In: Frühe Schweizerspiele, hg. v. F. Christ-Kutter, 1963 (Altdeutsche Übungstexte 19).

B e b e l , Heinrich. *Facetien,* hg. v. G. Bebermeyer, 3 Bde., 1931, Nachdr. 1967 (LVSt 276); *Proverbia Germanica,* hg. v. W. H. D. Suringar, 1879, Nachdr. 1969. – G. Bebermeyer: *Tübinger Dichterhumanisten,* 1927.

B e h e i m , Michel. *Gedichte,* hg. v. H. Gille u. I. Spriewald, 3 Bde., 1968–72 (DTM 60; 64; 65).

B e n e d i k t i n e r r e g e l . *Die althochdeutsche B. des Cod. Sang. 916,* hg. v. U. Daab, 1959 (ATB 50).

B e r g r e i h e n . Hg. v. J. Meier, 1892 (Ndr. 99/100).

B e r n g e r   v o n   H o r h e i m . In: MF XVI.

B e r t h o l d   v o n   H o l l e . *Werke,* hg. v. K. Bartsch, 1875, Nachdr. 1967. – G. v. Malsen-Tilborch: *Repräsentation und Reduktion. Strukturen späthöfischen Erzählens bei B. v. H.,* 1973 (MTU 44).

B e r t h o l d   v o n   R e g e n s b u r g . *Vollständige Ausgabe seiner Predigten,* hg. v. F. Pfeiffer u. a., 2 Bde., 1862–80, Nachdr. 1965 (m. Bibl.) – D. Richter: *Die deutsche Überlieferung der Predigten B.s v. R.,* 1969 (MTU 21).

B i n d e r , Jörg. *Acolastus,* in: Baechtold 1.

B i r c k , Sixt (Betulius). *Sämtliche Dramen,* hg. v. M. Brauneck u. a., 2 Bde., 1969–76.

B i r g i t t a   v o n   S c h w e d e n . U. Montag: *Das Werk der heiligen B. v. S. in oberdeutscher Überlieferung,* 1968 (MTU 18).

B l e t z , Zacharias. *Dramatische Werke,* 1926 (Die Schweiz im deutschen Geistesleben 41; 42).

B l i g g e r   v o n   S t e i n a c h . In: MF XVIII.

B o l t z , Valentin. *Weltspiegel,* in: Baechtold 2.

B o n e r , Ulrich. *Der Edelstein,* hg. v. F. Pfeiffer, 1844. – R. H. Blaser: *U. B.,* 1949; K. Grubmüller: *Meister Esopus,* 1977 (MTU 56).

B o r d e s h o l m e r   M a r i e n k l a g e . Hg. v. G. Rühl, in: Niederdeutsches Jahrbuch 24 (1898).

B o t e , Hermann. *Till Eulenspiegel,* hg. v. H. Knust, 1884 (Ndr. 55/56); *Ulenspiegel,* hg. v. W. Krogmann, 1952; *Ein kurtzweilig Lesen von Dil*

Ulenspiegel, hg. v. W. Lindow, 1966 u. ö. (UB 1687 [4]); *Der Köker*, hg. v. G. Cordes, 1963 (ATB (60). – P. Honegger: *Ulenspiegel*, 1973.

St. Brandan. *Ein lateinischer und drei deutsche Texte*, hg. v. C. Schröder, 1871. – C. Selmer: *Navigatio St.i Brendani…*, 1959 (Publications in Medieval Studies 16).

Brant, Sebastian. *Das Narrenschiff*, hg. v. F. Zarncke, 1854, Nachdr. 1973. – U. Gaier: *Studien zu S. B.s ‚Narrenschiff'*, 1966; B. Könneker: *S. B., Das Narrenschiff*, 1966.

Braunschweiger Reimchronik. Hg. v. L. Weiland, 1877 (MGH, Deutsche Chroniken 2).

Brecht, Levin. *Euripus*, hg. v. F. Rädle, 1979.

Brennwald, Heinrich. *Schweizerchronik*, hg. v. R. Luginbühl, 1908 (Quellen zur Schweizer Geschichte, NF 1,1.2).

Brenz, Johannes. *Von Milderung der Fürsten*, in: FdB.

Brun von Schönebeck. *Hoheslied*, hg. v. A. Fischer, 1893, Nachdr. 1977 (LVSt 198).

Brunner, Thomas. *Jacob und seine zwölf Söhne*, hg. v. R. Stumpfl, 1928 (Ndr. 258–260).

Bullinger, Heinrich. *Lukretia und Brutus*, in: Baechtold 1.

Burkhard von Hohenfels. In: KLD 6.

Butzer, Martin. *Gesprech Büechlin Neüw Karsthans*, hg. v. E. Lehmann (Ndr. 282–284).

Carmen ad Deum. In: ALB.

Carmina Burana. *Die Gedichte des Cod. B. lateinisch und deutsch*, hg. v. C. Fischer, H. Kuhn u. G. Bernt, 1974.

Carmina Cantabrigiensia. Hg. v. K. Strecker, 1926, [3]1966 (MGH).

Celtis, Konrad. *Quattuor libri Amorum*, hg. v. F. Pindter, 1934; *Libri Odarum IV*, hg. v. F. Pindter, 1937; *Ludi Scaenici*, hg. v. F. Pindter, 1945; *Selections*, hg. v. L. Forster, 1948. – A. Werninghoff: *C. C. und sein Buch über Nürnberg*, 1921; L. W. Spitz: *C. C., the German Arch-humanist*, 1957.

Christherre-Chronik. Hg. v. H. F. Maßmann, 1854.

Christus und die minnende Seele. Hg. v. R. Banz, 1908.

Clawert, Hans. *H. C.s werkliche Historien*, hg. v. Th. Raehse, 1882 (Ndr. 33).

Cochlaeus, Johannes. In: FdB. – M. Spahn: *J. C. Ein Lebensbild aus der Zeit der Glaubensspaltung*, 1898, Nachdr. 1964.

Crescentialegende s. Kaiserchronik.

David von Augsburg. *Deutsche Traktate*, hg. v. F. Pfeiffer, 1845; K. Ruh: *Franziskanisches Schrifttum im deutschen Mittelalter*, Bd. 1:

Texte, 1965 (MTU 11). – F. M. Schwab: *D. of A.s ‚Paternoster' and the Authenticity of his German Works,* 1971 (MTU 32).

Dedekind, Friedrich. *Grobianus,* hg. v. A. Bömer, 1903; zus. m. d. dt. Fassung v. C. Scheidt hg. v. B. Könneker, 1979.

Deutschenspiegel. Hg. v. K. A. Eckhardt u. A. Hübner, 2 Bde., 1930.

Dietmar von Aist (Eist). In: MF VIII.

Distelmayer, Cleophas. *Euripus,* hg. v. F. Rädle, 1979.

Dorotheenspiel aus Schlesien. In: ZfdPh. 35 (1903).

Dukus Horant. Hg. v. P. F. Ganz u. a., 1964 (ATB, Erg. 2).

Eberhard, Priester. *Gandersheimer Reimchronik,* hg. v. L. Wolff, ²1969 (ATB 25).

Eberhard von Cersne. *Der Minne Regel,* hg. v. F. X. Wöber, 1861.

Eberlin von Günzburg, Johann. *Sämtliche Schriften,* hg. v. L. Enders, 3 Bde., 1896–1902 (Ndr. 139–141; 170–172; 183–188).

Ebner, Margareta. Ph. Strauch: *M. E. und Heinrich von Nördlingen,* 1882, Nachdr. 1966.

Ecbasis captivi. Hg. v. W. Trillitzsch, 1964 (m. Bibl.).– L. Gompf: *Die ‚E.' und ihr Publikum,* in: Mittellateinisches Jahrbuch 8 (1973); F. P. Knapp: *Bemerkungen zur E.,* in: Mittellateinisches Jahrbuch 14 (1979).

Eccius dedolatus. Hg. v. A. E. Berger, 1931 (DL, Reformation 2). – T. W. Best: *E. d., a Reformation Satire,* 1971.

Eckenlied. Fassung L, hg. v. M. Wierschin, 1974 (ATB 78).

Eckhart, Meister. *Die deutschen und lateinischen Werke,* 1936 ff.; *M. E. und seine Jünger,* hg. v. F. Jostes, 1895, ²1972; *Deutsche Predigten und Traktate,* hg. v. J. Quint, ³1969; *Texte aus der deutschen Mystik,* hg. v. A. Spamer, 1912. – B. Schmoldt: *Die deutsche Begriffssprache M. E.s.,* 1954; A. M. Haas: *Nim din selbes war. Studien zur Lehre von der Selbsterkenntnis bei M. E., Johannes Tauler und Heinrich Seuse,* 1971; T. Beckmann: *Daten und Anmerkungen zur Biographie M. E.s.,* 1978; A. M. Haas: *M. E. als normative Gestalt geistlichen Lebens,* 1979.

Eckstein, Utz. S. Vögelin: *U. E.,* in: Jahrbuch für Schweizerische Geschichte 7 (1882).

Edlibach, Gerold. *Chronik,* hg. v. J. M. Usteri, 1847.

Egen von Bamberg, Meister. Hg. v. O. Mordhorst, 1911.

Egenolf von Staufenberg. *Der Ritter von St.,* hg. v. E. Grunewald, 1979 (ATB 88). – L. Röhrich: *Erzählungen des späten Mittelalters,* Bd. 1, 1962.

Eike von Repgow. *Sachsenspiegel,* hg. v. K. A. Eckhardt, 1955/56.

Eilhart von Oberg. *Tristrant,* hg. v. F. Lichtenstein, 1877; hg. v. H. Bußmann, 1969 (ATB 70). – D. Buschinger: *Le Tristrant d'E. v. O.,* 1974f.

Eisenacher Zehnjungfrauenspiel s. Zehnjungfrauenspiel.

Eleonore von Österreich. *Pontus und Sidonia (A),* hg. v. H. Kindermann, 1928 (DL, Volks- und Schwankbücher 1).

Elhen, Tilemann. *Limburger Chronik,* hg. v. A. Wyss, 1883 (MGH, Deutsche Chroniken 4,1).

Elisabeth von Nassau-Saarbrücken. *Sibille,* hg. v. H. Tiemann, 1977; *Huge Scheppel,* hg. v. H. Urtel, 1905 (Veröffentlichungen aus der Hamburger Stadtbibliothek 1). – W. Liepe: *E. v. N.-S.,* 1920.

Elisabeth von Schönau. *Ein Zeuge mittelalterlicher Mystik in der Schweiz,* hg. v. E. Spieß, 1935.

Elisabethlegende. *Das Leben der heiligen Elisabeth,* hg. v. M. Rieger, 1868 (LVSt 90).

Engelberger Prediger. *Auszüge,* hg. v. Ph. Strauch, in: ZfdPh. 50 (1921). – S. Beck: *Untersuchungen zum E. P.,* 1952.

Des Entkrist Vasnacht. Hg. v. F. Christ-Kutter in: Frühe Schweizerspiele, 1963 (Altdeutsche Übungstexte 19).

Epistolae obscurorum virorum. Hg. v. A. Bömer, 2 Bde., 1924.

Erasmus von Rotterdam. *Opera omnia,* hg. v. C. Roedijk u. a., 1969 ff.; *Studienausgabe,* hg. v. W. Welzig, 8 Bde., 1968–75; *Lob der Torheit,* hg. v. A. J. Gail, 1949 u. ö. (UB 1907 [2]).

Erlauer Spielbuch. Hg. v. K. Kummer, 1882.

Erlösung. Hg. v. F. Maurer, ²1964 (DL, Geistliche Dichtung 6). – R. Bergmann: *Studien zur Entstehung und Geschichte der deutschen Passionsspiele des 13. und 14. Jahrhunderts,* 1972.

Ermenrikes dot. Hg. v. J. Meier, 1935 (DL, Volkslied 1).

Etterlin, Petermann. *Kronika von der loblichen Eydtgnoschaft...,* bearb. v. E. Gruber, 1965 (Quellenwerk zur Entstehung der Schweizerischen Eidgenossenschaft 3,3).

Fabri, Felix. *Evagatorium in terrae sanctae, Arabiae et Egypti peregrinationem,* hg. v. C. D. Haßler, 3 Bde., 1843–49. – H. Feilke: *F. F.s Evagatorium über seine Reise in das Heilige Land,* 1976.

Faust. *Das Volksbuch vom Doctor F. (H),* hg. v. W. Braune, ²1911 (Ndr. 7/8); *Nach der Wolfenbütteler Handschrift (W),* hg. v. H. G. Haile, 1963; *F.s Leben, v. G. R. Widmann u. J. N. Pfitzer,* hg. v. A. v. Keller, 1880 (LVSt 146). – H. Henning: *Beiträge zur Druckgeschichte der F.- und Wagner-Bücher des 16. und 18. Jahrhunderts,* 1963; H. Mayer: *Doktor F. und Don Juan,* 1979.

Ferdinand II. von Tirol. *Speculum vitae humanae,* hg. v. J. Minor, 1889 (Ndr. 79/80).

Fischart, Johann. *Werke,* hg. v. A. Hauffen, 1895 (DNL 18,1–3); *Geschichtklitterung,* hg. v. U. Nyssen, ²1977; *Das Glückhafft Schiff von Zürich,* hg. v. A. M. Haas, 1967 u. ö. (UB 1951); *Flöhhatz – Weibertratz,* hg. v. A. M. Haas, 1967 (UB 1656/56a). – A. Hauffen: *J. F.,* 2 Bde., 1921 f.; H. Sommerhalder: *J. F.s Werk,* 1960; M. C. Mühlemann: *F.s ,Geschichtklitterung' als manieristisches Kunstwerk,* 1972; D. Seitz: *J. F.s Geschichtklitterung,* Diss. 1974.

Fleck, Konrad. *Flore und Blanscheflur,* hg. v. W. Golther, 1889 (DNL 4,3). – H.-A. Klein: *Erzählabsicht im Heldenepos und im höfischen Epos,* 1978.

Folz, Hans. *Die Meisterlieder,* hg. v. A. L. Mayer, 1908 (DTM 12); *Fastnachtspiele,* in: K.

Forster, Georg. *Frische Teutsche Liedlein,* hg. v. M. E. Marriage, 1903 (Ndr. 203–206).

Fortunatus. Hg. v. H. Günther, 1914 (Ndr. 240/241); hg. v. F. Podleiszek (DL, Volks- und Schwankbücher 7); hg. v. H.-G. Roloff (UB, in Vorber.). – M. Wis: *Nochmals zum F.-Volksbuch,* in: Neuphilologische Mitteilungen 66 (1965); R. Wiemann: *Die Erzählstruktur im Volksbuch F.,* 1970; W. Raitz: *Zur Soziogenese des bürgerlichen Romans,* 1973; D. Kartschoke: *Weisheit oder Reichtum? Zum Volksbuch von F. und seinen Söhnen,* in: D. Richter (Hg.), Literatur und Feudalismus, 1975.

Franck, Sebastian. *Paradoxa,* hg. v. S. Wollgast, 1966. – K. Räber: *Studien zur Geschichtsbibel S. F.s,* 1952; H. Weigelt: *S. F. und die lutherische Reformation,* 1972; U. Meisser: *Die Sprichwörtersammlung S. F.s von 1541,* 1974; C. Dejung, *Wahrheit und Häresie,* 1980.

Franckforter. *Theologia Deutsch,* hg. v. F. Pfeiffer, ³1875; hg. v. W. Uhl, 1912. – A. M. Haas: *Die Theologia Deutsch,* in: Freiburger Zeitschrift für Philosophie und Theologie 25 (1979).

Frankfurter Dirigierrolle. In: Froning 2.

Frankfurter, Philipp s. Pfarrer von Kalenberg.

Frauenlob (Heinrich von Meißen). *Leiche, Sprüche, Streitgespräche und Lieder,* hg. v. L. Ettmüller, 1843, Nachdr. 1966. – K. Bertau: *Sangverslyrik,* 1966; B. Wachinger: *Sängerkrieg,* 1973 (MTU 42); K. Stackmann: *Redebluomen,* in: Verbum et signum, Fs. Ohly, hg. v. H. Fromm u. a., Bd. 2, 1975.

Freidank. *Bescheidenheit,* hg. v. H. E. Bezzenberger, 1872, Nachdr.

1962. – G. Eifler: *Die ethischen Anschauungen in F.s Bescheidenheit,* 1969 (Hermaea, NF 25).

Frey, Jakob. *Gartengesellschaft,* hg. v. J. Bolte, 1896 (LVSt 209).

Friedrich von Hausen. In: MF X.

Friedrich von Schwaben. Hg. v. M. H. Jellinek, 1904 (DTM 1). – D. Welz: *Zeit als Formkategorie und Erzählproblem im F. v. S.,* in: ZfdA 104 (1975).

Frischlin, Nicodemus. *Deutsche Dichtungen,* hg. v. D, F, Strauß, 1857, Nachdr, 1969 (LVSt 11), *Iulius redivivus,* hg. v. W. Janell, 1912 (Lateinische Litteraturdenkmäler des 15. und 16. Jahrhunderts 19). – D. F. Strauß: *Leben und Schriften des Dichters und Philologen N. F.,* 1856.

Fronleichnamsspiele
Fronleichnamsspiel von Eger (Egerer Passionsspiel). Hg. v. G. Milchsack, 1881 (LVSt 156).

Fronleichnamsspiel von Freiburg i. B. In: Freiburger Passionsspiele des 16. Jahrhunderts, hg. v. E. Martin, 1874.

Künzelsauer Fronleichnamsspiel. Hg. v. P. K. Liebenow, 1969.

Füetrer, Ulrich. *Buch der Abenteuer,* hg. v. K. Nyholm, 1964 (DTM 57); *Prosa-Lanzelot,* hg. v. A. Peter, 1885 (LVSt 175); *Bairische Chronik,* hg. v. R. Spiller, 1909.

Galluslied. In: MSD.

Gart, Tiebolt. *Joseph,* hg. v. A. E. Berger, 1936 (DL, Reformation 6).

Geiler von Kaisersberg, Johannes. *Die ältesten Schriften G.s v. K.,* hg. v. L. Dachaux, 1882, Nachdr. 1965. – E. Douglass: *Justification in late medieval preaching. A study of J. G. of K.,* 1966.

Genesis s. Altdeutsche Genesis, Altsächsische Genesis.

Gengenbach, Pamphilus. Hg. v. K. Goedeke, 1856, Nachdr. 1966.

Georgslied. In: ALB. – H. de Boor: *Eine unerklärte Stelle des althochdeutschen G.es nebst Bemerkungen zu seiner Orthographie und Heimat,* in: Fs. Quint, 1964; M. Schwarz: *Der heilige Georg, Miles Christi und Drachentöter,* Diss. 1972.

Gerhard von Minden. Hg. v. A. Leitzmann, 1898.

Vom aygen gericht vnd sterbenden Menschen. In: Drei Schauspiele vom sterbenden Menschen, hg. v. J. Bolte, 1927 (LVSt 269/270).

Gesta Romanorum. Hg. v. H. Österley, 1872.

Glarean (Heinrich Loriti). *Descriptio Helvetiae,* hg. v. W. Näf, 1948; *Das Epos vom Heldenkampf bei Näfels und andere Gedichte,* hg. v. K. Müller u. H. Keller, 1949.

Glossens. Althochdeutsche Glossen.

Gnaphaeus, Wilhelm. *Acolastus,* 1891 (Lateinische Litteraturdenkmäler des 16. bis 18. Jahrhunderts 1).

Goeli. In: SMS XII.

Götliches Recht. In: FdB.

Göttliche Mühle. In: Satiren und Pasquille aus der Reformationszeit, hg. v. O. Schade, Bd. 1, 1863.

Göttweiger Trojanerkrieg. Hg. v. A. Koppitz, 1926 (DTM 29).

Gottesfreundliteratur. *Schriften aus der G.,* hg. v. Ph. Strauch, 3 Bde., 1927–29 (ATB 22; 23; 27).

Gottfried von Neifen. In: KLD 15.

Gottfried von Straßburg. *Tristan,* hg. v. F. Ranke, ⁴1959; hg. v. K. Marold, 1906, Nachdr. 1969 bes. v. W. Schröder. – A. Wolf (Hg.): *G. v. S.,* 1973 (WdF 320); G. Weber / W. Hoffmann: G. v. S., ⁴1973 (M 15); H.-H. Steinhoff: *Bibliographie zu G. v. S.,* 1971; R. Dietz: *Der ,Tristan' G.s v. S. Probleme der Forschung 1902–1970,* 1974; D. Mieth: *Dichtung, Glaube und Moral. Studien ... zum Tristanroman G.s v. S.,* 1976.

Graf Rudolf. Hg. v. P. F. Ganz, 1964.

Granum Sinapis. M. Bindschedler: *Der lateinische Kommentar zum G. S.,* 1949.

Grosz, Erhart. *Grisardis,* hg. v. P. Strauch, 1931 (ATB 29).

Gruter, Jan. L. Forster: *Ianus G.s English Years,* 1967.

Gundacker von Judenburg. *Christi hort,* hg. v. J. Jaschke, 1910 (DTM 18).

Gwalther, Rudolf. *Nabal,* hg. v. S. Giovanoli, 1979.

Hadamar von Laber. *Die Jagd,* hg. v. J. A. Schmeller, 1850, Nachdr. 1968 (LVSt 20).

Hadlaub, Johannes. In: SMS XXVII.

Hagen, Gottfried. *Kölner Chronik,* hg. v. E. v. Groote, 1834.

Vier Haimonskinder. Hg. v. H. Kindermann, 1928 (DL, Volks- und Schwankbücher 1).

Hartlieb, Johannes. *Alexander,* hg. v. R. Benz, 1924; *Die Übersetzung des Dialogus Miraculorum des Caesarius von Heisterbach,* hg. v. K. Drescher, 1929 (DTM 33); *Buch aller verbotenen Kunst,* hg. v. D. Ulm, 1914. – A. Karnein: *De Amore deutsch. Der Tractatus des Andreas Capellanus in der Übersetzung J. H.s,* 1970 (MTU 28).

Hartmann von Aue. *Büchlein,* hg. v. L. Wolff, 1972; *Erec,* hg. v. A. Leitzmann, ⁴1967 bes. v. L. Wolff, ⁵1972 (ATB 39); *Iwein,* hg. v. G. F. Benecke u. K. Lachmann, bearb. v. L. Wolff, 1968, ²1974; *Gregorius,* nach d. Ausg. v. F. Neumann hg. v. B. Kippenberg u. H. Kuhn, 1959

u. ö. (UB 1787 [3]); *Der arme Heinrich*, hg. v. F. Neumann, 1959 u. ö. (UB 456); *Lieder*, in: MF XXII. – P. Wapnewski: *H. v. A.*, ⁶1976 (M 17); E. Nebuhr: *Bibliographie zu H. v. A.*, 1977; H. Kuhn / Ch. Cormeau (Hg.): *H. v. A.*, 1973 (WdF 359); G. Kaiser: *Textauslegung und gesellschaftliche Selbstdeutung. Aspekte einer sozialgeschichtlichen Interpretation von H.s Artusepen*, 1973; W. Gewehr: *H.s 'Klage-Büchlein' im Lichte der Frühscholastik*, 1975; V. Mertens: *Gregorius Eremita*, 1978 (MTU 67).

Heidin, II₆. ı. E. Henschel u. U. Pretzel, 1957. – L. Pfannmüller: *Die vier Redaktionen der H.*, 1911.

Heinrich (VI.), Kaiser. In: MF IX.

Heinrich von Freiberg. *Werke*, hg. v. A. Bernt, 1906.

Heinrich der Glîchezâre. *Reinhart Fuchs*, hg. v. K.-H. Göttert, 1976 (UB 9819 [3]). – U. Schwab: *Zur Datierung und Interpretation des Reinhart Fuchs*, 1967; J. Kühnel: *Zum Reinhart Fuchs als antistaufischer Gesellschaftssatire*, in: Stauferzeit, hg. v. R. Krohn u. a., 1978.

Heinrich von Langenstein. *Erchantnuzz der Sund*, hg. v. R. Rudolf, 1969 (TSM 22). – Th. Hohmann: *H. v. L.s 'Unterscheidung der Geister' lateinisch und deutsch*, 1977 (MTU 63).

Heinrich von Laufenberg. In: Das deutsche Kirchenlied..., hg. v. Ph. Wackernagel, 5 Bde., 1864–77, Nachdr. 1964. – B. Wachinger: *Notizen zu den Liedern H. L.s*, in: Fs. Ruh, 1979.

Heinrich von Meißen s. Frauenlob.

Heinrich von Melk. *Der sogenannte H. v. M.*, hg. v. R. Kienast, 1946. – P.-E. Neuser: *Zum sogenannten 'H. v. M.'*, 1973.

Heinrich von Morungen. In: MF XIX; *Lieder*, hg. v. H. Tervooren, 1975 (UB 9797 [4]). – F. Goldin: *The mirror of Narcissus in the Courtly Love Lyric*, 1967; H. H. Räkel: *Spiegel, Traum und Quell (H. v. M. 145,1)*, in: Zeitschrift für Literatur und Linguistik 7 (1977).

Heinrich von Mügeln. *Der Meide Kranz*, hg. v. W. Jahr, 1909; *Die kleineren Dichtungen*, hg. v. K. Stackmann, 1959 (DTM 50/51).

Heinrich von Neustadt. *Werke*, hg. v. S. Singer, 1906 (DTM 7).

Heinrich von Rugge. In: MF XV.

Heinrich von St. Gallen. K. Ruh: *Der Passionstraktat des H. v. St. G.*, Diss. 1940.

Heinrich der Teichner. *Gedichte*, hg. v. H. Niewöhner, 3 Bde., 1953–56 (DTM 44; 46; 48). – E. Lämmert: *Reimsprecherkunst im Mittelalter*, 1970.

Heinrich von dem Türlin. *Der âventiure Crône*, hg. v. G. H. F. Scholl, 1852, Nachdr. 1966 (LVSt 27). – Ch. Cormeau: *'Wigalois' und 'Diu Crône'*, 1977 (MTU 57).

Heinrich von Veldeke. *Lieder*, in: MF XI; *Sente Servaes*, hg. v.
   Th. Frings u. G. Schieb, 1956; *Eneit*, hg. v. Th. Frings u. G. Schieb,
   1964 (DTM 58). – G. Schieb: *Henric van Veldeken*, 1965 (M 42).

De Heinrico. In: ALB.

Helbling, Seifried. *Gedichte*, hg. v. J. Seemüller, 1886.

Heldenbuch. Das deutsche H., hg. v. A. v. Keller, 1867 (LVSt 87).

Heliand. Hg. v. E. Sievers, [2]1935; hg. v. O. Behaghel, bearb. v. W.
   Mitzka, [8]1965 (ATB 4); hg. v. F. Genzmer, 1955 u. ö. (UB 3324 [3]). –
   J. Rathofer: *Der H. Theologischer Sinn als tektonische Form*, 1962; B.
   Taeger: *Zahlensymbolik bei Hraban, bei Hincmar – und im Heliand?*,
   1970 (MTU 30); J. Eichhoff / I. Rauch (Hg.): *H.*, 1973 (WdF 321).

Hemmerlin, Felix. B. Reber: *F. H.*, 1846.

Henselyn. *Das Fastnachtspiel H. oder von der Rechtfertigkeit*, hg. v.
   C. Walther, in: Niederdeutsches Jahrbuch 3; 5; 6 (1877 ff.).

Herberstein, Siegmund von. *Rerum Moscovitarum Commentarii*,
   1855 (Fontes rerum Austriacarum 1,1).

Herbort von Fritzlar. *Trojaroman*, hg. v. G. K. Frommann, 1837,
   Nachdr. 1966.

Spiel von Herbst und Mai. Hg. v. F. Christ-Kutter, in: Frühe
   Schweizerspiele, 1963 (Altdeutsche Übungstexte 19).

Herger. In: MF VII.

Herkommen der Schwyzer und Oberhasler. Bearb. v. A.
   Bruckner, 1961 (Quellenwerk zur Entstehung der Schweizerischen
   Eidgenossenschaft 3,2).

Hermann von Fritzlar. *Heiligenleben*, hg. v. F. Pfeiffer, 1845.

Hermann von Sachsenheim. *Die Grasmetze* u. a., in: Mittel-
   hochdeutsche Minnereden, Bd. 2, 1938 (DTM 41); *H. v. S.*, hg. v. E.
   Martin, 1878 (LVSt 137); Die Mörin, *hg. v. H.-D. Schlosser, 1974.* – D.
   Huschenbett: *H. v. S.*, 1962.

Hermann, Nikolaus. *Sonntags-Evangelien*, hg. v. R. Wolkan, 1895.

Herrand von Wildonie. Hg. v. H. Fischer, [2]1969 (ATB 51).

Herzog Ernst. Hg. v. B. Sowinski, 1970 (UB 8352 [6]). – W. J.
   Schröder: *Spielmannsepik*, 1977 (WdF 385).

Hesler, Heinrich. *Das Evangelium Nicodemi*, hg. v. K. Helm, 1902;
   Johannes-Apokalypse, hg. v. K. Helm, 1907 (DTM 8).

Hessus, Helius Eobanus (Eoban Koch). C. Krause: *H. E. H.*, 1879,
   Nachdr. 1963.

Hildebrandslied. In: ALB; in der langobardischen Urfassung hergestellt v. W. Krogmann, 1959. – H. v. d. Kolk: *Das H. Eine forschungs-
   geschichtliche Darstellung*, 1967; S. Gutenbrunner: *Von Hildebrand
   und Hadubrand*, 1976.

Hildegard von Bingen. Gesamtausg. in Übers., 1954 ff. – B. Widmer: *Heilsordnung und Zeitgeschehen in der Mystik H.s v. B.*, 1955; *H. v. B. 1179–1979*, hg. v. A. P. Brück, 1979.

Hoeck, Theobald. *Schönes Blumenfeld*, hg. v. K. Hanson, 1975.

Hrotsvit von Gandersheim. *Hrotsvithae Opera*, hg. v. P. de Winterfeld, 1900 (MGH), Nachdr. 1965. – B. Nagel: *H. v. G.*, 1965 (M 44); M. M. Butler: *Hrotsvitha*, 1960.

Hürnen Seyfried. Hg. v. W. Golther, ²1911 (Ndr. 81/82); hg. v. J. C. King, 1958.

Hugo von Langenstein. *Martina*, hg. v. A. v. Keller, 1856, Nachdr. 1978 (LVSt 38).

Hugo von Montfort. Hg. v. J. E. Wackernell, 1881; hg. v. E. Thurnher u. a., 1978 (Litterae 56/57). – G. Moczygemba: *H. v. M.*, 1967.

Hugo von Trimberg. *Renner*, hg. v. G. Ehrismann, 4 Bde., 1908–11, Nachdr. 1970 bes. v. G. Schweikle (LVSt 247; 248; 252; 256).

Hutten, Ulrich von. *Schriften*, hg. v. E. Böcking, 5 u. 2 Bde., 1859–70. – H. Holborn: *U. v. H.*, 1968.

Immessen, Arnold. *Der Sündenfall*, hg. v. F. Krage, 1913.

Ingold, Meister. *Das goldene Spiel*, hg. v. E. Schröder, 1882.

Ischyrius, Christian. *Homulus*, hg. v. A. Roersch, 1903.

Jansen Enikel. *Weltchronik. Fürstenbuch*, hg. v. Ph. Strauch, 1881, ²1900 (MGH, Deutsche Chroniken 3).

Johann von Neumarkt. *Schriften*, hg. v. J. Klapper u. a., 4 Bde., 1930–39 (Vom Mittelalter zur Reformation, hg. v. K. Burdach).

Johann von Ringgenberg. In: SMS XXIX.

Johann von Würzburg. *Wilhelm von Österreich*, hg. v. E. Regel, 1906 (DTM 3).

Johannes von Frankenstein. *Kreuziger*, hg. v. F. Khull, 1882.

Johannes von Kastl. R. Wagner: *Ein nücz und schone ler von der aygen erkantnuss. Des Pseudo-J. ‚Spiritualis philosophia‘ deutsch*, 1972 (MTU 39).

Johannes von Konstanz. *Minnelehre*, hg. v. F. E. Sweet, 1933. – K. Mertens, *Die Konstanzer Minnelehre*, 1935.

Johannes von Tepl (Saaz). *Der Ackermann aus Böhmen*, hg. v. G. Jungbluth, 1969; hg. v. F. Genzmer, 1951 u. ö. (UB 7666). – E. Schwarz (Hg.): *Der Ackermann aus Böhmen des J. v. T. und seine Zeit*, 1968 (WdF 143); G. Hahn: *Die Einheit des Ackermanns von Böhmen*, 1963 (MTU 5); A. Hrubý: *Der ‚Ackermann‘ und seine Vorlage*, 1971 (MTU 35).

Jud, Leo. *Ein klag des Frydens*, hg. v. A. M. Haas u. U. Herzog, 1969.

Jüngere Judith. Aus der Vorauer Handschrift, hg. v. H. Monecke, 1964 (ATB 61).

Jüngeres Hildebrandslied. Hg. v. J. Meier, 1935 (DL, Deutsche Volkslieder und Balladen 1).

Justinger, Konrad. *Berner Chronik,* hg. v. G. Studer, 1871.

Kaiserchronik. Hg. v. E. Schröder, 1892, Nachdr. 1964 (MGH, Deutsche Chroniken 1,1). – E. F. Ohly: *Sage und Legende in der K.,* 1940, Nachdr. 1968; K.-E. Geith: *Carolus Magnus,* 1977; K. Baasch: *Die Creszentialegende in der deutschen Dichtung des Mittelalters,* 1968.

Karlmeinet. Hg. v. A. v. Keller, 1858, Nachdr. 1966 (LVSt 45).

Karsthans. Hg. v. A. E. Berger, 1931 (DL, Reformation 2).

Kaspar von der Rhön. *Dresdner Heldenbuch,* in: HB 2.

Kaufringer, Heinrich. *Gedichte,* hg. v. K. Euling, 1888, Nachdr. 1977 (LVSt 182).

Kerensteinballade. Hg. v. J. Meier, 1935 (DL, Deutsche Volkslieder und Balladen 1).

Keßler, Johannes. *Sabbata,* hg. v. E. Egli u. a., 1902.

Kirchhoff, Hans Wilhelm. *Wendunmuth,* hg. v. H. Österley, 5 Bde., 1869 (LVSt 95–99).

Klosener, Fritsche. *Chronik,* hg. v. C. Hegel, 1870 (MGH, Deutsche Chroniken 8).

Kloster der Minne. Hg. v. H. Niewöhner, 1943.

Kobold und Eisbär. In: Gesamtabenteuer, hg. v. F. H. v. d. Hagen, 3 Bde., 1850, Nachdr. 1961, Nr. 65. – L. Röhrich: *Erzählungen des späten Mittelalters,* Bd. 1, 1962.

König Rother. Hg. v. Th. Frings u. J. Kuhnt, 1922.

Kolmarer Handschrift. *Meisterlieder der K. H.,* hg. v. K. Bartsch, 1862 (LVSt 68).

Kolroß, Johannes. *Fünfferley betrachtnisse,* in: Baechtold 1.

Konrad. *Büchlein von der geistlichen Gemahelschaft,* hg. v. U. Schülke, 1970 (MTU 31).

Konrad, Pfaffe. *Das Rolandslied,* hg. v. K. Wesle, ²1967 bes. v. P. Wapnewski (ATB 69). – D. Kartschoke: *Die Datierung des deutschen Rolandsliedes,* 1965; K. E. Geith: *Carolus Magnus,* 1977.

Konrad von Ammenhausen. *Schachzabelbuch,* hg. v. F. Vetter, 1892.

Konrad von Fußesbrunnen. *Kindheit Jesu,* hg. v. H. Fromm u. K. Grubmüller, 1973.

Konrad von Haslau. *Jüngling,* hg. v. M. Haupt, in: ZfdA 8 (1851).

Konrad von Heimesfurt. *Himmelfahrt Mariae,* hg. v. F. Pfeiffer, 1851.

Konrad von Megenberg. *Buch der Natur*, hg. v. F. Pfeiffer, 1861, Nachdr. 1962; *Deutsche Sphaera*, hg. v. O. Matthaei, 1912 (DTM 23).

Konrad von Stoffeln. *Gauriel von Muntabel*, hg. v. F. Khull, 1885.

Konrad von Würzburg. *Engelhard*, hg. v. P. Gercke, 1912, ²1963 bearb. v. I. Reiffenstein (ATB 17); *Goldene Schmiede*, hg. v. E. Schröder, 1926, ²1969; *Heinrich von Kempten. Der Welt Lohn. Herzmäre*, hg. v. H. Rölleke, 1968 u. ö. (UB 2855 [2]); *Partonopier und Meliur, Lieder und Sprüche*, hg. v. K. Bartsch u. a., 1871, Nachdr. 1970; *Der Trojanische Krieg*, hg. v. A. v. Keller u. a., 1858, Nachdr. 1965 (LVSt 44). – I. Leipold: *Die Auftraggeber und Gönner K.s v. W.*, 1976; W. Monecke: *Studien zur epischen Technik K.s v. W.*, 1968.

Krafft, Hans Ulrich. *Reisen und Gefangenschaft*, hg. v. K. O. Haszler, 1861 (LVSt 61).

Kraft von Toggenburg. In: SMS VI.

Kuchimeister, Christian (Cristân der kuchimaister). *Nüwe Casus monasterii Sancti Galli*, hg. v. E. Nyffenegger, 1977.

Kudrun. Hg. v. K. Bartsch u. K. Stackmann, 1965. – R. Wisniewski: *K.*, ²1969 (M 32).

Kürenberg. In: MF II.

Lalebuch. Hg. v. K. v. Bahder, 1914 (Ndr. 236–239); hg. v. S. Ertz, 1970 u. ö. (UB 6642/43).

Lamprecht, Pfaffe. *Alexander*, hg. v. K. Kinzel, 1885 (Vorauer u. Straßburger Alexander); hg. v. R. M. Werner, 1881 (LVSt 154) (Basler Alexander). – W. Fischer: *Die Alexanderliedkonzeption des Pf. L.*, 1964.

Lamprecht von Regensburg. *St. Franzisken Leben und Tochter Syon*, hg. v. K. Weinhold, 1880.

Lichtentaler Klage. In: Froning 2.

Lied von der Entstehung der Eidgenossenschaft. Hg. v. M. Wehrli, 1952 (Quellenwerk zur Entstehung der Eidgenossenschaft 3,2).

Liederbücher
    Augsburger Liederbuch. Hg. v. J. Bolte, 1890.
    Königsteiner Liederbuch. Hg. v. P. Sappler, 1970 (MTU 29).
    Liederbuch der Klara Hätzlerin. Hg. v. C. Haltaus, 1840, Nachdr. 1966.
    Lochamer Liederbuch. Hg. v. F. W. Arnold u. H. Bellermann, 1867, ²1926. – C. Petsch: *Das L. L.*, 1957 (MTU 19).

Lindener, Michael. *Rastbüchlein und Katzipori*, hg. v. F. Lichtenstein, 1883.

Livländische Reimchronik. Hg. v. L. Meyer, 1876, Nachdr. 1963.

Locher, Jakob. G. Heidloff: *Untersuchungen zu Leben und Werk des Humanisten J. L.*, 1975.

Lohengrin. Edition und Untersuchungen v. Th. Cramer, 1971.

Lotichius Secundus, Petrus. *Poemata Omnia*, 2 Bde., hg. v. P. Burmann, 1754.

Lucidarius. Hg. v. F. Heidlauf, 1915 (DTM 28).

Ludus de Antichristo s. Tegernseer Antichrist.

Ludwigslied. In: ALB.

Luther, Martin. *Doktor M. L.s Werke*, krit. Gesamtausg. (Weimarer Ausg.), 1883 ff., Nachdr. 1966 ff.; einzelne Schriften: Ndr. 4; 18; 28; 230. – H. Vollmer: *Die deutsche Bibel (Tabellen)*, in: Luther-Jahrbuch 1934; E. Arndt: *L.s deutsches Sprachschaffen*, 1962; H. Bornkamm: *L. als Schriftsteller*, 1965 (Sitzungsberichte der Heidelberger Akademie, Phil.-Hist. Kl. 1).

Lutwin. *Adam und Eva*, hg. v. K. Hoffmann u. W. Meyer, 1881.

Luzerner Spiel vom klugen Knecht. Hg. v. H. Wuhrmann, Diss. 1975.

Macropedius, Georg (Georg van Langveldt). *Hecastus*, in: Drei Schauspiele vom sterbenden Menschen, hg. v. J. Bolte, 1927 (LVSt 269/270). – T. W. Best: *M.*, 1972.

Märterbuch. Hg. v. E. Gierach, 1928 (DTM 32).

Mai und Beaflor. Hg. v. F. Pfeiffer, 1848.

Mair, Hans. *Das ‚Buch von Troja‘*, hg. v. H.-J. Dreckmann, 1970.

Manuel, Hans Rudolf. *Das Weinspiel*, hg. v. Th. Odinga, 1892 (Ndr. 101/102).

Manuel, Niklaus. Hg. v. J. Baechtold, 1878; hg. v. F. Burg, in: Neues Berner Taschenbuch, 1897; *Der Ablaßkrämer*, hg. v. P. Zinsli, 1960. – A. Kaiser: *Die Fastnachtspiele von der actio de sponsu*, 1899; C. Beerli: *Le peintre poète N. M. et l'évolution sociale de son temps*, 1953.

Marner. Hg. v. Ph. Strauch, 1876, Nachdr. 1965.

Marquard von Lindau. *Hiob*, hg. v. E. Greifenstein, 1979 (MTU 68); *Eucharistie-Traktat*, hg. v. A. J. Hofmann, 1960.

Maximilian I. *Weisskunig*, hg. v. H. Th. Musper, 2 Bde., 1956; *Freydal*, hg. v. Q. v. Leitner, 1880 ff.; *Teuerdank*, hg. v. H. Unger, 1968.

Mechthild von Magdeburg. *Offenbarungen, oder Das fließende Licht der Gottheit*, hg. v. G. Morel, 1869, Nachdr. 1963; hg. v. M. Schmidt u. H. U. v. Balthasar, 1955. – A. M. Haas: *Sermo Mysticus*, 1979.

Meinloh von Sevelingen. In: MF III.

Memento mori. In: Maurer 1. – R. Schützeichel: *Das alemannische ,M.m.'*, 1962; G. Kaiser: *Das M.m.*, in: Euphorion 68 (1974).

Menius, Iustus. In: Froning; DNL 22.

Mentelbibel. *Die erste deutsche Bibel*, hg. v. W. Kurrelmeyer, 10 Bde., 1904–15 (LVST 234; 238; 243; 246; 249; 251; 254; 258/259; 266).

Merigarto. In: ALB.

Minneburg IIᵦ. v. II. Pyritz, 1950 (DTM 43).

Mittelfränkische Reimbibel. In: Maurer 1.

Mönch von Heilsbronn. Hg. v. Th. Merzdorf, 1870.

Mönch von Salzburg. *Die geistlichen Lieder*, hg. v. F. V. Spechtler, 1972. – F. A. Mayer / H. Rietsch: *Die Mondsee-Wiener Liederhandschrift und der M. v. S.*, 1896.

Montanus, Martin. *Schwankbücher*, hg. v. J. Bolte, 1899 (LVSt 217).

Morant und Galie. Hg. v. Th. Frings u. E. Linke, 1976 (DTM 69).

Moriz von Craun. Hg. v. U. Pretzel u. a., ⁴1973 (ATB 45). – K. H. Borck: *Zur Deutung und Vorgeschichte des M. v. C.*, in: DVjs. 35 (1961); R. Harvey: *M. v. C. and the chivalric world*, 1961.

Münchener Oswald s. Oswald.

Münzer, Thomas. *Schriften und Briefe*, krit. Gesamtausg., hg. v. G. Franz u. a., 1968 ff.

Murbacher Hymnen. In: Drei Reichenauer Denkmäler der altalemannischen Frühzeit, hg. v. U. Daab, 1963 (ATB 57).

Murer, Jos. *Sämtliche Dramen*, hg. v. H.-J. Adomatis u. a., 2 Bde., 1974. – A. J. Racine: *J. M.*, 1970.

Murner, Thomas. *Deutsche Schriften*, hg. v. F. Schultz u. a., 9 Bde., 1918–32.

Musäus, Raphael. *Murnarus Leviathan*, in: J. Scheible, Das Kloster, Bd. 10, 1848.

Muskatplüt. Hg. v. E. v. Groote, 1852. – E. Kiepe-Wilms: *Die Spruchdichtungen M.s*, 1976 (MTU 58).

Muspilli. In: ALB. – C. Minis: *Handschrift, Form und Sprache des M.*, 1966.

Naogeorgus, Thomas (Thomas Kirchmeyer). *Sämtliche Werke*, hg. v. H.-G. Roloff, 9 u. 1 Bde., 1975 ff.; *Pammachius*, hg. v. A. E. Berger, 1935 (DL, Reformation 5); *Mercator*, in: Drei Schauspiele vom sterbenden Menschen, hg. v. J. Bolte, 1927 (LVSt 269/270). – L. Theobald: *Das Leben und Wirken des Tendenzdramatikers der Reformationszeit Th. N.*, 1908.

Neidhart (von Reuental). *Die Lieder*, hg. v. E. Wießner, 1955, ³1968 rev. v. H. Fischer (ATB 44); hg. v. H. Lomnitzer, 1966 u. ö. (UB 6927 [2]); *Texte, Melodien und Übertragungen*, hg. v. S. Beyschlag, 1975. – E. Simon: *N. v. R. Geschichte der Forschung und Bibliographie*, 1968; S. Beyschlag: *Riuwental und Nîthart*, in: Fs. Ruh, 1979.

Neidhart Fuchs. Hg. v. F. Bobertag, 1888 (DNL 11).

Neidhartspiele

    Großes Neidhartspiel. In: K 53; Sterzinger N.e, hg. v. A. Dörrer, 1951.

    Kleines Neidhartspiel. In: K 21; Sterzinger N.e, hg. v. A. Dörrer, 1951.

    St. Pauler Neidhartspiel. In: Das Wiener Schrifttum des ausgehenden Mittelalters, hg. v. H. Rupprich, 1954 (Sitzungsberichte der Wiener Akademie, Phil.-Hist. Kl. 228/5).

Neüw Karsthans s. Butzer.

Nibelungenlied. Nach der Handschrift A, hg. v. K. Lachmann, [6]1960; nach der Handschrift B, hg. v. K. Bartsch, 3 Bde., 1870–80; hg. v. H. de Boor, [20]1972; nach der Handschrift C, hg. v. U. Hennig, 1977 (ATB 83). – W. Krogmann / U. Pretzel: *Bibliographie zum N. und zur Klage*, [4]1966; G. Weber / W. Hoffmann: *Das N.*, [4]1974 (M 7); H. Rupp (Hg.): *N. und Kudrun*, 1976 (WdF 54); A. Heusler: *Nibelungensage und N.*, [6]1965; K. Wais: *Frühe Epik Westeuropas und die Vorgeschichte des N.*, 1953; F. Panzer: *Das N.*, 1955; B. Wachinger: *Studien zum N.*, 1960; K. H. R. Borghart: *Das N.*, 1977.

Niklas von Wyle. *Translationen*, hg. v. A. v. Keller, 1861. – B. Strauss: *Der Übersetzer N. v. W.*, 1912.

Niklaus von Flüe. R. Durrer: *Bruder Klaus. Die ältesten Quellen über den seligen N. v. F.*, 2 Bde., 1917–21.

Nikolaus von Dinkelsbühl. *Leben und Schriften*, hg. v. A. Madre, Diss. Würzburg 1942 (masch.)

Nikolaus von Jeroschin. *Chronik des Preußenlandes*, hg. v. E. Strehlke, 1861.

Nivardus von Gent. *Ysengrimus*, hg. v. E. Voigt, 1884; übers. v. A. Schönfelder, 1955.

Notker der Deutsche (Teutonicus, III., Labeo). *Werke*, hg. v. E. H. Sehrt u. T. Starck, 1933 ff., fortges. v. J. C. King u. P. W. Tax, 1973 ff. (ATB 32 ff.). – I. Schröbler: *N. III. von St. Gallen als Übersetzer und Kommentator von Boethius' De Consolatione Philosophiae*, 1953; St. Sonderegger: *Althochdeutsch in St. Gallen*, 1970.

Oberrheinischer Revolutionär. *Das Buch der hundert Kapitel und vierzig Statuten*, hg. v. A. Franke u. G. Zschäbitz, 1967.

Öglin, Erhart. *Liederbuch*, hg. v. R. Eitner u. J. J. Moser, 1880.

Orendel. Hg. v. H. Steinger, 1935 (ATB 36).

Osterspiele
Osterspiel in Luzern. H. Wyss (Hg.): *Das Luzerner O.*, 3 Bde., 1967.
Osterspiel von Muri. *Das Innsbrucker O. Das O. v. M.*, hg. v. R. Meier, 1962 u. ö. (UB 8660 [2]).
Redentiner Osterspiel. Hg. v. B. Schottmann, 1975 (UB 9744 bis 9747).

Trierer Osterspiel. In: Froning 1.

Oswald. *Münchener O.*, hg. v. M. Curschmann, 1974 (ATB 76); *Wiener O.*, hg. v. G. Fuchs, 1920, Nachdr. 1977. – M. Curschmann: *Der Münchener O. und die deutsche spielmännische Epik*, 1964 (MTU 6).

Oswald von Wolkenstein. *Die Lieder*, hg. v. K. K. Klein u. a., ²1975 bearb. v. H. Moser (ATB 55); hg. v. B. Wachinger, 1967 u. ö. (UB 2839 [2]). – D. Kühn: *Ich W.*, 1977; A. Schwob: *O. v. W.*, ³1979.

Otfrid von Weißenburg. *O.s Evangelienbuch*, hg. v. O. Erdmann, ⁶1973 bes. v. L. Wolff (ATB 49). – W. Kleiber: *O. v. W.*, 1971; U. Ernst: *Der Liber Evangeliorum O.s. v. W.*, 1975; P. Michel / A. Schwarz: *unz in obanentig. Aus der Werkstatt der karolingischen Exegeten*, 1978; G. Vollmann-Profe, *Kommentar zu O.s Evangelienbuch*, Bd. 1, 1976; W. Kleiber: *O. v. W.*, 1978 (WdF 419).

Ott, Johann. *Liederbuch*, hg. v. R. Eitner u. a., 3 Bde., 1876.

Otte, Meister. *Eraclius*, hg. v. H. Graef, 1883.

Otte zem Turne. In: SMS XVIII; XXXI.

Otto von Passau. W. Schmidt: *Die vierundzwanzig Alten O.s. v. P.*, 1938.

Ottokar von Steiermark. *Österreichische Reimchronik*, hg. v. J. Seemüller, 1890–93 (MGH, Deutsche Chroniken 5).

Paracelsus (Theophrastus Bombastus von Hohenheim). *Sämtliche Werke*, hg. v. K. Sudhoff u. a., 1922–33, 1955 ff.; *Vom Licht der Natur und des Geistes*, hg. v. K. Goldammer u. H. K. Weimann, 1960 u. ö. (UB 8448 [3]). – K. Goldammer: *P.*, 1953; G. v. Boehm-Benzing: *Stil und Syntax bei P.*, 1966.

Paris und Vienna. Hg. v. A. Mante, 1965.

Passional. *Marienlegenden aus dem Alten P.*, hg. v. H.-G. Richert, 1965 (ATB 64).

Passionsspiele
Alsfelder Passionsspiele. In: Froning 2.
Fritzlarer Spiel. *Bruchstücke eines hessischen P.s aus Fritzlar*, hg. v. K. Brethauer, in: ZfdA 68 (1931).
Heidelberger Passion. Hg. v. G. Milchsack, 1880.

St. Galler Passionsspiel. Hg. v. R. Schützeichel, 1978.

Tiroler Passion. In: Bozener Bürgerspiele, hg. v. A. Dörrer, 1941.

Pauli, Johannes. *Schimpf und Ernst,* hg. v. H. Österley, 1866, Nachdr. 1967 (LVSt 85).

Pellikan, Konrad. *Chronicon,* hg. v. B. Riggenbach, 1877.

Historie Peter Lewen des andern Kalenbergers. Hg. v. F. Bobertag, 1888 (DNL 11).

Pfarrer vom Kalenberg. Hg. v. V. Dollmayr, 1906 (Ndr. 212–214).

Pforr, Anton von. Hg. v. F. Geißler, 1964.

Philipp, Bruder. *Marienleben,* hg. v. H. Rückert, 1853.

Physiologus. *Der altdeutsche Ph.,* hg. v. F. Maurer, 1967 (ATB 67).

Piccolomini, Aeneas Silvius (Enea Silvio de' Piccolomini). *E. S. P. Papst Pius II.,* hg. v. B. Widmer, 1960.

Pilgerfahrt des träumenden Mönchs. Hg. v. A. Bömer, 1915 (DTM 25).

Pirckheimer, Charitas. Die Denkwürdigkeiten der Ch. P., hg. v. J. Pfanner, 1962.

Pirckheimer, Willibald. *Opera politica, historica, philologica et epistolica,* hg. v. M. Goldast, 1610, Nachdr. 1969.

Platter, Felix. *Tagebuch,* hg. v. V. Lötscher, 1976.

Platter, Thomas u. Felix. Hg. v. H. Boos, 1878.

Platter, Thomas, d. J. *Beschreibung der Reisen,* hg. v. R. Keiser, 1968.

Pleier. *Garel von dem blühenden Tal,* hg. v. M. Walz, 1892; *Meleranz,* hg. v. K. Bartsch, 1861, Nachdr. 1974; *Tandareis und Flordibel,* hg. v. F. Khull, 1885.

Pontus und Sidonia. (B), hg. v. K. Schneider, 1961 (TSM 14).

Prosa-Lancelot. *L.,* hg. v. R. Kluge, 1942–74 (DTM 42; 47; 63). – R. Voss: *Der P.-L.,* 1970; H.-H. Steinhoff, *Zum Münchener L.-Fragment,* in: Wolfram-Studien, hg. v. W. Schröder, Bd. 2, 1974.

Püterich von Reichertshausen, Jakob. *Der Ehrenbrief des H. P. v. R.,* hg. v. F. Behrend u. R. Wolkan, 2 Bde., 1920.

Puschmann, Adam Zacharias. *Gründlicher Bericht des Deutschen Meistergesangs 1571,* hg. v. R. Jonas, 1888 (Ndr. 73).

Raber, Vigil. In: Z.

Rebhun, Paul. *Susanna. Hochzeit zu Kana,* hg. v. H. Palm, 1859 (LVSt 49).

Reformatio Sigismundi. *Die R. Kaiser Sigmunds,* hg. v. H. Koller, 1964.

Regenbogen. In: HMS II; III.

Regensburg, Burggraf von. In: MF IV.

Regensburger Handschrift (Clm 17142). In: P. Dronke, Medieval Latin…, Bd. 2, 1966.

Regnart, Jakob. *Deutsche dreistimmige Lieder,* hg. v. R. Eitner, 1895.

Reicher Mann und armer Lazarus (Zürcher Spiel). In: Baechtold I; hg. v. J. Schmidt, 1969 u. ö. (UB 8304).

Reinbot von Durne. *Der heilige Georg,* hg. v. C. v. Kraus, 1907.

Reinfried von Braunschweig. Hg. v. K. Bartsch, 1871 (LVSt 109), - R. Kölliker: *R. v. B.,* 1975.

Reinke de vos. Nach d. Ausg. v. F. Prien hg. v. A. Leitzmann, [3]1960 (ATB 8).

Reinmar der Alte. In: MF XXI.

Reinmar der Fiedler. In: KLD 45.

Reinmar von Zweter. Hg. v. G. Roethe, 1887.

Reisebuch der Familie Rieter. Hg. v. H. Röhricht u. H. Meisner, 1884 (LVSt 168).

Reuchlin, Johannes. *Komödien,* hg. v. H. Holstein, 1888, Nachdr. 1973; *Henno (Scenica progymnasmata),* hg. v. H. C. Schnur, 1970 (UB 7923). - E. Beutler: *Forschungen und Texte zur frühhumanistischen Komödie,* 1927.

Rheinisches Marienlob. Hg. v. A. Bach, 1934 (LVSt 281). - R. Wisniewski: *Das Niederrheinische M.,* in: Geist und Zeichen, Fs. Henkel, 1977.

Rietenburg, Burggraf von. In: MF V.

Rollenhagen, Georg. *Froschmeuseler,* hg. v. K. Goedeke, 1876. - R. Richter: *G. R.s Froschmeuseler: ein rhetorisches Meisterstück,* 1975.

Rosenplüt, Hans. In: K; Die deutsche Märendichtung des 15. Jahrhunderts, hg. v. H. Fischer, 1965 (MTU 12).

Rost Kilchherr zu Sarnen. In: MF XXXII.

Rothe, Johannes. *Ritterspiegel,* hg. v. H. Neumann, 1936 (ATB 38). - J. Petersen: *Das Rittertum in der Darstellung des J. R.,* 1909.

Rudolf von Biberach. *Die siben strasse,* hg. v. M. Schmidt, 1969.

Rudolf von Ems. *Der guote Gêrhart,* hg. v. J. A. Asher, [2]1971 (ATB 56); *Willehalm von Orlens,* hg. v. V. Junk, 1905, [2]1967 (DTM 2); *Alexander,* hg. v V. Junk, 1928f., Nachdr. 1970 (LVSt 272-274); *Barlaam und Josaphat,* hg. v. F. Pfeiffer, 1843, Nachdr. 1965; *Weltchronik,* hg. v. G. Ehrismann, 1915 (DTM 20). - H. Brackert: *R. v. E.,* 1968; X. v. Ertzdorff: *R. v. E.,* 1967; W. Walliczek: *R. v. E., ,Der guote Gêrhart',* 1973 (MTU 46).

Rudolf von Fenis, Graf von Neuenburg. In: MF XIII.

Rüdiger von Hinkhoven. In: Gesamtabenteuer, hg. v. F. H. v. d. Hagen, 3 Bde., 1850, Nachdr. 1961, Nr. 49.

Ruf, Jakob. _Von des Herren Weingarten_, in: Baechtold 3; _Etter Heini_, hg. v. H. M. Kottinger, 1847.

Rulman Merswin s. Gottesfreundliteratur.

Rumelant von Sachsen (Meister Rumzlant). In: HMS II; III.

Ruodlieb. Hg. v. W. Haug u. B. K. Vollmann, 1974; hg. v. F. P. Knapp, 1977 (UB 9846 [4]).

Ruusbroec, Jan van. _Die gheestelike Brulocht_, in: J. v. R.: Werken, Bd. 1, hg. v. J. B. Poukens u. L. Reypens, ²1950; W. Eichler: _J. v. R.s ‚Brulocht‘ in oberdeutscher Überlieferung_, Untersuchungen u. krit. Textausg., 1969 (MTU 22).

Sachs, Hans. _Werke_, 26 Bde., hg. v. A. v. Keller u. E. Goetze, 1870–1908, Nachdr. 1964 (LVSt 102 ff.); _Sämtliche Fabeln und Schwänke_, hg. v. E. Goetze u. a., 6 Bde., 1880–1913 (Ndr. 110 ff.). – E. Geiger: _Der Meistergesang des H. S._, 1956; B. Könneker: _H. S._, 1971 (M 94).

Sächsische Weltchronik. Hg. v. L. Weiland, 1876 (MHG, Deutsche Chroniken 2,1).

Der Saelden Hort. Hg. v. H. Adrian, 1927 (DTM 26).

Salat, Hans. _Güdiger Sun_, hg. v. J. Baechtold, in: Geschichtsfreund 36 (1881); _H. S._, hg. v. J. Baechtold, 1876. – W. Brettschneider: _Die Parabel vom verlorenen Sohn_, 1978.

Salman und Morolf. Hg. v. A. Karnein, 1978 (ATB 85).

St. Georgener Prediger. Hg. v. K. Rieder, 1908 (DTM 10). – W. Frühwald: _Der St. G. P._, 1963 (Quellen und Forschungen, NF 9).

St. Trudperter Hoheslied. Hg. v. H. Menhardt, 1934.

Spruchgedicht von Salomo und Markolf. In: Die deutschen Dichtungen von Salomon und Markolf, Bd. 1, hg. v. F. Vogt, 1880, Bd. 2, hg. v. W. Hartmann, 1934.

Sastrow, Bartholomäus. _Bartholomaei Sastrowen Herkommen..._, hg. v. G. C. F. Mohnike, 1823/24.

Schallenberg, Christoph von. Hg. v. H. Hurch, 1910 (LVSt 253).

Schede Melissus, Paul. _Die Psalmenübersetzung des P. S. M._, hg. v. H. M. Jellinek, 1896.

Schedel, Hartmann. _Liber Chronicarum_, 1967–70.

Scheidt, Kaspar. _Friedrich Dedekinds Grobianus, verdeutscht v. K. S._, hg. v. G. Milchsack, 1882 (Ndr. 34/35).

Schernberg, Dietrich. _Spiel von Frau Jutten_, hg. v. M. Lemmer, 1971.

Schertlin von Burtenbach, Sebastian. *Leben und Taten...*, hg. v. O. F. H. Schönhuth, 1858.

Schilling, Diebold, d. Ä. *Berner Chronik*, hg. v. Th. v. Liebenau u. W. F. v. Mülinen, 1893.

Schilling, Diebold, d. J. *Luzerner Chronik*, hg. v. R. Durrer u. P. Hilber, 1932; hg. v. A. A. Schmid, 1977.

Schiltberger, Johannes. *Reisebuch*, hg. v. V. Langmantel, 1885 (LVSt 172).

Schlüsselfelder, Heinrich m. Arigo.

Schmeltzl, Wolfgang. *W. S. Der Wiener Hans Sachs*, hg. v. E. Triebnigg, 1915; *Komödie des verlorenen Sohnes*, hg. v. A. Rößler, 1955 (Ndr. 323).

Schöffer, Peter. *Liederbuch 1513*, 1909.

Schradin, Nikolaus. *Reimchronik des Schwabenkriegs*, in: Geschichtsfreund 4 (1847).

Schulmeister von Esslingen. In: KLD 10.

Schumann, Valentin. *Nachtbüchlein*, hg. v. J. Bolte, 1893 (LVSt 197).

Schwabenspiegel. Kurzform, hg. v. K. A. Eckhardt, 2 Bde., 1960/61 (MGH, Leges 3,4.5).

Schweizer Anonymus. In: Eine Schweizer Kleinepiksammlung des 15. Jahrhunderts, hg. v. H. Fischer, 1965 (ATB 65).

Schwesternleben
 Adelhausen. Hg. v. J. König, in: Freiburger Diözesanarchiv 13 (1880).
 Engeltal. Hg. v. C. Schröder, 1871 (LVSt 108).
 Kirchberg. Hg. v. F. W. E. Roth, in: Alemannia 21 (1893).
 Ötenbach. Hg. v. H. Zeller-Werdmüller u. J. Baechtold, 1889 (Zürcher Taschenbuch, NF 12).
 St. Katharinental. Hg. v. A. Birlinger, in: Alemannia 15 (1887).
 Töß (Elsbet Stagel). Hg. v. F. Vetter, 1906 (DTM 6).
 Unterlinden. Hg. v. J. Ancelet-Hustache, in: Archives d'histoire doctrinale et littéraire du Moyen-Age 5 (1930).
 Weiler. Hg. v. K. Bihlmeyer, in: Württembergische Vierteljahresschrift für Landesgeschichte, NF 25 (1916).
 H. Wilms: *Das Beten der Mystikerinnen, dargestellt nach den Chroniken...*, ²1923; W. Blank: *Die Nonnenviten des 14. Jahrhunderts*, 1962; K. Grubmüller: *Die Viten der Schwestern von Töß und Elsbet Stagel*, in: ZfdA 98 (1969).

Secundus, Johannes (Johannes Everard). *Basia*, hg. v. G. Ellinger, 1899 (Lateinische Litteraturdenkmäler 14).

Der Seele Kranz. Hg. v. G. Milchsack, in: PBB 5 (1878).

Seifrit. *Alexander,* hg. v. P. Gereke, 1932 (DTM 36).

Seuse, Heinrich. *Deutsche Schriften,* hg. v. K. Bihlmeyer, 1907, Nachdr. 1963; *Horologium Sapientiae,* hg. v. P. Künzle, 1977. – E. M. Filthaut (Hg.): *H. S.,* 1966.

Spervogel (Jüngerer Spervogel). In: MF VI.

Sproß, Balthasar. *Von den alten und jungen Eidgenossen,* hg. v. F. Christ-Kutter, 1963 (Altdeutsche Übungstexte 18).

Stagel, Elsbet s. Schwesternleben.

Stainreuter, Leopold. *Historia ecclesiastica . . .,* hg. v. C. Boot, 1977.

Steinhöwel, Heinrich. *Griseldis,* hg. v. C. Schröder, 1872; *Von den synnrychen erlüchten wyben,* hg. v. K. Drescher, 1895 (LVSt 205); *St.s Aesop,* hg. v. H. Österley, 1873. – U. Hess: *H. St.s Griseldis,* 1975 (MTU 43).

Steinmar. In: SMS XIX.

Stimmer, Tobias. *Von zwei jungen Eheleuten,* hg. v. J. Oeri, 1891; hg. v. G. Witkowski, 1915.

Stricker. *Daniel vom blühenden Tal,* hg. v. G. Rosenhagen, 1894, Nachdr. 1976; *Karl der Große,* hg. v. K. Bartsch, 1857, Nachdr. 1965; *Pfaffe Amis,* hg. v. K. Kamihara, 1978; *Verserzählungen,* hg. v. H. Fischer, Bd. 1, [2]1979, Bd. 2, 1967 (ATB 53; 68); *Die Kleindichtungen des St.s,* hg. v. W. W. Moelleken u. a., 5 Bde., 1973–78. – J. Singer: *Untersuchungen zur Überlieferungsgeschichte von St.s Karl dem Großen,* 1971; H. Kolb: *Auf der Suche nach dem Pfaffen Amis,* in: Philologica Germanica 1 (1974); U. v. d. Burg: *St.s Karl der Große als Bearbeitung des Rolandsliedes,* 1974; J. Bumke: *St.s Gäuhühner,* in: ZfdA 105 (1976); K. E. Geith: *Carolus Magnus,* 1977.

Stricker, Johann. *De düdesche Schlömer,* hg. v. A. E. Berger, 1936 (DL, Reformation 6).

Stromer, Ulman. *Püchel von meim geslechet und von abentewr,* hg. v. K. Hegel, 1862 (CDS 1).

Stumpf, Johannes. *Gemeiner loblicher Eydgnoschaft . . . Thaaten Beschreybung . . .,* Faks. d. Ausg. 1547, 1975; *Schweizer- und Reformationschronik,* hg. v. E. Gagliardi, H. Müller u. F. Büßer, 2 Bde., 1952–55 (Quellen zur Schweizer Geschichte, NF 1,5.6).

Stymmelius, Christoph (Christoph Stummel). Hg. v. G. Voß, 1898 bis 1902.

Suchenwirt, Peter. *Werke,* hg. v. A. Primisser, 1827, [2]1902.

Taler. In: SMS IV.

Tannhäuser. Hg. v. J. Siebert, 1934.

Tanzliedchen von Kölbigk. E. E. Metzner: *Zur frühesten Geschichte der europäischen Balladendichtung,* 1972.

Tatian. Hg. v. E. Sievers, ²1892, Nachdr. 1960. – A. Baumstark: *Die Vorlage des althochdeutschen T.*, 1965; M. Schmidt: *Zum althochdeutschen T.*, in: Colloquia Germanica, 1972.

Tauler, Johannes. *Die Predigten*, hg. v. F. Vetter, 1910 (DTM 11). – E. M. Filthaut: *J. T.*, 1961; A. M. Haas: *Sermo Mysticus*, 1979.

Tegernseer Antichrist. Hg. v. K. Langosch, 1965; hg. v. R. Engelsing, 1968 u. ö. (UB 8561).

Teschler, Heinrich. In: SMS VIII.

Des Teufels Netz, Hg. v. K. A. Barack, 1863, Nachdr. 1968 (LVSt 70). – A. Ehlers: *D. T. N.*, 1973.

Theophiluslegende. Hg. v. R. Petsch, 1908.

Thomas von Kempten. *Zwei Urschriften der Imitatio Christi in mittelniederdeutscher Übertragung*, hg. v. P. Hagen, 1930 (DTM 34).

Thomasin von Zerklaere. *Der Welsche Gast*, hg. v. H. Rückert, 1852, Nachdr. 1965.

Thüring von Ringoltingen. *Melusine*, hg. v. K. Schneider, 1958 (TSM 9); hg. v. H.-G. Roloff, 1969 (UB 1484 [2]). – H.-G. Roloff: *Stilstudien zur Prosa des 15. Jahrhunderts. Die Melusine des Th. v. R.*, 1970.

Tilo von Kulm. *Von siben Ingesigeln*, hg. v. K. Kochendörffer, 1907 (DTM 9).

Trierer Floyris. Hg. v. E. Steinmeyer, 1877.

Trierer Sylvester. Hg. v. C. v. Kraus, 1895 (MGH, Deutsche Chroniken 1,2).

Tristan als Mönch. Hg. v. H. Paul, 1895.

Trithemius, Johannes. *Opera historica*, 1601, Nachdr. 1966. – K. Arnold: *J. T. (1462–1516)*, 1971.

Tschudi, Gilg (Aegidius). *Vom fëgfür*, hg. v. I. A. Knowles, 1924; *Chronicon helveticum*, hg. v. B. Stettler, 1968 ff. (Quellen zur Schweizer Geschichte, NF 1).

Tüsch, Hans Erhard. *Burgundische Historie*, in: E. Picot / H. Stein: Recueil de Pièces historiques . . ., 1923 u. ö.

Tundalus. *Visio Tnugdali*, hg. v. A. Wagner, 1882, Nachdr. 1980; H. Spilling: *Die Visio Tnugdali*, 1972. – N. F. Palmer: *The German and Dutch Translations of the Visio Tundali and their circulation in the Middle Ages*, 1975; R. Krebs: *Zu den T.visionen des Marcus und Alber*, in: Mittellateinisches Jahrbuch 12 (1977).

Twinger von Königshofen, Jakob. *Chronik des J. T. v. K.*, hg. v. C. Hegel, 1870/71 (CDS 8).

Ulenspiegel s. Bote, Hermann.

Ulrich von Etzenbach. *Herzog Ernst D*, hg. v. H. F. Rosenfeld,

1929, ²1967; *Wilhelm von Wenden,* hg. v. H. F. Rosenfeld, 1957 (DTM 49).

Ulrich von Gutenburg. In: MF XII.

Ulrich von Lichtenstein. *Frauendienst,* hg. v. R. Bechstein, 1888; *Lieder,* in: KLD 58. – U. Herzog: *Minneideal und Wirklichkeit im Frauendienst,* in: DVjs. 49 (1975).

Ulrich von Singenberg. In: SMS II.

Ulrich von Türheim. *Tristan,* hg. v. Th. Kehrt, 1979 (ATB 89); *Rennewart,* hg. v. A. Hübner, 1938 (DTM 39).

Ulrich von dem Türlin. *Willehalm,* hg. v. S. Singer, 1893.

Ulrich von Winterstetten. In: KLD 59.

Ulrich von Zazikhoven. *Lanzelet,* hg. v. K. A. Hahn, 1845, Nachdr. 1965 (m. Bibl.). – K. Ruh: *Der ,Lanzelet' U.s v. Z.: Modell oder Kompilation?,* in: Deutsche Literatur des späten Mittelalters, hg. v. W. Harms u. L. P. Johnson, 1975; *Lanzelet,* transl. and notes by K. G. T. Webster and R. S. Loomis, 1951.

Urner Tellenspiel. Hg. v. M. Wehrli, 1952 (Quellenwerk zur Entstehung der Schweizerischen Eidgenossenschaft 3,2).

Vadianus (Joachim von Watt). *Deutsche historische Schriften,* 3 Bde., hg. v. G. Götzinger, 1875–79; *De poetica et carminis ratione,* hg. v. P. Schäfer, 2 Bde., 1976. – W. Naef: *V. und seine Stadt St. Gallen,* 2 Bde., 1944–57.

Väterbuch. Hg. v. K. Reißenberger, 1914 (DTM 22).

Visio Tnugdali s. Tundalus.

Vita Beatae Virginis Mariae et salvatoris rhythmica. Hg. v. A. Vögtlin, 1888 (LVSt 180).

Wagner, Johannes. Hg. v. H. Biermann, 1980.

Waldis, Burkhard. *Parabell vom verlorn Szohn,* hg. v. A. E. Berger, 1935 (DL, Reformation 5); *Esopus,* hg. v. J. Tittmann, 1882.

Waltharius. Hg. v. K. Strecker, 1951 (MGH, Poetae 5); hg. v. K. Langosch, 1956. – E. E. Ploss: *W. und die Walthersage. Eine Dokumentation der Forschung,* 1969; K. Langosch: *W. Die Dichtung und die Forschung,* 1973.

Walther von Klingen. In: SMS XI.

Walther von Rheinau. *Marienleben,* hg. v. E. Perjus, ²1949.

Walther von der Vogelweide. *Gedichte,* hg. v. K. Lachmann, ¹⁰1936 bearb. v. C. v. Kraus, ¹³1965 hg. v. H. Kuhn; hg. v. H. Wilmanns u. V. Michels, ⁴1924; hg. v. F. Maurer, 1972. – M. G. Scholz: *Bibliographie zu W. v. d. V.,* 1969; S. Beyschlag (Hg.): *W. v. d. V.,* 1971 (WdF 112); K. H. Halbach: *W. v. d. V.,* ³¹973 (M 40); G. Hahn: *Zum sozialen Gehalt von W.s Minnesang,* in: Fs. Ruh, 1979.

Warbeck, Veit. *Die schöne Magelone,* hg. v. J. Bolte, 1894; hg. v. H.-G. Roloff, 1969 (UB 1575).

Wartburgkrieg (Sängerkrieg auf der Wartburg). Hg. v. T. A. Rompelman, 1939.

Weber, Veit. In: Die historischen Volkslieder der Deutschen..., hg. v. R. v. Liliencron, 4 Bde., 1865–69, Bd. 2.

Weihnachtsspiele
  Hessisches Weihnachtsspiel. In: Froning 3.
  St. Galler Weihnachtsspiel. IIg. v. E. Bätschmann, 1977 (Altdeutsche Übungstexte 21).
  Sterzinger (Eisacktaler) Weihnachtsspiel. In: Z. *Weihnachtslieder und Krippenspiele aus Oberösterreich und Tirol,* hg. v. W. Pailler, 2 Bde., 1881–83.

Weiße, Michael. *Gesangbuch der böhmischen Brüder,* Nachdr. d. Ausg. 1531, hg. v. K. Ameln, 1957.

Weißes Buch von Sarnen. Hg. v. H. G. Wirz, 1947 (Quellenwerk zur Entstehung der Schweizerischen Eidgenossenschaft 3,1).

Weltgerichtsspiele
  Berner Weltgerichtsspiel. Hg. v. W. Stammler, 1962 (TSM 15).
  K. Reuschel: *Die deutschen Weltgerichtsspiele des Mittelalters und der Reformationszeit,* Bd. 1, 1906.

Weltliches Klösterlein. Hg. v. K. Matthaei, 1907.

Wengen, Der von. In: SMS VII.

Werner von Elmendorf. Hg. v. J. Bumke, 1974 (ATB 77).

Werner von Homberg. In: SMS XXVI.

Wernher, Bruder. In: HMS II.

Wernher, Priester. *Drei Lieder von der Magd,* hg. v. C. Wesle, 1927; *Maria,* hg. v. C. Wesle, [2]1969 (ATB 26).– H. Fromm: *Untersuchungen zum Marienleben des P. W.,* 1955.

Wernher, Schweizer. *Marienleben,* hg. v. M. Päpke u. A. Hübner, 1920 (DTM 27).

Wernher der Gärtner. *Helmbrecht,* hg. v. F. Tschirch, 1974 u. ö. (UB 9498 [3]); hg. v. F. Panzer, [8]1968 bearb. v. K. Ruh (ATB 11); hg. v. H. Brackert, W. Frey u. D. Seitz, 1972. – H. Wenzel: *Helmbrecht wider Habsburg,* in: Euphorion 71 (1977).

Wessobrunner Gebet. In: ALB.

Wickram, Jörg. *Sämtliche Werke,* hg. v. H.-G. Roloff, 5 Bde., 1967–69; *Das Rollwagenbüchlein,* nach d. Ausg. v. J. Bolte hg. v. E. Endres, 1968 u. ö. (UB 1346 [3]). – R. Jacobi: *J. W.s Romane,* 1970; H. Christ: *Literarischer Text und historische Realität. J. W.s ‚Knabenspiegel' und ‚Nachbarn'-Roman,* 1974.

Wiener Oswald s. Oswald.

Wigamur. Hg. v. C. v. Kraus, [2]1926.

Wilder Mann. *Die Gedichte des W. M.*, hg. v. B. Standring, 1963 (ATB 59).

Williram von Ebersberg. Hg. v. W. Sanders, 1971. – V. Schupp: *Studien zu W. v. E.*, 1978.

Wimpheling, Jakob. *Opera selecta*, hg. v. O. Herding, 1965 ff.; *Stylpho*, hg. v. H. C. Schnur, 1971 (UB 7952). – J. Knepper, *J. W.*, 1902, [2]1965.

Windschiff aus Schlaraffenland. Hg. v. E. Kleinschmidt, 1977.

Winsbeckische Gedichte. Hg. v. A. Leitzmann, [3]1962 (ATB 9).

Wirnt von Grafenberg. *Wigalois*, hg. v. J. M. N. Kapteyn, 1926. – Ch. Cormeau: ,*Wigalois*' und ,*Diu Crône*', 1977 (MTU 57); G. Kaiser: *Der Wigalois*, in: Euphorion 49 (1975).

Wittenwiler, Heinrich. *Der Ring*, hg. v. H. Wießner, 1931, [2]1964 (DL, Realistik des Spätmittelalters 6), Erg.-Bd.: Kommentar. – B. Plate: *H. W.*, 1977; *Der Wortschatz von H. W.s Ring*, hg. v. B. Boesch, 1970.

Wolfram von Eschenbach. *Sämtliche Werke*, Nachdr. d. 6. Ausg. v. K. Lachmann, 1965; *Parzival und Titurel*, hg. v. E. Martin, [2]1903; *Willehalm*, hg. v. W. Schröder, 1978; *Titurel. Lieder*, hg. v. W. Mohr, 1978; P. Wapnewski: *Die Lyrik W.s v. E. Edition, Kommentar, Interpretation*, 1972. – H. Rupp (Hg.): *W. v. E.*, 1966 (WdF 57); W. Schröder (Hg.): *W.-Studien*, 5 Bde., 1970–79; J. Bumke: *Die W. v. E.-Forschung seit 1945. Bericht und Bibliographie*, 1970; U. Pretzel / W. Bachofer: *Bibliographie zu W. v. E.*, [2]1968; H. Ragotzky: *Studien zur W.-Rezeption*, 1971; J. Bumke: *W. v. E.*, [4]1976 (M 36); J. Heinzle: *W.s Titurel. Stellenkommentar*, 1972; F. P. Knapp: *Rennewart. Studien zu Gehalt und Gestalt des ,Willehalm' W.s v. E.*, 1970; E. Kleinschmidt: *Literarische Rezeption und Geschichte. Zur Wirkungsgeschichte von W.s Willehalm im Spätmittelalter*, in: DVjs. 48 (1974).

Wunderer. G. T. Gillespie: *Probleme um die Dichtungen vom W. oder ,König Theoderichs Glück und Ende'*, in: Deutsche Literatur des späten Mittelalters, hg. v. W. Harms u. L. P. Johnson, 1975.

Zaubersprüche. In: MSD.

Zehnjungfrauenspiel. Hg. v. O. Beckers, 1905, Nachdr. 1977; hg. v. K. Schneider, 1964 (TSM 17).

Ziely, Wilhelm. *Olivier und Artus*, hg. v. H. Kindermann, 1928 (DL, Volks- und Schwankbücher 1); *Valentin und Namelos*, hg. v. W. Seelmann, 1884; *Namnlos och Valentin*, hg. v. W. Wolf, 1934; H.

Frölicher: *Thüring von Ringoltingens ‚Melusine‘, W. Z.s ‚Olivier und Artus‘ und ‚Valentin und Orsus‘ und das Berner Cleomades-Fragment* ..., Diss. 1889.

Zimmern, Froben Christoph von. *Chronik der Grafen von Z.*, hg. v. K. A. Barack, 4 Bde., ²1882–84; hg. v. H. Decker-Hauff, 6 Bde., 1964 ff. – B. R. Jenny: *Graf F. C. v. Z.*, 1959.

Zink, Burkhard. *Chronik*, hg. v. F. Frensdorff u. M. Lexer, 1866.

Zürcher Legenden. Deutsche Volksbücher, hg. v. A. Bachmann u. S. Singer, 1889 (LVSt 185).

Zwingli, Huldrych. *Sämtliche Werke*, hg. v. E. Egli u. a., 1905 ff. – M. Haas: *H. Z. und seine Zeit*, ²1976; W. Schenker: *Die Sprache H. Z.s im Kontrast zur Sprache Luthers*, 1977.

Zwölf Artikel. In: FdB.

REGISTER

Das Register enthält die im Text erwähnten Namen aller Autoren und anonymen Werke sowie der im Zusammenhang der Darstellung relevanten Personen, in Auswahl auch die Namen wichtiger Textgattungen und Handschriften. *Kursive* Seitenzahlen verweisen auf die eingehendere Behandlung eines Autors oder anonymen Werkes.